叢書・ウニベルシタス　699

イタリア史　1700–1860

スチュアート・ジョーゼフ・ウルフ
鈴木邦夫 訳

法政大学出版局

Stuart J. Woolf
A HISTORY OF ITALY 1700-1860

Japanese translation published by arrangement with
GIULIO EINAUDI EDITORE S. p. A.
through The English Agency (Japan) Ltd.

日本語版序文

国民や国家がいかにして形成されたかという歴史上の問題は、西欧の伝統に従えば、個々の国家の文化を理解するという観点からして極めて重要なテーマである。これは、イギリスやフランスのように古くからある国家はもちろん、イタリアやドイツのように比較的新しい時期に統一された国家の場合にも当てはまる事実である。国民国家がいかにして統一され、近代化されたかという問題は、単に学問的好奇心の対象としてだけでなく、国民のアイデンティティー形成における重要な一要素と常にみなされてきた。

さて、統一以降に展開されたイタリアの歴史研究において、リソルジメントが常に高い地位を占めるべきであったとされた事実も、前記の事情を考慮すれば驚くには当たらない。また、リソルジメントが、イタリアの長期に及ぶ輝かしい過去を政治的に昇華すべきものであったと考えられてきたことも当然といえば当然であろう。数々の建築物や絵画に見られるように、イタリアの芸術面における豊かな資産は至る所に存在する。その起源は、キリスト教以前の古代ローマおよびカトリックの総本山としてのローマ、さらにルネサンス期に興隆するイタリア諸都市に求められる。それだからこそ、過去の栄光が継続しているとの意識が高まったのである。イタリア史は、とりわけファシズム期（一九二二―四三）に目立つ極端な国粋主義的歴史解釈によって、故意に歪曲されてしまった。つまり、イタリアの過去は、統一とファシズム体制の出現によって頂点に達することを運命づけられていただけでなく、イタリアが文化面、政治面において、ヨーロッパの他のどこの影響も受けずに孤高の立場を保持してきたかのようにみなされたのである。

日本語に翻訳された本著は、もともとジューリオ・エイナウディの依頼を受けて刊行された『イタリア史』（全六巻）の一部を構成したもので、イタリア史全体を大幅に、しかも大胆に解釈し直そうという意図で書かれた。この新しいイタリア史の特徴は、次の試みに要約できる。つまり、

(1) ヨーロッパ文明という、より広範なコンテクストにおけるイタリアの役割を強調する。

(2) イタリアの政治面の進展をその社会の文化的、社会的、経済的発展と関連づけて考察する。

(3) イタリアの統一を、サヴォイア王家の指導する王国の成立という、あらかじめ予定された政治的帰結として捉える誤った解釈から脱却する。

の三点である。

さて、私は、前述したエイナウディ社への執筆よりもずっと以前からイタリア史に関心を抱いてきた。というのも、私の博士論文のテーマが十八世紀のピエモンテの問題であったし、その後はイタリアにおけるファシズムの起源について研究を行なっていたからである。ある国の歴史を研究する際に、外国人は、本国人とは異なったパースペクティヴを持つがゆえに強みがある、とはよくいわれることである。とはいえ、その一方で、外国人には不利な点もあることをつけ加えなければならない。なぜなら、外国人は、研究対象とする国の持つ情緒的、文化的側面を学び、理解するのに多くの時間を必要とするからである。ちなみに、こうした側面は、それぞれの国に固有のものであり、それを幼少時より家庭や学校でほとんど無意識のうちに誰もが手に入れている。

外国人である私が、イタリア史において最も〈ナショナル〉な時期、つまり、国民国家として統一を達成する時期を執筆するよう要請されたことは、いわば逆説的な意味を持っている。これは、おそらくエイ

ナウディ社の『イタリア史』編集者が、イタリアをヨーロッパの一部として捉えようとしたからであろう。啓蒙の時代におけるヨーロッパによるイタリア認知の項を執筆したフランコ・ヴェントゥーリ〔Venturi, Franco, 1914– 〕が、同時代に関する最も傑出したイタリア人研究者であったことも、同じ理由からであると思われる。

さて、一九七二年から七六年にかけて出版されたエイナウディ社の『イタリア史』は、際立った成功を収めると同時に（実に一〇万部以上を売っている）、それ以前のヒストリオグラフィーからの決別を意味している。『イタリア史』の執筆者は、その知的形成や政治信条において極めて多岐にわたっている。とはいえ、『イタリア史』のアプローチが、全般的に多くの点でイタリアの偉大な知的、政治的指導者であったマルクス主義者、アントーニオ・グラムシ〔Gramsci, Antonio, 1891–1937〕から強い影響を受けていることは明らかである。つまり、都市と農村、北部と南部それぞれの深い断絶、階級対立によって生じたさまざまな慣習、知識人の役割、統一国家成立後の支配階級の弱体という観点からのイタリア史解釈は、ことごとく彼のテーゼにほかならない。

『イタリア史』は、政治的指導者や諸制度を重視する、より伝統的な歴史からイタリア社会の歴史へ歴史研究の軸を移すことになった。つまり、そこでは、さまざまな社会集団がそれぞれ抱く、対立し、しばしば衝突し合う目標や願望から常に生じる緊張関係や矛盾に力点が置かれたのである。『イタリア史』が、より若い世代の研究者を惹きつけたのは、こうした政治史というよりは、むしろ社会史という性格にある。そして、この意味において、イタリアのヒストリオグラフィーは、他のヨーロッパ諸地域のヒストリオグラフィーと類似した方向に沿って展開されてきたのである。

しかし、いつの時代にも見られるように、現代世界における政治的、イデオロギー的な変化も、ヒストリオグラフィーが抱く関心に影響を及ぼした。ごく最近のことでいえば、東ヨーロッパにおける社会主義体制の崩壊に続いて、西ヨーロッパでは、国民国家は、はたして市民の願望にかなう理想的な政治形態であるかどうかについて、疑問を投げかける傾向が強まりつつある。イタリアでは、繁栄する北東部の政党であるレーガ・ロンバルダ〔ロンバルディーア同盟〕が、イタリア国家の持つ中央集権的傾向に挑戦し、目覚ましい成功を収めている。ちなみに、この中央集権は、イタリア統一がもたらした主要な結果の一つであり、レーガ・ロンバルダは、この統一が誤りであったとさえ主張したのである。

イタリアのヒストリオグラフィーは、ドイツの場合と同じく、統一後の歴史を特徴づけ、ファシズム体制期に最も顕著になった制度上および政治面での脆弱さが、統一達成の特有のプロセスから生じた結果であるかどうかについて長い間議論を展開してきた。しかし、そこでは、イタリア統一それ自体を問いただすことは決してなかった。換言すれば、イタリアの統一は、国家および国民双方にとって重要かつ否定しえない進歩であると常に正しく捉えられてきた。今日のヒストリオグラフィーにおいて、リソルジメントは、一部にはイタリアおよび西ヨーロッパ世界全体を通じての政治的、知的潮流が変化した結果とみなされている。つまり、リソルジメントは、イタリアの長い歴史の頂点とはもはや考えられることはない。そして、今や、一八六〇年に誕生した統一国家の脆弱さと統一後の国民形成のプロセスの二つの面に、より多くの関心が寄せられている。つまり、ここに、リソルジメントの愛国者で政治家でもあったマッシモ・ダゼーリョ〔Azeglio, Massimo Taparelli, marchese d', 1798-1866〕が統一直後に述べたとされるアフォリズム、「イタリアは成ったが、今度はイタリア人を創らなければならない」が想起されるのである。しかし、イタリアにおけるヒストリオグラフィーの関心が、国民形成の問題へと焦点を移行させた事実により、こうしたイタリア史の問題が、またしても西ヨーロッパにおける、より一般的なヒストリオグラフィーが展開する一層広範な議論の一部に含まれていることを意味したのである。

私の『イタリア史　一七〇〇—一八六〇』は、英語圏では一つの規範となる文献として認められ、イタリアのヒストリオグラフィーにおける主要な参考文献の一つに数えられている。イタリア研究に手を染めてから今日に至るまでの四〇年を振り返ってみると、イタリア史をそれ自体孤立させて考察するのではなく、他のヨーロッパ社会と絶えず比較させるというパースペクティヴを私が提供できたといえるのかもしれない。歴史家とその読者は、比較史的アプローチを通じ、研究対象となっている国と並んで自国についても一層理解を深めることができるものと私は確信している。

この『イタリア史』を執筆する以前、私は、比較の視点からまずヨーロッパにおけるファシズムの現象をすでに研究した。この時期に関する研究の成果を、私は二冊の書物にまとめ、編集した。『ヨーロッパのファシズム』(一九六八)と『ファシズムの本質』(一九六八)がそれで、いずれも邦訳されている。

その後、私の関心は、より直接的に社会史へと向かった。そして、ヨーロッパの歴史において重要ではあるが、ひどく無視されてきた問題、つまりヨーロッパ社会における貧民の物的状況と彼らがどのように扱われたかについての研究に着手した。こうして、私は、さまざまな異なった社会集団相互間のネットワークに見られる微妙な差異の研究を通じ、過去に生きた人々のメンタリティーに触れる可能性を手にした。ちなみに、私は、この研究の際に、慈善活動の実践に注目してこうした社会集団の存在を明らかにした。これらの研究成果は、一連の論文に発表した後、一冊の本にまとめた。『十八、十九世紀における西ヨーロッパの貧民』(一九八六)が、それである。この研究は、当初フィレンツェ市内のある狭い地域内に暮す複数の家族に関する古い史料の詳細な分析を通じて行なわれた。歴史に関わる統計学の発展の影響を受けたミクロレベルの研究、家族史研究、そしてジョヴァンニ・レーヴィ、カルロ・ポーニ、カルロ・ギンズブルグといったイタリア人史家による先駆的研究（彼らは、これをミクロの歴史と呼んだ）の存在のおかげで、私は前記の方向での研究を続行する確信が持てたのである。後述するように、私は一定期間、フィレンツェにあるヨーロッパ大学研究所で教育に携わるかたわら、一つの研究プロジェクトを準備した。これは、近代初期のヨーロッパにおいて生産過程に関わる組織の結成や制度の整備に向けて、労働者の家族がとった戦略や彼らの社会的諸関係を理解することを目的とするものであった。ちなみに、これは、具体的には、当該史料の新解釈を行なうことになった。このプロジェクトにより展開されたケース・スタディは、私が編集し、『家庭内戦略　一六〇〇―一八〇〇年のフランスおよびイタリアにおける労働と家族』（一九九一）として公表された。この著作では、労働者の家族が、歴史上の変化を受動的に受け入れる存在というよりも、むしろ歴史的シーンにおける好機を巧みに利用する能動的な存在として捉えられている。

私は、年を重ねるごとに、歴史的再構成を行なう際の異なったレベルに関する方法論の問題にますます関心を抱くようになった。私は、自分の著作において、二つの極めて異なったレベルでの仕事を繰り返してきた。つまり、一方では、諸国家の歴史と社会における広範な規模の運動の問題、他方では、家族の歴史と、彼らが政治的、経済的好機を選択、利用する際にとった戦略の問題である。なお、この二つのレベルの問題を合体させることになったのが、ナポレオン一世治下のフランスがヨーロッパを支配した歴史の研究であり、これは、『ナポレオンのヨーロッパ統合』（一九九〇）として公刊された。

近年、私は、リソルジメント研究に舞い戻った。とはいえ、今回は、ヨーロッパにおける民族運動、ナショナリズム、そしてナショナル・アイデンティティーの問題を以前よりも広い視点で、しかも比較史的なパースペクティヴを意識して取り組んでいる。ヨーロッパのような大陸においては、集団レベルでのアイデンティティーの問題が、今や再び極めて時宜を得た問題として浮上してきた。ちなみに、この問題においては、ナショナル・アイデンティティーは、上からはより広範なヨーロッパ人としてのアイデンティティー獲得の願望からの挑戦を受け、下からは地域レベルの運動の突き上げを受けている。こうした問題に関する私の研究は、今までのところヨーロッパに限定されている。その成果を、私は『ヨーロッパのナショナリズム　一八一五年から現代まで』(一九九六)に発表した。ナショナル・アイデンティティーの問題に関し、ヨーロッパと日本両者間には、極めて深い差異が存在することは明らかである。この点に関して将来意味ある比較研究ができるほどに日本について学べればと願っている。と同時に、『イタリア史一七〇〇—一八六〇』の邦訳および出版に関し、鈴木邦夫氏と法政大学出版局に対して深い感謝の意を表したい。そして、本著を手にした日本の読者諸氏が、ヨーロッパで多方面にわたって重要な位置を占めるこの美しい国、イタリアについての理解を少しでも深めていただければと思う。

フィレンツェにて　一九九六年七月

スチュアート・ウルフ

まえがき

本を出版する場合、これは小冊子にもあてはまることがあるが、大部なものだと当初の予想をはるかに上回る時間をしばしば費やしてしまう。私がこのイタリア史の著述に着手したのは、記憶に間違いがなければ一九六〇年代半ばのことである。以来この仕事は、私の日課となった。ちなみに、私が随時筆を進めてきた場所は、レディング〔イングランド南部〕、セッティニャーノ〔フィレンツェ郊外〕、コーニェ〔イタリア北西部〕、トリノ、ニューヨーク、パリ、メルボルン、そしてコウルチェスター〔イングランド東部〕である。ところで、以前トリノのエイナウディ社から出版されたイタリア語版は、同社の大胆な構想に基づく『イタリア史(一)』の一部を構成するものであった。私は出版者のジューリオ・エイナウディ氏や共同編集者のコッラード・ヴィヴァンティ氏、それにルッジェーロ・ロマーノ氏に大変感謝している。なぜなら、イタリアが歩んできた長い歴史の中で最も〈ナショナルな〉時期の解釈を一外国人が試みる機会を彼らが提供してくれたからである。本書を公刊するにあたり、私は前記のイタリア語版を実質的に書き直しただけでなく、新たに四つの章を加えた。

さて、本を著す場合、その作業があまりに長期間にわたると明らかに不都合が生じるものである。というのも、その間に著者自身の知識が深まるために絶えず同一部分の書き直しを迫られがちになるからだ。したがって、その著作をとにかく仕上げることが前提にあるならば、出版者は然るべき時期に彼の手から原稿を取り上げる必要がある。本書の場合にも、新たな材料と新しい解釈が、非情にも時には恐ろしいほどの早さで現われ続けた。それらを十分考慮に入れることは、私にとって常に可能であったわけではない。実際のところ、イタリアの文化的慣習を冷静に観察する者の目には、イタリア史に関する多くの著作が、人文主義的なレトリックの駆使という一種独特な伝統を不可避的に、そしてしばしば不必要に踏襲している半面、学問の進歩という一層一般的な要請に応じて生まれたものに見えるかもしれない。作業が遅れたおかげで、私は記憶に留めるに価しないイタリア史の研究著作に目を通さずに済んだことも時折あった。とはいえ、そのために、過去一五年以上にわたって発表された真摯な内容を誇る質の高い多くのイタリア史関係の著作を見落としていなければよいがとも思う。なにしろそれらは、リソルジメント〔十九世紀を中心とするイタリアの国家統一運動〕の伝統的な解釈に根本的な修正を加えてきたものなのだから。ちなみに、その解釈とは、リソルジメントがそれ以前の時期のイタリア史が必然的にたどった勝利の絶頂にほかならないとみなすものであった。最近の数十年間にイタリアで行なわれてきた歴史研究のうち最も優れたものは、息の詰まるような服従を強いられたファシズム体制期を経た後にイタリア人が示したあの驚くべき文化的活力の一面を示す一方、粘り強い探究心と、洗練され円熟した解釈に基づいている。そして、それら歴史研究が持つ一番重要な特徴は、生き生きとした知的好奇心に支えられているという点にある。

読者諸氏の目にも明らかなように、本書の叙述に関し、私は多数のイタリア人の歴史家、とりわけ若い世代の研究者に多くを負っている。私は、彼らの著作だけでなく、二〇年以上にわたって彼らとほとんど絶え間なく続けてきた議論にも大いに感謝しなければならない。私が研究の大半を展開してきた場所は、偶然にも統一イタリア王国の首都となったトリノ、フィレンツェ、ローマの三都市である。読者諸氏が苦渋に満ちたイタリアの歴史を本書を通じて理解して下さるものと仮定するなら、それは、著者の私がこれらの都市や諸外国を含むその他の場所で研究し、他の歴史家と議論を重ねたからだけでなく、イタリアで「非学問的な」生活、つまり、イタリア人とともに暮す体験を私が積んだからだとも思う。いわゆる「教養ある」読者は、こうした私の考えに、かのマキャヴェッリの言葉(二)を想起させるようなうぬぼれの響きを感じとるかもしれない。とはいえ、私は慎みと感謝の念をこめて本書を書き著したつもりである。外国人による歴史の叙述は困難な仕事であるし、また事実無謀であるともいえる。なぜなら、当該国の人間が幼年期から吸収してきた文明、文化、メンタリティーを理解することが、こうした作業の前提になるからである。また、これらの理解は、文献史料だけでなく身近に見聞した事柄から得られる断片的な知覚に頼ることによってのみ可能なのである。ところで、イタリアでは、一九五〇年代末以降、工業化の劇的な進展が人々に衝撃を与えるとともに、社会の様相が一変した。また、以前から絶えず行なわれてきた南部から北部への移住を通じ、イタリア人は多くの点から見てこの時期に実質的に一つの国民になったと考えられる。ちなみに、私がイタリアに腰を据えて研究を開始したのは、それよりも以前の時期〔一九五六年〕のことである。そして、これは、私にとって幸いであった。

さらに恵まれていたのは、私が多くの人々から暖かく迎え入れてもらえた点である。彼らは、実にさまざまなグループや家族であり、平野部や都市部だけでなく、遠い山間部にもいて、さまざまな恩恵を私に与えてくれた。こうした体験を通じ、私は次に述べる明白な教訓を得ることができた。つまり、イタリアにおける地域間の差異は、歴史的、文化的な理由により、他の大半の西ヨーロッパ諸国に比べて非常に大きなものであるということ。また、この差異は、見掛け上は強大な国家レベルの変化の影響を受けているにもかかわらず、その活力を今なお維持し続けているということである。こうした体験を積んだ私は、これとは別の明白な真実をも見いだすことができた。それは、イタリア史は単に諸都市の歴史の集合体ではなく、また元来そうした性格を持っていないということである。たとえ、これらの都市それぞれが、過去の栄光の証人としていかに光り輝くように見えるにしても、である。ちなみに、この事実は、残念なことではあるが政治史研究者の諸氏には往々にして知られていない。つまり、イタリア史は、換言すれば荒涼とした山がちな国の歴史にほかならない。そして、このような過酷な自然条件の下、人々は顧みられることの少ない痩せた土地で暮すために、多くの苦しみを経験しなければならない。これら地理的要素に基づく構造的な影響力は、一層容易に感じとれる政治的変化とともにイタリア社会の発展を条件づけるうえで常に複雑な役割を果たしてきたし、今なおそうである。こうした関係を理解することは難しい。かといって、それらを無視すれば、空虚な内容の歴史を叙述する危険を冒すことになる。

イタリアの新しい世代の歴史家は、これら長期間にわたるイタリアの社会や経済の緩やかな変化を鋭く感じとり、最近になってその調査に着手した。しかし、イタリア社会史、とりわけ十九世紀のそれは、今後を待たなければならない。それゆえ、ある意味において、私の試みはあまりに性急であった。つまり、まだ十分に研究されていない分野に関して書くことは、本来無理なはずであった。私は、歴史を実証するために利用可能な一次史料、自分自身の研究、そして若いイタリア人およびイタリア人以外の研究者の著作を互いに結び合せようと努力した。私はこれらを基礎にして、イタリアの社会構造と社会の変化について論じた本書を出版したのである。本書に欠陥が見られることは明らかであり、いまだ不十分な内容であることを痛感している。とはいえ、政治史が歴史を単に物語る以上のものでなければならないとするならば、政治の諸層にのみ注目して考察することは、今なお極めて難しいものであると私は確信している。つまり、政治史は、社会構造の諸条件および緩やかな変化の分析を通じてのみ理解可能なのである。前述したイタリアにおける地理的要素と政治的変化を統合する試みは、少なくとも歴史研究の有意義な方向性を示唆するという目的におそらく役立つはずである。

さて、あらゆる本の著者がそうであるように、私も多くの人々に感謝しなければならない。とりわけ、本文の広い範囲に関し、忍耐強く詳細にわたって貴重なコメントを与えてくれたブライアン・プラン氏とポール・ギンズバーグ氏に謝意を表したい。また、エリック・ジョーンズ氏、オールエン・ハフトン氏、ヴェリーナ・ジョーンズ氏、そしてモリス・エマール氏には、本書が誕生するまでの長い期間のそれぞれ異なった段階で各章に目を通していただいた。彼らの適切な指摘は、大いに役に立った。同時に、私の拙いイタリア語のタームを同義の英語に直すうえで助言を与えてくれたイアン・フレッチャー氏にも感謝する。

本書は、妻アンナと娘のデボラに捧げる。前者は、本書がおそらく二度と家族の話題に上らなくなるので喜ぶだろうし、後者は、生まれてこのかた本書に関わる私の仕事に付き合わされ続けてきたのだから。

一九七八年三月

スチュアート・ウルフ

＊注釈に関する注意書

本文が煩雑となるのを避けるため、脚注は最小限度にとどめた。これは、以前のイタリア語版を出版する際にも要請されたことである。それゆえ、出典は引用直後に記した。ちなみに、著者名の後のアラビア数字は、巻末の参考文献一覧の番号に一致する。なお、参考文献一覧は、セクションごとに分けて表示した。

凡例

一 訳出にあたっては、原書のイタリア語版（Traduzioni di Elda Negri Monateri e Aldo Serafini, *Il Risorgimento italiano*, 2 vols., Einaudi, 1981）も適宜参照した。

二 本文中の挿入説明部分は、（ ）が著者、〔 〕が訳者によるものである。

三 原書の脚注は、＊を付して段落の末尾に置いた。原書の用語解説は、当該語句の初出箇所に各部毎に（1）（2）（3）……の番号を振り、原注とした。訳注は、簡単なものは〔 〕を施して文中に入れ、それ以外は章毎に（一）（二）（三）……の番号を振り、原注とともに巻末に一括した。

リグーリア海
サルデーニャ王国
コルシカ
⑧
アヤッチョ
サッサリ
サルデーニャ
カリアリ
ティレニア海
両シチリア王国
トスカーナ大公国
ピサ
リヴォルノ
フィレンツェ
アレッツォ
シエーナ
マレンマ
エルバ
チヴィタヴェッキア
ウンブリア
ラツィオ
ローマ
テーヴェレ川
国
家
アンコーナ
アドリア海
ラクィラ
アブルッツォ
モリーゼ
ポンテコルヴォ
(教皇国家)
ベネヴェント
(教皇国家)
フォッジャ
バーリ
プーリア
ガエータ
ヴォルトゥルノ川
ナポリ
ポテンツァ
バジリカータ
サープリ
カラーブリア
レッジョ
メッシーナ
パレルモ
シチリア
カターニャ
⑤
⑥
⑦
① サヴォイ（サヴォワ）→フランス（1860）
② ヴェネツィア共和国→オーストリア（1815）
③ ジェノヴァ→サルデーニャ王国（1815）
④ グァスタッラ→モーデナ公国（1848）
⑤ ニッツァ（ニース）→フランス（1860）
⑥ マッサ→モーデナ公国（1829）
⑦ ルッカ→トスカーナ大公国（1847）
⑧ コルシカ→フランス（1770）
マイル
0 20 40 60 80 100
0 50 100 150 200
キロ

目次

序論　イタリア——その土地と人々

イタリアは、古今を問わず常に外国人を引きつけてきた。つまり、古代ギリシアの植民者から現代のせわしない旅行者まで、巡礼者から商人に至るまで、また、芸術家からロマン派の詩人に至るさまざまの人々がこの国に魅せられてきたのである。さらにイタリアは、幾世紀にもわたって西ヨーロッパ世界のイマジネーションに大きな影響を与え続けてきた。この魅力は、おそらく長い年月の間には強弱の程度の変化はあったとは思われるが、消滅したためしは一度もない。この魅力を解く鍵は、イタリアの持つ、時折重複することもある二つの異なった特徴に求められる。つまり、聖俗両面における文化の伝統と肥沃な土地およびその有効利用である。

この国における豊かな自然と富というテーマは、現代に生きる読者を啞然とさせるかもしれない。なぜなら、そうした人々は、進歩と停滞、工業化と経済的後進性といった議論にすっかり慣れきっているからだ。しかしイタリアが、〈ローマ帝国の庭園〉、つまり帝国の食糧供給基地であるというイメージは、十七世紀に至るまで微動だにしなかった。これに対して本格的な批判が始まったのは、やっと十八世紀になってからのことである。しかしこのイメージは、南部諸地域が擁する自然の潜在能力を示すには不適切なものだったとはいえ、統一後数十年間にわたってなお利用され続けた。これは、古代の共和政および帝政ローマの〈穀倉〉としての南部という歴史的記憶、そしてまた、ポー川とトスカーナ平原の景観からうかがえる土地の肥沃さ、その地に点在する諸都市の繁栄という同時代人の抱いた印象（十一世紀から十六世紀まで、そしてそれ以降もなお）とによって成り立ったイメージである。

ところで、こうした景観は、諸都市の建築物同様、人々が営々として築きあげてきた努力の結晶にほかならない。なぜなら、自然地理学の観点からすれば、イタリアには有利な点が見いだせないからだ。イタリアは、地中海と険しいアルプスの壁によって形成された自然の境界内に位置し、その五分の四は山岳および丘陵が占めている。地中海からアドリア海へと西から東に広がるアルプスの巨大な弓形の山岳地帯だけでなく、不規則な形で北西から南東に伸びるアペニン山脈の険しい山並み、さらにシチリアやサルデーニャの山々の存在も、農耕にとっては絶えず障害となってきた。アルプスやティレニア・アペニン山脈の傾斜地は、常にあるいは半ば万年雪に覆われる高さに位置するため、耕作に適する土地は極めてまばらである。

ところで、南アルプスとアペニン山脈の勾配が険しいために絶えず行なわれた森林の伐採が少なからぬ理由となって、この地方では土地の侵食が進んだ。また、南部や島嶼部の丘陵や平原地帯では、腐植土層は極めて薄い。こうした地形の問題に加え、もう一つの事実が人々に厳しい暮しを強いることになる。つまり、気候の問題がそれである。具体的にいえば、豊かな土壌に恵まれた北・中部の平原および河川の流域に見られる温暖で湿潤な環境と、南部および島嶼部における典型的な地中海性気候、つまり高温で乾燥しがちな環境とによってこの国は分断されているのである。付言すれば、後者は、長い乾季と、河川の穏やかな流れを荒れ狂う奔流に変える短いが激しい雨季を特徴としている。この南北の境界線は、単純ではない。つまり、〔北部の〕トスカーナ地方のマレンマ〔ピサの南方にある湿地帯〕は、自然地理学の観点からすれば、ちょうど〔南部の〕カンパーニャ地方が北部の一般的な特徴を備えているのと同じように、南部地域の特徴を備えているとものと考えられる。とはいえ、土壌、気象、そして農業に関する研究によれば、地中海沿岸の南部と一層快適に生活できる北部は、幾世紀にもわたって続く気候とそれに関連した土壌の区分によって生じた自然の障壁で分断されている。そしてこの事実によって、これら二つの地方における発展の差異の多くが説明できるのである。ところで、これら南北両地域の風土、土壌、植物群は、極めてスケールの大きな多様性を示している。それは、おそらくヨーロッパの他のいかなる国におけるよりも激しいものであろう。そしてこの多様性に加え、広大な沼沢地と、予期せぬ奔流と化する河川の存在が、さまざまな生活様式や農業形態を生み出したのである。

こうしたイタリアの環境を古代から現代に至る何千年もの間制御し、利用しようとしてきた人々の努力には、大ざっぱにいって次の三つの傾向が認められる。つまり、絶え間ない水害の脅威を抑制し、また利用するための灌漑と排水の計画、程度と規模は時代によって異なるものの、ずっと続けられてきた森林伐採――ちなみに、この結果、地水体系の破壊に拍車がかかることになる――、そして人口の周期的な増減に対応した耕作地の拡大と縮小がそれである。こうしてイタリアの景観は、長い年月をかけ、徐々に形成されていった。つまり、種々の作物の混成栽培が行なわれ、細心の注意を払った灌漑と集約的な農業が展開される下ロンバルディーア平原、広大で人もまばらな草原で小麦の栽培が行なわれるローマとシチリアのラティフンディア〔大土地所有制に基づく粗放農業〕、アブルッツォやラツィオ、あるいはプーリアにおける大規模な牧羊経営、イタリア全土の諸都市近隣で行なわれる都市向け野菜と果樹の栽培、さらにはマラリアに冒された平地を逃れるために南部の丘陵地帯に形成された村落や、中部イタリアに見られる小作人の住む一軒家といった具合である。こうした景観の形成過程は、極めて緩やかであったが、その大半は十二世紀から十六世紀の間に出現している。十七世紀の人口の停滞が、十八世紀におけるその増加と同じく、後世に重大な影響を及ぼしたことは確かである。にもかかわらず、前述した景観は、今世紀に至るまで基本的には大きく変化していない。

さて、十二世紀から十三世紀頃になると、北・中部の主要都市には周辺地域と同じく領主の邸宅や公共建築物が立ち並び、市場や商業が賑いを見せていた。そしてこれらの景観は、すべての外国人訪問者を驚嘆させる一方で、イタリアと他のヨーロッパ諸国との相違点ともなっていた。当時の封建社会では、独立した都市国家で活動する商人が、教会と神聖ローマ帝国という二本立ての世界を普遍的な理想としながらも、何人も否定しがたい経済的なイニシアティヴを手にしてヨーロッパ全土にその実力を誇示することになる。さらにこれに加え、彼らが文化面での優位性を併せ持つのにも大した時間は必要としなかった。キリスト教世界において、イタリア人が世俗面でこうした指導力を発揮した原因を彼らの〈国民性〉に求めることはできない。もしできるとするなら、その後のイタリアの〈衰退〉が説明不可能だからである。つまり、前記の原因は、少なくとも当初は国土の地理上の特性がもたらした一つの重要な利点、換言すれば地中海の中央部に位置するという点に求められる。九世紀から十世紀にかけて全般的に復興基調にあったヨーロッパ経済を背景として、イタリア人の果たす役割は増大し、彼らはまもなく支配的な位置を占めることになる。なぜなら、彼らは東西間の貿易を事実上独占したからである。オリエント、ビザンツ、アラブ世界はもとより、遠く中国の産物や文化が、キリスト教を核とする西ヨーロッパの封建社会にイタリアを通して浸透していった。つまり、香料、絹、聖遺物、異教、古代の写本、そして当時流行した疫病に至るまで、ありとあらゆるものがアマルフィ〔南部のカンパーニャ地方の都市〕、ピサ、ジェノヴァ、ヴェネツィアなどの港町と、ミラノ、パヴィア、ボローニャ、フィレンツェなどの内陸部の諸都市を通過していったのである。

とはいえ、十一世紀から十四世紀にかけてのこうしたイタリア人の際立った成功を、地理的な要因だけに帰することはできない。他の要因の一つとしては、ローマが再び重要な意味を持つに至った事実が挙げられる。かつて世俗的帝国の首都であったこの都市は、中世になると聖ペテロの後継者〔ローマ教皇〕が采配をとる聖庁所在地となっていた。当地をめざす巡礼とペテロ献金(一)が、東から西へ向かう道と交叉する新しい北から南へのルートを開いた。また、こうした当時の慣習がボローニャ、フィレンツェ、シエーナ、ヴィテルボといったエミーリア、トスカーナ、ウンブリアに位置する諸都市の富を創り出すことはなかったにしても、その増大には寄与したのである。ローマは、一三〇〇年にはおそらく三万の人口を擁していたものと思われる。したがって人口一〇万のフィレンツェやヴェネツィア、あるいは人口八万のミラノと比較した場合、都市の規模という点では見劣りしていた。とはいえ、古代の栄光を聖俗両面で継承したという神話を持つ都市として、中世ヨーロッパにおけるローマの重要性を過小評価することはできない。過去の栄光の継承というローマの持つ古い伝統が、都市国家の持つ前例のない近代的イメージと並んでこれと矛盾する後進性というイタリアのイメージを作り上げていたのである。

北・中部イタリアの都市国家が有していた自立的性格は、経済面での成功に欠かすことのできない要素であった。当時の人々がイタリアの都市コムーネに驚きの目を見張ったのは、中世ヨーロッパの封建制を海にたとえれば、それらの国家がそこに浮かぶ島であるかのように、著しい対照をなす点で際立っていたからにほかならない。もっとも、封建制はイタリアの大半の地域においても依然として支配的であったし、最終的には都市コムーネを没落させることになる。ノルマン人やアンジュー家の征服によって都市国家の独立が阻まれた南部だけでなく、ピエモンテ、トレンティーノ〔北東部〕、フリウリ〔北部〕、そして中部イタリアの広範な地域にわたり、封建的な社会構造は極めて安定した状態を保ちつつ存続していた。したがって、都市コムーネの力の及ぶ領域は、常に限られていた。しかしこの領域内では、都市と周辺部の封建的な地域との関係は根底から変化するのである。つまり、都市の中心部は、封建領主に従属するどころか周辺地域に対して自己の支配権を主張したのである。荘園制の解体と農業の商業化は、都市人口の急激な増加と商取引の拡大によって生じた。そして、都市内部で商人と職人が指導的な役割を演じる一方、ここに貴族が居を定めた事実は、まさに都市の経済的な覇権によって説明可能なのである。封建的秩序が支配する社会にどっぷりと浸かった外国人は、イタリアの都市コムーネの特質を、その市民の政治的な自立と経済活動を貴族が自発的にせよ、強制的にせよ容認している状況から理解しようとした。都市国家の政府とギルドの発展は、諸都市間あるいは各都市コムーネ内部の派閥間に特徴的な闘争と同じく、封建世界にはおよそ無縁な現象であった。そしてこの現象は、都市部の覇権を北・中部の貴族が容認していたからこそ生じたのである。

ところで、これは外国からの訪問者にもいえることだが、これら都市コムーネの市民は、自己の所有財産の持つ意味を自覚していた。この富は、高品質の織物製品の生産を中心とする工業に基づくものである一方、国際貿易の需要に対応していた。イタリアの商人と銀行家は、その企業家的手腕によってヨーロッパの貿易を牛耳った。金銀貨の鋳造、小切手、複式簿記、各種の保険といった経済分野における数々の革新は、おそらく従来主張されてきたほど革命的な意味は持たないであろう。それでは一体何が革命的であったのかというと、イタリアの商人と銀行家がヨーロッパ内外で広く活動していたこと、彼らがこれらの広い地域における商品相場についての知識を得ていたこと、さらにその知識を景気に関連づけながら利潤に転化させる才能を持っていた点なのである。読み書きや計算といった基本的な技能は、彼らが貿易活動を展開するにあたって不可欠の要素であった。ちなみに、これらは、都市コムーネの政府が持つニーズとそれが展開した行政に結びつけて考えることが可能である。また、イタリア商人が最終的に諸外国のライバルを打ち負かした事実は、彼らが広域にわたって活動する一方、種々の商業組織を通じてしっかりと団結していた状況から説明できる。そして、彼らのこうした特徴は、イタリアの諸都市に特有の、家族と血族の持つ独特な構成と〈社交性〉によって理解することがおそらく必要となるだろう。この点は、前述した彼らの持つ基本的な技能の問題以上に重要である。

　イタリアの諸都市が、十三世紀および十四世紀初頭頃のヨーロッパで覇権を手にした事実は誰の目にも明らかであった。ちなみに、この覇権は経済、文化の両面にわたっていた。この点をはっきりと自覚していたイタリアの都市市民は、アルプス以北の人間に言及する際、これを〈野蛮人〉とみなして軽蔑した。また、彼らは、年代記や公共の建築物によって都市に対する熱烈な愛情を表現していた。イタリアは、外国人に称讃とともに嫉妬の念を起こさせた。イタリアは、聖俗両面における文化の中心であった。たとえばローマは、一三〇〇年に聖年(三)を正式に制度化した結果、キリスト教世界における宗教と行政の中心地としてその存在をアピールすることに成功する。そして、キリスト教徒は免罪符を購入するかたわら、ローマをめざして苦しい長旅を敢行することで贖罪を容易にしようとしたのである。とはいえ、他のイタリア諸都市も、文化の中心としての魅力をローマに劣らず発揮した。たとえば、大学都市、とりわけボローニャは、すでに十二世紀から新しい法制度を確立していた。また、フィレンツェ、ヴェネツィア、ミラノといった人文主義者の活躍する諸都市は、後年特に十五世紀頃、古典の写本や思想の研究によってヨーロッパの知識人を魅了したのである。

　さて、イタリアの諸都市は、文化の領域でその頂点に達していた時、経済、政治の両面ではすでに没落に向かいつつあった。それでは、その様子を概観してみよう。十四世紀になると飢饉と疫病が全ヨーロッパを襲い、一三四八年には恐ろしい黒死病が猛威をふるってイタリアの経済成長が阻まれた。東方へのルートは、十四世紀初頭に〈パクス・モンゴリカ〉〔モンゴル帝国による平和〕の終焉を契機に途絶した。こうして、フィレンツェ、ジェノヴァ、ヴェネツィア、ナポリは、ことごとく金融危機に見舞われる。フィレンツェ、ジェノヴァ、ヴェネツィアの大金融業者は窮境に陥り、しばしば破産した。外国で活躍していたイタリア商人は、迫害され始めた。フィレンツェ、ブレッシャ、ピサ、ヴェネツィア、ヴェローナの織物産業は、没落した。都市人口は、急激に減少した。一方、とりわけトスカーナ、ラツィオ、サルデーニャの農村地帯では、疫病による人命の損失が甚大であったため、村落と耕作地が放棄されることになった。湿地とマラリアに悩まされた人々は、南北両地域で平野部を放棄せざるをえなかった。耕地は、牧羊地に転化された。とりわけ南部の港や河口のデルタ地帯は、泥土で埋めつくされてしまった。ポー川下流地域、ティレニア海とアドリア海の沿岸地域、そしてヴァル・ディ・キアーナ〔トスカーナの渓谷地帯〕でも、状況は似たようなものであった。

十四世紀初頭の急激な経済発展と、同世紀後期に生じた深刻な危機は劇的ともいえるほど対照的であった。こうした事態は、都市内部、そして都市と農村との関係に長期的な変化を引き起こした。イタリア諸都市の経済活動は、ヨーロッパ全体の経済と同じく、十五世紀の全般を通じて復活する。しかし、イタリア商人がヨーロッパを支配する事態は、二度と実現しなかったのである。メディチ家[三]のような大金融業者の活動を通じ、人々はイタリア都市に壮麗なイメージを抱いた。にもかかわらず、都市経済は依然として奢侈品の生産と結びついたままであった。このため、イタリアの諸都市は、とりわけ国際貿易の中断によって被害を受けやすい状態にあった。都市内部では、下層のギルドと〈ポーポロ・ミヌート〉[1]〔下層労働者〕が権力闘争に敗れた。十四世紀後期にルッカ、シエーナ、ペルージャ〔中部ウンブリア地方〕、ジェノヴァに勃発した都市部の織物工の反乱、そして特に一三七八年にフィレンツェで生じた有名なチョンピの乱[四]は、失敗に終わったのである。商品生産は、〈ポーポロ・グラッソ〉[2]〔富裕な市民〕、つまり銀行家であると同時に商品の生産およびその販売に携わる者によって、ますます規制されるようになった。こうして閉鎖的な性格を強めたギルドは、製品製造独占権その他の諸特権擁護に一層意を注ぎ、競争相手に敵意を抱き、進取の精神に欠けるようになる。イタリアの都市は、高品質で高価な商品の生産に相変わらず依存していた。これらの製品は、十六世紀中頃に最後のブームを迎えるが、その後イギリス、オランダ、フランスで新たに生産されたより安価な織物と競合することは事実上困難であった。ポーポロ・ミヌートに対する商業資本家の勝利によって、都市国家は崩壊する。都市コムーネの歴史は、その内部から見ればいつも不安定であったことが特徴となる。つまり、ギルド・党派・一族間に特有の闘争が絶えず展開されたのである。この結果、官僚層の育成や統治に不可欠な財政手段の改善および発展が阻止される一方、都市の国家への脱皮も不可能であった。ちなみに、後者が実現するためには、統一的な行政の確立が不可欠だったのである。寡頭政治を展開する富裕な層は都市コムーネの支配を狙ったが、広範な社会的支持基盤が欠けていたため簡単に打倒されてしまう。フィレンツェは、一三四三年に七万以上の人口を擁していたにもかかわらず、官職の有資格者は三五〇〇人しかいなかった。フィレンツェを牛耳る一族に挑戦しようとする者は、民衆の扇動によってその実現はいつでも可能であった。そしてこの傾向は、この都市がとりわけ経済的に困難となった時期や他のライバル都市との戦いに敗れた後、顕著となった。極めて広範な市民層が官吏として積極的に活動することを止めて経済活動に力を入れるにつれ、〈シニョーリ〉〔領主〕は、都市コムーネの権力を獲得した。

ところで、都市コムーネの〈シニョーリエ〉[3]〔僭主制〕への変質は、単に前者が全般的に弱体であったために実現したわけではなかった。それはむしろ、封建的な世界における都市コムーネの孤立、さらには都市部の寡頭政治と封建家臣間の密接な結合という現象を意味していた。都市コムーネは、食糧の供給や住民の自由で安全な往来がいったん確保されれば、従来から存続している封建制に対し、決して挑戦しようとはしなかった。実際、富裕な商人が土地を購入し、封建領主が都市に生活するようになった結果、両者間に多様な結びつきが生まれた。そしてこの関係は、十三世紀には権力の座から疎外されていた貴族が公職保有の権利を再び主張するにつれ、緊密となる。これら両者間の利害が共通なものとなってきた背景には、都市コムーネにおける寡頭支配体制がしだいに確立しつつあったという状況が認められる。ヴェネツィアやジェノヴァのような共和国でさえ、権力を独占したのは限られた一族のメンバーであった。他の地域では、都市国家の支配者の下で活動する〈コンドッティエーリ〉〔傭兵隊長〕やこれを打倒した領主は、封建領主の出であることが多い。ちなみに、後者の主な例としては、ヴィスコンティ家(五)、エステンシ家(六)、ゴンザーガ家(七)、スカリジェーリ家(八)が挙げられるが、この他にも多くの一族が存在した。彼らは、封建的な領地を所有していたが、これが権力獲得の基盤となった。それは、ヴィスコンティ家やカッラレージ家(九)のように都市から追放された後に再び権力を奪取した場合にもいえる。

シニョーリエは、十四、五世紀の北・中部イタリア諸都市で広まったが、この現象は南部において長年特徴となっていた社会の封建化を一層際立たせることになる。権力の獲得は容易だとしても、それを保持することは困難であった。ロンバルディーアのヴィスコンティ家やスフォルツァ家(一〇)のようなシニョーリは土地に関わる権威を拡大したが、それは地方の少数支配者に諸特権を付与することによって得られた、彼らとのいわば妥協の産物である。十四世紀の最後の数十年以降、新旧の地方支配者は、免税特権や裁判権を含む封建的諸権力を付与された。こうして封建的世界は、再び自らの力を誇示することになる。それは、都市の諸階層が土地を購入し、封建的諸権利を獲得して、封建社会で価値あるしきたりをしだいに取り入れていった事実に現われている。つまり、彼らは、騎士道や貴族の名誉を重んじる態度をとり、厳格なヒエラルキーを支持する一方で、〈技〉を重んじる仕事に就くことを嫌がる傾向を示すようになったのである。たとえば、ヴェネツィア共和国の市民でさえ、彼らの植民地であるクレタ島にまで受封という封建的慣習を持ち込んだほどである。

さて、こうした変化は、農村部にも重大な影響を及ぼした。つまり、都市国家の初期の拡大を通じ、荘園制が解体し、農民は解放されて土地財産を獲得し、半ば自立した農村コムーネが出現、さらには都市部の市場の発展を契機とする商業的農業が発展したのである。そして十四世紀にヨーロッパを見舞った危機を背景として、都市は、住民の抱く土地獲得の願望に応えることがもはや不可能となった。一三四八年の黒死病の流行がこの状況を一時的に緩和したとしても、農民はその恩恵に長期間浴せなかった。なぜなら、都市が土地を求めていたからである。つまり、富裕な層や市民が、都市周辺の土地を速やかに獲得してしまったのである。シニョーリの保護のもとに、土地への投機が促された。そして、十五、六世紀には、農村部の景観が変化する。ちなみに、この過程を通じて農民が犠牲となった。こうして、大土地所有制が北・中部イタリアにも出現する一方で、南部ではこの形態がさらに強化された。農村コムーネは、多くの共有地と自治権を同時に喪失した。仮に若干の富裕な農民が出現したとしても、前述した土地の一極集中によって大半の農民は土地を失ったのである。また、北・中部の農業は、商品作物を主体とする生産形態をますます強めつつあった。土地は、農村商人(4)やフィッタービリ(5)と呼ばれる資本主義的な企業家にしばしば賃貸された。彼らは生産性の向上よりも、むしろ目先の生産を最大限に増やすことに関心があった。十三、四世紀を通じてトスカーナに導入された〈メッザドリーア(6)〉〔折半小作制度〕はしだいに普及したが、その性格はしだいに変化する。つまり、麻のような新しい作物を導入したり、ブドウ酒のように従来より生産されている製品から得られる利益を増やすために、その労働力として農民に対する需要がしだいに高まってきたのである。メッザドリーアは、エミーリアには十五世紀に、ウンブリア、ピエモンテ、そして中・西部のポー川流域では、十六、七世紀にそれぞれ広まった。こうした地域では、ロンバルディーア平原のごく一部を別にすれば家畜の頭数が少なかった。このため厩肥が十分ではなく、商品作物の生産が制約されたとも考えられる。とはいえ、ロンバルディーアの大青、アブルッツォのサフラン、プーリアのオリーブ油、シチリアのサトウキビ、ヴェルチェッレーゼの米といった作物生産の開始は、農村部の商業化を意味している。また、とりわけ農村部の景観の変化を特徴づけたのは、沼沢地の干拓や牧羊地、牧草地の拡大であった。十五世紀末以降、富裕な市民層は、自らが牛耳る政府の力を背景に、トスカーナの沿岸地域やボローニャ、フェッラーラ、マントヴァにまたがるヴェネツィアの灌漑事業に巨費を投じ、莫大な利益を得た。トスカーナのマレンマ〔湿地帯〕、そしてそれ以上にラツィオ、プーリアでは、シチリアやサルデーニャで見られるような封建的大地主による大規模な牧羊が始まった。この結果、耕作地の減少は深刻となり、都市部への小麦の供給に重大な危機をもたらした。ところで、北部の商業的農業と南部農業との根本的な性格の相違は、十六世紀中頃までに明らかとなる。つまり、北・中部では、商品作物の生産にある程度特化した集約的農業が展開し、南部では粗放的な小麦栽培と牧羊が行なわれたのである。この相違は、両地域における土地所有形態、土地保有に関する契約および住民の居住形態の違いを反映している。つまり、南部では広大な所領、それに主要都市の近隣地域を除いて農民の保有する小規模な土地または貸借地が展開していた。そして、大半は土地を持たない住民が、農耕期の需要に応じて彼らの住む村落からかなりの距離を移動するのである。他方、北・中部では、農地の規模は大小さまざまであった。そして、それらは、農家の規模に応じた、より小さな労働単位に分割されていた。この地域の農民は、耕作地近くのそれぞれ独立した住居か小村落に住んでいた。そして、小土地保有農が依然として支配的だったのは、山岳の渓谷地帯だけであった。

ところで、都市の市民が農民に敵愾心を抱くという現象は、イタリア全域に共通して見られた。たとえば、十四世紀から十六世紀にかけての文学作品の中では、農村労働者が愚かで、偽善的で、不誠実な連中であるとして嘲笑の対象となっただけでなく、都市市民にとって脅威の存在とみなされた。他方、農民は、十五世紀に起こした挑発的な蜂起が挫折した後、〈パエーゼ・ディ・クッカーニャ〉〔桃源境〕に逃避した。このおとぎの国は、厳しい現実とはまったく異なった世界である。食糧は満ちあふれ、労働する必要はなく、ただ寝ているだけで収入が得られるという。さらに領主や身分の貴い人間は存在せず、農民は自由を満喫するのである。こうした文学の世界においても、イタリアの南部と北・中部との相違は、歴然としていた。つまり、民衆文学は、北・中部だけに広まっていたのである。

さて、イタリアは、十六世紀初頭になると自立性を喪失し、政治危機に見舞われた。この結果、この国の社会に見られる前記の伝統的な傾向は、修正されるどころか、一層際立ってしまう。半島部の地方の小国家の発展は、シニョーリエの時代にも依然として続いてはいた。しかし、ヴェネツィア、ミラノ、フィレンツェ、ローマ、あるいはそれ以外の主要都市では、強固で均質な国家構造を創り出すことができなかった。たとえば、ロンバルディーアのスフォルツァ家は、広大ではあるが多種多様な性格を持つ地域を、地方都市の支配者との妥協や、彼らに対する自らの意志の強制を通じて支配したのである。ちなみに、共和政のヴェネツィアやメディチ家の支配するフィレンツェにおいても、状況は似たようなものであった。また、シチリア、ナポリの両王国では、国王フェルディナンドに対する反逆者が弾圧された後でさえ、各地の封建領主はその権力を保持したのである。他方、教皇国家では、十三―十四世紀に何度か生じた教会分裂を通じて国内の有力な貴族に対する受封が頻繁に行なわれた。教皇は、十六世紀に、外国勢力の侵入によってイタリア諸邦の支配者が動揺するのを機に受封の抑制を図ったが、それはあくまで形式的なものにとどまった。さて、十四世紀中頃以降しばらくの間、イタリア諸邦の支配者は、外国の脅威に対して相対的な平和を享受できた。そして、この状況は、ローディの和[一一]（一四五四年）の結果生まれた見かけ上の勢力均衡によって確立したかに思われた。しかし、この時期のイタリア諸邦は決して強大であったわけではなく、単に脆弱な体質が覆い隠されていたにすぎなかったのである。諸外国から絶賛されたイタリアの外交手腕は、弱体な軍事力、シニョーリの陰謀、共和主義者による寡頭支配といった恐ろしい現実を隠蔽するのに役立った。また、イタリアの富は、諸外国の野心家を魅了し続けていた。それは、一四九四年にフランス王シャルル八世（一四八三―九八）の軍隊がイタリアに侵入だけでなく、次王のルイ十二世（一四九八―一五一五）や神聖ローマ皇帝マクシミリアン（一四九三―一五一九）、さらにスペイン国王フェルディナンド（一四七九―一五一六）が、イタリア国内の戦利品の獲得に先を争って奔走した事実に一層はっきりと示されている。

さて、イタリアの崩壊は、スペインの覇権を確立したカトー・カンブレジの和[一二]（一五五九年）で決定的となった。この状況は、当時の人々に衝撃を与えた。なぜなら、イタリアは、古代以来栄光の歴史を有していたにもかかわらず、現況はそれと著しく対照的だったからである。とりわけ、こうした政治力の低下は、フランス、イギリスからボヘミア、ポーランド、モスクワまでをも含む全ヨーロッパに文化面での影響力が及ぶのと同時的であっただけに、衝撃の度合も著しかった。イタリアの政治力の低下と文化面における影響力は反比例関係にあった。イタリアの人文主義、絵画、彫刻、建築、装飾美術、都市と庭園の設計技術は、十五世紀後期から十七世紀に至るまでヨーロッパの知識人、芸術家、貴族および王宮にさまざまなモデルを提供した。ちなみに、その例としては、ピーコ・デッラ・ミランドラ(二三)、レオナルド・ダ・ヴィンチ、マキャヴェッリ、ボッロミーニ(二四)などを挙げることができる。シニョーリの衰退、ますます強まる反宗教改革の圧力、そしてスペインのイタリア支配といった状況を背景に、数え切れないほどのイタリア人の芸術家や職人が祖国を離れ、ヨーロッパ大陸の各地に特徴ある足跡を残していった。イタリアの物質面における偉大な過去と没落した現在との対照は、十七世紀から十九世紀におけるすべての外国人旅行者間で極めてありふれた話題となった。彼らは、この話題を、衝撃、ノスタルジア、侮蔑あるいは哲学的な諦観をこめて語ったが、その表現には、彼らの生きた時代や国籍の違いが反映されていた。しかし、彼らの語り口がさまざまであったとはいえ、その根底にはイタリアの文化面における貢献に対する高い評価が認められる。一方、イタリアの知識人にとって、祖国の衰退は、外国人の場合とは比べものにならないほどの衝撃であり、彼らが打ちのめされてしまったことは明らかである。マキャヴェッリやグィッチャルディーニ(二五)の著作、そして古代ギリシアやローマをテーマとして彼らが展開した議論は、十六世紀の慣習や諸制度を、自主独立の国家イタリアという理想の姿にふさわしいものとするために彼らが不断の努力を傾注させていたことの証である。しかし、人文主義者は、寡頭支配が硬直化してくると、諸外国によるイタリア侵略開始以前に公務から手を引き始めていた。たとえば、アルベルティ(二六)は、公職に名誉は見いだせないと主張した。また、諸外国との戦争が本格化すると、カスティリオーネ(二七)は、廷臣としての彼の新しい職務を通じて知識人の威厳を保つべく努力する一方で、絶対王権の出現という新しい事実を容認した。さらに同じ頃、アリオスト(二八)は、君主を褒めたたえ、その庇護を得ることが今後必要になると公言してはばからなかった。

こうした変化は、急速に生じた。イタリアの政治論者は、十六世紀中頃までに現実の支配者の権威に服従した。また、彼らはほどなくしてイタリアが自立性を喪失した事実をも認めたのである。十七世紀を通じて出版された数多くの政治論や社会論は、〈国家理性〉をどのように操作すべきかについて考察し、それが決して至難の業ではないとはっきり主張する一方、君主の栄光を讃えることによって年金と家禄の獲得を容易にすべきであると公言している。ところで、この頃さまざまな反スペイン的な内容を持つ宣言が出されている。その目的は、イタリアの〈自由〉をスペインから奪回するためとされていたが、実は、私的な、とりわけ家族の栄達のために政治活動から身を引いた事実をカモフラージュしたにすぎない。イタリアは、反宗教改革とスペイン支配の結果、厳格な階層社会からなる国に変貌した。形式を重んじる教会権力とスペイン政府の手によってこうした社会の階層分化が促進され、法制化されたのである。ところで、教会には二重の役割があった。つまり、教会権力に抵抗する者を弾圧し、神によって定められた基本的に不動な社会秩序を恒久化することである。これらの目標は、イタリアにおいて完璧に達成された。なぜなら、イタリアの国家と社会は構造的な弱点を抱えていたし、また教皇の権威が復活したからである。教皇の復権は、トレント公会議〔一九〕〔一五四五—六三年〕を通じて驚くべき早さで達成され、さらにあの極めてカトリック的な君主であったスペイン王フェリーペ二世〔一五五六—九八〕の支持を通じて仕上げが行なわれた。ボルジア家出身の教皇アレクサンデル六世が悪名高い政治的陰謀を企んだ時期から、パウルス四世〔一五五五—五九〕とピウス五世〔一五六六—七二〕による狂信的な権威主義の時代が到来するまでわずか半世紀しか隔たってはいない。イタリアの異端は、十六世紀後期までに鎮圧された。それは、一つにはしばしばカトリック宗教改革という名で呼ばれる倫理面における教会の権威の復活によるが、それ以上に、ローマへの極端な権威の集中が理由である。カラーブリアのヴァルド派〔二〇〕が居住するすべての集落では、トレント公会議の開催中にさえ大虐殺が行なわれた。また、その他の異端は、絶えず眼前にちらつく異端審問やその他の威嚇、それに禁書総目録の導入を通じて弾圧された。そして、ユダヤ人は、追放されるか、あるいはゲットーへの居住を強制された。ヴェネツィアが、改革派の聖職者、サルピ(二二)の指導の下に教皇の破門に対抗できた事実(一六〇六年)も、カトリック正統派の教義への挑戦ではなく、むしろ政治的なレベルでの教会と国家の諸関係に関して行なわれた教皇の主張を断固拒絶したことにその意義を見いだすべきである。

こうした異端弾圧と対をなす教会の政策は、教会内の宗教生活に積極的に参加することが不可能な平信徒に対し、一連の強制的な信仰や俗界での敬虔な行為の実践を教え込むことであった。一五六六年に出版されたローマの教理問答は、平信徒が直接聖書に通じることによってよからぬ教えに染まる危険から彼らを守る効果的な手段となった。民衆レベルで言えば、イエズス会、バルナバ会(二三)、その他の新しい宗教団体の〈伝道〉とともに、聖人の敬虔な行為や生涯に関する教化的な著作が大量に出版された。これらの著作は、十七世紀を通じてイタリアの諸都市や地方に浸透し、住民を真実のキリスト教に引き戻すことを目的としていた。迷信的な儀式やバロック様式の教会は、イタリア社会におけるこうしたカトリックのいわば〈レコンキスタ〉〔失地回復運動〕の補足的な一面を示している。

ところで、カトリック教会は、とりわけイタリアにおいて成功を収めた。なぜなら、ここでは、教会の社会観と支配者層のそれとが大ざっぱにいって一致していたからである。教会が、政治的レベルにおいては世俗の国家組織から独立している一方で、それから隔離された組織としての役割を強制されたといえるかもしれない。にもかかわらず、教会は多種多様な絆によって、最終的にはイタリアのさまざまな貴族や支配階級との結びつきを保持していくのである。たとえば、イエズス会は人文主義者に代わって貴族の若者の教育にあたった。こうして、貴族は、絶えず宗教界に人材を供給し続けた。聖職禄、聖職者の教会への任命の際に俗人が有する監督権、そして慈善団体の長の指名は、教会権力と俗人支配層との間の継続的で緊密な結合が存在したことを示す一例である。つまり、教会あるいは俗人支配層、さらには両者が協力して事に当たったのである。教会は、組織体としては世俗から分離していたとはいえ、社会における貴族のイデオロギーを確立し、強化した。教会の仕事は、神の栄光を地上に具現する者として君主の支配権を主張したり、宗教儀式と行列祈禱をヒエラルキーに基づいて執り行なうことから始まって、身分の卑しい者に対し、尊敬、服従、諦念を義務づけることにまで及んでいた。

、イタリア社会におけるこうした貴族の再構築に拍車をかけたのは、スペインの影響力である。十六、七世紀を通じて、貴族の富、力、理念は、かつての都市国家における商人のそれに決定的に取って代わった。その過程は、都市の支配者層による多くの土地購入と、爵位授受のインフレ現象にきわめて明確に、また直接に見いだせる。土地は一族に身の安全を保障し、多くの場合は免税権の獲得や食糧の供給、さらには官職や爵位を要求する際に最も合法的な基盤となったのである。また、付随的な領主権力、とりわけ、労働力の搾取を通じて満足できる収入源となったのもやはり土地であった。ちなみにこの労働力の搾取は、農民にとってますます過酷となった土地保有契約や、負債義務の強化を通じて容易に実現した。そして、土地の保有は、大規模な商取引、生産業、あるいは金融業への投資を妨げるものではなかったのである。他方、男爵、伯爵、侯爵、公爵あるいは大公といった称号は、新参者の貴族社会への参入を正当化し、昇進を通じて旧貴族に対する優越も保障した。こうして、土地と爵位は、ともに権力の行使を構造的に支えることになった。スペインの影響力を強く受けたイタリアの支配者たちは、以前のシニョーリとは異なって打倒されることはなかった。しかし、絶対主義国家の財政構造や官僚制を創り出そうとした彼らは、土地貴族の協力を必要とした。北・中部イタリアの貴族は、中央行政では最も影響力のある地位から排除されるか、あるいは一種の名誉職で定収入が得られなかったり、ナポリ、シチリア、スペインといった遠方に赴かなければならない場合があることを理由にその地位に就くことを嫌った。その代わり、彼らは地方の官職を依然として独占していた。こうして、諸都市が有する伝統や特権と彼ら貴族との一体化がますます進むことになる。つまり、彼らやその他の名士がこうした都市の社会を支配したのである。彼らは、聖俗の各種組織の運営をしばしば利用して、個人的な利益を獲得しようとした。一方、南部イタリアでは、スペインが支配する王国が財政的に弱体であったために、あらゆる行政改革実施の可能性はしだいに消え失せてしまった。さらに、一六四七年に勃発したナポリの民衆反乱を契機に、政府は貴族に政治的防衛の仕事を委ねる代わりに、封建制の拡大を認めざるをえなかったのである。

ところで、イタリアの社会に浸透した貴族の理念は、スペインにおけるそれと比較した場合、類似点はほとんどなかったようである。つまり、イタリア諸邦の貴族は、彼らと同等の地位にあって最も成功した都市ブルジョアジーと手を組むことにより、その勢力を維持したのである。このため、閉鎖的なヒエラルキーの維持に努めた国家、ヴェネツィアでさえ、十七世紀中頃にはその政策変更を余儀なくされたほどである。貧しい貴族に対して教育と資金援助が行なわれたが、これは彼らの地位の低下を防ぐための方策であった。一族の財産の保持は、極めて重要な問題であった。そして、そのためには、正当な限嗣相続(7)、次子の性的な自己抑制、そして親が結婚する娘に与える持参金をあらかじめ蓄えておくことが必要となった。こうして、世襲と社会的な地位が、貴族の家構造を左右した。彼らは、名誉、武勇、血統を重んじる一方で、弱者を嘲笑や私刑の対象にすることが当然であると考えたのである。

貴族のこうした復権は、一つにはイタリア経済が構造的危機に見舞われた結果であると同時にその原因でもあった。都市部の伝統的な産業は、イギリス、フランス、オランダに対抗することが事実上不可能なことが判明した。たとえば、毛織物の生産高は、フィレンツェとミラノでは一五六〇年代以降、ヴェネツィアでは一六二〇年代までに急激に落ち込んだ。ギルドは、その加盟者に対してさえ、職を確保することができなくなった。その一方で、クリスタルグラス、皮革製品、印刷業、良質の石鹼や菓子類、そしてとりわけ絹製品といった新しい奢侈品製造業の出現や復活が見られたが、これらは十七世紀から十八世紀にかけてイタリアの主要産業へと成長するのである。イタリアでは、産業構造の変化がますます顕著になっていた。つまり、内外の市場向け既製布地の生産に代わって農産物と半製品の輸出が中心となったのである。ヴェネツィア、フィレンツェ、ジェノヴァ、ミラノ、ローマといった都市の人口は、停滞するか、微増するにとどまった。しかし、これらの都市の消費需要は依然として存在し、また統制価格で十分な食糧供給を確保することを目的とした政府の立法によって事実高まったのである。南部の二大都市、つまり、人口一〇万のパレルモと十六世紀末当時二五万というヨーロッパ最大の人口を擁していたナポリでは、工業生産はほとんど行なわれていないか皆無であったが、両都市とも莫大な消費需要があったため、王国政府に寄生して発展する中心地となった。

都市経済の退行、過酷になる一方の重税、そして貴族の土地所有の増大といった現象は、農村部にマイナス効果をもたらした。十六世紀における農村人口の急激な増加は、十四世紀初期と同じく農村社会をますます強く圧迫する。こうして、十六世紀の最後の一五年までに、状況は農村の自給経済にとって極めて深刻なものとなった。つまり、重い負担に耐えかねた農民は耕地を捨て、出生率は低下し、さらに一五九〇年から九一年に頂点に達した飢饉が繰り返し発生するのである。十七世紀になると、とりわけロンバルディーアでは一六三〇年に、またナポリ王国では一六五六年にペストが流行したため、人口増加による農村社会への圧力は弱まった。しかし、農業は、大半の地域で依然として弱体なままであった。

さて、農村経済の構造的な脆弱さは、十六世紀末に露呈する。つまり、増大する人口に対処するために従来から耕作地の拡大を強いられた結果、家畜が不足し、生産性の大幅な向上は望めないという事態が明らかとなったのである。都市部に地主が居住して消費需要が高まったために農作物の商品化が促される反面、農民の自給自足の生活が脅かされた。十七世紀の北・中部イタリアの支配的土地保有形態であった物納小作制は、農業生産の増加を阻む要因となる一方、地主あるいは差配に対する小作人の従属を著しく強める結果を招いた。メッザドリーアは、元来農産物の分配に基づく制度であった。このため、耕作地の規模や栽培すべき作物の種類は、必然的に農家自らの需要に応じて選択され、決定されていた。ところが、地主が農場の直接経営に乗り出したり、とりわけ農民が種子、家畜、農具といった流動資産を地主に全面的に依存するようになったため、農民は自己の労働条件を要求する際、極めて弱い立場に置かれたのである。〈メッザードリ〉〔折半小作人〕[8]は負債をかかえていた。このため、地主は彼らに樹木やブドウの栽培を強制し、わずかな資本を投下するだけで土地を改良し、さらに灌漑用水路を拡大したり、丘陵の斜面に段々畑を切り拓くこともできた。地主は、メッザードリの大家族が行なう結婚や立居振舞いなどの日常生活を厳しく監督していた。このため、彼らがいったん負債をかかえると、簡単に解雇された。あるいは逆に、逃亡することによって地主との闘争を断念する者もあった。

とはいえ、農民層がすべて同じ状況に置かれていたと考えることは、明らかに誤りである。たとえば、高地の渓谷地帯では農民が自己の土地を保有することもあり、さらに広い共有地も存在していたので、彼らは自給自足経済を存続させることができた（もっとも、そのためには人口が増大した時期に多くの男子が年々移住しなければならなかったのだが）。また、北・中部イタリアの、都市にかなり近接した農村部では絹織物業が急速に発展し、多くの農民に農業の補助的、あるいは代替としての家庭内雇用の機会を提供することになった。ナポリ王国のヴァッレ・カウディーナでは、ペストが流行した一六五六年以降人口が激減した結果、以前耕作地を借用していた日雇農は事実上の土地所有者となり、一七六四年に恐ろしい飢饉が発生するまでは、脆弱ではあったが、とにかくも自給経済を持続させることができた。さらに、ピエモンテの平原地帯では、小土地保有農が家族の規模、結婚年齢、そして耕作地の一部の売買に関して細心の注意を払うことで、自己の自立的立場を維持しようとしたのである。

にもかかわらず、十六世紀末以後、農村が全般的な貧困状態に陥ったことはほとんど疑う余地がない。たとえば、シチリアでは、日雇農の食卓から肉がすっかり姿を消し、その代わりにブドウ酒の消費が増大する。そして、ヴェネツィア、そしてしだいにポー平原とそれ以外の地味の痩せた丘陵地域ではトウモロコシの栽培が始まったが、その理由はこの穀物の生産性が高かったためにほかならない。また、農民のかかえる負債は、イタリア中で増加した。十八世紀に再び人口が増加し始めると、状況はすぐさま悪化するのである。

経済的な自立の喪失などを通じて人々はほとんど例外なく困窮し、慈善に対する依存度が高まっていく。貧困は、決して新しい社会問題ではなかった。事実、慈善行為を通じて個人の贖罪や過酷な法の公的な軽減を認めているカトリック社会にあっては、貧困は富と対をなす避けて通れぬ問題であった。社会的に見れば、貧困は必ずしも望ましくない問題というわけでもなかった。というのは、施しに依存するという不安定な状況が、人々の慎ましさと感謝の念を高めたからである。イタリアの社会では、質屋や病院に始まり信心会や養育院に至るまで、貧民の要求を満たす手のこんだ一連の施設や制度が発展しつつあった。しかし、十六世紀末になると、それらにとって貧民の増大がしだいに手に余るものとなった結果、社会が彼らに冷酷な反応を示すという新しい事態が生じた。イタリアの都市人口の約二〇―三〇パーセントが、全面的にあるいは部分的に慈善に依存していた。イタリアの社会では、十六世紀末から十七世紀にかけて、慈善行為を受けるに〈価する〉者と〈価しない〉者を区別したり、失業者と怠業者を同一視するといった具合に、貧民に対する世間一般の態度がますます冷たくなった。とりわけ権力者は、聖俗を問わず、乞食や浮浪者に対して一層激しい敵意を示すようになった。つまり、彼らは不誠実なごろつき、邪悪で怠惰な連中、疫病の媒介者、そして教会にやって来る敬虔な信徒にとって迷惑この上もない存在、というわけである。定住生活はりっぱな社会的地位を象徴し、放浪は不信心と悪意の証であった。乞食は特定の施設に閉じ込めることによって公衆の面前から除去されるべき存在であった。こうして、〈貧民専用の宿泊所〉が十六世紀末から十七世紀にかけて、ボローニャ、ミラノ、トリノ、ヴェネツィア、フィレンツェ、ナポリ、ジェノヴァに設けられた。ちなみに、これらの施設には、老人や虚弱者、女郎屋の女主人と売春婦、孤児と外国からの移住者、乞食と罪人といった種々雑多な人々が収容された。

こうして、イタリアは、十七世紀の終わりまでに外面的には華やかな面を示す一方で、至る所に貧困を見いだせる国となっていた。当時のイタリア社会を構成するのは、厳格なヒエラルキーと体制におとなしく順応する人々であった。そして、彼らの関心は、スタティックな社会秩序の維持にあった。社会の富裕な層は、一族の富と名誉の追求に没頭した。彼らは、必要とあらば〈誠実なる虚偽〉を用いてはばからなかった。ちなみに、この言葉は、一六四一年に出版されて好評を博した、イタリア人の手になる小論文のタイトルからの引用である。しかし、その一方で、イタリアは、スコットランド人の旅行家、ギルバート・バーネットが一六八五年に記しているように、〈乞食が巷にあふれる〉*社会でもあった。

＊　彼は、スイス、イタリア、ドイツの諸地域を旅行し、特に注目に値すると判断したエピソードを何通かの手紙の中

で披露している。(Rotterdam, 1687, p. 90)

第Ⅰ部

イタリアの再浮上——一七〇〇—六〇年

「ところで、なんの役にも立たないこうした嘆きや惨めな記憶をわれわれが忘却の彼方に追いやりたいのなら、むしろ神が与え給うた慈悲に感謝すべきではないだろうか。なぜなら、今年に入って以来狂暴な支配者が所領を明け渡しておとなしくなった結果、七年に及ぶ戦禍に苦しんでいた極めて多くの王侯国に平安と喜びが舞い戻ってきたからである。こうした状況は、特筆すべきものと思われる。なぜなら、それは、ヨーロッパだけでなく、全世界の平和をも招来したからである。というのも、この時代、オーストリア継承戦争(一)以外に重大な意味を持つ戦争が非ヨーロッパ世界でも勃発した話は聞いていないからだ。それゆえ、かのアウグストゥス帝の御世を羨むべき理由はまったくないのである……とはいえ、われわれは、あらゆる善の至高の創造者たる神に感謝すべきだけでなく、神の許へつつましい祈りを送り届けなければならない。つまり、われわれが再び手にしたこの平和という最良の善がわずか数日だけの賜物で終わることがないように祈らなければならないのだ。と同時に、ヨーロッパの諸君主が貧民の平安な暮しを思い、相互に抱く敵意をきっぱりと捨て、さらに、己れの尽きることのない野心のために奸計を用いることを断念するよう祈りを捧げよう。ちなみに、彼ら貧民は、無数の災禍をくぐりぬけた後、新たな活気を今蘇らせ始めたばかりなのだ。イタリアが平和である限り、そしてわれわれが善良さと清廉さを併せ持つ諸君主を戴いている限り、前途は希望に満ちているに違いない。」(Muratori, 26, t. XII)

アーヘンの和約締結(二)(一七四八年)の知らせを耳にした当時七七歳のルドヴィーコ・アントーニオ・ムラトーリ(三)は、大いに安堵すると同時に一縷の希望を抱いた。つまり、彼は、悲惨で無益な戦争がついに終ったことに胸をなでおろすとともに、イタリアの運命を掌中にしていたヨーロッパの諸君主がこの国に恒久的な平和をもたらす一方で、国内の諸侯は自国の〈貧しい民〉を輝かしい未来へ導くであろうと考えたのである。彼は、その長い生涯の間に、イタリアが無能で孤立した状況からしだいに脱却するという変化を目撃した。そして、彼は、ヨーロッパ文明の全般的な発展の中にあってイタリアの〈諸国民〉が遅れている状況に気づき、祖国がヨーロッパ諸国と新たに結びついて一体化する可能性を確信するようになったのである。

広い領域に対する好奇心と博識を備えたこの田舎の聖職者は、一六七二年に生まれている。当時、イタリアの〈衰微〉はどん底にまで達していたように思われ、スペイン支配とその影響がイタリア半島のすみずみにまで浸透する一方、イギリス、オランダ、フランスの躍進によってイタリアの商工業には翳りが生じていた。さらに、さまざまな社会関係は厳格な形式主義に陥って硬直化していた。ちなみに、この状況は、地方のすべての宮廷がスペイン風の礼儀作法を採用した事実に象徴される。また、領主が、貴族、非貴族の別なく自領の安寧と名声の維持に熱中していたのも当時の状況であった。こうして、イタリアの衰退は明らかであった。視点を変えると、ムラトーリの生まれた頃のイタリアでは、知的、文化的な探究が活力を喪失していたように思われる。その原因となったのは、イエズス会が鼓吹したスコラ的で詭弁を弄する時代遅れの人文主義教育であった。また、当時のイタリアの諸侯は、彼らよりも幸運に恵まれて成功したシニョーリを先祖としていた。そして、彼ら諸侯は、ルイ十四世治下のフランスを模倣して絶対主義的な統治形態を創り出そうとするか、あるいはヴェネツィアやジェノヴァに見られるようにごく少数の貴族が支配する共和主義的専制を確立しようと努めたが、結局は自己の諸特権を擁護するにとどまっている。

ところで、ムラトーリの没した一七五〇年頃までに、イタリアの政治経済や学問の潮流には、社会の様式や諸関係に比べれば小さいものではあったとはいえ、重大な変化が生じていた。これらの変化は、イタリアがヨーロッパと新たな接触を経験すると同時に発生し、少なくとも部分的にはこれに依存していた。そして、この変化を通じ、ムラトーリに続く世代の改革者や知識人は、基本的にスタティックな構造を持つイタリアで急激な社会変革が達成可能であることを確信した。ちなみに、この問題は、彼らにとって重要な検討課題となる。しかし、十八世紀後半の改革者の間には、ある種の楽観主義が息づいていた。そしてこの意識は、彼ら自身が抱く確信が社会に広く浸透して受け入れられた結果生じ、これに支えられていた。この状況は、ほとんど孤立無縁で活動したムラトーリが期待していた世界とは異なるものであった。この状況はいかにして生じたのか、イタリアが長年続く孤立状態からいかにして脱却し、イタリア人の人文主義者がかつて〈野蛮人〉と形容したヨーロッパとはほとんど似ても似つかない新しいヨーロッパをいかにして自らの周囲に見いだすことになったのか。これらは、最も緊急に解明を必要とする問題であった。というのも、こうした新しいヨーロッパの影響と〈スペイン的〉過去の遺産との相互作用こそ、十八世紀全般を通じて見られるイタリア史の特徴にほかならなかったからである。

第一章　イタリア――ヨーロッパ外交における〈操り人形〉

一　新たなる均衡を求めて

スペイン帝国が崩壊した結果、イタリアは、ヨーロッパ諸国との厳しく激しい新たな接触を余儀なくされた。イタリアの地がヨーロッパの戦場となったのは、過去一五〇年間を通じてただ一度だけである。つまり、それは三〇年戦争の時代であった。そして、この時でさえ、戦闘は残虐なものではあったが、戦場となったのは北部の平原地帯に限られていた。というのも、イタリアと他のヨーロッパ諸国両者間における緩衝の役割をスペインが果たしていたからである。つまり、当時のスペインは、ロンバルディーア、ナポリ、シチリア、サルデーニャ、それにプレシーディ〔トスカーナの湿地帯周辺に構築された要塞〕を直接統治していたほか、他のイタリア諸国の政治を巧みに統制していたのである。

ヨーロッパの外交筋は、スペイン王カルロス二世〔一六六五―一七〇〇〕の死（一七〇〇年）とともに、再びイタリアに注目することになる。つまり、イタリアは、ヨーロッパの勢力均衡にとって重要な要素とみなされたのである。ハプスブルク、ブルボン両家は、イタリアの領有が地中海地域における自己の支配的な地位を保障するものと考えた。確固たる勢力均衡がヨーロッパに成立するまで、半世紀にわたる戦争を必要とした。ちなみに、この均衡は、イタリアをヨーロッパの権力外交における辺境の地位に引き下げることと、諸列強による半島における直接支配をすべて排除することで実現する局地的な勢力均衡とに基づいていた。この五〇年間に、そして実際アーヘンの和約の締結（一七四八年）以降、イタリアは、分離した諸国家の集合体としてではなく、ヨーロッパ国際外交のチェス盤に載った単なる一つの駒とみなされることになった。しかし、この駒は、とりわけ一七四八年以降、大した重要性を持たないとされた。イタリアは、依然としてヨーロッパ外交における一つのファクターではあったものの、フランス革命によって新たな国際紛争が生じるまでその重要性は依然として低いままであった。

前述したさまざまな変化とイタリアのこうした国際的な地位の低下がどのようにして生じたかについては、イタリアの支配層がほとんど一様に無意味な希望を抱いたり、陰謀やその他の活動を展開した事実からではなく、ヨーロッパ諸列強の抱いた政治的野心の観点から説明する必要がある。ヨーロッパ諸国間の戦争の舞台が地中海とイタリアから移動した背景としては、次の三つの状況が考えられる。つまり、ヨーロッパ外で植民地獲得をねらう諸列強間の戦闘の拡大、オーストリアの復興とロシアの台頭、そしてヨーロッパにおける従来の勢力均衡に対する新たな脅威の出現、がそれである。ちなみに、三番目の代表例としては、プロイセンのフリードリヒ二世〔一七四〇―八六〕が挙げられる。しかし、この長く血なまぐさい数十年間に、平和を希求するイタリア人の声がしだいに高まり、これに続いてイタリアの諸侯をはじめとする支配層が権力外交において半島の重要性が低いことを認めるという事態も生じた。イタリアは、一七四八年には中立の立場に立った。なぜなら、列強がそう宣言したからである。しかし、この中立の維持を保障したのは、イタリア諸邦の支配者にほかならない。

さて、十八世紀初頭には、スペイン帝国の運命を決する戦争が行なわれた。そして、その過程で、ともにブルボンの王冠を戴くフランスとスペインが、ネーデルラントの北部七州およびイギリスと同盟を結んだオーストリア・ハプスブルクと対立するという構図が生まれた。両勢力間の闘争には、この張り合う二つの王家が互いに領土の分割を行なうことによって勢力均衡を維持しようという隠された目的があった。つまり、両王家は、そのどちらか一方のみがヨーロッパで覇権を握るという危険を回避しようとしていたのである。そして、この目的を達成した国家は、イギリスである。ジブラルタルとミノルカ島を手中に収めて地中海地域に確固たる地盤を築いたこの大海軍国は、アレッサンドリアを中心とした地域、トスカーナの諸地域とシチリア王国をサヴォイア家に獲得させ、同王家の力を強化した。こうして、サヴォイア家は、オーストリアに対する均衡勢力としての役割を担うことになる。ちなみに、同王家は、ロンバルディーア、マントヴァ、ナポリ、それにサルデーニャ島を領有して（ユトレヒトの和約〔一〕、一七一三年）勢力を拡大しつつあった。ユトレヒトの和約に続いて勃発した三度の戦争は、ハプスブルク、ブルボン両王家間の伝統的な対抗関係を背景に、全面的あるいは部分的にイタリアを舞台として行なわれた。しかし、両王家の役割は、今や一変した。つまり、両者の緊張関係を保ち、さらにこれを相互の敵意へと高めた原因は、フランス、スペインの両ブルボン勢力がオーストリアのイタリア領有に反発するという状況にほかならなかった。

オーストリアの政策は、ドイツ、ハンガリーおよびバルカン半島における自国領に対する関心と、イタリアにおける新たな領土獲得への期待の間で揺れ動いていた。ウィーン政府に積極的なイタリア政策を実施するよう促した主な人々は、神聖ローマ皇帝カール六世（一七一一―四〇年）がスペインを放棄した際、彼につき従った〈カタルーニャ人〉、つまり当時ウィーンに暮すスペイン人亡命者と、とりわけ数々の戦役で勝利を収めて権勢を誇る将軍で政治家でもあったサヴォイ公オイゲン（一六六三―一七三六年）である。イタリアは、神聖ローマ皇帝にとって、ネーデルラント領に比べ経済面で一層直接的な重要性を持っていた。なぜなら、イタリアは、商品市場や地中海艦隊の基地として、さらに税の収入源として重視されていたからである。ピエモンテの外交官、イグナーツィオ・デル・ボルゴ侯爵は、一七二五年にこう書いている。

「イタリアの諸地域は、ウィーン宮廷にとってはいわば西インド諸島のような存在だ。すなわち、かなりの量の銀が、二五年以上にもわたって、イタリアからウィーンへ運び込まれてきたのである。」(Quazza, 17, p. 30)

オーストリアは、ユトレヒトの和約が締結される前後の時期に、イタリア諸邦に散在する封土の宗主としての立場を利用して当地における権力の拡大、強化を図った。そして、同国は、サヴォイア公、ヴィットーリオ・アメデーオ二世〔一七七三―九六〕に圧力をかけ、一七二〇年にサルデーニャ島と交換でシチリアを獲得する。この結果、オーストリアは、イタリアでかつてのスペインに匹敵する力を誇ることになり、地中海に覇を唱える希望を持つに至った。

とはいえ、イタリアに対するオーストリアの影響力は、ブルボン勢力の脅威と初期に見られる非能率的な統治のため、絶えず低下した。当初、旧スペイン領における支配者層の多く、それに他のイタリア諸邦の種々雑多な社会層は、カール六世とその統治を歓迎した。なぜなら、彼は、反宗教改革勢力を敵とする闘争の、本来の、そして伝統的な指導者と目されていたからである。つまり、彼は、〈ギベッリーネ〉*〔皇帝派〕の大義といういささか時代がかった目標の体現者というわけである。しかし、カール六世らは、こうした彼らの期待を裏切ることになる。つまり、前述した〈カタルーニャ人〉の堕落、重税の取り立て、イタリア南部における教皇勢力に対する闘争に際して見せた弱腰を契機にハプスブルク帝国の抱く地中海地域制覇の夢はしだいにすぼみ、かつてのスペイン統治を懐かしむ声さえ生まれてきた。そのうえ、オーストリアは、ナポリ・シチリア両王国で自己の勢力を巧みに強化することができなかった。ウィーンへの忠誠という点で支配者層が固く結束していたのは、ただミラノ公国だけである。もっとも、同国がこうした態度をとった少なからぬ理由は、その西部地域をすでに併合していたサヴォイア家がさらにトリノを征服する事態を恐れていたことにあった。

* 〈ギベッリーノ〉は、中世に展開された皇帝派（ギベリン）と教皇派（グェルフ）との闘争を意識して用いられた。この用語は、広く使われるようになるとたちまちその本来の意味をほとんど失い、党派、一族、あるいは個人による数限りない反目や復讐行為を表わしたり、これらを正当化する場合に用いられるようになった。しかし、〈ギベッリーノ〉は、スペインによるイタリア支配が長引き、反宗教改革の波がイタリアを洗う中ですたれ、使われなくなった。この言葉は、おそらくは古物収集研究のおかげで一世紀後、つまり、ナポレオン体制以後のロマン的で歴史主義的な時代にあって〈グェルフィズモ〉として復活し、以前にもまして広く使われるようになる。この現象は、イタリアの知識層が祖国の背負う過去の重荷から自己を解放するために体験した艱難辛苦について興味深い光を当てるものである。

このように、オーストリアのイタリア支配が不安定なもので明らかに脆弱な性格を帯びていた原因は、スペインの挑戦に見いだせる。イタリア、イベリア両半島間の緊密な結びつきは、ユトレヒトの和約によっても切れることはなかった。つまり、極めて多くのスペイン人がナポリとシチリアに土地を保有していたのである。一方、これまた多数のイタリア人がスペインの外交官の職にあったし、前世紀にスペインへ移住したイタリア人の貴族、商人、職人、官吏、それに兵士もおびただしい数にのぼった。また、スペイン王フェリーペ五世（一七〇〇―四六）の二度目の妃は、イタリアの名門ファルネーゼ家出身のエリザベッタであったし、首相のジューリオ・アルベローニ枢機卿[三]（一六六四―一七五二年）は、イタリアからのハプスブルク勢力追放とスペイン支配の復活をもくろんでいた。ところで、彼の〈計画〉は、単なる過去への回帰以上の内容を持っていた。それは、新旧の考え方を奇妙に混合させたものであった。換言すれば、彼の計画は、イタリアの外国支配からの解放という十七世紀の著述家が頻繁に取り上げたテーマに沿ったものであると同時に、イタリア唯一の王家を支持して半島における当時の勢力均衡状態を覆すという企てをも含んでいた。これらは、旧来の考え方である。他方、この計画には、イタリアの諸問題に関する新しい解決策も提示されている。つまり、イタリア諸邦は、外国の諸侯による支配を通じてヨーロッパ列強の植民地の地位に逆戻りすべきではなく、自立性を維持しなければならない、というのである。スペインの力は、ハプスブルク勢力をイタリアから駆逐するために使われるべきであった。しかし、ハプスブルク勢力が駆逐された後にイタリアに生じた政治的空白をスペインが埋めた事実は、スペイン支配の単なる復活以上の意味を持つことになる。というのも、スペイン王フェリーペ五世（一六八三―一七四六年）と王妃エリザベッタ・ファルネーゼ（一六九二―一七六六年）との間に生まれた王子ドン・カルロス（パルマ公カルロ一世：一七三一―三四／ナポリ王カルロ七世：一七三四―五九／スペイン王カルロス三世：一七五九―八八）が、ハプスブルク家のイタリア領をスペインとは切り離して統治することになるからである。そして、スペイン王位は、フェリーペ五世の末子でドン・カルロスとは異母兄弟にあたるフェルディナンド（一七四六―五九）が継承する。こうして、パルマのファルネーゼ家（同家の領地は、将来拡大されることになる）と密接に結びつき、強い勢力を持つ新しいブルボン・ファルネーゼ家がイタリアの支配者になったのである。

さて、前述したアルベローニ枢機卿の計画は、一七一八年におけるスペインによるイタリア侵攻の失敗や、翌年生じた彼自身の失脚後も、イタリアおよび地中海地域政策に関する主要な理論としてアーヘンの和約締結まで存続した。たとえば、フェリーペ五世と王妃エリザベッタの間に次男、ドン・フェリーペ

〔パルマ公、一七四九―六五〕が生まれた一件も、アルベローニの計画を拡大、助長することになった要因である。つまり、エリザベッタの子供たちのためにも、イタリアに二つの国家が必要ではないかというのである。もしも、ハプスブルク家を犠牲にしてこうした国々を新たに創り出すことができないならば、代わりにルネサンス時代から続く二つの名門、パルマのファルネーゼ家とトスカーナのメディチ家を早々に消滅させなければならない。そして、ここから、時宜を得た一つの解決方法が選ばれることになった。ファルネーゼ家の出身でスペイン王妃の立場にあったエリザベッタの決意には、この数十年間に生じたイタリアにおける勢力地図の複雑な変化が反映されていた。彼女は、自分の二人の息子をともにイタリアの支配者としたが、列強はこれを不本意ながらも承認することになる。アルベローニの計画が〈愛国者的な〉動機によって創り出されたとするのは、時代錯誤的な解釈になってしまう。彼は、この計画を、当時の王家が相互に権謀術数を張りめぐらす中で考えついたのである。この計画は、スペイン・ブルボンおよびファルネーゼ家の野心の成就に一時的に手を貸すような解決策を提供することになった。エリザベッタの二人の息子、ドン・カルロスとドン・フェリーペが、仮にイタリアにおいてそれぞれ独立した国家を支配したとしても、それらは、外交、財政、軍事面ではスペインに従属し続けることが期待されたのであり、事実、長年にわたりそうなった。ところが、これらの新しいイタリアの王国は最終的に他のヨーロッパ諸国に対して相対的な独立と中立の姿勢をとることになる。これは、まったく予想外の事態であった。

アルベローニは、まず一七一七年に戦争を仕掛ける。この短期間で終了した戦争の結果スペインが手にした収穫は、ドン・カルロスが、帝国の封土としてトスカーナとパルマの両国を相続すること（一七二〇年に実施）を四国同盟の国々に承認させたにとどまった。そして、これに続く一〇年間はスペインとこれを取り巻く他の列強間に絶えず緊迫した状況が続き、一七三一年にはそれが頂点に達した。つまり、前述した約束の言質をとりつけるために、トスカーナとパルマの要塞にスペイン軍が派遣されたのである。しかし、フランス、スペインおよびピエモンテの軍隊がイタリアを舞台としてハプスブルク勢力を相手に有利な戦いを展開したポーランド継承戦争(三)(一七三三―三八年)を通じ、諸国間に領土に関する新たな取り決めが行なわれた。この結果、ドン・カルロスは、ナポリとシチリアをオーストリアから獲得した(彼は、一七三五年から五九年まで両シチリア王、また一七五九年から八八年まではスペイン王となる)。一方のオーストリアは、その代償としてパルマ公国を手に入れる。そして、トスカーナは、ロートリンゲン公フランツ(一七〇八―六五)が統治することになった。彼は、自領のロレーヌをポーランドの王位継承を断念したスタニスラフ・レスチンスキ(一六七七―一七六六)に譲渡する代わりに、トスカーナを獲得している。ちなみに、ロレーヌは、レシュチンスキの死後フランスに返還されるという約束が取り交わされた(同地方は、一七六六年にフランス領となる)。続いて勃発したオーストリア継承戦争(一七四〇―四八年)では、熾烈な戦闘が八年も展開されたが、その結果新たに生じた変化はただ一つだけである。つまり、オーストリアが、ドン・フェリーペにパルマ公国を割譲したのである(パルマ公として一七四九―六五年)。一七四八年のアーヘンの和約締結により、八八歳のアルベローニはついに勝利を収める。この時、彼が自分の計画を初めて提唱してから実に三〇年の歳月が経過していた。

ところで、以上に述べた数十年間にイギリスが地中海地域に直接関わるケースは、明らかに減少している。イギリスの貿易活動においてイタリアの占める重要性は、確かに前世紀(十七世紀)を通じて急速に高まった。リヴォルノ、ジェノヴァ、ナポリ、メッシーナ、ヴェネツィアとの貿易の覇権をめぐり、レヴァント・カンパニー(四)とマーチャント・アドヴェンチャラーズ(五)との間で競争が行なわれた。一七一七年から一七四〇年の間、イギリスのイタリアからの輸入額は年平均で約五〇万ポンドであった。この数字は、イギリスの輸入総額の一〇パーセント近くを占めていた。またイタリアは、イギリス艦隊にとっても戦略上極めて重要な位置にあった。イギリスが、領土の大半が内陸部に限られている小国、ピエモンテ・サヴォイア公国の支配者にシチリアを委ねたのは、まさにこうした理由による。ちなみに、この小国が生産する絹の輸出先はイギリスであり、また、その際の輸送は全面的にイギリスの商船隊に依存していた。こうして一七一三年には、同公国の新しい王と彼の従者がシチリア王国へイギリス船で到着し、シチリア王となる。

イタリアの諸問題に対するイギリスの政治的介入は、ハプスブルク、ブルボン両勢力の対抗関係に対応するものであった。前記のようにアルベローニが思い切った姿勢を打ち出した結果、イギリスの制海権が確立する一方（ビング提督(六)が、一七一八年にパッセーロ岬でスペイン艦隊を壊滅させた）、ピエモンテ・サヴォイア公国のヴィットーリオ・アメデーオ二世（一六七五―一七三〇年）が犠牲となった。つまり、彼は、サルデーニャ島と交換でシチリアをオーストリアに手渡すことを承認したのである（一七二〇年）。イギリスの政策はとりわけ、ウォルポールが実権を握った時期には、オーストリアおよびネーデルラントとの伝統的な同盟関係を維持することにあった。しかし、ハプスブルクにドン・カルロスが対抗するという形でブルボンが発揮する均衡力の持つ利点を、イギリスが過小評価していたわけではない。こうして、イギリスは、ヨーロッパの勢力均衡に対する関心からイタリアに関わることになったのである。ヴィットーリオ・アメデーオ二世が一七二九年に記しているように、「イタリア支配は、オーストリア、スペイン両国にとって長年の目標であった……従来の経験からすれば、イタリアにおける覇権が確立すれば、全ヨーロッパレベルの勢力均衡状態が崩れる方向に進むことになる」のであった（Quazza, 17, p. 136)。

地中海地域へのフランスの進出を抑制するためには、サヴォイア家の強化が図られなければならない。

また、サヴォイア家とイタリアにおけるハプスブルク勢力双方に対する均衡力として、ドン・カルロスを支援しなければならない。こうしてイギリスは、イタリア問題を解決する政策追求の面で、一七三〇年代初頭まで諸列強に勝っていた。しかし、この頃になると、ウォルポールの議会運営が困難となる。この結果、フランスの首相フルリは、同国がサヴォイアおよびスペイン両国それぞれと条約を締結した際に（一七三三年）イニシアティヴを発揮することができた。この時期以降、イギリスがイタリア問題に深く関わるという状況は続いてはいた。たとえば、同国は、ポーランド継承戦争において調停役を果たそうとしたり、また、ナポリに対する威嚇砲撃を行なうことによって、ドン・カルロスが北イタリアでオーストリア軍を攻撃するという事態を一七四二年に回避している。しかし、イギリスの関心は、他の地域、つまり、ドイツや、さらにどの地域にもまして植民地へと移りつつあった。こうして、アーヘンの和約により最終的に達成された均衡状態は、イギリスが望み得る最良のものであった。

他方、この一七四八年締結の条約は、フランスの対イタリア政策にとってはイギリスの場合に見られるような決定的な転換点とはならなかった。フランス政府は、イタリアに対する影響力をなお重視すべきであると考えていた。しかし、同国は、それを個人レベルの協調的な政策、つまり、婚姻関係や一族間の協定によって追求したのである。アーヘンの和約締結以前でさえ、フランスのイタリアに寄せる関心の傾向には変化が生じていた。スペイン王カルロス二世の遺産を自分の孫息子が譲り受けることを承認したルイ十四世〔一六四三―一七一五〕がヨーロッパにおけるブルボン家の覇権確立をめざしていたかどうかは、歴史の解釈上議論となる問題である。ちなみに、こうしたヨーロッパ・レベルの勢力均衡にとっての脅威は、スペイン・オーストリア両帝国によるハプスブルク同盟を背景としたカール五世の前例がある。しかし、スペイン継承戦争の結果、ブルボン家のフランスが自国のために、あるいはスペイン・ブルボンに代わって同家のイタリア支配を賭け、最後の試みを真剣に企てることになった。スペイン継承戦争に続いて勃発した二度の戦争で、フランスはイタリア問題に介入した。そして、この行動は、同国の一層大がかりな計画の中では附随的な役割を果たすことになる。ちなみに、フランスは、ライン地方と中央ヨーロッパに対する自国の影響力の問題の方が、イタリア問題よりも重要な意味を持つと考えていた。「ドイツ、バタヴィア、ヘルヴェシアのような共和国連邦、もしくはイタリア諸勢力の恒久的な連合体」という表現で、独立したイタリア諸邦の連邦形成を目指す有名な計画をダルジャンソン侯爵が一七四五年に提唱したのは、こうした文脈においてのことである（Quazza, in 4, vol. 2, pp. 845-6）。この計画は、当時すでに自明であった次の点を認めたことを明らかに示している。つまり、イタリア支配を目指す努力は無益であること、したがって諸外国の間接的な管理を通じてイタリアに恒久的な均衡状態を創り出す必要があること、の二点である。

「対立抗争の種が永久に存在し、戦争がほとんど絶え間なく続く」（サヴォイア人で外交官のダルヴィエ侯爵の言葉）イタリアは、ヨーロッパ政治の片隅へと追いやられてしまった（Quazza, 17, 157）。とはいえ、戦略上の、そしてそれ以上に貿易面におけるイタリアの重要性は相変わらずであった。したがって、列強は、戦争によってではなく、外交と陰謀を用いてイタリアに対する自己の影響力を維持しようとした。こうして危機的な状況が生じると、その重圧はイタリア諸邦の君主を圧迫する。このような事態に直面した彼らは、いよいよ消極的な姿勢をとるようになった。自らの政治的無力に対する自覚が強まれば強まるほど、彼らの中立願望は一層高まるのであった。

二　イタリアの諸邦

戦争の傷跡は、イタリアに深く刻印されていた。スペイン支配の終焉によって新たな希望と期待が生まれる一方で、その昔独立したコムーネが盛んであった栄光の記憶が蘇った。それゆえ、新しい政治的解決策が希求されるかたわら、伝統的な枠組へ退行する現象も見られたのである。ユトレヒト条約の締結後出現した〈ギベッリニズモ〉の波は、こうして復活した過去の記憶と将来を真剣に考える風潮の両者を典型的な手法で結びつけることになった。しかし、神聖ローマ皇帝カール六世は、こうした反教権勢力の期待を裏切り、彼の娘マリア・テレジア〔一七四〇―四五〕に帝位を継承させるための保障を得るべく必死に努力し、本来彼の敵とみなされていたイタリアの教権支持者と妥協した。しかし、十八世紀初頭の数十年間において、これらの〈敵〉〔イタリアの教権支持者〕とカール六世自身の〈ギベッリニズモ〉は、実際になんらかの重大な意味を持っていたのだろうか？　あるいは、両者ともに過去から甦った亡霊にすぎないのか？　実をいえば、教皇庁、それにフランスさえも、イタリア諸邦の復活に対する直接の、そして全面的な脅威ではもはやなくなっていたのである。

十八世紀初頭に生じたイタリア復活の望みは、一七三〇年代までに打ち砕かれてしまった。一七二〇年代のイタリアは経済復興を遂げたかに見えたが、その後は奇妙なことにヨーロッパの全般的な潮流と歩調を合わせることもなく、おそらくは短期的な停滞を経験することになる。次に学術面でいえば、スペイン支配が崩壊した時期に出現したムラトーリやジャンノーネ(七)に見られるような探究精神や政治的情熱は、幻滅の感情や単なる博識、あるいはジャンセニスト(1)の懐疑主義に道を譲ってしまった。また政治面では、ブルボン・ファルネーゼ勢力が試みた冒険的企てが、雑多な分子からなる反オーストリア勢力を活性化する役割を果たした。ちなみに、この勢力は、地方レベルでの諸特権獲得の要求、伝統的な反オーストリア精神高揚の主張、あるいは単一の外国人支配の脅威に対する自己防衛という、これまた伝統的な主張を行なって立ち上がった。

唯一のイタリア人国王であるサルデーニャ王カルロ・エマヌエーレ三世（一七三〇—七三年）、あるいはナポリおよびシチリアの王となったドン・カルロスが、全イタリアの支配権を掌握し、外国勢力から国土を解放することに期待をかける者もしばらくの間は存在した。しかし、かのマキャヴェッリの思想の影響をかすかに感じさせるこうした考えは、過去の希望の蒸し返しにすぎなかった。このため、イタリア各地に響きわたる大砲の轟きや、合戦の雄叫びによって、たちまち沈黙させられてしまうのである。そして当のイタリア人は、野蛮な軍隊がなぜ新たに襲来するのかほとんど理解できず、また関心も払わなかった。ちなみに、〈破壊の舞踏〉とは、一七三四年のマントヴァ包囲[八]をウーディネの教皇大使、タルターニャが描写した言葉である（Battistella, 18, p. 1422)。また、ローマでは、スペインから派遣された政治委員が戦争遂行のために徴兵を実施したところ、これに反対した民衆が蜂起し、教皇クレメンス十二世（一七三〇—四〇）の権威が揺らぐという事件が勃発した。こうして、オーストリア継承戦争によって荒廃するはるか以前においてさえ、イタリアには疲労と懐疑が蔓延していたのである。

「われわれの頭には、『中立政策の結果被る受難に関する考察』という論文を作成してはどうかとの考えさえ時折浮かぶほどだ。」(Venturi, 30, p. 105)

教皇ベネディクトゥス十四世（一七四〇—五八）は、スペイン、オーストリアの軍隊によって略奪されたロマーニャとマルケの臣民に救いの手を差しのべようとしていた際、諦念をこめてこう語っている。ところで、オーストリア継承戦争の場合にも、従来の戦争同様に、すべての軍隊内で脱走行為が絶えず発生した。そして、その極みともいえる事件が、一七四二年に起きる。つまり、この年オーストリア軍と戦うために北部へ向かうことを命じられたカルロ七世麾下のナポリ王国軍が、〈行軍途中で〉解体し、消滅してしまったのである。ちなみに、この軍隊のかなりの部分は、一七三四年のビトントの戦い[九]で捕虜となったオーストリア軍兵士が占めていた。オーストリア継承戦争の後期になると、イタリアにはこうした疲労と懐疑に代わり、民衆の抵抗が目立つようになる。たとえば、すでに一七四二年、中部イタリアにあるガルファニャーナ〔トスカーナ北西部〕の農民は、〈フランス・スペイン〉系ブルボン勢力がこの地方の山岳地帯を貫く道路を建設しようとするのを阻止した。また、一七四四年には、ピエモンテにあるクネーゼ山間部の農民が、正真正銘の〈ゲリラ〉戦を始め、フランス・スペインの軍隊を悩ませたうえ、捕らえた士官を殺害している。さらに一七四六年末になると、今度は、ジェノヴァの民衆が大挙して蜂起し、自分たちの町がオーストリア軍に対して恥ずべき降伏を行なったことに抗議し、周辺の山間部の農民と手を組んで自らの自由を擁護したのである。民衆──「彼らの支配者が抱く高邁な計画のために、悔い改めるよう言い渡された哀れな民衆」(Muratori, 26, t. X ii, p. 277) ──は、いつ果てるともなく続く戦争にピリオドを打とうとしたのである。こうした厭戦感情、それに戦争を無益な行為とみなす考え方は、地方の伝統的な社会構造を荒廃から守ろうとする動きとなって現われる。トスカーナでは、こうした努力が過去二世紀にわたって行なわれ、国家の領土的統一が強化されてきたが、メディチ家が消滅するにつれて、この統一自体が今にも崩壊するように思われた。フィレンツェ、シエーナ、ピサといった古い都市国家は、自己の権利を再び主張するようになり、かつての対抗意識をかきたてた。ジェノヴァでは、オーストリア人に対する蜂起が勃発する中で、かつて行なわれた民衆支配の際見られた情熱が一時的にではあったが、再び呼び覚まされることになる。つまり、寡頭支配を強化した一五七六年の法を改正する要求が出され、この結果、寡頭支配以前に存在した民衆議会が復活する。また、ロンバルディーアやナポリといった他の地域では、貴族が彼らの地方における諸特権を主張し、強化した。こうして、イタリア全体を通じ、外国勢力によって強制される変革や戦争による破壊を避けるため懸命な努力が払われ、人々は、都市、地方、小国家という伝統的な社会構造の中へ待避しようとしたのである。

しかし、すべての国家がこれに成功したわけではない。痛手を受けずに済んだ国家は、ごくまれであった。ルネサンスの時代から続く支配者層は大きな痛手を被り、場合によっては一族断絶の憂き目を見なければならなかった。ちなみに、彼らは、十三世紀から十五世紀の間に権力を獲得した専制君主の子孫にあたる。彼らの国家の運命は、ブルボン、ハプスブルク両家との関係に委ねられていた。ただ一人、メディチ家のコジモ三世（一六七〇―一七二三年）だけが、自分の国家を外国人君主が勝手に私物化することに対して抗議できた。つまり、コジモにとって、国家の譲渡は「われわれの技量や、この国の臣民に対して持たねばならぬ感謝の念に照らしてみると、まったく不当な行為」なのであった（Quazza, 17, p. 96）。しかし、彼の後継者で堕落したジャンガストーネの死（一七三七年）を契機として、トスカーナ大公国は、将来マリア・テレジアの夫君となるロートリンゲン公フランツ・シュテファン（一七三七―六五年）の手に渡った。オーストリア継承戦争において、ハプスブルク、ブルボンの軍隊がともにトスカーナの地を避けて行動したのは、この二人の結婚とロートリンゲン地方〔独仏の国境地帯〕のフランスへの復帰が取り決められたからである。パルマ・ピアチェンツァ公フランチェスコ・マリーア・ファルネーゼ（一六九四―一七二七年）は、窮状を打開するために彼の姪にあたるエリザベッタとスペイン・ブルボンをあてにするしか手がなかった。そして、ファルネーゼ家最後の生き残りでフランチェスコの弟アントーニオの死

（一七三一年）によって、パルマ公国は自らの非力ゆえに、犠牲を払わなければならなくなる。つまり、同国は一七三二年にドン・カルロスのものとなり、翌年勃発したポーランド継承戦争によって国土が分割されたのである。さらに、同国は、一七三八年にピアチェンツァとともにオーストリアに併合され、独立を回復するのはドン・フェリーペが支配する一七四八年になってからのことである。一方、モーデナ公国の支配者エステ家の存続は困難を極め、主にオーストリアとの緊密な関係を維持することでかろうじて命脈を保っていた。一七三三年から一七三六年にかけてフランスに国土を占領されたエステ家は、一七三七年のリナルド公の死によって一族存亡の危機に瀕した。なぜなら、彼の息子のフランチェスコ三世（一六九八―一七八〇）は、当時祖国から遠く離れたハンガリーでトルコ軍と戦っていたからである。彼は、ハプスブルク家の慈悲にすがってやっと帰国することができたが、これには大きな危険が伴っていた。というのも、ほんの二〇年前、神聖ローマ皇帝に敵意を示したために領土をハプスブルク家に取り上げられてしまったマントヴァ公国のゴンザーガ家の例があったからである。ダルジャンソン侯爵は、こうした状況を次のように評している。

「大君主の餌食となったイタリアの小専制君主を思う時、人々の脳裏には、獰猛な獣にも比せられる恥ずべき大君主のイメージが浮かぶのである。」(Venturi, 30, p. 5)

とはいえ、国家が比較的大きな場合であっても、小国同様の危険を免れることはできなかった。たとえば、財政面でスペインと結びついていたジェノヴァ共和国は、オーストリア継承戦争の際に自ら実行した無分別な干渉の代価を支払うことになる。つまり、一七四六年にジェノヴァはオーストリア軍に占領され、降伏しなければならなかったのである。ちなみに、同共和国が前記の行動をとった理由は、ピエモンテがフィナーレ〔一〇〕を占領する可能性があり、もしそうなれば、自国が二つに分断される恐れがあったからである。

ジェノヴァは数々の戦争を経験したが、それによって領土を失ったわけではない。しかし、支配者の名声が衰えるにつれて財政危機が生じ、さらにコルシカで反乱が頻発したこともあって、国家の権威は徐々に失墜していった。同共和国は一応十八世紀いっぱい存続したが、それもフランス・ブルボンの保護を受けてのことであり、一七六八年にはコルシカ島がフランス領となっている。

次にヴェネツィア共和国の場合、その伝統的な中立政策は一見成功したかに思われる。数度にわたる継承戦争を経験したヴェネツィアであったが、領土の荒廃は比較的軽く済んだ。この事実は、諸邦の賛美の的となっている。しかし、ヴェネツィアの中立は、自ら進んで選択した道とはいえない。経済的に弱体化し、強力な軍隊を維持できないこの共和国は、ユトレヒトの和約の締結以降、オーストリア領に包囲される形となった。ハプスブルク勢力がバルカン地域へ進出している間に、共和国は商業上の勢力圏であったダルマチア地方〔ユーゴスラヴィアの西部沿岸地方〕を喪失してしまった。また、港町のトリエステとフィウメ〔現ユーゴスラヴィアのリエーカ〕は、共和国のライバルとして発展しつつあった。さらに、オーストリア領のロンバルディーアとマントヴァは、共和国の国境地帯に圧力をかけ、ポー川流域の交易を脅かした。ヴェネツィアは、その伝統的な生存権の神話に助けられて存続してはいた。しかし、貪欲な牙をむくオーストリアを前にして、その存在はあまりにも弱々しかった。

一方、教皇の神聖なる生存権は、ヴェネツィアの場合に比較すると広く認められていた。しかし、教皇の政治権力が弱体である事実は、隠すべくもなかった。クレメンス十二世（一七三〇―四〇年）は、クレメンス十一世（一七〇〇―二一年）と同じく外国の干渉なしに半島の運命を決定すべく、単一のイタリア同盟結成を諸邦に呼びかけた。彼は、次のように訴える。

「常に諸外国の敵とみなされ、攻撃を受けやすい立場にある哀れなイタリア人よ。汝らに対して諸国民が犯す悪しき行為から自らを守り、互いに助け合うことを可能にするため、この同盟を結成しようではないか。」(Quazza, 17, p. 316)

しかし、教皇権が無力であったために、こうした呼びかけはまったくのレトリックに終わってしまう。こうして、教皇は、敵対する諸外国の軍隊が自国領内を通過するのをやむをえず認めなければならなかったのである。

教皇国家同様、旧スペイン領も無力であった。まず二つの島、つまり、サルデーニャとシチリアは、諸列強が勢力均衡政策を遂行する過程で各国へ分配されてしまう。サルデーニャ島は、オーストリア、続いてサヴォイア王国の手に渡った。一方、シチリア島は、サヴォイア領、続いてオーストリア領となり、最終的にはドン・カルロスの支配下に入った。次にナポリは、神聖ローマ皇帝カール六世に期待を寄せていたが、ドン・カルロスが一七三四年にビトントの戦いで勝利を収めてからは、ともかくも皇帝に対すると同様に彼を歓待した。ナポリの人々に選択の余地は残されていなかった。つまり、彼らは、王国とその住民に対して関心を示す王に期待を抱くしかなかったのである。ナポリ王国は、幾度かの継承戦争を通じ、ハプスブルク、ブルボン両軍の行動によって不快な思いを経験していた。しかし、戦争によって被った打撃と荒廃は、ロンバルディーアに比べれば、とるに足らないものであった。ところで、北部イタリアに位置するこの公国は、オーストリアにとって、経済的、戦略的理由から極めて重要な存在であった。したがって、カール六世、マリア・テレジアの両者がいずれも他国に割譲しようとしなかったイタリアで唯一の地域が、このロンバルディーアなのである。サヴォイア公国が、この地域を同国の当然の、そして伝統的な領土拡大の場とみなしたことは、ロンバルディーアの住民にとって不幸であった。つまり、この結果、ロンバルディーアは、幾度も起こった継承戦争の際、イタリアにおけるその主要な戦場となってしまったのである。そして、サヴォイア公国は、これらの戦争のため、ロンバルディーアの中で最も肥沃な地域の幾つかを失ってしまう。具体的に地名を挙げると、アレッサンドリーノ〔ピエモンテ〕、ロメッリーナ〔ロンバルディーア南西部〕、ノヴァレーゼ〔トリノ〕の一部（一七〇六年）、トルトネーゼとノヴァレーゼの残りの部分（一七三七年）、そしてヴィジェヴァナスコ〔パヴィア〕、オルトゥレポ〔パヴィア南部〕、ヴァル・ドッソラ〔ピエモンテ〕（一七四八年）である。ロンバルディーアは、アーヘンの和約によって三度分断され〔一七〇六・一七三七・一七四八〕、地中海との伝統的なつながりを喪失した。こうして、同国では、サヴォイア公国に対する不信と憎悪の念が高まるのである。

一方、ピエモンテ・サヴォイア公国は、幾度かの戦争を経験したものの、ある程度の自主独立を維持したイタリアで唯一の国家であった。後にサルデーニャ王国となる同国は、領土をかなり拡大して名声を高めることで、他のイタリア諸邦から抜きんでた存在となっていった。この国の支配者は、代々アルプスにまたがる地域にその主要な権力基盤を置いていた。このため、ハプスブルク、ブルボン両勢力にとって、イタリアでの戦闘に勝利を収めるためにサヴォイアの支援が不可欠なものとなっていた。たとえば、初代のサルデーニャ王となったヴィットーリオ・アメデーオ二世は、スペイン継承戦争の際、こうした立場を大胆に、しかも信念をもって利用した。彼の息子カルロ・エマヌエーレ三世も同様な政策を継続しようと試みたが、彼は、能力、鋭敏さの点で、父王にははるかに及ばなかった。ヨーロッパの政治において、ピエモンテ・サヴォイア公国は、フランスとオーストリアが直接対決した時期においてのみ、重要な意味を持った。そして、それ以外の場合には、同国は列強の意志決定に従うほかはなかったのである。ちなみに、この状況は、他のイタリア諸邦にもあてはまる。ところで、前述したヴィットーリオ・アメデーオは、自己の保護者の立場にあったイギリスの行動を通じ、一七二〇年にこの厳しい現実を思い知らされた。というのも、彼は、この年シチリアを獲得する代償として、イタリアにおけるブルボン・ファルネーゼ王家の出現という事態の承認をイギリスに強要されたからである。ちなみに、同王家は、サルデーニャ王国にとって手ごわい競争相手になる力を秘めていた。また、ヴィットーリオ・アメデーオの息子のカルロ・エマヌエーレも、一七三五年および一七五六年に締結されたフランス・オーストリア両国間の協定によって、父王同様無力な立場に置かれてしまった。一七五六年の協定に際し、ナポリ王国の代表としてウィーンに赴いたディ・マーヨは、ある程度満足した調子で次のように記している。

「火事場泥棒を働くのに慣れたサルデーニャ王は、事態の推移をただ黙って見守ることに徹しなければならない。」(Valsecchi, 19, p. 201)

ブルボン家のフランスとハプスブルク家のオーストリア帝国両者の挟み撃ちにあったサルデーニャ王国政府は、諸列強がそれぞれの利害に基づいて行なう領土の変更に対しても、また、七年戦争(二)(一七五六―六三年)によってイタリアに生じた流血の惨事に対しても同じく無力であった。以来、サルデーニャ王の野心に対する疑惑が、イタリア中に深く根をおろした。そして、この不信の念には、カルロ・エマヌエーレが軟弱であるとの認識が入り混じっていた。結局は失敗に終わった一時的なミラノ占領(一七三四年)を彼が行なった頃、ロンバルディーアに流布した民衆詩の中にも、彼に対するこうした不信感が見いだせる。

サルデーニャ王の栄光　問答歌

インズブリア*の地は、すでに余の掌中にあり。／周知の事実。
そしてミラノは、すでに屈服した。／市内の城門が開かれた。
カエサルは、すべての権力を失った。／奴は出ていったのだ。

ミラノ大公の地位に、彼はもはや戻れまい。／いや、戻る。

彼がこの地に足を踏み入れることは二度とあるまい。／いや、戻る。

余は、王であり、この地を決して離れることはないであろう。／いや、いつの日にか。

この地の誰も、余を追放しないであろう。／いや、メルツィ**が追放するぞ。

誰を恐れることがあろう。余には、フランス人司令官のヴィラールがついている。／彼は、この地を
去ってしまうぞ。

世間が余を非難している。余に何が欠けていたというのか。／誠実さだ。

余は誠実だった。世間ではなんと言っているのか。／不誠実であったと。

なんとでも言わせておけ。余は、王なるぞ。／一体何の？

フランスは、いつでも余の味方だ。／それはどうかな。

余の王位は、不動のもの。／ああ、なんたること！

余は、北イタリアの王であり、また、今後ともそうあり続けるであろう。／冗談を！

(Battistella, 18, p. 1417)

＊ 〈インズブリア〉は、古代ローマ時代のロンバルディーアの呼称。
＊＊ 〈メルツィ〉は、オーストリア軍司令官の名前。

三　平和と政治的無力

アーヘンの和約の締結は、イタリア史においても画期的な事件であった。つまり、これによって、イタリアは、以後五〇年近くも平和を享受することになるのである。当初、イタリア人も外国人も、ともにこうした平和の実現を疑問視していた。この和約は、イタリアからのハプスブルク勢力放逐を狙うブルボンの企てを一時的に棚上げする以上の結果をもたらすことになる。実際には、領土的な野心を抱くサヴォイア家、ナポリに生れた新しいブルボンの王国、先行き不安なパルマ公国といった国々が並立していたので、この地で諸勢力の新たな衝突が起こる可能性があった。一七四九年四月には、ピエモンテ、プロイセン両国間の条約締結をめぐる交渉が行なわれた。そして、すでにこの交渉を通じ、ヨーロッパ諸勢力間になんらかの衝突が発生し、それにイタリアが巻き込まれる恐れがあるように思われた。

とはいえ、中立政策を施行しうる一種の均衡状態がこの地域に最終的に創り出されたことをイタリアの支配者層が確信するまでに、それほどの時間は必要としなかった。半島部における勢力均衡は、オーストリア領ロンバルディーア、サルデーニャ王国、ナポリ王国という三つの主要な国家によって達成された。これら国家の支配者が互いに猜疑心を抱いていたうえ、それぞれ野心を持っていたために、単一のイタリア連邦形成の試みはことごとく阻止されてしまった。実際度重なる戦争が行なわれた結果、イタリアの政治状況は硬直化し、支配者層は己の救いの道を伝統的な細分化状態に求めようとしたのである。こうして最終的に出現したイタリアは、さまざまな〈国民〉、つまり、トスカーナ人、ジェノヴァ人、ロンバルディーア人、ナポリ人、シチリア人、ヴェネツィア人などによって構成される国家だったのである。それぞれが独立し、自己の〈自由〉を求めようとする多くの国家や都市の複合体というイタリアの姿は、トスカーナの年代記作家ジュゼッペ・マリーア・メカッティの筆による一七四六年のジェノヴァ蜂起に関する評価にはっきりと示されている。彼は、この事件を次のように賞賛する。

「ジェノヴァの民衆の英雄的行為は、他のすべてのイタリア国民を高揚させた。そしてこの時、諸外国が彼らにはめようと望んでいた(しかし、彼らはそれに決して我慢できなかった)隷属という名の恥ずべき足枷が揺らいだ。つまり、ジェノヴァの民衆は彼らの努力と勇気によって外国人の圧制から自らを解放し、かつての自由を再び取り戻し、昔のイタリア人が備えていた勇気が決して失われたわけではなかった事実を明らかにしたのである。」(Venturi, 30, p. 64)

イタリアの民衆は、彼らの支配者と同じく無意味な戦争に飽き飽きしており、それぞれの国に平和と自由がもたらされることを望んでいた。一七五〇—五一年にサルデーニャ王国とオーストリア領ロンバルディーアの政府が両国間の国境紛争を平和裡に解決し、貿易を促進させようとした事実は、半島に勢力均衡と平和の到来という新しい状況が生まれたことを早くも象徴していたといえる。

こうした政治的安定と平和にとって主な脅威となったのは、極めて多くのイタリアの支配者層が、その一族とブルボン、ハプスブルク両家との間に緊密な関係を維持しているという状況であった。イタリアは平和を維持すべきであると諸列強が判断したのは事実である。たとえば、一七五二年には、オーストリア、スペイン両国政府が、イタリア諸国の王位は諸外国の王家とは分離した状態を保つべきであると判断し、これを承認するようトリノの政府に強要している。また、一七五六年には、従来互いに敵対してきたパリとウィーンが同盟を結ぶことになる有名な〈外交革命〉の実現により、こうした安定と平和の維持が一層強く保障されることになる。そして、ナポリ王カルロ三世がスペイン王位に就いた一七五九年には、イギリスの支持を得たフランス、オーストリア、スペインの三国間に協定が成立した。これには、カルロの弟であるパルマ公フィリッポ〔一七四九—六五〕がナポリの王位を継承することを阻止し、現状を維持する狙いがあったのである。

しかし、その一方で、諸列強は自国に従属すると思われる支配者たちに圧力をかけ、イタリアにおける自己の影響力の維持を図った。カルロス三世が、自ら率いるスペイン軍によってナポリ、シチリア両王国を獲得した一七三四年、彼は若冠一七歳であった。彼の父フェリーペ五世が一七四六年に死去するまで、ナポリ王国の外交政策はスペインが掌握していた。そしてアーヘンの和約締結以後でさえ、カルロスと彼の弟のフェリーペは、ナポリ、シチリア両王国の軍隊、財政、さらには外交官の人選に関しても、彼らの腹違いの兄弟でスペイン王のフェルディナンド六世〔一七四六—五九年〕に従属していたほどである。

一方、トスカーナとオーストリア・ハプスブルクの関係も、こうしたスペイン・ブルボンとナポリの関係に類似していた。つまり、オーストリア・ハプスブルクは、トスカーナを自国内の一地方とみなしていたのである。マリア・テレジアの夫君で、トスカーナ大公国の新しい領主となったフランツ・シュテファンが同国を訪れたのは、生涯にわずか一度きりである。そして、同国摂政政府の閣僚中、半数は、彼が以前統治していたロートリンゲン公国の出身者であった。さらに、トスカーナ大公国の重要な政策決定権は、ウィーンの枢密顧問会議が握っていた。こうして、同国は、七年戦争に際し、マリア・テレジアから財政的、軍事的支援を行なうよう強要されたのである。

諸邦の支配者たちは、こうした隷属状態に耐えられなくなった。たとえば、ナポリ王カルロス三世は、フェリーペ五世の死後、自分の継承者のためにこの王国をスペインから自立させて維持することに腐心した。したがって、彼自身がスペイン王位を継承する可能性が高まるにつれ、ナポリを彼の弟のフェリーペに与えることを約した一七四八年の取り決めに反し、自立の道を探るためイギリスや、さらにはオーストリアにさえ目を向けたのであった。トスカーナの場合も、事態の推移は似かよっている。つまり、マリア・テレジアの息子のペーター・レオポルト（一七六五―九〇年）は、大公に即位した後、イタリア以外を出身地とする大臣を解任したのである。このように、イタリアの小国家が抱く諸列強からの自立や独立の要求は、強烈なものであった。

しかし、国際的な繋がりを持つ王家の圧力は、これら諸邦に重くのしかかった。カルロスは一七五九年にスペイン王となってナポリを離れた時、以前実施した自立的な政策を忘れたかに見えた。彼は、ナポリをブルボン家の盟約に加わらせようとしたのである。カルロスの統治時代、ナポリ王国の首相として同国をスペイン支配から解放するために戦ってきたベルナルド・タヌッチ[二]は、こうした彼の姿勢に反対し、次のように主張する。

「フランスも、スペインも、そしてまた、ナポリ、シチリア両王国もブルボン家の支配下にあります。しかし、これら三国には、それぞれ独自の事情があるのです。したがって、このブルボン主義という名の聖庁は、廃止されなければなりません。」（Valsecchi, 19, p. 258）

タヌッチのこうした反発にもかかわらず、ブルボン家が抱く連帯感は、依然として強固であった。たとえば、一七六八年にローマ教皇がパルマ公国に対し、その反教権的政策を撤回するように迫った際、ブルボン家は一致団結してこれに対抗し、フランス、ナポリ両王国軍が教皇領アヴィニョン〔フランス南東部〕およびベネヴェントを占領する一方、教皇に対しては、ブルボン諸君主がパルマ公国への布告撤回を求める共同要求を突きつけたのである。一方、ハプスブルク家の連帯も、ブルボン家の場合と同じく強固であった。それは、一七六〇年代にマリア・テレジアが実施した一連の婚姻による同盟関係を通じて、ハプスブルク家の影響力拡大を図る努力に表われている。たとえば一七六八年には、彼女の娘、マリア・カロリーナ[一三]（一七五二―一八一四）が、ナポリのフェルディナンド四世（一七五一―一八二五年）と結婚した。また、一七六九年には、もう一人の娘マリア・アマーリア[一四]がパルマ公フェルディナンド（一七六五―一八〇二年）に嫁ぎ、さらに、一七七一年には、モーデナ公国の王位継承者ベアトリーチェとマリア・テレジアの息子フェルディナンド（一七九〇―一八〇一年）の婚儀が執り行なわれている。あるヴェネツィアの外交官は、こうした彼女の政策を次のように評している。

「八人の娘と四人の息子を持つ彼女は、王室の配偶者を探し求めながらあらゆる王宮に押し入り、その結果として成立する血族関係を通じて、自分が将来種々の干渉を行なう手はずを整えている。」

(Valsecchi, 19, p. 258)

しかし、こうした圧力にもかかわらず、イタリア諸邦は独立と中立を維持した。これらの国々では、外国出身の大臣は反感を買った。たとえば、ブルボン家の影響力の強いパルマ公国では、首相デュ・ティヨー[一五]の提唱した諸改革はその実施を妨害されるが、その少なからぬ理由は彼がフランス人だったことにある。また、これより以前にトスカーナ大公国でも、リシュクールの改革が同様の反対に直面している。イタリア諸邦がそれぞれの自主性を主張することができたのは、結局はマドリード、パリ、ウィーン相互の利害が対立したからである。イタリアを干渉の標的にしたり、ヨーロッパ政治の辺境に置こうとする諸外国の姿勢に対する反感は、諸邦の支配者や地方の支配者層がともにイタリアの弱体を認識し、さらにはイタリアの独立の可能性を認めたという事実にも反映された。過去幾世紀ものイタリアの歴史を通じ、外国の直接支配下に置かれたままの国がただ二つという事態は、初めてのことであった。つまり、オーストリア領のロンバルディーアとマントヴァがそれである。ジェノヴァ共和国が、コルシカをフランスに割譲しなければならなくなった際に苦悩した同国の新しい政治家の心の奥底には、独立の願望があったのである。ナポリ王国首相のタヌッチは、この一件に関し、ナポリ人の若い改革者フェルディナンド・ガリアーニ[二六]に宛てた一七六四年の手紙の中で、次のように述べている。

「ジェノヴァ人とコルシカ人に見られる自暴自棄な態度は、イタリアに野蛮人を呼び込むようなものだ。名目的な存在にせよ、実際に支配権を確立しているにせよ、すべてのイタリア国家がそれぞれの君主を戴いている現在、こうした状況は好ましいものではない。」(Valsecchi, 19, p. 226)

イタリアがコルシカを喪失したのは、諸邦が弱体だったからである。しかし、コルシカを除くイタリアの他の地域にとって、この状況は必ずしも不利に作用したとはいえない。イタリアが政治的分裂状態にあり、諸邦が中立的な立場に立ち、さらに国家規模が小さいという事実から得られる利点について論じ、これを賛美したのは、トスカーナの指導的な政治家フランチェスコ・マリーア・ジャンニ[二七]である。それは、タヌッチが前記の手紙を書いてから三〇年を経た一七九六年のことであった。この一件は、かつて統一の欠如したイタリアを擁護したグィッチャルディーニの次の言葉を想起させる。

「イタリアは、単一の王国にも、独立した共和国にもなれない。しかし、もしイタリアがヨーロッパ政治の舞台で主役を演じることにでもなれば、それは、イタリアにとっても、隣国にとっても、不幸を意味することだろう。……賞賛すべきイタリアの繁栄は、諸邦の分裂状態の産物である。……従来イタリアに存在したさまざまの共和国や公国は、それぞれの地域の特性が与える状況に応じてそれぞれの国民の繁栄を保障してきた。しかし、もしこれら小国家の政府とその国民の活動が、小さな領土に集中して展開されなかったならば、こうした繁栄は現実のものとはならなかったであろう。」

(Venturi, 27, p. 983)

グィッチャルディーニにとって、ローディの和（一四五四年）は、彼が本来分裂した状態を続けるべきであるとするイタリアの安定にとっての重要な一歩を意味した。一方、アーヘンの和約は、タヌッチ、ジャンニ、そして彼らの同時代人にとって、これと類似した役割を演じるものであった。しかし、両者の類似はここまでであった。というのも、十八世紀のイタリアは、十五世紀とは異なり、もはや世界を指導する立場にはなかったからである。

アーヘンの和約が締結された一七四八年には、イタリア人は、彼らの祖国がいままでにどれだけの進展を成し遂げてきたかを認識することができた。しかし、その一方で、彼らは、この和約の結果享受することになった平和を通じ、イタリアが文明世界からいかに取り残されてしまったか、また、解決を必要とする諸問題がいかに重大なものであるかに気づくことになる。一七四八年以降、イタリアとその他のヨーロッパ諸国との結びつきは、ますます重要なものとなっていく。政治的に見れば、幾度かの継承戦争を通じ、イタリアがヨーロッパの列強に支配される事実がすでに明らかとなっていた。また、イタリア諸邦の経済的繁栄は、ヨーロッパ市場と緊密に結びついた結果であるように思われた。さらに、学問の領域では、改革者たちが、フランスに端を発するさまざまな思想を学び、その世界的な流布に自分たちも参加する必要を感じていた。イタリアは再び浮上しつつあった。そしてイタリアがなお一層の進歩を遂げるためには、ヨーロッパ諸国との結びつきを強化することが必要であると一般的に信じられていたのである。

第二章　イタリア諸邦における社会の特徴

一　農村と地主権力

長期に及ぶスペイン支配から解放されたイタリアは、大きな変化を経験する。経済面から考えると、イタリアの商工業活動は衰退した。都市人口は長期間停滞し、時には減少さえした。社会面では、商人と手工業者が没落する一方で、貴族がその力と威信を強めていく。宗教面では、教皇の政治権力は下降線を辿ったものの、教会の影響力とその特権は増大した。行政面では、諸邦が一層集権的な統治形態を発展させた。このため、主要都市の優位が際立ってきた。しかし、地方に数多く残存する諸制度や、貴族と聖職者のますます増大・強化される諸特権が、こうした統治形態の発展にとっての障害となっていた。

さて、十八世紀初頭のイタリア社会では、二〇〇年前に比べても、あるいはイギリスやオランダといった先進国の社会と比較した場合でも、圧倒的に農業が中心であった。都市の衰退がこの特徴を際立たせたものの、それによって農村が都市への隷属状態から解放されることはなかった。事実、都市はますます増大する難局をてこにして〈カンパーニャ〉〔農村〕を支配する力を強めたように思われた。都市は、次に述べる三つの重要な手段の行使を通じ、農村支配を維持した。第一に、飢饉の発生を未然に防ぐために、都市に大量の穀物を運ぶ義務を生産者に課し、当局は穀物その他の食糧価格を統制した。この結果、市場価格のメカニズムは、都市の恣意的な干渉に絶えずさらされることになる。第二に、穀物および都市ギルドが必要とする数種の原料を他国へ輸出することを禁止した。これは、物価上昇の抑制を意味する。こうした統制政策の基盤となったものは、複雑な行政機構、それに若干の典型的な重商主義の原則を尊重するように作られた数多くの法規の二つである。ちなみに、ここでいう重商主義の原則とは、低廉な食糧価格、国内産業に対する恣意的な支援、支出入に対する厳格な統制、の三点である。そして、第三に、都市は、農村に対する差別的な徴税制度を実施した。ところで、土地を対象とする直接税は、国家の主要な収入源とはならなかった。たとえば、ナポリ王国の場合、地租は国庫収入のわずか五分の一を占めたにすぎない。とはいえ、各種の消費税としだいに数を増す臨時の賦課が、農村社会にとって極めて重い負担となった。さまざまな関税と並んで、塩税と〈テスタティコ〉〔人頭税〕は重税であった。農村は、このようにして都市を支えた。そして農村から遠く離れた都市の権威は、発展する行政官僚制度と肥大し、形式化した宮廷を背景として強化されるのである。

一方、農村内部では土地所有の構造が変化した。つまり、教会領が拡大する一方で、貴族の所領も拡大すると同時に集中化する現象が見られたのである。まず教会領は、わずかな面積の場合もあるが、かなりの規模の土地が寄進される場合もあり、着実に増加していた。しかし、こうした寄進によって教会領の総面積は増加したものの、通常、寄進された土地がある地域に集中したわけではなかった。なぜなら、それらの土地は、さまざまな地方に散在していたからである。死手譲渡(2)の形で教会が所有することになった土地の大半は、世俗権力の統制を受けず、再び売却される見込みもなかった。このため、国家はこうした寄進を制限、あるいは禁止しようとした。しかし、わずかな期間を例外として、こうした規制が成功することはまれであった。もっとも、死手譲渡されたすべての土地が、市場で売買の対象にならなかったわけではない。というのも、寄進者の収入ではミサを挙行する際に司祭へ支払う金を十分に用意できない場合、多くの小規模な土地が彼の遺志に従って売却されたからである。

さて、貴族の所領の増加は一層顕著であった。この背景としては、次の事情が考えられる。つまり、諸産業が衰退し、商業活動が不安定であったために、土地への資本投下が増大したこと、貴族の持つ社会的名声に魅せられた羽振りの良い銀行家、〈フェルミエ〉[3]〔徴税請負人〕、そして法曹家が貴族になるために積極的に土地を購入したことである。ちなみに、彼らは、貴族の称号を新たに獲得するためには、土地の所有が不可欠と考えていた。たとえば、十八世紀初頭には、フィレンツェやヴェネツィアといった都市国家で以前成功した商人が、その財産を所領獲得のために投資していた。貴族の所領がさらに増加する風潮の兆しは、フィレンツェを支配するメディチ家の所領が極めて増大した事実に示されている。ちなみに、メディチ家は、彼らに反抗するライバルの一族が持つ所領を没収したが、これは、同家の所領増大の原因のごく一部でしかない。また、ナポリ王国やピエモンテといった封建制国家の場合でも、貴族の称号を獲得する者の増加は、彼らの土地獲得の増大と歩調を合わせて起こっている。一方、南部においては、とりわけ北部のジェノヴァ人、ロンバルディーア人、そしてヴェネツィア人の商人と銀行家が、教皇を輩出した一族やスペイン人の将校や廷臣と並んで所領を獲得し、拡大した。十八世紀初頭に聖職者や貴族が所有した土地の総面積とその集中の度合いは、多くの国家において十分正確に再構成することが可能である。そして、それらは、同一国家内でも地域により異なり、複数の国家間の場合で見ると実に多様である。貴族や教会勢力が浸透しにくかった地域は、当然のことながら、アルプス山脈の稜線地帯やアペニン山脈といった、極めて不毛な山岳地帯である。一方、丘陵地帯では、小土地保有農による耕作が特徴となっていた。とはいえ、特権階級による土地所有は、トスカーナ、教皇領、ナポリ王国と並び、ピエモンテ、ロンバルディーア、ヴェネツィアでも拡大した。

しかし、教会と貴族がその力の優越を誇ったのは、とりわけ平原地帯であった。たとえば、十八世紀中頃のロンバルディーアの場合、貴族は丘陵地帯の四九パーセント以外に高原の四二パーセントと平野部の四六パーセントを所有していた。一方、教会がそれぞれの地域に所有する土地の割合は、世俗の信徒会や病院を含むと、二一パーセント、二二パーセント、二三パーセントであった。また、マントヴァ公国で最も肥沃な平原地帯であった中部および下マントヴァでは、貴族の所有地は全体の四五パーセント、教会のそれは一三パーセントであった。そして、一七四〇年のヴェネツィアでは、寡頭支配層と地方貴族が平野部の五五パーセントと丘陵地帯の三八パーセントを所有し、教会所領がそれぞれの地域に占める割合は、一〇パーセントと七パーセントであった。この共和国の場合、これら所領の占める割合は地域別に見るとかなり変化に富んでいる。つまり、貴族はヴィチェンツァ〔北部〕に展開する平野部の九一パーセントを所有したが、アドリアの平野部では四二パーセントである。一方、ピエモンテにおける貴族と教会の土地所有は、それほど圧倒的なものではない。つまり、貴族は全耕作地のおそらく一〇パーセント、そして教会は一五パーセントを所有していた。トスカーナの場合は、利用できる統計が見当たらないが、メディチ家、フェッローニ家、あるいはデッラ・ゲラルデスカ家(一)といった有力な一族が、聖ステーファノ騎士団(二)と並んで広大な所領を持っていた。また、以前商業を営んでいたフィレンツェの一族が土地を対象として多額の投資を行なったことと前記の事実とを考え合わせれば、他の地域と同様の結論を下すことができるだろう。ちなみに、トスカーナのマレンマ〔湿地帯〕では、大所領が支配的であった。次に、教皇国家は、特権階級の所有地がイタリアでおそらく最も集中して存在する地域であった。つまり、アグロ・ロマーノ〔ローマ周辺部〕では、一一三の家族が土地全体の六一パーセントを所有する一方で、六四の宗教団体のそれは三七パーセントであった（一七八三年）。ところで、同国家内の総督領ではこれほどの集中化現象は見られないが、それでもボローニャ平原の七〇パーセントが貴族の所領であった（一七八四年）。また、ウルビーノ〔マルケ地方中部〕の総督領では、教会所領が主として海岸沿いの平地に広がっている事態を、同時代人の一人が次のように嘆いている。

「もし、この事態がさらに進めば、すべての土地が聖職者のものとなり、俗人の所有地は消滅してしまうだろう。」（Paci, 180, p. 17, n. 46）

ナポリ王国では、土地収入の少なくとも二〇パーセントは封建領主のものとなったが、教会も二〇―三〇パーセントを手に入れていた。また、たとえばバジリカータのように、貴族の土地収入が土地収入全体の四二パーセントという高い比率を占める地域も若干存在した（一八〇六年）。また、シチリアの封建領主と高位聖職者も、ナポリにいる彼らの同輩や親戚に遅れをとることはなかった。

以上紹介した数字だけからでも、農村における二つの特権階級の持つ力が明らかである。そして、教皇国家は別として、貴族の土地所有は、おそらく教会の場合に比較すると一層継続的かつ急速に増大していったように思われる。さらに、貴族の所領は、十八世紀を通じてますます集中的な形態をとる傾向にあった。そして、この現象は、農民の所有する小規模な土地どうしの交換や購入、共有地の賃貸あるいは強奪といった、要するに財産併合の手段を意識的に用いることによって実現したのである。ところで、これら所領の規模は、実に多様であった。つまり、ピエモンテの貴族が所有する数百ヘクタール*という中規模なものから、教皇国家やシチリアの貴族の場合のように数千ヘクタールに及ぶ広大な〈ラティフォンディ(4)〉〔所領〕まであった。

これら大所領は、ますます少数になりつつあった有力な一族の手に集中する傾向が著しい。アグロ・ロマーノの場合は、すでに紹介済みである。しかし、マントヴァ公国では、わずか一四二の一族が国家の総面積の三分の一を所有していたのである。またナポリ王国では、爵位を持つ約一五〇〇の一族のうち、わずか一五の一族が全封土の四分の三を所有していた。たとえば、ピニャテッリ家だけで七二の封土を所有しているのである。所領のこうした集中化現象の要因としては、一つには、結婚や傍系親族の自然消滅を契機とする土地の融合という状況が考えられる。しかし、この現象をとりわけ促進したのは、土地の売買を禁じた法的拘束であった。これは、通常フェーデコッメッシと呼ばれた信託遺贈である。ちなみに、この制度が十七世紀に広まったと考えたムラトーリは、そのもたらす効果を否定的にとらえ、批判することによって当時の世論を代弁した唯一の人物である。こうして、貴族と教会は、最も肥沃な土地の占有を通じて農村を支配していたのである。他方、貴族の称号を持たない人間が中規模もしくは大規模な土地を獲得したり、拡大することは十八世紀後期に至るまで禁じられていたが、その原因は死手譲渡と信託遺贈にあった。こうして、農村は、農民の保有地や共有地となっている小規模ないし極めて零細な土地と並んで、前述した大所領の存在によって特徴づけられるようになった。十八世紀中頃の北・中部イタリアでは、大地主が中規模の農地を賃貸する傾向が一般的になったことは確かだが、この規模の所領は全体から見ると例外的なものにすぎない。

* 一ヘクタールは、約二・五エーカー。

貴族と教会両者の権力は、彼らの持つ諸特権によってともに強化された。ちなみに、それらは、封建制の時代から受け継いだ免税特権や、都市が制定、強化した各種の免除特権に由来している。たとえば〈封建的〉所領（封土）と教会領は、ヴェネツィアを除き、伝統的に地租を免れていた。一方、マントヴァやトスカーナなど二、三の国家では、当初、一般市民も全面的あるいは部分的な免税特権を享受していた。

しかし、当時、正確な土地測定法や土地課税のための評価価値を記載する帳簿はなかった。この結果、新たに獲得した土地に対しても、これらの特権が恣意的に拡大適用されることを阻止することは不可能であった。農民や農村コムーネが、こうした動きを阻止できなかったことは確かである。なぜなら、これらの問題に関する訴訟は数十年も続く場合があり、彼らがその費用を負担することは困難だったからである。サルデーニャ王ヴィットーリオ・アメデーオ二世が、一七三一年にイタリアで初めての効果的な土地測量(ペレクワツィオーネ)(7)を実施した結果、以前は特権を持つとみなされていた教会所領の三分の一が恣意的に税を免れていたものとされ、新たな課税対象となった。とはいえ、恣意的な特権を享受していた封土の全面積は、おそらくこれよりもはるかに広いものであったと思われる。

他方、当時の財政制度は、特権階級に対して一層有利にできていた。つまり、土地で汗して働く者は、土地の所有者よりも重い税を納めていたのである。一般消費物資に課せられる税、塩税、すべての成人を対象とする人頭税、手工業製品や輸送中の商品に対する税、臨時税は、いったん課せられると繰り返して実施される傾向にあったが、こうした課税方法は、地主にはことごとく有利に作用した。一七二〇年代のロンバルディーアでは、国家資産の四分の三を所有する二〇万の人間が、年国家収入二一〇〇万リラのうち、わずか六〇〇万リラしか納めていない。また、同時期のナポリでは、教会の収入が、国家収入と同程度かあるいはこれを上回るほど莫大な額にのぼっている。教会の収入には、四パーセントの〈自発的意志による〉税(ドナティーヴォ)(8)、教皇クレメンス十一世とベネディクトゥス十三世によって認められた)が課せられた。こうして、修道会や教皇庁は教会に対する課税を原則的に認めはしたものの、聖職者はこれに抵抗するのである。

貴族と教会の富の基盤となったのは、このように土地の所有、免税あるいは財政面での諸特権であった。

そして、彼らは、領主権や教会の諸権利の行使を通じてこの富を増加させた。イタリアで過去に見られた封建制は、さまざまな形でなお存続していた。その具体例としては、まず、宗主権が挙げられる。ちなみに、オーストリア皇帝は、北・中部イタリアに、そして教皇はナポリ王国に対してそれぞれこの権利を主張している。さらに、他の例としては、イタリア全土に散在し、独立した性格を持つ小規模な封土も挙げられる。これは、集権的、統一的な行政機構を整えようとする試みを阻む要因となっていた。ところで、これらの封建遺制は、一方で農民に対する保護機能の役割を果たすことも時折あった。つまり、共有地や牧草権という形をとった場合、あるいは、彼らの先祖がかつて実質的には永代借地の形で受領した土地に対する小作料が固定化された場合がそれである。

しかし、封建制は、農民を圧迫する領主権という形でも存続していた。領主が課す場合と教会が課す場合とがある十分の一税、狩猟および漁業権、通行税、水車小屋とかまどの独占所有権、民事さらには刑事の裁判権、そして実にさまざまな理由から農民に課せられる物納、あるいは金納の税といったものがあったことを念頭に置けば、過去の遺物が日常的に存続していたことは明らかである。十分の一税は別として、その他の領主権が、北・中部イタリアで領主に多くの利益をもたらしたかどうかは疑問である。実際、それら諸権利の多くは、コムーネに売却されてしまった。しかし、南部イタリアでは、封建制が支配的であった。つまり、ナポリ王国に存在する封土の四分の三は、バローネが所有していたのである。したがって、一七三三年にある匿名の作家が述べた次の言葉も、驚くには当たらない。

「ナポリ王国の大臣たちは、貴族やギルドなどの組織を傷つけないよう、かなりの注意を払っていた。なぜなら、総督は変っても、他の貴族たちは永久に存在するし、彼らの性向からして、自分たちに復讐する可能性があると考えていたからである。」(Marini, 89, p. 30)

しかし、フリウリ〔ヴェネツィア北部〕やブレッシャーノ〔ロンバルディーア〕のように、北部でさえ封建領主がわがもの顔に振る舞う地方もあった。このように、領主権や裁判権といった封建遺制がイタリア全土で存続した結果、貴族の経済的地位が強化されて彼らの地方支配が可能となり、国家行政が無視される事態さえ頻繁に生じた。つまり、こうした権利は、十八世紀には弱まるどころか、逆に強化されたのである。

イタリアの農村社会で資産として最も高く評価されていたのは、土地である。そして、有力な都市が農村を搾取し、義務を課した結果、大土地所有者は、かなりの富を増大させる可能性を手に入れた。農民や農村コムーネが負債に対処できない場合、彼らに前貸したのは、大部分はこうした大土地所有者であった。そして、彼らは人為的に穀物不足の状態を作り出して価格をつり上げ、それらを非合法的に貯えて、投機を行なった。さらに、彼らは、穀物の余剰分を輸出するのに必要な特別許可証を入手するために、主要都市における自分たちの影響力を利用していたのである。彼らは、ヴェネツィア、シチリア、トスカーナ、ロンバルディーアにおいて、生産者と商人を兼ねていた。したがって、十八世紀後半に台頭する輸出自由化の提言を彼らが支持するのは、当然であった。聖職者、とりわけ不在の高位聖職者は、法の認める範囲で関税を免れることができたため、さらに多くの収入を得ていた。しかし、こうした合法的特権は、非合法の利益を得る機会をも生み出すことになる。たとえば、ナポリ駐在の教皇大使は、一七一三年に次のように述べ、この事態を憂慮している。

「私は、カプチン修道会の地方支部の教父と他の教団の指導者に対して書簡を送った。その中で、私は、彼らが義務の範囲内で行動し、タバコ輸入に関して国庫と利害関係者に損失を与えるような権利の乱用を慎むよう要請しておいた。」(Marini, 89, p. 24, n. 4)

また、外国との貿易が厳格な統制下に置かれた結果、必然的に密輸が横行することになり、これは十八世紀を通じて流行し続けた。富める者も、貧しい者もともにこの非合法貿易に携わった。後者は、通常無数の国境地帯に生活している人々であった。また、前者は大土地所有者で、とりわけ南部では外国人商人と結託していた。

ところで、前述した特権階級の無責任な態度に対しては、すでに十八世紀中頃から批判の声が高まっていた。〈アベ〉〔大修道院長〕、小修道院長をはじめとするすべての高位聖職者が、自分たちの所領に居住することはまれであった。彼らは、俗人の大土地所有者と同じ一族に所属しており、両者の関心と見解は一致していた。彼ら高位聖職者は、イタリア諸邦の公的、知的活動を独占し、教皇のお膝元のローマで職を得ることに魅力を感じていた。しかし、まさに自らの富と権勢のゆえに、彼らは、他者からの攻撃を特に受けやすい立場に置かれた。彼らの富と教区聖職者の貧困とのアンバランスは、ピエモンテではそれほどでもなかったが、その他のイタリア諸地域では歴然としており、同一階層内で深い対立を生んでいた。さらに、十八世紀初頭にはまだ少数意見ではあったが、聖職者の財産は国庫にとっての予備財源であるとの主張が始まった。もっとも、これは新しい考え方ではない。そして、この主張の根底には、国家が、例外的な環境にある聖職者から税を取り立てるべきであるとの考えがあった。事実、ヴェネツィアでは、聖職者の免税特権が否認されていた。しかし、十八世紀になると、聖職者は、前記の主張によって一層脅かされるようになった。そして、この状況は、ナポリで最も鮮明となった。つまり、ここでは、聖職者の特権過多に反対する闘争が他の諸邦に先駆けて出現したのである。一七三七年、ある匿名の著述家は、聖職者の日常の生計を国王が保障すべきであるとした後、次のように主張する。

「このような処遇を受けるからには、聖職者がこれほどの富を所有する必要はなくなる。したがって、国王は、彼らの財産を王家の世襲財産に加えるがよい。そうすれば、然る後にそれを臣民の一般的な善に役立てることができよう。」(Venturi, 30, p. 35)

こうして、教会は、非難の矢面に立たされた。しかし、イタリア社会における教会の影響力と浸透の程度は、依然として強かった。聖職者の数自体が、それを証明している。たとえば、十八世紀中頃のピエモンテには、二万人を超える聖職者と修道士がいた。また、ヴェネツィアでは四万人、モーデナ公国では一万人以上、ナポリ王国では一万一〇〇〇人、そして人口一六万の都市ローマでは、そのかなりの部分を彼ら聖職者が占めていたのである。教会は、聖職者に対し、身の安全や就職口、あるいは少なくとも聖職禄というご利益を提供した。さる地方貴族の出で、後に枢機卿となるドメニコ・パッショネイは、彼の父に宛てた一七一〇年の手紙で、自分が教皇に奉仕する仕事に就いた理由を次のように説明している。

「私は、一族の利益が他の何よりも大切であると考えています。そして、次には私自身の利益、さらに私のことを記憶にとどめるであろう私の子孫の利益を重視しています……どんな一族の場合でも、その中で最も優れた才能の持主は、一族の栄達のために必ず聖職者となるものなのです。」(Caracciolo, 85)

事実、ムラトーリ、マッフェイ、[四] ジェノヴェージ、[五] ガリアーニ、メタスタージオ、パリーニ、[六] それにデニーナ[七]は、皆〈アバーティ〉〔神父〕であった。世俗の国家を構築しようとする改革運動がその力を結集した十八世紀後期でさえ、教会の持つ圧力は依然として強かった。つまり、多くの革命的ジャコビーノが、聖職者の中から出現したのである。十八世紀の最初の一〇年間に教会を批判する勢力が伸びてきたかもしれないが、聖職者の権力が否定されたわけではなかった。最後の〈アウト・ダ・フェ〉〔宗教裁判による処刑〕は、パレルモで行なわれたが、これは一七二四年のことである。つまり、それほど新しい時期まで宗教裁判が行なわれていたことになる。こうして、諸邦内部におけるさまざまな主導権を決定的に世俗権力の側に移すためには、革命が必要とされたのである。

一方、もう一つの特権階級である貴族の力は、教会の場合よりも一層頑強であることが分かる。マントヴァ、トスカーナ、シチリアのように君主制を敷く若干の国々では、貴族階級はすでに十七世紀に公職から追放されてしまっていた。そしてヴェネツィア、ジェノヴァといった共和国では、公権力は少数の寡頭支配者の手に集中しており、地方の、あるいは弱小の貴族は排除されていた。しかし、諸邦の貴族は、どちらの政体であれ、国内の伝統的な制度や地方行政に関わる彼らの支配力を保持していた。そして、彼らは、この力を自らの諸特権を擁護する武器に転化したのである。その具体例としては、シチリアの議会、ナポリのセディーリ(9)〔一種の身分制議会〕、ミラノの元老院、マントヴァの〈コングレガツィオーネ〉(10)〔評議会〕、ナポリの地方評議会、あるいはバローネなどの所有する封土で役人を私的に雇うといった風習が挙げられる。スペインのイタリア支配が終わった後に生じた不安定な状況を背景として、シチリア、ナポリ、トスカーナ、パルマ、ロンバルディーア、それにマントヴァでは、貴族の力が強まることになる。十八世紀の最初の数十年間に貴族の要求が多少なりとも規制を受けたのは、ピエモンテやヴェネツィアのように政治権力の断絶がなかった国家においてだけである。ところで、貴族の概念を混乱させた原因は、封建時代のものにせよ、その後の都市国家の時代のものにせよ、おそらくその起源の多様性と称号の数の増加に求められるだろう。こうした現象に関し、ポンペーオ・ネーリ(八)は、トスカーナで次のように述べたほどである。

「貴族は、〈フィレンツェで貴族として扱われる人々の階層すべて〉と考える以外に識別する方法がない。」(Venturi, 30, p. 329)

しかし、貴族の力を否定することはできない。ちなみに、この力が、社会の変化に対する障害となったのである。貴族は、公益に関わる職務には消極的であり、無知、無関心でもあった。改革者たちは、この点を絶えず攻撃している。十八世紀初頭における宮廷生活や宮殿建築を見れば、われわれは、当時の富裕なイタリア貴族の生活様式について、おそらく極めて単純化された姿を得ることができる。しかし、単純化されているとはいえ、それは、当時の貴族の典型的な暮しぶりを示すものである。マントヴァの改革者、ジャンバッティスタ・ゲラルド・ダルコによれば、農業の後進性を明らかに示す投資の欠如という状況は、「〈華美な生活を維持するための出費〉に資産が流用されたからにほかならない」のであった(Vivanti, 62, p. 179)。

改革者の著作に繰り返し表われるテーマである〈奢侈〉に対して行なわれた批判の根底には、貴族のこうした浪費に対する嫌悪感があった。彼らが自分の所領を空けて都市に居住したり、宮廷に出入りすることを好むという点も、奢侈と同じく非難の的となった。たとえば、トスカーナのフランチェスコ・マリーア・ジャンニは、次のように主張する。

「読者諸君が、壮麗で贅を尽くした小さな宮廷を見つけたら、それこそ、当主である君主の弱点であると判断すればよろしい。そして以下の結論を引き出したまえ。つまり、それらの宮廷に巣食っている貴族は堕落し、彼らが本来持つべき公民としての精神は腐敗していること、彼ら貴族は真理や有用な諸科学に無知であり、空虚なうぬぼれを抱いて他の階層を侮蔑する結果、自ら卑しい品格の持主に成り下がってしまっていること、さらに、そうした国の司法や行政は、通常貴族以外の階層を侮辱するような不公平な性格を帯びていること、である。つまり、家柄を重んじ、えこひいきする姿勢が、実績と理性を尊ぶ態度に取って代わってしまっているのである。」(Anzilotti, 64, p. 148)

それでも、貴族が真に封建的な権力を保持しているブレッシャーノ、ベルガマスコ、フリウリ、教皇国家、あるいはナポリ王国といった地域では、彼らが自分の領地にいるよりも、宮廷にいる方がましであったといえるだろう。つまり、十八世紀中頃に彼らが自領で行使した際限のない権力は、驚くべきものだったのである。彼らのこうした権力の乱用について、ナポリのパオロ・マリーア・ドーリアが活写している。

「封建諸侯は、家臣を困窮させ、破滅させる力を持っている。つまり、彼らは、この権力を用いて、家臣を投獄し、あるいはコムーネの総督や裁判官が家臣に関わる訴訟の手早い処理を阻止する。また、封建諸侯は、赦免権を利用して自ら望む殺人を実行し、その下手人を放免できた。さらに、減刑を可能とする特権を用いて、ごろつきや刺客を自領に集めた。そして、彼は家臣の名誉に対してと同様、財産に関しても権力を乱用するのである。商取引も、結婚と同じく封建諸侯の気まぐれに従わなければならない。彼の罪を証明することは、不可能である。そして、政府でさえ、彼らの中で弱小な者を時折厳しく弾圧することはできるものの、権勢を誇る者に対しては、目をつぶる以外に道はないのだ……こうした権力の乱用を背景として、君主のような立場にある封建諸侯も存在することが了解できるのである。」(Villani, 94, p. 599)

二　土地保有制度と農民の困窮

農村社会には、前記のような教会と貴族の支配という極めてネガティヴな側面が見いだせる。にもかかわらず、農村経済の大きな変化が、教会と貴族の所領のいくつかで進行することになる。つまり、大土地所有者の長期不在という状況を通じ、彼らの所領の賃貸や経営に従事する新しいタイプの人間が出現したのである。ところで、土地保有制度は、地域によって多種多様である。たとえば、ポー川流域や中部イタリアでは、大所領がしばしば小規模な単位で賃貸された。トスカーナに特徴的であったファットリーア[11]は一つの組織化された経営単位で、通常互いに隣接して面積が一〇ヘクタール未満のポデーリ[12]と呼ばれる小規模農場をいくつか含んでいた。一方、北・中部イタリアの他の地域では、最大のものでは五〇ヘクタールに達する大小さまざまの農場が存在していたが、その経営はトスカーナの場合に比べ、はるかに統一性に欠けていた。しかし、これらの地域では、カシーナ[13]あるいはポデーレと呼ばれる農場を、コローニ[14]あるいはメッザードリと呼ばれる家族単位の小作農が、個別に耕作した。中部イタリアではメッザドリーアが支配的な土地保有形態であったのに対し、ポー川流域ではコロニーア・パルツィアーリア[15]の方が特徴的であった。両者の主な相違点は、次の通りである。つまり、前者の場合、メッザードロと呼ばれる小作農が地主による直接の監督、支配の下で耕作に従事した。ちなみに、この形態では、地代は物納であり、当初は収穫高を地主と折半していた。一方、後者の場合、コローノと呼ばれる小作農が支払う地代の大半は金納で、耕作地を利用する条件に関しては、地主に対する自由裁量の余地が大きかった。しかし、こうした相違は、負債を抱えたコローノが地主の厳重な監視下に置かれた結果、十八世紀中には事実上消滅した。

トスカーナのマレンマ、アグロ・ロマーノ、それに南部イタリアではラティフォンディが支配的であったため、前記の地域とは異なった土地保有制度が存在することになる。つまり、この地域の農業の特徴であった牧羊と粗放的な穀物生産が、臨時雇用の労働力を広く必要としていたのである。さらに、ここではさまざまな封建的土地保有形態が存続したため、農村の景観は、一層複雑な様相を呈した。たとえば、共有地、共同放羊権（教皇国家の総督領が持つコムナンツェ[16]、すなわち共同権）、それに〈ウージ・チヴィーチ[17]〉〔共同用益〕といった封建遺制のおかげで、農民は、作物を収穫した後に耕作地で放牧と薪集めを行なうことができた。しかし、これらの権利は、彼ら農民、換言すれば土地保有者の側からすれば完全な土地所有権の獲得に対する障害となったのである。永代借地権、リヴェッリ[18]、テルツィアーリ[19]、十分の一税[20]などの土地保有に関わる長年の慣行は、地主が農民と取り交わした当初は未耕作地を対象とする長期借地契約を起源とするものであった。そして、農民は、これらの慣行を通じ、今や零細な所有地を確保できるようになったが、その一方で、一カ所に集中した耕作地の出現は阻まれてしまう。ちなみに、その理由としては、次の二点が挙げられる。つまり、農民の零細な所有地を買い戻すことは、困難あるいは不可能となっていたし、それにもまして、土地改良に必要な資金の調達を小作人に保障する義務を地主が常に負っていたからである。封建遺制に基づくこうした大小の土地は、イタリア中に見られた。そして、シチリアやナポリといった若干の地域では、従来放棄されていた土地が十七世紀および十八世紀初頭に耕作されるようになった結果、耕地面積は一層拡大したのである。

こうした農村の景観は、十八世紀中頃に変化し始めた。つまり、この世紀を通じ、イタリアの人口は、約一三〇〇万から一七〇〇万へと急増したのである。ちなみに、この現象はヨーロッパの一般的な傾向と一致しており、食糧需要は増大した。さらに、一七四〇年代から始まるイギリス、ネーデルラント、そしてフランスにおける商工業の発展を通じ、イタリアの食糧および原料品に対する国外からの需要が急速に高まったのである。具体的にいえば、小麦、油、ブドウ酒、柑橘類、未加工および半加工の絹製品、毛織物、綿織物の輸出が増大した。イタリアにおける農産物生産の増大は、こうした内外の要因によって拍車が掛かったのである。

他方、これらの要因は、土地保有形態を大きく変化させ、耕作方法の小規模な改良を引き起こした。イタリアでは、この時点まで粗放農業が支配的であった。ちなみに、当時なんらかの形で集約的な耕作が行なわれていたのは、ロンバルディーア平原だけである。この地域では、小規模経営のチーズ生産に必要な牛乳を生産し、さらに、穀物の収穫を増やすための肥料の供給源となる家畜を飼育して混合型農業が展開されていた。一方、十七世紀のトスカーナには、ごく少数ではあったが放棄された土地を耕地に変えた富裕な地主がいた。しかし、他の地域では、こうした改善はほとんど見られなかった。十八世紀中頃以降、地主あるいは農地管理人が輸出品に目を向けるにつれ、農業生産高は確かに増え始めた。とはいえ、その原因は、主に耕地面積の単なる拡大にあったのである。シチリア、ナポリ、あるいは教皇国家といった南部地域では、こうした傾向は、穀物と牧草の生産の増加という現象となって現われた。他方、資本主義的農業の原初的形態がすでに出現していたロンバルディーア平原では、かなり巨額の資本投下とある程度の技術的な進歩を伴った農業技術の革新や灌漑施設などの重要な発展が見られた。こうして、農村の新しい形態が生まれつつあった。イタリアの大半の地域では、確かに依然として自給自足型の農業が中心となっていた。しかし、その中にあって、貧弱な交通網と無数の通過税に代表される障害にもかかわらず、国際貿易の趨勢に対応した新しい商業的農業が、十八世紀末に多くの諸邦で確立したのである。

こうした近代的農業の出現は、所領の経営方法の変化に基づいていた。地主の長期不在は、南部ではとりたてて新しい現象ではなかったが、十八世紀を通じて、おそらくはトスカーナを除き、イタリア全土で一層広範に広がった。特に重要な点は、農地管理人の役割の変化である。地主所領の経営に携わり、地主と農民両者の中間的な存在である彼らの仕事は、地代と各種賦課金の徴収に限定されており、耕作方法に関して個人的になんら関わることはなかった。しかし、こうした従来から見られる農地管理人、あるいは所領全体を農民に賃貸しする新しいタイプの農地管理人は、しだいに所領の一層直接的な経営に関心を抱くようになった。つまり、彼らは、耕地を又借りした者が負う契約義務を増大させること、日雇農を用いて所領の一部を直接耕作すること、賃貸の小規模な土地が牧羊の拡大を阻む場合にそこから農民を立ち退かせること、共有地の蚕食や囲い込みを行なうことなどの行動を取り始めたのである。所領経営の方法は、従来行なわれてきた方法や地理的条件の影響を受け、実に多様であった。ロンバルディーア南部では、近代的な耕作方法を実施するためにかなりの投資が行なわれ、農業労働者による生産に基づく大農場が存在し、生産性の向上と生産高の増大を目ざした。また、フィッタンツィエーリ[21]と呼ばれる大借地農が、耕作地に居住する地主と同様に実際の農業生産と並んで農業生産物の取引に関わっている地域もあった。彼らは、アグロ・ロマーノでは都市向けの食糧供給の仕事を独占しており、意味深長でしかも的を得た表現である〈農業商人〉の名で呼ばれた。また、南部では、外国商人と緊密に結びついたガベッローティ[22]あるいは差配と呼ばれる農地管理人が、こうした関係を通じて農業生産に対する強力な統率力を維持していた。彼らは、数少ない資本の供給源の一つを代表していたため、その力はいよいよ増大した。ちなみにその資本は、投下資本ではなく労働資本である。

こうして、十八世紀末には、地主の大半が不在の金利生活者となった。これに対し、多くの地主がその所領と直接的な接触を維持していたのは、トスカーナとヴェネツィアの若干の地域だけであった。このように、イタリア全土の農村で地主に取って代わっていくのは、活動的で野心があり、貴族の称号を持たないファットーリ、フィッタンツィエーリ、ガベッローティであった。これらの農地管理人は、富を貯えるにつれて土地の買い占めを始めた。そして、この傾向を促進したのは、諸改革を推進する政府が死手譲渡および限嗣譲渡の慣行を阻止すべく実施した法規制であった。

ところで、比較的少数であった非貴族の地主は、従来の圧倒的な貴族支配に挑戦を開始した。ちなみに、当時、多くの貴族の家計が逼迫していた原因の一つは、おそらく彼らが都市で生活することによる支出の増大にあったと思われる。さて、これらの新しい地主は、共有地や農民保有地のほかに、貴族や教会の所有地も獲得した。フランス革命前夜のイタリアの農村社会には、経済的に重要な意味を持つ新しい集団が出現する。彼らは、中規模の耕地で働くイギリスの小作農に比肩できるが、これは、表面的な類似にすぎない。つまり、イタリアの場合、彼らはイギリスと比べてはるかに少数であった。また、ロンバルディーア南部の平原地帯を除き、彼らはイギリスの小作農とは異なり、農業の改善のために資本を投下することよりも、既存の借地制度をいかに利用するかについて一層深い関心を抱いていた。しかし、彼らの姿勢は、はるかに勢力のある貴族の地主層と並んで多くの改革に影響を及ぼす一方、その成否を左右することになった。実際、彼らは、南部よりも北・中部で勢力のある中産農民層の中核を形成した。そして、従来さまざまな特権や管理に基づく制度によって苦しめられてきたこの階層は、農産物の自由な流通、輸出の自由化、税制の大幅な平等化を支持して、こうした制度に挑戦し始めたのである。

こうした変化の影響を受け、広範な農民層の生活条件は悪化することになる。小規模な耕作地や借地の数は、一七四〇年代までは比較的安定していた。さらに、その数は、ナポリ王国のヴァッレ・カウディーナやシチリア南部など若干の地域では、バローネが新たな村落を形成することにより、増加する場合さえあった。しかし、その後一七六四―六六年に恐ろしい飢饉が発生した結果、こうした傾向は覆されてしまった。つまり、メッザードリやコローニの契約条件が悪化し始めたのである。小土地保有農は、ほんのわずかな土地を持っているだけで、他の土地を新たに賃借りしなければならない場合もしばしばあった。増税の圧力を受けた彼らは、共有権を縮小あるいは削除されることにもなった。彼らの一部が外国からの需要の高まりによって生じた実質的な利点は、冬季に生糸を紡ぎ、羊毛を生産する機会を得たことだけである。しかし、こうした農村家内工業でさえ、その展開は比較的少数の地域に限定されがちであった。また、小土地保有農や小作農の家計は、極めて頻繁に危機に瀕した。ちなみに、その背景には、農産物が不作の時期に頼みの綱となる現金の貯えが彼らになかったり、地主が創設した農業アカデミーの提唱する技術改良を彼らが知らなかったり、あるいは利用できなかったという事情があった。こうして、彼らは、当時増加しつつあった日雇農の隊伍に加わらざるをえなかったのである。マントヴァの〈農業コロニー〉で書記を勤めるアンジェロ・グワランドリスは、土地改良の方法を提示された際に小土地保有農が示す諦観と懐疑に関し、架空の問答の中でいかにもありそうな光景を描き出している。

「ルティーリオの旦那、わしらの生活とは無縁の旦那が、どうしてそんな話〔土地改良についての提案〕をする権利があるのかね。わしはご覧のように年寄りだで、おとっつぁんもじいさまも、それにわしと同じ位の歳の連中も、懸命に働いてきたことは分かっていただけるはずだ。もっとも、わしらがいままでどんな努力を続け、ご先祖様のしきたりを守ってどんなふうに土地を耕し、皆がどれほど楽しみを犠牲にしてきたか、旦那がお分かりになればの話ですがね。そして、もしも旦那が不幸にもこうしたわしらの生活を実際に味わったなら、この先暮しはもっとひどくなり、どうやって生きていったらいいのか、途方に暮れちまうってことがお分かりになるはずだ。本当のところ、わしらの野良仕事の流儀を非難するどころか、このご時世のたちの悪さと、こうして生きていかなくちゃいけねえ不幸とを旦那は告発なさらなくちゃなんねえはずなんだ！」(Vivanti, 62, p. 137, n. 20)

小土地保有農と小作人の生活がこのように悪化したのは、農地管理人だけでなく、政府の収税吏もまた彼らに一層過酷な農業契約の条件を強要したからである。諸邦の政府がさまざまな租税形態を統一し、その徴収をフェルミエに委ねるようになるにつれ、彼らは、すでに徴収されなくなって久しい租税の復活さえ辞さないという容赦のない方法で、徴税の能率を高めていったのである。こうして、十八世紀の特徴の一つとして、農民および農村社会の負担が着実に増加した点を挙げることができる。滞納金がかさむにつれ、地方の資産家は、わずかな金額を債務者に貸し付けて自己の支配力を強化していった。ちなみに、彼らの出自や職種は、貴族や聖職者の場合も時折あったが、農地管理人、商人、法曹家、医師、薬剤師、公証人の場合の方が多く、さらには、居酒屋の主人という例さえ見いだせる。ところで、ナポリ王国の農業では、〈コントラッティ・アッラ・ヴォーチェ〉〔口頭契約〕[23]と呼ばれる貸付制度が支配的であった。この制度は、農民が冬と春に減少する収入を補うために農業以外の職を求める際、商人が彼らに対して収穫期に現物で償還することを条件に、現金を前貸しするというものである。小麦の価格は、収穫期になって初めて決定される。そして、それは、農民が現金を前借りした時期に比べ、三〇―四〇パーセントも下回っている場合がしばしばあった。フェルディナンド・ガリアーニは、当初、口頭契約が有益な貸付手段であると考えていた。しかし、その彼も、一七八四年頃になると、この制度が悪用された結果、「この王国の歴史上、最大の悪の一つが生じた」と嘆いている（Villari, 97, p. 44）。一方、北・中部イタリアには、こうした制度は存在しなかった。しかし、大半の農民は、増加する負債の利子を支払うために、収穫後入手する予定の収入の中で担保に入れる部分を増やし続けなければならなくなっていた。

十八世紀後半になると、人口の全般的な増加と土地の貸借契約条件の悪化を背景に、日雇農が着実に増加した。さらに、イタリアの南部全域と中部の大半の地域を襲った一七六四―六六年の飢饉は、農民に深刻な影響をもたらした。イタリア全域を通じ、賃金が基本的には変化しなかったのに対し、物価は確実に上昇したのである。一年の半分以上の期間にわたって仕事にありつく希望を持てる者は、日雇農の中でまれにしか存在しなかった。したがって、こうした臨時雇労働者が彼らの収入の大半を食費に注ぎこんだのも避けられないことである。雇用者が、彼らの賃金の一部を恣意的に決めた価格の食糧で支払った例は、数多い。このような状況は十八世紀後半にかなり悪化し、多くの農民は移住するか物乞いせざるをえなくなった。収穫期だけに限定される農業労働力の不足は、少なくとも南部イタリアでは生じている。たとえば、ナポリ王国では、収穫期に日雇農を確保するために、雇用者が冬期に賃金の前貸しを彼らに行なった。一方、効果はなかったものの、移住に対する法規制がイタリア全域で実施された。

他方、こうした農民生活の悪化を背景として、物乞いの数が増加した。つまり、農民の暮らしぶりが悪化したのである。これに関して、モーデナ近郊の教区司祭の言葉を次に紹介しよう。

「われわれ農民が抵当に入れた物品を押収されたくなければ、われわれは一年のかなりの期間、パン、ポレンタ、タマネギ、それとこれはごくまれにだが、スープ少々の食事で我慢しなければならなくなるだろう。」(Orlandi, 179, p. 65)[24]

また、農業の専門家であるグワランドゥリスは、マントヴァのさる小土地保有農の食事を次のように描写している。

「ちょっと思い浮かべてみたまえ。イワシ一尾、塩漬のニシン一尾、ニンニク一切、ベーコンの小片一切の食事があれば、五、六人の食欲を満たすことができるに違いない。しかし、われわれ農民が食すパンには、さらにこれ以外のものが必要なのだ!」(Vivanti, 62, p. 227)

イタリア中の農村には、いわゆる〈浮浪者〉が群れをなしていた。南部では、ブリガンタッジョ〔匪賊〕の集団がますます増加しつつあった。富裕な知識階級は、旅行する際、宿泊場所に気を使った。浮浪者は、いったん逮捕されると、一番軽い罪とはいえ、窃盗罪で告訴された。前述したモーデナ近郊の教区司祭は、さる大都市の近隣で生活し、彼が担当する教区民が体験した盗難と危険について、一七八六年にこう述べている。

「私の教区には、常に貧民があふれている。都市からやって来た彼らは、民家を一軒一軒回って施しを乞うだけでは満足せず、牧場や畑の産物、野菜、ブドウ、果物、家禽類を手当りしだいに盗む。要するに、最も慈悲深い教区民が、都市からやって来た貧民や浮浪者によって物を奪われることになるのだ。」(Orlandi, 179, p. 64)

浮浪者は、貧民層の底辺を代表していた。実際、貧民にはさまざまなカテゴリーが存在した。モーデナ公国にあるカンポガッリアーノの教区司祭は、彼の担当する全教区民二五〇世帯に関連し、その中に見られる貧民層について次のように説明している。

「貧民には、四つの層がある。まず最下層は、生計を立てることがまったく不可能な者たちである。その上に位置するのは、生活を自らの労働によって十分には支えることができない者たちである。三番目の層は、民家を一軒一軒回って物乞いをする者によって構成される。そして四番目には、コッレッジョ〔北部エミリア・ロマーニャ地方〕、カルピ〔モーデナ近郊〕、そしてレッジョ〔北部エミリア・ロマーニャ地方〕へ通じる隣接した道を往来するよそ者である。この四つのうち、最初の層に属するのは、現在もそうなのだが、大概二、三世帯である。二番目の層は、食糧が欠乏した年には増加し、十分な年には減少する。毎年、大体六〇世帯がこのカテゴリーに含まれる。三番目の層には、五ないし六世帯が入る。しかし、第四の層を構成するよそ者は、極めておびただしい数に達し、通常一二あるいは一五世帯であるが、しばしば一日で二〇世帯以上にもなる。」(25) (Orlandi, 179, p. 261)

こうした〈よそ者〉や〈浮浪者〉の大半は、ブラッチャンティと呼ばれる平野部からやって来た日雇労働者である。彼らについて、マントヴァの農村に住む医師、ジャンピエトロ・フィオーリオが述べているが、この描写は当時のイタリアのおそらくほとんど全域にあてはまるものであろう。

「一片の土地も、家もなく、たいていは子だくさんであって、それ以外には価値あるものをなんら持たない彼らは、あちこちに移り住むことを余儀なくされている。彼らは、数頭の羊を引きつれ、ぼろの寝台、かび臭い樽、簡単な道具類やなべかまなど少々の手荷物を携え、ほとんど毎年のように居場所を移すのである。そのありさまは、まるでタタールの遊牧民のようだ。」(Vivanti, 62, pp. 224-5)

これが、十八世紀におけるイタリアの農村の姿であった。そして、農民の大半を占める貧農は、都市と関わりを持つことなく孤立し、農村コムーネの周囲に点在していたのである。これらの小規模で、しばしば微細ともいえる集落を統率したのは、教養と地域的な名声によって際立っていた医師、薬剤師、公証人、居酒屋の主人、裕福な農民であった。彼らは、地方行政担当者の役割を果たしたが、大土地所有者、貴族、聖職者、土地管理人、あるいは商人の横暴に反対することはほとんどできなかった。実際、彼らの中には、高利の貸付によって財を成し、富裕な階層にはい上がった者もいれば、一七九〇年代に革命のプロパガンダを広めた者もいた。農村と都市の両者を真に結びつけていた唯一の絆は、商人たちと教区司祭である。前者には、農村を回って都市向けの農産物と農村工業によって生産された製品を集める巡回商人から、安価な衣類その他の品物を販売する定住の小規模な小売商、農村を巡回する床屋や靴直しまでが含まれる。一方、後者は、農民と同様の貧困生活を絶え忍んでいる場合もしばしば見られた。政府と改革者たちは、彼ら教区司祭が、聖職者として実践的な教育を行なうことによって農民の境遇を改善できるものと期待していた。農民教理問答は、ピエトロ・ヴェッリが勧めたものである。(九) その内容には教義的な要素は乏しく、一層の力点を教育に置いていた。ちなみに、ここにいう教育とは、ある匿名の著述家が語っているように、「農村労働者が減ることのないよう、ただ読み書きと最も単純な算術」に限定されるべきものであった。いずれにせよ、彼がさらにつけ加えているように、農民に対してこれ以上の教育を行なうことは無意味で

あった。なぜなら「この階層から、天才は生まれてこないからである。」(Vivanti, 62, p. 217)

三 都市——その経済活動と社会構造

都市の住民は、農村にほとんど関心を持たなかった。彼らは、自分たちが必要とする食糧の供給と手工業ギルドが必要とする原料を確保するため、政府に依存していた。都市の生活は、貧困がはびこっているにもかかわらず、〈カンパーニャ〉(農村)における生活に比べれば常に楽なものであったといえる。たとえば、政府が都市の食糧価格を統制したほか、貴族の目にあまる権力の乱用を抑制していた。そして、施し物の配給は、しっかりと組織だった形で行なわれた。また、宮廷の数が増え続けたために、そこでの仕事の需要も増し、下層民にはギルド、あるいは園芸師(都市に、なお広く見られた)どちらかの徒弟奉公に入る道が提供されることになった。こうして、彼ら下層民でさえ農村と関わる機会はほとんどなく、また農村への郷愁も覚えなかったのである。一方、十八世紀初頭の支配層の間には、牧歌的なアルカディアという農村観が流行していた。そして、このイメージによって農村の厳しい現実の姿は退けられてしまったのである。それゆえ、都市と農村という二つの世界を結びつけていたのは、商人と収税吏だけであった。ちなみに、商人は外国人であることも多かった。

ところで、都市人口の増加は、多くの場合、農村に比べると一層緩慢であった。そして、急激に人口が増加したのは、行政の中心地や港町といったごくわずかな都市に限られていた。たとえば、トリノの人口は、一七〇二年の四万四〇〇〇から一七九一年頃には九万二〇〇〇に増えている。また、十八世紀当時イタリア最大の人口を擁していたナポリでは、一七六六年の三三万七〇〇〇から一七九七年頃には四三万八〇〇〇へと増加した。さらに、ジェノヴァ、リヴォルノ、トリエステも、同様に人口が増大した。その他の主要都市においては、人口の増加は比較的緩慢であった。たとえば、ミラノは一一万四〇〇〇(一七一四年)から一三万一〇〇〇(一七九〇年)へ、フィレンツェは七万三〇〇〇(一七四〇年)から八万一〇〇〇(一七九五年)へ、そしてローマは一四万二〇〇〇(一七〇〇年)から一六万三〇〇〇(一八〇〇年)へ、といった具合である。また、人口が停滞していた都市も若干見られる。たとえば、ヴェネツィアは約三万八〇〇〇、マントヴァは約二万という人口で、変化が見られなかった。しかし、都市の人口は、全般的にいえば、それ以前の時期と比較すれば緩やかに増加していた。こうした都市の膨張は、一七四〇年代以来顕著となっていたヨーロッパ経済の進展に歩調を合わせたものであった。にもかかわらず、周辺の農村と比較すれば、都市の人口は相変わらず少なかった。一七四〇年代において、トスカーナの八つの主要都市を合計しても、大公国の総人口八九万の中で、わずか一七万を数えたにすぎない。さらに、ナポリのような大都市でさえ、王国全体の人口に占める割合は一〇パーセント以下であった。

これらの主要都市は、その規模、特権、経済活動の点で、実に多様な姿を見せていた。都市が農村に対して自らの特権を主張したのと同じように、主要な都市は、従属的な都市に対しても支配権を主張した。それは、行政・経済両面にわたる支配権であった。たとえば、ヴェネツィアは、トリノやローマと同じく、自己に従属する都市に残されていた活動の自由を減らし続けた。また、ミラノはパヴィアに対し、また、フィレンツェはシエーナに対する優越を主張した。さらに、ナポリには特権的な制度であるセディーリがあったし、パレルモはシチリア議会の所在地であった。宮廷や政府の中央諸機関の存在は、見せかけのものではあったが、これらの都市の生活に刺激を与えた。こうした機関は、モーデナやパルマのような都市に精気を吹き込んだ。主要都市は、さらに経済的な優越も主張し、工業製品の製造と販売の独占を可能な限り維持した。しかし、行政面に比較すると、主要都市のこの分野における優越は、それほどのものではなかった。大抵の従属的な都市は、小さな町の場合でも独自のギルドを保有しており、その中にはブレッシャの鉄製品や、ボローニャに見られるある種の絹製品のように、特定部門における名声を長年保ち続けているものもあった。また、外国や他のイタリア諸邦と競合する必要に迫られた諸政府は、主要都市だけを重視するのではなく、すべての商工業中心地に目を向けるようになった。こうして諸政府は、従来からのギルドにではなく、新しい自由な経営形態に一層の関心を抱くのである。イタリアでは、商工業の衰退を契機として、諸邦の経済活動が新しい方向を目指すようになる。その結果、小都市と農村が一層積極的な役割を演じ始める。首都がその支配権を維持したのは、ジェノヴァやルッカのように首都以外に都市の存在しなかった小邦だけである。そして、他の地域では、外国との競合による圧力が十八世紀に強まるにつれ、都市における商工業の様相が変化していく。

さて、ギルドは、イタリア全土でその価値を喪失した。つまり、それは、世襲的な小集団が独占し、自己の生産と輸出の水準を維持するための保護と助成を政府に要求したのである。こうして、十八世紀には、ギルドの構造それ自体が、生産の増加に対する阻害要因となった。かつての有名な〈アルティ〉〔組合〕は閉鎖的な組織となり、伝統的な奢侈品生産における優位を維持するために、安価な製品の生産を禁止した。そして、ギルドは、特定の製品に対する需要が高まった時でさえ、その生産に携わる労働者と徒弟の数を制限した。また、組織内のより高い地位への彼らの昇進を承認する際に法外な謝礼を要求したり、作為的な試験を課したりした。さらに、ギルドは、たとえば木と真鍮を併せ用いて家具を製作することを禁止し、技術面の進展を阻害したのである。商品の製造および販売に関してそれぞれ一本化の傾向が生まれていたにもかかわらず、ギルドは依然として小規模で閉鎖的な職制を維持していた。たとえば、ミラノでは、皮革製品の生産過程と販売に、七つの異なったギルドが関わっていたほどである。

十八世紀が進むにつれ、改革者たちはギルドの及ぼすマイナスの影響に一層の関心を抱くようになった。若干の地域、とりわけナポリやシチリアの経済では農業が支配的な位置を占めていたため、この領域でギルドの持つ重要性は取るに足らないものであった。しかし、シチリアのギルドは、政治力を維持していた。なぜなら、ギルドは、政府にとってバローネに対抗する勢力だったからである。シチリアのギルドが持つ影響力は、彼らが有する独自の裁判権と武装集団を組織する権利に基づいていた。当地のギルドは、経済面で見れば、彼らに原料を供給し製品を輸出する大商人の影響下に置かれていた。一方、政治面におけるギルドの重要性は増大した。つまり、一七三五年、カルロス三世は、ギルドの擁する武装集団にパレルモの城壁の警護を委任したし、彼の子供で両シチリア王になったフェルディナンド四世は、一七七三年、治安の維持と市場管理の仕事を彼らに認めたのである。十七世紀に四五を数えたシチリアのギルドは、十八世紀には七四に増加した。一方、他の地域では、十八世紀後半になると政府がギルドの活動に干渉し、その改革を図ったり、ギルドの方針の裏をかき始めた。もし工業に未来があるとすれば、それはギルドの枠外においてであった。こうして、すでに十八世紀初頭には、諸邦の政府は、自前の工業を振興させたり、スキーオ〔北部ヴェーネト地方〕のニコーラ・トロンや、ロンバルディーアのフランチェスコ・ティエッフェンの経営する羊毛加工工場、また、イタリア北部に出現したリンネルや綿工業といったさまざまな新しい企業経営に対し、ギルドの規制の対象とはならない例外的な諸特権を付与し始めた。

政府がこうしたイニシアティヴを発揮したにもかかわらず、イタリアは、農・工業両部門で、原料と半製品の生産国という性格を一層強めていく。長期に及んだスペイン支配の間にイタリア経済は衰退し、十八世紀になるとその影響がはっきりと感じとれた。つまり、立ち遅れた工業技術、孤立した少数の成長産業、不十分な資本、狭隘でしかも分断された国内市場、交通網の絶望的ともいえる不備などは、ヨーロッパの諸列強と競り合おうとする際、ことごとくマイナスに作用したのである。こうした状況下で弱体化していたイタリアの諸都市は、われこそは国外需要の占有率を一層高めようと、互いにしのぎを削っていた。こうした中で唯一の進歩を示すのは、半製品の織物を生産する農村家内工業が多少発展したという事実である。生糸生産と羊毛工業は、依然としてすべての主要なイタリア諸邦における基幹産業であった。しかし、前者は、周期的に起こる国際貿易の危機にとりわけさらされやすい状況にあった。一般的に、イタリアの、換言すればイタリア諸都市の産業は、十八世紀を通じてヨーロッパ諸国と新たな関係を持ったが、それはあくまで従属的な立場においてであった。実際、イタリアの工業はヨーロッパ諸国に販路を奪われる一方、商業は外国人商人の強い管理下に置かれたのである。

ところで、都市と農村、それに都市と国際貿易、それぞれの関係において主な連絡役を演じたのが、商人にほかならない。教皇国家や南部イタリアで農業を支配したのは、すでに明らかとなったように、コントラッティ・アッラ・ヴォーチェの制度を巧みに操る〈農業商人〉と大商人である。イタリア諸邦の多くの商人は、それぞれ自国の出身であった。とはいえ、彼らはわずかな資本しか所有しなかったために、商業活動のイニシアティヴは外国人が握っていた。事実、ジェノヴァ人とヴェネツィア人を別にすれば、資本を所有して各種の取引に関わるのは、普通イギリス人、フランス人、オランダ人などの外国人であった。彼らのうち、まずイギリス商人は、シチリア西部のマルサーラのブドウ酒醸造業とピエモンテ産の絹の輸出を支配していた。次に、ジェノヴァとフランスの商人は、ナポリにおける輸出活動を牛耳っていた。彼らの立場を強化したのは、一七〇〇年代に起こったヨーロッパ経済の復活に伴うイタリア諸都市における貿易の復興である。たとえば、ジェノヴァでは、海外に金を貸付けていた貴族兼銀行家の支配的な立場が維持されただけでなく、ピエモンテやロンバルディーアを目的地とする寄港地としても利益が得られることになった。また、他の諸邦では、こうした貿易の復興により、新しい〈自由港〉の立場が強化された。

たとえば、一七三二年に自由港の地位を与えられたアンコーナは、教皇国家内で事実上唯一積極的な貿易活動を展開する都市であり、フランチェスコ・トゥリオンフィといった地方商人に支配されていた。また、メッシーナは、貿易活動を発展させようとして一七二八年に自由港の地位を獲得した。しかし、これら二つの都市の活動は、リヴォルノと比較すると限られたものにすぎない。一六七五年に自由港となったこの都市は、外国人商人、とりわけイギリス人の活動によって発展した。これらの自由港が比較的成功した事実は、保護関税と国内関税の障壁が貿易の発展を阻害することを明らかにしている。ヴェネツィアに対するリヴォルノ、トリエステおよびアンコーナの伝統的な競合は十七世紀初頭にさかのぼるが、十八世紀になって後者が自由港として発展するにつれ、前者を一層脅かすことになった。ヴェネツィアは、レヴァント貿易を展開し、ユダヤ人居住地を擁していたにもかかわらず、自由港を模倣することができず、衰退し続けたのである。ちなみに、外国人やユダヤ人の居住地が最も容易に設置されたのは、これら自由港である。他方、カルロス三世は、こうした外国人商人の導入をナポリに承認させようとしたが、失敗に終わっている。イタリア諸都市の経済復興は、このように港から始まったのである。

ところで、イタリアの工業は、どんなに発展した場合でも、農産物の加工という初歩的な段階にとどまる傾向があった。そして、この分野においても、外国資本は極めて重要な位置を占めていた。一方、地元資本を支えていたのは、土地と政府の貸付金である。十八世紀中頃には、限られたものではあったとはいえ、北部イタリアにおいて工業のめざましい発展が見られた。さて、政府の支援を受けた新しい企業家の利害は、自由貿易を支持する商人の利害と衝突することになる。たとえば、ロンバルディーアでは、これら両者の対立が十八世紀中頃にしばしば発生している。また、トスカーナでは、一七四七年に地元企業設立の提案が行なわれた。それによれば、この会社は、絹と羊毛製品の生産を独占する代わりに、国税を徴収する任務を負うことになっていた。しかし、この提案のわずか一〇年後、リヴォルノ商人が当地在住の外国人商人を対象に行なったある調査報告は、「商業は、拘束がない地域では繁栄し、その逆の場合には衰退する」としている (Venturi, 30, p. 320)。イタリアにおける商人の利害は、穀物生産と通過貿易にその基礎を置いていた。一方、企業家も国内貿易に関わる無数の拘束に反発した。十八世紀中頃にイタリアのあらゆる国家で重みを増しつつあったこれら二つの社会集団は、改革者たちになんらかの形で支援の手を差しのべたのである。

とはいえ、企業家と商人は、銀行家と同じく十八世紀を通じてともに限られた集団にとどまっていた。企業家は、ミラノ、パヴィア、ヴェネツィア、ベルガモ、ヴィチェンツァ〔ヴェーネト地方〕、パドヴァ、フィレンツェ、シエーナ、トリノ、ラッコニージ〔北部ピエモンテ地方〕、ビエッラ〔同上〕といった北・中部イタリアの若干の都市で真に重要な地位を占めたにすぎない。一方、商人は、北部と南部、港町や内陸の都市の別を問わず、その数は少ないもののイタリア中で広く活動していた。そして、しばしば外国人であった銀行家が企業家や商人を兼ねる場合もよく見られた。

ところで、都市の支配権は、依然として主に貴族の掌中にあった。彼らは、社会生活の在り方を定め、地方行政を牛耳っていた。そして、成功した商人、法曹家、銀行家、小作農は、貴族の仲間入りを熱望していたから、貴族の権力は一層強化された。シチリアの議会、ナポリのセディーリ、ミラノの元老院は、いずれも貴族の強固な支配下に置かれていた。トレヴィーゾ〔ヴェーネト地方北東部〕、サルッツォ〔ピエモンテ地方南東部〕、あるいはシエーナのような地方の小都市でも、状況は同じであった。中産階級が市参事会に自らの代表者をどうにか送り込むことができたのは、普通その都市がある程度の経済発展を遂げていた場合に限られていたのである。しかし、そうした都市でも、彼ら中産階級は、政府の保護にしばしば依存していた。オーストリアが、マントヴァの市参事会に対し、従来の貴族と並んで市民階級と法曹家の参加を強制した時、貴族は彼ら自身の代表を法曹家の中に紛れ込ませたうえ、市行政に関わる重要な決定権を彼らの支配下にあった市評議会に移すことによって、自己の支配権を維持したのである。こうして、至る所に貴族の権力が根を張るという状況は、依然として十八世紀イタリア社会の基本的な特徴の一つに数えられるのであった。彼ら貴族の権力は、変革に抵抗し、諸特権の保持に奮闘するという保守的なもので、圧倒的な強さを誇っていた。しかし、この世紀中頃になると、若い世代の貴族の姿勢が、個人の、さらには小集団のレベルで変化し始める。彼らの中で、従来のようにただ外交や軍事の分野で活動するだけでなく、国家行政のさまざまな領域に進出する者がますます増加していったのである。ところで、古くからの伝統的貴族と前述したような成り上がり貴族を比較した場合、その活動領域などの相違は、ほとんどなかったものと思われる。しかし、主要都市の貴族と地方のそれとの間に大きな相違が見られたことは明らかである。特に北・中部イタリアの貴族は、伝統的に地元の都市と結びついた存在であった。彼らは、十八世紀後半には、地方都市で農業に新たな関心を示すようになり、生産性の向上に関して多くの助言を行なう農業アカデミーを創設した。しかし、こうした組織は、農民の日常生活に関心を向けることはなかった。他方、彼ら貴族は、一七三〇年代以降イタリアに浸透していたフリーメーソンの集会所に姿を現わしていた。貴族の勢力が支配的であった当時、彼らの若い世代から極めて多くの改革者が生まれた事実は、驚くには当たらない。彼らは、イタリア諸邦を悩ましていた諸悪、それにヨーロッパ諸国の文化と比較した場合のイタリアの後進性をますます強く意識するようになっていたのである。

貴族内部における少数派に見られるこうした態度の変化は、聖職者の個別的な考え方の変化に対応するものであった。彼ら聖職者は、広範にわたる影響力を持っていたにもかかわらず、社会的には弱い立場にあり、批判の的になっていた。なぜなら、教会が豊かな富を貯えていたうえ、さまざまな分野で世俗権力の強制から免れる権利を主張していたからである。ムラトーリやラーミのように孤立した立場にあった若干の聖職者は、これらの主張を批判し、より簡素で浄化された教会の出現を望み始めていた。フリーメーソンの集会所には、前記の貴族と並んで、彼ら聖職者もやって来ていた。つまり、そこは、独自の儀式を執り行なうことで、社会の階層間で異なる堅苦しい礼儀作法の煩雑さを避けることができたため、さまざまな階層の人々が一堂に会する機会を提供する場となったのである。また、そこでは、イタリア人が外国人との交流を通じて国際的な視野を得ることもできた。十八世紀後期の数十年間を通じ、これらの聖職者は、ピエモンテ、ロンバルディーア、トスカーナ、そして教皇国家でジャンセニストの運動に参加した。そして、この運動は、一層禁欲的な精神生活と民主的な教会の実現を求めつつ、改革者の参加した政府に支援の手を差し伸べたのである。

他方、ジャンセニストの運動ほどではないが、法曹家もまた改革者たちを支援した。彼ら法曹家のうち、極めて多くの者は大学を卒業し、大陸法と教会法に精通していた。彼らは、十七世紀の社会では支配的な地位を占めていたものの、十八世紀になるとその力を徐々に喪失した。彼らの評判は、芳しいものではなかった。彼らは、過ぎ去った時代の象徴であり、貴族や聖職者の特権擁護とあまりに緊密に結びつき、また、スコラ学の伝統的な価値観にあまりにどっぷりと浸かっていたために、新しい思想を受容できなかったのである。ムラトーリにとって、法学とは、「現実とは正反対の庭園のようなものだ。つまり、手入れをすればするほど、雑草やイバラがはびこる」存在であった（Muratori, in 27, p. 164)。もっとも、例外もなくはなかった。十八世紀初頭に教皇の主張に対する攻撃の先頭に立ったのは、コスタンティーノ・グリマルディのようなナポリの法曹家だったのである。また、後にイタリアのさまざまな国家で活動を展開することになるトスカーナ出身の多くの改革者に教育を行なったのは、ピサの法学教授、ジュゼッペ・アヴエラーニであった。〔一〇〕とはいえ、依然としてイタリア諸邦の公的・私的生活において広範な活動を展開していた法曹家の大半は、諸改革の導入に抵抗しがちであった。

こうした特権階級の下には、都市住民の大多数を占める〈庶民〉が生活を営んでいた。労働者階級については、工業が発達しつつあった若干の都市においてのみ、問題となりえた。最も緻密な構成を持つ労働者集団の例としては、ヴィチェンツァのような北・中部イタリアの若干の都市に居住する織物工が挙げられるだろう。新しい〈自由な〉工業に従事していた労働者の賃金は、物価の上昇に対応する傾向にあった一方、ギルドに属する労働者の賃金は固定したままであった。そして、労働者の大部分は、これらギルドの支配的な機構の中に閉じ込められていたのである。他方、上流階級に雇われる使用人の暮し向きは、彼らと比較すれば良好であった。使用人は膨大な数に上っていた。たとえば、一七六〇年のヴェネツィアにはざっと一万三〇〇〇人の使用人がおり、これは、この都市の総人口の一〇パーセントに相当した。農業の諸条件が悪化し、飢饉が発生するにつれ、都市人口は農村からの移住を通じて増加した。これらの新しい住民の中には、今までの農業の経験を生かして、園芸の仕事に従事する者もいた。しかし、都市住民の大半は、政府による食糧価格の統制や施しに依存する生活を送っていたのである。物乞いは風土病の観を呈していたし、〈庶民〉は依然として既存の秩序に対する脅威であった。ジェノヴェージが記しているように、もしも国家が介入しなければ、庶民は「略奪を働く兵士のように過激な改革を」実行する可能性があったのである (Genovesi, in 27, p. 625)。一七四六年に勃発したジェノヴァの暴動は、それ以前に発生したローマの蜂起（一七三六年）と同じく、特権階級に対する厳しい警鐘となった。彼らは、これらの運動に対抗して自己の支配権を維持した。しかし、十八世紀が進んで都市民衆の生活状況が悪化するにつれ、彼らの脅威は増大していったのである。

第三章　統治上の諸問題

一　行政の混乱と財政危機

イタリア内のすべての国家の行政や統治の形態を条件付けていたものは、十八世紀初頭においては、社会構造と権力の配分状況の両者である。スペイン支配の時代には、一層中央集権的な統治形態が発展し、すべての権力が君主に由来していた。ロンバルディーア、マントヴァ、モーデナ、パルマ、トスカーナ、教皇国家、ナポリ王国といった大半の国家の貴族は、こうした君主の絶対主義的な支配によって実効性ある政治権力を奪われていた。また、ピエモンテでは、この支配形態を通じてサヴォイア家に対する新旧貴族の忠誠心が確固たるものとなる一方、ヴェネツィア、ジェノヴァ、ルッカなどの共和国では、数的には減少しつつあったが、小規模な寡頭支配者が政治権力を掌握していた。

しかし、このような進展を見せた中央集権は、既存の社会構造の上に構築されていたものの、それに取って代わることはなかった。貴族と聖職者、都市と町村は、ともに政治権力を奪われてはいたが、彼らの法的あるいは慣習上の権利の名において、中央行政の進出に抵抗した。とはいえ、諸邦の領土的統一は、もっぱら支配者である君主個人の力によってのみ維持されていた。統一国家のピエモンテにおいてさえ、統一された行政が行なわれていたわけではない。国王の支配は、彼が新たに所有したロンバルディーアは言うに及ばず、サヴォイア公国〔イタリア北西部でフランスとの国境に接し、中心都市はトリノ〕、ニッツァ〔ニース〕伯領、オネーリア公領〔リグリア地方〕、アオスタ公国〔イタリア北部〕、ピエモンテ公領、サルッツォ公国〔ピエモンテ地方でクーネオを中心都市に持つ〕、モンフェッラート公国〔パルマの東部〕、さらにはほどなくしてサルデーニャ王国と、一連の地域に及ぶことになった。また、各都市がそれぞれの権利を有する領土的排他主義は、他の国家ではさらに根の深いものであり、とりわけ、トスカーナと教皇国家では顕著であった。また、スペイン支配の終焉に続く激動の時代には、すでに検討したように伝統的な地方自治の主張が行なわれた。オーストリアが支配する国家では、大土地所有者がさらに新たな特権を獲得したり、彼らの所領に対する支配力を強化する場合がしばしば見られた。また、君主の継承問題が紛糾したトスカーナやパルマでも、これと似た状況が見いだせる。十八世紀初頭のこうした権力の遠心的傾向が回避されたのは、スペイン支配の終焉後も権力が切れ目なく行使された国家、とりわけピエモンテとヴェネツィアだけである。

こうして、イタリアを新たに支配することになった外国人は、現地の複雑で混沌とした社会構造と、十七世紀に比べて活発となった行政変革に対する抵抗という事態に直面したのである。また、新しい支配者に対する政治面での組織的な抵抗の基盤となったのは、戦争の重圧を背景として生じた旧支配への郷愁である。オーストリア領ロンバルディーアの場合、旧支配者のスペインを支持する傾向は、ピエモンテ侵略の危機を前にして消滅しつつあった。しかし、オーストリア、ピエモンテ両国に中立の立場をとっていたトスカーナでは、スペイン王フェリーペ五世の代理使節、アスカーニオ神父が、国内の失業者、物乞い、都市の庶民を組織して、新支配者のロートリンゲン侯フランツ・シュテファンに対する抗議運動を展開した。また、ナポリでは、オーストリア継承戦争の間に、国王カルロ三世の改革に対する不満が生じた。グレゴーリオ・グリマルディ(一)は、この状況を利用して反ブルボンのプロパガンダ活動に身を投じ、国内に侵入したオーストリア軍のロブコヴィッツ将軍を支援したのである。

行政、司法、財政および経済機能の混乱は、もちろんイタリアに特有の現象ではなかった。しかし、それは、イタリアが伝統的に持つ排他的性格と絶えず小邦に分割されていた状況を背景として、諸外国に比較すると一層激しいものとなった。イタリアにおける統治の中枢である政治、行政、司法権力は、他のヨーロッパ諸国と同じく、互いに重複し、混ざり合っていた。官吏は、極めて広範で予想もつかないような領域にまで及ぶ任務を自己の責任において遂行していた。また、国家の財産と君主の私有財産との区別もなかったのである。

行政は、主として法の観点から考慮された。行政の遂行にあたり、臣民の同意を得なければならないという考えは、十八世紀の行政官の念頭にはなかった。こうした考えは、若干の国家に限定された形でかつて存在していたことはあったにせよ、大半の議会が廃止された結果、事実上消滅してしまった。議会は、ヴァルダオスタ〔スイス、フランスとの国境地帯〕、フリウリ、シチリア、サルデーニャでは確かに存続していたが、それらも、本来の性格からはほど遠いものであった。しかし、ある種の法的な根拠に基づいて布告に対する抗議や忌避を行なう権利は、これまでと同様に、あるいはおそらくそれ以上に強固なものとなった。ちなみに、その具体例としては、古い法令、慣例、あるいは単に伝統の観点から行なう異議申し立てや免責などが挙げられる。ところで、同一国家内で司法権どうしが衝突するという混乱がイタリア全域で生じた。このため、個人の法的な権限は、法廷で危うい立場に置かれることになる。

たとえば、フィレンツェには、ギルドの管轄下にあった一四の法廷の他に、三〇の裁判機関があった。バローネと聖職者、都市と町村、ギルドの組合員、外国人、そして他の数えきれないほどの身分や境遇にある人々が、それぞれの特権や法的権威の適用範囲を主張していた。「十八世紀のトスカーナに見られる司法権の混乱と衝突の原因は、フィレンツェのような共和制都市国家が十六世紀の昔に大公国に変った事実に求められる」と述べてこうした事態を嘆いたのは、改革者のポンペーオ・ネーリであった。フィレンツェの共和制政府は、市民の忠誠心を強固なものとするためにおびただしい数の行政官を配置したが、この結果、市民生活が混乱状態に陥ってしまったのである。また、いったん設立された法廷が廃止されることは、滅多になかった。この点に関しては、前記のネーリが次のように説明している。

「このように、多数の法廷が存在するという事態は、メディチ家がフィレンツェにおける事実上の君主の地位に就いた際、共和国行政官の職制の廃止に意を払わなかった事実に起因する。共和国におけるこれら官職の数は、人民を基盤とする統治形態のゆえに、常に必要以上に多く、また、君主制国家の場合に比べても上回るのが普通であった。」(Venturi, 27, p. 38)

しかし、この問題は、共和国に限定されたものではなかった。つまり、政府による権力の行使は王国においても絶えず妨害され、しばしば形骸化したのである。たとえば、中央からボローニャに派遣されていた教皇代理特使は、同市が自らの使節を介して教皇と直接に交渉することを阻止できなかった。また、シチリアでは、総督がバローネの諸権利の牙城ともいえる議会を廃止できなかった。さらに、ナポリ王国では、政府の司法機関がバローネの司法権を統制することに失敗した。こうした状況は、地元のバローネを告訴した不幸な外科医、アントーニオ・カゼッラの例に明らかである。亡くなるまでに行なった数多くの告訴の一つの中で、彼は次のように述べている。

「正当な権利もなく投獄された私は、身の毛もよだつような重罪犯用の独房に放り込まれて鞭打たれ、殺されかけましたが、すんでのところで王国高等法院の命令によって釈放されました。しかしながら、それだけではありません。私は、再び投獄されて銃で撃たれさえしたのです……自己の生命に対する罠から身を守り、これ以上不当な投獄が行なわれぬよう、国王陛下にわが身の保護を切に訴えるものであります。」(Villari, 97, p. 150)

法や司法機関のこうした伝統的な混乱は、特権階級を擁護し、法曹家を養成する契機となった。十八世紀中頃のナポリでは、二万六〇〇〇の人間が法律に関わる仕事で生計を立てていたといわれているが、これは別に驚くには当たらない。こうした状況下に置かれたすべての政府は、同時に、急激な変革も実行できずにいた。司法上の混乱の中で生まれた反改革勢力の存在が、初期の改革が実行される過程で浮かび上がることになる。先に引用した改革者、ポンペーオ・ネーリが述べているように、改革運動は、理性と技術的力量が法律上の議論に取って代わった時に、初めて真の意味で前進することになる。

若干の改革の実施が緊急に必要であることは、すべての国家ですでに明らかだった。軍事費が増大する時期には、国家収入は凍結同様の状態に陥った。十八世紀の前半には始終戦争が行なわれたため、ヴェネツィアや教皇国家といった中立国でさえ、増税を実施しなければならなかった。戦争当事国の支出が、これらの国家に比較してはるかに莫大なものであったことは当然である。さらに、一七一五年以降の数十年間においては、火縄銃とマスケット銃に取って代わったライフル銃と大砲が戦術上の重要性を増すにつれ、戦費は概して上昇する傾向にあった。こうした事態に従来の財源で対処することは、いよいよ難しくなってきたのである。

政府が絶えず行なう借金、あるいは君主の気前の良さが災いし、国家収入の多くが抵当として個人の債権者の手に渡った。パッラヴィチーノ[三]が一七四七年に行なった計算によれば、ロンバルディーアの国庫収入の半分にあたる六〇〇〇万リラが、過去の借金の利子として担保に入っていた。また、ナポリでは、王国の国庫に入ったのは、国が取り立てた総収入のわずか五分の一にすぎなかったとされている。さらに、免税特権が拡大されるにつれ、地租の対象となる土地面積が減少した。こうした状況を背景として、新たに特別の税を課すことにより、多くの付加的な増収を確保する試みがなされたが失敗に終わり、ただ農村コムーネの負債が増加しただけであった。実際、地租収入は、事実上イタリアのすべての国家において、物品税収入と比較すると、税収全体に占める割合がかなり小さくなっていたのである。しかし、その物品税収入にしても、徴税請負契約という混乱した制度や、経済活動の停滞によって伸び悩んでいた。ちなみに、後者の原因は、政府による特権的な産業の保護、個人や教会の免税特権、さらにギルドの課した制約に求められる。こうして、イタリア諸邦の政府は、行政面からだけでなく、財政的、経済的な理由によっても改革に向かわざるをえなかったのである。もしも国家収入の増加を望むならば、経済活動が促進されなければならず、また、さまざまな特権や裁判権の行使によって生じる障害を少なくとも弱めなければならない。こうした明確で具体的な動機の背景には、諸邦の外国人統治者とその顧問が新しい国家観を抱いていたという状況がある。彼らは、過去との時代錯誤的な結びつきから解放された近代的な統治構造を創り出す必要性をしだいに認識し始めたのである。

イタリア諸邦を特徴づけていたこれらの問題は、広い意味、そしてしばしば特定の意味でも、十八世紀前半に他のヨーロッパ諸国が抱えていた問題に類似している。これは、驚くには当たらない。なぜなら、あらゆる国家は、諸特権の存続や、戦争によって引き起こされた財政危機を原因とする似たような行政の混乱に悩まされていたからである。さらに、この問題に対し政策が講じられたか、どのような解決策が提案されたかを検討すると、類似性は一層大きくなる。イタリアは、ヨーロッパ諸国と新たに結びつき、ヨーロッパの動向にますます波長を合せつつあった。イタリアの学者、著述家、聖職者は、他のヨーロッパ地域の知的、経済的、宗教的な進歩に目を向けつつあった。そして、イタリア諸邦の支配者と行政官も、彼らと同じくイタリア外の諸国が試みた改革に注目したのである。

イタリア諸邦の新しい支配者は、当然のことながら諸外国での経験を極めて積極的に受け入れる姿勢をとっていた。初期の改革が展開されたのは、彼らが統治するロンバルディーア、トスカーナ、ナポリなどである。ちなみに、これらの国々は、後年啓蒙主義の花を咲かせることになる。カール六世、カルロス三世、ロートリンゲン侯フランツ・シュテファン、そしてやや遅れてパルマ公フィリッポといった外国人の開明的君主は、イタリア諸邦に見られた従来の伝統を断ち切った。つまり、彼らはそれら諸邦を今まで治めてきた君主の息子ではなかったのである。そして、彼らは、他の大半の政府を拘束していた数多くの制約に対し、あからさまに挑戦するようになった。とはいえ、ある程度の修正、あるいは変革を緊急に実施する必要性は、すべてのイタリアの国家で痛感されていた。なかでも、サヴォイア家のヴィットーリオ・アメデーオ二世は、十八世紀前半に諸改革を断行して最大の成功を収めることになる。

二　専制政治と改革——ピエモンテ

ヴィットーリオ・アメデーオの改革を促した直接の契機は、他の諸邦と同じく、戦争がもたらした影響であった。彼は、ルイ十四世のフランスに対抗し、新教徒の国家であるイギリス、オランダ両国と好機を逸することなく同盟を結んだ。また、この狡猾で遠慮のないイタリア人君主は、異端弾圧という反宗教改革的な性格を持つ伝統的な政策を放棄し、自国領内のポー川流域にヴァルド派の臣民が再び入ることを一六九四年に認めている。こうした政策を速やかに実施したところに、機を逃さぬ彼の性格がうかがえる。

ところで、このほとんど偶発的に実施されたともいえる寛容政策は、教皇権との間に長期間にわたる論争を引き起した。ヴィットーリオ・アメデーオは、その過程でローマ教皇庁に対抗して国家の権威をしだいに主張するようになった。しかし、彼が一七一七年から一七三一年にかけて諸改革を実施する契機となったのは、スペイン継承戦争である。ちなみに、この戦争は、彼に過酷な経験を強いることになる。さて、これらの改革が目指したのは、次の八点である。

(1) 国家の行政および立法の制度面で最も目立つ欠陥を除去する。
(2) 特権の濫用に歯止めをかける。
(3) 税制基盤を確立する。
(4) 商工業を振興させる。
(5) 教会に対する君主の支配権を主張する。
(6) 聖職者による教育の独占を打破する。
(7) 貴族と並んで、新しい階層に基づく広範な行政者グループを創り出す。
(8) 大規模で効率的な外交団および軍隊を創設する。

これらの目的を実現するために国務院の再組織化が行なわれ、これが司法問題に関する責任を担うことになった（一七一七年）。そして、王室官房局が、内務、外務、軍事の独立した三部門に分割された（一七一九年）。また、財政、戦争、砲術、要塞、それに王家の管理を担当する四つの〈アツィエンデ〉〔局〕が創設された（一七三〇年）。さらに、一七二三年および一七二九年の王室憲章によって、在来法の総括が行なわれた。この結果、従来見られた立法面での矛盾が解消される一方、君主の権威に有利な形で従来の司法面での混乱状態が単純化され、時には修正されることもあった。〈カタスト〉(26)〔総合土地台帳〕が最終的には一七三一年に公表され、ピエモンテのほとんどすべての土地に関する新しい面積と評価基準が明らかとなった。そして、これに基づいて地租が課せられることになる。このため、教会が従来享受してきた封建的性格を持つ免税特権の適用範囲は、その正当な資格を十分に証明できる場合だけに限定されたのである。また、織物工業を生み出す試みが行なわれたが、これは、綿織物よりも絹織物の分野で成功を収めた。教育面では、トリノ大学の改革が実施され、同大学が高等教育を独占することになる一方、地方には学位の授与を通じて新しい官僚の養成を目的とする大学が創設された（一七二九年）。宗教面では、一七二六年および一七二七年の宗教協約によって、教皇庁との妥協が成立した。つまり、カトリックの正統性が再確認された反面、教会の諸特権の制限、宗教裁判の国家への従属と事実上の廃止、さらに教会関係の裁判部門からの外国人聖職者の追放と王室による無主聖職禄の管理の実施を、教皇庁は明白にあるいは暗黙裡に容認することになった。他方、貴族は、非合法的に獲得していた封土を王室の御料地として没収され、屈辱を受けた（一七二〇年）。また、高度な訓練を積んだ外交団は、その代表をヨーロッパ中に派遣した。さらに、二万四〇〇〇の兵力を擁した常備軍（住民九五人あたり一人に相当）は、戦時には四万三〇〇〇に増強することが可能となったのである（一七三四年）。

こうした諸改革は、その実施の面で強い印象を与える。それらは、技術面で高い効率を示し、改革の完遂が保障された。ちなみに、時間を最も費やし、しかも複雑な作業を必要とした土地台帳作成の場合でさえ、その例外ではない。しかし、それらは、君主の絶対専制主義に基づく改革の典型であり、その目標と性格は、ルイ十四世治下のフランスの場合に類似している。また、これらの改革は、特定の限られた目的を持つものであり、ヨーロッパや他の若干のイタリア諸邦で流布し始めていた新しい思想の片鱗は、見られない。つまり、ピエモンテにおける改革には、有事に備えて国力の増強を図るという伝統的な目標があったのである。前述した行政改革、総合土地台帳の作成、新しい官僚層の形成、強力な軍隊と外交団の創設も、この目標に沿って実施された。また、経済政策も同じく伝統的なものであり、コルベールの時代に見られた家父長的な性格を持つ重商主義の典型であった。他方、宗教および教育面の改革は、純粋に政治的で実践的な動機によって実施されたため、一層重要な意味を持っている。王室による教会支配がいったん主張された後には、アルベルト・ラディカーティ（三）の唱える異端説がピエモンテに存在する余地はなくなった。このため、彼は、意気投合できる仲間を求めてロンドンやオランダにある自由思想家のサークルに活動の場を移すことを余儀なくされた。また、聖職者による教育の支配がいったん粉砕されると、新任の教授が非正統的な思想の持主であった場合には、その人間に対し、厳しい制限事項が適用されることになった。

ところで、こうしたヴィットーリオ・アメデーオの改革が、一七二〇年代に実行された事実を記憶にとどめておく必要がある。理性の哲学、相対立する諸原理の衝突、過去の遺物を廃棄して新規巻きなおしを図ろうとする願望、社会改革に関する人間の能力への信頼といった面を彼の改革に期待することは、非歴史的な態度といわなければならないだろう。ちなみに、こうした側面は、十八世紀後半の啓蒙主義を基盤とする諸改革の特徴である。彼の改革は、要するに過渡的な時代におけるものだったのである。つまり、十八世紀初頭にヨーロッパ中の国家が戦争の重圧のもとでさまざまな緊張関係に置かれ、困難に直面した中で必要に迫られて実施されたものである一方、スペイン継承戦争とともに終わりを告げた家父長的絶対主義の性格をなお色濃く残すのが、彼の改革であった。そして、それは前啓蒙主義の性格を持つ改革ではあったが、ヴィットーリオ・アメデーオの同時代人、プロイセン王フリードリヒ・ヴィルヘルム一世（一七一三―四〇）の活動を特徴づけていた王室の利益に国益を優先させようとの意識がすでに明らかである。

と同時に、ヴィットーリオ・アメデーオの改革が成功を収めた事実それ自体が、ピエモンテを他のイタリア諸邦に比較して際立った立場に置くことになった。つまり、アルプス山麓に位置するこの王国は、彼の改革によってイタリアで最も効率的に組織された官僚的、軍国主義的な国家となり、その王室は、国内の支配層が持つ伝統的な忠誠心を享受していたのである。

もっとも、その後に新たな進展は見られなかった。カルロ・エマヌエーレ三世の長い治世を通じ、彼の父、ヴィットーリオ・アメデーオの改革に最後の仕上げが確かに行なわれてはいる。つまり、地方行政の再組織化（一七三三、一七三八、一七四二、一七五〇年）、憲法の部分的な修正（一七七〇年）、政教分離主義の勝利を意味する宗教協約の締結（一七四一、一七四二年）、サルデーニャ島における諸改革（一七五九—六五年）がそれである。ヴィットーリオ・アメデーオは、宗教面および文化面の改革が、どのような結果をもたらすかについて意識し、それを利用した。しかし、一般的にいって、支配層には、この点についての最低限の認識さえ欠けていた。新任の大学教授には、不審の眼が向けられてしまい、彼らは、ほどなくトリノを捨て、ミラノやウィーンへ赴いた。風変わりな自由主義者の貴族、アルベルト・ラディカーティは、教皇庁に対する闘争において、少なくとも一時的にはヴィットーリオ・アメデーオに励まされていた。しかし、ナポリの指導的な反教権主義の著述家、ピエトロ・ジャンノーネは、ラディカーティとは対照的にカルロ・エマヌエーレの奸計にはまり、ピエモンテに幽閉の身となった。これは、同国が教皇庁との闘争を平和裡に解決するための代償であった。一七二〇年代の改革によって、ピエモンテはイタリア諸邦の先頭に位置することになる。しかし、これらの改革の目標は、自己充足的で限定された性格を持っていた。このため、一七五〇、六〇年代になると、当時イタリアの他の諸邦における改革運動を特徴づけていた新しい思想や野心的な目標から、ピエモンテは疎遠になってしまうのである。この高度な集権国家では、貴族と官僚が互いに競い合って王家に対する忠誠を示していた。こうした状況では、批判的精神を持ち合わせた自立的な知識階級が出現し、台頭する可能性はほとんどなかった。つまり、王家による改革が成功した結果、その道は閉ざされたのである。

三　聖職者の特権および行財政に関わる初期の改革

支配者に変化が見られた前記の諸邦における初期の改革は、ピエモンテほどの成功を収めなかった。これら国家の諸君主は、国内の反対勢力を屈服させる手段として、臣民の王家に対する忠誠心に訴えることができなかった。一七三〇、四〇年代には戦争が再燃する一方、地方には反改革勢力が存在した。諸改革は、こうした状況下で危機に陥ったのである。初期の主要な改革の一つに挙げられるオーストリア領ロンバルディーアの土地台帳作成の予備作業は、一七一八年に開始された。しかし、この政策は、特権階級の抵抗に絶えず直面し、一七三三年にはポーランド継承戦争が勃発したこともあって、結局彼らに阻止されてしまう。オーストリア皇帝が一七二〇年代当初に抱いていた改革の夢は、続く一〇年間の危機の時代にしだいに消え去ったのである。とはいえ、ポーランド継承戦争の結果生じたさまざまな損失、不安定な政情、地方行政官の腐敗、オーストリア皇帝がスペイン人の臣下に対して当初示した途方もない偏愛、特権グループの遠心的な運動、諸邦の経済的疲弊を背景として、こうした諸邦でなんらかの変化は避けられないものとなっていた。しかし、一七三〇年代後期からの諸改革は、限定的な性格を持ち、しかも、その実施にあたって積極性が見られない場合が多かった。

ところで、前記の新しい支配者は、外国人の顧問や行政官を伴っていた。とりわけ、オーストリアの支配下に入った国家の場合、行政官を起用する点でコスモポリタン的であった。つまり、ポンペーオ・ネーリのように諸国を遍歴する人間が採用されたのである。古い由緒ある家柄の血をひくジョルジョ・パッラヴィチーノのようなジェノヴァ人、法曹家、ポンペーオ・ネーリなどのトスカーナ人、あるいはジューリオ・ルチェッラーイなどの古い貴族の子孫、ベルトラーメ・クリスティアーニ(四)などの法服貴族が、ドイツ人の諸侯(クラオン侯爵、ヘッセン・ダルムシュタット公フィリップ)や外国人の政治家(エマニュエル・ドゥ・リシュクール)と並んで活動したり、協力し合ったりした。ブルボン家が新たに支配することになった国家でも、同様な混合状態が見られる。たとえば、トスカーナ人のベルナルド・タヌッチが、スペイン人のモンテアレグレ・ディ・サラス公爵(五)とともに国政を担当している。ちなみに、後者は、のちにピアチェンツァ生まれのフォリアーニ侯爵に代わっている。君主のために働く彼らにとって、〈国籍〉や社会的出自の問題は、実際大した意味を持たなかったのである。一方、当時出現した新しい官僚層にとっても、出自の価値や国籍より、行政手腕あるいはそれほどの意味はないものの法律の知識の方が重要な問題であった。しかし、極めて多数の外国人がイタリアに存在するという状況、そして彼らが活動の場を国家から国家へとたやすく移していくという事情により、彼らの統治は国際色豊かなものとなった。こうした国際的経験の広がりは、オーストリアの支配下に置かれたロンバルディーアとトスカーナ大公国の場合に極めて明確な形で見て取れる。しかし、この経験の影響は、すぐ後にはブルボンの支配下にあったナポリ王国とパルマ公国に及ぼされた。これらの諸邦で初期の改革を実行したのは、前記の新しい官僚層であった。ところで、地方の貴族や聖職者は彼らに対して敵意を抱き、新しい知識人は不安を感じた。諸邦の政府と知識人は、さまざまな問題に対処する際、当初はそれぞれ異なった計画に基づいて目標を達成しようと暗中模索していた。しかし、彼らはしだいに同一の社会問題に関心を抱くようになり、また、ヨーロッパにおけるイタリアの役割について自覚したことから、互いに接近する。イタリアで啓蒙主義の運動が生じるのは、この一七五〇、六〇年代のことであった。

とはいえ、これに先立つ数十年間を見てみると、支配者は大抵独力で活動している。彼らの手がけた改革のうちで最も成功を収めたものは、国家と教会両者間の闘争から生まれている。教皇の政治的権力は、国際的にも国内的にも脆弱であったために、その国家に対する抵抗は弱まった。一方、諸政府は、限られた支援しかあてにすることができなかったか、あるいは、少なくとも国内の微弱な反対勢力と対峙する必要に迫られていた。こうした状況にもかかわらず、改革はある種の妥協にとどまった。つまり、それは、聖職者の諸特権に制限を加えたとはいえ、その概念自体を問題視することはなかったのである。たとえば、反教権主義の伝統が強いナポリにおいてさえ、ジャンノーネが主張した世俗国家の絶対的権威というイデオロギー面での挑戦は、退けられてしまった。ところで、この王国では、一七四一年に締結された宗教協約によって、政治問題がある程度解決されてはいる。つまり、聖職者の関税に関わる免税特権が制限されると同時に、彼らの所有地は俗人の場合の半額とはいえ課税の対象となった。さらに、教会の裁判所に、司教と並んで俗人裁判官が列席することが認められた。教会による検閲は、依然として強力であった。しかし、ナポリの反教権主義者の闘争で主要勢力となっていた法曹家は、一七四六年に当地の大司教が宗教裁判を再び導入しようとした際、これに対抗して国王を動かし、認めさせなかったのである。

他方、オーストリア領ロンバルディーアの教会権力は、他の諸邦と比較すると絶対的といえるほどのものではなかった。しかし、それでもナポリと似たような状況が見られた。つまり、諸改革が促進された時期に、ポンペーオ・ネーリは、土地台帳の作成にあたって聖職者の免税特権すべてを廃止しようと試みたのだが、一七五七年に締結された宗教協約により、実現しなかったのである。また、トスカーナ大公国の場合、メディチ家が教皇権と密接に結びついていたため、ナポリに見られるような反教権闘争の伝統や法曹家グループの存在とは無縁であった。トスカーナ人のルチェッラーイが、当地の教会をローマから〈解放する〉仕事に着手した際に期待を寄せたのはナポリとトリノであり、また、ウィーンとの新しい絆であった。一七四三年には、書籍の検閲および販売に関する国家の統制が主張された。また、一七四五年には、聖職者の個人レベルの諸特権が制限されるとともに、教会の聖域（フィレンツェだけで、二四三カ所に上った）の削減が実施された。しかし、ルチェッラーイの改革は、教会の持つ免税特権の制限にまでは及ばなかった。彼は、死手譲渡の際に宗教団体に対して従来行なわれてきた過剰な贈物や遺産の贈与を一七五一年に禁止し、教会の特権のこれ以上のいかなる拡大も阻止しようと試みたが、これが彼の改革の限界であった。とはいえ、教会・聖職者を対象とするこうした彼の改革は、イタリアの他の諸邦で見られたものに比べて急進的な性格を持ち、また一層の成功を収めている。なぜなら、彼は、こうした改革を宗教協約の中に条文化することを断固拒否したからであった。つまり、条文化は、改革の制限を意味するからである。トスカーナの政府は、こうした改革に対する教皇側からの制限の動きに対して極度に神経質にはならず、独自の道を歩むことに決めたのである。

初期の改革は、前記以外の領域ではそれほどの成功を収めなかった。たとえば、トスカーナでは、ネーリが強大な権限を持つ枢密院の創設を計画し、行政部と司法部が相対立すると同時に無気力であるという複雑な状況の打破を試みた（一七三九、一七四一年）。しかし、この政策は、ペーター・レオポルトが大公に即位するまで事実上実現しなかったのである。ナポリでは、タヌッチが王国の公秩序の向上を図るために、領主裁判権を直接攻撃した。つまり、そのための委員会が一七三六年に設置され、地方裁判所が一七三九年に再組織化されて、殺人罪に関する報告書を上級裁判所に提出することが義務づけられたのである。これは、権力の分散と司法権行使に関わる規制をめざす試みであった。しかし、この改革は、首都ナポリと領主双方からの反発を招き、一七四四年には事実上の中止を余儀なくされた。ところで、一七三九年に試みられた首席通商裁判所の設置は、タヌッチによる斬新な改革であった。彼は、この実現を通じ、商業上の訴訟の円滑化を図るだけでなく、その迅速で安上がりな活動を通じて他の裁判所に一つのモデルを提供することも狙っていた。しかし、これも、前記の改革に対する以上の激しい抵抗にあい、一七四六年に結局骨抜きにされてしまった。次に、ロンバルディーアにおける行政・司法面の改革は、大規模な土地台帳が作成された一七五七年以後になってからやっと試みられている。しかし、ウィーン政府が、ロンバルディーアとマントヴァ公国の両地域を行政面で統一しようとすると、マントヴァの貴族が執拗に抵抗した。このため、マントヴァの特権階層は、土地台帳作成の影響を受けずに済んだのである。

さらに、法律面の改革も失敗に終わった。ナポリでは、一七四二年に、ピエモンテと同じく法の編纂を目的とする委員会が任命された。しかし、その構成メンバーには、保守的な傾向の法曹家が複数含まれており、一〇年間にわたって改革を阻んでしまった。ちなみに、彼らの中には、ムラトーリ批判の中心的な人物もいた。次に、トスカーナ大公国では、ムラトーリが新法典作成の呼びかけを行なっている。これは、一七四〇年代には、改革推進派の執政者から好意的な反応を期待できるかに見えた。しかし、在来法をまったく新しい法に置き換えることの危険が、ますます克服し難いように思われてきた。そこで、ネーリは、改革を在来法の編纂書の刊行にとどめるという妥協案を最終的に用意した。しかし、この計画は、大公国を分裂させていた地方の排他主義の強い抵抗に遭って挫折した。ちなみに、リシュクールは、この風潮を「トスカーナの恥ずべき教養」と形容している（Venturi, 27, p. 324）。

財政構造を改革し、国家収入の増加を図る試みは、前記の諸改革と同じく敵意を持って迎えられ、結局は妥協せざるをえなかった。とはいえ、それらの試みには後述するように大きな進展が見られることになる。ところで、関税・輸入税・通過税、それに塩とタバコの専売やおびただしい種類に上る生産物や小売業を対象としたさまざまな間接税は、当時、国家収入の主要な財源となっていた。とりわけ、ナポリでは、これら間接税収入の多くが負債の支払いに充てられたり、ドナティーヴォ〔贈与〕に使われた。イタリアのすべての国家では、ヨーロッパの他の地域と同じく、これらの税の取り立ては、〈フェルミエーリ〉〔徴税請負人〕の仕事であった。彼らは、政府との間に請負契約を取り交わす代わりに、推定される税収入に応じた金額を政府に前払いしていたのである。しかし、諸邦の政府の負債額が一七三〇年代および四〇年代の継承戦争によって新たな極みに達する一方で、流通資本は不足しがちであった。このため、政府は、フェルミエーリに対する借金をもしばしば余儀なくされた。こうして、彼らは、政府の債権者としてその勢力をますます増大させていった。一方、諸邦の国家行政は、税収入のかなりの部分を失っていた。なぜなら、税の取り立てが極めて多くの徴税請負人の間で細分化された制度に基づいており、税収報告が混乱していたためである。こうして、諸邦の政府は、多額の負債と極度に細分化され、混乱した請負制に基づく徴税という二重の問題に悩まされていた。

戦争によって経済的に逼迫したイタリア諸邦は、同時期のイギリス、フランス、スペインのように、国債を長期返済とし、より多くの収入を得る方策を求めざるをえなくなった。アーヘンの和約の締結後、イタリアの若干の諸邦では、既存の財政政策に民衆が抵抗するようになったため、なんらかの解決策を打ち出すことが一層緊急の課題であった。ちなみに、同じ状況はオランダでも見られた。また、自国の安定に極めて強い自信を持っていたヴェネツィアでさえ、〈テッラフェルマ〉〔本土〕の行政単位ごとに税を一本化することを一七三五年に決定している。他方、トスカーナ大公国では、メディチ家の最後の私有地、それにおそらくは教会の所有地さえも売却することによって公債の削減を図る提案が当初行なわれた。しかしその後、オーストリア継承戦争が勃発してウィーンから支援を要請された政府は、間接税を一本化し、その徴収をただ一つの徴税請負人団体に委託するという一層控え目な妥協策をとることになる（一七四〇年）。ナポリでも、前記の戦争が改革にとって好ましくない影響を及ぼした。しかし、同王国で最も切迫した問題は、アッレンダターリ(27)、つまり政府の債権者の手から国家収入を回収することであった。これは、一七四三年に試みられたが、失敗に終わっている。国王カルロ三世が、この改革の実施手続の合法性に疑念を抱いたために、当初の明るい見通しを弱めてしまったのである。最終的には、〈償還協議会〉が一七五一年に設置された。しかし同協議会は、間接税を徴収する権利（アッレンダメンティ(28)）の大半を掌中にしていた貴族と聖職者の影響下にあったため、国家収入の償還よりも、むしろコムーネや自分たち大土地所有者に課せられた既存の税の増大に関心を寄せていたのである。

オーストリア領ロンバルディーアでも、総督のパッラヴィチーノが似たような結論を導き出している。彼は、一七四七年にウィーン政府に一つの計画を提示した。彼は、その中で、間接税収入を徴税請負人から買い戻すために国立銀行を創設すべきであると主張した。そして、その後にタバコおよび宝くじ税に始まり、単一の〈国税上納金〉の設置に至る改革によって、これらの税の再編成を行なうべきであるとしている。また、より一層の財政改革の推進、とりわけ新たな国勢調査の実施に必要な資金を調達するために、徴税請負人の団体は十分な額を国家に前納する義務を負うことになっていた。パッラヴィチーノは、最近のトスカーナ大公国で実施された間接税の統合整理の例から、明らかに多くを学んでいた。ロンバルディーアの多くの行政担当者は、彼の計画、とりわけ調達された資金によって土地台帳の作成が可能かどうかの点に関し、依然として疑問を抱いていた。戦争終結後、ウィーンの最終的な承認を得たパッラヴィチーノは、間接税を一本化し、少なからぬ困難を克服した後にアントーニオ・グレッピを長とするベルガモの徴税請負人団体を一つ創設した（一七五〇年）。ちなみに、グレッピは、低率の利子で既存の徴税請負人から税収を買い戻すのに十分な額を国家に前納する用意ができていた。そして三年後、従来未整理状態であった公債を長期返済にする目的で、モンテ・ディ・サンタ・テレーザ銀行が設立された。これは、イングランド銀行が持ついわば触媒の機能を果たすことはできなかったものの、政府にとって最も重い負担となっていた国家債務の償還に大きな成功を収め、一七七〇年代には地方の債務に目を向けることができるようになった。

とはいえ、こうした間接税の一本化は、イタリア諸邦が抱えていた財政問題に対して持続的な効果を発揮するような解決策とはならなかった。たとえば、最も成功したトスカーナ大公国やオーストリア領ロンバルディーアでさえ、その一方で、政府に影響力を行使し、民衆を苦しめる可能性を持つ強力な融資家グループが出現する危険も生じたのである。徴税請負人は、フランスの場合、政府に対して長期の貸付を行なうことで公債の管理運営を事実上独占したため、政府は彼らに依存せざるをえなかった。一方、ナポリでは、政府の債権者が同様の立場にあった。こうして、税制改革は、徴税請負人に対する一種の妥協手段となってしまった。このため、政府は、一般間接税の徴税請負業務に関わる会計検査院に有能なメンバーを十分な数確保することによって、彼らに対する監視を絶えず行なわなければならなかった。しかし、この方策は、政府にとって一時的な気安めにはなり、国家収入の増加に貢献したのである。

ところで、間接税の一本化を完遂させるためには、土地台帳の作成による地租の修正が必要であった。トスカーナ大公国では、この政策が十八世紀中には決して達成されなかった。なぜなら、地主層が敵意を示す一方で、国家の干渉を受けない自由な農業を信奉する空気が強かったからである。しかし、ナポリでは、一七四二年頃には土地台帳の作成が完了した。それは、新旧の制度が奇妙な形で結合したものであった。つまり、実際の耕作収入の計算に基づいて土地財産の評価が行なわれたものの、その数字は古い計算貨幣による課税標準価格に書き換えられていたのである。このいわゆるナポリの土地台帳であるオンチャーリオ(29)は、地租を賦課する際の基礎となった。しかし、実際に課税する際に用いられたのは、依然として時代遅れの方法であった。つまり、オンチャーリオは、その手段と目的において、ヴィットーリオ・アメデーオ二世のペレクワツィオーネ〔課税の平等化〕政策に類似していた。この政策の目的は、直接税の制度確立のための基盤を提供することにあったが、とりわけオーストリア継承戦争に目立つ地方の抵抗に直面したため、その適用が阻まれてしまったのである。

ところで、オーストリア領ロンバルディーアでは、土地台帳作成の事業が完遂された。この事実は、諸改革が個別的で統一性を欠き、ほんの部分的にしか達成されなかった段階から、政府の義務や国家観に関する包括的な概念が形成される段階へ事態が発展したことを意味している。土地台帳の新たな作成作業の監督を目的としてポンペーオ・ネーリをフィレンツェからミラノへ呼びよせたのは、ほかならぬパッラヴィチーノであった。ネーリがこの仕事を速やかに完了させることができたのは、以前失敗に終わった試み（一七一八―三三年）を通じて作業の下地がすでにできていたからである。彼の目標は、フランスのマショーやスペインのラ・エンセニャーダ(六)の場合と同じであった。つまり、あらゆる特権の根絶、である。土地台帳の作成作業は、一七五七年には完了した。こうして、耕作収入の評価は、ピエモンテの場合と同じく、土地所有者の自己申告にはもはや依拠せず、農業監督官および課税額査定官の仕事になった。耕地面積の測量、作物の種類の記録、そして収穫高の評価を行なったのは彼らである。将来生産性が向上し、利益が増大することで土地所有者が改革を促進しやすいように、地租は固定された。とはいえ、ネーリの改革は、完璧な成功を収めたわけではない。なぜなら、彼は、教会と聖職者が持つ多くの免税特権、農村における人頭税の継続、そしてマントヴァ公国が独自の税制を維持することを認めざるをえなかったからである。しかし、彼の改革は、その効率、そしてそれ以上に掲げた目標を通じ、官吏と知識層両者間の新しい協力関係の基盤を形成したのである。

ちなみに、この関係は、経済活動の広範な領域で、ますます緊密なものとなっていく。トスカーナ大公国で、ネーリの背後にあって、マレンマからの穀物輸出の自由化を限られた期間（一七三八年）支持したのは、サッルスティオ・バンディーニ(七)であった。ちなみに、こうした措置が講じられたのは、同国ではマレンマだけである。オーストリア領ロンバルディーアでは、国境がしばしば恣意的に変更されたために、行政に混乱が生じていた。こうして密輸が横行した結果、ピエモンテとマントヴァ公国との間に一時通過貿易に関する関税協定が結ばれた（一七五一―五二年）。ナポリでは、レバント貿易の促進が試みられた。そして、一七四〇年には、外国人およびユダヤ人の国内への移住を奨励する布告が発せられた。しかし、この措置に対する民衆の反発、同年に発生した飢饉、一七四三年にメッシーナで流行したペスト、そして翌年のオーストリア軍の国内への侵攻が理由となって、国王カルロ三世は諸改革から手を引かざるをえなくなった。これは、改革に対する反発の根深さと戦争のもたらす破壊的な影響力を示す一例である。しかし、すでに一七五〇年代になると、改革派官僚は勇気を得つつあり、新しい知識層の尊敬を集め始めていた。これら二つのグループは、ヨーロッパの発展とイタリア諸邦を悩ます問題に関する認識、そしてそれらの解決策についての考え方の二つの点で一致していた。こうして、新しい精神が台頭しつつあったのである。

第四章　〈新〉知識人

一　新しい文化の起源

イタリアにおける知識人の復活は、その始まりの時期を十七世紀最後の一〇年間とすることが可能である。そして、それは、具体的には次の三つの現象に見いだされよう。つまり、イタリア以外の地域で見られた科学と哲学の進歩に対する好奇心の新たなる覚醒、学問研究における新しい批判基準の普及と〈百科全書的〉な貪欲なまでの知識探究の姿勢、そして教皇権をその固有の領域内に限定しようとする〈政教分離主義者〉による闘争による世俗文化の出現、である。当時のイタリアでは、近代文明が古典世界に対して実現したさまざまな進歩に関してだけでなく、ヨーロッパの多くの地域と比較した場合のイタリアの後進性についての自覚がますます強まりつつあったが、その契機となったのは、イタリアの知識人によるヨーロッパ文化との接触の進展である。ちなみに、この現象は、当初個人レベルに限定されていたが、しだいに小グループ、そして学校を媒介にして見られるようになった。ところで、前記の後進性の原因は、イタリアで支配的な〈お仕着せの〉反宗教改革運動を基盤とする文化が、人心を抑圧するような影響力を及ぼしていることにあるとされていた。つまり、聖職者や法曹家が、スコラ哲学、迷信、そして〈クーリアリズム〉〔教皇権至上主義〕をひたすらおとなしく受け入れるよう人々を教え導く原理、つまり、精神の順応主義が、イタリアをヨーロッパの後進地域にしてしまったというわけである。

こうした傾向に関連し、当時実施されていたさまざまな規制に苛立ち、憤慨する者の目には、伝統的な諸価値の擁護がイエズス会士の存在に象徴されるように見えた。彼らイエズス会士が、デカルト、さらにはニュートンの主張に関する議論までも容認しつつ、新しい思想を自らの組織内で吸収するという驚くべき能力を十七世紀末まで示したことは確かである。しかし、その一方で、彼らは、教皇の権威および教会による教育の支配を断固として擁護する戦士であり、詭弁的な神学の唱導者であり、また諸外国の、とりわけプロテスタントの汚染からイタリアの純潔を守る厳格な番人であり続けた。このため、自由な知的探究心を持つ人々は、教会の反宗教改革運動を基盤とする文化の特徴である〈真の〉知識の独占状態と必然的に衝突することになる。この結果引き起こされた思想面での軋轢は、教会による検閲や宗教裁判の実施を通じ、しだいに制度上の問題へと移行していった。知識人は、こうした状況を背景として、教会権力の抑制は政治的な手段によってのみ可能であるとの自覚をしだいに強め、政治の世界へ一層直接に足を踏み入れていくのである。

順応主義的、伝統的な宗教精神に対する前記の挑戦を促進させるうえで重要な原動力の一つとなったものは、当初イタリア外の教会内部に見いだされる。つまり、ともにベネディクト修道会士で学者でもあったフランス人、モンフォコン[一]とマビヨン[二]の指導の下で行われた聖書の原文に対する批判的な分析を通じ、従来容認されてきた伝統にいくつかの疑問が投げかけられるようになる一方、初期の教会史や古典世界に対する新たな関心も引き起こされたのである。たとえ、モンフォコンがイタリア人を古代ギリシアの世界に引き込むことに失敗し、マビヨンが関心を抱いた教父文献学がイタリアに根を下ろさなかったにしても、偉大なベネディクト修道会士である後者が一六八五年に当地を訪れた後、〈マビヨン学派〉と呼ばれる一派はなお発展を続けたのである。ところで、ベネディクト修道会士のベネデット・バッキーニ(三)を指導者とし、博識なアントーニオ・マリアベーキ(四)が熱心に支援するこの学派は、批判文献学的な比較研究法を教えることと、学問的な研究に理性を用いることに関心があった。ちなみに、バッキーニの最も偉大な弟子は、シピオーネ・マッフェイとルドヴィーコ・アントーニオ・ムラトーリの二人である。彼らは、ともに博識で百科全書的な関心を抱き、前記の新しい方法論が、多くの聖人の存在を否定することになる教会史研究だけでなく、世俗史、法学その他の一層公範な学問領域においてもいかに適用が可能であるかを示した。

さて、ムラトーリは、彼の学問的な関心を古典世界から中世の世界へと決定的に移行させた。古物蒐集に深い知識を求める傾向は、十八世紀全般を通じてイタリア文化の基本的特徴として残っていた。そして、この傾向は、過去の崇拝を通じて偏狭な郷土主義を増長させた。ちなみに、この風潮は、ヴェネツィア共和国に従属した諸都市に見られるように、後年啓蒙主義思想が浸透する際にその障害となるほどに極端な情熱を帯びることもあったのである。しかし、古物蒐集に博識を求める傾向は、人々にローマ法の普遍的な価値に対する疑問を抱かせ、さらにドイツの自然法学派に対する関心を高めさせて新たな法典編纂を行なう必要性を確信させる基本的な要因ともなった。というのも、偉大な学者が持つ百科全書的知識は、より広範な一般社会に浸透しながら現在の諸問題の起源を中世に求めつつこれを説明し、昔から存在する無知・迷信・貧困を告発し、最近数世紀の進歩、〈過去〉に対する〈近代〉の優越、そして理性の否定し難い有用性を強調したからである。ムラトーリやマッフェイのような卓越していると同時に孤立した〈ドッティ〉〔学者〕が抱いたのは、こうした確信であった。彼らは、十八世紀初頭の数十年間における学問の世界を支配し、広い分野に知的関心を抱き、書簡のやりとりや旅行を倦むことなく続けながら、諸外国と接触した。彼らは、こうして、フランス、オランダ、イギリス、ドイツ、そしてオーストリアで論じられていた新しい（しかし、極めて新しいというわけではなかった）思想をイタリアにもたらしたのである。彼らは慎重な態度を維持しながらも、この新しい批判的で合理的なアプローチを通じて一般に受け入れられていた既存の諸価値に挑戦する一方、当時のイタリア社会に見られた諸悪や欠陥の存在を一層強く意識していく。それだけではない。彼らは、こうしたアプローチを通じて平和と人道主義への信頼感、そして、事態の改善が種々の改革を通じて可能ではないかとの期待感も高めるのである。とりわけ、彼らは、このアプローチを行なう過程で次のような確信を抱くようになる。つまり、彼らは、自己の持つ博識が有用でなければならないとの確信、換言すれば、学識は社会に利益を還元するものでなければならないとの確信を抱くようになるのである。

こうした傾向を、ムラトーリほど見事に体現した人間はいない。十八世紀初頭において、彼の姿勢は百科全書的人間の典型であったといえる。たとえば、彼は、外国の新しい文献にイタリア人の関心を向けさせるために、書誌学的内容を持つ雑誌の刊行を望んでいた。また、〈古くさい〉文学に対抗して〈近代的な〉文学を擁護したのも彼である。また、愛国的な感情を抱いた彼は、諸外国に一部が存在していたイタリア史に関する史料を蒐集して出版する決意を固めていた。その後数十年の歳月が流れ、度重なる戦禍で苦い思いを味わった彼は、イタリア諸邦間に見られる異常な事態や対立を一層明確に意識するようになった。しかし、彼は、その一方で、とりわけスコラ学者に見られる伝統的な抽象の論理および演繹的な哲学とまったく対照的な性格を持つ〈科学的な〉理性と経験の利用を特徴とするヨーロッパ文明が進歩するに違いないと固く信じ切っていた。また、深い信仰心の持ち主であった彼は、人間の創造した理性を全面的に信頼することによってもたらされる結果に怯えた。このため、彼の心は、現世の悲惨な状況に唯一対応可能であると考えられるキリスト教の慈愛に対するほとんど宿命論的な信仰と、公共の安寧を目的とする改革、それに教養の高い支配者層、とりわけ国民に対する責任を自覚した君主に対する信頼との間を揺れ動くのであった。批判的で合理的なアプローチが、すでに確立した知的伝統に異議を申し立て、その結果、公共の福利向上のための変革をすぐにでも認めるか、あるいは促進しようとする傾向を生むものと仮定しよう。この場合、教会権力の抑制を目指す闘争は、世俗国家の諸価値を認める方向へと進むことになる。イタリアにおける教会と国家との対立は、スペイン支配の時代全般を特徴づけるものであり、それはサルピが活動するヴェネツィアで頂点に達した。そして、教会権力の抑制を目指す闘争は、一六八〇年代のナポリから極めて強烈に復活する。ここでは、王国に対する教皇の宗主権に法曹家の小グループが挑戦したのである。イエズス会士が教会の権威を主張する際に用いた、伝統的なスコラ的、法律万能主義の論法は、こうした法曹家たちによって、歴史的な慣例だけでなく、人間の理性や自然法に関しても論駁され始めた。これらナポリの知識人グループが抱いていた関心の傾向は、アカデミー内部で行なわれた彼らの議論が示しているように、ガッセンディ、デカルト、スピノザ、英国学士院、マキャヴェッリ、ホッブズ、ボダン(五)などに代表される十六世紀末当時のヨーロッパの国際的な文化が持つ特徴でもあった。教会による従来のものとは異なる新しい歴史叙述は、世俗国家の主権や学問の自由が政治、宗教の歴史と密接に関わることを示唆していた。そして、この方向性を極めて優れた内容で展開したのが、ピエトロ・ジャンノーネの『ナポリ王国文明史』(一七二三年)である。ちなみに、彼は、ナポリにおける最も偉大な反教権主義者であった。ところで、前記の法曹家たちは、個人的に、またグループとして全面的に王室の庇護に依存していた。一六九〇年代の初期、彼ら法曹家は、宗教裁判によって過酷な迫害を受けなければならなかった。スペインのイタリア支配が崩壊するにつれ、彼らはオーストリアに希望を託するようになる。しかし、実現した同国の支配にまったく幻滅した彼らは、さまざまな著作活動の展開を通じ、ブルボン家のカルロが国王に即位する下地を準備した。ナポリでは、教皇の持つ宗主権から王室が自立すべきであるとする主張は、当初、紋切り型の言葉によって行なわれ、内容は限定されたものにすぎなかった。しかし、一七三〇年代になると、近代国家形成のための前提条件として、強力な世俗の権威、それに最も進歩的なヨーロッパ文化との緊密な接触という二つが必要であるとの自覚が芽生え、広範な議論が展開されていく。

一方、ナポリ以外の地域でも、法曹家と教会との闘争は続けられた。十八世紀の最初の数十年間にミラノ、ヴェネツィア、パルマで展開された議論は、おそらくはその伝統的な特徴を保っていた。コマッキオ(六)が自らの領地であるとする教皇の主張をモーデナで拒否したのは、ムラトーリその人である（一七〇八年）。ピエモンテでは、国王ヴィットーリオ・アメデーオ二世が、教皇権に対する挑戦の範囲を慎重に広げた。ちなみに、そのために彼がとった手段は、イエズス会によるトリノ大学の支配を打破すること、それに、行政や神学に関する教会の主張に対し合理論を唱えて論駁していた知識人を諸外国から招聘することであったが、後者にあっては異端視されていたアルベルト・ラディカーティのような人物さえ活用している。トリノに在住する知識人の小グループは、こうした政策を推進する当のヴィットーリオ・アメデーオ二世が皮肉にもローマとの間に宗教協約（一七二六―二七年）を締結したため、沈黙や国外への亡命を余儀なくされてしまう。しかし、彼らは、それまでの期間に、イタリアの他の地域で教皇の権威に挑戦していたムラトーリやジャンノーネなどの知識人とだけでなく、プロテスタントさえも含むイタリア以外の知識人と緊密な関係を保っていた。そして、アルプス山麓に位置し、官僚的で軍隊的な規律を持つこの王国に、当時のヨーロッパの新しい文化を導入するよう努力したのである。

ところで、教皇の権威抑制を意図して十八世紀初頭に展開されたイタリア人の運動には、極めて異質な、そしてさらには互いに相入れない考えや人間も参加していた。この新しい合理主義、そしてフリーメーソンの象徴的な儀式さえも含む新しい科学的思考は、教会の伝統的な権威に対する人々の懐疑的な姿勢に弾みをつけつつあった。しかし、前記の運動が、イタリア以外の地域でさまざまな形で展開されていた政治的、宗教的な性格を持つ反教権運動の影響を受け、内容が豊富で複雑な性格を持つに至ったことは明らかである。こうした諸外国における反教権運動の例としては、ルイ十四世治下のフランスで重大な問題となっていた教会の行政面における教皇からの自立の要求(ガリカニスム)が挙げられるが、これはピエモンテで発展した。また、教皇のドイツに対する要求に反対するオーストリアが展開したプロパガンダに見られる主張の多くが、モーデナやパルマで繰り返されている。さらに、人は恩寵によってのみ救済されるという厳格な教義を持つジャンセニズム(七)は、教皇クレメンス十一世が公示した非妥協的な《ウニゲニトゥス》大教書(一七一三年)によって非難されたものの、イタリアの開明的なカトリックの間で支持された。こうした動きは、教皇がカトリック教会に要求した服従に対する反発がフランス国内に広がっていたことを示しており、ユトレヒトのカトリック教会による教会分裂を招くような強い反抗によってその頂点に達した(一七二三年)。こうした一連の運動を全体として支えていたものは、イエズス会士に対する反感とサルピを偲ばせるカトリックの反教権主義の両者であった。しかし、かつてのサルピの運動がヴェネツィア共和国政府の保護下にあったのと同じく、十八世紀初頭のイタリアにおけるこの一層公範な反教皇運動は、世俗の支配者の支持に依存していた。このため、運動は、教会の諸問題に関する君主の支配を主張する帝王教権主義を支持する結果となり、さらにはこの教義と一体化さえしてしまう。

これらの闘争に直接、あるいは間接的に巻き込まれた人々が抱いていた目的と信念は、極めて多様であった。つまり、ヴィットーリオ・アメデーオの実践的な政策から、チェレスティーノ・ガリアーニ(八)に見られるようなジャンセニスト支持に至るまで、あるいは、ラディカーティのようなプロテスタント流の理神論から、ムラトーリのようなカトリックに対する服従の主張に至るまで、といった具合である。教義上不寛容な態度をとるジャンセニストに敵意を抱く者は多かった。一方、カトリックの教義に疑念を抱き、プロテスタンティズム、宗教上の寛容、理神論、さらには無神論へと突き進むラディカーティ、ジャンノーネ、あるいは後のピラーティ(九)に従い、これを支持する者は、あくまで少数にすぎなかった。ムラトーリのような開明的なカトリック、そしてヴェネツィア人のオルテス(一〇)のように理性や経験の適用を容認した知識人でさえ、教会に対する服従の必要性を依然として確信していた。しかし、反教権主義者は、各自が持つ思想、宗教的信念、そして気質が多様であったにもかかわらず、共通の敵である教皇の権威に対する闘争に力を結集しつつあった。彼らがそういう態度をとった少なからぬ理由は、教会が彼らを迫害する危険があったことに求められる。宗教上の検閲や宗教裁判は、彼らにとっては依然として重大な脅威であり、とりわけ、一七三〇年代にその傾向がはなはだしかった。つまり、この時期には、当時蔓延していた政治危機を背景として困難な状況に陥ったイタリア諸邦の支配者が、反教権主義者に対する保護を部分的に撤回したのである。こうして、トスカーナの詩人でフリーメーソンのメンバーでもあったトッマーゾ・クルデーリ(一一)は、同国の指導的な閣僚であったリシュクールが擁護したにもかかわらず、一七三九年になってもなお宗教裁判によって逮捕されるありさまであった。その結果、クルデーリは、自説を撤回せざるをえなかった。視野の広いベネディクトゥス十四世が長い間教皇の座にあった時期（一七四〇―五八年）には、イエズス会の影響力がようやく衰え、教会の権威に対する批判や抵抗を一層あからさまに示すことが可能となった。しかし、その当時でさえ、新しい思想は諸邦の支配者の保護があって初めて自由に表明されえたのである。こうして、教会権力を抑制する闘争を通じ、その支持者である知識人は、一層直接的な政治の世界にますます引き込まれていく。なぜなら、彼らは、闘争を展開する過程で諸君主に依存する一方、教会の権威は、それ自体を対象とする改革の断行によってのみ抑制できるとの確信をますます強く抱くようになったからである。そして、この改革の実施を促進することが可能なのは、諸君主だけであった。ちなみに、この傾向は、改革が、教会の持つ法的、経済的な諸特権の制限をめざす政治的な性格を帯びていても、あるいは社会的〈有用性〉に一層対応した聖職者教育の実践といった教育面に関するものであっても共通している。

一七四〇年代に入ると、科学は人間にとって有用なものでなければならないと確信する人々は、こうした改革が望ましいだけでなく、実現可能であるとの信念を強く抱くようになった。ところで、科学を重視する伝統が、イタリアからまったく消え失せてしまっていたわけでは決してない。それは、ガリレオやポンポナッツィ[一二]の強い影響を受けたピサ、パドヴァ、ボローニャ、ナポリといった都市の場合、特にいえることである。そして、十七世紀末になると、イタリアの学者は、ヨーロッパにおける科学の発展を心から歓迎した。そして、彼らは、同国人のガリレオに対すると同様、外国人のデカルトやガッサンディに注目していた。つまり、これらの人物が、事実に関する数学的な直観を基礎とする経験的な方法を用いて科学に新しい地平を広げ、これを踏査していると考えたのである。一七一〇年代になると、イタリアにニュートンの学説が浸透し始め、諸科学の中心地相互間の緊密な結びつきを通じて急速に広まった。チェレスティーノ・ガリアーニは、多くの若い世代の人間をローマで育成したが、ニュートンの経験論は彼らがイタリア各地を遍歴することによって全国に広まったのである。また、英仏両国での滞在を終えてイタリアに戻ったアントーニオ・コンティ[一三]は、物理学の実験を行なうための新しい装置を一七二六年にトリノで組み立てている。そして、彼は、ミラノのヴァッリスニエーリ[一四]とヴェネツィアのジャンノーネに、ニュートンが主張する方法論の正当性を納得させたのである。これとちょうど同じ頃、ロックの経験論もまた同一の人々の手を経てイタリアに浸透し始めた事実は、意義深い。アントーニオ・コンティは、一七一三年にはすでにロックの『人間悟性論』を読んでいた。とはいえ、ロックの経験論を消化することは、ニュートンの思想に比べて困難であることが判明した。なぜなら、ロックの思想は、信仰の問題に関して明らかに危険な要素を含んでいたからである。こうして、ガリアーニは一七三三年に聖務聖省によって告発され、その翌年には、教皇クレメンス十二世がロックの『人間悟性論』を禁書に指定したのである。

しかし、こうした処罰も、すでに遅きに失した。〈近代的な〉思想や学問研究の自由への関心は、一つの新しい武器を獲得していたのである。つまり、それは、あらゆる分野の学問研究に適用できる独特な方法論であり、宗教上の信仰をも含む伝統的な信念に挑戦することは必然であった。マッフェイ、ムラトーリ、マリアベーキといった、当初はそれぞれ孤立した立場にあった学者が相互に個人的な接触や文通を緊密に行なっていた。しかし、後になると、ピサ、ボローニャ、ローマ、ナポリ、パドヴァ、トリノ、そしてヴェネツィアにある大学やアカデミーの傑出した教師を中心とするグループや学校間の活動がこれに取って代わった。このようにして、新しい思想が急速に次々と出現するさまは、こうした事態に敵意を抱いていたパオロ・マリーア・ドーリアによって次のように描写されている。

「私が自分の研究を始めた頃、誰もがピエール・ガッサンディの哲学を模範としていたものだ……しかし、この熱狂も長くは続かなかった。なぜなら、エピクロス学派が姿を消すとまもなく、ルネ・デカルトの学説が受け入れられたからである……デカルトの哲学に対する拍手かっさいは数年間は続いたものの、現代の哲学者たちはこれにも飽きてしまい、他の新しい学問を探し求め始めた。彼らはまずニュートン氏の学説に飛びついた。しかし、この偉大な数学者にして哲学者である人物は、あいまいな抽象概念をひねくりまわすことにそれほど熱心ではないため、彼らの多くが今度はロック氏の哲学に目を向けることになった……そして、ローマ、ナポリその他のイタリア諸地域に存在する多くの教師が現在模範としているのは、彼の学説なのである……」(Garin, 36, vol. 2, p. 898)

一七三七年にイタリアで初版が出たアルガロッティの(二五)『御婦人方のためのニュートン学説詳解』は、成功を収めた。この事実は、恐ろしいほどに抽象的なデカルトの〈体系〉とは対照的に、新しい哲学、それに一般論を導きだすための基礎として分析・実験・観察を行なうための新しい方法論が、人々の間にかなりの程度普及していた証である。形而上学でさえ、ロックの経験論を適用することによって、経験的な土台を持つことになった。つまり、ニュートンとロックは、すべての〈近代的〉知識人グループにとっての文化的な共有財産だったのであり、ジェノヴァやパレルモといったさほど重要でない都市でさえ、状況は同じであった。

こうして、新しい哲学に対する関心がイタリア中の知識人グループの間に高まった結果、彼らは、政治体制、行政、法律を含むあらゆる領域における既存の伝統に対してより批判的になった。また、彼らは、ロンバルディーア、トスカーナ、ナポリで見られたように、合理的な思想に基づく変革の実践的な試みに一層強い関心を持つようになっていく。

二 イタリアとヨーロッパ——理性と改革

イタリアの知識人は、ヨーロッパ諸国の文化と絶えず接触することになった。その際、彼らは、学問研究のための新しい方法から、反教権主義を旗印とするさまざまな潮流、そして科学の進歩に至るまでの多様でしばしば相矛盾する文化的要素を媒介としたのである。彼らは皆、長い孤立した時期を経て、ヨーロッパの知的共同体のメンバーに今やっと復帰したことを強く意識していた。新しい思想の多くは、しばしばイタリア以外の地域から流れ込み、主として外国人の手を経て普及した。十八世紀初頭、諸外国への旅行を通じて豊かな経験を積んだ多くのイタリア人がいたが、マッフェイはその一典型であった。また、専門職を求めて外国へ出かけ、祖国におけるさまざまな変革の可能性やその方法に関する新しい知識を得て帰国したイタリア人は、若きピエトロ・ヴェッリだけではなかった。当時グランド・ツアー(二六)と呼ばれた旅行の途中でイタリアを訪れた外国人やイタリア在住の外国人が、〈経験哲学〉や神学上の論争に関する知識を積極的に広めた。たとえば、トリノのイギリス領事アレンは、ニュートンの『自然哲学の数学的原理』を一部シチリアに送っている。また、グランド・ツアーで滞在が義務づけられていたフィレンツェでは、イギリス人旅行者が、当時英国学士院で行なわれていた科学に関する論争をテーマとして討論を盛り上げた。そして、ローマでは、ポリニャック枢機卿がジャンセニズムを支援している。一方、特にリヴォルノのような臨海都市は、ヨーロッパに開かれた玄関口の機能を果たすようになった。さらに、まずトスカーナ、続いてイタリアの他の地域で一七三〇年代に広まったフリーメーソンは、新しい思想の普及を促す役割を果たした。フィレンツェのロッジは、当初イギリス人だけのものであったが、その後イタリア人の入会も認められるようになった。このように、外国人とイタリア人が堅苦しい社交儀礼を抜きにして、対等の立場で付き合い始めるのに長い時間は必要としなかった。

とりわけ、気まぐれな検閲にもかかわらず、イタリア各地に流れ込んだり、翻訳されたりする諸外国の書物や雑誌が増加する現象は、新しいメンタリティーを形成するうえで重要な役割を演じた。イタリア人の手になる雑誌は、諸外国の雑誌、特にフランスやイギリスのそれを細部にわたって模範としていた。それらの性格や目標は、何をモデルにしたかによってさまざまであった。たとえば、マッフェイの『ジョルナーレ・デ・レッテラーティ・ディターリア』のようにただ情報を提供することに徹して書誌学的、百科全書主義的な性格を有するものから、ヴェッリ兄弟の『イル・カッフェ』のように文化普及の道具としての役割を担い、批判的な議論を展開するものまであった。しかし、マッフェイ、ヴェッリ兄弟いずれにとっても、雑誌の果たすべき主要な役割は、進歩するヨーロッパ文化に関する十分な情報をイタリア人に提供することにあったのである。

こうして、ヨーロッパ文明の主潮に再び加わったという意識は、イタリア啓蒙の顕著な特徴として残っていく。この意識は、知識人と並んで改革を唱える行政官や統治者にも共通していた。外国人支配下のイタリア諸邦に導入された新しい行政体系は、ウィーン、パリ、そしてマドリードの例に多くを負っていた。たとえば、パルマでは、デュ・ティヨーが首相を務めた時代、コンディヤックが指導する実質的にはフランス人による宮廷が創設された。また、トスカーナでは、大公レオポルトと閣僚が、重農主義的な諸改革を導入する点で、バーデン辺境伯やスウェーデンの皇太子[一七]と並んでヨーロッパの進歩の先頭に立っているものと自負していた。

とはいえ、イタリアの知識人にとって、ヨーロッパを一つの共同体として捉えることは、祖国の後進性を認めなければならないことをも意味する。それは、年老いたムラトーリが、ナポリの経済学者、ジェノヴェージに宛てた手紙からも明らかである。

「アルプスの向こう側の知識人が、幾世紀にもわたる野蛮な時代の産物である馬鹿馬鹿しさとは無縁の哲学を、あれほど鋭敏にかつ正確に、さらにはあれほど自由に議論するのを、私は羨望の念を抱きながら眺めていたものだ。」(Venturi, 30, p. 533)

この手紙を書いた一年後の一七四八年に、ムラトーリは、鬱々とした調子で次のように述べている。

「フランス、イングランド、フランドル、オランダ、そして若干のドイツの国々とイタリアを比較すれば、商工業の面で、後者のかなりの部分が、前者よりも依然として劣った状態にあることに気づくだろう」（Venturi, 30, p. 186）

このように、知的水準からいっても、経済面から見ても、イタリアは他のヨーロッパ諸国の後塵を拝していたのである。

改革運動が進展するにつれ、イタリアの知識人は、外国の、とりわけフランス文化の恩恵をますますはっきりと意識するようになった。古典的なフランス啓蒙主義の系譜に連なる著述家、たとえば、モンテスキュー、ディドロ、ダランベールは、ルソーと並んでベッカリーアの『犯罪と刑罰』（一七六四年）に多くの示唆を与えている。また、気難しいナポリ生まれの法制改革者、フィランジェーリ[一八]は、『立法の科学』を執筆した一七八〇年頃になると、ダランベールやエルヴェシウス[一九]といった古典的な〈フィロゾーフ〉〔哲学者〕の他に、彼らよりも後に登場することになる一層進歩的な啓蒙主義者、重農主義者[30]、そして歴史哲学者でもあるマブリ[二〇]、ドルバック、ロバートソン[二一]、ヒューム[二二]らに言及していた。しかし、同時期のフィランジェーリは、ジェノヴェージやピエトロ・ヴェッリといったイタリアの著述家をも語ることができた。つまり、当時のイタリアの啓蒙主義は、すでに成熟期を迎えていたのである。こうして、イタリアの著述家や改革者たちは、この国際的な規模の啓蒙主義運動に積極的な貢献を行なった。たとえば、すでに一七六七年には、モーデナの改革者、パラディージがイタリアの著名な著述家やフィロゾーフのリストを編纂し、啓蒙主義運動に対するイタリアの貢献を強調している。また、フランスでは改革運動が阻害された一七七〇年代後半に展開されたイタリアの改革運動は、絶えず前進を続けていた。このため、イタリアでは、改革運動が、諸外国の文化との緊密な結びつきを弱めることなく好ましい結果が得られたとの意識が強まったのである。

経験的な方法、つまり、新しい〈経験哲学〉が重要であるとの認識は、この方法が、一つの規準を提供したという確信から導き出されていた。ちなみに、この基準は、すでに十分に考察され、経験科学の分野に首尾よく適用されており、さらには人間のあらゆる行動領域に適用することができるものと考えられた。つまり、当時のヨーロッパには、過去数百年間における発明や発見に遡ると同時に、ベーコン、ガリレオ、ニュートン、ロックといった名前に結びつく諸学問の進歩に対する強い信念があったのである。しかし、その一方には、こうした諸学問の知識、これらの〈ルーミ〉〔理性の光〕は、イギリス、フランス、あるいはオランダといった国々における経済、文化の発展と直接結びつくものであるとの確信もあった。前記の新しい方法〔経験哲学〕は、己れの理性を利用する知識人にとって理解可能であると同時に、社会の善のためにも役立てることができたのである。理性の持つ価値を包括的に許容する姿勢、さらにデカルト哲学や他の〈体系〉の価値を全般的に認めるという一層好ましくない態度と比較してこの新しい方法が異なっていると同時に勝っていたのは、まさにその点にあったといえる。ヴォルテールが『哲学書簡』で行なったと同様に、アルガロッティが、この新しい〈経験哲学〉をより広範な読者に理解させようという評論家としての周到な目的に基づいて行動したのは、この哲学が前記の利点を持っていたからである。こうして、十八世紀初期の数十年間における総括的な学識、多方面にわたる学問的な教養は、その適用範囲が人間と社会にとって〈有用な〉諸要素へ意識的に集中し、限定されることになった。

楽観主義、平和を達成する人間の能力に対する信頼感、そして一層開化された人間らしい存在は、新しい啓蒙主義のメンタリティーの基調をなすものであった。一七五〇年代初頭になると、ナポリ王国内におけるトスカーナの土地財産管理官であった老齢のバルトロメーオ・インティエーリ(二三)は、ナポリの政教分離主義者による王権至上主義闘争を共感を持って見守り、イタリア人の科学サークルの発展に関与した。つまり、彼は、人類の絶えざる進歩にとって、経験諸科学がいかに有用であるかを確信していたのである。実際、彼は、トスカーナの科学者、アントーニオ・コッキに宛てた手紙の中で、こう述べている。(二四)

「過去三五〇年以上にわたって誇るべき輝かしい業績を持つヨーロッパが、かくも気高く立派な仕事、つまり、学問、とりわけ、公のために役立つような分野に関する啓蒙に従来と同じく今後も努力を傾注していくならば、人類の幸福に対する多大な貢献が期待できることでしょう。」(Venturi, 101, p. 448)

「〈これらの三大悪、つまり、無知、隷従、そして貧困〉の存在にもかかわらず、イタリアでさえ、今後現在よりも安楽な暮しが期待できるかもしれない。なぜなら、現在のイタリアおよびキリスト教世界である全ヨーロッパにおいて、人々の暮しは、十五世紀頃に比べれば、はるかに安楽で幸福なものとなっているからだ。」(Venturi, 101, p. 432)

こうした期待感は、経済改革が進歩にとって最も効果的な手段であるとの当時ますます強まりつつあった確信に基づいていた。一七四〇、五〇年代に展開された主要な論争を考察すれば、この確信が種々の困難に遭遇し、歩みも遅々としたものであったとはいえ、多くの人々、とりわけ古い世代の知識人に見られるためらいを克服しながら、しだいに根を下ろしていった事実が明らかとなる。まず、一七四〇年代の論争は、高利貸しの問題と宗教関連の祝日の日数に関して展開された。この論争で主導的な役割を演じたムラトーリとマッフェイは、人々が伝統的な倫理にあまりに強く固執した場合、経済、社会の両面にマイナスの結果をもたらすことにすでに気づいていた。商業上の貸付金利は、少なくとも一定の範囲内において認められなければならないとマッフェイは主張していた。なぜなら、彼によれば、教会の権威を否定して理性を重視する思想の潮流がますます勢いを増しつつあったからである。また、ムラトーリは、宗教関連の強制的な休日があまりに多いので、これを減らすべきであると主張している。なぜなら、こうした法外な日数の休日があるために、農民や職人の仕事が奪われ、彼らの深酒が助長され、さらには宗教組織による施し物に依存することによって、彼らが堕落する結果を招いていたからである。そして、これらの改革を実現させる責務を諸侯が負うべきである、と彼はいう。

「政府は、国民の祝日に商店を営業させるべきことを強く主張しなければならない……つまり、わが国は、貧民を教育し、彼らの誤った考えを正す必要があるのである。」(Venturi, 30, p. 158)

しかし、当時の教皇ベネディクトゥス十四世は、こうした改革者の要求をことごとく退けてしまった。同じ頃、ムラトーリは、当時の無秩序な法体系によって助長された権力の濫用や、諸特権の行使を激しく非難する一方で、公共の安寧を達成するための方策に関する研究に没頭した。そして、彼は、諸侯に再び期待をかけた。彼は、実践的な改革の実施が急務であると考えるかたわら、それらの改革の前に圧倒的な力で立ちはだかる障害が存在する現実を敏感に感じ取り、さらに、伝統的な法学・人文主義を中心とする教育はもはや不適当であり、経済学こそが将来の核となるという漠然とした意識を抱くのであった。

一七四五—五五年の一〇年間に展開された魔女と魔術に関する論争は、『百科全書』の中でダランベールとディドロが展開した奇跡についての激しい攻撃に呼応するものであった。そして、これは、新旧世代の知識人をともに巻き込むことになる理性か信仰かをめぐる苛烈な論争にすぐさま発展した。一方、この論争のかたわらで、フランスのフィロゾーフであるラ・メトリとモーペルテュイ(二五)が、快楽と苦痛の科学的計量に関する議論を行なっていた。これは、宗教的な倫理に有用性という社会的基準が取って代わることを暗示するものであったため、前記の論争と同じくイタリアでも激論が闘わされることになる。こうして、今や理性と経験が、宗教と信仰に挑戦状を叩きつけたのである。

この時点に至って、ムラトーリのような知識人や学者の多く、そして若干の科学者さえも後退りを始めた。たとえば、保守的な学者、ベネデット・ボネッリ(二六)は、次のように記している。

「悪魔の存在を否定する道が今や開かれたのか？　とすれば、これは直ちに神の存在の否定にも通じることになりはしないか？」(Venturi, 30, p. 371)

ムラトーリは、理性が人を誤らせる可能性があるとすでに警告を発しており、懐疑論者、ガッサンディとロックの信奉者、理神論者、無神論者、そしてリベルタン〔自由思想家〕を同一視している。また、科学者のザノッティは、当時流行していた信念を否認していた。彼によれば、この信念を抱いていたのは、次のような人々であった。つまり、彼らは、

「公正に関わる諸原理にまったく関心を払わず、ただ社会だけを注視し、それが利潤と個人の便宜のみに基づいて生まれてくることを望んでいる。それゆえ、人間に課せられたすべての義務は、彼らにとっては、社会から導き出されることになる。しかし、私にいわせれば、彼らは大変な間違いを犯している。そして、人間が各自の利益のみによって動き、〈他人に対する尊敬の念〉が働く余地のない社会の到来を彼らは信じているわけだから、彼らが人々に対して敬意を表することはほとんどないのである。」(Venturi, 30, p. 398)

理性と信仰の論争が、フランスのヴォルテールが展開していたような公然と信教の自由を求める闘争に進展することは、イタリアでは決してなかった。なぜなら、そこでは教会の権力があまりに強く、他の諸改革の成果を台無しにする危険があまりに大きかったからである。こうして、最も急進的な宗教改革者、とりわけ、プロテスタンティズムあるいは理神論の影響を受けていた人々は、ラディカーティやジャンノ

ーネのように孤立し、亡命することになった。

経済面での諸改革が、効果的な社会変革の手段になりうるという考えをすべての人間が共有していたわけではない。なぜなら、こうした改革は、従来広く受け入れられていた概念の再評価を要求する過激な姿勢、新しい諸概念を獲得するという極めて大胆な行為、さらに無制限の楽観主義を必要としていたからである。こうして、ザノッティはキリスト教倫理をあくまで信頼し続けた。また、ニュートン学説の信奉者の一人、オルテスは、深い悲観主義から脱却できなかった。さらに、生産活動を促進するうえで貨幣の果たす機能を明快に分析した若きフェルディナンド・ガリアーニでさえ、極めて懐疑的な姿勢をとり続けたのである。

しかし、一七五〇、六〇年代には、新しい世代の若い知識人が出現する。彼らは、変革を通じて進歩を達成できると楽観しており、それを効果的に実現できる唯一の担い手として、諸侯に期待を寄せたのである。ところで、これ以前の数十年間に極めて典型的な形で見られたのは、支配者に対する警戒心、かつてのオーストリア支配の辛い経験に基づく裏切りへの恐怖、不徹底な諸改革に対する苛立ちであった。ちなみに、こうした感情を抱いたのは、ナポリの反教権主義者やロンバルディーア出身の若きピエトロ・ヴェッリらであった。しかし、人々の一致協力を新たに期待し、願う気持がこれに取って代わった。こうして、改革運動は、諸侯が積極的に動いた地域で力を結集した。そして、ピエモンテ、ヴェネツィア、ジェノヴァ、教皇国家といったその他の地域の知識人は、改革を実行する諸邦の例に期待を寄せながら、その成り行きに注目していたのである。

三　改革の社会的基盤に関する啓蒙主義者のヴィジョン

実際、諸侯だけが諸改革を達成できるように見えた。その一方で、〈中間的な組織〉は、フランスの場合と同じくほとんど信頼できなかった。というのも、ミラノの元老院や、シチリアの議会などの機関は、特権階級の利益を擁護していたからである。また、ヴェネツィアやジェノヴァといった共和国も、人々に多くの期待を抱かせる例を提供したわけではない。モンテスキューの『法の精神』は、ナポリではジェノヴェージ、また、ミラノではヴェッリによって論じられたが、いずれも断固として退けられてしまった。つまり、イギリスの政体に関するモンテスキューの評価は、それを自国の模範にしたいという気持をイタリア人にはまったく引き起こさなかったのである。そして、その少なからぬ理由は、イギリスでは、真の自由が勝手気ままな言動によって損なわれているのではないかと彼らが考えたことに求められる。たとえば、イギリスを訪問したあるイタリア人は、帰国途中、次のように書いている。

「ロンドンの民衆は、世界で類を見ないほど鼻持ちならない連中である。」(Annoni, 22, p. 275)

彼のこうした判断は、過度の自由がもたらす危険を要約している。そして、モンテスキューがかなりの影響力を行使したのは、イタリアではただトスカーナだけであった。なぜなら、当地における支配者と地主相互の協力関係が、モンテスキューの思想によって理論的に正当化できるように思われたからである。

ムラトーリは、権力は自らにその限界を課すべきであるとすでに主張していた。君主がその臣民に対して義務を負うという旧来の考え方は、その義務を果たすためには道徳的、実践的な教育が必要であるとの確信が生じてきた結果、新しい意味を持つようになる。ちなみに、この確信は、十八世紀を通じて出現した、ドーリア、ムラトーリらによる帝王学に関する著作に反映されている。十八世紀最後の数十年間において、イタリアの諸侯は、フリードリヒ大王のような同時代の諸外国の諸侯と同じく、自らを人民の代表者であるとみなすことができた。実際、フリードリヒ大王やロシアの女帝エカテリーナといった諸外国の君主の例は、二流の文人でプーリア出身のジョヴァンニ・プレスタでさえしばしば引き合いに出している。ちなみに、彼は、自ら精製した石油のサンプルをエカテリーナに送った人物である。こうした中で現われた注目すべき君主観は、モンテスキューの〈東洋の専制君主〉と対照的な、ヴォルテールの〈合法的専制君主〉という考えであった。後者に関連し、ジュゼッペ・ゴラーニ（二七）は、彼の決して独創的とはいえない著作、『真の専制』（一七七〇年）の中で、次のように述べている。

「合法的専制は、恐ろしい力を持ち、自己以外のあらゆる権力を破壊する。しかしながら、この体制を考察する人間は何も恐れる必要はない。それどころか、もしも、その人物（彼は多くの権力を手にしたことになる）の行動が、自らを維持するための正しい手段についての知識と徳に基づいて抑制されるならば、合法的専制は、公共の安寧を極めて容易に生み出すための源泉になりうるのである。」

(Venturi, in 27, p. 484)

開明的な君主が果たすべき任務、つまりあらゆる〈有用な〉諸学問の知識を必要とする任務とは、法律、さらには経済の〈基本原理〉がその機能を果たすことを妨げてきたさまざまな障害を除去することであるとみなされていた。

とはいえ、君主の実施する改革は、学識豊かな人々の支持があって初めて効果を発揮する。初期の知識人や改革者は、より実践的、技術的な教育の必要性を強調した。つまり、大学の改革、諸学校の新設、神学校への実用的な科目の導入が主張されている。また、ムラトーリやジェノヴェージに共鳴したバレッティ(二八)やアルフィエーリ(二九)は、文学でさえ実用的なものでなければならないと述べていた。ちなみに、ジェノヴェージは、次のように書いている。

「理性は、実践的なものとならない限り、実用には役立たない。また、われわれがほとんど無意識のうちに最高の規範として採用している習慣や技術工芸の中に極めて広く浸透することにより、理性は初めて実用的なものとなる。」(Genovesi, in 28, p. 100)

また、マリア・テレジアは、ある布告の序文で次のように述べている。

「才知ある者の修養と精神の鍛錬は、適切な教育を行なうことによって可能となる。そして、その結果、支配者による有益な統制を支持し、これを擁護できる開明的で偏見のない臣民が出現し、その数は、増加することになる。」(Peroni, 61, p. 283)

こうして、議論の力点は、十分な教育を受けた行政官僚層がもたらすことが可能な実利の問題から、世論の支持獲得の必要性へとすでに移行した。たとえば、ジェノヴェージは、こう書いている。

「優れた個人的見解が人々を支配することは、よく知られている。しかし、教養ある人々によって構成される国家では、優れた意見はすべて学校から生まれ、それから人々の間に広まっていく。」

(Genovesi, in 28, p. 228)

一方、ピエトロ・ヴェッツリは、ジェノヴェージほど楽観的ではない。つまり、彼は、進歩の方向が、実際の教育よりは、むしろ〈世論〉の持つつじつまの合わない動きによって決定されると考えていたのである。彼が知識人を重要視した理由は、まさにこの点にあった。つまり、偏見や従来認められてきた信仰と闘い、改革実施のために世論の支持を獲得する役割を担うのが知識人である、というのが彼の考えであった。『百科全書』にどんな欠点があろうと、それが公の支持を勝ちえたことは間違いなかった。この点に関連し、ピエトロ・ヴェッリは、弟のアレッサンドロに宛て、次のように書いている。

「百科全書派の連中は、たいそうなはったりをきかせながら、哲学を従来よりも尊敬に値し、しかも分かりやすい位置に置いたのだ。そして、その際、彼らが意識したのは、君の視線でもなければ僕の視線でもなく、公衆の視線だったのだ……百科全書派の放つ尊大な声の響きを前にして、諸君主は彼らの友情を獲得しようと急いだ……百科全書派の連中の自己顕示癖は、罪悪だ……この点は、君に同感だ。しかしそれは、ヨーロッパで偉大な善を行なうための必要悪なんだよ。」(Valeri, 57, p. 143)

ポンペーオ・ネーリは、すでに一七五〇年に、地租の改革に関する報告書の出版を熱望していた。それは、新しい土地代帳に対する支持を獲得し、この政策に対する抵抗を孤立させるためであった。そして、彼は、ミラノの雑誌、『イル・カッフェ』が広範な活動を展開して効果を上げてきたと感じ、満足していた。

ピラーティによれば、著述家の職務は世論を形成することにあった。同じく世論に関連し、ロンゴは、次のように考えている。

「現在はびこっている諸悪に対処しようとする際、とりわけ無知が太らせている世論に巣くうそれらの根源を断ち切ることなく、もっぱら法の力のみに頼ってみても不十分だし、また、効果が上がるものではない。」(Longo, in, 27, p. 245)

さらに、パラディージ[三〇]は、新しい知識人の理想像を描いてみせる。

「哲学者が、人間を作り上げた。哲学者が、社会を規定する……国民が哲学者の言葉に耳を傾け、法律や公共の事柄に関して哲学が調停者の役割を演じる場合、その国民は、幸運であるといえるのだ!」(Paradisi, in 29, pp. 445-6)

このように、知識人の職務は極めて実際的な性格を持っていた。つまり、知識人は、有用な知識を発見する一方で、これを流布させることに関わるのである。コスモポリタン的な関心を抱く数学者で、ハプスブルク家の技術顧問であったパオロ・フリージ[三一]は、イタリア人のダランベールとみなされていたし、彼自身もそう考えていた。というのも、フリージにとって、実際的な経験は、理論上の仮説よりも価値があるものだったからである。アレッサンドロ・ヴェッリによれば、フリージのガリレオ追悼演説は、極めて大きな成功を収めたという。なぜなら、この演説は、「哲学の雄弁な熱風によって無味乾燥な幾何学に血を通わせることができた」からであった（Venturi, 27, p. 300）。

知識人が、自己の副次的な役割を容認し、君主の地位が絶対であるとの信仰を続ける限り、両者間の協力は可能であった。

とはいえ、知識人とともに君主を支援すべき立場にある支配者層をすべて同一視してよいものかについては、かなり意見が分かれていた。伝統的な支配者層、つまり、高位聖職者や貴族は、最も厳しい攻撃の矢面に立たされた。なぜなら、前者は、世俗の国家においてその権威を侵害する代表者とみなされていたし、後者は、公共の利益を公然と無視する態度をとっていたからである。さらに、両者が共有している世襲の特権が、経済面に極めてマイナスの効果をもたらしていたからでもあった。

ネーリ、ジェノヴェージその他、多くの人々がイタリア全域で展開した貴族階級の性格をめぐる議論は、重大な意味を持っていた。なぜなら、この議論を通じ、現在変化しつつある社会では、従来からのさまざまな伝統的な主張、たとえば貴族が特権を持つのは当然であり、教会の姿勢は常に正しいといった主張が不十分であることが明らかとなったからである。ちなみに、この社会では、世襲の肩書よりも富の方が重要であるように思われたし、法の前の平等が人々の目指す基本的な目標となっていた。世襲貴族に対する批判は、マリオ・パガーノ[三二]らの著述家に見られるように、後年極めて過激な平等主義の主張を生み出すことになる。一七六〇年代頃になると、すでに次の二点がはっきりと認識されていた。つまり、政治面での義務を十分に遂行する能力に必要不可欠な条件は世襲の肩書きではなくて富であるという点と、諸特権のすべてではないにしても、その多くを喪失して活性化された貴族だけが支配階級を形成する権利を主張できるという点である。ピエトロ・ヴェッリが書いているように、富は「すべての公正な文明社会の基盤」であった（Valeri, 57, p. 172）。

諸改革実現のために必要な条件の一つが、統治に関する新しい思想を抱いているか、あるいは少なくともそれを進んで受け入れようとする支配階級の支持である点に議論の余地はなかった。なぜなら、知識人は、なんらかの影響を社会に及ぼすような力が自分たちに欠けており、君主に依存しなければならない現状を痛感していたからである。改革者の中で、おそらくは最も実践的な人間であったトスカーナ人のフランチェスコ・ジャンニは、大公レオポルドの改革に対する既存の諸特権保持者の抵抗を、「大公の企てに対する、目には見えないが強力な障壁」であるとみなしていた（Venturi, 27, p. 984）。

他方、開明的な地主に対し、若干の期待が寄せられた。この傾向は、進取の精神を具現しているものとされる農芸学会が設立された〔一七五三〕トスカーナでとりわけ顕著である。まったく無能ではあったものの、イタリア中に雨後の筍のごとく出現したおびただしい数の農業アカデミーを鼓舞したのは、まさしくこの期待感であった。また、下級聖職者も、秩序と安寧を支えるだけでなく、農民に〈役に立つ〉教育を授けることで、改革推進をもくろむ君主に支援の手を差し伸べることが可能と考えられていた。

しかし、ロンバルディーアとトスカーナの知識人は、地主に対する以上に、台頭しつつある新しい世代の有能な官吏に強く期待していた。ちなみに、これらの官吏は、経済および行政上の諸問題に対処する際、法の実効ある内容よりも形式を重視しつつ〈特別な〉法的干渉を展開するという伝統的な手法によってではなく、むしろ啓蒙的な〈哲学〉教育を基盤として動く傾向があった。改革を主張するピエトロ・ヴェッリのような著述家は、彼ら官吏が一つの階層として台頭する結果、彼のような改革者が個別に持つ影響力が弱まることになるとはもちろん考えていなかった。このため、オーストリア皇帝ヨーゼフ二世（一七八〇―九〇）が、比較的有効であるとはいえ、自分自身に対してまったく従属的な立場にある官僚集団を創り出した事実は、改革者にとって手厳しい打撃となったのである。こうした官吏者層が存在しなかったナポリでは、ジェノヴェージが自ら〈中産階級〉と呼んだ教養ある人々に期待をかけていた。ちなみに、これを構成するのは、「聖職者、修道士、人文学者、法曹家、その他すべての紳士」であった（Venturi, 28, p. 28）。

一方、ジェノヴェージの後継者のフィランジェーリやパガーノは、清廉な行政官からなる理想化された組織に一層明瞭な態度で期待をかけている。諸改革に関連し、こうした有能な協力者集団の背後に活動的な〈中産階級〉の存在が必要であるという点で、改革を標榜する知識人の見解は一致していた。ちなみに、〈中産階級〉という言葉は、通常、商人、企業家、職人、小土地保有農などの、特権を持たず、極端に裕福ではなく、進取の精神に富んだ人々を意味した。ナポリの改革者で貴族のドメニコ・カラッチョロ[三三]は、タヌッチに宛てて次のように書いている。

「私が暮したすべての国々において、社会の中位に属する階級、つまり中産階級が、最も有能で、最も礼儀正しく、また、最も高潔であるということを身をもって体験しました。」(Croce, 104, p. 96)

この傾向は、彼が生活したイギリスとフランス、あるいはロンバルディーアやトスカーナ、さらには彼が総督の地位にあったシチリアにも当てはまるだろう。もっとも、シチリアでは、こうした中産階級は事実上存在しなかったのであるが。

社会の変革に必要な条件についての知識人の見通しは、次のような確信に基づいていた。つまり、改革を支持する既存の指導者グループの数は、教育や実際の改革が効果を上げるにつれて増加し、彼らの社会的基盤は拡大するものと知識人は信じていたのである。そして、これらの指導者グループは、君主の改革を支持する際、従属的な役割を担うことを期待されていた。しかし、後年、君主の絶対権が持つ効果についての疑念が高まるにつれ、指導者グループが君主から独立した性格の役割を果たす必要性が強調されるようになる。自由主義的、立憲的な代議政体論が後に出現する土壌は、こうして準備されたのである。

四　生産と公共の福利

変革は、従来の伝統的な手法に依存する限り、達成不可能であった。旧来の君主は立法の領域で干渉したが、その結果、自ら実施しようとする改革は達成不可能であることが明らかになった。また、彼らがスコラ的、法律万能主義的な取り組み方をしたために、そうした干渉はすべて不十分なままに終わったのである。法体系は、さまざまな矛盾に満ち、混乱していた。なぜなら、新たな法令の布告は、法律のインフレ現象を促進したにすぎなかったからである。「法に対する信仰は、若気の過ちである」とは、かの老獪なタヌッチの言葉である（Croce, 104, p. 29）。

一方、一七六〇年代以降になると、ヴェッツリやフィランジェーリなどのムラトーリよりも若い世代に属し、大胆な思想を抱く知識人たちは、彼が数十年早く理解していたように、唯一の解決策は、ローマ法に対する伝統的な依存関係の放棄と、新しい法典の作成による既存の法体系の撤廃であることに気づいた。

今や、法の目的それ自体が変化したのである。ヴォルフを中心とするドイツ学派の中で強化された自然法の伝統は、法の前における平等に対する確固とした信念を正当化するために利用された。十八世紀後半の法学者は、法律が歴史的な過去を反映しているという意味において、それが神聖不可侵の価値を持っているとの考えを退け始めた。また、彼らは、法律が社会の発展に適合するよう留意しなければならないこと、また、そうした発展を導くための手段として法律を活用する必要があることを力説していた。(三四)

一方、こうした新しい手段として法律を活用する場合、経済に対する理解が基本になければならないという確信は、ヴォルテールや百科全書派だけでなく、ジェノヴェージとヴェッリにも共通していた。そして、この確信は、文化的、知的な進歩が経済の進歩と直接結びついているとの信念にある程度由来していた。しかし、それ以上に、この確信は、次の三点についての自覚から生じている。つまり、ヨーロッパにおける経済事情の変化、スペイン帝国の没落によって明らかとなった古典的な重商主義政策の破綻、そして、経済政策の体系化を実現するうえで、技術面での正確な知識と理論的な基礎がますます必要とされるようになっていたことについての自覚である。公共の福利追求、快楽獲得の可能性（人間個人にとってだけでなく、社会にとっても）に対する功利主義的な信念を背景として、幸福は、経済の繁栄、換言すれば極めて多くの著述家が使っていた用語である〈国富〉と同一視されることになった。強い人道主義的な感情に突き動かされた知識人の多くは、至る所に見られる貧困その他の悲惨な状況を弱めるか、あるいは除去することが可能であると考えていた。つまり、彼らによれば、国富が増大することにより、明確に述べることはできないにせよ、比較的短期間のうちに、しかも政府のこれ以上の介入を必要とせずに貧民の物質的な状況を改善できるというのである。

こうして、新しい技術や、分析の新しい手法の探求が行なわれたが、その結果、経済政策に関する諸外国の文献の精読や外国の事例研究が促進されることになった。この傾向は、一七五〇年代に展開された貨幣に関する議論の中ですでに顕著である。この議論は、当初、純粋に貨幣に関わる現象や貨幣鋳造に対する政府の操作に関する検討にとどまっていた。つまり、十六世紀におけるこの種の論争の伝統に依然として従っていたのである。しかし、その後、経済における貨幣の機能、そして、賃金、物価、インフレーション、税制および商業政策と貨幣の機能との関係についての、より広範でしかも一層深い分析へと急速に進展していく。この種の議論も含め、同じ時期に展開されたさまざまな議論の基盤となったのは、マン、(三五)カンティヨン、(三六)ウズタリス(三七)といったイギリス、フランス、スペインの後期の重商主義者(31)や初期の部分的自由貿易論者の主張であった。ジェノヴェージと同じく、若きヴェッリも、諸産業と貿易の発展のためには国家による強力な支援と促進がなお必要であると考えていた。しかし、個人のイニシアティヴが国富にもたらす利点(「個人の悪徳は、公共の福利に利益をもたらす」とは、マンデヴィル(三八)の述べた有名な言葉である)と、経済活動の進展、それゆえさらなる繁栄を生み出すための条件として富を循環させることが今や強調され始めていた。経済政策は、個人とは区別された国民全体による生産に関与することを意味した。こうした思想に従えば、強力な企業家層が欠如し、富が少数者の手に集中しているイタリア諸邦の現状では、国家が指導的な役割を演じ続けることが不可避であるとされた。また、イタリア諸邦のこうしたネガティヴな性格を背景として、強大な君主の存在と公利を私利に優先させることが必要であるとの確信が一層強まったのである。

経済に関わるこうした新しいメンタリティーへの移行は、実は容易なことではなかった。そして、この点は、経済と道徳上の見地から教会や政治家が伝統的に批判の対象としてきた奢侈に対する姿勢の変化が、ためらいがちで遅々とした歩みであった事実に見ることができる。たとえば、パオロ・マリーア・ドーリアなどの古い世代に属する著述家は、奢侈に対し依然として反感を抱いていた。そして、新しい方向を模索していたムラトーリは、あいまいな態度をとり続けていた。また、ジェノヴェージでさえ、ある時期には躊躇していた。しかし、その後、彼は、奢侈が文化の発展をも意味する経済の進展要因として作用するとの判定をついに下したのである。つまり、彼によれば、奢侈は、「国民に芸術的感覚、高潔な精神、洗練された態度を伝え広め、彼らにそれらを身につけさせると同時に、自己の労働力以外の資本をなんら所有していない家族に生計の糧を提供するための手段」ということになる(Genovesi, in 28, p. 199)。

さらに、一七七〇年代になると、ピエモンテの著述家、D・F・ヴァスコのように、奢侈が文明進化の証とみなすことが可能になった。なぜなら、以前の時代には贅沢品と考えられていた物が、しだいに「快適な生活に必要な品」、あるいは「社会が要求する必需品」へと変化していったからである(Levi, 45, pp. 812, 814)。

こうして、貧者に対する悪影響を理由に奢侈を攻撃する著述家もなお若干いたにせよ、彼らの奢侈に対する批判は、重農主義者や彼らの思想の影響を受けた人々による経済的な理由に基づく場合が普通であった。つまり、こうした重農主義者やその支持者は、奢侈の奨励が、富の基本的源泉である農業の近代化に必要な資本を浪費に転用するに等しいと考えていたのである。

国内における商品流通の阻害要因を除去して国内市場を統一する必要性については、すべての著述家と改革者の見解が一致していた。私的裁判権、各種の免除特権、通行税、十分の一税および私的な独占権といった聖職者と封建制に関わるあらゆる種類の特権に対する攻撃は、平等主義の見地からだけでなく、経済的な動機からも行なわれた。とりわけ、ギルドがなお重要な地位を占めていたトスカーナ、ロンバルディーア、ヴェネツィアといった地域で行なわれたギルドに対する攻撃は、この制度が生産を抑制するものであるとの考えに基づいていた。生産に対するこうした関心は、同時に、税制の単純化、さらには諸政府や地方行政の累積赤字からの救済を目指す行動の推進力となっていた。この方向に基づいて行なわれた政府の注目に値する改革への努力は、当然のことながら知識人の支持を獲得することになる。

関税障壁は、原材料の輸出と〈不必要な〉製品の輸入を阻害することにより、自国の産業を保護するために不可欠であると一七六〇年代に至るまでなお考えられていた。事実、当時の、そして以後数十年間における改革者の大半は、国内市場よりも、むしろ輸出に対して最大の関心を払っていた。関税障壁の機能が不十分で腐敗する可能性を秘めていたにもかかわらず、この政策を速やかに認め、外国製品を不利な状態に置こうとする考えがあったのはこのためである。とはいえ、時代の変遷とともに、国内産業に対する助成金の支給や奨励政策の有効性についての疑念が高まる一方、関税が貿易にネガティヴな効果を及ぼすとの認識が強まっていった。農業の持つ基本的な重要性は、とりわけ、一七六四年に衝撃的な飢餓が発生し、重農主義者の影響が強まる中で、ますます明らかになりつつあった。こうした状況下で、自由貿易の必要性、少なくとも輸出の自由化が必要であるとの確信が高まった。これは、とりわけ農作物に該当するものとされた。なぜなら、作物価格が上昇すればするほど増産が促進されるものと考えられたからである。とりわけトスカーナの改革者に顕著に見られたこの重農主義的な信念は、ロンバルディーアやモーデナの多くの著述家も分かち合っていた。やがて、農業の自由化という重農主義の見解に対する反動がすでに始まっていた一七八〇年代に入ると、ナポリ王国、教皇国家、そしてピエモンテにおける若干の知識人も、この信念の影響を遅まきながら受けることになる。

生産に対するこうした関心の高まり自体、富の一層公平な分配を人々がほぼ一致して望んでいた事実を明らかにしている。改革者は、富の再分配が、国民生産の増大と同じく社会の好ましい変革を引き起こすものと考えていたのである。地主は、自分自身の土地からの生産によって生計を立てる一方で、その土地を耕作するべきであるという点について、すべての改革者は、経済的および社会的な見地から一致して賛成していた。ちなみに、こうした地主のイメージは、イギリスの事例に基づいていた。所有権に対する揺るぎない信頼感、それに社会の状況は改革の実施を通じてひとりでに改善されるものであるとの楽観的な予測があったと仮定しよう。この場合、土地の一層平等な分配を達成すべきであるという改革者の提案が極めて穏当なものであったことは、驚くには当たらない。ベッカリーアとフィランジェーリにとって、死手譲渡、限嗣不動産相続、信託遺贈のような土地の売却を禁止する法的な拘束を撤廃することは、過度に集中した財産を確実に分散させるに十分な方策のはずであった。また、ジェノヴェージやジャンニは、広大な王室御料地、共有地、教会所有地を分割し、永代免役地代(32)を払う農民に賃貸しすべきであると考えた。一方、ヴェッツリは、奢侈の奨励が財産の分散を引き起こすものと考えた。彼自身は知らなかったものの、こうした現象が事実シチリアで発生する可能性があるように思われたのである。

当然のことながら、富の少数者への極度の集中という現象は残っていた。実際、一七六〇、七〇年代に重農主義思想が広まるにつれ、これと経済および社会との関わりに関する議論が活発となった。重農主義によれば、経済の領域で個人のイニシアティヴを自由に発揮させることが、〈自然な〉経済秩序を達成するために絶対に不可欠ということになる。農業、工業あるいは貿易における個人の自由な経済活動を阻害するようなあらゆる体制は、除去されるべきであった。ケネーやミラボー(三九)は、農業があらゆる富の源泉であると考えた。したがって、農業生産はかなりの量の資本投下を通じて高めなければならず、土地所有者は作物の高価格を励みにして生産性の向上に努める必要があった。そして、これは、自由貿易によってのみ達成可能であった。また、とりわけ、土地が税収の基盤となるような状況の実現を阻害していたあらゆる拘束を打ち破ることこそ君主の義務であると考えられた。農業に関していえば、最も生産力の高い単位であった大所領が、今まで述べてきたような重農主義の体系を支える屋台骨であった。私有財産は神聖であるとの考えと経済面における個人主義が促進されるべきであるとの主張は、共有地および入会権に対する攻撃を正当化した。ちなみに、この両者は、文明の初期段階の遺物で、経済的見地からも有害であるとされていた。農民の愚かさや彼らの抱く偏見に対する侮蔑の念の対極をなすものが、開明的な地主に対する信頼感であった。小自作農地の存在は、経済的な見地からよりも、むしろ人道主義的、あるいは社会的な見地から擁護されがちであった。貧窮者の数が増大して社会の貧困が拡大しつつあった当時の状況と、生活条件の改善は必ずしも生産の増大の結果実現するものではないという認識を背景として、重農主義的政策の正当性についての疑念が生じることになる。土地の強制的な再分配をも含む一層急進的な提案を行なうためには、まず、従来よりも明確な平等主義的精神を持つことが必要であった。改革派君主と知識人両者間の協力関係には、この時点ですでに亀裂が生じていたのである。

第II部

改革と権力／啓蒙主義と専制——一七六〇‐九〇年

啓蒙主義を信奉する著述家や改革者は、フランス革命期における混乱と暴力、否定し難いアナーキーを回想し、それらを平和で基本的に規則正しいリズムを持った改革期の記憶と対比させた。そして、彼らの決してすべてとはいえないものの若干の者には、アーヘンの和約締結に続く半世紀の間にイタリアが達成した種々の進歩を褒めたたえる傾向が見られた。また、これよりはるか以前、彼らに似た態度を示したグイッチャルディーニは、ロレンツォ・デ・メーディチ〔一四四九―九二〕の支配するイタリアを理想としていた。自ら体験した〈啓蒙専制主義〉の時代と激動する革命期両者のこうした対比は、その後のイタリアの歴史叙述に一貫して現われ、しかも歪んだモティーフとして繰り返された。そして、この傾向は、後に展開されたリソルジメントに関する議論に極めて顕著となる。

重農主義者と諸君主がともに意識して目指した目標は、イタリア諸邦の構造を実際に改革することであった。そして、これは、法律の制定を通じて一層近代的な社会を作り上げ、その文化的、社会的、経済的な水準をヨーロッパの他の先進地域の水準に引き上げようとする彼らの絶え間ない精力的な努力にはっきりと見て取れる。この種の試みには前例がなく、また、将来に深い刻印を残したことに議論の余地はない。そして、この運動の中心地となったのは、ミラノ、フィレンツェ、ナポリであった。啓蒙主義を基盤とする改革の荒波に対峙し、十分に抵抗できる首府や主要都市は数少なかった。この改革の力は、諸邦の君主と知識人相互間の意見の一致と対立、緊張と誤解から生じている。つまり、この両者間には、対話と同時に抗争が展開されたのである。ちなみに、その際彼らが拠り所としたのは、当時のヨーロッパ諸国における改革についての極めて広範な情報であった。

しかし、長期間にわたって続けられた改革に向けての意識的な努力は、それ自身いわばな内的なリズムを持っていた。そして、これは改革の持つダイナミクス自体から生じている。改革が、その修正目標とした過去の遺物や停滞した社会構造によって左右されたり、これらとしばしば妥協せざるをえなかったことは、疑いもない事実である。しかし、その一方で、改革は、運動を指導する立場にあった啓蒙主義者の〈賢人〉と君主が抱いていたイデオロギー上の確信によっても左右されたのである。啓蒙主義に基づく改革が順調な経過を辿っていた一七九〇年代になると、イタリア諸邦の多くが改革に基づくさまざまな変化を経験していた。しかし、たとえ、これらの改革を通じて諸邦の行政構造が改善され、農業生産が増加したにせよ、社会の不平等と緊張関係は新たなレベルに達したのは事実であり、〈賢人〉はそれまで抱いていた楽観的な考えを放棄することになる。また、教会は急速にその力を弱めていったものの、地主は自らの支配権を強化する。人の法の前における平等を達成させるために若干の重要な手段が講じられたとはいえ、その一方で、貧困の激化と拡大によって改革のもたらす恩恵に貧民が浴せないという状況が目立っていった。この新しい社会状況の出現にかなりの程度責任を負っていたのは、改革者自身、とりわけ、彼らの中でも人道主義の傾向が強い人々である。なぜなら、啓蒙主義によって過去の持つ障害がいったん除去されたならば、調和のとれた社会変革がおのずと、しかも比較的速やかに生じるというのが彼らの抱く確信だったからである。改革運動と権力、啓蒙主義と専制、法制および行政改革とその社会的帰結といった相互に矛盾する体験と緊張関係が、イタリアに展開した啓蒙主義に基づく改革についてわれわれが行なう分析の中心テーマとなる。ところで、この改革は、次に述べる三つの明確な目標を持っていた。つまり、世俗の領域における諸制度および国家機構の近代化、経済力の強化、そして一層平等な、したがって一層安定した社会の実現である。以下では、これらの目標を改革者がどの程度達成できたかについて論じることにしよう。

第五章　協力の時代——一七六五―七五年

一七五〇年代になると、改革者を中心とする政府が達成した業績に知識人が注目することになる。ところで、十八世紀半ばのイタリアは、ヨーロッパ諸列強が衝突する戦場とならずに済んだが、これは歴史上初めてのことであった。ちなみに、この時期には、七年戦争が勃発しているのである。ただ、サヴォイア家とコルシカ反乱の指導者パスクワーレ・パオリ（一）だけは、この戦争の火の粉がイタリア半島にまで降りかかることを期待していた。これに対し、イタリアの他の新しい王家は、平和と改革に関心を示した。また、三〇年間に及ぶジェノヴァの支配に対抗して勃発したコルシカの反乱は、ヴェッツリからタヌッチに至るさまざまな著述家や政治家の間に広い共感を引き起こした。パオリの指導するコルシカは、イタリアの〈民族〉統一を目指す闘争の象徴であり、啓蒙主義運動のイニシアティヴの持つ利点と平等主義的、自由主義的な精神の両者を結びつけるように思われたのである。一七六八年に行なわれたコルシカのフランスへの譲渡は、裏切り行為のように感じられた。しかし、これは、どうしても支払わなければならない代価であった。なぜなら、当時のイタリアは政治的に無能であっただけでなく、その主要な国家で実現可能のように思われた改革のためには、平和の到来がどうしても必要だったからでもある。当時、改革はイタリア外の地域、たとえば、信用の置けないショアズルの指導下にあったフランスにおいてさえ前進するように思われた。

こうして、一七六〇年代になると、著述家は政治に参加し、知識人は改革者となった。とはいえ、積極的に政治に関わった者の数は、依然として限定されていた。彼らの中には、その思想があまりに急進的、あるいは批判的であったために君主に受け入れられない者もいた。しかし、その一方で、地方に生活し、その地域固有の問題やフリーメーソン、ジャンセニスト、小土地保有者、法曹家といった特殊な問題の考察に没頭する者も数多く見られた。彼らは、改革の進展とそれに対する知識人の貢献という問題をますます強く意識するようになっていくのである。

当時、改革を標榜する君主と閣僚は、ともに新しい思想と希望を強く抱いており、知識人の協力を要請する態勢ができていたし、その実現に向けて躍起になる場合も見られた。ピエトロ・ヴェッリは、為替レートに関する政府の操作に対して激しい攻撃を行なった後、一七六三年には次のように勝ち誇った調子で述べることができた。

「哲学者が著す書物は依然として評価はされないものの、いつも成果をもたらさないというわけではないのだ。」(Venturi, 30, p. 702)

この四年後、オーストリアの宰相カウニッツ(二)は、ミラノ政府の全権、フィルミアン(三)に宛てた手紙の中で、ロシアのエカテリーナ二世がベッカリーアを招聘した件に対して危惧の念を隠すことができなかった。つまり、彼によれば、

「豊かな知識を蓄えているだけでなく、少なくともその著作を見る限り深い思考を巡らせる能力を持つことがうかがえる人間、ベッカリーアをミラノ政府が失うことになりはしないか。ちなみに、彼の持つ優れた思想は、イタリア諸地域の他の思想家や哲学者には全般的に欠けているものだけに、なおさら心配である。」(Venturi, 27, p. 19)

ということになる。

諸邦の君主と知識人両者が実践的な協力関係を成立させる時代は、前述した相互の期待感を背景に始まったが、それは、ロンバルディーア、トスカーナ、モーデナ、そして、やや遅れてナポリで実現する。フランスのフィロゾーフが展開した公開討論は、直接的なものとは言い難いとはいえ、イタリアにかつてなかったほどの広範な影響力をもたらした。ちなみに、こうした討論は、イタリアでは決して行なわれなかった。その少なからぬ理由は、啓蒙主義を主張するイタリアの著述家が統治の仕事に魅力を感じたことにある。だからこそ、かつて『イル・カッフェ』を創刊したピエトロ・ヴェッリは、自らの変容を、次のように満足げに述べることができたのである。

「こぶしの会の指導者で、『ゾロアスター』と『脾臓の病』を著し、公爵の宮殿で門衛をしていた歩兵大尉の私が、あのミラノの偉大な官職の後継者になるだろうと、一体誰が想像できたであろう！」

(Venturi, 30, pp. 739-40)

ところで、知識人と諸君主両者の協力は、決して容易なことではなかった。この時代には、双方が常に緊張関係にあり、不満や個人的憎悪を互いに抱くという状況が特徴的であった。根っからの官僚であったフィルミアンは、一七七〇年に苛立った調子の手紙をウィーンに宛てて書いているが、そこで彼がヴェッリに言及していることは、ほとんど間違いない。

「私は、当地〔ミラノ〕で接触した若干の人々の横柄な態度については少しの間コメントを差し控えてきた。彼らは、大部分は現実離れした自分たちの思想をより良く評価してもらいたいと望んでおり、他人の思想の評判を落とすことに躍起となっている。そして、政府が選択した政策を公然と痛烈に批判したり、あるいはまったく効果がないものときめつけ、さらには嘲笑の的にしている。」(Valsecchi, 59, vol. 2, p. 147 n.)

一方、知識人は、自己の思想に対する明らかな軽視、己れの政治的無能、政府の仕掛ける複雑で腹黒い陰謀に幻滅を感じていた。たとえば、ヴェッリは、弟のアレッサンドロにこう述べている。

「僕は、悲嘆にくれ、友人から見捨てられ、仕事場ではさまざまな危険にさらされている。さらに、僕はジュスティ神父が亡くなったために、宮廷の支持を失ってしまったのだ。」(Valeri, 57, p. 135)

進歩は実現しつつあると楽観する改革者は、連帯感によって結ばれていた。また、彼らは、イタリア諸邦間の取るに足らぬ競合関係は克服され、諸改革が地方の政治的な意味での壁を首尾よく無視できたものと確信していた。にもかかわらず、改革の不徹底性に対する一種の息苦しさと忍耐し難い気持ちが、彼らの脳裏から去ることはなかった。

なぜならば、これら改革の方向とペースをしっかりと統御していたのは、ほかならぬ君主とその閣僚であったからである。ナポリのように君主が極めて弱体であるように思われていた場合や、トスカーナ大公レオポルドのジャンセニズム的な政策、あるいは、オーストリア皇帝ヨーゼフ二世の行政改革のように若干やりすぎのように思われた場合、彼らの間に動揺と不満が増大し、ついには君主との関係に亀裂が生じることになる。しかし、こうした現象が発生するまでの一〇~一五年間、知識人は経済改革に関して君主に協力し、その宗教政策を支持したのである。

一　ナポリ——タヌッチによる伝統的な改革運動

アントーニオ・ジェノヴェージが徹底的な経済改革を一刻も早い実施の必要性を説いたのは、イタリアでは他のどこよりも早くナポリにおいてであった。自分のために一七五四年に設けられた経済学の講座で、このひたむきな教師は、すべての弟子に対し、十七世紀のイギリスとオランダ、当時の近隣のトスカーナおよびフランス、スペインの事例を一五年間にわたって示し続けたのである。イタリアおよび諸外国の経済学者の研究を彼が編集した『商業通論』（一七五七―五八、一七六五―六七）と『学術書簡』（一七六四、一七六九）は、経済政策、それに商業の復興と農業の改善に関わる技術的な問題を扱っている。彼は、基本的には保護貿易論者であったが、一七六四年に発生した飢饉で悲惨な体験を経た後、穀物の自由貿易支持へと転向した。とはいえ、当時の食糧管理制度は、経済の繁栄にとって他の種々の障害と同じく依然として頑強な障壁であった。既存の諸制度が全般的に極めて腐敗しているために改革の実現が阻害され、カタストロフが生じる危険があることに気づいた彼が苦悩しつつ世を去ったのは、一七六九年のことである。しかし、変革実現の可能性を確信する彼の気持は、決して揺るがなかった。彼は次のように述べている。

「それでも、私は信じている。改革を実施しようとする強い意志を持った少数の君主が、結局は事態を改善し、文字通りの罪悪以外の何ものでもない危機を回避することができるはずである、と。」

(Venturi, 28, p. 29)

逆説的なことだが、ジェノヴェージのこうした信念は、タヌッチに対する彼の信頼感によって強化されていた。しかし、タヌッチは、一七五九年にカルロ三世がスペイン国王として転出した結果生じた経済問題の処理に当たった後においてさえ、ジェノヴェージの提案に耳を貸そうとはしなかった。タヌッチは、フランスの哲学者が振り回す抽象的な観念には懐疑的であった。たとえば、彼はこう述べている。

「政治は、書斎の学問から学ぶことはできない。つまり、政治について徹底的に書いたり、語ったりする者と政治を実践する者は、別々の人間なのだ。」(Croce, 104, p. 28)

彼は、急激な変化がもたらす効果に対して哲学者が描く楽観的な予測に疑問を抱いており、カルロ三世が目指した経済改革が失敗した事実に（土地台帳、通商監督官の設置、国債の償還）神経をとがらすばかりであった。その結果、この女嫌いではあるが人生経験豊かでひたむきなトスカーナ出身の元教授は、彼が最も良く理解していた法制改革と反教会政策の実施に全力を注いだのである。

こうして、タヌッチは教会に対する集中的な攻撃を行なった後、領主裁判権を制限する一連の法令を公布し（一七五九、七三年）、一貫性を欠き、しばしば歪曲されていた司法官による従来の法解釈に対する猛攻撃をついに開始した。彼は、司法官が判決理由を文書にして提出することを要求し、また、次のように主張している。

「裁判官は法の執行者であって、その立案者ではない。そして、法は確固として明確な内容を持たなければならず、恣意的な性格であってはならない。」(Colletta, 88, p. 221, n. 179)

若きフィランジェーリらが支持したこの重要な改革は、フランスの高等法院に対するモペウの攻撃に比肩しうるものであったが、以前に実施された他の極めて多くの政策と同じく失敗に終わった。なぜなら、この改革で直接の影響を被ることになる人々が反対したからである。この失敗により、伝統的な法概念に依存する者と新しい文化の洗礼を受けた者との不一致が明白となった。たとえば、トスカーナ大公レオポルドとオーストリア皇帝フランツ・ヨーゼフ二世は、ナポリでタヌッチに謁見した際、ともに彼を批判している。フランツ・ヨーゼフは、次のように指摘した。

「タヌッチは、才能のある男だ。しかし、彼は狡猾な空論家で、卑しい欺瞞に満ち満ちており、それこそ政治家の発揮すべき能力であると信じ込んでいる。彼は、取るに足らぬ問題を誇張する。だから、そうしたことに熱中しすぎるのだ。そして、それら些細な問題を捨て去り、重要な問題に真剣に取り

組む勇気がこの男には欠けている。」(Colletta, 88, pp. 197-8)
知識人と政府の人間との間の活発な協力関係は、ロンバルディーアとトスカーナでは成立したものの、ナポリでは、タヌッチの存在が目立ちすぎたために日の目を見ることはなかった。タヌッチの失脚後、ナポリの改革者たちは、やっとのことでふたたび期待をふくらませたが、その時点で彼らの努力は不十分であっただけでなく、時流に合わぬものとなっていた。なぜなら、他のイタリア諸邦では、知識人と君主との協力関係がすでに破綻していたからである。

二　オーストリア領ロンバルディーア——ウィーンの統治者とミラノの〈哲学者〉

ジェノヴェージが世を去る頃になると、ロンバルディーアの改革者はすでに若干の成功を断言することができた。一七五〇年代の一〇年間、ナポリは惰眠を貪っていたが、同時期のロンバルディーアでは、一連の改革が断行されている。それらは、パッラヴィチーノの後継者であったベルトラーメ・クリスティアーニとポンペーオ・ネーリによって推進されたが、カウニッツ公がこれを精力的に奨励している。ウィーンによるロンバルディーア支配は、スペインの影響を示す最後の象徴であったイタリア評議会の廃止(一七五七年)と、クリスティアーニ伯がミラノの全権として承認されたことで強化された。ジェノヴァ生まれの法曹家で、外交官でもあったクリスティアーニは、一七五一年から五八年にかけて、ピエモンテ、教皇国家、モーデナ公国との間にそれぞれ締結された国境問題に関する協定の責任者であり、また、ローマとの間に結ばれた宗教協約(一七五七年)の起草者でもあった。彼は、さらに、市町村や地方の行政に関わる主要な改革(一七五五—五八年)に際して重要な役割を演じたが、富裕な地主層の指導的な役割が強化されたのは、この改革の結果である。

一方、トスカーナ出身のネーリは、一般徴税請負制度の確立と政府保障債の発行によって政府の財政が改善されると、土地台帳を作成した（一七五七年）。とりわけ知識人を引きつけたのは、この〈チェンシメント〉[1]と呼ばれる土地台帳であった。なぜなら、これは、農業の改善を促すという、いわば潜在的な改革能力を持っていたからである。実際、この新しい土地台帳によれば、租税は、収穫がもたらす実際の収入を基準とするよりは、むしろその土地において得ることが可能な推定収入に基づいていたのである。それと同時に、租税が今後高くならないとの保障が与えられた。こうして、土地台帳の作成は、単に国庫収入の増加だけでなく、農業の改善を促す目的も持っていた。というのも、農業生産の増大によって将来見込まれる収入のすべては、土地所有者が手にすべきものとされたからである。ネーリが一七五〇年に提出した『総合土地台帳に基づく現状報告』は、激しい論争を引き起こす一方、同時代人のフランス人マショーとスペイン人ラ・エンセニャーダを挫折させた地方の抵抗を大方克服できる支持を彼に獲得させることになる。ところで、この土地台帳の作成を中心とする改革を通じ、間接的ではあるものの重要な意味を持つ結果がもたらされた。つまり、中世コムーネの時代に確立した伝統的な地方主義の意識が弱まったのである。実際、この改革によって、すべての土地所有者は基本的に平等主義の原理に基づく税制に従うことになった。

一七五八年にクリスティアーニが亡くなる一方で、ネーリがトスカーナへ出立した結果、ロンバルディーアにおける諸改革はその弾みを失った。一方、当時のウィーンは、七年戦争に忙殺されていた。ナポリの全権公使を経験した後、ロンバルディーアの新しい全権となったトレント生まれのオーストリア人、カール・ヨーゼフ・フィルミアンは、一七六〇年にカウニッツに宛て、憂鬱な調子の報告を送っている。その中で、彼は、富裕な地主層が私利を図る目的で租税を免れる非合法的な現象の増大について述べている。カウニッツが、ロンバルディーアにおける改革の仕事をやっと再開するのは、七年戦争が終結した一七六三年以後のことであった。

当時、ミラノには、改革がなかなか進展しないことに苛立つ若い貴族の新しいグループが出現した。彼らは、さまざまな哲学の総体に基づく調和のとれた諸改革を提案した。彼らは、パッラヴィチーノやネーリの改革が単なる思いつきの産物にすぎないとみなしていた。そして、これを凌ぐには、前記の改革を実行するしかないというのが彼らの考えであった。このグループの中心には、ピエトロ・ヴェッリがいた。彼は、オーストリア軍に従軍し、ウィーンで就職するという冒険に身を投じようと図った後、ミラノに戻ってきた。新しい哲学に心酔する彼は、当時自己満足に浸っていたミラノの社会に衝撃を与えることが必要であると確信していた。一七六二年から六六年の間に、彼の周辺には、自称〈ソチエタ・デイ・プンニ〉〔こぶしの会〕の若い貴族が集まっていた。たとえば、法制改革の唱導者ベッカリーア、ピエトロ・ヴェッリの弟のアレッサンドロ、数学者のパオロ・フリージ、その他若干の者がいた。彼らは、アカデミーの形骸化した学識や、フリーメーソンのロッジで行なわれていた迷信深い儀式を退け、平等主義の精神に基づくある程度打ち解けた雰囲気の集まりを好んだ。この点に関し、ベッカリーアは、次のように述べている。

「われわれは、一定の固定された構想に基づく組織は作らず、仲間どうしの肩肱張らぬ集いを目指している。」(Venturi, 30, p. 683)

彼らは、百科全書派の思想を熱心に取り入れた。そして、この影響は、ヴェッリの『ミラノ国家通商論』(一七六三年)や『幸福論』(一七六三年)から、ベッカリーアの『犯罪と刑罰』(一七六四年)、そして彼らが発行し、広範囲にわたる評論を掲載した雑誌『イル・カッフェ』(一七六四—六六年)に至る彼らの著作の中に、はっきりと見て取れる。彼らの主張の根底にある多種多様な哲学に関わる諸問題は、さまざまな分野における特定な改革の提案と緊密に結びついていた。つまり、彼らは、無知を攻撃したほか、幸福の基盤となる平等主義の原理、諸改革を通じての平等の実現、拷問の非人間性、近代的な法典の必要性、貴族の諸特権がもたらす悪影響、国内の自由な通商が生み出す利点、繁栄を高め、より幸福で平等な社会実現のために富の移動を促進する必要について議論していた。とはいえ、彼らが政治問題について議論することはまれであった。なぜなら、彼らは、国際的な協調主義の立場に立つ改革者であり、イタリアとヨーロッパにおける政治の現状を容認していたからである。また、彼らは、宗教的信念を問題にする際にフランスの師である百科全書派に従おうとはしなかった。なぜなら、前者の第一の関心は、実践的であること、社会に速やかに影響をもたらすことにあったからである。ヴェッツリと彼の仲間は、君主への信頼と哲学者の指導する世論の有効性の確信、君主敬愛の立場から頻繁に引用するロシアのピョートル大帝〔一六八二―一七二五〕と世論重視の立場からの引用であるフランスのサン＝ピエール師(四)の例、それぞれの間を揺れ動きながら、改革の実際の仕事に参加することを熱望した。

ところで、前記のグループが、政府の関心を自己の思想に無理やり引きつけるのに成功したことは、ほとんど間違いない。ヴェッツリの塩税改革に関する論文（一七六一年）をフィルミアンが知らなかったにしても、同じ著者によるロンバルディーアの通商の没落およびその復活の必要性に関する分析に、カウニッツは十分な感銘を受けている。ちなみに、ヴェッツリは、法制改革、国内の自由な商取引の確立、徴税請負制度の廃止を通じてロンバルディーア経済の復活を目指していた。このため、カウニッツは、一七六四年にヴェッツリを徴税請負制度の調査委員会のメンバーに任命しているほどである。同年、ヴェッツリは国家財政の赤字を暴露し、これに関わる自己の改革案を認めさせるために、この公的な立場を利用して一七五二年度の国家予算の公表も辞さなかった。しかし、この時でさえ、カウニッツは彼のこうした振る舞いに腹を立てながらも、より正確な新しい予算案を準備するよう彼に命じているほどである。もっとも、その際、彼の性急さを抑えるために、信頼のおける一人の法曹家をかたわらにつけてはいる。

一七六五年になると、こうした若い哲学者が獲得した立場は、経済最高評議会の設立によって公式に認められた。なお、同組織の任務は、独占、食糧供給制度、土地台帳、徴税請負制度、商法典、通貨の改定、生産増大を図るための手段の実現および工科学校の設立といったロンバルディーアにおける経済政策のあらゆる面を調査し、提言することであった。そして、ヴェッリよりも正統的な立場に立つ改革者のカルリが評議会の議長に任命されたものの、彼もメンバーの一人となった。三年後の一七六八年には、カルリの助言によって、宮廷学校に設けられた経済学の講座をベッカリーアが担当することになる。ちなみに、彼の任務は、「諸国民の置かれた状況、彼らの資質、生産物、慣習との適合を考慮しつつ、最大多数の人間に対して、できるだけ多くの善を普及させるための最も確実で容易な手段を探究すること」であった(Venturi, 27, p. 19)。

その後、彼らのグループのメンバーの一人であるアルフォンソ・ロンゴが教会法の教授となった後、ベッカリーアの監視役および後継者に任命された。さらに、ミラノですでに教授の地位にあったパオロ・フリージは、灌漑、工科学校から教会と国家の諸関係に至るまでの広い範囲に及ぶさまざまな改革の専門家としてのほかに、マリア・テレジアの監督官および公式の記念祝典挙行責任者にも任命されている。そして、同グループの中のいわば二流の人物で、クレモーナで鬱々とした日々を送っていたジャンバッティスタ・ビッフィ[五]でさえ、食糧供給制度、学校および検閲担当の地方行政官として採用されている。このように、グループのメンバーが政治機構内部に吸収された結果、彼らの『イル・カッフェ』は発行を停止し、こぶしの会も解散した。

一七六五―七五年の一〇年間は、改革に新たな弾みがついた時期に当たる。ちなみに、当時母のマリア・テレジアとオーストリア帝国の共同摂政になったヨーゼフ二世は、カウニッツと肩を並べ、あるいはしばしば競合しつつ、ロンバルディーアの統治に積極的に取り組む姿勢を示している。ところで、前記の経済最高評議会が厳しい論争の展開される場となった結果、ヴェッリおよびカルリのベッカリーアとの関係が悪化した。また、財政上の要請と商工業を発展させるための方策は、複雑な相互関係の中で互いに錯綜し、改革の実行が容易でないことが明らかとなった。

徴税請負人に対する攻撃は、一七六五年に実施された関税の部分的な改革によって初めて行なわれた。しかし、国家収入の急激な落ち込みが懸念されたため、改革は一時通過の物品課税適正化の実施にとどまっている。一方、国境に設置された税関の防備は相変わらず続けられた。ところで、この一時通過物品税の廃止は、調整がしばしば行なわれた末、一七八一年になってやっと実現した。そして、あらゆる種類の関税が統一されるのは、さらに六年後の一七八七年のことである。ロンバルディーアにおける重要な税制改革の進展、つまり、一七六九年に実現した国産織物に対するオーストリアによる課税の五〇パーセント削減は、改革者よりも、ヨーゼフ二世の功績といえる。しかし、貿易商人が圧力をかけたにもかかわらず、自由貿易を主張する重農主義者を支持する意図は、君主とその協力者のいずれにもなかった。つまり、ロンバルディーアの産業は、依然として国家の保護を必要としていたのである。

これとは対照的に、徴税請負人に対するヴェッリの闘いは、全面的な成功を収めた。指導的な請負人であったグレッピが、ミラノにおける一般徴税請負契約の更新（一七五七年）とマントヴァにおける同様の更新（一七六一年）によって、自己の立場を強化していたことを想起すれば、なおのことヴェッリの勝利は明らかである。ヴェッリは、彼自らが代表者となっている内閣に徴税額の三分の一を帰属させるという混成的な性格を持つ徴税請負制度を確立した。こうして、彼は、政府が徴税に関してある程度の規制措置を実施する確約を一七六五年にすでに取りつけることができた。さらに彼は、五年後、カルリの反対にもかかわらず徴税請負制度を撤廃し、政府が徴税業務に直接携わるようにした。ただし、マントヴァでは、グレッピが三分の一の利益を保持したため、これは成功しなかった。こうして、ロンバルディーアでは、徴税請負人という新たな特権階層を生み出す危険は回避された。ちなみに、フランスでは、国家財政が依然として彼らに依存していた。グレッピは、自己の力を確立するだけの時間が十分になかった。こうして、地租と同じく間接税の制度も少なくとも部分的には改善され、今や国家の直接の管理下に置かれたのである。

政府の支払能力は、御料地収入（レガーリエ）(2)の買い戻しによって事実上保障されることになったが、この措置もやはりヴェッリのイニシアティヴによるものである。譲渡収入の査察は一七六六年に始まっているが、これに関わる費用は増大しつつあった。その少なからぬ原因は、債権者の持つ国家債券の価値を落とさないという政府の方針に求められる。にもかかわらず、次の二〇年間に、国家収入は政府保障債の発行を通じてしだいに国家の手に取り戻された。ウィーン政府が再び借金を始める一七八〇年代末には、ミラノの国家収入をロンバルディーア政府が改めて完全に管理することになり、主な予備財源が創り出された。こうした領域において、改革者、とりわけヴェッリは、その能力を立証したのである。

さて、工業振興の試みは、前記の改革と比べると、とても成功したとはいえない。伝統的な国家の助成金制度は存続していた。また、独占は、取るに足らぬ商品生産の領域では廃止されたものの、織物工業においてはその主要なイニシアティヴを促進する一つの方策としてなお認められていた。経済の体系に関する包括的な展望は何一つ存在せず、ただ個々の領域に対する関心だけがあった。改革者は、資本の投下（ロンバルディーアでは、他のイタリア諸地域とは異なり、有効であった）に対する人々の消極的な姿勢に直面した際、彼らに新しい提案を行なったわけではなく、既存の経済構造を修正する能力に欠けることを自ら露呈してしまった。ただ、唯一の例外はあった。それは、ギルドの廃止である。ちなみに、真に重農主義的な流儀に従えば、ギルドの存在は、経済の自由を制約するものということになる。一七六九年から一七七四年にかけて実施された一連のギルド解散は、ヴェッツリ、ベッカリーアらに負うところが大きい。そして、彼らの仕事を一七八〇—九〇年に完成させた人物が、フランツ・ヨーゼフ二世である。

こうした経済政策は、ロンバルディーアの改革者、とりわけ、ヴェッツリがイニシアティヴをとった。しかし、彼らは、その思想的限界を明らかにしてしまった。ヴェッツリは、確かに相対的に近代化された農業を基盤として繁栄する国の人間であった。その例の一つとしては、ロンバルディーアの牧畜業が挙げられる。しかし、彼は農業に関しては無知であったために、灌漑施設や牧草地の経営を非難することになる。たとえば、一七六九年に、彼はヨーゼフ二世に対して次のように警告している。

「わが国土は、ますます沼地と化しつつあります。」（Valsecchi, 59, p. 300）

ヴェッツリは、他の改革者や著述家と同じく、重農主義思想の影響を確かに受けてはいた。しかし、彼らの中で実際に重農主義者に転向した者は、極めて少数にすぎない。ヴェッツリは、その著書『通商の諸要素』（一七六〇年）に見られるような保護貿易を支持する立場から、『限定法に関する考察』（一七六九年）の主張で明らかなように農産物の自由貿易を支持する立場へ転向することができた。とはいえ、彼は仲間と同じように、農業に対する関心が目立って欠けている事実を露呈してしまった。いずれにしても重農主義の影響を受けたロンバルディーアの改革者は、さらにもう一度税制に注目しなければならなくなった。

なぜなら、富の唯一の源泉としての土地だけを課税の対象にせよとするフランスの〈重農主義者〉の主張に、彼らは少なくとも反論する必要性を感じたからである。しかし、前述した経済最高評議会のメンバーであったヴェッリと彼の同僚は、製造業と輸出品市場の問題に悩まされていた。にもかかわらず、技術面の知識や全般的な展望が欠けていたために彼らが誤謬を犯すのは、まさにこの領域であった。ロンバルディーア経済の実体は、彼らの期待とはしばしばかなりかけ離れていたし、また著しく硬直化していた。彼ら改革者は、おそらくは国家の役人としての責務があったために、その思想面の自立性を弱めてしまったのであろう。実際に困難な諸問題の存在を強く意識せざるをえなかったカルリは確かに保守的な行政官となったが、その一方で「哲学者としての」ベッカリーアは完全にその姿を喪失してしまったのである。

君主と改革者との諸関係には、相互にしばしば猜疑心が見え隠れしていた。たとえば、ヨーゼフ二世は、経済最高評議会の会議に出席した後、そのメンバーについての印象を私的な日記にこう書きとどめている。

「（経済最高評議会は）革新的な思想の持主と、とりわけ法律の諸問題に関しては学識の乏しい者によって構成されているように思える。」（Valsecchi, 59, p. 323）

ヨーゼフとカウニッツは、改革者の提案に耳を傾ける姿勢を示す一方で、それらと行政官や法曹家による提案とのバランスをとるよう気を配った。あらゆる改革は、公平な立場で調整を図る必要があった。たとえば、グレッピは、徴税請負人としての収入の喪失を、オーストリアからスペインに水銀を運搬する仕事を独占することによって埋め合わせできたのである。

改革者は、このロンバルディーア、つまり帝国の〈実験場〉を対象とするオーストリアの構想に関しては実際補助的な役割しか演じないことが多かった。つまり、彼らは助言を求められはしたが、決定権はウィーンの政府が掌握していたのである。この事実は、教育と行政面における改革で明らかである。

さて、高等教育の改革の主張は、反イエズス会キャンペーンの核となっていた。ちなみに、カルリだけではなく、ロンバルディーアの急進派、そしてジェノヴェージやフィランジェーリらナポリの改革者も、教育改革の目的や方策に関する企画や大規模な実施計画を作成している。パヴィア大学のカリキュラム改革の実施（一七六五—七一年）とミラノの新しい宮廷学校設立の際、近代的で〈有益な〉科目が導入された点で彼らの思想が大きな影響力を及ぼしたことは紛れもない事実である。ちなみに、その思想とは、哲学における経験論、倫理学における穏健な功利主義、法学における自然法、教会法における国権優位思想、そして物理科学における実験を中心とした研究方法であった。

とはいえ、教育の目的については基本的なあいまいさが残っていた。つまり、ラ・シャロテが主張したように、文化や国民の需要を満たすこと、そして世俗的メンタリティーを形成することを意味すべきなのか。あるいは、J・G・ハイネッケ[六]が主張したように、君主が臣民の活動を統制し、それを彼自身に役立つものにすることなのか。しかし、マリア・テレジアとカウニッツは、この問題に関して、ほとんどいささかの疑問も持ってはいなかった。つまり、高等教育の目的は、実践的な性格を持ち、官吏を養成し、物質面での繁栄を促進し、従来よりも柔順で啓蒙が一層容易な新しい世代の臣民を育成することにあったのである。マントヴァの農業コロニー（一七七〇年）とミラノの愛国者協会（一七七六年）の活動を彼らが奨励したのは、こうした目的が彼らの念頭にあったからにほかならない。カウニッツは、「学識のありすぎる教授連」の価値を問題とし（Peroni, 61, pp. 285-6）、彼らが講義で使用する教科書を政府が審査したものに代えることによって、彼らの持つ潜在的な危険性を抑制した。君主には、教授と同類の純粋な科学者よりも官吏や技術的な訓練を受けた人間の方を好む傾向があった。その顕著な例としては、元来数学者で後に寄稿家兼技術者となったパオロ・フリージが挙げられる。基本的な決定を下すのは君主の役割であり、改革者には、それらを伝え広める仕事が与えられたのである。

カウニッツとヨーゼフ二世が、徴税請負制度の廃止による必然的な帰結とみなした一七七〇、七一年の主要な行政改革は、ロンバルディーアのウィーン政府への従属が一層強まった事実を際立たせることになる。ヴェッリとカルリは、ウィーンやミラノの行政官僚であるスペルジュやフィルミアンとともに、行政改革に関する議論に巻き込まれた。ヴェッリは、彼自身の指導に基づく単一の行政機関を望んでいた。しかし、ヨーゼフ二世は、行政・司法・財政の機能をそれぞれ分離させた合理的な統一体系の実現を強制し、地方自治を弱めていった。つまり、広範囲にわたる権力を有していた経済最高評議会は、純粋に行政問題だけを担当する帝室官房会議と、会計検査院の監督下に置かれたただ一つの財務省に取って代わられた。一方、元老院に対しても制限が加えられ、その権限は司法の領域だけに限定された。また、改革者の中で最も保守的なジャン・リナルド・カルリが再び帝室官房会議の議長に選出される一方で、ヴェッリは同会議の単なる一メンバーの地位にとどまった。ロンバルディーアの行政面におけるオーストリアへの従属は、帝室参事会の創設により、さらに強化された。つまり、これによって、全権のフィルミアンが従来有していた権力が縮小されたのである。㈦

ロンバルディーアの改革者は、このように副次的な役割に甘んじたにもかかわらず、その業績は他のイタリア諸地域における改革者の関心を引きつけ、さらに賞賛の嵐を巻き起こした。つまり、彼らは、経済問題に関する広範な議論を展開する中で、ロンバルディーアの同志が達成した独自の改革に多大な関心を寄せたのである。たとえば、経済的な繁栄の促進を目的として案出された経済最高評議会設立計画は、ロンバルディーア総督となったモーデナ公フランチェスコ三世〔一七三七―八〇〕が当地で採用した後、今度は一七六六年からモーデナ公国で、さらに一七八二年にはフェルディナンド四世治下のナポリで採用されることになる。また、徴税請負人がもたらす危険性については、ロンバルディーアとほぼ同時期にトスカーナで議論され、一七七〇年代にはモーデナとパルマで議論の中心テーマとなった。ちなみに、トスカーナでは、一七六八年にこの制度が廃止されている。そして、ネーリの主張した土地台帳政策は、農業生産の増大に新たな進展をもたらすものとみなされ、モーデナ(一七八八年)とボローニャ(一七八九年)でさらに改善された土地台帳が作成された。また、トスカーナの穏健な改革者、ジュゼッペ・ペッリ=ベンチヴェンニにとって、ミラノは、パリと同じく改革推進の中心地としてほとんど伝説的といってもよいほどのイメージを持つ都市となった。彼はこう述べている。

「もしも私に暇があってしかも裕福であったなら、ミラノへ駆けつけて、ヴェッリ兄弟やベッカリーアの首に抱きつくだろう。そしてまた、パリにも馳せ参じ、今度はダランベールを抱き締めることだろう。」(Rosa, 74, p. 227)

三　トスカーナ――重農主義者の勝利

前記のように、ロンバルディーアで極めて特徴的な改革者と統治者相互の緊張関係は、トスカーナではるかに弱かった。ここでは、行政担当者と知的活動の中心であるピサ大学との間に、緊密な接触が古くから見られた。ネーリだけでなく、トスカーナのほとんどすべての指導的な閣僚は、ピサで教育を受けていた。そして、指導的なジャンセニスト、ガスパーレ・チェラーティの奨励に基づいて政府が技術的な助言を日頃求めたのが、ピサ大学である。宗教大臣ルチェッラーイによれば、

「イタリアの他のほとんどの地域を逼息させている無知の状況にわがトスカーナが陥ることなしに済

んでいるのは、ピサ大学があるからにほかならない。」(Capra, 87, p. 9 n.)

ということになる。

さらに、トスカーナ大公レオポルドの協力者の大半は、政府の要職に就く以前に行政あるいは司法の役職を長期間経験していた。

このように、トスカーナの指導者層は、イタリアの他の地域に比べると一致団結して政治目標を掲げ、また、政策を遂行する際に一貫性のある姿勢を示したのである。こうした彼らを支えたものとしては、彼らが意識的に行ったプロパガンダ、時代遅れの思想に対する検閲および新しい哲学に対する慎重な奨励が挙げられる。しかし、とりわけ、改革者のもたらす強い影響力と新たに登場した開明的な大地主による改革者に対する支援が、前述した指導者層の姿勢の基盤となっていた。ちなみに、トスカーナの改革者は、他の地域に比べてより実践的な態度をとったために、理論的な議論に走りにくかったのである。また、トスカーナでは、モンテスキューの抑制の効いた主張が深い影響を及ぼしていた。この結果、重農主義思想の一層大胆で急進的な展開が抑えられることになる。トスカーナには、ミラノのベッカリーアやナポリのフィランジェーリのような、独創的あるいは啓蒙的な著述家が決して出現しなかった。トスカーナの改革者は、パリの〈リュミエール〉〔啓蒙思想家〕に対する恩義を認めてはいたが、彼らの著作に見られる政治的、〈イデオロギー的〉な含蓄をしばしば把握できなかった。この事実の典型的な例は、トスカーナの改革派エリートの中では二流の人物であったペッリ゠ベンチヴェンニに見いだせる。彼は、大公レオポルドが『百科全書』の再版を許可した際、その政治的な意味を無視したうえ、この著作には科学の分野における新たな進歩に関する記載が欠けており、改訂もされていないと嘆くだけであった。

一方、ポンペーオ・ネーリは一七五八年にフィレンツェに帰還したが、この結果、トスカーナの諸改革の進展に新たな弾みがつくことになる。行財政面に関わる初期の改革に対してさまざまな障害が立ちはだかる状況を背景として、ただルチェッラーイだけが宗教面での改革を精力的に推進した。一方、ネーリは、ロンバルディーアにおける業績によって得た名声を背景に、一七七〇年代初期までトスカーナの指導的な閣僚となった。しかし、彼の影響力は、しだいに他の人物のそれに取って代わられた。つまり、それは、ロックの貨幣に関する著作をすでに編纂していたアンジェロ・タヴァンティと以前ピサの税関局長を務め、その後絹製品ギルドの監督官の地位にあったフランチェスコ・マリーア・ジャンニの二人である。とはいえ、改革運動に采配を振るったのは、マリア・テレジアの第二子、大公レオポルドであった。彼は、広範囲にわたる分野の本を偏りなく読み漁ったことを誇りにしていた。つまり、彼は、ライプニッツとロレーヌ地方のカトリック改革派から始まってモンテスキュー、百科全書派、ヴォルテール、ルソー、そしてテュルゴーの著作にまで目を通していた。こうした豊かな読書体験を持つ彼は、新しい哲学に関して周囲の閣僚のだれよりも広くかつ深い視野を持ち、諸改革の実施へと邁進したのである。一七六五年にトスカーナ大公に即位して以来、彼は当地の改革の方向を定め、それを推進させることに成功した。ところで、レオポルドが大公となった時期、トスカーナの改革者は、穀物取引に対する法的規制の効果に関する議論に熱中していた。一七六四―六七年のトスカーナにおける穀物生産の急激な低下と、ほぼ同時期に実施されたフランスにおける自由貿易の試み（一七六三―六四年）を通じて、二つの対照的な性格を持つ問題が浮かび上がった。つまり、伝統的な食糧供給制度を通じて適切な生活水準を維持するのか、あるいは、重農主義者の主張に従って必然的により高価格に設定される輸出用の穀物生産を促進するのかという問題である。改革者は、当時の食糧供給制度が飢饉の発生時には効果がないことを痛感していたため、国内に自由な統一市場を形成する必要性については意見が一致していた。事実、一七六六年には国内取引に関するすべての規制が撤廃されている。しかし、外国市場については、彼らの中で意見が分かれた。たとえば、大地主の主張を代弁したジャンニは、輸出の自由化を望んでいたが、穀物の輸入に対しては国内の農産物の保護政策を実施するよう要求していた。また、ネーリは、より確固とした重農主義思想の持ち主であった。他方、大公レオポルドは、慎重な態度をとり続けた。一七六三―六四年にフランスで発せられた布告の改訂版といえる一七六七年の布告では、国内産穀物の最高価格を下回るという条件で輸出の自由化を認めたにすぎなかった。とはいえ、この国内価格を輸出価格がいったん上回ると、しだいに輸入の自由化への道が開かれることになる。新しく大蔵大臣となったタヴァンティは、内外の穀物の競争によって適正価格の維持に努めたため、一七七一年には次のように穀物輸入の完全な自由化の必要性を首尾よく主張できることになる。

「地主に対しては、確かにあらゆる点で配慮する必要がある。しかし、消費者に過度の犠牲を強いることによって、彼らを優遇してはならない。」(Mirri, 70, p. 80)

ところで、一七七二―七四年にトスカーナを新たに襲った飢饉を契機として、改革に反対する民衆蜂起が勃発し、改革者の間に深刻な意見の対立が生じた。こうして、レオポルドとタヴァンティは、国内生産高の不足とは無関係に穀物輸出を完全に自由化するという重農主義的な政策の実施を一七七五年になってようやく認めている。彼らがこうした決断を下した背景には、国内市場における穀物不足の危険は、すでに一七七一年に採用された穀物輸入の自由化政策によって回避可能であると信じられていた事実がある。当時の重要な雑誌の一つ、『新文学』の編集者マルコ・ラストリ（八）は、重農主義の基本的な思想が前記のように採用された件に関連し、一七七七年にトスカーナの改革者の誇らしげな気分をこう代弁している。

「経済学の権威が真理を広め、それに大臣、諸侯が耳を傾けた……わがトスカーナが、経済学の好ましい影響力というものを初めて立証した国であるということを人々に信じてもらいたいものである。」(Diaz, 73, p. 208)

事実、一七七〇年代には、重農主義的な政策支持を明確に打ち出したキャンペーンが展開されている。たとえば、フェルディナンド・パオレッティ(九)は、『農業論』(一七六九年)を著している。彼は、この著作で農業技術の改善を訴え、改革派地主の支持を獲得した。彼は、さらに論文『社会に幸福をもたらすのにふさわしい手段についての考察』(一七七二年)を発表し、新しい経済思想を広めた。また、バンディーニのかなり初期の著作にあたる『シエーナの湿地帯に関する一考察』は、トスカーナ大公が出版費用を負担することによって一七七五年に出版された。ちなみに、この著作は、穀物輸出の自由化をトスカーナで初めて提案したものである。パリに駐在するトスカーナ大公国の書記官で、指導的な重農主義者のミラボーとも緊密な関係にあったライモンド・ニッコリは、本国における重農主義的政策の実施がもたらすヨーロッパ的な意義について、次のように報告している。

「大公閣下、今年(一七七三年)トスカーナで実現することになる事態を、全ヨーロッパが一日千秋の思いで待ち焦がれております。農作物の収穫が不振であったにもかかわらず、閣下が食糧供給に干渉しないとの確約を国民に周知させた事実は、世に知られています。……この一〇年間、トスカーナが国民の必要とするに足る量の穀物を生産していないということも知られています。……こうした暗い面があるにもかかわらず、トスカーナが今年飢餓によって極度に衰弱しているわけではありません。もしも一袋二一リラ以下の価格の穀物がわが国にあれば、全ヨーロッパが、輸出の自由化政策支持に回ることになりましょう。」(Mirri, 69, pp. 102-3)

こうして、トスカーナでは、かなりの躊躇が見られた後ではあったが、国家の全般的な変革を実現するための手がかりとして、重農主義に基づく政策がついに実施される運びとなった。そして、諸都市に対する穀物備蓄の強制を基本とした食糧管理制度が撤廃された。続いて、当地では大して重要な意味を持っていなかった共有地と牧草地が耕作地として分割された。ちなみに、この措置は、私有地の方が共有地よりも生産性の点で優れているとする改革者の信念に基づくものであった。さらに、一七七九年にはフィレンツェのギルドが廃止され、職業選択の自由が保障された。

こうした状況を背景として、さまざまな改革の足並みを揃え、それらを政治全体の枠組の中に正しく位置づける必要性が早急に感じられるようになった。旧来の地方自治は、ジャンニによる市町村および地方の行政改革（一七七四、一七七六、一七七九年）によって危機に陥った。また、主要な行政の新しい基準となったのは、もはや貴族のものではない不動産であった。さらに、一七六八年には徴税請負制度が廃止されたが、これは、部分的にはロンバルディーアにおける同種の試みの影響を受けている。こうして、従来ばらばらであった税制が統一され、免税特権が撤廃されたうえ、国有地の売却によって国家の負債が徐々にではあるが償還されていった。他方、裁判所制度の統一が図られ、その機能は行政権を失い、司法権だけに限定されることになった。ジャンニが〈改革派〉と呼んでいたグループの活動は、とどまるところを知らなかった。彼や改革派は、個々人がイニシアティヴを自由に発揮できるような社会機構を創り出すことが政府の義務であると考えていた。この点に関し、ジャンニは、常日頃から次のように明確に述べていた。

「法によって人間のある種の活動を禁じることは、可能である。しかし、それでは、そうした禁止や制限の代わりに、いかなる手段を講ずるべきかは提示できない……徹底的な自由をなんらかの形で制約することは、自然法に対する人為法による侮蔑にほかならない。」(Diaz, 72, p. 59)

大公レオポルドは、新しい政策にはすぐれて人道主義的な狙いがあるとみなしていた。つまり、行政の合理化を通じて生産を増大し、また国家の統合化を図ることは、富裕な地主や商人だけでなくあらゆる階層の人々に最大限の幸福を与えることになるというのである。ジャンニは、社会的、経済的な理由によって、大所領に敵意を抱いていた。

「広大な所領、ばかばかしい巨万の富の浪費、農民を隷属化する農業契約は、農業労働力が持つ貴重な技とはまったく相容れないものだ。」(Anzilotti, 64, pp. 49-50)

にもかかわらず、一七七五年に下された穀物輸出の自由化に関する決定は、大土地所有者の確固たる勝利を意味していた。なぜなら、この決定は、輸出価格を高めに設定することにより、長期にわたる穀物生産の増加を促したからであった。そして、この政策の実施にあたっては、政府の手によって行なわれ、昔から大半の国民が依存してきた安価な国内市場価格が犠牲になったのである。土地所有者の社会的公正実現の要求に応えようとするレオポルドの試みは、こうして失敗に終わった。ちなみに、この事実は、小自作農の創設と農業契約の改善に関する論争に示されている。

ジャンニは、一七六四年にはすでに次の二つの改革を提案していた。つまり、修道会の所有地とトスカーナ大公の所領を分割し、それらを永代小作契約によって農民に事実上譲渡しようという提案である。地主は、この考えに敵意を抱いた。そして、この提案に基づく最初の試みとして、貧民学校の所有地の一部売却(一七六九年)、また、聖ステーファノ修道会およびトスカーナ大公の政庁が所有する土地の一部売却(一七七二年)が実施された際、彼ら地主はそれらを買い占めてしばしば事を有利に運んだのである。さらに、農民を対象とする免税は、極めて不十分な形でしか実現しなかった。つまり、彼らがあまりに多額の借財を抱えて納税能力がないと地主が判断しない限り、この措置は実行に移されなかったのである。

大公レオポルドは、一七七一年に、農芸学会に対し、小作農に最低限の生活水準の維持を保障することを目的とした折半小作契約の改善について諮問した。これに対し、同学会のメンバーで地主の代弁者であったパオレッティは、回答を拒絶している。レオポルドの提案は、「所有権の侵害に当たる」というわけである。レオポルドは、改革に対して政府は干渉すべきではないとする重農主義の主張が、イタリアの他のどの地域よりもこのトスカーナでこそふさわしいと自信ありげに認めていた。しかし、いくら「所有権の自由」を謳っても、それは、何も所有しない者にとってはほとんど無意味だったのである。

四　モーデナとパルマ――改革主義の限界

ハプスブルクの改革主義の影響は、次の二つの事実を背景として、モーデナへ否応なしに拡大していった。つまり、フランチェスコ三世のロンバルディーア総督への任命（一七五五年）、それに彼の孫娘とマリア・テレジアの第三子、フェルディナンドとの結婚（一七七一年）である。フランチェスコ三世は、一七四二年から四八年までオーストリア軍によって占領されていたモーデナ公国へ帰還してからロンバルディーアに出発する前まで、行政組織と市町村に対する中央による統制の両者をそれぞれ強化しようとした。彼は、この政策を特別の行政官組織を創設することで実現しようとしたのである。一七六〇年代には、ロンバルディーアで行なわれた諸改革の影響によって、ムラトーリの改革主義が持つ力強い伝統の意義が高く評価され始めた。こうして、いくつかの、とりわけ教会が持っていた税制上の特権が制限された。ちなみに、その例としては死手譲渡の特権が挙げられる。また、信託遺贈は、ピエモンテの法典とムラトーリの提議に従ってその対象が貴族だけに制限された。そして、一七七一年頃には、こうして改正されたいくつかの法が法典に盛られて公布されることになる。

同じ頃、フランチェスコ三世は、税制および経済面で新しい政策を実施しようとしたが、これには彼のロンバルディーアにおける体験が影響を及ぼしている。彼は、モーデナ公国における間接税の収税業務を、かのグレッピもその一人であったミラノの徴税請負人のグループに委託する。それは一七六六年のことであったが、ちょうどこの年にはヴェッリがロンバルディーアの徴税請負制度の断罪に成功している。フランチェスコから業務を委託された徴税請負人は、一二年の契約を彼と取り交していた。これはフランチェスコに若干の収入増をもたらしはしたが、その一方で全般的な税制改革実施の可能性をつぶしてしまった。また、一七六二年には、経済改革の実施を目的として広範な権限を持つ通商農業庁がモーデナ公国に創設された。しかし、この機関は、急進的な手段を採用して既存の権益に挑むことには極めて消極的であった。その仕事ぶりについて、議長を務めるサルヴァトーレ・ヴェントゥリーニは、次のように説明している。

「われわれの職務は、資産家を不快にすることがないように配慮しながら、粗野な連中を分別ある活動に駆り立てることにある。」(Poni, 80, p. 24)

一七七〇年代になると、モーデナにおける改革運動のペースと特徴に変化が生じたが、その原因は、隣国のロンバルディーアとトスカーナの改革にあった。モーデナの首相、ゲラルド・ランゴーネは、百科全書派と重農主義者の思想を同国に導入した。こうして、大学改革が実施され(一七六八年)、指導的な知識人で啓蒙主義者のアゴスティーノ・パラディージが経済学の新しい講座を担当することになった。彼には、さらに農業アカデミーを創設する仕事も任されている。一方、一七六六年には、経済最高評議会が設立されている。ランゴーネやパラディージを代弁者とする重農主義は、広く議論の対象となり、この思想に基づく大胆な税制改革のプランが作成された。これは、地租を税の基本と位置づけ、間接税や独占権のほとんどすべてを撤廃し、さらに農民に対する課税の思い切った軽減を内容としていた（一七七七年）。しかし、ここに至って徴税請負人が極めて激しく抵抗した結果、トスカーナに類似した政策の実施はモーデナでは阻止されてしまったのである。

フランチェスコ三世が死去した一七八〇年当時、モーデナは、ロンバルディーアやトスカーナと並んで開明的な国家の一角を占めていた。しかし、モーデナの改革主義者は、大きな成功を収めることができなかった。同国は所詮は小公国にすぎず、そのうえ、わずか二つしか存在しない重要な都市、モーデナとレッジョは、根深い対抗関係にあったのである。そして、とりわけ確固とした意志を持つ君主に恵まれなかったために、地方が自らの利益を擁護して中央に抵抗する姿勢が助長されることになった。こうした事情を背景として、国内の総督領一三六のうち、一一一が封建領主の支配下にあった。さらに、大公はロンバルディーアの統治者としての贅沢な生活の維持に必要な巨費を捻出するため、徴税請負人に依存しなければならなかったのである。

モーデナ公国に隣接するスペイン・ブルボン支配下のパルマ公国では、新しい哲学が大きな成功を収めるかに見えた。しかし、それは幻想にすぎなかった。なぜなら、宮廷に皮相的な啓蒙主義の文化が見え隠れしたものの、それは実効性ある改革の原動力に転化しなかったからである。一七五〇年代の末首相の地位にあったギヨーム・ドゥ・ティヨーは、最新の知的流行に彩られた目もあやなルネサンス風の宮廷をパルマに創り上げようとした。こうして、この都市は、フィロゾーフの思想に満ちあふれるパリのミニチュアのような様相を一〇年間にわたって呈していた。つまり、コンディヤックが最も崇拝されるサロンのようなありさまだったのである。このさして重要とも思えない一地方都市を啓蒙の世界的中心地にしようというドゥ・ティヨーの意気込みは、次の事実によって証明される。つまり、大図書館の設立、大学改革の提言、著名なフランス人の絶えまないパルマ来訪、最新の思想をテーマにひっきりなしに展開された議論がそれである。

こうした必ずしも華麗とはいえない、フランス文化直輸入という皮相的な現象を背景として、ドゥ・ティヨーは宮廷生活や大規模な軍隊の維持、そして王室の婚儀のために多額の金を必要としていた。彼は、そのための改革を慎重に試みようとしたのである。たとえば、中央行政、とりわけ財政部門の再編成がその一つに挙げられる。まず、従来もっぱらフランス人の手に任されていた徴税請負業務は一七六五年に制限が加えられ、ロンバルディーアと同じく一七七〇年に政府自らが行なうことになった。しかし、パルマでは、徴税請負人になお利益の三分の一が残された。なぜなら、この国はフランスに対する依存度が極めて高く、これを無視することは不可能だったからである。特権層の利益にメスを入れる際躊躇しがちになるという傾向は、徴税請負制度だけにいえることではない。たとえば、一七六五年に提案された土地台帳の場合にもこの傾向が見られた。この改革の目的は、純粋に財政の領域に限定されていた。つまり、ドゥ・ティヨーが内容を熟知していたネーリの土地台帳のような、経済の進歩に寄与するような目的は持たなかったのである。こうして貴族の免税特権が認められ、さらに、地方の市町村の特権に対する改革は、抵抗が生じるとたちまち撤回されてしまった。

ロンバルディーアやトスカーナでさまざまな改革が実施され、また宮廷内部で活発な議論が展開されたのは事実である。にもかかわらず、経済の進歩を目的とする政策の実施が試みられた時、旧態依然とした傾向はなお強固であった。たとえば、関税障壁は相変わらず維持されていたし、ギルドに対する制限も加えられなかった。新しい織物工業や石鹼製造業を興す試みも、それらに免税特権を付与したり、高賃金を支払うなどの特別待遇で熟練外国人労働者を引きつけるという手段を用いて実現している。農業は、工業に従属すべきものとみなされた。絹織物業の振興を目的として桑の木が植えられたが、その一方で穀物取引の自由化の要求は退けられている。ドゥ・ティヨーは、タルなどの外国人が主張する農業技術論に精通していた。とはいえ、彼は農業アカデミー創設の必要性を認めなかった。パルマのチーズ産業は当時比較的順調に発展しており、牧草地の増大を必要としていた。しかし、これは、大公がピアチェンティーノで狩猟に熱中したため、その犠牲となって実現しなかったのである。(一〇)

こうして、パルマでは、首相ドゥ・ティヨーの下で、実質を伴わない見かけ倒しの改革が行なわれたにすぎない。しかし、彼はただ唯一の分野においては、真に実効性ある貢献をしている。つまり、教会法に関する改革がそれである(この詳細については、次章で考察する)。ちなみに、彼がこの国の改革の伝統や地方で経験を積んだ有能な官僚に頼ることができたのは、この領域だけであった。パルマは非常に小さな国であったうえ、モーデナ公国と同じく国内が分裂していた。なぜなら、二つの主要都市、パルマとピアチェンツァが敵対していたからである。このため、ドゥ・ティヨーは、教会や貴族の持つ経済力と両者が行政面で国家から自立しているという状況にほとんどなす術を知らなかった。さらに、多くの市町村が持つ伝統的な自治に対してさえ、状況は似たようなものであった。彼は、国内のいかなる文化的、社会的なグループからの支援も期待できなかった。なぜなら、彼らはフランスの支配を憎悪していたからである。そのうえ、彼には大胆な改革を実行に移す勇気もなかった。たとえば、ジャン・リナルド・カルリが協力を申し出た際、彼は次のようにこれを退けているのである。

「カルリの計画を検討してみた結果、次の点が明らかになった。つまり、彼には、単純な理論原理に基づいてさまざまな領域で思いつきをする傾向がある。しかし、パルマのように貧しい国では必要とされるものが限定されているので、こうした広範囲にわたる計画を採用することは不可能である。そういうわけで、わが宮廷は、彼の申し出を丁重にお断わりすることにした。」(Valsecchi, 19, p. 697)公妃マリア・アマーリアがドゥ・ティヨーを一七七一年に罷免すると、外国の知識人も彼とともにパルマを去った。この結果、彼らがかつてこの国に持ち込んだ最も穏和な改革の弾みさえもが消滅した。こうして、例の排他的な愛郷主義がパルマ公国を再び支配することになったのである。

五　ピエモンテ・ヴェネツィア・ジェノヴァ——改革政策の欠如

支配者層と知識人相互の協力関係は、ロンバルディーアやトスカーナでは前記のように極めて好ましい結果をもたらした。しかし、一七六〇、七〇年代において、イタリアの他の地域では、こうした関係はまったく育まれなかった。ナポリや教皇国家では、一七八〇、九〇年代になってから、広域にわたる変革と啓蒙専制主義に対する人々の期待が高まった。しかし、これはすでに時期を逸していた。つまり、この頃になると、ロンバルディーアとトスカーナにおける前記の協力関係が崩壊しつつあったのである。その他の諸邦では、経済あるいは行政の領域で特定の改革が実施された。しかし、これも諸改革の統一を図ったり、国家全般の変革を目指すものではなかった。

とりわけ、当時のサルデーニャ王国(二一)には、改革の情熱が欠けていた。国王カルロ・エマヌエーレ三世と首相ボジーノ(二二)にしてみれば、十八世紀初頭の改革は、すでにその目標を達成済みであった。彼らの目からすれば、国力は強化され、効率良く機能しているように見えたのである。しかし、国内の知識人は、政府に憎悪の念を抱いていた。両者を隔てる結果を招いたのは、こうした状況である。急進的な知識人、ダルマッツォ・フランチェスコ・ヴァスコは、一八年間も囚われの身であった。また、カルロ・デニーナは、首都トリノの軍国主義的な雰囲気の中で、外国人の外交官との交際を通じて知的な世界を創り上げようと努力していた。穏健な歴史家の彼でさえ、その極めて穏やかな改革を提案したことが原因で迫害されたのである。彼はついにこの国を去り、フリードリヒ大王の宮廷に移っている。さらに、著述家のバレッティ、著名な数学者ラグランジュ〔二三〕、大詩人アルフィエーリその他多くの知識人も、彼と同じくサルデーニャ王国を去っている。ベッカリーアの『犯罪と刑罰』が出版されてから六年後の一七七〇年には、王国憲法の改訂版が公布された。これはサルデーニャ王国における唯一つの重要な改革であったが、これさえもフィロゾーフから批判されている。たとえば、オーギュスト・ドゥ・クラリは、パオロ・フリージに宛てた手紙で、次のように述べている。

「こんな内容の刑法典に、愛想を尽かさずにいられれようか！　これは、人間性に反しています。哲学やそれと同一物といえる理性が諸邦で進歩しつつあるとしたら、その一方で、この法典によってそれらが紛れもなく後退している国があることを認めざるをえません。」(Venturi, 60, p. 304)

改革を目指す唯一の活動は、サルデーニャで展開された。首相ボジーノは、この島に王国の権威を押しつけ、さらには経済活動の活性化も試みている。ちなみに、一七六〇年代に行なわれたこの政策は、サルデーニャが王国領の一部を構成することによって払う犠牲に対するいわば補償の実現を狙ったものである。行政司法の諸機関が再編され、領主裁判権の若干が廃止された。また、修道司祭に対する統制が行なわれた。さらに、新しい官僚養成を目的とする二つの大学がカリアリとサッサリに設立されている。一七六四年と六五年には飢饉が発生したため、穀物の貯蔵所が創設された。そして、農民が必要とする作物の種や穀物が彼らに前貸しされた結果、高利貸しという障害が除去されていった。しかし、共有地における放牧やその周期的な分割を依然として基盤としていたこの島の原始的な経済が抱えるさまざまな問題を、ピエモンテの役人は容易に理解できなかった。孤立無援の知識人が、改革の実現に向け献身的に努力していたことは確かである。たとえばイエズス会のジェメッリ師は、島の大半を占める共有地の分割による私有地化および穀物取引の自由化に基づく高収益農業の実現を図っていた。にもかかわらず、改革は、この島の経済構造の上っ面をただかすめたにすぎない。こうして、ボジーノは、サルデーニャを行政上王国へ統合することに成功しただけであった。結局彼の政策は、ヴィットーリオ・アメデーオ二世の行なった改革を単に拡大した程度のものでしかなかった。そして、一七七三年にカルロ・エマヌエーレ三世が世を去ると、これらの改革も水泡に帰してしまったのである。

十八世紀のヴェネツィアは、啓蒙思想に関する著作の出版活動についていえば、イタリアではおそらく一番の中心地となっていた。しかし、そこで見られた国際的な性格を持つ知的関心は、政府の政策にはほとんど影響を及ぼさなかった。この傾向は、農業問題に関して展開された典型的な啓蒙主義の色彩を帯びた議論にも見いだせる。ちなみに、この議論は、ヴェネツィアに従属する多くの都市に出現した新しい農業アカデミーで行なわれている。

ジェノヴァでは、一七四六年に深刻な危機が発生した。このため、共和国は、厳格な寡頭支配の傾向をますます強めることになった。対コルシカ戦争が、ジェノヴァ経済を衰退させたのである。しかし、この戦争終結後も、領土が狭いうえ、天然資源に乏しい同国が、国家の財政、経済の構造を大きく変革することは不可能であった。海外への資本投下は、緩やかに成長する海運業と並んでこの国における最も重要な活動であった。しかし、食糧管理制度は、首都ジェノヴァに十分な食糧供給を確保するために機能していた。と同時に、間接税は、依然として国家収入の基盤であった。啓蒙思想に関する議論は、中産の商業ブルジョアジーおよび指導的な貴族双方で、かなり広範に展開された。たとえば、数学者でもあった共和国の統領、アゴスティーノ・ロメッリーニは、ダランベールが著した百科全書の「序」を翻訳している。しかし、ヴェネツィアと同じくこのジェノヴァでも、こうした新しい思想は国家の現実の政治にほとんど影響を及ぼさずに終わってしまったのである。

こうした状況下にあった知識人は、啓蒙主義的な改革の実現は不可能と判断した。彼らには、二つの道しか残されていなかった。つまり、ピエモンテのダルマッツォ・フランチェスコ・ヴァスコやヴェネツィアのフランチェスコ・グリゼリーニのように外国へ移り住むか、あるいはロンバルディーアやトスカーナにおける改革の成功を賞賛しつつ見守るかのどちらかである。啓蒙思想家の目には、改革が成功を収めた国々の文化的水準とその名声は、改革が挫折した国々とは対照的に高いように見えた。そして、こうした評価は、教会に対する闘争を通じてさらに強まることになる。

第六章　教会に対する攻撃

一　ローマ――教会改革への期待

教皇ベネディクトゥス十四世の統治は、一七四〇年から五八年までの長きに及んだ。この間の彼は、教会内部の批判的な勢力に対して譲歩する姿勢を示したことで知られている。教皇就任以前はボローニャの大司教、プロスペロ・ランベルティーニ枢機卿であった彼は、神学者として、また広範な知識を持つ人間として、相当な名声を享受していた。彼はフランスの啓蒙思想家の著作を広く読みあさっており、その中には反教会的な傾向を持つヴォルテールさえ含まれたほどである。彼は誠実で率直な人間であり、積極的に行動した。自分が選出されることになるコンクラーヴェ〔教皇選挙枢機卿会議〕において、同僚の枢機卿に対し、「あなた方が、もし善良で人間味のある教皇を望むのであれば、どうか私を選んでいただきたい」と述べたことで、彼は名声を博している（Valsecchi, 19, p. 482）。

教皇としての彼は、世俗の諸君主との妥協の実現に向けて努力した。つまり、彼らにある程度は譲歩する必要性を認める一方で、教会の利益を擁護したのである。こうして教皇国家は、サルデーニャ（一七四一年）、ナポリ（一七四一年）、そしてスペイン（一七五三年）との間に、それぞれ宗教協約を結んだ。また、トスカーナ大公国との間には、一七三九年から四六年にかけてそれほど公的な性格を持たない別の協定が締結された。しかし、こうした反面、一七五一年にはフリーメーソンが断罪されている。仮に、ベネディクトゥスが教会と国家両者の長期間にわたる安定した関係を打ち立てることができなかったとしたら、それは、彼自身の意志に問題があったというよりは、むしろ教皇権それ自体がすでに地盤沈下していたこと、それに諸邦の君主がそれぞれの領土における教会権力を抑制する方向を打ち出したことに起因するといえるだろう。ちなみに、教皇権が抱えていたこの問題は、一七四八年に締結されたアーヘンの和約において、教皇側の要求が一笑に付されてしまった事実に象徴されている。しかしながら、彼は、少なくともイギリスのプロテスタントとフランスのフィロゾーフ双方から、はっきりとしたものではなかったとはいえ、一定の賞賛を勝ち得ることができた。

ところで、教皇国家の大学であるローマ大学の改革と、『知識人』(一七四二―五四年)の刊行が国務卿シルヴィオ・ヴァレンティ・ゴンザーガの後援で実施されたが、これは文化に対する教皇権の新しい関心を反映するものであった。ローマは、ベネディクトゥス十四世の治世を通じてイタリアにおける知的活動の中心地となった。たとえば、一方では、ジャンセニストとアウグスティヌス主義者が、イエズス会の影響を受けた神学・道徳・教会規律(モリニズム)の微温的な性格を攻撃し、一層厳格な教義を主張していた。他方、迷信や儀式偏重の傾向を抑制し、聖職者に対して適切な教育を実施するといった教会内部における諸改革実現への期待感が、この都市に満ちあふれていた。また、二人の指導的な聖職者、ボッターリとフォッジーニは、ローマのコルシーニ宮殿内部にアルケット・サークルを創立した。ここには、開明的なカトリック、アウグスティヌス主義者、それにジャンセニストが一堂に会したのである。このグループはイエズス会に敵意を抱き、教会内部の改革を志向する点で一致団結していた。たとえば、博学な学者のピエトロ・フランチェスコ・フォッジーニは、内なる信仰を基本とするジャンセニストの思想を広めていた。それによれば、恩寵はただ神の御心の選択によってのみ得られるのであって、人間の意志を通じてではないことになる。また、ローマ大学で教会史の教授をしていたジョヴァンニ・ボッターリは、他にも、ヴァチカン付属図書館の管理者、教皇クレメンス十二世、ベネディクトゥス十四世、クレメンス十三世〔一七五八—六九〕付の聴罪司祭、さらには、禁書目録委員会の顧問も経験している。彼は、神の恩寵を獲得するうえで人間の意志の自由が重要であると強調するモリニズムと激しい闘争を展開した。博識な言語学者であった彼は、ムラトーリ、ガスパーレ・チェラーティ、それにアントーニオ・ニッコリーニ師の三人から、強い影響を受けていた。このうち、チェラーティは、オラトリオ会士でピサ大学総長の職にあり、ニッコリーニ師とともにモンテスキューの友人であった。そして、この二人は、フランス、オランダ両国への旅行を通じ、当時ヨーロッパの知識人が展開していた広い領域に及ぶ議論に接し、神学の問題をその文脈に位置づけたのである。ところで、アルケット・サークルとボッターリは、ローマで何人かの枢機卿の保護を受けている。そして、イタリアの他の地域の聖職者は、彼らの活動と教育によって勇気づけられ、さらには改革主義やジャンセニストの思想を身近なものとしていくのである。

彼らが展開した論争の本質は、神学およびキリスト教の教義に関わっていた。ジャンセニストは、イエズス会とその盟友であるモリニズム信奉者を次のように非難する。つまり、この両者は人間の自由意志に対し不当にも積極的な役割を与えてしまったというのである。しかしながら、ジャンセニストとその支持者は、今や批判の対象を拡大し、イエズス会が反宗教改革の中で作り上げていった既存の教会組織それ自体に対して挑戦状を叩きつけた。そして、ジャンセニストは、この挑戦をするにあたり、教皇、司教および教区司祭それぞれが持つ権力と性格を問題としたのである。さて、イエズス会がこうした批判に対する反撃を開始した一七五〇年以降、ジャンセニズムを擁護する闘いは、教会改革という一層広範な運動の一角を占めることになった。ベネディクトゥス十四世は、ジャンセニズム、あるいはより極端な表現を使えば異端として攻撃されたムラトーリによる教会改革の提案を擁護したものの、過激な反イエズス会の主張には反対の立場に立った。しかし、当時のフランスでは高等法院や知識人グループによるイエズス会攻撃が行なわれ、ローマではイエズス会士のベッラルミーノ枢機卿列聖(一)に反対する提案がなされるなど緊張が高まっていった。こうした状況を背景として、ベネディクトゥスは、たちまち困難な立場に追い込まれてしまったのである。教会組織内部では、イエズス会の権力が恐れられていた。このため、反イエズス会の立場に立つ聖職者の数は増加したものの、彼らはみな教皇の権威に忠誠を尽し、フランスやオランダのジャンセニストのような喧嘩腰の教条主義に対しては多くの者が共鳴しなかった。とはいえ、教皇国家内部における反イエズス会派の聖職者は、一般的にジャンセニストの主張を擁護し、《ウニゲニトゥス》大教書とユトレヒトのジャンセニストに対する有罪宣告を認めようとしなかった。こうして、ボッターリを中心とするローマ人グループの活動は一層強化され、他のイタリア諸邦に拡大していった。

ところで、ローマの反イエズス会運動をトスカーナで支援した有力な聖職者は、ただ二人を数えるにすぎない。つまり、ピサ大学総長のチェラーティとフィレンツェ在住の教皇大使、マルティーニである。他方、トスカーナ、ロンバルディーア、ナポリで、それぞれ後にジャンセニズムの指導者となるデ・リッチ(二)、タンブリーニ(三)、ゾーラ、セッラーオ(四)は、皆ボッターリやフォッジーニの教えを受けるか、あるいはこの二人と協力して活動している。ナポリでは、首相タヌッチとジャンセニストの閣僚、デ・カルロが、大司教スピネッリとともにボッターリを積極的に支援し、ジャンセニストを擁護した。ピエモンテでは、ジャンセニストの思想はフランスから直接浸透しており、トリノの大司教、デッレ・ランツェがボッターリと連絡を取り合っていた。パルマとヴェネツィアでは、いずれも開明的なカトリックがジャンセニストを支持していた。さらに、ジェノヴァでは、ジローラモ・ドゥラッツォ侯爵(五)がジャンセニストの保護者として活動していた。ちなみに、彼は、ジャンセニストと接触していたかどで、ベネディクトゥス十四世の後任、クレメンス十三世によってローマから追放されている。ところで、ベネディクトゥス十四世の存命中は、反イエズス会闘争の場は教会内部にとどまっていた。そして、前記のような改革派の聖職者は、君主が主張する政教分離政策をそれぞれの国の中で間接的に支援したにすぎない。しかし、次の教皇クレメンス十三世(一七五八—六九年)と国務卿トッリジャーニがイエズス会支持の政策を打ち出すに及んで、教会内部の改革に対する彼らの期待は無残にも打ち砕かれてしまうことになる。

二　諸君主と聖職者——教会の国家への従属

改革派の聖職者とジャンセニストは、イタリア外のヨーロッパ諸国に対する関心をますます高め、またイタリアの諸君主を味方につけようと試みた。こうして、フランスおよびユトレヒトのジャンセニストとの結びつきが強化されていく。ボッターリは、ナポリの首相タヌッチに対し、メザンギュイ(六)の手になるジャンセニストの教理問答書のイタリア語訳を出版させるよう熱心に説いた。彼は、それによって禁書目録委員会と教皇庁に挑戦できると考えたのである。もっとも、タヌッチにしてみれば、こうした説得工作は不要であった。それは、一七六〇年に彼がボッターリに宛てた手紙の文面を読めば明らかである。

「イエズス会士は、現在の人類にとって、まさに手の施しようのない悪性の腫物そのものである。」

(Passerin d'Entrèves, 39, vol. III, p. 276, n. 18)

こうして、一七五八年にはジャンセニストの教理問答書が出版された。そして、これを契機として、ジャンセニストおよびその支持者と諸君主両者間に活発な協力関係が生まれることになる。こうした状況がまずナポリに出現した事実は、意味深い。一七六一年になると、ジャンセニストに好意的なパッショネイ枢機卿(七)に対し、クレメンス十三世が彼らの教理問答に対する最終的な有罪宣告書への署名を強要した。この結果、改革派聖職者は、イエズス会とのローマにおける闘争に敗北した。ローマ在住の哲学者、エマヌエーレ・ドゥーニは、一七六三年にヴェネツィアのイギリス領事ジョン・ストレインジに宛てて、この苦々しい敗北感を次のように表現している。

「私が今いるのは、この堕落したイタリアですが、それだけではありません。つまり、教義の純粋さがイタリアの他のどの地域に比べてみても手ひどく葬り去られ、しかも、それを個々人の家でさえ尊重することが許され難い(つまり、法律で規制されているということです)都市、ローマに住んでいるのです。」(Venturi, 86, p. 791)

改革のイニシアティヴは、こうして改革派聖職者から諸君主へと移っていった。そして、イタリアのジャンセニズムが持つ理論的、神学的な性格は、その指導者が改革の一層実際的な問題を重視するにつれ、姿を消していくのである。こうした現象は、彼らジャンセニストが諸君主に依存する限り、払わなければならない代償であった。しかし、この両者の関係が最終的な危機状態に陥るまで、ジャンセニストは自ら進んでこの犠牲を払った。なぜなら、彼らの大半は、十七世紀に見られた君主の持つ神聖不可侵の権利に対する信仰をなお確固として維持していたからである。ちなみに、彼らのこの態度は、ピサの二流のジャンセニスト、フランチェスコ・サレージオ・ドナーイの言葉に明らかである。つまり、君主は「永遠の支配者の生ける化身」にほかならないのであった(Passerin d'Entrèves, 39, p. 271)。

教皇権に対する挑戦は、イタリア内部にとどまらなかった。たとえば、一七五九年には、ポンバル(八)がイエズス会士をポルトガルから追放している。また、一七六四年には、ルイ十五世〔一七一五―七四〕がパリ高等法院の圧力によって、イエズス会の組織をフランスから除去することを余儀なくされた。さらに、一七六七年にはスペインのカルロス三世が、この例に従っている。こうして、当時のイタリアの諸君主、とりわけブルボン家の人間は、ヨーロッパ的規模で展開される教会に対する闘争の最前線に立たされていたのである。

さて、国家は、従来教会が有していた司法、経済面の権力、それにたとえば信者を異端や魔女と断定できるような規律に関わる権力に対して措置を講じている。次から次へと目まぐるしく発せられる新しい布告は、教会と国家両者の関係における新しい局面を示していた。そのうえ、こうした新しい立法措置を通じ、教会の内部組織と規律に干渉する権利を君主がますます声高に主張するようになった。それは、十六世紀から十七世紀への転換期におけるヴェネツィアの状況をも凌駕するほどであった。ムラトーリは、従来よりも一層簡潔で純化された性格を持ち、世俗権の行使に一定の制限が加えられた教会の実現を訴えた。彼によれば、この教会に関与する聖職者は、社会に役立つ役割を果たすように教育されるべきであった。これは、換言すれば、開明的なカトリックの理念であり、マリア・テレジアが継承した各所領における〈レフォルムカトリチスムス〉〔改革派カトリック主義〕に大きな影響を与えていた。そして、この考えは今やイタリアに回帰し、オーストリア領ロンバルディーアや、モーデナ、トスカーナといったハプスブルクの支配下にある他の諸邦に浸透していく。まず、ロンバルディーアでは、一七五七年の宗教協約締結後、財務管理評議会が設置された。これは、教会と国家相互間のあらゆる問題に関して、ウィーン政府に助言を与えることを目的としていた。続いて一七六二年には、教皇の書簡を君主の〈承認〉を得て公刊することで、君主の教皇に対する優越が主張された。次に、モーデナでは、ロンバルディーアの例にならい、一七五八年に君主権最高評議会が設立された。そしてトスカーナでは、ルチェッラーイの手によって、死手譲渡のこれ以上の増大を阻止すべく、教会による不動産の獲得を禁止する試みがすでに一七五一年に行なわれていた。ちなみに、同様の政策は、一七五四年にナポリとヴェネツィアで実施されている。ここでは宗教裁判所の権力が削減され、その再組織化が行なわれたのである。ヨーロッパ各地にあるブルボン領では、メザンギュイの教理問答に関して論争が展開され、教会と国家の権力闘争における新しい局面を開いた。そして、この論争は一七六〇年代中頃急速な進展を見せ、一七七〇年頃にはブルボン、ハプスブルク両家の支配する諸地域でその頂点に達した。

さて、小公国パルマは、短期間ではあるが、教会・国家両者間の闘争の中心地として注目を集めている。とはいえ、同国の首相デュ・ティヨーが、こうした闘争を盛り上げるために何らかの手段を実際に講じようとしたかどうかは、疑わしい。彼が死手譲渡を禁止する布告を発したのは、ローマとの交渉が失敗に終わった直後の一七六四年になってからのことである。デュ・ティヨーは、死手譲渡が不動産市場で経済的にマイナスの結果をもたらすとの観点に立ち、自己の政策を正当化した。こうして、彼は、伝統的な国家論を乗り越えてしまったのである。にもかかわらず、前記の布告が、ルッカ（一七六四年）、モーデナ（一七六三、一七六四、一七七〇年）、ヴェネツィア（一七六八年）、ナポリ（一七六九年、一七七一年）、あるいはトスカーナ（一七六九年）でそれぞれ承認された他の類似した法と大きく異なっているとは言い難い。同じことは、一七六五年に発布された教会財産を課税対象とする布告にもあてはまる。つまり、同布告に類似した内容の政策は、一七五〇年代からパルマの地方行政担当官によって実施が要求されていたし、ピエモンテ、ロンバルディーア、ナポリが教皇庁とそれぞれ締結した宗教協約を通じてすでに承認済みであった。こうした事実にもかかわらず、パルマが前記の闘争の中心になりえたのは、教皇権力が自己主張を行なうのに最もふさわしい場として、クレメンス十三世が同国を選んだからである。教皇庁は、かつてナポリで行なったように、パルマに対する宗主権を主張した。この小国は、教会側のこうした動きに抵抗するには余りに弱体であるように思われた。ところが意外なことに、同国のデュ・ティヨーは、開明的な改革者としての名声を維持する必要があると考えていた。さらに、ヨーロッパ各地に展開するブルボンの支配者は、王家の紐帯を通じて団結していた。教皇権力に対するこのか弱い生贄ともいえる子羊の抵抗は、この二つの要因によって強化されたのである。まず、王権の優越を擁護するために、王権評議会が設置された。そして、地方在住の聖職者と教皇庁との関係は、教皇教書の出版や司教の職務遂行に対して与える王権の承認および〈認可〉制度を通じて君主の監督下に置かれることになった。また教会裁判所の権能に制限が加えられ、さらに修道司祭は王権に基づく特別な規律に従うことが義務づけられたほか、小規模の修道院がいくつか廃止されている（一七六五―六七年）。デュ・ティヨーによるこうした政策は、慎重に実施された点に特徴がある。ちなみに、その少なからぬ理由は、民衆の反感と新しい君主フェルディナンド公の信心ぶりにあった。実際、デュ・ティヨーは、ブルボン朝スペインからイエズス会士が追放された後、前記の政策の実施を一年間躊躇した。そして、彼が教会政策に関わる布告を発したのは、クレメンス十三世が《イン・コエナ・ドミニ》教書（一七六八年）によって一七六四年以降にパルマで公布された教会立法のすべての無効を宣言した後のことである。

しかし、クレメンス十三世は、中世の偉大な先達インノケンティウス三世〔一一七九―一一八〇〕ほどの度量の持ち主ではなく、教会政策に対するこうした非難は空ろに響くだけであった。そして、彼に対する反撃は速やかに行なわれた。つまり、ナポリ王国の首相タヌッチは教皇領ポンテコルヴォとベネヴェントを、ルイ十五世はアヴィニョンをそれぞれ占領するのである。また、スペイン王カルロス三世は他のブルボン家の諸君主と結束し、クレメンス十三世に態度を改めるよう迫った。マリア・テレジアでさえ、彼女の領地で彼の教皇教書を発行することを拒んだほどである。こうして、クレメンス十三世のもくろみは失敗に終わっただけでなく、彼の頑迷な態度によって反教会政策のうねりを誘発する結果を招くことになる。彼の後継者で軟弱な人物であったクレメンス十四世（一七六九―七四年）はこの影響を被り、一七七三年にはついに諸君主の圧力に屈してイエズス会を廃止するに至る。

ナポリでは、首相タヌッチが王国内のイエズス会士六五〇名を一七六八年に国外へ追放した。つまり、彼は教皇の宗主権を否定し、国王の神聖権を主張することによって自己の政策を正当化したのである。

「朕、両シチリア王は、崇高にして独立した権威の保持をほかならぬ神より認められている。なぜなら、この権威は、臣民に善政を施すことを目的とする朕が主権と不可分の関係にある全能の神が造り出されたものだからである。かかる権威に基づき、朕は、以下を命ずるものである。すなわち、イエズス会は、王国内において今後永久に解散されるべきこと、それゆえ永久に追放されるべきことを。」

(Colletta, 88, vol. 1, p. 194)

後年タヌッチは、一連の反教会立法を承認させた。つまり、修道院の廃止、十分の一税の撤廃、死手譲渡の禁止、教会の布告に対する国王の認可制度がそれである。さて、ナポリでは、イエズス会士追放に伴って新しい教科書の発行が準備され、国家による公教育の管理政策の第一歩が記された（一七六八―七二年）。その後、タヌッチはブラスキ枢機卿（後の教皇ピウス六世、一七七五―九九年）の教皇選出阻止を図り、さらに改革派の人物であったパレルモの大司教、セラフィーノ・フィランジェーリ[九]をナポリ大司教の管轄区へ配置替えすることを主張した。このため、王国と教皇庁との関係は悪化の一途を辿った。ピウス六世は、従来の伝統に反してフィランジェーリのナポリ大司教管区への昇進を拒否した。これに対しタヌッチは、一七七六年に〈キネーア〉献上をやめることで反撃に出た。ちなみに、キネーアとは、ナポリ王が教皇の絶対的な権威を承認する証として毎年ローマに献上していた白馬のことである。

タヌッチが行なった数々の政策が、革命に至るまでのナポリにおける教会と国家の関係の在り方を規定するうえで効果があったことは疑いもない。彼の政策を支持したのは、ジェノヴェージやカラッチョロらである。彼らは、改革者の中の古い世代に属しており、その反教権主義は時としてタヌッチ自身のそれを凌駕するものであった。カラッチョロが記しているように、彼らにとって重要なのは、「ごろつき坊主どもとローマ教皇庁の専制に対して適切な歯止めをかけ、教会に税を納めさせること」なのであった（Croce, 104, p. 103)。

とはいえ、より若い世代は、こうしたジャンノーネ流の伝統的な路線に基づく教会攻撃では、王国の経済問題を解決するには不十分ではないかと考えた。そのうえ、タヌッチの政策は民衆に評判が良くなかった。なぜなら、イエズス会を支持するアルフォンソ・デ・リグオーリの教説を彼の信奉者がナポリや地方で成功裡に広めていったのは、ちょうどタヌッチが反教会政策を実施した時期にあたっていたからである。

ロンバルディーアでも、一七六八、六九年には教会と国家の関係が新たな局面を迎えていた。ここでは、カウニッツとフィルミアンが、教会が持つ死手譲渡その他の経済的特権を抑える一連の布告を発した。また、政府はクレメンス十三世の《イン・コエナ・ドミニ》教書を領内で公布することを拒否し、さらに一七六八年には検閲に対する国家の監督権が主張された。知識人は、こうした新しい積極果敢な政策を支持した。彼らは、政府からそれら政策の宣伝普及を行なうよう、しばしば奨励されていたのである。カルラントーニオ・ピラーティの著した『イタリア改革論』（一七六七年）は激しい調子で反教会の思想を説いた小冊子で、その急進性のゆえに、ウィーン政府の意図をおそらく越えてしまったように思われる。とはいえ、大半の修道院の廃止、修道司祭数の削減、国営墓地の創設、聖職者の活動に対する厳格な統制といった彼の提案の多くは、以後数十年のうちに実施されることになる。次に、パオロ・フリージは、一七六八年に諸君主の世俗権力に関する論文を著して、宮廷顧問官カウニッツとの緊密な関係を強化した。フリージは、この論文ですべての宗教協約が無効であると明言している。また、アルフォンソ・ロンゴは、教会公法を開講した際あまりに反教権的な内容を明らかにした。このため、フィルミアンは、公刊する予定だった講義録の原文の修正を彼に強制したほどである。教育の管理と民衆啓蒙に関する国家の責務についての議論が、イエズス会の廃止を契機として知識人の間で始まった。国家が、教会の持つ諸特権の制限と世俗教育の統制を行ない、さらに教会内部の規律および聖職者教育に干渉するまでは、比較的短い道程であった。そして、これを達成したのがオーストリア皇帝のヨーゼフ二世である。

トスカーナでは、新しい教会政策の実施はやや遅れて一七六九年に始まった。それから、前述したナポリ、シチリア両王国やロンバルディーアと同じプロセスがこの国でも見られることになる。つまり、死手譲渡、徴税請負人に対する制限と聖職者の庇護権の限定（一七六九年）、教会裁判所の持つ権能の削減（一七七一年）、修道院の廃止（一七七三年）が実施されたのである。また、改革の推進力がウィーンからもたらされるために、ローマからの自立とトスカーナにおける教会の国家管理を主張するジューリオ・ルチェッラーイの運動に弾みがついた。ルチェッラーイは、長い職歴を経た末にフィロゾーフの主張する新しい思想をこだわりなく受け入れようとするのである。ちなみに、彼らフィロゾーフは、貧困が慈善行為によって解決しうるとした従来の伝統的な見解を攻撃し、さらに立派な聖職者が養成されるように彼らに対する教育を国家の直接の監督下に置くことさえ主張していた。大公レオポルドを取り巻く閣僚は、改革を積極的に推進する意向であった。また、教授や教養ある聖職者によって形成されたピサやシエーナの小グループも、彼らと似た傾向を持っていた。こうした知識人が抱く楽観的な反教権主義の典型は、トスカーナ大公国のパリ駐在大使で、多くのフィロゾーフと親交のあったニッコリ神父に見られる。ちなみに、彼は、イエズス会士の弾圧政策を歓迎する態度を明らかにしている。

「他の多くの宗教団体同様に、イエズス会に対する弾圧政策も数十年のうちに実施されることが望ましい。」(Mirri, 69, p. 79)

しかし、トスカーナの改革を支持する勢力は、ナポリ、ヴェネツィアや、さらにはロンバルディーアと比べてさえ、はるかに根の浅いものにとどまってしまった。それは、宗教面で将来どのような改革が必要なのかについて強い関心を抱く者が少数であったことにおそらく原因があったように思われる。付言すると、こうした改革に関しては、ジャンセニストの影響力が一七七〇年代末に強まっていった。トスカーナにおける宗教面の改革が、ジャンセニズムによって独特の様相を呈したことは確かである。こうして、改革は次の一〇年間に実施され、イタリアの他の諸邦やヨーロッパにおけるものとも異なった性格を持つことになる。

反教会政策のうねりは、モーデナでも高まった。当地の改革には、ムラトーリの教えが強い影響力を持っていた。たとえば、宗教上の祝日数の削減が一七七四年に法制化されたが、この政策は彼の主張によっても正統化されている。つまり、その目的は「貧民や農民が仕事を規則正しく続けることにより、家族の扶養を可能にするため」ということになる(Poni, 80, p. 23)。

外国人を聖職禄支給の対象から除外するといった反教会政策の持つ伝統的な目的は、確かに忘れ去られたわけではない。とはいえ、今やそれらの政策が包含する経済的側面が重みを持つに至ったのである。同国の法制最高評議会は、反死手譲渡法の公布(一七六四年)に際し、次のような見解を示して〈後悔の念〉を明らかにしている。

「こうした法律の公布は、あまりに遅すぎた。それゆえ、今となっては、わが国の不動産の少なくとも約半分が死手譲渡によって占められているありさまである。」(Poni, 80, p. 19)

モーデナでも、ロンバルディーアのように財務管理評議会が設置された。その任務には、空席となった聖職禄を管理するだけでなく、さらに改善する仕事も含まれていた。そして、慈善団体や修道院の廃止から貧困撲滅を目的とする野心的な計画への発展がついに見られることになった。ちなみに、これは他の諸邦に先駆けた改革であり、ムラトーリの考えを基本としていた。具体的には、貧民を対象とした単一の慈善事業組織の設立と、同じく貧民のための大規模な収容施設の設置が行なわれたのである(一七六四—六八年)。こうして、慈善事業は従来その大半を担っていた教会の手から奪い取られ、国家の管理下に移された。二〇年後、モーデナ公国の首相ロドヴィーコ・リッチは、ヨーゼフ二世と同じく慈善という概念自体を攻撃し、慈善団体の国益への従属を企てることになる。

教会は、イタリアの他の地域でも国家による攻撃にさらされた。たとえば、ジェノヴァ共和国は、コルシカにおける教皇庁派遣特使の問題をめぐってローマと反目しあった(一七六〇—六七年)。コルシカのパスクワーレ・パオリは、島内の教会裁判所の権威を承認することを拒んだ。一方、ヴェネツィア共和国では、十六、七世紀に活躍した聖職者パオロ・サルピの主張した反教権主義の伝統が、マルコ・フォスカリーニ[一〇]の努力と教皇ベネディクトゥス十四世の教区分割の決定をめぐる議論(一七五一—五八年)を通じて復活した。ちなみに、ベネディクトゥスの決定とは、アクィレーイアの主教管区を別々の教区に二分し、一つをオーストリアが、他をヴェネツィアが管轄するというものであった。当時のヴェネツィアでは、こうした教会攻撃の一般化という状況を背景にして、いくつかの法律が公布されている。たとえば、教会が現在以上に不動産の所有を増やすことの禁止、教会の持つ免税特権に対する制限、さらに聖職者数の削減と若干の修道院の廃止が法制化されたのである（一七六七―七二年）。しかし、全般的にいえば、ヴェネツィアは、隣接する諸邦の改革を模倣していない。その少なからぬ理由は、同国が、郷土出身の前枢機卿レッツォーニコで当時は教皇となっていたクレメンス十三世と良好な関係を維持していたことにある。たとえば、ヴェネツィア出身の司教と教皇庁との諸関係を国家の監督下に置くことを規定した一七五三年の布告は、事実上撤回されている。ヴェネツィアは、教会との伝統的な関係の枠内にとどまることで満足した。この姿勢は、自作の『イタリア改革論』が同国で発禁処分となった件で、著者のピラーティが驚愕している事実に示されている。教会を管理するためにヴェネツィアがとった政策は、同国の指導者層にとってはあまりに伝統的で、しかも限定されたものであった。同国の反教権主義が、テッラフェルマ〔本土〕で関心を呼ばず、支持も得られなかった原因は、まさにこうした政策の持つ性格に求められる。ブレッシアのジャンセニストさえ、出版の自由を享受していたにもかかわらず、ヴェネツィアの慎重すぎる態度に圧迫感を覚えるのだった。事実、後にジャンセニスト運動の指導者となるタンブリーニやゾーラらは、国内にとどまるよりも国境を越えてロンバルディーア領内の都市、パヴィアに移り住む道を選んでいる。

さて、ピエモンテでは、教会関連の新しい法はほとんど必要とはされなかったし、そうした要求もなかった。ドメニコ・カラッチョロは、ナポリの首相タヌッチに宛てトリノから送った手紙の中で、この点に関連して次のように述べている（一七五九年）。

「ここピエモンテの人々は、自分たちが教会の忠実な息子であり、教皇庁を熱烈に支持するふりをしているものの、実際にはこれを愚弄の対象にしています。彼らは、反教権主義をめぐる抽象的な言い争いや議論に辛抱できないのです。しかし、この国では、実際には国家の側に無限ともいえる権力が保持されており、司教は君主の同意が得られない限り、武装した随行団も牢獄も所有できず、なんらかの処置を講じることもできないのです……教会の諸問題に関して、国王は、聖職者に対して見かけ上はわずかな制約を課しているにすぎません。しかし、実際は、彼は絶対的な権力を自らの手中に保持しているのです。」(Croce, 104, p. 86)

こうして、ピエモンテでは、専制主義や隠蔽主義が、相も変わらず大っぴらな議論に優先したのである。

第七章　協力関係の危機——一七七五—九〇年

一　君主の支配と知識人の撤退

改革派の君主および行政官とフィロゾーフやジャンセニストなどの知識人の両者が、一七六〇年代中頃以降の反教会闘争を契機として団結したことは紛れもない事実である。たとえば、改革派の君主がローマに〈お伺い〉を立てずに教会の改革を企てた際、彼らは知識人からの強力な支持が得られたのである。ジャンフランコ・コッサーリ神父の言葉にあるように、「大変やっかいな障害は、ローマ」なのであった(Codignola, 38, p. 221)。

また、ジャンセニストを支持するジョヴァンニ・クリストーファロ・アマドゥッツィ（一）は、科学者のグレゴーリオ・フォンターナ（二）に宛て、次のように書いている。

「教会にとって必要な改革を促進し、これを成就させるために、世俗君主の怒りを神がご利用下さいますように。なぜなら、こうした改革を現在教会を支配する聖職者の自発的な決断に期待することはできないからです。」(Rosa, 75, p. 264)

教会の改革は、経済および行政面の政策と互いに絡み合っていた。そして、一七六〇年代中頃以降の一〇年間には、君主と知識人両者間の協力が可能であるとの楽観主義が目立ったことが特徴といえる。フィロゾーフは、改革の進展に伴って期待感を高め、いよいよ熱狂した。この傾向は、改革運動がほとんど展開されない国においてさえ見られる。こうして、ヴェネツィアでは、フランチェスコ・グリゼリーニが、『ジョルナーレ・ディターリア』と『コッリエーレ・レッテラーリオ』という二種の定期刊行物を発行し、啓蒙主義の中核となる思想の普及に努めている。ちょうど同じ頃、ミラノでは、ヴェッリの『イル・カッフェ』とベッカリーアの傑作、『犯罪と刑罰』が刊行されている。ピエモンテ出身のジャンバッティスタ・ヴァスコ[三]は、農民を支持する平等主義的で人道主義的な主張を、彼の最初の著作『自作農に関わる公共福利論』(一七六九年)で展開した。他方、ちょうどこの年に、ナポリの偉大な改革者、アントーニオ・ジェノヴェージも、彼の最後の著作『学者と無学な者とでは、一体どちらが幸福であるかについての学問的考察』の中で、公共の福利についての関心を表明している。これらの著作で扱われているテーマは、当然のことながら、パリのフィロゾーフが話題としたものと同一であった。そして、これらが書かれた時期、あるいはしばしば出版年でさえこうした極めて国際的な議論の展開と密接に結びついていた。とはいえ、これらのテーマは、イタリアの進歩的な諸邦で実現されつつあった改革それ自体とも直接関係していた。

一七七〇年代末以降、君主と知識人の協力関係に関する楽観的な見方には影が差し始めた。なぜなら、君主に対する依存の度がすでに高まりすぎていたからである。急進的な改革を主張するピエモンテ出身の知識人、ダルマッツォ・フランチェスコ・ヴァスコが一七六八年にサルデーニャ王国政府の名においてローマで逮捕された際、ピエトロ・ヴェッリは次のように憤慨している。

「哲学が権威の鎧を身にまとっていない場合には、その身を隠さなければならない。そして、もしそうしなければ、迫害の刃が常に哲学を待ち構えていることになる。」(Venturi, 27, p. 817)

しかし、改革が行なわれている諸邦の知識人でさえ、君主の政策に疑念を抱き始めていた。以前、改革者は、君主がとりわけ経済および行政面の改革に関して慎重な態度を示したことに苛立っていた。ところが、今や、君主の決然とした態度、そして改革者がしばしば躊躇したり、手を引く契機となった変革のテンポそれ自体が改革者を悩ますことになったとは皮肉である。政府と知識人との協力関係が最も長続きしたトスカーナでさえ、大公レオポルドの閣僚は、彼のジャンセニズム的な政策にかなり批判的な態度をとり続けている。

こうして一七七〇年代中頃になると、支配者と改革派知識人両者の関係に変化が生じた。当時、古い世代の支配者は姿を消し、新しい世代が第一線で活躍し始めた。初期の数十年における改革で指導的な立場にあった二人の政治家、ポンペオ・ネーリとベルナルド・タヌッチは一七七六年に姿を消し、ルチェッラーイは一七七八年に亡くなっている。ネーリの影響力が彼の晩年すでに弱まっていた一方で、若い大公レオポルドによる啓蒙主義的な色彩の濃い改革のテンポがしだいに早まりつつあった。タヌッチは思いも寄らず首相職を罷免され、驚愕している。ネーリの死去に際して彼が述べた悲嘆の言葉に、時代の変化に対する彼の思いが要約されている。

「ネーリを失ったことで、彼の友人、君主、祖国、そして国民が、どんなに嘆き悲しんでいるか、私には十分理解できる。彼は真理を愛する人間であり、真理を認識できるだけの力を持ち、また、それを擁護できる。さらに、彼は学問の価値を理解するに十分な教養の持ち主であった。私は、この古い友人の死を悼む……私は、新しい世代の人々を知らない。私としては、ネーリの後継者が彼と同じく有益な人間であることを望むだけである。」(Venturi, 27, pp. 949-50)

こうして、実践的な能力と常識を身に着けて「論理的思考」(タヌッチの好んだ言葉である) を行なう世代に代わって、一群の若い改革者が登場した。彼らは、理性、経験および啓蒙思想に基づく急テンポで大胆な改革実現の必要性と可能性にほとんど狂的ともいえる信仰を抱いて行動した。トスカーナでは、大公レオポルドが国家の改造を実施する決意をすでに明らかにした。オーストリア領ロンバルディーアでは、ヨーゼフ二世が、母マリア・テレジアが死去する一七八〇年以前の時期においてさえ、政府の政策に介入する傾向をますます強めつつあった。ナポリでは、マリア・テレジアの娘、マリア・カロリーネが覇気のない夫フェルディナンド四世を説き伏せながら、知識人に対する期待を掻き立てた。ローマでは、一七七五年にクレメンス十四世の後を継いだ精力的な教皇ピウス六世が、教会に対する攻撃に抵抗する決意を示した。しかし、彼は、同時に大胆な改革を行なうことによって、教皇国家の絶望的な財政危機の打開をも図ったのである。一方、これと対照的な情勢が見られたのは、ピエモンテである。ここでは、国王カルロ・エマヌエーレ三世の死去(一七七三年)に際し、半世紀以前に実施された大規模な改革の最後のかすかな名残りが首相ボジーノの免職を契機に消え去った。ちなみに、この措置は、反動的で偏屈な精神の持ち主、ヴィットーリオ・アメデーオ三世(一七七三―九六年)によるものであった。こうして、一七七〇年代末になると、改革実現の可能性とその基本線は、以前にもまして君主の意向に依存することとなったのである。

しかし、この数十年間は、変革に対する抵抗を克服する能力がはたして君主にあるのかとの疑念が生じ始めた時期としても特徴づけられる。なぜなら、イタリアの改革者が大きな期待を抱いて見守ってきた文明社会、つまりヨーロッパ諸国が、啓蒙主義による挑戦を実行できないように思われてきたからである。たとえば、フランスでは、いわゆる〈重農主義者〉が全面的に信頼していたテュルゴーによる重農主義的な政策が、彼の財務総監職の辞任(一七七六年)を契機に突如として終わりを告げている。また、進歩と自由の象徴的な存在であったイギリスも、一七七五年にアメリカで革命が勃発したことで信頼を裏切るように思われた。そして、イタリアや他の諸国の啓蒙主義者は、イギリス、フランスといった従来のヨーロッパの〈老〉大国以外の諸国、たとえばフリードリヒ二世のプロイセン、エカテリーナ二世のロシア、生まれたばかりのアメリカに注目したり、あるいは逆に、歴史を遡って中国、南アメリカのインカ帝国、そしてローマ人以前にイタリアに居住していた民族に憧れを抱き始める。こうして、十八世紀の改革者がヨーロッパの現状に不信感を高めるにつれ、ユートピア的な未来への思いが募るのであった。不確実性と信頼というこの奇妙な結びつきを、ガエターノ・フィランジェーリほど的確に表現した者はいない。

「物事の本質が変わったのだ。」

さらに、彼は、類似した内容を表現を変えて繰り返す。

「金が、万物の尺度となった。

あらゆる物が少数者の掌中に見いだせる、というのがヨーロッパの現状である。すべてを多くの人間の手に行きわたらせる必要がある。これこそが、政策実行の目的である。

知識人と君主の気質が相いれないことがなく、また、急速に広がる想像の翼が専制主義の繰り出す障害によってもぎ取られることのない、そんな時代が十八世紀なのである。」

しかし、彼はこうした楽観的な見方を明らかにする一方で、次の事実を渋々と認めざるをえなかった。

「知識人がその不吉な運命を背負いながら、国家の大事を君主の面前で論じ合うことが常に許されるとは断定できないというのが私の偽らざる気持ちである。」(Filangieri, in 28, pp. 618, 667-8)

より良い社会の希求は、相変わらずフランスの〈リュミエール〉の著作によって培われていたが、今度はそれにヒュームやアダム・スミスといったスコットランドの哲学者の手による書物が加わった。博識に代わって、視野の広い歴史哲学的なものの見方が台頭してきた。フランスで展開される知識人の議論の影響を受けたイタリアの知識人は、諸国民の神話、慣習、そして起源に関する議論を行なう中で、ナポリの哲学者ヴィーコを再発見するのである。歴史哲学を探究するという共通の立場において、ヴォルテール、そしてすぐ後にコンドルセが、ヒュームやロバートソンと並んで引用された。ちなみに、この歴史哲学研究によって現在の諸悪を説明し、さらにおそらくは幸福な未来社会を描き出すことが可能であろうと当時考えられていた。ドルバックの唯物的な無神論が知識人の間に関心を呼び始め、モレリ(四)の主張した共産主義的なユートピアさえもが注目されている(ちなみに後者に関していえば、以前この考えを知る者は、彼に反感を抱くジェノヴェージを除き事実上存在しなかった)。とりわけ、社会改革の実現がますます困難に思われ、また君主への不信感が高まるにつれ、ルソーの提唱する平等主義が以前に比べ、一層ひんぱんに、そしてより公然と姿を現わすようになった。単に法の前のみにとどまることのない平等の必要性を、今や多くの人々が主張していた。フィランジェーリも、その中の一人にすぎない。

長期に及んでいたコルシカ人の闘争は、急進的な知識人にとって現実としての姿を急速に失った。なぜなら、それは、民主主義、平等主義的な社会を象徴するものに変貌したからである。パオリの指導する抵抗運動最後の時期、ダルマッツォ・フランチェスコ・ヴァスコは、すでに『社会契約の実現』を著している。同書では、その表題にもかかわらず、コルシカのために憲法草案を編んだルソーよりもモンテスキューの方が重視されている。一七八三年頃には、トスカーナ出身でコルシカ人の運動を熱烈に支持していたルーカ・マニャーニマが、アメリカのイギリスに対する反抗が成功した事実を例に挙げ、コルシカ人の独立闘争を次のように正当化している。

「(アメリカの独立革命は、)この十八世紀を締めくくるにふさわしい重大な事件となった。そして来たるべき十九世紀が、他の多くの革命に間違いなく影響を及ぼすことになるだろう。なぜなら、ヨーロッパは、引き続いて幸福な社会実現のための基盤作りに専念しているからである。そうした中で最も素晴らしいものは、諸国民の真の利益、つまり、より大きな自由を獲得するために広く行なわれている啓蒙活動であろう。神も、そう望まれますように！」(Magnanima, in 27, p. 798)

とはいえ、すべての人間がこうした楽観論をマニャーニマと共有していたわけではない。たとえば、ナポリ出身のフランチェスカントーニオ・グリマルディは、文明の歴史を通じ、人間の不平等は不可避である事実が絶えず立証されてきたことを確信している。また、イストリアのジャン・リナルド・カルリは、その著『自由人』(一七七八年)の中で、自由と平等を信頼するルソーの姿勢を激しく攻撃した。さらに、トリエステのアントーニオ・デ・ジュリアーニは、社会の進歩や科学に対して啓蒙主義者が抱いていた楽観主義を次のように罵倒する。

「まさに受け身の態度をとっているにもかかわらず、積極的に行動していると思い込んでいる人間がいる……さまざまな出来事が科学に根拠を与えているのに、それとはまったく逆に科学が出来事を支配していると想定するのは、錯覚である。さまざまな理論は、単なる奢侈でしかない……ルソーは、科学が人間の運命をまったく改善しなかったことをものの見事に証明して見せたではないか。」(De Giuliani, in 27, pp. 688-9)

しかし、知識人の大半は、なお期待を抱いていた。つまり、ほとんど奇跡的に社会の変革が実現することに対する期待、あるいは君主の意図を超え、その結果、必然的に彼らの権力を抑制するような思い切った政策が実施されることに対する期待である。ところで、イタリアのフリーメーソンは、ヨーロッパの他の地域に比べると小規模ではあったものの、一七七〇―八〇年代に各地に急速に広まっていった。この秘密結社は、いくつかのあいまいな性格を持っていた。つまり、君主が合理主義と啓蒙主義の漸進的な進歩を具現するものとみなし、これを信頼していたのである。また、フリーメーソンは、神秘的な儀式を執り行なうことにより、超自然的な光の王国実現に向けて歩もうともしていた。そして、イタリアの、とりわけ南部の知識人の間にフリーメーソンが浸透したという事実は、自由な公開討論実現の可能性が低いため秘密の集会に逃避するという彼らの傾向を反映している。一七八〇年代末になると、漸進的で一定の制限を加えられた社会変革の実現に寄せるロッジの期待さえ、急速にしぼんでいった。この傾向は、特にナポリで顕著である。そして、その原因は、いわゆる〈イッルミナーティ〉(3)〔啓蒙された人々の意。フリーメーソンの一分派といわれる〕が、平等主義的で共産主義的なプロパガンダを展開したことにあった。ちなみに、イッルミナーティは南ドイツのバイエルン地方に生まれ、その教義は、デンマークの考古学者、フリードリヒ・ミュンターによってイタリアにもたらされている。

ところで、新しい思想や諸問題の新しい解決方法については、フリーメーソンのロッジ以外の場においても活発な探究が行なわれている。平等主義と並んで、共和主義の思想もイタリア各地に浸透していった。しかし、その概念は、ヴェネツィアやジェノヴァといった古臭い共和国をモデルとしたわけではなく、フィランジェーリが関心を寄せていたアメリカの新しい共和制や、ウィリアム・ペンが新大陸に建設を進めた理想的な共和国、あるいはメルシエ(五)の著した『二四四〇年』といった奇想天外な物語さえをもモデルとするものであった。一方、マキャヴェッリも、共和主義の衣をまとって再登場した。ナポリのガランティ(六)が、彼の著作の新版を公刊する計画を立てていたのである。ちなみに、この企ては、トスカーナのジャンセニスト、デ・リッチによって実現することになる。

古い社会に対する批判と新しい社会実現の要求は、ますます尖鋭化しつつあった。たとえば、私有財産の極端な集中の結果生じた諸悪は、長子相続制と限嗣不動産相続制の廃止によって解消できるというのがかつてのジェノヴェージやフィランジェーリの考えであった。そして、今やベッカリーアとゴラーニは、彼らの主張をさらに推し進め、私有財産の概念それ自体に対して攻撃を加えた。また、ジャンバッティスタ・ヴァスコは、農地均分法の実施を要求するのである。他方、教会内部に生じていたさまざまな悪弊に対しても改革の要求が出されたが、その極端な例としては、自由な民主的組織でない限り、教会の存在さえ否定する主張が挙げられる。個人経営の農業と自由な商取引を主張する重農主義はトスカーナでは依然として政府公認の教義であり、また、ロンバルディーア、モーデナ、ナポリでは若干の著述家が依然としてこれを支持していた。とはいえ、社会の不平等や不公正、とりわけ貧困の問題がますます明らかになるにつれ、重農主義に対する批判は、その激しさを増していく。ピエモンテ、ロンバルディーア、それにトスカーナでは、一七八二年から八三年にかけて絹織物産業が不景気に見舞われる。また、一七八三年にはカラーブリアで地震が発生し、この地域は荒廃した。新重商主義の復活や南部で見られた経済面における国家の干渉の要求を促す意味で、こうした事件は重要な役割を果たしたのである。しかし、重農主義思想の根幹をなす経済の自然的秩序の概念はそのまま存続しており、当時徐々にイタリアへ浸透していたアダム・スミスの思想によって力を得つつあった。なお、彼の思想は、一七九〇年代に教皇国家、ナポリ、そしてピエモンテで議論の的となっていた。実際、ジュリアーニは、この基本的にはスタティックな経済秩序にすぎない自然の概念を変えてしまった。つまり、彼は、この概念を文明史の原動力とみなしたのである。彼によれば、すべての歴史は、生産者と消費者という二つの階級の相対立する利害に均衡をもたらそうとする周期的な企てを明らかにしているという。自然的秩序の存在を信奉することは、君主権力に歯止めをかけることを意味しつつあった。つまり、〈合法的な専制君主〉に課せられた真の役割は、自然的秩序の機能を妨げる障害を除去することに限定されるべし、ということになる。君主は、そうすることによって、アダム・スミスが主張したように、自然的均衡を達成するような個人間の自由な競争の実現を目標とするのである。

こうした自然的経済秩序は、その先に自然法が確かに存在することを推論しうるものである。たとえば、ロンバルディーアのアルフォンソ・ロンゴは、すでに一七七三年、人類の基本法について述べていた。その一〇年後、ナポリのフィランジェーリは、権力の乱用を阻止する機能を持つ理想的な行政機構に関心を示している。さらに後年、トスカーナのG・M・ランプレーディは、社会契約論の立場から専制主義の行き過ぎた行動に対する歯止めについて主張する。その一方で、ダルマッツォ・フランチェスコ・ヴァスコは再び投獄されている。ちなみに、その原因は、ピエモンテで『人類の基本法に基づく抑制の効いた合法的政体論』(一七九一)をあえて執筆したことにあった。モンテスキューの思想が再びもてはやされ、伝統的な貴族の諸権利を正当化するために利用される一方で、ルソーの思想も復活した。つまり、人民の諸権利を擁護する彼の考えが利用されたのである。要約すれば、これら二人の思想は、貴族と人民が自らの権利を専制主義のもたらす危険から擁護するという共通の目的のために使われたことになる。

知識人が常に意識していた世論への訴えかけは、国民の一層広範な権利獲得の要求へと発展していった。たとえば、出版・言論の自由、宗教的寛容、さらにはイギリスに見られるような複数の政党制に基づく政治の実現さえ、イタリアの急進的な著述家によって主張されたのである。ロンバルディーアやトスカーナで実現した行政改革を通じ、富裕な階層や地主は地方行政の責任を負うことになった。つまり、こうした改革は今まで以上に広範な階層を政治に参加させることを意図しており、結果としてどれもが同じ方向へ進むことになったのである。

トスカーナ大公のレオポルド自身、改革が何を意味するのかを了解していた。彼は、改革に対して旧来の官僚が反感を抱き、新しい法の効果的な執行を妨害しようとするのを見て取った。このため、彼は、地方の利益を改革の過程に取り込むことによって官僚の妨害を回避しようとし、ジャンニに対して一つの任務を与えた。つまり、社会のあらゆる層がそれぞれの代表を送り込めるような議会開設の準備をせよというのである（一七八九年）。この点について、後年ジャンニは、次のように記している。

「この新しい制度の総体的な目標は、小市町村、主要な地方都市、そして国家全体が一体何を必要としているかについての国民の声を大公に届けることにあった。」（Anzilotti, 64, p. 28）

ところで、ピエトロ・ヴェッリは、ヨーゼフ二世の家父長的な専制政治のもたらす危険と損失について考察した。そして、彼の後継者ですでにトスカーナ大公の地位にあったオーストリア皇帝レオポルトに対し、オーストリア領ベルギーに見られるような「国家の社会全般を未来永劫に代表するような議会」を創設するよう進言している。ヴェッリによれば、この議会は不可侵の法によって擁護され、「必要とする物を直接君主に恭しく具申し、彼が真実を見極めることができるような眼鏡の役目を果たす」ことになるはずだった（Anzilotti, 64, p. 29）。

これらは、十九世紀に見られる自由主義的な立憲制議会とは異なる。なぜなら、ヴェッリの主張した議会は、立法機能を持たず、また、国民の要求に耳を傾けるよう君主に注意を喚起する義務もなかったからである。とはいえ、これらの議会も、将来の立憲制の萌芽と呼べるものは内包していた。ヴェッリが『ミラノの政治情勢に関する考察』（一七九〇年）を執筆して代議政体の提唱を行なった頃、すでにフランス革命が勃発していた。しかし、進歩的な思想の持ち主であったジュゼッペ・ゴラーニは、革命勃発の文字通り直前に市民と啓蒙君主の両者が自由で自発的な協力関係を結ぶべきことを要求している。この〈アンシャン・レジーム〉末期の段階で、知識人は、あれほど長期にわたって信頼してきた君主からしだいに遠ざかり始めていたのである。

二　ヨーゼフ二世——改革派専制君主

オーストリア領ロンバルディーアでは、ヨーゼフ二世が統治した一〇年間に君主と啓蒙主義的改革者両者間に亀裂が生じた。卓越した啓蒙専制君主であったヨーゼフ二世は、彼の統治する広大な領地を合理的な一定の基準に基づいて再編することを決意した。彼は、この仕事は臣民のために行なわれるものであり、いかなる反対が生じようともそれを乗り越えて達成されなければならないと考えた。帝位に就く一七八〇年以前、共同摂政としての彼の影響力は、すでにロンバルディーアで感じられた。彼は、イタリアへの長期訪問を終えた後、一七六九年の関税改革で中心的な役割を演じている。ちなみに、これは、十八世紀にロンバルディーアで実施された同種の改革中最も重要なものであり、具体的には、オーストリア帝国の支配下にあるドイツ諸邦を輸出先とするロンバルディーアの産物の関税率引き下げが行なわれている。ところで、ヴェッリは、一七七〇年に、主要な行政改革を実施するようヨーゼフ二世に訴えている。しかし、ヨーゼフは、独立心の強い超然とした君主であった。したがって、いかなる政治家や改革者も、彼の支援を心底から信頼するわけにはいかなかったのである。それゆえ、帝位に就いて後の彼が自己の権威を主張し、世論に対して木で鼻をくくったように冷淡な態度をとった際に啓蒙主義改革者が憤慨したというのも、驚くには当たらない。

ロンバルディーアの帝室議会議長の職にあったカルリはますます保守的となり、彼の後任にはヴェッリが就いた。しかし、一七八五年頃には、その彼も脇へ追いやられてしまう。ヴェッリは、ヨーゼフの皇帝就任以前でさえ、新たな行政改革によって作り出された官僚制専制主義の下で改革者が自己の影響力を及ぼすことの難しさを苦々しい思いをかみしめながらこう嘆いている。

「現行の制度下においては、いかなる役人であろうと、善行を尽くすに十分な影響力を行使することは不可能である。つまり、ある者が何かを提案すると、別の人間がこれに反対し、さらに第三の人間がその提案を修正する。そして、その結果出てくるものは、いわば妥協の産物である。したがって、人々はその線で行動するしかないのだ。」(Valeri, 57, p. 203)

トスカーナのジャンセニスト、ファービオ・デ・ヴェッキ[七]は、こうしたヴェッリの落胆を、別の表現で繰り返し表明している。彼によれば、ヨーゼフの教会改革は、「その実施の流儀が、教会的というよりも軍隊的というべきもの」なのであった(Passerin d'Entrèves, 39, vol. III, p. 363)。

ヨーゼフ二世が近代的な世俗国家を建設する決意を初めて示したのは、宗教の領域においてである。一七八一年には、宗教協約の破棄が通告されると同時に寛容令が公布され、啓蒙主義の勝利が高らかに宣言されたのである。ジャンセニズムに対する支援も、《ウニゲニトゥス》大教書の公刊禁止措置によって明白となった。ヨーゼフの教会政策、つまり〈ヨーゼフ主義〉(当時そう呼ばれていた)は、彼の母、マリア・テレジアが行なった極めて多くの改革からすでに予想できる特徴を持っていた。彼の改革は、知識人や哲学者の啓蒙主義的な性格を帯びた要求とジャンセニストの神学的、道徳的な関心との間に注意深く均衡を保つことにより成り立っていた。トスカーナ大公国という一つの国の中で、パヴィア出身のジャンセニストの重要なグループが、トスカーナの同輩とは対照的に啓蒙思想に敵意を示さず、逆に、自然法、個人の諸権利、世俗権力といった啓蒙主義の概念に共鳴した理由は、前述したヨーゼフによる教会政策の特徴によって説明できるのである。

それでは、ヨーゼフの教会政策がどのようなものであったかを具体的に考察してみよう。まず、教会委員会が財務管理評議会に取って代わった。ちなみに、前者は、在俗司祭、修道司祭、それに公教育および慈善事業の三部門に分かれていた。こうして、教会のあらゆる活動が国家の監督下に置かれることになった。一七八三年には、教会の免税特権と検邪聖省が廃止された。また、過剰だと思われていた聖職者の数も削減されている。しかし、この措置に対しては、カウニッツが憂慮の念を表明していた。彼は、その実施によって教区司祭が減少すると考えた。ちなみに、彼によれば、彼ら教区司祭は、それぞれの教区において「自らの権威と自由裁量により、市民の間にしばしば発生するいさかいを調停し、激しい口論を未然に防ぎ、教区民の倫理面全般にわたる監督者としての機能を果たしている」のであった（Valsecchi, 19, p. 619）。

一方、修道院や修道会の廃止政策にも弾みがつき、一七八二年にはそれらのうちの五二が廃止されたほか、存続を認められたものも、その本家からは切り離されてしまった。こうした改革のペースが余りに急なうえ、大胆な性格を帯びていたために、時の教皇ピウス六世は、ウィーンにヨーゼフ二世を訪ねるという最後の手を打とうと決意したほどである（一七八二年）。しかし、ヨーゼフは、教会の規律と教育をジャンセニストの手に委ねつつ、着々と改革を進めていった。こうした一連の政策は、パヴィアの総合神学校の設立によって最後の仕上げが行なわれる（一七八六年）。ちなみに、新しい教区司祭は例外なくここで教育を受けることが義務づけられたほか、信徒を対象とする教理問答が新たに用意されている。ヨーゼフの宗教政策の基本路線は、市民の世俗的な義務と信者としての宗教的な義務の両者を調和させることが必要であり、宗教はその社会的有用性を明らかにしなければならない、というものであった。

慈善事業と教育の問題は、前述した教会の世俗権力への従属という状況と複雑にもつれ合いながら結びついていた。ヨーゼフは、すでに一七六九年にフィルミアンを相手にこの問題に言及し、不平をぶちまけている。教会は、貧困や疾病を訴える者すべてに対し、施しその他の救いの手を差し伸べる慈善事業を行なっている。しかし、その結果、乞食やごろつきの数がとてつもなく増えてしまっているではないか、というのである。それだけではない。救貧院は、収容者にとってあまりに居心地が良く、彼らに課せられる労働は軽すぎるという。こうしたヨーゼフの主張に明らかなように、貧困の増大は、地方の諸条件の悪化にではなく、教会による慈善事業を支配していた反宗教改革的精神にその原因が帰せられていたのである。貧者救済を目的として発展してきた主に宗教団体の組織活動によって人々は怠惰になり、プロの物乞いが増加し、行政面における弊害が目立ってしまった。捨て子、虚弱者、そして身寄りや財産のない老人といった、実際に自活が不可能な人々を支援する義務は相変わらず残されてはいた。しかし、こうした仕事は、世俗権力の監督の下で、より合理的に、そしてより経済的に行なうことが可能なはずである。一七八六年には慈善事業を伝統的な仕事としてきた兄弟会が廃止され、ヨーゼフの支配するオーストリア領と同じく〈隣人愛の会〉という名の新しい組織に一本化された。

次に、教育の監督に関しては、すでにマリア・テレジアが、パヴィア大学とミラノの宮廷学校の改革を行なっていた。そして、彼女に続くヨーゼフ二世の下では、教育を世俗化し、これを統治の道具とするための努力がなされている。まず、プロイセンやロンドンをモデルとして一七七六年に設立された〈愛国者協会〉は、芸術や工業の振興を目的とした組織であったが、これも政府の厳しい監督下に置かれることになった。一方、フリーメーソンのロッジは、啓蒙思想を普及させるうえで効果的な組織であると認められてはいたが、その構成人数と多様性からあまりに独自性の強い存在とみなされて禁止され、帝国全権であったヴィルツェック伯の所属する政府公認のロッジがこれに代わった。また、パヴィア大学は、行政官僚の養成を目的とする新しい教育機関であった。この点に関しては、ある無名の市民が次のように記している。

「なんらかの形で役人となることを希望する者にとっての唯一の拠り所が、このパヴィア大学である。現在支配的な原理に基づく内容の教育がここで実践されていることは、明らかだ。」(Valsecchi, 19, p. 622)

聖職者が依然として教師であったにしても、教育内容は世俗権力の厳格な監督の下に行なわれなければならない。そして、教育は、今後脅しや体罰によってではなく、理性や説得という新しい原理によって触発されるべきであった。パオロ・フリージは、技術者養成学校の設立を提言していた。この他には、初等教育の世俗化も試みられている。ちなみに、この政策は、オーストリアの改革者フェルビンガーの提唱する路線に沿ったものであり、一七七四年にはトレンティーノ〔イタリア北部の地方〕で法制化されている。ロンバルディーアの行政官がロヴェレート〔北部トレントの小都市〕にある実験的な学校を一七八四年に視察して以来、師範学校と並んで二〇の初等学校が新設された。これは、村ごとの村立学校、地方ごとの上級学校、さらに県ごとの師範学校設置に向けての第一歩となった。

これらの政策が実際に効果を発揮するまでは、幾多の歳月を待たねばならなかった。そして、それらは未来への確信に基づいて実施されたのである。にもかかわらず、未来へ託された希望は、ヨーゼフの死去(一七九〇年)によって頓挫してしまった。しかし彼は、行政改革がすぐさま効果を生み出すことを期待していたに違いない。彼は、統治機構の集権化および統一化の必要性を痛感していたのである。一七八四年には、貴族が地方で行使していた独占的権利に対する攻撃が行なわれている。これは、具体的には、従来彼らが独占していた地方評議会の門戸を、行政官、富裕な市民、それに専門職の人々に開放しようというものであった。また、一七八六年には、伝統的に地方自治を保障してきた元老院、国家評議会、それに議会裁判所が廃止され、若干の専門領域に分かれた政府評議会がこれに代わった。一方、地方間に従来見られた境界が廃止され、新たに一定の基準に基づいた八つの境界線が引かれ、それぞれを一名ずつの行政監督官が管轄した。このほかに、司法面の改革も実行された。つまり、既存の裁判所のほとんどすべてが廃止された代わりに、三種の裁判所（地方裁判所・控訴院・最高裁判所）に基づく単純で合理的な制度が生まれたのである。この一七八六年というわずか一年のうちに、従来の伝統と自治が一掃された。また、ミラノと地方、都市と農村、貴族と他の階層、それぞれの間に見られた古い競合関係も除去された。政府は、その実現のために、集権化された統一統治機構を強制的に確立する政策を実施した。ちなみに、その立案者は、こうした統治機構が国民の利益に資するような施策と理性によって啓発されるべきであると考えていた。改革に対する抵抗は粉砕されなければならず、国民はこれらの路線に柔順でなければならない。こうした考えに基づき、政府は警察を組織し、緩やかな検閲制度を導入したのである。

このように、教会、教育、行政面では、いくつかの重要な改革が実施されたが、経済の領域では、それほどの熱意は見られない。もちろん、この分野でも若干の改革は行なわれている。たとえば、ギルドの廃止（一七八七年に達成）やマントヴァの土地台帳の作成（一七七一年から八四年まで、だらだらと続く）である。ポンペーオ・ネーリによる土地台帳の導入以後に実施された改革は、おそらく政府の行動の限界を示すものと思われる。一七六九年のロンバルディーア滞在の際、ヨーゼフが同国の農業に対して示した理解のほどは、ピエトロ・ヴェッリによれば、次のように幼稚なものであった。

「住民は、土地に対してできるだけ均等に拡散した状態で生活することが望ましい。つまり、密集し

た状態は、彼らにとって好ましいものではない。」(Valsecchi, 59, vol. 2, p. 296)

ヨーゼフが、農業アカデミーや農業技術に関する研究(パオロ・フリージの灌漑に関する著作など)を奨励したことは確かである。しかし、これを別にすれば、たとえばポー平原における農業生産の増大のための政策を彼が実施できたとは、まず考えられない。それどころか、彼がそうした政策を実施しようと考えていたことさえおそらくは想像もできない。政府は、重農主義の見解を部分的で限定された形でしか採用しなかった。この状況は、商工業の領域で極めてはっきりとしている。たとえば関税の場合、始終手が加えられたものの、決して撤廃はされなかった。また、ギルドが廃止されることはあっても、特定の工業に対しては助成金や特権が依然として付与され続けていたのである。工業の発展は確かに試みられはしたが、これも地方の資産家の消極的な態度を打破するには至らなかった。つまり、彼らは、こうした試みによって自己保有の資金を危険にさらすことを恐れていたのである。ロンバルディーアの当時最も重要な資本家、アントーニオ・グレッピでさえ、マントヴァの絹織物工場の経営(一七六三―六九年)で手痛い失敗を経験してから後は、工業への資本投下よりも投機活動の方を好んだほどである。当時、資本が不足していたわけではなかった。ただ、彼ら資本家は、資本投下を避ける口実として、労賃の問題を始終提示していたのである。これで、明らかに力を得たのは政府であった。つまり、さまざまな慈善団体は、工業の労働力供給源として貧民を訓練することで社会的に有用な機能を果たさなければならないというのが政府の見解だったのである。

ヨーゼフ二世は、〈自然な〉経済秩序の維持を妨げるようなあらゆる形態の干渉を回避しなければならないとする、当時流行の重農主義思想を信奉していた。このため、彼は、前述した資本家の姿勢を打ち負かすことができなかった。また、彼は、財政危機を招来しないよう気を使っていた。当時の財政は依然として健全ではあったものの、種々の改革実施のために相当逼迫し始めていた。こうして、彼は、農業、商工業それぞれの領域において、既存の形態を変えることができなかった。農村では農業生産が増大するにつれ、農民の生活状況が悪化した。これは、とりわけマントヴァで顕著であった。ここでは、ミラノと異なって土地台帳が大した効果を発揮しなかった。なぜなら、土地台帳の完成に対して不安が募り、これが農業の改善にとってマイナスの効果をもたらしたからである。一方、生糸の生産者は、大商人に依然として搾取され続けていた。ヴェッリやベッカリーアの提唱により、生産者に対して彼らが必要とする資本を前貸しする銀行が一七八一年に創設されたが、状況を変えることはできなかった。ミラノ貴族の経済力は、微動だにしなかった。ヨーゼフは、彼らの私的な銀行で、その経済力を象徴していた聖アンブロージョ銀行を国立の聖テレーザ銀行に従属させたが、あえて廃止はしなかった。政治的に見れば、彼ら貴族の力は、行政改革の実施によって打破されたように思われる。しかし、地方の中央に対する貴族の抵抗は、なお頑強であった。彼らは、地方議会を依然として支配し続けていた。封土が政治的には重要な意味を持たないにもかかわらず、これを全面的に廃止することにはヨーゼフでさえ躊躇したほどである。なぜなら、封土は、国家の収入源の一つとなっていたからである。マントヴァの監督官で、地方貴族にしては珍しく啓蒙思想を信奉していた（クレモーナのジャンバッティスタ・ビッフィもその例に挙げられる）ジャンバッティスタ・ゲラルド・ダルコは、諸改革の実行が不可能と悟った。なぜなら彼は、地方の貴族と聖職者が民衆の反改革運動を煽っていることに気づいたからである。ヨーゼフが帝国にとってのモデル・ケースとしてロンバルディーアを選んだ教会改革も、無理解や敵意によって迎えられた。

実施までにより多くの時間をかけ、新しい官僚層が一層強固に形成され、反動に対して警察力が十分に役立てば、ヨーゼフの改革はおそらく成功したであろう。しかし、彼が死去した一七九〇年当時、古い世代の改革者と保守派の間には、彼の改革に対する敵意が広まっていた。ヨーゼフの改革は、彼らにしてみればあまりに革命的で、専制主義的であった。また、啓蒙主義の理論と結びついたそれらの改革は、国家が現実に必要としている政治面での要求に対応するには、あまりに抽象的すぎたのである。ベルギーのように反乱が勃発したわけではなかったものの、オーストリアに対する敵意がロンバルディーアにはっきりと生まれ始めたのは、この一〇年間のことである。しかし、その一方で、若い世代の改革者が、ヨーゼフの改革が持つ革命的な性格の含みにおぼろげながら気づき始めたのもこの頃であった。ちなみに、この新しい世代の多くが、後年イタリアに出現するチザルピーナ共和国の民主派として活動することになる。

三　トスカーナ大公レオポルド——重農主義とジャンセニズム

トスカーナで、大公レオポルドの政策実施に対して改革者が慎重な姿勢を見せるようになったのは、一七八〇年代の末に入ってからのことである。しかも、前記のロンバルディーアとは異なり、両者間に真の亀裂は決して生じなかった。この国では、他のイタリア諸邦と事情を異にして、重農主義に基づく政策が一七七〇年代に勝利を収めていたのである。その結果、大規模な私有地における農業生産と利潤の向上を求める奨励政策が成功し、レオポルドがもくろんだ農民層の生活向上の企ては失敗に終わった。また、トスカーナに対する外国からの穀物需要が増大し、これが自由貿易の実施と結びついた。地主層は、こうした状況を背景として、生糸生産や牧畜といった穀物生産に代わる農業に真剣に取り組む姿勢を放棄した。ちなみに、生糸生産や牧畜は、従来ロンバルディーア平原では関税障壁の存在が刺激となって発展しつつあった農業形態である。こうして、トスカーナの牧畜業の問題は、農業アカデミー、とりわけフィレンツェの農芸学会における議論の域を脱しなかった。また、その場合も牧畜の実践に関してではなく、むしろ国家が農業技術をいかにして普及させることが可能か（重農主義が支配的な雰囲気の中では、幾分理屈に合わないことではあったが）という問題に議論が集中したのである。こうした議論の過程で、農民の土地改良能力について悲観的な地主層の見解を代弁したのは、パオレッティであった。彼は、ジェノヴェージやヴェッツリ同様、教区司祭に期待をかけていた。つまり、彼らは、その地位、名声、影響力からして農民に最もふさわしい教師ということになる。

地主の持つ力量、それにフィレンツェの農芸学会が唱導したレオポルドによる重農主義的な政策実施に対する彼らの支持を念頭に置けば、彼と首相のジャンニが小土地保有農の形成に失敗したことも驚くには当たらない。宗教組織や慈善団体の保有地を分割して小土地を形成したうえで、それらを農民に対し〈ア・リヴェッロ〉〔永代小作〕という形で免役地代を課して賃貸せよとの提案は、トスカーナ以外の地域でも行なわれている。たとえば、ムラトーリは一七四九年に永代小作の必要性について書いているし、ジェノヴェージは一七六〇年代に、ダルコも一七八〇年代に同じ問題を論じている。しかし、一七七〇年代初めにモーデナで行なわれたこの政策は、失敗に終わっている。教会の犠牲を前提とするこのような土地分割政策は、漸進的な社会変革を実現し、物質面での福利向上を目指す啓蒙主義思想に極めて都合よく合致するものであった。しかし、トスカーナでも、他のイタリア諸地域でも、農民層の貧困は一般的に認識されていたにもかかわらず、人道主義的なもくろみは失敗することを運命づけられていた。この点について、トスカーナの指導的な改革者、パニーニ（八）は、次のように述べている。

「農民にとっても、われわれにとっても幸いなことに、彼らは自分たちが社会の最底辺に位置し、最も哀れむべき階層に属している事実に気づいてはいないのである。」(Mirri, 71, p. 188, n. 30)

ちなみに、一七六九、七二年に試験的に行なわれた土地の売却が事実上の失敗に終わった後、永代小作農をより一層周到な方法で生み出そうというジャンニの提案（一七八二年）に抵抗したのは、ほかならぬパニーニである。とはいえ、ジャンニのこの計画は、結局、承認された。しかし、これと関連して一七八四年に実施された新たな土地の売却さえ、成功はしなかった。なぜなら、契約更新料と年ごとの地代が農民に過度の負担となる一方で、この政策の実施が地方の行政官の手に任されたからでもある。つまり、彼らは、公債の償還（一七七八年）によって農民を束縛するに十分な資金を運よく手に入れた地主だったのである。同じ頃、フィレンツェの農芸学会は、地主が小作人を解雇する権利を認めるようレオポルドに請願し、彼の承認を得ている。トスカーナでも、ロンバルディーアと同様に、諸改革の実施を通じて農業生産は高まった。しかし、社会的公正の実現という一層高次な段階の変革が達成されるには至らなかったのである。

とはいえ、知識人の間では、こうした社会的公正を求める声がますます高まってきた。たとえば、一七七二年に再び飢饉が発生したトスカーナでは、コルトーナ〔トスカーナ地方の小都市〕の司教、ディッポリーティが、地主との契約条項とは無関係に小作人の生存権をすでに主張している。

「原初的な富の真の生産者にしてその唯一の受託者は、農民である。しかし、その富は、彼らの手から他のすべての人間の手に移っていく。われわれは、この事実をぜひとも認めなければならない。」

(Mirri, 71, p. 195)

一〇年後、トスカーナのジャーナリストで亡命中の身であったジョヴァンニ・リストーリは、土地財産を強制的に分割する必要性、つまり〈農地均分法〉について、次のように主張する。

「飢えや重労働によって打ちひしがれ、不幸な日々を送る多数の貧者の面前で、少数の富者が傲慢に振る舞う光景ほど、人間を冒瀆するものはない！　おお！　富の不平等がこれほど極端なものになった今、農地均分法の再生を考えることがそれほどに非難されるべきものなのか？」(Capra, 87, p. 87)

重農主義の政策は、工業の分野では農業に比較するとはっきりとした効果はもたらさなかった。一七八〇年代中頃に時事評論家のアルドヴランド・パオリーニが好んだテーマに、労働の自由という問題がある。しかし、いざギルドを廃止してみると、その結果生じたのは工業の危機であった。なぜなら、この分野では、民間のイニシアティヴがまだ十分でなく、新たな雇用の機会を提供することができなかったからである。一七九〇年以降にフィレンツェの民衆の間に生じた激しい反政府感情は、レオポルドが推進した改革が招いた予期せぬ結果の一つであった。重農主義的な考え方がどんなに陳腐なものであったにせよ、貧困の原因は人間の怠惰より遥かに深いところに根ざしていた。ちなみに、若い経済学者で科学者でもあったジョヴァンニ・ファブローニが考察しているように、貧者だけが怠惰であるとの非難は誤りであった。彼の持つ平等主義の精神は、自己の重農主義の信念と矛盾していたのである。

重農主義は、やがて行財政構造の変革を導くことになる論争でも重要な役割を演じた。しかし、重農主義思想の影響は、これにとどまらなかった。レオポルドにとって、これらの変革は新しい経済政策を補完し、また国家の改造にとって不可欠なものだったのである。重農主義によれば、国家の収入源として単一の地租を想定することは、一つの理想であった。そして、これは、依然として重農主義の到達すべき最終的な目標であった。しかし、財政改革は、レオポルドの関わったすべての改革がそうであるように、一つの実験として漸進的に実施された点に特徴がある。税制に関する議論は、一七六六年早々に始まった。タヴァンティは、死の直前の一七八一年に、関税と物品税について大幅な改革を実施することにより、自由貿易体制の確立にむけて動き出そうとしていた。しかし、その実現には困難が生じた。また、ジャンニは、トスカーナの商工業が諸外国との競争に持ちこたえることができるのかについて疑念を抱いた。こうした事情を背景として、一七八六年には財務委員団が組織された。ちなみに、同委員団は、二年後の一七八八年に小規模な改革の実験を試みることになる。公正を欠く現行の租税体系に対するヴォルテールやテュルゴーの批判に、レオポルドが影響されていたことは間違いない。彼が財政構造の合理化のみに専念したのは、このためであった。同時に、彼の私有財産は、王室財産と法的に分離された。そして、御料地収入（レガーリエ）担当の特別裁判所も、法の前の平等の原則にそぐわないものとして廃止された。しかし、これらは、いずれも限定された範囲で慎重に実施されたもので、抜本的な改革とはいえない。こうして、多くの矛盾をはらむ体系全体はそのまま残され、徹底的な改革は実現しなかったのである。

法制を改革し、個人の諸権利を一層広く認めようとする試みは、レオポルドの改革としては、前記のものに比べると注目に値する。たとえば、死刑と拷問の廃止を規定した新しい刑法典（一七八六年）は、ベッカリーアの助言を取り入れて起草されている。これは、当然のことながらレオポルドによる重要な功績とみなされ、彼の支配するトスカーナは、ヨーロッパにおける改革運動で指導的な地位を確立したのである。

こうした状況は、レオポルドの治世の末期になると一層明確になる。一七八七年に市町村の行政改革が実施された際、ジャンニは、立法の基盤を、君主が醸し出す畏怖の念にではなく、市民の自由に求めるべきことをすでに主張していた。ちなみに、これは、ヴォルテールの『習俗論』とダルジャンソンの市町村改革についての提言を反映している。ジャンニは、改革に対する抵抗がいよいよ強まるにつれ、社会の広範な支持を欠いた改革の有効性に疑問を投げかけた。多くの歳月が経過した後に、彼は当時を回想し、レオポルドを次のように賛美している。

「彼は、慈悲深い精神に満ちあふれた君主であり、類稀なる知性、政治哲学における最も正当な諸原理、最も健全な統治の原則、それに人間性豊かな心を身につけていた。」(Venturi, 27, p. 984)

しかし、これほどの名君ではあっても、広範な支持を欠いたままで国家の変革を行なうことは不可能であった。改革は、「国民が、それをなんらかの形で検討し、助言を行ない、誤りを発見し、欺瞞を回避できない限り」失敗することを運命づけられていたのである(Venturi, 27, p. 985)。

レオポルドは、ジャンニが抱くこの確信の影響を明らかに受けている。このため、彼は一七八七年に国家予算の公表を準備し、さらにトスカーナを離れウィーンに向けて出発する一七九〇年には、国家財政の最終的な収支決算報告を発表したのである。レオポルドは、ジャンニに見いだせるこうした実際的な問題への関心ばかりでなく、法の前の平等という原理の徹底が不十分であるとのテュルゴーやデュポン・ドゥ・ヌムール(九)の指摘からも影響を受けていた。これらの重農主義者、それにアメリカ合衆国憲法によれば、個人は、不当な法の行使から保護されなければならないことになる。レオポルドは、原初協定の考えを受け入れていた。ちなみに、これは、侵すことのできない基本法に関わる理論である。

「君主は、たとえその地位が世襲であるにしても、人民の代理人、そして公僕にすぎないと私は確信する。彼は、人民のために存在し、また人民のためにあらゆる面で配慮し、苦悩し、寝ずの番をする義務がある……すべての国家は、基本法を保有するか、あるいは人民と君主の間で契約を取り交わす必要がある。そして、これら〔基本法あるいは契約〕は、君主の権威と権力に制限を加える性格を有している。」(Tivaroni, 20, pp. 268-9)

この引用から、レオポルドが、彼の閣僚、とりわけジャンニに対し、立法権を持つ議員の選挙を認める内容を持つ憲法を準備するよう働きかける決意をしていたことが分かる。ある意味において、憲法に関すこうした提言は、広範な地主層を基盤として始まった地方の行政改革が、必然的に辿った結果と考えることが可能だった。つまり、農民は、レオポルドのいう〈人民〉から除外されていたのである。彼ら農民は、統治に関わるにはあまりに無知であるとみなされていた。しかし、彼の提言は、貴族・聖職者・自治都市の住民三者による身分制議会という中世の制度（当時のイタリアではなお存続していたが、フランスやドイツでは一層目立つ存在であった）を否定する一方で、限定的とはいえ、人間個人の代表権という概念を受け入れていた。この意味で、彼の主張は、啓蒙改革主義に限界がある事実を認めたものであった。

レオポルドは、同じ頃、トスカーナの教会に対してジャンセニズム的な改革を強制しようとしていた。この企ては、前述した彼の提言と一脈通じる要素を含んでいる。一七七〇年代末以降、ジャンセニストは、ローマとは無関係に独自の改革がトスカーナの教会で実現するよう君主に期待をかけていた。ジャンセニストと君主両者の同盟関係は、まず一七七四年から七六年に成立する。この時期、ユトレヒトの分離派教会の熱心な使節が自分たちを広く認知させるための闘争を展開するうえで、君主の支持を得ようとしたのである。ところで、トスカーナのジャンセニストは、ロンバルディーアに比較すると、啓蒙主義に対してはるかに閉鎖的な姿勢をとり続けた。たとえば、デ・ヴェッキは、リヴォルノで『百科全書』を出版したために嫌われ続けた。そして、ピラーティの著した『一教会法学者の省察』（一七八七年）に見られるように、王権による教会支配を提唱する王権優位論者の考え方に、ジャンセニストは強く反発したのである。レオポルドは、こうした状況を背景として、まず、デ・ヴェッキやデ・リッチが指導するトスカーナのジャンセニストが望む教会改革と、彼の閣僚が要求する国家権威の伸張政策双方の調停を試みた。ジャンセニストとの対話を始めたのが閣僚ではなくてレオポルド自身であったことは、象徴的である。こうした初期の話し合いで大きな影響力を持っていたのは、ジャンセニズム的な見解を有していたためにローマを追放されたファビオ・デ・ヴェッキであった。しかし、彼よりも非妥協的で厳格なシピオーネ・デ・リッチが、しだいに彼を凌駕するようになる。ちなみに、デ・リッチは、一七八〇年にトスカーナの都市、ピストーイアとプラートの司教となった人物である。レオポルドは、これら二人の友人に対し、新しい世代の聖職者の教育を目的とする神学校をシエーナとピストーイアに設立するよう要請した。一方、これとは別に、ジャンセニストのバルドヴィネッティ[一〇]の監督下に第三の神学校がリヴォルノに創設されている。

トスカーナのジャンセニストは、こうしてレオポルドとの一層緊密な協力関係を築いていった。つまり、以前はほとんど教義上の問題だけにしか関心を示さなかった彼らが、国家権力による実践的な教会改革の必要性を認めるにつれ、しだいに態度を変えていったのである。彼らは、ガリカン派のフランス人、フランソワ・リシェ[一一]の提唱する路線に沿った地方の、そして最終的には〈国民〉[一二]教会会議による教会改革を望むという点で、レオポルドと見解が一致していた。彼らは、トリーアの司教でフェブロニウスと称したヨハン・フォン・ホントハイム[一三]の理論を援用しながら、ローマの権威に対する司教の権力を擁護した。彼らは、ほどなくしてさらに各司教区の聖職者が持つ権利について主張し始めた。つまり、彼ら聖職者は審議権をもって教会会議に列席する権利があるというのである。これは、ユトレヒトのジャンセニストを凌駕する主張であった。これらの要求は、王権に基づくなんらかの世俗的な見解、あるいは平等主義の立場によるものではなく、ジャンセニストの宗教的な信念に基づいていた。彼らは、初期の教会が持っていた厳格な規律への回帰が必要であると確信していたのである。一方、レオポルドは、兄のヨーゼフと同じく、教会改革はなによりもまず実利的な目標を持つべきであると考えていた。彼らにとって、教会改革は、国家に従属する改革教会の創設に向けた一つの手段であった。教会改革の目標に関わるこうした意見の相違は、教会財産管理委員会の設置をめぐる議論（一七八三―八六年）の中で明らかとなった。ちなみに、この委員会は、廃止された宗教団体が所有する財産を収集し、それらを教区の貧しい聖職者の生活保障と初等教育の実施に充てるために政府の手に委ねる任務を持つ予定であった。ジャンセニストは、この問題に関して意見が分かれていた。たとえば、バルドヴィネッティは、この委員会設置に好意的であった。しかし、デ・ヴェッキは反対した。彼は、教会が国家の支配に全面的に屈服する事態を恐れていたのである。また、デ・リッチは、前任者の死去に伴って司教のポストが空席となった管轄領のような教会財産を、徐々に作り上げるべきであるという妥協策を提案しようとしていた。

レオポルドは、兄のヨーゼフが行なった改革と緊密に歩調を合わせながら、自己の改革のペースを早めていった。彼は、教皇庁が弱体であるため、これらの改革に対する抵抗は不可能であることを確信していたのである。ところで、ここトスカーナでも、ロンバルディーアと似た状況が見られた。つまり、ムラトーリの影響を受けたオーストリアの改良カトリック主義が力を得たのである。具体的には、聖務聖省の廃止（一七八二年）、教会裁判権の撤廃（一七八四年）、迷信に基づく慣習に対する攻撃、痛悔の祈りの行列の禁止（一七七三年）、物乞いの制限（一七七八、一七八三年）が実施されている。また、数ある兄弟会が廃止された代わりに、教区ごとに単一の慈善会が設置され（一七八五年）、宗教関係の儀式・典礼の簡素化が強制された（一七八六年）。一七八六年九月に招集されたピストーイアの教会会議は、レオポルドが実施した教会改革の典型的な一例である。つまり、彼は、この会議において、一定の地域内で国家的規模の改革を行なうことを提案したのである。同会議の開催に際し、シピオーネ・リッチが聖職者に向けて発送した回状には、ジャンセニストと王権優位論者の双方が〈正統的な〉聖職者に対抗して共同行動をとることへの期待感が、ものの見事に表現されている。

「彼ら〔正統的な聖職者〕は、改革と名のつくありとあらゆる事物を憎悪しているうえ、聖霊の予言に反し、教会が、人間の生涯に見られるような、曖昧模糊とした時や老いた時期を経験することは決してありえないとの誤った考えを抱いている。そして、悪意に満ちた時代が続く中で堆積された汚辱にまみれる教会を浄化すべく、福音書の精神に立ち返ろうとする機運が高まるたびに、彼らは、異端者や改革者に対して愚かにも反対の叫び声を上げるのである。無知と野心が、幾世紀も続いた暗黒の時代に信心の姿を借りて広まった誤謬の思想に、彼らは染まっている。それゆえ、彼らは、福音の精神に一層合致した古代キリスト教の規律の復活を意図するあらゆる動きに、異端の新種という汚名を着せることになる。」(Rosa, 75, p. 277)

レオポルドは、この教会会議で見かけ上は勝利を収めた。こうした状況を背景として、彼は、事を力ずくで有利に展開し、トスカーナの教会改革にヨーロッパ中の反響を呼び起こす時期が今や到来したものと確信した。レオポルドは、兄のヨーゼフと異なって、教会内部における聖職者の生活を統制する権利が司教にあることを認めていた。教会会議は、世俗の機関である地方議会に相当するものとみなされていた。にもかかわらず、トスカーナの聖職者は、事実上国家権力による包囲下にあった。司教ができたのは、フィレンツェ駐在のスペイン人を通じてローマと秘密裏に連絡を取り合うことだけであった。フィエーゾレの司祭は、〈反ピストーイア〉教会会議を招集するよう提案したが、これは却下されている。しかし、レオポルドの立場は脆弱であった。彼の教会政策には、ナポリやロンバルディーアには見られた支持が欠けていた。また、彼はしばしば性急な決定を下したために、穏健な司教が彼から離反する結果を招いたのである。彼は、ドイツ国民教会会議の招集を行なうよう兄のヨーゼフを説得するが、失敗に終わった。トスカーナのジャンセニストでさえ、こうした彼の性急な行動の持つ危険性について警告を発したほどである。彼は、一七八七年三月に〈国民〉教会会議の開催を準備するために、トスカーナの司教会議を招集した。

しかし、この行動を支持したのは、彼の周囲にいた俗人の閣僚に限定されていた。ちなみに、彼らによれば、教会会議の開催は、教会に対する国家統制を一層強化するための手段であった。ジャンセニストは、この司教会議で孤立し、その主張は断固として退けられてしまった。

ジャンセニズムはトスカーナでその頂点に達し、そして挫折した。レオポルドは、その治世の末期に、伝統的な政教分離に基づく政策に復帰する。つまり、ローマ教皇大使の主催する裁判所を閉鎖し、各種の教団をそれぞれが属する外国の本部から切り離したのである（一七八八年）。落胆したシピオーネ・デ・リッチは、国家の監督下に置かれた教会財産を作り出そうとするジャンセニらの試みに抵抗した。

改革を新たに飛躍させたのは、ロンバルディーアと同様、トスカーナにおいても君主であった。レオポルドは、トスカーナをヨーロッパにおける改革運動の中心地にしようとした。彼が実施した経済・憲法・宗教面での改革は、兄のヨーゼフによるものに比べ、しばしば大胆な性格を持っていた。その少なからぬ理由としては、レオポルドが、オーストリアのように広大で統一性に欠ける帝国ではなく、トスカーナ大公国というまとまりのある小国家の統治に専念すればよかったという事情が挙げられる。にもかかわらず、彼の改革は最終的には失敗した。なぜなら、彼が、改革に対する広範な支持を得ることができなかったからである。レオポルドは、兄ヨーゼフの死去に伴ってオーストリアの帝位を継承し、トスカーナを後にした。これを契機として、不満や反動の波が時を移さずこの小国を襲うことになる。

第八章　遅れた協力関係——一七八〇—九四年

一　ナポリ、シチリア両王国
——ジェノヴェージの弟子たちと実効性ある指導力の欠如

ナポリでは、オーストリアの若い王后マリア・カロリーナの画策による首相タヌッチの失脚とともに、改革への期待感が息を吹き返した。教会の権力を制限する伝統的な政策が採用されたのも、自然の成り行きであった。ロンバルディーアやトスカーナにおける改革の進展に呼応して王国内のジャンセニストには勢いが見られ、教会と国家の関係についての議論は確かに続けられてはいた。にもかかわらず、人々の主要な関心は、王国の経済状態をいかにして改善するかの問題に向けられていた。

新しい世代の改革者のほとんどすべてはジェノヴェージの弟子であったが、今や彼らの時代が到来した。一七七六年以降、王国の経済的な弊害の解決を目的とした調査や提言が当時のナポリの人間によって数多く行なわれ、発表された。ジェノヴェージが長年経済学の講義で行なってきた主張が、首都でも地方でも実を結ぶかに思われた。一七八〇年代になると、ナポリの著述家の新しいサークルが一つにまとまる。彼らの関心は、文学、考古学、経済、哲学と多岐にわたっていた。また、改革者の小グループは、カラーブリア、プーリア、モリーゼ、アブルッツォといった地方に散在していた。彼らは、ジェノヴェージが大きな期待をかけていた農業アカデミーを通じてとはいえないにしても、フリーメーソンのロッジで積極的に意見を交換しあっていた。

タヌッチは、一七七五年にフリーメーソンの弾圧を図った。これは、ちょうど一七五一年に、国王カルロがとった姿勢と同じである。しかし、フリーメーソンは王后の公然とした支援を得ており、指導的な改革者や複数の閣僚がメンバーとして名を連ねるなど今や日の出の勢いであった。たとえば、カラマーニコ公(一)は、シチリア総督として一七八六年に本土を離れるが、彼は当時ナポリのフリーメーソンの大親方の地位にあった。また、同じ年には、イッルミナーティのメンバーでデンマーク人のフリードリヒ・ミュンターがナポリに到着し、パガーノやツルロといった多くの若いフリーメーソンに対し、バイエルン地方のセクトが信奉する平等主義思想への改宗工作を開始している。ちなみに、革命期やその後のナポレオン支配の時代に多くの指導者を輩出することになるのは、彼らのグループであった。

ロンバルディーアやトスカーナの改革に精通していたこの新しい世代は、王国経済の実態について詳細な調査を開始した。彼らは、この問題に関連してジェノヴェージが行なった一層強力な経済政策実施の提言に注目していた。たとえば、ガエターノ・フィランジェーリは、封建制が農業生産にもたらすマイナス効果を攻撃した。そして、ドメニコ・グリマルディは、カラーブリアのセミナーラにある彼の所領でモデル農場の創設を試み、新しい農業技術、適切な灌漑、そして資本投下の促進を可能にする貸付制度の必要性を主張した。また、ジュゼッペ・パルミエーリも、グリマルディと同様に、レッチェ〔南部プーリア地方の都市〕近郊にある彼の所領で生産性向上の方法について実験している。そして、彼は、国家の諸産業振興をもくろむ新重商主義のプログラムを提案し、財政改革の断行を要求した。イタリア半島の先端部にあたるガッリーポリでは、フィリッポおよびドメニコ・ブリガンティが、オリーブ油の品質を向上させる方法を研究した。さらに、モリーゼではフランチェスコ・ロンガーノとジュゼッペ・マリーア・ガランティが、アブルッツォではメルキオッレ・デルフィコが、それぞれの地方における農業の後進性についての詳細な分析を文書にまとめた。彼らは、これを契機として封建制のもたらす弊害や首都ナポリの地方支配の実態を非難することになる。フィランジェーリとパルミエーリは、プーリアのタヴォリエーレに広がる広大な牧草地を耕作地に転化するための最良の方策について論じた。また、マーリオ・パガーノは、横暴な商人によって搾取される漁師の訴えを擁護している。

こうした改革者のほとんどすべては、運動のイニシアティヴを国家が掌握するよう期待した。なぜなら、個々人のレベルでは、改革実現のための資力も意志も欠けているか、あるいは旧弊な法の存在によって行動を阻害されたからである。したがって、状況を変えるには国家の干渉が不可欠だったのである。一七八三年にカラーブリアで発生した大地震を契機として王国の救い難い現状が露呈し、国家の思い切った行動を要求する声が高まった。ところで、重農主義に引きつけられたナポリの改革者は、少数にすぎなかった。なぜなら、この思想がトスカーナを除いて攻撃の矢面に立たされていた時、彼らは、国家による諸産業の振興や保護に関し、自己の見解と建議を綿密に練り上げていたからである。ジェノヴェージの世代と新しい世代を結ぶ主要な人物であったフェルディナンド・ガリアーニは、フランスの重農主義者に見られる、理論盲信の姿勢を嘲笑していた。パリに長期間滞在した後、渋々イタリアに戻ってきたドメニコ・カラッチョロでさえ、シチリア総督に任命された際、穀物の自由化政策の導入には躊躇している。また、地主層の利益を熱烈に擁護するジュゼッペ・パルミエーリにとっては、社会の不平等の問題よりも農業生産の増大の方が重要であり、地方の製造業は外国の競争相手から保護される必要があった。

「国富にとって、国民の全般的な貧困は、個人的な富の集中に比べて害は少ないし、大した障害にもならないと私は考える。」(Palmieri, in 28, p. 1098)

フランチェスカントーニオ・グリマルディは、農民の要求を重視せよとの声を無視した。彼にとって、「彼ら農民は、要するに、ほとんど野蛮人同様の存在にすぎない」のだった（Grimaldi, in 28, p. 569)。一方、彼よりも実際的な精神の持ち主であった弟のドメニコは、生産向上の問題に積極的な農民の支持を得るために、社会の俗物的傾向に期待した。

「農民が、農業を通じて実際の利益を得るだけでなく、農事の集いで村の名士のそばに着席するといった有難い光景を思い描くことができるとしよう。いったんそうなれば、彼は自分の仕事に誇りを持ち、熱烈な関心を抱いて働くようになるだろう。」(Grimaldi, in 28, p. 452. n. 2)

国家の介入を求める声の背景には、国家がこれ以上手をこまねいているならば、社会になお一層の悪影響をもたらすのではないかとの危機感があったのである。事実、農民層を取り巻く経済状況は、穀物価格の上昇に伴って悪化しつつあった。共有地は大地主に接収され、貧困状態が拡大し、野盗が再び出没するようになった。こうした社会情勢について、ガランティは次のように述べている。

「古代ギリシア人とローマ人は、奴隷を所有していた。そして、現代のわれわれの社会には、物乞いが横行している。両者は、ともに人間にとってこの上もなく恥ずべき存在である。」(Galanti, in 28, p. 1076)

また、ロンガーノは、貴族と平民を隔てる深い溝を激しく非難し続けていた。

「国家は、ただ二つの階層によってのみ構成された時、崩壊の危機に瀕する。つまり、一方は浪費に耽ける階層で、他方は必要最低限の生活すら保障されない階層である。」(Galanti, in 28, p. 335)

一七八〇年には、他の改革者ほど悲観的ではなかったフェルディナンド・ガリアーニでさえ、農業の現状が悪化している事実を認めている。改革の断行がこれ以上遅れれば、大変な災いをもたらすであろう。

改革者は、パルミエーリのように保守的な思想の持ち主、あるいはロンガーノのように平等主義的な考えを持つ者とを問わず、おそらくはカラーブリアの地震が前兆と思われるカタストロフが、間近に迫りつつあるとの恐怖心を抱いていたのである。

改革者の要求は、わずか一〇年という短い期間ではあったが、手応えのある反応を得られたかに見えた。フランス人の血を受け継いだアイルランド人、ジョン・アクトン(二)が王后マリア・カロリーネの庇護の下で新しい閣僚になると、彼に影響された宮廷には、積極的に行動しようとする機運が盛り上がり始めた。彼は、以前叔父に従ってトスカーナ大公国の海軍提督に就任したことがあった。ちなみに、レオポルドは、ナポリ、シチリア両王国のフェルディナンド四世に彼を〈貸して〉、ナポリ海軍を再編させている（一七七九年）。そして、一七八〇年に陸軍大臣となったアクトンは、財務および商工大臣を兼任し（一七八二年）、さらに首相の地位に就いた（一七八九年）。こうして彼が権力の頂点にのぼりつめた事実は、ナポリをスペインの後見から解放しようというマリア・テレジアの意志を表わしている。アクトンは、ナポリ、シチリア両王国の孤立化を避けるために、ハプスブルク家の支配者、さらには教皇に対してまで慎重なアプローチを行なった。同時に、彼はナポリ海軍を復活させ、東地中海貿易の活性化を図ろうとしたのである。後者に関連し、彼は、ロシアとさえ通商条約を締結した。改革者の要求が正当なものであることを承知していた活動的でシニカルなこのアイルランド人は、開明的な貴族で不屈の精神の持ち主であったドメニコ・カラッチョロ（一七八一年にシチリア総督、八六年には首相に就任）と並び、ナポリの改革主義が持つ矛盾した性格を象徴していた。つまり、王国の陸海軍増強を狙うアクトンの行動は、彼自身の改革に対する願望と、結局は衝突することになるのである。しかし、こうした事態は、革命の時代が到来するまで明らかにはならなかった。

シチリア

積極的に改革を求める新しい機運の高まりは、ナポリ王国だけでなく、シチリア王国でも感じられた。ちなみに、後者は、ジェノヴェージや彼の後継者の案出した計画の中では軽視されていた。彼らナポリの改革者の念頭に絶えずあったのは、統一された中央集権国家であった。つまり、十三世紀末の〈シチリアの晩鐘〉(三) 以前に存在した〈シチリア王国〉が、その具体的なモデルとなっていたのである。彼らは、本土を対象として提案した改革は、シチリアにおいても同じく有効であると信じていた。アクトン以前に首相の地位にあったタヌッチは、教会権力と、封建制に基づく裁判権の悪用の両者を制限するために若干の改革を試みているが、バローネにより骨抜きにされてしまった。啓蒙主義思想は、しばしば外国人旅行者によってイタリアにもたらされ、フリーメーソンのロッジがこれを広めた。そして、一七三〇年代早々、この思想は今度はバローネや高位聖職者の庇護下に流布していく。さらに、カラッチョロが首相の時代になると、啓蒙主義思想は極めて流行し、シチリアの詩人ジョヴァンニ・メーリ(四) は、避暑で同島を訪れた若い女性がヴォルテールやルソーに読み耽るさまを、次のように皮肉ったほどである。

「やれ、ヴォルテールだ、ルソーだと……お嬢さん方、あなたがお持ちのその本、本当にお分かりですか？　おやおや、あなたはまさしくフランスの貴婦人そのものだ。召使を引き連れたあなたは、樹の下へそれらの書物をうっちゃっておくのだから。」(Pontieri, 105, p. 59, n. 8)

こうして、シチリア、とりわけパレルモやカターニャの著述家の小グループが、刑罰の改正や自然哲学、合理主義や経済改革といった啓蒙主義の典型的なテーマを論じ始めたにせよ、彼らは、シチリア社会が抱える主要な問題を目の前にしてたじろいでしまうのであった。

「宗教は、政治制度における主要な要素の一部、否むしろその支柱とみなさなければならない。」

(Romeo, 225, p. 39)

これは、トッマーゾ・ナターレ(五)の言葉である。

また、ヴィンチェンツォ・ガリオは、フランスの魅惑的な啓蒙思想家を読む際には、十分な注意を払うべきであると戒めている。なぜなら「彼らの思想は、国によっては容易に反乱の要因となる可能性をはらんでいるから」であった（Romeo, 225. p. 40）。

とりわけ、立法制度の改革、そして農業生産の向上と貿易振興の必要性を議論する場合でさえ、ラティフォンディと呼ばれる粗放的な大土地所有制度をあえて攻撃しようとするシチリアの著述家は、皆無であった。

これほどまでに伝統主義的で停滞したシチリア社会において、カラッチョロの総督としての活動（一七八一—八六年）は、シチリア人の目には、外国人による新たな侵略であるかのように映ったにちがいない。ナポリの名門貴族の出であるカラッチョロは、パリ暮しの記憶も新しく、合理主義的な改革が有効であると固く信じて疑わなかった。そして、自分に対するあらゆる反対をにべも無く押し切った彼は、比較的弱体なシチリアの聖務聖省を廃止した。なぜなら、この機関は、シチリアの政府に公然と歯向かう代表的な存在だったからである。この政策を実施して後、彼はダランベールに宛て、こう書き送っている。

「親愛なる友よ、実をいうと、私は感動して涙を流したのです。私をパリからイタリアへ引き戻し、この偉大な仕事を遂行させようとされた神に、これほどの感謝の気持ちを抱いたことは、いままでにない経験でした。」（Croce, 104, pp. 107–8）

しかし、カラッチョロが攻撃の標的にしていたのは、主にバローネの権力であった。彼は、一連の政策によってバローネの裁判権を制限し、農民を土地に縛りつけていた紐帯から解放し、封建的な共有地をバローネの干渉から救おうとした。さらに、彼は、行政官制度や財政を規律をもって監督し、貴族や聖職者に対する課税を強制しようとさえしたのである。彼は、シチリアには実質的に存在しなかったブルジョアジーに大きな信頼を寄せる一方で、農民層も擁護した。なお、後者に関して、彼はこう述べている。

「彼ら農民を、バローネという名のシチリア狼の毒牙から救わなければならない。」(Pontieri, 105, p. 200)

こうした考えを抱く彼は、穀物生産およびその輸出をバローネや外国人商人が独占している現状を、政府による穀物取引の規制を通じて打破しようとした。同時に、彼は、この政策によって、一七七三年に見られたような飢餓を原因とする民衆蜂起の勃発を回避することをも狙っていたのである。彼は、バローネが支配する議会の権威に対抗し、国王の絶対権を主張した。そして、封建制の時代から存続する法律が彼らへの対抗手段になると考え、さらには新しい税制の基本として土地台帳の作成を行なおうとさえした。ちなみに、彼によれば、この税制の実施を通じ、財政面の監督権をバローネの支配する議会から奪うことが可能なはずであった。

こうした政策は、一陣の竜巻にも似た激しい性格を帯びていたが、結局は限られた成果しか収められなかった。シチリアのバローネは、歴代総督の干渉に対する抵抗を目立たぬように行なう経験を長年積んでおり、カラッチョロが王国首相としてではあったが本土へ召還された一件を自分たちの勝利とみなすことができたのである。とはいえ、彼らの立場が弱まってきたことは事実であり、シチリアの改革者に、封建的秩序とそれが農業生産にもたらすマイナス効果にまで批判の対象を広げる勇気を与えたのである。こうした遅咲きのシチリア啓蒙の時代にあって、フランスやスコットランドの名だたる哲学者は、彼らが必ず準拠しなければならない人物となった。古物研究家のジョヴァンニ・エヴァンジェリスタ・ディ・ブラージ(六)

は、こうした風潮を皮肉な調子で観察している。

「自分たちの考えが、ヴォルテール、ルソー、ミラボー、あるいは彼らに似た他の欠点のない人物の〈旋盤〉で加工されない限り、また、自分たちの考えが絶対に異論の余地のない問題を扱っている場合でさえ、それらに毒性のぴりっとした塩がふりかけられていない限り、シチリアの知識人はそれらに嫌悪感を抱き、悔恨の情に打たれて、書物を取り落すのである。」(Romeo, 225, p. 93)

カラッチョロの後任として新しいシチリア総督に就任したカラマーニコ公(一七八六—九四年)は、こうした知識人に協力を要請した。具体的には、王国法典の編纂、初等教育機関の創設、シチリア経済に関する実態調査の実施、そして国有地分割に対する諮問であった。カラマーニコは、革命による社会崩壊の恐怖で改革に歯止めがかかるまで精力的な活動を展開し、巧妙な説得工作によって前任者のカラッチョロをはるかに上回る業績をあげた。たとえば、議会は、彼の説得に屈して、土地台帳の作成を承認している。また、封建的諸特権に制限が加えられ、世襲の権利に対する引き締めが行なわれた。さらに、若干の国有地が分割されたうえで私有地が創り出される一方で、教会所有地を農民に永代借地の形で配分する準備が行なわれたのである。

シチリアで改革運動を指導したのは、本土のナポリ同様に、そしてイタリアの他のどの地域にもまして、君主とその閣僚であった。教会の権力は著しく制限され、バローネのそれに対しても初めての挑戦が行なわれた。しかし、改革の支持者は限定されており、南部本土に比べても一層少なかった。具体的にいえば、孤立した知識人と青年貴族、カターニャで活動する一部の商人と職人、後背地に居住する若干の小地主だけであった。後年、少数ではあったがシチリアのジャコビーノを輩出することになるのは、これらのグループである。他方、大バローネの中には、一族の資産の減少を懸念して既得権に対する攻撃に憤り、ナポりに対する敵意を募らせる者がいた。ヴィッラビアンカ侯爵は、日記の中で、事実上シチリアがナポリ王国を支配した五〇〇年以上も昔を、郷愁をこめて次のように回想する。

「ナポリ人がわれわれシチリア人に敵意を抱くのも、もっともなことだ。なぜなら、過去においてわれわれが彼らを支配していたのだから。」(Pontieri, 105, p. 113)

ナポリ

シチリアで展開中の改革者と反改革勢力両者の抗争に対するナポリ王国内の関心は、比較的低かった。ナポリの改革に関わって多忙を極めていたナポリの改革者は、自分たちの出番が到来したと感じており、シチリア問題は二の次だったのである。カラッチョロがシチリア総督として本土を去って後、アクトン卿は王国の経済問題の諮問機関として新しい経済大評議会を創設したが、これと似たものは、二〇年近い後にロンバルディーアやモーデナにも出現することになる。同評議会のメンバーには、グルマルディ、ガリアーニ、フィランジェーリといった指導的な改革者が名を連ねた。他方、ガランティは、王国巡察官に任命されている。ちなみに、この役職は、王国内の地方におけるさまざまな状況についての調査を行なうことを任務としていた。そして、デルフィコは、テーラモにある軍事裁判所の判事補佐に、またパガーノは、新しい海軍および海運裁判所で貧民の側に立つ弁護人となった。さらに、ロンガーノは、前記の経済大評議会のために、カピタナータ地方の後進性に関する分析を行なっている。改革者は、このように今や官職を得たのである。父親のピーオ・グリマルディが、官僚として名誉ある役職に息子のドメニコが就けるよう、次のように嘆願しなければならなかった時代は、はるか昔の出来事となったように思われた。

「愚息の就職を叶えていただければ、彼の言説が権威あるものとなるうえでたいそう役に立つのはもちろんのこと、教養に欠ける者どもの心に彼の指図が多大な影響を及ぼすことになると考えます。」(Venturi, 28, p. 424)

極めて広範囲にわたる改革が、とりわけ大地震が王国の哀れむべき状況をあからさまにした一七八三年以降に試みられている。たとえば、穀物管理制度が実質的に廃止され、ギルドに対する批判も行なわれた。また、地方の軍組織が再編され(一七八二年)、トスカーナの刑法典が軍事裁判所に導入された(一七八六年)。そして、一連の貿易協定が、トリポリ、サルデーニャ、ロシアとの間に締結された(一七八五—八七年)。さらに、保護関税の高税率の引き下げさえ実施されている(一七八八年)。他方、メッシーナには自由港が設けられた(一七八四年)。ちなみに、この年には、ロンバルディーアと同じくオーストリアをモデルにした初等教育実施に関する提言が行なわれている。こうした改革をただ列挙するだけでも、それらに一貫性が欠けていることが分かる。つまり、改革に関する総体的な計画もなければ、それぞれの改革が相互依存の関係にあることにさえ、当事者は気づかなかったのである。この点は、ロンバルディーアやトスカーナの改革運動とは対照的であった。一七八〇年代に実施されたこれらナポリの改革は、その多様性としばしば混沌とした性格のゆえに、一七三〇年代および四〇年代に試みられた以前の改革に類似していた。しかし、八〇年代の改革には、十八世紀末の南部知識人に典型的に見られる楽観主義が染み込んでいた。つまり、彼らは、社会の繁栄、幸福、公正を実現するには、諸特権と不正行為の除去だけで十分と信じて疑わなかったのである。

さて、こうした改革と並んでタヌッチの反教会政策が引き続き行なわれ、ジャンセニズムは、勢いを得た。たとえば、ジャンセニストのジョヴァンニ・アンドレーア・セッラーオは、教皇庁が反対したにもかかわらず、一七八二年にポテンツァの司教に任命されている。彼は、国王の要請に基づき、司教区会議を招集した。また、司教と司祭の中には、トスカーナのデ・リッチと連絡を取り合っている者も若干いた。これらナポリのジャンセニストは、トスカーナの同輩と同じく啓蒙思想に対しては消極的な態度をとり続けたものの、国王の権威を率先して認めている。王国と教皇庁との間の新しい宗教協約の締結を目的とした交渉は、教皇ピウス六世が王国政府の出した要求を拒んだために決裂した。その際、封建的性格を持つローマの至上権を認める証として毎年ナポリ王が教皇に〈キネーア〉〔白馬〕を献上していた習わしを止めるように主張したのは、カラッチョロである（一七八八年）。ちなみに、彼は、すでにシチリアで同じ態度を明らかにしている。こうして、王国とローマとの関係は険悪化した。両者の関係がやっと回復に向かうのは、後に革命の危機が差し迫る時期のことである。

しかし、改革者は、教会に対するこうした方策をあくまで二義的なものとみなしていた。実際、彼らは、首相タヌッチの権力にそれほど柔順に協力する態度をまだとっていなかったのである。日を追うごとにますます明確に、そして辛辣に表現されるようになった新しい改革の中心テーマは、バローネの権力に対する批判であった。一七七〇年代には、ヨーロッパ、とりわけハプスブルク家の支配地域とフランスで反封建制に関する議論が花を咲かせ、また実際にそうした方向での政策が実施されている。ナポリでは、フィランジェーリが領主裁判権に対して激しい攻撃ののろしを挙げた（一七八〇、八三年）。そして、他の多くの改革者が、これに従ったのである。改革者とは協力関係を持たず、王権の強化に熱心であった王室参事官、ジャチント・ドラゴネッティでさえ、反封建的性格を持つ法の制定と封建制批判を公にすべきであると主張した。彼は、そうすることによって「万人が、事の真相を知ることができるように」なると考えたのである（Villani, 95, p. 298）。

ナポリの改革者は、トスカーナやロンバルディーアの場合と同じく、特権グループに対する闘争を展開する際に民衆の支持を得ることの利点に気づき始めていた。にもかかわらず、彼ら改革者の提案は、常に極めて穏健な性格を持つものばかりであった。たとえば、封建制に基づく裁判権の撤廃、あるいは男系の消滅を契機として国王に献上される封土を廃止する提案などがせいぜいであった。そうした中で、デルフィコは、バローネが裁判権の喪失によって被った損失を補償する必要はないとの思い切った主張を行なっている（一七九〇年）。その翌年、パガーノも、所有権は絶対なものではなく、限度があることを認めた。しかし、封土が封建的な性格を持たない完全私有地として売却され始めると、彼は、これらの土地を免税の対象にすべきことをなお要求したのである。ところで、王国は、一七九二年にフランスを相手に戦争をしなければならなかった。このため、国家は、攻撃の対象を領主裁判権から免税特権にまで拡大する必要に迫られた。ちなみに、そう決意したのは、改革者ではなく、国王のフェルディナンド四世である。

バローネに対する攻撃が、限定され、穏健なものであったために、ナポリの改革者が抱いていた期待は、結局実現しなかった。他のイタリア諸邦に比較してナポリが遅れた状態にあることを、彼らは十分に承知していた。そして、この認識が生まれる契機として、ドメニコ・グリマルディやメルキオッレ・デルフィコのように外国での生活体験を持つ若干の改革者がいたからだけでなく、外国人旅行者や書籍が国内に絶えず流入し、フリーメーソンが活発な運動を展開するという、まさに国際的な性格をナポリが持っていた事実を忘れてはならない。こうした状況下に置かれたナポリの改革者は、ロンバルディーアやトスカーナで見られた極めてスケールの大きい経済改革の実現を期待できなかった。彼らは、なによりもまず、バローネ、王国の首府ナポリ、そして輸出商人の持つ特権の壁を粉砕しなければならなかった。そして、それが成就されない限り、国民生産の増大や自由貿易の実現についての現実的な議論を闘わすことは不可能だったのである。こうして、重農主義の影響力が限られていた一方、工業がまだあまりに副次的な地位にとどまっどまっていたためにギルドに対する有効な攻撃も見られなかった。にもかかわらず、土地財産に対するあらゆる規制の撤廃が望ましいという考えは、依然として彼らの確固たる信念であった。たとえば、フィランジェーリは、国有地の分割によって農業生産が三分の一ほど増加するものと期待していた。そして、プーリエのタヴォリエーレに広がる広大な牧草地を分割する方策について真剣な議論が行なわれ、政府による共有地売却の決定（一七九二年）を改革者が承認した背景には、この信念が根強く息づいていたという事実があったのである。牧草地の分割や放牧権の撤廃は、封建制に基づく諸特権を攻撃することに比べれば容易であった。私有地の増大を奨励するこうした動きは、小土地所有者の新しいグループの緩やかな形成に手を貸すことになる。つまり、高利貸し、行政官、請負人、仲買人、小商人、そして地方官吏といった人々のグループがそれである。

大きな進展を見せた改革を支持したり、あるいはともかくもそれに損失を与えることがなかったのは、社会的に最も勢力のあるグループであった。これは、ロンバルディーアやトスカーナの状況と同じである。しかし、王国では、国王が自身の決定を強制するという点で、はるかに弱い立場に置かれていた。デルフィコは、アブルッツォの食糧供給に関して当地の裁判所が行使していた権力を、時代錯誤的で不当なものであるとみなして攻撃した。彼は、この機関を廃止できると考えていた。しかし、地方の行政官は、結果的にその存続を保障することになる。関税の改革（一七八八年）は、地方の抵抗に直面し、決して実現しなかった。また、食糧管理制度が廃止されると物価が激しく高騰したため、一七九〇年代には政府による物価の最高価格条例が再び実施されることになる。ナポリにおける封建制の牙城であったセディーレと呼ばれる市議会は、改革によってではなく、ブルボンの慎重な政策を通じて弱体化した。つまり、バローネに対しあまりに頻繁にドナティーヴィ〔一種の直接税〕を要求することを控えたのである。具体的には、六〇年間でわずか一〇回しか要求していない。

改革者は、君主と国家に対してなお期待を寄せていた。サン・レウチョに絹織物工のモデル居住地を建設する条例が一七八九年に公布されると、自由、生来の公正、そして世襲の諸権利の廃止というルソー主義にどっぷり浸かったフリーメーソンの聖職者、イエーロカデスや他の多くの改革者は、国王を賞賛する頌詩を発表した。ところが、当の国王は、そのわずか二年前に、王国内でヴォルテールの著作が流布することを禁じているのである。しかし、国家権力はあまりにも脆弱であり、地方の代表者を従属させることができなかった。このため、異常ともいえる敏速さで提案された諸改革は、ついに実施されずじまいであった。こうした状況に関し、パルミエーリは、一七九二年にこう書いている。

「故ガリアーニ師が、経済評議会をクリスマス・イブにたとえたのも、もっともなことだ。つまり、その日のディナーでは、人々はたらふく食べた後にひどい消化不良に襲われてしまうのである。経済評議会も、たいそうな計画を立案したり、公共の福利、商業、農業、芸術などに関するさまざまな改革の指令を出す。そして、その結果は、なに一つ結論を出せずにまた一から始めるか、結論が出ても事態は悪化するばかりかのいずれかになるわけである。」(Venturi, 28, p. 1111)

こうした状況を背景として生まれた最も具体的な結果は、おそらくは国家財政の破綻であろう。周到な行政に基づき、極めて長い時間をかけて首相タヌッチが達成した国家予算の均衡は、三つの要因によって帳消しとなった。つまり、一七八三年に発生した地震、巨額の費用を要した国王の北・中部イタリア巡幸、それに三度に及ぶ王室の婚姻である。

やがて、一七九四年になると、ありとあらゆる改革の試みが不意に途絶してしまった。フィランジェーリとパルミエーリが世を去ったのは、この頃である。また、ドメニコ・グリマルディとマリオ・パガーノはまもなく逮捕され、ジェノヴェージの学問上の後継者であるオダッツィは獄死した。革命勃発の脅威を背景に改革が進展し、その効率も上がるのではという彼らの期待は、打ち砕かれた。ナポリにおける改革の試みは遅すぎたし、国王があまりに弱体な存在であることが明らかになってしまった。若干の改革者は、改革に対する反動が始まる以前に早くも国王に絶望し始めていた。フィランジェーリ、パガーノ、そしてデルフィコは、自由が圧殺され、しかも極めて不平等なこの社会にあって、自由と平等をますます強く要求するようになった。ナポリのフリーメーソンの中で、イッルミナーティの平等主義思想が広く浸透していた事実は、一層徹底的な変革を願う人々の気持ちをまさに反映したものである。一七九四年になると、教会は国家に従属し、バローネは守勢に回っていた。しかし、ジェノヴェージの弟子たちは、国王との協力関係にもはや信頼を置かなかった。ガランティのように、若干の者は、孤立した行動をとるようになる。また、パガーノのように、立憲制に基づく平等主義の共和国樹立を目指し、より若い世代と合流する者も少数ではあるが見られたのである。

二　教皇国家——無力な改革主義

ローマでも、ナポリと同じく一七七〇年代中頃には改革への期待とその試みが息を吹き返した。それ以前の一〇年間は、教皇権にとっては屈辱の日々であった。つまり、諸君主が、ローマの意向をまったく無視し、それぞれの領土内の教会の持つ特権や独立を法的に規制していたからである。そして、一七七三年には、教皇の権威がどん底に落ちてしまう。なぜなら、かつてのフランチェスコ会の修道士、クレメンス十四世がブルボンの要求に屈し、イエズス会の廃止を余儀なくされたからであった。教皇権の復活は、一七七五年に始まる。この年、ロマーニャ出身のジャン・アンジェロ・ブラスキ枢機卿が、ピウス六世として新しい教皇に就任する。彼は、活動的で意志強固な人物であった。

もっとも、これは、あくまで相対的な意味においてのみ復活といえるものであった。ピウス六世は、はるばるウィーン詣でを行なったにもかかわらず、ハプスブルク側による新たな教会攻撃に対してほとんどなす術がなかった。彼がなしえた最大の成果は、聖なる都、ローマにおけるカトリックの正統性を断固として擁護する一方で、ジャンセニズムを排除したことであった。そして、おそらくは彼自身も予期せぬ結果が生じた。つまり、追い詰められたジャンセニストが一層過激な立場をとるに至ったのである。彼らは教皇の権威それ自体に挑戦し、諸君主による国権優位主義の正当性の主張に一役買うことになったのである。

改革に対する新たな期待は、実際のところ、宗教問題にではなく、教皇国家内における経済改革の実施に対するピウス六世の決断に寄せられていた。改革のイニシアティヴをとったのも、また孤立した少数の改革者が期待を寄せた相手も、君主たる教皇であった。こうした状況は、他のイタリア諸邦と変わらない。ちなみに、かつてクレメンス十一世が成し遂げた業績が思い出されたが、今や、当時と比べてはるかに大きな楽観主義がこの国に見られた。つまり、他のイタリア諸君主の例からすれば、諸邦の中で最も専制的で無能なこの国で当然生じるに違いない改革への抵抗を、容易に打ち負かすことができるというのである。

改革の実施は、急務とされていた。国家財政は、ますます逼迫してきていた。その少なからぬ理由は、ヨーロッパ全土でカトリック教会に対する攻撃が展開されていたため、教皇庁が従来依存してきた諸国からの収入が途絶してしまったことに求められる。国内の市町村は重い負債にあえいでおり、貴族や高位聖職者による免税特権の要求に抵抗するだけの力がなかった。また、農業は停滞し、ボローニャやアンコーナといった都市では、商工業が著しく弱体であった。さらに、極めて重い通行税が課せられたうえ、寄生的な性格を持つローマが食糧の供給を絶えず要求した結果、国内の商業活動は停滞していた。こうして、教皇国家は、実質的にはばらばらに存在する諸地域の単なる集合体にすぎなくなっていたのである。一方、〈農村商人〉が農民を搾取したために、物乞いが増加した。地方の行政官マルコ・ファントゥッツィによれば、ラヴェンナの住民一万三〇〇〇のうち、六〇〇〇人近くの者がもっぱら施しによって生計を立てていたという。

　教皇国家のこうした惨状は、ナポリやシチリアを明らかに上回るほどであったが、一七六四年の飢饉を契機として一層悲劇的なものとなった。以前、若干の著述家が提案した穏健な改革案は、もはや役立たずであった。カルラントーニオ・ピラーティは、早急に改革を実施しなければカタストロフが迫り来るとして、教皇を〈脅迫〉した（一七六七年）。一七七六年には、アンジュ・ゴンダールが、自由貿易と穀物輸入の促進を目的とする財政および関税に関する改革案と並んで、大所領の規模に関わる法的規制の強制的実施を提案している。一日も早い変革の実現を主張したのは、イタリアにおける改革の中心地で改革を身をもって体験し、ますます数が増えつつあった教皇国家以外の人間である。たとえば、ピエモンテのカケラーノ・ディ・ブリケラージョ、ロンバルディーアのパオロ・ヴェルガーニ、ナポリのニコラ・コローナ（七）、トスカーナのアンジェロ・ファブローニ（八）らである。他方、枢機卿イグナツィオ・ボンコンパーニのように地方における改革者さえ、ロンバルディーア、トスカーナ、フランス、イギリス、さらにはプロイセン、ロシア、スウェーデンにも期待を寄せていた。とはいえ、改革のイニシアティヴをとることができるのは、ただ教皇だけであった。事実、ピウス六世による改革を契機として初めて改革に関する議論が公然と展開されることになる。たとえば、リッコマンニは、新しく出版した雑誌を通じて技術面の情報を広めようとした。また、地方には農業アカデミーが出現し、農学上のプロパガンダを目的とする小冊子が流布し始めた。ベニーニ兄弟がこうしたアカデミーの一つを創設したモンテッキオ〔中部ウンブリア地方の都市〕では、浮浪者に規律を課したピウス六世を称える記念碑が建てられた。しかし、改革者と政府との間に真の協力関係が成立することは決してなかった。教皇庁は、議論が不穏当であると判断すると、それが掲載された雑誌の出版を直ちに禁止したのである。

クレメンス十三世の治世に財務卿を務めたブラスキ枢機卿は、すでに一七六八—六九年にミラノの徴税請負人、フランチェスコ・アントーニオ・ベッティネッリ(九)をローマに呼び、商取引の促進、ひいては国庫収入の増加について提言するよう要請している。財政政策の一環としてロンバルディーアの改革者というよりは徴税請負人を選択した事実に、教皇のイニシアティヴの限界が露呈している。さて、ブラスキ枢機卿の要請を受けたベッティネッリは、大規模な計画を提案する。その具体的な内容は、次の通りである。つまり、既存のおびただしい数の重税を、地租、マチナート、塩消費税の三種に整理すること、市町村の負債を国の行政機関が責任を持って処理すること、地方都市に徴税の責任を分担させること、国内の通行税および関税を全廃すること、それに国境地帯におけるさまざまな関税障壁を一本化すること、であった。この改革案は、ロンバルディーアやトスカーナに比べれば極めて穏健な内容であった。つまり、それは、国内の商取引の妨げとなっていた障壁の撤廃、税制の単純化、重商主義的な手段による国産商品の擁護に限定されていたのである。そして、貴族や聖職者が享受する土地に関わる諸特権に対しては、なに一つ攻撃の手が加えられなかった。なぜなら、すでに時代遅れとなっていた従来の土地台帳が、依然として地租の算定基準に用いられていたからである。ベッティネッリの改革案は、重商主義に基づき、反重農主義を旨とする典型的な内容であった。つまり、抜本的な農業の変革を無視する代わりに商工業の振興をもくろんだのである。これは、ピウス六世による諸改革の基調であると同時に、教皇国家における以前の改革者の基本的な考え方であったといえる。

一七七六年には、教皇庁の特別常任委員会がベッティネッリの改革案を承認した。そして翌年発布された勅令では、あらゆる通行税の撤廃、それに新しい単一の土地台帳編纂の基礎として既存のさまざまな土地台帳の整理が謳われていた。しかし、こうした改革でさえ、地方の抵抗に直面して実際には失敗に終わった。つまり、ベネディクトゥス十四世がかつて発布した、商品の自由な国内流通を支持する勅令（一七四八年）と同じ運命を辿ったことになる。一七八〇年以降になると、ピウス六世は農業に関心を向けるようになった。ポンティーノ〔ラツィオ地方南部〕の湿地帯の排水工事が始まり、アグロ・ロマーノにおける穀物栽培の拡大が提案されている。しかし、こうした改革に対する抵抗は、またもや極めて激しくなった。なぜなら、地主や〈農業商人〉は、穀物栽培に力を注ぐよりも牧畜を基礎にして、特権を付与された毛織物業を維持する方を好んでいたからである。新しい財務卿、ファブリーツィオ・ルッフォは、一七八〇年代末に関税体系の改革を宣言して一層統一された保護貿易の達成を図り、変革に新たな推進力を与えた。(一〇)しかし、国家に最も多くの収入をもたらす総督領は改革の対象から免れ、不誠実な官僚は、改革を故意に妨害した。部分的にではあるが唯一成功を収めたのは、ボローニャの教皇特使、ボンコンパーニによる土地台帳の編纂であった（一七八九年）。彼は、ロンバルディーアやモーデナの土地台帳を手本としながら、地主の申告に頼るよりは、むしろ測量士を使って土地の測量を直接実施し、あらゆる免税特権を廃止した。さらに重要なのは、実際の生産高にではなく、むしろ土地の持つ潜在的な価値に基づいて税額の算定が行なわれた点である。これによって、土地所有者が新税の負担を相殺すべく生産性向上に努めることが意図された。

ルッフォが権力の座を追われた一七九四年になると、当初予定されていた財政面の計画のうち、関税改革だけが生き残っていた。しかし、これさえも、地方の抵抗によって実現しなかったのである。そして、この改革が再び提案されるのは、ウィーン体制成立以後のことである。一方、一層徹底した改革を主張する人々は、孤立していた。ファントゥッツィは、ロマーニャ平原の灌漑と農民に対する助成手段の実施を熱心に要求した。スプレーティは、長子相続権の廃止と死手譲渡の制限を提案した。また、コローナは、アダム・スミスを引用しながら穏健な自由貿易を訴えた。しかし、こうした変革実施の望みはなかった。教皇国家では、貴族や教団が大地主である場合が多く、土地に関して強い権力を維持していた。このため、伝統的な重商主義に基づく計画が、重農主義的な改革に取って代わるほどであったが、これさえも結局は無効であることが判明したのである。

三　モーデナ――孤独な改革者リッチ

エルコレ三世の即位（一七八〇年）とロドヴィーコ・リッチの首相就任によって、モーデナ公国における改革には新たな弾みがついた。これらの改革は、教皇国家の場合とは対照的に比較的成功を収めた。それは、政府が改革を熱心に遂行したからだけでなく、過去一〇年間にすでにある程度の進歩が国内で達成されていたおかげである。とはいえ、改革を行なった他のイタリア諸邦と同様に、その効果は、特権グループの反対によって限定されてしまうことになる。

リッチは、当初、以前からの教会攻撃を続けた。この政策で、レッジョ・エミーリアにおける公教育と検閲の指導にあたったのは反教権主義者のアゴスティーノ・パラディージであり、聖庁に対する弾圧も行なわれた。しかし、リッチがますます力を傾注していった分野は、経済発展のための施策であった。重農主義に対する無限の信頼はすでになく、一層積極的な役割が政府に要求された。経済の諸問題については、長期にわたって議論と分析が行なわれ、これらがイタリア各地の改革運動を指導する一方、政策実施の基本として経済面での正確な情報を収集する必要性を人々が痛感することになった。リッチは、統計資料の収集に飽くなき情熱を燃やした。つまり、彼は、十八世紀末の改革主義が持つ極めて重大な側面の縮図ともいえる人物だったのである。

リッチは経済活動のあらゆる領域に関心を抱いていたが、彼の主要な改革は農業に関わるものである。国庫収入は、農業生産を高めることによって増大されなければならない。こうして、灌漑と干拓、米作の導入、新しい道路と橋の建設がそれぞれ実施され、食糧管理制度が廃止された。さまざまな重農主義政策に対する支持と催促は、若干の人間になお見いだせる。たとえば、アントーニオ・チェージは、以前ヴェントゥリーニが考えた単一の地租導入計画を発展させた。また、アゴスティーノ・パラディージの息子、ジョヴァンニ（一二）は、あらゆる間接税を批判し、自由貿易の実施を主張した。しかし、とりわけ自由貿易と財政改革実現の可能性は、徴税請負制度が維持された結果消えてしまった。エルコレ三世は、この制度の管理権を外国人の手から奪い取りはした。しかし、制度自体は、今度は〈国営〉の徴税請負として存続するのである。財政改革で唯一実現の可能性があったのは、地租の改革である。リッチの直接指導の下で、新しい土地台帳が編纂された（一七八八―九一年）。これは、以前のロンバルディーアや、ほぼ同時期に編纂されたマントヴァのものに比べ、目立った進歩を見せている。つまり、税率が、実際の生産高とそれを上回る生産高の予測値の組み合わせに基づいて定められることになっていたのである。これには、生産性の向上を促す目的があった。この成功によってヴェッツリとカルリはともに賞賛の的となり、ボンコンパーニ枢機卿は、リッチの土地台帳を、自らの一層進歩的でしかも議論を引き起こした税制のモデルとして利用することになる。この土地台帳が完成する以前の時期でさえ、リッチはすでに地租の引き下げを実施していた。そして、土地台帳の完成後、彼は塩消費税の引き下げも行なっている。しかし、さらに間接税を引き下げようとする試みは、徴税請負人の反対によって例外なく阻止されてしまったのである。

徴税請負制度の存在によって、商業の活性化にはほとんどなすところがなかったにしても、工業の分野において、リッチは見かけ上は采配を振るうことができた。そして、彼は、ギルドの改革を試みている（一七八七―九四年）。しかし、この企てが成功する見込みは、ほとんどなかった。なぜなら、国家があまりに弱小であり、重要な工業を振興させるに十分な財源がなかったからである。とはいえ、リッチの改革精神が最も発揮されたのは、工業の分野であった。ちなみに、この小国でも、他のイタリア諸邦と同じく貧困が蔓延していた。たとえば、モーデナでは、住民二万四〇〇〇人のうち、七〇〇〇人が施しに頼る生活を送っていたし、レッジョでは、住民の半数が物乞いとの調査報告もある。リッチは、一七八七年に著した『モーデナ市における慈善団体の改革』の中で、次のような結論を下している。

「なんらかの活動に従事可能な人間は、見捨てることだ。そうすれば、彼らは勤勉になり、社会に役立つ幸福な人間に変わることだろう。」(Giarizzo et al., 29, p. 485)

施しは、反宗教改革の精神の名残りであるとみなされた。つまり、施しは怠惰な生活を助長し、経済活動には重い負担となり、さらには不誠実な官僚制を強化してしまうから社会にとって有害だ、というわけである。「怠惰な人間を収容する救貧院」は、そこで働く貧民に企業家が賃金の支払いを保障するというただ一つの条件をつけてギルドに提供し、一種の工業施設に変えるべきであるとされた。こうすれば、慈善行為は減少し、織物産業を振興させることが可能になる。リッチは、ヨーゼフ二世、ドメニコ・グリマルディその他多くの改革者と同じように、自分自身が宗教上の迷信から解放されているものと確信しており、もっぱら社会の物質的な福利の追求に関心を抱いた。

リッチは、自らの改革を情熱を持って推進したが、部分的にしか成功しなかった。フランスで勃発した革命の衝動により、啓蒙専制主義はその限界を白日のもとにさらしてしまった。封建制に基づく諸特権や領主裁判権は、この国では依然として支配的であった。レッジョは、モーデナの支配を憎悪し続けていた。国家が効果的に抑制することができた対象はただ教会権力だけであったが、これは、他のイタリア諸邦の場合にもあてはまる。この貧しい小公国には、リッチの活動を支持する体勢の整った知識人や改革者のグループさえ存在しなかった。政府は、基本的にはムラトーリの思想に依拠して活動した。そして、高まる困難の只中にあって、リッチただ一人が改革に関する法律の制定に全力を傾注させた。この傑出した改革主義の行政官が一七九六年に共和国側に与することになるのも、ほとんど必然といえるのである。

四　啓蒙改革主義がもたらしたもの

フランス革命の成り行きに全ヨーロッパが注目せざるをえなくなった一七九〇年代には、イタリアの改革運動の危機が明らかとなってきた。他方、こうした運動とは無縁の国々（ヴェネツィア、ジェノヴァ、ピエモンテ、パルマ）は、地方どうしの張り合いや社会的緊張によってかき乱されていた。たとえば、ヴェネツィア政府は、自国の弱体な経済に対処するために中央集権を強化したが、これは、本土諸都市の憎悪と首都の〈バルナボッティ〉〔貧乏貴族〕の怒りを高める結果を招いている。貴族の絶対数が減少する中で貧乏貴族の占める割合が高まってくると、一貫性ある行政の実施さえ困難になった。貧乏貴族の代弁者、アンジェロ・クエリーニとジョルジョ・ピサーニの反乱（一一）（それぞれ、一七六一―六二年、一七八〇年に勃発）は、時代の変化にもはや対応できなくなった支配者グループの些細な内輪もめにすぎなかった。地方貴族は、首都の寡頭支配に対して極めて強い敵意を抱いていた。このため、共和国政府が四〇の新しい一族をヴェネツィア貴族の公職者名簿に入れようとして希望を募ったところ、わずか一〇家の申し出しかなかったほどである（一七七五年）。こうして、ヴェネツィア共和国では、フランス軍が国境に達するはるか以前に内部崩壊が始まっていたのである。

ジェノヴァ共和国も、ヴェネツィア同様の状況下にあった。寡頭支配は自らの権力を強化したが、一七四六年に爆発した貴族と民衆の緊張関係は依然として続いていた。一方、フリーメーソンとジャンセニズムは、しばしば破壊的な要素を含む民主的な性格を帯びるようになり、一七九七年の暴動で台頭するのである。

ピエモンテでは、一七八〇年代末、政府による検閲の闇に青白い一条の光が差し込み、ほんの数年間明滅していたが、これも革命の恐怖によって消え去った。また、経済、社会の状況悪化を背景として絹織物業が危機に陥る一方、地主よりもはるかに貪欲な農民搾取を行なう差配が急速に地主の権威を失墜させた。ヴァスコ兄弟のような改革者は、新しい農業アカデミー（一七八五年創立）の周囲に結集し、『アルプス以北叢書』に彼らの主張を発表した。彼らは、通行税その他国内の商取引を阻害する要因、ギルド、大規模な土地の賃貸、施しによる反宗教改革的な怠惰の助長、時代後れの刑法を批判した。しかし、彼らの提案は無視されてしまった。国家が奨励した唯一の文化活動は、サンパオリーナやフィロパートリアといった、貴族のアカデミーによって展開されている。そこでは、ピエモンテの過去の栄光、軍隊、支配者が賞賛される一方で、啓蒙主義の持つ国際性とフランスの思想的な影響が攻撃の的となった。

他方、改革が実施された諸邦でも、啓蒙主義は、矛盾をはらみ、しかも時には予期せぬさまざまな結果を招いた。反対勢力は、特定の改革の遂行をしばしば妨害し、危険にさらし、あるいは完全に断念させることに成功する。モーデナ、パルマ、教皇国家、ナポリといった地域で改革がわずかな効果しか生まなかった理由は、次の要因を列挙することである程度説明できる。つまり、いくつかの国家が弱小であったこと、王族や宮廷がその維持のために緊急に金を必要としていたこと、諸君主の個人的イニシアティヴが不確実で一貫性を欠き、皮相的なものにすぎなかったこと、改革派の閣僚が孤立していたこと、個々の都市や地域間における歴史的な排他主義や偏狭な郷土愛が深く根づいていたこと、改革者(とりわけ諸君主)が、古い歴史的起源を持つ若干の称号や特権の合法性に大いに敬意を払っていたこと、などである。

ロンバルディーア、トスカーナという改革の中心となった二つの国家でさえ、特権グループが改革に敵意を抱いてその進展を遅らせ、望まれていた変革の効力を薄めてしまった。行政や財政面における改革は徹底的ではあったが、国家機構の全体的な再生を意味するものではなかった。とはいえ、それらはおそらく政府の改革の中で最も成功を収めた分野に属するだろう。政府は、それによって改革の歩みを進めることができたのである。しかし、オーストリア占領期のマントヴァ公国では、ヨーゼフ二世の施策に対する抵抗が効力を発揮した。また、トスカーナ大公レオポルドは、憲法の発布によって改革に反対する官僚を無視して改革を強めようとしていた。これらの状況は、啓蒙専制主義の限界を証明するものである。

改革が実際に最も効果を発揮したのは、それに反対する勢力が弱体であるか、支配者層が政府に支援の手を差し伸べた場合である。前者の最も顕著な例は、教会の諸特権に対する政策である。そして、この改革が成功した結果、スペインがイタリアを支配する十七世紀に教会が享受していた経済、司法、文化の各分野における特権の大半が剝奪された。また、農業生産の増大を狙った経済改革も、意味深い結果をもたらした。ナポリのように若干の地域では、地主が生産の近代化と増大を奨励されながらも封建的諸特権を依然として保持し続けていた。一方、とりわけトスカーナのように、地主がある程度の金銭上の利益を犠牲にしても、改革によって生産の阻害要因が除去された結果、有利な立場に立ったこともある。その一方で、彼らが、小自作農や小作農に対する助成や擁護の試みを効果的に阻止する場合もあった。一七六四—六六年に発生した飢饉は、農民層の経済的自立にとって壊滅的な打撃を与えた。外国からの穀物需要の増大、物価の高騰、それに人口の急激な増加は、前記の経済改革がもたらした予期せぬ結果であり、立法者と知識人が両者の因果関係を最終的に認めたのは、かなりの時間が経過してからのことであった。ちなみに、こうした事態の発生を通じ、農民や都市民衆の悲惨な暮しぶりが際立つことになる。日雇労働者の増大、貧困の蔓延、国内移住と移民現象の顕在化、農村における窃盗の増加、十八世紀最後の一〇年間に民衆が改革に対して示した敵意は、すべて社会の緊張関係が尖鋭化した状況を反映している。そして、これらの現象は、改革運動によって改善されるどころか、ますます悪化したのである。

改革者の多くは、苦い幻滅感を味わう一方で、民衆の間に広がる貧困を意識し、社会の不公平に対する憎悪感を強めていく。経済発展への信頼感は依然として損われてはおらず、怠惰に対する批判が行なわれた。しかし、怠惰が貧民に特有のものであるとは、もはや考えられなかった。ジョヴァンニ・ファブローニが一七七五年にトリノについて書き記した内容は、当時のイタリアにおける国家すべての状況にあてはまるものといえる。

「七万五〇〇〇にのぼる人口のうち、一万二〇〇〇が無為徒食の輩である。換言すれば、四〇〇〇の兵士、二〇〇〇の修道士と司祭、八〇〇〇の自称貴族、奢侈の虜となった七〇〇〇の輩、そして約一〇〇〇の物乞いということになる。なお、彼ら以外の連中は、さまざまな活動に従事し、手工業など

を中心とする経済を発展させている。」(Venturi, 27, p. 1084)

とはいえ、当時の社会にある種の満足感がなお存在していたことも事実である。なぜなら、イタリアは、この数十年間に間違いなく進歩を遂げたからである。イタリア人は、過去の歴史と当時達成された進歩に対して誇りを持っていた。このため、フランス文化の影響に人々が憤る事態も時折見られた。『イル・カッフェ』に掲載されたカルリの有名な論稿、「イタリア人の祖国について」には、学問の進歩によって統一国家イタリアを新たに生み出すことへの期待が述べられていた。著者の脳裏には、かつて存在した〈地の果てまでも〉ローマ人が支配する大帝国の姿があった。この論稿の発表を契機として〈こぶしの会〉で展開された全ヨーロッパを視野に入れた議論では、通常とは異なり、意見が激しく対立した。ピエトロ・ヴェッリは、次のように評している。

「これは、実際すばらしい論稿である。しかし、われわれの持つ良きコスモポリタンとしての公平観が、祖国愛によって傷つけられるようなことは願い下げにしてもらいたい。」(Valeri, 57, p. 291, n. 12)

カルリのようにイタリア文化とその発展を擁護する主張は、他の著述家にも見いだせる。たとえば、イタリアの知識人を熱烈に擁護したパラディージに、科学の進歩に対するイタリア人の貢献を無視するラランドを批判したパオロ・フリージに、そして百科全書派の評価に留保条件をつけたアレッサンドロ・ヴェッリに見られるのである。七年戦争によってコスモポリタニズムが激しく動揺した後、ヨーロッパの他の諸国と並んでイタリアにも出現したのは、愛国心の萌芽であった。イタリアでは、続く数十年間に見られた改革の進展(フランスでは失敗する)によって、人々の間に祖国を誇りに思う気持ちが強まった。しかし、イタリア人の抱く愛国心は、汎ヨーロッパ・レベルでの達成を前提とする圧倒的にコスモポリタンな性格を持つ進歩思想において、相変わらず副次的な側面にすぎない。ピエモンテの二流の著述家たちを別にすれば、イタリアの政治的崩壊はだれもが認める事実であった。

一七九〇年代に入ると、啓蒙主義に基づく改革に対する幻滅を契機に、今後いかに進歩を継続させるかに関して、知識人の間には姿勢の相違が生じた。フランス革命が進行するにつれ、カルリやガランティのように恐怖に駆られて後ずさりする者もいた。また、かつて啓蒙君主に対して寄せていた信頼感を失ってその限界を悟り、一層公平で平等な社会の建設を夢見て若い世代と合流するヴェッリ、パガーノ、リッチのような者も見られたのである。

第III部

革命家と穏和派——一七八九–一八一四年

フランス革命が西ヨーロッパ世界を変革したとは、ごく常識的な考え方である。過去との激しい断絶、大衆運動の持つ決定的な力、〈国民軍〉による勝利への力強い推進力、人民主権という政治イデオロギー、それにロマン主義的な〈パトリ〉〔祖国〕は、皆、諸王家によるバランス・オブ・パワーと固定化したヒエラルキーという伝統的な概念を激しく変革する要素であった。たとえば、ジャコバン体制下における暴力や社会のアナーキーといった革命に関わる記憶や神話は、十九世紀全般を通じて消えることはなかった。ちなみに、その時代は、社会秩序の維持によって特徴づけられるナポレオン体制期から始まり、それに続く数十年の不安定な動乱期を経てパリ・コミューンに至るまでを意味する。

ところで、革命には、実に多様で騒然とした局面が見られた。たとえば、人権宣言[一]、聖職者民事基本法[二]、それに一七九一、九三、九五年の各憲法の公布[三]、また立憲議会[四]、国民公会[五]、公安委員会[六]、テルミドール反動[七]、総裁政府[八]などが挙げられる。これらの過程で、二つの事象が短期間のうちに、しかも大規模な衝撃を引き起こしたとされた。つまり、破壊力を持った革命軍の誕生とロベスピエールが指導した共和暦二年の恐怖政治である。革命軍が成功を収めた結果、革命以前の社会秩序への回帰が不可能となったことは確かである。とはいえ、革命によってフランスで権力を獲得した中産階級も含むヨーロッパの支配者層は、ジャコバン主義の再来を阻止し、社会革命勃発の危険を回避する決意を固めていた。平等主義信仰と社会反乱に対する恐怖心はフランスだけではなく、前述のように革命前のイタリアにも見られた。しかし、革命勃発以降の騒然とした雰囲気の中で社会の変革志向や急進的な政治プログラムが和らげられ、社会秩序の保持を強く意識する傾向が急速に高まっていくのである。

革命期のイタリアを考察する場合、イタリアの歴史学界が一時期好んで議論したようなテーマ、つまり、フランス軍がイタリアを侵略したか否かという問題は、無意味なだけでなくあまりに非歴史的で、誤解を招きさえする。イタリアは、他のほとんどすべてのヨーロッパ諸国と同じように、広い地域に拡大された革命の強烈な衝撃の波をかぶっている。イタリアは、地理的にはフランスに近接しており、文化的伝統や社会の進展という観点からも、革命の衝撃にとりわけさらされやすい立場に置かれていた。

とはいえ、これはイタリアに限ったことではない。つまり、オランダ、ベルギー、ラインラント、あるいはスイスにおいても、革命の及ぼした影響は多くの面でイタリアの場合と大差はない。これらはみなフランス思想に影響されやすいという特徴を持っており、また、フランスから見れば軍事的に〈解放〉しやすい地域であった。始終展開されたナポレオンの戦争やヨーロッパ地図の変転窮まりない塗り替えの中で、イタリアは、一時期目立った役割を果たすことができた。しかし、それは、十八世紀の場合と同じように、あくまで受動的な性格を帯びていた。フランス側からすれば、イタリアというよりはむしろイタリア諸邦は、自分たちが〈解放〉あるいは征服した土地であり、また、さまざまな資源、そして時には憲法、行政上の改革を本国で実践するために必要な〈実験場〉の提供者ということになる。しかし、これもイタリアに特有なものとはいえず、〈グランド・ナシオン〉〔偉大なる国家〕フランスを取り巻く他の〈姉妹共和国〉が多かれ少なかれ同様の役割を果たしている。フランスによるイタリア支配にユニークなものがあったとすれば、それは、そのさまざまな地域の社会、経済、文化が、スイス、ベルギー、あるいはラインラントに比較して独特な形態や進展を見せていた点に求められる。実際、イタリアは、ヨーロッパ文化の主流に今や再び参入したのである。したがって、そこでのフランス支配は、他のヨーロッパ諸国となんらかの形で密接な関係なくしてはありえないものであった。

第九章　革命／過去との断絶——一七八九－九九年

一　フランスとヨーロッパ

革命は、当初もっぱらフランスのみに関わる問題とみなされていた。つまり、せいぜいのところ、同国の政治的、経済的な影響力を激しく低下させはしても、ヨーロッパの平和をかき乱すことはあるまいと考えられていたのである。スペインからロシア、それにイギリスからイタリアに至る知識人や芸術家が、みな一様にフランス革命を歓迎したのは、おそらくこうした予測が一般的だったからであろう。また、これ以外の理由としては、最も進歩的な啓蒙主義が標榜する平等の原理がこの革命の過程で一見勝利を収めたかに思われる一方で、アメリカ革命の諸原理がヨーロッパ人の心の奥底で生き続けていたように見えたことが挙げられる。諸君主は、もちろん革命に熱狂したわけではなかったが、彼らをフランス王家に結びつけていた一族と王朝の絆にもかかわらず、進んでこれに介入しようとはしなかった。とはいえ、革命が進行するにつれ、特権階級や地主層の関心は日増しに高まり、バークの『フランス革命の省察』（一七九〇年一一月）や教皇ピウス六世による革命非難の声明（一七九一年四月）（一）を頼るべきイデオロギーとして神聖視した。こうした状況から、エミグレの指導者的存在であったアルトワ伯やプロイセン王は、オーストリア皇帝レオポルトに対して革命への介入をしきりに迫った。彼は、反革命勢力の盟主として当然視されていた。しかし彼は、前皇帝ヨーゼフ二世の置土産である帝国内部の難しい情勢や、瀕死のポーランドをめぐるロシアとプロイセンの画策に気をとられており、革命への介入を躊躇した。そして、レオポルト死去後の一七九二年四月になって、新皇帝フランツ二世とプロイセン王フリードリヒ・ヴィルヘルム二世が、遅ればせながらフランスに宣戦を布告したのである。この革命への介入の表向きの理由は、同胞であるフランス王家の救援にあったが、実際には、フランスのいわば革命十字軍の脅威に対抗するためであった。一七九三年春になると、イギリスとオランダが対仏同盟に参加した。その動機は、両国にフランス軍が侵入する恐れが現実的なものとなってこれに対処する必要が生じたことと、それに関連してフランス軍によるスヘルト川〔フランス北部に発し、ベルギー西部とオランダ南西部を通って北海に注ぐ〕の利用を阻止しなければならなくなったことに求められる。第一回対仏同盟結成の基礎は、このようにイデオロギー上の問題というよりは、むしろ政治的、経済的な対抗関係にあった。反革命の動きは、極めて切迫したものとなっていた。何はさておき、革命の持つ拡大主義の阻止と粉砕、そして同盟への参加を小邦に強制する必要に迫られていたからである。こうして、一七九三年にはスペインが、やや遅れて主なイタリア諸邦（ナポリ、サルデーニャ、トスカーナ）が対仏同盟に参加する。政治的に見ると、当時のヨーロッパは、二つの陣営に分かれていた。つまり、〈愛国者〉勢力と〈反革命〉政府である。ちなみに、教皇やモーデナ公のように同盟に参加しなかったイタリアの諸君主も、フランスとの国交を断絶した。

　フランスの革命家は、ヨーロッパ各地における戦争の勃発を好意的な目で眺め、実際その一部を自分自身の手で引き起こした。啓蒙主義者が元来抱いていた民主主義は平和を意味するものであるという確信は、新しい改革運動の信念に道を譲った。[二] ライン川の彼方で展開されるエミグレの活動は、革命勢力を確かに苛立たせはした。しかし、ブリソ率いるジロンド派にとって、戦争は、民衆の不満や経済危機の解決策であるかのように思えたのである。一七九一年一〇月以降、ブリソは、ヨーロッパの人民を抑圧者のくびきから解放するための聖戦を行なうよう、盛んに説いた。彼ら人民が、フランス人を自らの解放者として一体どれだけ歓迎するかについて疑問を抱いたのは、ロベスピエールと彼を支持する少数の人間だけであった。戦局は、ヴァルミーの戦い(一七九二年九月)で越境してきたオーストリア・プロイセン連合軍を撃破するまで、フランスにとって芳しいものではなかった。そして、この戦闘以後、フランス軍はベルギーとオランダに侵攻する態勢を整えることができた。国民公会では、こうした状況を背景に、サヴォイア、ニッツァ〔ニース〕、ラインラントの〈愛国者〉によるフランスへの領土併合の訴えに応じるべきか否かについて議論が闘わされた。そこでは、征服政策の持つ危険性について警告する傾聴に値する意見が出された。にもかかわらず、ダントンとプロイセン出身のアナカルシス・クローツ男爵(三)は、フランスの〈自然国境〉がライン川、アルプス、ピレネー両山脈沿いに存在するとの考えを国民公会に認めさせた。こうして、サヴォイアは、一七九二年一一月にフランスに併合された。そして、国民公会は、同月一九日に一つの宣言を発した。その主旨は、自由を取り戻したいと望むすべての人民に対し、国民公会は〈友愛〉の精神を示し、〈支援〉を保障するというものである。しかし、そのための戦争は高くついた。つまり、この宣言布告から一カ月も経たない一二月一五日、フランス軍によって解放された地域は、軍の維持費を捻出しなければならないとの指令がカンボン(四)によって発せられたのである。こうした一連の新しい政策の仕上げとなったのは、いわゆる〈姉妹共和国〉理論である。つまりそれは、これらの国家が〈自然国境〉によってフランスを取り巻き、その防御と財政面での支援を行なうことを任務とするとの考え方であった。

しかし、こうした革命の拡張主義は、一七九四年末に至るまで実行されなかった。イギリスとオランダが対仏同盟に参加することにより、フランスは北海沿岸地域〔現在のベネルクス三国〕とラインラントから放逐されてしまったのである。そして、ジロンド派の没落（一七九三年四月―一七九四年六月）の後、ロベスピエールと公安委員会は、フルーリュスの戦い[五]（一七九三年四月―一七九四年六月）で勝利を収めるまで、祖国の存続をかけて戦った。フランス軍がベルギーとライン川沿岸諸地域の再占領に成功すると、総裁政府部内の討議によって前記の併合政策が最終的に承認された。こうして、一七九五年一〇月にはベルギーが併合され、ラインラントには軍政が布かれ、オランダはバタヴィア共和国となった。ちなみに、フランスがイタリアとスイスへの侵攻を最終的に決定した際、〈解放〉地域に対する政策には、これら三種類の選択肢が総裁政府によって提示されたことになる。

一七九五年に至るまで、こうしたフランスの政策がイタリアで実施されることはまれであった。一七九三年にフランスがサヴォイアとニッツァを占領した後、イタリアには同国のエージェントが派遣され、各種情報の収集とイタリア侵攻の可能性を探った。フランス軍は占領地域のニッツァからピエモンテを脅かしていたが、サルデーニャ島への侵攻作戦が失敗に終わると（一七九二年一二月―一七九三年二月）、状況は手詰りとなった。そして、ロベスピエールとジャコバン派は、フルーリュスの戦いでフランス軍が勝利を収めるまで守勢を余儀なくされていたのである。テルミドール九日の反動によって彼が失脚した後に成立した総裁政府には、混迷する国内の事態を収拾する力はなかった。つまり、一方には物価の高騰に反発するサン・キュロット[六]の民衆扇動があり、他方では王党派の反政府運動が展開されたのである。この結果、一七九五年には相次いで二つの蜂起が勃発したが、軍隊を動員した総裁政府は、その一つしか鎮圧できなかった。こうして国内で孤立した政府は、対外戦争の継続がフランスの財政を潤すために最も有効な手段であると考えるようになった。なぜなら、これを通じて占領地域からの搾取が可能になるからである。しかし、アルザス出身で総裁政府のメンバーであったリュベル[七]は、戦争の目的をライン川沿いの国境地帯の獲得と考え、同僚のラルヴェイリエール・レポ[八]とバラス[九]もこれを支持している。ところで、イタリアにおけるフランスの主要な敵はオーストリアであった。このため、オーストリア政府と同盟を結んでいる諸邦に対しては、講和条約の締結を通じて領土を提供することをフランスは考えた。つまり、領土を餌にしてオーストリアと諸邦との同盟関係を壊すことこそが最も効果的なイタリア政策である、というわけである。

　総裁政府がイタリア地域にどう対処すべきかについて真剣に論議を行なったのは、やっと一七九五年一一月になってからのことである。そして、同政府部内では、イタリアに大規模な侵攻を仕掛けるか否かについて意見の対立が目立った。元ジャコビーノで、当時はニッツァで総裁政府の派遣委員として活動していたフィリッポ・ブォナッローティ[一〇]は、イタリアに侵入してこれを解放するよう一七九六年初頭に提言した。総裁政府は、これを契機に、イタリアに姉妹共和国を創り出すことによって生じる損得勘定を初めて行なわざるをえなくなった。しかし、いずれにせよ、政府のメンバーは、伝統的な手法に従ってイタリア、より正確には北イタリアを利用することで一致した。つまり、将来列強を相手に行なうことが予想される和平交渉を有利に運ぶための切り札として、とりわけ北イタリアを利用しようと考えたのである。こうして、総裁政府は、一七九六年春、最終的にイタリアへの侵攻を決定した。リュベルの計画は、イタリア侵攻直前の一七九六年五月の段階でも、次のような内容であった。つまり、ライン川沿岸地域におけるフランス軍を救援するためにイタリアでオーストリア軍を打破するが、数カ月以内にはロンバルディーアをラインラントと引き換えにウィーン政府に返還する、というものである。こうして、イタリアは、ヨーロッパ列強の外交の舞台で弄ばれることを堪え忍ぶほかになすすべを知らない〈モノ〉であり続けることになる。

二　イタリアと革命

フランス革命は、他のヨーロッパ諸国と同じように、イタリアにおいても大半の知識人の激しい熱狂をすぐさま引き起こした。しかし、革命による社会の激変やジャコバン派の行動に対する彼らの反応はさまざまであった。たとえば、カルリは、ジャコバン主義の〈行き過ぎ〉に穏健派知識人が抱く恐怖を典型的に表わした。また、チェザロッティ（一一）は、ロベスピエールの処刑を歓迎している。しかし、大部分の知識人にとって、革命は好ましい出来事であった。そして、彼らの中には、パオロ・グレッピやジュゼッペ・ゴラーニのように、パリに旅立つ者もいた。彼らは、当地でイギリス人のトーマス・ペインと同じく、多かれ少なかれ急速に穏健な立場を支持するようになる。一方、ピエトロ・ヴェッリ、フランチェスコ・メルツィ（一二）、フランチェスコ・マリーア・ジャンニらは、革命の脅威を盾に、経済や立憲上の諸改革を促進しようと試みた。フランス国内の情勢は、同国の種々の新聞やパンフレット類、そして地下出版される革命関係の著作を通じて広くイタリア各地に伝えられ、人々の関心を強く引きつけた。たとえば、ロベスピエールが行なった演説のイタリア語訳は、ミラノで出版されている。また、ヴェネツィア政府は、地下出版の印刷業者の活動を規制できなかった。

とはいえ、彼ら知識人の革命に対する関心や議論は、諸邦の政府が非難したにもかかわらず、どちらかといえば無害な活動であった。一方、潜在的に一層危険な性格を帯びていたのは、漠然と〈ジャコビーノ〉の思想と呼ばれ、フリーメーソンのロッジに広まりつつあったものである。そして、この思想を現実に危険なものに転化したのは、少なくとも部分的には、対仏同盟に参加したり、フランスとの関係を断ったりした諸邦政府の態度にほかならない。

革命のプロパガンダが引き起こす危険に対する諸邦政府の姿勢はさまざまであったが、いずれも敵意を表明したことには変わりない。ただ、諸邦は相互に猜疑心を抱いていたため、サルデーニャ王やナポリ王が提案したような同盟は、なかなか成立しなかった。しかし、これも列強の圧力が功を奏し、一七九四年に誕生している。サルデーニャ王と教皇は、すぐさますべての公開討論を弾圧した。そして、前者は、ほどなくフランスと交戦することになる。なぜなら、アルプス以北の自国領がフランス軍に占領されたからである。他方、ヴェネツィアとジェノヴァの寡頭政権は、フランスに敵意を示しながらも中立を維持した。しかし、とりわけ前者は、地方に不満が吹き出す危険な兆候に直面していた。ロンバルディーアでは、最後の神聖ローマ皇帝にフランツ二世が即位することによって政治面で急激な変化が生じ、これが国全体にさまざまな影響を及ぼした。ちなみに、彼はオーストリア国内で秘密警察を改めて利用したが、これはその変化を象徴するものである。ナポリでは、王后マリア・カロリーナとイギリス人のアクトン提督が改革の主張をことごとく闇に葬り、その代わりに無分別な弾圧政策を実施した。多少穏健な政策が幅を利かせていたのは、トスカーナだけであった。しかし、ここでも、大公レオポルドがオーストリア皇帝としてウィーンへ出立した一七九〇年以降に勃発した民衆蜂起が引き金となり、ジャンセニズムに基づく改革が急遽放棄され、穀物取引に対する部分的な国家統制が導入され、死刑が復活する。

啓蒙主義の改革は、突然終わりを告げた。改革の潮流のうち、弱体で反改革勢力の攻撃を受けやすい立場にあったジャンセニズムは、最も直接的な被害を被った。たとえば、パヴィアの総合神学校は、フランドルの場合と同じく廃校となった。また、トスカーナのジャンセニストは迫害された。ちなみに、アントーニオ・ロンジネッリは、タンブリーニに宛てた手紙の中で、「プラート〔トスカーナ地方の都市〕のジャンセニストである司祭や牧師は、各地へ逃亡、四散しなければならなかった」と述べている（Codignola, 38, p. 146）。

また、ローマにはイエズス会士が復帰し、サン・アルフォンソ・デ・リグォーリの弟子が主張するさほど厳格でないモリニズムの神学が奨励された。フリーメーソンも非難と弾圧の対象となった。たとえば、一七九四―九五年にはトリノ、ローマ、ナポリ、パレルモで逮捕者の裁判が行なわれたが、それらは主にフリーメーソンのロッジに関わるものであった。しかし、より一般的な意味において、革命に対する反動は、改革者との決定的な断絶を意味した。たとえば、大審議会におけるミラノ貴族の決定により、公務担当者はすべて彼ら貴族だけに制限されることとなった。

こうした彼らの反動は、革命の大義と啓蒙主義哲学とを単純に同一視した態度からだけ生じたわけではない。イタリアの改革者は、結局のところ、あまりにも弱体な少数派にすぎなかったうえに分裂しており、既存の権力に真摯な態度で挑戦するだけの力を欠いていたのである。そして、一七九二年から九五年の間に発覚した彼らの陰謀が、この状況を証明している。さらに憂慮すべき問題は、同じ頃発生していた民衆運動であった。直接には物価の高騰と重税がその火付役となったが、その背景には、領主と差配に対する彼らの敵意、それに年来の土地所有願望があった。こうした騒動や蜂起は、同じ時期にアイルランド、ハンガリー、プファルツ〔ドイツ南西部、ライン川西岸地域〕、それにスイスのいくつかのカントンで勃発したものに類似しており、それらはみなフランス革命を初期の穏健な段階から一層急進的な方向へ推し進めた。われわれが知っているそれらに関わる数々のエピソードは、相互間のつながりは見られないものの、いずれも表面下で無気味に煮えたぎる広範な不満の兆しである。ヴェネツィアの本土、アブルッツォ、バジリカータ、ピエモンテ、そしてサルデーニャでそれぞれ勃発した蜂起では、直接の攻撃目標が明らかに領主と地主であった。ピストーイアとフィレンツェでは一七九〇年に、またアレッツォでは一七九五年に諸改革に対する激しい非難の声が上がった。つまり、これらの改革の結果、都市の民衆と農民の多くが、従来伝統的に享受してきたさまざまな保護措置を剝奪されてしまったのである。農民を主体とするこれらの運動は、体制側にとってそれ自体危険なものであったが、フランス革命について不正確ではあるものの確かな知識を身につけた結果、一層脅威となった。ナポリ王国では、「フランス人のようにやること」を宣言する、おそらくは富裕な農民の集会が開催されている。また、ピエモンテでは、国内一三のコムーネの農民が、一七九二年に国王に対して次の上訴を行なっている。

「わが国王陛下、どうか、お考え下さい。今まさに壊滅の危機に瀕しているのは、われわれ、陛下の臣民であります。われわれは、国家と王家を擁護すべく命を投げ出す覚悟でおります。しかしながら、われわれが生きていけるよう、陛下がわれわれに救いの手を差し伸べていただきたい。つまり、食糧を速やかに供給していただくこと、そして、年末には、賃貸料をすべて帳消しにするとの布告を出していただきたい。さらに、あらゆる詐欺師、つまり、伯爵、男爵、カヴァリエーレ、そして侯爵が自己の負債を債権者に支払うようにお命じ下さい。そうすれば、万事がうまく運び、お国から犯罪が消え去るでありましょう。そして、ご領主様方は、落ち着いて生活なさり、傲慢な態度をおとりになることはもはやありますまい。こうして臣民は、平和裡に暮すことになり、万事うまくいくでありましょう。こういう状況が実現されない場合、フランス人の助けを借りる必要はありません。つまり、どんな些細な物でもひったくれると信じているご領主様や差配という地獄の狼どもに対し、われわれが蜂起するだけで十分でございましょう。」(Prato, 43, p. 41)

にもかかわらず、これらの脅かしや扇動は、局地的なものにとどまった。一七九四年にサルデーニャ島で勃発した反封建、反ピエモンテの騒乱は例外として、それらが成功したとはいえない。つまり、封建地代の一部軽減という成果を得たスイスのカントン、サン・ガッロの農民運動にさえ遠く及ばなかったのである。とはいえ、農民層が、一般的に不活発で受身の姿勢をとる中で、この行動は、革命に一定の支持を表明したものであり、また、〈解放〉軍〔フランス軍〕にとって好ましい状況を創り出したことになる。

当時、ジャコビーノの中で少なくとも若干の者は、こうした状況からどのような具体的成果を引き出せるかについてはほとんど判断が下せなかったものの、ともかくその可能性については意識していた。ジャコバン主義は、フリーメーソンのロッジを通じてイタリア諸邦に広まった。そして、それらロッジのいくつかは、革命クラブに変わっている。フリーメーソンの組織網は、極めて急速に拡大した。そして、ラトゥシュ・トレヴィル(一三)率いるフランス艦隊が一七九二年にナポリとカラーブリアに威嚇的な訪問を行なった後、当地のフリーメーソンは明らかに革命結社の様相を帯びるに至った。そして、フランス側エージェントの活動とフランス軍によるリヴォルノの短期占領(一七九五年)を契機として、陰謀結社と〈愛国者クラブ〉がイタリア中に広まることになる。これらの大部分は小規模なグループで、都市を拠点としていた。ナポリとヴェネツィア本土の場合、その主な構成員は貴族であった。そして、他の地域では、下級聖職者も加わった地方の小ブルジョアジーが支配的であった。これらのグループが掲げた目標はさまざまで、しかも、不明瞭な場合が多い。当時、当局が彼らを漠然と〈ジャコビーノ〉と呼んでいた理由が、こうした性格のみに由来すると考えると誤解を招く。ただし、彼らが既存の政治状況の中での変革を議論したり、企てたりした際にフランスの例に啓発されたという意味において、〈ジャコビーノ〉の呼称は正しい(一四)。パドヴァの貴族でジャコビーノだった者や、一七九〇年におけるボローニャ出身のザンボーニのように、活動の目標が純粋に地方的な性格を持つ場合もあった。彼らは、パドヴァやボローニャをそれぞれヴェネツィアやローマの支配から解放することを狙っていたのである。また、一層平等主義的な目標の達成を企てていた者もいた。たとえば、大部分は貴族から成るブレッシャ出身の三〇―四〇名のグループの場合は、絶対的平等と〈永久不変の友愛〉を誓っている。そして急進的な著述家のパオロ・ディ・ブラージは、パレルモで職人や兵士とともに共和制の樹立をもくろんだ。また、ピエモンテでは、地方の騒乱と直接接触しようとするジャコビーノの企てが一七九四年に発覚している。

しかし、これらジャコビーノはあくまで少数派にすぎず、目標は不明瞭で、しかもなんらかの政治的変革を達成しようとする場合、フランスの支援に依存することを前提としていた。こうした意味において、彼らは、ベルギー、オランダ、ラインラントの愛国者グループとなんら変わるところはない。ちなみに、フランスは、これらグループの要請に応じている。総裁政府が、イタリアの状況を知らなかったとはいえない。一七九四年以来、同政府のエージェントとしてそれぞれフィレンツェ、ジェノヴァ、ジュネーヴに派遣されていたカコー(一五)、イマール、デポルトは、それぞれパリに定期的な報告を送っている。彼らは、一七九六年頃、増加傾向にあったイタリア人愛国者グループの自立的な発展を証言している。実際、彼らはこれらのグループとの接触を維持しており、ジェノヴァでの迫害からこれらを救っている。そして、本国政府に対し、亡命を余儀なくされていたこれら愛国者たちを利用することの重要性を力説した。ちなみに、カコーによれば、亡命者の数は一七九五年当時で約三〇〇名である。

しかし、彼らエージェントは、フランスのイタリア侵入の成功がこうした愛国者の存在のおかげではないことも十二分に承知していた。つまり、彼らは報告の中で、イタリア社会にあまねく広まっている不満と統治者の弱点の方をはるかに強い調子で指摘しているのである。たとえば、カコーは、一七九四年に次の報告を本国に書き送っている。

「イタリアの国民は、彼らの君主に極めて貧弱な軍事的資源しか供給してきておらず、今もって傍観者の立場にあります。ヨーロッパに燃え上がる偉大な戦争において、彼らは真新しく、まだ利用されておりません。分別を欠いたイタリアの諸君主の打倒は可能であり、国民は再生しうるでありましょう。彼らをわがフランスの味方につけることは、他のいかなる国民を引きつけるよりも容易と思われます。」(Peroni, 125, p. 245)

ところで、一七九六年初頭にフランスの外相ドラクロワ(一六)は、イタリアに共和国を樹立することが可能で有益であるか否かについて、同国のイタリア在住のエージェントに諮問している。これに対する彼らの返答は、否定的であった。つまり、イタリア人は、自由を希求するほどには成熟していないというのである。なぜなら、彼らは、長年にわたって慣らされてきた宗教的迷信や政治的隷属によって腐敗しているうえ、愛国者は極めて少数でともかくも危険な存在だからであった。カコーは、すでに一七九六年以前の段階で、イタリアの若い民主派に疑念を抱いていた。つまり、彼らは理想主義的傾向を持っており、実践的思考には疎遠であるように思われたのである。彼は、フランス人がイタリアに求めるべき支持者の典型を、次のように描いてみせる。つまり、真面目で穏健であり、平安な生活を望むために目下のところ自己の意見をはっきりと打ち出していないイタリア人、がそれであった。これは、フランスのほぼ一貫したイタリア政策の方針を要約したものといえる。

「傲慢で性急なイタリアの青年には、十分な警戒を必要とする。彼らは、われわれからの借り物である革命思想によって興奮し、有頂天になっている。そして、彼らは、状況をやたらとかきまわしたがっている。しかも、どのようにすべきか、何が必要なのかもわからず、自分たちが一体何を目標としているかについての考えもまったく持たずにである……したがって、もしも彼らを信頼しすぎると、この利己的な連中は、状況を悪化させたあげく、すべてを台無しにしてしまうだろう。われわれがもしもイタリアに入ったならば、自由に対して成熟した認識を持った人間を利用する必要があるだろう。誠実で遠慮がちなイタリア人こそ、われわれにとっては真に貴重な存在なのである。」(Peroni, 125, p. 254)

フィリッポ・ブォナッローティによるイタリアの蜂起計画を評価する必要があるのは、こうしたフランス側の考えが背景にあってのことである。当時のフランスでは、イタリアの〈愛国者〉の実践的思考や能力に疑問が持たれており、総裁政府は、イタリアの運命よりも、むしろライン川国境地域に強い関心を抱いていたのである。さて、官吏の息子として生まれ、ピサ大学で法律を学んだフィリッポ・ブォナッローティは、一七八九年にトスカーナを去り、コルシカの革命サークルに加盟する。ちなみに、若き日のナポレオン・ボナパルトが最初の政治的経験を積んだのは、これらのサークルであった。ブォナッローティは、当地から一時追放されたり、失敗に終わったサルデーニャ島〈解放〉をもくろむ遠征に参加したりといった波乱に富む経験を経て後、一七九三年にパリへ到着し、フランス国籍を取得する。ロベスピエールを信奉し、強烈な平等主義者であった彼は、フランス軍が占領したピエモンテのオネーリアの派遣委員に任命される。彼は、そこでイタリア人亡命者を集め、革命に対する民衆の支持を獲得しようと努力した。彼ら亡命者は、学校を設立し、共和主義、平等主義思想の普及に努めたのである。こうして、封建領主に対する〈テロリスト〉的な攻撃が開始された。しかし、民衆が深い宗教感情を宿していることに気づいたブォナッローティは、〈迷信〉に対して慎重に、そして徐々に近づきつつこれを批判するよう説いた。彼の人生は、ロベスピエールの失脚により一頓挫する。つまり、この事件後まもなくオネーリアから召還された彼は、投獄されてしまうのである。彼は、一七九五年一〇月に他のテロリストとともに釈放される。ちなみに、この時期、ナポレオンをはじめとする青年将校により、王党派のクーデタ（ヴァンデミエール一三日のクーデタ）が粉砕されている。以後、ブォナッローティの平等主義思想は、私有財産廃止の必要性を確信するまでに進展する。彼は、総裁政府打倒をもくろむ、いわゆる〈バブーフの陰謀〉で指導的な役割を演じた。バブーフの目標は、集産主義の実現であった。しかし、この最終プランを知っていたのは、秘密蜂起委員会のメンバーだけであった。一方、より規模の大きい元ジャコビーノのグループも存在した。このメンバーは、パンテオンクラブ[一七]を中心に活動し、パリのサン・キュロットの支持獲得を狙っていた。彼らは、穏健な政策をとる総裁政府打倒という、より限定され、しかも危険な目標を持っていた。ブォナッローティは、イタリアで蜂起を勃発させることで、この陰謀に貢献しようとした。オネーリアの亡命者とピエモンテの愛国者は、彼の指導の下で一つの統一グループとして活動することに同意した。彼らの行動目標は、フランス軍が侵入する前にピエモンテで蜂起を組織して臨時革命政府を樹立し、フランスによる軍制を回避することにあった。ブォナッローティは、パリの蜂起とフランス国外における暴動が一つの急進的な計画の構成要素であり、しかも相互依存の関係にある出来事とみなした。つまり、彼の念頭にある計画とは、総裁政府の保守的な政治を覆して革命を本来の純粋な姿に回帰させようとするものであった。彼は、コルシカ駐在の有力な政府派遣委員サリチェーティ[一八]と連絡をとり、さらにその彼を通じて同僚のコルシカ人、ボナパルトとも接触していた。こうして、彼は、イタリア内のフランス軍の中で最も革命的な分子を利用してフランス国内のクーデタを支援できるのではないかと期待していた。彼によれば、このクーデタが成功すれば、フランスにかつてのロベスピエール流の政治が復活し、占領政策に基づく軍制からイタリアやオランダの「姉妹共和国」に対する友愛の政治への変化が実現するはずであった。ブォナッローティは、イタリアで民衆の支持を獲得することの重要性を強調していた。そして、これを可能にするために、ピエモンテに残存する封建的性格を攻撃する一方、「迷信」や聖職者に対しては慎重な態度で接し、徐々に改革を進める必要性を説いていた。その目標は、限定的なものであった。つまり、イタリアの独立と反封建的共和国の樹立がほとんど唯一の狙いだったのである。彼は、この点について、陰謀計画の同志、ペッリッセーリにこう書き送っている。

「私は、ただ一つのことを恐れている。つまり、あまりに多くの創意工夫を一度に欲するということだ。……だから、民衆に対して一つのまったく新しい制度を提示する代わりに、臨時政府の樹立によって必要不可欠な諸改革が確実に実行できることを彼らに納得させれば、計画は成功するのではないだろうか。そして、革命の全体としての再生は、国民公会のような組織に任せればよい。」（Vaccarino, 144, p. 102）

ブォナッローティは、フランス軍のピエモンテ侵入とともにイタリアで蜂起を勃発させるという計画を総裁政府に提案した。この計画は、一七九六年三月、一時的に政府の支持を得るかに見えた。しかし、ナポレオン率いるフランス軍のイタリア侵攻が迅速で、また五月一〇日にバブーフの陰謀が発覚した結果、フランスにおける恐怖政治の復活とイタリアの愛国者による自立的な蜂起成功への期待は夢と終わった。

こうした蜂起が民衆の支持を獲得して成功したかどうかを問うことは、無意味である。冷静に考察すると、ブォナッローティによるこの計画は、蜂起を実践的かつ周到に組織し、それに明確な目標を持たせた初めての例であったといえる。そして、この計画に関わった多くの愛国者は、地方相互間のライバル意識を克服する必要性を教訓として得たのである。それと同時に、最も進歩的なイタリア人愛国者とパリの恐怖政治にかつて関わった人間がこの計画を通じて結びついた結果、総裁政府の目には、ほとんどすべての最も穏健なイタリア人愛国者でさえ、バブーフの支持者であるかのように映ってしまったのである。

三　イタリアの〈解放〉

ジャコビーノはごくわずかの期間しか活躍しなかったが、イタリアの将来に深い影響を及ぼすことになる。しかし、ジャコビーノとその他の愛国者(一九)が当時の短いとはいえ激動の時代にあって極めて重要な役割を演じることができたとすれば、それは、結局二つの状況が背景にあったことに起因している。つまり、一つは、フランス軍の勝利、もう一つは、ナポレオンおよび同僚の将軍と総裁政府両者間に生じた軋轢である。

総裁政府は、イタリア戦役をフランスの国庫を満たすための征服戦争と考えていた。フランス軍のイタリア侵攻前に数カ月をかけて行なわれたトリノとの交渉は、フランスがニッツァとサヴォイアの放棄を拒否したため決裂した。そして一七九六年春になると、対仏同盟を結んでいた諸列強はフランスのイタリア征服を容認するどころか、再び戦火を交える準備を整えた。総裁政府もこれに応じる態勢をとった。その戦術は、すべての国境地域で同時に攻撃を仕掛けるというものであった。つまり、イギリス方面に関しては、オーシュ(二〇)率いる部隊がアイルランドに遠征してイングランドを脅かす一方、イタリア方面では、ナポレオンが陽動作戦を展開してロンバルディーアからウィーン政府を苦境に陥らせ、モロー(二一)とジュルダン(二二)率いるライン方面軍がドイツに深く侵入する、というのが総裁政府の作戦であった。政府は、弱冠二六歳のナポレオンをイタリア方面軍司令官に任命することに当初難色を示したが、サリチェーティの圧力によってこれを承認する。

イタリア遠征に関わるすべてのフランス人が、イタリアを単なる国庫の収入源とみなしてこれを征服地として扱うことを認めていたわけではない。たとえば、オランダを中心とする低地帯やドイツの住民がフランス軍に憎悪の念を抱いていると指摘して警告を発する者もいた。つまり、フランス軍がこの地域を通過する際、彼らから不当な徴発を行なうために、そうした感情が高まったというのである。また、サリチエーティのように、ジャコビーノがかつてフランスに対して示した共鳴はいまだに健在であり、これが将来の〈姉妹共和国〉樹立に役立つと考える者もいた。さらに、カコーは、革命の〈モデル〉をイタリアで実現できるのではないかと考えた。つまり、〈啓蒙された〉人々の支持を獲得し、地方の実情に細心の注意を払いながら自由の諸原理を導入し、イタリア以外で犯した失敗を回避することで革命が実現するというのである。イタリア人は、フランスが新たな専制の強要を望んでいないことをいったん確信すれば、

「〈愚かなベルギー人やドイツ人の間抜け〉とはちがって、われわれフランス人に積極的に協力しようとするに違いない。だから戦争は、ロンバルディーアとローマを占領するためにだけ必要なのだ。」

(Peroni, 125, p. 256)

犠牲をなんら払うことなしに自由を獲得するという理想は、フランスのさまざまなグループの中では長い間生き続け、イタリアのフランスに対する忠誠の証、あるいは忠誠心の欠如に対する非難として利用された。たとえば、フランス軍のイタリア侵攻が始まって一八カ月後、ナポレオンの主張を伝える『イタリア軍報』は、チザルピーナ共和国(三三)の住民に対し、幾分偽善的ではあるものの、なお次のように呼びかけることができた。

「諸君は、犠牲も、革命も、大きな苦しみを体験することもなく自由を獲得した国民として、歴史上初めての例である。われわれは、諸君に自由を与え、それをいかに擁護すべきかを教えたのである。」

(Bourgin and Godechot, 164, p. 48-9)

しかし、イタリア征服が驚くほど容易に達成されたにしても、フランス人は税の取り立てを強要し、政治干渉を絶えず行ない、イタリア人が抱く愛国的な熱望や地方の事情をほとんどまったく顧みなかった。このため、〈解放〉された他のヨーロッパ地域と同じく、フランスに対する憎悪の念が生じるまでにはわずかな時間しか必要としなかったのである。イタリア諸地域は、ただナポレオンの個人的なイニシアティヴによってのみ、フランスの直接的な軍制の魔手から免れた。

さて、愛国者が十分に満足したわけではなかったにしろ、北イタリアはわずか数カ月のうちに解放された。ナポレオンは、アルバに共和国を樹立すべく努力していたピエモンテの愛国者、それに総裁政府双方の意向を無視し、一七九六年四月にオーストリア・ピエモンテ連合軍に対して電撃的な勝利を収めた。その後、彼は、サルデーニャ王ヴィットーリオ・アメデーオ三世との間にケラスコの休戦協定（二四）を結んだ（四月二八日）。この結果、国王は戦場から退いた。こうして、ピエモンテが共和国となる可能性は消え去ってしまう。五月一〇日、ナポレオンはローディでオーストリア軍を打ち破ったが、この戦闘は、当時描かれた彼の肖像画の中で理想化されている。四日後、彼はミラノに入り、五月の終わりまでにオーストリア軍をイタリアから放逐してヴェネツィア共和国領のブレッシャに達した。征服と税の徴収を継続せよとの総裁政府の指示に従った彼は、六月に教皇国家に向かい、ボローニャとロマーニャを解放した。

総裁政府は、ナポレオンの相次ぐ迅速な勝利に驚愕した。そして、彼が本国にもたらす莫大な金に感謝しながらも、彼の自立的な行動と野心的な企て、そして、とりわけ革命のプロパガンダの奨励に警戒を強めた。なぜなら、将来和平が回復した際に、この三番目の行動により、諸邦の統治者にとってそれぞれの国民を安定的に支配することが一層困難となる事態が予想されたからである。しかし、ライン方面軍が苦境に立ち、一七九六年九―一〇月の戦闘で敗北すると、ナポレオンはいよいよ自由に活動するようになる。

こうして、一七九七年一月になると、総裁政府はイタリア方面軍所属の政府派遣委員職を廃し、ナポレオンにオーストリアと直接交渉する権限を付与したのである。

ところで、チズパダーナ(二五)、チザルピーナ両共和国は、ナポレオンの自立的な行動が強まった結果出現した。また、ロンバルディーアには初め軍政が布かれ、後に民政に移行したが、共和国が樹立されることはなかった。しかし、一七九六年秋になると対仏同盟軍がイタリアに進攻する構えを見せたため、イタリア方面軍は守勢を余儀なくされることになる。こうした事情を背景として、ナポレオンは、中・北部イタリアに自由を確保することが軍事的な防衛手段の一つになると考えた。つまり、そうすることによってフランスの敵の数を減らして自軍の両翼の一つを防衛できる、というわけである。彼がレッジョ・エミーリアで勃発したエルコレ三世に対する暴動を支持し、モーデナを占領し、ロンバルド・イタリア両軍団の結成を奨励し、さらに、レッジョ、モーデナ、ボローニャ、それにフェッラーラに対して軍事同盟を結ぶよう圧力をかけたのは、まさにこの数カ月間のことであった。

こうした行動は、イタリアの独立と将来の統一にとって一見極めて好都合のように思われたが、ナポレオンの戦略全体からすれば実際には副次的なものでしかなかった。彼は自軍をライン方面軍に合流させ、ウィーンをうかがう計画を立てていた。そして、このためにはイタリアにおける和平の実現が不可欠であった。こうして、彼は、わずか数カ月前にエミーリアの諸都市の政治運動を促進させていたにもかかわらず、今度はイタリアの諸君主とすみやかに和平を結び、レッジョ・エミーリア会議（ナポリ王国、トスカーナ大公国および教皇国家と、それぞれ一七九六年一〇月、一七九七年一月、一七九七年二月に和平協定を締結した）で、中部イタリアの愛国者が示したチズパダーナ共和国樹立の提案を反故にしてしまった。こうした彼の姿勢は、以前ケラスコの休戦協定締結の際にピエモンテの愛国者の願いを無視した時とまさに同じものであったといえる。

ナポレオンのイタリアにおける行動を純粋に彼の軍事的戦略に依るものとして述べることは、誤りとなるだろう。彼は、総裁政府に対するよりもはるかに多大な共鳴をイタリアの愛国者に寄せていた。それは、彼らが展開した革命のプロパガンダをすみやかに利用しようとした彼の姿勢に見て取ることができる。他方、彼は、自らの軍事的勝利を契機として、外交、行政、そして高度な政治に初めて関わる立場に置かれたのである。チズパダーナ、チザルピーナ両共和国の発足（一七九七年一、六月）の詳細に関してナポレオンが細心の注意を払っていた事実は、彼が軍事的才能と並んで政治面の能力をも示そうとした決意のほどをうかがわせる。そして、イタリア、ライン両方面軍が春に勝利を収めた後、彼はオーストリアを相手にレオーベンで仮講和条約を締結するが[二六]（一七九七年四月一八日）、これは彼の総裁政府に対する最終的な勝利を意味していた。つまり、彼が生み出したチザルピーナ共和国をオーストリアに承認させる代わりに、ライン川国境地帯が犠牲となったのである。彼はイタリアで勝利を収め、その兵力を総裁政府の五百人会に送り込み、同政府の王党派追放の企てに協力した（フリュクチドール一八日＝一七九七年九月四日のクーデタ）。その後、彼はなんの制約も受けずにオーストリアとの最終的な和平を実現する。この結果、第一回の対仏同盟は解体した。その契機となったカンポ・フォルミオの和約[二七]（一七九七年一〇月一八日）に、総裁政府もイタリアの愛国者も、理由は異なるものの等しく衝撃を受けた。なぜなら、この条約によって、誕生したばかりの民主的なヴェネツィア共和国が、皮肉にもオーストリアの手に渡ったからである。ところで、同和約は、フランスにとってレオーベンの仮講和条約よりも政治的にはマイナスであった。その証拠に、ナポレオンは条約締結後、イタリア遠征を早々に切り上げ、より大規模な事業に目を向けている。つまり、彼は一一月にイタリアを離れ（総裁政府は、これに安堵する）、かねてより計画していたイギリス侵攻を指揮しようとしたが、これはまもなくエジプト遠征実施のために断念することになる。レオーベンとカンポ・フォルミオの一件は、ナポレオンと総裁政府両者間の闘争の単なるエピソードに留まらなかった。これら二つの協定成立は、フランスとヨーロッパとの関係が変化するうえで、大きな意味を持ってもいたのである。ライン川左岸地域を征服するという総裁リュベルの決定は、〈自然国境〉の原理に基づく幾分限定された膨張主義政策を超えるものではなかった。一方、フランス国境からはるかに離れた地域でチザルピーナ共和国が出現した事実は、フランスがバタヴィア共和国の場合以上に革命のプロパガンダと領土拡張という積極果敢な政策実施に踏み切ったことを意味していた。そしてこの政策を通じ、ヨーロッパ諸国、中でも最も直接にはオーストリアが、フランスの脅威に絶えずさらされることになった。実際、カンポ・フォルミオの和約締結を契機として、第二回対仏同盟が結成されている。

ナポレオンは、アディジェ川という自然の要塞で堅固に守られたオーストリアを離れた。彼は、国境がほとんど防御不能ではあるものの、野心的な膨張計画に基づく第二のチザルピーナ共和国の樹立へと目を向けたのであった。イタリア方面軍は、イギリス遠征に出発する兵力が撤収する一方で、征服地域に守備隊を駐屯させる必要が生じたために弱体化しつつあった。チザルピーナ共和国の南部には、トスカーナ、教皇国家、ナポリ、シチリア両王国といった諸邦による強固な防壁が形成されていた。これは、万一戦争が勃発した場合、フランスにとって脅威となる可能性があった。ナポレオンがイタリアを離れた後、再び自己の権威を主張していた総裁政府は、イタリアに対するフランスの支配権を強化するために、結局彼と同じ政策を実施しなければならなくなる。こうしてフランス軍は教皇国家に侵攻し、ローマ共和国が誕生した（一七九八年二月）。フランスはこの政策を通じ、諸邦の包囲網を打破しようとしたのである。また、ローマ共和国の出現直後にヘルヴェシア共和国が誕生したことで、フランス・イタリア間の連絡が確保された。さらに、ピエモンテとナポリにおける革命の勃発が計画された。政治的プロパガンダ、革命、武力による征服とそれに続く税の取り立ては、フランスの権力を強化し、地中海地域で新たに領土を拡張する可能性（マルタ島の占領、ナポレオンのエジプト占領）を切り開くために必要ないわば議事日程であった。こうした一方的な変化に、諸君主が驚愕したのも当然である。彼らは、総裁政府が将来ヨーロッパに政治的な安定をもたらすことができるのかどうか疑問視していたのである。こうして、イタリアの政治的な均衡の問題に再びヨーロッパ外交の関心が集中することになった。このため、イギリス、オーストリア、ロシア、トルコの間に、第二回対仏同盟が結成された（一七九八年）。

ローマ共和国の存亡は、こうした状況を背景としてチザルピーナ、リグリア両共和国と同じく、フランスの軍事政策の動向に左右されることになる。ナポレオンのイタリア出立後、総裁政府は同地域で活動するフランス軍の将軍に対すると同様、これら三共和国を強力に支配することを決定した。総裁政府の直接管轄下に置かれていたイタリア方面軍所属の民間人派遣委員は、税の取り立てを調整し、将軍の自立的な活動を阻止するよう命じられた。総裁政府の命運は、これらの将軍の活動にあまりにも依存しすぎていたのである。そのうえ、イタリア方面軍は、ベルナドット（二八）将軍率いるライン方面軍とは対照的に共和主義的傾向が強く、ナポレオンに忠誠を誓っていた。一七九七年九月、総裁政府は、フランス国内の王党派の脅威を除去するためにナポレオンに頼らざるをえなかった（フリュクチドール一八日のクーデタ）。しかし、総裁政府が五百人会からジャコバン主義者を一掃した一七九八年五月（フロレアル二二日のクーデタ）以降、イタリア方面軍は、政府に対する脅威となった。総裁政府がなんとか政治的な全権を確保したのは、年が明けてまもなくのことである。フランス軍の将軍と将校は依然として政治に関与し続けており、ナポレオンが以前率いたイタリア方面軍とその支援のためにやって来たベルナドット率いる部隊との間には、一種の緊張関係が生まれていた。金が不足気味なために、軍隊には不満が募っていた。こうして、一七九八年二月にはチザルピーナ共和国内に駐屯するベルナドット配下の将校が暴動を引き起こし、続いてローマの駐屯部隊の一部が共和主義者のマセナ将軍[二九]を司令官として認めないという事件が発生した。総裁政府は、彼の後任となった司令官、ブリュヌ[三〇]とジュベール[三一]は共和主義的傾向が強く、イタリア人愛国者に対して共感を抱いていると判断し、両者を召還した。続いてローマ駐屯のフランス軍司令官となったシャンピオネ[三二]は、ナポリ侵攻後、政府命令の範囲を超えてパルテノペーア共和国[三三]を創り出した（一七九九年一月）ために逮捕された。このように、一七九八―八九年におけるイタリアのフランス支配の歴史は、将軍と政府の民間人派遣委員との間の絶え間ない権力闘争という一面を持っていた。ちなみに、総裁政府は、徐々にではあったが、フロレアル二二日のクーデタ以降、民間人派遣委員を通じて自己の支配権を一層強く主張するようになったのである。

　この支配権は、将軍に対してよりも、新しく出現した共和国に対してははるかに容易に行使された。徴税が強化され、愛国者の抗議行動に対する弾圧が過酷になると、新生共和国のさまざまな問題に対する直接的な干渉が総裁政府の議事日程に上った。こうして、チザルピーナ共和国では議会が粛正され、フランスと軍事同盟を結ぶよう強制された（一七九八年四月）。さらに、同年八―一二月の間に三度の粛正が行なわれたが、この間文民側当局（トゥルヴェ、リヴォー）は軍事当局者（ブリュヌ）と闘争し、これを支配しようとしていた。他方、ローマ共和国では、すべての法律がフランスの承認を必要とすることになったほか、〈解放者〉は二度にわたって民政を粛正した。短命に終わったナポリ共和国でさえ、派遣委員のアブリアルが政府の改組を一回実施したほどである。フランスの支配に拘束されて身動きできない共和国の政府が、ほとんどなんの実績もあげることができない一方で、愛国者がますます反フランスの方向に傾いたのも当然のことといえるだろう。

総裁政府は、一七九九年の最初の数カ月の段階で、島嶼部を除くイタリア全土にその支配を拡大した。サルデーニャ王カルロ・エマヌエーレ四世は、ピエモンテから（一七九八年一二月九日）、フェルディナンド四世はナポリから（一七九八年一二月二一日）、大公フェルディナンド三世はトスカーナから（一七九九年三月二七日）それぞれ追放されている。彼らの領土は、戦略上の理由から占領された。また、総裁のリュベルは、それら内部のいかなる変革にも反対した。なぜなら、もしそうした事態が生じれば、和平交渉が紛糾することが懸念されたからである。シャンピオネが逮捕され、ジュベールが辞職を余儀なくされ、さらに民間人派遣委員のイマールがピエモンテの臨時政府に同国のフランスへの併合の票決を認めた一七九九年二月以降辞任したのは、こうした理由による。しかし、リュベルによる総裁政府の穏健路線は、すでに守勢に回っていた。四月には、スヴォーロフ(三四)率いる反仏同盟軍が、ロンバルディーア、続いてピエモンテを占領する一方、マクドナルド(三五)はナポリから急いで退却している。さらに、六月一八日には、旧ジャコバン派が支援する兵士グループが総裁政府打倒のクーデタを敢行する（プレリアル三〇日のクーデタ）。その後、ナポレオンによるブリュメール一八日のクーデタ（一七九九年一一月一〇日）によって総裁政府が打倒されるまでのわずか数カ月間ではあったが、この時期に革命戦争の理想への回帰が見られた。こうして、民間人の派遣委員職が廃止され、ジュベールの支持を得たシャンピオネがイタリア方面軍司令官に任命された。しかし、フランスによるイタリアの「解放」は、すでに終わりを告げた。ナポレオンが翌年復帰するとともに、イタリアでは新しい試みが始まることになる。

四　ジャコビーニ

トゥリエンニオ、つまり三年間にわたるフランスのイタリア支配は、後年の歴史研究では〈ジャコビーノの〉時代と呼ばれることになる。ところで、主要なジャコビーノは、左右両派から非難を浴びた。つまり、彼らは、アナーキーと現実性の欠如という傾向を帯び、フランスのように農民の支持を得た革命を起こすことに失敗したというのである。とはいえ、ジャコビーノは、フランス軍侵入に続く初期の段階で政治的にかなり重要な位置を占める唯一の存在であった。そして、彼らの活動は、フランスの支配の状況に絶えず大きく左右された。

ジャコビーノは、その行動や思想の面で、革命前に活動した改革主義者とはかなり異なっている。ヴェッリが、ナポレオンに従ってミラノに集まった人々を不誠実な山師とみなして彼らから離反した事実は、古い改革者の世代に典型的に見られる、新しい試みに対する不信感の表明といえる。改革者のうち、フランスを歓迎する意向を示したり、進んで協力する用意がある旨宣言した人々は、革命初期（一七八九―九一年）の路線は別としても、全般的には総裁政府の路線に一致する穏健な立場に立った。トスカーナのように改革が大きな成功を収めた地域では、ジャコビーノ主義は存在しなかった。そして、若干の指導的な改革者がジャコビーノと合流したのは、ナポリのように改革が悲惨な結果に終わった地域だけである。もっとも、この場合でさえ彼ら改革者は、マリオ・パガーノのように(三六)かなり穏健な立場に立っていた。したがって、私有財産の撤廃を主張したヴィンチェンツォ・ルッソのような改革者は、極めてまれなのである。

一方のジャコビーノは、事実、新しい世代に属していた。彼らのうちの多くは、パリの革命運動を目撃するか、実際に参加していた。また、フランスの市民権を取得していた者もいた。さらに、パリ、ジェノヴァ、そしてオネーリアでブォナッローティの周囲に結集した亡命者の大半を占めていたのはジャコビーノであった。彼らの多くは、フランス軍がイタリアに侵攻した際、ナポレオンに従って戦ったのである。他方、ジャコビーノのクラブやフリーメーソンのロッジで陰謀を企て、その過激な思想によってしばしば投獄されていた者は、今や堂々と白日の下で活動を展開した。彼らは、革命がイタリアを解放し、社会を再生するという楽観主義を亡命者と分かち合っていたのである。ジャコビーノが以前の改革者と一線を画する点は、その政治的革新性にあった。つまり、ジャコビーノは、イタリアと全人類にとってまったく新しい社会を実現するために必要な一歩が、イタリアの独立であると信じていたのである。革命は、過ぎ去って間もない過去との激しい断絶を意味していた。とはいえ、その過去から特定の平等主義の要素を拾い出すことは可能かもしれない。そして、ルソーは、ある程度頻繁に引用されることになる数少ない人物の一人である。しかし、その時代、人々は堕落した社会に生きていた。こうして、ジャコビーノの著作や演説を特徴づけていたのは、純粋で質素な生き方こそ美徳であるとするスパルタや古代ローマのイメージであった。

彼らは、イタリアの独立と共和国の樹立に絶対的な信頼を寄せており、これが彼らの行動に一貫して見られる特徴であった。フランス政府に対する不信と憎悪の念が彼らに芽生えた原因はそこにあった。ちなみに、祖国の独立と共和国の樹立は、ブォナッローティがピエモンテで企てた陰謀の目標であったし、ミラノの教育協会が主催したイタリアの将来をテーマとする有名な論文コンクール（一七九六年九月）に応募した作品の基調にもそれが明確に現われている。単一の独立した共和国の中に含まれることになる地域がイタリアのどこかについて議論が闘わされたが、明確な結論は出ずじまいだった。ところで、このコンクールでは、「イタリアに最もふさわしい自由な統治形態は何か」というタイトルの論文公募を行なった。そして、これに応募した指導的なジャコビーノの多く（メルキオッレ・ジョーイア(三七)、マッテオ・ガルディ(三八)など）は、単一の統一共和国が必要であると主張した。この形態ならば、軍事的な視点から大きな安定が得られるとの判断からである。他方、カルロ・ボッタ(三九)やマルコ・ファントゥッチらのように、複数の共和国からなる連邦制を支持する者もあった。この形態が、地方間の相違や諸都市の雑多な主張を一層正確に反映すると彼らは考えたのである。共和国の出現とその破壊的な能力によって、今なお専制政治の支配下に置かれている諸邦の〈革命化〉を望む者は多かった。が、共和国の領域が当初から北・中部イタリアを超える部分にまで及ぶことが可能と真剣に考えていた者は、実際には少数だった。とはいえ、民族の独立は、どんな地理的な限界があったにしても、ジャコビーノの思想の骨格をなしていたのである。

ピエモンテ出身の元司祭で、極めて個人主義的な傾向の強かったジョヴァンニ・アントーニオ・ランツァ(四〇)は、福音伝道者の持つ情熱と民主的な見解の持ち主だった。このため、ブォナッローティが一七九六年にピエモンテで共和国樹立を目指した際、彼は指導的な役割を演じることになった。彼は、〈唯一不可分の共和国〉の主張が、フランスの例から引き出されたと考えている。

> 「この主張の流行は、他の流行と同様フランスに端を発している。しかし、フランスで流行する物すべてが、他の国、とりわけイタリアにとって適切で有効なものだとは限らない。」(Saitta, 128, vol. 2, p. 195)

この観察は、注目に値する。なぜなら、ジャコビーノの政治的プログラムや大半の社会的プログラムは、フランスの例から意識的に刺激を受けたものだったからである。時は移り、状況はすさまじいまでに変化した。しかし、模範とすべき時代としてジャコビーノが回想するのは、フランス革命において最も急進的かつ民主的であり、最も〈英雄的な〉時期であったロベスピエールと公安委員会指導下の一七九三―九四年であった。ジャコビーノは、この時代から自分たちの希望や提議を引き出してきた。具体的には、教育改革と恐怖政治の実施、土地の一層平等な分配と物価統制、愛国者協会の設立と自由な姉妹共和国の形成といったものである。一七九四年にフランスへ亡命したナポリのマッテオ・ガルディは二年後、イタリア方面軍とともに帰国し、ブォナッローティの陰謀に加担したらしい。彼は、すべての愛国者がジャコバン派の指導するフランスに負っていた恩義をおそらく最も明快に認識していたものと思われる。

「われわれが、革命の宣伝に不平を鳴らすいわれはまったくない。もしもそれがフランスで行なわれなかったならば、イタリアに自由はなかっただろう。フランスで一七九三―九四年と同様に加速をつけた運動がさらにもう一年続いていたならば、不幸なわが祖国の運命に関連してこれほど多くの交渉が行なわれ、これほど多くの協定が締結されることはなかっただろう。しかし、大国民公会の樹立がほんの〈一瞬〉でも実現されれば、われわれのこの半島だけでなく、全ヨーロッパが今頃唯一不可分の共和国となっていたことだろう。」(Cantimori, 126, vol. 1, p. 248)

オーストリア軍がイタリアにおける革命の存続を脅かすように思われていた一七九六年一一月中頃になると、チザルピーナ共和国のジャコビーノは、フランスのジャコバン派が一七九二年に行なったように、国民を自己の周囲に結集しようと試みた。つまり、愛国者協会では絶えず集会が開催され、パンの価格引き下げを求める労働者の声が支持され、さらにフランスの承認を得ずに公正証書を通じて共和国の独立が正式に宣言されたのである。ガルディは、〈反穏和主義〉を激賞した。なぜなら、穏和派の連中は〈シュアネーリア〉〔王党派的な精神〕の持ち主であるため、愛国者を殺害したり、ライン方面軍を打ち負かすことに適した市民だからであった。一七九九年になって、対仏同盟軍が前進するにつれ、愛国者は、秘密裡に〈オーストリア・クラブ〉を結成していたミラノの名家の人々を人質にすることを提案している。イタリア北部の大半のジャコビーノよりもはるかに穏健なナポリのパガーノでさえ、パルテノペーア共和国末期の絶望的な段階に〈過激な〉政策の実施を提案したほどである。

非常事態の発生を理由に、非常手段の実施が要求された。ジャコビーノは、共和国の持つ真の力が民衆の支持に見いだされるべきであると確信していた。この支持をいかにして獲得するか、また民衆の定義をどうするかの問題に関し、さまざまな解答が引き出された。とはいえ、教育の重要性については、異論はなかった。そして、フランスにおける革命的な教育の試みと啓蒙思想の著作（こちらは、通常過小評価されてしまった）には、多くの者が関心を抱いていた。新古典派の詩人でモーデナ出身のジョヴァンニ・ファントーニ（四一）は、立憲サークルや民衆の団体が布教の役割を担う存在であると考えていた。そして、それぞれの市町村に学校が設立されるはずであった。教育を社会再生のための最も効果的な手段であるとみなし、これに格別の関心を抱いていたジュゼッペ・アバモンティ（四二）は、一一歳以降も教育を続けるべき児童をそのクラスメート自身が選ぶという民主的な提案を行なった。また、教育が民衆すべてのためにあると明快に述べたのは、マッテオ・ガルディである。

「民主主義の原理に基づいて民衆を訓練し、教育することを目指すのが革命的な公教育であると私は理解している。」(Cantimori, 126, vol. 1, pp. 223-4)

実際、教育は、〈迷信〉の打破を通じて平等主義的な民主主義を民衆に理解させ、受け入れさせることを可能にすべきものなのである。そして、教育の最も初等のレベルでは、どのようにして立憲的な選挙を行なうかを民衆に教えるべきであるというのがガルディの持論であった。また、他のジャコビーノに比べ常に急進的であったヴィンチェンツォ・ルッソは、教育を次の二つの目的を達成するための手段とみなした。つまり、利己的で個人主義的な基準に従って他者を批判する態度を改めること、そして無産の平等主義による共和国樹立に必要な前提条件である同質的な精神を民衆に植え付けること、であった。つまり、「平等の意味は、人間が皆同質的な思考を行なうということにほとんど尽きる。そして、これが実現すれば、他の平等化も容易に可能となる」のであった(Cantimori, 126, vol. 1, p. 326)。

しかし、前記の新しい学校が設立されるまで、民衆の教育はどのようにして行なうべきなのか。この問題に関し、たとえばナポリの女流詩人、エレオノーラ・フォンセカ・ピメンテル(四三)は、次のような提案を行なっている。つまり、新聞、立憲サークル、教会の説教壇から教え諭す民主的な教理問答、方言を用いた単純な解説といったさまざまな手段を用いて教育すべしというものである。また、貧民を扇動して貴族や銀行家を標的とする暴動を画策したかどで逮捕されたボローニャの元貴族、ジュゼッペ・ジョアッネッティは、共和主義を基調とする短い寓意劇を創作している。彼によれば、ジャコビーノがイタリア各地を巡回して農民のあばら屋を訪ね、そこでこの作品を上演するはずであった。

ジャコビーノは、実際農民からの支持を獲得する必要性を痛感していた。アバモンティも、この問題に言及している。

「国民大衆が、国家の政治的変化に直接関心を抱くようにさせなければならない。さもないと、われわれの共和国は流産してしまうだろう。」(Saitta, 132, p. 236)

この問題で直面する難しさは、次の点にあった。つまり、民衆は、その一部に見られるように当初は革命に共感を寄せていたか、あるいは多くの場合は少なくとも無関心であった。しかし、それは、フランス軍が略奪を行なったり重税を課した結果、革命に対する憎悪へと急速に変わってしまったのである。ジャコビーノの多くは、宗教や〈迷信〉に対して、極端に慎重な態度をとった。たとえば、ピエモンテのジャコビーノは、一七九六年に起草した規約の中で民衆の信仰に攻撃的な姿勢をとらぬよう説いている。その後の時期において、ロンバルディーア〔チザルピーナ共和国〕からローマ〔ローマ共和国〕に至る時期のジャコビーノは、この問題に対して慎重に取り組む必要性を例外なく強調した。しかし、彼らは以前、イタリアの革命運動や、とりわけフランス革命を経験済みであった。このため、彼らは、全般的に激しい反教権主義を身につけており、これが、チザルピーナ共和国議会で展開された議論の特徴となった。ジャコビーノは、そのほとんどすべての者が宗教的情熱に突き動かされており、自然宗教や最高存在の崇拝に基づいた精神の変革が社会の再生後に生じるものと信じていた。この確信には、通常反教権主義が付随している。したがって、彼らが徐々に時間をかけて民衆を迷信から解放し、啓蒙する必要性を説いても、彼らの確信はこれと反りが合わず、時には矛盾するのであった。

　ジャコビーノが民衆の支持獲得に腐心したことは、彼らの財産に対する姿勢を見ても明らかである。しかし、そこでは、平等主義者としての動機や、小規模な独立自営農が美徳の象徴であるとする古代スパルタ的な考え方が、かなりの幅を利かせていた。彼らは、私有財産の原理を認めた。ちなみに、これは、フランスのジャコバン派の大半が示した姿勢でもあった。とはいえ、土地を持たない貧民の問題の深刻さを、ジャコビーノは痛感していた。大所領が広がる地方の出身であったボローニャ人のジョアッネッティは、農民を扇動して徴税請負人や土地貴族と闘うよう促している。メルキオッレ・ジョーイアのように、教会から没収した土地は、貧民の間で分配すべきであると考えたジャコビーノもいた。またファントーニは、個人所得の上限を設定するよう提案した。他方、空想的改革主義を標榜する雑誌『ニーチョ・エリトゥレーオ』[四四]は、平等主義に基づく土地の周期的な分配を主張していた。そして、ただヴィンチェンツォ・ルッソだけが、私有財産の原理それ自体に反対している。

しかし、ジャコビーノは、土地の分割だけで十分であるとは考えていなかった。つまり、政府は貧民が必要とする物資を供給する義務があると考える点で、彼らは一致していたのである。公的な救済は神聖な義務であり、病院、宿泊施設を設置して、物乞いを放逐しなければならない——彼らは、そう考えていた。元貴族で夢想家のエンリーコ・ミケーレ・ラウローラは、民衆に対し、革命が彼ら自身のために行なわれることを示すことこそ立法機関や国家が果たすべき第一の義務であるとした。

「そうなのだ。イタリア人の代理たる為政者は、法律の制定を行なう前に……貧者に配慮しなければならない。そして、賢明で適切な法によって、物乞いをこの社会から永遠に追放せよ。しかし、諸君の果たすべき仕事は、これにとどまるものではない。然るべき必要物資を貧者に与えよ。革命が実際に民衆のために行なわれるものであることを彼らに示せ。つまり、革命は、彼らの境遇を改善し、彼らを貧困から解放し、幸福の獲得に手を貸すために行なわれるものであることを彼らに示すのだ。」

(Cantimori and De Felice, 127, p. 484)

かくして、民衆は共和制と憲法を獲得するはずであった。ちなみに、ジャコビーノの念頭にあった憲法とは、フランスにおける共和国二年のそれであり、同国がイタリアに創り上げたすべての共和国に対して若干の変化を加えて適用した一七九五年の制限的な性格の強い憲法ではなかった。ジュゼッペ・アバモンティらは、立法議会を民衆の監督下に置くことの必要性を主張し、さまざまな方法を用いてこれを実現すべきだとした。こうした考えは、ジャコビーノの大半に共通している。一方、ヴィンチェンツォ・ルッソは、民衆を構成メンバーとする政府が必要であると主張していた。

しかし、民衆とはそもそも一体誰を意味するのか？　奢侈と時には都会生活の堕落とも無縁で静的な農村社会という典型的な社会観は、フランスのアナーキーな大変動の記憶と結びつき、ジャコビーノの民衆像をしばしば限定する結果を招いた。たとえば、ランツァは、土地を持たない者は民衆とはいえないと極めて明確に主張していた。

「国家は、民衆に対してパンや正義や恐怖を与える状況を作り出す配慮のみをすべきだし、またそうすることだけが可能なのだ。」(Cantimori, 126, vol. 1, p. 439)

そして、ピエモンテの医師で、後に歴史家となるカルロ・ボッタは、民衆を「実直な農民、勤勉な職人、都市や農村の裕福なブルジョアジー……知識人、そして学者」と規定している(Saitta, 128, vol. 1, pp. 25-6)。

さらに、ロンバルディーアの行政に関する論文コンクールで優勝した前司祭、メルキオッレ・ジョーイアは、長男以外の貴族の子息、聖職者、法曹家、商人といった伝統的支配層の支持を獲得することに心をくだいていた。というのは、この階層以外の連中は、当然のことながら共和制支持に回るものであり、また社会の最下層の人間は、自分たちよりも上層の人間の行動を模倣する傾向を持っているからである。

「単なる恐怖心から成立する和解は、誠意がこもっているものではないし、長続きもしないと私は確信している。だから、人々の虚栄心を傷つけることなく、また、憎悪の念を高めることのないよう配慮しながら人間の関心と理性に訴えつつ、社会のあらゆる階層が共和制支持に結集するように私は今まで呼びかけてきたのである。」(Saitta, 128, vol. 2, p. 101)

これらは、ジャコビーノの中でも穏健な傾向を持つ人々の考えであった。他方、ほとんどメシア的な調子で将来の社会を論じていた急進的なジャコビーノの脳裏には、民衆を規定するという問題意識がまったく欠けていた。つまり、独立と共和制は、この地上の全体的な再生に向けての第一歩であると彼らは考えていた。ちなみに、その再生は、たとえばベッルーノ〔イタリア北部ヴェーネト地方の都市〕出身で水力学の技師ジュゼッペ・ファントゥッチによると、イタリアで始まって全人類を蘇らせるものであった。

おそらく、こうしたジャコビーノによる提言の大部分は、解放後のロンバルディーアで、そして少し遅れてローマやナポリに新しい共和国〔ローマ共和国、パルテノペーア共和国〕が樹立された後の一七九六―九七年に公表されたものと思われる。それらの内容を見ると、イタリア解放に続く初期に展開された議論の熱狂と自由な雰囲気を如実に物語っていることが分かる。つまり、当時は、フランスの支配がイタリアにとって極度の重圧となる以前の時期に当たっていたのである。

「革命を準備するのは哲学者であり、銃剣がこれを決する」とファントゥッチは書いている。彼は、このようにフランス軍よりもイタリア人の持つ価値を重視していたことが明らかである（Saitta, 128, vol. 1, p. 260)。

しかし、ジャコビーノによる実際の活動の可能性をしだいに制約することになったのは、まさにこのフランスの軍事力にほかならない。フランス軍のイタリア侵攻に続く初期の数カ月間は、ジャコビーノが最も強力だった時期に相当する。彼らの多くがフランス軍とともに戦い、有力なコルシカ人でフランス政府派遣委員サリチェーティの支援を受け、彼らの行なうプロパガンダの価値を鋭く見抜いていたナポレオンの少なくとも好意的な支持を得ることができた。民主主義者としてナポレオンに深い疑惑の念を抱いていたランツァは、ロンバルディーア教育協会主催の論文コンクール（一七九六年）によってジャコビーノの思想が世間に公になったと考えた。彼によれば、このコンクールこそ「ナポレオンによる政策の試金石であり、これによって、彼はイタリア人の願望を探ろうと欲した」のである（Saitta, 128, vol. 1, p. xx)。

これらの革命的な愛国者とより穏和なグループとの軋轢は、ミラノやエミーリアの諸都市で直ちに明らかとなった。たとえば、ボローニャでは、貴族によって構成される元老院が、新しい秩序を構築する際に、できるだけ既存の体制に手を加えないことを保障しようと努めていた。いわゆる〈体制側〉の詩人であったメルキオッレ・チェザロッティは、自作の教理問答『教育のない同胞のための、ある市民による教程』を著した理由を、数年後に一人の友人に説明している。彼はその中で、フランス革命に端を発するイタリアの政治的、社会的大変動の危機に直面した穏和派の精神状態を鋭く捉えている。

「貴族は、葬り去られた。われわれの運命は、定まったように思われた……。それでは一体われわれには何が残されていたのか？　われわれの仕事は、次のような行動を民衆に対して起こすことにあった。つまり、すでに確立した新しい秩序、その政府の性格と目標を彼らに教えること。そして、その秩序や政府に対する信頼と落ち着きのある支持を得るために、何よりもまず彼らがそれを愛し、賞賛するよう仕向けること。……やりすぎや職権の乱用を回避し、とりわけ新しい秩序の維持に必要な徳を教え込むこと。さらに、新しい体制を根底から覆し、最上のものとなりうる政府を最低の政府にしてしまう可能性を持つ悪徳を民衆に指し示すことが、われわれに残されている任務なのであった。」(Romagnoli, 151, pp. 7-8)

ちなみに、〈やりすぎ〉〈職権乱用〉〈悪徳〉は、穏和派にとってジャコビーノを暗示する表現であった。ジャコビーノは、革命が自らの掌中で死にかけているという危機を熟知していた。ロンバルディーアでは、彼らは当初貴族の大規模な長期不在に助けられた。つまり、彼ら貴族は、使用人を解雇して田舎の所領に引っ込んでしまったのである。民衆協会に結集した愛国者は、この好機を捕えてナポレオンに働きかけ、自らが市町村議会や国会のメンバーとなる確約を彼から取りつけた。しかし、フランスの支配下で己れの無力を悟った彼らは、軍事力を保有し、さらに国家の統一を訴えることで、再び革命運動のイニシアティヴを掌握するよう努めた。つまり、〈ロンバルディーア軍団〉の創設がそれである。これについては、

『イタリアの青年に告ぐ』の中で、述べられている。つまり、愛国者は、もはや〈怠惰な傍観者〉であってはならないというのである（Peroni, 148, p. 66)。

さて、フランス軍がイタリアに侵攻した当初の不安定な数カ月間というもの、ジャコビーノと穏健派両者間に横たわるメンタリティーの著しい差異は、イタリア統一という大きな枠組を持つ政治問題の陰に隠れたともいえるし、それに要約されてしまったともいえる。穏和派や、一層進歩的な愛国者の多くは、彼らの故郷の都市の独立を擁護し、イタリアの統一には消極的な態度を明らかにした。他方、ジャコビーノは、ガルディのような元亡命者に鼓舞されて、革命運動が統一に向けて拡大することに大きな期待をかけていた。彼らは、フランス軍がいったんイタリアから去ってしまった場合、一体どのような形で革命が継続可能かを考えた。つまり、革命は、彼らジャコビーノの指導によって存続可能な大規模な統一国家においてのみ実現されるというのである。こうした考えに基づき、彼らの代表団がパリに派遣された。一行は、ガルディが作成した報告書を携えていた。それには、イタリアにおける独立した共和国の存在がフランスにもたらすことになるはずの利益について書かれてあった。こうした動きのほかに、前記のロンバルディーア軍団の創設、自由なイタリアに最もふさわしい統治形態をテーマとする論文コンクールの開催、そして革命運動のプロパガンダの継続は、すべてイタリア統一を通じて独立を獲得しようとする運動のエピソードなのである。

一七九六年末および翌年初頭になると、総裁政府もナポレオンもともに彼らに進んで耳を貸そうとはしないように思われた。このため、ロンバルディーアの愛国者は絶望的になっていった。とりわけ、チズパダーナ共和国誕生の契機となったレッジョ・エミーリア会議で彼らが公的な役割を演じるのをナポレオンが拒んだことで、ひどく落胆してしまったのである。ポッロは、ロンバルディーア人の運命を次のように予想するに至った。つまり、彼らは、二カ月以内に共和主義者として一致団結するか、あるいは他のイタリア人に見捨てられて再びオーストリアの支配に屈するかのいずれかを選択することになるだろうというのである。一方、エミーリアでは、ジャコビーノと愛国者（両者の相違は、イタリアの独立と統一の問題を前にして、あいまいになりつつあった）の活動に対し、ナポレオンは有利な状況を提供することになる。なぜなら、彼は、この地域に軍事的な障壁を築こうと望んでいたため、遅れはしたがチズパダーナ共和国の樹立を認めたからであった。それから、今度はチザルピーナ共和国樹立の結果、ジャコビーノは勝利を収めたかに見えた。しかし、それは幻想にすぎなかったことがまもなく明らかとなる。

チザルピーナ共和国において、彼らの影響力はすぐさま失われてしまった。ナポレオンにとって、彼らの役割は純粋に副次的なものにすぎなかった。つまり、彼らのプロパガンダを通じて新体制に対する支持を獲得することを彼はもくろんでいたのである。同共和国の高官となったジャコビーノは極めて少数であった。独立や急激な社会変革の要求は、圧殺されてしまった。一七九七年一月、ナポレオンは、実現はしなかったものの、体制に一層柔順な愛国者協会を設立しようと試みた。同年二月になると、チズパダーナ共和国の指導的ジャコビーノであったアウローラやジョアッネッティらが追放されたり、迫害を受けたりしている。こうして、一七九八年になると、ミラノは、イタリアにおけるジャコバン主義の中心としての地位を喪失した。なぜなら、ジャコビーノの代表的な指導者の多くがチザルピーナ共和国での敗北を黙認し、ローマや、のちにはナポリへ移動していったからである。このように、フランスのイタリア侵攻の方向性や性格に影響を及ぼそうとするジャコビーノのもくろみは潰え去り、彼らがなお保持していた主義主張の自由な表現も、ブリュヌ、ジュベール、シャンピオネといったフランスの将軍が行使する個人的な保護に依存するありさまであった。ジャコビーノは、穏和派に打倒された。なぜなら、フランス、そしてナポレオンが後者を支持したからである。また、彼らは広範な民衆の支持も得ることができなかった。というのも、彼らが、容赦ない搾取を行なうフランス人の協力者とみなされていたからである。

革命に批判的なある愛国者は、フランチェスコ・ベカッティーニのペンネームで、『フランス人が宣言した自由の体制の要約、あるいは試論』を著し、ジャコビーノを次のように規定している。

「彼らは、国民にとっての死刑執行人であり、卑劣なえせ愛国者で、国民に共通する大義を真っ先に裏切った連中にほかならない。つまり、彼らは不法な〔フランス人〕使節の気紛れにわが身を売り渡し、同胞の戦利品を彼らフランス人と山分けし、彼らに手を貸すことにより、同胞の破滅を決定づけてしまったのである。」(Peroni, 148, p. 98)

ナポリの〈ラッザローニ〉〔ごろつき〕は、当時こう口ずさんでいたものである。

「ヴァイオリンの奏でる調べは、いつも〈ジャコビーノよ、くたばっちまえ〉と歌っている。」

(Croce, 158, pp. 39-40)

こうして、フランス支配の反対派に回らざるをえなかったジャコビーノとイタリア統一を標榜する愛国者は、総裁政府の弾圧によって互いに団結して行動するに至る。総裁政府からすれば、彼らは皆バブーフ流の〈アナーキズム〉に染まっていることになる。チザルピーナ共和国に派遣されたフランスの外交官、ビニョン[四五]はこう書いている。

「フランスで弾圧されたアナーキズムは、イタリアに逃れ、そこをわがものにしようと欲している。」

(Vaccarino, 144, p. 188)

ブォナッローティやバブーフの陰謀とつながりがあったジャコビーノも、確かにいることはいた。たとえば、ファントーニ、ジュリアン、そしておそらくはガルディといった人物である。しかし、総裁政府がジャコビーノのアナーキズムの恐怖に取り憑かれた結果、前記の過激なジャコビーノと数の上で彼らを上回る統一主義の愛国者の結びつきが強化されることになったのである。神秘主義的な性格を持つ〈放射線協会〉結成の契機となったのは、まさにフランス側の政策にほかならない。ちなみに、同組織の陰謀（一七九八年）は、イタリアを占領したフランス人にとって頭痛の種であった。この時期のフランス側の敵意をきっかけとして、指導的な立場にあるジャコビーノとイタリア人愛国者は、フランスの反体制勢力である過激なジャコバンと再び結びつこうとした。しかし、一七九九年六月（一八日／プレリアル三〇日）に勃発した総裁政府に対するクーデタも、ジャコビーノの立場を強化するには遅きに失したのである。

五　イタリアの諸共和国

この三年間（一七九六―九八年）にイタリア統一の動きがたとえ進展を見せたにせよ、諸都市や地方間の対抗意識は依然として顕著であった。イタリアの諸都市の多くは、一七九六年にフランスの手によっていったん解放されると、パリに代表団を派遣し、独立した共和国としてそれぞれの領土の拡大を要求した。たとえば、ミラノ人は、経済および政治上の理由から、次のように主張している。つまり、新しく出現する共和国は、マントヴァ、ヴェネツィア、ダルマツィアを含むヴェネツィア本土全域、ピエモンテに併合された旧ロンバルディーア領、ジェノヴァ、あるいはちょうど地中海東部のアドリア海への出口がヴェネツィアであるように少なくとも地中海西部への別の出口を含むものでなければならないとした。ちなみに、ここで想定されている共和国の境界は、換言すれば、ヴィスコンティ家やスフォルツァ家がかつて支配した旧ミラノ公国の境界にまで拡大されるべきものということになる。ミラノ人のイタリアにおける覇権の願望は、分割された共和国に対して彼らが敵意を示すことによって――「三つの共和国は、一つの共和国も無きに等しい」（Peroni, 125, p. 8）――、しばしば隠蔽された。

ところで、他の都市はミラノほどの野心を抱いていたわけではなかったが、それでも自己の経済力拡大と対抗都市への従属回避に腐心する点では同じであった。たとえば、ボローニャは、共和国にフェッラーラ、アンコーナ、ロマーニャを含めることを望んでいた。一方、フェッラーラは、近隣のチェントとピエーヴェに対して支配権を確立することを期待していたが、ボローニャに服するよりもミラノと同盟関係に入ることの方を希望していた。また、モーデナはフェッラーラの獲得を主張したが、他方、レッジョは、モーデナからの独立の維持に腐心していた。さらに、アンコーナはわずかな期間独立を維持し、その間にマルケに対する支配権を主張したが、ローマに新たに服従する事態を避けるためにチザルピーナ共和国との結合を望んだ。そして、ローマの愛国者は、ナポリ王国の領土獲得に野心を抱いていた。一方、ナポリのローベルグは、フランスがもしシチリアを占領したら、ローマ共和国はパルテノペーア共和国に吸収されるべきであると考えていた。極めて決然とした愛国者、とりわけ亡命生活を経験した者は、イタリアの独立を達成するには、諸邦の統一が唯一不可欠の手段であると主張していた。ちなみに、これは、前記のような伝統的に深く根ざしていた地方間の相互不信や都市間の貪欲な支配願望に抵抗して発せられたものにほかならない。

こうした地方間の対抗主義は、フランス軍侵攻の結果として誕生した新しい共和国内部にも必然的に根強く残ることになる。この点に関し、メルキオッレ・ジョーイアは、一七九八年にチザルピーナ共和国を例に挙げ、次のように述べている。

「サバッティは、小銃がブレッシャで購入されるよう期待している。一方、この共和国は、利益獲得の観点から、すべての武器商人が競争して小銃を売る自由を要求している。コッデは、正義や誠意を犠牲にしてマントヴァの宝くじがミラノに導入されることを望んでいる。レッジョの住人は、破毀院が当地に設置されるよう希望している。さらに、ボローニャの住民は、消費税と闘っている。なぜなら、彼らの土地では、この種の税が存在していなかったからである。」(Gioia, 129, p. 124 n.)事実、多くの都市にとって、こうした諸邦の統合は、行政あるいは経済活動にすぐさまある程度の損失を被らせることを意味していたのである。

新しく誕生した共和国に見られるこれらの構造的な脆弱さを、必然的に(また、故意にという者もあった)助長したものは、連合や統一に対してイタリア人が抱くあらゆる願望にフランスが敵意を示した事実だけでなく、〈姉妹〉共和国を弱体なまま放置しておこうとする同国の意図でもあった。チザルピーナ共和国の境界地域は、敵の攻撃を受けやすい状況にあった。つまり、アディジェにはオーストリア軍が残壕を掘って防備を固めていたし、チロルやグラウビュンデン〔スイス東部〕に接する地域は、敵国のスパイの侵入のなすがままになっており、また、共和国の一部であるガルファニャーナ地方はパルマ公国の領土(チザルピーナ共和国は、同国を承認していなかった)、ルッカ、それにトスカーナに挟まれて孤立していたのである。一方、ローマ共和国やパルテノペーア共和国の国境線は、決して明確に規定されてはいなかった。

フランス人にとって、これら〈姉妹〉共和国は、イタリア方面軍とフランス本国に資金を供給する以上の存在ではなかった。税の取り立ては、以前の平和な時期に比べて過酷なものとなったうえ、将軍が個人的に略奪を行なったために事態は一層悪化した。フランス軍による教会の〈国有財産〉(1)の没収行為は、絶えず議論の的となった。なぜなら、共和国行政の目指したのは、没収に歯止めをかけるか、少なくともそれら財産の総体的な価値や範囲を明確にすることにあったからである。ちなみに、その目的は、財産の残余部分の売却を容易にすることにあった。チザルピーナ共和国は、フランス産の物品に有利な内容を持つ通商条約に調印することを余儀なくされた。こうした強制や極めて多くのフランス人官吏による略奪は、他の何よりもまして、ローマ共和国に勃発した暴動の原因となった。同時にそうしたフランス側の行為は、一七九九年にフランス軍が撤退した後に勃発した全般的な蜂起の場合も、それがすべてではないにしろ、少なくとも主要な原因の一つとなったのである。

フランスは、共和国政府を構成するメンバーの選択や憲法の押しつけを通じて、同国に対する柔順な協力を得ようとしていた。総裁政府とナポレオンは、イタリア内のフランスの政策にとっての二つの主要な反対勢力が、オーストリアを支持する反動派と過激なイタリア人愛国者であるという点で見解が一致していた。しかし、後者の潜在的な危険性に関しては、両者の判断は異なっていた。モーデナ駐在のフランス軍司令官の言葉は、総裁政府の判断を正確に表現している。つまり彼は、「君主制、一七九三年憲法、それに現体制と異なる他のあらゆる体制を言動によって支持しようとする者は、何人であろうとも」死刑に処すと脅したのである（Turi, 160, p. 299）。

〈姉妹〉共和国を支える土台は、いわゆる穏和派でなければならなかった。彼らは、ある程度の地位と富に恵まれており、その出自が貴族であれ、ブルジョアジーであれ、新しい政府に喜んで尽すつもりか、あるいは、ともかくも彼らの持つ名声を体制に提供するような人々であった。ナポレオンが、〈エグザルテ〉〈熱狂者〉の抑制が必要であると考えていたことは明白である。しかし、一七九六年八月二六日に自発的に蜂起してこれを成功へと導いたレッジョの愛国者の示した熱狂ぶりに感銘した彼は、当初、彼らの大袈裟な民主的思想がエミーリアの地主や貴族の影響下に抑制されるであろうと依然確信していた。したがって、彼は、エミーリア地方の四都市（ボローニャ、フェッラーラ、レッジョ、モーデナ）合同会議の開催をいつでも奨励するつもりでいた。とはいえ、そのために、聖職者、貴族、地主、商人、知的職業人を指名、あるいは間接的に選出するよう彼は助言を与えてはいた。これらの一見穏和な各都市の代表者は、それぞれの競合意識に打ち勝ってチズパダーナ共和国の樹立（一七九六年一二月から翌年一月にかけて開催された第二回レッジョ会議による）、教会所領の国有化、長子相続制と封建的賦役の廃止、国内における商取引の自由化宣言を決定した。そして、ナポレオンは、この時点になって、憲法が承認されるまで彼らが果たす予定であった〈統一〉政府の役割をやっと停止させたのである。彼は、一七九七年一―三月のモーデナ会議によって作成された憲法を、個人的に修正した。ちなみに同憲法は、一七九五年のフランス憲法を保守的に改定した性格をすでに持っていた。

上からの人材の指名や適切な抑制を行なわずに状況を支配することは、憲法施行（一七九七年四月）に続く選挙で明らかなように、フランスにとって容易ではなかった。ボローニャとフェッラーラでは、極めて多くの貴族と聖職者が選出された。一方、モーデナとレッジョでは、穏和派と民主派の議員が相半ばしていた。こうして、このイタリア人による最初の自治の試みは、ナポレオンにとってはあまりに危険であることが判明した。なぜなら、穏和派はあまりに弱体であり、ジャコビーノに対する恐怖心は、反動派にとっては有利に作用したからである。彼は、チズパダーナ共和国を躊躇せずに解体し、これをチザルピーナ共和国に統合させた（一七九七年六月二九日）。ちなみに、その際、モーデナ、レッジョ、そして後にはボローニャ、フェッラーラ、ベルガモ、ブレッシャが新たに編入された。こうして、イタリア人の〈成熟〉が明らかにされたかに見えた。この点は、イタリアに派遣されているフランス人外交代表者による全般的な質疑応答の後、総裁政府が次のように書いていた事実から判明する（一七九六年七月）。

「われわれが入手したイタリア人の動向に関するあらゆる情報を通じ、次の事実が明らかとなった。つまり、彼らは、まだ自由を享受するほどには成熟していないということである。それどころか、彼らは、フランスのイタリア侵攻の結果生じた自由がもたらす隷属と悪徳によって堕落さえしているのである。」(Vaccarino, 144, p. 40)

チズパダーナ共和国の失敗により、イタリア人に政治的な選択の自由が認められたとする大義名分はすべて無意味となった。ナポレオンはジェノヴァの寡頭政権を打倒後（一七九七年六月六日）、リグーリア地方のこの共和国におけるさまざまな社会層や都市間のバランスをとりながら、行政担当の新しいメンバーをすべて個人的に指名した。彼は、チザルピーナ共和国の社会的、地理的なバランスについても、まったく同じ関心を示した。そしてその際、彼はミラノの民主派の力にとりわけ憂慮の念を抱いていたのである。カンポ・フォルミオの和約（一七九七年一〇月一八日）締結後、彼は、チザルピーナ共和国への編入を希望するヴェネツィアの愛国者の意向を無視してしまった。

さて、ナポレオンの出立後、総裁政府は、イタリアの姉妹共和国を政治的に穏和な性格を持つ国家に作り上げるよう意図した。したがって、民主的なイタリア人愛国者は、すべて排除されなければならないことになる。たとえば、ローマ共和国では、ほとんどすべての民主派が公職から締め出された。また、チザルピーナ共和国の場合、ミラノに派遣された大使トゥルヴェに外相タレーランが憲法の〈修正〉を指示して、次のように述べている。

「当共和国の権益を考慮すれば、わが総裁政府は、以下の事態は黙認できない。つまり、イタリア統一の原理をひけらかす者が、国家行政の任務に何らかの形で可能な限り携わるといった状況である。」(Vaccarino, 144, p. 51)

また、イタリア内の姉妹共和国間で外交関係の代表者を交換しあうことを、民間派遣委員が妨害したのも同じ理由による。

ところで、チズパダーナ共和国で実施された後、その他の姉妹共和国に押しつけられた憲法は、すべて穏和な性格を持つ一七九五年のフランス憲法を基礎としていた。それぞれの憲法に多少の変更はあったものの、いずれもまったく些細なものであり、立法府を犠牲にして行政府の権力を強化する方向性を一般的に持っていた。上院および下院議員は、間接的な制限選挙によって選出される。そして、行政府は、閣僚を指名する権限を持つ五名の総裁によって構成されていた。また、司法府は選挙によって選出される。これら三権は厳格に分離されており、両院と行政府間の連絡は、すべて文書によってのみ可能とされていた。一方、閣僚は、フランスの総裁政府に対してのみ責任を負うのである。また、行政組織は、厳格に集権化されていた。これら憲法において、他の何にもまして配慮されたのは、〈アナーキー〉の再発防止であり、この点は、母体となったフランスの一七九五年憲法と同じである。このため、上院がいかなる代理・代表権を行使することも禁止されており、第二級の選挙人の選出資格は、年齢と収入面で制限された。また、集団による請願が禁止される一方、集会の自由は公秩序を乱さぬ限りにおいて認められていた。政治団体は、それ自身の役員を雇って正式な形態を持つことができず、さらに他の組織との連絡も禁じられていた。反面、個人の自由と居住の自由が強調されていた。そして所有権は神聖な権利であり、人間のさまざまな活動と社会秩序の基本であると規定されていた。このように、穏和な立憲主義が共和国の一般的傾向であり、これはイタリアの法の伝統とほどよく両立するものであった。マリオ・パガーノは、パルテノペーア共和国の崩壊直前に、前記の憲法に類似した特徴を持つ憲法を作成している。また、コンパニョーニ(四六)は、議会制民主主義に関する彼の講義において、近代人が「大群衆の中に合流すること」の必要性を主張した

(Cantimori, 126, pp. 418-9)。

また、彼は、新しいさまざまな思想を説明するために〈民主主義用語辞典〉の出版を始めた。

このように従属的共和国の樹立達成に乗り出した総裁政府は、この方面での努力を惜しむことはなかった。しかし、その結果は、フランスの側からすれば、満足のいくものとは決していえなかった。姉妹共和国で施行された憲法は、その原型となったフランスの九五年憲法と同じく実際には使いものにならないことが判明した。なぜなら、これらの憲法には、行政権と司法権、あるいは両院間における権力闘争を解決する手段が規定されていなかったからである。さらに悪いことに、さまざまな予防措置が講じられたにもかかわらず、反動派や過激派が議会内部に容易に入り込んでしまったのである。こうした事態は、姉妹共和国の中で最も重要な位置を占め、しかも長い生命を保っていたチザルピーナ共和国議会にとりわけ顕著であった。ちなみに、同国の政治史は、両院議会の議事録を調べれば詳細に跡づけることが可能である。

同共和国では、両院議会のメンバーをナポレオンが個人的に指名したにもかかわらず、貴族や聖職者が大部分を占める上院では圧倒的に保守的な性格が強かった一方、下院では、穏和派の辞職によって愛国者やジャコビーノが支配的になったために革命的な傾向が強まった。そして、六カ月以内に六〇名近くの議員が辞職している。さらに、一七九八年八月に勃発したトゥルヴェのクーデタ以後、両院議会と行政部門からの辞職が集団で行なわれた。リッチ、パガーノ、あるいはフランス軍がトスカーナを短期間占領した頃のジャンニといった旧世代に属する改革者の中には、フランスに進んで協力しようとする者も見られた。しかし、多くの者は、メルツィ・デリルのように、フランスの圧力に抵抗した。フランスが支持したのは、ジャコビーノであれ、穏和派であれ、通常は政治活動に新しく加わった人々である。たとえば、ナポレオン体制が崩壊してオーストリアの反動が復活する時代に裁判にかけられることになるパヴィアの愛国者の職業を洗ってみると、法曹家、公証人、司祭および修道士、作家、大学教授、医師、技師、ある程度の数の小作農、地主、そして職人ということになる（Soriga, 152, pp. 106-23）。

これら愛国者の相当数が、どの共和国においても国家に対する責務よりも、自己の財産の方に一層強い関心を抱いていたのは当然である。したがって、姉妹共和国の歴史は、その政治や行政に携わる者の腐敗に対して頻繁に行なわれた非難によって特徴づけられる。そして、それらの非難には、十分な根拠があったのである。

フランスに対する服従、相互不信、不穏な状況、それにほとんど間断なく展開される戦争の下に置かれていた諸共和国の議会や政府が、それぞれの短い国家生命の間にほとんど業績をあげられなかったのは驚くべきことではない。しかし、彼らが展開したさまざまな議論には、若干注目する価値がある。なぜなら、それらを調べれば、多くの革命以前の思想を実現しようとする試みが続けて行なわれ、穏和派とジャコビーノ、そして北部と南部では、その主張の目的やメンタリティーに際立った相違が存在したことが明らかとなるからである。

たとえば、チザルピーナ共和国の下院議会の討論では、ロンバルディーアの改革主義の持つ古典的なテーマが、相変わらず取り上げられていた。具体的には、教会財産の没収や、教会の監督を目的としたジャンセニスト的な法制化を伴う反教会政策、重農主義的な経済観、農民賛美と同時に都市の繁栄に対する関心、国内貿易の自由化、税制の単純化、国境における関税障壁の緩和がそれである。しかし、フランス側の財政的な要求に応じなければならない状況を背景とするこれらの討論を通じ、穏和派とジャコビーノの相違、民衆の貧困に対する認識、そして社会的公正に対する要求が、くっきりと浮かび上がってきた。既存の秩序を尊重する立場に立つジャンセニストは、チザルピーナ共和国でも、リグーリア共和国でも、当然のことながら穏和派の中に見いだせる。

穏和派は、民主派の改革やその結果生じる神聖な諸権利の侵害を財政的観点から否定的に捉え、絶えず警戒し続けてきた。たとえば、累進課税が実施されれば、国有財産を購入する可能性のある者を落胆させてしまう。また、没収された王族の私有地を獲得した者〔共和国政府〕は、被没収者に対して賠償金を支払わなければならない。そして、消費税の廃止によって、共和国は破産状態に追い込まれるであろう。『イル・カッフェ』を中心とした改革者グループの最後の生き残りの一人、アルフォンソ・ロンゴは、民主派の提案する日雇労働者を対象とする最低賃金制について、次のような見解を述べている。

「この制度が実施されれば、諸権利の内で最も神聖な私有財産および契約の自由の権利が侵害されることになろう。われわれは、日雇労働者の賃金を、自由競争、地域ごとのさまざまな事情、人間の気紛れや要求に対応させなければならない。そして、次の点を念頭に置くべきである。立法者の行なう最も偉大な政策は、諸産業を自由に展開させておくこと、つまり、レッセフェールを実行することにある。換言すれば、王国政府の閣僚が実施するようなペダンティックで軽薄な規制を、馬鹿げた情熱を傾けて増やすことにあるのではない。」(Montalcini and Alberti, 145, vol. 6, p. 452)

また、ジュゼッペ・コンパニョーニは、穀物輸出の自由化政策を擁護していた。それによって、地主に対して一層多くの労働力の供給が可能になると彼は考えたのである。そして、ヨーゼフ二世の教会改革において指導的な役割を演じたジャンセニストのボヴァーラ[四七]は、多くの農民が小麦を食さないことを理由にマチナートの再度の導入を提案していた。さらに、サリンベーニは、塩税を擁護する。

「富める者が貧者と同様の税を支払うのは、まったくの誤りである。貧者は、一リッブラ(約三〇〇グラム)の塩で一週間はもつ。一方、富める者の家庭では、貧者がおそらく二〇日間で消費する量の塩を一日で消費してしまう。なぜなら、彼らの家庭では、アイスクリーム、塩漬の肉、それにおいしい味付けの食べ物が必要とされるからである。」(Montalcini and Alberti, 145, vol. 5. p. 657)

ジャコビーノは、至るところに貧困や物乞いが見いだせるといった状況を、これらの人間に最低の生活を保障するための物価統制が必要であることの証と捉えていた。たとえば、ジュゼッペ・ヴァレリアーニは、物乞いに労働の義務を課す救貧院を設立するよう提案する。

「そうすることにより、すべての貧者をまったく不経済な恥ずべき物乞い生活から可能な限り救い出し、誠実な生産者の生活水準にまで引き上げることが可能となる。」(Montalcini and Alberti, 145, vol. 2. pp. 252-3)

健康な肉体を持つ貧者の怠惰を非難するこうした姿勢は、教育に人を更生させる特性があるとの確信と同じく、ジャコビーノと穏健な改革者に共通していた。しかし、下院議会の急進的なメンバーは、経済的、社会的な不平等が蔓延しているという状況が、〈国有財産〉の無計画な売却、穀物輸出の自由化、農作物を対象とする消費税の実施を通じて一層悪化するものと信じていた。とある田舎の医師、ピエトロ・デオは、伝統的な改革主義に対するジャコビーノの抗議の姿勢を次のように要約している。

「人間にとって、第一の最も神聖でしかも唯一の権利は一体何か? それは、最低限の生活を営む権利にほかならない……物心がついて以来、私は富める者の生態をずっと観察してきた。彼らが、極めて頻繁にさまざまな物資をかなりの高値で売った場合でさえ、労働者の賃金が増大することは決してなかった。いやそれどころか、むしろ富める者は労働者を虐げ、できるだけ安い賃金しか払おうとしなかった。こうして、富める者は、自然がこれらの不幸な者に対してさえ拒めない最低限の生活を営む権利を侵害してきたのである。」(Montalcini and Alberti, 145, vol. 2, p. 145)

しかし、ジャコビーノの挑戦は、財政的、政治的な理由から敗北した。そして、それとともに、彼らがイタリアの諸共和国で一層広範な民衆の支持を獲得する唯一の可能性も消え去ったのである。他方、封建的諸特権、十分の一税、信託遺贈の廃止、教会所領の没収および売却といったチザルピーナ共和国で法制化された主な改革を通じ、貴族、ブルジョアジーを問わず地主階級の立場が強化された。こうして、一七九九年四月二八日に共和国が崩壊した時、〈国有財産〉の半分以上が彼ら個人に売却済みとなっていたのである。

さて、他の共和国のジャコビーノの力は、穏和派に挑戦状を叩きつけるような水準に到達していなかった。たとえば、ローマにおける彼らの活動は、立憲的なサークルでの議論や政治新聞の発行に限定されていた。そこでは、金銭ずくで動く穏和派や、彼らの奢侈が攻撃の的になった。また、民主的な教会形成の土台として民衆による聖職者の選出が主張され、共和国の唯一の堅固な存立基盤として「パン、タマネギ、そして自由」(Giuntella, 155, pp. 59–60) の必要性が強調された。アンジェルッチ(四八)のように元来ローマ出身のジャコビーノは、チザルピーナ共和国を捨ててローマに亡命しイタリア統一を標榜していたラウローラやパガーノらに比べると、はるかに穏健な立場に立っていた。

次に、愛国者の運動が極めて多くの旧改革派知識人を引きつけていたナポリの状況を見てみよう。ここでは、共和国が短命に終わったこと(一七九九年一—六月)、同政府による地方における支配権が急速に失われたこと、バロナッジョの権力が圧倒的であったことにより、民主派の提言は、前記のチザルピーナ共和国に比べはるかに穏健なものとなった。共和国の臨時政府が実際に承認した唯一の法は、信託遺贈の廃止に関するものであった。ナポリのジャコビーノは、所有権を極めて深く尊敬する姿勢をしばしば示していた。そのため、彼らはバロナッジョの支配力を打破するのに必要な急進的改革の可能性を否定したほどである。また、彼らの間では、封建的な領地を賠償なしで国有化することが可能かどうかについて意見が分かれていた。この問題は、フランス人のマクドナルドとアブリアルが実現した共和国政府の改革（一七九九年四月一四日）により決着がついた。この結果、元司祭のローベルグのような一層民主的な指導者は活動の舞台から姿を消すことになった。

首都ナポリの外に目を転じると、地方における愛国者の活動の失敗はより深刻であった。たとえば、カラーブリアでは、アブルッツォやモリーゼとは対照的に〈民主化〉は穏便に行なわれた。ガラントゥオーミニである法曹家、公証人、医師、それに若干の聖職者と貴族は、教養を身につけている場合が多く、新しい思想を受け入れやすい傾向を持っていたが、彼らは常に地方の利害に即して行動していた。つまり、彼らは地方の封建領主に対する闘争を展開し、他のコムーネから行政上の自立を得ようと試み、また競合する一族から支配権を奪取しようとしたのである。一方、農民は、革命の影響によって税の支払いを拒否し、土地を占拠するに至った。大半のバローネの反感を買い、農民が伝統的に持つ不信感を前にして動揺する当局をいったんはわがものとした共和主義者のガラントゥオーミニであったが、彼らの立場は依然として不安定なままであった。彼らの関心は、とりわけ「自己財産の保全」（Cingari, 159, p. 298）にあったのである。ナポリとチザルピーナ共和国との対比は、あらゆる面に見いだせる。北・中部イタリアのジャコビーノは、共和国政府に対する民衆の支持を確保するような社会保障政策を採用しようと躍起になっていた。一方、南部イタリアでは、階層間に見られる深刻な対立により、農民に有利な法の実施を共和主義者が目指すことさえ妨げられてしまった。また、北部ではジャコビーノが敗北した結果、穏健な地主層の権力が強化された。一方、南部の〈ジャコビーノ〉（より正確には、愛国者というべきである）は、報われぬ運動を試みては殉教者として散っていくばかりであった。

六　二つのイタリア

フランスのイタリア支配は、急速に、そして劇的に崩壊した。すでに一七九九年二、三月には、枢機卿のルッフォ[四九]率いる〈サン・フェディスティ〉〔聖なる信徒〕と呼ばれる軍隊がカラーブリアを占領し、四月にはバジリカータも彼らの手に落ちた。一方、対仏同盟軍もフランス軍をライン川の西側まで押し返し、北イタリアでは、スヴォーロフ指揮のオーストリア・ロシアの連合軍が四月にアッダ川〔北部ロンバルディーア地方の川〕の渡河を強行し、同月二八日にミラノに入った。また、フランス軍のマクドナルドは、四月中旬彼の部隊をナポリから密かに撤退させ、軍の主力を支援すべく北部へ急いだ。しかし、彼は、スヴォーロフ指揮の軍とのトレッビア〔北部エミーリア地方を流れる川とその渓谷地帯〕における戦闘で敗北する（五月一七―一九日）。これを契機としてフランスのピエモンテ支配は終わりを告げ、五月二六日にはトリノが占領された。そして、ナポリは、前記のルッフォの軍隊とラッザローニによる共同攻撃を前にして、六月二三日に陥落した。フィレンツェは七月七日、暴徒に占領された。こうした状況に関し、ローマ駐在のフランス大使、ベルトリオは、八月末に次のように書いている。

「われわれは、まるであのロビンソン・クルーソーが漂着した孤島のようなこのローマに取り残されている。しかし、事態は、この小説の場合よりもはるかに厄介なのだ。」（Giuntella, 155, p. 37 n.）

ローマ共和国は、フランス軍がいったん撤退すると九月三〇日に崩壊した。こうして、対仏同盟軍に包囲されながらもなおフランスの支配下にあったのは、ただアンコーナとジェノヴァだけになった。

対仏同盟軍の勝利が、イタリア人が抱いていた反仏感情を背景として極めて容易になったことは明らかである。とはいえ、次の二つを区別して考えることが必要である。つまり、統一主義を標榜する愛国者の反仏感情および彼らの陰謀と民衆の蜂起である。ちなみに、フランス人は前者に対して過剰なまでに神経をとがらせ、また後者の規模と残虐性は、おそらく彼らを驚愕させたものと思われる。

民衆蜂起は、フランスのイタリア支配期全般を通じて一つの特徴となっており、ローマ、パルテノペーア両共和国の広大な領域に対するフランスの支配を効果的に阻止しえたのである。ほとんど農民だけによって構成されたこれらの蜂起が、フランス側の略奪行為によって激化したことは否定できない。しかし、蜂起は、実際フランス軍の撤退後も引き続き勃発していた。したがって、その性格を分析するにあたっては、単なる反仏感情というよりも、一層深く複雑な原因があったことを念頭に置くべきであろう。ロンバルディーアの蜂起、あるいはそれ以降に勃発したトスカーナの暴動と南部イタリアの民衆運動との間には、根本的な相違があった。改革運動が大きく進展した北・中部イタリアでは、小土地所有農が望ましいとする漠然とした重農主義的な考えの枠を乗り越えた愛国者は、少数であった。ただジャコビーノの大半だけは、至るところに存在する貧困に直面して改革主義の持つ社会的な危険性を察知した。しかし、以前考察したように、彼らの若干は〈民衆〉の概念を限定的に捉えようとし、〈能動的〉市民の範疇から社会の最貧階層を除外し、前者の諸権利を後者も持つべきであるとは考えなかった。こうして、社会の最貧階層に属する人々が、改革を憎悪する点で共通して緊密な結束を固めた聖職者、貴族、農民三者の影響を被ったことは明白である。

一七九六年四月、ヴェローナの農民と〈平民〉は、ラオーズ将軍率いる〈解放軍団〉(五〇)に反旗を掲げて立ち上がった。同年五月には、ビナスコ〔ミラノ近郊〕の農民がミラノへの進軍を試み、その直後、今度は計五〇〇〇人の農民と職人が一時的にではあるがパヴィアの占領に成功している。そして七月には、以前オーストリア皇帝の封土であったアルクワータ・スクリーヴィア〔北部ピエモンテ地方のアレッサンドリア近郊〕の農民が、フランス軍の一隊を虐殺する。また一七九七年七月、ガルファニャーナの農民反乱が、ベルガマスコの農民の抵抗に続いて勃発した。さらに翌年七月には、ヴァルテッリーナ〔ロンバルディーア地方の渓谷で、スイスとの国境に近い〕で一層重大な蜂起が発生している。これらの蜂起の大半に関し、愛国者は、その扇動者が地方の領主や聖職者である事実を正確に摑み、告発することができた。事実、彼らは、改革の手がほとんどあるいはまったく及ばなかった遠隔の山岳地域に強い影響力を依然として保持していたのである。しかし、蜂起は、しばしば新しい秩序に対する単なる反発以上のものとなった。つまり、そこには、根深い社会的緊張関係、領主に対する農民の反感、そして領主の搾取と共有地の収用に対する憎悪の念が表われているのである。すべての蜂起が、愛国者に対して起こされたわけではない。たとえば、ピエモンテのブリケラーシオでは、蜂起の連合組織は当初愛国者を支持して封建領主に対抗した。また、一七九九年二月、ランゲ〔ピエモンテ地方南部の丘陵地帯〕の農民がピエモンテのフランスへの併合に反発して蜂起したが、彼らはバブーフ主義の傾向を持つジャコビーノと結びついていたのである。

とはいえ、これらの例は、一七九九年に行なわれたフランス軍撤退の際に彼らを悩ませた反仏感情の広がりの中にあって珍しいエピソードであったことは明らかである。ジャコビーノは、この当時すでに民衆の支持獲得に失敗したことを十分すぎるほど認識していた。ブォナッローティは、フランス軍が侵入する前にピエモンテを解放することが必要であると説いていた。ファントーニは、一七九六年末早々、ロンバルディーアの行政官やレッジョの議員に対し、すでに好機を逸したと嘆いている。

「イタリア人が、自分自身の自由と主権を公然と示す勇気を持ち合わせていたならば、彼らは強大な力を結集できただろう。そして、また、凱旋するフランス軍を前にした彼らは、国民の持つべき神聖な諸権利を主張し、敗走するオーストリア軍を追撃できただろう。そうしたイタリア人の示す例は、近隣の諸都市を揺り動かし、フランス軍とイタリアの愛国者は、時を移さず武力を持ってイタリアが解放されたと宣言したであろう……にもかかわらず、貴族の無益な陰謀によって愛国者の訴えは圧殺され、イタリアの自由獲得に最も適した時期は、雲散霧消してしまったのである。」(Saitta, 132, pp. 242-3)

しかし、極めて明快な展望を持つ愛国者は、まれであった。そして、彼らの大半は、財産の再分配という急進的な要求には、敵意を示したのである。ジャコビニズモが見られなかったトスカーナでは、以前首相の地位にあったジャンニが、愛国者の願望を表明していた。つまり、レオポルド大公の改革を継続させることを第一の目的として、フランスの占領を利用しようというのである。ジャンニの主張の中で、国民衛兵の設置目的の定義づけほど大半の穏健な愛国者が抱く限定的な目標を明快に示したものはない。

「国民衛兵の目的は、財産および市民の人格を違法な侵害から擁護する以外の何物でもない。この点を公に示すことが必要であるというのがわれわれの見解である。愛国心は、愛国者を興奮させる。しかし、人格や財産の保護は、万人を引きつける。したがって、われわれは、次のような人物が国民衛兵のメンバーとして認められるべきであると確信する。つまり、擁護に値する店舗の所有者や、自己の家屋の防御に関心がある富裕な者、である。」(Turri, 160, p. 163)

しかし、反動の流れが支配的であった一七九九年を通じ、フランスの支配に協力したジャンニのような穏健な協力者でさえ、〈ジャコビニズモ〉の汚名を着せられてしまった。恐怖と憎悪による反動を掻き立てるこのような非難を利用したのは、トスカーナの諸都市では保守派の人間であった。彼らは、フランス人だけでなく、以前のレオポルド大公による改革にも反対していたのである。しかし、都市部の教養ある階層が〈ジャコビニズモ〉に対する非難によって反仏感情を容易に正当化しても、トスカーナの地方における民衆蜂起の勃発は、はるかに根深い経済的、社会的緊張がそこに存在することを明らかにしていたのである。

一七九〇、九五、九九年に勃発したトスカーナの蜂起は、諸改革に反対するものであり、その担い手は物価の高騰や失業の増加によって直接被害を被った農民と職人であった。大借地農業が一般的であったピエモンテ東部に生じた蜂起と同じく、この蜂起は、ヴァル・ディ・キアーナ〔トスカーナ地方東南部の渓谷地帯〕やヴァルダルノ〔アルノ川沿いの丘陵地帯〕のように大きな社会的変化を経験することになる地域に集中していた。一七九九年にコルトーナで金持ちに対する民衆の暴動が起きた際、フランス人に敵意を抱く地方の有力者は、それでもフランス軍を呼び戻す方を依然として選択した。トスカーナにおけるこれらの蜂起、とりわけアレッツォに率いられた一七九九年の広範囲に及ぶ蜂起は、宗教十字軍の性格を帯びていた。そして、この性格は、ヴェーネト、ロンバルディーア、ピエモンテの場合に比べ、一層強く現われている。しかし、「マリア様、万歳」の叫びが上がり、突如として奇跡が頻発した背後には、さまざまな改革の責任を負う立場にあった地主層に対する民衆の深い憎悪の念が隠されていたのである。一七九五年、アレッツォ〔トスカーナ地方東部の都市〕に張り出された〈公示〉は、民衆に対して次のように蜂起を促している。

「だから諸君、決起せよ。信仰万歳。寺院と聖なる崇拝を大事にしたまえ。そして、教会の鐘の音を合図に、貪欲なバローネ連中に恨みを晴らすべく獰猛に、そして迅速に立ち上がれ。連中の邪悪な血を絞りとれ。さらに、われわれを破滅させ、絶望させることしか頭にない奴らの体を切り刻むのだ。」(Turi, 160, p. 91)

ところで、フランス軍が敗退する以前の北部では、民衆蜂起の回数は比較的限られていた。ちなみに、同地域の民衆蜂起は、旧封建領主と農民をいまだに結びつけていた伝統的紐帯の影響をしばしば受ける一方で、ギルト廃止に伴って職人が被ったネガティヴな効果を示す現象でもあった。トスカーナでは、地主と小作農の双方が、メッザドリーアの契約に基づいて個人的な絆で結ばれることが期待されたにもかかわらず、改革派の地主が保守的な性格を帯びていたために、蜂起の社会的、経済的な特徴が一層際立っていた。他方、南部における蜂起は階級的な性格を明確に示しており、しばしば宗教的な改革運動の体裁をとりながら、事実上は〈ジャックリー〉〔農民反乱〕そのものに発展していったのである。

フランス人は、宗教的な性格を帯びた蜂起の危険性を十二分に認識していた。これは、特に母国で同様な反乱が生じてから後に顕著である。彼らは、ローマで、教会とカトリシズムに対して余計な干渉をしないよう非常に気を遣った。しかし、フランス支配に伴う教皇の亡命やユダヤ人に対する市民権の付与により、民衆の反感が高まるのを避けることはできなかった。ナポリでは、サン・ジェンナーロの祝祭日（五一）に奇跡が行なわれる予定はなかったにもかかわらず、マクドナルド将軍がこれを催すことを速やかに確約した。しかし、そうしたフランス側の努力は、無駄に終わった。ローマのトラステーヴェレでは、下層民が「マリア様万歳、教皇万歳」の叫びを上げながら反ユダヤ人暴動を引き起こし、近隣のカステッリの民衆もこれにならった。ジラルドン将軍は、「これは、まったくヴァンデの反乱だ」と記している（Giuntella, 155, pp. 32-3）。一方、カラーブリアでは、枢機卿のルッフォが、聖なる信仰を守るために〈キリスト教徒軍〉の先頭に立った。

しかし、こうした南部の暴動において民衆の信仰心の深さを割り引いて考えることができないにしても、それが暴動の要因であったということでは決してない。南部の二つの共和国（ローマとナポリ）では、土地を持たない農民や都市民衆の土地獲得要求に呼応し、国家や封建領主による税の搾取を止めさせ、さらには当局に物価統制を要求するような行動を展開した愛国者は事実上いなかった。また、教会の経営する慈善施設が廃止された結果、事態はさらに悪化した。

「以前のように税を払わなくてはならないにしても、われわれは共和国を望んでいるわけではない。」

(Cingari, 159, p. 300)

カラーブリアのチロ村に住む一農民は、こう述べている。

愛国者による運動がなぜ失敗したかは、フランスが干渉する一方で、時間的余裕に乏しかったという二つの状況によって部分的には説明できる。しかし、実際には、地主と民衆両者間の亀裂は極めて深刻であり、これを埋めようと真剣に考えることさえ不可能なほどであった。こうした事情に関し、シャンピオネ将軍は次のように書いている。

「一般的にいって、何らかの物を所有している人間は、すべてわれわれフランス人の味方である。」

(Rambaud, 181, p. 533)

民衆の目には、愛国者の運動が、〈ジェンティルゥオーミニ〉〔地主〕や領主と同一の性格を持つものと映った。したがって、それは民衆にとって非難すべき対象となる。

「パンやブドウ酒を持っている連中は、ジャコビーノに違いない。」(Croce, 158, p. 46)

フランス革命以前に企てられた改革が失敗したり、あるいはまったく試みられなかった南部では、教養ある特権階層とその他の階層との間の亀裂が極めて深かった。ブルボンの支配するシチリアでも、農民と職人によって構成された都市部の民兵が、蜂起、税の不払い、〈ジャコビーノ〉殺害を公言して当局を脅かしている。貴族、法曹家、知識人、専門職および下級聖職者による愛国者の小グループは、あまりに孤立していた。彼らは、多くの場合、地域的、個人的、あるいは家族の事情によってのみ共和主義者となった。そのうえ、この選択をすぐに後悔するのであった。聖職者、王党派貴族、オーストリアの放ったスパイ、さらには山賊や長引く争いに決着をつけようと望む地方の名士といった種々雑多な人間が、トラジメーノ〔中部ウンブリア地方〕、チルチェーオ〔中部ラツィオ地方の突端部〕、マルケ、アブルッツォ、モリーゼ、カラーブリアに勃発した民衆反乱を速やかに利用した。暴動は、そのあだ名によってのみ知られている凶悪な山賊——悪魔の兄弟、悪魔、大剣、黒い腹——だけでなく、ガラントゥオーミニ、聖職者、フランス軍に敗北した旧ナポリ王国軍兵士、それに小貴族が指揮する〈大部隊〉の出現により、組織的な反乱に転化した。枢機卿のルッフォが目覚ましい成功を収めることができたのは、民衆の怨嗟の的になっていた若干の税を廃止する必要性を彼が見抜いていた事実によるところが大きい。なお、この施策を、亡命中のナポリ王妃、マリア・カロリーナは、次のように評している。

「これは、極めて慧眼な思想家に値するほどの価値がある。また、すべての民衆を税の重荷から一挙に解放することがないように、何らかの便宜が納税者の実績に応じて与えられなければならない。そして、常に何らかの期待を残しておくべきである。」(Cingari, 159, p. 191)

しかし〈改革十字軍〉は、じきに窃盗、殺人、個人的な復讐に転化し、「何らかの期待」を残すことはほとんどなかった。そして、ルッフォの率いる軍隊は、農民が彼らの家や家族を守るために村へ帰るやいなや解体してしまった。南部のブリガンタッジョは、フランス軍が敗退した一七九八—九九年に生じた反動の時期以前、すでに広範に広まっていたのである。そして、イタリアのフランス支配崩壊を特別の契機として力を得たブリガンタッジョは、今や鎮圧が困難であることが判明しただけでなく、民衆の不満をますます過激な方向へと導くことになった。南部では、北部と鋭い対照をなして暴力と流血が愛国者の運動をことごとく一掃してしまった。そして、この事実は、南部における将来の民主派のイニシアティヴのすべてを規定していくことになる。

愛国者の陰謀

さて、大規模ではあるものの性格があいまいな前記の農民運動と比較した場合、〈統一主義者〉による反フランスの陰謀は、実際的な意義に乏しかった。とはいえ、この点は、長期的に見て国民意識の形成に果たしたこの種の運動の価値を低めることにはならない。つまり、それを適切な歴史的パースペクティヴの中に置いてみる必要があると思われるのである。

一七九七年中頃になると、統一主義を標榜するジャコビーノは守勢に回らざるをえなかったが、フランスの征服政策を調節しつつ利用する希望を依然として抱いていた。バブーフの陰謀が失敗した後、ミラノに亡命したフランスのジャコバン、ジュリアン・ドゥ・ラ・ドロームは、権力を獲得するために最も効果的な手段として、慎重な態度と密かな団結を勧めていた。具体的には、宗教や所有権の問題には慎重に対処すること、クラブや徒党の形成は避けること、イタリアにおける革命の歩調を整えるために厳格な共和主義を守り、分別ある統一行動を展開すること、である。野心的なラオーズ将軍が指揮するロンバルド軍団は、ジャコビーノ、あるいは一層単純な愛国者を問わず、統一主義者の関心の的となった。カンポフォルミオの和約締結後ミラノへ逃亡したヴェネツィア人亡命者が、その扇動とプロパガンダを指導した。ラオーズは、チザルピーナ共和国憲法の内容の保守化を目指すトゥルヴェのもくろみを阻止すべく、一七九八年七月にパリに派遣された使節団の団長であった。その彼を、総裁政府のリュベルが疑っていた。つまり、反フランスの統一主義を標榜する漠とした組織、放射線協会の指導者がラオーズではないか、というのである。これらのイタリア人愛国者とフランス人の将軍ジュベール、シャンピオネ、そしてブリュヌとの結びつきは明白であった。総裁政府は、彼らがフランスの過激派とも結託しているのではないかと疑っていた。そして、これは事実であった。一七九八年一〇月、イタリアに派遣されていたフェプーは、不安を掻き立てるような調子でタレーランにこう書き送っている。

「トリノ、ローマ、その他多くのイタリア諸都市からの報告により、次の事実が判明しています。つまり、スーザ〔北西部ピエモンテ地方の都市〕からテッラチーナ〔中部ラツィオ地方南部の都市〕に至る地域に在住するフランス人をことごとく暗殺しようとする大規模な陰謀が今まさに企てられつつあるという事実です。イタリアの諸政府に対し、新たな〈シチリアの晩鐘〉を起こすよう提案している悪党もいる始末です。多くの者が彼らに耳を傾けており、もし再び戦闘が始まれば、憎むべき国民〔フランス人〕に対する戦いを一層凄惨なものにすべく準備が進行中であるという恐怖が広まってはいるものの、その一部はなお謎に包まれています。」(Vaccarino, 144, p. 38, n. 2)

実際、一七九八―九九年になると、多くの愛国者、とりわけ亡命者は、イタリアの統一が祖国や彼ら自身を防御する唯一の手段であると考え始めていた。彼らの中には、ジャコビーノのファントーニのように、イタリア方面軍司令官ブリュヌに擁護され、バブーフの陰謀事件の生き残りとともにフランスの占領下にある地域に広まる民衆の不満を利用しつつ、総裁政府の打倒を目指す陰謀を企てる者もいた。そして、イタリアにおける放射線協会のメンバーは、モデナ、レッジョ、ボローニャを本拠地としていた。そして、ラオーズ自身は、警察内部の知人の支援を得て、蜂起の際には部隊の先頭に立つ手はずになっていた。

しかし、おそらくは三つのクーデタ、つまり、フランス国内に起こった穏和派によるフロレアル二二日のクーデタ(一七九八年五月)、そして、とりわけチザルピーナ共和国におけるトゥルヴェとリヴォのクーデタ（一七九八年八、一二月）によって、この計画は挫折してしまった。バブーフ主義の色彩を強く帯びた統一を目指す唯一の蜂起は、一七九九年二月にピエモンテで勃発した。当時、同国の臨時政府は、フランス軍の占領の継続によって発生する略奪行為を回避するために、ピエモンテのフランスへの併合を要求することを決定した。この方針に、フランスの軍民官僚は驚愕した。さて、この陰謀では、バブーフの陰謀と同じく秘密中央委員会が組織されていた。同委員会の任務は、その所在を知らされていない他の委員会を指導することと、フランスへの併合に反対する地方の不満を利用することにあった。陰謀の指導者は、ファントーニとチザルピーナ共和国警視総監のムラッサーノであった。陰謀自体は容易に鎮圧されてしまったが、〈アナルシスト〉は、農民との接触に成功した。（五二）たとえば、陰謀に続いて勃発したランゲの暴動では、フランスの〈過激派〉マラーやルペルティエの細密肖像画を農民が所持していた事実が発覚したのである。

総裁政府に対してプレリアル三〇日のクーデタ（一七九九年六月一八日）を起こしたフランスのジャコバンと前記のイタリア人愛国者とのつながりは、疑う余地がないように思われる。しかし、このクーデタの勃発は遅すぎた。つまり、オーストリア、ロシアの連合軍がロンバルディーアとピエモンテを占領した結果、愛国者は、穏和派、ジャコビーノを問わず、ジェノヴァやフランスへの亡命を余儀なくされたのである。この事態を契機として、穏和派とジャコビーノ両者間に相互不信が吹き出した。シャンベリーに亡命したチザルピーナ共和国政府とグルノーブルに避難したピエモンテの行政部は、数カ月のうちにフランスでジャコバンの潮流が息を吹き返す状況を前にして脆弱な立場に立たされていた。グルノーブルでは、ファントーニが指導するジャコビーノが小冊子『イタリアの叫び』（クリ・ディタリ）を作成し、穏和派を激しく批判した。それによれば、イタリアの姉妹共和国崩壊の責任は、彼ら穏和派にあるという。『イタリアの叫び』は、イタリア中から集まった亡命者によってジェノヴァやグルノーブルで起草された他のアピールと同じく、フランス総裁政府の五百人会に向けて発せられている。なお、当の五百人会では、ジャコバンのブリオがこれらのアピールを利用して旧総裁政府の体制全般を批判し、さらにフランスによって解放された人々は、イタリアに一ないしそれ以上の真に自由な共和国の樹立を通じてまったく平等に扱われなければならないとの結論に達している。

前記のアピールの論調はさまざまであるものの、イタリアの共和国崩壊の責任が旧総裁政府にあるとしてこれを非難している点、そして唯一の救いはイタリアに統一共和国を樹立することにあるとみなしている点で一致していた。たとえば、『イタリアの民心悪化要因に関する考察』では、次のように分析されている。つまり、根本的な過ちは、〈国民性〉に従う代わりに、フランス型の革命をイタリアに強要したことにある (Peroni, 161, pp. 52-3)。そしてフランスは、自ら武器を取って立ち上がろうとするイタリア人に屈辱を与え、民衆に略奪行為を働き、一つの国家を、外部からの攻撃にさらされやすい多くの脆弱な小邦に分割してしまったのである。

また『イタリアの叫び』によれば、民衆の支持が失われた原因は、フランス大使の支援を得たメルツィらの穏和派指導者が展開した差別的な政策にあるという。カンポフォルミオの和約の締結や不明瞭な政策にもかかわらず、ナポレオンはイタリア人愛国者にとっては誠実な同志であり、ほかならぬチザルピーナ共和国の穏和派が彼を裏切ったというのがジャコビーノの見解である。フランスの将軍とジャコビーノが政策面で一致したことから希望が生じたこの時に、ナポレオンの名声が復活したのである。

ジャコビーノは、再びイタリアに侵攻する準備を進めるフランス人に情熱を込めて協力した。彼らが今度こそ自分たちに真の権力を与えてくれるものとジャコビーノは信じていた。そして、イタリアの解放後、フィレンツェに国民議会が招集されるべきであると彼らは主張していた。
チザルピーナ共和国の将軍、ジュゼッペ・レーキ（五三）は、ディジョンにイタリア軍団を創設した。しかし、すべてのイタリア人愛国者がジャコビーノと合意に達していたわけではない。高名なラオーズ将軍は、イタリアの独立を願い、フランス軍を捨てオーストリア軍へ合流していた。他のピエモンテ人は、フランスによる新たなイタリア侵攻の成功で祖国がチザルピーナ共和国に吸収されることを恐れ、手を引いた。

さて、フランス軍の侵攻は成功したものの、ジャコビーノは再び幻滅を味わった。彼らが信頼していたフランスの将軍、ジュベールとシャンピオネは戦死した。一方、対仏同盟は、一七九九年末以前の段階ですでに崩壊した。その背景には、同盟軍のスヴォーロフのチューリッヒにおける敗北、イギリス・オーストリア連合軍のオランダからの撤退、それにロシア皇帝パーヴェル一世の同盟からの脱落という状況があった。ナポレオンのエジプトからの帰還とブリュメール一八日のクーデタの勃発（一七九九年一一月九日）は、ジャコビーノの抱いていた期待が決定的に粉砕されたことを意味した。そして、ナポレオンのアルプス越えとマレンゴ（北西部ピエモンテ地方）の勝利（一八〇〇年六月一四日）は、フランスにおける情勢の推移と彼の野心の両者に再び緊密に依存した新たな穏和主義の政治がイタリアで始まる契機となったのである。

第一〇章　合理化と社会の保守化——一八〇〇—一四年

諸領主間の争いが絶えなかった十四、五世紀以降の時代で、ナポレオンが支配した一五年間ほどイタリア諸邦の国境線が頻繁に変化した時期はない。彼の持つ荒々しいペンの力によってイタリア以上に激しい外交による版図の線引きが行なわれたのは、おそらくドイツの場合であろう。とはいえ、この地域は、フランス革命以前の中世の細分化状態を依然として保っていたのである。ナポレオンが十九世紀初頭のヨーロッパの政治地図にもたらした変化は、前世紀にも見られたように、当事者であるべき民衆の意志が完全に無視された事実によって特徴づけられる。支配者や列国の外交上の駆引によって国家の運命が左右される状態が続いていた点で、イタリアは、スイス、現在のベネルクス三国に当たる地域やドイツと同じであったといえる。しかし、イタリアの場合、十九世紀初頭に生じた政治上の変化は、十八世紀の革命以前のそれに比べると二つの点で異なっており、それらはともにこの国の将来にとって重要な意味を持っていた。つまり、一つには、共和国が存在したほんのわずかの期間にジャコビーノが展開した活動によって、愛国者が統一はともかくとして独立の必要性を強く認識するようになったことである。そして、二つめには、諸王家の持つ神聖な権利に対する伝統的な敬意が一掃されたことである。これら二つの要素は、ナポレオン支配の崩壊する最後の数年間においてともに重要な役割を演じることになり、また、その後の時代にイタリア人が抱くことになるあらゆる願望、彼らによる多彩な運動や陰謀の基盤となるのである。

一　ナポレオンとイタリア

マレンゴの戦い（一八〇〇年六月一四日）でナポレオンが勝利を収めた結果、ロンバルディーアとピエモンテがオーストリアの支配から解放された。ちなみに、同国軍は、ロマーニャ地方からも撤退している。しかし、イタリアの運命は、フランスと第二回対仏同盟軍との戦闘がもたらす最終的な結果によって定まることになる。チザルピーナ、リグーリア両共和国は再び樹立されたものの、その後の数カ月間に行なわれた外交交渉を通じてさまざまな提案が公式に、あるいは非公式な形で出されてきた。たとえば、ロモーナコの手になる「イタリア概観」（一八〇〇年七月発表）には、統一主義者の新たな願いが示されていた。ナポレオン自身、少なくとも二人の極めて情熱的な愛国者、ジュリアンとパリベッリ（一）から意見を聞いている。ジュリアンの覚書では、まずイタリア北部にロンバルディーア、ピエモンテ、ジェノヴァを含む強固な国家を形成することが提案されている。彼は、この国家がオーストリアに対する効果的な障壁になると考えていた。しかし、提案はそれだけではなかった。つまり、この他に三ないし四の国家（ヴェネツィア共和国、ナポリ共和国、それに中部にスペイン王家の統治による一ないし二の国家）の樹立を提案しているのである。これは、イタリア統一の期待を抱くことがもはや不可能であるとする思いが統一主義者の中に強まっていたことを示している。中心的な問題となっていたのは、今やイタリア内の旧ハプスブルク領を将来どうするかであった。スペインのブルボン家は慎重な態度で対仏同盟には加わらなかったため、イタリア内の彼らの一族はフランスにより丁重に遇される恩恵に浴した。また、ナポリやサルデーニャの国王は、ロシア皇帝パーヴェル一世の庇護の下に置かれるかに思われていた。ちなみに、彼は、対仏同盟から脱退している。なぜなら、彼は、オーストリアとイギリスに疑念を抱いたからである。しかし、同時に、両国君主の持つ諸権利を頑として擁護し続けていた。

ところで、モロー将軍率いるフランス軍がホーエンリンデン〔南ドイツのミュンヘン近郊の村〕の戦い（一八〇〇年一二月二日）で勝利を収めると、同国との戦争継続をもくろむオーストリアの夢は打ち砕かれてしまった。戦闘終了後、両国の間で締結されたリュネヴィルの和約(二)（一八〇一年二月九日）には、チザルピーナ共和国の代表が傍聴人として出席していた。ところで、同和約は、カンポフォルミオの和約を手本としていたが、イタリアにおけるフランスの覇権をオーストリアが承認した点に特徴がある。オーストリアは、バタヴィア、ヘルヴェシア、リグーリア、それにチザルピーナの各共和国の樹立を承認した。さらに、チザルピーナ共和国には、アディジェ川右岸に至る旧ヴェネツィア領（一七九七年にオーストリアの支配下に入っていた地域で、ヴェローナ市の半分とその周辺地域およびロヴィーゴを含む）が編入され、強化された。ちなみに、同共和国には、すでに一八〇〇年九月、従来の条約を無視した形でピエモンテのノヴァーラ地方が編入されている。リュネヴィルの和約と、その後フランスとスペインの間で締結されたアランフェス条約（一八〇一年三月二一日）を通じ、パルマのブルボン家の利を図るためにトスカーナとモーデナのハプスブルク家が犠牲となり、ドイツへ移された。ちなみに、パルマのフェルディナンド公は、彼の死（一八〇二年）に至るまで同国を統治した。一方、彼の息子のルドヴィーコ〔一八〇一―〇三〕も、エトルーリア王の称号を得てトスカーナを支配することができた。中部イタリアには、いまだにアルベローニの影が伸びていた。そして、前記の恩恵を受けたスペインは、その代償として従来所有していたアメリカのルイジアナをフランスに売却した。ブルボン家のナポリ王、フェルディナンド四世は、以前ローマを占領したことがあり、リュネヴィルの和に先立つ数カ月間の政治的な流動期にトスカーナを犠牲にして自己の王国の拡大を望んでいた。その彼は、ロシア皇帝パーヴェル一世の介入のおかげで、ナポレオンの復讐をやっと免れることができたのである。ミュラ(三)の率いるフランス軍に威嚇されたフェルディナンドは、フィレンツェ条約の締結を余儀なくされた（一八〇一年三月二八日）。この結果、彼はトスカーナの駐屯部隊とエトルーリア共和国に併合されたプレージディを放棄し、あらゆる政治犯の釈放を誓約し、さらにイギリス、フランス両国間の和平が成立するまでアブルッツォとプーリアの沿岸地域に展開するフランス軍守備兵の駐留を認めた。ナポレオンは、新教皇のピウス七世(四)（一八〇〇—二三年）を十分な敬意を払って遇した。これは、総裁政府が前教皇のピウス六世を投獄した事実と比べ、対照的である。

　こうして、一八〇一年には、微妙な性格を持つ解決方法で事態が収束に向かった。ナポレオンは調停者の役割を演じ、フランスは〈自然国境〉を獲得した。しかし、これらの国境を越えた地域において同国の影響力は強大なものとはならず、以前の革命共和国の若干が復活したにとどまっている。ナポレオンは、イタリアの統一主義者の期待と、穏和派の指導者でロンバルディーア人のメルツィ・デリルが実現を望んでいた計画をともに退けてしまった。ちなみに、後者は、トスカーナ大公を中心とする立憲君主制に基づく国家を北部に樹立する、というものであった。つまり、この国家は、フランスやオーストリアに対して独立した性格を保持し、ヨーロッパの勢力均衡維持に貢献するに十分な力を持つはずであるとデリルは考えたのである。一方、オーストリアは、ヴェネツィアとアディジェ川東部地域をなお占有していたものの、イタリアに対するあらゆる影響力を喪失した。ナポリはフランスの監視下に置かれ、ピエモンテもフランス軍に占領された（一八〇一年四月一二日）。ちなみに、ピエモンテでは、国王カルロ・エマヌエーレ四世が、それまで彼を擁護していたロシア皇帝パーヴェル一世の暗殺（一八〇一年三月二四日）によって対仏支援勢力の支柱を喪失したのである。チザルピーナ共和国は戦略上従来に比べ強化された一方、新しく樹立されたエトルーリア共和国や同国に好意的でナポレオンと一八〇一年七月一五日に宗教協約を締結した教皇ピウス七世の存在により、力のバランスが保たれた。こうして、マルタ島を占領し、デンマークの艦隊を撃破した（一八〇一年四月二日）イギリスだけがフランスとの戦闘を続行していた。しかし、同国も、一八〇二年になると休息を必要とするに至る。イギリス政府は、新しく誕生したイタリア共和国（一八〇二年一月二五日）大統領にナポレオンが就任することに対して懸念を抱いていたにもかかわらず、フランスとの間にアミアンの和約(五)を締結した（一八〇二年三月二七日）。この結果、イタリアに生じたさまざまな政治的変化は無視される一方で、ヨーロッパ大陸のフランス支配と海上、つまり海外植民地におけるイギリスの覇権が暗黙のうちに承認された。こうして、ナポレオンは、ヨーロッパに平和をもたらしたとついに断言できたのである。

　ところで、イタリア問題は、リュネヴィルの和約以前にフランスとオーストリアの和平の締結を遅らせることになった主な要因であっただけでなく、イギリス、フランス両国間の戦闘再発（一八〇三年五月）の重要な原因の一つとなる。前述した新しい共和国の名称に〈イタリア〉の字句を入れることは、この半島におけるフランスの新たな拡張政策の実施とそれに伴う混乱の発生を予告するように思われた。一方、同共和国大統領にフランスの第一執政となっていたナポレオンが就任した事実は、この新生国家の独立的な性格を真っ向から否定するものであった。サルデーニャ王カルロ・エマヌエーレ四世が弟のヴィットーリオ・エマヌエーレ一世（一八〇二―二一年）に王位を譲った一八〇二年六月四日以降、ナポレオンはロシア皇帝アレクサンドル一世（一八〇一―二五）の抗議を無視してピエモンテをフランスに併合した（一八〇二年九月一一日）。また、パルマ公の死（一八〇二年一〇月）を契機として、パルマ公国はフランス軍の占領下に入った。一方、エルバ島とピオンビーノもフランスに併合された。ナポレオンは、フランス北東部の国境地域に対する同国の支配権も主張したものの、彼の関心の中心は、相変わらずイタリアにあった。フランス軍がバタヴィア共和国の占領を継続する一方、ドイツではラシュタット会議(六)(一八〇三年二—三月)に基づいて、フランスに追従する小衛星国家群がナポレオンの手で創り出された。フランスは、スペインからルイジアナを購入した後、サント・ドミンゴへ遠征隊を派遣した。イギリスは、ナポレオンがエジプトとインドに対して新たな攻撃計画を練っているのではないかと疑い始めていた。これほどの短期間(一八〇二—三年)にヨーロッパの政治的均衡がフランスに有利な形で修正されたことを憂慮する一方で海外植民地の拡大を意図するイギリスは、フランスへのマルタ島譲渡を拒絶して、同国に対し再び宣戦を布告した(一八〇三年五月)。

戦争の再発により、イタリア共和国が平和で安定した体制を獲得する望みは絶たれてしまった。そうした中で、メルツィは、「周囲のあらゆる状況から真に独立した自由な国、イタリア」の必要性をはっきりと主張した(Zaghi, 162, p. 113)。

彼は、イタリア共和国の副大統領に就任する以前から、北イタリアの運命をフランスのそれから切り離すべきであると始終主張していた。彼は、共和国に独自の外交代表を持たせることができなかった。しかし、彼は自分の考えを放棄しなかった。つまり、ミラノ駐在の準公式的な性格を持つオーストリア代表のモル男爵に、ピエモンテ、リグーリアから、ヴェネツィア、トレンティーノおよび南チロルにまで至るイタリア北部に一大国家を形成するという壮大な計画を提案している。それによれば、前トスカーナ大公が統治者となり、パリ、ウィーン両国政府がともにこの国家を承認するというのである。オーストリアは、プロイセンが犠牲を払うことで代償を得るであろうし、プロイセンにはハノーファー家の統治するイギリスが味方につくであろう。こうして、イタリアの独立が保障されるだけでなく、この新しい王国は、フランスやオーストリアの拡張政策に対する障壁として機能することにより、ヨーロッパの安定と勢力均衡に役立つことだろう。政治的に困難な状況にあったウィーン政府は、こうした彼の提案に耳を傾けるように思われた。しかし、ナポレオンは、当然のことながらこの計画にまったく冷淡な態度を示し、メルツィに対してこれ以上外交上のイニシアティヴをとることがないよう、断固とした調子で命じたのである。

実際、イタリア共和国は、内政問題に関してメルツィがいかに大幅な自主的姿勢をとりえたにせよ、ナポレオンの変わりやすい外交方針にきつく拘束されて服従しなければならない状況に置かれていた。ある匿名のブレッシャの日記作家は、同共和国の樹立直後にリヨンの議会に宛て、次のように書いている。

「私は何もいいません。なぜなら、何一つ分からないからです。この共和国は独立した国家であるとされてきました。しかし、私はこの国がフランスに対して全面的に依存しているものと思います。つまり、共和国の支配者は、フランスの支配者でもあるのです。」(Zaghi, 162, p. 142)

一八〇四年五月〔ナポレオンのフランス皇帝即位〕は、イタリア共和国の状況の変化を意味していた。メルツィの引き延ばし戦術にもかかわらず、共和国はイタリア王国となった(一八〇五年三月一九日)。ナポレオンは多少は逡巡したものの、兄ジョゼフ(七)が拒否した後、彼自ら同国の王位に就くことを決定した。これは、千年も続いた神聖ローマ皇帝の称号をじきに捨てることになるオーストリア皇帝フランツ一世への公然たる挑戦であった。ナポレオンは、シャルルマーニュの後継者となる。つまり、フランス、イタリア両国の王冠を彼の後継者の許で分割すべきことに彼が同意したにしても、イタリアの運命を自由にする権利は、自らの掌中に収めたのである。

帝政下のイタリア

イタリア王国の樹立は、極めて人目を引く政策だった。しかし、それは、ナポレオンの対イギリス戦争を、一層規模の大きな第三回対仏同盟（イギリス、オーストリア、ロシアが参加）を相手とする戦争に転化することになる唯一の要因ではなかった。〈自然国境〉の政策は、当時〈大帝国〉政策へとしだいに変化しつつあった。そして、その影響を初めに受けた地域がイタリアだった。たとえば、リグーリア共和国は、フランスへの併合を国民投票によって決定させられた（一八〇五年五月二五日）。また、ピオンビーノ公国は、ナポレオンの妹、エリザ・バチョッキ(八)に与えられ、前ルッカ共和国は、彼女の夫君フェリーチェ・バチョッキ(九)のものとなり、公国となった（一八〇五年六月二三日）。さらに、フランスの直接の統治下に置かれていたパルマ、ピアチェンツァ、グワスタッラは、グワスタッラ公夫人の称号を得たナポレオンのもう一人の妹、ポーリーヌ・ボルゲーゼ(一〇)による名誉統治に服することになった（一八〇五年六月二一日）。こうして、ナポレオンは、彼の一族が支配する帝国形成の第一歩を、まさに自らの出生の地に刻したのである。

ナポレオンは、一八〇五年から七年にかけての戦闘で圧倒的な勝利を収め、彼の〈大帝国〉を全ヨーロッパに拡大することになった。そして、その実現に際し、いわゆる〈大陸封鎖〉政策がヨーロッパに強要された。彼独自の考えであるこの政策が実施された結果、イギリスとの戦闘再開後に同国へ侵入するという以前考えられた大胆な企てが復活した。〈対イギリス軍団〉は、一八〇三年末にブローニュへ集結した。フランス海軍で唯一傑出していた提督、ラトゥッシュ・トレヴィルの死によってナポレオンの計画の実施予定は遅れたが、スペインがフランスの同盟国として一八〇四年に参戦後、再び現実味を帯びることになる。イタリア人は、他の多くの国民とともに〈対イギリス軍団〉に加わった。しかし、ドーバー海峡のイギリス支配を打ち崩すことはできず、トラファルガー沖の会戦でフランス・スペインの連合艦隊が決定的に敗北したことで（一八〇五年八月二一日）、計画は完全に挫折した。

続いて、大規模な経済政策である大陸封鎖の問題である。これは、もともとフランスの工業、とりわけ繊維工業をイギリスとの競争から保護する目的で一七九三年の国民公会で採用された政策を発展させたものである。また、この政策は、フランスの海岸で〈嫌がらせ〉を行なうイギリス海軍に復讐するという性格を持っていた。一八〇三年にイギリスとの戦闘が勃発した後、封鎖の実施地域はフランスの国境地域を越え、同国の支配する他国の海岸地帯にまで拡大された。つまり、バタヴィア共和国や北ドイツはもとより、ハノーファーにまで実施が強要されたのである。また、大陸封鎖に伴い、ジェノヴァの併合が行なわれた。この都市は、地中海におけるイギリスの立場を弱め、フランス製品のイタリアへの輸出を容易にするうえで極めて重要な港だったのである。大陸封鎖は、その後イギリス製品の輸入禁止を通じ、イタリア王国にまで拡大された（一八〇五年七月二七日）。また、イギリスとの貿易禁止に教皇が反対すると、フランス軍はアンコーナ（一八〇五年）とチヴィタヴェッキア（一八〇六年）を占領することになった。

さて、フランスが一八〇五―七年に軍事的勝利を収めた結果、大陸封鎖と〈大帝国〉政策は、その頂点に達した。ナポレオンはイタリアで一方的な干渉を行ない、さらに、バイエルン、ヴュルテンベルク〔西ドイツ南西部の小国〕、バーデンと同盟を結んでドイツ諸地域に挑戦した。オーストリアは、これを契機として、一八〇五年夏、最終的にフランスと交戦状態に入った。フランスのいわゆる〈大陸軍〉は、ブーローニュから撤退後にオーストリア軍の主力をウルム〔旧西ドイツ南部〕に捕え（一八〇五年一〇月二〇日）、ロシア・オーストリアの連合軍をアウステルリッツ〔チェコスロヴァキア中部〕に撃破した（一八〇五年一二月二日）。翌一八〇六年、第四回対仏同盟にプロイセンが確たる考えもないままに参加すると、フリードリヒ大王が創設した同国の軍隊は、イエナ〔旧東ドイツ南部〕とアウエルシュテット〔イエナ北方〕で粉砕されてしまった（一八〇六年一〇月一四日）。これらに比べると、ロシア軍に対するアイラウ〔プロイセン東部〕（一八〇七年二月八日）とフリートラント〔旧西ドイツ北東部〕（同年六月一四日）における勝利は決定的なものではなかったが、同国とフランスとの戦争は、再び終結することになった。オーストリアは、すでにアウステルリッツでの敗北後、屈辱的なプレスブルクの和約[二一]を結ぶよう強制されていた（一八〇五年一二月二六日）。また、ロシア皇帝アレクサンドル一世も、ティルジットの和約[二二]の締結を余儀なくされた（一八〇七年七月八日）。こうして、二人の皇帝は、ヨーロッパ大陸を二つの勢力範囲〔フランスとイギリス〕に分割することに同意したのである。

　プレスブルクとティルジット二つの和約の締結により、ナポレオンの主要な関心はいよいよドイツに注がれることとなり、彼にとってイタリアの持つ重要性は弱まった。ヨーロッパは、フランスとその同盟国家群へと姿を変えることになるはずであった。そして、イタリアは、今やフランスとナポレオンの一族へ領土を提供する役割を果たすはずであった。地中海地域のように大陸封鎖の機能の維持にとって極めて重要な意味を持つ地域をしっかりと支配することは、フランスにとって必要不可欠であった。オーストリア皇帝は、イタリアからもドイツからも追放されてしまった。具体的にいえば、以前カンポフォルミオ、リュネヴィルの両和約によってオーストリアに割譲されていた都市、ヴェネツィアとその本土部分の諸地域は、今やイタリア王国に併合された。そして、チロルとトレンティーノは、王国に昇格したバヴァリアに与えられた。また、オーストリア領のシュバーベン〔ドイツ南西部〕は、プレスブルクの和約によりヴュルテンベルク、バーデン[二三]両者間で分割された。一八〇六年には、バタヴィア共和国がオランダ王国となり、ナポレオンの弟のルイに与えられた。他方、ブルボン家の支配していたナポリ王国について、ナポレオンは、「その存在は消滅した」と宣言する。そして、マセナ将軍率いる軍隊の支援を得たナポレオンの兄ジョゼフがナポリ王となった（一八〇六年三月三〇日）。こうして、教皇を別として、すべての旧王家がイタリアから一掃された。そして、イギリスの保護下にあったサヴォイア家とナポリのブルボン家だけが、サルデーニャ、シチリアというわずか二つの島に生き延びるにすぎないありさまであった。ドイツでは、ライン連邦の結成を通じ、オーストリア皇帝はすべての権力を剝奪されてしまった。ちなみに、同連邦には、ナポレオンを首長として一六の領邦君主が加盟している。

さて、ティルジットの和約によって屈辱を受ける立場にあったのは、プロイセンである。つまり、同国の領有していたエルベ川の西部地域は、ナポレオンの弟、ジェローム[一四]を王として新たに樹立されたヴェストファーレン王国の中核となったのである。また、同じくプロイセン領であったポーランドの諸地域は、フランスに忠実なザクセン選帝侯を支配者とするワルシャワ大公国を形成した。他方、ロシア皇帝アレクサンドル一世は、バルト海やオスマン帝国に自国の支配を拡大する展望を持つことができた。

続いて、一八〇八年から一〇年にかけての時期にイタリアの国境地域では最後の変化が起こり、半島部の大半がフランスに併合されたが、これは、ナポレオンによる大陸封鎖がもたらした直接の結果である。彼は、一八〇六年に至るまで保護貿易主義政策を強制していたが、フランス本国の製造業者の抗議に耳を傾けなかったわけではない。つまり、反フランス勢力に敵対する手段の一つとして、大陸封鎖の実施を中立の立場に立つ諸国に強制することは、結局フランスの権益を損ねるものと彼らは考えていたのである。そして、一八〇六—七年に大陸各地がフランスに征服された結果、イギリスの船舶を対象としてヨーロッパ大陸を封鎖することは可能であるように思われた。ナポレオンは、一八〇六年一一月のベルリン勅令を通じてイギリスの島々が「封鎖状態に置かれた」と宣言し、イギリス本国および同国の植民地からの物資すべてを押収するよう諸国に命じた。ティルジットの和約締結後、オーストリア、ロシアの両国は、フランスに協調する態度を示した。イギリスは中立国を威嚇して対抗したが（一八〇七年一一―一二月）、ナポレオンはこれに対し、フォンテーヌブロー、ミラノの両勅令の発布（一八〇七年一〇月一三日、一一月二三日、一二月一七日）で応じた。ちなみに、同勅令は、イギリスの命令に従う中立国の船舶をすべて拿捕するという内容であった。ナポレオンにとって最も重要な目標は、今やヨーロッパ大陸全域でイギリスの貿易活動を抹殺すること、とりわけ密貿易を撲滅することにあった。この大陸封鎖令は、抗議や反対をすぐさま引き起こした。しかも、それらは日増しに高まっていったのである。こうした状況を背景として、ナポレオンは、すでに一八一〇年に、イギリスと取引するための特別の許可状をフランス人に交付している。その後、大陸封鎖の亀裂とこの政策の実行を忌避しようとする傾向が日増しに鮮明になっていく。その間、ナポレオンは、封鎖を効果的なものとするために懸命になり、諸地域の直接的な支配を強化しようとした。こうして、イタリアと北ドイツの政治地図が塗り替えられる一方、結局は彼の没落を招くことになる戦役が激化していく。

　ポルトガルへの侵入と分割（一八〇七年）の後、ナポレオンは、スペイン王位をカルロス四世（一七八八―一八〇八）から強制的に奪い、バイオンヌで兄のジョゼフ・ボナパルトに与えた（一八〇八年五月）。これらの出来事は、フランスの直接的な支配をイベリア半島に拡大しようとするナポレオンの企てがじかにもたらした結果であった。そして、この影響は、イタリアに生じる。まず、ナポリでは、ジョゼフの意志に反し、彼からナポレオンの妹婿ジョアシム・ミュラに王位が移された。続いて、中部イタリアでは、教皇ピウス七世が中立の立場を主張したにもかかわらずナポレオンはこれを無視し、経済封鎖を教皇国家にまで拡大した。そして、その際、ミオリス将軍(一五)率いるフランス軍がローマ、ラツィオ、ウンブリアを占領し（一八〇八年二月二日）、その後さらに教皇国家の一部であったマルケが占領されてイタリア王国の一部となる（一八〇八年四月二日）。また、密輸が蔓延していたトスカーナでは、まずリヴォルノとピサが占領され、続いてエトルーリア王国全域がフランス帝国に併合され（一八〇七年一二月）、パルマ、ピアチェンツァも同様の運命を辿った（一八〇八年五月）。一八〇九年七月六日には、第五回対仏同盟に参加していたオーストリア軍が、ワグラム〔オーストリア北東部〕の戦いで敗北した。その後、ダルマチア〔アドリア海沿岸〕、イストリア〔アドリア海北端〕、そしてカリンツィア〔オーストリア南部〕とカルニオーラ〔ユーゴスラヴィア北西部〕の一部がイリュリア地方〔アドリア海南東部〕に編入され、フランスの統治下に置かれた。一方、トレンティーノと南チロル（ここでは、反フランス暴動が発生しており、バイエルン王国政府はその鎮圧に失敗する）は、シェーンブルン協定（二六）によりイタリア王国に譲渡された（一八〇九年一〇月一四日）。さらに、教皇国家の領土で依然として併合を免れていた地域も一八〇九年五月一七日にはすべてフランス領となり、その後ナポレオンの弟ルイ・ボナパルトを王とするオランダ王国、ドイツの旧ハンザ同盟の諸都市とオルデンブルク、そしてスイス南西部のカントン、バレーもフランスに併合された（一八一〇年）。こうして、ナポレオンを中心とする一大帝国が出現した。そして、これにヨーロッパの大半の地域が編入されることにより、大陸封鎖の維持が意図されたのである。

さて、この帝国は、全部で一三〇の県に分割されており、その領域は、ハンブルクからローマにまで伸びていた。そして、国境地域には、多数の衛星国家が創り出された。その中には王侯国や公国が含まれており、それらはナポレオンの一族、極めて有能な将軍や官僚、さらに新帝国の大土地所有者に割り当てられた。これらの領土全域は、皇帝ナポレオンの直接統治、あるいは過酷な圧迫や干渉に服した。そして、住民は、帝国、衛星国家を問わず、フランスの好戦的衝動を維持するために金銭と兵力の供出を余儀なくされた。これらの諸国家の君主は、エリザ・ボナパルトやトスカーナ大公のように、単なる名目的な地位を持つにすぎない場合も多く、ナポレオンが強制する合理化政策や行政面の統一化政策に服従しなければならなかった。

この大帝国の中で、イタリアには形式上は重要な役割が割り当てられた。ナポレオンと彼の二番目の妻で、オーストリア皇帝フランツ一世の娘マリア・ルイーザ（一七）の間に生まれた息子（一八）には、ローマ王の称号が与えられた（一八一一年）。ローマは、大帝国の第二の首都にふさわしい都市とされた。一方、他の主要都市、たとえば、ナポレオンの養子、ユージェーヌ・ボアルネ（一九）の支配下に置かれたミラノ、ジョアシム・ミュラの統治するナポリ、ナポレオンの妹、エリザの支配するフィレンツェ、同じく彼の妹ポーリーヌのトリノは、すべて十八世紀に見られた小公国の宮廷を模していた。しかし、この新しいカロリング帝国という装飾を身にまとったイタリアは、皇帝ナポレオンの政策に、そして彼の戦争遂行の欲求と経済封鎖に完全に従属したのである。フランスの将軍や閣僚が大帝国内で得ていた収入は、イタリア王国とナポリ王国の国庫から捻出された。フランス人知事は、ピエモンテ、ローマ以南にまで及ぶティレニア海沿岸全域、それに中部イタリアの大半を直接統治した。イタリア王国の行政の細部は、ナポレオンが個人的に統轄していた。ただ、ナポリのミュラだけは、限られた程度ではあったが、自主的な決定権を行使することができた。しかし、その彼とボアルネも、ドイツとロシアでナポレオンが引き起こした戦争の運命的な結果に打ち負かされてしまう。イタリアは、オランダ、スイス、そして大帝国の他の国境地域と同じように、ナポレオンの推進する合理化政策と社会的保守主義がもたらす影響をまともに受けることになった。

二　イタリア共和国

　さて、マレンゴの戦いの後フランスに再占領された北部イタリアは、フランス本国で支配的となっていた新しい政治潮流の影響を極めて直接的に被った地域である。なかでも、ロンバルディーアでこの傾向が顕著であった。ナポレオンが最初の軍事的な勝利を収め、行政面での初期の実験を積むことになったこの地方は、彼が第一執政の地位にあった時期（一八〇〇—〇四年）に強制された立法上の変革や政治的変化と緊密な関係を持っていた。

　ナポレオンによるブリュメール一八日のクーデタの成功により、ジャコビーノの期待は、水の泡と消えた。そして、リュネヴィルの和約〔一八〇一〕は、統一を願うイタリア人の敗北感を表明するものであった。ナポレオンは、大革命の終焉を宣言した。派閥や党派の活動は、禁止された。人心の和解と合意、私有財産、個人の諸権利、そして宗教を尊重する姿勢は、ナポレオンの新体制と彼の法体系の基調となっていく。ブリュメールのクーデタ以降投獄された老ジャコビーノのランツァは、新しく制定された一七九九年憲法の持つ退行的な性格について、手厳しく評している。つまり、一般民衆には政治的諸権利の行使が認められておらず、出版、集会、宗教の自由に制限が加えられているというのである。一言でいえば、「この貴族と少数者が支配する政治の総体、そして君主制へと続くこの階段」なのであった（Cantimori and De Felice, 127, p. 526）。

　他方、パリ駐在のチザルピーナ共和国代表で、穏和派のフェルディナンド・マレスカルキは、ナポレオンがフランスのジャコバン派に対して残虐な粛清を行なった後の一八〇一年に次のように記している。

「革命の影ですら、その一切が見逃されることは決してない。」(Roberti, 168, vol. 1, p. 244)

また、ナポリ王国のフェルディナンド四世がパリに派遣していた大使、ガッロ侯爵は、アクトン卿に宛て、次のように書いている。ちなみに、ガッロは、ナポレオン体制に速やかに順応し、ナポリ王国の外相に就任することになる。したがって、人を変節漢呼ばわりする権利は他の誰にもまして少ないはずなのだが、ともかく、この手紙には、明らかに憤慨した調子が見て取れる。

「これらフランスの名士は、今は穏和派に属していますが、以前はジャコバンでした。彼らは当時〔イタリアの〕独立を唱導していたのですが、現在は〔フランスに対するイタリアの〕従属を説いているのです。また、革命に関しては、かつてはこれをたくらみ、現在はこれを潰しています。つまり、彼らは、自分たちの高邁な目標のためにというよりも、周囲の状況に流されて行動する連中であるといわざるをえません。」(Croce, 158, pp. 417-8)

ナポレオンがフランスで強制し、強化した新しい社会構造に対する反発は、いかなるものであれ許されなかった。ジャコバン派は、その一切の活動を禁止された。スタール夫人やバンジャマン・コンスタンといった自由主義的な立憲主義者も、迫害を免れることはなかった。彼らは、行政権に対して効果的な統制が可能な立法議会の設立を望んでいたのだが、亡命か沈黙を余儀なくされてしまったのである。他方、ブルボン家の復活を夢見る王党派も、アンギアン公[二〇]の処刑によって震え上がった。こうして、ナポレオンの支配するフランスになんらかの形で奉仕するためには服従が前提条件となったのであり、警察大臣フーシエ[二一]は、反乱を起こす恐れのある人間から監視の目を離さなかった。しかし、こうした危険分子を別にすれば、人々のナポレオンとその国家に対する奉仕は大いに奨励された。穏健な共和主義者と保守的な王党派、旧ジャコバン派と旧名門貴族は、〈アマルガム〉〔融合〕(イタリアでは、この用語は一七九三年に初めて用いられた）によって一体化された。つまり、ナポレオンは、民衆を主体とする革命軍の一本化実現のために考えられたこの原理を、今度は市民社会の一体化を目的として用いたのである。法の前における権威と平等、秩序正しい社会のヒエラルキーの維持と諸特権の粉砕、宗教と私有財産の尊重、それに最低限度の生活保障は、ナポレオン体制の根本原理であった。彼は、平和に恵まれた時期（一八〇〇—〇三年）に主要な立法措置その他の政策の実現を急いだ。具体的には、フランス銀行の設立、民法典の施行、リセ〔中・高等教育機関〕の創設、カトリック教会との宗教協約の締結が挙げられるが、これらは、革命を通じて獲得された多くのものを保守主義の鋳型にはめることを目的として実施された。北部イタリアに樹立されたナポレオン体制は、当然のことながら、フランス本国のものに極めて類似したものとなる。

共和国の樹立

一七九九年に出現したチザルピーナ共和国に対していかなる反感があったにせよ、それ以前の一三カ月間にわたるオーストリア支配が重要な要因となって、フランス支配の復帰への道が準備されたと考えられる。なぜなら、この時期、民衆に対する金銭の搾取、窃盗、そして〈国有財産〉の売却を撤回させるための脅迫と迫害が行なわれていたからである。現地では、ナポレオンは相変わらずローディの戦いの英雄、そしてイタリアの解放者とみなされ、ジャコビーノが活躍した時期に横行したアナーキーと汚い手口とは無縁の存在であった。このため、彼が平和と安定した生活を保障するように思われ、その復帰を人々は歓迎したのである。

ナポレオンは、新生チザルピーナ共和国に、当時フランスに見られた穏和な政治体制を布こうとした。臨時統治委員会と諮問評議会の構成員は、旧共和国で政治的に穏和な立場にあった者か、公的な生活から完全に足を洗っていた者で占められた。旧共和国時代に存在した反教権法は即座に破棄され、以前ミラノから亡命していた大司教は、その帰国に際して大いに歓待された。しかし、旧共和国が持っていた弱点がまもなく再び現われ、それとともに不満や批判も生じた。フランス軍の占領に伴って、権力の乱用や過酷な課税が繰り返された。また、政府は地方行政の分野で権威を確立できず、共和国の財政は混乱状態に陥った。たとえば、ボローニャは、ミラノに対して税の支払いを拒否し、民兵の再編に着手した。そして、諸都市は、それぞれがあたかも独立した小共和国の中心地であるかのように動いていた。また、多くのジャコビーノを含む一七九九年当時の亡命者がこの新しいチザルピーナ共和国に戻り、地方の行政ポストを獲得した。共和国の三頭執政官となったヴィスコンティ、ソッマリーヴァ、ルーガは、その地位を利用して私腹を肥やした。フォスコロ(二二)は、こうした共和国の状況を「こそ泥執政官、厚顔な市民、小心者の役人ども」という辛辣な表現で批評している (Roberti, 168, vol. 1, p. 60)。

さて、共和国の再編は、同国の安定化を達成し、その恒久的な維持に対する民衆の支持を確保するために不可欠な作業であった。ちなみに、それは、リュネヴィルの和約以前には不安定であった国際情勢とは独立した問題とみなすべきである。

まず、共和国に施行される新憲法に関する審議は、ナポレオンの意向を受けて一八〇一年いっぱいだらだらと続けられた。ちなみに、同年、リュネヴィルの和約締結とフランス軍によるピエモンテの占領により、チザルピーナ共和国の独立の維持が確保されたのである。ナポレオンは、マレスカルキ(二三)、アルディーニ(二四)といった共和国の公的な指導者に対して助言を求めたが、これはあくまで形式的なものにすぎなかった。そして、彼は、これとは別に、自由意志によりスペインに亡命していたメルツィ・デリルを呼び寄せ、新国家建設に際しての重要な協力者とした。フランチェスコ・メルツィ・デリルは、大革命以前の時期においてヴェッツリに近い立場にあった改革派貴族の中で傑出した人物とされる。このため、彼は、一七九六年にナポレオンを歓迎する使命をミラノ市から与えられている。また、メルツィは、ジャコビーノに対しては深い憎悪の念を抱いており、〈地主〉層の指導者として、また私有財産についての自然権を明らかにする小冊子の著者として台頭していた。彼は、政界に出たり入ったりを再三繰り返したため、新旧のチザルピーナ共和国の諸問題に関わりを持たなかった。一七九八年のラシュタット協定に参加して後、彼が示した外交手腕、そして、とりわけ秩序、平穏それに理性的で抑制の効いた改革を信奉する点を、ナポレオンは極めて高く評価した。メルツィは、穏和な性格を持つイタリア共和国の新しいプログラムを提示した。彼は、ジャコビーノが活躍した三年間を通じ、二つの異なった教訓を引き出していた。つまり、独立の必要性と、ジャコビーノの持つ恐ろしさである。

彼の理想は、北部イタリアに強固な独立国家を創り出すことであった。そして、その政体としては君主制が望ましいが、私有財産権に基づき実効力ある憲法を持つことが必要であった。新しい国家は、揺るぎない基盤と国民的性格を獲得しなければならない。そして、これを実現するためには、効率的な行政、国民の〈心情的な〉支持の獲得、さらに一層同質的な国境地域を獲得するために、慎重に領土を拡張しなければならない。

「否、われわれはいまだに国民とはいえない。そして、われわれは、これからそうならなければならない。われわれは、統一を通じて強固な、思慮分別を通じて幸福な、さらに真に国民的な感情の形成を通じて独立心ある国民にならなければならない。われわれは、秩序正しい政府を持っていない。だから、それを創り出さなければならない。われわれは、組織だった行政機構を手にしていない。だから、それを生み出す必要があるのだ。」(Melzi d'Eril, 165, vol. 1, p. 45)

ジャコビーノや統一を標榜する共和主義者がもたらす危険は、地主層の協力を得ることによって回避しなければならない。そして、そのためには、二つの方策が必要である。つまり、改革の慎重な遂行と、フランスが主張する新しい国境線を認めることにより、革命運動のこれ以上の高まりを阻止するようなヨーロッパの平和の実現である。このように、メルツィの主張は、穏和な性格を持つ展望の中で内政と外政に関する提議が密接に絡まり合ったものであり、スタール夫人やフランスの自由主義者の考え方に極めて類似している。しかし、その一方で、彼が民衆の〈アナーキー〉に恐怖心を抱いていたために、その主張は、革命によって達成された結果を考慮しない社会的保守主義へと容易に転化していくのである。

イタリア共和国の誕生とその政治生命は、メルツィがこうしたプログラムをなんとかしてナポレオンに認めさせようとしたものの、その大半が失敗に終わった歴史として述べることが可能である。とはいえ、その際、話を過度に図式化してはならない。メルツィの試みがなぜ失敗したかというと、彼が、国内秩序の回復に関してはナポレオン個人に、また、共和国の独立の達成に関しては強固なフランスの国力にそれぞれ極めて緊密に依存していたからである。こうして、イタリア共和国は、内外政の両面においてフランスと分かち難く結びつけられ、メルツィはナポレオンの決定を受け入れざるをえなかった。しかし、自己のプログラムを実現できなかったとはいえ、彼は北部イタリアで統一国家を形成するに十分な自立性と支持をナポレオンから得ることはできた。

ところで、メルツィの立場の弱さは、新しい共和国の誕生当時からすでに明らかであった。まず、採択すべき憲法に関しては、紆余曲折した審議が行なわれた。ちなみに、この憲法は穏和な性格を有しており、その点をあらゆる党派が支持していた。そして、ナポレオンが名士会を突如としてリヨンに招集したのは、この審議の後のことである（一八〇二年一月）。その目的は、二つあった。つまり、彼の政策に対するイタリア側の支持の性格とその強さを探ることと、立憲議会を形式的に招集することによりフランスの新しい同盟国形成の正当性をヨーロッパに認めさせることにあった。タレーランは、こうした彼の行動について次のように指摘する。

「アミアンの和約締結の際開催された列強間の会談とリヨンにおける諸国民の代表者会議は対照的な印象を与えるが、いずれも第一執政による統治の偉大さを高めるだろう。ちなみに、この体制は、ヨーロッパにおける公法の体系を再建すると同時に、フランス連邦制の速やかな創出を義務としている。」(Pingaud, 166, vol. 1, p. 295)

メルツィは、リヨンの議会に参加するメンバーの候補者の選出を操作する必要があるという点でナポレオンに同意した。憲法の起草者であるロエドレ(二五)(彼は、一七九八年に、チザルピーナ共和国憲法の〈修正〉作業に加わっている)は、選挙人を職業別に分けることを提案した。つまり、聖職者、裁判官、商人、知識人、県および市町村の代表者、軍隊と民兵の士官、第二チザルピーナ共和国議会の現職議員、それに地方の名士による大規模な代表団という区分である。政府が指名した者(名士と役人)が候補者総数のうち高い割合を占めたこと、各職業別カテゴリーの指導者が、それぞれの代表を選出する方法(司教、大学教授、文化団体の指導者、地方行政官、司法関係の指導者など)を採用したこと、明らかに〈徳性〉と所有地の規模を基準として名士の選出を実施したこと、望ましくないと判断された議員を選出の対象から除外したこと(たとえば、詩人のピンデモンテは、ナポレオンに対する陰謀に関わった容疑がかけられていた)は、ことごとく圧倒的に穏健な性格を持つ政体の存続を保障するものであった。とはいえ、その一方でこれほど多くの著名な人物が集合したことは、会議が「ナショナルな」性格を持つとの印象を与える結果となった。

しかし、この過度に賞賛されたリヨンの会議は、立憲議会の茶番劇であったことが判明する。つまり、議題と各議会の議長が参加議員に強制的に割り当てられ、議論は途中で打ち切られ、議員は出身地別のグループに分かれてそれぞれ個別に投票を行なったのである。そして、イタリア共和国の樹立、ロエドレの手になる憲法の施行、それにナポレオン自身を国家の首長とすることを目的として、公然とした圧力が会議にかけられた。宗教面に関しても、事態は同じであった。つまり、リヨンの聖職者は、ナポレオンが準備した〈イタリア人聖職者のための組織法〉の承認を強要された。同法によれば、カトリックは国教として認められたが(他の宗教については、私的に信仰することは自由であった)、司教の指名と教会の監督は、世俗権力の手にしっかりと掌握されたままであった。当惑し、弱々しい反発が聞かれたこの議会に対してナポレオンが唯一行なった譲歩は、新しい共和国に〈イタリア〉の名を冠することへの同意であった。

こうして、新しい国家が誕生した。この共和国は、首長であるナポレオンを通じてフランスに結びつき、国内に駐留するフランス軍の維持費の支払いを義務づけられ、チザルピーナ共和国時代の反教権的な政策の放棄を余儀なくされた。また、この国家は、過度に穏健な性格を持つ憲法を土台としていた。つまり、この憲法は地主の立場を重視する一方、複雑な内部構造を持っており、それが行政権力の行使にとっての阻害要因となるのにわずかな時間しか要しなかった。新生の共和国が抱える他のマイナス要因としては、国境地域の問題が挙げられる。これは、実質的に第二チザルピーナ共和国のものと同一であり、密輸に対しては無防備でその横行が助長された。旧パルマ公国のイタリア共和国への編入をナポレオンが拒否した結果、後者の領土は二つの部分に切断された。そして、それは、レニャーノ〔北部ロンバルディーア地方西部〕とグワスタッラ間〔北部エミリア・ロマーニャ地方〕にある三〇キロの狭い回廊によって結ばれることになる。こうして、自己の希望が果せなかったことが明白となったにもかかわらず、メルツィは共和国副総裁の指名を受諾した。つまり、彼は、この新しい国家が抱える弱点、共和主義憲法、それに同国のフランスとの結びつきを、結局は小さな悪にすぎないとみなしていた。換言すれば、彼は、穏和な性格を持つ独立した国家創造の可能性はなお残されているものと判断したのである。

メルツィとその共和国

彼が当面、そして常にもくろんでいたのは、以前の動乱の時代とは無関係な国家と国民を創り出すことであった。この目標達成のために必要な手段について、彼は明快な考えを持っていた。つまり、〈徳性〉および社会的名声に基づいて選出される誠実な役人をメンバーとする強固な組織と効率的に集権化された行政機能の創出であった。立法府に対する説明で明らかなように、彼は、行政者と立法者が示す例が国民の行動に直接的で深い影響を及ぼすものと考えた。

「国民が自らを律して統治を行なわなければならなかった時代、われわれには、実践的な考えも習慣もなく、また偉大な国家を形成するに際して最も重要な意味を持つ国民的な感情もなかった。第一級の役人が、その国民観形成に大きな影響力を及ぼさなければならず、また、彼ら国民が新しい社会への第一歩を踏み出すための導き手として多くの途方もない義務を履行しなければならなかったのは、こうした事情があったからにほかならない。役人が会議の席上で述べる言葉は、国民を統治する法に関して国民が判断を決定づける役割を通常有している。また、役人が私的な場で交わす会話でさえ、国民がそれを通じて諸事に関する意見を形成する、いわばプリズムとしての機能を果たすのである。」

(Melzi d'Eril, 165, vol. 2, p. 339)

ところで、ナポレオンやパリ駐在大使、マレスカルキに宛てた手紙で始終こぼしていたように、メルツィが直面した困難には際限がなかった。たとえば、第二チザルピーナ共和国の時代には、「党派がその正体を現わし、すべての誠実な人間から財産を掠め取った」のである（Roberti, 168, vol. 1, pp. 81-2）。

この共和国では、フランスの場合とは対照的に、地主を説得して知事職を引き受けさせたり、彼らを故郷から別の県に移動させることはほとんど不可能であった。また、下級官吏の場合、亡命者を雇ったために官僚機構が膨れ上がってしまった。この弊害を除去するため、地方、とりわけ教区司祭については大がかりなパージが実行された。たとえば、ミラノでは、新しく蔵相に就任したプリーナ[二六]は、一日で一三三名の役人を解雇している。この結果、革命前の体制を支えてきた者が官職に残留する傾向があった。

官吏の入れ替えや人員の削減が一層困難になったのは、ジャコビーノや統一主義者に対する恐怖にメルツィが取りつかれていたからであった。彼は、自分が公正であること、もっぱら誠実さを基準にして人物評価を行なうこと、さらに、従来の党派や派閥に〈融合〉という新しい団結の精神を置き換えるよう努力する旨誓っていた。にもかかわらず、彼は常に愛国者を冷遇し、地主や革命前の官吏を支持しがちであった。たとえば、知事に任命された愛国者は、ソメンツァーリただ一人であった。そして、二人の専門家を別にすれば、他のすべての知事は大地主であった。共和主義者で元聖職者のヴィスマーラが閣僚に指名された一件はまさしく例外にほかならず、メルツィもこれを弁明する必要を感じていたほどである。他の閣僚の大半は、革命前の諸邦に仕えていたか（スパッノッキ、プリーナ、ボヴァーラ）、マレスカルキのように二つのチザルピーナ共和国において極めて穏健な立場にあった人物のどちらかであった。若干の愛国者やジャコビーノも官吏として認められた例はあるものの、そのほとんどは試用の形だった。たとえば、役所付きの著述家（ジョーイア）、出版者（クストーディ）[二七]、立法部門（コンパニョーニ）、スパイ（サルヴァドール）の例が見られる一方、フォスコロは外交部門に推薦されている。他方、民主的な空気が強かった軍隊では、ラオーズの同僚であるピーノ、レーキの両将軍に公的なポストを与える必要があった。しかし、過去に評判を落とした人間のほとんどすべては、解雇されるか統治機構の枠外に置かれたままとなった。

ところで、このイタリア共和国でも、フランスと同じように警察権力が強化されていった。つまり、人はなんらかの容疑さえあれば逮捕される一方、通行証の入手も困難を極めたのである。共和国副総裁のメルツィは、ヴェネツィア人亡命者に同国の市民権を与えることに激しく反対した。なぜなら、彼によれば、「彼らの大半は、まったく人間の屑」だからである(Roberti, 168, vol. 1, p. 341)。

彼は、捕虜収容所の設置と、政治的亡命者の国外追放、それにオーストリアおよびトスカーナとの間に協定を結ぶことを提案した。ちなみに、この協定は、前ジャコビーノと統一主義者の実効ある活動をイタリア全域で不可能とする内容を持っていた。また、彼の持つ派閥的傾向は極めて強く、ナポレオンがこれに抗議したほどである。こうしたメルツィの影響により、共和国の社会的な保守化が強調され、また、一八〇二年六月にはこれに公然と反対する暴動がボローニャで勃発している。この暴動は、ボローニャの愛郷心によるミラノに対する敵意と、フランス側による民兵の解散命令を直接の契機としていた。しかし、それと同時に、この暴動は、穀物取引に関わる投機家を攻撃するという社会的な色彩も帯びていた。〈スティレッタンティ〉(短剣=スティレットを携えている者)と呼ばれる秘密結社が率いたこの蜂起は、ジャコビーノによる最後の暴動となり、イタリア、フランス両国の亡命者が参加した。結局、これはフランス軍によって鎮圧された。そして、メルツィは体制に対するあらゆる不満の表明の背後にジャコビーノの影があるとみなしていたものの、放射線協会やジャコビーノの反体制活動は、この鎮圧を契機として終わりを告げたのである。

メルツィは、啓蒙主義的な構想に基づいて効率的な国家構造を創り上げようとしたが、これは、過去の諸悪を解消して国民的統一を成し遂げるための試金石となった。この国が抱えていた困難の原因は、有為な人材が欠如していた問題を別にすれば、メルツィが結局はナポレオンに従属していたことにあった。第一執政となっていたナポレオンは、共和国に関する報告をほとんど毎日要求していたが、行政に関して干渉することはまれであった。実際、彼は、ユージェーヌ・ボアルネ〔イタリア共和国の第二代の副大統領で、メルツィの後継者〕や、イタリアにおける他のいかなる統治者（ただし、ミュラは例外である）に対するよりもはるかに大幅な自治権をメルツィに与えたのである。特に共和国の初期においては、ソッマリーヴァやアルディーニの陰謀と闘う際、メルツィに十分な支援を与え、彼が任命した共和国軍司令官、ミュラ、メルツィの三者が互いに抱く憎悪の念を和らげようと試みたのである。しかし、メルツィは、ナポレオンに強要された憲法を継承した結果、オーストリア皇帝ヨーゼフ二世の反教権思想の伝統に反発してきた教会勢力と協調するよう強制された。

フランスのさまざまな経験に基づいて作り上げられた共和国の憲法を、メルツィは絶えず批判していた。つまり、彼によれば、この憲法はあまりに自由主義的で民主的であるということになるが、これは実際には保守的な性格を巧妙に隠していた。たとえば、被選挙人の母体は、地主、商人、知識人という三種の被選挙人団体に分割され、なかでも地主が有利となるよう配慮されている。ちなみに、ナポレオンは、社会がこれら三種の重要な階層によって構成されているものと確信していた。また、立法府では、全構成員七五名のうちわずか半数だけがこの被選挙人団体の中から選出されることになっており、その権力は著しく限定されていた。つまり、実際には、政府の提案を拒否できるだけで、修正する権限も持たなかったのである。大統領、あるいは副大統領は、小規模な国家評議会の支援を得て、あらゆる法に関するイニシアティヴと内閣の任命権を握っていた。そして一〇名からなる立法評議会は、立法権と行政権を連関させる役割を担っていた。また、検閲庁は、選挙人と上級官吏の選出を監督していた。

法の形式的な手続きを常に深く尊重していたメルツィは、彼の提案に対する批判（それらは、御し難く、付和雷同的な性格を持つのが常であった）を個人的な恨みに起因するものと考え、次のようにわかりやすい表現を使って説明している。

「私がたとえ一歩でも既存の体制の枠外へ出ようとしても、そこには私を手助けしてくれる犬さえいない。国家評議会、内閣、立法府、そして司法府は、私が創り出したものではない。そして、これは周知の事実なのである。」(Roberti, 168, vol. 1, p. 106, n. 3)

これら諸機関とメルツィ両者間に緊張が高まってくると、ナポレオンはフランス人の上級官吏であったヤコブという人物をミラノに派遣し、共和国内の情勢の調査を命じた。彼の報告によると、内閣ではアルディーニとチコニャーラ(二九)が個人的に対立し、立法府では旧チザルピーナ共和国時代の対立が復活しており、これらが政府弱体化の要因であるとのことであった。しかし、ヤコブは、メルツィを批判した。つまり、彼は厳格な姿勢をとり過ぎ、権力の一部を委任すべき協力者を選択する能力に欠けるというのである。

メルツィは、これら批判のすべてに苛立ちながらも、秩序正しく統一された組織的国家の建設に大きく前進した。彼は、効率に対する信仰と尊敬すべき地主層をできるだけ多く統治機構に組み入れたいとする願望との間で引き裂かれてしまった。付言すれば、彼は、ナポレオンが行政官のポストの割り当てに際しては地方間でバランスを保つよう強く要求したにもかかわらず、ミラノを他の地域に対して優先させている。ちなみにこの共和国では、フランスの例をモデルとした地方行政法（一八〇二、一八〇四年）が施行され、市町村・郡・県という統一化された行政単位に基づくヒエラルキーが出現した。そして、これら三種の行政単位には、それぞれ常任の行政機関と税の分配を執り行なう諮問委員会が設置された。しかし、委員会の開催は年二回に限られ、その全体構造は、あまりに複雑で、また莫大な費用を必要とした。また、共和国の統治に関する地主層の典型的な姿勢は、フェッラーラのロドヴィーコ・ヴェルナッツェの辛辣な評価に示されている。彼は、ただ知事を満足させることだけを目的として地方議会に出席しなければならない現実を嘆くのである。一方、メルツィは、次のように不満をぶちまけている。

「国民の怠け癖を矯正し、新しい習慣やより高潔な態度を身につけさせながら、彼らの持つ力を最大限に発揮できるよう少しずつ方向づけを行なうことは、超人的な仕事である。」(Zaghi, 162, p. 186)

メルツィの改革は、実際中央のレベルで見れば一層効果を発揮した。犯罪とブリガンタッジョは、第二チザルピーナ共和国の時代を通じて手がつけられないほどに蔓延していたが、イタリア共和国の樹立以降、特別法廷の活用と〈ジェンダルメリーア〉〔憲兵〕の配置によって容赦なく鎮圧された。一方、第二チザルピーナ共和国の時代にすでに開始されていた各種法典の編纂事業をさらに推進したのは、スパッノッキである。イタリアの民法典は、メルツィからすれば、フランスに対するイタリア共和国自立の証であった。そして、二つの民法典の起草が計画されたが、スパッノッキの後継者、ルオージの仕事が遅れたため、結局フランスの民法典の施行が強制されることになった(一八〇五年)。民事訴訟法、刑事訴訟法、それに刑法典は、共和国の末期には準備作業がかなり進んでいたが、編纂者の仕事が極端に遅れたために前記の民法典と同じ運命を辿ることになった。しかし、こうした作業の下地はすでに完成し、統一された司法組織は機能しており、過去に施行されていた法や古い習慣のもつれに影響されることはなかった。大革命によって獲得された諸特権の廃止と法の前の平等の精神が、新しい共和国を支える根本原理に不可欠な要素となっていたのである。したがって、同国に導入されたレジオン・ドヌールも、あくまで人格が授与の対象基準となり、世襲的な称号の意味合いを持つことはなかったのである。

さて、市民平等の思想は、地主層に有利に働いた。たとえば、革命期を通じて国家や地方の自治体によって没収されていた貴族の完全な私有地（封土とは異なる）が、すでに一八〇三年には元所有者の手に戻っている。また、残存する〈国有財産〉の売却が再開されたものの、小土地保有農を支持する試みはほとんど行なわれなかった。一方、売却の対象が富裕な地主とされたことは、これによって公債を減らそうとする意図が明らかであった。ちなみに、彼らは、ジャコビーノが活躍した時期に強制公債の購入を余儀なくされていたのである。ちなみに、すべて地方の名士によって構成されていた一八〇四年の選挙人団体のメンバーと〈国有財産〉の主な購入者は、ほぼ一致している。〈国有財産〉の所有権の将来について若干の不安も残されていたが、この問題も、宗教協約（一八〇三年）により教皇が売却を正式に承認した結果、解決した。

ところで、フランスではナポレオンが国立銀行を創設したが、イタリアではそうした動きは皆無だった。とはいえ、公債は一八〇三年三月に長期物に変更され、国家の信用の回復が図られた。とりわけ、税制が徹底的に見直され、その単純化と近代化が蔵相プリーナの手で実施された。地租は、特に小土地保有農にとっては、相変わらず重い負担となっていたものの、関税に関していえば、農産物の輸出と工業製品の輸入を促進するように税率が設定された。国内の製造業は、事実上顧みられることはなかった。そして、共和国の樹立以降到来したこの平和な時期に穀物と米の価格が上昇すると、大地主は、この国の政治に満足することができたのである。メルツィは、実際には穀物輸出の全面的な自由化にまで改革を推し進めようと願っていたが、これを阻止したのはナポレオンである。つまり、彼は極めて現実主義的な考えの持ち主であり、重農主義の抽象的な理想の実現によって民衆蜂起が勃発する危険を冒すことはできなかったのである。彼は、こう述べている。

「無産者と有産者双方で意見や利害が分かれている無数の問題のうち、穀物価格は、極めて激しい利害対立を引き起こす。そして、これは、有産者に対抗して無産者を支持するために政府が絶えず介入しなければならないおそらく唯一の問題である。もし、それを怠れば、結果として有産者の圧制と民衆の暴動を引き起こす危険がある。」(Melzi d'Eril, 165, vol. 2, p. 85)

ナポレオンがイタリア共和国の終焉を宣告した頃、メルツィは地主の利害を基礎として近代的で効率的な国家組織を作り上げることに成功した。彼の政策がそこで終わってしまった理由は、ナポレオンが直接干渉してきたことと、国民がメルツィの政治に無関心であったことの二つに求められる。彼の失敗した政策の中で、最も物議を醸したものの一つとして、国際関係の上からだけでなく、教会勢力にも対抗しながら長期間にわたって共和国の自立を確保しておこうとした試みが挙げられる。彼は、その受けた教育や信念の点から見て、典型的なロンバルディーアの改革者であった。したがって、彼は、教会との和解を実現しようとするナポレオンと激しく対立した。メルツィは問題を熟慮したうえで、一八〇二年に宗教省を設置し、ジャンセニストの一人で政教分離主義者のボヴァーラを大臣に任命した。メルツィは、教育と慈善事業に関する国家の管理と物乞いの厳重な規制を主張した。一方、ナポレオンは、教皇ピウス七世との間に締結した宗教協約を最終的に公にする(一八〇四年一月二六日)。これは、従来締結されてきたフランスの宗教協約の伝統に従う内容を持っていた。つまり、教区司祭に対する司教の権威を再び確立し、共和国内におけるカトリックの優位性を認める代わりに、教皇は教皇国家の総督領の喪失、司教の指名に関する国家の監督権、それに教会保有地の売却に関する教会の黙諾を承認するというものであった。こうして宗教協約の締結を回避できなかったメルツィは、彼自身のイニシアティヴで直ちに布告を発し、宗教問題に関する共和国の法の有効性を再確認した。しかし、彼がなしえたことといえば、状況を手詰りにしたことだけであった。とはいえ、彼は、少なくとも副大統領職を解任されるまで宗教協約の執行を部分的に阻止したのである。

メルツィは、宗教協約に関してはある程度の自立性を保持していた。なぜなら、共和国の内政に関わると判断できる問題について、主要な閣僚の支持を得ていたからである。その反面、外交面で自立し、共和国の版図を拡大しようとする彼の試みは全面的に失敗した。イギリス、ロシア、デンマークは、イタリア共和国の承認を拒んだ。しかし、それよりも重大な問題は、共和国が外交代表団を他の諸邦と取り交わすことをナポレオンが認めなかった点である。つまり、フランスの外交官が共和国の外交を取り仕切り、あらゆる国際問題に関する決定はパリにいるナポレオンが行なったのである。フランスとナポレオンに対する共和国のこうした従属は、フランスとイギリスとの戦争の際（一八〇三年）、共和国がイギリス侵攻を目的とする軍隊と船舶の派遣を余儀なくされた事実にはっきりと示されている。

当時、パルマ公国、リグーリア、ルッカの両共和国、それにティチーノとトレンティーノをイタリア共和国に併合することをメルツィや他の閣僚が希望しており、その公式なアプローチが行なわれたほどである。にもかかわらず、共和国の版図拡大にナポレオンが冷淡なことは明らかであった。メルツィは、旧ヴェネツィア領がある東方に領土を獲得するという野心を抱いていた。ちなみに、この地域では、当時オーストリアの軍政とそれに続くハプスブルク家による極端な集権政治が行なわれ、これに対する不満が蔓延していた。ちなみに、サルデーニャ王の大使としてロシアへ赴く途中ヴェネツィアに立ち寄ったジョセフ・ドゥ・メストル[三〇]は、次のように記している。

「オーストリア人はうろたえており、どうやったら立ち直れるか、皆目分からない。新しい臣下を得た後に変更すべきは法令の名称だけであると彼らが気づくのは、いつの日のことであろうか。」(Pingaud, 166, vol. 2, p. 76)

これは、フランスの支配を通じてヨーロッパにどのような同時的変化が起こるのかに関する近視眼的な見方ではあるが、ミラノの政府による領土拡大に向けての圧力(ミュラも当事者である)の影響で、オーストリア・イタリア・フランス三国の関係にひびが入る危機をも示していた。しかし、こうした領土拡大の野望は、プレスブルクで一部実現するにすぎない。

さて、メルツィは、独立と国民意識の形成を望み、これを実現させるための一つの手段として、自立的な軍隊の創設に全力を傾注した。前述したイタリア軍団より生まれた軍隊には、兵士の均質性と専門的な能力が欠けていた。さらに悪いことには、イタリア人の軍事的資質が一般的に外国人の侮蔑の対象になっていたのである。たとえば、チザルピーナ共和国の将軍、ミロセヴィッツは、リヨンの議会で、古代ローマの歴史家タキトゥスの警句を引用し、こう述べている。

「堂々と戦うことができぬ臆病者には、伸ばし放題の髭と髪しか残されていない。」

途方もない困難、兵士の脱走、徴兵反対の蜂起、そして民衆や聖職者(出生名簿を隠蔽したのは彼らだった)の政府に対する憎悪に対処したのは、小規模なイタリア軍団であった。しかも、その構成員は脱走兵や浮浪者である。その後、フランスがイギリスと戦闘を展開した時期、徴兵によって二万人以上の兵からなる軍隊が創設された。これらの出来事の意味については、当時の人間がいろいろと述べている。たとえば、これによって偏狭な郷土愛が打破され、一八〇五年と一四年に行なわれたオーストリア軍の攻撃に共和国が抵抗できるようになり、イタリアの国旗を象徴とする愛国心を助長したという評価も見られた。個々人の資質にではなく、革命期の軍隊が持つ近代的な軍事技術に基づく軍事的な価値は、当時、そして後年、イタリアの独立にとって重要な問題となる。一八〇四年ブーローニュに集結した大陸軍に入隊した若い士官、エルメラーオ・フェデリーゴは、こうした新しい国民的な誇りを次のように表現している。

「イタリア人を優秀な兵士にするためにさまざまな手段を行使することに、私は決して反対はしない。こうした軍事訓練は、すべての良きイタリア人がめざすに違いないと私は思う……。〔戦争が〕誰彼の野心に役立つということに、なんの意味があろう？　重要なことは、戦争というものを学び取ることだ。そして戦争によってのみ、われわれは自由を手に入れることができる……。私は、こういうふうに物事を見ている。兵士としてやっていくことを学んだら、私は祖国に尽すことになる。そして仮に私がトルコ人に仕えたとしても、やはり同じように祖国に尽すことになるだろう。われわれの共和国は、立法府に関係するあらゆる審議や法律からよりも、少数の兵士の活動から一層多くの名声と栄光を得るだろうことは確かである。自由について思考をめぐらすには、われわれはまだ若すぎる。われわれは、まず兵士になることを考えよう。そして、われわれが一〇万丁の銃剣を手に入れたなら、その時こそ自由について語ることが可能となる。とりあえず、神に祈りを捧げよう。いつの日にかわれわれが自由を手に入れるための唯一の手段、つまり、兵士となることがわれわれにとって不可能とならぬように。」(Federigo, 173, pp. 17–8)

ところが、まさにこうした軍事的能力と独立への願いの緊密な結びつきこそ、ナポレオンが憂慮する問題であった。彼は、イタリア人の部隊を配下のさまざまな軍団に分割し、さらに彼らを外国の駐屯兵としたり、僻遠の地の戦闘に参加させる（彼は、ポーランド人の義勇兵に対してもこうした措置を講じた）よう配慮した。より長期、つまり、ナポレオン支配期全般を通じて考えれば、軍事的な経験を通じてイタリア人の愛国心を鼓舞させるというメルツィの期待には、十分な根拠があった。しかし、短期的に見ると、イタリア人の軍隊は、共和国の独立を獲得するには直接にはほとんど役に立たないことが判明した。イタリア人の軍隊は、愛国的な願望を表現する際の核となった。また、独立の願望、それゆえ通常はフランスに対するひそかな反感という共通の感情によって結ばれた都市部の人々が小規模な秘密集会を催す際に絶好の隠れ蓑となったのも、こうした軍隊である。ミュラは、こうした反フランスの兆候に絶えず憂慮の念を抱いており、ナポレオンへの手紙にそれがうかがえる。

「イタリア人愛国者と規定できる人間のほとんどすべては、イタリア全域の独立を望んでいます。そして、この独立の保持と擁護が彼らの力では実際には不可能であることを顧みず、自分たちの土地にフランス人が君臨している状況を単純に不快な思いで眺めているのです。あらゆるイタリア人兵士が参加し、日に日にその数が増加しているだけに、このグループ〔イタリア人愛国者〕はますます危険な存在となりつつあります。」(Pingaud, 167, pp. 192-3)

しかし、実際には、この危険は取るに足らぬものであった。なぜなら、ボローニャで蜂起が勃発してからは、実際に行動を起こそうとした者は極めて少数だったからである。この点に関連し、メルツィは次のように指摘している。

「極めて漠然とではあるが、秩序の変化をイタリア人の大半が待ち望む傾向ははっきりとしている。しかし、国民とは何か、独立の価値はどこにあるのか、そして、その実現が一ソルド〔一リラの二〇分の一〕を差し出す行為とはわけがちがうことを、彼らは理解できない。」(Pingaud, 167, pp. 192-3)

しかし、さらに多くのイタリア人は秩序の変化に対しては冷淡であり、それには嫌悪感も入り交じっていた。地主層が不承不承メルツィに協力し、新しい官僚層が徐々に台頭しつつあった一方で、農民、都市民衆、あるいはブルジョアジーにせよ、共和国の住民の大半は、財政的、軍事的な負担に憤慨しつつも、新しい国家の建設という困難な事業をただ消極的にのみ容認していたのであった。

三　大帝国

メルツィは、イタリア共和国においてある程度の自立を享受することができた。しかし、ナポレオンはこれを他のイタリア諸地域には認めようとせず、彼の体制の末期にナポリのミュラがごく部分的に獲得したにとどまった。イタリア共和国がイタリア王国に変わるとともに（一八〇五年）、フランスのイタリア支配は、大帝国の他の周辺地域と同じく、以前よりも直接的でしかもしばしば残虐な性格を帯びることになる。たとえば、一八〇五年から一四年までミラノで副大統領の地位にあったユージェーヌ・ドゥ・ボアルネは、フランスの利害を最優先するよう命じられている。

「イタリアは、いかなる行動を起こすにあたっても、フランスの繁栄を必ず配慮しなければならない……。イタリアは、自己の利害をフランスのそれと一体化させなければならない。とりわけ、フランスに対し、〔イタリアのフランスへの〕併合の動機を与えぬよう注意しなければならない。なぜならば、フランスがもしも併合に対する関心を抱くとしたならば、だれもそれを阻止できないからである。だから、イタリアは、次の点を肝に銘じなければならない。何よりもまず、フランスを優先せよ。」(Zaghi, 162, p. 469)

また、エトルーリア王国の統治者、マリア・ルイーザは、大陸封鎖の実施を遵守できなかったことを理由に、突如王位を剝奪された。ピウス七世は、投獄された。ミュラは、オランダのルイ・ボナパルトが受けた処置〔廃位〕の実施をちらつかされていた。フランスに併合されたピエモンテ、ティレニア海沿岸地域、パルマ、ウンブリア、ラツィオといったイタリアの諸地域は大帝国を構成する一部とされてフランスの直接支配下に置かれ、その法が適用された。トスカーナとピエモンテの知事は、パリから直接指令を受け取った。イタリア王国も、フランスに服従した。つまり、副大統領のアルディーニは、絶えず行なわれた皇帝ナポレオンのヨーロッパ巡幸に付き従い、ごく些細な行政問題に関してさえ、彼の裁断を得なければならなかったのである。こうして、イタリアにおける改革は、ちょうど現ベネルクス三国の地域、ドイツあるいはスイスで見られたように、ナポレオンの直接の指導下に置かれたのである。とはいえ、〈模範的な〉ウエストファリア王国のように、ナポレオンの改革路線に組織的、全面的に従った国家は、イタリアでは見られなかった。

ナポレオンは、統一集権制を基盤とする統合された帝国の形成を夢見ていた。そしてこの理想は、タレーランの言葉を借りれば、「ヨーロッパの名において、〔ヨーロッパ〕大連邦の存在を承認するために」(Rambaud, 181, p. 480) フランスの外交官が衛星国家の代表者であるとするナポレオンの主張に反映されている。しかし、彼の理想を一層顕著に示すのは、帝国内の上級官僚や官吏の雇用方法であった。つまり、十八世紀のハプスブルク家の皇帝が採用した判断基準を強く想起させるやり方で、彼らを次から次へと交代させたのである。たとえば、ジョアシム・ミュラは、ナポリ王となる以前に、イタリア共和国、ドイツ(この地域で彼はベルク公国を統治した)、そしてスペインで、軍人や官吏を目まぐるしく交代させている。こうして、憲法と財政問題に精通したロエドレは、スイス、オランダ、ナポリ、ベルクの大臣のポストに連続して就いている。また、サリチェーティは、ルッカ、ジェノヴァ、そして最後にはナポリでそれぞれ大臣に就任する。また、メノー将軍は、ピエモンテ、それからトスカーナで行政職に就いている。官僚のこうした国から国への移動は、フランス人の間では極めてありふれた現象であった。しかし、若き日のチエーザレ・バルボ(三一)の経歴も、決して珍しいものではない。ちなみに、彼は、トスカーナでメノー将軍付の秘書長（一八〇八年）、ローマでミオリスの諮問機関所属の秘書（一八〇九年）、パリの国策会議の監査役（一八一一年）を歴任した後、ほどなくしてイリュリア地方に派遣されているのである。

フランスに存在し、フランスで機能しているものならば、他の地域においてもそれぞれの地域固有の状況とは無関係に価値があり、うまく機能するものとナポレオンは信じ込んでいた。しかし、フランスの衛星国家の統治者や行政担当者は、この考えに必ずしも同調していたわけではない。ナポレオン体制下でパリと他の諸地域の主要都市との協力関係が密接なものとなるにつれ、両者間の緊張関係も水面下に生じてくる。技術的な面で見れば、メルキオッレ・ジョーイアのような民間人官吏は、急速に進歩する統計上の新しい手法についての助言をしばしば周囲に求めた。しかし、政治的な面では、ボアルネやミュラ（その他では、オランダ王ルイ・ボナパルト、ウエストファリア王ジェローム）は、軍隊と資金に対するナポレオンの飽くことを知らない要求を和らげようと努力した。その一方で、トスカーナのエリザ・バチョッキ、ナポリのジョゼフ・ボナパルト、そしてイタリア王国のアルディーニさえもが、ナポレオンの宗教協約の採用に消極的であった。つまり、大帝国内の行政担当者は、その国籍がなんであれ、それぞれの地方固有の事情を熟知しており、フランスの制度をあまりにも厳格に実施を強制することをためらったのである。たとえばトスカーナの国家評議会は、一八〇八年に次の声明を発表している。

> 「わが国のさまざまな地方が持つ特徴だけでなく、過去において実施されていた古い行政体系についても、細心の注意を払って研究する必要がある。そして、その目的は、それら相互間の類似や相違を正確に確認したうえで、帝国の法律をできるかぎり容易に、抵抗なく導入するために、こうした点を役立てることにある。」（Catoni, 177, p. 19）

また、フランスの刑法典を死刑を含めて導入することについては、トスカーナとイタリア共和国で強い反発を引き起こしている。

地方の諸要求をすべてフランス本国の政治に従属させてしまうナポレオンの厳格な集権体制と、衛星国家の持つ本能的な〈自治獲得〉要求の間には、こうした対立が水面下に生じていたが、それが尖鋭化するのは一八一〇―一一年である。当時、ナポレオンは、大帝国をますます封建的、階層的な国家に改造する計画の実施に夢中になる一方、大陸封鎖や対仏同盟との戦闘から好ましくない結果が感じられ始めていたのである。しかし、同じ頃にはミュラとナポレオンとの関係が危機状態に陥ってもいた。さらに、主要な改革がイタリアに対してほぼ一様に強要されたのも、この時期であった。

これらの改革の必要性と大まかな基本線について、イタリア内の指導者層内部で異議を唱える者はほとんどいなかった。彼らは、諸邦の国家組織を近代化することが不可欠であるとの認識を共通して持っていたのである。ちなみに、彼らは、〈国民の幸福〉とは何かを判断できるほど十分に啓蒙された人間であった。その一方で、彼らが以前抱いていた政府の民主化過程についての信念は、すでにはっきりと消え失せていた。ジャコビーノが活躍した時期にその活動に積極的に参加し、今はともにナポレオン体制を支える官僚となっていたナポリのヴィンチェンツォ・クオーコ(三二)と北部イタリア出身のメルキオッレ・ジョーイアは、政治的な必要性からナポレオン体制の持つ絶対主義的な性格を支持することができた。たとえば、選挙による代表ではなく、高度な責任能力を持つ人間による審議会制度の実施が好ましいと考えられていたのである。この点に関し、ナポレオンは、ボアルネに対し、一八〇五年に次のように述べている。

「私が欲しいのは立法権ではなくて、意見なのだ。」(Roberti, 168, vol. 1, p. 302 n.)

こうして、穏和な性格を持つ組織権力は徹底的に制限され、この処置に対して反発が生じるやいなや、組織の機能は停止させられてしまった。

「君主たるもの、次の点を決して容認してはならない。つまり、陰謀や徒党の精神が彼自身の権威に優越するということがその第一点、そして、第二点は、軽率に行動し、反対するさもしい精神が、社会秩序の土台、民法典の執行者、そして国民のためのあらゆる善を確実に生み出す源である君主の絶対的な権威の信用をおとしめること、である。」(Roberti, 168, vol. 1, p. 296 n.)

ナポレオンの主張するこうした専制政治への実質的な回帰を確固たるものとしたのは、憲法であった。イタリア王国の一八〇五年憲法は、明らかにフランスの憲法をモデルとしている。そして、ナポリ王国のために考案された一八〇八年のバイオンヌ憲法(実際に施行されることはなかった)は、スペインに施行される手はずとなっていた憲法のコピーであった。さらに、このバイオンヌ憲法は、一八〇七年のウェストファリア王国の憲法やイタリア王国の憲法と類似した特徴を持っていた。つまり、選挙委員会の権限を著しく制限し、その活動を地方の局地的なレベルにおいてのみ奨励していたのである。

ところで、諸改革の目的は、集権体制を強化し、個々の国家の行政を一層効率よく機能させることにあった。中央行政の合理化に続いて、県、管区、市町村という秩序だった構成単位が生まれ、それぞれに中央から指名された官吏と諮問委員会が設置された。国内関税の障壁がいまだに存続していた地域では、これが撤廃され、対外的な関税も統一された。また、道路、運河、橋梁の建設が極めて重視され、なかでもシンプロントンネル〔スイス南部とイタリア国境を結ぶ。全長一九・八キロ〕は、ナポレオン体制下の最大の事業として現在も利用されているほど極めて重要なものである。統一化された度量衡と貨幣制度も、この頃導入されている。また、税制度も見直されて単純なものとなり、政府の支出の削減と収入の増加を確保するよう十分に配慮された。公債は、国家ごとに長期物に転換され、トスカーナとナポリでは、教会所領の売却によって事実上姿を消している(一八一四年)。

他方、フランスの民法典、刑法典、商法典がイタリア全土に導入された。とりわけ、民法典の導入は、アンシャン・レジームからの決定的な訣別を意味した。なぜなら、同法典は、法の前の平等、民事婚および世俗教育の実施、諸特権、長子相続制、信託遺贈、限嗣不動産相続の廃止、ユダヤ人に対する民法上の権利の保障、そして宗教上の寛容を謳っていたからである。そして公衆衛生、病院の設置、それに慈善事業実施に関する計画が地方レベルで立てられたが、それらもみな中央の監督下に置かれた。また、教育の再組織化も行なわれたが、なかでも高等教育に最大の関心が払われたのが特徴であり、この分野では、極めて輝かしいイニシアティヴが発揮された。その例としては、ボローニャの国立研究所や農業アカデミーの設立が挙げられる。他方、政府公認の文化の促進(公的な支援を得たフリーメーソンや、さらには公認のジャンセニズムなど)政策も実施された。つまり、その文化の保護と宣伝は、政府が行なうというものである。しかし、それも無制限にというわけではなく、明確な枠内に限定されていた。また、この時代には、さまざまな検閲が行なわれる一方で、文学書の出版が仰々しく奨励されてもいる。それは、ナポレオンがボアルネに指示した次の言葉にも示されている。

「出版物の検閲は、全廃することが望ましい。この国は、検閲をさらに強化しなくてもすこぶる狭隘な精神の人々によって成り立っている。したがって、反政府の傾向を持つすべての書物の出版は、自然に消滅するだろう。」(Roberti, 168, vol. 1, p. 381 n.)

ところで、当時施行された法律や法令のコレクションに目を通すと、それ以前のイタリア史が全面的に消滅して、新しい時代が到来したかのような印象を受ける。しかし、こうした新しい法律の洪水が生んだ効果やもたらした影響がどのようなものであったかについては、今なおほとんど知られておらず、すでに行なわれているそれらについての評価も大ざっぱなものでしかないように思われる。一般的に見て、改革は地方レベルよりも中央のレベルで一層効果が上がったこと、そして、フランスの支配期間が長ければ長いほど改革の刻印が深かったことは、歴然としている。たとえば、ピエモンテはウンブリアやラツィオよりも、また、ナポリ王国はトレンティーノよりも、それぞれの変革が本格的に進行した。また、改革が、地主層の敵対によりしばしば阻止された啓蒙専制期とは対照的に、一八〇五年から一四年にかけての一〇年間には、同じ階層が改革に協力したこともまた明らかである。つまり、ナポレオンの支配下で封建的な諸特権が打破される一方で、彼ら地主層の社会的地位の強化が図られたのである。

大まかにいえば、統治に関わる有能な人材が不足していたことと、中産階級が地方行政の参加に消極的であったことが、ナポレオンによるイタリア支配のアキレス腱であったように思われる。ちなみに、一八一〇年以降に実施された大規模な統計調査は、それ以前のものよりも正確である。にもかかわらず、当時の地方の生活を折に触れて垣間見ると、その統計の精度や有効性に疑問が生じる。カラーブリアにおける独断的な国有地分割の措置、オンブローネ（シエーナ）で病院や慈善組織を統括することを目的とした地方委員会創設が、皇帝の勅令にもかかわらず失敗したこと、そして、トレンティーノの市町村が、税制の再組織化に関する法に従って予算を立てる能力に欠ける結果、多くの借財を抱えていた事実などは、諸改革が具体的に実践されるのではなく、単なる机上のプランに終わった多くの例のうちの氷山の一角でしかない。市町村の行政に関する最終的な責任は、〈エスティマーティ〉〔尊敬に値する人々〕と呼ばれるリストアップされた納税者の手に委ねられていた。ナポリ王国でも、また、副王ユージェーヌが対ロシア戦争に参加して不在だった末期のイタリア王国でも、彼らエスティマーティは、地方行政に無関心である場合が極めて多かった。また、政府の意図は、地方間の競合や腐敗によって歪曲されてしまうのである。にもかかわらず、ピエモンテのようにフランス支配が長続きした地域では、こうした弱点が大部分克服される一方で、イタリア全域で世襲ではなく才能に基づいて大規模な官僚層が形成されたことは、ほぼ疑いのない事実である。

ナポレオン体制下のイタリア——その社会的基盤

ナポレオンのイタリア政策の狙いは、大帝国内の他の地域やフランス本国と同じく、地主層の支持の獲得にあった。ところで、〈融合〉理論は、調和のとれた社会構造の実現という考え方に政治面で対応するものである。たとえば、徒党の類は禁止され、健康体の物乞いは、共同作業場に収容された。ナポリ王国のテッラ・ディ・ラヴォーロ〔ナポリ北部に位置し、イタリアで最も肥沃な地域の一つ〕に設置された地方評議会は、幾分素朴な調子で次のように書いている。

「一国民を構成する個々人が、同一の態度で行動し、語り、思考するということは、国家が最も大きな関心を寄せる問題である。彼らは、このようにして、団結の意識を獲得することになる。そして、この感情は、社会的紐帯を強めることにより、他のすべての国民から自分たちを区別するに適した一種の国民性を自ら産み出すことであろう。」(Valente, 185, p. 32, n. 2)

トスカーナの帝国執政官、シェリーが明らかにしているように、〈融合〉理論は、実際には、法の尊重を意味していた。つまり、法は、「人々の習慣と不可分の関係にある。したがって、もし後者〔習慣〕が堕落すれば、前者〔法〕は弛緩する。一方、宗教は、良俗の女王である。つまり、宗教は風俗を清め、これを広め、支配する」のである (Cantoni, 177, p. 50, n. 123)。ちなみに、〈融合〉理論は、さらに私有財産の尊重をも意味していた。

さて、〈国有地〉の売却は、地主層の支持を得るうえで最も重要な手段であった。しかし、フランスではこの政策の実施によって実質的、恒久的に利益を得た者は比較的富裕ではあったが主として農民であったのに対し、イタリアでは、既存の地主、富裕な商人、官僚、軍隊への食糧調達業者、それに地方のブルジョアジーであった。そして、小土地保有農その他の農民で利益を得た者は、極めて少数であった。革命期には、強制公債の弁済と富裕な層を債権者とする国家の負債の返済に教会領が利用された。しかし、古い貴族のいくつかが没落する一方で、それほど裕福でない層の中で土地を分割する若干の試みも行なわれた。ところが、ナポレオン体制期になると、土地の売却により、貴族や上層ブルジョアジーといった小グループの手に財産がいよいよ集中する現象が生じた。たとえば、ピエモンテでは、国有財産の典型的な購入者は大貴族であり、その名は、カヴール、ラ・マルモラ、バルボ、ダゼーリョといったリソルジメントの後期に傑出した人物に結びつく。また、イタリア王国では、アルディーニ、グィッチョリ、マッサーリなどの指導的な官僚が、ナポレオン体制の後期にそれぞれ莫大な財産を築き上げることになる。また、ピエモンテ中部のように小自作農経営とメッザドリーアが普及していた地域では、国有財産の売却によって比較的富裕な農民が利益を得る場合もあった。しかし、集約農業や米作が広く行なわれていたヴェルチェッレーゼやノヴァレーゼ、そしてエミーリアの一部のように、土地を持たない農業労働者を生み出すというまったく正反対のプロセスが明らかに進行した地域もあったのである。

一方、封建的束縛の撤廃と世襲財産の分割により、土地の急速な再分配が促進された。国内市場の統一、保護貿易主義、物価の上昇、フランス側からの物資の輸出の要求といった現象は、すべて大陸封鎖の実施に伴って生じたが、これらと並んで、農業面での実験（ミケーレ・ディ・カヴールやヴィンチェンツォ・ダンドロの例が挙げられる）に対して政府の奨励や助成金の支給も行なわれている。こうして、新しい地主層の立場が強化されるなかで、ブルジョアジーと新しい貴族は、古い貴族と肩を並べてその地位を確立していく。

このような急激な変化は、大部分の農民にとってはほとんどの地域においてもマイナスの効果をもたらした。国境線の変更によって危機が生じた地域もあった。たとえば、トレンティーノのイタリア王国への併合（一八一〇年）により、ブドウ酒、タバコ、絹といった前者の製品の伝統的な輸出先であったドイツ市場が閉鎖された。同時に、これらの製品は、ロンバルディーアやヴェネツィアの製品との競争にさらされることになったのである。また、米や絹の国内市場が、農村における伝統的な諸関係を混乱させた地域もあった。一八一〇—一一年に見られるヨーロッパの全般的な経済危機、物価の急騰といった現象は、当時散発的な民衆蜂起が生じたり、徴税や徴兵に対して民衆が反感を抱いたりする原因となった。国民の貧困状態は確実に悪化し、ナポレオン体制下の末期には、多くの市町村の負債額が増加したように思われる。一方、都市部の労働者の状態については、いまだに詳しくは知られていないが、自由な労働市場の形成を通じて彼らの生活水準が向上したとは考え難い。なぜなら、イタリアにおける産業の大半やナポレオンによる雇用者優遇政策に対し、大陸封鎖がマイナスの効果をもたらしていたからである。

この大陸封鎖に対する風当たりは、イタリアでますます強まっていった。その理由は、イタリア製品の伝統的な輸出先であったイギリス市場が閉鎖される一方で、スペイン、ポルトガル、オランダでも見られたように、イタリアをフランスに有利な形で同国に結びつける政策がとられていた点にある。つまり、イタリアを、フランスの諸産業のための原料供給地にすると同時に、フランス製品の輸出先にしようというわけである。イタリアの穀物、野菜、絹の生産が、こうした政策の恩恵に浴したことは確かである。また、同地域の産業は、以前から弱体であったために、おそらくそれほどの被害は受けなかったであろう。しかし、フランスは、イタリアやスペインを自国製品の主要な輸出市場とする意向をますます強め、一八〇八年にはイタリア共和国と差別的な貿易協定を結んでいる。つまり、両国間で取引される手工業製品の関税率が、この協定によって引き下げられたのである。また、一八一一年になると、フランスの商工総評議会は、同国が自由に利用できる唯一の市場がイタリアであり、しかもフランスの産業を実質的に支えているのがこの地域であるとナポレオンに報告している。大陸封鎖の結果、イタリアの伝統的な貿易形態、とりわけヨーロッパの植民地関連の商品取引が壊滅した。つまり、一八一〇年以降、一連の貿易および銀行の経営が破綻したのである。こうして、半島の沿岸地域では、港の合法的な活動が衰退し、密輸が貿易の主役となった。ミュラがナポレオンと袂を分かったのは、この大陸封鎖に関わる問題で対立したからにほかならない。

貧困や、物価の高騰、フランス支援を目的として重くなる一方の税負担、そして大規模な徴兵の実施に対する民衆の不満の増大に、ナポレオン体制は、新旧の支配層との協力関係をますます緊密にすることによって対処した。ベルギー、オランダ、ラインラントで見られたように、イタリアの教養ある中産階級も、速やかにナポレオン体制を支える任務に就いた。ロンバルディーアやトスカーナといった以前の〈啓蒙専制〉国家では、十八世紀の改革を自然に、しかも効果的に継続した形態が、ナポレオンの集権体制であるように思われた。たとえば、ファブローニ（三八）やフォッソンブローニなどのトスカーナの改革者は、愛国心やイデオロギー上の理由（トスカーナの自立性の喪失や、それに伴う強制的な穀物備蓄制度の再導入を、彼らは容認していなかった）から、エトルーリア王国の樹立に反対した。しかし、彼らは、一八〇七年に同王国が廃され、フランスの直接支配による新しい政府が翌年誕生すると、躊躇なくこれに参加した。つまり、彼らは、ナポレオンの体制が、実際には穏和主義を保障するものと判断したのである。

そのうえ、ナポレオンは、ローマ教皇と宗教協約を締結したにもかかわらず、国家と教会との諸関係において、改革派君主の価値ある後継者としての立場をまもなく明らかにすることになる。教皇の立場からすれば、宗教協約がフランスで教会分裂を起こす危機を回避したことを意味するとすれば、一方のナポレオンにとっては、彼の体制に対するカトリック世論の支持を確実にするものであった。ナポレオンは、フランスでも、イタリア共和国でも、宗教協約をいったん締結した後は、これを事実上無視している。つまり、教会所領の没収は引き続き行なわれたし、教区は再編され、民法典（民事婚と離婚の承認が含まれる）が導入されたうえ、フランスと同じく国家による単一の教理問答の使用が強制された。ジャンセニズムは、従来保持してきた神学上の重要な意義を喪失し、政府の支持を背景にした国家の権威擁護の理念へと変貌した。宗教は、国家に対する尊敬と服従を意味するものとなり、とりわけ、一八〇九年に教皇が幽閉されてからは、教皇の権威との関係は希薄となった。これらのすべての措置を実施するうえでナポレオンを励まし、支持したのは、アルディーニのように、反教権的で、フリーメーソンに所属する場合も多かった閣僚である。また、ジャンセニストの閣僚、ボヴァーラは、聖職者に対する行政上の監督を周到に実施したうえ、多少は躊躇したものの、ナポレオンが一八一一年に招集したフランス人とイタリア人の司教会議に列席したほどである。

ナポレオン体制の保守的な性格が強まるにつれ、彼は古い貴族からの支持をすべてのイタリア諸邦で獲得することができた。ナポレオン体制へのいわゆる〈ラリマン〉〔結集〕政策が、(三九) とりわけピエモンテとナポリで意図的に実施され、由緒ある一族出身の指導的メンバーに官僚、軍隊、裁判所のポストが提供された。貴族は、しばらく躊躇した後に、この申し出を受け入れた。一八一四年になると、この当時財産を築き上げていたカヴール家、ナポリのピニャテッリ家およびカラーファ家は、(四〇) いずれもナポレオン体制の支持に貢献しており、その点において一族間での相違はほとんど見られなかった。亡命中の君主にとっては極めて残念なことではあったが、トリノやナポリの宮廷には貴族の中で最も傑出した代表的な人物が姿を現わし、活気にあふれていた。政府が公認したフリーメーソンのフランス支部設立（一八〇五年）、長子相続制の制定や皇帝の名に基づく新たな各種称号授与の決定（一八〇九年）は、新旧貴族と上層ブルジョアジーがともに皇帝ナポレオン個人に忠誠を尽くすための単一の紐帯として、両者を合体させる役目を担ったのである。

　こうした中で、権力と政治的影響力を行使する基盤を土地に依存する新しい支配層が形成された。この現象は、なんらかの形で政治に参加する権利を持っていた小自作農、小作農、職人の大半が、地方的レベルで見た場合、社会の諸問題に無関心となりつつあった事実を念頭に置くと、いよいよ明確となる。たとえば、一八一四年のある報告書は、セージア[四一]県の県議会議員に長期不在の傾向があることを指摘したうえで、「民衆の無関心な態度」に言及し、次のように嘆いている。

「彼らは、無知にどっぷりと浸かり、時代後れの習慣に束縛されている。そして、反体制勢力が彼らに対して行なう邪悪な威嚇からなお完全に解放されているわけではなく、自己の権利行使についてまったく無関心なのである。」(Davico, 174, pp. 144-5)

　しかし、この新しい社会秩序を形成するグループ間の均衡は、不安定なままであった。ナポレオン体制末期になると、イタリアは、彼が引き起こした最後の破滅的な戦争に引きずられていく。また、貴族や土地財産に対する彼の偏好がより明らかになる一方で、体制批判の声も密かに聞かれ始めた。批判の主は、穏和派の自由主義者であった。彼らは、一八一四年に一時的に姿を現わし、王政復古後に改めて自らの政治目標の実現を追求していくことになる。彼らは、その対イギリス観、あるいはナポレオンに反対するフランスの自由主義者の考え方から強い影響を受けていた。つまり、彼らは、専制の危険を抑制するための手段として憲法に期待を寄せていたのである。しかし、彼らは、ナポレオン体制を批判しただけでなかった。メルキオッレ・ジョーイアのように、当時彼の体制のおかげで仕事にありついていた彼ら中産階級の知識人は、保守的な地主層の権力を批判し、商人や知的職業人の代弁者ともなっていたのである。一般大衆を政治権力の枠外に置くという点で、地主層とブルジョアジーの官吏のすべての意見は一致していた。しかし、政治構造にメスが入った北・中部イタリアでは、進歩を促す社会的基盤に関するジョーイアの思想（イギリスの発展をそのモデルとする）が、地主層の卓越した名声に対する挑戦を通じて王政復古以降も生き続けるのである。

四　ナポリ王国

ナポリ王国は、ナポレオン体制下のイタリアで特別な位置を占めた。それは、同国が地中海において戦略的に重要な地域であっただけでなく、一七九九年以降特徴的となった社会の緊張に起因している。ナポレオンによる領土的な変更を事実上免れたイタリアにおける唯一の国家であるこの王国は、その結果として領土的統一や歴史的に培われてきた愛国心を変えずに保つことができた。ナポレオンの大帝国全体から見ると、同国は周辺地域を形成しており、他の地域との連絡は、教皇国家が占領された後になって初めて確保されたのである。そのうえ、隣接するシチリアには、イギリス人とブルボン家の支配が存続して同国を絶えず脅かし、イギリス艦隊が周囲を防衛し、さらにアフリカ北部を根城とする海賊が出没するというありさまで、これらは王国の悩みの種となっていた。また、ナポリ王国は、ナポレオンが地中海地域を支配するうえで極めて重要な地域であるばかりでなく、いずれは東洋を支配するという彼の壮大なもくろみを実現するための基盤でもあった。なお、同王国がフランス領となった翌年、イオニア海に浮かぶコルフ島が占領されたが、この一件に前記の壮大な計画の一端が垣間見られる。

ところで、ジャコビーノの活躍した末期に反動勢力による弾圧がこれほど残虐に行なわれた国は、イタリアには見当たらない。また、教皇国家を別にすれば、復活した反動体制がこれほど長期間続いた国もなかった。その結果、一七九九年以降、イタリアの他の諸邦の場合に比べ、数多くの人間が王国から亡命した。また、この反動を通じ、体制側のブルボン家と、貴族および知識人の指導的な人物との間に深く、しかも永続的な亀裂が生じることになる。たとえば国王フェルディナンド四世は、共和国を支持したかどで貴族を罰し、〈セディーリ〉〔ナポリ市議会〕において彼らが伝統的に保持してきた代表権を剝奪した（一八〇〇年）。また、カラーブリアで特に激しかった私的な復讐や財産の押収行為を通じていくつかの名門一族が没落した。ブルボン政府は、封建的諸特権を攻撃する一方で、政府支持の立場を保持していた〈ガラントゥオーミニ〉〔農村ブルジョアジー〕に支援の手を差し伸べたため、封建的領主は危機状態に陥った。他方、中産の地主層は急速にその勢力を強めていく。しかし、王国政府が地方をしっかりと統制できなかった理由は、フランス軍がいつ侵攻してくるか分からないという恐怖に絶えず悩まされていたからだけではない。つまり、ブルボン政府は、枢機卿のルッフォが率いる〈サンフェディスティ〉のゆきすぎた行動を容認しなければならなかったし、ブリガンティの〈仲間〉は、農村を脅かしていた。また、一七九九年にルッフォに従おうとしなかった農民も、税の支払いを拒み、農地を占拠していた。一方、ガラントゥオーミニは、反乱の勃発に恐れを抱き続けていた。確かに、軍隊の力によって秩序は回復した。そして、もはや実質的な反体制勢力は存在していなかったにもかかわらず、スパイや告発、そしてさまざまな陰謀に対する恐怖に人々が怯える社会が、ブルボン体制下のこの王国を特徴づけていた。ブルボン家に対し、心より忠誠心を持つ者はいなかった。一八〇六年のフランス軍の侵攻に対し、断固として立ち上がろうとした国民はいなかった。つまり、国王フェルディナンドの期待は、幻想にすぎなかったのである。

その後のナポリ王国が、ナポレオン体制期に少なくともある程度自立的な地位を保つことができたのは、ジョゼフ・ボナパルトの決断、さらにそれ以上にジョアシム・ミュラの意志のおかげである。ナポレオンにとって、ナポリ王国は征服領の一つであった。つまり、自らのためはもちろんのこと、駐屯する大量のフランス軍の要求を満たすことは、この国にとって当然の義務であると彼はみなしていた。〈大帝国〉の版図に含まれる他の諸邦と同じく、このナポリ王国においても、過去の伝統をなんら尊重することなく大胆な改革を断行する必要があった。ナポレオンの兄でナポリ王となったジョゼフは、行政や政治面での経験をすでに積んでおり、かつてピサ大学に学んだことから哲人王を自認していた。こうして、階層どうしが憎み合い、迷信が支配するこの社会の調和を図ることがいかに困難かを、彼は鋭く察知したのである。彼は、彼自身が国民の間に人気があるという自信と、政治的には無能であるとの自覚のはざまで揺れ動いた。彼は、閣僚に支えられて諸改革の導入の術を見いだそうとする一方で、地方の支持を獲得しようとした。こうして、彼は、国民の宗教感情を傷つけないよう配慮することになるが、この姿勢をナポレオンは次のように皮肉な調子で表わしている。

「サン＝ジェンナーロとの和解成立、うまくいって良かったですね。にもかかわらず、あなたは、要塞の強化を行なってきたと私は信じていますが。」(Rambaud, 181, p. 532)

しかし、〈ラッザローニ〉〔ナポリの都市部に巣くう賤民〕は、ジョゼフの統治にとって脅威とはならず、事実、一八一四年でさえ、彼らがフランスに対して立ち上がることは決してなかった。

ジョゼフの政府が抱えた難題は、農民の支持をいかにして獲得するかということであった。そして、これを実現するためには、彼らに土地を与え、減税を実行する必要があった。しかし、同国のように社会が極度の分裂状態にある場合には、民主的、革命的な性格の改革を実施しなければならない。しかも、それは、ナポレオンの君主制にとっては思いもよらぬことであった。ジョゼフがカラーブリアの巡幸を行なった二カ月後、当地に民衆蜂起が勃発したが、その背景として考えられるのは次の点である。つまり、フランス軍の占領が国民に不快な印象を与えたこと、換言すれば、地方の慣習に侮蔑的な態度をとったこと、ナポリの社会で伝統的に尊敬されてきた女性の地位を軽視したことなどであった。この結果、国民はナポレオン体制に幻滅した。カラーブリアに展開された組織的なゲリラ活動は、シチリアのイギリス人によって密かに支援されており、これを打ち負かすのに政府は二年の歳月を要した。そして、その後、ブリガンタッジョが大規模な形で復活する。これには政治的な動機は見当たらなかったとはいえ、政府を絶えず悩ますには十分に深刻な現象であり、マネ将軍(四二)を中心とする容赦ない弾圧の実行が必要であった。ナポレオン体制期を通じてイタリア全土に発生した民衆の不穏な動きや蜂起は、ナポリ王国においては桁外れなスケールで展開した。実際、当時行なわれたゲリラ戦はその後、反体制運動における一種の伝統となり、ファブリーツィ(四三)やピサカーネ(四四)のようなリソルジメントの民主派の行動に深い影響を与えることになる。つまり、彼らは、カラーブリアを民衆蜂起のメッカとみなすのである。ジョゼフが積極的に追求した社会各層相互間の和解政策は、知識人からすれば、イタリアの他のどの地域に比べても実現が難しいように思われた。なぜなら、彼らの脳裏には、一七九九年に発生した殺戮の記憶が生々しかったからである。この事件を切り抜けて社会に復帰した愛国者は復讐心に燃え、官職の独占を要求していた。大半のナポリ人は、ブルボン体制の真の伝統に従い、行政職を職務というよりはむしろ一種の恩恵であると考え続けていた。この風潮に関し、ロエドレは、「それ〔行政職〕は、休息の分配を意味する」と苦々しい思いで述べている(Rambaud, 181, p. 376)。

さて、行政面の一層高次なレベルでは、愛国者（アバモンティやガルディなど）と穏和派（ツルロやリッチャルディ[四五]など）との間に、不安定な均衡状態が創り出された。一方、低次なレベルでは、十分に信頼できる人材が絶えず不足していた結果（イタリアに樹立されたフランス支配下の新政府に共通する悩みの種であった）、一七九九年に活動した愛国者を雇用する必要が生じたのは、当然の成り行きであった。こうした状況は、国王ジョゼフによって任命されたフランス人閣僚の中にも見られる。つまり、以前の国民公会議員やジャコバン派に属していたサリチェーティやブリオなどと一七八九年の立憲主義者であったロエドレやミオらは、一種の均衡状態を維持していた。ともに過去の経験によって鍛えられていた共和主義者と王党派は、国家や社会の構造全体を修正する必要があるという意識のみによって結びついていた。しかし、この目標達成を追求する過程で、両者の政治カラーの相違はしだいにあいまいなものとなっていく。こうして、ジョゼフは、小規模ではあるが同質的な支配層を後任のミュラに残すことができた。地主からの支持を得たこの支配層と数多くの農民大衆との間に位置していたのは、都市部の小ブルジョアジーであり、彼らは政治や社会の動向に無関心であった。たとえば、カルロ・デ・ニコラは、「平静な人間は、自らの力に依存しなければならない」と日記に告白している（Valente, 185, p. ii, n. 1）。

ジョゼフと彼の閣僚が実施を強行した諸改革は、ナポレオンの主張する合理化の一般的な型に従うものであった。ちなみに、その具体的な内容は、行政の統一と集権化、フランスの例に基づく司法制度の確立、封建制の廃止、税制の見直しと単純化であった。しかし、これらの改革実施に伴う困難は、イタリアの他のどの地域に比べても、この王国の場合、極端に厳しいものとなった。その理由としては、ブルボン体制末期の行政が混乱状態に陥っていたこと、この地方特有の堕落した気風、そしてとりわけ国家体制のほとんどあらゆる面に巣くっていた封建的なマイナス効果などが考えられる。

封建領主その他の私的な法廷をすべて廃止すること、旧封建領主を追放して情熱的な地方監督官（旧ジャコバン派のブリオやガルディ、そしてピエトロ・コッレッタ(四六)らがカラーブリアにいた）、地方副監督官、さらには地方議会にその地域の名士を任命することは比較的容易であった。しかしながら、その一方で、市町村の官職志願者を確保することは、ほとんど不可能であった。国内の交通・連絡手段が不十分であったこと、教育や収入が満足のいくものではなかったこと、そして特に官職に就くことによって生命や財産に攻撃が加えられる恐れがあったことがその理由である。カラーブリアにあるチトラの議会は、この点に関連し、一八〇八年にこう嘆いている。

「市民のなかで最も誠実、最も開明的、そして最も名声のある人間は、官職に就くことを拒否してしまう。なぜなら、もしそんなことをすれば、社会の最下等の連中でさえ経験しないようなありとあらゆる嫌悪や侮蔑によって苦しむようになることを、彼らは知っているからである。」(Caldora, 184, p. 79)

〈デクリオーニ〉〔市町村の代表者〕は集会に参加できず、市町村の収入は横領され、バローネは、自己の支配権を再び主張することがしばしば可能だった。司法の改革も、同様の困難に直面した。つまり、バローネの裁判所が廃止されるとともに、地方の自治体が第一審を受け持つ裁判所を管轄し、治安判事は地主（のちには、デクリオーニ）から選ばれることとなったのである。こうして、一八一〇年になっても、イタリアの他の地域と比較すると、王国の司法制度の機能は、なお劣悪な状態にあった。

財政改革は、一層困難であった。基本的に重農主義の立場に立つロエドレは、ブルボン時代の一〇四種の税（それらを、三〇の異なった部局が管轄した）に代わり、土地と産業に対して例外を設けることなく単一の税を課した。封建制度の廃止とともに新しい地租を施行することによって、地主には打撃を与えず、土地を持たない者も含めて農民が解放され、小土地保有農の形成が促進されるものと彼は確信していた。しかし、リッチャルディやツルロが警告したように、新税は、小土地保有農を麻痺状態に陥れたため、社会のあらゆる面の改善に対する障害となった。イタリア王国のプリーナがしたように、ミュラも、地租を減額する代わりにすべての成年男子を対象とする人頭税を増額せざるをえなかった。また、ロエドレが作成を急いだ新しい土地台帳は、市町村の行政レベルでの反感と腐敗に直面した結果、実質的に有名無実となった。関税の改革と統一は、旧来の制度がとりわけ堕落した状況にあったため、困難極まる事業となった。ロエドレの甥、ジャンティルは、辛辣な調子でこう書いている。

「窃盗や強盗を官吏が行なうとは、信じられないような話だ。彼らの血には悪徳が入り込み、その証は、まるで天然痘のように顔に表われている。」(Valente, 185, p. 332)

一八〇八年には、ナポリ市の関税の一本化だけが可能となったにすぎない。そして、国内関税は、一八一〇年になってやっと廃止されている。

王国におけるすべての改革の基本線は、封建制を攻撃するという点にあった。一八〇六年八月二日の法により、バローネが保持していた人的および司法に関する諸権利が廃止されたが（司法権の喪失に関しては、補償措置がとられた）、土地に対する権利は容認された。一八〇七年には、信託遺贈が廃止された。バローネの司法権に依存していた市町村と農民の解放を目指すものの、貴族を犠牲にして財産の再分配を実施する意図をまったく持たないこの改革は、明らかに穏和な性格を持っており、ナポレオンの改革に一定の限界があったことを示している。土地財産に関連する他の改革も、大農地を犠牲にして小自作農地を増やすというよりも、土地市場を活性化して農地の生産性を高めることを狙っていた。また、教会領の売却は一八〇六年七月二日に布告され、後年実施された。この政策は、〈赤貧の者たち〉のために小土地を生みだす必要性を反映したものであった。しかし、この政策の主要な目的は、別のところにあった。つまり、それは、当時の公債を健全な状態に戻すことである。ちなみに、本来国庫や王家の収入となるべき〈アッレンダメンティ〉を政府が回収しようとした結果、公債が著しく膨れ上がっていたのである。なお、こうした政策を政府がとらざるをえなかったのは、アッレンダメンティが過去数世紀にわたって個人の手に流れてしまっていたからであった。一八〇六年九月一日に布告された国有地の分割（さらに、一八〇七年六月八日と一八〇八年一二月三日にも同種の法が布告される）は、社会的な富の再分配へさらに一歩踏み込んだ内容を持っていたとも考えられる。つまり、これらの国有地は、バローネと市町村両者間で分割されることになっており、その際後者には、地域住民に対して土地を割り当てることが義務づけられていたのである。

にもかかわらず、貴族の持つ土地権力に対してあまりに直接的に挑むことにはジョゼフが気乗り薄だったにしても（カラーブリアに生じた事実上の内乱状態は、確かに彼がこうした姿勢をとるようになった一つの要因である）、封建制の廃止は、関連する法の実施が約束するように思えた事態よりも、はるかに進んだ結果を生んだ。それは、具体的には次の通りである。封建領主と市町村の間で係争中であった莫大な数の訴訟に決着をつけるために、特別委員会が設置された。ミュラが王位に就く一八〇八年まで、この政策も、他の改革と同じく強い影響力をほとんど持たないように思われた。しかし、一八〇八年以降になると、同委員会を構成する少数グループ（旧ブルボン体制下の改革者ウィンスペア(四七)、元革命家のクォーコなど）は、大臣のツルロの支援を得て、封建領主に対する自己の権利を主張するように国内の市町村を叱咤した。委員会は、その権力が時効によって消滅するまでに、二〇〇〇を超える問題を審査した。こうして、封建的紐帯や慣習となっていた権利（いずれも財産権施行の障害となっていた）に対して財産権を強化することが、委員会の目標であった。一方、バローネの所有地は、その合法性は問題とならなかったため、自由財産としてそれぞれの所有者の手に残された。しかし、彼らの財政上の特権や独占的な諸権利は廃止された。また、慣習的な放牧権が残っていた地域の国有地は、バローネと市町村の間で分割されたが、後者にはそれらを最貧の住民のために分割することが義務づけられた。十分の一税と財産税は、それがはなはだしく高額であるとみなされた場合には、減額されるか廃止されるかした。しかし、いかなる場合にも代償が認められた。封建的領主の大半は、収入源が限られていたために、厳しい財政危機に見舞われることになる。彼らが領地を喪失したことは確かである。しかし、それよりも、従来享受してきた行政、法律、政治面での権力と権利を剝奪されたことの方が財政面で大きな痛手を生む原因となった。一方、ツルロやウィンスペアのような旧ブルボン体制下の啓蒙的な行政官僚による断固とした政策の実施によって勢いを得た市町村は、王国政府を支持し始めた。地方の〈クラッセ・コルタ〉（教養ある階層）は、地方行政監督官や中央政府と協力しながら、市町村や県の行政に対して一層積極的に取り組むようになった。ピニャテッリ・ディ・ストロンゴリ将軍（四八）は、ナポレオン体制支持に回った封建的領主の一典型であったが、後年、バローネがユダヤ人よりも虐待されていたと辛辣に評している。

ツルロとウィンスペアは、こうして封建制という障害を打ち壊した。彼らは、限定された期間内に努力を傾注したものの、国有地を貧農に分配することはできずに終わった。そして、この仕事は地方行政監督官の手に委ねられたが、これも結局は成功しなかった。なぜなら、当時ミュラとナポレオンの関係が悪化し、さらに後者によって開始されたロシア遠征の結果生じた財政的、軍事的な危機に、この事業が巻き込まれてしまったからである。ツルロは、共有地を農民に分割する政策が富裕な地主から敵意を持って迎えられたことを十分承知しており、彼らが国有地を獲得しないように奮闘努力した。封建制の廃止によって、若干の小自作農地が生まれた。しかし、そうした改革の主な受益者となったのは、地方のブルジョアジーであった。カラーブリアでは、国有地の分割が一八一〇年になってやっと始まったが、小農地の提供を当の農民が拒否したり、投機家に売却されるという事態がしばしば生じた。なぜなら、農民は、穀物の種を購入したり、農地の安い賃貸し料を支払う金にも事欠くありさまだったからである。

改革を通じて封建領主による権力の乱用と非合法的な姿勢は確かに消滅したが、代わりに農村ブルジョアジーが彼らとまったく同じ役割を演じたために、事態の変化は望めなかった。カラーブリアの一コムーネ、アルビドーナには、こうした改革のもたらした結果について、一八二一年に悲しげな調子で書かれた記録が残されている。

「わがコムーネに存在する極めて広大な土地は、封建領主および教会の所領以外の何物でもなかった……われわれは、バローネを撲滅し、また正常な宗教組織を持つことができて幸福であった。土地は、さまざまな人々の手を経て、教会やバローネから再びコムーネの管理下に入った。しかし、コムーネを統括したのは、〈バッサ〉と呼ばれる地方の専制的な連中であった。コムーネが行政を司ることになった結果、難攻不落であった両者〔バローネと教会〕の権力は、一人〔バッサ〕の掌中に収まった。そして、われわれ市民は、改革による利益を享受するどころか、一層ひどい屈辱を受けているのである。」(Caldora, 184, p. 172)

ところで、教会領の売却は、宮廷貴族、将軍、上級官吏、大商人、金融業者、そして投機家によるお定まりの攻撃に当初から直面した。しかし、一八一〇年以降、政策の実施区域が首都ナポリから地方へと広がった結果、中規模の土地がいくつか形成され、地方のブルジョアジーがこれを獲得した。

ジョゼフ・ボナパルトが始め、ジョアシム・ミュラが精力的に促進した諸改革は、一八一〇年頃になるとその効果を発揮し始め、王国の体制が強化されたかに見えた。ミュラは、ナポリ出身の閣僚を用いるという慎重な政策をとり、官職に就くにはナポリの市民権が必要であるとの布告を出し（一八一一年）、さらに、国旗の採用と大規模な軍隊の創設を決めたが、これらの政策は、国民の持つ強烈な独立志向にかなっていた。しかし、政府が地方のブルジョアジーを優遇する政策をとったにもかかわらず、ますます重くなる土地税、大陸封鎖がもたらした全般的なマイナス効果（イタリア王国やトスカーナでは、これとは異なったさまざまな効果が生まれた）が原因で、国内に憤りや不満が生じ、これがカルボネリーア〔炭焼党〕の秘密集会で問題にされ始めた。ミュラは、地方議会における政府批判の言動を一切認めず、また、前任者のジョゼフがバイオンヌ憲章によって約束した国会の招集を拒否した。こうした彼の姿勢が、国民の政府に対する反感をますます高めることになったのである。

五　反ナポレオン暴動

イタリアでは、ナポレオン体制期全般を通じて民衆蜂起が頻発したが、これは、帝国内の他の地域にも見られる一つの特徴といえる。それらは、徴税、特に人頭税に直接反対するものであったが、それ以上に、イタリア王国や帝国内に併合された諸地域で実施された徴兵が反発の原因となっていた。こうして、パルミジャーノ（一八〇五年）、パドヴァとヴィチェンツァ（一八〇六年）、そしてマルケ（一八〇八年）で蜂起が勃発した。また、ロマーニャ、マルケ、アブルッツォ、カラーブリアといった他の若干の地域も、絶え間ない蜂起にさらされた。これらを、ブリガンティの仲間がしばしば指導しており、地方の聖職者やイギリス、オーストリアのスパイが扇動している。ナポレオン関連の戦争や大陸封鎖の重圧が一層直接に感じられるようになるにつれ、蜂起は、ますます頻繁に、そして広域にわたって発生していった。

こうして、一八〇九年には、アンドレーアス・ホーファー(四九)が指導する大規模な農民反乱がチロルに勃発した。これは、フランス軍のエスリンク〔ウィーン東方〕での敗北の結果勢いを得たもので、ポレージネ〔北西部ヴェーネト地方〕、マントヴァ、ヴェローナ、そしてエミーリアの農民反乱を相次いで引き起こした。ちなみに、これらの反乱により、徴税名簿や住民の生活調査に関する記録簿が消滅した。ただ警察当局にとって幸いなことに、これらの蜂起相互間にはいかなる協力関係も見られず、また政治的な指導力も存在しなかった。一八一〇年から一一年にかけての全般的な経済危機、失業、貧困、そして桁外れの兵力と資金供出の要求(ボアルネによれば、一八一〇年の四カ月だけで、彼の軍隊から四万人の兵が脱走している)は、そのすべてが、ナポレオン体制とその支配下にある数多くの住民相互間の溝を深める要因となった。あるフランス人官吏は、マレンゴに関する一八一〇年の報告の中で次のように述べている。

「相変わらず、退廃的な雰囲気が当地を支配している。この結果、住民は疲弊し、自らの力を発揮できない。しかし、この状況は、見方によっては有難いことだ。彼らは、一七九七、九八年にピエモンテに勃発した民衆蜂起に参加する動機があったに違いない唯一の連中である。また、彼らは、もはや失うべきものを持たなかった。にもかかわらず、ピエモンテ全域中蜂起が勃発しなかったおそらく唯一の場所が、このマレンゴなのである。」(Davico, 174, p. 159)

イタリアにおけるこうした農民反乱は、ヨーロッパの他の地域でもそうであったように、フランスにとっては常に悩みの種であり、しかもそれは一層激化した。しかし、これらの反乱は、同時期にスペイン、チロル、あるいはロシアで発生したものとは異なり、教会や国王に対する〈ナショナルな〉性格を持つ運動には決してならなかった。一七九九年に発生した暴動のような宗教的な口実を持つものに、支配者は、依然として強い恐れを抱いていた。カトリック系の秘密結社（ロマーニャの〈イエスの御心協会〉、カラーブリアやプーリアの〈三位一体者〉や〈鋳掛け屋〉、ピエモンテの〈キリスト者の友愛〉など）は、サンフェディスティの伝統を明らかに想起させるものであり、この種の反乱を盛んに扇動している。他方、カルボネリーアは、一八一四年に南部イタリアに流布した偽の教皇教書を作成している。しかし、イタリアのナポレオン体制が最終的に崩壊する時期（一八一三―一四年）には、宗教的、あるいは〈ナショナル〉な民衆蜂起は、まったく発生していない。その理由の一つとしては、ナポレオン関連の戦争が絶えず行なわれた結果、飢饉などの極端な困窮状態が生まれ、暴動を広域で継続させることが不可能であったという状況が考えられる。ブリガンティや脱走兵は、アブルッツォ、プーリア、カラーブリアにおける最も広域に及ぶ組織化された反ナポレオンの抵抗運動を形成し、極めて世俗的で限定された目標を掲げていた。いくつかの散発的なケース（一八一四年に勃発したミラノの蜂起など）を除き、これらの民衆運動と愛国者の党派との間には、ほとんど接触が見られなかった。後者は、とりわけ南部においては、社会的な反乱のもたらす危険に対して相変わらず恐怖心を抱いていたのである。

秘密結社

こうして、イタリアにおけるナポレオンに対する反乱は、民衆蜂起と秘密結社という二つの次元で発展したが、両者は、ドイツと同じようにそれぞれ別個に展開される。しかし、イタリアの場合は、ドイツとは異なり、反乱が全国民的な規模の運動に進展することはなかった。なぜなら、イタリアの秘密結社のメンバーが抱く愛国心は、ドイツのように激しい民族主義の意味合いを帯びることが決してなかったからである。

ところで、イタリアの秘密結社においては、独立成就の願望が明瞭であり、これはナポレオンによって征服された他の地域の秘密結社にも共通する特徴であった。また、彼らは、自由主義の穏和な形態の実現をもしばしば望んでいた。ちなみに、これは具体的には、専制や〈暴君〉の横暴に対抗する手段として憲法を期待する姿勢に示されている。そして、当時、専制の化身がナポレオンであったとすれば、自由主義的な憲法は、彼が打倒された後に到来する時代に必要となるはずの、悪政に対する防御壁とみなされていた。

これらさまざまな秘密結社の起源、相互関係、構成、勢力は、依然として不明瞭なままである。ただ、それらが持つ組織構造や象徴主義は、十八世紀のフリーメーソンに由来するものであり、また、その陰謀や思索よりも行動を優先させる主張が、一七九〇年代の革命クラブや数々の陰謀を継承している点は、解明済みである。一方、これらの秘密結社は、位階制や儀式に見られる秘密主義を特徴とし、ナポレオン体制下の士官を中心とするフリーメーソンへ浸透することができた。このため、フランスからスペイン、イタリアからドイツやロシアへと国際的な展開が可能となったのである。イタリアの場合（一八一五年以前に秘密結社が拡大した主要な地域、スペインも同様である）、カトリック、愛国的自由主義、あるいは一層断固とした平等主義のいずれを標榜するにせよ、反ナポレオンという点ではすべての秘密結社が一致していた。そして、この標的（ナポレオン体制）が、極めて直接的であると同時に漠然としたものでもあったため、結社の形成や発展の過程は流動的であり、結社間では吸収や合体が盛んに行なわれることになる。この結果、結社の独自性やそれぞれが掲げる目標も不明瞭なものとなってしまった。そして、すべての結社は、結局イギリスをはじめとする反ナポレオンの同盟勢力によるプロパガンダの道具と化したのである。

前述したさまざまな結社のうち、まずカトリックの伝統的な結社は、革命以前の伝統（イエズス会解体後に結成された同会系の結社）やサンフェディスティに注目しており、また、十八世紀初めの数十年を特徴づけた信仰を理想とし、これに回帰していった。一方、自由主義の結社は、特に反ナポレオン体制の姿勢をとることを特徴として浮かび上がってきた。そのメンバーは、旧ジャコビーノや旧共和主義者であることが多く、ブリュメール一八日のクーデタ、そしてそれ以上にナポレオンの帝国の出現にも反対した。このため、彼らには当初平等主義の理念が残っていた。しかし、それは、ナポレオンに対する最終的な闘争の過程で情熱的な愛国心が生まれた結果、消えてしまった。ちなみに、ジャコビーノの活発な反体制運動は、一八〇二年にボローニャで勃発した蜂起の後に放射線協会が解体するとともに消滅している。しかし、北・中部イタリアにおける自由主義結社初期のメンバーの多くは、次の三者の影響をかなり強く受けていたものと思われる。つまり、放射線協会の生き残り、統一を掲げる共和主義者、そして、おそらくはナポレオンの専制によって四散し、地下に潜ることを余儀なくされたフランスのジャコバンと結びついた若干のジャコビーノ、である。

ミュラが一八〇三年に認めているように、軍隊と国民衛兵は依然としてイタリアにおける統一主義者の拠点であった一方、フランスの反ナポレオン勢力にとっての避難所をも提供していた。フランス人将校は、この反体制思想をヨーロッパ中に広めた。そして、一八一二年にパリで反ナポレオンの陰謀を指導したのは、シャンピオネ将軍配下の将校、マレ将軍であった。彼らは、以前の一〇年間にわたって展開されたジャコビーノの陰謀には、通常年齢的に若すぎたために関わることはなかった。彼らは、自らが形成していたナポレオン体制下のフリーメーソンの持つ官僚的な気質に反発した。こうして、彼らは、おそらく〈イツルミナーティ〉〔啓蒙された者たち〕のロッジに属するジャコビーノに合流し、〈フィラデルフィーア〉〔友愛〕を結成したものと思われる。

ところで、〈フィラデルフィ〉あるいは〈フィラデルフィーア〉の名で呼ばれた結社は、フランス人将校によってナポレオン体制下の全域に広がり、イタリア王国にあるフリーメーソンのロッジに浸透した。また、北イタリアとフランスに出現した〈アデルフィーア〉〔団結〕は、おそらくは〈フィラデルフィーア〉から派生したものと思われるが、その後このメンバーを多数吸収している。さて、ロンバルディーアとピエモンテにおける〈フィラデルフィーア〉と〈アデルフィーア〉の指導者は、ともにジャコビーノ的、あるいは民主派的な性格を持ち、(五〇)放射線協会の生き残りと推測され、結社に民主的平等主義の方向性を与えた。ちなみに、一八〇九年に出獄したブォナッローティが新たな陰謀の糸を紡ぎ始めた時、彼は〈アデルフィーア〉と活動をともにしていたのである。また、ローマ共和国から亡命した民主派のルイージ・アンジェローニ(五一)は、フーシェが提供したローマでの職に就くことを一八一〇年に拒否した。彼は〈フィラデルフィーア〉の指導者の一人であり、前記のマレ将軍による反ナポレオンの陰謀に加担している。

ところで、南部イタリアに発展した〈カルボネリーア〉〔炭焼党〕も、〈アデルフィーア〉と同じく〈フィラデルフィーア〉から派生した秘密結社と思われる。カルボネリーアは、フランス東部に広がるフランシュ・コンテ地方の〈シャルボニエ〉〔炭焼人〕の〈コンパニョナージュ〉〔ギルド〕とあいまいな形で結びついていた。そして、フランス軍将校やフリーメーソン内部の見解を異にするさまざまなグループの活動を通じて各地に広まったことは確かである。このカルボネリーアは、スペインを経由してナポリへ浸透したらしい。そして、より確かなことは、ミュラの統治の初期に、当時キエーティとコセンツァで地方監督官の職にあった前ジャコバンのブリオが、ナポリ王国内にこれを広めたという点である。こうして、ナポリのフリーメーソンにある程度浸透したカルボネリーアは、北部のフィラデルフィーアやアデルフィーアに比べると、南部（この地域では、秘密結社の伝統が他の地域よりも根が深い）において一層広範な活動を展開したようである。また、ボローニャを中心とする旧教皇国家の総督領には、〈グェルフィーア〉〔教皇党〕と呼ばれる別の秘密結社が出現した。この結社は、おそらくは前記の放射線協会から派生しており、カルボネリーアやアデルフィーアよりも穏和な性格を持っていたものの、両者と結びついていたことは確実である。王政復古以前に存在したこれら秘密結社の構成に関しては、今なおほとんど知られていない。一方、とはいえ、地方の地主、知識人、若干の小貴族および官吏がカルボネリーアを支持していたらしい。一方、アデルフィーアの支持者は、知識人と並んで官吏、貴族、商人の割合が大きかったようである。

他方、〈愛国者〉グループの存在は、イタリア各地の当局に知られており、少なくともナポリ王国政府は、一八〇八年頃確かにこれを察知している。これらのグループは、〈カルボナーリ・ヴェンディテ〉〔カルボネリーアの秘密集会〕の形をまだとってはいなかったようであるが、いずれにしても体制側にとっての真の脅威ではなかった。実際、秘密結社は、ナポレオンのロシア遠征が悲惨な結果に終わったという情報を通じて初めて若干の力を獲得し、広がりを見せたにすぎない。ちなみに、このニュースは、イタリア王国の広報（一八一二年一二月二三日付）に掲載され、ロシア遠征軍から離脱したミュラが、一八一三年一月に急遽ナポリへ帰還した事実によって立証されている。ところで、カルボネリーアは、一八一四年から一五年にかけての時期に北・中部イタリアに広がり、そこでアデルフィーアと接触する。後者は、前者と比べると小規模ではあるものの、より強い凝集力を持ち、また一層秘密裡に組織されていた。こうして、同結社は、王政復古後カルボネリーアへ浸透し、影響力を行使していくことになる。

しかし、ナポレオン体制が崩壊するこの激動期の末に、秘密結社は彼の支配に代わる有効な手立てを提供できなかった。そして、主にイギリスによるプロパガンダの道具として役立ったにすぎない。彼らが以前持っていた平等主義的、民主主義的な精神は、独立や憲法を求める愛国主義的な要求の形で示される傾向を持っていった。こうした自由主義的な要求は、スペインの革命評議会が一八一二年に布告した憲法や、それ以上に同年シチリアで発布された憲法に力を得て出されている。

ところで、シチリアとサルデーニャの国王は、ナポレオンの大帝国に属さない他の地域の君主と同じく、革命やナポレオンに対抗するために諸改革の実施を余儀なくされた。サルデーニャでは、国王ヴィットーリオ・エマヌエーレ一世が、封建的な司法権をある程度自己の監督下に置きながら行政を集権化し、また、教会領の売却を通じて公債の整理を部分的に行なった。一方、シチリアのブルボン政権は、サルデーニャ王権に比べると脆弱であった。なぜなら、同政権は、島の統治に関してイギリスの駐屯軍に全面的に依存していたからである。議会を通じて全島民の代表であると主張していたバローネと国王の闘争は伝統的なものであり、一八一〇年にはこれが最悪の状態に陥った。なぜなら、この年、国王が〈ドナティーヴォ〉（議会の三身分の同意を必要とする税）の実施を要求し、ベルモンテ[五二]やカステルヌォーヴォ[五三]が指導する議会がこれを拒んだからである。バローネはイギリスの自由主義的な将校との接触を通じてその思想に影響され、また、カターニャを中心とする小商業ブルジョアジーの支持を得ていた。彼らバローネは、国王フェルディナンドを取り巻くナポリ出身者に代わってシチリア人を閣僚にすることや、議会を毎年招集してシチリア王国の自治権を要求することだけに関心を持っていたわけではない。つまり、土地の自由な譲渡を禁じていた封建的束縛を除去して、彼ら自身の弱体な財政的立場を救済することをも狙っていたのである。彼らは、シチリアに駐屯するイギリス軍司令官、ベンティンク卿の支援を得て、国王との闘争に勝利を収めることができた。ちなみに、ホイッグに属する自由主義者の彼は、イギリスの諸制度が、ヨーロッパすべての国々が抱える諸問題を解決するための万能薬であると信じて疑わなかった。

シチリア島の独立（これを擁護するためには、イギリス艦隊の支援を必要とするであろう）を固く支持していたベンティンク卿は、それが将来実現できるか否かが、すでに特権は喪失したものの政治的な支配権を確立している貴族の動向如何によると主張していた。彼は、王妃（フランスや反ミュラの立場に立つカトリックの党派と結んで陰謀を企てたとの嫌疑がかけられた）をまずパレルモから、次いでシチリアから亡命を余儀なくさせるなど専制的なやり口で内政干渉を行なった。また、国王に対してその王位継承者に政権を譲り渡すことを強制した彼は、一八一二年憲法を採用させようとした。こうしてシチリアの独立は確立し、言論、出版の自由が保障された。上院は、下院に対する監督権を認められた。また、封建的諸特権は、通常は補償金を伴って廃止された（ただし、信託遺贈の制限や共有権の廃止については、補償措置はとられなかった）。ちなみに、バローネの指導者の一人、ベルモンテが封建制を廃止する方法については保守的に考えていたのに対し、カステルヌォーヴォは、自由主義的な見解を持っていた。そして、結局は前者が勝利を収めたため、シチリアのバローネは、その支配権と収入源を保持したのである。

とはいえ、前述したシチリアの憲法獲得に端を発する神話は、ナポリ王国に大きな影響を及ぼした。ちなみに、この国では、かつてのバイオンヌ憲章が確約していたような憲法の獲得を要求するカルボネリーアが、この神話によって意を強くすることになる。ところで、国王のミュラは、こうした要求には常に反対の立場をとっていた。彼がドイツにおける戦闘に参加するため再び王国を後にした一八一三年に、カルボネリーアは、国内のモリーゼおよび旧教皇領のマルケとアブルッツォで急速に広まった。このため、こうした動きを軍隊によって鎮圧しようとする政策がとられる。ミュラが不在の政府部内では、カルボネリーアに対しどのような措置を講じるべきかについて、当時意見が分かれていた。なぜなら、前記のような強硬策をとった場合、地方のブルジョアジーの政府に対する支持を失う危険があったからである。事実、リッチャルディは、次のように述べている。

「王国内の土地所有者すべてが、過去何度も繰り返された約束、つまり、憲法の制定を望んでいた。」（Valente, 185, p. 73）

一方、ツルロやピニャテッリは軍隊による弾圧策を支持し、一八一五年にこれが実現する。フリーメーソンを抱える将校団も、カルボネリーアに所属するメンバーの追放を急いだ。カルボネリーアは、体制側に対して何らかの実のある抵抗を行なうにはあまりに弱体であった。たとえば、彼らがコセンツァで引き起こした蜂起は、マネ将軍率いる軍隊によって鎮圧されてしまったが、これは、一八〇七年にサリチェーティに対する陰謀の弾圧と同じように、容易に達成できた。しかし、ことによると、ミュラがカルボネリーアに憎悪の念を抱いたことで、ナポリ王国軍が弱体化したといえるかもしれない。また、カルボネリーアがブルボンを支持する側に回った結果、ミュラの体制にとって頼みの綱であった地方におけるブルジョアジーの支持を失うことにもなったのである。こうして、一八一五年四月、カルボネリーアは、〈イタリアの独立〉と〈国王フェルディナンド、共和国、憲法〉（Caldora, 184, p. 423）の叫びを上げて、カラーブリアのポリステナで蜂起したのである。

ところで、南部、北部を問わずイタリアの秘密結社を積極的に支援したのは、イギリスとハプスブルクであり、両者はそのプロパガンダを盛んに行なった。自由主義的な憲法（これが、当時のイギリスに見られるような政治体制を確実にもたらすものと信じられていた）のイメージが、ナポレオンに屈服していた諸国の知識層に訴える力は大きかった。こうした自由主義の考えをヨーロッパに広めようとした最初の人々の一群に、ベンティンク卿がいた。一八一四年に中部イタリアに上陸した彼は、オランダ人と同じく独立を目指して戦うよう、イタリア人に対し熱心に説いた。そして、彼は、外相カスルレー[五四]の指令に背いてジェノヴァ共和国を再興した。彼は、さらにシチリアをイギリスの保護領にしてはどうかとさえ述べている。そうすることで、シチリアがイタリア独立のための手段として、一つのモデルを提供することになるというのが彼の考えであった。こうした提案が危険な結果をもたらす可能性があると考えた外相カスルレーは、彼の言動を一切認めない姿勢をとった。しかし、独立、憲法、さらには統一の達成さえも約束したベンティンク卿のプロパガンダが持つ責任をイギリス政府自身免れることはできなかった。

イギリス人は、フランスとの闘争を展開した初期段階では、バークが高い水準でまとめた古典的な反革命の理論を用いた。しかし、その後、ナポレオンの支配地域の知識層がフランスに憎悪の念を抱いていることに彼らは気づく。こうして、イギリス外務省は、シチリア、マルタ、そしてロンドンから、反ナポレオンの文書をヨーロッパ各地に流布させた。ちなみに、イギリス政府による初期の反ナポレオン・プロパガンダに加担したイタリア人は、ヴィットーリオ・バルゾーニ[五五]であった。彼は、フランスによるイタリア支配に嫌気がさして、イギリスに移住した人物である。また、一八一三―一四年になると、パヴィアから亡命してイギリス艦隊に職を得たアウグスト・ボッツィ・グランヴィッレは、イギリス政府が資金を援助した新聞『イタリコ』をロンドンで発行した。同紙は、イタリア王国の空虚な宮廷生活を告発している。

「ここには、知事や副知事が存在するのと同じように、アカデミーや副アカデミーがある。しかし、それらは実のならない木々に等しい。」(Soriga, 152, p. 193)。

また、同紙は、独立と統一の必要性を次のように明言している。

「〔イタリアの〕すべての地域は、もはや一つの王国を形成する以外に選択の余地はない。そして、その王位につくのは、ただ一人の王である。彼がどの王家の血筋を引いているかは、問題ではない。重

要なのは、彼が然るべき徳と勇敢さを持ち合わせているかどうかなのである。」(Soriga, 152, p. 191)
ボッツィは、ロンドンに居住した時期や、一八一四年に密命を帯びてイタリアに滞在した際、彼が持つフリーメーソンとの縁故を利用して多くの愛国者(その中には、コンファロニエーリやロンバルディーアに存在する〈純粋イタリア人〉という名の小グループが含まれる)に対し、次のように説いた。(五六)つまり、イタリア全土というわけではないにせよ、少なくともイタリア王国は、その独立を維持するか、それが無理なら最低限ピエモンテと同盟を結んでオーストリア支配の復活を阻止することが可能である、と。
ベンティンク卿とボッツィは、このようにそれぞれ異なった手段を採ったが、多くのイタリア人愛国者がイギリスに期待をかけていた当時の状況が、この二人の言動を通じて明らかになる。ナポレオンの帝国が急速に崩壊することで、イタリアは最終的には独立を達成し、憲法を獲得することができるように思われた。イギリスだけでなく、ロシア皇帝アレクサンドル一世も、抑圧されている諸国民に将来憲法を付与することを約束するかに見えた。しかし、こうした約束があいまいであるという事実それ自体が、秘密結社の弱体ぶりを示している。つまり、独立を達成できるのであれば、どんな君主でも(イギリス人、ブルボン家、ミュラの信奉者、サヴォイア家、あるいはハプスブルク家の者でも)いっこうに差し支えないと彼らは考えていたのである。陰謀を企てる者の心は、統一への期待と連邦制の成就という二つの解決策の間で揺れ動いていた。そして、彼らは、ボアルネを打倒したミラノの臨時政府のように、偏狭な地方主義的野心を隠蔽するためにしばしば独立を宣言していたのである。しかし、秘密結社の活動は全面的に不毛なものに終始した。なぜなら、それらは、単一で明快なプログラムや統一組織を持たなかった以上に有効な軍事力に欠けており、さらに、イタリアが、過去においてしばしば見られたように、諸列強の意志にその運命を委ねていたからである。

フランス支配の崩壊

イタリアには二つのイタリア軍が存在し、それぞれが全ヨーロッパの戦場でその勇猛果敢さを立証した。しかし、その中の最も優秀で愛国的な熱情を抱いた多くの将校、士官が、ナポレオンのために戦って落命した。つまり、一八一二年に行なわれたロシア遠征にイタリア王国から三万人、そしてナポリ王国からは八〇〇〇人の兵士が参加したのである。さらに、これとは別に、翌年のナポレオンによる最後のドイツ遠征には、二万四〇〇〇人の兵士が加わっていた。ライプツィヒの戦闘で敗れた後（一八一三年一〇月）にナポレオンがフランスへの撤退を強いられた際、ユージェーヌ・ボアルネは、なお四万五〇〇〇の軍を率いていた。彼は、オーストリア軍の進撃を前にしてゆっくりとアディジェへ撤退し（一八一三年一一月）、さらにミンチョへと後退した（一八一四年二月）。

当時、再びイタリア王国首相となったメルツィは、ナポレオンを見限るようボアルネに対して必死の説得を試みた。なお、こうした動きは、ミュラなどのナポレオンの親戚筋にあたる極めて多くの人間や軍の高官にも共通して見られた。さて、将校や官吏に支援されたメルツィは、一つの期待をボアルネにかけていた。つまり、彼がイタリア王国の独立を宣言し、選挙委員会を招集するという筋書きをメルツィは描いていたのである。そして、そうした「既成事実」を自国の軍隊に擁護させたうえで同盟国につきつけようというのがメルツィの計画であった。ボアルネは、ナポレオンの退位の知らせ（一八一四年四月一一日）が届いた後、メルツィの説得にやっと応じて上院を招集した。しかし、この時になって、計画の実行は、コンファロニエーリらの上院議員が強硬に反対した結果、阻止されてしまった。彼らは、ナポレオンの支配するフランスといかなる関係を持つことに対しても敵意を抱いていたのである。こうした上院の抵抗と激しい騒擾は、大蔵大臣のプリーナがリンチにより殺害されるという事件（一八一四年四月二〇日）により頂点に達した。ちなみに、こうした事態は、イタリア王国が軍事力に依存して国家の独立を維持する希望が絶たれたこと、そして同盟国に全面的に依存しなければならなくなったことを意味している。オーストリア軍は、イタリア軍を速やかに四散させ、アルプス以南へと退却させた。オーストリアは、こうして以前の諸君主（トスカーナのフェルディナンド三世、ローマのピウス七世、モーデナのフランチェスコ四世、サルデーニャのヴィットーリオ・エマヌエーレ一世）を次々と復位させ、ロマーニャ、教皇国家の総督領、そしてノヴァレーゼに兵を駐屯させて将来の平和的秩序の実現を保障した。テオドーロ・レーキ将軍（五七）やジョヴァンニ・ラットゥアーダといった旧チザルピーナ共和国の指導者がこうした状況下で試みた陰謀は、失敗を運命づけられていた。なぜなら、それには有効な軍事力の支援が欠けていたからである。

こうして、当時なお存続するイタリアの軍隊は、ジョアシム・ミュラが率いる部隊だけとなった。彼は、多少躊躇した後、一八一三年に自らの王位救済を意図してオーストリアとイギリスの側についた。彼は、ナポレオンとその体制に対する忠誠心との葛藤におそらく苦しむ一方で、教皇国家やトスカーナを犠牲にしてイタリア王国の領土を拡大する夢を抱いていたに違いない。さらに、彼は、ベンティンク卿が自分に敵意を抱いている事実や、オーストリア皇帝が自己の地位保全をなかなか確約しないことにますます憂慮の念を深めていた。こうした状況を背景として、彼は、一八一四年に行なわれたボアルネ率いる軍隊との戦闘の際、あいまいな行動をとった。つまり、ボアルネの軍隊が展開する中部イタリアに軍を進めたものの、実際の攻撃は回避してしまったのである。イタリア王国の崩壊とともに、ミュラは、イタリアにおけるナポレオン体制が生んだ支配者のうちで唯一人の生き残りとなってしまった。こうして、彼は、〈イタリアのベルナドット〉と呼ばれることになった（五八）。ちなみに、このスウェーデン王は、自らの王位を救済するためにナポレオンを最初に裏切った元帥である。

さて、ウィーン会議の開催中、一八一四年一一月にミュラが送った代表は、門前払いを食ってしまった。こうして、彼は、イタリアになお残存していたナポレオン支持の党派ともう一度手を組んで陰謀を企て始めた。ナポレオンがエルバ島を脱出してフランスに舞い戻ると（一八一五年三月一日）、ミュラは自分の運命をこの最後の博打に賭けた。そして、彼は、リーミニ（彼の軍隊は、マルケ地方を依然占領していた）からイタリアの独立と統一を宣言し（一八一五年三月三〇日）、イタリア内のナポレオン支持勢力と自由主義者の協力を得ようとした。しかし、この宣言では、憲法についての約束は依然として不明瞭であった。そのうえ、数カ月前には前記のように判然としない軍事行動をとったことや、イタリア内部における国民的な蜂起を支持するような自由主義思想に対してあからさまに敵意を示した事実により、ミュラへの疑惑は極めて強くなっていた。一方、フランスのナポレオンは〈百日天下〉の際に憲法を付与する宣言を発したが、かつて見られた民衆の熱狂はもはや戻らなかった。これと似た状況は、イタリアの場合にも見られる。つまり、一八一五年五月二日のトレンティーノの戦闘に敗れたミュラの軍隊は、南部への退却途中で急速に解体した。彼は自分の打った博打の代償に、自らの命を支払うことになる。しかし、その一方で、彼は、ナポレオンと同じく愛国心に燃える国王、イタリア人が望んだ独立の擁護者、という神話を後世に残したのであった。

ところで、イタリアが独立を獲得する可能性は、ミュラが軍事行動を起こす以前、すでに事実上消滅していた。ただ、ポーランド人、そしてラインラントやザクセンの住民と同様に、イタリア人も、反ナポレオンの同盟国間でかつて見られた不和や論争が再燃することに一縷の望みをかけていたのである。しかし、エルバ島を脱出したナポレオンがパリに戻ると、これら同盟国は再び団結した。そして、イギリスは、オーストリアによるミラノ占領（一八一四年四月二八日）を、ワーテルローの戦い（一八一五年六月一八日）のずっと以前に承認していたのである。一方、コンファロニエーリやロンバルディーアにおける親英派の陰謀家による独立運動は、まったく支持が得られなかった。当時パリに滞在していたイギリス外相カスルレーの許にコンファロニエーリが派遣した有名な使節は、これら〈イタリア系ポーランド人〉が生んだ多くのエピソードの一つを提供したにすぎない。しかし、オーストリアは、依然としてイタリア北部の占領を続ける一方、フェルディナンド四世はナポリへ帰還した。

にもかかわらず、イタリアは変容しつつあった。コンファロニエーリは、カスルレーに支援を懇願した際、フランスの支配下にあった間にイタリアには大きな変化が生じたとしている。また、コンファロニエーリと比べるとフランスを一層敵意のこもったまなざしで見つめていたロンドン駐在のサルデーニャ王国大使、アリエ伯爵[五九]も、こうしたイタリアの変化を肯定している。そして、彼は、この状況を利用するよう、サルデーニャ王に進言するのである。

「イタリア人は、この一五年で大きく変わりました……そして、次の要素がこのイタリアに新しい刺激と精神をもたらしました。つまり、今世紀〔十九世紀〕初頭以来始まった変革、さまざまな場面で実施された諸地域の割譲と交換、そしてとりわけ各地に導入されてきた軍事面での新しい慣行です。」

(Soriga, 152, p. 220)

彼の指摘にあるような、イタリア人が獲得した新しい精神と軍事面における価値観の変化のおかげで、イタリアは過去への全面的な回帰をせずに済んだのであった。

第Ⅳ部

独立を求めて——一八一五—四七年

かのメッテルニヒによってイタリアが〈地理的な表現〉であると形容されたのは、一八四八年革命の前夜であった。彼は、イタリア問題が〈ヨーロッパにとって重大な一件〉であるとみなした。そして、この問題の確定は、ウィーン体制に基づく法体系が保障することにより永久不変のものとなるというのが彼の主張であった(Metternich, in 298, pp. 77-8)。彼は、他の列強もこの考えを承認するよう訴えたが、イタリアに関する前記の表現もその一部に含まれているのである。彼は、ヨーロッパの外交上思うがままに扱われるべき対象がイタリア半島とドイツ諸邦であると考えた。つまり、イタリアの重要性は、十八世紀にそうであったように、ヨーロッパの勢力均衡維持にとって欠かすことのできない領土の分割にあったのである。

しかし、一八四七年頃になると、こうした考えは、国際外交の最も狭い意味においてしか認められなくなる。なぜなら、これでは、革命とそれに続くナポレオン体制期にイタリアや他のヨーロッパ諸国で生じたさまざまな変化を否定することになるからである。また、王政復古以来、ヨーロッパ文化の主要な特徴となってきていた国民的、自由主義的なイデオロギーの発展も、メッテルニヒの視点には欠けている。従来、イタリアとヨーロッパの結びつきはある程度重要であったとはいえ、前者は純粋に王朝間の取り決めの対象にすぎなかった。しかし今や、そうではなくなったのである。ウィーン体制に対する反発は、散発的な革命と蜂起の形で絶えず現われていた。ちなみに、これらの社会現象は、ここ数十年のイタリアの歴史を特徴づけるものであり、これこそ、イタリアが当時のヨーロッパにおける思想と行動の主流に乗っていたことを示す証である。初期の自由主義革命に始まり、マッツィーニが夢見た民主主義的な国民の解放、あるいはこれに対抗して経済、文化両面の発展を漸進的かつ平和裡に実現しようとする穏和主義に至るまで、イタリアの愛国者はヨーロッパ人としての視点から思考しており、イタリアの未来をヨーロッパ文明の進歩（彼らは、これを人類愛という大義とあまりに安易に同一視する）に不可欠な一要素とみなしたのであった。付言すれば、イタリアは、実際ヨーロッパ文明の進歩にその運命を託していたのである。イタリアの愛国者が、前記のさまざまな思想をいかに苦労して練り上げ、また、それらを具体的な政治プログラムや政治行動へどのように置き換えて提示したかを考察することが、以下の章の主要なテーマとなる。イタリアの状況の変化や、さらに可能な場合、独立の達成に積極的に関わった人間の総計が当時の総人口約二〇〇〇万に比較すれば極めてわずかな割合にとどまっていたことは、明らかである。彼らは常に少数派であったとはいえ、知識人の中でその比率を高めつつあった。そして、彼らは、通常は修辞的な、あるいは漠然とした表現ではあったが、〈一般大衆〉の支持獲得にますます強い関心を抱くようになった。これら少数派の愛国者が、民主派、穏和派を問わず、一八四八年以前に大衆の積極的な支持を得られなかったとすれば、その原因は、前者が後者の必要性に気づかなかったという状況にではなく、農村社会の現実を前者が理解していなかったこと、そして社会のアナーキーを恐れていたことに求められる。この数十年間にヨーロッパでは経済面で急激な変化が生じ、イタリアに極めて直接的な影響を与えた。そして、洞察力の鋭い愛国者は、この変化を通じて社会問題の存在を強く意識することになる。しかし、都市と農村両者間の亀裂は依然として深く、農民の漠然とした要求を喜んで代弁しようとしたり、実際にそうすることができる者は依然として少数であった。これらの愛国者グループがとった種々の、そして相互に敵対するような行動は、一八四八年の革命で頂点に達する。こうした相互の分裂と農村社会が抱える問題に対する無理解が、彼らの言動やその運動の成功の可否を大きく左右することになる。

第一一章　正統主義と陰謀——一八一五—三一年

一　ヨーロッパの王政復古

ヨーロッパは、ウィーン体制が成立するまでの過去二五年間にまさしく激動の時を経験した。それだけに、ウィーン会議では、ウェストファリア条約（一六四八年）の場合に比べ、一層広範囲にわたる諸問題の解決が必要とされた。一八一四年一一月ウィーンに集まったヨーロッパの政治家は、彼らに託された仕事が膨大な量にのぼることを自覚していた。しかし、同時に彼らは、王政復古のイデオロギーを忙しく練り上げていた公法学者と同じように、革命の再発とフランスの覇権主義を回避できるものと信じて疑わなかった。そして、そのための具体的方策として彼らの念頭にあったのは、ヨーロッパの政治地図を周到にバランスをとりつつ修正すること、それに正統主義および領土保全の原理を主張することであった。オーストリア宰相メッテルニヒ、イギリス外相カスルレー、ロシア皇帝アレクサンドル一世、そしてフランス首相タレーランは、アンシャン・レジームへの単純な回帰が可能であるとの幻想をまったく抱いていなかった。彼らが相互に取り決めた同意や協定は、最終的にウィーン条約として結実した（一八一五年六月九日）。しかし、それらは、フランスの武力侵攻の再発を回避するために同国に対する列強の包囲網を構築するだけでなく、十八世紀の国際関係を特徴づけていた諸王家のエゴイズムが平和の維持にとって望ましくない脅威であり続けた事実を暗黙のうちに承認したことを意味する。こうして、ウィーン会議は、武力行使の排除を通じて国際関係を正常化しようとする企てでもあった。それは、同会議に関わったジャーナリスト、フリードリヒ・フォン・ゲンツ(二)の言葉を借りれば、「ヨーロッパの公秩序を強化し、それを維持することを目的とする政治体系を創り上げる仕事」であった(Hinsley, 191, p. 197)。

これら二つの目的、つまり、列強間の確固としたバランス・オブ・パワーを創り上げること、それに国際間の協調を通じて将来の問題となるような芽を事前に摘んでおくことは、一八一四―一五年に締結された諸条約やその後開催された会議にはっきりと示されている。

ところで、領土の再確定問題は複雑な様相を呈し、その解決は困難なものとなった。なぜなら、イギリス、ロシア両大国が互いに対抗意識を燃やす一方、オーストリアとプロイセンが領土的な野心を抱いていたからである。イギリス外相カスルレーが目指した政策は、対ナポレオン戦争中に征服した戦略的に極めて重要な植民地を確保することとこれに関連する制海権を維持する一方で、ヨーロッパにおけるロシアのヘゲモニー確立の脅威を阻止しようという彼の決意に基づいていた。このうち前者については、ウィーン会議開催以前に締結された一連の双務的な条約を通じてすでに達成されていた。一方、後者については、ロシア皇帝アレクサンドル一世が、カスルレーの決意にもかかわらず、スウェーデン、トルコ、ペルシャとの一八〇九、一八一二および一三年の条約締結の結果、ベッサラビアとフィンランドを獲得して帝国の領土をすでに広げており、さらに、ウィーン会議では、ポーランド内の自国領拡大に努めた。同時に、彼は、列強間に神聖同盟を締結させている(一八一五年九月二六日)。これは、神秘的な言葉で綴られた宣言であり、諸君主に対して〈真の友愛〉、〈キリスト教徒によって構成された単一の運命共同体〉の自覚を訴えている。彼は、この宣言を通じて諸王国それぞれの国力や体制を維持し、イギリスの伸張を阻止できるような単一の国際協調組織にすべての支配者を結集することを意図した。ウィーン会議で支配的だったのは、イギリス、ロシア両国のこうした競合意識である。また、同会議で重視された他の主要な問題は、フランスの新たな境界策定についての件であった。しかし、この問題は、ナポレオンの〈百日天下〉以後、すでに明確に規定されていた。つまり、イギリス、ロシア、オーストリア、プロイセン四国間で一八一四年三月九日に締結され、翌年三月二五日に修正、批准されたショーモン条約[二]が、この問題解決の基本線となったのである。オーストリア、ロシア、そしてこの二国に比較して非力な他の若干の国々、さらに後のフランスは、イギリス、ロシアの対立の構図という枠内で行動することを余儀なくされた。とはいえ、これらの国々も、この二大国の関係を利用することが可能だった。

列強は、ウィーン会議に先立って締結したいくつかの条約を背景として、中・南部ヨーロッパの領土策定に重大な関心を抱いていた。そして、その根底には、フランス首相タレーランが巧みに導入し、諸君主の合法的な権利を確認した〈合法性〉の原理が見いだせる。とはいえ、この原理は柔軟な解釈が可能であり、大国の利益を直接害するような使われ方は決してされなかった。こうして、バランス・オブ・パワーを実現したり、フランスに対する強力な障壁を構築するために、ヴェネツィア、ジェノヴァ両共和国、そしてザクセン選帝侯や数多くのドイツの弱小君主を犠牲にすることは、ほとんど躊躇なく行なわれている。イギリス、ロシアの競合関係による直接的な影響は、前者の支援を通じてヨーロッパにおけるオーストリアの立場が強化された事実に現われている。ところで、ウィーン会議は、ポーランドとザクセン王国の分割をめぐって、プロイセンおよびロシアがイギリス、フランス、オーストリアと対立したことから、空中分解寸前の段階にまで状況が悪化していた。この問題は、ポーランドの大半をロシアが獲得し、ザクセン王国の半分近くをプロイセンが手に入れることで最終的な決着をみた。その際、プロイセンは、従来自国領であったポーランドの土地を失った代償として、ライン川流域とウェストファリア地方を獲得している。

こうして国力を一層強化したプロイセンは、フランスを監視する立場に立った。さらに、後者の北部国境に対しては、ベルギーの旧オーストリア領とオランダ王国を統合した結果生まれた王国が、そして南部国境については、旧ジェノヴァ共和国を併合したうえにサヴォイア〔サヴォワ〕とニッツァ〔ニース〕を回復したサルデーニャ王国が睨みをきかせることになった。一方、ドイツ地域の処理に関しては、タレーランが列強間の不一致を巧みに突いて中小の領邦国家の多くを復活させることを保障したうえ、ドイツ連邦の成立（一八一九年のフランクフルト協定による）を通じてそれら諸邦をオーストリアやプロイセンの干渉や支配から保護することに成功した。他方、オーストリアは、ベルギーやドイツ西部の領土を失った代わりに、イタリアのほぼ全域と北部のアドリア海沿岸地方を獲得している。

イタリアは、こうしてポーランドやベルギーと同じような運命を辿った。つまり、十八世紀やその後フランスが支配した時期にそうであったように、地域住民各層の訴えが無視され、列強の意志によって運命が定められたのである。ただ、若干の列強の支持を得た個々の外交官が巧みに行動した結果、オーストリアのイタリア支配において唯一つの歯止めが掛けられた。たとえば、サルデーニャの大臣ヴァッレーザは、上部ノヴァーラ地方獲得を主張するオーストリアに抵抗するため、熱意に欠けるイギリスのカスルレーの代わりにロシアの支持を得ることに成功している。一方、枢機卿のコンサルヴィ〔三〕は、オーストリアが教皇国家の総督領獲得に野心を抱いていたにもかかわらず、正統性の原理を利用して同国家の復活（フランスのアヴィニヨンだけは、喪失した）を首尾よく主張することができた。とはいえ、イタリアは、ウィーン会議の結果、全般的に見ればオーストリアの支配を甘受することになったのである。オーストリアは、ロンバルディーアの他に、旧ヴェネツィア共和国、ヴァルテッリーナおよびトレンティーノを獲得し、これらをロンバルド・ヴェーネト王国に吸収した。ちなみに、これらの地域は、アルプス以北にハプスブルク家が持つ他の領地に隣接しており、地理的にまとまっている。また、トスカーナ大公国は、オーストリア皇帝フランツ一世の次男、ロートリンゲン公フェルディナンド三世（一七九〇—一八〇一、一八一五—二四年）を統治者に迎えて復活した。そして、モーデナ公国は、オーストリアのフェルディナントとエステ家のマリーア・ベアトリーチェの息子、フランチェスコ四世（一八一五—四六年）に与えられた。さらに、パルマ公国は、以前ナポレオンの后でオーストリア皇帝の娘、マリア・ルイーザ（一八一五—四七年）にあてがわれた（しかし、一八一七年の協定により、彼女の死後、パルマのブルボン家に返還されることになった。また、それまでの期間、同家は、公国となった旧ルッカ共和国を統治することになる）。他方、ミュラの支配が打倒されたナポリでは、ブルボンのフェルディナンド四世（一八一五—二五年）の統治するナポリ、シチリア両王国が復活した（両シチリア王国として単一国家となる）。彼は、両シチリア王として新たにフェルディナンド一世を名乗ったが、その際、オーストリアとの間に恒久的な防衛同盟を成立させている（一八一五年六月一二日）。そして、オーストリアは、最後にピアチェンツァ（パルマ公国）、フェッラーラ（教皇国家）にある城砦に守備兵を駐屯させる権利を獲得した。こうして、イタリアでは、サルデーニャ王ヴィットーリオ・エマヌエーレだけが国家の独立を維持した。なぜなら、国際的な勢力均衡の構図の中で、この王国が重要な立場にあることを列強が承認したからである。しかし、同国も、教皇国家のようにメッテルニヒの提案を拒否するのが事実上精一杯のところであった。ちなみに、彼は、ドイツ連邦のようにオーストリアが支配するイタリア連邦の形成を提案したのである。

ウィーン会議では、イタリアの体制自体について重大な論議は起きず、その国境線は、以後一八五九年まで変化することはなかった。しかし、イタリアは、ウィーン会議を中心として締結されたさまざまな条約や協定（多くの同時代人は、これらがアンシャン・レジームを聖別したものとみなした）に反対する人々にとっての一つの重要な焦点となっていく。列強が〈ヨーロッパの協調〉の哲学を苦心して創り出したのは、こうした〈反対〉を回避、あるいは抑圧するためであったからにほかならない。

反フランスの線で同盟を結成していた諸国は、同国の敗北後は平和の維持に努める意図をショーモン条約ですでに明らかにしていた。ところで、神聖同盟は、前記のように、もともとアレクサンドル一世が案出したもので、宗教的、人道主義的、平和主義者的な目的を持っていた。しかし、カスルレーは、これに敵意を抱く。彼は、神聖同盟に関して、「それがどの程度悪用される恐れがあるのかまったく考慮されておらず、既存の権力を支えるという卑しい目的のために用いられる」可能性があるとみなしていた（Webster, 189, p. 171）。

他方、神聖同盟は、ウィーン会議でロシアに比べて疑いもなく優位に立ったイギリスの権益に対抗する強力な武器として利用することも可能であった。カスルレーは、この同盟に対抗して四国同盟を出現させた（一八一五年一一月二〇日）。これは、ショーモン条約の内容を更新したほか、諸国民の平和と安寧の保持に必要な措置を検討するための会議を随時開催することも規定していた。一八一八年にはフランスの加入も認められたこの同盟を、カスルレーは、列強間に生じた不和、対立を限られた範囲内で外交的に解決する手段とみなした。保守的とはいえ反動的な人物ではなかった彼は、現状維持をあまりに厳格に主張するならば、さまざまな対立や紛争を引き起こすであろうことを鋭く察知していた。彼によれば、〔たとえばウィーン会議のような〕会議は、列強間の利害の相違を世論とは無関係に調整するための手段でなければならなかった。しかし、このヨーロッパの協調という理念と政策は、その後の一〇年間の歴史が示すように、メッテルニヒの画策を通じ、民族解放を目指すあらゆる企てを抑圧するための武器に一変したのでである。

日増しにその維持が困難になったとはいえ、とにかく一八四八年までヨーロッパを支配したメッテルニヒの〈体制〉は、彼の主人である皇帝フランツ一世によるオーストリア帝国の統治における基本原理を全ヨーロッパに拡大するというものであった。君主制は、秩序維持を保障する唯一の基本原理である。そして、君主は、もはやかつての神聖権を主張することは不可能となったものの（列強間のバランス・オブ・パワー実現のために、正統性の原理の完全な適用が困難となった事実が、その原因として特筆されるべきである）、その権威は依然として絶対であった。そして、君主は、正義と人類愛にとって必要であるという自己の判断にのみ従って行動するのである。このため、立憲君主制は、原理的に認め難いものであり、実際には国家秩序を破壊する可能性を持つ脅威になると考えられていた。したがって、周到に機能的な限界を設け、政治的には無力な諮問機関を認めるのがせいぜいのところであった。ちなみに、その具体例としては、ハンガリーに見られたように、保守的な性格を持ち、伝統によって認められ、国民主権の概念とはまったく無縁な制度が挙げられる。

〈国民〉は、過去何世紀にもわたってその政治的独立を維持することができた場合に限って存在していたといえる。一方〈臣民〉は、革命的党派がもくろむナショナリズムという奇想天外な考えに関心を持つべきではなく、ただ自己の物質的な安寧や公正な法に基づく効率的な行政にだけ関心を抱くべきである。したがって、これら臣民に関わる真の利益を損う要素は、すべて抑圧されなければならない。そして、その際用いられる手段としては、検閲、秘密警察（メッテルニヒは、ドイツやイタリアで、私的な諜報機関を活動させていた）、あるいは国際的な干渉が挙げられる。ヨーロッパは、〈諸国家により構成される一つの社会〉、換言すれば、単一の統一体を形成していた。したがって、ヨーロッパの一部に紛争が生じれば、それが全地域に影響を及ぼすこと、そして諸国の内政は国際関係と密接に依存しているという二点を結果的に意味していた。こうした紛争に対抗する際、指導的立場に立つのは当然のことながらオーストリアである。なぜなら、同国は、ヨーロッパ大陸においてヘゲモニーを確立しており、ロシアの脅威に対抗してバランス・オブ・パワーを維持する問題に関わっていたからである。定期的に開催される会議は、政治的、社会的な現状維持を達成するための手段であった。各国政府は、こうした会議を通じ、社会体制の転覆を回避するのに必要な手段を採るよう強制されたのである。

メッテルニヒは、王政復古の初期にはこうした〈制度〉を首尾よく運用することができた。その理由としては、アレクサンドル一世がその治世の初期に示した諸国民の宗教的な再生に対する情熱が醒め、絶対主義の諸原理支持へと急速に転向したこと、また、フランスが無力であったこと、さらに、カスルレーがイギリス固有の利害と一層広範なヨーロッパに対する関心とのはざまにあって行動にためらいが見られたことが挙げられる。アレクサンドル一世は、すでに一八一八年のアーヘン会議において、彼の提唱した神聖同盟がヨーロッパの平和の公式の護り手として機能するよう期待していた。しかし、カスルレーはこれに反対し、当時反乱を起こしていたスペイン領のアメリカ植民地にヨーロッパが干渉する件をめぐる討議の実施をどうにか回避できた。しかし、自由主義の敵とみなされていた文学者のコツェブー(四)が一人の急進的な学生によって暗殺された事件を契機として一八一九年に可決されたカールスバードの決議を、カスルレーは承認する覚悟であった。ちなみに、メッテルニヒは、この決議でドイツ連邦内における〈革命の陰謀〉の弾圧を宣言している。

さて、一八二〇年にはスペインとポルトガルに革命が勃発し、これに両シチリア王国(一八二〇年)、ピエモンテ(一八二一年)、さらにギリシア(一八二一年)が続いた。こうした事態に直面したカスルレーは、列強による干渉政策反対の立場を明確にした。なぜなら、イギリスの権益は地中海地域の情勢に直結していたからである。彼は、一八二〇年五月五日付の通牒により、列強のスペイン革命への干渉を一時的に遅らせることにどうにか成功したものの、トロッパウ会議における議定書（一八二〇年一一月一九日）にはただ抗議の声を上げることができたにすぎない。ちなみに、メッテルニヒは、同議定書の中で、列強に対し、あらゆる革命運動に干渉する原則を確立するよう勧告している。ところで、イタリアも、ドイツ同様オーストリアの利害に直接関わる地域とみなされていた。そして、両シチリア王の要請でナポリに対して行なわれたオーストリアの干渉を正当と認めたライバッハ会議の席上、イギリスはこの決議に関して棄権の態度を示したにとどまり、あえて異議は唱えなかった。その一方で、同国は、ギリシアで反乱が発生していた時期に、オーストリアの支援を得てトルコに対するロシアの干渉を阻止したのである。また、ヴェローナ会議（一八二二年一〇―一一月）では、スペインの自由主義者弾圧を目的とするフランス軍の遠征が承認されたが、孤立していたイギリスはこれを回避できなかった。

ちなみに、ヴェローナ会議は、メッテルニヒが完璧なヘゲモニーを行使することができた最後の例である。カスルレーは、不干渉の原則を主張する一方、列強間の調和が絶対不可欠であると考えていた。もっとも、彼は、後者を支持するよう自国の世論を操作することには消極的であった。ところで、干渉権は、いったん承認されると、列強相互間の疑念を高める結果を招いた。ロシアは、イタリア、バルカン、さらにはスペインにまでも諜報活動を広げた。オーストリアは、ドイツに干渉した。また、フランスは、自国の名声獲得を目的としてスペインに干渉した。これらの動きは、当初見られた列強間の協調体制を傷つけるものであった。カスルレーが自殺した後（一八二二年八月）外相を引き継いだキャニングは、彼と同様トーリー党に属する穏和主義者であったが、ヨーロッパの調和に対しては関心を持たず、イギリス固有の利益という、より狭い問題に関心を抱いた。しかし、立憲自由主義を支持する点ではカスルレーよりも一層明確な態度を示し、世論への働きかけも迅速であった彼は、メッテルニヒが機能させていた会議による体制の統一を周到に分解していった。また、ラテンアメリカの革命に干渉しないよう神聖同盟に警告を発した合衆国大統領のモンローを支持するキャニングは、ここに新しく誕生したいくつかの共和国を公式に承認している（一八二五年一月）。さらに、翌年、イギリス艦隊の派遣を通じてポルトガルに穏和な憲法の公布を保障したのも彼であった。そして、ついに、彼は、ギリシアの独立を目指す戦いを支持する方向にヨーロッパの自由主義、ロマン主義的な世論を誘導する点でイニシアティヴをとり、メッテルニヒを中心とする会議の体系はここに崩壊した。これを達成する際、キャニングは、まずロシアの新しい皇帝ニコライ一世の支持を獲得し（一八二六年四月四日）、続いて世論の圧力に怯えるフランス政府の支援を得ることができた（一八二七年七月六日）。こうして列強間の大規模な会議に取って代わり始めたのは、通常ロンドンで開催されるローレベルの会議であった。列強の連合艦隊がトルコ・エジプト艦隊をナヴァリノ〔ギリシア南西部の港町〕付近の会戦で壊滅させた後（一八二七年一〇月）、ギリシア人の独立を保障することになったのは、こうした小規模な会議である（一八二九―三〇年）。そして、一八三〇年にフランスで七月革命が勃発した頃、大規模な会議のシステムは事実上消滅していた。

王政復古期のイデオロギー

ところで、一八三〇年頃になると、王政復古期の極めて保守的な文化の潮流は、ヨーロッパの大半の国家における統治や行政にその一部が取り込まれた結果、なお堅固に見えはしたものの、すでに分解が始まっていた。

保守主義者と進歩主義者は、ナポレオンの没落を一つの歴史的な時代の終焉とみなすことで一致していた。文明は周期的に刻印を打つ転換点を過去に経験してきたが、今またその一つに到達したというわけである。個人主義と合理主義の時代は、今や新しい〈組織的〉な時代に道を譲ったのである。そして、そこでは、共同体が個人に、反歴史的で抽象的な性格を持つ合理主義が道徳律、信仰、そして過去に対する歴史的感覚を重視する姿勢に、それぞれ取って代わったのである。啓蒙主義とナポレオンの専制政治に対するこうした王政復古の急激な反動による混乱の只中にあって、こうしたあいまいではあるが力強い思想の潮流は、まったく対照的な性格を持つ目的に利用されることが可能だった。つまり、一方では、ドゥ・メストルのような反動的思想の持ち主によって、そして他方では、サン＝シモンのような空想的な進歩主義者によって。ロマン主義は、本能、伝統、宗教、〈人間性〉、非合理的な〈真の〉理性、そして英雄や諸国民の〈天賦の才〉への信仰を通じて新しい世代の知識人の間に広まりつつあり、保守主義、進歩主義という異なった性格の思想いずれにも継承されていく。民主派のマッツィーニ、社会主義者のフーリエ、あるいは自由主義者のジョベルティ(五)といった性格を異にする思想家は、いずれも、後年、王政復古期のこうしたロマン主義のさまざまな流れの中の特定部分を維持していくことになる。

しかし、保守主義と進歩主義が当初数多くの思想を共有していたにせよ、進歩の概念や歴史の意義に関し、両者は根本的に異なった解釈を示した。伝統を重んじる人々は、文明の進化した状態とみなされる進歩の概念を受け入れようとしなかった。たとえば、ジョゼフ・ドゥ・メストルやルイ・ドゥ・ボナルド(六)は、抽象的な概念である理性を用いて新しい社会を創造するという試みが、空虚で効果がなく、実際神に対する冒瀆を意味することは過去の経験に照らして明らかであると考えた。そして、唯一の希望は、昔のまだ汚れを知らない社会への回帰に見いだせる。そこでは、秩序とヒエラルキーが尊重され、君主制の持つ神権主義の基盤が無誤謬の教皇や聖なる啓示によって奉られているのである。ドゥ・メストル、ドゥ・ボナルド、そしてルートヴィヒ・フォン・ハラー[七]は、国家が家長的な君主によって支配される家族のようなものであると考えていた。彼らは、こうして、反進歩思想の持つ広範なスペクトルの中で最も外側の孤立した部分を代表していた。しかし、その彼らも、たとえば、サヴィニーやアイヒホルンのような革命と歴史の持つ継続的性格の対比を強調するドイツ〈歴史学派〉の法学者、あるいはノヴァーリス、シュレーゲルといったドイツのロマン主義者のように、教会とキリスト教が絶対的な支配権を持つべきであると考えていたのである。たとえば、ノヴァーリスは、彼の有名な著作に『キリスト教、もしくはヨーロッパ』というタイトルをつけている。中世に存在したようなこの〈キリスト教の支配するヨーロッパ〉は、実際彼らの理想であった。こうして、彼らは、教皇やハプスブルク帝国の担う役割、というより事実上の使命を賛美することになったのである。この理想を蘇らせるためには、最近の啓蒙主義による腐敗した風潮を攻撃し、反駁することがぜひとも必要であった。換言すれば、自由な合理的探究を通じて生じた社会不安、そして政治的自由主義という名の個人主義や物質至上主義を基盤とする経済が、こうした理想の実現にとって大きな障害になる、というわけである。

王政復古の秩序とヒエラルキーの理念を正当化し、実際これらに影響を与えようとする反進歩思想の試みは、カトリシズム信仰の復活という面で最も目立っている。サヴォーナの監獄から出獄した教皇ピウス七世には、殉教者の後光がさしていた。知識人の間で信仰を尊ぶ傾向が復活し始めたのに続き（都市部の労働者が、俗化の傾向を強めていったのとは対照的である）、多くの君主は、彼らの前任者が十八世紀にとっていた反教権の態度を速やかに捨て去った。こうして、教会は、国家が正当な秩序やヒエラルキーを再構築する際に、重要な基盤となった。この状況は、カトリックが圧倒的に少数派で、プロテスタントの君主を戴くオランダ、プロイセン、イギリスといった国々でも見られた。古い国家教会は、ナポレオンの専制支配を通じて姿を消していた。そして、枢機卿コンサルヴィのような人物は、こうした状況を巧みに利用して教皇の至上権を主張したり、地方の教会をローマの単なる手先の地位に落としたのである。ラムネーが最もセンセーショナルかつ効果的に指導した〈教皇権至上主義者〉によれば、〈リュミエール〉〔啓蒙の時代〕に個人主義者の理性が破壊した道徳的、社会的秩序を再興する唯一の道は、教会に全面的に服従することであるという。

「人々にとって不可欠な真理を権威あるキリスト教が躊躇なく広めようとする際、彼らにそれを完全に理解させる必要はない。なぜなら、彼らは、こうした流儀ではなにも理解しないからだ。キリスト教は、ただ彼らの信仰の動機が、理性に照らして明らかになることを望んでいるだけなのだ。つまり、理性は真理に服従するのである。」(Omodeo, 193, p. 110)

イエズス会の復活、フランスの田舎における〈司牧〉を目的とした若い司祭の派遣、さらに、ロザリオの祈り、聖母マリアの月、キリストと聖母マリアの聖心信仰などの迷信じみた宗教的行事の導入と普及は、すべて宗教に対する情熱的な願望を反映していた。そして、これらの現象は、内面的な信仰というよりもむしろ外面的な虚飾を強調するものであった。つまり、こうした宗教的な情熱の高まりは、個人、社会がともに信頼することができる確固として不変的な権威を人々が求めていた事実を示すものと考えられるのである。

こうして復活したカトリシズムと教皇権ではあったが、聖俗両界でそれを最も熱心に支持する人々が示した情熱それ自体が原因となって弱体化してしまう。ラムネーが抱く信仰全般の基礎となっていたのは、人間が作り出したありとあらゆる制度に対して宗教が優越するという確信であり、それは、完璧な神権政治の実現を示唆していた。〈玉座と祭壇〉は、君主が教皇権と速やかに和解する用意があることを意味する決まり文句であったが、この姿勢は、教皇権至上主義者の頑な態度によってじきに脅かされることになる。実際、教皇庁内部では、枢機卿パッカ[八]に代表される〈熱意ある者たち〉が反教権的な潮流を打倒しようという意欲に燃えており（これは復讐心とさえいえる）、過去を許容したり、あるいは忘却したりすることを拒んでいたため、新たな反感を引き起こす恐れがあった。ウィーン在住の教皇特使、セヴェローリは、教皇宛の書簡の中で、枢機卿コンサルヴィの抱いていた関心を代弁している。

「教皇聖下は、その英知をもって最も適切な行ないをなさるでありましょう。過去の追認は、状況によっては、未来を禁じることにも等しいように思われます。」(Omodeo, 193, p. 374)

コンサルヴィは、教皇権の持つ根本的な弱さ、つまり、服従を強制できないという点を鋭く察知していた。

「〔教皇権に関して〕最も嘆かわしいのは、将来に向けて望ましいといわれていることを支持したり、実現したりできないという点です。残念なことだが、私はそう信じざるをえません。」(Omodeo, 193, p. 379)

教皇庁が頑なな姿勢をとり続けた結果、以前は享受していた教皇に対する支持を失ったうえ、ヨーゼフ二世の改革路線の伝統の継承を断固として主張していたオーストリア皇帝フランツ一世の敵意を招き、さらに、ローマ教会と王政復古体制の両者を極端に同一視することになる。コンサルヴィは、それぞれの君主に服従する諸国家の教会が再び王権支持の方向で自己の権威の主張を始めることを回避できた。しかし、王政復古体制を布く中で最も反動的な政府と共同歩調をとっていた教皇庁から、啓蒙的なカトリックが離反するという結果が生じてしまったのである。自由主義思想は、まずフランスで、続いて他の西ヨーロッパ諸国において、ヒエラルキー重視を基本とする反進歩的な王政復古の哲学に攻撃の手を加えていった。その際使われた手段は、革命によって獲得された進歩、自由その他の好ましい成果を強調することであった。こうして、多くの進歩的なカトリックが教皇庁に背を向け、内面的な個々人の信仰を支持したり、カトリシズムと自由の和解という空想に浸るようになっていった。こうした新しい思想は、一八三〇年以前に王政復古による統治の大半を特徴づけていた重苦しい雰囲気の中で徐々に醸成されていく。

二　イタリアにおける王政復古

ところで、列強は、ウィーン会議で革命以前の状況に復帰することを唱導するどころか、教会所領や国有地の売却の結果生じた私有財産の大規模な変動を承認している。さらに、たとえばフランス、ドイツ連邦、そしてドイツの個々の諸邦が憲法を持ったり、今後持つ可能性をも認めたのである。事実、反政府運動がすぐさま再発するのを回避することに腐心していた多くの統治者は、ナポレオン支配期の行政官や官吏を粛清するのを控えるよう忠告を受けており、なかには、そうせざるをえない場合もあった。ちなみに、一七九三年に断頭台の露と消えたフランス国王ルイ十六世〔一七七四―九二〕の次男、ルイ十八世〔一八一四―二四〕に代表される革命前の勢力の継承者と、革命期に勝利を得た人民主権を要求する声の両者が妥協した最も顕著な例は、フランスに見られる。王政復古後王位に就いたルイ十八世は、外相タレーランの忠告に従い、上院が提議した憲法を修正したうえ布告することで、彼自身の個人的権威を主張したのである。この結果、王政復古期のフランスでは、この〈シャルト・オクトロワイエ〉〔憲章〕が保障する自由をめぐって反政府勢力が闘争を繰り広げた。フランスは革命の中心地であり、その結果生じた極めて激しい変革が、後年同国の政治、社会、文化を支配し続けたのである。ところで、ウィーン会議に参加した列強は、社会の変化を容認はするものの、政治的な要求は拒絶することでヨーロッパの平和を維持しようとした。しかし、このもくろみは、フランス以外の地域では、しばしば失敗する。その理由は、一つには、大革命が少なからぬ衝撃を与えていたからであり、また、権力の座に復帰した諸君主が過去数十年間に生じたさまざまな変化を認めようとしなかったからである。真の意味での復古を実現しようとする試みに関しては、スペインとイタリアが最も顕著な例を与えてくれる。ちなみに、スペインでは、国王フェルナンド七世〔一八〇八、一八一四―三三〕が一八一二年憲法を廃止し、宗教裁判を復活させるのである。

ハプスブルク家支配下のイタリア

一八一五年四月七日の皇帝勅令によって樹立されたロンバルド・ヴェーネト王国は、他の大半のイタリア諸邦とは対照的に、絶対的な権威に公正な行政が伴うよう試みられた例といえる。オーストリア皇帝フランツ一世は、他のどの領地にもまして、このイタリアの臣民に少なくとも自治の象徴的な形態を与える必要を感じた。彼は、弟のレーニエ大公〔一七八三―一八五三〕をロンバルド・ヴェーネト王国の総督に指名したが、それは、純粋な名誉職であることがまもなく判明する。ミラノとヴェネツィアに補助的な地方の行政府を伴う二つの中央行政府が設置され、皇帝から任命された多額納税者がその構成メンバーとなった。そして、これは、とりわけ租税の割り当てに関する限定的な諮問機関の機能を果たすことになる。一方、地方レベルでは、一七五五年の自治体法が復活した結果、年に二回開かれる納税者代表委員会が、予算とその各市町村への分配の承認を行なった。この法は、ナポレオン支配期の法に比べると市町村に対してわずかながら多くの自治権を与えることになる。しかし、行政構造は、全体としてみればかつてのイタイタリア王国によく似ていた。つまり、極端な集権化や、地主、商人を問わず住民の富裕な層を重視するといった点にそれがうかがわれる。そして、司法と財政に関しても、ナポレオン支配下の旧王国をモデルとしたしたうえで、オーストリアの新しい法典が導入された。一方、教会との関係では、他のほとんどすべてのイタリア諸邦とは対照的に、ヨーゼフ二世やナポレオン統治時代の特徴であった強固な国家統制を維持しており、司教の任命や教会領の売却の承認を皇帝が行なうことになっていた。ハプスブルク家の伝統となっており、ロンバルド・ヴェーネト王国は、この面で他のイタリア諸邦に比べてはるかに先進的であった。そして、王国の初期にはごく少数の〈外国人〉がウィーンから派遣されたものの、ナポレオン支配期に在職していたほとんどすべてのイタリア人官吏が引き続いてその職務を担当した。

さて、この王国におけるオーストリアの統治は、このようにナポレオン支配期に行なわれた変革との激しい摩擦を意識して避けつつ展開された。王国政府は、公正で基本的には誠実な行政を実施することで、住民を満足させようとした。そして、こうした姿勢は、ピエモンテやナポリといった他のイタリア諸邦に比べれば近代的であり、しかも何十年間にもわたって維持されたのである。にもかかわらず、政府に対する不満と反感がほとんど時を移さず湧き上がってきた。それは、一八一四年にイタリア王国の独立を保持しようと試みたのが少数グループに限られていたのとは対照的に、はるかに広範な層から生じている。

ところで、政府は、二つの主要な点において、旧王国の体制を変更、あるいは悪化させた。まず第一に挙げられるのは、徴兵期間が八年（一八〇二年の法規定の倍）となり、アルプス以北のオーストリア領と比べて一層厳格に実施された点である。こうして兵役に就いた王国の住民は、ほとんど常にイタリア外に展開する多国籍軍に編入されたため、かつてのイタリア軍の将校を鼓舞したような愛国心を抱くことはなかった。そして、財政上の目的から構築されたオーストリアの一種の関税障壁である〈禁止制度〉が輸出入品や一時通過物資を対象として強制的に適用された結果、第二の問題が生じた。つまり、この政策の実施を通じ、フランスおよび他の西ヨーロッパ地域との通商関係が、突如として断たれてしまったのである。ロンバルディーアをヴェネツィアから、そして王国全体をオーストリア帝国の他の領土から分断していたこれらの障壁が除去された後も（一八二二、二五年）、ウィーン政府は、フランスとピエモンテに対する障壁を維持することで、オーストリアのイタリアにおける支配地域と本国市場とを直結する貿易を続けるのである。オーストリアがトリエステを自国にとって極めて重要な港とみなしたことで最も痛手を受けたのは、ヴェネツィアである。しかし、ロンバルディーアの商人も、ジェノヴァやリヨンといった彼らにとって〈生来の〉販路を喪失したために、ゴットハルト〔スイス南部〕とシュプリューゲン〔スイス南東部〕を経由して中部ヨーロッパに通じる陸路や郵便事情が改善されたとはいえ、深刻な損害を被ったことに変わりはない。

オーストリアに対する敵意は、こうして外国人支配に対する憎しみの感情を伴って広がっていった。帝国政府の決定により、ミラノに対する服従を引き続き強いられるという屈辱を味わったのは、ヴェネツィアである。しかし、ロンバルディーアでもヴェネツィアでも、支配層は、祖国に駐屯する〈外国の〉軍隊に対してともに敵意を抱いた。また、帝国全域で典型的に見られた行政面におけるウィーン型の極端な集権化が、王国でも実施された。この結果、地方自治が形骸化し、行政管理部門の就職口が狭くなるという現象がじきに生じた。オーストリアは、ナポレオン時代の行政を清算して新しい体制を確立することに高い代償を払わなければならないことを当初覚悟していたし、一八一六―一七年にイタリアを含めヨーロッパ全土を襲った悲惨な飢饉（ヴェネツィアは、一八一三―一四年、すでに同じような飢饉を経験していた）が財政面にもたらしたマイナス効果についてもそれ以上に自覚していた。しかし、今度はじきに次のような噂が広まった。つまり、オーストリアは、ロンバルド・ヴェーネト王国を財政的に搾取することで、年々確実に膨らむ帝国予算の赤字を補填しようとしているというのである。ちなみに、こうした噂は、予算案が秘密のベールに包まれていたことから、ほとんど確固たる事実も同然であった。

一八一六年まで王国総督の地位にあったベルガルド伯(九)は、メッテルニヒに対して次のように警告している。

「この王国の行政に私がなんらかの影響を及ぼすことを止めている現在でさえ、未来に何も期待を抱いてはいけないと私は飽かず繰り返し主張するでありましょう。つまり、たとえ、この王国を帝国のドイツ領へ時間をかけて同化させようとしても、それは無理だということです。そして、こうした計画とともに、王国をわが帝国へ完全に融合させるとの夢も抱いてはなりません。ちなみに、これは、ハプスブルク家に対してその臣民が愛情を抱き、恭順の意を明らかにすることで両者が極めて強い絆で結ばれていた時期に皇帝ヨーゼフ二世がすでに実現を試みられましたが、失敗に終わっているのです。」(Sandona, 210, pp. 359-67)

四年後ナポリで革命が勃発した後に、ロンバルド・ヴェーネト王国の新しい総督シュトラソルド伯(一〇)は、メッテルニヒにこのベルガルド伯とまったく同じ内容の警告を発している。

「ロンバルディーア人は、王国行政が強制するドイツ流の形式に順応することは今までできなかったし、現在もできず、さらに今後も無理でありましょう。彼らは、そうした流儀を嫌悪していますし、ドイツ人、ボヘミア人、ガリシア人と同じ状態に自分たちを置くような画一的制度をひどく憎んでいるのです。」

しかし、メッテルニヒは、こうした反オーストリアの動きには判で押したように検閲とスパイ活動の強化で応えたのである。王国の文化雑誌に対してひそかに資金援助するという政府の無器用な試みが失敗してからは、知的活動を抑圧する性格を帯びたオーストリアの検閲が実施され、国民の一層広範な層がその支配から離反していった。

　ハプスブルク家の支配は、ロンバルド・ヴェーネト王国では国民の支持を得ることができなかったにしても、他の二つの国家ではかなりの成功を収めたように思われる。まず、小国のパルマ公国では、マリア・ルイーザが、初め彼女の愛人で後に貴賤相婚を通じて夫となったナイペルグ将軍(一一)の助けを借りてナポレオン時代の法制を維持した。彼女は、ただ一八二〇年にフランスの民法典を新しい民法典に代えるにとどめたのである。ちなみに、周到に準備された同法典は、高い世評を得ている。そして、教会と聖職者に対する譲歩はロンバルド・ヴェーネト王国同様一切行なわれなかった。つまり、ナポレオン時代の宗教協約を承認することにより、両者の国家への従属が続いたのである。また、公教育や経済活動面への配慮は、ハプスブルク家の啓蒙的な性格を典型的に示す一例であり、パルマ公国では、これが維持されたうえで警察による統制が実施されたが、これも比較的緩やかなものにとどまった。

　続いて、旧ナポリ王国領のプレジーディ国家領(一二)、それにピオンビーノ〔中部トスカーナ地方〕とエルバ島の併合によって領土が拡大したトスカーナ大公国は、イタリアでは、ナポレオン時代の支配とそれ以前の時期の体制との間に摩擦が生じなかった唯一の国家である。ナポレオンと協力して大公レオポルドの諸改革を促進したトスカーナの支配層は、この伝統が断絶しないように配慮した。これを身をもって実行したのは、ナポレオン時代を通じて指導的な行政官の地位にあり、一八四四年の死に至るまでトスカーナを事実上統治したヴィットーリオ・フォッソンブローニであった。レオポルド時代の法制が再び導入され、ナポレオン法典は廃止されたものの、地主層の特権抑制や商業活動の促進をめざすその革新的性格は王政復古後も維持される。つまり、封土と信託遺贈の廃止、土地税台帳と商法典の確立、抵当権の規制それぞれに関わる法が機能したのである。同様な風潮は、行政面についてもいえる。具体的には、市町村の自治を事実上廃止していたナポレオンの行政制度が基本的に採用された。そして、教会政策に関しては、国家権力優位の原則が復活して教皇権に対する譲歩の姿勢が見られなくなる一方で、イエズス会士の入国は依然として禁じられていた。また、一八一六―一七年の飢饉発生期に国民が不満を抱いたにもかかわらず、レオポルド時代の自由貿易政策を復活させたのは、イタリアではフォッソンブローニとフェルディナンド三世だけである。さらに、検閲と警察による監視は、イタリアの他のすべての国家に比べ、緩やかなものであった。つまり、トスカーナ大公国の支配者は、十八世紀啓蒙期における同国固有の改革路線を凌ぐような進歩は今後ありえないと信じて疑わなかったのである。

南部および中部イタリア

さて、前記の諸邦を除く他のすべての国家では、王政復古期の君主やこれを取り巻く宮廷が、革命によって持ち込まれた思想や人間の類にことごとく憎悪の念を抱いていた。そして、この傾向がそれぞれの国家にさまざまな強い影響を及ぼすことになる。メッテルニヒとカスルレーは、こうした文字通りの行き過ぎた反動を回避することに腐心した。たとえば、メッテルニヒは、両シチリア王フェルディナンドに対し、彼がナポリに復帰するのをオーストリアが支援する代わりに特別の条件を彼に課している（一八一五年五月二〇日のカーザ・ランツァ協定、一八一五年四月二九日と六月一二日のオーストリア・ブルボン条約）。メッテルニヒは、これに関して次のように記している。

「われわれが行なったこれらの提案の目的は、次の三点である。つまり、党派心や復讐心に歯止めをかけてこれを抑制すること、法に基づく私有財産権を遵守させること、そして最後に、国家の治安を危険にさらすような反動はどんなものであれ未然に防ぐこと、である。」(Romeo, 221, p. 53, n. 5)

もっともフェルディナンドは、前回の復位の経験を通じて一層慎重な態度をとるようになっていた。たとえば、革命に関わった人間を対象とした全面的な恩赦を実施し、ミュラ王時代に行なわれた国有地および教会所領の売却、並びにこれと同時期に認められた土地に関する個人の法的権利を保障した。彼は、さらに軍隊および行政部門で、王政復古派と旧ミュラ支持者をまったく平等に扱うことを承認している。しかし、その一方で、彼は、憲法を付与しないことをも固く誓っている。従来の官吏をそのまま雇用し続ける方向を打ち出したことは、実際にはミュラ王時代に生じた大きな変革を容認し、全面的な復古の試みを抑制することを意味していた。実際、こうした復古が行なわれる危険は十分にあった。なぜなら、王政復古の到来とともにフェルディナンドに従ってシチリアから本土に戻った貴族は復讐心に突き動かされており、反動主義の権化ともいえるカノーザ公[一三]を警察大臣に任命する約束をとりつけていたのである(一八一六年一月)。その彼は、カルボネリーアに対する大規模な弾圧に五カ月間にわたって心血を注いでいる。ちなみにカルボネリーアは、ブルボン家が憲法の付与を拒否したことからこれを敵視するようになっていたのである。彼は、さらに法的な手続きを無視し、国内における自己の基盤の拡大を図るために反動的な党派〈カルデラーリ〉(熱血漢)を利用しようとさえしている。こうして、首相のルイージ・デ・メーディチ[一四]は、オーストリアとイギリスの圧力によりカノーザ公が解任させられた後になって初めて改革路線に基づく政策を実行できるようになったのである。ちなみに、この政策は、彼が前回の王政復古期とその後のシチリアでの亡命時代に試みて失敗に終わったものである。

デ・メーディチは、前記のフォッソンブローニと同じく啓蒙期の改革路線を経験していたが、ナポリの状況はトスカーナとは大きく異なっていた。革命期に人々の対立不和が激化した事実に極めて神経質になっていた彼は、ミュラ支持者とシチリアに置かれていた亡命政府の有能な外交官や行政官との〈融合〉政策を通じ、王権の復活を望んでいた。フランス支配期に行なわれた改革は、若干の修正を加えながらも認めるべきであり、また、王国の二つの地域〔ナポリを中心とする本土部分とシチリア〕を厳格な集権化を通じて融合させることによって行政面の効率も高めなければならないというのが彼の考えであった。これら二つの地域が分裂した場合、それがナポリに破滅的な結果をもたらすことは、過去の経験から明らかである。そして、現在、「もしわが国が二つの王国にいったん分裂したならば、それぞれの国家の支配者となるナポリ王とシチリア王は、北部におけるパルマ公やモーデナ公と同様の極めて脆弱な立場に置かれるであろう。」(Romeo, 221, p. 87)

フェルディナンドの称号が、かつてはナポリ王フェルディナンド四世でシチリア王としては三世であったのに対し、今度は両シチリア王フェルディナンド一世に一本化された事実が、王国の統一を象徴している(一八一六年一二月八日)。こうした統一が最初にもたらした結果と考えられるのは、ナポリの法制と行政制度がシチリアにも適用された点である。つまり、シチリアに置かれていたすべての役所および王国全体の官公庁の四分の一はシチリア人に確保されたものの、一八一二年憲法、シチリアの国旗や正規軍が廃止されたのである。そして、直接税の負担額が一八一三年のシチリア議会によって確立された水準で固定された。両シチリア王国における行政、司法の構造は、法典と同じように新しいとはいっても、実質的には一〇年間にわたるミュラ支配期のそれであった。また、シチリアでは、この統一政策を通じてその独特な伝統や慣習が一掃されることになる一方、行政面では新しい職種が必要になった。ところで、南部本土では過去一〇年間に大部分達成された限嗣相続制と慣習的な共同放牧権廃止の試みは、シチリアにおいても封建制の撤廃を狙うものであった。そして、主にカターニャと東部海岸地域の自由主義的なブルジョアジーの小グループは、こうした改革を望んでいた。しかし、住民の多くの層は、改革に対する反発を着実に強めつつあった。たとえば、支配的な貴族階級は、一八一二年憲法によりかつて手に入れた影響力と権力を喪失した結果、改革を憎悪した。また、パレルモの住民は、かつての首都であった彼らの町が、今や七つの行政中心地の一つにすぎなくなってしまったことから、統一を基盤とする改革に対して反感を抱いた。たとえば、徴兵令がシチリア史上初めて強制されたため、これに対する広範な住民の反発が生じている。さらに、南部本土とシチリアの間に新しい国内関税障壁が設けられた。これは、ナポリにとって有利となるよう設定されたこともあり、シチリア商人は強く反対している。シチリアでは、デ・メーディチの集権化政策に対し、このように極めて多様な立場からの批判や反発が生じた。そして、それは、一八一二年憲法に基づいて本土から分離したシチリア王国の樹立を求める方向へしだいに一本化されていく。

デ・メーディチは、彼の行政面の集権化政策に、国民に過度の負担とならないようなバランスのとれた財政政策を対置させるつもりであった。しかし、王国は、一八一七年頃に財政危機に陥っている。その理由は、王政復古を列強に確約させ、王国内に駐屯するオーストリア軍の維持費を賄うために巨費が投じられたことに求められる。デ・メーディチは、予算の均衡を図るためにオーストリア軍の国外退去を主張し、莫大な借款を成立させる一方で、公共事業の縮小を目指し、さらに公債の信用を回復させた。予算総額は、ミュラ王の支配末期に比べて低く抑えられる一方、間接税や地方財政への負担転嫁も行なわれなかった。こうした政策の基本的原理は、次のように明快である。

「立憲国家の国民は、その統治に不承不承ではあるが服従し、政府の強制に対しては寛容な姿勢で臨む。一方、専制国家の国民は、そうした強制に我慢できないものだ。」(Romeo, 221, p. 73)

さて、大陸封鎖がナポレオンの失脚によって終わりを告げた後、両シチリア王国を経済危機が襲い、地方の諸産業は大打撃を受け、国内の農業は黒海方面から流入する安価な穀物との競争を余儀なくされた。こうした問題に直面したデ・メーディチは、輸出を犠牲にして輸入を優遇する関税政策を実施することで貧民層を擁護しようとしたが、これは、前記の考えに立脚するものであった。このように、彼が規定したブルボン朝の財政政策の基本線は、一八六〇年に王国が最終的に崩壊するまで変化することがない。その具体例を挙げれば、低率の課税、貧民層に金銭面での負担をかけないための配慮、経済振興に必要な公共投資に関心を持たない姿勢などである。

公正な課税、適切な法の施行や行政の実施は、デ・メーディチには世論の支持獲得を確かなものとする手段のように思われた。しかし、彼が思う存分に行動したのは、二つの領域、つまり、外国貿易と宗教政策に限られていた。彼は、イギリスとフランスの圧力により、両国およびスペイン国籍の船舶が運搬した物資に対する関税率を一〇パーセント引き下げなければならなかった。ちなみに、これら三カ国は、一八一六年から一八年まで享受していた諸特権を喪失したため、それらの代償をデ・メーディチに要求したのである。そして、地方の生産者、とりわけ小地主は、農業危機と地租の重圧ですでに打撃を受けていたため、ますます深刻な状況に陥った。また、知識人はみなデ・メーディチの路線に対する反感を強めつつあった。なぜなら、国王フェルディナンドに強制された彼は、一八一八年に教皇庁との間に宗教協約を締結するが、これは前世紀にナポリで展開された世俗権力を支持する闘争に対立することが明らかとなったからである。ちなみに、この宗教協約は、一八〇三年にナポレオンが締結した宗教協約の基本線（教会領売却の承認、王権による司教の任命）に沿った内容を持ち、世俗権力側にとっては極めて有利なものであった。しかしながら、その一方で教会権力による裁判所や検閲が復活し、修道院が再建され、教会財産の増大が促進されたのである。また、聖職者による干渉や彼らの信条などが政府に強い影響を及ぼし始めた。デ・メーディチは、自分の政府が諸党派や〈過激派〉に優越した立場にあると固く信じていたため、秘密結社に対しては極めて寛大な姿勢を示した。しかし、こうした態度は、単にメッテルニヒをも含めた保守派の疑惑と自由主義諸党派の楽観主義を強めたにすぎない。こうして、デ・メーディチが目指した〈行政国家〉と〈融合〉政策は、政府と国民両者間の溝を埋めるどころではなく、逆にさまざまな形で緊張と対立を高めることになってしまった。

次に、教皇国家では〈熱狂者〉の権力が強大であった。このため、コンサルヴィ枢機卿が目指した〈行政国家〉の形成は、まったくの失敗に終わった。教皇権は、その伝統と使徒から継承された神聖な性格により絶対であり、また、教皇至上権主義の高まりに刺激され、少なくともイタリアの弱小国家に宗教協約を強制することを通じて傲慢な態度をとるようになる。しかも、教皇国家はウィーン条約に調印しなかったためにその適用を免れていた。こうした状況を背景にした教皇は、フランスが強制した不信心な体制のあらゆる痕跡を除去することに寸暇を惜しんで取り組んだ。具体的には、ラツィオとウンブリアにおけるありとあらゆる古い法制および行政面の慣習の実践（市町村の関税と憲章、聖職者と貴族の諸特権）に始まり、種痘の廃止や街灯の除去さえ行なわれている。

さて、ウィーンから帰国したコンサルヴィは、彼の努力でオーストリアの支配から免れることができたマルケと教皇国家の総督領で、ナポレオン時代の法制の一部をなんとか保持することに成功する。次に、彼は、一八一六年七月六日の〈モトゥ・プロプリオ〉〔国家元首が自らの判断で公布した法令〕により、教皇国家全体の行政、司法、財政それぞれの構造を近代化し、前記の地域と他の地域との間に見られる際立った相違を弱めたのである。国家は、ローマを除いて一七の総督領に分かれており、それぞれを州総督（枢機卿）あるいは教皇特使が治めた。そして、政府が任命した一部は俗人を含むメンバーにより構成され、諮問的性格を持つ議会がこれを補佐した。各都市や管区は、俗人、あるいは聖職者が統治し、市町村にも同様に聖俗混合メンバーによって構成される評議会が設置された。こうして、従来市町村に施行されてきた個々の憲章やバローネの諸特権の大半が廃止される一方、同じく彼らが享受してきた裁判権や信託遺贈についても、これらがまだ存続していた地域（王政復古後、真っ先に教皇の手に戻った諸地域）で厳しく制限された。過去に実施された教会領の譲渡は認められたものの、その一方で国家が教会側に対する賠償責任を負うことになった。地租は、免税の特例を設けずに課されたが、その基準となったのは、従来の土地台帳によくあるように極めて不正確なピウス六世の土地台帳であった。そして、廃止された税は、人頭税、商取引税および職業税の三種にすぎなかった。他方、均一で緩やかな保護関税制度が国家全域に適用されたが、その目的は、国内産業の振興よりも国庫収入の増加にあった。一八一八年には、それ以前に発生した飢饉を背景にして、穀物をある一定価格以上で輸出することが禁止された。ちなみに、この政策は、一七六〇年代にトスカーナ大公ピエトロ・レオポルドがまず採用して後に廃止された制度に基づいており、時代錯誤的であったといえる。また、ナポレオン法典が廃止される一方で、新しく準備された法典は、民事訴訟および〈商取引〉に関わるものの二つにとどまった。そして、教皇国家旧来の制度が社会の他のあらゆる側面において存続することになったのである。

同国の改革は〈熱狂者〉の激しい反対に直面したが、ナポレオン時代に実施された変革に対しては、ナポリのデ・メーディチが実施したものに比べ、はるかに非寛容的な性格を帯びていた。たとえば、財政政策は、まったく不適当なものであった。そして、一八一八年以降、国家が地方の行政部門に多額の税負担を任せたために、税は着実に重くなっていった。ちなみに、関税率の問題は、アンコーナとチヴィタヴェツキアの港で活動する貿易商人と少数の製造業者との間に論争を引き起こしている。また、免税特権が枢機卿や外国人大使に認められていたため、財政上の目的、換言すれば、課税の目的さえも不明瞭になってしまった。他方、農業は、ロシアから流入する穀物との競争に耐え切れず、衰退した。そして、この影響で、国内の総督領やマルケの新興ブルジョアジーだけでなく、教会の諸特権復活に憤慨する地主貴族さえ強い不満を抱くことになる。かつては重要だったセニガッリア〔マルケ地方の都市アンコーナの北西に位置し、アドリア海に面する〕の市は、深刻な危機に見舞われた。これに伴い、製造業を営む職人層（主にローマ人）も危機に陥ったのである。また、聖職者が支配する公教育は適切なものとはいえず、他方、慈善事業によっても物乞いの絶え間ない増加を抑制できなかった。こうした教皇国家社会が持つ独特の特徴は、当地を訪れたすべての外国人に強い印象を与えている。しかし、さらに悪いことには、国家行政全般を教会が独占する風潮が復活し、コンサルヴィはこれを阻止できなかったのである。こうした結果、とりわけ教皇ピウス七世の死去（一八二三年）とコンサルヴィの辞任後、政府は非能率的で腐敗したものとなっていった。数年後、ペッレグリーノ・ロッシ(一五)は、「枢機卿は、ローマでは君主、地方ではトルコのパシャのような存在である」と書いている（Demarco, 216, pp. 26–7）。

王政復古後の同国で、このような時代錯誤的な政治が展開されるのを目の当たりにした諸外国の政治家とイタリア人は、これに対する反発や蜂起の発生はいずれ避けられないとの印象を直ちに共有することになる。教皇の世俗権力は、イタリアにとってはまさに〈ペスト〉そのものであった。

一方、モーデナやピエモンテでは、コンサルヴィのような人物が出現して権力を多少とも掌握することはなかった。なぜなら、これらの国家では、俗人による政治がより効率的ではあったものの、イタリアの他のどの地域に比べても、厳格な復古体制が布かれたからである。たとえば、モーデナのフランチェスコ四世は、オーストリアの支持を頼みとしつつ、ナポレオン時代のほとんどすべての法制を廃止して十八世紀のエステ家の体制を復活させた。イタリア王国時代の官吏は、例外なく公職から追放され、最も重要な職務は、中央、地方を問わず現体制に忠実な貴族が担当することになった。フランチェスコ四世は、革命以前に展開されたランゴーネの啓蒙主義的な改革を無視し、国家を自らの私的な世襲財産とみなし、多少の知恵を回しながら、とにかくも絶対的な権力を振るって統治した。カトリックの中で最も反動的な勢力の活動が奨励され、イエズス会士は歓迎され、さらに、他の修道会もメッテルニヒと衝突する危険を冒しながらも復活した(一八二一年)。この野心的な君主の支配は、〈王冠と祭壇〉を基調としていた。そして、〈枢機卿団〉のようなカトリックの反動分子と彼との得体の知れない結びつきは、ロンバルディーアやパルマを犠牲にして領土の拡張を図ろうとする彼の野望や気質に似つかわしいものであった。

ピエモンテ

ピエモンテの復古体制も、前記のモーデナと同じく徹底していた。ちなみに、一八一四年五月二一日の勅令は、次のように謳っている。

「一七七〇年の欽定憲法および一八〇〇年六月二三日(つまり、フランス軍が同国を占領した時期)までに布告された他の政策を堅持することとし、他のいかなる法も考慮に入れてはならない。」

(Romeo, 199, p. 10)

こうして、ナポレオン法典に代わって旧来の立法と司法の体系が復活し、ユダヤ人は再びゲットーに押し込まれ、ヴァルド派は虐待され、抵当の公示は禁止された。また、フランスの統治に協力したすべての人間を辞職させ、あるいは辱めようとする努力がなされた。もっとも、一八一七年には、ナポレオン時代の行政官、プロスペロ・バルボとサン・マルツァーノが閣僚に任命され、こうした政策は実情に合わないことが認められている。ここでは、他のイタリア諸地域と同じくナポレオン時代の財政制度は維持されたものの、その一方で国境地域や国内に関税障壁が復活した。こうして、たとえばピエモンテ、ジェノヴァ両国間に関税制度が実施されたが、一八一七年の飢饉が悲劇的ともいえるほどに深刻な状況となったため、翌年には廃止に追い込まれている。また、ギルドや他の産業面における諸特権も復活し、この時期の経済危機の悪化に拍車をかける結果を招いた。国王ヴィットーリオ・エマヌエーレとその宮廷は、このようにしてサヴォイア家が革命以前に実践していたと彼らが考える伝統的な体制に、政治・行政・経済それぞれの領域で復帰しようと企てたのである。

ナポリやモーデナの支配者と同じく、サルデーニャ王もまた教会を不可欠の盟友とみなした。したがって、教会領の売却は認められたものの、各種の宗教団体は呼び戻されて諸権利が付与された。また、イエズス会には教育と検閲の仕事が任せられ、さらに、ローマとの間に宗教協約が締結された結果、教会裁判所が復活した(一八一七年)。準秘密結社的な性格を持つ組織、〈キリスト者の友愛〉は、ドゥ・メストルの助言に基づき、公開の世俗組織〈カトリックの友愛〉に改められ、カトリック文化の中で最も反動的な側面のプロパガンダに努めた。こうして、サルデーニャの宮廷は、時代の変化から隔離された存在となった。サン・マルツァーノは、政府の政策に否定的な見解を持ちながらも従いつつ、こうした状況に言及し、驚きと不快の念を表明している。

「政府は、一体何が不満だというのか? 異端審問を復活させずに、世間が尊敬すべき人間、つまり、年老いた異端裁判官に再び委任した書物の検閲か? われわれの聖なる宗教が遵守されるべき秩序か? それとも、聖職者の振る舞いについて司教が行なう審査についてなのか? ああ、まったくの話、宗教や国家にとって極めて重要なこうした事柄について、いまさら騒ぎ立てる理由などありはしないのに。」(Omodeo, 193, p. 359)

国王ヴィットーリオ・エマヌエーレが世間の支持を求めようとする限り、彼は永い軍事的伝統を持つサヴォイア家に対する忠誠心に基本的には依存した。国家予算は軍事関係を極端に優先したためバランスを欠き、同家は〈イタリア人としての責務〉を初めてあまねく主張し始めた。ジェノヴァの領有は、サヴォイア家の未来がアルプス以南にあることの証ではなかったのか？　しかし、この家による〈イタリア人の〉政策さえ、その支持を得ることは難しかった（すでにこの政策を支持していた者は、別である）。なぜなら、国王は、サヴォイア家伝統の反オーストリア政策を内閣内部の計略の域を超えてまでして推進させることを拒んだからである。宮廷にとって、中央集権化を伴う絶対主義体制は、極めて多くの異質な要素を内包するサルデーニャ王国の結束を固める唯一の方策であった。しかし、サルデーニャ島の持つ半封建的な環境の影響を強く受けた国王とその閣僚は、少なくとも絶対主義の近代的な形態が必要であることを理解できなかったようである。社会の激しい変化に対する困惑は、この王政復古初期に軍国主義や聖職権主義とともにピエモンテに見られた典型的な現象である。これを一八二〇年代の初期に巧みな表現で示しているのが、トリノの通商評議会である。つまり、人々はかつてとは異なって、それぞれの社会的地位にふさわしい態度をとらなくなったというのである。

「昔の社会では、こうした相違〔社会的地位に準じた振る舞い〕によって有益な区分があったものだ。なぜなら、これらの階層相互間には日常的な意志の疎通が行なわれなかったために各階層がそれぞれの慣習を保持しており、その結果、社会で最も傑出した人物に対して最大の敬意が払われたからである。要するに、古き良き時代であった当時、名誉が人々にとって最も有効な励みになっていたのである……ところが、革命が勃発した結果、数え切れないほどの罪悪が生じるとともに、社会安定の基盤となるこれらの伝統〔階層間の区別と名誉を尊ぶ態度〕が覆され、全階層が混乱状態に陥ったのである……。こうして、人々は、階層の相違にかかわらず同じ身なりとなった。貴族と平民、商人と役人、地主と職人、主人と下僕の見分けは、もはやつかない。そして、残念なことに、革命が創り出したおぞましい原理だけは、少なくとも見かけの上では維持されているのである。」(Fossati, 230, p. 55)

三　復古体制に対する反発

革命期を通じて社会が激しく変化し、また、反ナポレオン運動が一貫性を欠いて混乱していたために、王政復古体制はその当初から反発を引き起こすことは避けられない運命にあった。この反発は、ナポレオンの〈百日天下〉の時点で表明されたものと緊密に結びついて継続してきたものであり、二つの異なった相反する形態、つまり、合法的でオープンな自由主義陣営からの批判と、民主派の秘密結社運動の流れがあった。後者は、フランス、スペイン、スイス、イタリア、ドイツといったさまざまな地域で反ナポレオンの運動を展開するために形成され、その後活動の場を他の地域に拡大しつつ継続されていた。これに対し、前者は当初フランスで発展した。ちなみに、同国において過去に積み重ねられた経験、〈憲章〉に基づく当時の政治体制、それにイデオロギー上の論争が活発に展開されているという事情が、この合法的な反体制運動に最もふさわしい場を提供したのである。こうして、フランスは、ナポレオン失脚に続く数十年間にわたり、ヨーロッパに対するその政治的、文化的な影響力を及ぼし続けた。ナポレオンは、世論や自由な討論を締めつけ、フランス帝国の〈官製〉文化を人々に押しつけた。こうした事情を背景として、

〈百日天下〉を通じ、憲法に基づく自由の保障をはっきりと要求する声が公然と沸き起こり、この動きは王政復古後も継続していた。なぜなら、〈過激王党派〉が、憲章の認める自由を骨抜きにしてしまうのではないかとの懸念があったからである。王政復古初期の自由主義者は、その中に傾向の違いは認められたものの、国民主権と普通選挙制を否定するという点で一致していた。つまり、彼らは、これらの原理がアナーキーの元凶とみなしたのである。スタール夫人の著作で、彼女の死後出版された『フランス革命の主要事件に関する考察』は、革命期に関して初めて明確な評価を下したものであり、フランスでは平等主義的な革命により破壊されてしまった人間の理想的な在り方として個人の自由を賛美した。なお、この著作によれば、九三年体制の堕落とナポレオンの専制が革命を通じて必然的に生じることになったのだという。それゆえ、「民衆の激情に対処すべき方策は、専制ではなく、法の支配にあるというのが唯一の考え方」ということになる（Omodeo, 193, p. 223）。

また、独立した行動をとるバンジャマン・コンスタンや、少数ではあるが影響力を持つギゾーやブロリなどの〈純理派〉グループは、ともに反動的正統主義の持つ危険に対抗して〈合法的自由〉を強調した。(一八)〈純理派〉は意識的に革命を否定し、組織的な社会の建設を主張していた。この目標達成のためには、諸権力の統一と相互の連関が必要である。なぜなら、それによって、革命期に見られたような権力の分散の結果生じた悲惨な状況を避けることができるからである。彼らは、君主制が政治闘争の枠外に置かれるべきであると考えた。そして、さまざまな自由を十二分に行使することで擁護される国民にとり、いわばその良心として行動するのが君主の役割であるとみなしていた。こうして、多様な傾向を持つ世論が徒党や派閥的な傾向に走って堕落するのを避けることができる。そして、国民が享受すべき自由の砦となるのは、憲法である。〈純理派〉は、憲法を、実体がいまだはっきりとはしない一つの理想的存在として捉えていた。その少なからぬ理由は、フランス以外の地域では、憲法の実践に関する情報が概して乏しかった点にある。王政復古に対するイギリスの姿勢に失望した〈純理派〉は、一種の立憲制を支持する立場に立った。この形態は、君主の存在を想定しており、これが議会とともに言論、投票、出版、信仰の自由を保障する権力の中枢としての役割を果たすのである。

ところで、フランスの〈憲章〉は、上院議員を世襲制にし、下院議員の場合はその資格として年齢および財産上の制限を設けていた。このため、〈憲章〉は、王政復古期を通じ、ヨーロッパの保守的な自由主義者にとって一つの模範となっていた。しかし、憲法が有効に機能するには、市民がさまざまな自由を行使することができるという保障が必要である。フランスでは、とりわけベリー公暗殺(一八二〇年二月)以降の反動期に、これらの自由を集権化した行政権力や〈過激王党派〉の圧力から擁護するため、政治闘争が激しさを増した。自由、特に行政権の乱用から出版や個人の自由を擁護する要求は、合法的な集会を通じて形成される世論の支持を得て、新しい自由主義イデオロギーの核となる。そして、これは、王政復古期におけるカトリックのヒエラルキーを基盤とするイデオロギーに対抗し、諸党派の非合法的な陰謀活動に代わって、一層効果的で道徳的にもより正当な手段を提供するのである。ジュフロワやギゾーといった若い世代の自由主義者は、自らを進歩的な新しい文明の先駆者とみなし、ティエール、ミニェ、ミシュレの歴史叙述によって感傷的に理想化された大革命やナポレオン帝国の当然でしかも唯一の継承者であると考えていた。そして、これが、旧秩序の持つ特徴であった特権と利己主義、そしてジャコバン主義者が抱いた個人的な懐疑心のどちらと比べてみても優れているというのが彼ら自由主義者の考えであった。こうして、フランスで勝利を収めたのは、上層ブルジョアジーのイデオロギーであった。彼らは、民衆が直接政治に参加しないように腐心すると同時に、自己の自由を保持するよう心を砕いていたのである。

他方、秘密結社は、列強が憲法に基づく自由や国家の独立を約束していたことから、反ナポレオン闘争に力を入れてきた。したがって、王政復古体制やその保護者ともいうべき神聖同盟に敵対したのは当然のことである。秘密結社は、イデオロギー、組織構造、採るべき手段の点で極めて多様であった。また、それらの目標も、国家の独立や憲法の獲得といった単純な政治的要求から始まって、ルイージ・アンジェローニなどの民主派やブォナナッローティのような前ジャコビーノでバブーフ主義者による平等主義、あるいは社会的な目標を掲げるものに至るまで広範囲に及んでいた。また、組織構造の点で見れば、〈完全至高の親方〉といったフリーメーソンと類似するヒエラルキーを持つものからアデルフィのように地方の複数の〈教会〉という分散し、しかも同心的な組織網を持つものまでがあった。最後に、これら秘密結社が採用する手段については、前ジャコビーノの将校による軍事クーデタから、民衆という広範な階層に依拠する蜂起の試みまで多岐にわたっていた。これらの結社は、王政復古期にその組織を維持しつつ、さらに軍隊、学生、知識層、そして若干の国家では、職人、下級聖職者、民衆の間に拡大、浸透していった。また、その活動は国際的な広がりを見せ、ナポレオン没落後のヨーロッパの調和を軸とする国際秩序に対する抵抗という点においてのみ共通点を見いだし、団結していたのである。

さて、フランスの秘密結社は、一層自由主義的な憲法、共和制、あるいはジャコバン的な理想の実現を目標としていた。そして、そのメンバーは、前ジャコバンのジョゼフ・レーが一八一六年に創設したユニオンや、アンジェローニやブォナナッローティが重要な役割を果たしたアデルフに結集した。ドイツでは、〈トゥーゲントブント〉〔美徳同盟〕や〈ウンベディングテン〉〔絶対者連盟〕のような民族の独立を支持する共和主義者が〈ブルシェンシャフテン〉〔学生組合〕に影響を及ぼそうと試みていた。ロシアでは、主に軍隊の将校に見いだせる自由主義者が、フリーメーソンの流れを汲む救済同盟を結成した（一八一六年)。ベルギーとポーランドでは、自由主義の結社が国家の独立を目指し、陰謀をめぐらした。ギリシアでは、〈エタイリア〉〔友愛結社〕が民族の独立と信仰の自由を求めて蜂起を計画した。スペインでは、穏和な自由主義者がフリーメーソン内部に組織を作る一方で、より民主的な自由主義者は、〈コムネロス〉〔市民決起団〕に結集している。ちなみに、エタイリアとコムネロスは、一八一二年のカディス憲法を復活させることが必要であるという点で一致していた。そして、イタリアでは、穏和派と民主派の結社両者間に、スペインに類似した状況が見いだせる。しかし、二つの主要な結社、つまり南部のカルボネリーアと北部の〈完全至高の親方〉のかたわらに、群小の秘密結社が存在した。これらは、発覚を防ぐために名称や組織を絶えず変更し、また、その構成メンバー自身は気づかなかったものの別の主要な結社の指揮下に入ることも珍しい現象ではなかった。

これらの結社は、体制側のエージェントによる定期的な諜報活動を通じ、諸邦の政府にその存在を知られていた。そして、結社の国際間の結びつきが意味する重要性は、当局の報告に基づいて誇張されがちであった。実際には、諸結社間の活動を統合しようと試みていた二つの中核的組織が存在した。つまり、パリの〈指導委員会〉とジュネーヴの〈大天空〉がそれである。まず、前者には、フランスのあらゆる反政府勢力、つまり、オルレアニスト[一九]、ボナパルティスト[二〇]、共和主義者、ジャコバン、それに老ラファイエット将軍、銀行家ラフィット[二一]、共和主義者のアンジェローニ、ブォナッローティ支持者のヴォワイエ・ダルジャンソンまでもが含まれていた。次に、おそらくはブォナッローティの個人的性格が色濃く反映され、前者に比べて神秘的な色彩が濃厚な後者は、社会主義的な目標を密かに掲げ、集権的な性格を持ち、位階制に基づく手段を通じて共和主義の国際的組織網を指揮しようと試みていた。しかし、当時、リヨン(一八一六、一七年)、マチェラータ〔中部マルケ〕(一八一七年)、ヴァルトブルク〔旧東ドイツ南西部のチューリンゲン〕（一八一七年）、フラッタ・ポレジーネ〔北部ヴェーネト〕（一八一八年）、ヴァレンツァ〔北部ピエモンテ〕（一八一九年）、そしてバルカン半島でそれぞれ勃発した蜂起は散発的なものであり、これら二つの組織の指導とは無関係であった。

イタリアにおける自由主義者の反体制運動

この運動は、自由主義者、秘密結社を問わず、フランスや他のヨーロッパ地域の反体制運動から強い影響を受け、それらとしばしば直接結びついていた。なかでも自由主義思想が最も明瞭に表明されたのは、ロンバルディーアである。ここでは、王政復古期当初におけるオーストリアの統治が比較的穏和であり、また、フランスとの知的交流が緊密であった。このため、ナポレオン体制期の古い指導者や新しい若い世代は、この地域の政治的独立という空想的な考えと、イギリス、フランスにおける技術的な進歩の水準に肩を並べることが必要であるとする実際的な直感を結びつけた文化的プログラムを練り上げることができた。こうした二つの側面を折衷的な流儀で表現した雑誌が、『イル・コンチリアトーレ』（一八一八年九月―一八一九年一〇月）であった。この雑誌には、大いに大言壮語する傾向があったが、オーストリア当局による大袈裟な弾圧を引き出しただけで、それほどの効果を上げたとは考えにくい。ちなみに、同誌は、家族的な規模の小グループ間にしか流布していなかった。同誌の主な寄稿者の一人で、オーストリア当局によりじきに投獄されることになるシルヴィオ・ペッリコ[二二]は、同誌が発禁処分となった後、次のように書いている。

「結果的にわれわれが被害をこうむることになった当局の挑発行為、二重の検閲を受けることによる『イル・コンチリアトーレ』発行の遅れ、またわれわれが今まさに弾圧されようとしているとの噂が絶えず流れている事実――これらの事態を通じ、最も分別に欠ける者でさえ覚醒した。そして、〈空想的〉が〈自由主義的〉と同義であると認知されるようになった。反動主義者と体制側のエージェントを除き、自らを伝統主義者とあえて呼ぶことは、もはや誰もしなくなったのである。」(Branca, 211, vol. 1, p. xli)

ペッリコ、コンファロニエーリら『イル・コンチリアトーレ』の主な責任者にイタリア復興のための最も効果的な基盤を提供したのは、詩人ウーゴ・フォスコロが深く追求した〈市民文学〉の伝統であった。フォスコロの愛国的文学は、文学・歴史両面のロマン主義を絶えず強調していた。ちなみに、このロマン主義は、ヨーロッパ文化の最も近代的な形態を示すものとみなされていたのである。にもかかわらず、以前の革命期に生じた変革によって政治的な意識をすでに激しく揺り動かされていた人々からすれば、フォスコロの愛国主義もひどく伝統的で、時代錯誤的にさえ思われた。『イル・コンチリアトーレ』に先立ち、輝かしい啓蒙主義の代弁者であった『イル・カッフェ』の伝統に脈打ち、さらに、より現実的な近代思想を掲げていた前者に見いだせるのは、ヨーロッパの進歩の観念であった。

「わが国にあっては、あらゆる進歩は、いわば、息子の方が父親よりも常により多くの事物を知っているということを意味するかのように思われる。」(Branca, 211, vol. 1, p. 194)

進歩は、とりわけ産業社会に関連して考えられていた。ベンサムの功利主義、水力や蒸気機関の革新、産業主義が社会にもたらしたネガティヴな影響に対するシスモンディ[二三]の批判と彼の経済学、私的な慈善事業と貧者を対象とした〈説諭的な〉内容を持つランカスター[二四]やベル[二五]の提唱した教育制度などは、そのすべてが『イル・コンチリアトーレ』が始終取り上げたテーマにほかならない。さらに、これらは、以後の数十年間にイタリアの穏和派が抱くことになる自由主義哲学の多くの萌芽的な形態を含んでいた。

主として貴族階級の知識人からなる小グループによるこうした小論よりも、長期的観点からして一層重要と思われるのは、旧イタリア王国の行政官で、『イル・コンチリアトーレ』の寄稿者でもあったジュゼッペ・ペッキオ、(二六) ジャンドメニコ・ロマニョージ、(二七) そしてメルキオッレ・ジョーイアの著作である。彼らは、旧イタリア王国の経済部門で直接行政に携わった経験にイギリスの発展に関する精緻な観察を結びつけながら、進歩的な資本主義社会観の諸要素を提示していた。ちなみに、こうした社会では、生産力向上の土台は、自由な商工業経営と効率的で迅速かつ簡素な行政であり、これにある程度の統制を受けた政治面の自由と個人および財産に対する絶対的な尊重が付随することになる。ナポレオン体制時代の経験を通じ、限られた支配層を信頼し、世論を信用していなかったジョーイアは、フランスの〈憲章〉が地主層への偏った支持を表明している点を次のように批判した。

「大地主は、しばしば大馬鹿者の同義語である。」(Gioia, 212, vol. 2, p. iii)

その一方で、彼は、企業家、商人、銀行家、知的職業人、官吏といった産業化の進行する社会を最も特徴づける層が積む実際的な経験を、公務遂行上の一つの基準になるものとして賞賛していた。そして、こうした社会は、ナポレオン支配下のロンバルディーアで首尾よく出現しつつあったのである。

次に、ロマニョージの著作は、その難解で冗長な表現が少なからぬ原因で、ジョーイアやペッキオに比べると読まれる機会がおそらくは少ないであろう。とはいえ、彼の博した名声は、前述した進歩の概念の擁護や、文明の進歩〈インチヴィルメント〉を主張する穏健な哲学の土台を形成するうえで役立ったのである。ロマニョージによれば、経済発展、自由貿易、それに適切な法の三者は、相互依存の関係にある。そして、この進歩は、必ず実現する。なぜなら、道徳上不可欠の見識を持つ人間が諸改革を実行する限り、その改革の結果生じる進歩には人間性が備わっているからである。ちなみに、その見識とは、「社会は、どのような発展段階にあろうと、行動する際に権威ある者の指導を必要とする極めて多数の人間によって構成される層が常に存在する」というものである（Sestan, 172, p. xvii）。

一方、トスカーナやピエモンテの自由主義者は、こうしたロンバルディーア人ほど進歩的ではないように思われる。まず、カッポーニ[二八]、ランブルスキーニ[二九]、リドルフィ[三〇]といったトスカーナ人は、ピエモンテやロンバルディーアの自由主義者と接触してはいた。にもかかわらず、一八二〇年代にヴィユッソー[三一]がその雑誌を媒介として組織するまで、彼らは幾分孤立したままの状態を続けていた。次に、チェーザレ・バルボ、ルイージ・プロヴァーナ[三二]、サントッレ・ディ・サンタローザ[三三]らの若いピエモンテの自由主義者は、ロンバルディーア人と異なり、個人的な友情や親族関係によって固く結ばれた貴族のグループであった。しかし、サヴォイア家に忠誠を誓う気風が強いトリノでは、彼らは当然の、そして唯一の支配層であった。そして、彼らは、ナポレオンの〈ラリマン〉〔結集〕政策を通じて立場を強化していた。したがって、彼らがその若さゆえに、そして、国王ヴィットーリオ・エマヌエーレが自己に「忠実な」貴族にもっぱら依存しようとしたがゆえに権力者の座から排除されたのは、ごく一時的であったにすぎない。こうした事情について、チェーザレ・バルボは、次のように記している。

「私は、家族の状況、といっても主に父のおかげで、公の場で不愉快な経験をしたことはなかった……こうした立場に置かれていた関係で、この国で価値が認められる条件である成人に達すれば、私が公務から必ずしも始終離れているわけにはいかないだろうことを、私も周囲も信じていたのである。」（Passerin d'Entrèves, 205, pp. 39–40）

マッシモ・ダゼーリョ、シルヴィオ・ペッリコといった他のピエモンテ人は、復古体制によって息が詰まるような状況にあったトリノからミラノへ逃げ出していた。しかし、バルボや彼の友人にとって、サヴォイア家に対する忠誠心は、イタリアに対する愛国心と重なっており、依然として他のあらゆる思想に勝るものであった。彼らピエモンテの貴族は、ロンバルディーア人の抱くロマン主義と穏和な性格の憲法が自由の護り手であるとの確信を皆抱くと同時にサヴォイア家に対して独特な誇りを保持し続けていた。ところで、サヴォイア家は、真のイタリア人による唯一の王家であるだけでなく、その軍事的な伝統によっても賞賛の的となっていた。サンタローザは、国家の理想的なモデルの一つとしてロシアに関心を寄せていた。また、バルボは、軍隊の改造という点で、ピエモンテが他のイタリア諸邦に勝っていると考えていた。ナポレオンの軍事的偉業は、その軍隊がかつてプロイセンの将校がそう考えたように、今や民族解放戦争のための主要な手段へと観念的に変容したとはいえ、前記の若い貴族の将校を依然として魅了していた。フランス軍に対するスペインの抵抗という英雄的な情景に勇気づけられたバルボは、国内における自由に民族の独立が優先すると独断的に主張していた。そして、その独立は、反オーストリア十字軍の先頭に立つ役割を担う君主が存在することによってのみ実現できるというのである。しかし、この責務を遂行するために、君主はイギリスに見られるような憲法の自発的な付与を通じて、臣民に諸権利の行使を保障しなければならない。

「イギリス憲法は、従来ヨーロッパに流布してきたし、今後もそうし続けるであろう。その主な理由は、イギリス憲法が国王の名と権威を保つ一方で、君主に最も献身的な者でさえ、それ〔憲法〕を望み、支持することに何のためらいも示さないことにある。」(Passerin d'Entrèves, 205, pp. 124-5)

こうして、今行なわなければならないのは、愛国心と君主制、国民の諸権利と祖国愛をそれぞれ和解させるという仕事であった。この目的のために、歴史は前記の若いピエモンテの貴族に対してある役割を課した。それは、『イル・コンチリアトーレ』のグループが発表した文学が担ったものと同じく重要なものであった。つまり、イタリア人の再生がそれである。歴史は、イタリア史を意味する。そして、この歴史は、コムーネの時代やそれに続く時代、つまり、ドゥ・メストルが描写したキリスト教の支配する中世（この時期、教皇権が高められた）といった栄光あるエピソードの模倣を奨励するような民族的〈叙事詩〉にほかならない。ピエモンテの自由主義者は、自ら抱くカトリシズムや愛国心ゆえに、ヨーロッパにおける最も新しく進歩的な思想の潮流に対して関心を向けようとはしなかった。『イル・コンチリアトーレ』に寄稿していたルドヴィコ・ディ・ブレーメ[三四]は、これらピエモンテの貴族〔自由主義者〕の態度を、次のように辛辣に評している。

「イタリアは、自らの再生を果たすため、また、これを抑え込んでいる死刑執行人に打撃を与えるために、ヨーロッパで光彩を放っている広大無辺な真理を知る必要がある。諸君〔ピモンテの貴族〕は、ヨーロッパの書物を読まない。なぜなら、万事がわれわれの書物〔イタリアの書物〕に記されてあると確信しているからだ。」(Romeo, 199, p. 19)

ところで、知識人の反政府運動は、フランスでは有効であった。なぜなら、同国では、この種の運動に〈憲章〉[三五]が保障する政治闘争が伴っていたからである。しかし、王政復古期のイタリアでは、この運動は政治的に無力であった。ロンバルディーアで『イル・コンチリアトーレ』が発刊禁止になった事実は、政府批判の許容範囲の狭さを示すものといえる。ピエモンテでは、前述したチェーザレ・バルボの父で大臣のプロスペロ・バルボを中心とする〈改革派〉グループが、一般の法制や司法に関してはその退行的な部分を手直しし、諮問的な役割を果たす枢密院の改革を仄めかすにとどまった。プロスペロ・バルボは、憲法に敵意を抱いており、自由主義者を政府部内で活動させようとはしなかった。こうした姿勢をとった結果、彼自身は孤立し、頑迷な絶対王権支持者からの攻撃に対しては無力であった。ロンバルディーアとピエモンテにおける自由主義者の反政府運動は、こうして他のイタリア諸地域の場合と同様に、国家権力に対するその影響力がますます低下するという現実に直面した。その結果、この種の運動は、秘密結社による一層過激で直接的な手段の行使に同調し始めるのである。

イタリアの秘密結社

王政復古初期の段階で、ピエモンテ、続いて旧イタリア王国の諸地域で主だった秘密結社は、〈アデルフィーア〉〔兄弟〕である。この結社は軍隊内部で力を持ち、さらにはかつてナポレオンが利用し、王政復古後禁止されたフリーメーソンを引きつけた。また、アデルフィーアは、ナポレオン軍の元将校ジッフレンガ将軍[三六]がイタリア王国のフリーメーソン内で組織した〈デルポイ団〉に似た性格を持っていた。要するに、アデルフィーアは、民主的、共和主義的傾向を帯びていたのである。そして、これを最終的に指導する人物は、ジュネーヴのフィリッポ・ブォナッローティであった。一八一八年にアレッサンドリアで開催された秘密集会により、アデルフィーアは、新しいというよりはむしろ再組織化された〈スブリーミ・マエストリ・ペルフェッティ〉〔完全至高の親方たち〕へ合流した。なお、ブォナッローティは、この結社を通じ、他のすべての秘密結社間に一定の秩序を与えながら活動を指導することを望んでいた。一八二〇年頃、トレント出身の陰謀家ジョアッキーノ・プラーティ[三七]、フランス人で元ジャコバンのジョゼフ・レイ、そして同じく元ジャコバンでドイツ人のカール・フォーレン[三八]とヴィルヘルム・スネルの支援を得たブォナッローティは、パリにある中央委員会に自己の影響力の浸透を図るかたわら、ユニオンを通じてフランスに存在する多くの結社に対する指導権を確立し、また、〈マナーブント〉〔男子同盟〕を通じてドイツの結社を指導することに成功した。イタリアでは、スブリーミ・マエストリ・ペルフェッティの下部組織として、〈エコノミーア〉、あるいは〈イタリア連盟〉が結成された。コンファロニエーリが指導するこの結社は、ロンバルディーアの反オーストリア的な傾向を示す貴族や中産階層の間に広がり、ピエモンテではとりわけ若い将校たちに浸透した。こうして、『イル・コンチリアトーレ』を中心とするグループの多くとピエモンテの若い自由主義者の官吏のほとんどすべて（その最も顕著な例外は、チェーザレ・バルボである）が、一八二〇年にはイタリア連盟のメンバーとなっている。ブォナッローティは、この結社以外では北・中部イタリアのカルボネリーアに自己の影響力を浸透させることに成功した。その際彼は、スブリーミ・マエストリ・ペルフェッティの最上級の位階に相当する〈大親方〉を導入し、これを同組織の三番目の位階とした。さらに、別組織のレガツィオーニ〔遣外使節〕には、〈ラテン憲法〉の指導権を確立することに成功した。ちなみに、この結社は、カルボネリーアとグエルフィーアの統合により、一八一八年に結成されている。

さて、王政復古体制が確立した結果、一七九三年体制や初期の総裁政府の時代に軍事クーデタによって復帰することは不可能となった。にもかかわらず、ブォナッローティは秘密結社運動に依存するという伝統的な手法に依然としてこだわった。象徴的な儀式、厳格な位階制やそれに伴う目標の段階的な開示は、十八世紀のフリーメーソンが持つ典型的な特徴であると同時に、ブォナッローティが展開した行動をも特徴づけていたのである。彼は、究極の目標である平等主義的な社会革命の実現に必要な政治的独立と憲法獲得のために各地で蜂起を発生させ、それによって国際的な秘密結社運動網を指導すべく努力した。ところで、彼の指導するスブリーミ・マエストリ・ペルフェッティには、厳格に分離された三つの位階が存在した。そして、それぞれは、固有の組織、内部構造および象徴を持ち、より高位のメンバーによって地方〈教会〉という地域単位で指導された。〈至高の親方たち〉と呼ばれる第三の位階に属するメンバーには、理神論、友愛、平等に対する誓いしか知らされていない。続いて、第二の位階〈選ばれし至高の者〉は、前記の至高の親方たちを指導する責務を負い、人民主権に基づく平等主義的な共和主義憲法の獲得を誓う。そして、最高位の〈移動助祭〉は、極めて少数のメンバーからなり、ジュネーヴの本部〈大天空〉、あるいは最高指導者であるブォナッローティ自身に直接の指導を仰ぎ、私有財産の廃止と財産および労働力の完全な共有化という目標の達成を誓うのである。適用すべき手段は、状況に応じて変化するとはいえ、ブォナッローティの目標は、あくまでジャコバンやバブーフの陰謀の時代のそれと同じであった。つまり、諸君主、貴族、あるいは富を基盤とする少数者支配を敵視しつつ、単一不可分の共和制を打ち立てること、また人民が自らの再生を達成するまでの段階では有徳者（前記の移動助祭）による革命独裁権力を樹立し、これを持続させること、そして、最終的には〈新しきエルサレム〉と呼ばれる一種の共産社会を実現させることであった。たとえば、最高位の〈移動助祭〉は、次の誓いをたてる。

「財産の分け隔ては、一掃されるべし。そして、その財産は、万人共有のものとなるべし。また、われわれにとって唯一のシニョーラ（女主人）であり、万物に優しい愛情を注ぐ母でもある祖国は、その最愛の自由な息子それぞれに対して平等に糧食、教育、仕事を与えることになるだろう。これこそが、賢者が希求する救済である。これこそが、新しいエルサレムである。そして、これこそが、最高存在による明白で不可避的な宣言である。」(Saitta, 131, vol. 1, pp. 91-2)

しかしながら、高位階の存在に漂うこうした神秘的性格それ自体が理由となって、ブォナッローティの掲げた目標のうち世間にある程度広まったのは、必然的により直接的で政治的な部分だけになってしまった。トリノにあってイタリア地域の組織化の任務を負っていた〈移動助祭〉のミケーレ・ガストーネは、スブリーミ・マエストリ・ペルフェッティの組織網を、北・中部の中心都市（アレッサンドリアとアスティ（北部ピエモンテ中部）からミラノ、パヴィアまでと、マントヴァ、ヴェネツィアからパルマ、モーデナまで）を通じて拡大した。しかし、スブリーミ・マエストリのメンバーは、これに従属する結社、エコノミーエを、カヴァリエーレ・グエルフォ、グラン・マエストロ・カルボナーロ、あるいはグラン・マエストロ・マッソーネという名の許で指導する立場にあった。彼らスブリーミ・マエストリのメンバーは、入会者に対して単純で限定された政治目標を伝授した。ブォナッローティが指導し、位階や儀式を除去した近代的な組織を持つことにより、一八一八年から二〇年にはピエモンテやロンバルディーアでカルボネリーアよりも広まったフェデラツィオーネは、こうして極めて単純な目標を掲げることになる。それは、対オーストリア戦の決行とイタリア北部における立憲君主国家の形成である。そして、同組織のメンバーには、ブォナッローティのもくろむ社会的、あるいは統一主義的な目標も知らされていなかった。そして、どのような憲法を目指すかの問題も、次の二者択一に委ねられたままであった。つまり、制限的性格の強いフランスの憲章、あるいは、より民主的なスペインの一八一二年憲法のどちらかである。ちなみに、後者は、間接普通選挙と広範な立法権を持つ一院制を規定していた。

また、適切な時期に民主的な方向で蜂起を指導する任務は、スブリーミ・マエストリに委ねられていた。この点は、一八二〇年七月の指令書に明らかである。

「革命に発展するような有利な状況が生じた場合、各集会の議長は、自分自身、あるいはその部下の一人一人が革命の指揮権を掌握するよう努力しなければならない。」(Soriga, 196, p. 123)

穏健な傾向を示す貴族の将校と一層民主的な若い将校や下士官は、こうして、フェデラーティやカルボネリーアのメンバーとして手を組んで陰謀に従事することが可能となった。その際、彼らは、自分の支持する憲法を同僚の陰謀家に押しつけることができるものと期待していたのである。彼ら相互間のメンタリティーの相違や深い対立は、これらの立憲的なスローガンによって隠蔽されていたが、やがてピエモンテで失敗に終わった一八二一年の蜂起を通じて露呈することになる。

秘密結社は、諸公国や教皇国家では、一八一五年以降急速に広まっていった。これらは、北部からはブォナッローティの組織、南部からはカルボネリーアの影響をともに受けていた。しかし、トスカーナ大公国における結社活動は、例外であった。ここでは、リヴォルノ、フィレンツェほか若干の都市でカルボネリーアの秘密集会(ヴェンディタ)が散発的に開催されるにとどまったのである。他方、教皇国家の総督領やマルケ地方では、秘密結社のメンバーが非常に多かったために、その目標は極めて不明瞭で、しかも矛盾していた。つまり、グェルフィーアのように諸邦それぞれが立憲君主制の独立国家となり、それがイタリア連邦を形成することを主張するものから始まって、国家の諸改革、行政の世俗化、憲法の獲得、そしてマルケ、ロマーニャの両地域を場合によっては教皇の支配から分離させるというカルボネリーアの主張まで多様であった。達成すべき目標がこのように不明瞭さとフレキシビリティーを併せ持っている点は、ナポリのカルボネリーアにも典型的に見られる特徴であった。ちなみに、この組織は、ブォナッローティの指導する結社が北部で広がったのとちょうど同じように南部の至る所に展開していたが、彼の影響とは無関係に独立した存在であった。

さて、カルボネリーアは、ミュラに対する闘争を通じて急速に発展した。両シチリア王国では、王政復古期に反動派の警察大臣、カノーサ公がカルボネリーアに対抗するカトリック系結社としてカルデラーリを組織しようと試みた。しかし、その結果は、一七九九年の状況〔パルテノペーア共和国の崩壊後、ナポリに復帰したブルボン家が極端な反動政治を展開した〕に逆戻りすることを人々が恐れたために、かえってカルボネリーアを強化することになった。その後、とりわけ、それまで駐留していたオーストリア軍が一八一七年に王国を離れて以降、カルボネリーアはかつてないほどに拡大した。この状況の背景としては、首相のルイージ・デ・メーディチがカルボネリーアの存在を黙認していた事実も考えられる。彼は、善政が行なわれさえすれば、反体制派は実質的に雲散霧消するものと信じて疑わなかったのである。カルボネリーアは、王国内の本土部分の諸地域を勢力の中心地としていた。これらの地域では、人々の封建領主に対する不満が、メーディチの経済政策、宗教協約、とりわけ彼の中央集権政治に対する不満と結びついていた。カルボネリーアは、ミュラ王が支配した一〇年間に反封建制勢力として台頭する一方で、彼の政治に不信の念を抱き続けてきた地方の中産層の考えを代弁していた。同組織は、小地主、知識人、商人、職人、下級聖職者、とりわけ正規軍や地方の民兵の中でも下士官の間に広まった。また、カルボネリーアを農民が支持する地域もあった。この場合、彼らは、自分たちの土地獲得の要求にカルボネリーアが応えてくれるのではないかと期待していたのである。カルボネリーアは、さらに、ブリガンタッジョ〔匪賊〕とも結びついた。また、富裕な大地主も、実際に組織に加盟した者は少数だったとはいえ、カルボネリーアに好意的であった。カルボネリーアは、地方分権を要求した。この事実は、同組織がミュラ派の年長の将校との結びつきがあったにもかかわらず、ミュラ王時代の官僚に対して強い憎悪の念を抱いていたことを示している。

さて、カルボネリーアの政治プログラムは、依然として不明瞭であったが、国王フェルディナンドの専制に対抗する有効な手段として憲法を要求するという内容が中心であった。ここで想定されているのは、スペイン憲法である。ちなみに、これは、シチリア憲法やフランスの憲法よりも民主的であり、その具体的な内容が知られていたというよりは、むしろ信仰の対象として自由を象徴するものであった。ところで、カルボネリーア内部には、重大な意見の相違が見いだせる。つまり、穏和派と民主派のメンバー相互間、それにさまざまな地域に置かれた支部（ヴェンディタ）間に存在した二種類の相違である。カルボネリーアの場合、サレルノ〔カンパーニャ南部〕、ルカーニア〔バジリカータ〕、ナポリの支部が一八一七年の蜂起で共同歩調をとった例はあるものの、ブォナッローティ派の組織のように中央の指導体制は存在しなかった。ちなみに、この蜂起計画は、組織内部に入り込んだエージェントの活動で決行が遅れ、結局、翌一八一八年に弾圧されてしまった。この事件以降、とりわけサレルノのカルボナーリは、復讐の時をうかがうのであった。

四　革命と反動

一八二〇年一月に勃発したスペイン革命は、これに続いたイタリア諸邦やポルトガルの革命と同じように、次の二つの事実を明らかにする。つまり、王政復古によって確立した体制が本質的な弱点を持っていたという点と、自由主義者の中で穏和派と民主派が相互に敵意を抱いていたという点である。この結果、自由主義者陣営は分裂し、諸革命は外国軍隊の容易な介入を招いてあっけなく敗北した。また、以後数十年間にわたり、両者の不和は、イデオロギー上の対立を通じて一層深刻さの度を増していくことになる。ちなみに、この問題は、独立達成の手段をめぐって明らかとなるが、彼らがその後の段階の国家を特徴づけるものとみなしていた社会形態や権力の諸関係に関する見解にも相違が存在する事実を暗示している。

ナポレオンに対抗してゲリラ戦を展開したスペイン人の神話は、同時期のロシアやプロイセンの抵抗に比べても、王政復古期にイタリアの反体制派を形成するうえで一層強い影響を及ぼした。アルフィエーリの描いた英雄的なスペイン国民というイメージは、極めて清冽な印象を人々に与え、バルボやペッキオら北部の穏和派がこれに生命を吹き込んだ。ちなみに、このイメージは、イタリアがただ一つの運命共同体であるというナポリのカルボネリーアが抱く感覚と、スペインおよびイタリア両地域の民主派の間の漠然とした絆の存在に呼応するものであった。イタリアの反体制派には、ヨーロッパが一つの文明を共有しているという意識があった。ところで、彼らは、ロシアや旧スペイン植民地同様にスペイン本国が、このヨーロッパ文明の中で諸外国に従属するイタリアよりもさらに立ち後れた国家であるとみなしていた。さて、一八二〇年に勃発したスペインの革命は、王政復古に対する大規模な革命運動への導火線以上にはなりえなかった。ちなみに、カルボネリーアが地下出版した新聞『ラッコリトーレ・ロマニョーロ』〔ロマーニャの編集者〕(一八二〇年三月三〇日付)は、一八二〇年の時点で次の諸地域の人々がイタリア人を上回る文化的水準にあるとし、このように述べている。

「しかし、ロシア人、スペイン人、そしてラテンアメリカの人々がほんの数カ月は言うに及ばず、この数年間を見ても一体どれほど変わったろうか。ところで、イタリアよ! お前は、彼らと同等どころか、ハイチの住民と同レベルにあるとあえて信じるというのではなかろうか。……ああ、なんと哀れなイタリアよ! ロシア人もスペイン人も、お前のことを迷信、無知、野蛮、臆病という言葉で表現するのも無理はない。ロシア人、スペイン人だって?……然り、彼らは、お前のことをヨーロッパで最も遅れた国民であるといえる正当な権利を持っているのだ。」(Spini, 197, p. 9, n. 2)

ナポリ革命——一八二〇—二一年

スペイン革命は、民主派の結社、コムネロスに加盟していた将校が指導する軍人の蜂起を契機に勃発した。ナポリの革命の場合も、これとよく似ている。つまり、同革命は、軍隊とカルボネリーアが数カ月間陰謀をめぐらした後、司祭ルイージ・ミニキーニが率いる青年将校グループと少数のカルボネリーアのメンバーが主体となってノーラで勃発したのである（一八二〇年七月一—二日）。そして、一週間の内に革命は勝利を収め、国王フェルディナンドはスペイン憲法の発布を約束し、息子のフランチェスコを摂政に任命した。旧ミュラ派の軍人、グリエルモ・ペーペ将軍[三九]の指揮下にあった部隊が王国軍から離脱したという事態がこの電撃的な勝利に貢献したことは確かである。しかし、同時に、カルボネリーア内部で組織されとはいえ、多くの国民の支持を背景とする運動に直面した復古体制が、その弱点をさらけ出したともいえる。この革命は、一七九九年のパルテノペーア共和国樹立とは異なる性格を持っていた。つまり、後者の場合は、軍事クーデタや知識人の小グループの活動に限定されていたが、前者の場合は、地方の中流地主や職人と並んで農民までもが支持に回り、農民や首都ナポリのラッザローニによるサンフェディストの反動は、一切発生しなかったのである。

ところで、革命を背後から推進した民主派の力は、二つの事実によってただちに明らかとなる。つまり、政府が塩税の半減を承認せざるをえなくなった事実、そしてカルボネリーアによって地方分権を基本とする政府がバジリカータとカピタナータ〔南部イタリアのプーリア地方〕に樹立され、ナポリに対してそれぞれの自治の要求が出された事実である。当時、バジリカータに派遣されていた王国監督官は、革命を支持する地方の事情とその危険性について次のように説明している。

「警察が放った多くのスパイと関わってわが身を危険にさらすことを恐れた極めて多数の地主は、カルボネリーアの集会や同組織の他の仕事に積極的な役割を果たすことを拒みました。こうした事情を契機として、土地を持たぬ者、あるいは失うべき物を何一つ持たぬ連中がカルボネリーアの集会に参加し、その企てに参画することになったのです。つまり、彼らは、そのようなことをしても身の危険を心配する必要がほとんどない連中です。こうして上院（革命により、バジリカータに樹立された新しい臨時政府）を構成するメンバーの大半は、土地を持たぬ者、あるいは気休めにもならない財産しか所有しない者となっています。この結果、同政府は、秩序の維持には最小限の関心しか示さない一方、変革に多くの期待を抱き、無秩序の中に利益を見いだすことができるのです。こうした連中が、住民の意志に反し、地方の代表として自らを主張するようになるわけですから、平静な言動を彼らに期待するのはおかしなことですし、また極めて危険でもあるのです。」(Lepre, 220, p. 143)

民主的なカルボネリーアのメンバーは、こうして革命初期の段階で勝利を収め、新政府を構成するカルボネリーア内部の穏和派とミュラ派に対してスペイン憲法の採用を強制しようとした。実際、地方のカルボネリーアによる連邦主義的な地方自治の提案は退けられ、カピタナータとバジリカータもナポリの革命政府に服従はしたものの、急進的なサレルノのカルボネリーアは、読み書きのできない者をも含む成年男子を有権者とする普通選挙による議員の選出を穏和派に認めさせている。しかし、初期に見られた革命勢力の団結がもろくも崩れ、革命の継続と強化についての最善の策をさまざまなグループが検討するようになるやいなや、民主派はその指導力を急速に失った。ところで、摂政のフランチェスコに指名されたナポリの新政府と〈ジウンタ〉〔臨時評議会〕は、一七九九年革命やミュラの一〇年間にわたる統治時代に指導的な役割を果たした古い世代の人間(四〇)によって構成されていた。つまり、ツルロ、リッチャルディ、ウィンスペア、グリエルモとフロレスターノのペーペ兄弟、それに啓蒙主義改革者ですでに八〇歳のメルキオッレ・デルフィコまでもがこれに含まれていた。こうした旧ミュラ派の官僚は、集権的で効率の良い政治に価値があることを確信する一方、あらゆる民衆のイニシアティヴに疑念を抱き、すでにジョゼフ王統治の時代からカルボネリーアを敵視していた。彼らは、さらにブルボンの専制を憎悪し、個人および財産の自由と法的な権利の保障を信条とする点で中産の農業ブルジョアジーと一致していた。つまり、旧ミュラ派の官僚も中産の農業ブルジョアジーも、ともに王国がヨーロッパ文明の水準にまで発展するための唯一の策が、そうした保障の実現にあると考えていたのである。議会では、地主、あるいはミュラ派の旧官僚が大半を占めた。しかし、民主派の代表やカルボネリーアが組織する民衆は、議会への請願やデモという形で地方から圧力をかけ、中央における政治権力のバランスを不安定なものにした。

さて、最も穏和な地主の考えを議会で明確に表明したのは、フェデリーコ・トルトーラである。彼は、自分が王国の国民の合法的な代表であると主張することができた。

「国民全体という言葉は、わが王国では地主を意味する。彼らは、その数からいえば、わが国の経済原理によると、住民数の六〇分の一に等しい〔すなわち、六〇倍の力を持っている〕。」(Lepre, 222, p. 310)

しかし、ロンバルディーア人のジョーイアの展開した批判に従いつつ、商人、行政官、官吏を支持し、地主の支配に反対する者もいた。そして、これら八九名の議員の大半は中産階級に属しており、最貧層の人々の生活を向上させたいという漠然とした願望を共通して持っていたのである。旧ミュラ派が支配的な官僚や士官に比べ、議会は民衆の圧力を比較的受けやすく、出版や公の集会を規制しようとする政府に抵抗した。一八二〇年一二月、カラーブリアのヴァッロの農民が土地を占拠して既得の慣習権を維持しようとした際、彼らを弾圧しようとする政府の提案を議会は拒絶した。その理由は、人間に対していかなる暴力の行使も認められないというものであった。議会は、さらに農民が法的なルートを通じて彼らの不平を表明すべきであると勧告している。しかし、こうしたヒューマニズムと遵法精神こそ、ナポリの議会の限界を示すものであった。

穏和派や民主派は、ともにヨーロッパ文明の存在を確信していた。しかし、それとは対照的に、少なくともナポリに向かって進撃しつつあるオーストリア軍を前にして他のイタリア諸邦の結社に支援を要請する絶望的な段階に至るまで、彼らが統一、あるいは独立したイタリアの誕生を望んだことはない。たとえば、ダンテ・ガブリエーレ・ロッセッティ(四一)をはじめとするすべての憲法擁護派にとって、〈祖国〉は両シチリア王国を意味していたのである。ナポリの自由主義者は、スペインの穏和派同様国際情勢に驚くほど鈍感であった。彼らは、革命が王国内で維持されている限り、列強の介入はないものと確信していたのである。こうした楽観主義は、国王フェルディナンドがたてた憲法に対する忠誠の誓いに、啓蒙的、合理主義的、そして合法的な信頼を寄せた彼らの態度と結びつく。そして、彼らがパレルモに発生した革命を鎮圧するためには最も経験を積んだ軍隊を派遣しておきながら、スペインへの革命支援の要請は遅まきながらのものにすぎず、また、自らの革命を防衛するための軍隊の準備さえできなかったという事実の背景に、この楽観主義があったのである。本土における革命を防衛する仕事は、こうして当てにならない軍隊に任されてしまった。そこでは、グリエルモ・ペーペさえ人々を奮い立たせることができなかった。つまり、革命の初期に見られた民心の高揚は、今や消え失せていたのである。こうして、スペインにおけるようなゲリラ戦の展開は、ここでは不可能となった。

このように民衆の熱狂が下火となったことの主な責任を穏和派政府の姿勢に求めることができるとしても、他方でカルボネリーアの不統一性もその少なからぬ原因となっていた。革命がその初期の段階で成功した後、最も穏和なブルジョアジーさえもが地方の監督官の暗黙の奨励を背景としてカルボネリーアに加盟した。イデオロギーの違いや地域差によって常に分裂状態にあったこの結社は、その組織構造を維持しようとする試みがなされたにもかかわらず、すでに覇気を失っていた。急進的なサレルノの〈支部〉と、穏和なナポリの〈上位支部〉両者間に見られる対抗意識は、さまざまなフリーメーソン結社に長年存在する相互の反目を反映していたが、今やナポリのカルボネリーア内部でも分裂が生じた結果、複雑な様相を呈することになる。つまり、ここには、ツルロが率いる極端な保守的貴族のグループから民主派の共和主義者までが加盟していたのである。ちなみに、一八一七年にメッテルニヒが記した結社についての分析は、今になってみると極めて正確であったことが分かる。

「これらの結社は、その目的と原理に統一性が見られず、毎日変化し、互いに闘争する準備を絶えず整えているかのようだ。」(Mack Smith, 110, p. 31)

そして、地方で〈カルボネリーア軍団〉を創設しようとした民主派の結社メンバーのナポリ出身者三人が逮捕されている。

さて、ナポリの革命にオーストリア軍が介入することを決定したトロッパウ会議のニュースが伝えられ、反革命のクーデタを国王フェルディナンドとツルロが企てた後、穏和派と民主派はそれまでの相互の対立を初めて不問に付した。しかし、その時点でさえ、彼らは立憲君主制のプログラムを放棄することを拒み、フェルディナンドがライバッハに出立するのを認めている。政府は民主派の要求に応えて地方分権を認めたほか、北部イタリアとドイツに使節を派遣することを決定したが、事態を好転させるには、すでに遅すぎた。ペーペ率いる政府軍が一八二一年三月七日にリエーティでオーストリア軍に敗れた後、ナポリ革命は実質的になんら抵抗を示すことなく崩壊したのである(同年三月二三日)。

シチリア革命——一八二〇年

ナポリの穏和派と民主派は、革命の進むべき方向をめぐって相互に対立したが、ただ一点に関しては一致していた。つまり、シチリア革命を弾圧するという点である。この島では、徴兵と行政改革に対する不満が高まりつつあり、折からの経済危機によって、一八二〇年頃には事態が悪化の一途を辿っていた。革命は、ナポリの革命の報が伝えられた後、一八二〇年六月一五—一六日にパレルモで勃発した。この革命は、同業組合に所属する職人や労働者による自発的な民衆蜂起であり、これをシチリア分離派の貴族が奨励はしなかったものの、容認はしている。ところで、パレルモにある七二の同業組合は、イタリア内の他のいかなる同種の組合に比べても強い自立性を維持してきた。しかし、当地の産業が衰退する中で彼らは孤立し、バローネや政府に対する敵意を強めていった。そして、彼らは、王国軍や保守的なバローネに対して激しい抗争を展開するが、この状況はナポリでは知られていなかった。革命後樹立された臨時政府のジウンタは、一八一二—一四年の立憲運動で積極的に活動した貴族とブルジョアジーによって構成されていた。彼らは、シチリアの本土からの分離要求を速やかに支持する一方、スペイン憲法の発布、徴兵の廃止、それに将来のあらゆる政策決定に関する拒否権発動の承認という〈マエストランツェ〉〔同業組合〕の要求を認めざるをえなかった。その後、これらの要求を携えた使節がナポリに派遣された。ちなみに、そのメンバーは、貴族二名、聖職者二名、ブルジョアジー二名、そして同業組合の役職者二名であった。パレルモの蜂起は、一八一二年の保守的なシチリア憲法よりは、むしろ民主的なスペイン憲法を要求していた。にもかかわらず、この運動は、経済不況とブルボン政府による諸改革に反対する民衆暴動〔税務署は、暴徒によって徹底的に焼き打ちされた〕、それに同業組合の諸特権擁護という時代錯誤的な要求とが奇妙に入り交じったものであった。

パレルモの蜂起がなぜシチリア全域に拡大しなかったかは、この特異な状況によって説明できる。ちなみに、パレルモを除く島内の行政上の中心地六カ所のうち、本土からの分離の要求を掲げてパレルモと統一行動をとったのは、ジルジェンティだけである。そして、東部のカターニャと東海岸地域の民主派のブルジョアジーは、反バローネの性格を持つブルボン政府の諸改革を支持した。つまり、彼らは、こうした政策が地域の産業振興の起爆剤になると考えたのである。さらに、彼らは、分離の要求、とりわけアナーキーな性格を持つものに反対していた。こうして、パレルモの同業組合が、なおナポリに忠実な地域を「征服」するために武装団を派遣するようになると、シチリアは事実上の内乱状態を呈した。たとえば、中部の都市カルタニセッタは、略奪の洗礼を受けている。カルボネリーアに支持されたナポリ政府が分離の要求を拒絶し、フロレスターノ・ペーペ将軍率いる軍隊をシチリアに派遣すると、パレルモのバローネは革命による社会の変革に恐れをなし、同業組合に反対する側に回った。パテルノ公は、この状況を次のように説明している。

「わがパレルモは、抑制のまったく効かない激昂した民衆のなすがままになってしまうところだった。なぜなら、国民衛兵はまだ十分な経験を積んでおらず、連中を抑制できるだけの力に欠けていたからである。」(Romeo, 225, pp. 150-1)

ペーペ将軍と、貴族およびブルジョアジーによって構成されるジウンタの両者は、秘密裡に協定を締結した(九月二二日)。この結果、本土と分離された議会設立の要求は、島内すべての市町村が賛同するという条件付きで実施されることになった。パレルモの民衆は、民兵およびペーペの軍隊と戦闘を交えたが、分離の問題は全島から選出された議員による決定に委ねられるべきであるという彼の提案を最終的に受け入れる(一〇月五日)。しかし、この蜂起はパレルモのバローネの陰謀によるものと確信していたナポリの議会が前記の協定内容を否認した結果、民衆の闘争は長引いた。ペーペと交代したコッレッタ将軍が行[四二]なった過酷な民衆弾圧が、カターニャの民主派と新たに組織された東岸地域のカルボネリーアのメンバーによってなお支持されたにしても、シチリア西部における分離主義の傾向は強まることになる。

ピエモンテ革命――一八二一年

ピエモンテでは、ナポリやシチリアとは異なり、革命家がイタリアの独立を強く望んだ。しかし、穏和派と民主派の対立は、一層尖鋭化する。一八二〇年頃になると、プロスペロ・バルボによる穏健な改革案を専制的な宮廷グループが阻止したことを契機として、自由主義者の不満がかつてなく広がった。そして、スペイン、続いてナポリの革命勃発が報じられると、憲法獲得への期待がいよいよ高まった。この動きを促進したのは、スペイン、フランス、そしてバイエルン王国の有力な大使であった。チェーザレ・バルボやフェデリーコ・スクロピス[四三]などの最も穏和な自由主義者は、国王に忠誠を誓う立場上、結社活動に関わることを拒んでいた。バルボにとって、憲法とは、大臣が国王の許に恭しく跪いて賜わるべきものであった。しかし、サヴォイア家に対する忠誠心と憲法獲得およびイタリア独立の願望の両者を和解させようとする貴族の青年将校の数は、しだいに増えていった。彼らが期待をかけたのは、推定王位継承者であったカリニャーノ公、カルロ・アルベルト〔一八三一―四九〕である。ちなみに、この人物は彼らと同じ世代に属し、ナポレオンの統治を経験していた。また、年若で自分に対して自信が持てない反面、野心家でもあった彼は、宮廷の超王党派的な傾向を苦々しく思い、これに染まるのを拒んだ。なぜなら、略奪者ナポレオンによる支配を彼の一族が承認したという非難を宮廷が行なっていたからである。さらに、彼は、モーデナ公フランチェスコ四世が、その妻（国王ヴィットーリオ・エマヌエーレ一世の娘）の持つサルデーニャの王冠を継承しようと策動しているのではないかと疑っていた。こうして、カルロ・アルベルトは、青年貴族の自由主義者が彼を自由主義の王子と祭り上げることを喜び、暗黙のうちに激励したため、彼らは元気づけられた。つまり、彼の仲介によって国王が憲法を授与し、彼らが対オーストリア戦の先頭に立つことは可能であるように思われたのである。

さて、一八二〇年の秋頃、ナポリ革命に対するオーストリア介入の噂が流れるようになると、チェーザレ・バルボの友人たちは軍事蜂起の準備を開始し、カルボネリーアとの結びつきを強めた。自らを国民の代表者と信じていたこれらの青年将校は、スペインやナポリで発生したようなプロヌンチャメント〔軍隊によるクーデタ〕こそ、国王に対して真の利益獲得のために行動するよう促すことのできる唯一の公正な手段であると確信していた。民衆の圧力を嫌い、フランスの憲章を支持していたのは、サンタローザ、ボッファ・ディ・リージオ、サン・マルツァーノ、ダル・ポッツォ・デッラ・チステルナといった青年貴族の陰謀家であった。とはいえ、カルボネリーアやスブリーミ・マエストリ・ペルフェッティの組織力と、その広範な支持を得る可能性をますます確信するようになった彼らは、愛国者の団結を維持するための唯一の手段としてスペイン憲法を要求することを最終的に不承不承認めたのである。さて、大学生によるとりたてて意味のない騒動が貴族の将校の命令によって厳しく弾圧された事件が、重大な転機となった（一八二一年一月一二日）。サンタローザは、この事件の際に階級的な嫌悪感が人々の間にただちに生じた事実を見れば、フランスにおけるような世襲貴族による一院制議会実現の夢が消え去ったことは明らかであると落胆した調子で記している。次に掲げる作者不詳の詩は、国王への警告であった。

「おまえは、貴族連中の慢心に歯止めをかけるのか、平民に愛情を求めるのか、それともいつの日にか玉座から滑り落ちることを恐れるのか。」(Romeo, 199, p. 27)

続く数週間のうちに、軍隊内部の陰謀は情熱をもって進められ、陰謀家は、カルロ・アルベルト、パリの結社メンバー、それにロンバルディーアのフェデラーティとの密接な関係を維持した。また、軍隊に対しては、オーストリア人をロンバルディーアから放逐するための戦争が王国挙げてのものであることを約束するほか、憲法を譲与する確約を与えて彼らを決起させる手はずであった。

サンタローザとリージオは、蜂起するにあたり、次のように宣言している。

「われわれは、二つの目標の実現を目指す。つまり、真にイタリア人としての感情を抱いて運動を展開する立場に国王を置くことと、国民が父なる国王の息子として彼らの意志を玉座に向かって誠実に、そして自由に表明できるようにすることである。」(Torta, 202, p. 945)

ピエモンテ王国軍がいったんティチーノ川を渡ると、コンファロニエーリ指揮下のフェデラーティのメンバーが、ナポリ遠征に出発したオーストリア軍の隙を突いてロンバルディーアで決起する計画であった。この蜂起は、カルロ・アルベルトの態度があいまいで、最終的に立場を明確にすることを拒んだために遅れてしまう。しかし、アレッサンドリアに駐屯するカルボネリーアの将校と民間人が、スペイン憲法の採択と、独立したイタリア連邦が形成されるまでの期間、臨時政府が樹立されることを宣言した(三月九—一〇日)。

ところで、ピエモンテでも、ナポリ同様、民主派結社のメンバーが革命のイニシアティヴを掌握し、穏和なフェデラーティに対して自分たちに従うよう強制した。蜂起は、ピエモンテの主要都市(イヴレーア、アスティ、ヴェルチェッリ、ビエッラ、カザーレ)のほか、さらにアルプスを越えてサヴォイアにまで拡大したが、すべての軍隊が革命の側についたわけではない。たとえば、クーネオ〔ピエモンテ南西部の都市〕は王党派の手中にあった。また、ニッツァの部隊は純粋にピエモンテに関わる問題と関係を持つことを拒絶した。さらに、ラ・トゥール将軍の指揮下にあったノヴァーラの駐屯兵は、態度の決定を保留していた。そして、彼らがトリノに駐屯する弱体なカラビニエーリ(国家治安部隊)を放逐できたのは、サヴォイアから憲法を支持する連隊が到着してからのことであった。

ところで、この革命に対して民衆が一般的に無関心であった理由は、おそらくそれが帯びていた極めて軍事的な性格に求められよう。しかし、国王ヴィットーリオ・エマヌエーレ一世がプロスペロ・バルボやカルロ・アルベルトの催促に耳を貸さず、憲法を譲渡するよりは退位の道を選んだため、革命はその当初から危機に瀕した（一八二一年三月一三日）。そして、新王カルロ・フェリーチェ（一八二一—三一）がモーデナでオーストリア軍の捕虜になっているという、にせ情報を流したサンタローザの努力にもかかわらず、王家に対する忠誠と革命が両立できるという幻想は、こうして取り返しのつかないほどに崩れ去ってしまったのである。カルロ・アルベルトは、旧王ヴィットーリオ・エマヌエーレにより、カルロ・フェリーチェがモーデナから帰国するまでの期間臨時摂政に任命された。そして、将来国王の承認を得ることを条件にスペイン憲法の採択を宣言するが、対オーストリア戦の先頭に立つことは拒み、依然として王に忠誠を誓っていた軍隊と密かに結んで反革命の準備を進めていた。彼がこうした態度をとった結果、トリノの穏和派指導者の決意は、いよいよ揺らいでしまう。そして、カルロ・フェリーチェの有無を言わせぬ命令に従った彼は、三月二一日にノヴァーラへ逃亡する。こうして、国内に取り残された革命の指導者は、脱走が頻発したうえ、革命に対し全般的に消極的な態度をとる国民の中にあって急速に崩壊しつつあった軍隊とともに、オーストリア・ロシア両国軍侵攻の脅威に直面することになる。

穏和派が牛耳るトリノのジウンタは降伏の用意を明らかにしていたが、民主派の指導するアレッサンドリアのジウンタやジェノヴァの臨時政府は、これに従わなかった。ちなみに、これら後者は、アレッサンドリアのカルボネリーアや他の結社のメンバーに扇動された純粋な民衆蜂起を通じて出現している（三月二三日）。一方、依然として全面的に革命に関わっていた唯一の穏和派指導者、サンタローザは、アレッサンドリアのジウンタの支援をとりつけてオーストリアに対する抵抗を試みた。しかし、ノヴァーラのこぜりあいで憲法支持派が敗北したことにより（一〇名の兵士が死亡したにすぎない）、オーストリア・サヴォイアの連合軍は、アレッサンドリア、続いてトリノを占領したのである（一八二一年四月一〇日）。

反動の時代――一八二一―三〇年

これらの革命は、軍隊のクーデタによるものにせよ、民衆蜂起の形をとって勃発したものにせよ、いずれも王政復古体制や神聖同盟に対して諸国民が示した直接的な対応であった。スペイン、ナポリ、ピエモンテ、ポルトガル、ギリシア、そしてその後にはロシア（一八二五年）における扇動で指導的な役割を演じた結社のメンバーは、これらの対応を十二分に認識し、国際的な連帯感を持ちつつ活動を展開した。なぜなら、抑圧されたすべての国民は、一つの共通したヨーロッパ文明を形成していたからである。したがって、サンタローザは、ピエモンテの兵士や国民衛兵に向かって次のように訴えることができた。

「武器をとった同志よ！ 時はまさにヨーロッパの時代である。」（Torta, 202, p. 157）

しかし、諸革命が一時的な成功に終わったり、挫折したりしたのは、本来結社の動向だけに起因するものではない。スペインのコムネロスやナポリのカルボネリーアも、ともに革命のイニシアティヴを失う一方、革命の発生に驚いたブォナッローティはピエモンテの運動を指導することができなかったのである。革命を民衆の全般的な蜂起としてみれば、惨めな失敗に終わっている。つまり、これらの革命は、ヨーロッパ共通の文化に対する修辞的な訴えを、全ヨーロッパ規模の政治的、軍事的連帯を創り出そうとする実践的な試みに転化するだけの能力に欠けていたことが判明したのである。後年、ギリシアの革命家だけが、こうした努力を行なうことになる。しかし、それさえも、一八二〇―二一年のように、ヨーロッパ諸国間に生じた国際関係が状況を決定的に左右する要因であったことが証明されるだろう。イタリアの場合、オーストリアの支配を諸列強が迅速に承認したという事情が、あらゆる反体制派の活動の方向性を一〇年間にわたって決定してしまったのである。

さて、革命の挫折に続く数年間は、リソルジメント全般を通じ、イタリアのすべての国家で最も過酷な弾圧が行なわれた時期として特徴づけるのが伝統的な解釈である。もっとも、教皇国家と両シチリア王国は、おそらく例外であろう。なぜなら、この両国では政府による厳しい弾圧政策が間断なく行なわれていたために、この時期の弾圧がはたして最も過酷であったか否かを判断することは、困難であると同時に無意味でもあるからだ。しかし、こうした弾圧は、ちょうど経済危機がピークに達した時期と重なっていたために、おそらく一層厳しいものに感じられたことであろう。

ところで、イタリアでは、一八一八年から二六年にかけて物価が急落した。これは、農業を主要産業とするこの地域の地主に対する圧迫が強まることを意味する。なぜなら、王政復古期の政府は、ナポレオン統治時代の土地税をそのまま変更せずに維持していたからである。さらに悪いことに、こうした経済危機を背景として、社会のあらゆる面での貧困現象が激化することになった。それは、たとえば、物乞いや捨て子の増加、農民の高い死亡率、ペラグラ病[四四]の流行に見られる。しかし、ロンバルド・ヴェーネト王国だけは、こうした状況の悪化が比較的軽くて済んだ。ここでは、支配者であるオーストリアの財政的な必要性と、一八一八年に実施されたロシアの保護関税法に対する憂慮の念を背景として、一八二〇年代初頭から諸産業の奨励が行なわれたほか、絹産業は一定した物価の恩恵に浴したのである。とはいえ、この王国でも、他のイタリア諸邦、とりわけ地主制とそれに伴う農業生産の硬直化から経済危機が際立った南部でも、政府がとった政策は、輸入品に対する保護関税の実施にとどまった。長い議論の末、穀物の自由貿易を維持した唯一の国であるトスカーナ大公国でさえ、政府は他の農産物価格を維持するために介入している。ピエモンテとナポリでは、国内産業（ピエモンテの織物工業、ナポリの綿工業、金属工業、造船業）振興のために一八一八年（ピエモンテ）および一八二三—二四年（ナポリ）に新しい関税率が強制的に適用された。しかし、ナポリ王国の内部構造は弱体であり、また、両国の経済ではともにイギリスとフランスを相手国とする農産物の輸出が大きな比重を占めていたため、こうした政策は、目に見える直接の利益をなんら生み出さなかった。実際、こうした経済政策は、農業生産者と輸出入業者相互の敵愾心を際立たせてしまった。ちなみに、前者は、穀物だけでなく生糸と綿の輸出を望んでいたのに対し、後者は、こうした原料の輸出禁止を欲していたのである。

イタリアのすべての国家は、ヨーロッパの他の地域がそうであるように、国内市場の保護を目指したが、そこでは穀物生産が支配的であり、大地主は輸入穀物に対する国内穀物の保護と同時に輸出の自由化を要求していた。こうした要求は、財政の必要性と衝突する。ちなみに、教皇国家では、一八二四年に高率の保護関税が実施されたが、赤字財政を改善することも、農業の間断なき衰退を阻止することもできなかった。また、両シチリア王国では、同じく高率の保護関税がシチリアの穀物生産者には恵みとなったが、その一方で、ナポリのオリーブ油生産者の多くに間接的な打撃を与えた。つまり、後者の場合、前記の政策が、オリーブ油の輸出に対するイギリスの報復措置を招いたのである。教皇国家と両シチリア王国では、他のすべてのイタリアの国家に見られたように、密輸入が盛んであった。しかし、とりわけ南部の諸邦では、こうした諸問題に対処することができなかったため、消費物資を対象とする間接税の負担を増大させる結果を招いた。民衆の騒擾や結社の陰謀が弾圧にもかかわらず最も活発だったのは、これらの国家である。その他の諸邦における反体制運動は、一八二〇年代の末になってやっと復活する兆しが見えた。この時期にはヨーロッパの保守派の団結が崩れ始めたが、その一方では、経済の総体的な安定が再び達成されたのである。

この当時、結社の運動が限定的な性格を帯びていたトスカーナ大公国を別にすると、政治的反動の嵐がイタリア中に吹き荒れていた。こうした中で国際的な関心を最も引きつけ、イタリア諸政府にとって弾圧政策の手本となったのは、当然のことながらロンバルド・ヴェーネト王国で実施されたオーストリアの反動路線であった。ここでは、すでに一八一八年、三〇人のカルボネリーアのメンバーが逮捕されている。また、一八二一年から二四年の間に、いくつかの秘密結社が張りめぐらした陰謀の網が大規模な四つの裁判によってずたずたにされた。これには、九〇人を超えるカルボネリーア、フェデラーティ、それにスプリーミ・マエストリ・ペルフェッティのメンバーが含まれており、うち四〇人以上が死刑を宣告されたが、その後シュパイエルベルク要塞監獄〔チェコスロヴァキア中部のモラヴィア地方〕への長期投獄に減刑されている。これらの裁判を通じ、受刑者の多くが置かれていた社会的立場が世間の注目を集めた。彼らの中には、コンファロニエーリ、ペッリコ、マロンチェッリ、パッラヴィチーノのように長期間にわたって獄中生活を送った者もいれば、ポッロ・ランベルテンギ、ペッキオのように国外逃亡に成功した者もいた。(四五)(四六)(四七)ピエモンテでは、革命に関与した陰謀家が、その友人や親戚筋を通じて同国の支配層全体と関係があったため、彼らの大半は逃亡を勧告されたり、支援を受けることができた。こうしてピエモンテでは、九七人が死刑を宣告されたが（うち二人が処刑）、そのうち九〇人が欠席裁判によるものであった。ロンバルディーアでもピエモンテでも、裁判における法的な手続きは遵守されたが、これは、モーデナ公国、教皇国家、そして両シチリア王国の状況とは対照的であった。

さて、教皇国家では、総督領内のカルボネリーアのメンバーが、一八二〇―二一年のナポリの革命家の例にならおうとしていた。同国では、新教皇レオ十二世（一八二三—二九年）が枢機卿のコンサルヴィを罷免し、さらにロマーニャで全面的なパージを実行した。この結果、一八二五年には、臨時教皇特使のリヴァローラ枢機卿(四八)により、全社会層にわたって五〇〇人以上が起訴されている。しかし、カルボネリーアの陰謀はこれによって弱まることはなく、今や初めてローマの街に拡大したのである。

　次に、ナポリでは、革命に対する反動政治の復讐の願いが、権力の座に復帰したカノーサ公その人に象徴された。彼は、反動派の結社、カルデラーリを使って自ら〈スプルゴ〉〔粛清〕と呼ばれる弾圧政策の強化に乗り出したが、これを見たオーストリアの大使が圧力をかけたため、彼は再び罷免されている。その後、穏和なメーディチが首相に復帰したものの、革命の恐怖が政府の行動に重圧となり続けた。たとえば、軍隊、行政、司法の各部門、そして知識人に対する大規模なパージが実施されている。この結果、政府に対する積年の恨みが再燃し、国家は最も経験豊かな官吏を失い、地方に対する中央の支配権が弱まることになった。一八二五年にはフランチェスコ一世〔一八二五—三〇〕が即位したが、状況に変化は生じなかった。政府は、王国財政にとって大きな負担となっていたオーストリア駐屯軍の退去（一八二七年に実現する）を強硬に主張した後、一八二八年にチレントで勃発した蜂起を徹底的に弾圧してその権威を誇示した。反体制派とみなされる者は、その真偽の別なくあらゆるレベルで再びパージされ、当局に対しては〈正当なる差別〉（Cingari, 223, p. 219）の行使が奨励された。にもかかわらず、政府はカルボネリーアを撲滅できなかった。この結社は、無数の異なった名称を持ち、さまざまな儀式を行ないつつ生き残り、シチリアにも広がっていく。しかし、ヴェンディタの構成メンバーは、今や職人や農民といった小ブルジョアジーや民衆が大半であった。そして、彼らの活動は、ブリガンティのそれと見分けがつかないことが多くなった。一方、カルボネリーアにかつて所属していたメンバーの多くは、亡命するか投獄されていた。

一八二〇年の諸革命において、その初期段階の勝利を導いたさまざまな利害の一致はもはや消滅し、中産の農民層に属する自由主義者と民主派は、今や互いに反目し合いつつ、反体制運動に関しては従来よりも慎重な態度を維持していた。

ところで、政治的迫害に伴い、行政面でも反動化の傾向が見られた。革命を通じて今や側近の忠誠心に深い疑念を抱くようになった諸君主は、あらゆる権力を自らの手に集中させようとした。つまり、こうした状態が、専制を意味するようになったのである。たとえば、ピエモンテで実施された行政部門、軍隊、そして知識人を対象とするパージは、次の原理に基づいていた。

「すべての官吏は、……政府それ自体の性格についてたとえわずかであっても異論を唱えるべきではなく、政府に対してもっぱら献身的でなければならない。」(Corbelli, in 203, vol. 2, p. 746)

国王カルロ・フェリーチェは、軍隊と聖職者だけが信頼できると考えていた。

「簡単にいえば、こういうことだ。教養ある人間は、すべて悪者である。そして、善人はみな無知である。優れた資質を持つ人間がもはや存在しない以上、もはや選択の余地はない。」(Lemmi, 204, p. 182)

両シチリア王国では、メッテルニヒの反対にもかかわらず、本土とシチリア両地域で行政面の統一が維持された。また、国王フェルディナンドは、側近を信用していなかった。このため、彼は、ナポリとシチリアのために二つの諮問機関を設置せよとするメッテルニヒに抵抗しただけでなく、国家の権力を国務長官と他の顧問官とに分割させることまでやってのけた。ちなみに、この政策は、かつてのメーディチが王政復古初期に展開した「内閣による専制」の再発防止を目的として実施されている。

他方、聖職者の圧力が至る所に広がっていた。レオ十二世の支配する教皇国家では、ユダヤ人が再びゲットーに押し込まれた。また、教会による検閲、イエズス会による教育の支配、それに国家による形式ばった敬神行為の強制は、他の諸邦にも共通して見られる政策となった。一八二四年にはラムネーがイタリアを訪れ、教皇至上権主義に基づく文化を広めようとする動きを促進した。テアチーノ修道会の神父、ジョアッキーノ・ヴェントゥーラ[四九]は、『エンチクロペディーア・エックレージアスティカ』〔教会百科全書〕刊行のため、カノーサ公によりナポリへ招聘されていたが、首相メーディチがこれを発禁処分にすると、ローマに移った。ここで彼はローマ大学の教授に任命され、『ジョルナーレ・エックレージアスティコ』〔教会雑誌〕を編集した。しかし、この動きに対し、外交ルートを通じて圧力が加えられ、彼は辞職する。こうして、モーデナとトリノが、聖職権主義文化の中心地となった。そして、ピエモンテの〈カトリックの友愛協会〉は、チェーザレ・ダゼーリョが編集する機関紙『アミーコ・ディターリア』〔イタリアの友〕の定期的な刊行を通じてあらゆる自由主義の潮流を攻撃していたが、トリノ駐在のロシア大使の介入により禁圧されている。

　このように専制的、教権的、抑圧的な雰囲気がイタリアを支配する中で、結社は当初の楽観的な見方を捨て、ヨーロッパの他の地域に期待をかけるようになった。イタリアの諸政府を対象とする反体制運動は、イタリアの外で復活した。そして、それは、ヨーロッパの進歩の大義と自らを同一視する国際的な視点を持つ反体制運動の一部を形成することになる。

五　王政復古体制の解体

諸革命の崩壊とそれに続く反動政治の強化により、おそらくは一七九九年を上回る大規模な政治的な亡命が行なわれた。彼ら亡命者の大半を引きつけたのは、諸革命の勃発以前に結社運動の中心地であったスペイン、スイス、そしてフランスであった。ヨーロッパ規模の国際的な反体制運動に揺るぎない確信を抱く民主派の亡命者は、スペインに立憲体制が存続している限り闘争の継続は可能であると楽観していた。こうした中で、カルボネリーアはナポリの愛国者によってスペインに移植され、フランスに導入された。一方、ジュネーヴのブォナッローティは、イタリアのスブリーミ・マエストリ・ペルフェッティの再組織化を試みた。しかし、これはやがて頓挫する。なぜなら、彼が派遣したアンドリアーヌ(五〇)が逮捕された結果、ブォナッローティが根気強く張り巡らした陰謀の網をオーストリアの警察が切断できるようになったからである。パリには、伝統的なフリーメーソンである〈大東洋社〉と並んで、新しい〈シャルボネリ〉(炭焼党)が存在していた。この結社は、オルレアニストの〈上級支部〉と軍隊を主力とするボナパルティストの〈支部〉が張り合ったことが原因となってイニシアティヴの行使に支障をきたしたにもかかわらず、活発な陰謀を展開していた。また、グリエルモ・ペーペは、〈立憲ヨーロッパの兄弟〉を創設しようとしたが、失敗に終わった。この試みは、革命運動がほどなく復活することにはかない希望をかけた典型的な例といえる。ところで、ヴェローナ会議開催の結果、フランス軍が革命打倒を目的としてスペインに派遣された。これに対し、一〇〇〇人以上のイタリア人が戦い、故国ではあっけなく失われてしまった憲法を擁護しようとした。彼らの大半はナポリの人間だったが、なかにはアレッサンドリアの旧ジウンタのメンバーだったピエモンテの民主派の多くも含まれていた。

憲法擁護派は、スペインでは一八二三年に、続いてポルトガルでも敗北した。イタリアでは、反体制派に対するロンバルディーアの裁判で厳しい判決が下され、ドイツでも逮捕者が出た。また、フランスでは、シャルボネリの活動が発覚して弾圧されたほか、アンジェローニやサンタローザが国外に追放された。一方、スイスでは、オーストリアの圧力により、ブォナッローティとプラーティが同じ処分を受けている。こうした事態を背景にして結社運動は危機にさらされ、その内部では民主派と穏和派両者間の対立が激化した。まず穏和派は、最近の事件を通じて悲観的になっており、国際関係に急激な変化が生じない限り、有利な活動の展開は不可能なことを確信していた。こうして、彼らは、イタリアの大義のために理論面での議論やプロパガンダの行使に努力を傾注する。一方の民主派は、今やブリュッセル(ブォナッローティ)とロンドン(アンジェローニとプラーティ)を本拠地とし、その陰謀を徐々に再開しつつあった。

ところで、この時期における彼らの活動については、ほとんど知られていない。たとえば、スブリーミ・マエストリ・ペルフェッティは、ブォナッローティのスイスからの追放を契機に消滅するが、今度は一八二八年頃に〈世界〉という新しい組織として再び姿を現わしている。しかし、彼ら活動家は、運動に対して危機感を抱いていた以上に、亡命先の国々で得た新たな経験を積むことによって従来抱いてきた信条の再検討を迫られることになる。まず、フランスの自由主義者が展開する闘争とそのイデオロギーから深い影響を受けた穏和派は、従来抱いていたスペイン憲法支持の態度を速やかに改め、今度はフランスやイギリスの憲法を信奉するようになった。そして、民主派は、すべての君主に対する不信感を強め、一層強固な共和主義に信頼を寄せていく。

こうした中で、最も活動的な亡命者は、一八二〇―二一年の諸革命が失敗に終わった主な理由とみなされた運動の分裂状態を防止する必要性を痛感し、論争となるような問題を回避し、共通の基盤を見いだすよう努めた。こうした彼らの姿勢は、たとえばロンドンにあるカルボネリーアの支部が作成した〈諸原理〉の宣言に最も明白に示されている。ちなみに、ロンドンにはあらゆる傾向の亡命者が集まっていたが、民主派のアンジェローニとブォナッローティ派のプラーティが彼らを指導した。さて、前記の宣言では、人民主権と世襲の諸特権の廃止が主張されていたが、将来のイタリアが最終的にどのような政治体制を確立するのかという問題は、イタリア国民が解放後に決定すべきこととしている。平等主義の共和国と私有財産の廃止実現のために革命独裁の必要性をなお確信していたのは、ブォナッローティと彼の最も緊密な協力者だけであった。しかし、その彼でさえ、以前にもそうであったように、運動の一致団結を図るためには躊躇せずにこれらの目標を包み隠したのである。アンジェロッティは、人間は生来不平等であり、また小土地保有農が必要であると主張したが、ブォナッローティの見解は、これとは異なっていた。にもかかわらず、彼は次のような手紙を書くことができた。

「とはいえ、いくつかの点に関して、われわれは意見が一致している。つまり、人民主権、専制君主に対する憎悪、自由を愛すること、君主や貴族権力の打倒、武力の行使、がそれである。これらを君は、時宜に適い、当然なこととしているし、僕は、正当で、自然で、必然的な要求であると考えている。こうした見解の一致は、少なからぬ重要性を持っている……私がいっていることは本当であり、君の場合もそうだと僕は信じている。これ以上問題を突きつめて考えるのはよそう。そして、われわれの活動を、以上に述べた一致点に役立つような方向で進めていこうではないか。」(Romano-Catania, 134, pp. 176-7)

しかし、独立を達成するために諸君主と妥協するという点は、最も確固とした共和主義者を除き、結局否定されなかった。当時ギリシアで発生した独立革命の場合、これを支持するヨーロッパの世論は、イギリス政府の支援を得て初めて実際の効果を生み出すことができた。この経験は、自由主義の勢力は強力であるとはいえ、列強の支援がない限り勝利を収めることができないという事実を証明するように思われた。さて、独立という目標達成のために考えられるもう一つの手段は、民衆の支持の獲得であった。運動を展開する中で、これに関する大幅な意見修正は行なわれなかった。なぜなら、民主派は、これを当然で不可避的な方策であると考える一方、穏和派もその点を不承不承認めたからである。イタリアの諸革命で民衆の支持が得られなかった事実には多くの運動家が気づいていたものの、次に記すディ・サルヴォ侯爵の見解を速やかに認めようとする者はほとんどいなかった。ちなみに、彼は、民衆の支持獲得失敗の原因が、自由と独立の呼びかけに見られる抽象的な性格にあると考えていた。

「著名な著述家は、民衆の利益のために献身し、彼らの擁護者や指導者にならなければならないと固く信じている。しかし、彼らは、理論や体系に基づく用語を使う結果、自らに課せられた使命を果たせないことが多い。彼らは、宣言という形で民衆の権利について語る……だが、それらを保障し、強化するのにふさわしい手段を示すことはまれである……民衆のために要求する自由を彼らがどの程度支持し、擁護しうるのかについて労を厭わず検討する者はいない……よく理解できず、強く望んでいるわけでもないことを、熱心に支持したり、擁護したりすることは不可能である。それゆえ、芸術や学問理論の領域で人間が偉大な進歩を遂げたという単にそれだけの理由から、道徳面で大きな力が民衆に備わっていると推定するのは、まったく誤った考え方である。したがって、文明や啓蒙精神が、国民性と呼ばれるものを生み出せる実際的な力を民衆に対してどの程度与えてきたのかを考察する方がましであろう。」(Omodeo, 193, pp. 85–6)

ディ・サルヴォは、こうして、民衆の支持獲得のための手段を検討するよう民主派に訴える一方で、穏和派に対しては文明の発展段階に従って〈民衆〉の定義を限定するよう主張している。この種の分析は、上記の両者に対する呼びかけに見られるようにあいまいな性格を持っていた。これが、その後の数十年間を通じて発展していくことになる理由は、まさにこのあいまいさに求められる。しかし、彼の呼びかけも、一八三〇—三一年に頂点に達する結社運動の復活とともに忘れ去られていった。

ところで、陰謀活動の復活は、ギリシア独立戦争（一八二七—三〇年）を契機とする神聖同盟の解体、フランスの一八二八年の選挙における自由主義者の勝利、そして農業危機の終焉といった現象と期を同じくしている。それ以前の時期、さまざまな結社の活動は、コミタート・フィレッレーニコ〈ギリシア独立支援委員会〉を中心に結集する傾向があった。この国際的な大義を促進するために、同組織は、シャルボネリのメンバーやフランスの反体制派、さらにはさまざまな国籍の亡命者によって構成される〈世界委員会〉へと変わった。『バブーフのいわゆる平等社会実現のための陰謀』（一八二八年）を出版したブォナッローティは、最も民主的な潮流の中で急速に支持者を獲得していった。彼は、おそらくはドイツのイッルミナーティの影響を受け、優れた結社網の形成を通じて既存の社会を内部から破壊しようと考えていた。そして、彼は、蜂起の初期段階における有効性に関して当初抱いていた信念を修正し、今度は広範な組織に支援された至高権力の必要性を確信するようになった。彼によれば、その権力は、二つの役割を担うことになる。つまり、革命を指導することと、権力者への隷属によって退廃した民衆が再び徳を獲得する道を見いだすまで権力を維持すること、である。彼は、平等主義的な農業社会の実現というジャコバン的理想像を夢見ており、サン＝シモンの賛美する〈産業社会〉や個人主義の無限の発展という概念に反論した。こうした立場に立つブォナッローティは、〈世界〉という名の新しい組織を結成した。これには、以前の結社、スブリーミ・マエストリ・ペルフェッティの特徴となっていた三つの高位階に四つの位階が新たに加えられた。ちなみに、この位階のメンバーは、社会において重要な役割を果たすべき将来の指導者として養成されることになっていた。他方、ブォナッローティは、ベルギーとフランスにおける反体制派との連係強化を目指した。ちなみに、これらの地域では、新しい革命運動の波動が予測されていた。一方、イタリアでは、ブォナッローティの路線に基づいてビアンコ・ディ・サン＝ホリオス（五一）が創設した新しい結社、〈ミーリティ・アポファジーメニ〉〔決死の戦士〕が、ボローニャ、ピサ、ロマーニャのギリシア人やイタリア人学生の間に浸透しつつあった。また、青年ジュゼッペ・マッツィーニは、リグーリアとリヴォルノでカルボネリーアを復活させている。

さて、フランスで一八三〇年七月に勃発した革命の三日間〔七月革命〕にはあらゆる陰謀家が仰天したが、ブォナッローティも例外ではなかった。同国のヴィレール（五二）内閣は、教会支持政策、大革命中に没収された〈エミグレ〉〔亡命貴族〕の所領の補償、それに出版の自由の制限を行なおうとした。この結果、国内には、反政府の声が高まっていたのである。ヴィレールは、極右勢力の支持を失う一方で、文書を使って周到に組織した選挙運動を展開した後（一八二八年一月）、今度は反政府の立場に立つ議会内の立憲勢力に打倒された。また、アルジェ獲得を目指して実施した度重なる遠征により人気の回復が不可能となった国王シャルル十世は、再び議会を解散した。しかし、選挙によって自由主義勢力が過半数を占めるのを見た彼は、有名な四つの緊急勅令（七月二四日）に署名し、自由な出版活動の停止、地主層が有利となることを意図する選挙権の制限、それに新たな選挙の実施を布告した。諸産業が危機状態に陥っていたこともあってますます激化した国民の不満は、共和主義者の指導する暴動を契機として爆発する。ちなみに、彼らは、老ラファイエットをもう一度政治の表舞台に呼び戻したのである。そして、三日間のバリケード戦の後、議会内の自由主義者は、革命のこれ以上の拡大を阻止する唯一の方策として、オルレアン公ルイ・フィリップ〔一八三〇―四八〕を担ぎ出した。こうして、民衆の革命は、単なる王家の交代に終わった。そして、欽定憲章が修正された。つまり、新しい憲章は、国王と国民との間に交わされた契約という形をとり、議会の権力が強化された。しかし、選挙権は相変わらず極端に制限されていた。この〈ペイ・

レガル〉〔法治国家〕を支配したのは、教育、知性、あるいは家柄に基づくエリートであり、ナポレオン体制期に活躍していた者も多かった。そして、この国家の閉鎖的な性格は、その後ますます明確になっていった。しかし、合法的な〈行動党〉にしても、半合法的あるいは非合法の共和主義団体や結社にしても、革命はフランス国内で再発し、その国外への拡大も可能であるものと当初は楽観視していたのである。

事実、七月革命は、過去との決定的な断絶を明らかにした。それは、国民の革命であり、一八一五年にフランスが受けた屈辱に対する報復であり、また、神聖同盟に対する挑戦の勝利であるとみなされた。フランスは、文明の最も進歩した段階にある国家が持つ当然の使命として諸国民を解放しなければならないという理論は、ミシュレやキネー(五三)が主張したものであり、まず国内で、続いて国外で受け入れられた。フランスのロマン主義者は、王政復古体制やこれを背景とするカトリック的秩序を強く支持するのをやめ、新たに国民の自由や革命の大義を主張し始めた。ナポレオン伝説が実体を伴って蘇り、強く支持されるようになった。新しいフランス王は革命の息子であり、一八一五年に締結した条約改正の要求を象徴しているように思われた。こうして、革命の波が再び全ヨーロッパを浸していくにつれ、自由主義者と民主派がともに信頼を寄せた人物は、ルイ・フィリップにほかならない。そして、ベルギー、スイス、中部ドイツの諸邦、ポーランド、それに中部イタリアで、一八三〇―三一年に革命が勃発した。これらのうち、ベルギー革命(一八三〇年八―一〇月)は、フランスに対する信頼感を強めることになった。なぜなら、この革命は、イギリスやプロイセンに支援されたルイ・フィリップが革命不干渉の原則を主張する一方で、フランス軍とイギリス艦隊が、新しく誕生した国家をオランダの侵略から防衛した(一八三一年八月)結果、成功を保障されたからである。

しかし、これらの革命成功の鍵を握っていたのは、次の二点であった。つまり、諸列強のうちの少なくとも一カ国が決然とした支援を行なったか（たとえば、ブラウンシュヴァイク、カッセル、ドレスデン、そしてハノーファーの自由主義者をプロイセンが支援）、革命の大義が自由主義であれ、正統主義であれ、介入するに値しないと判断した列強がこれを黙認した場合（スイスやイベリア半島）である。革命勃発によってロシアとオーストリアのヘゲモニーがそれぞれ直接の脅威にさらされたポーランドとイタリアの場合、ヨーロッパの調和をあえてかき乱す危険を冒そうとする列強は存在しなかった。このため、前者にはロシアが一八三〇年一一月から翌年九月まで、後者に対してはオーストリアが一八三一年二月から四月まで革命に干渉したのである。自己の体制の承認を諸列強から得ることに腐心していたルイ・フィリップは、外相ラフィットの打ち出した「行動」政策を急速に捨て去り、新首相ペリエ(五四)による「国内に秩序を、国外に平和を」という宣言を支持した（一八三一年三月一三日）。諸外国の革命運動に対してフランスが最大限とりえた行動は、ポーランドと教皇国家に対する速やかな調停の申し入れであったが、これは当事国のロシアとオーストリアが即座に拒否した。こうして、結社の活動は、列強の意志決定を前にしてその無力を再び証明してしまったのである。

中部イタリアの諸革命——一八三一年

中部イタリアの諸革命は、七月革命の例にならったという点で他地域の革命に類似しているが、その勃発以前の段階で長期にわたって性格の不明瞭な陰謀が展開されていたことが特徴となっている。そして、この活動を通じ、イタリアの結社とイタリア人亡命者両者間の積極的な結びつきが復活した。さらに、彼らは、一八二〇年から二一年にかけて苦い経験を味わっていたにもかかわらず、諸君主との妥協を容認し続けようという姿勢を固めていったのである。

まず、イタリアの結社であるが、一八二〇年代初頭における弾圧によって全般的に活動が停滞していた。モーデナの青年でカルボネリーアのメンバー、あるいはフリーメーソンのエンリーコ・ミズレイ(五五)は、そうした状況にあって日和見的な政治プログラムを練り上げ、最も寛容な自由主義者にさえ衝撃を与えた。つまり、彼は、反動的なモーデナ公フランチェスコ四世を説得して民族的な自由主義運動の先頭に立たせようとしたのである。この考えには、一応の筋が通っていた。つまり、よく知られているように、フランチェスコがさらなる領土的な野心を抱いていたこと、それにカルロ・アルベルトに王位継承をさせまいとする彼の試みが絶えず失敗したことの二点をミズレイは計算に入れていたのである。しかし、フランチェスコが反自由主義的で教権的な性格の強い政策を展開していたために、ミズレイのプログラムは、結社活動の基盤となっていた道徳的な原理を嘲笑するものであるかのように思われた。その死に至るまで体制側のスパイと疑われていたミズレイは、祖国愛を宮廷内の陰謀に変えながら、愛国主義と陰謀精神の融合を目指そうとしていたように思われる。それは、換言すれば、カルボネリーアのメンタリティーに基づいて生まれた一つの結果であった。ちなみに、民主派のニコーラ・ファブリーツィは、ミズレイとの付き合いについて、次のように回想する。

「当時、一八二一年革命が失敗して血なまぐさい弾圧が行なわれており、運動の早期再生を図るには都合が悪かった。ミズレイが次のように確信したのは、こうした状況からの影響がおそらく大きかったのであろう。つまり、彼は、運動のイニシアティヴを民衆の支持に求めるよりは、むしろ運動に関して意見が一致するような機会を見いだしてこれを実現できるような連中に求める方がよいと確信していたのである。」(Candeloro, 1, vol. 2, p. 164)

さて、ギリシアをめぐってロシアとオーストリアが対立する状況をイタリアのために利用するという野心を伴った期待感によるものなのか、あるいは、単に結社活動の実態を暴露できるとふんだのか、とにかくフランチェスコ四世は一八二六年にミズレイと接触することを承認した。フランチェスコは、その後行なった旅行を通じ、スイス、オーストリア内で活動するロシア人のエージェントやロンドン、パリ在住のイタリア人亡命者とミズレイが連絡をとることを許可した。一八二八年から二九年に、ミズレイと彼の仲間でモーデナ出身のカミッロ・マンツィーニ（五六）は、パリの国際委員会から幾分遠慮がちな支持を獲得した。一方、イタリア人が構成メンバーとなっていたカルボネリーアのロンドン「支部」は、フランチェスコに対する支持に条件をつけた。つまり、単一の代議制に基づき、イタリア全域を領土とする王国を樹立するという原則を彼が認めなければならないというのである。こうした条件が提示された背景には、パリ在住のピエモンテの亡命者が依然としてカルロ・アルベルトに期待をかけているのではないかという疑いを彼らが抱いていたという事情があった。とはいえ、共和主義者を除くほとんどすべてのイタリア人亡命者は、こうした政治的妥協をすぐにでも行なう用意があるように思われた。

　彼らイタリア人亡命者は、七月革命の勃発を契機として、自らの活動に対するフランスの支援を期待するようになった。そして、パリにはさまざまな委員会や協会が結成されたが、それらの中核となっていたのは、民主派の〈イタリア愛国者協会〉とサルフィ（五七）を中心とする穏和派グループであった。一方、パリに到着したブォナッローティは、さっそく二つのレベルで革命の拡大を図ることを提案した。つまり、一つは、彼自身の結社〈世界〉、もう一つは、パリの共和主義者の結社である。彼は、当然のことながらヨーロッパ規模の国際的で平等主義的な革命を想定しており、フランス、ベルギー双方の共和主義者を積極的に支持した。一方、イタリア人亡命者の共同委員会が、リナーティ、マロンチェッリ、サルフィらの許に結成され、将来樹立されるべき立憲制イタリアの王位につく可能性のある候補者について検討した。ちなみに、名前が挙がったのは、モーデナ公フランチェスコ、カルロ・アルベルト、ナポレオンの養子ボアルネの息子、そしてライヒシュタット公である。しかし、ブォナッローティは、フランスでは〈ソシエテ・デザミ・デュ・ピュプル〉〔人民の友協会〕、イタリアではアポファジーメニを通じてこうした動きに反対した。他方、前記の共同委員会は、メンバーの個人的な対立を契機としてじきに分裂した。この状況は、パリに到着したミズレイに対して他のメンバーが不信を抱いたことで一層際立ってしまう。

さて、イタリア人亡命者は、あらゆる政治的傾向を持つ者を包含する〈イタリア解放者評議会〉を一八三一年一月に結成し、統一戦線の構築を図った。ちなみに、ジウンタには、少数の特定メンバーによって構成される〈執行総裁府〉が設置されている。また、ジウンタのメンバーの大半は一八二一年革命に関わった亡命者であるが、執行総裁府は、ブォナッローティ、彼の支持者のピエトロ・ミッリ、それに連邦制を主張する老サルフィの三名によって構成されていた。これらの組織の目標は、モーデナ公国で準備される蜂起の勃発を支援しつつ、サヴォイア経由のイタリア侵入計画を練ることにあった。しかし、ジウンタと執行総裁府では、革命の目標に関してメンバーの意見が鋭く対立し、両者とも急速に解体した。亡命者の多く、とりわけペッレグリーノ・ロッシのような穏和派やピサーニ・ドッシらカルボネリーアのメンバーに支持されたトリノの元ジウンタのピエモンテ出身者は、サヴォイアの遠征が局地的な革命実現を目的とするものになることを望んでいた。つまり、彼らは、将来の国王として、おそらくはカルロ・アルベルトを想定した立憲的なプログラムに基づく革命を意図していたのである。一方、ブォナッローティは、厳格な平等主義、共和主義の信奉者であり、貴族や富裕な階層には常に疑いのまなざしを向けていた。そして、彼は、君主に色目を使ったり、革命を狭隘な寡頭政治の実現に限定しようとする動きを徹底的に憎悪していた。また、強固な統一主義者の彼は、革命期間中における臨時独裁権力の必要性を確信しており、連邦制に基づく憲法の起草を委任された際、自己の哲学に基づく非妥協的な声明を公にした。彼は、その中で、連邦制は一国家内における行政上の自治のレベルに縮小されるべきであるとしている。ちなみに、その国家は、財産および権力の平等、それに唯一不可分の人民主権に基づくものであるという。国際的な革命観を抱く彼は、フランスに共和制が樹立されて初めてイタリアにも革命に必要な条件が満たされるものと確信していたが、これは一七九六年の場合と変わっていない。このため、彼はラファイエットとともに、前記のサヴォイア遠征（これは、フランス政府によってほどなく禁じられた）だけでなく、これに続くペーペ、リナーティ、ミズレイによるトスカーナの海岸地帯への上陸の試みにも反対したのである。こうして、イタリア人亡命者が祖国の革命に対して実質的になんら貢献できなかったため、彼らの個人的な怨恨やイデオロギー上の対立が後世に根深く残されることになる。

　蜂起は、イタリアでも悲惨な終末を迎えた。それは、中部イタリアを越えて広がることはなかった。なぜなら、それ以前に革命が試みられた諸邦では、弾圧によって結社活動が極めて衰退してしまっていたからである。モーデナでは、ミズレイに代わってチーロ・メノッティ(五八)が革命運動の指導者となった。青年実業家の彼は、愛国者的な情熱を持っており、ミズレイの不明瞭な行動に対する疑惑の霧を急速に晴らしていった。フランチェスコ四世をまったく信頼せず、〈年老いた自由主義者〉と富裕な貴族の抱く愛国心には懐疑的であったメノッティは、その一方では、カルボネリーアのメンバーの典型として、利用できる物はすべて使う用意ができていた。彼は、一八三〇年一二月頃には、ボローニャ、パルマ、マントヴァ、そしてロマーニャ地方に蜂起委員会を設立した。そこでは、〈独立・統一・自由〉のスローガンが掲げられた。ちなみに、このスローガンは、愛国者のサークルではすでに流布していたものである（付言すれば、ビアンコ・ディ・サン＝ホリオスやドメニコ・ニコライは、メノッティ以前にこれを採用しており、少し後、今度はマッツィーニがジョーヴィネ・イターリア〔青年イタリア〕において掲げることになる)。メノッティは、イタリアのすべての都市に〈知識人〉の委員会を設置して、これをパリの中央委員会に従属する〈支部〉として活動させるよう提案していた。彼は、蜂起による立憲君主制国家の樹立を目指していた。そしてその君主は、ローマで開催される国民会議によって選ばれる予定であった。ちなみに、彼はローマについて、こう述べている。

「ローマは、この会議の開催によって、現在、あるいは後世の世論が思いもつかないほどの重要な意味を持つことになるだろう。」

また、彼は、愛国者の持つ三色旗に十字を付け加えるという独創的な提案をしている。

「この印〔十字〕を加えることで、三色旗は自由と結びつく。したがって、イタリア人は皆これを支持するようになるだろう。」(Solmi, 217, pp. 142-4)

彼は、典型的なカルボネリーアのメンバーであった。なぜなら、彼は、立憲君主制を信奉し、蜂起のテクニックに関心を持ち、さらに革命がそのカトリシズムを宣言すれば、民衆の支持はおのずから獲得できると確信していたからである。また、彼は、愛国者どうしの議論に唯一つではあったが、特徴ある主張を加えている。つまり、首都ローマの強調である。とはいえ、これさえも、目新しいものとはいい難い。つまり、以前の古典主義者や当時のロマン主義者も、ローマの独自性を信じて疑わなかったからである。

さて、フランチェスコ四世の裏切りによって、メノッティが逮捕されたにもかかわらず(一八三一年二月三日)、彼が細心の注意を払って行なった準備のおかげで革命は勃発する。その結果、ボローニャ、モーデナ、レッジョ、パルマで既存の政府が打倒された(二月四―一二日)。こうして、イタリア諸邦の政府は、オーストリアの武力なしでは革命に抵抗できないことがあらためて証明されたのである。教皇ピウス八世〔一八二九―三〇〕の死後行なわれたコンクラーベは長い時間を要したが（一八三〇年一一月三〇日―一八三一年二月二日）、これは、教皇国家内の陰謀家にとっては極めて都合の良い事態であった。一方、将来のフランス皇帝ナポレオン三世〔一八五二―七〇〕が指導するボナパルティストの陰謀が、ローマで発覚する。しかし、蜂起は今やボローニャから他の教皇国家の総督領、そしてマルケ地方へと急速に拡大しつつあった。こうした状況から、教皇国家では国民の不満が広がり、世俗の権力による行政や諸改革実施の要求が具体的に示されていた事実が明らかである。

しかし、仮にメノッティの陰謀によって革命の勃発が容易になったのだとしても、彼の統一の叫びは、エミーリアの諸都市間で伝統的に根強い地方的競合の風潮によってただちにかき消されてしまった。数多くの小都市には、それぞれの政府が樹立されてかなりの時間が議論に費やされた後、ビアージョ・ナルディ(五九)の独裁による〈モーデナ・レッジョ臨時連合政府〉の樹立がやっと可能になった。しかし、パルマとボローニャは、それぞれ自立的な政府の維持を主張していた。事実、ボローニャは、オーストリア軍が干渉した後、元ナポレオン軍の将軍、ツッキ率いるモーデナ軍の領内進入を拒んでいる。つまり、武装解除しない限り進入は認められない、というのである。

一七九六年を強く想起させるこうした排他主義は、諸都市、とりわけボローニャのヘゲモニーに対する恐怖心を反映する一方で、都市内部における深刻な社会的対立を隠蔽する効果も持ち合わせていた。諸都市に樹立されたすべての臨時政府は、関税引き下げを実施した。ちなみに、この政策は、高い関税障壁に対する中産階級の不満を代弁したものといえる。モーデナでは、ナルディが農業と商業を復活させるかたわら、地租の減額を打ち出したほかに、貧民を優遇する特別な手段（人頭税の廃止、貧民に対する裁判税の免除、質屋を通じての担保物件の自由な返却）を講じた。しかし、ボローニャの状況は、モーデナとは異なっていた。ここでは、旧イタリア王国およびジャコビーノ支配の三年間に活躍した〈老いぼれ自由主義者〉によって構成され、ジョヴァンニ・ヴィチーニ[六〇]が率いる極めて穏和な性格の政府が樹立された。この政府は、地主と商人を優遇する若干の政策を実施したにとどまるのである。こうして、古くからある穏和派と民主派の対立が繰り返された。しかし、一八三一年における民主派の状況は、一八二〇年のナポリの場合とは異なっていた。つまり、彼らが革命のイニシアティヴをとることは決してなかったのである。この結果、一八三一年革命は、著しく保守的な性格を帯びることになった。たとえば、前記のヴィチーニでさえ、国民の自由獲得の要求に基づいてというよりも、むしろボローニャの自由が過去において侵害された歴史的事実に現教皇国家政府の悪政を結びつけることによって革命を正当化したのである。臨時政府によって任命され、急遽招集された名士議会は、蜂起した地域に限定された〈イタリア統一地方政府〉を指名した。ちなみに、同議会はボローニャの臨時政府のような穏和な性格を持ち、都市間に見られる伝統的な競合関係を内包していたのである。

これら諸政府は、都市内部の限定された範囲を超えて民衆の支持を引きつけることができず、またオーストリアに対して有効な軍事的抵抗ができなかった。しかし、これは、驚くに値する事実とはいえない。元ナポレオン軍の将校、ジュゼッペ・セルコニャーニ[六一]は、三〇〇〇人の義勇軍を自ら率いてテルニ〔ウンブリア南部の都市〕を越え、ウンブリアとラツィオの境界へ向かいながらローマ進軍を目指した。しかし、この地点で彼は停止を余儀なくされる。その理由は、軍事的なもの（確かにラツィオでの蜂起は失敗に終わっているが）ではなく、国際的な紛糾を恐れてボローニャ政府がとった態度にあった。ヴィチーニとその同僚は、一八二〇―二一年革命におけるナポリの穏和派に似た確信を抱いていたように思われる。つまり、革命が他の地域に波及しない限り、列強がこれに干渉することはないだろうという確信である。こうした彼らの予測には、不干渉の原則を尊重する意志をフランスがたびたび表明していた事実がとりわけ影響を及ぼしていた。農民層から若干の支持を得たオーストリア軍がモーデナ、レッジョ、パルマを占領しつつあったちょうどその時（三月九－一二日）、ボローニャ政府は住民に対して次のように訴えることができた。

「親愛なる市民諸君！　モーデナの状況は、われわれボローニャの場合とは異なっている。不干渉という神聖な原理は、モーデナ同様われわれにとっても有効なものである。公益に損失を与えぬよう気をつけよう……わが同胞よ！　われわれはいかなる外国人とも戦闘状態にはないことを忘れるな！」

(Catalano et al., 121, p. 368)

さて、国際間の紛糾を引き起こすことを恐れたオーストリアは、幾分躊躇したものの、結局ボローニャへ進軍した。その際、ボローニャ政府は、市民が抵抗する意志を示したにもかかわらず、アンコーナへ撤退している。このように、一八三一年に勃発した中部イタリアの革命は、その終焉に至るまで若い学生と中産ブルジョアジーが反革命勢力を前にして見せた積極的に闘う姿勢と、旧世代の人々によって構成される政府が示した敗北を認めようとする卑屈な態度との鮮やかな対比によって特徴づけられる。ツッキの率いる義勇軍はリーミニで頑強な抵抗を試みたが、政府は教皇側に急いで降伏を申し入れたのであった（三月二五－六日）。

第一二章　王政復古期のイタリア社会

一　農　村

イタリアの農村社会は、一七四〇年代から一八四八年革命に至る一世紀の間に大きな変貌を遂げた。その内部要因として挙げられるのは、人口の増大と、王政復古期に暴落した後、長期的には上昇傾向にあった農産物価格の二つである。まず、前者について述べると、一七〇〇年の一三〇〇万から一八〇〇万（一八〇〇年）、さらに二二〇〇万（一八四〇年）となっている。そして、この増加傾向はほとんどが農村部で見られるもので、都市部の人口は、ごくわずかな例外を除き停滞を続けていた。また、極めて高い増加率を示したのは、南部イタリアの大半の地域、シチリア、サルデーニャ、それにヴェーネトの北東部である。こうした人口の増加により、農地や農産資源に対する圧迫が強まるのは当然のことであった。

一方、人口の増加と同時に発生した物価の高騰を通じ、農業の商業化が促進された。このため、農村住民へのしわよせが際立つことになる。農産物の需要は、国内外を問わず、その総生産の水準を絶えず引き上げる誘因として働いた。それは、下ロンバルディーア地方とヴェーネトのように資本主義的な農業が展開されていた地域にとどまらず、北・中部のメッザドリーアや広大なラティフォンドが支配的なラツィオおよびシチリアにも当てはまる。しかし、生産性が向上した結果、生産高が増大した地域は、ごくわずかの地域に限られていた。その原因は、イタリア農業が抱えていた構造的な脆弱さに求められる。つまり、家畜と牧草の不足、資本の欠乏、不十分な灌漑、原始的な農具の使用といった状況が、半島と島嶼部の大半の地域、とりわけ南部においてこの時期を通じ変化することなく続いたのである。生産水準は、耕作地の拡大、そして特に労働力の搾取を通じて上昇した。生産性の向上は、通常特に収益性の高い農産物の生産によって生じたが、これは概してかなり限定された地域にしか見られない。蚕の餌となる桑の木の栽培は、イタリアの大部分の地域、特に北部、そして中部の若干の地域でますます増大しつつあった。オリーブの栽培は、トスカーナ、リグーリア、プーリアで十八世紀末から広まった。ブドウの栽培は、しばしば穀物と混合する形で地味の肥えた丘陵や平原地帯で行なわれた。さらに、柑橘類その他の果樹栽培は、リグーリア、カンパーニャ、シチリアの主要都市近郊や港を訪れた外国人旅行者の賞賛の的になっている。

ところで、ナポレオン統治下のイタリアでは、少なくともその危機に陥る一八一一、一二年の二年間に至るまで農業部門における高収益が期待されていた。その根拠としては、特にフランスに併合されたイタリアの諸地域をはじめとして市場が拡大された事実だけでなく、私有財産を対象としてイデオロギーの面からの支援と実践的な奨励、優遇政策がとられたことが挙げられる。貴族、ブルジョアジー、新旧の地主が、〈国民の財産〉を争って獲得しようとした事実は、こうした楽観的な期待感の証であった。従来の共有地や共有権は、小土地保有農や小作農の犠牲の上に立った私有地の拡大とともに蚕食されていった。政府は、特定の農産物生産への投資を奨励した。ピエモンテでは、ベンゾ・ディ・カヴールやプロヴァーナ・ディ・コッレーニョ[二]のように指導的な名門貴族が、メリノ種の羊を相当数飼育するようになった。また、ナポリとアグロ・ロマーノでは、大規模な綿花栽培の実施が試みられた。一方、フランスに併合された地域の多くでは、青藍や甜菜といった工業製品の原料となる植物の栽培に奨励金が支給されている。

しかし、こうした試みは、大概失敗に終わっている。それは、一つには気候条件が合わなかったことにもよるが、主な理由は、ナポレオン支配の末期に生じた経済危機に求められる。ナポレオンが強制的に新しい国境線を引き、それに伴って新しい関税障壁が強要された結果、従来の伝統的な市場が閉鎖された。この影響は、プラス、マイナス両面の効果となって現われた。たとえば、フランスに併合された旧パルマ・ピアチェンツァ公国の場合、同国が今まで国外市場としてきたロンバルディーアが、今やイタリア王国に編入されたため、当地への輸出が不可能となってしまったのである。また、フランス軍によって征服されたスペインでは、メリノ種の牧羊家が没落した。なぜなら、高品質を誇ったスペイン製の羊毛が突如としてだぶついてしまったからである。しかし、とりわけ、リヨンの絹織物業が戦争の勃発で需要が減って危機に陥ったため、未加工および半製品の絹を生産するイタリア人が壊滅的な打撃を受けた。さらに、一八一一―一二年に発生した飢饉に伴って価格が高騰したイタリアの主要穀物の一つである小麦は例外として、柑橘類やブドウ酒といった投機的な性格を持つ農産物が被害を受けている。

やがて、王政復古が実現するとともに、一八二〇、三〇年代には農産物価格の低下傾向が続いた結果、集約農業が展開されたわずかな地域を除いて、農業は不振に陥った。下ロンバルディーア平原の混合農業、ピエモンテと西部ロンバルディーアの米作、それにたとえばリカーソリ男爵(二)のように商業的な農業経営に極めて熱心な地主が行なったトスカーナの丘陵地帯におけるブドウ栽培は、全般的に見れば不毛な農村風景の中のいわばオアシスのような存在にすぎない。そのうえ、こうした限られた地域でさえ、その利潤の維持は主に労働力の強化を通じて達成されていたのである。そして、他の地域では、農民の生活水準に悪影響を及ぼすただでさえ後れた農業条件に、折からの経済不況が重なった。

こうした劣悪な状況下で農村住民各層が示した反応は、彼らの居住する地域と農業形態によってさまざまでであった。それでは、まず南部に注目してみよう。ここでは、シチリアと本土の広い地域でラティフォンドが一般的であった。そして、多くの労働力を使用して小麦の粗放農業が行なわれていたが、資本が投下されることはほとんどなかった。十八世紀末のシチリアでは、当時の経済学者がこの島に投下された農業資本についての評価を行なっている。それによれば、同じ面積の耕地に対してイギリスの農民が〈農業改善〉のために投下した資本のわずか四分の一から六分の一にすぎないとのことである。南部では、都市に生活基盤を持つガベッロッティが広い区画の耕地を不在地主から借り受けていた。そして、これらの土地は小さく区分された後、日雇農や零細な自作農に短期契約で又貸しされていた。また、この地域はほとんど絶えず干ばつに襲われた。こうした気候条件が作用して、荷物運搬用の家畜、たとえば雄牛を飼育するために必要な土地は、ヨーロッパの北部と比較すると三〜五倍の面積があった。こういうわけで、南部イタリアの農民が仮に耕地を購入するための資本を所有していたとしても（実際にはそんなことはなかった）、彼らは、わずか一頭の家畜を飼育する程度の土地でさえ、新たに賃借することは決してできなかったのである。ちなみに、彼らが耕作できる土地の面積は、作業に従事できる大人と子供の数によって決定された。ペストが大流行した一六五六年以降一世紀の間、少なくともナポリ地方の一画、ヴァッレ・カウディーナでは、折からの消費の減退と労働力不足を背景として農民は永代小作地を獲得し、それらを穀物、オリーブ、ブドウその他の果樹の混合栽培に利用することで、よりバランスのとれた生計を立てることができた。しかし、一七六四年に恐るべき飢餓が発生し、小麦価格が高騰した結果、こうした脆弱なバランスは崩れ去った。さらに、十九世紀になると、消費量は生産高を再びはるかに引き離す一方で、出生率はゆっくりと低下し始めた。ブドウ栽培で有名なアマルフィの海岸地域では、一八一六―一八年の飢餓と一八二二―三二年のブドウ酒価格の下落が、前記のヴァッレ・カウディーナと同じ結果をもたらした。つまり、農民の家族は彼らの生計を維持するために必要な利益を得ることがもはや不可能になってしまったのである。この状況は、彼らが高度に専門化した農業と漁業および家内織物生産、あるいは地方の製紙工場における労働を統合させた場合にも変わることはなかった。十九世紀を通じ、ナポリ地方のこれら小土地保有農は、ブラッチャンティにその地位を譲り始めた。ちなみに、ブラッチャンティが生き延びる可能性は、どれだけ多くの労働力を確保できるかにかかっていた。したがって、彼らには多くの息子を持つ傾向があった。

次に、教皇国家では、アペニン山脈に連なる丘陵や傾斜地が、マレンマやアグロ・ロマーノの広大な平原を北から南へ半円形に囲んでいた。この平原は、マラリアの流行によって住民に見捨てられた。その結果、丘陵地帯に自作農と小作農が集中し、人口過密の状態となった。彼らは、二ヘクタール程度の小規模な土地を耕作したが、それは典型的な混合栽培による自給経済の形成を意味した。広大なアグロ・ロマーノの平原地帯は、〈農業商人〉と呼ばれる小グループ（一八一三年にはわずか五四しか存在していない）が利用していたが、この地域に定住する農民が不足していたために多量の臨時労働力を必要としていた。こうして、アブルッツォの山岳地帯、テッラ・ディ・ラヴォーロ、マルケ、トスカーナ、そしてウンブリアから多くの季節労働者がこの地にやって来ていた。彼らは、農作業の規則的なサイクルに従って土地を耕し、種を蒔き、小麦を刈り取った。ローマに在住するナポリ出身の長官は、この収穫の光景を次のように活写している。

「一つの畑で、半レーガ〔一レーガは、約四―五キロメートル〕にわたって六〇〇―八〇〇人の労働者が一列に並んで刈り取りに従事する光景は、決して珍しいものではない。彼らは時折大きな叫び声を挙げ、それは隊列の端から端へと伝わっていく。四〇あるいは五〇人の監視人がその間を馬で動き回り、一層急いで仕事をするよう彼らをせかし、小麦をできるだけ低い位置で刈り取るよう叱咤するのである。ブドウ酒、パン、チーズを背中に積んだラバの群れが、彼らの疲労を回復させるために引きも切らずに続く。そして、彼らは、夜になると畑の上で眠りにつくのである。」(Archives Nationales, Paris, F. 20. 435, Roma, 7 January 1813)

さて、高度に特殊化した農業は、前述した労働力不足を背景として展開されることになる。つまり、四年から五年おきにわずか一度だけ小麦の種蒔きが行なわれ、休墾期間にはより収益性の高い羊の飼育のために、畑が牧草地として利用されたのである。ちなみに、この羊は、数十万頭の群れをなして毎年山岳地帯から平原へと移動していった。

羊は、季節をサイクルとする移住の場合でも、あるいは定住の場合であっても、イタリアの大部分の地域で目にすることができるようになる。二〇〇から四〇〇〇頭の群れをなす羊は、アブルッツォからプーリアまでのように、時には一〇〇キロ以上の距離を移動した。この羊の一部は、資本主義的な性格を持つ農業商人、あるいはガベッロッティが所有し、他の一部は山岳地帯に住む羊飼いが所有した。ちなみに、牧草地の利用には、賃貸借料が課せられた。このため、商業目的の羊の飼育は、当然のことながら富裕な農民層や山岳地帯に大規模な牧草地の共同放牧権を持つ人間に限定されることになる。一方、小土地保有農、借地農、そしてウンブリア、トスカーナ、アペニン山脈の中・北部のメッザードリさえもが、ごくわずかではあるが羊を飼育していた。しかし、それらの羊は、概して質が劣っており、毛織の衣類、それにチーズや肉としてもっぱら家族の生活のために利用された。農耕と牧羊を混合させた農業を目指す唯一の試みは、ピエモンテで行なわれている。ここでは、冬期に牧羊者がアルプスから下ってきて、自由に放牧する権利を地主から得た。地主はそうすることで、耕作に必要な堆肥を手に入れたのである。

イタリアの中部、そして北部の多くの地域では、メッザドリーアやコロニーア・パルツィアーリアと呼ばれる特徴ある農業形態が見られた。これにより、借地農は見かけの上では生活面で大きな保障を与えられていた。小麦、トウモロコシ、安価な穀物、ブドウ、オリーブその他の果樹といった作物の混合栽培は、メッザードロの家族が日常生活に必要とする消費を満たす基本であった。農場の面積と家族の規模両者間には、構造面で相関関係があった。ちなみに、それは、農作業に最適な労働者の数と扶養者数双方の間でバランスが保たれなければならないという意味においてである。農場は、三ヘクタールほどの広さでも耕作可能であったが、一般的な面積は一〇から二五ヘクタールであり、これを使用するには六―一五人の大家族を必要とした。しかし、メッザードリは、地主や差配に対して全面的に服従していた。彼らメッザードリは、通常一年契約で束縛され、次の四つの場合には解雇される可能性があった。つまり、彼らの家族の規模が極端に変化した場合、息子や娘が地主の許可を得ずに結婚した場合、規定に従って土地を耕作することができなかった場合、それに極めて重い負債を抱えてしまった場合、である。こうして、彼らの生活状況が十八世紀を通じて悪化したことは、ほとんど疑いない。彼らメッザードリが従わなければならない農業契約は、すでに極めて多くの労働力が集中していた農業に関わる労働義務の増加を規定していた。つまり、彼らがブドウその他の樹木を植えれば植えるほど、今度はますます多くの用水路を清掃したり、掘ったりしなければならないのである。地主は、収益性の高い穀物の大半をわが物とし、桑の木の栽培を独占していた。しかし、とりわけメッザードリは、容易に、そして極めて頻繁に負債を抱え込むことになった。ちなみに、これに関しては、家族全体が連帯責任を負わなければならなかった。これらの大家族が見かけ上は安定した生活を送り、地主が彼ら個々人に対して家長的な立場にあるというイメージ（これは、王政復古期におけるトスカーナの農学者が好む光景であった）にもかかわらず、メッザードリの置かれた状況は依然として不安定なままであった。異なった家族の者どうしが拡大された家族という形で共同生活を強いられることによって生じる緊張関係は、不作の結果、過大な負債を背負う危険と並び、メッザードリの解雇と配置替えという事態を容易に引き起こす可能性があった。なぜなら、数が常に増加する家族は、仕事にありつくことを強く待ち望んでいたからである。メッザドリーアは、十九世紀初頭において飢饉に対する一種の緩衝機能を果たし続けていた。しかし、生産物価格が安いため、飢饉等で生活が苦しくなる時期に備えて蓄えを増やすことはメッザードリにとってますます困難となる一方で、彼らに課される労働条件に対して一層弱い立場に追い込まれていくのである。

一方、小土地保有農は、彼らメッザードリに比べると、理論上は自立性が強い農民である。しかし、彼らの自立性は、適度の大きさの農地を所有していない限り、絵に描いた餅にすぎなかった。小土地保有農の大半は、実際最低限の生活を余儀なくされていた。彼らの家族規模は、メッザードリよりは小さかったが、それが生産と労働のバランスに依存している点で両者は似ている。つまり、子供が小さくて労働に従事できない時期、あるいは両親が年老いて労働が不可能となる時期という家族のライフサイクルにおける少なくとも二つの時期に、消費と労働のバランスが特に不安定になったのである。そして、家長は、自分の家族に親戚を含めることによって家族の規模を拡大しながら生活力を維持しようと努めていた。農地の不足、遅れた農業技術、それに労働力の過剰という状況は、家族の組織構成に大きな影響を及ぼした。ちなみに、一時的な移住、小さな土地の蓄えや結婚の持参金作りを目的とした貯蓄、そして共有地における耕作や灌漑の利用といった共同体内部での共同作業を通じ、何世代にもわたって受け継がれてきた家族の財産を保持するために形成されたのがそうした家族の組織であった。この小土地保有農、そして小土地借地農は、ともに十九世紀を通じてイタリア全土で見られた。彼らは、新しい家族の誕生と古い家族の消滅という現象を常に引き起こしながら、農村住民の中で流動的ではあるものの、大きな部分を形成していた。十分な土地や家畜を所有する家族だけが、何世代にもわたって生き残っていくことが可能だった。実際に自給自足の生活を行なっていたのは若干の家族にすぎず、しかもそれは通常僻遠の地に限られていた。そして、彼ら小土地保有農と小土地借地農の生活は、その大半が程度の差こそあれ、都市部の市場に依存していた。この傾向は、農業の商業化を背景として十九世紀を通じて強まっていく。彼らは、一時的に移住したり、拡大を続ける市場向けの未加工の生糸、あるいは絹織物といった家内工業に従事することで生計を維持できた。しかし、こうした不安定なバランスは、貿易の途絶や不作によって容易に崩されてしまう。実際、ナポレオン戦争と大陸封鎖が原因となって、彼らの家族の多くが日雇農業労働者の分厚い隊伍に加わることを余儀なくされたのである。一八一二年、一八一六―一七年、それに一八四六―四七年にそれぞれ発生した悲惨な飢饉は、前世紀の六四―六六年と九〇年代に起こった飢饉の場合と同様に彼らの多くを都市に追いやる結果を招き、ただでさえ苦しい状況をさらに悪化させてしまったのである。ちなみに、あるフランスの大使は、飢饉が発生した一七六四年頃、「地方の農民は、盗まれた穀物を追いかけてナポリに流入している」と記している（Venturi, 102, p. 405）。また、十九世紀に数回の飢饉を経験するヨーロッパでは、その最後の発生時に、口に草をくわえた屍が放置されているさまを同時代人が恐怖に駆られながら記している。

さて、広大なポー川流域に広がる平原や丘陵は、小土地保有農、借地農、メッザードリ、そして農業資本家の手で耕作が熱心に行なわれていた。ヴェルチッレーゼやノヴァレーゼの水田は、移住した農民によって耕作されており、十八世紀末と十九世紀を通じて急速に広がった。しかし、この米作は、そこで労働する者にとって、ある意味では不健全な性格を持っていた。この点について、セージア県を管轄していたナポレオン体制期の知事は、次のように指摘している。

「当県の平原地帯の住民は、憑かれたように新しい水田を作り上げる。その結果は、地域住民にとって悲惨なものとなる。彼らがなぜそうした態度を示すか考えてみると、それには三つの原因が挙げられる。つまり、彼らが豊作をほぼ確実視していること、その収穫が確実に売却できると信じ込んでいること、そして地主が米価を確実に引き上げるものとみなしていること、の三点である。」(Archives Nationales, Paris, F. II. 474-5, Sesia, 26 brumaire, an 14)

十八世紀後期のロンバルディーアとヴェーネトには大農地が広がっていたが、これは小土地保有農と借地農の犠牲によって実現したものである。この地域にブラッチャンティ〔季節農業労働者〕や日雇農の数が多かったのは、こうした大規模な農地が存在することによる当然の帰結である。多くの資本投下によって手の込んだ近代的農法がロンバルディーアに展開される一方、ヴェーネトの農業は遅れていた。そして、その原因は、フィッタンツィエーリと呼ばれる資本主義的な借地農の存在に帰せられる。そして、穀物とトウモロコシの栽培、それにブドウ酒の醸造が、この地域の後れた農業の特徴となっていた。ロンバルディーアでは、大農地はマッセリーエ[1]と呼ばれる実際的な規模の農地に区分されていた。そして、これを耕作するのは、レッジトーレ[2]と呼ばれる一家の長が指導する四〇名、あるいはそれ以上の人間によって構成される四、五家族からなる大家族であった。一方、ヴェーネトでは、農地は約二〇人の人間が耕作するマッセリーエ(ロンバルディーアの場合よりも小さい)に細分されるか、あるいはフィッタンツィエーリが、彼らに従属するビフォルキ[3]に俸給を与えることによって直接利用していた。大農地を主体とする地域で補足的な労働力の需要を満たしたのは、ブラッチャンティである。彼らのうちのある者は、わずかな賃金の前渡しと冬に備えての十分な量のトウモロコシ、それに住居と時には自分用の耕地を与えられて年契約で働いた。また、家賃を支払う一方、労働に対する報酬は収穫量に従って現金よりは、むしろ現物で支給される者もいた。とはいえ、ブラッチャンティの大半は、その労働が必要とされる間、日当を支給された。その中には、自分の所有する小さな農地を耕したり、農閑期に都市へ移住してポーターや大工として働く者もいた。また、仕事を見つけることができずにマッセリーエやその集合体である大農地の周辺に群れをなし、生活の糧を求める者もいた。彼らは、しばしば畑で盗みもやってのけた。

ところで、このブラッチャンティは、農民の中で最下層に位置しており、南北両イタリアで大農地に依存する生活を送っていた。彼らは、大農地の存在を通じて創り出された農業プロレタリアートであった。十九世紀初頭に農産物価格が下落するに伴って賃金が低下し、雇用の機会も失われていった反面、彼らの数は増加した。一七七〇年代から一八二〇年代にかけてのヴェルチェッレーゼでは、ブラッチャンティは年間で二六〇日働いても生計を維持するだけの収入を得られないとみなされていたほどである。

このように極めて厳しい状況下に置かれた彼らにとって、家内工業と移住は生計を支えるための重要な手段であった。多くの家族、とりわけ僻遠の山岳地域に住む家族は、彼ら自身が着用する衣類や仕事に用いる綱を得るために、羊を飼育したり麻を栽培したりしていた。つまり、基本的な道具類は自家製だったのである。しかし、農村工業を代表するものは、養蚕および生糸の生産であった。この場合にも、農業の商業化を通じて利益の大半を手にするのは、借地農よりは、むしろ地主の方であった。なぜなら、両者間で結ばれる借地契約には、農民が行なう絹織物業に対する厳しい規制内容が盛り込まれていたからである。また、市場の需要が高まってきたにもかかわらず、縫製と紡績に関する技術革新は、多くの農民の家族収入にとってはほとんど確実にマイナスの効果をもたらしたのである。

さて、移住は、常に行なわれた。多くの家族にとって、これはライフサイクルにおけるごく普通の一面であった。石工、棟上げ職人、大工、左官、樽職人、炭鉱夫、金物職人といった専門技術を身につけた熟練の職人は、毎年数カ月間村を離れ、通常長い歳月をかけて確立された道程に従って時には集団で移動した。農業の分野でこれらの職人に匹敵するのは、草刈り人、種蒔き人、植木の剪定人、丘陵地帯のブドウ園の手入れ人、それに羊飼いである。この他には、青年期から結婚するまでの数年間故郷を離れ、結婚資金を蓄えるために使用人として諸都市へ移住したり、ポーターとしてスペインやフランスへ出かける者もいた。しかし、このように、一時的にせよ、永久的なものにせよ、規則的なパターンを持つものとは別に、不作や家計の破綻から必然的に生じる移住もあった。この点に関し、ストゥーラ県[三]の知事は次のように指摘している。

「不作の年には、移住者の数が著しく増加する。そして、地域によっては、通常の二倍ないしは三倍にまで膨れ上がる。」(Archives Nationales, Paris, F. 20. 435, Stura, 20 June 1811)

農村住民の生活は、十八世紀中頃から十九世紀を通じ、絶えず悪化していた。移住者は、家族が負債を抱えてばらばらになると浮浪者と化し、路上で物乞いをするようになった。ところで、トウモロコシの栽培は、小麦や他の穀物に比べてはるかに高い生産性を示した。このため、十八世紀末には、ヴェーネトからロンバルディーア平原、ピエモンテ、リグーリア、さらには中部イタリアの一部の丘陵と山間部、そして南部では、カラーブリアの山岳地帯にまで急速に広まった。ちなみに、セージア県の知事は、一八一二年に次のように述べている。

「平原や山岳地帯の農民大衆にとって、トウモロコシは基本的な穀物であり、それは都市における小麦と同じである。」(Archives Nationales, Paris, F. 10. 420, Sesia, 1 June 1812)

一方、アペニン山脈に位置するリグーリアやピストーイアのようにトウモロコシが良く育たない地域では、これに代わる作物として栗が栽培された。ジェノヴァの山がちの後背地で栗の収穫が失敗に終わると、四万人の全住民は村を捨て、ピエモンテやロンバルディーアの米作で生き延びようとしたのである。また、パルマ公国やピアチェンツァでは、至る所で「農民、地主、商人、ブラッチャンティ」によって豚が飼育されていた。しかし、農民は、収入を補うためにこれを太る以前に売却している。さらに、山羊の飼育は、山岳や渓谷地帯でそれが可能な所ならば、どこででも行なわれた。トウモロコシを材料とするポレンタが食事の中心となったイタリアの中・北部では、農民の食卓から新鮮な肉が姿を消し、タンパク質やビタミンの欠乏が深刻であった。彼らの不十分で単調な食事を補ったのはただブドウ酒だけであり、王政復古期のロンバルディーアでは、幼い子供たちにさえこれが与えられている。

他方、農村住民の住宅環境も、その大半はほとんど改善されなかった。トスカーナのメッザードリやロンバルディーアのマッセリーエが生活するしっかりとした造りの住居は、高く評価されていた。しかし、それらを使っていたのは、裕福な家族だけである。そして、小土地保有農や借地農は、通常スレートやタイルで葺いた屋根を持つ石や煉瓦造りの家で暮していた。こうした家は、湿気がこもりがちであり、そのうえ小さな面積のものが常であった。また、窓は乾燥させた家畜の糞によって目張りがされていた。ちなみに、家畜は飼い主と同じ部屋で生活をともにした。また、ヴァルテッリーナの小地主の間では、その所有権が息子や孫息子に対しても分割された。つまり、彼らには「同一の部屋、同一の台所、そして同一の中庭が、四分の一、あるいは六分の一ずつ」分け与えられたのである (Della Peruta, in 243, p. 326)。

また、ロンバルディーアとピエモンテでは、食欲旺盛で高温を好む蚕を飼育する時期になると、家族全員が台所までを含むそのすべての生活空間を放棄しなければならなかった。農村労働者や日雇労働者は、時には煉瓦造りの、しかし多くは木や葦だけで建てられ、藁やトウモロコシの皮だけで屋根を葺いたあばら屋に住んでいた。さらに、アグロ・ロマーノの場合、日雇労働者には強い陽射しから身を保護する覆いさえあてがわれなかったのである。

こうして、リソルジメント期の全般を通じ、農民の生活水準はイタリアの全域で悪化したが、なかでも最も悲惨だったのは、南部である。負債を抱えた彼らの生活は、結局貧困状態に陥ることとになるが、これもますますありふれた現象となった。食糧が不足し、物価が高騰した時期には、しばしば婦人が指導する自発的な暴動が市場の開かれる広場で勃発した。暴動は、おなじみのパターンを持っていた。つまり、穀物価格の引き下げ要求、パン屋のかまどや地方の名士の邸宅に対する襲撃がそれである。これ以外に、南部では土地獲得の要求も行なわれた。一八一六―一七年および一八四六―四七年の飢饉の際に勃発した暴動と、アンシャン・レジームにおける暴動との差異は、小さいといえるだろう。

しかし、北部と中部の地主の姿勢には、この間に変化が見られた。啓蒙主義の改革者が貧民に対して冷酷な敵意を剝き出しにしていたのとは対照的に、王政復古期には、人々の宗教心の高まりを背景に人道的なアプローチが行なわれるようになったのである。公衆衛生に対する関心は、一八三五―三七年にコレラが流行した後とりわけ高まった。こうした事情を契機として実施された種々の調査によって、農村部の悲惨な生活状況が明るみに出された。ちなみに、ジェノヴァのチェヴァスコは、都市の仕事場だけでなく、「悲惨が巣くう所、つまり農民のあばら屋」においても公的機関による観察と指導が必要であると一八三八年に指摘している（Cevasco, 229, t. 1, p. 267）。

こうした議論は、リソルジメントの数十年間に出現した社会派文学が一貫して取り上げたテーマであり、北部や中部ではさらに頻繁に、そして強い調子で現われたが、それは他の多くの側面でも見られるように南部とは異なる点の一つであった。

ところで、農民の家族経済には、外部の不利な状況を跳ね返す力を内在する傾向があった。そして、この経済の土台となっていたのは、家族の生活維持が可能となる水準までその構成員の労働を利用できる能力であった。こうした構造は、一見すると固定していたかのように思われた。このため、農民の中で農業プロレタリアートに転落する割合が増大するに伴って生じた無数の些細な変化や個人的な悲劇は、見逃されがちであった。十八世紀のイギリスや十九世紀のフランスとは異なり、イタリアにおける農業の近代化は、ポー川流域のごく限られた地域を除き、失敗に終わっている。南部のラティフンディア、中部や北部のメッザドリーアは、資本をわずかしか投下しないことを前提とする形態であったために、農業の近代化を阻害した。イタリアの農産物価格は、リソルジメント期を通じて先進的な農業を展開する国家と競り合う過程で下落し、これが国内の農業の状況を一層悪化させた。実際、一八二〇年代から七〇年代にかけての五〇年間に、イタリア農業の長年続いてきた構造的危機の最終段階が明らかとなるのである。こうした事態を念頭に置けば、リソルジメントの政治運動から農民の存在が事実上欠落していた事実に関して詳しい説明は不要であろう。南部では農民が絶望的な状況に置かれていたために、土地を求める暴動が始終発生した。一方、中部や北部の状況を見ると、トスカーナとウンブリア、それにロンバルディーアとピエモンテでは、地主がカトリック的な人道主義に基づく姿勢を示している。しかし、それによって、弱まる一方の農民の生活を改善したり、悪化の阻止を図ることはほとんど不可能であった。つまり、農民の世界は、地主の救いの手が届かない自給経済の周囲に構築されていたのである。しかし、地主は、この世界を都市に展開する政治運動から隔離するという点で一定の役割を果たすことができた。

二　都市

さて、一八三〇―四〇年代におけるイタリアの主要都市は、今まで見てきた農村とは対照的に、一世紀前とは目に見えて異なった様相を呈していた。十八世紀末の都市は、ほとんど例外なく行政の中心地として不動の地位を占めており、地主貴族の居住地でもあった。また、主に奢侈品を製造する職人も都市に住んでいたが、彼らの中にはヴェネツィアやローマのように観光に関わって生計を立てる者もいた。一方、すべての都市は、食糧供給と不動産収入に関連して農村に強い影響力を及ぼしていた。そして、十九世紀中頃になると、北部の若干の都市と南部の主要都市両者間の経済的活力の差が、それぞれの人口増加率や社会構成の違いにすでに反映されている。

こうして、都市によっては、自立的、あるいは半ば自立的な中心地としての役割を喪失した結果、人口が停滞したり、減少した場合もあった。たとえば、王政復古とともにオーストリア帝国に組み入れられたヴェネツィアは、行政面ではミラノ、経済面ではトリエステの犠牲となり、その人口は一七九七年の一三万七〇〇〇から一八四五年には一二万二〇〇〇へと減少している。また、ナポリの厳格な支配に服することになったパレルモの人口は、二二万（一八一五年）から一九万四〇〇〇（一八六一年）に低下した。そのナポリの場合、十八世紀末に増加した後、リソルジメント期を通じて四三万から四五万の間を揺れ動いていた。ローマでは、一八〇〇年当時の人口一五万の水準を一八三〇年代になってやっと回復し、それからゆっくりと増加傾向をたどり、一八六〇年には一八万四〇〇〇に達した。新しい支配者、サルデーニャ王国に住民が不信感を抱いていたジェノヴァの人口の増加はわずかであり、一〇万（一八一四年）から一一万四〇〇〇（一八三八年）となったにすぎない。これらの諸都市とは対照的に人口が際立って増加した例としては、北部のトリノとミラノ、それに急速に成長した若干の港湾都市を挙げることができる。まず、トリノでは、八万六〇〇〇（一七九六年）、一三万七〇〇〇（一八四八年）、さらに二〇万四〇〇〇（一八六一年）と増加している。そして、ミラノでは、一三万九〇〇〇（一八一四年）、一八万九〇〇〇（一八四七年）、二四万（一八六一年）となっている。また、リヴォルノは、四万六〇〇〇（一八一四年）から六万一〇〇〇（一八三四年）へ、カターニャは四万五〇〇〇（一七九八年）から六万九〇〇〇（一八六一年）へそれぞれ増加している。

こうした都市人口のさまざまな動きの水面下には、都市と農村の関係に生じたより総体的な変化が潜んでいた。十八世紀におけるイタリアの都市の中心地は、通常城壁によって周囲を囲まれたいわば〈閉ざされた〉空間であった。この城壁は、中世のコムーネや領主の支配期、そしてスペインがイタリアを支配した十六世紀後半から十八世紀初頭にかけて構築され、しばしば拡張された。そして、十八世紀になると、城壁は、軍事目的よりは、むしろ財政的な目的に効果を発揮した。つまり、都市内部に流入し、また逆に輸出される商品に関税を課す作業を容易にしたのである。しかし、城壁は、都市と農村の間に明確な境界線を引く役割も果たしていた。都市は、意識的にかつ慎重に自分の殻に閉じこもった。都市の城壁は、しばしば集約的な耕作地として利用される建造物のない地域を通常内包していたが、とりわけ明確な境界として機能した。つまり、その境界内部の空間に対しては、美的基準に従って計画が立てられ、食糧供給が保障され、公秩序が保たれて浮浪者は排除されたのである。

ところが、十八世紀末になると、富裕な貴族やブルジョアジーの中には都市の中心部を離れ、都市郊外や城壁の外側に宮殿や邸宅を建設する者が出現し始めた。それと同時に、家賃収入を目的とする投機的な家屋の建設が城壁の周囲に始まったが、これは、都市内部とそれに隣接する郊外にも見られる現象であった。また、その後のフランス支配を契機として、トリノやミラノのように城壁や稜堡が壊された都市もあり、壮大な都市計画が実行に移された。こうして、フランスですでに十分発展していた都市に関する新しい機能主義の概念がイタリアにも姿を現わし始めた事実は、極めて重要である。都市は、物流と行政、それに居住の中心地と考えられるようになった。市街全体は、商業活動のために発展し、改造されるべき対象であった。また、公的サービスの改善も必要とされ、とりわけ都市はその周辺地域に対して開かれたものとなるべきであった。プライバシーと快適な居住性の確保が重視され、共同住宅の建設にあたっては、この点が念頭に置かれた。田舎に邸宅を所有したり建設したりするだけの余裕がない者に対しては、古い城砦を遊歩道に転用することで、一層容易で快適な社会的交流が保障された。

こうした新しい都市概念は、リソルジメント期の数十年間に、フランスに比べてはるかに緩慢に恐ると、しかも不完全な形でイタリアで受け入れられたのである。したがって、地方の小都市にはこうした考えは浸透しなかった。ちなみに、これらの都市は、行政、文化両面における伝統的な影響力を周辺の農村に行使し続けていたのである。また、ローマやパレルモのように経済的には停滞している主要都市に居住する大貴族の支配も相変わらずであった。しかし、トリノ、ミラノ、あるいはリヴォルノのように都市部の中核として発展していた地域の役割に関する議論の根底には、前述した新しい思想が見いだせる。文民当局は、新しい都市地域の発展に対応する合理的なプラン作りや住民に対するさまざまなサービス提供という面で、一層積極的な役割を演じ始めた。なぜなら、彼らは、当時の都市がスタティックな性格を持っていた以前の都市とは対照的に〈当然のごとく〉成長しつつあるものと確信していたからである。繰り返し発生するコレラや発疹チフスを契機として盛んになっていた公衆衛生に関する議論を通じ、最も非衛生的な地区の取り壊しと再開発が行なわれる場合もあった。そして、この議論に直接結びついていたのは、流行病が商業活動に及ぼすマイナス効果に対する懸念であった。飲料水の供給体制の確立、消防隊の増設、街灯の設置と道路の舗装、公営の屠殺場と新しい墓地の城壁外への設置といった都市住民の生活に関連した投資の増大は、換言すれば、都市における商業資本家の重要性の高まりを意味していた。

旧来の食糧供給規制の廃止は、フランスの統治時代に実施され、さらに王政復古期の支配者が確立したが、これによって都市と農村との一層開かれた関係が促進された。しかし、さらに重要なのは、城壁の外側に建設された〈ボルギ〉〔新開地〕であった。ボルギは、陸路や河川の交通によって後背地と結ばれていた場合が多い。こうしたボルギの急速な発展を支えた主な要因としては、新たな商工業活動の発展、関税やそれと比較すると安価な各種使用料の撤廃、プライバシーを重視した広い住居の需要の増大が挙げられる。ちなみに、一八三七年頃のリヴォルノでは、町の城壁の外側には、内側と同じくらい多くの家屋が立ち並んでいた。また、ミラノでは、税関の壁の外側に作られた〈コルピ・サンティ〉〔殉教者の肉体〕と呼ばれる郊外に、一八一六年には一万八〇〇〇人、一八六一年には四万八〇〇〇人の人々が住んでいた。

十九世紀中頃の都市に居住する地主貴族は、都市におけるその権力をまだ喪失してはいなかった。実際、トリノ、ミラノ、フィレンツェ、そしてヴェネツィアで、彼らは市の行政を支配し続けていた。しかし、一八四〇年代になると、国際経済の拡大とともに都市のブルジョアジーが自ら指導的な役割を行使することを主張し、近代化された社会に何が必要なのかに関する自己の見解を統治者に押しつけた。十九世紀の三〇年代と四〇年代に愛国的な市民によって書かれたガイドブックには、イタリアの主要都市について、その歴史的モニュメントや慈善施設と並んで、工業、貿易、商業、それに金融業に関する詳細で誇らしげな説明が書かれている。

こうしたブルジョアジーの構成が、さまざまな都市におけるその重要性の程度を指し示している。たとえば、一八三八年のミラノには、四二人の銀行家と二五人の両替商がいた。ここでは、全般的な傾向として製造業の分野で絹織物業が支配的であり、七六人の絹織物商人、四〇の絹織物工場、一九六人の絹および綿製品の製造業者、そして一〇六人の被服商人が活動する一方で、染色上と捺染の工場が四八存在していた。その他には、植民地の品々の卸売商（一四六人）、鞣革《なめしがわ》商人（四六人）、穀物、油、ブドウ酒などの食料品を扱う卸売商（一五五人）、雑貨の仲買人（一五〇人）、それに五つの精糖所もあった。一四万八〇〇〇の人口（三〇〇〇の在住地主を包む四七〇〇人の地主も算入する）を擁するこの町では、前記の裕福な商工ブルジョアジー（一〇〇〇人をゆうに超えていたことは確実である）が、五〇〇の技師と一七〇の法曹家といった知的職業人のグループから密接な支持を獲得しつつ、強い力を示していた（232, pp. 5-7）。

一八四〇年代のイタリアで、経済的に最も活動的で裕福な都市はミラノであった。しかし、他の主要な都市でも、ブルジョアジーはミラノの場合に類似した役割を演じた。たとえば、ジェノヴァでは、一八三八年に一〇〇〇人以上の商人がいた。ヴェネツィアでは、ガラスや毛織物の工場、精糖所、機械化を図ったフェルト工場を、ミラノに見られるような中産以上の階層が所有していた。ナポリでさえ、三〇〇人の銀行家と商人の小グループがいた。彼らは、農産物の取引と国家統治に結びついた投機活動を牛耳っていた。ちなみに、後者の具体例としては、徴税請負、公共事業の請負、海上保険業務が挙げられる。彼らは、いわゆる〈新興の〉人間で、ナポリ人、シチリア人、それにナポレオンの支配体制が崩壊した後もナポリにとどまっていたフランスとスイスの銀行家および企業家であった。

ところで、ナポリの例は、北部の諸都市と極めて対照的な経済発展を見せたという、まさにその事実によって意味深い。ここでは、オーストリアやピエモンテの政府によるものよりも、はるかに充実した経済振興政策が一八三〇年代に図られている。にもかかわらず、経済を独占していた少数者は、株式会社や冒険事業に自らの資金を投下することを拒んだ。なお、その例としては、綿紡績工場、機械工場、鉄道敷設会社や蒸気船会社がある。これらは、当時の数十年間にナポリで始まった産業化のすべてを意味しており、結局は諸外国の投資による支援を受け、他の経済活動とは隔離されたままの状態が続く。ナポリでは、財政や商業を独占する少数者による市政が大きな影響力を持ち、それが、この町の発展にとってマイナスの効果を及ぼしていた。この状況は、ミラノやトリノのブルジョアジーが同じく大きな影響力を有していたものの、それが町の発展にプラスの作用を及ぼした事実とは対照的であった。

この富裕で力強い上層ブルジョアジーの下で、諸都市の経済は、取るに足らない商人や職人の活動の周囲に構築され続けていた。たとえば、一八三八年のジェノヴァには、二万一〇〇〇を超える親方とその徒弟がいたほかに、特別の名称を持たない一三〇〇人の職人、それに小売商、小規模な商人とその使用人が全部で六四〇〇人活動していた（Cevasco, 229, t. 1, p. 164, bis）。また、ヴェネツィアでは、一八四八年に、銀細工師、金細工師、宝石細工師が七六人、大工が一〇八人、鉄、真鍮、それに銅製品を販売する店が六一軒、洋服店が六五軒、靴下や手袋の販売店が七〇軒以上、絹製品を扱う店が一〇〇軒以上、さらに二五軒の古物商と三〇軒以上のガラス製品の店があった（Ginsborg, 311, pp. 37-8）。

そして、一八三八年のミラノでは、一〇〇人を超える時計屋、一五〇人の宝石商、絹や綿の製品を販売する四〇〇軒近くの店、手袋や帽子の工房が六五軒、一六人の縫い取り師、一三人の造花製造業者、三〇〇人以上の仕立屋、一八八人の靴職人、そして家屋や宮殿の修理職人と馬車職人が一二〇〇人以上もいた（232, pp. 5-7）。イタリアのすべての大都市で製造業の基本的な部分を支えていたのは、相変わらず職人の技であった。ギルドの廃止によって雇用が全般的に低下することはなく、むしろその再構成が行なわれるという結果が生じた。そして、この現象を支えていたのは、一部は定住者、一部はますます増加しつつあった観光客という富裕な顧客である。

ちなみに、こうした富裕化の現象は、その具体例を至る所に見いだすことができる。つまり、新築家屋、家具、馬車、衣服、新しい劇場、二人乗りの四輪馬車、ゴンドラ、ホテル、カフェの出現がそれである。たとえば、十八世紀のカフェは、もっぱらブルジョアジーと貴族の需要を満たす施設であった。トリノでは、一八五二年に一五〇軒のカフェを数えた。そしてそれらは、

「カフェの名にレストランの名をも結びつけることによって民主化したのである。」(Setefani and Mondo, 228, p. 33)

とりわけ、十九世紀という新しい時代の嗜好や物質偏重の傾向を背景として、一層多くの使用人を雇う必要が生じた。その数は、十八世紀と比較することが不可能だとしても、増加したように思われる。というのは、住込みの使用人を一人も雇っていない裕福な家庭は当時珍しかったからである。たとえば、一八三八年のジェノヴァには、八〇〇〇人以上の下男、給仕、門番、それに料理人がいた。

社会の目に見える変化に対する観察者の反応は、いつものことながらさまざまであった。たとえば、一八四六年発行の『ミラノの歴史的地誌』を書いた匿名の著者は、次のように批判的な見方をしている。

「奢侈は、……安楽な生活と純粋な気紛れにしか役立たない浪費を誇張するという馬鹿げた態度と考えられる。そして、これは、人心をますます軟弱にし、公衆道徳を女女しいものに堕落させてしまう。」(235, vol. 3, p. 155 n.)

しかし、同じ頃、人々の嗜好や流行について書いていたアンジェロ・コッサは、インテリアを頻繁に変

えることが必要であると考え、その意味からすれば、前記の変化は有益であるとする。なぜなら、

「劣った階層、そして最下層ともいえるような人々が、今日かなりの家具を備えている。それは、上流階級が捨てた物を彼らが安く入手できるからである。」(Cossa, 233, p. 18)

しかし、この〈最下層〉の生活の実態をいったん知ると、彼の楽観主義を支持することは容易ではない。小規模な職人や商人をブルジョアジーと区別することは、難しい場合が多い。そして、彼らの下に都市の〈労働者階級〉が位置していた。ところで、この労働者階級という言葉は、工業化社会で使われる場合とは異なったニュアンスを持っていることは明らかである。当時、イタリアの都市や田舎に工場はごくわずかしか存在しなかった。織物工業が発展していたピエモンテやロンバルディーアの諸都市では、一八四〇年代になると十分な規模を持ち、機械化もされた工場が出現し、これを少年や女性の労働力が支えていたことは確かである。もっとも、これは、一般的な例とはいえない。ちなみに、このピエモンテとロンバルディーアの工場労働者の実態を穏和派の指導者が告発することになる。また、ガラス工場、タバコ工場、造船所、機械工場、国営の造兵廠では、多量の労働力を使用していた。たとえば、ヴェネツィアの造兵廠では、一八四八年に八〇〇人の大工、溶接工などが働いていた。一方、カステッラッマーレにあるナポリの海軍造船所には、同じ種類の労働者が一八〇〇人いた。しかし、多くの労働者が集中するこうした例を別にすれば、労働力は依然として散在しており、この状況は過去数世紀と比べてもまったく変わっていない。労働者階級の大半は、極度に限定された市場、つまり、まず彼らの同輩を対象とするさまざまな品物、とりわけ食品の製造と販売に従事していた。当時の人間による〈民衆〉と〈平民〉という区別のはっきりとした差を明らかにすることは難しい。つまり、この区別はまったく主観的な見方というわけではなく、主に富裕な階層向けの製品製造と販売に携わっていた職人や商人と、大半は、より一般向けの製品に関わ

っていた同類との社会的な立場の違いを反映するものでもあった。鋳掛け屋、樽製造人、大工、真鍮と銅の細工師、靴直しと鈴細工師が、すべての主要都市のガイドブックや地誌に掲載されていたが、これだけではない。たとえば、馬車屋、ポーター、魚屋、零細な商人、乾物屋、青果商、パン屋、パスタ製造業者、二流の屠殺人、果物商、ロウ製造業者なども、みな都市の労働者階級を構成していたのである。そして、食品の加工と販売、荷物運搬と建築の技術は、彼らの経済活動を支えていた。

ところで、辛うじて生計を立てている零細な商人や職人を生活困窮者と区別することは、難しい場合が多い。ぎりぎりの生活から一歩転落するには、いくつかの条件が揃えばわけもなかった。たとえば、息子がひとり余計に生まれる、病気が長引く、景気の停滞期に遭遇する、それで事足りたのである。そうなった場合、彼らは、少なくとも一時的に慈善事業の世話にならなければならなかった。こうした〈貧民〉は共働きをしていたために、早婚の傾向があった。鋭い観察眼を持ったジェノヴァのミケーレ・チェヴァスコは、彼らの子供たちの状況について指摘している。それによると、彼らは、七、八歳になるまで街に放置されている。そして、彼らがその年齢に達すると、親は、店や工房で手伝いができるように彼らを仕込もうとするのである。しかし、若者は十分稼げるようになるやいなや、結婚して新しい家庭を形成する。質屋の世話になっていたのは、この「おずおずとした」貧民であった。ちなみに、彼らは、結婚指輪、炊事道具、さらに生活が困窮した際には寝具までを質入れしている。彼らは、敬意を表すべき貧民であったという、まさにその理由から、さまざまな慈善団体が特別の関心を示す対象であった。これらの組織は、彼ら貧民に対して医療面で手助けをし、布団や毛布、さらには彼らの商売道具を与え、再び自立した生活を営めるように絶えず努力していた。ちなみに、フィレンツェのある慈善組織の理事は、慈善行為の重要性について十九世紀初頭にこう主張している。

「慈善行為は」この町の極貧家庭にとって不可欠なものである。彼らは、何らかの仕事に従事してはいるものの、その稼ぎでは生計全体を維持するには不十分である。また、家族が大所帯である場合、子供が幼少で労働力とはならない場合、家族の誰かが病弱である場合、あるいはその他の危機的な状況が生じた場合、それらはみな貧しい生活の要因となることが多い。」(Archivio di Stato, Firenze, Prefettura dell'Arno, 508, 26 April 1809)

次に、この本質的には自立した生計を営む労働者階級の家族と並んで、すべての大都市には、ある種の別のグループも見いだせる。つまり、使用人のカテゴリーに含まれる人間である。その職種は、彼らを取り巻く経済的な条件に応じてかなり広範囲にわたっていた。具体的にいえば、規模が大きく裕福な家に雇われた執事、料理人、馬丁、門番といった比較的生活が保障されている場合から、しばしば田舎から移住してきた小間使に至るまで多様であった。法曹家、大商人、官庁、それに病院に雇われた事務職や助手は、ジェノヴァの場合、三〇〇〇人を超えていた。これは、この都市の公立や私立の学校教師の数に匹敵する。そして、前者〔法曹家、大商人、官庁それに病院に雇われた事務職や助手〕は、その受けた教育や社会的な立場によって区別することがしばしば可能であったが、収入の高低を基準として区別できる場合はまれだった。また、同じくジェノヴァの港では、沖仲仕やポーターが二〇〇〇人以上おり、一つの確固とした独立のカテゴリーを形成していた。

また、社会階層の底辺には、定職をなんら持たない数多くの貧民が存在していた。その数は、種々の条件によって実にさまざまであった。そして、ローマを含めてナポリ、パレルモといったイタリアの南部に位置する人口が密集した大都市の方が、規模は小さいものの経済的には一層繁栄し、組織化された行政が行なわれていた北部や中部の諸都市と比べ、その数ははるかに多かった。彼らの中には、贓物や焼き栗のような安価な食料品を行商してどうにかこうにか食いつなぐ者もいた。しかし、大半の者は、仕事にありつけない時には慈善事業に依存することを常としていた。ちなみに、彼らが従事した仕事としては、家屋の建設や公共事業、新しい広場や道路の舗装、そして一八四〇年代以降に始まった鉄道敷設が挙げられる。彼らの数は、田舎から都市への一時的、あるいは定時的な移住によって膨れ上がっていった。この状況について、ミラノのある人物は、次のように観察している。

「数え切れないほど多くの人間が、ほんの数カ月間ミラノに引っ越して生活する。具体例を挙げると、オンセルノーネ〔ラーゴ・マッジョーレ西部の渓谷地帯〕、カノッビオ〔ラーゴ・マッジョーレ南部〕、ヴァルヴィジェッツォのデルタ地帯からやって来た煙突掃除人、オッソラやラーゴ・マッジョーレの湖岸から来た果物屋とブドウ酒売り、ベルガマスコとヴァルテッリーナのポーター、ルガーノ湖からの鍋釜職人、カントン・ティチーノ、ヴァレーゼ、コマスコからの左官、リグーリアの山岳地帯からやって来た薪割人などである。」(Gaspari, 236, p. 7)

これらの移住者に対し、定職を持たない都市定住の労働者がどのような態度をとったかについて確たる証拠はないが、敵意を示したであろうことはまず間違いない。ちなみに、十九世紀中頃のナポリでは、使用人の五〇パーセント以上が移住者である一方、都市定住者の割合が従来から高いポーターの場合は、わずか四パーセントにすぎなかった (Petraccone, 256, p. 240)。

このように、イタリアの主要都市における住民のかなりの部分が、貧困、あるいは極貧の状態にあった。これは、確かに新しい問題ではなかったが、彼らの数は十八世紀を通じて増加し、十九世紀にも増え続けるように思われていた。一八三八年のジェノヴァは一一万三〇〇〇の人口を擁していたが、そのうち所得税や土地税を納めるべき者の数は四〇〇〇人を下回っていた。こうしたことから、当時の人間は、貧困その他の悲惨な生活状態について極めて高い関心を示している。

ところで、都市〈貧民〉の食生活は、農民に比べれば確かにましであった。南部の諸都市では、パンの原料は依然として小麦であり、ミラノでは小麦とトウモロコシであった。果物は、南部の貧民にとって極めて重要な食物であった。ミラノの庶民は、パスタや米と並んで肉を食べていた。ちなみに、それは、モツ、子牛の肉、塩漬、密輸の馬肉などであり、腐りかけている場合も多かった。一八一〇年から一八六二年の間に、日常の食卓に占める肉の割合は、価格の上昇に伴って低下した。少量の牛乳、バター、チーズ、あるいは卵が消費されていたが、その一方で、塩漬の魚、インゲン豆、ジャガイモ、それにキャベツも重要な栄養補給源であり、さらに唯一の油としてラードが用いられた。また、コーヒー（不純物が混ざっている場合が多く、品質は悪い）とブドウ酒、低級のアルコールが多量に飲まれ、バランスの悪い食事を埋め合わせていた（Della Peruta, 243, pp. 322-5）。

次に、公衆衛生や家屋の状況は、ほとんど改善されなかった。イタリアの諸都市は、十九世紀前半に、それまで長期にわたって比較的鳴りを潜めていた伝染病に再び襲われている。たとえば、イタリア全域を襲ったチフスの最後の恐ろしい流行は、一八一六年から一八一八年の間に生じている。また、天然痘は、フランス人が種痘を広範囲にわたって導入したにもかかわらず依然として重大な脅威であり、一八二九年にはピエモンテとリグーリアの諸都市が犠牲となっている。しかし、とりわけコレラは、一八三五年から三七年、それに一八五四年から五五年にかけてイタリアの諸都市を襲い、多くの人命を奪っている（Del Panta, 16）。地方の市町村では、これらの疫病に対する緊急措置を講じ、汚染されていない飲料水の供給を確保し、下水道の敷設を始めた。しかし、病院は、依然として「貧困と不潔という二種類の悪臭を放つ」（234, p. 820）としばしば形容される状態であり、さまざまな病気で苦しむ生活困窮者であふれていた。

ちなみに、その例としては、呼吸器障害、赤痢、リューマチ、慢性の頭痛などがあり、これらはいずれも彼らの住宅や職場の環境に直接結びついた疾病であった。

ところで、住宅環境は、入居希望が多い反面、家賃が高いために極めて劣悪であった。裕福な人間が住む一戸建て住宅の地区と貧しい労働者のスラムを分離するという方向を打ち出していた都市は、わずかであった。その一方で、すべての都市が貧民の密集する地区を抱えていた。たとえば、ナポリは、十七世紀以来人口が過度に集中していたことで悪名が高かった。十九世紀中頃、この都市には、市場近くの〈バッシ〉〔貧民街〕と呼ばれる人口密集地域があり、住民の平均余命はわずか二四歳であった。また、キアーイアという名の住宅街でも、漁師の家族が「横丁にすしづめ状態で生活していた」のである（De Renzi, 254, p. 221）。

また、不動産業者は、しだいに空き地が消滅してくると、公衆衛生に関する規定をまったく無視して八階ないしは九階の住宅を建てた。

「彼ら〔不動産業者〕は、バランス、秩序、照明、採光をまったく無視して住宅を建てた。狭隘な通路は袋小路となっていたり、迷宮のように曲がりくねっていたりする。ここにアーチがあると思えば、向こうに曲がり角がある。そして、それらすべてが不潔で、生活には不向きである。黒くすすけた狭い階段がある非常に背の高いアパートには、各階に一室、あるいはそれ以上の窮屈な部屋があり、それらは幅の狭い道やまるで井戸のような小さな中庭に面している……こうしたあばら屋にあらゆる種類の貧民が集まって暮している。彼らがそれぞれ一家族単位で生活しているとは限らず、雑多な人間の集まりである場合も多い。そして、大人も子供も、あらゆる種類の不潔な環境を発生源とする悪臭が漂う中で、かたまって夜を過ごす。そして、夜が明けると、通りに出て陽を拝み、健康的で新鮮な

空気を胸に吸い込むのである。」(De Renzi, 255, p. 211)

ナポリやパレルモでは、下層民の大半が、金持ちが居住する地区とは地理的に分離された地区に生活していた。なお、どちらの都市の場合にも、下層民は港の周囲に密集していた。また、ローマの〈ポポリーノ〉〔下層民〕はトラステーヴェレその他のテーヴェレ川周辺地域に居住していたが、貴族は丘の上に立つ邸宅に住んでいた。しかし、こうした都市でも、ルネッサンスやバロック様式の貴族の邸宅が民衆の住宅地域に混在する光景が見られた。イタリアのこうした都市では、ヴィクトリア朝のイギリスの工業都市とは異なり、貧民と金持ちの居住区がまだ分離されていなかったことが明白である。

一方、北部の諸都市では、こうした分離の度合いは一層希薄で、存在しない場合さえあった。その理由は、さまざまである。たとえば、ジェノヴァやヴェネツィアのように土地が不足していた場合、あるいはトリノのように都市の発展の伝統に従っている場合などがあった。これらの都市では、金持ちも貧民も同じ通りや建物を共有して生活していたのである。しかし、こういった場合でも、一層人口の密集した〈民衆〉地区は存在していた。トリノでは、壮大なバロック様式の大邸宅が建設され、その上階部分が賃貸しできるようになっていた。そして、一八三八年には、これらの巨大な建物に、平均して一四世帯、換言すれば、六三人以上の人間が住んでいた。しかし、この町の新しい郊外地区であるボルゴ・ドーラには、住宅一戸につき一六以上の世帯、つまり八〇人以上の人間が暮していた。また、〈旧〉市街のモンチェニージオにも、一六を超える世帯が一戸の住宅に暮していた(Bertolotti, 227, p. 15)。ジェノヴァでは、とりわけ港周辺に人口が密集しており、住宅一軒につき平均して四世帯近く、人数でいえば二〇人以上が生活していた。ヴェネツィアでは、金持ちの邸宅の地下室や屋根裏部屋に貧民が暮していた。そして、カステッロ、カッナレージョ、それにジュデッカ島には、ジェノヴァやトリノに似た〈ポポラーニ〉〔民衆〕の密集地域が存在した。ミラノでは、中世やその後のスペイン支配の時代に作られた職人居住区の大半が、ナポレオン支配期に大がかりな再建が行なわれたおかげでそっくり残っていた。そして、この町でも、衛生状態の劣悪な民衆とブルジョアジーの居住区が対照的な姿を見せていた。

ところで、これらの北部諸都市の人間は、当時生活環境に関するさまざまな改善が実施されたことを強調する。たとえば、一八五二年に出版されたトリノのガイドブックの著者は、この町の〈気品と清潔さ〉を指摘している。さらに、「他の都市ではいつでも目にするぼろをまとった汚らわしい」物乞いが、トリノには見当たらないというのである。しかし、落ち着きがあり勤勉な雰囲気を漂わせるこの町にさえ、

「狭苦しい四、五階、あるいは屋根裏部屋に暮すことを余儀なくされた者の中には比較的裕福な人間さえ含まれており、彼らは、新鮮な空気を吸い、もっと自由に動けるような空間の必要性を切実に感じている。だから、人々は夕方、そぞろ歩きをせざるをえない！」(Stefani and Mondo, 228, pp. 32-3)

また、ミラノのガイドブックは、市当局が生活環境の改善を目的としてさまざまな政策を講じていると指摘している。たとえば、下水道や排水溝の敷設、屠殺場と悪臭を放つ石鹼工場の中心街からの移動、あるいは屋外で用を足したり、生活排水を通りに捨てたりする行為の禁止などが行なわれた。しかし、ここでも、貧民にとって非衛生的な住宅環境はごく当たり前のことであった。

都市の貧困は、好ましいものではないにせよ、避けて通ることはできない問題であると考えられていた。都市の生活環境は、貧困の悪化に影響されるか、とりわけ家賃の上昇を通じて少なくともそれと直接結びついているとみなされる場合もあった。しかし、貧困の存在は、一般的にはマルサスの用語である「早すぎる結婚と多すぎる子供」によって説明された。

貧民の救済は、宗教的、社会的な見地から必要であるとされた。一八四〇年、トリノのある市民は、次

のように誇らしげに記している。

「トリノにおける慈善活動は、第一級の内容を持ち、まさに驚異である……その組織は、この町の三倍の人口を擁する大都市でも十二分に機能するだけの力を持っている。」(Bertolotti, 227, p. 145)

一方、ミラノでは、当市に存在する六十六の慈善団体に関して満足げな調子で詳細に記述されている。しかし、貧困を撲滅するためには慈善活動では不十分であることも認識されていた。

「われわれの施しや地元の慈善団体の活動によって物乞いの根絶を図るよりも、むしろ、物乞いが必要悪だとする弁解を減らすことだけをめざそうではないか……慈善を目的とした公共事業、政府の諸制度や条例をもって神の摂理や英知に代えるよりも、むしろこの後者を社会の持つ適切で有益な資産や力の行使によって支えようではないか。そうすることにより、われわれは、怠け者や浮浪者の群れを減少させ、彼らに勤勉、有益で模範的な生活を送る習慣をつけさせよう。」(235, vol. 2, p. 164)

都市においては、金持ちと貧者相互の対立関係が常に存在していた。この現象を工業化社会に使われる階級概念で捉えて誇張することは、歴史的に見て不正確であろう。なぜなら、下層民は、その生活が危機に陥ると通常金持ちに対して言葉による脅しをかけることで彼らへの敵意を明らかにしたとはいえ、それが組織的な政治行動にまで発展したことはまれだからである。カトリックの慈善活動は、これを促進した者が期待したほどの強力な諸階層相互間の絆を形成しなかったことは確かである。しかし、諸都市においてさまざまな生き方をしている異なった社会層と日常的に接触することから得られる結びつきを強化することはできた。一八四八年に勃発した〈下層民〉の蜂起が、パレルモ、ナポリ、ミラノ、ローマといった社会層の多様な分化が進行していた諸都市で勃発したのも、まったく偶然であったとはおそらくいえまい。前記のように、金持ちと貧民の大半が同じ家に暮していたヴェネツィアでさえ、蜂起したのは孤立した存在の造船所労働者であった。トリノは、一八四八年に蜂起がまったく勃発しなかった唯一の主要都市である。ちなみに、ここでは、さまざまな階層の住民が同じアパートの異なった階に暮していた。これは、彼らが社会的な意味で相互に強く結びついていた事実を暗示するもので、前述した一八四八年の状況を考えるにあたって重要な意味を持つと思われる。十九世紀中頃におけるイタリア諸都市のこうした地勢上の特徴は、それぞれの持つ社会構造と並び、一八四八年に一つの頂点を築くことになる政治運動を理解するうえで重要な鍵を提供するものである。

第一三章　新しいイタリア形成に向けて採るべき道
——一八三一—四八年

一　ヨーロッパにおける政治、経済の変化

七月革命が王政復古体制の崩壊に及ぼした決定的な影響は、革命後の時期に一層明らかとなった。つまり、さまざまな会議の開催を基礎とする列強間の不安定な協調体制に取り返しのつかないほどの亀裂が生じ、ウィーン体制はフランス、ギリシア、ベルギーで修正を余儀なくされたのである。プロイセンの支援を受けたイギリス、フランス両国が非公式に発足させた同盟関係は、ウィーン体制の最も権威ある護り手であったオーストリアとロシアの行動を効果的に阻止することができた。一八三〇年から翌年にかけてドイツ各地に勃発した革命に対するプロイセンの姿勢は、それ以前にギリシア独立を支持したロシアの場合に類似しており、列強間に一層柔軟な関係が成立したことを示している。つまり、列強どうしが強固な統一行動を維持するよりも自国の利害を優先する態度をこれまで以上に明確にしたのである。各国の政府首脳や外相がヨーロッパの諸問題を〈解決する〉場であった国際会議に代わって、個々の問題が生じた場合に開催される各国大使レベルによるあまり大袈裟にならない協議が幅を利かせるようになった。こうした協議は、一八三〇年から一八五六年の間に八回開催されている。そして、一八五六年には、諸列強が激し

く対立した結果勃発したクリミア戦争に対処するために、パリで新たな国際会議〔パリ会議〕が開催されている。ちなみに、前記の期間中に大規模な国際会議が招集されたのは、これが唯一の例である。ヨーロッパ諸国の内政問題に軍事力をもって干渉しても効果が上がらないことは、ロシアがハンガリーに介入した四八年革命の末期以来、列強が認めていた。にもかかわらず、列強が協議を開催し、外交ルートを通じて紛争を解決しようという積極的な姿勢を示していた事実は、彼らがヨーロッパの調和を引き続き信頼する一方で、個別的な行動に不安を抱く証でもあった。列強間の大ざっぱなバランス・オブ・パワー（イギリスを除く）、相互不信、自国内にくすぶる革命的不満分子に対する懸念の広がりの三点から生じたこの非好戦的な姿勢は、ナポレオンの没落〔一八一五年〕からクリミア戦争の勃発〔一八五三年〕に至るまで、列強がいかなる戦争も回避させた事実となって実を結んでいる。

ところで、ヨーロッパには、二つの指導的な国家グループが出現した。つまり、イギリス、フランスという西ヨーロッパの自由主義体制を布く国家群と、ロシア、オーストリア、それにプロイセンによって構成される東ヨーロッパの専制主義国家群である。これら二つのグループは、反体制勢力に対し、自由主義者、革命主義者の別なく深い影響力を及ぼすことになる。しかし、両グループの相違は、実際はそれほど明確ではなく、また長続きもしなかった。なぜなら、すべての列強が、フランスの野心に不安を抱いていたからである。イギリス、フランス両国間の協調関係を深く憂慮したロシア皇帝ニコライ一世は、一八三三年一〇月のミュンヘングレーツ協定[一]によって東欧諸国の団結を復活させようとした。一方、イギリスの外相パーマストン[二]は、自国とフランス、スペイン、ポルトガルとの間に四国同盟（一八三四年四月）を締結してこれに対抗した。しかし、この同盟の有効範囲は、前記の二つの列強グループが直接の干渉を行なわずに別の方策を用いて支援の手を差し延べようとしていたイベリア半島の問題、つまり専制主義者と自由主義者の局地的な党派争いに限定されていた。列強の二つのグループのうち、まず西ヨーロッパのグループは、イギリスとフランスが展開してきた伝統的な競合関係によってまもなく分断される。一方、東ヨーロッパのグループも、オーストリアとプロイセンがドイツ諸地域の利害に関して相互に不信感を抱き、またオスマン帝国をめぐり反目した結果、分裂した。〈東方問題〉(三)は、列強間の衝突の原因となる可能性を絶えず持ち続け、ついにはほんの偶然をきっかけとして十九世紀で唯一の大規模な戦争といえるクリミア戦争を引き起こすことになる。当時、世界最強の国家だったイギリスは、トルコ帝国の崩壊によって地中海における自国の覇権とインド支配への道が脅かされるのではないかとの懸念を抱いた。ロシアがトルコに強要してダーダネルス海峡を諸外国の船舶に対して閉鎖させると(ウンキアル・スケレッシ条約(四)、一八三三年)、当時のイギリスで明らかだったフランスのアルジェリアにおける拡張主義に対する不信に代わり、反ロシアの風潮があからさまに助長された。エジプトのパシャ〔太守〕、ムハンマド・アリー(五)(一八〇五—四九)に対し、彼がトルコのスルタンに攻撃的な態度をとらないようイギリス、フランスの両国が一八三三年に共同歩調をとったことは確かである。しかし、パーマストンは、オーストリア、ロシア、プロイセンに再び接近して協調し、再発したトルコ・エジプト戦争を処理している(ロンドン会談、一八四〇年)。こうして、彼は、逡巡することなくフランスを孤立させる行動に出たのである。さらに、彼は、ダーダネルス海峡をロシアを含むすべての軍艦に対して閉鎖するという内容を取り決めた海峡会談(一八四一年)を通じ、フランスがヨーロッパの調和の体制に再び加わることも躊躇せずに認めている。

一八三〇年から亡くなる一八六五年までイギリスの外交政策を指導したパーマストンは、ヨーロッパにおけるイギリスの積極的な役割をこのように強く主張した。その際彼が意図したのは、他の列強間の分裂状態を維持する政策を通じてのバランス・オブ・パワーの保全である。そして、これは、イギリスが貿易拡張を遂行するにあたって不可欠な条件であった。同国とロシアとの関係は、基本的にオスマン帝国の保持如何にかかっており、それには強大なオーストリアの支持が必要であった。しかし、イギリスのフランスとの関係は、〈革命〉君主、ルイ・フィリップが世論に従ってナポレオンの伝統的な領土拡大政策の復活を目指すのではないかとの懸念により損なわれた。この不信感は、ルイ・フィリップがフランス本国の共和主義者やその他の急進主義者といった反体制派に敵意を示すことが明らかになったにもかかわらず、消えることはなかった。イギリスがフランスに対して伝統的に抱く不信の念は、すでに一八二〇、二一年、オーストリアのイタリア干渉を同国が消極的にではあるもののとにかく承認した姿勢の背後に見え隠れしている。それから一〇年後、ルイ・フィリップが彼の第二子をベルギー王に推し、この誕生まもない国家をオランダから防衛するために軍隊を派遣すると、イギリスのフランスに対する不信感が再び沸き起こった。両国間の関係は、一八三九年から四〇年にかけてのエジプト危機[六]のころ最悪となった。当時、パーマストンは、フランスのティエールを公然と侮辱している。また、イギリスは、フランスのスペインに対する政治的、経済的影響の拡大を阻止するために、両国王家どうしの結婚を妨害しようとした（一八四三―四六年）。このため、ティエールの後継者としてフランスを指導したギゾーによるイギリスとの関係修復の試みは、じきに頓挫したのである。ルイ・フィリップは、一八三〇年代末にオーストリアから承認を得て自らの支配を正当化しようとしたが、首相のギゾーも、四八年革命直前に再度メッテルニヒに接近している。その際ギゾーは、オーストリアによるクラコフ共和国併合（一八四六年）を承認し、〈ゾンダーブント[七]〉〔分離同盟〕を中心とするカトリック系カントンの支援のためにスイスに干渉するよう提案している。

ところで、イギリスの対イタリア政策は、当然のことながら同国のヨーロッパ政策全体の基本方針に沿うものであった。つまり、自国貿易の拡大を維持したうえでこれをさらに促進し、実際に生じる可能性のあるフランスの脅威をことごとく阻止するという姿勢である。たとえば、シチリアは、実質的にはイギリスの経済的な植民地である一方、ナポリは特別な貿易協定を通じて同国と結ばれていた。一方、ピエモンテにはジェノヴァの港があり、ポー川流域にはイギリスの商船が往来し、同国製品のヨーロッパにおける中心的な市場となる可能性を秘めていた。パーマストンは、イタリアに対しても他のヨーロッパ諸地域に対するのと同様な関心を抱いていた。つまり、彼の主要な関心は、自由主義的で民族的な大義を支援するよりも、さまざまな条約関係を基礎とした既存のシステムを維持することにあったのである。フランスが七月革命の後にイタリアに干渉する可能性を憂慮していたイギリスの外交筋は、教皇国家に勃発した革命の事後処理に関して積極的な役割を果たした。フランス軍は、一八三二年に教皇国家内部の一都市、アンコーナを占領した（ルイ・フィリップは、フランスが前年の革命支援に失敗したことに激昂した国内世論を鎮静化しようとこの行動に出たが、すでに時宜を逸していた）。パーマストンは、彼のこうした動きを承認したが、その理由はイタリアにおけるフランスの威信がこれによって傷つくものと計算したからである。また、イギリスは、ナポリがシチリアの硫黄生産の独占権をフランスに与えようとした際、これに干渉し、妨害している（一八三八年）。さらに、一八四〇年の危機〔エジプト危機〕の際、イギリスは、フランスの孤立化をもくろんで自国とオーストリア、ナポリそれぞれとの関係改善を周到に行なっている。一方、これと同時に、ピエモンテに対しては、その領土拡張政策を支援すると見せかける行動をとったが、これもイギリスのフランス孤立化政策の一環にほかならない。パーマストンは、イタリアの諸君主、とりわけ教皇に対して行政、政治両面の改革を実施するよう絶えず促したが、その目的は、イタリアの始終不安定な状況の鎮静化と現状維持の強化にあった。一八四八年頃、彼は、イタリアの領土的な調整について積極的な考えを抱いていた。それは、オーストリアが北部から手を引き、その後に一つの独立した王国を創り上げるという内容であった。この計画の背景には、これこそがフランスのイタリア干渉を阻止し、オーストリアの威信を高めるために最も効果的な手段であると彼が確信していたという事情があった。彼の政策は、四八年革命勃発まで著しい成功を収めた。これに反してギゾーは、オーストリアとの友好的で緊密な関係を維持したにもかかわらず、教皇国家における穏健な改革支援のための独自の政策を確立することに失敗した。こうして、フランスがイタリアに維持することができた名声は、穏和派の自由主義的なサークル内部で効果を持つだけにとどまった。ちなみに、その賞賛の的になったのは、フランスの外交政策に対するものではなく、統制を伴った同国の保守的な政治制度である。

一方、オーストリアの対イタリア政策は、同帝国の他の地域におけるものと同一であった。つまり、あらゆる変革に反対するというのがその基本方針である。同国は、トルコ帝国に対するロシアの野望を阻止するうえで、イギリスの効果的な支援をあてにしていた。とはいえ、パーマストンが提案したイタリアの諸改革には、一貫して反対している。彼は、教皇に改革の実施を勧告する五大国共同の覚書がなんら効果をもたらさなかった後、一八三二年にこう嘆いている。

「ローマの政府〔教皇国家政府〕は、国民の不満の表出をオーストリア軍の速やかな支援によって抑え込むことが期待できる限り、それらの不満を改革を通じて除去しようとは考えていないらしい。

とはいえ、次の点は明らかだ。つまり、一八三一年五月発表の五大国の共同覚書に盛られた諸改革の実施を教皇に説くために真摯な態度で努力したのは、イギリス、フランス両国政府だけなのだ。そして、残りの三カ国の宮廷は、この件に関して消極的であるか、改革を促進させるよりは、むしろ思い止まらせるために彼らの影響力を利用した。」(Morelli, 215, p. 214)

オーストリアの対イタリア政策は、一八二一年から二四年にかけて実施した過酷な裁判や一八三一年革命の際の弾圧を通じ、すでに厳しい批判を浴びていた。ちなみに、シルヴィオ・ペッリコは、一八三二年に出版された『わが獄中記』によって、オーストリアの裁判を容赦なく批判している。

オーストリアの支配するロンバルド・ヴェーネト王国とガリシア〔ウクライナ〕では、蜂起は勃発しなかったものの、メッテルニヒの〈システム〉に対する信頼が七月革命によって崩れ去ったことは明らかである。皇帝フランツ一世の後継者で気弱なフェルディナント一世（一八三五―四八年）が統治するオーストリアでは、メッテルニヒと一八三〇年代以降オーストリア内相の地位にあったコロヴラート(八)が個人的に激しく敵対したために、中央の行政がしだいに硬直化しつつあった。また、イタリアにおけるオーストリアの行政も、〈よそ者〉（トレンティーノ出身者が多かった）官吏が増加する一方で、すべての案件がウィーンでの極度に官僚主義的なプロセスを経て決定されるという中央集権化の傾向を通じ、質が低下しつつあった。

このように帝国の統治と諸制度が停滞するかたわら、オーストリア支配に対するイタリアとハンガリーの憤りに、今やチェック人とスロヴァキア人の文化の復興が伴い始めた。ちなみに、後者は、言語・歴史・文学の領域で展開された運動であり、ハンガリー人の御し難い性格を相殺するために、オーストリア政府が容認し、実際奨励さえしている。こうした運動が、一時的に鎮まっていたガリシアにおけるポーランド人の民族運動のように独立を要求する政治運動へと発展する危険性について、オーストリア政府は気づいていないように思われた。これらの民族運動は、いわゆる〈フォアメルツ〉〔三月前期＝ドイツ三月革命に先立つ時期。一八一五―四八年〕を通じ、オーストリア帝国の統治にとってやっかいな問題となる。しかし、運動の背後には、ハンガリー、南部オーストリア、シュタイエルマルク〔オーストリア南部〕、モラヴィア〔チェコスロヴァキア中部〕、そしてガリシアの農民と地主の両者が、農奴制などの封建的束縛撤廃要求の声を高めていたという事情がある。ところが、オーストリア政府は、これらの要求に依然としてなんら耳を傾けようとしなかったのである。

さて、一八四〇年代になると、オーストリア政府は、その硬直化した政治体制が災いし、帝国内部と他のヨーロッパ諸地域で急速に変化しつつある現状を把握できなくなっていった。従来から赤字を抱えていた帝国の財政は、鉄道の導入に伴って今やますます悪化し、ついには、国家の負債の利子が直接税収の総額とほとんど同額に達するという事態に至った。このため政府は、官吏の俸給および軍事費の削減によって、破産の危機を回避しようとした。その一方で、教会勢力の影響力が強まり、イエズス会は帝国内部へ入ることを再び許可された。また、古い封建貴族は、民政面での支配を最終的に確立した。メッテルニヒの「体制」が終焉を迎えると、ヨーロッパに対するオーストリアの影響力は弱まり、彼のツァーリに対する服従の姿勢が一層鮮明となった。反体制勢力に対する政府の姿勢は、すでに一八四八年以前の段階で消極的なものとなっていた。たとえば、詩人のグリルパルツァーは、当時の状況を次のように回想する。

「〔オーストリアの反動政治家の〕法を遵守する態度には、わずかながら改善が見られたものの、彼らの政府は三月革命によって打倒された。皇帝フランツ一世の政治体制は、彼の警察機構の支えによってのみ維持されていたのだ。政府の圧力が緩和されると、泉からは、反体制の水が自然に勢いよく湧き出たのである。」(Macartney, 192, p. 304)

商業革命

ロンバルド・ヴェーネト王国の反オーストリア勢力と帝国の他の地域における民族運動との間には、ほとんど連係が見られない。また、ロンバルド・ヴェーネト王国に見られる封建的農奴制という古風な問題も、両者をつなぐものではなかった。しかし、ヨーロッパ経済に生じた大きな変動は、同王国をはじめとするすべてのイタリア諸邦に影響を及ぼした。ちなみに、経済発展のペースは、一八三〇―四〇年代に驚くほどに加速している。つまり、技術革新、人口の増加、交通手段（道路、運河、初期の鉄道）の距離、速度および運搬能力の拡大と強化、資本の流通と投資銀行業務の発展は、それらすべてがイギリス、ベルギー、フランスの一部における大規模な工業化とイギリスの〈世界の工場〉化に貢献した。イギリスでは、穀物法の廃止（一八四六年）によって自由貿易が勝利を収めたが、これは同国にとって単なるイデオロギーとしてだけではなく経済面からも必要なことであった。ナポレオン体制崩壊後の危機の時代に大陸諸国が構築した保護関税障壁は、削り取るか崩さなければならなかった。というのも、イギリス商品にとって、ヨーロッパ大陸が唯一無二の市場となっていたからである。そして、この市場は、貧しい南アメリカの共和国や、さらには合衆国がイギリスの経済的な浸透を阻むために保護貿易を実施していた北アメリカと比べてみても、はるかに重要なものであった。

すべての国家が、この〈商業革命〉の影響を受けた。なぜなら、狭隘な市場と高い生産費に基づく一部閉鎖的な経済を基調とする国家は、工業化された国家と同一のペースで発展することは不可能だったからである。たとえば、ドイツでは、フリードリヒ・リストが、国内市場の自由化を実現する一方で国内産業を保護するために関税障壁を伴う大規模な地域市場を形成する必要性を首尾よく説いた。また、プロイセンは、一八一八年以来こうした政策を採用し、関税同盟をしだいに他のドイツ諸邦に拡大し、最終的には総計二六〇〇万の人口を擁し、多くの主要な国家を包含する〈ドイッチャー・ツォルヴェライン〉〔ドイツ関税同盟〕（一八三四年）の結成へと発展させている。ちなみに、この同盟に参加しなかったのは、オーストリア、旧ハンザ都市の港、ハノーファー公国を中心とする国家群だけである。

ところで、こうした一定地域内の同盟と産業化の過程が示唆するものを、当時の人間は十分に理解していた。カッターネオが指摘するように、ドイツ関税同盟は、イギリスの貿易拡大主義に対する極めて効果的な挑戦を意味していた。あらゆる国家がこうした同盟の一員となったり、同種のものを形成することを余儀なくされるか、あるいは程度の差こそあれ自由主義貿易を採用してイギリスを核とする国際経済を補完しつつ、自らの経済を発展させざるをえなくなるような状況が当時見られた。プロイセンを敵視するオーストリアは、一八三四年にドイツ関税同盟への参加を拒否した。その後、一八四一年から翌年にかけて行なわれた協議で、ドイツ南部の諸邦は、オーストリアがプロイセンの覇権を相殺するために同盟に加入するよう働きかけたが、なんの効果もなかった。なぜなら、この提案に、まずオーストリアの実業家が、続いてハンガリーの民族主義者が反対したからである。オーストリアは、ロンバルド・ヴェーネト王国、南部オーストリア、それにボヘミアで繊維工業と重工業の育成を図った。にもかかわらず、一八四〇年代以降孤立したオーストリアの経済は、先進諸国に大きく後れをとっていった。帝国を単独の経済統一体として発展させようとする計画は、帝国側の諸邦とプロイセンが相互に不信を抱いていたために挫折したのである。

帝国内部で最も進歩的で工業化の進んだロンバルド・ヴェーネト地方では、オーストリアに対する不満が昂じていった。なぜなら、帝国の停滞した経済の重荷を背負い、その財政を支えているのがロンバルド・ヴェーネト王国にほかならないことに彼らが気づいたからであった。チェーザレ・コッレンティ(九)は、一八四七年にこう書いている。

「この国〔ロンバルド・ヴェーネト王国〕は、帝国に対する支払いを拒まない。この国は、自らの金銭面での犠牲に驚いていたのではなく、むしろ、統治者の無知、有益なものに対する金の出し惜しみ、不要なものや有害なものに対する浪費に驚いたのである……毎年三三〇〇万フィオリーニ[一〇]の金がこの国から失われていく。しかし、その見返りはといえば、無視と侮辱以外の何物でもない。そして、これらの巨費は、隣接するヴェーネト地方という戦利品とともに、帝国の息も絶え絶えになった信用を支えているのだ。」(Correnti, 276, p. 109)

一方、他のイタリア諸邦、とりわけオーストリアから経済的に自立している国家は、イギリス、フランス両国の商業圏に引きつけられがちであった。しかし、それらの諸国に対して工業化を促進し貿易のペースを高めるよう強いたのは、イギリスである。大国の保護貿易主義(フランス、オーストリア、ドイツ関税同盟)[一一]に対処するためにイギリスがこの数十年間に専念したのは、主要な保護貿易主義国の周囲に位置する〈二流の〉国家と双務的な通商条約を締結することであった。この政策は、ヨーロッパ市場全体をイギリスの勢力下に置き、大国、特にフランスに対して保護貿易主義を捨てるよう説得するための間接的手段であった。前記のコッレンティは、こう指摘する。

「イギリスは、圧倒的な力を持つ大陸の列強と単独で渡り合うことはできない。そこで、それを可能にするためには、自由に基づく政策を実施し、同国の支持者やそれとの永続的な友好関係に自らの安定の基盤を求めることが必要となる。ちなみに、その基盤をインドとの不整合な関係に求めることは、地理的観点からしても不可能である。」(Cavour, 283, p. 1xxvi)

こうして、イギリスは、まずデンマーク、ハノーファー公国、それに旧ハンザ都市と貿易協定を結んだ(一八二五年)。その後、中東(英土通商条約[一二]、一八三八年)と地中海を経由するインドへのルート(スエズへ陸路で経由するペニンシュラ・オリエンタル蒸気船会社が一八四〇年に設立された)に貿易の手を伸ばしたイギリスは、今度はイタリア諸邦に対してその影響力を強めていくのである。

さて、ピエモンテでは、一八一九年から一八二五年の間と、さらに一八三〇年に関税率が引き上げられた。しかし、今度は輸入穀物関税の税率引き下げ（一八三四、一八四〇、一八四七年）と生糸輸出禁止政策の撤廃、それにフランスとの重要な協定（一八三四年）を含むヨーロッパ、アメリカ諸国との計二六に及ぶ通商条約を締結することによって貿易の新しい状況に対応した。大半は輸出用の半製品であったピエモンテの絹織物、羊毛、綿工業は、資本と専門的な技術を外国から導入することで十分に近代化され、発展していた。それゆえ、一八四〇年代の諸外国との競争に対抗することができたのである。農産物、とりわけ生糸は、輸出が目立って増加した。これと対照的な状況にあったのは、両シチリア王国である。ここでは、保護貿易の実施を通じて国内産業の意識的な保護育成を図り、諸外国との競争に対抗しようとした。しかし、強力な農業基盤に欠け、対イギリス貿易に全面的に依存するという状況を背景として一八四五―四六年に関税障壁の部分的引き下げが実行されるやいなや、ナポリの工業の弱体と技術面での後進性がすでに一八四〇年代から明らかとなったのである。

イタリアの主要な国家は、こうして国際経済の大勢に巻き込まれていった。その流れの中で、これらの国々は、補助的ではあるものの重要な要素となった。なぜなら、地中海が新たな意味を持ち始めたからである。イタリアの自由主義的な反体制派も、中央ヨーロッパの同輩も、西ヨーロッパの列強と東ヨーロッパの帝国両者の状況から確かな教訓を引き出せるように思われた。ちなみに、経済が発展し、自由主義的な政治構造を持つ前者と専制体制を布いて停滞する後者の対照的な状況は、当時ますます鮮明になりつつあったのである。

反体制派――自由主義者と民主派

七月革命は、極めて多くの領域にその刻印を残したが、ヨーロッパの反体制派も例外ではなかった。フランスの優越神話とヨーロッパの抑圧された人民を救済するという同国の使命は、かつてないほどに力を込めて宣言され、これにナポレオン神話の復活が続いた。ちなみに、この現象は、彼の甥、ルイ・ナポレオンの登場（当時、幾分茶番めいてはいたが）に象徴されていた。ギゾーは、誇らしげに宣言する。

「まずはじめにわがフランスを通らずしてあまねく広まる偉大な思想や偉大な文明原理は、この世に存在しない。」(Saitta, 113, p. 208, n. 99)

そして、フランス以外の地域の自由主義者は、たとえば、ポーランドのアダム・ミキヴィッツ(一三)からピエモンテのカミッロ・カヴールに至るまでがこうしたギゾーの主張に積極的に賛同した。その一方で、スイスのフィリップ・アルベルト・シュタッファーら自由主義者は、フランスはその特権的な立場から自らの利益を引き出すことは困難であると考えていた。これは、フランスへの期待感に釘を刺した最も重要な例である。

「太古の昔からガリア人が果たしてきた役割は、現在でも忠実に守られていることをわれわれは知っている。その役割とは、世界を揺り動かすことである。つまり、与えられた持ち場で勤めを果たすことだけになりがちな人々を覚醒させ、彼ら自身の小宇宙に閉じこもらないようにさせることが、ガリア人の役割なのである……偉大なヨーロッパの、さらにはコスモポリタン的な目標を達成するに必要な資質と方策を、神がフランスに授けたことは明らかである。しかし、今までのところ、フランス人がそれらを用いて、諸国民の利を図り、明らかに万人に共通する諸権利の行使を彼らに保障しているわけではない。つまり、フランス人は、諸国民にとって、食卓の用意はしていないものの腕の確かな

コック、ということになる。」(Saitta, 113, p. 208, n. 9)

ブォナッローティやラファイエット流のコスモポリタニズムに、今や〈諸国民の友愛〉に対する空想的な信頼と人それぞれの祖国に対する宗教的な信仰が取って代わった。一八三一年の革命に対する過酷な弾圧の後、大部分はフランスに亡命した五〇〇〇人のポーランド人は、多くのイタリア人やドイツ人亡命者と手を結び、こうした民族的な信仰をメシア的な使命感に変質させた。パリ在住の亡命ポーランド人は、次のように宣言する。

「再生ポーランドは、スラヴ人に民主主義の理念を教え、ヨーロッパ諸国民を全面的に解放するのろしを上げる使命を帯びている。」(Saitta, 113, p. 213)

この宣言には、マッツィーニの主張が反映されている。つまり、彼によれば、

「諸国民には各々に固有の使命が託されていることを自覚させ、これを解放する必要がある。ちなみに、その実現は、全人類的規模の偉大な使命の展開にとって必要である。そして〔その実現を通じ〕諸国民の個性が形成されなければならない。また、彼らのための市民権は、今世紀〔十九世紀〕に誕生するわれわれの組織、〈ジョーヴィネ・エウローパ〉(青年ヨーロッパ)が獲得しなければならない。」(Mazzini, 257, vol. 4, p. 180)

諸国民は、平和な人類共同体、つまり地上における神の王国建設に向けての避けることのできない歩みに関わり、それぞれが固有の使命を帯びていた。ギゾーからルルヴェル(二四)に至るまで、またラムネーからコントに至る、自由主義者、民主派、カトリック、あるいは社会主義者を含むすべての反体制派は、恒久平和実現のために諸国民の解放を通じてヨーロッパを改革する必要があるとみなす点で一致していた。もっとも、民主派の共和主義者と社会主義者は、自由主義者とは対照的に、平和は既存の政府を打倒すること

によってのみ実現可能と考えていた。
ところで、亡命ポーランド人に対して幅広い共鳴が沸き起こった事実は、スラヴ民族の使命が一般に認知されていることを示していた。しかし、西ヨーロッパ人にとって、東ヨーロッパは依然として不可解でなにやらはっきりとしない辺境の地であった。なぜなら、そこには専制国家ロシアが存在していたからである。したがって、未来の鍵を握るのは、社会的に一層発展した西ヨーロッパと中央ヨーロッパであるというのが一般的な見方であった。そして、ここに、フランスのイニシアティヴに依存する考えに対置される諸国民それぞれの使命の主張が、民主派と穏和派自由主義者相互の新たな対立要因として浮かび上がってきたのである。フランスの優越を容認する立場は、当時もっぱら自由主義者に見いだせる重要な特徴であった。マッツィーニは、政治的な表現を用いて次のように記している。
「諸国民が進歩できるかどうかは、現在フランスからの解放如何に依っている。一方、フランスの今後の進歩は、十八世紀と大革命の呪縛から自らを解き放せるかどうかにかかっている。」(Mazzini, 257, vol. 4, p. 178)
また、ピエール・ルルー(一五)は、古典的な表現を使いながら、資本主義が社会的にマイナスの効果をもたらすという立場から、フランス、あるいはイギリスの優越を否定している。
「私には、資本主義に鞭打たれながら労働する国民一人一人に足枷がはめられているのが見える……今日のイギリスとフランスを突き動かしている投機と金儲けの精神は、いわば一種の征服欲である。そして、これは、十二世紀のノルマンの侵入者が抱いていた精神に等しい。」(Saitta, 113, p. 212)
実際、フランスの優越に関して展開された論争には、自由主義者と民主派という二種類の反体制派間の七月革命の意義をめぐる深い対立が隠されており、部分的にはこれを反映していた。七月革命は、政治的危機と民衆不安の結果引き起こされたものであり、パリの職人、熟練労働者、家内労働者といった、いわゆる〈労働貧民〉の持つ力を改めて示した。革命的な労働者階級の運動が、フランス、イギリス両国に形成されつつあった。ブランキは、こうした状況を背景として、革命家による政治権力の掌握と独裁という社会主義の理論を生んだ。オーエン主義者による「労働組合大連合」(一六)結成運動(一八二九—三六年)が失敗に終わり、リヨンの絹織物工の蜂起(一八三一、一八三四年)が弾圧されるまで、ブォナッローティのように革命を標榜する過激な民主派は、フランスを信頼し続けることができた。しかし、その後、七月王政の閉鎖的な階級的性格が鮮明になると、民主派はフランスに対する警戒心を強めた。ちなみに、彼らは、同国が抑圧的な社会政策を実施し、ポーランドやイタリアの革命を裏切ったものとみなした。イギリスにおけるチャーティスト運動(一七)の広がり(一八三八—四八年)は、穏和派と民主派(急進主義者、社会主義者を問わず)両者が対立する事実を証明していた。

ところで、穏和派と民主派それぞれのイデオロギーが持つ、独自の、そしてしばしば著しく対照的な性格は、一八三〇年以降に現われてきた。これは、結局は、イギリス、フランス、ベルギーの三国で穏和派による安定した自由主義体制が出現した事実と、政治的に覚醒した労働者階級に対する関心(民主派にとっては、むしろ期待)の高まりに依っている。上層ブルジョアジーと自由主義貴族にとって、イギリスの選挙法改正(一八三二年)は、フランスの七月革命とベルギーの穏和派政党の勝利に匹敵するものであった。これら三国では、出自と財産を考慮に入れた憲法に基づく統治が行なわれるに至った。そして、これらの憲法は、秩序ある自由を保障していた。新興ブルジョアジーと古い貴族両者間の流動化と融合の必要性を説いたギゾーの初期の理論は、こうして現実のものとなったように思われた。当時のフランスでは、オルレアニストの体制が閉鎖的な性格を持ち、社会的に限定されたグループが権力保持のために利己的な意志決定を行なうことがじきに明らかになったとはいえ、体制自体が安定し、議会制民主主義を尊重する態度（その外観と立法の諸手続きに対する尊重）が示されていた。こうして、同国は、政治的に不幸な諸国の自由主義者にとっては一つの模範となったのである。実際、国王が広範囲にわたって及ぼす個人的影響力、不安定な内閣、一握りの政治家への権力集中、選挙の際の買収や干渉といった七月王政の持つマイナスの側面さえも、議会制自由主義の持つ不可避的で〈当然の〉特徴であるとおそらくはみなされたようである。このため、最終的には憲法が付与されたスペインやピエモンテのような国々は、七月王政に極めて寛容な態度を示した。イギリスがさらに進歩した自由主義体制を確立していたにしても、ルイ・フィリップとギゾーの統治するフランスは、西ヨーロッパの他の諸国の社会状況にとって一層容易に適用可能なモデルとなった。反動と革命の中庸をいく政策〈ジュスト・ミリュ〉は、宗教的寛容と哲学的な意味での折衷主義を示すものであった。そして、これこそ、穏和派の自由主義者が熱望する政治の実践と理念にほかならなかった。

政治的な自由主義が持つもう一つの側面は、経済の進歩である。ギゾーは、この点でも物質的な利潤の追求が妥当であると確信していた。また、鉄道敷設の推進者でもあった彼は、この面でも他のヨーロッパ諸国にとって心強いモデルを提供する。他方、イギリスの資本主義は、これよりさらに確固とした性格を持つモデルであった。当時の数十年間に、資本主義が拡大し、これに伴って悲惨な人間生活と密接な関わりを持つ経済危機が周期的に発生した事実は、古典経済の教義のいくつかに疑問を投げかける結果を招いたかもしれない。とはいえ、経済の発展によって万人にもたらされる富が増加するという楽観主義は、当時の自由主義者を依然として支配し続けていた。イギリス社会の特徴として他国民の羨望の的となっていたのは、民間人による企業活動と自由貿易の促進、効率的な官僚制と無理のない課税、公教育と個人の才能の評価、という点であった。そして、これらを唯一脅かしたのは、民衆によるデモとチャーティストによる請願運動ということになる。

貧困は、慈善と階級間の協力を通じて緩和され、最終的には根絶されるべきものであった。ギゾーは、こう述べている。

「民主主義の旗印の下でこれほど長い間燃え続けてきた平等の原理や革命運動の情熱にとって、もっともらしい大義や特別の体裁はもはや存在しない。見かけ倒しの民主主義は、今後アナーキーに変わるだろう。民主主義の精神は、現在も、そして、さらにこれからも長きにわたって革命精神を意味することになるだろう。」(Hobsbawm, 188, p. 148)

ところで、自由主義者は、民衆の不満を利用しようとする革命家と革命それ自体に対して恐怖心を抱いていた。そして、彼ら自由主義者は、この面で民主派と鋭く対立していたのである。しかし、民主派が民衆の不満に一層敏感であったにしても、〈社会問題〉解決に関する彼らの考えは、一般的に見て穏和派とそれほど大きく異なっていたわけではない。ルルヴェル、コッシュート、マッツィーニといった民族主義的な民主派は、物質面での利便を提示することによって民衆の支持を獲得すべきであると考えていた。[二八] たとえば、ポーランドやハンガリーのように封建制が支配的な国々の農民に小規模な土地を与えたり、イタリアでは税の軽減や〈公正な〉賃金の支払いを実現させるというのが彼らの考えであった。しかし、これらの提案は、絶えず次のような、より高次な目標の下に置かれた。つまり、民族の独立と(時には)共和制の樹立という目標である。ちなみに、その際には階級闘争を避けることが意図されていた。実際、社会主義を標榜する民主派でさえ、労働者に対しては比較的わずかな影響しか及ぼしていない。サン゠シモン主義者とフーリエの信奉者は、〈最貧最多の階級〉に訴えかける必要性を認識していた。また、オーエンは、彼の労働組合大連合結成運動を通じてこの階級の組織化を図った。しかし、一般的に見て、都市の労働者は己れの置かれた立場についてあまりに無知であり、また無関心であると考えられていた。したがって、社会主義を実現するためには、〈協同組合〉や〈同職組合〉を通じて知識人に直接宣伝活動を行なわなければならないことになる。ところで、民主派の大半を構成していたのは、小ブルジョアジー、小地主、知識人、そして時には新興の工場主といった比較的限定された層であり、彼らの生活圏は貧民とはかけ離れた世界にあった。国外に亡命するにしても、国内に踏み止まって陰謀を展開するにしても、都市プロレタリアートの存在する工業国、あるいは農村社会が支配的な国家に生きていた彼らは、〈人民〉が彼らの挙げる革命の叫びに呼応するにちがいないと楽観していた。事実、彼ら民主派と自由主義者は、前者が自己と貧者を同一視していたことよりも、むしろ後者が革命の叫びに貧者が呼応する可能性を恐れていた点で対立していたのである。自由主義者と民主派を真に区別するものは、両者の持つ政治的な性格に求められる。つまり、現状の変革を改革によって目指すのか〔自由主義者〕、あるいは革命によるのか〔民主派〕、人類の再生を目指すための準備作業を行なう際に、都合のよい国際関係に依存して平和裡に進歩を促すのか〔自由主義者〕、それとも民族的なイニシアティヴを主体とするのか〔民主派〕の違いがそれである。

二 マッツィーニと民主派のイニシアティヴ

ヨーロッパの民主派は、一八三〇—三一年の革命が、フランスやベルギーにおいてさえも失敗に終わったと考えた。にもかかわらず、諸革命を通じて共和主義者がその実力を示し、フランス、ベルギー両国に立憲体制が創り出されたか、あるいは拡大されたおかげで、民主派による運動復活に対する期待は一八三〇年代中頃に彼らが激しい弾圧にさらされるまで生き続けたのである。フランスが、新たな宣伝活動や陰謀の中心地となったのは当然である。同国では、老練な民主派や共和主義者の隊伍に、ポーランド、イタリア、ドイツから押し寄せた亡命者の新たな波が加わった。一八三〇年七月の三日間にわたるパリ市街戦によって復古王政が打倒された後、ブォナッローティがブリュッセルからパリにすぐさま赴くことを決意した事実は、フランスにおける事態の進展と他の諸国のそれとの間にすべての民主派が見いだしていた相互依存関係が存在することの証である。多様な陰謀が展開された七月革命勃発直前の時期にも、また革命後においても、最も上首尾に己れの思想やプログラムを主張した亡命者は、フランス国内の政治勢力と関係を持ち、その支援を得ることができた。若きマッツィーニも、老ブォナッローティと同じくこうした関係を背景として当初自己の影響力を行使できたのである。

ところで、ブォナッローティは、ユニークな立場にあった。つまり、彼は、ジャコビーノ革命の伝統を継承する生ける象徴であった。また、その一貫した清廉さから尊敬の念を集めていた彼は、一七九〇年代と変わらぬ不屈の活動を展開していた。彼が共和主義者の陰謀の中心的な人物の一人となっていたのも、こうした事情から当然といえる。彼に比肩しうる立場にあった唯一の人物は、ラファイエット侯爵であった。彼の名声は、アメリカの独立戦争に参加した事実によるところが依然として大きく、その後に展開したフリーメーソンやカルボネリーアのメンバーとしての大抵は穏和な性格の活動が持つ意味は小さい。事実、ブォナッローティは、ラファイエットに対するあまりに激しい攻撃は差し控えた。ブォナッローティは、共和主義のカルボネリーアに対してラファイエットが昔から及ぼしてきた影響力に配慮したのである。ブォナッローティは、ラファイエットの持つ穏和主義的社会観と合衆国流の連邦主義に激しく反対した。にもかかわらず、彼は、十八世紀の国際主義的な進歩の概念を持ち、誇張されたナショナリズムに対して反感を抱いていた。つまり、彼は、依然としてラファイエットと思想を共有していたのである。ちなみに、この年老いた共和主義者の貴族は、一八三二年のフランス議会で次のように宣言する。

「われわれは、次のような時代に近づきつつある。つまり、国民一人の利益は国民すべての利益であること、そして、ある国家において自由を獲得することは、他のすべての国民に影響を及ぼすことを諸国民がついに理解するようになる時代に、である。」(Saitta, 113, p. 211, n. 108)

次に、ブォナッローティは、当時、さまざまな変革への期待が沸き起こりつつあったその只中で、来たるべきヨーロッパ革命の中心地フランスにおいて当然のごとく新たな陰謀の網を張りめぐらせていく。彼が用いる手段は、以前と変わらなかった。つまり、彼自身が創設した秘密結社〈イル・モンド〉(世界)を活動の指導拠点としつつ、他の結社への浸透を図る、というものである。しかし、オルレアニストが支配するフランスでは、その統治の初期には結社の自由が認められていた。このため、彼はその活動を合法的な共和主義の結社、とりわけ〈人民の友協会〉にまで拡大し、普通選挙法や累進課税実施のキャンペーンを通じて世論の支持獲得を図った。活動の主体を陰謀に戻す一八三二年以降においてさえ、彼はフランスの共和主義の党派や重要な〈人権および市民の権利協会〉といった小規模ではあるものの、結束の固い仲間うちのグループを通じて自己の影響力を及ぼし続けていた。彼の目標は、リヨンの労働者の要求に呼応した典型的なジャコビーノ社会主義のプログラムを土台に共和主義者の結束を固めることであった。同時に彼は、〈改革シャルボネリ〉、次いで〈世界民主シャルボネリ〉の結成を通じて、消滅しかかっていたフランスのカルボネリーアの中に自己の活動の網を広げようとした。この新生カルボネリーアは、こうして従来よりも共和主義的、平等主義的な性格を明確にし、入会の儀式を簡素化したにもかかわらず、ブォナッローティ流の秘密結社の特徴をなお保持していた。つまり、指導者に対する絶対服従、位階制、〈上級世界支部〉に関する絶対的な機密保持がそれである。ブォナッローティの影響力は、イタリア、ベルギー、そしてフランスに及んでいたことは明らかである。ちなみに、フランスでは、サン゠シモン主義者〔二九〕どうしが対立していた。彼がサン゠シモンの産業主義をあからさまに批判したにもかかわらず同国で新たな支持者を獲得できたのは、こうした事情による。キリスト教に基づく民主主義の形態を支持するようになったラムネーは、一八三三年にこう書いている。

「一七九三年に活躍した連中は、その活動や大胆さによって体制側には大きな脅威となっていた……彼らは、パリで労働者階級を指導し、服従させることに成功した。労働者階級のあまりに惨めな状況に対し、周囲の人間は九三年のグループを除き、ただ冷淡な態度をとるだけだった。したがって、労働者が彼らの許に身を投じたのは、他にほとんど選択の余地がなかったからである。」(Della Peruta, 258, p. 96)

さて、若き革命家、ジュゼッペ・マッツィーニ(一八〇五―七二年)がフランスで最初の亡命生活を送っていた時にブォナッローティとの関係を確立したのは、当然のことであった。マッツィーニはジェノヴァに生まれ、教育も当地で受けている。当時のジェノヴァでは、ピエモンテ人に対する反感が強く、共和主義の伝統があったために、結社活動が盛んであった。その影響を受けた彼は、一八二七年にリグーリアのカルボネリーアに入党した後、その積極的な普及活動を行なって好結果を収めた。彼の初期の著作では、フォスコロ流の素人風で民主的なロマン主義が特徴となっている。彼は、〈ヨーロッパの〉文学が近代文明の進歩と諸国民の同盟を表明しているものとみなした。そして、当時広まっていたロマン主義的な主題を使い、おそらくはナポレオンの影響を受けて〈天才〉に期待を寄せた。彼によれば、天才はその優れた資質と直感を用いて、諸国民の将来の運命とウマニタ〔人類の連帯〕の代弁者になれるはずであった。一八三〇—三一年の革命まで、彼は陰謀を実践するかたわら、リグーリアの地方紙を通じてのいわば文化普及というオープンな活動も展開していた。彼は後者において、ウマニタの進展、それに世論の代弁者という作家の役割の二点を信奉するロマン主義的な態度を明らかにしたが、これには神の存在の主張と愛国的な殉教の賛美が伴っていた。

サヴォーナ〔北西部リグーリア地方の都市〕の監獄に繋がれた（一八三〇年一一月—翌年二月）のち、いったん亡命した彼は、イタリア人亡命者が当時実行しようとしていた試みに身を投じることになる。ちなみに、彼らの計画は、サヴォイアへの遠征とコルシカからトスカーナの沿岸への遠征を通じて、中部イタリアの革命を支援するというものであった。彼自身が後に語ったところによれば、カルボネリーアに彼は当時すでに失望していた。つまり、具体的には、この組織には指導性が欠如し、大胆な行動をとれないし、さらに秘密の保持と複雑な儀式の実践を特徴としていた結果、革命が失敗に終わったと彼は分析したのである。こうした考察に基づいた彼は、〈ジョーヴィネ・イターリア〉（青年イタリア）の結成を通じて〈自由・独立・統一〉を達成するために、自身のプログラムを練ることになる。しかし、こうして一心不乱に創造的な努力を傾けていた一八三一年六、七月に、彼は、マルセイユの共和主義者グループやリヨンとパリの民主派指導者と連絡をとりながら、オルレアン家の統治するフランスにおける結社の世界と緊密な関係を依然として維持していた。こうした結社の主張を、彼はまもなく声高に批判することになる。とはいえ、彼がそれにどの程度影響されていたかは、当時サルデーニャの王位に就いたカルロ・アルベルトに宛てた有名な公開書簡によく表われている。これは、前述したジョーヴィネ・イターリアの最初のプログラムと同時期に書かれたものであり、サルデーニャ王国軍のためならば、共和主義的、民主的な目標を速やかに放棄しようというカルボネリーアのメンバーに典型的に見られる姿勢が明らかである。確かに、彼はその後、ピエモンテの穏和派亡命者が抱いていた幻想を打ち壊すことがこの呼びかけの直接の目的であったと明言する。とはいえ、公開書簡の内容は変わるべくもない。

『ジョーヴィネ・イターリア加盟者に対する一般的教示』の初版（一八三一年）を見ると、生まれたてのこの新しい組織が、従来の伝統的な結社に対して自己の存在を堂々と主張するだけの力があるのかどうか、マッツィーニ自身確信が持てなかったことが分かる。さらに、この教示を通じ、彼の思想の多くが、ブォナッローティに代表されるジャコビーノおよびカルボネリーアのメンバーの伝統に近いことが明らかである。マッツィーニは、ピエモンテの役人で当時は亡命生活を送っていた愛国者、カルロ・ビアンコ・ディ・サン＝ホリオスを介してブォナッローティと結びつく。ところで、サン＝ホリオスは、ブォナッローティの影響を受けて、〈アポファジーメニ〉（死刑囚）を創立した人物で、この結社にはマッツィーニも加盟している。こうした関係から、前述した『一般的教示』草稿の冒頭には、革命ジャコビーノの典型的なモチーフが記されている。つまり、諸権利と自然法の宣言、貴族制と諸特権の廃止、教会の上層ヒエラルキーに代わる単純な教区制度の採用、〈唯一不可分の共和制〉の宣告、それに万人を対象とする公教育の保障である。そして、この『一般的教示』草稿には、ジョーヴィネ・イターリアが将来持つことになる構造の輪郭がすでに示されている。つまり、メンバーは四〇歳以下の者に限られること、中央のコングレガツィオーネ〔信徒会〕とイタリア各地における地方のコングレガツィオーネが結合した組織であること、複雑怪奇な結社の儀式をやめて単純な秘密の合言葉を使用すること、がそれである。しかし、ジョーヴィネ・イターリアのメンバーが他の結社に加入してこれを指導し、自らの新組織の持つ目標達成へと導くことが義務づけられていた事実は、極めて意味深長である。マッツィーニは、彼を当初信奉していたジュゼッペ・ジリオーリに宛てて、次のように記している。

「われわれは、敵、味方を問わず堂々と対峙することができるよう、速やかに準備を整えなければならない。ジョーヴィネ・イターリアは、来たるべき革命を自らの手で引き起こす態勢をとる以上にしなければならないことがある。ちなみに、こうした革命は、われわれ自身も指導者となる他の結社の活動を通じて早晩勃発するものである。したがって、ジョーヴィネ・イターリアは、革命を指導し、権力者を監視し、青年の強い願いを表明し、さらに革命を、ジョーヴィネ・イターリアのように一致団結したナショナルな統一運動へと一挙に盛り上げるためにこそむしろ努力を傾注すべきなのだ。」

(Mazzini, 257, vol. 5, p. 45)

さて、伝統的な結社モデルからの脱却にマッツィーニが苦労した経過が極めて明白なこの初期の草稿に、決定稿ともいうべき『一般的教示』(1831. 7)が速やかに取って代わった。『一般的教示』は、彼が自分にかなりの自信を持ち、自己の使命感を意識したことをおそらく初めて明らかにした文書であり、彼のイデオロギーの核心を含んでいることが分かる。つまり、自然権を説く哲学体系全体が暗黙のうちに否定された代わりに、彼の宗教的、倫理的な色彩の濃い神の概念が置かれている。彼によれば、継続的に無限の進歩を遂げるウマニタを媒介として、神は自らの啓示を行なうという。そして、その啓示は、諸国民の創造という形をとって具体的に示される。

「国民の形成を神が望まれた所には、その実現に必要な力はすでに存在しているのである。」
「一連の進歩的変革を通じ、ヨーロッパ社会が広範な統一的性格を持つ民衆によって構成されるようになることは必然である。」

このあらかじめ定められた進歩のパターンの中で、それぞれの国民には固有の使命が付与され、また人間一人一人にもそれぞれの義務が課せられている。したがって、ジョーヴィネ・イターリアは、「神によってイタリアに委ねられた使命と、イタリア人としてこの世に生を受けた人間一人一人が実現に貢献すべき義務をともに信奉する」のである。この使命と義務によって結ばれたジョーヴィネ・イターリアのメンバーは、従来の結社の持つ哲学やその実践を退けないわけにはいかない。

「ジョーヴィネ・イターリアは、結社でもなければ党派でもない。つまり、信仰であり、使徒なのだ。イタリア再生の先駆者たるわれわれは、それを説く宗教の礎石を据えなければならない。」(Mazzini, 257, vol. 2, p. 51)

実際、マッツィーニのプログラムとその実践方法は、従来の結社や党派が特徴としていた漸進主義や連邦主義、それに基本的信条の欠落に対して公然と論争を挑む形でその枠組ができあがっている。イタリアは共和主義でなければならない。なぜなら、主権は国民に存し、また、イタリアの歩んできた歴史は共和主義の歴史であったからだ。イタリアは、統一国家でなければならない。なぜなら、連邦制は、国家意識を弱めてしまうからだ。このイタリア統一と共和主義のプログラムは、公然と宣伝されるべきものであった。というのも、国民の再生を実現するために最も効果的な手段が教育だからである。こうして、ジョーヴィネ・イターリアには、当然のことながら他の結社への所属を禁止されたメンバーによる同質的な組織体が必要となる。民衆教育は、蜂起にとって不可欠な準備作業であった。蜂起が勃発した後には、速やかに国民解放を目的とするゲリラ戦が展開されなければならない。ちなみに、この主張は、一八四八年以前にイタリアの民主派サークル内部で広く流布していたサン＝ホリオスの理論に基づくものである。ヨーロッパ解放の狼煙となる蜂起は、諸外国の支援にではなく、ジョーヴィネ・イターリアのメンバーが持つ信念と彼らの活動に依存すべきものであった。マッツィーニのプログラムは、こうしてカルボネリーアだけでなく、ブォナッローティの中心思想のいくつかと比べても著しく対照的な性格を持つものとみなされた。

ちなみに、ブォナッローティの中心思想の例としては、他の結社への加盟の必要性、組織目標の非公開性、当然のこととしてフランスが革命運動のイニシアティヴをとることとの主張が挙げられる。しかし、他の点において、マッツィーニは、ブォナッローティ固有の思想になお依存していた。たとえば、連邦主義に対する統一主義の擁護は、ブォナッローティ派がすでに表現した点である。また、マッツィーニは、老革命家ブォナッローティがしたように、初期の蜂起と、それに続く段階でイタリア解放後に行なわれるべき革命の二つを明確に区別している。そして、マッツィーニは、革命の段階ではあらゆる権力の源泉が〈国民会議〉にあるとしながらも、それ以前の段階では少数者による独裁の必要性を認める覚悟であった。

その後（一八三一―三四年）、マッツィーニは蜂起を準備をする一方で、ブォナッローティおよびその支持者との間には摩擦が生じ、ついには破局を迎える。マッツィーニが彼自身のイデオロギーの仕上げを行なったのは、この時期のことである。一八二〇―二一年および三一年の諸革命失敗の原因をいわゆる〈過去の人〉に帰した彼は、ジョーヴィネ・イターリアのメンバーが彼らとは対照的に新しい世代を代表する人間であると考えていた。マッツィーニの信念や〈言葉〉に支えられたジョーヴィネ・イターリアの若者たちは、立憲君主制やバランス・オブ・パワーの理論を唱導する実利主義者や利己主義者と対立した。つまり、彼ら若者は新しい時代の到来を告げる使者であった。サン゠シモン主義に強く影響されていたマッツィーニは、個人主義と懐疑主義が蔓延する〈批判〉の時代の黄昏と、それに取って代わることになる民衆を主体とした新しい〈組織的な〉時代の幕開けについて考察をめぐらした。そして、後者においては、人類の進歩を特徴づける普遍的な原理である〈組合〉の存在が特色となっていた。

しかし、この倫理宗教的な歴史哲学をイタリアにおける革命の達成という実践的な面に結びつけようとするマッツィーニの中心的なテーマは、民衆の役割に関する分析にあった。イタリアに発生した過去の革命に民衆が不在であった事実とフランスやイギリスで彼らが当時持っていた力を強く認識していた彼は、革命運動に彼らを参加させるための手段を探し求めていた。サン＝シモン主義を擁護する彼は、民衆を〈最大多数の最貧階級〉と定義している（Mazzini, 257, vol. 2, p. 69）。

したがって、民衆の支持を獲得するには、彼らが手にできるような物質面での恩恵を提示する以外にはないことを彼は認めていた。彼らは、幾世紀にもわたって隷属状態に置かれていたために、堕落している。それゆえ、自分たちが現在生きている新しい過渡期の時代についての自覚が彼らにはないのである。

「民衆は決して空理論家ではないし、現在が過渡期であることも理解していない……しかし、彼らは、よい暮し向きと困窮状態、自由と隷属、貧困と生活の向上については理解している。そして、彼らにとっては、これらがすべてなのだ……イタリアにおける蜂起の扇動者が民衆に対して運動への参加を叫ぶ際に、それが物質面での向上を彼らに約束するものであれば、彼らは常に彼に従うであろう。」

(Mazzini, 257, vol. 1, p. 139)

民衆の参加なしには、いかなる革命も達成不可能であった。しかし、その彼らも、適切な指導がなければ革命を成就できない。マッツィーニによれば、運動のイニシアティヴは、〈知識人〉、〈中産階級〉、そして教養ある若者が掌握しなければならない。彼は、当初極端な形（カルロ・アルベルトに対する書簡）で、いったん結合すればそれに対する抵抗が不可能となるような相互に密接な関係を持つ三権力を理論化した。

「社会や人間の諸活動、そして真の権力の源は、別のところに存在する。つまり、思想を創り上げて人々を導く天才、思想を解釈しそれを行動へ結びつける若者、そして立ちはだかる障害を破壊する民衆の三者にこそ存在するのだ。」(Mazzini, 257, vol. 2, pp. 26-7)

マッツィーニは、卓越した〈天才〉の強調を控えた場合でさえ、教養ある人間が民衆を指導する必要性を繰り返し主張している。ジョーヴィネ・イターリア内部では、〈無学なメンバー〉がプロパガンダの活動に従事することは禁じられていた。こうして、組織を指導する仕事が中産階級にのみ任されていたことは明らかである。そして、民衆の持つ抵抗し難い衝動的な力を獲得するために物質面での便宜を図ることが必要であるにしても、それは、国家の独立という一層高次の目標に常に従属し続けるであろう。というのも、国民の精神的な再生が物質面での再生に必然的に優先するからである。

マッツィーニが、国民を分裂させる（そして、一致団結の方向から逸脱させる）結果をもたらすものとして、あらゆる階級闘争に反発したのは当然であった。彼がブォナッローティと決定的に袂を分かったのは、他の何にもましてこの問題をめぐる対立が原因である。「過去十八世紀間に発生したさまざまな出来事や戦争を通じて展開されてきた民衆進歩の歴史」は、〈個と普遍、分裂的な体系と統一的な体系、特権と民衆、それぞれ両者間の闘争〉の歴史であったことを、マッツィーニは積極的に認めようとした。にもかかわらず、彼は次のように独断的な調子で結論づける。

「われわれは、同胞どうしが血を流して争うことを憎悪する。われわれは、一つの体系として確立されたテロを望まない。また、合法的に獲得された諸権利の喪失、農地均分法の実施、個人の諸権利の侵害、そして財産の侵奪をわれわれは望まない。」(Mazzini, 257, vol. 2, p. 195)

実際、

「革命がもしも階級闘争に転化したならば、諸君は次の二つのうちのどちらかの運命に従わなければならない。つまり、滅び去るか、あるいは、途方もない暴力が巷にあふれ、諸権利の強奪者が名声を欲しいままに行動する社会で生きていくことになるだろう。ちなみに、後者の場合、諸君は新たに出現する専制を批判せずにはいられまい。」(Mazzini, 257, vol. 2, p. 195)

マッツィーニは、中産階級による重要な支持を喪失する事態を恐れており、イタリアには階級闘争を正当化するいかなる要素も存在しないとも確信していた。彼が、農民の救い難い貧窮のさまを時折認めていたことは確かである。たとえば、彼はこう述べている。

「彼ら農民を慰め、これを指導しようと望むだけであっても、それは彼らに極めて重い負担となる行動を強いることになってしまう。」(Mazzini, 257, vol. 3, p. 228)

とはいえ、彼のプロパガンダは、もっぱら都市の貧民に向けられていた。彼自身、文書に基づく自己のプロパガンダを識字率の極めて低い彼らの世界に浸透させることの困難さを認めていた。民衆レベルの対話形式による小冊子の作成というマッツィーニ派の試みは、彼の支持者であるグスターヴォ・モーデナ[20]が実践したが、じきに挫折する。マッツィーニは、一八三四年のニッコロ・トンマゼーオ[21]に宛てた手紙の中でこの点に言及し、事の難しさを認めている。

「民衆に語りかけるという点に関しては、君の言い分が正しい。それは認めよう。しかし、それを実行するための方策がないのだ。そして、われわれは、前進することもなく、一つの輪の中でさ迷ってしまう。彼らは本を読むことができない。読み方も分からないのだ。」(Mazzini, 257, vol. 1, p. 159)

マッツィーニが民衆に関して行なった提案が極めて穏健な性格を持っていた事実は、驚くには当たらない。つまり、それらは、典型的な十八世紀の啓蒙主義的な方策であった。たとえば、遺言内容、寄進、そして相続に対する種々の規制を彼は提案するが、それらは少数の人間に財産が過度に集中するのを防ぐためであった。また、財産の流動を促すための抵当権の制度、純益を対象とする累進課税、公共事業の展開や労働に対する適切な報酬を確保するための国家による干渉などの提案もあった。マッツィーニは、封建的な国家と先進的な諸国とを対比させることから得た確信に基づいて自己の姿勢を正当化する。

「われわれイタリア人について考えてみると、一般の民衆は依然として卑屈な態度をとり続けてはいるが、貴族は、あらゆる特権意識を今や否定し、固い絆で結ばれている。また聖職者は、高位にある者を除き、常に救い難い性格が特徴であったが、自分たちが諸邦の王権やローマの専制の支持者というよりも、むしろ人々の物笑いの種になっていることを理解し始めているし、今後はなお一層明確に理解するようになるだろう。それゆえ、われわれにとって、臆病や無気力な態度を除けば恐れるものは何一つない。そして、前者〔臆病〕には物事を選択し、決断するよう心がけることで対処し、後者〔無気力な態度〕に対しては行動する気力でもって応じなければならない。行動は、民衆に対して絶大な影響力をもたらすものである。したがって、われわれが決然とした意志を持ち、それを実行する能力を持っていることを少数の敵が理解すれば、彼らはわれわれの側につくか、あるいは卑屈な沈黙を守るであろう。」(Mazzini, 257, vol. 3, pp. 185-6)

マッツィーニとブォナッローティ

マッツィーニの示した不屈の行動力、人々を惹きつけてやまない個人的な魅力、彼の説く理想主義の持つ確かな吸引力、そしてプロパガンダや陰謀による手口が単純明快である点も幸いし、ジョーヴィネ・イターリアは、ピエモンテ、リグーリア、ロンバルディーア、トスカーナ、さらにはロマーニャの一部へと広がり、数千名のメンバーを獲得してイタリアにおける最初の近代的な党組織の確立に成功した。また、その動きは、従来の結社運動に比べ、はるかに急速であった。ジョーヴィネ・イターリアで指導的立場にあったのは、依然として法曹家、官吏、技術者、店主、医師、そして地主だったが、設立の初期には、都市部の貧民から重要な支持を得ている。それは、具体的には、ミラノ（ここでは、三〇〇〇名以上の職人と下層民が支持した）、トリノ、ジェノヴァ、フィレンツェ、シエーナ、リヴォルノ、さらにはトラステーヴェレ、レーゴラ、そしてポンテに居住するローマの伝統的な〈教皇支持者〉の中にさえ見いだせるほどであった。ジョーヴィネ・イターリアが各地に広がった理由の一つとして、組織構造が単純で入党が容易であったことも挙げられる。なお、この点に関しては、ローマの警察当局の報告（一八三二年）が次のように指摘している。

「〔ジョーヴィネ・イターリアが〕これほど目覚ましく広がってきたのは、入党の際に誓いを立てさえすればよく、また、一人の加盟者が彼の個人的なイニシアティヴで別の人間を獲得できたからである。」

(Demarco, 216, p. 259)

ジョーヴィネ・イターリアのこうした広まりは、しかしながら、イタリア諸邦政府の断固とした対決姿勢を招き、当局の警戒は高まる一方であった。このため、マッツィーニは他の結社、とりわけブォナッローティの指導する結社と協定を結ぶ必要性を認めた。類似した環境に置かれた同一の社会集団に対して、この二人の革命家がともに自派への加入を働きかけようとする事態は避けられないことであった。二人が標的としたのは、中小ブルジョアジーに属する元カルボネリーアのメンバーの民主派であり、彼らは職人や労働者から若干の支持を得ていた。ブォナッローティは、一八二一年と三一年の革命に関わった民主派亡命者の多くを自派の支持者に転向させた。彼らの中には、ジョヴァンニ・ラ・チェチーリア（二三）、カルロ・ビアンコ・ディ・サンホリオスのように、ジョーヴィネ・イターリアの形成期にマッツィーニと緊密な協力関係を持ち、ブォナッローティに対する忠誠心が揺らいだ者も若干見られた。マッツィーニは、イタリアでブォナッローティ派のアポファジーメニを自己の組織に吸収することに成功した。しかし、ジョーヴィネ・イターリアは、旧来の結社のメンバーを無視できるほど強力ではなかった。また、マッツィーニも、蜂起の準備中に仲間割れが生じる危険を望んでいたわけではない。彼は、こう述べている。

「私は、この仕事を単独で遂行できるほど力があるとは思わないし、同志に向かって、〈私はこれを一人でやったのだ！〉といえるほど強くはないと思う――だからこそ、私は他の仲間と団結し、彼らのさまざまな提案を受け取り、歓迎するのだ――しかし、内心は、それらを罵りながら――」(Mazzini, 257, vol. 5, p. 73)

一方、ブォナッローティは、イタリアで自己の影響力を維持することを望んでおり、一八三二年には「真のイタリア人協会」という名の新しい組織を創設した。これには、フランス、コルシカ、マルタ、北アフリカ、ロンドン、ブリュッセル、また、イタリアではリヴォルノ（ここでは、グェッラッツィが港湾労働者の支持を得ていた）、フィレンツェ、ピサ、ボローニャ、そして教皇国家の総督領にいた亡命者の〈家族〉が関わっていた。マッツィーニの成功から教訓を得たブォナッローティは、自派結社の初期の特徴となっていた神秘的な入会の儀式や位階制を廃し、パリの中央委員会の指導による簡素化された組織を支持した。ちなみに、同組織は〈家族〉の代表者によって構成され、その明快なプログラムは、会報の形でメンバー間に回覧された。このプログラムには、典型的にジャコバン的（ロベスピエールからの引用が明らかに見いだせる）であると同時に平等主義的な性格を持つ一方、合法的、あるいは準合法的なプロパガンダによっていかに民衆の支持を得るかという、当時ブォナッローティが関心を寄せていた問題が反映されている。また、同組織は、加盟希望者の国籍を一切問題とせずオープンであり、民主的な統一共和国の樹立を目標としていた。ちなみに、その国家では、「市民がまったく平等の諸権利を有し、所有物と労働が適度に配され、彼らは本来自己に備わっている主権を行使する」はずであった。ブォナッローティは、民衆の支持を獲得すべき方策は、彼らに次の内容を教えることであるとした。つまり、

「最も明白な不公平は、少数の人間が惰眠を貪っているかたわらで、大多数の人間は額に汗して働き、やつれ果て、苦痛を味わったうえに、日常の必需品さえ事欠いているという現実である。この恐るべき異常事態は、なぜ生じたのか。それは、この社会が次のような流儀に従って成り立っているからである。つまり、ある者によって蓄積されたあらゆる種類の富は、厳しい倹約を実行しない限り、他の人間に分配されることはないのである……〔われわれが目標とする〕共和国の基本的な条件の一つは、次のようにも規定できる。つまり、富の公正な分配が行なわれる社会秩序は、国民自らの手で獲得した法によって確立され、維持されるものであると。」(Francovich, 135, pp. 132, 134)

ちなみに、彼によれば、この共和国を樹立するためには有徳の士による臨時独裁が必要になるという。こうして二人の革命家が対立した結果、イタリアでは一時的に民主派の間で深刻な分裂状態が生じ、それは、ヨーロッパの民主派間でますます強く感じられるようになった。こうした中で革命勃発近しとの予測に刺激されたマッツィーニとブォナッローティは、一八三二年九月に統一行動を約した協定に同意したが、二人ともそれぞれ自己の組織の優位を確信していた。ちなみに、『ジョーヴィネ・イターリア』は、二つの組織〔マッツィーニのジョーヴィネ・イターリアとブォナッローティの真のイタリア人協会〕の機関紙となるはずであった(実際、ブォナッローティと彼の支持者が、同紙に記事を掲載している)。マッツィーニによれば、真のイタリア人協会は、「憲法や移民の問題に専念することになるだろう。そしてわれわれは、国内の問題に関わるはずである」という(Mazzini, 257, vol. 5, p. 299)。

しかし、一八三三年の末頃になると、両者の協調関係は破綻した。ブォナッローティ側が提案した憲法は、亡命者が怯えないようにジャコバンの教義中最も過激な部分を故意に和らげたものではあったが、これにマッツィーニが反対した。つまり、将来確立すべき政体についての決定権は解放後のイタリア人だけに委ねられているものであるから、ブォナッローティ側の提示した憲法内容は、それをあらかじめ無効にしてしまうものだとして、彼は異議を唱えたのである。また、真のイタリア人協会は、トスカーナで活発な政治活動を展開し、ジョーヴィネ・イターリアの優位を脅かしていた。しかし、マッツィーニ、ブォナッローティ両者間に亀裂が生じた根本的な原因は、イデオロギー面での食い違いにあった。つまり、マッツィーニは、国民によって選ばれた国民議会の代わりに、テロリズムに基づく革命独裁を選択することを否定したほか、ヨーロッパ革命をフランスが指導するという主張も認めることができなかった。さらに、彼は、ブォナッローティの主張する漸進主義的な陰謀に基づくアプローチにも対立した。しかし、マッツィーニは、とりわけブォナッローティのプログラムの特徴となっていたジャコバン流の平等主義[二三]を徹底的に憎悪していたのである。というのは、国民は、共同体組織を通じて団結し、「あらゆる事物を包含する巨大な統一体」を形成するからである (Della Peruta, 258, p. 216)。

こうして、ジョーヴィネ・イターリアと真のイタリア人協会両者間に亀裂が生じた結果、ブォナッローティの組織は分裂することになる。トスカーナにおける彼の支持者は、たとえば、カルロ・グイテーラのように混乱状態に陥り、多くの者が組織を捨ててカルボネリーアやジョーヴィネ・イターリアに加盟した。さらに、マッツィーニによる直接の指令を通じて真のイタリア人協会のメンバー一人一人に働きかけが行なわれ、彼らは彼の組織に吸収されていった。こうして、イタリアにおけるブォナッローティ主義は、組織的な運動としては姿を消した。その結果、ブォナッローティ主義は、中産階級を対象とするマッツィーニの理想主義的で純粋に政治的な訴えに抵抗することができず、また、自らの特色であったジャコバン流の平等主義を階級的基盤に基づいて民衆と直接結びつける形に変えることも不可能となった。同時に、彼の標榜する国際主義も、諸国民個々の運命を強く信仰する当時にあっては、もはや時代後れとなっていた。

彼は、マッツィーニの目指す目標について深い疑念を抱く一方で、フランスで共和制を樹立させることが国際的規模の蜂起を成功させるために必要な前提条件であることを常に確信していた。彼は、自派の組織〈世界民主シャルボネリ〉の〈上級支部〉における自己の名声と指導力を利用して、マッツィーニが提案したサヴォイア遠征に参加しようとする自派の人々に警告を発した。ブォナッローティは、これによって遠征を失敗させることに貢献する（一八三四年）。マッツィーニは、〈青年ヨーロッパ〉を結成してすぐさまこれに応じた。彼は、同組織を通じて革命運動におけるフランスの優位に挑戦し、ブォナッローティ派のカルボネリーアが行使する影響力を打ち破るべく周到な企てを実行した。そして、一八三五年頃になると、彼は、ブォナッローティ派のカルボネリーアが分解したと誇らしげに宣言することができたのである。

ところで、七七歳のブォナッローティが亡くなる一八三七年になると、マッツィーニ自身の運動も危機に瀕しつつあった。ジョーヴィネ・イターリアはイタリアの北中部で急速に広がり、一八三三年頃には、彼の思想がナポリ地方で孤立を強いられていた自派のグループを鼓舞していたほどである。しかし、彼が最も多くの支持を当てにしていたのは、サルデーニャ王国であった。具体的には、ジェノヴァ、アレッサンドリア、そしてトリノの青年将校や兵士である。彼は、当時直面していた困難な状況について、後年次のように説明することになる。

「こうしたさまざまな状況下で、われわれが義務としていた陰謀と教宣という二重の活動を通じ、組織が危険にさらされつつあった。このため、高まりつつある熱狂が迫害によって圧殺されないうちにこれを利用し、さらに、いかに行動するかについて真剣に考える必要があった。」(Mazzini, 257, vol. 77, p. 143)

マッツィーニの計画によれば、ジェノヴァとアレッサンドリアの蜂起に続き、サヴォイアを経由してサルデーニャ王国への遠征が行なわれ、リヨンの共和主義者との連係が図られることになっていた。その一方で、中部と南部イタリアに張りめぐらされた組織網が予備戦力として機能するはずであった。しかし、マッツィーニ派の陰謀がピエモンテで発覚し、国王カルロ・アルベルトは過酷な弾圧を行なった。さらに、ナポリ、トスカーナ、ロンバルディーアでも、ピエモンテほどではなかったが、似たような弾圧がジョーヴィネ・イターリアの小グループを見舞ったために組織は危機に陥っている（一八三三年）。こうした状況にもかかわらず、革命の勃発が間近に迫っていることを確信していたマッツィーニは、くじけなかった。金持ちや貴族の亡命者から資金援助を受けた彼は、ジェノヴァの蜂起と同時にサヴォイア遠征を計画した。若きジュゼッペ・ガリバルディが革命運動で彼の最初の不運を経験したのは、この時である。サヴォイア遠征は、スイスの当局によって阻まれたうえ、内部対立と疑心暗鬼が生じたために惨めな失敗に終わった。一方、ガリバルディは、ジェノヴァ蜂起で自分がまったく孤立していたことを自覚せざるをえなかったのである（一八三四年二月三―四日）。

ジョーヴィネ・エウローパ（青年ヨーロッパ）

ヨーロッパの民主派運動が全般的な退潮傾向にあった中で（一八三四―三五年には、イギリスとフランスで労働者と共和主義者の運動が敗北している）、国際的な革命運動を生み出そうとするマッツィーニの試みは、実現の可能性がほとんどなかった。イタリア人、ポーランド人、ドイツ人の一握りの知識人亡命者が一八三四年四月に結成したジョーヴィネ・エウローパは、一国家の単位を超えた民主派の組織を通じ、従来のカルボネリーアの特徴であった不明瞭な国際主義（一八三〇年以降、ブォナッローティが指導するようになってからも、この状況は変わらなかった）の運動に取って代わろうとする試みであった。この新組織の中で、それぞれの国家に置かれた下部組織は、マッツィーニの唱える原理に基づき、諸国民の独立、ひいては人類連帯の進展のために努力することを固く誓っていた。ジョーヴィネ・イターリア、ジョーヴィネ・ポローニャ（青年ポーランド）、ジョーヴィネ・ジェルマーニャ（青年ドイツ）の隊伍に時を移さず加わったのが、ジョーヴィネ・ズヴィッツェラ（青年スイス）であった。ちなみに、これは、亡命者を基盤としない唯一の組織である。ジョーヴィネ・エウローパは、結局、実質的な効果をほとんどもたらさなかった。そして、マッツィーニが活動からの撤退を余儀なくされた後（一八三五年）、大陸諸国の弾圧の中で解体したのである（一八三七年）。

しかし、ジョーヴィネ・エウローパは、重要な意味を持っていた。なぜなら、ヨーロッパにおける民主派運動の中で、フランスがイニシアティヴを掌握するという革命の伝統的な国際主義に対して、それぞれの国民がイニシアティヴをとるべきであるとするマッツィーニの思想を、この結社が見事に体現したからである。彼によれば、革命運動におけるフランスの指導的役割は、一八一四年に終わりを告げていた。そして、新しい組織の時代には、諸国民がそれぞれの道をしっかりと歩むことが可能なのである。

「個々人、諸国民には、それぞれ独自の使命が課せられている。それは、その人間個人や国民の個性となる一方、人類全体の使命達成へと必然的に収斂していくものなのである。」(Della Peruta, 258, p. 443)

こうして、マッツィーニがフランスのヘゲモニーを否定したのは、単に抽象的、あるいは個人的な文化ナショナリズムの考えが彼の念頭にあったからだけではない。つまり、彼が意識した試みは、さまざまな革命運動を国際情勢（特にフランスの外交政策）の都合に合わせて展開するという一般的な傾向を、個々の自立的なイニシアティヴによる活動に変えようとする政治的な意味合いを持つものだったのである。そして、この目標を実現するためには、ヨーロッパの民主派をフランス革命の神話から解き放つことが必要となる。

「過去は、われわれを圧殺する。フランス革命は、われわれを踏みにじったと私は十分に確信を持っていえる。それ〔フランス革命〕は、革命運動を展開する諸党派に悪夢のような重圧を加え、戦意を喪失させてしまう。また、途方もない規模の銃火の響きでわれわれを幻惑させるのだ。そして、勝利の眼差しでわれわれを呪縛する。われわれは、その前に跪く。われわれは、フランス革命にありとあらゆるもの、つまり、人も物も乞い求める……しかし、見よ、われわれの父祖は、だれの猿まねもしなかった。彼らは、彼らの生きた時代から霊感を得、民衆が何を必要としているか、また彼らの置かれた状況がどのような性格を持っているかをも理解していたのだ。つまり、われわれの父祖は、彼らの生きた時代の子であった。」(Mazzini, 257, vol. 6, p. 267)

運動のイニシアティヴが国民一人一人にあるとするこの考え方では、巨大な民族集団(スラヴ、ゲルマン、ギリシア=ラテン)の中で、ある国民が他の国民を指導する使命を帯びているものと時折解されることもあった。イタリアは、その中でヨーロッパの再生という目標に関し、独自の立場に置かれていた。それは、ローマが普遍的な役割を担っていたからである。

「近代的な統一の要求は、三度ローマからのみ出すことが可能である。なぜなら、旧来の社会の解体は、ローマからのみ始めることができるからだ。」(Mazzini, 257, vol. 3, p. 246)

〈第三のローマ〉は、イタリアの独立と統一だけでなく、旧ヨーロッパの打倒と来るべき新しい社会的時代の強化を象徴するものでもあった。[二四] マッツィーニは、カトリックの古い伝統を持ち、しかも聖なる都市という普遍的なローマのイメージを民主派に与えることに成功した。また、その結果、マキャヴェッリやグィッチャルディーニの時代から世俗の知識人が抱いてきたローマに関する否定的な評価の代わりに、積極的な評価をこの都市に与えることに彼は成功したのである。ちなみに、ローマに関する否定的な評価とは、この都市の存在がイタリア統一の達成にとって最大の障害になるというものであった。

一八四〇年代における民主派の運動

一八三三年から三五年にかけ、イタリア諸邦の政府が前記の運動を弾圧した結果、秩序ある統一組織としてのジョーヴィネ・イターリアは、急速に解体する。そして、引き続き大陸の列強が、スイスの政府に圧力をかけた。その目的は、民主派からその主要な活動基盤を奪うことにあった。ヨーロッパの革命運動は、こうしてその中断を余儀なくされたのである。マッツィーニのようにイギリスへ亡命した者もいた(一八三七年)。また、ファブリーツィやドゥーランド(二五)のように、スペインやポルトガルの戦闘に参加しながら活動を継続させようとする者もいた(一八三二―三九年)。あるいは、ガリバルディのように、南アメリカで共和主義の大義のために戦った者もいた。しかし、多くの者は、理想の実現は不可能と判断したり、また一身上の事情で政治活動から足を洗った。その中には、一八四三年にブリュッセルで自殺したビアンコ・ディ・サン＝ホリオスもいた。さて、マッツィーニは、長い苦難の日々を送った後、愛国的な使徒としての活動を再開した。つまり、彼は、イタリアに再び陰謀の灯がともる明らかな兆しを看破したのである(一八三九―四〇年)。

一八三〇年代後半、マッツィーニの思想とイタリアの情勢には、ともに変化が見いだせる。フランスとイギリスにおける進歩への信頼と平和的な改革の可能性の確信を基盤とする穏和派の思想は、当時革命主義者の主張に取って代わるプログラムとなる兆しを見せ始めていた。イタリア諸邦の統治者は、その政治面における弾圧政策の実施に確固たる信念を持っていた。彼らは、その一方で、経済改革に対しては消極的で、その内容は部分的なものにとどまった。とはいえ、こうした改革は、長い目で見れば将来の進歩的な変革への足がかりとなるものであった。革命主義路線を標榜する民主派のイニシアティヴは、こうして脅かされていく。

民主派陣営では、マッツィーニのイニシアティヴが、今や試練の場に立たされていた。当時のイタリアには、ジョーヴィネ・イターリアの解体を通じ、中小の結社が激増しつつあった。それらは、たとえば、シチリアの結社のようにしばしばマッツィーニの影響を受けており、国外からの集権的な支配に対しては深い不信の念を抱いていた。亡命者の中には、グスターヴォ・モーデナのように預言者〔マッツィーニ〕に対する絶対的な忠誠を維持していた者もいた。しかし、他の者は、ニコラ・ファブリーツィやジュゼッペ・リッチャルディ(二六)のように、マッツィーニの絶対的な正しさに疑問を投げかけたり、彼の頑な態度に反発し始めたりしていた。スペインで軍事経験を積んで自信を得たファブリーツィは、ジョーヴィネ・イターリアがプロパガンダの普及だけにその活動を限定し、蜂起の仕事は別組織で行なうことを提案した。一八三九年、彼が亡命先のマルタで創設したイタリア軍団は、〈ゲリラ戦〉によって南部イタリアで革命を勃発させることを目指していた。彼によれば、今やピエモンテよりも、むしろ両シチリア王国や教皇国家の方が蜂起のイニシアティヴをとることになるはずであった。なぜなら、これらの国家では不穏な状況が続いており、適切な指導さえ行なえば革命が勃発する可能性が高かっただけでなく、オーストリアから遠く離れているという地理的な条件もその理由であった。つまり、革命運動参加者は、後者のおかげで敵の反撃に対して自己の軍事的立場を強化する時間的余裕を持てるはずだったのである。他方、リッチャルディは、マッツィーニが排他的な姿勢を頑に守る結果、彼に対する民主派の支持が弱まったものと確信していた。そして、彼は、マッツィーニからテレンツィオ・マミアーニ、ニッコロ・トンマゼーオといった穏和な立場をとる者に至る、多様な政治亡命者グループの〈融合〉を提案する（一八三七年）。この提案は、イタリアの独立を目指して戦うという彼らに共通するプログラムに基づいており、将来確立すべき統治形態という対立を生む可能性のある問題に関しては、周到に言及を避けている。マッツィーニの説得に失敗したリッチャルディは、その後、ジョーヴィネ・イターリアの改革を提案する（一八四〇年）。具体的には、蜂起の時期とその方法の決定に関しては当該グループに完全な自立性を与え、全体の指導体制は選挙に基づいて選出された者によるとの内容であった。

こうして、左右からの脅威に直面したマッツィーニは、ジョーヴィネ・イターリアの集権的な性格を弱める方向で改革を実行し、自らのイニシアティヴの回復を図ろうとした（一八四〇年）。しかし、この新生ジョーヴィネ・イターリアのプログラムは、旧組織と実質的には変わらない内容であった。マッツィーニは、教育と蜂起の活動を分離すべきであるとするファブリーツィの提案に反対した。なぜなら、もしそうなれば、革命が道徳的な目標を喪失すると彼は考えたからである。同時に、彼は、南部が革命運動のイニシアティヴをとるべきであるとするファブリーツィの主張も退けた。つまり、マッツィーニは、農民の世界に対しては常日頃から無関心になりがちであり、また、南部に比較して北部の諸都市の住民の方が政治意識の点で一層成熟した段階にあり、ヨーロッパの民主派運動に適合しやすいと確信していたのである。さらに、彼は、〈ゲリラ戦〉を蜂起の手段とみなすファブリーツィの理論についても、これを積極的に認めようとはしなかった。マッツィーニは、一八三一年の中部イタリアにおける諸革命を引き合いに出しながら、蜂起にふさわしい状況をあらかじめ創り出すことが必要であると説いた。そして、そうすることで革命家は権力を獲得することが可能となる。つまり、彼の言葉によれば、「政府を手に入れる」ことができるというのである。そして、避けることができないオーストリアの反攻に対して〈ゲリラ戦〉を組織化する必要性が生じるのは、その後の段階のことと彼は考えたのである。

彼は、労働者階級の支持を獲得することの方が、ファブリーツィの向こう見ずな提案を実行するよりもはるかに重要であると考えていた。マッツィーニは、資本主義社会の階級概念に基づくフーリエの分析に部分的には同調し、スイスにおける亡命ドイツ人労働者の中から支持を獲得しつつあったジョーヴィネ・ジェルマーニア（青年ドイツ）の成功に感銘を受けた。そして、イギリスのチャーティスト運動をじかに観察した彼は、労働者階級に対して効果的な指導権を早急に確立することの必要性をとりわけ痛感するようになる。こうして、彼はイギリスやフランスに見られるような労働者独自の統一組織をイタリアにも創り出すことが必要であると明言した。ジョーヴィネ・イターリアの民衆的、民主派的な性格を彼が強調したのは、穏和派が主張する国家による統制とは無縁な資本主義の理想化、ギゾーによるブルジョアジーの賛美、それに資本家の社会支配を正当化するサン゠シモンの思想に反対するためであった。マッツィーニは、アンジェローニ、ブォナッローティ、リッチャルディその他の民主派の人間と同様、イギリスの進歩に対して穏和派が示す賞賛の態度を拒んでいた。つまり、同国に見られる階級間の対立状況からして、早晩革命が引き起こされるものと彼は確信していたのである。そして、これは、ヨーロッパの民主派の多くに共通する考えであった。フランスやイギリスで当時見られたような階級闘争がイタリアで発生するのは、だいぶ後のことである。というのも、イタリアでは国家の独立と統一がまだ達成されておらず、労働者が孤立した状態にあったからである。共和主義に基づく統一は、政治・経済の両面で中産階級と労働者双方に利益をもたらす可能性があった。しかし、後者は、とりわけ社会的に見て弱者の立場にあった。彼らを対象とする独自の組織である〈イタリア労働者連合〉の結成は、こうして正当化される。そして、労働者は、この組織を通じて自らの要求を中産階級に表明することが可能になったのである。

マッツィーニにとっての〈社会問題〉は、このように統一という政治目標にまったく従属したままであった。他方、社会主義者やとりわけ共産主義者の教義（フーリエ、ブランキ、カベー、ヴァイトリング[二八]など）の影響がフランス、ドイツ、スイスに広まりつつある事態を憂慮した彼は、階級闘争の理論をはっきりと退け、信仰と義務を核とする宗教的色彩の濃い彼自身の教義を強調する。〈少数の天才〉と〈知識人〉は、使徒として時代の先駆者の役割を担うものであり、当然に民衆の導き手となることが運命づけられていた。

「われわれの念頭にある労働者は、この語彙に通常求められる意味での階級とは無縁の存在である……いつの日か、われわれだれもが労働者になるだろう。」(Mazzini, 257, vol. 25, pp. 110-1)

「中産階級は、その個人主義とエゴイズムを放棄し、労働者の要求がいったん表明されれば、〈資本〉、〈知識〉および〈労働〉を基盤とする組織を通じてそれらの持つ価値を自発的に認めるであろう。」

(Della Peruta, 258, p. 235)

新しい公正な社会の出現は、共和主義による国家統一の達成に似て、中産階級が道徳的に再生し、彼らが人類の連帯意識を持てるか否かにかかっている――これは、マッツィーニにとっておなじみの思想である。

マッツィーニは、目標の達成に失敗した一革命家と簡単に片づけられがちである。しかし、こうした解釈においても彼が注目されるべき点は、その並外れた組織能力と彼が支持者に引き起こした忠誠心の両者に対する賛辞なのである。確かに、彼の社会思想は、当時の数十年間の革命運動において独自なものではなかった。つまり、彼の協同組合的社会観はマルクス以前の社会主義に典型的なものであり、また、おそらくは権利よりもむしろ義務を強調している点を除けば、労働組合主義者として見たビュシェ（二九）、ルイ・ブラン（三〇）、プルードン、ラッサール、あるいはロバート・オーエンの社会主義とほとんど異なるところはない。また、職人と労働者階級を同一視するという彼の姿勢も当時の他の革命家と同じであり、それはイギリス、フランスの状況を反映していた。つまり、この両国では、職人は〈労働者階級〉であり、臨時雇いの労働者、季節労働者、それに常に困窮している貧者とは異なった存在であるというのが、中産階級だけでなく、職人自身の多くも暗黙のうちに了解していた考えだったのである。

マッツィーニは、再生させたジョーヴィネ・イターリアによってもイタリア労働者連合によっても、一八四〇年から四六年におけるイタリアの民主派運動のイニシアティヴを再び奪回することはできなかった。両シチリア王国や教皇国家では、小規模の結社が扇動を続けていた。この状況は、一八三七年にシチリア、カラーブリア、それにアブルッツォで勃発した蜂起が過酷な弾圧を受けた後においてさえ見られる。

マッツィーニは、自派の人間が試みようとした準備不足の蜂起を控えるよう、常に警告を発していた。にもかかわらず、彼はファブリーツィの影響力の増大を阻止することができなかった。一八四三年、そのファブリーツィは、ナポリ、トスカーナ、ロマーニャそれぞれの陰謀活動を結合させようとしたが、その結果は、ロマーニャにおける中産階級の陰謀家と職人による蜂起の失敗という形で終わっている。また、翌一八四四年には、バンディエーラ兄弟（三一）とオーストリア海軍のヴェネツィア人将校がカラーブリアで蜂起を起こそうとした。マッツィーニはこれを思い止まらせようとしたが、できなかったのである。ちなみに、この蜂起計画も、ファブリーツィの理論に基づくものである（もっとも、彼自身は、これをやめるよう説得している）。さらに、一八四五年には、ルイージ・カルロ・ファリーニ（三二）らが指導する新たな蜂起が発生した。これも間接的にではあるがファブリーツィと関連があり、一時的にリーミニを占領した後、惨めな失敗に終わっている。(二三) こうした事例に際して明らかとなったマッツィーニの無力感は、彼が共和主義を固執する態度を速やかに放棄した事実に見て取れる。つまり、彼は、統一・自由・独立という共和主義に比べれば限定された目標を提示し、これによってリッチャルディがかつて提案した民主派統一戦線の結成を図ったのである。マッツィーニの影響力は、前述した一八四五年のリーミニ蜂起を準備するメンバーから彼が外されていたほどに低下していた。彼は、民主派のイニシアティヴを掌握する力をすでに喪失していたのである。一方、この時期には、蜂起という手段の行使に不満が高まってきており、代わって増大しつつあった穏和派の影響力がはるかに重要な意味を持つことになる。

三　政治上の自由主義と経済発展

さて、前記のようにマッツィーニや他の民主派が蜂起を試みた結果、イタリア諸邦の政府は、断固とした権威ある統治を行なうとの決意を強めた。当時のヨーロッパは、君主の絶対的権力を擁護する勢力と立憲体制を支持する勢力に二分されていた。こうした状況下で、イタリアの諸君主は、以前にもましてオーストリアの軍事力に依存する姿勢を強めていく。一八二〇—二一年と一八三一年の革命を前にして、イタリアのすべての政府は、ロンバルド・ヴェーネト王国とトスカーナ大公国を除き、崩壊している。七月革命の結果成立したフランスは、既存のあらゆる権威にとって絶えざる脅威である一方、革命主義者や共和主義者にとっては、スイスに似て天国のような存在であるように思われた。

ところで、カルロ・アルベルト（一八三一—四九年）は、ヨーロッパにおけるすべてのカトリック合法主義者の大義を断固として擁護しようとし、その実現のために神秘的色彩を漂わせる病的なほどの熱意を示した。この点で、彼は、諸君主の中で例を見ない人物であった。彼は、かつてピエモンテの革命を支持する言動を示した。そしてその償いとして、彼は一八二三年にスペインの立憲体制を粉砕するフランス軍に身を投じたのである（その目覚ましい活躍ぶりから、〈トロカデーロの英雄〉[三四]というニックネームが彼に与えられている）。彼は、一八三〇年代を通じ、フランス、スペイン、ポルトガルにおける正統主義者の陰謀を支持した。こうして、彼は、ピエモンテをフランスやイギリスから遠ざけてしまった。ちなみに、この両国は、ピエモンテのオーストリアからの自立を保障するだけの力を持つ唯一の大国であった。彼は、不承不承国民の大義〔ピエモンテのオーストリアからの独立〕の支持に傾く直前の一八四七年になっても、スイスのカトリック勢力である〈ゾンダーブント〉〔分離同盟〕を支援する目的でオーストリアの提案した干渉を、なお支持している。彼は、革命勢力と既存の体制両者間の決定的な闘争が将来避けられないことを予知していた。一八三三年に彼がマッツィーニ派に対して行なった過酷な弾圧は、こうした考えに基づいている。カルロ・アルベルトは、一八三四年に、反動の権化という点では自分よりも首尾一貫していたモーデナのフランチェスコ四世に宛て、次のような手紙を書き送っている。

「重大な危機は、その到来を多少遅らせることは可能でしょうが、やがて必ず発生します。それは、恐ろしい事態を招くでしょう。なぜなら、両者〔革命側と体制側〕のうちのどちらかが全面的に相手の軍門に降らなければならないからです。ですから、陛下は、イタリアにとって多大な貢献をなさることが可能です。ところで、私の方はどうかというと、もしもわれわれ〔体制側〕が勝利を得られなければ死を決意していますし、また、どんなに些細な問題であれ、革命と妥協するつもりは決してありません。私は、この点を陛下に確約いたします。」(Romeo, 199, p. 44)

一八三三、三四年には、イタリア中で弾圧の嵐が吹き荒れた。つまり、ピエモンテ、ロンバルディーア、トスカーナ、教皇国家、それにナポリで、運動家の逮捕や裁判が相次いだのである。その後、ヨーロッパやイタリアで革命の潮が引き始めると、イタリア諸邦の政府は、自信を取り戻した。とはいえ、スパイ行為や検閲は、レオポルド二世（一八二四―五九年）が統治するトスカーナ大公国のように自由主義的傾向が見いだせる国家においてさえ、依然として日常茶飯事であった事実は付け加える必要がある。一八三八年には、ロンバルド・ヴェーネト王国で恩赦が実施され、若干の亡命者が帰国している。また、一八四〇年代になると、すべての自由主義者が必然的に革命家であるわけではないことを、カルロ・アルベルトでさえ不承不承ではあるが認めている。

他方、両シチリア王国と教皇国家だけは、事態が異なっていた。つまり、両国では、風土病的な不穏状態が地方で依然として続いていたため、結社活動が盛んであった。国王フェルディナンド二世（一八三〇―五九年）と教皇グレゴリウス十六世（一八三一―四六年）が弾圧政策継続の必要性を主張した背景には、こうした事情があったのである。そして、この姿勢を模倣したのは、モーデナ公国のフランチェスコ四世であるが、その理由は事実に則したものであるというよりは、むしろ彼自身の気質に依っていた。ところで、両シチリア王フェルディナンドと教皇国家のベルネッティ枢機卿(三五)は、軍事力を背景とするオーストリアの恩着せがましい態度に憤慨し、それぞれの国家の自立を主張しようとした。まず、フェルディナンドは、強力な軍隊を個人的に創り上げたいという意志を持っており、また一貫して中立政策を採っていた。このため、彼は王国内の反対派を容易に弾圧し、オーストリアとの伝統的な結びつきに代えて〈ナポリ人の国家〉を強調する孤立主義的な路線を採ることができた。一方、ベルネッティの場合、オーストリアからの教皇の自立を図るための一手段として、〈百人隊〉という名称の民兵組織を創設したが、これは国内における弾圧の道具へと急速に堕していった。同組織の行動は非合法的な性格を持っていたうえ、結局は効果がなかったために、教皇国家の総督領はますます増大する不穏な状況下に置かれ、諸列強の不安を絶えず引き起こしたのである。両シチリア王国政府と教皇国家政府は、ともにイタリアの他の地域に流布していた「危険分子の」教義から自らの国家を絶縁させようと努力した。フェルディナンドは、当初とりわけ旧ミュラ派から多少の支持を得た。なぜなら、彼は集権的な行政を実施し、公正な司法を少なくとも見かけ上は尊重する姿勢を示したからである。しかし、グレゴリウス十六世治下の教皇国家では、不十分な教会行政と腐敗した司法が特徴的であり、有能な若者は将来性あるポストから排除された。さらに、財政はほとんど破綻しており、一八三五年以降一〇年間にわたり、政府は国家予算を組むためのあらゆる試みを断念したほどである。

しかし、イタリア諸邦の統治者が一番頭を悩ましていた問題がこのように政治面での絶対主義の擁護であったとしても、すべての主要な政府（当然のことながら、教皇国家は除く）は、その経済政策を国内経済の新しい要求に呼応させる必要性を認めざるをえなかった。土地貴族は、その重要な立場と影響力を依然として維持してはいたものの（事実、シチリアやサルデーニャといった島嶼部で、彼らは社会の支配層であった）、今や土地ブルジョアジーがその地位を強化しつつあった。これら二つのグループ（土地貴族と土地ブルジョアジー）間の反目は、政治的影響力と社会的名声に関していえば、なお重要な意味を持っていた。しかし、どの階層に属しているにせよ、有力な地主が市場経済に基づく生産を行ないつつあったことで、前記の反目は経済的には無意味となった。こうして、農業と商業との絆は以前にもまして緊密なものとなり、未加工品の輸出をめぐる生産者、商人、それに工場経営者間の闘争自体、農業の〈商業化〉が新しいレベルに達した事実を反映していた。国内における統一市場の利点は、今や広く認められていた。その一方で、土地の自由な流通と十分な利用にとって、国内関税や封建的性格を持つさまざまな障害がマイナスの結果をもたらす点についても異論はなかった。農業がより資本主義的な構造に変化するこのような過程を促進したのは、イタリア諸邦の政府である。もっとも、その一方で、貧農が至る所で増加した事実も忘れてはならない。そして、南部イタリア（そして一八三〇年代末以降は、とりわけシチリア）では、フェルディナンド二世が封建遺制を断固として消滅させようとしたことで、劇的な結果が生じた。つまり、農民が従来伝統的に享受してきた入会権を奪われたのである。その一方で、彼らの共有地は小区画の土地に分割され、入会権（牧草地、共有林、種蒔きに関する権利）を喪失した農民に対する補償とする旨の布告が出された。しかし、その実施は、広大な畑や牧羊地の所有者によって阻止されるか、ブルジョアジーや土地所有貴族がそれらを横領してしまう結果となった。

諸邦政府は、こうして農業生産者と商人の要求に応えた。イタリアの農業は、依然として遅れた状態にあった。ちなみに、当時のイタリア農業を特徴づけていたものは、十分過ぎるほどの労働力の供給、低廉な生産物価格、さらに生産性の向上というよりは、むしろ耕地面積の拡大（しかし、資本主義的農業が発展し続けていたロンバルディーアやピエモンテは、前者に該当する）を通じてイタリア外の需要が高まるといった現象であった。しかしながら、諸邦政府は農業と商業の間に新しいバランスを作り出すことに積極的であり、そのための方策として、生産物の国内流通の促進と輸出の奨励、それに主として工芸産業の保護を図った。これらは不十分な措置であったうえ、しばしば矛盾しており（常に国家財政の必要性に左右されたからである）、諸邦それぞれの財源について統治者が無知である事実を露呈する結果となった。しかし、まさにこうした限界こそ、イタリアの企業家の特徴である臆病な態度、狭量な党派的精神、それに全般的な後進性の反映なのである。ロンバルディーア、ピエモンテ、ナポリ、教皇国家では、土地に対する資本投下、公債、民間の融資施設や貯蓄銀行の利用を好む傾向が顕著であった。こうして、経済的な先進地域である北部の諸邦でさえ、〈安全〉志向型の投資が一般的であった。この状況は、積極的な企業精神が根本的に欠如し、また、工業の発展のために外国資本と外国人の持つ専門的技術に過度に依存している事実を示している。ロンバルディーア(一八二〇年代以降)とナポリ(一八三〇年代以降)における工業の振興や、ロンバルディーア、ピエモンテ、トスカーナ、ナポリにおける鉄道敷設の資金援助(一八四〇年代以降)に見られるように、諸邦政府が経済界の先頭に立っていたことは確かである。しかし、これらの政策は、国際貿易と国内経済の発展との間の新しい相互依存関係に政府が漠然と気づいたことを示しながらも整合性には欠けており、また諸邦経済の特徴である構造的な脆弱さを修正することは、なお不可能であった。イタリアは、依然として農業と商業を基幹産業としていた。諸邦政府は、保護貿易政策や国家による発注を通じて、近代産業の中核を創り出すことができたとはいえ、これらの産業が国際競争に耐えうる能力を身につけ、その後発展できるかどうかは、政府の経済政策にではなく、農業のインフラが柔軟性や近代性を持つか否かにかかっていた。一八五〇年代のナポリにおける工業化が北部の成功に比較して総体的には失敗したのは、こうした農業の基盤欠如という状況によって説明可能である。

この欠陥に気づき、一層統合化された体系的政策の必要性について明言したのは、大半は穏和派の知識人よりなる小グループである。彼らは、典型的な十八世紀の改革主義の流儀によって政府の重い腰を動かそうとした。経済発展の諸理論を極めて入念に仕上げたのは、彼ら穏和派の人間であった。彼らは、イタリア経済弱体の原因が、主に政治面での権力主義が経済の進歩を抑制する効果をもたらしていることにあると確信していた。したがって、彼らの提案は、純粋に経済的な性格を持つ政策実施の要求から、しだいに政治改革の要求へと変化していく。彼らは、イタリアがヨーロッパの先進諸国の水準に到達するためには、こうした方策の実施しかないと考えたのである。

トスカーナの自由主義者

十八世紀の改革主義者と十九世紀の穏和派の類似性（後者の中で、鋭敏な歴史的感覚を持つ者は、この点を非常に意識していた）は、トスカーナで最も際立っていた。ちなみに、当地では、穏和派のプログラムを構成することになる主な内容が、早くも一八二〇年代に詳しく考察されていた。トスカーナ大公国は、イタリアの中では抑圧的な雰囲気が伝統的に最も希薄であった。一八二一年革命が挫折した後、グリエルモ・ペーペ、ピエトロ・コッレッタといった南部の亡命者、ニッコロ・トンマゼーオ、マッシモ・ダゼーリョら北部の自由主義者、あるいは民主派の人間が、ともにトスカーナに惹きつけられたのは、当然の成り行きである。また、ジャン・ピエトロ・ヴィユッソーは、一八二一年にフィレンツェで『アントロジーア』を創刊した。なぜなら、彼は、かつてロンバルド・ヴェーネト王国政府が『コンチリアトーレ』を発禁処分にしたほどの強硬な態度をトスカーナの当局はとらないと確信していたからである。

ヴィユッソーはスイス人の商人で、国際性豊かな大旅行家であった。彼は、かつて短命に終わった『コンチリアトーレ』の創始者と同じく、トスカーナや他のイタリアにおける文化がヨーロッパの最も進歩的な思想を受け入れる態勢をとるべきであると考えていた。

「あのなんとも幸福極まりないロンバルド・ヴェーネト王国と異なり、ここ〔トスカーナ〕では、少なくともいかなる書物の出版も可能である。」(Ciampini, 213, p. 109)

ヴィユッソーが設立した〈科学と文学の談話室〉の常連で、あまり知られていない人物マリオ・ピエーリ(三六)は、こう書いている。またヴィユッソーは、狭い愛郷心に対して常に反感を抱いていた。

「『アントロジーア』は、市町村の個別的な性格では断じてなく、全イタリア的な性格を持った事業のイニシアティヴをとろうとするものである。」(Ciampini, 213, p. 217)

彼は、こうして典型的な啓蒙主義の性格を持つコスモポリタンの流儀でイタリアを理解していた。彼は、ピエモンテのジュゼッペ・グラッシ(三七)に対し、『アントロジーア』への投稿を次のように呼びかける。

「寄稿者が『アントロジーア』の精神を身につけて、トスカーナ人やピエモンテ人であるよりはイタリア人、そしてイタリア人であるよりはヨーロッパ人であることを自ら示してくれるよう切望しているのです。」(Ciampini, 213, p. 200)

『アントロジーア』が、大公レオポルドの改革路線を明らかに継承する意識を持っていたことは、年老いた啓蒙時代の改革者、アルドブランド・パオリーニが同誌に協力していた事実によって象徴される。しかし、進歩の信仰が十八世紀の改革者の哲学をも特徴づけるにしても、その意義は、技術革新と科学の領域における発見が相次ぐ十九世紀に一層明確となる。

「われわれは、倫理学、経済学、政治学、そして自然科学および精密科学の時代に生きている。」

(Ciampini, 213, p. 197)

ロマン主義的で文学への関心が支配的であったかつての『コンチリアトーレ』を中心とするグループとは対照的に、ヴィユッソーは当時展開されていたロマン主義と古典主義の論争を慎重に避けた。それは、彼が、この論争の主題は今や時代後れになったと考えていただけでなく、それがイタリアの文化の領域に不和対立を引き起こすと判断したためでもある。

ところで、ヴィユッソー自身、それに彼と親密な関係にある小グループのメンバーであるカッポーニ、ランブルスキーニ、リドルフィ、トンマゼーオ、またコンファロニエーリやバルボ、さらにミラノやトリノにいる彼らの友人も、ともにイタリア文化のイニシアティヴが、友人や知人が構成する極めて小さなグループの手にあるとみなしていた。彼らは、自己の隊伍に新参者を喜んで受け入れる態勢を常にとる一方、彼ら自身の義務と責任が世論を形成する影響力を持つものと強く意識していた。ヴィユッソーと彼の友人は、トスカーナの伝統である家父長的な改革主義と自己のカトリック自由主義に忠実であった。彼らは、イタリアの知識人エリートの団結を強化し、軋轢を招くような論争を回避しようとする点で、少なくとも一八四〇年代までは、ピエモンテやロンバルディーアのグループよりもおそらくはっきりとした決意を示していたように思われる。しかし、彼らはみな、進歩思想の普及を通じ、世論を啓発してこれを指導するという道徳的な義務の行使に強い確信を抱いていた。彼らによれば、その思想によってイタリア文化の水準が向上し、〈祖国愛〉(amor patriae) の精神に満たされた雰囲気の中で将来の支配層が育成されるはずであった。チェーザレ・バルボが若き日に抱いた構想とヴィユッソーの計画には、前者に見られるピエモンテに典型的な階級意識を別にすると、緊密な類似性が見いだせる。まず、バルボの構想は、彼が一八一六年に明らかにしたもので、公教育を通じて新しい支配層を準備しようとする内容であった。また、ヴィユッソーの計画は、一八二五年に発表され、「製造業者、商人、行政官、誠実な農民、知識人、換言すれば、祖国のために尽くす活動的な市民の養成所」となる高等教育機関の設置を目指すものであった (Ciampini, 213, p. 121)。

さて、前記のグループは、その思想に対する関心と支持を、中産階級や貴族という開明的な人々の間に引き起こすことに成功した。そして、この状況は、一八三〇、四〇年代に着実に強化されていく。つまり、『アントロジーア』の購読者は五〇〇名を超え、ランブルスキーニの『グイーダ・デッレドゥカトーレ』の場合は八〇〇名を超えた。そして、イタリアの科学者が開催する会議に対する関心が高まり、一八四五年には、二四〇〇名を超える会員が存在することになる。

ところで、『アントロジーア』が一八三三年に発禁処分を受けるまで掲げていた基本的目標は、教育と開明的な経済を通じての進歩の実現であった。このトスカーナのグループ全体の活動を支えていたのは、生活全般や労働に関する真摯なまでの宗教的意識、自由主義的カトリシズムの高度に個人的な形態（フィレンツェは、イタリアにおけるラムネー派の思想の中心地）であった。しかし、このグループは、ジョベルティの思想の影響が感じられるようになる時期まで個別の改革案を生み出すことはなく、包括的な宗教哲学を示すにとどまっていた。民衆教育と経済の発展は、極めて密接に結ばれた単一の問題の異なった側面を示すものであった。なぜなら、トスカーナでは農業に高い関心を持つ傾向が強く、それが伝統的な姿勢でもあったからである。農芸学会とヴィユッソーの『トスカーナ農業新聞』は、当時の数十年間における農産物価格の急激な下落を契機として、自由貿易の効果、折半小作契約、それに農民の貧困に関する議論を活発に展開した。これは、部分的には大公レオポルドの治世やナポレオン体制期における議論を反映してこれを継続させたものであったが、今度は道徳的な義務と個人のイニシアティヴの重要性が新たに強調されていた。まず、自由貿易が絶対的な自明の理であることが再確認された。しかし、当時のトスカーナの農業が、地主と農民両者が個人的に結びつくという特徴を持っていたほか、折半小作制度が支配的という、いわば自己充足的な性格を有していたために、おそらくは農産物価格下落の危機がもたらす最悪の事態を和らげることが可能なように思われた。しかしながら、リカーソリ、リドルフィ、ペルッツィ（三八）といったトスカーナで最も進歩的な地主で有力な貴族の指導者は、投下資本の増大、近代的な技術を用いた組織的な方法に基づく耕作の実施、そして農民の教育水準の向上を通じてトスカーナの農業構造を変革する必要性を認めていた。メレートのリドルフィ、ブローリオのリカーソリ、そしてサン・チェルボーネのランブルスキーニは、将来イタリアを再生することになる宗教的、道徳的（三九）、文化的、経済的な進歩を達成するための個人的なイニシアティヴの例を示している。サルヴァニョーリは、リカーソリが次の点を明らかにしたとして、彼を賞賛する。

「トスカーナの農業は、次の条件が満たされない限り、文化の名に値しない。つまり、高い徳を有した教養ある地主が、農場で科学を適用することによって初めて農業は文化と呼べる。ちなみに、こうした態度をとる地主は、農民にとっての教師、主人、そして模範となる。それは、行為を伴わない空虚な言葉によってできるものではなく、また行為が大袈裟で、しかも情愛が欠けている場合にも実現不可能である。」(Ciampini, 213, p. 140)

トスカーナでは、経済的な理由だけでなく、道徳上の理由によっても農民教育が必要であるとするパオレッティの主張がかつて展開され、また大公レオポルドを中心とする啓蒙主義の伝統も続いていた。ランブルスキーニが民衆教育に関するペスタロッツィの理論を実践しようとした背景には、こうした事情があったのである。ちなみに、トスカーナはロンバルディーアと並び、民間のイニシアティヴによる幼児施設や〈監督生〉制度〔成績優秀な生徒と教師が授業に際して協力し合い、他の生徒の学習効果を高めようとする教育システムで、十八世紀末から十九世紀初頭にかけて行なわれた〕を実践する学校が非常に発展した地域である。ランブルスキーニは、彼が発行した『グイーダ・デッレドゥカトーレ』の中で、温情主義を基盤とする教育に社会的な結束強化の夢を託した。こうしたトスカーナ穏和派の態度の典型は、〈差配、農地管理人、地主〉に対するランブルスキーニの手紙である。彼は、この中で、『農業新聞』に掲載されている情報を勉強するよう彼らに勧めている。

「〔この情報は〕諸君にとって役に立つはずだし、それを勉強することが農民の実情の理解に通じるはずである。彼ら農民の要求に最も合致した事柄を見極めることが、諸君の役目なのだ。そして、また、それを彼ら自らが読んで理解すべきものとして提示し、あるいは諸君自身が彼らに読んで聞かせるこ

とが、諸君の役目なのだ。」(Mack Smith, 110a, p. 171)

シスモンディの強い影響が感じられる農民と農村に対するこうした傾倒は、トスカーナの富と社会的安定が農業に基づくという確信に依拠していた。もっとも、サルヴァニョーリやプラートで繊維工場を経営するマッツォーニなどは、農業を優越させるこうした立場とそこから導き出される完全な自由貿易実施の主張に対しては疑問を投げかけている。しかし、それは、全体としてみれば極めて少数派の意見にとどまっていた。そして、農芸学会や『アントロジーア』の投稿者は、工業化がもたらす退廃的な効果に対するシスモンディの非難を繰り返していたのである。たとえば、ラーポ・デ・リッチは、次のように書いている。

「しかし、それでもわれわれは、イギリスと多かれ少なかれ同国を模倣した他の諸国を現在苦しめている貧困を避けることができた。さらに、われわれは、窮乏、激動、不安定といった現在のフランスを悩ませている状況に陥らずに済んだ。同国は、現実とかけ離れた制度、つまり保護貿易主義を採用していた。そして、この政策は、現在失敗に終わったことが判明しつつあるのである。」(Ronchi, 320, p. 18)

トスカーナの穏和派は、農業危機の存在を否定しなかったし、諸外国の実施する保護貿易、さらにそれと関わる国内産業と他国の産業との競争によって深刻な問題が生じている事実も認めないわけではなかった。ちなみにそれらは、具体的には低賃金、手工芸と新しい繊維工業(麦ワラ帽子製造、絹織物業、毛織物工業)の危機の増大、農村における失業者の増加といった現象に見いだせる。しかし、これらの問題を解決するために、神聖化されていたレオポルド大公時代の法制を冒瀆することは許されなかった。つまり、農業製品の輸出を奨励する徹底的な自由貿易主義が当時実施されたのである。また、特定の産業を優遇するような政策も、前記の問題解決のために採るべきではなかった。そして、農業の技術面や地主の道徳的な義務に一層多くの関心を払うことによって問題の解決が図られるべきであるというのが、彼ら穏和派の考えであった。経済が急速に発展しつつあった当時において、トスカーナの停滞ぶりを厳しく観察していたリドルフィは、当地で支配的であった〈メッザドリーア〉〔折半小作制度〕を次のように批判する。

「これは保守的な制度であって、進歩的なものではない。しかし、われわれにとって今重要なことは、保持することではなく、むしろ進歩することなのだ。そして、その際、時代や周囲の状況の要求に適合しないということではいけない。とりわけ、農作物の完全な自由貿易という制度下にあっては、この点が重要である。」(Ciampini, 213, p. 152)

しかし、彼が提案したメッザドリーアの改革を骨子とする農業の改善策は、農民に近代的な農法を教え、彼らを脅かしつつあった失業に対応するものとして副次的な農村工業の振興を奨励するという内容にとどまっていた。

「日々増大しつつあるプロレタリアートの脅威が、少なくともわれわれを動揺させている。そして、現在物乞いが増えているとすれば、それは、日常的な仕事が欠乏していることが理由である。したがって、われわれ自身がその解決策を提示しなければならない。たとえば、農業学校の増設、慈善や勤勉な活動を重視する団体の設立など。そして、もう一度次の点に思いを馳せてみようではないか。つまり、今世紀〔十九世紀〕において、自分の健康にまったく注意を払わない飽食家〔失業問題に対する無関心な態度〕が、ただちに己れの破滅〔社会の崩壊〕に突き進んでいくということを。」(Ronchi, 320, p. 11)

カッポーニやランブルスキーニのように保守的な傾向を持つ穏和派は、農業のあまりに急速な資本主義化によって失業者が増大する危険性について警告を発していた。たとえば、ランブルスキーニはリドルフィに宛てて、次のように書いている。

「地主に一層有利な制度を提案する際には、農民の利益も忘れてはならない。両者の利害は、常に一致するわけではないのだ。」(Ciampini, 214, pp. 51-2)

トスカーナの穏和派は自らの伝統に誇りを持っており、農業の純粋に温情主義的な形態が当然のものとみなしており、この点でイタリアの他の地域における穏和派とは一線を画していた。しかし、その一方で、彼らは、一八三〇、四〇年代のイタリアにおける穏和主義を代表していたといえる。それは、彼らの抱く文化的愛国主義、政府と国民両者間に必要な繋ぎ手としての役割を果たすことに対する信念、さらに、経済、社会面に関して行なった種々の提案が、実は政治的な意味を含んでいることをますます自覚するようになっていった事実から明らかである。

トスカーナ政府による啓蒙主義的な改革の確固たる支持者であったヴィユッソーとその仲間たちは、〈マレンマ〉〔湿地帯〕の干拓事業などに関わる政府のイニシアティヴに関心を抱いてこれを支持し、その主張を伝え広めようとした。

「無知を啓蒙し、民衆の疑念を消し去ることは、出版物を通じてのみ可能である。無知な人間に直接教え諭したり、敵対者に応戦することは、政府の仕事としてはふさわしいものではない。つまり、それらは著述家の仕事であり、また、真実や実利を尊重するがゆえに世に知られている雑誌に割り当てられた任務なのである。」(Ciampini, 213, p. 137)

しかし、大公レオポルドの伝統を体現していたトスカーナ政府は、世論に対して無関心な態度を相変わらず続けていた。その一方で、『アントロジーア』における多種多様な問題の議論を通じ、諸改革の実践が政治的決断力に依存することが繰り返し明らかとなった。こうした状況を背景として、同誌の政治的性格が、とりわけ七月革命以降、鮮明となっていく。善政は、政府の部外者の協力を必要とするのである。
「行政を通じて多くの改革を実施することが可能であるし、またそうしなければならない。そして、場合によってはそのイニシアティヴをとることが必要である。しかし、その一方で、市民の理解や支持も得なければならない。そして、行政を支持する態度を明らかにする人々は、政府の持つ先見性と有益な見解を了解し、その実施を促進させなければならない。」(Ciampini, 213, p. 218)
七月革命を通じて民衆が持つ革命の推進力が再び示されたことを契機に、『アントロジーア』を中心とするグループは、政府と世論両者が相互に協力する必要性をますます強く確信するようになった。社会の無秩序は、〈下層階級〉の無知と貧困によって引き起こされる。しかし、民衆の要求は増幅するべく運命づけられている。ヴィユッソーは、次のように述べる。
「民衆が次のどちらの道を選択するかは、われわれが決める。つまり、彼らがいたずら小僧のようにあっという間に自らを解放するのか、あるいは、われわれの支援を受けつつ徐々に解放への道を準備するのかのどちらかを、である。」(Ciampini, 213, p. 228)
一八三三年発行の『アントロジーア』の序文として掲載されたこの文章は、明らかに政治的な意味合いを含んでいる。したがって、これを契機として同誌が弾圧されたのも別段驚くべきことではなかったのである。

工業化と社会秩序

ところで、民衆の猪突猛進に関してヴィユッソーが改めて抱いた意識は、一八三〇年代におけるイタリアの穏和派に共通するものであった。それは、彼らが観察したイギリスとフランスにおける階級闘争、それに民主主義の不可避的な進歩に関するトックヴィルの理論から生じていた。トックヴィルの分析に従えば、近代社会は二つの相矛盾する現象を生み出す、とカヴールは述べている。つまり、一つは「ますます増加する個々人の間で政治的な諸権利を広く、そして平等に分割する」ことを通じて民主主義が拡大するという現象である。また、他の一つは「少数者の手に富がますます集中する」というものである。カヴールは、「こうした異常事態が長期間続くと、社会の諸関係にとって極めて重大な危機が必ず生じるものである」としている (Berti, 282, p. 178)。

カヴールのような北部イタリアの穏和派にとって、イギリスやフランスの資本主義のモデルに従った経済発展は、不可避的なだけでなく、望ましいものでもあった。彼は、当時の趨勢となっていた貿易の自由化と被抑圧民族の運動がさまざまな国民経済の新しい相互依存関係の中に収斂するさまを見ていた。自由貿易と文化は、ヨーロッパにおいてかつてないほどの広い地域を包み込んで進展しつつあった。こうして、諸邦の政府は必然的に権力の集権化を図り、国家の信用供与やインフラの充実を目指して民間の経済活動にしばしば介入しなければならなかった。政府は、その一方で保護関税障壁のように資本の蓄積過程にとっての法的な障害を除去しなければならないはずであった。生産力の向上により、人口と生活の糧が相互にバランスを保ちつつ増大する状況がおのずと生じた。カヴールによれば、ピエモンテのような小国の経済の将来は、イギリスの工業製品に首尾よく太刀打ちすることが困難である以上、農業製品の輸出にかかっていた。しかも、それは農産物の特化と進歩的な農耕技術の導入に基づくものであった。一八四〇年代には、農産物価格が上昇した。この状況は、イギリスとピエモンテのように真の相互補完関係が存在している場合、国際的な分業理論を支持するものとなる。

さて、当時の穏和派の中で、読書の領域と旅行範囲の広さの点でカヴールの右に出る者はなかった。また、西ヨーロッパ諸国の経済構造の変化とポスト・リカードの経済理論の発展に対し、大半の同時代人に比べ一層の注意を払ったのも彼である。マルサス、ナッソー・シーニア[四〇]、それにミルが展開したベンサムの功利主義批判を支持する彼は、自由主義貿易を基本とする経済の領域における国家の役割の縮小の問題について、フランチェスコ・フェッラーラ[四一]やシチリア人経済学者の新しいグループに比べ、はるかに柔軟に考えていた。しかし、カヴールは、国際経済の中にあってイタリアの将来が基本的には農業に依存することになるものと確信していた。ちなみに、この考えは、当時の穏和派の一般的な主張（たとえば、ボローニャのマルコ・ミンゲッティ[四二]）を反映していた。また、当時の数十年間に農作物の商業化の傾向が進み、イタリア諸邦のほとんどすべて（教皇国家を除く）が緩やかな繁栄を享受するという状況が生まれたことで説得力を得たのもこうした考えであった。確かに工業と商業の促進が図られるべきだとはいえ、それらの役割はあくまで二次的なものにとどまらなければならず、農業の果たす役割にしばしば従属するべきである、というのが当時の穏和派の一般的な考えであった。商業の絶対的な優越と、それが農業の資本主義化の際に指導的な役割を演じることを主張したのは、イタリアの経済学者の中では、カッターネオ唯一人[四三]であった。彼の同時代人では、たとえばチェーザレ・コッレンティ、ステーファノ・ヤチーニ[四四]、イラリオーネ・ペティッティ[四五]、そしてかつては工業の発展に関心を示していたカミッロ・カヴールでさえ、さらにはトスカーナやボローニャの経済学者の場合は、彼ら以上に農業に対する当初の関心を工業に関わる諸問題やインフラ（道路、運河、鉄道）の研究へと広げたのは事実である。とはいえ、その傾向は、彼らが農業経済に関して一層直接的な知識を有しているということから、相変わらず制約を受けたのである。

ところで、工業の発展に関してはイギリスをモデルとしてこれを常に積極的に評価しつつ、イタリアの地方における工業発展には消極的な評価を下す傾向が生じた背景には、一つには南部イタリア諸邦が経済的な後進地域であったこと、また一つには工業主体の社会が意味するさまざまな問題に対し、彼らが憂慮の念を抱いていたという事情があった。穏和派が彼らの雑誌や論文の中で関心を寄せていたテーマは、ナポリ、パレルモ、ボローニャ、フィレンツェ、トリノ、ミラノなど、イタリアのあらゆる地域で幅広い類似性を示していた。たとえば、運河、機械、技術革新、蒸気船、道路、鉄道、農学や農民教育などがそれである。これらのテーマは、彼らイタリアの穏和派がヨーロッパ経済の変化を考慮に入れる一方で、穏和派の著述家相互間に接触と結束が生まれつつある状況を反映している。しかし、テーマの扱い方には、著しい地域差が見いだせる。たとえば、ロンバルディーアとピエモンテの穏和派は、工業の発展に伴う利害とそれ以外の問題について基本的には楽観的な意見を持っていた。ところが、トスカーナの穏和派は、温情主義的な農業を支持して近代的な工業の進展をきっぱりと拒絶する立場に立ったのである。また、教皇国家と両シチリア王国の穏和派知識人は、なによりもまず実現が必要なこととして、国内市場の統一と農業における生産性の向上の問題に主要な関心を示していた。

経済の進歩と工業発展のもたらす危険性についての議論は、このようにイタリア諸邦それぞれの経済・社会の発展の水準に応じて異なっていたのである。しかし、これらの議論は、改革主義者が昔から社会正義に対して抱いてきた関心も反映していた。たとえば、もっぱら生産の問題に関わる研究に取りつかれた古典派経済学者を批判し、彼らの考えが国富の分配と消費にマイナスの効果をもたらすと主張したのがシスモンディである。そして彼の考えを発展させたのは、ロマニョージであった。彼は、『統計年鑑』の中で、経済を法制と政治から切り離すべきであるという主張に反論し、イタリアの穏和派陣営から広範な支持を得た。十八世紀におけるイタリアの経済学を特徴づけていた人道主義的な要素が十九世紀になって勢いを得たのは、大規模な工場制度の発展によって退廃的な影響が明らかになってきたからである。実際、イタリア人の学者が開催した種々の会議では、若年労働の嘆かわしい実態が報告されている（たとえば、ロンバルディーアの工業では、一八四〇年に四万人近い年少者が労働に従事していた）。一方、低水準の賃金に対しては、生存権が主張された。工業化は、都市においても農村においても投機を促し、貧困を引き起こすと考えられていた。ピエモンテのペティッティ・ディ・ロレートは、大規模な工場制度が引き起こす罪悪を明らかにしつつ、手工業や家内工業を支持する世間一般の風潮を次のように述べている。

「極めて多くの市民を苦しめたり、彼らの生活を堕落させたりする富よりも、少なくとも彼らに健全で誠実な人生を送らせる貧困の方をわれわれは選ぶ。実際、そうした選択の結果、問題〔富と貧困〕が生じるとしても、われわれは工夫を凝らした機械によって作り出される驚くべき量の製品よりも、個々人が汗して作り出す粗削りな少量の製品を優先する。」(Cavour, 283, p. 1)

当時の習慣として宗教の義務の意識と同一視されていたこの人道主義的な関心は、貧困と慈善、囚人の置かれた環境と救貧法、初等教育と貯蓄銀行、農村に発生する些細な窃盗事件とペラグラ病、失業と共済組合、民衆の倫理と慈善団体の問題について極めて頻繁に展開された議論に明らかである。これらの議論が繰り広げられる一方、貿易と工業、蒸気船と鉄道、外国の資本主義的発展に随伴する現象に穏和派が絶えず注意を払っていたことを証し立てる、統計学と財政学〔上の問題〕についての諸論文が書かれた。己れの道徳上の義務を意識する支配層は、増大する失業と至る所で目につく農民の深刻な貧困状態を容易に見逃すことができなかった。つまり、彼らの脳裏には、一八一六—一七年の恐ろしい飢饉の記憶がいまだに生々しく焼きついていたからであり、事実、同種の危機が一八四六—四七年に繰り返されることになる（これは、西ヨーロッパ史上最後の飢饉であった）。

とはいえ、貧困の問題がすべての穏和派に共通するテーマであったにしても、それが意味する社会的危機に対する彼らの姿勢はさまざまであった。たとえば、カヴールは、絹の家内生産を工場制の大量生産に代えることに反対する。

「なぜなら、そんなことをすれば、土地を所有する者とそれを耕作する者との間に存在するある種の共感と愛情の絆を断ち切ってしまうことになるからである。この絆を、他のどの時代にもまして今世紀〔十九世紀〕にこそ多少の犠牲を払ってでも維持し、一層強固なものとなるようわれわれは努力しなければならない。」(Cavour, 283, p. 49)

しかし、ピエモンテにおける諸階級間の関係について、彼は基本的に楽観的な態度を変えることはなかった。封建制が撤廃された反面、経済面で総体的に遅れていたピエモンテでは、フランスに見られるような階級闘争の出現は回避されていたのである。事実、保守主義に基づく自由主義政党（カヴール自身、一八四七年にそう規定することになる）が、貴族とブルジョアジーの融合によって形成された。この新しい政党は、「合法的な慈善活動」が背景にあれば、社会秩序の護り手として適任であるといえた。ただし、その場合、支配階級が急速に変化しつつある当時にあって諸改革実行の必要性を支持し続けるという前提条件が必要であった。慈善と改革……ピエモンテの穏和派は、一八四〇年代までこの決まり文句が経済発展の只中に発生した社会の罪悪に対する適切な矯正手段を意味することを広く認めていた。また、二人の聖職者、ジュゼッペ・コットレンゴ[四六]とジョヴァンニ・ボスコ[四七]は、私的な家族規模の慈善を実践するかたわら、社会で恵まれない人々を対象とした組織的な慈善の家を創設したことで重要な存在である。他方、保育園の開設や〈民衆読本〉の出版を通じ、私的な慈善事業にいわば対峙するものとして民衆教育の重要性を積極的に説いたのは、北部出身のフェッランテ・アポルティ[四八]とロレンツォ・ヴァレーリオ[四九]であった。また、ロンバルディーアでは、ロマニョージ、カッターネオ、それに彼らの支持者が、当時の状況について同じく楽観的な見解を示している。ちなみに、ここでは公的な初等教育の制度がイタリアで最も発達しており、また政府は下層階級を対象とした貯蓄銀行の発展を図っていた（しかし、これを実際に利用したのは、主としてより裕福な中産階級であり、この点はイタリアの他の地域に類似している）。

次に、トスカーナでは、工業の発展に対する不信感と〈社会問題〉発生に対する憂慮の念が、同一の歩調をとっていた。ここでは、シスモンディの影響が極めて深く浸透していた。また、ブドウ酒、絹織物、オリーブ油を主体とする経済を背景に、農村の生活が家父長的な性格に基づいているとの神話が存在し、自由貿易の教義も優勢であった。こうした事情を背景に、人々は、プラートの工業がもたらした諸問題に対して過敏に反応し、また一八四〇年以降に始まる鉄道の敷設と鉱山業の振興が引き起こした投機に対しては冷淡な態度をとったことがかなりはっきりとしている。ちなみに、後に挙げた二つの現象〔鉄道と鉱山業〕は、ともに工業化がもたらす危機の兆候とみなされていた。混乱し、御し難い経済成長（理論上は、個人のイニシアティヴが奨励されていたにもかかわらず）に関わる諸問題への対処を故意に回避しようとするプログラムの支柱が、教育と慈善の二つであった。ちなみに、このプログラムでは、すでに過去のものとなっていた社会の保全が試みられる予定であった。

最後に、南部イタリア、そしてとりわけ教皇国家では、貧困の蔓延が誰の目にも明らかであり、騒擾が絶えず発生していた。このため、穏和派の知識人は、この問題を慈善活動で十分解決可能であると考えるほど楽観的ではなく、文化・経済両面の改革を速やかに断行することが必要であるとしていた。ナポリでは、政府が国内の自由取引の擁護を決意した。とはいえ、国内は依然として分断された状態にあった。その理由は、交通網が絶望的なまでに不十分であった事実に求められる。この結果、穀物の相場師の暗躍によって生じる可能性のある飢饉を回避するために国家が介入すべきであるとの要求が沸き起こった。一方、教皇国家の総督領には、同国の最も進歩的な穏和派の意見を代弁していた人物、テレンツィオ・マミアーニがいた。彼は、次のように主張している。

「政府による下層民の擁護は、経済の領域でいえば、自由取引と自由競争に関わるあらゆる障害を除去するだけで事足りるものではない。」(Demarco, 216, p. 253)

つまり、彼らの生活を保障するために、より積極的な施策の実行が要求されたのである。たとえば、最も重い負担となっていた間接税の廃止、学校、病院、作業場、それに慈善施設の設立がそれである。国民の〈義務〉や〈権利〉に関して反マッツィーニ的な原理を基本として議論を展開したマミアーニは、北部イタリアやトスカーナの穏和派が広く信頼していた慈善と教育の主張をはるかに超え、経済や行政面での個別的な要求を出した。彼は、それらが民衆の騒動を解決するための唯一不可欠の手段と考えたのである。

マミアーニの提言からは、社会危機に対する穏和派の憂慮の念と、聖職者、民主派を問わずいわゆる〈過激派〉に対する彼らの不安とが密接に結びついている事実が明らかである。慈善や民衆教育を支持するプロパガンダやイニシアティヴの根底には、人道主義的で宗教的な動機があった。また、工科学校設立の背景には、経済面での効果を狙う意図が働いていた。そして、彼ら穏和派は、無知や迷信を助長する聖職者と対決する一方で、民衆の中に浸透した民主派(あるいは、もっと悪い表現を使えば、社会主義者)と闘う必要性に気づいていた。ちなみに、若き日のカヴールは、民衆について次のように語っている。

「数が多くて怠惰なこの連中は、政治にまったく無関心である。」(Ruffini, 289, vol. 1, p. 251)

穏和派は、仕事に対する愛情と服従の精神を民衆に教え込むべきであると考えていた。たとえば、マミアーニは、彼の『教理問答』の中でこう述べている。

「民衆の義務は、たゆまず、勤勉に、そして熱意を持って働くことである……民衆の義務は、教育と学問の点で彼らに優る人々の指図や戒めにおとなしく従うことである……民衆の義務は、大それた望みを抱かず、自己の置かれた環境を軽蔑せず、金持ちを嫉まず、控え目で柔順な態度をとることなのだ。」(Demarco, 216, p. 253)

穏和派は、自分たち自身と聖職者やイエズス会士とを容易に区別することができた。つまり、穏和派が設立した幼稚園やその他の教育面でのイニシアティヴに対して大規模な攻撃を始めたのが、この両者だったのである。ちなみに、彼らは、こうした穏和派の活動が近代の破壊的教養と方策に基づいており、結果として民衆を堕落させることになると考えていた。こうした敵対行為があったにもかかわらず、穏和派の活動は、少なくとも北・中部イタリアでは着実な進展を見せた。たとえば、一八四六年頃のトスカーナ、ロンバルド・ヴェーネト、それにピエモンテでは、政府の支援、あるいは黙認の下で、彼らの設立した幼稚園に約一万八〇〇〇人の園児が通っている。

ところで、マッツィーニ支持者ら民主派による民衆に対する呼びかけは、穏和派に深い憂慮の念を抱かせていたが、それは単なる恐怖の域を出ることはなかった。つまり、現実のものとはならなかったのである。なぜなら、マッツィーニは、これら北・中部の穏和派の大半とは異なり、農民大衆を全面的に無視したからである。確かに、グスターヴォ・モーデナは、短命に終わったものの民衆を対象とする民主派的な性格の強い対話集を著そうとした(一八三三―三四年)。しかし、この試みを別にすると、民衆教育の領域に踏み込もうとするようなマッツィーニ支持者の動きはほとんどなかったし、さもなければトスカーナのマッツィーニ支持者、アット・ヴァヌッチ(五〇)やピエトロ・トゥアル(五一)のように、穏和派のイニシアティヴを容認し、これを支持する者さえ現われたのである。マッツィーニ支持者も穏和派も、ともにサン=シモンの協同組合主義を信奉していたことからすれば、こうした状況は驚くには当たらない。しかし、打ち続く民衆騒動と一八四〇年代初頭に新たに勃発した民主派の蜂起が、マッツィーニの指図によるものとする不正確な判断が下された。こうした事情を背景として、穏和派は、南部イタリアで彼のイニシアティヴを民衆が支持する可能性を懸念し続けることになる。一方、依然として楽観的な見方を変えなかったのは、またしても北部の穏和派であった。彼らは、封建的諸特権の撤廃によって階級闘争の原因が除去されたものと確信していたのである。実際、マッツィーニとこれらの穏和派は、社会の諸関係が基本的に満足すべき状況にあると判断する点で共通しており、これは意外であったといえる。ジェノヴァの穏和派の機関紙『イタリア同盟』は、一八四八年二月に次のように述べているが、これはマッツィーニ自身も主張しそうな内容である。

「現在、(有難いことに)これら下層民を燃え立たせ、激怒させるような恐ろしい動機をわれわれは見いだすことはできない。」(Cavour, 283, p. xxix, n. 95)

イタリアでさえ一八四八年に爆発することになる民衆感情の持つエネルギーを、カヴールは過小評価していた。とはいえ、民主派が基本的に中産階級としての性格を持っていることを認めている点で、彼は同僚の大半よりも的確な判断を下していた。一八四六年に、彼は自信を持って次のように述べている。

「民主派の革命がイタリアで成功する可能性は、ない。これを証明するには、新奇な政治を支持する党派を構成している要素を分析すれば十分である。この党派は、民衆の間でそれほど好感を持たれていない。なぜなら、彼ら民衆は少数の都市住民を除き、一般的に見て国家の伝統的な体制にかなりの愛着を抱いているからである。民主派の勢力は、ほとんどもっぱら中産階級および上流階級の一部にしか見いだせない。そして今や、その両者ともに、擁護すべき極めて保守的な利益を有している……

既存の社会秩序が実際に脅かされるような事態が万が一発生すれば、あるいは、その社会秩序の土台となっている極めて重要な原理が現実の危機に屈服するようなことにでもなれば、次のような光景が見られるはずである。つまり、最も意志堅固な反徒と最も頑固な共和主義者のかなりの部分が、保守派の隊伍の第一線に姿を見せるであろう。」(Cavour, 283, p. 245)

しかし、カヴールも他の穏和派も、イタリアで進歩が緩慢なのは、反動と革命のせいであると考えていた。つまり、反動と革命は、とぎれのない閉ざされた輪の中で相互に誘発し合うのである。したがって、唯一の希望は、オルレアニストのフランスが布いた〈ル・ジュスト・ミリュ〉〔七月王政下の中道政治体制〕の実現に求められる。進歩は、次の点を諸君主に納得させることによってのみ実現可能となる。つまり、諸改革を断行し、開明的な階層と手を結ぶことが、己れの利益につながるという点である。フランスとイギリスが、経済と文化の領域で進歩を遂げたという客観的な事実と理性について考察すれば、反開明的な考えを熱烈に擁護する人々も、結局は自説を捨てることになるだろう。実際、両シチリア王国のフェルディナンド二世とサルデーニャ王国のカルロ・アルベルトが行政と経済の領域で改革を行なった結果、理性と進歩がイタリアにおいてもほんのわずかながら進展しつつある事実が明らかとなったのである。

穏和派による運動の形成

イタリアの独立達成にとって主な障害となっていたのは、ロンバルド・ヴェーネト王国を統治する外国人の皇帝と中部イタリアの反動的な教皇の存在である。しかし、教皇が一見克服し難い障害であり、彼の政府がヨーロッパ中にスキャンダルをばらまいていたにしても、自由主義勢力の及ぼす影響力としばしば発生する〈東方問題〉をめぐる危機のようにイタリアの独立にとっては有利な国際情勢を背景として、オーストリアは、平和裡にイタリアから手を引くことを余儀なくされるに違いない。その際、オーストリアはバルカン半島でトルコを犠牲にして領土を獲得し、イタリアにおける損失の穴埋めとするであろう。チェーザレ・バルボは、こうした主張を有名な著作『イタリアの希望』（一八四四年）の中で明らかにした。彼は、王政復古以来ピエモンテのサークル内で流布していた考えを単に公表したにすぎない。そして、その内容は、すでにジョベルティが私的に提案していたものである。しかし、この主張は、イタリアの将来が外部の状況とヨーロッパのバランス・オブ・パワーに依存するという自由主義者の確信を反映していた。ピエモンテの穏和派は、自由主義の大義が最終的には勝利を収めることについては楽観的であったとはいえ、彼らの姿勢は一八二〇—二一年革命の際に穏和派や自由主義者がとった自発的な行動と比べてみてもはるかに消極的なものであった。国際関係の枠組の中でこそ事態の好転が可能であるとする彼らの考え方は、国内に関わる問題としてイタリア諸邦政府が改革の断行を喜んで認めるにちがいないという考え方に類似している。ヨーロッパの調和の維持を通じ、かつてギリシア、ベルギー、そしてとりわけ一八三九—四〇年に東方問題の危機が発生した際に示されたように、ウィーン体制を変化しつつある状況に平和裡に適応させることが可能であると当時は信じられていたのである。これは、民主派の主張する民衆の国際的な連帯とは対照的な考え方であったが、それを決定的なものにしたのはバルボの主張である。つまり、彼は、すべての国民が自国の独立を望むことは不可能であると断言したのである。実際、彼ら穏和派によれば、西ヨーロッパ文明を代表し、これを擁護するものとして独立の主張を正当化できるのは、その歴史的、宗教的な理由からいってイタリア人とポーランド人だけであった。

しかし、イタリアの独立に好都合な国際情勢が生まれるまでに穏和派が遂行しなければならない任務は、自由主義に基づく全国民的な世論を創り出すことであった。偏狭な郷土愛には、歴史や文学の著作が対抗しなければならない。ちなみに、これらの著作は、独立国であったかつてのイタリアや統一の歴史の記憶を国民に呼びさましたのである。小説家マンゾーニ、歴史家トローヤ[五二]、バルボ、そしてカントゥ[五三]といった穏和派の著述家の大半は、この数十年間に極めて特徴的な傾向となっていたこのような歴史信仰の影響を受け、過去におけるイタリアの独立と教皇権とを同一視していった。カトリック（バルボなど）、プロテスタント（ヴィユッソーなど）を問わず、すべての穏和派を突き動かしていたのは、強烈な愛国心であった。トスカーナの官製雑誌『イタリア歴史紀要』において隆盛を極める数多くのモノグラフ、戯曲、史料のコレクション、また、ピエモンテの〈祖国史協会〉のような歴史に関わる組織の設立は、そのすべてが、知識層に民族的な意識を喚起することを通じ、イタリア独立を支持する世論の形成を目指していた。バルボは、次のように主張する。

「国民は、他国民の優位に立つよりも先に平等の権利を獲得することが望ましい。そして……自立した国民が平等の権利を獲得するよりも先に、国家自体の独立を達成する必要がある。」

彼は、キリスト教に基づくヨーロッパの統一を否定するジョベルティの姿勢に対する懸念を、こうして表明したのである（Romeo, 199, p. 64）。

そして、バルボの著作『概説イタリア史』（一八四六年）が広く流布した事実は、穏和派が文化の領域でますます多くの支持を獲得できたことの証であった。

さて、一八四〇年代に入ると、諸邦における穏和派自由主義者の見解が、個人間の交流、そして哲学や利害の共通性を相互に認識し合うことを通じて収斂し始めた。つまり、一八三九年以来毎年開催されていたイタリアの科学者会議を介して彼らの交流が強化される一方で、貴族や中産階級に属する会議参加者の関心は、個別の限定的な経済改革に向けられたのである。公開の政治討論が無理だとしても、彼らは諸君主に影響を与えるための一手段として世論を利用する意図を明確に打ち出した。穏和派は、政治面のプログラムを持たなかった。また、彼らの指導者が、あると主張していた統一理念も実際には存在しなかった。たとえば、トスカーナの穏和派は、イタリアの歴史史料の出版を独占しようとしたし、ナポリやシチリアの穏和派はそれぞれの地域の自立的な伝統を主張したが、これらの言動にはピエモンテに対する彼らの不信の念が暗示されている。また、連邦制の主張は、イタリアの独立を達成する唯一の〈現実的〉方策である一方で、サヴォイア家の覇権を阻止する手段でもあったのである。

そして、政治面でのさまざまな願望に関して私的な議論が展開される中で、地域や伝統の相違を背景とする相互不信や敵意が明るみに出た。とはいえ、彼ら穏和派は、経済面での提言については、より広範な見解の一致を得ることに成功する。ところで、イタリア諸邦間の関税同盟（オーストリアが支配するロンバルド・ヴェーネト王国がたとえ不参加でも）、商法典や航海法の統一、貨幣および度量衡の統一、イタリア中を結ぶ単一の鉄道網の建設などの提言は、部分的にはナポレオン体制期に実現したものの、王政復古期に廃されたものであるし、一部は当時の数十年間にヨーロッパで展開されてきた議論の有力なテーマでもあった。また、一八三〇年代に行なわれた関税同盟に関する議論は、ドイツ関税同盟の結成に範をとったものであった。さらに、一八四〇年代の鉄道敷設に関する議論は、ヨーロッパにおける鉄道網の急速な拡大と、スエズ地峡を経由するヨーロッパ、極東間の交通量が今後増加するとの予測に基づいていた。これらの点から、穏和派の関心のありようが明らかとなる。つまり、彼らは、イタリア経済が持つ固有の性格や発展よりも、むしろ諸外国の発展に多大な関心を寄せていたのである。イタリア諸邦で作り出されるさまざまな製品や生産物は、国内よりは、むしろ外国市場をその主要なターゲットとするようになっていた。そして、諸邦それぞれの領域内で商取引の自由化が一般的に認められたにしても、イタリアの生産者が外国市場よりもはるかに実現の見込み薄な国内の統一市場の方を優先させたという証拠はほとんど見いだせない。また、彼らが鉄道敷設への投資を純粋に投機的な事業とみなしている点は、かなりはっきりとしていた。

さて、イタリア関税同盟の結成と統一化された鉄道網実現のキャンペーンを実際に展開したのは、穏和派の知識人であった。彼らは、これを政治的な目標達成のためと考えて実行した。つまり、こうした関税同盟と鉄道網の実現は、諸邦間の政治的な同盟の結成と将来のイタリア独立の達成に向けての第一歩とみなされていたのである。彼ら穏和派は、一八四六年以降、諸邦の君主にこれらの改革の実施を部分的にではあるが認めさせることに成功した。この事実は、イタリアにおける農・商・工の生産者の掲げた個別的な要求に穏和派が直接応えたというよりも、進歩とは社会の安定と平和裡の変革を基本とし、一定の枠内に収めるべきものであるとする穏和派の一般的見解を彼らが支持したことを意味している。ちなみに、穏和派のこうした主張は、最終的にはイタリアの独立達成へとつながっていくことになる。とりわけ北・中部の穏和派は、一八四〇年代中頃になると、彼らの主張を支持する世論を形成することに成功した。つまり、民主派の試みた蜂起の失敗を背景として、貿易の自由化などの自由主義的な思想に敏感に反応する世論が創り出されたのである。経済の進歩と社会的温情主義が、マッツィーニ流の民主主義と統一の主張に取って代わった。しかし、世論を改革実現のための効果的な手段に変えるためには、政治面での変革が必要であった。そして、その達成の成否は、依然として諸君主の合意が得られるか否かにかかっていたのである。

四　カッターネオ――ロンバルディーアにおけるブルジョアジーの理想

北部イタリアの穏和派は、経済の進歩が有益な結果をもたらすとの楽観的な考えを抱いていた。彼らがこうした姿勢をとることになった理由として、一人の著述家が大きな影響を与えていた事実を忘れるわけにはいかない。その人物が、カルロ・カッターネオ（一八〇一―六九年）である。彼は、他の穏和派とは対照的に政治情勢から軽率な推論を導き出すことを意識的に避け、ロマン的な愛国主義に基づく彼らの歴史観や社会的保守主義には常に反対している。ところで、自由主義思想の発展は、統一主義を標榜する政党の結成をもくろむマッツィーニの場合とは対照的に、基本的には地方レベルの域にとどまっていた（イタリアの科学者会議がさまざまな地域を統合する意向を示してはいたが）。さて、北部イタリアに位置するロンバルド・ヴェーネト王国は、オーストリア帝国に従属していたために、イタリア半島内の他の国家からは孤立しているとの印象が強かった。にもかかわらず、ミラノの『アッナーリ・ウニヴェルサーリ・ディ・スタティスティカ』（総合統計年鑑）や『ポリテクニコ』（理工学雑誌）に掲載されたカッターネオの一八三〇、四〇年代の著作が、ポー川流域一帯の穏和派、急進派の双方に影響を及ぼしたことは疑いもない。つまり、彼の著作は、世界経済の発展に関わる情報を絶えず提供し、西ヨーロッパ諸国における進歩についての歴史的根拠を分析し、さらにロンバルディーアを含む北部イタリアの経済を予測するにあたり、経験に基づくデータを絶えず合理的に適用するという点で、彼らに影響を与えたのである。ちなみに、『ポリテクニコ』は、一八四三年頃には七〇〇人の定期購読者を獲得していたが、これは当時の文化雑誌としてはかなりのものであった。一方、カッターネオ自身も、高い名声と信用を獲得していた。すなわち、彼は、刑務所の改善、農業、教育、そして工業技術に至るさまざまな分野のエキスパートとしてオーストリア政府から協力を要請されるほどであり、その力量は公に認められていた。彼は、在野の有力な改革者という立場にあり、オーストリア政府に対する協力には寛大というよりも積極的であった。彼は、このように、多くの点から見て一世紀近く前のピエトロ・ヴェッリに似ている。しかし、カッターネオを取り巻くヨーロッパとロンバルディーアの情勢は、〈啓蒙専制君主〉の時代とは大きく様変わりしていた。そして、この宝石細工師の息子は、四八年革命が進展する過程でオーストリアの統治と貴族の支配に反対するミラノの民衆闘争の先頭に立ち、孤立することになる。

リソルジメント期を通じて最も真摯で見識を持ち、多面的な知識人であったこの学究は、四八年革命前夜に至るまであらゆる政治活動への関わりを注意深く避けていた。こうした姿勢を彼がとった理由を、一つには彼の学者気質に求めることも可能である。しかし、彼が排他的な貴族の派閥にほとんど共鳴していなかったことは明らかである。ちなみに、この派閥は一八二〇—二一年の陰謀の中核であり、ロンバルディーアの穏和派は、控えめにではあったが彼らを批判の主要なターゲットとしていた。カッターネオは、イタリアの将来が、自立的な活動によって貴族に取って代わり、さらなる進歩を遂げる運命にある中産階級の手に委ねられていると考えた。ちなみに、これは、貴族と中産階級との融和を願うカヴールとは対照的である。カッターネオは、『リヴィスタ・エウロペーア』〔ヨーロッパ雑誌〕に『ポリテクニコ』を融合させるよりは、これを廃刊とする道を一八四四—四五年に選択した。ちなみに、前者は、ミラノの貴族のグループが支持しており、彼らは四八年革命において穏和派の指導者となる。

こうした貴族に対する反感は、四八年革命を通じてカッターネオが全力を挙げて表明している。そして、彼は、封建貴族と企業的精神に富む進歩の旗手である中産階級との闘争が文明史であるとする史観によっこの立場を支え、理論化していた。他方、この姿勢は、組織的な陰謀と愛国的なプロパガンダの持つ感情的な修辞技法の両者に対し、彼が深い憎悪の念を抱いていたことの反映でもあった。そして、後年の彼は、マッツィーニの行動に対する執念が、無益であるばかりかマイナスの効果をもたらすものであるとしてこれを激しく批判することになったのは事実である。しかし、その一方で、カッターネオは、〈中庸の道〉を説くピエモンテ主導型の独善的な穏和主義と理想主義的な観念論に対する辛辣な攻撃の手を緩めなかった。彼によれば、陰謀をめぐらしたり、ごてごてとした修辞を用いて愛国心を鼓吹しても、それらは、単に非合理的で実際の効果がほとんど期待できないだけではない。つまり、この両者は、現存する切実な諸問題の研究を台無しにしてしまう代物でもあった。ちなみに、これらの問題が解決されれば、社会は進歩することになる。彼はいう。

「われわれは、経済や統計の研究に没頭した結果、いささか頭がおかしくなってしまった。さらに悪いことには、なおがさつに進歩の体系を支持している。われわれは、万難を排して後ずさりしないように望んでいるのだ。」(Bobbio, 266, p. 75)

文明史が明らかにしているように、進歩と自由は有益な諸学問の研究およびその合理的な適用によってのみ達成可能である。カッターネオは、経験に基づく諸学問の持つ合理性、有益性、そして革新的な効果を絶えず繰り返し主張した。つまり、彼は、その多くの著作からも明らかなように、啓蒙の時代に回帰しようとするのである。彼は、文学が、単なる娯楽で机上の空論にすぎず、役立たずで非合理的であるとみなし、これを避けていた。しかし、彼は、啓蒙主義についても、ロマン主義的な文化の場合と同じくその限界を十分に自覚していた。つまり、前者は、あまりに利己主義的であり、人類が〈理想的な啓蒙の世界〉の実現に向かって直線的な進歩を遂げてきた足跡として過去を解釈している一方、後者は、直感と伝統の両者を情緒的に強調しすぎる、ということになる。ロマニョージの唱えた〈社会性〉の概念に強く影響されたカッターネオは、人間は、社会の中に置かれることによってのみ諸学問の研究対象になると確信していた。つまり、「ウマニタ、換言すれば、社会的イデオロギーの内部に人間個人を置いて研究すること」なのである（Cattaneo, 262, vol. 1, p. 328)。

当時のロマン主義的な歴史叙述が示しているように、諸国民と文明は学問研究の対象となる。しかし、その場合、あいまいな意味づけは排さなければならない。なぜなら、歴史とは、諸国民と彼らを取り巻く物質的、物理的な環境との相互作用の足跡を意味するものであり、それによって人間の体験が極めて多様性に富んだものであることが明らかになるからである。カッターネオは、こうしてロマン主義的な歴史叙述の持つ形而上的な意味合いと、究極の完成へと向かう進歩の直進性に対する啓蒙主義の信仰をともに退けた。カッターネオは、その代わりに彼自身のような博識家だけが統御可能な範囲と規模で、経験に基づく組織的分析を用いてウマニタと自然を研究する方向を支持した。彼の著作は、歴史学、言語学、自然地理学、地質学、火山学、天文学、物理学、化学、農学、工学、経済学、統計学と多岐にわたっており、しかも例外なく鋭い洞察が行なわれている。これらの著作から、彼が〈普遍的な歴史〉の諸要素を統合しようと常に努力していたことが明らかである。

ところで、こうした著作からは、カッターネオが教育と道徳の有用性に関心を抱いていたこともはっきりしている。彼は、人類の無限の進歩（しかし、決定論とは無縁の）を促進する力の構成原理が多種多様であり、それらが互いに絶えず闘争を展開していることを明らかにしようとした。インド・中国・日本に見られる東洋文明は、直線的な進歩の理論を論駁するのに格好の例を彼に提供した。東洋文明は、西欧文明の進歩とはまさに対照的な歩みを示したために、西欧の過去の文明を理解するための鍵となる。東洋の古代文明は、それを構成するさまざまな要素が相互に闘争を展開することもなかったために窒息し、死に絶えたのである。つまり、「多様性は生であり、無気力な統一は死を意味する」のであった（Cattaneo, 262, vol. 2, p. 358）。

歴史は、多様な形態でその姿を現わし、進歩と退行の間を絶えず弁証法的に往き来する。

「変化のない普遍的な状況は、進歩と知性、そして最終的にはあらゆる道徳的価値にとって共通の墓場となる。そうした状況では、内乱の勃発でもない限り希望は持てない。そして、この内乱を通じて解体した社会では、競争の原理に再び灯がともり、反動主義者の屈服と進歩主義者の優越という状況を再度創り出すことが可能である。」（Cattaneo, 262, vol. 2, p. 73）

このように、社会の進歩と自由は、闘争と多様性に依存している。政治と哲学の融和を図ろうとする穏和派や、民族の統一を主張するマッツィーニのプログラムいずれに対してもカッターネオが異を唱えたのは、彼がこのような考えを基本としていたからである。東洋の社会が現在退廃している理由が、その統一性と旧習の墨守にあるとすれば、西洋文明はさまざまな思想や制度が絶えず衝突することによってこそ進歩してきたのである。ちなみに、この衝突は、経験諸科学が生んだ革新的な効果や科学的な手法を常に適用することによって促進されてきた。そして、経験諸科学発祥の地は、イタリアの都市国家であった。近代文明の源や、封建的な野蛮状態から「文明化」過程への変化が見いだされるのは、まさにこの都市国家にほかならない。

「封建的な野蛮状態から文明社会への移行は、一つの事実である。そして、これこそが偽りのない歴史を忠実に要約したものなのだ。つまり、この過程は、現在特権が幅を利かすわが国では七〇〇年前に始まったが、プロイセン、スコットランド、デンマーク、スイス、ザクセン、ボヘミア、モラヴィア、ロシアでは、わずか数世代前、あるいはたったの数年前に生じている。そして、この変化は、今後世界の隅々に伝播していくであろう。」(Cattaneo, 262, vol. 1, p. 32)

この経験に基づく手法は、それゆえ開かれた制度と進歩的な社会の実現を保障するものであった。そして、この両者は、世界の多様性、個人の自発性、したがって人類の自由を保障する。

より直接的な表現を用いれば、経験諸科学の研究は、それが実際的な効用を持っているからこそ重要なのである。カッターネオは、『ポリテクニコ』創刊号の序文で、同誌発刊の目的について次のように述べる。

「目的の一つは、われわれの同胞に、特定の真実についての知識をできるだけ迅速に提供することにある。換言すれば、科学の難解な領域から実利的な領域へと容易に導き出すことが可能な真実に関する知識である。また、われわれのすべてが享受可能な繁栄と文化的な生活に対する支援を強化、促進することも目的の一つである……なぜなら、われわれは、次の点が真実であることを確信しているからだ。つまり、思索に極めて適したあらゆる学問は、最も無味乾燥で瑣末的な部分でさえ、早晩人間社会にとって予想もつかないなんらかの収穫をもたらすということを。」(Cattaneo, 262, vol. 2, p. 55)

科学、物質面の進歩、そして〈文明化〉の過程は、分かち難く結びついている。カッターネオは、ロマニョージやイギリスの古典派経済学者の主張に依拠しながら、文明の進歩が自由競争に依存する経済の進歩に伴って生じ、またそれによって特徴づけられるものとした。カッターネオは、保護貿易主義と自由貿易主義が共存するという現状にあって、為政者が後者の道を進もうとする場合に慎重なアプローチが必要であることを確かに認識してはいた。とはいえ、当時の北・中部イタリアの進歩的な経済学者がすべてそうであったように、彼は保護貿易主義それ自体、それに自由貿易主義を独断的に支持する者双方に対立していた。しかし彼は、一層の洞察力を必要とする理論的なレベルでは、近代の経済における資本主義的農業の持つ重要な役割を認識しており、『ロンバルディーアの自然と文化に関する一考察』（一八四〇年）では、ロンバルディーアの農業に言及し、それが挙げた業績を高く評価している。こうした彼の認識は、カヴールやリカーソリに共通している。一方、カッターネオは、他のすべてのイタリア人経済学者とは異なり（メルキオッレ・ジョーイアは例外）、商工業の優越を認めていた。なぜなら、彼によれば、これら二つの産業は、資本を急速に生み出し、蓄積することによって、経済成長の原動力となるからである。

彼の歴史研究と当時の社会に関する探究は、文明化の過程が都市の中産階級に体現されるという考えに収斂していった。イタリアでは、近代文明、都市ブルジョアジーおよび経験諸科学を都市国家が生み出した。そして、イタリアにおける農業発展の原動力は、商工業資本を農村へ注ぎ込んだ都市に見いだせるのである。

「われわれイタリアの諸都市は、広大で人口の多い地方において、古くからあらゆる通信、交通の中心地であった。換言すれば、あらゆる道路、そして都市周辺部の市場のすべてがこれらの都市に通じている。それは、たとえてみれば、血管組織に取り巻かれた心臓のようなものである。そして、これらの都市は、そこを消費者が目指し、そこから工業や資本が各地へと伝播していく終着駅のような存在なのである。」(Cattaneo, 262, vol. 1, p. 39)

さて、イタリアの都市国家がかつて果たしたのと似た役割を近代に演じたのは、イギリスの商業と工業であった。それらは、経済の進歩と文明化のペースを早めたのである。

イギリスが世界経済を支配した結果生じた変化の激しさとその範囲の広さを、カッターネオほど理解し、また分析した人間は、カヴールも含めて一八三〇、四〇年代のイタリア人の中にはおそらくいなかったであろう。カッターネオにとって、資本主義の勝利は、進歩の不可避的な歩みを意味するようになった。そして、それは、世界の植民地化を目的として行なわれた貧しいイギリス人の強制的な移住や中国で勃発したアヘン戦争といった道徳的、社会的な不正をも正当化してしまう。とはいえ、人間の自由を深く意識し、人種的な優越主義を否定した彼は、時折次のように自問することになる。

「勇敢で才覚にたけた複数の国民が、かつて存在した。ちなみに、彼らの国民性は、大英帝国の統一という大事業達成のために犠牲とされた。つまり、彼らの血統は消え去り、その土地は略奪され、彼らの記憶は辱めを受けて消滅した。彼らは、自らの運命を嘆くだけの正当な大義名分がおそらくあったのではないだろうか。文明が勝利するために、多くの必要悪が存在したのではなかったか。」(Cattaneo, 262, vol. 2, p. 53)

彼は、こうした道徳上の問題をイタリア内部、あるいはヨーロッパ内部における階級対立という観点から以上に、世界の文明の尺度で鋭く認識していた。そして、彼はこの問題に対して次のような結論を下している。

「歴史上の悪は、人類の進歩にとって効果がないということをわれわれは確信している。しかし、他方、進歩というものは、諸悪が雪崩を打って攻撃をしかけてもこれに勝利するものだということも脳裏に刻む必要がある。」(Cattaneo, 262, vol. 2, p. 54)

こうして、都市の中産階級は、その経済面での役割と道徳面で果たすべき責任の点から進歩と同義とみなされる。彼らは、かつての封建的貴族に代わって大衆の指導者となることが当然視された。カッターネオは、進歩的で企業精神に富む中産階級を理想化し、自己規制的なメカニズムに基づいて資本主義が発展するものと確信したあまり、工業化を唱導する穏和派を非常に悩ませていた貧困の増大と階級闘争激化の危険を無視してしまった。ちなみに、こうした確信を抱いていたのは、当時のイタリアの経済学者の中では、彼一人であった。彼にとって、〈国民〉は都市ブルジョアジーのすべてを内包していた。それらは、具体的には地主、工業家、商人、法曹家、そして他の自由業に従事する者、職人などであった。カッターネオは、都市ブルジョアジーを構成する彼らを階層的に区分しようとはしなかった。そして、ただ、この中産階級と封建的貴族ないしは貴族階級間の闘争という階級概念だけを彼は用いたのである。〈大衆〉、あるいは平民の物質的な境遇は、公共の慈善事業、公衆衛生の改善、貯蓄銀行の整備、そしてとりわけ道徳面での模範を示したり、教育の充実を図ることによって向上すると彼は考えていた。彼が、農民について一切言及していない点は重要である。彼は、ロンバルディーアの発展について楽観的な調子で叙述を行なう中で、貧困の問題をわずか数行で片づけてしまった。

「託児所は、平民の子供たちから救い難い凶暴な性格や無作法を取り除いた。また、貧しい者に対しては、他の地域に比べて気前よく救いの手が差し伸べられた。富は、あらゆる階級に行きわたっている。こうしたすべての事情を念頭に置けば、無教養な平民に比較して教養人がヨーロッパで最も多いのは、おそらくこのロンバルディーアであろう。」(Cattaneo, 262, vol. 2, pp. 460, 467, 468)

人間社会は商工業の発展を通じて進歩するというカッターネオの未来像に、階級闘争の入り込む余地はない。

「あらゆる文化的秩序が大胆にも相互にバランスを保った状態の中で、勤勉、利発、そして誠実な人々によって構成される新しい社会が生まれつつある。ちなみに、この社会では、あらゆる行動に対してはそれにふさわしい環境が提供され、すべての功績は報われる。粗野で貪欲な領主によって抑圧され、無作法で堕落し、流血を好む平民は、もはや存在しなくなるだろう。この新しい社会は、統率の行き届いた軍隊のように機能する。そして、そこでは、知性、義務、名誉が、最下級の兵士と最上級の指揮官をともに包み込むことになる。」(Cattaneo, 262, vol. 2, p. 481)

十九世紀文明を特徴づける変化の早さ、それに外部のあらゆる方向に広がる抗し難い影響の拡大傾向について、カッターネオは強烈な印象を抱いていた。彼がこの新しい世界の発展についてイタリア人に情報を与え、教育することに主要な関心を抱いていた背景には、こうした事情があったのである。

「諸国民は、古くからある極めて日常的な技能を伝統の手助けによって使うことがおそらくできるようになるだろう。しかし、新しい技能を習得する時、新しい産業との競合を強いられるようになった時、あるいは国家を近代文明によって飾り立てようとする時にはどうであろうか。こうした場合には、進歩的な教義について確固たる知識を有し、十分な訓練を受けた精神の持ち主が多数存在することがぜひとも必要となる。」(Cattaneo, 262, vol. 2, p. 69)

この新しい世界の経済が持つ相互依存的な性格を理解できないと、悲惨な結果を招くだけで終わるだろう。イギリスが輸入物の絹紡糸に対する関税を引き下げた際、彼はこう主張している。

「他の諸国はこの例に従うか、あるいは中立を保つ市場で打倒されて自国の工場が閉鎖に追い込まれなければならないかのいずれかになるだろう。」(Cattaneo, 262, vol. 1, p. 28)

こうした真理を前にすると、愛国的なナショナリズムには価値がない。ちなみに、それは、時代後れの教育を受けた人間に典型的に見られる傾向である。

「しかしながら、われわれは、次の点を確信している。つまり、イタリアは、とりわけヨーロッパとの共同歩調を維持していかなければならないし、ヨーロッパや世界の学術組織において高い地位を確保しようとするだけの民族的な感情を慈しむことはやめなければならない。諸国民は、相互に手本となるように振る舞わなければならない。なぜなら、文明の利益は相互依存の関係にあり、共有すべきものだからだ。つまり、芸術も一つ、栄光もただ一つしか存在しないのである。そして、学問の世界も一つである……それは、あらゆる風土が存在し、あらゆる言語が飛び交う知識人の国家である。そして、彼らの下には、敵対する何千という国、カースト、隠語、そして貪欲で流血を好む徒党によって分断された民衆が存在している。彼ら徒党は、迷信、エゴイズム、無知の中で浮かれており、無知がまるで生活の原理であり、風俗習慣や社会の基本であるかのようにそれを愛し、時には擁護する。」

(Cattaneo, 262, vol. 2, p. 59)

カッターネオが、北部イタリアの進歩的グループに教育面で影響を及ぼす反面、政治的には孤立していた理由の多くは、古典的な啓蒙主義に基づくコスモポリタン的エリートの姿勢を彼がとっていた事実から説明可能である。多彩な領域における指導者として、彼の右に出る者はいなかった。イタリア社会の進歩的な部分が持つ技術、経済分野の情報をヨーロッパの先進諸国の持つ情報レベルにまで引き上げる点で、彼は中心的な存在であった。つまり、彼は、蒸気機関、ガス照明、養蚕、近代的農業技術、水力学、地質学研究、銀行制度と貨幣問題、鉄道、技術教育、普通教育、そして公衆衛生に関する論文を絶えず発表し続けたのである。ロンバルド・ヴェーネト王国の主要都市を結ぶミラノ―ヴェネツィア間の鉄道敷設キャンペーンの中心人物は、彼であった。また、彼は、関税の改革、貿易の自由化、それに度量衡の統一の強力な支持者でもあった。

しかし、感情の高揚に訴える愛国的プロパガンダに関わることを四八年革命勃発以前に熟慮の末拒否した彼は、一八三〇、四〇年代のロマン的な民族主義の高まりを背景として、マッツィーニを支持する民主派と穏和派のはざまにあって当然のことながら孤立する。ロンバルディーアがイタリアにおける進歩の前衛であると確信していた彼は、穏和派によるイタリア諸邦間の関税同盟結成キャンペーンにはほとんど力を貸さなかった。四八年革命の勃発前夜になっても、彼はなお、オーストリア帝国の支配を前提とするロンバルド・ヴェーネトの未来像を頭に描いていた。つまり、彼によれば、オーストリアはいずれその無益な中央集権体制を放棄し、ハプスブルク家の下に団結した自由で平等な複数の民族国家に基づく連邦制に回帰するというのである。そして、ロンバルド・ヴェーネト王国は、この連邦内部で最も進歩的な文化国家として優越した地位を占めることが予想され、いずれはイタリア連邦へと平和裡に移行することができるであろう。しかし、それには他のイタリア諸邦が経済、行政および政治上の自由を獲得することで、ロンバルディーアの文化水準に自らの水準を引き上げることが前提となる。こうした主張からすれば、穏和派が口を極めて自慢する国家、つまりイエズス会が支配する貴族的なピエモンテと、オーストリアによる比較的効率の良い世俗行政が行なわれていたロンバルディーアとを比べたカッターネオが前者を蔑んでいたことは、ほぼ間違いない。しかし、自らの評論活動を通じて支援していたのが、まさにその穏和派であったことに彼は気づかなかった。狭く閉ざされた民族主義的な愛国心に気後れを感じてこれから遠ざかった彼は、文明の進歩に関する科学的、経済的な未来像を描くことに没頭した。彼の教えと一八四八年以前におけるイタリアの民主派との接点は、ほとんど見いだせない。そして、結果的には、自分があれほど毛嫌いしていた穏和派のイデオロギーに自らの主張が重みと名声を付け加えることになったのである。

五　ジョベルティ——ネオ・グェルフィズモの幻想

一八四〇年代初頭になると、穏和派の著述家は、文化面における愛国心と社会、経済面における漸進的で平和的な変革の要求を通じ、世論の一部を構成する知識人の支持を獲得した。しかし、その力は、彼ら自身のイニシアティヴによる以外に、民主派の陰謀や蜂起の企てに対する不満から生じたものでもあった。穏和派は、地域的な基盤を持つ結合の緩いグループから成り立っており、マッツィーニが創り出そうとしたような国民的、政治的なプログラムを持つ政党勢力ではなかった。そして、そうしたプログラムを彼らに与えた人物が、ヴィンチェンツォ・ジョベルティ（一八〇一―五二年）なのである。穏和派は、彼の提示したプログラムを土台としてマッツィーニや他の民主派に取って代わる初歩的な構造を持つ政党を形成することになった。

ジョベルティは、すばらしい（誇張した表現を用いれば、驚くべき）成功を収めた著書『イタリア人の道徳的・文化的優越について』（一八四三年）の中で、そのプログラムを披露している。もっとも、このプログラムは、彼のオリジナルではなかった。その中核をなす思想は、抑圧されている諸国民の大義および自由を宗教と両立させたいとする多くの進歩的なカトリックの著作、それにイタリアの文化的優越を崇拝する人文主義的な伝統から主に採られている。実際、当時の数十年間に見られたヨーロッパの自由主義カトリックと、イタリアにおける人文主義的な文学のそれぞれが持つ思想の最も皮相的で保守的な側面を、ジョベルティは次に記す三つの形で表明することになる。つまり、第一に、イタリアの優越という閉鎖的で土着的な思想を支持する一方でヨーロッパ文明という共有財産的な考え方を慎重に退けること、第二に、宗教を時代に逆行する教皇権と同一視すること、そして第三に、〈人民〉の概念を軽蔑して退けるとともに、ラムネーのように宗教・自由・民衆の関係について多大な関心を抱く著述家に論駁すること、である。

ヨーロッパの自由主義カトリシズムは、一八二〇年代以降に生じた王政復古体制の解体に関わる側面の一つであったといえる。また、教皇権至上主義者の運動のように、革命それ自体、あるいはロマン主義の持つ宗教的性格に反発する流れを汲むこの勢力は、国王と教会の同盟という、彼らからすれば反動的なニュアンスを持つイデオロギーと教会が事実上国家に服従するという姿勢を拒否していた。反エラスティアニズムの傾向、*つまり、国家権力による教会の自由の侵害を憎悪する傾向は、このロマン主義的なキリスト教徒の極めて雑多なグループに共通する主要な特徴であった。ところで、このグループには、宗教的諸価値の個人レベルでの復権を願うマンゾーニのようなカトリックやスイス人プロテスタントのヴィネ（五四）などから、教会の再組織化に関わっていたベルギーの聖職者シュトレック、イギリス人のキーブルやチャマーズといった世俗の人間に至るまで、多彩な人々が見いだせる。ちなみに、プロテスタント諸国では、宗教復権の動きの中で各宗派の運動が発展し、時にはスコットランドの場合のように、国家から自立した自由教会が設立されるまでになる。一方、カトリック諸国では、教会のヒエラルキーが世俗権力に服従するという事態を認めたがらない傾向が強かった。また、王政復古体制と教皇権がしっかりと一体化した事実を背景に、より深い個人的宗教倫理を探究しようとするロマン主義的な傾向が現われると同時に、フランス革命の遺産である自由主義とナショナリズムをカトリシズムが承認せよとの明確なアピールが打ち出されていく。

＊　エラストゥス（宗教戦争時代のスイスの神学者、医学者）によれば、教会権力は世俗の権力に服従しなければならない。

教皇権至上主義をとる著述家の中で、この教義に関して明晰な主張を行ない、かつて最も説得力があったラムネーは、一八二〇年代末に自己の神権思想を君主制の支持から自由主義支持のための手段へと変えた。こうして立場を変更してからも、彼は今度は若い聖職者のサークルに大きな影響力を及ぼしたのである。ベルギー革命の成功により、同国北部の都市、メクリンのカトリック政党と自由主義者は、相互の自由と権利を認め合うことで戦略上の合意に基づく同盟を結成し、勝利を収めた。この事実を目の当たりにしたラムネーは、教会は、こうした同盟関係を通じてのみ、その自由を獲得できるという確信を抱くようになる。ラムネー、ラコルデール、モンタランベール、そしてジェルベを中心とするフランスの自由主義カトリック運動は、フランス、ベルギー、イタリア、さらにはドイツにおいてさえ、広範な関心と共感を引き起こした。とはいえ、ドイツでは、ミュンヘンのカトリックのロマン主義者が、反啓蒙主義を基盤とする保守的な信条をなお強調する傾向があった。しかし、教会の自由獲得の要求は、基本的にあいまいな性格を帯びていた。教育、出版、集会、信教の自由を要求したラムネーに見られるように、それ〔教会の自由獲得の要求〕は、一層広い領域をカバーする自由主義的なプログラムの一部を形成し、教会と国家の全面的な分離を暗黙のうちに準備する結果につながる可能性があった。しかし、その一方で、前記の要求には、たとえばイエズス会が自由主義のイデオロギーの一部を純粋に戦略的な意図で利用できるという側面もあった。ちなみに、この場合、イエズス会の目的は、国家内における教会の立場を強化し、中央集権的な教皇権を一層強めることにあった。

ところで、王政復古期には、〈公式の〉教会の再建とカトリックの宗教活動が全面的に分離する状況が見られた。自由主義カトリックは、教会の自由とより純粋な宗教意識の獲得を試みる過程で、最終的には教皇に依存することになる。教皇グレゴリウス十六世は、《ミラリ・ヴォス》教書（一八三二年）と《シングラリ・ノス》教書（一八三四年）を通じ、宗教に対する〈無関心〉、とりわけ良心や信教の自由の主張を誤った態度であると非難し、大半の自由主義カトリックが教皇権におとなしく服従するよう強要した。ラムネーが後年福音書の教えに基づいて、民衆を共和主義、社会主義の方向で再生させようと訴えた時、彼に従おうとした者はほとんどいなかった。その後、フランスやドイツでは、典礼や神学に関わる改革運動を若い世代の聖職者が支持することになる。また、ベルギーの教会が革命を支援することに成功した事実に注目していた俗人の自由主義カトリックは、教皇への服従と新しい時代の信仰を認めようとする願望の両者を和解させた。そのために、彼らは教育を国家の統制から解放し、貧民に対する慈善事業のイニシアティヴを獲得する闘争に全力を注いだ。民衆教育は、カトリックと自由主義者の接点となった。一方、フランスのオザナム(五六)が創設した聖ヴィンセンシオ会(五七)は、コットレンゴやボスコの慈善組織にもまして急速に広まっていった。

西ヨーロッパの自由主義カトリックによる最もめざましい活動を代表するものが教育と慈善事業であったとすれば、自由の獲得を目指す闘争の二つの側面である宗教面の自由と諸国民の自由を結びつけることを提唱したラムネーは、若干の若い聖職者や俗人に影響を及ぼし続けた。前述したベルギーのカトリック政党の勝利は否定できないものであったし、教皇グレゴリウス十六世でさえこれを断罪しなかった。一八四〇年代になると、アイルランドやポーランドの民族主義の大義を地方の聖職者が支持する現象が見られたのである。

さて、イタリアでは、すでに見たように、カトリックの深い信仰心と愛国心の両者を穏和派の指導者が結びつけていた。そして、イタリアの自由主義カトリックは、ベルギーやフランスのようにはっきりと政治活動に関わったというよりも、むしろ道徳的、文化的な復興に携わった。宗教と社会との関係は、道徳的な観点から議論されるにとどまっていた。たとえば、トンマゼーオやランブルスキーニがカトリック教徒の社会的な義務に関心を示したのに対し、ロスミーニ(五八)やカッポーニは、人間の内面的な宗教意識の優越を主張した。個人的なレベルを除き、カトリックと俗人、あるいは自由主義カトリックとの間で意識的な議論の場が持たれることはまれであった。しかし、その一方で、イタリアの自由主義カトリックは、概してイエズス会や反動的なカトリックの文化から距離を置いていた。つまり、彼らは、教育の国家権力からの独立を目指すフランスのカトリックの闘争に見られるモンタランベールとヴィヨー(五九)のようなあいまいな同盟関係を創り出すことを避けたのである。フィレンツェ、ミラノ、トリノを中心とする自由主義カトリックの小規模で雑多なグループは、教皇権を直接のテーマとする議論や面倒な考察を避けることで、彼らの信仰と愛国心を和解させることに成功する。彼ら、とりわけトスカーナの穏和派とフランス自由主義カトリックの結びつきは、ラムネーが教会内部で展開したキャンペーンに端を発し、一八四〇年代にはオザナムとランデュ(六〇)の個人的な接触を通じて強化された。フランス文化と日常的に結びつき、一層広範なヨーロッパ規模の宗教運動に参加しているとの意識を持ったイタリア自由主義カトリックは、自己の確信を強め、教皇グレゴリウス七世〔一〇七三―八五〕の登場に漠然としたメシア的な期待感を高めた。ちなみに、この新教皇は、教会を刷新し、その信望を再び確立するものと予想されたのである。

ところで、ジョベルティは、亡命先のブリュッセルで前述したヨーロッパ規模の運動にイタリアのカトリックとともに参加しているとの自覚を持ち、彼らとの個人的、文化的な交流を促進した。彼は、キリスト教が個人レベルの信仰活動というよりも社会の善にとって必要な教えであるとの確信を抱いていた。その意味で、彼は、王政復古期のカトリックによるロマン主義を代表する典型的な人物であった。そして、トリノで宮廷付司祭の仕事に従事するかたわら、かつて熱狂的に支持したマッツィーニの主張と和解が可能な合理的な汎神論にキリスト教をあてはめたのである。このピエモンテの聖職者は、イタリアの未来に対するマッツィーニのメシア的な信仰を共有していた。にもかかわらず、彼がこのジェノヴァ出身の政治運動家の目指した最終的な目標を受け入れようとしなかったのは皮肉である。ちなみに、マッツィーニが目指した目標とは、人類の宗教的な再生である。そして、この達成のための手段は二つあった。つまり、ほとんど算術的な方法を用いることによって宗教を世俗的な目標達成のための手段におとしめるか、キリスト教をイタリア文化の寸法に合わせた道徳哲学に変えるかのどちらかである。ジョベルティは、こうした点を次のように批判する。

「宗教が侮辱を受け、歪められ、その輝きが色あせ、よろめき、本来持っていた純粋な性格が変質して知識人の支持や人々の敬意を得られなくなった、と考えてみたまえ。そうなれば、モラリストは義務の概念を保持し、宗教の支配的な立場を継続させるために、理性と哲学、つまり宗教そのものを用いてこれを支えようとするに違いない。」(Gioberti, 293, vol. 1, p. 180)

彼は、ドゥ・メーストル、ラムネー、そしてサン゠シモン主義者といった王政復古期のフランス人の著述家による文化的な影響を極めて腹立たしげに否定していた。しかし、彼は、宗教が諸国民と社会にとって必要な構成要素とみなした点で彼らと共通している。とはいえ、彼はカトリシズムの伝統的な組織形態の刷新を土台とする新しい宗教の概念を受け入れなかった。彼がサン゠シモン主義者やマッツィーニと異なっていた点は、ここにある。

さて、ジョベルティは、一八三三年にピエモンテから亡命し、パリに短期間滞在する。ここで彼は孤独な生活を送り、特に当時声高に表明されていたフランスが本来持つ優越の主張に深い憤りを募らせることになる。その後ブリュッセルに移った彼は、しだいに(そして論争を展開する中で)、キリスト教の諸原理を管理するという教会の普遍的な機能に関わる自己の哲学を構築した。教会が西ヨーロッパで文明化の使命を果たしていくためには、十九世紀の進歩的な文化の概念を認め、自己の持つ宗教性を社会に還元する必要がある。ジョベルティが、教会の歴史的使命を解釈する際、ドゥ・メーストルや合法主義を信奉するカトリックの著述家に多くを負っていた点、あるいは宗教と社会の進歩が同盟関係を結ぶと考えていた点で、立場を変更した後のラムネーの自由主義に恩恵をこうむっていることは、いまさら強調するまでもない。実際、ジョベルティは彼自身の経歴とラムネーのそれが類似している点を強く意識していた。このため、彼はフランスの教皇権至上主義者の政党が出版する印刷物の中で、ラムネーに対する激しい攻撃を行なったほどである。そして、その際ジョベルティは、政治的に方向づけられた自由主義カトリックの思想と反動的なカトリックの文化が実は極めて近い立場にあること、そして、前者が後者にたやすく移行することを示している。

ジョベルティは、宗教と自由主義の同盟がイタリアの民族的な独立の問題と分かち難く結びついていることを、他のどのイタリア人の著述家よりも強く意識していた。彼が自由主義的な教皇の出現に期待を膨らませたのは、サヴォイア遠征（一八三四年）に際してのジョーヴィネ・イターリアの姿勢に幻滅したからである。彼がマッツィーニの主張と袂を分かったのは、道徳的あるいは宗教的な理由からではなく、それに効果が期待できないと判断したからである。彼は、マッツィーニ宛の書簡の中で、サヴォイア遠征によってピエモンテで革命を勃発させることにたとえ成功したとしても、結果的には列強の干渉を招くだけであると主張している。ジョベルティは、自分の政治的リアリズムを鼻にかけていたのである。しかし、このリアリズムは、短期間をめどとする政治上の提言と、疑似マキャヴェッリ的でイエズス会的な些細な打算とを混ぜ合わせた時代錯誤の代物であった。ちなみに、前者は、イタリアの独立にとっての主要な障害に関する考察を回避するという結果をもたらし、後者は彼の野心的で理想主義的なプログラムの持つ道徳面での力を弱めてしまった。自由主義革命とマッツィーニの陰謀の失敗から彼が引き出した結論は、民衆や蜂起は信頼できないということ、そしてその結果、愛国者のさまざまなグループが諸君主の支持を通じて成立させる両者の和解にのみ希望が持てるというものであった。

「諸君主は、軟弱で臆病である。さらに、彼らは利己的で言説に流されやすく、美徳や栄光を軽蔑する。とはいえ、彼らは、少なくとも実在している。一方、イタリア国民は、実体のない声にすぎないのだ。」(Gioberti, 293, vol. 3, p. 161)

この主張は、彼の精神が一八二〇―二一年と三一年の革命を指導したカルボネリーアへ回帰したものと思われ、特に目新しさはない。ただ、教皇に対してジョベルティが訴えかけた点は、別である。これに関しては、グレゴリウス十六世の在位中は、むなしい幻想、あるいは神話にすぎなかったとジョベルティ自身がじきに述べることになる。彼は、キリスト教と愛国心を結合させることによって、宗教を政治目標達成のための純粋に実利的な手段におとしめてしまった。

「このバネ(宗教を意味する)がいかに便利で有効であるかを理解しない者は、これを低く評価したり、傷つけたりする代わりに、抑圧された国民を立ち上がらせたり、自由を確立するためにこれを用いることができる者がいたことを考えてみればいい。それは、ちょうど前世紀〔十八世紀〕の哲学者が、宗教を迷信深い連中、イエズス会士、それに暴君に譲り渡しておのおの利益追求のために勝手に利用するに任せたことに似ているともいえる。つまり、宗教はそれだけ便利で有効であるということなのだ。」(Omodeo, 296, pp. 39-40)

こうして、ジョベルティの思想には独創的な面は少ない一方で、非現実的、あるいは時代に逆行するような方向性が多く見いだせる。この点を最も明らかに示しているのは、教皇をイタリア独立の救世主にせよとの提言である。このネオ・グェルフィズモの幻想は、イタリアにおける人文主義文学の伝統に深く根ざしており、教皇が〈イタリアの自由〉の擁護という歴史的な役割を担うとする神話に基づいていた。そして、ネオ・グェルフィズモは、当時の歴代の教皇がそれとはまったく逆の姿勢を明らかにしていたにもかかわらず、ロマン主義の高まりを背景とするカトリシズムの復活とともにますます声高に主張され、流布し始めた。政治と民族の使命に関するこうした啓示的な幻想が流行した当時の数十年間に、教皇への期待感がフランスの優越に対抗するイタリア人の思想に結びついた。そして、それは、ジョベルティのように、ヨーロッパ文明は諸国の共有財産であるとみなす思想を憎悪するナショナリズムの閉鎖的な形態へと容易に逸脱したのである。ちなみに、政治的に鋭敏な感覚を持つ穏和派知識人や民主派も、教皇に強く期待していた。たとえば、一八三五年早々、ピエトロ・ディ・サンタローザは、ジョベルティに宛てた手紙の中で、『イタリア人の道徳的・文化的優越について』〔ジョベルティの著作、一八四二―四三年〕の中心思想に関連してこう述べている。

「イタリア人が、いつの日か再び文明の使徒、創始者、あるいは復活者になるとの夢を私は捨てない。しかし、この夢が現実のものとなるためには、二つのものが必要となる。一つは、絶対に不可欠な要素であり、二つめはそこから容易に引き出せるものである。つまり、教皇が自立した存在となり、教会に自由を、それゆえ教会に本来備っているはずの尊厳を再び与えることだ。要するに、時代が要請しているグレゴリウス七世の再来が一つめである。そして、二つめは、一言でいえば第二のトマス・アクィナスが必要であるということだ。つまり、己れがキリスト教徒であると現代の知識人が告白した時に、彼らが恥じ入ることがないよう教え導くことができる人間が必要なのである。」(Gioberti, 293, vol. 2, p. 238)

ジョベルティが『イタリア人の道徳的・文化的優越について』を出版した後に記した手紙には、彼の際限なき野心と自己の政治能力に対する根拠のない確信が示されている。彼は、ピウス九世〔一八四六―七八〕がかつてのグレゴリウス七世の再来であると考え、その友人であったトマス・アクィナスの再来が自分であると考えた。しかし、こうした手紙をしたためている頃、彼はすでに穏和派を指導する立場に置かれていた。

『イタリア人の道徳的・文化的優越について』

一八四三年に出版されたこの著作が大きな成功を収めたことは、疑いもない事実である。初版が一五〇〇部印刷された後、ただちに再版が登場し、ヴィユッソーは廉価版を五〇〇〇部印刷するよう提案している。バルボは、著者のジョベルティにこう書いている。

「あなたは、すでに一学派の指導者です。」(Anzilotti, 297, p. 112)

この著作は、明らかに、穏和派と聖職者の支持を獲得するために書かれている。したがって、内容を検討すると、提言と並んで故意に省略された部分も見られる。たとえば、オーストリア支配の問題については一切触れられていないし(この著作は、オーストリアによる弾圧の犠牲者であるシルヴィオ・ペッリコに献呈されていたが)、教皇国家の行政改革に関しても沈黙している。彼は、民主派の主張する民族革命に対抗して国民融和のプログラムを提供することにより、カトリックと穏和派の懸念を和らげるよう周到な配慮を怠っていない。つまり、理性と穏健な思想がカトリシズムの修辞的な理想と融和し、実践的な打算とイタリアの伝説的な優越思想の復活が結びついているのである。そして、イタリアの国家統一は「歴史の流れに反する」ものとして退けられた。

「過去何世紀にもわたって分裂状態にあったイタリアが、単一の権力の下で穏便に一つの国家になれると想定することは、正気の沙汰ではない。」(Gioberti, 292, vol. 1, p. 55)

ジョベルティは、穏和派やカッターネオのように、イタリアの伝統と発展に適合する国家体制は、ただ連邦制だけであると考えた。そして、彼は、中央集権に対して地方自治権を主張した。これは、一八二〇年代以降フランス、イタリアの自由主義者と進歩的なカトリックが支持してきた個人の諸権利を擁護する主張に従ったものである。しかし、国家権力は、諸君主の手に委ねられなければならない。そして、その権力を抑制するのではなく、これを支援するのが「選ばれた貴族」であった。ちなみに、この人々は、豊かな知性と経験を持つ開明的な階層に属していた。ジョベルティは、行政問題に関しては慎重に手短な議論に終始し、穏和派の主張する一層限定的な改革の提言をするにとどめている。つまり、立憲上の諸権利に関する提案を一切避け、〈君主制下の行政〉に参加できる人間を「世論を形成する者のうち、健全で良識を持った人々」に限定しているのである (Gioberti, 292, vol. 1, p. 93)。

しかし、これらの提案は、彼が一番力を込めた主張の前にはみな色あせてしまう。つまり、一つはイタリアの優越の主張であり、他の一つはピエモンテの軍事力に支えられた教皇を中心としてイタリア連邦を形成し、後見役のフランスから半島を解放するという主張である。なお、彼によれば、教皇は、連邦制の当然の指導者たる資質を備えていることになる。ローマとピエモンテは、

「イタリアの慈悲と力が宿る特別の場所である。したがって、イタリア連邦は、理念としては宗教の承認を受け、実体としては愛国心に燃える軍事力によって擁護されなければならない。このため、イタリア連邦は、信仰と軍事力が宿る重要な場所、つまり、聖なる都市〔ローマ〕と軍事力の充実した地域〔ピエモンテ〕から始まらなければならない。」(Gioberti, 292, vol. 1, p. 114)

こうしたイタリアの未来像には、諸改革、とりわけ経済改革の性格に関する議論がほとんど全面的に欠落していた。この点は、オーストリアによるイタリア支配の問題をどう解決するかについての提案が見られないことと同じく重要である。詳細な提案をすれば、意見が対立する恐れがあった。ジョベルティの狙

いは、穏和派内部のさまざまな意見をあまねく融和させることにあった。そのために、彼は当時の世界においてイタリアがどのような位置を占めているかという現実的な議論よりも、むしろイタリアの偉大な過去と将来について雄弁、明快で単純なメッセージを発したのである。この『イタリア人の道徳的・文化的優越について』は、イタリアの知識層に大きな熱狂を引き起こした。この事実から、イタリアの偉大な栄光を賛美する人文主義文学やカトリックのロマン主義的な神話にどっぷりと浸かった、彼らの皮相性が明らかになったといえるだろう。

ところで、『イタリア人の道徳的・文化的優越について』が世に出た当時、ジョベルティが創り出し、大きな成功を収めたネオ・グェルフィの神話を、彼自身なお信じていたかどうかは疑問である。彼が出版直後に書いた何通かの手紙を見ると、彼の主要な関心が同書の実際的な目的を説明することにあったことが明らかである。つまり、彼はオーストリアの問題と教皇権による行政の展開に関して慎重に沈黙を守った点を正当化している。彼は、そうすることで同書がイタリア中に可能な限り流布し、できるだけ広範な支持を得ることを望んだのである。しかし、前記の沈黙それ自体、教皇による悪政の支持ではないにしても容認を意味し、以前親しくしていた教皇権至上主義者の影響に彼がなお染まっているのではないかという進歩的知識人の疑惑をも残すことになる。彼は、ピエモンテの穏和派に適したプログラムを提供し、ナポリの若い聖職者の支持を獲得した。一方、トスカーナと中部イタリアの穏和派は、彼の神権主義思想に依然として批判的であった。一つにはこれらの批判を論駁するために、しかしそれ以上に自身の持つ人気を利用して彼の指導する運動の強化を図るために、ジョベルティは今度はイエズス会に対して激しく、長々とした論争を開始した。

さて、そのイエズス会は、一八四〇年代になると有能な総会長ロートハーン神父（六一）の指導下にヨーロッパにおける自由主義思想に抵抗する勢力の尖兵となり、また国王権力と教会勢力の同盟という王政復古体制の決まり文句の支持者となった。彼らは、託児所に見られるような俗人のイニシアティヴに激しく反発した。イエズス会は、トスカーナ、オーストリア帝国の一部、そしてドイツの若干の国家から依然として締め出されたままであり、フランスでは世俗の自由主義勢力に脅かされていた。反面、絶対主義的な性格を帯び、体制に順応する傾向の強いピエモンテ、ナポリ、モーデナ、そして（当然のことながら）教皇国家といったイタリアの諸邦では、その力と影響を拡大、強化した。イエズス会は、国家権力による教育の独占に反対するフランスのカトリック党派の運動の中で、無謀にも指導的な役割を演じた。この結果、同国では、ミシュレやキネーの指導する反教権攻撃が発生し、イエズス会を国外に追放せよとの要求が出された。当時の首相ギゾーは、こうした勢力から圧力をかけられていたものの、教皇庁との関係を悪化させるような措置を講じることには消極的であった。彼は、ペッレグリーノ・ロッシをローマに派遣し、フランス国内のイエズス会の建物を大部分閉鎖させる件で教皇との交渉の任に当たらせた（一八四五年）。ちなみに、ロッシは、教皇国家を離れて長期間自発的な亡命生活を送っており、当時はフランスの市民権を得てソルボンヌ大学の教授となり、上院議員でもあった。同じ頃、ルツェルン州ではイエズス会士の帰還が許可された。スイスでは、これを契機として自由主義プロテスタントとカトリック両者間の緊張が高まり、衝突が起きた。こうして、当地では、カトリックが分離同盟を結成し、スイス連邦がこれを無視するという事態が発生したのである。

さて、『イタリア人の道徳的・文化的優越について』(六二)には、イエズス会士の一部さえ引きつけられた。たとえば、ナポリのカルロ・マリーア・クルチ神父、マッシモ・ダゼーリョの兄にあたるルイージ・タパレッリ神父(六三)などである。他方、自由主義者の中には、ベルギーのようにイエズス会と自由主義者の和解が可能であると主張する者もいた。しかし、ジョベルティが最大の支持を得ていたピエモンテでは、イエズス会が改革実現にとっての主要な障害となっていた。ジョベルティは、『イタリア人の道徳的・文化的優越についての序論』（一八四五年）、『近代のイエズス会』五巻（一八四六―四七年）、『拙著〈近代のイエズス会〉に関する弁明』（一八四八年）によって、〈イエズス会の陰謀〉に対する正面攻撃を開始した。彼は、この結果、教皇権至上主義者との関係を断つことに成功し、世俗の自由主義者、あるいは反教権の立場に立つ自由主義者の支持を獲得した。彼は、イエズス会が真のカトリシズムの堕落という悪影響をもたらすものとする十八世紀の主張を復活させた。彼は、こうして、『イタリア人の道徳的・文化的優越について』が教会勢力の支配を促進しているとの批判に応えたのである。その際、彼は、穏和派グループとカルロ・アルベルトがイタリア再生の指導者であると巧妙にほのめかしている。ジョベルティによれば、世俗の中産階級は、イタリアの当然の支配層であった。

「中産階級は、いわば少年期の盛りに形成され、完璧に決定づけられた国民性の理念や本質を体現している。というのは、国民の最も本質的、最も活発で勤勉な部分が彼ら中産階級に見いだせるからだ……。特権階級、あるいは民衆の中に稀有な徳が生じたとしよう。その場合、この徳は、通常中産階級に力強く引きつけられていく。ちなみに、彼ら中産階級は、社会の活力を最大限身につけている。そして、当然のことながら、前記の徳は彼らに吸収され、取捨選択の過程を経て修正が加えられていく。」(Gioberti, 294, vol. 1, p. 26)

彼は、例のごとく自己の理論をイタリアの状況の変化にすばやく適合させた。そして彼は、今度はカルロ・アルベルトに対し、代議制の導入を承認し、イタリア独立のための闘争の先頭に立つよう公然と訴え、改革のペースに弾みをつけようとする。

「国民の集会場へ真っ先に入場する支配者は、さまざまな意見の調停者となり、道徳面におけるイタリアの盟主となるだろう。そして、こうした事態を悔やむ人間はいないはずだ。また、彼は指導者を欠き、ばらばらとなった祖国を自らの権威に基づいて指導する任務を果たすだろう……彼は、護民官、国民の受託者、そして独裁者となるだろう。」(Gioberti, 294, vol. 1, pp. 108-9)

ジョベルティは、新しい著作を次々と出版するかたわら、彼を支持するより広い層を統率するために自分の意見に手を加えていった。彼のイエズス会攻撃に懸念を抱いたのは、バルボや他の穏和派の指導者であった。彼らは、「カトリック教徒と自由主義者の主張」(Omodeo, 295, p. 65) をかつて和解させることに成功したジョベルティの功績が、この攻撃によって損われるのではないかと心配したのである。若干の聖職者とシルヴィオ・ペッリコのような俗人の穏和派の一部が、ジョベルティのイエズス会攻撃を否認し、逆にイエズス会側の反撃を支持したのは事実である。とはいえ、ジョベルティは、反教権、さらにはロレンツォ・ヴァレーリオやジュゼッペ・モンタネッリ(六四)といった一部の民主派を標的とする新たな闘いがどれだけの支持を得られるか正確に計算していた。ネオ・グェルフィズモは、マッツィーニの共和主義に代わるプログラムを提供し、今や新しい民族運動を代表していた。つまり、連邦制を通じて愛国的心情で結ばれ、社会的に知識人の要求に応える諸君主の協力を得て、漸進的な改革を実現するというプログラムを骨子とする思想がネオ・グェルフィズモなのである。さて、ナポリ地方で発生した穏和派に対する弾圧を告発したジョベルティは、この運動のイニシアティヴを要求していたピエモンテの穏和派の動きを巧みに強化した。一方、彼は、都合の良い国際情勢を待つのではなく、一層積極的な態度をとるよう彼らに強いた。彼は、自由主義的な教皇権の主張とイエズス会攻撃を通じ、王政復古以来イタリアを支配していた聖職者と絶対主義の伝統的な同盟関係を打ち破った。

一八四五年から四八年の革命勃発までの三年間、ネオ・グェルフィズモは、イタリア独立運動の諸潮流の中でイニシアティヴをとった。そして、教皇ピウス九世の選出を背景として、マッツィーニが獲得できなかったほどの広範な世論を動かしたのである。しかし、ネオ・グェルフィズモは、民主派と穏和派の両者が今までに徐々に形成してきたイタリアとヨーロッパとの結びつきを弱める結果を招いた。その理由は、フランスに対するイタリアの優越という雄弁な主張と、諸君主へ依存する姿勢を基本とするプログラムが世論の支持を得た事実それ自体に求められる。さらに、イタリアは、ネオ・グェルフィズモの影響によってヨーロッパ諸地域で力強く発展しつつあった革命運動の波に乗ることができなくなってしまうのである。

六　穏和派の希望の時代

四八年革命勃発前の最後の数年間、変革が間近に迫り、それは避け難いとの意識がヨーロッパでは支配的であった。反体制派の活動と経済危機が主要な国家には例外なく見いだすことができ、これが安定した国際関係を脅かしていた。ロシア皇帝ニコライ一世の支持を得たメッテルニヒは、増幅しつつある自由主義とナショナリズムの圧力を阻止すべくあらゆる手段を尽くしていた。たとえば、ロシアに対する蜂起を企てたポーランドの地主貴族に対してウクライナ人農民がガリシアで暴動を起こし、彼らを虐殺するのを彼は黙認したほどである（一八四六年）。また同じ年、オーストリアは、ロシアとプロイセンの賛同を得てクラコフ共和国をすみやかに併合している。こうした状況から、絶対主義権力と自由主義勢力との対立が鮮明となった。

一方、ルイ・フィリップの息子とスペイン王女との結婚問題をめぐって英仏関係が悪化するに伴い、ギゾーとルイ・フィリップは、再びオーストリアに接近した。しかし、こうしてイギリスが孤立したにしても、同国は依然としてヨーロッパ最強の国家であった。一八四六年以来再び外相となったパーマストンは、メッテルニヒの絶対主義の主張に挑戦するうえで積極的な役割を演じた。彼は、オーストリアのクラコフ併合を公然と非難し、次のように警告する。

「従来、ヴィストゥラ川〔ポーランドを流れる川で、カルパチア山脈に端を発し、バルト海に注ぐ〕周辺では有効でないにしても、とにかく広大な単一の形態を維持してきたウィーン体制は、今後ライン川やポー川においては無効であると宣言できる。」(Macartney, 192, p. 309)

また、メッテルニヒとギゾーがスイスの分離同盟を一八四七年に支援しようとした際、パーマストンはこれを妨害することに成功している。ギゾーは、イタリアにおける体制側と反体制勢力両者の調停を企て、代理のペッレグリーノ・ロッシを通じて絶対主義的な諸邦に対して行政改革の促進を試みたが、結果は、オーストリアとロシアの不信感とフランス国内における反感を引き起こしただけであった。一方、パーマストンは、オーストリアとロシアが友好的な関係をつくり、フランスが両帝国に接近した事態を憂慮し、絶対主義的な諸国家の頑なな姿勢によって革命が誘発されるのではないかと考えていた。こうして、彼は、民族主義的感情や自由主義の反体制勢力を支持する姿勢を公然と打ち出し、内閣の一員であるミント卿(六五)をトリノとローマに派遣して、そのプロパガンダに努めている(一八四七年)。パーマストンは、オーストリアの駐英大使、ディートリヒシュタインに次のように語っている(皮肉にも、これは、メッテルニヒ失脚当時のことである)。

「メッテルニヒ公は、ヨーロッパの現状維持に執拗にこだわっているという点からご自分が保守的であると考えておいでだ。一方、われわれは、世論が譲歩、改革、改善を要求するところではどこでもそれらを唱導し、助言を与えるという点で、自分たちが保守的であると考えている。しかし、あなた方は、逆にそれらを拒否しているのだ。」(Taylor, 299, p. 32)

メッテルニヒがオーストリアの支配を維持するために行使した派手な手段が戦争を引き起こすものと、今や多くの人間が認めていた。とはいえ、当然のことながら、イタリアの自由主義者は、長い間待ち望んでいた好都合な国際情勢がついに現実のものとなると考えることができた。この点で、彼らには、おそらくヨーロッパの他のどの地域の自由主義者よりも正当な理由があったことになる。

一方、他のヨーロッパ諸国内における自由主義、民族主義勢力の圧力の強化も、イタリアの期待を高めていた。たとえば、イギリスでは、コブデンの反穀物法同盟の圧力とアイルランドに発生した飢饉がもたらした悲劇的な結果(一八四六年)を背景として、ピール内閣が穀物法を廃止している。これは、自由貿易主義最大の勝利であった。一方、アイルランドの独立運動は、イタリア自由主義者にとって象徴的な存在であった。この運動は、飢饉によって発生したアイルランドからの大量の移民と蜂起に基づく闘争の出現によって危機に直面したものの、民族主義、カトリック両者の感情は、厳格に合法的な姿勢を掲げるオコンネルの下で結びついた。彼は、一八四七年五月、イタリア訪問に向かう途中、死去した。ローマの聖アンドレーア・デッラ・ヴァッレ教会では、ヴェントゥーラ神父が熱情あふれる〈追悼の辞〉を演説し、この愛国的なアイルランド人を讃えている。

また、ベルギーでは、一八四七年の選挙で自由主義勢力が勝利した後、下層中産階級の不満を鎮めるため、選挙権が拡大されている。他方、フランスでは、経済危機が発生する一方で、限られた支配グループ内部における腐敗の兆候が明らかになりつつあった。このため、純粋に物質面での進歩に依存しようとするギゾーの立場がいよいよ危うくなっていった。同国で自由主義を標榜する反体制グループは、議会および選挙の改革キャンペーンを通じて団結していた。その他には、ルドリュ・ロラン率いる民主共和派、ルイ・ブランが指導する社会主義運動、モンタランベールのカトリック政党などがあり、左右から政府を脅かしていた。一八四七年末頃になると、パリから地方に広まった〈改革宴会〉キャンペーンを通じて国内のさまざまな不満と主要な国政改革実施の要求が一体化し、ルイ・フィリップの体制を揺るがしていく。(六六)

さらに、ドイツでは、ライン地方に展開する自由主義知識人の反体制勢力と東部プロイセンのラントターク（領邦議会）の自由主義ユンカーが、立憲政府の樹立と絶対主義体制の恣意的な支配に終止符を打つ改革の二つを要求する点で一致した。プロイセン王フリードリヒ・ヴィルヘルム四世（一八四〇―六一）は、地方議会議員が構成する純粋な諮問機関として機能する領邦議会を招集し、改革を嘲笑した（一八四七年二月）。プロイセンの反体制勢力は、これを契機として急進化する。ドイツ人の気質に疑念を抱いていたイタリアの自由主義者は、事の成り行きを心配した。たとえば、イラリオーネ・ペティッティは、次のように書いている。

「バルボは、ドイツのこうした状況がより良い事態出現の前触れとなることを期待し、満足気である。しかし、私は彼と逆の考えを持っている。つまり、こうした状況を通じてドイツの革命はいよいよ激化するだろう。神は、この革命が他の革命よりもうまくいくことを望まれてはいない。なぜなら、ドイツ人は、いったん逆上すればただでは済まないからだ。神よ、われらを救いたまえ！」(Codignola, 302, p. 268)

最後に、オーストリア帝国では、民族主義と自由主義を標榜する反体制勢力が、政府に対する圧力をますます強めつつあった。一八四七年には、弁護士のコッシュートが巧みに指導するハンガリーのいくつかの反体制グループが、急進的な改革を要求して結束した。それらは、具体的には財政を監督する権限を持つ国民省の設置、非貴族の地方政府における代表権の獲得、法的、宗教的な平等、出版の自由から始まり、農民の隷属状態からの解放と土地に関して貴族の持つ封建的諸特権の撤廃までも含んでいた。また、マジャール人やドイツ人の領主にスラヴ人が憎悪の念を抱く状況を反映してチェコとクロアチアの民族主義運動が高まりを見せ、帝国政府はいよいよ無力となった。

イタリアの自由主義者は、一八四六―四七年に他のヨーロッパ諸国でこのように事態が急速に進展するのを目の当たりにした。こうした状況は、自らの要求実現の可能性がますます高まりつつあることを示唆するものと彼らが考えたのも当然である。一方、この二年間で、民衆の生活は経済危機の影響により悲惨なものとなり、共和主義者と社会主義者による反体制運動がますます進展しつつあった。このため、自由主義者は、イタリア内外を問わず社会革命が勃発しないよう支配層と手を結び、改革の促進に努めた。他方、近代西ヨーロッパ史上最後の最も恐ろしい農業危機は、一八四六年にジャガイモの収穫が壊滅的打撃を受け、翌年には穀物生産が悲惨な結果に終わったために発生した。こうした状況にさらに追い撃ちをかけたのは、過剰な投機と銀行の不十分な貸付によって引き起こされた工業不況である。この結果、失業者が増大した。この生産過剰の危機を通じて企業の倒産や閉鎖が倍増し、多くの小売商や銀行家は穏和派を政治的に初めて支持する側に回った。しかし、穏和派にとって非常に気がかりだったのは、こうした経済不振と過激な政治運動が連動しているように思われた点である。イギリスのチャーティスト運動、フランスの社会主義、リヨンのような伝統的な家内工業の中心地における職人の組織的な反政府の動き、シュレージェンの織物工の蜂起、そしてボヘミア、南部オーストリア、ローマ、あるいはナポリにおけるラダイト運動の勃発は、自由主義者にとって、すべて〈共産主義の脅威〉の諸相を表わすものであった。つまり、一八四八年革命前夜、彼らの目には、共産主義が極めて危険な存在に映ったのである。都市民衆のこうした不満の沸騰は、資本主義の非常に急速で不規則な発展と直接結びついていた。そして、こうした状況の背景には、中央ヨーロッパや南部イタリアにおける農民蜂起という漠然とした脅威が姿を現わしつつあった。ガリシアにおける蜂起の発生は、オーストリア帝国中の大地主を恐怖に陥れた。つまり、手遅れにならないうちに改革の要求に譲歩することが必要であり、既存の政治体制を経済および社会的な変化に対応させなければならないことになったのである。

ピエモンテにおける穏和派の運動

ジョベルティが『イタリア人の道徳的・文化的優越について』とイエズス会に対する攻撃を通じて獲得したイニシアティヴを強化する点で最も活発だったのは、ピエモンテの穏和派である。当時穏和派が展開した精力的な出版活動のうち、イタリアで最も広く受け入れられたのは、ほとんどがピエモンテの穏和派によるものである。たとえば、チェーザレ・バルボの『イタリアの希望』(一八四四年)と『イタリア史概説』(一八四六年)、マッシモ・ダゼーリョの『最近のロマーニャにおける諸事件について』(一八四六年)と『イタリア民族世論のプログラムに関する提案』(一八四七年)、イラリオーネ・ペティッティの『イタリアの鉄道とその最良の体系について』(一八四五年)などが挙げられる。イタリア中の穏和派(その多くはまだ亡命中であった)が、歴史、文学、経済、政治の議論を展開する似たようなテーマの著書や小冊子を発表していたのは事実である。しかし、ピエモンテの穏和派が、イタリアの大義とピエモンテの一体化に成功した結果、穏和派の運動のヘゲモニーを巧みに打ち立てたことは確かである。一八二一年革命の経緯やサヴォイア家が示す宗教面での順応主義、そして政治面の絶対主義にもかかわらず、大部分は貴族であるピエモンテの穏和派が同家に対して抱く忠誠心は依然として揺るがなかった。これと類似した忠誠心は、他にはただ一カ所、トスカーナにしか見いだせない。しかし、両者の根本的な相違は、トスカーナの場合が元来ハプスブルク・ロートリンゲンという外国の血筋を引いて中立政策を伝統としていたのに対し、サヴォイア家はこれとは対照的に何世紀にもわたって領土拡張政策を続けてきたという点にある。そして、バルボ、ジョベルティ、ダゼーリョ、ドゥーランド(六七)、ペティッティ、カヴールといったピエモンテの穏和派は、サヴォイア家の領土拡張政策が、あいまいな点はあるにせよ、イタリアの独立に結びつくと例外なく考えていたのである。

彼らの期待は、サルデーニャ王カルロ・アルベルトに寄せられていた。彼は、極めて消極的に、しかも部分的にだけではあるものの、穏和派の考えを見かけ上は支持するようになったかに思われた。そして、とりわけピウス九世の登場以降、彼は諸改革の実施に着手する。カルロ・アルベルトは、グレゴリウス十六世が死去するまで穏和派を満足させる必要はほとんどなかったし、そう望んでもいなかった。というのも、当時のイタリアに自分のライバルは存在しなかったからである。たとえば、ナポリのフェルディナンド二世は、治世の初期に行政・経済両面の改革を行なったにもかかわらず、臣民の支持が得られなかった。なぜなら、彼は生来猜疑心が強く、その結果、自己の権力を閣僚や官僚に付与することを拒み、新しい支配者層の形成が阻害されてしまったからである。また、彼はもっぱら物質面での向上に腐心する傾向があったために、とりわけ当時のロマン主義的な理想を掲げる潮流を喜んで受け入れようとしていたナポリの知識人は、彼から離反した。さらに、彼は断固として中央集権体制を維持したため、シチリアの反感が強まった。また、両シチリア王国には、教皇国家のロマーニャ地方と並んで結社活動が深く根をおろしていた。こうして、同国では、穏和派と民主派の相違が不明瞭となり、蜂起が散発的に発生したが、これは容赦なく弾圧されてしまう。

一方、トスカーナ大公国のレオポルド二世〔一八二四—五九〕は、お人好しで消極的な性格であり、閣僚のフォッソンブローニ(六八)とコルシーニ(六九)に彼らが死ぬまで（一八四四、四五年）文字どおり頼りきっていた。そして、彼は、かつてのオーストリア皇帝でトスカーナ大公となった偉大なピエトロ・レオポルドの伝統を維持することに専念した。レオポルド二世は、政教分離主義を旗印として教皇の圧力に抵抗したほか、イタリア科学者会議の開催を促進したことで、一八四〇年代にはトスカーナの穏和派の共感を幾分は再び取り戻すことができた。しかし、彼は軍事問題を毛嫌いする一方、ロートリンゲン家を存続させるためにはイタリアにおけるオーストリアの覇権に依存することが必要であると考えていた。こうして、彼は、イタリア民族運動の指導者としての役割をなんら果たすことができなかったのである。一方、モーデナ公国のフランチェスコ四世がとった姿勢の特徴は、一八四七年に国内で流布していた民衆詩の中で巧みに歌い込まれている。


「いやはや困ったものよ、ラデツキーさん。

元気を出して麾下のドイツ兵とともに前進だ！

この低能な民衆どもは、私を国外に追い出したがっているらしい。

私は、ただ父上の例に従っているだけなのに。（かの美しき思い出よ。神よ、彼の魂を安らかにさせたまえ。）

それで、私は、死刑執行人の斧と大砲で秩序と宗教を維持しているというわけさ。」

(Mercuri and Tuzzi, 197, vol. 1, p. 79)


さて、カルロ・アルベルト自身は、少なくとも一八四〇年代中頃までは、進歩を標榜する人々を興奮させるような人物とは到底いえなかった。彼は、その当時まで燃やしていた野心を、次の目標の達成に集中させていたように思われる。つまり、自国民に対して見かけは狂信的なほどに信心深そうな姿勢をとるよう強制すること、革命や転覆と判断されうるありとあらゆる対象を標的として軍事力による弾圧を実施してその先頭に立つこと、である。彼は、一番の気晴らしの時間を、聖者の姿を紙から切り取ったり、おもちゃの兵隊と遊ぶことに費やした。自分は英雄として生きるべく運命づけられているとの信念が、彼の人生を支配していた。そして、彼には教会をひいきする傾向が見られたが、それは神の恩寵を手に入れようとする果てしない企ての中で神の御手を求めようとする彼の行動にベールをかけていた。しかし、当時の人間は、彼の個人的な性格の弱さ、断固たる決定を下したり自らの野心に従って行動することができない点を一様に認めている。彼の家庭教師役を勤めたことのあるジェルベ・デ・ソナズは、(七〇)おそらくは彼に最も親しく接した人間であると思われるが、「道徳的な面での力と堅固な意志が、彼にはまったく欠如している」ことを認めている (Omodeo, 206, p. 132)。

カルロ・アルベルトは、一八三三年にマッツィーニ派の運動を弾圧している。それが過酷であった理由は、彼が東洋の専制主義の形態を個人的に気に入っていたことに劣らず、こうした性格的な弱さと政治面での無能力におそらくは多くが帰せられるであろう。

さて、彼の政策の基本線は、自身の行動の自由と周囲の状況支配を維持しようとする点にあった。その際、彼は、ソラーロ・デッラ・マルガリータ(七一)のような反動的な閣僚と、ペス・ディ・ヴィッラマリーナ(七二)のような幾分進歩的な閣僚との間のバランスをとろうとした。しかし、カルロ・アルベルトの改革は、一貫性に欠け、矛盾していた。たとえば、ナポレオン体制期の行政制度を復活させ、これを非妥協的な正統主義者やイエズス会の主張する政策と和解させようとしたのである。法典は近代化されたものの、その一方で封建的な長子相続制が認められ、教会裁判所が再び導入されている。サルデーニャでは封建的諸特権は撤廃されたが、教会による十分の一税は残存した。また、ギルドは商工業の発展を阻害するものとして法律上は廃止されたものの、宗教行事への参加を理由に存続が認められていた。ちなみに、一八五五年のシッカルディ法(七三)をめぐってカヴールと対立したカトリック勢力のフェデリーコ・スクロピスは、カルロ・アルベルトの政策に対して聖職者、とりわけイエズス会士が及ぼしたマイナスの影響が深刻であったことを後年認めている。

「国家の法制、あるいは経済、民間行政に対し、理性がその権利を行使できたのは確かである。しかし、教会問題に関していえば、あの邪悪な者ども(イエズス会)の影響力が、学識豊かで果敢な閣僚の言動を強く拘束する助言という形で行使される場合が極めて多かった……政府は、政治の非常に広範な分野において世論を傾聴したにもかかわらず、こと聖職者の利害に関しては無視したのである。」

(Omodeo, 206, pp. 78-9)

こうして、一八四〇年頃には、カルロ・アルベルトの政策の破綻が明らかとなった。彼は、正統主義的な外交政策の展開を通じてピエモンテを国際的に孤立させる一方、国内では、あらゆる進歩派から深い疑惑の目で見られるようになった。彼は、国民の支持を得ることに失敗した。この点で、彼はナポリの王フェルディナンドと同じであった。しかし、彼が巨費を投じて改革を断行し、大切に扱ってきた軍隊さえ、外部の観察者の目には、フェルディナンドの軍隊ほどには能率的でないように映った。カルロ・アルベルトは、後年穏和派の提案に対したためらいがちに歩み寄ることによってのみ人気を回復することができた。彼は、保護貿易主義を捨て、穏和派から支持を獲得した。彼らが従来繰り返し主張してきたように、この政策転換を通じてカルロ・アルベルトは再びイギリスに接近することになる。しかし、穏和派が彼に対する期待を高めた本当の理由は、彼がネオ・グェルフィズモに基づく政策を採用したことにある。当然なことだが、彼はジョベルティの説く理想を現実と取り違え、そのまま信用してしまった。こうして、ついにはイタリアの英雄としての己れの宿命と自分が抱くカトリシズムが和解できるかのような錯覚に陥ったのである。一八四五年末、マッシモ・ダゼーリョに許可した有名な謁見は、ピエモンテの穏和派とサヴォイア家の支配者相互の不信とあいまいな関係を象徴していた。カルロ・アルベルトは、疑わしげなダゼーリョに対し、「私の生涯、息子たちの生涯、私の武器、私の財宝、そして私の軍隊——これらすべては、イタリアの大義のために使われるであろう」ことをロマーニャの愛国者に知らせて欲しいと彼をせかせている（D'Azeglio, 303, p. 555）。

さて、ピエモンテは伝統的な反オーストリア政策を復活させたが、これはカルロ・アルベルト、ピエモンテの穏和派双方にとってほとんど問題はなかった。こうしてロンバルディーアがピエモンテ産のブドウ酒に高率の関税を強要した際に（一八四六年）、彼はオーストリアに対して慎重にではあったが抵抗する姿勢を示し、またオーストリアがフェッラーラを占領した一八四七年七月にイタリアの自由を擁護する者として行動しようとした結果、国内の支持を急速に獲得した。にもかかわらず、国内改革を実施し、他のイタリア諸邦の支配者と緊密な関係を結ぶようにとの穏和派の要求に対し、彼の対応は消極的だった。このため、自由主義者の彼に対する不信感は、依然として強かった。彼は、ピウス九世の登場による急速な状況の変化に押され、諸改革の実施に初めて着手した。しかし、その時でさえ、穏和派の不信感は根強かった。たとえば、ペティッティは、一八三三年にカルロ・アルベルトが行なった弾圧政策に関連し、一八四六年に悲観的な調子でこう述べている。

「教皇ピウス九世の自由主義はそれ自体申し分ないものとはいえ、愛国者の返り血を浴びた者〔カルロ・アルベルト〕を必ずや震え上がらせることになるだろう。」（Omodeo, 206, p. 82）

教皇ピウス九世

マスタイ・フェッレッティ枢機卿の教皇選出（一八四六年六月一六日）は、予想外の出来事であり、しかもすみやかに実現した。つまり、彼は、長らく待たれていた八〇歳のグレゴリウス十六世の死のわずか二週間後には教皇の座に就いたのである。彼の登場により、改革運動には弾みがつくことになる。ピウス九世の選出に続く一八カ月間に世論の力は勢いを増した。このため、穏和派は、かつて自らが引き出したさまざまな勢力に対する統制力を一部喪失し、あれほど一貫して反対してきた革命の勃発を回避できなくなってしまう。実際、ピウス九世の即位を契機として、さまざまな不満がどっと噴出し、世論は興奮状態に陥ったのである。ちなみに、こうした感情は、穏和派とマッツィーニ支持者との双方が、過去一五年にわたって執拗に広めてきた愛国心と分かち難く混ざり合っていた。

　新教皇がピウスを名乗ったのは、かつて諸外国からの迫害に苦しんだ教皇ピウス七世に敬意を表してのことであった。ピウス九世は、神学校の学生だった頃、この教皇に二度会う機会があり、その際、教皇権が外国からの干渉から独立していなければならないと聞かされたのである。小貴族、セニガッリア家の子孫に当たる彼は、あけっぴろげな性格で、善行に対して深い信仰心を持ち、民衆の感情表現に敏感であり、誠実な宗教人であった。彼は、過去二〇年間にわたってロマーニャで司教を勤め、当地に渦巻く不満を目の当たりにし、穏和派貴族のジュゼッペ・パゾリーニ伯爵[七四]と親しく交際した。ピウス九世の伝説が示しているように、彼がジョベルティ、ダゼーリョ、あるいはバルボの著作を読んでいたかどうかは、定かでない。とはいえ、彼がジョベルティの思想の影響を受けたことは確かであり、教皇国家の行政を改革する必要性を悟らずにはいられなかったのである。

　教皇国家における一番新しい蜂起の参加者は、一八四五年九月にリーミニを一時的に占領する。この蜂起は、民主派の扇動によるものであったが、結果的には〈ローマ国家の民衆宣言〉が出された。これは、一八三一年に列強が発した外交上の覚書の内容に従い、マミアーニの思想を基礎としていた。具体的には、政治犯に対する恩赦、近代的な法典の採用、教育行政の世俗化、地方政府の選出、財政監督権を持つ国政評議会の設置、市民警備隊の創設、検閲の緩和が要求されている。ピウス九世が選出されることになったコンクラーベの開催中に、ミンゲッティやペーポリら地方の穏和派の指導者は、ボローニャ、フォルリ〔北部エミリア・ロマーニャ地方の都市〕、ラヴェンナ、フェッラーラの市民から数千の署名を集め、請願を準備した。(七五)これらの総督領には不満が広がっており、教皇の政治に伝統的に忠実なトラステーヴェレの職人や民衆の間にさえ、それが見られたほどである。教皇特使のマッシモ枢機卿は、一八四五年に管轄地域の状況について次のようにヒステリックな調子で書いている。

「あらゆる世代、あらゆる階層の人々が放蕩に耽っている……一種の同盟関係が、貴族から零細な店の奉公人に至るまで際限なく広がって成立し、これが絶えず犯罪や非行を目的とし、政府に反抗している……とりあえず、こういっておくだけで十分だ。つまり、都市部の老人、女性、若者、それにまだすべてが堕落したわけではない農民層のごく一部を除き、一八歳以上の住民の残りすべては、ごくごく少数の怯えた正統主義者は別として、政府に敵対しているのである。」(Demarco, 216, pp. 267-8)

行政や経済面における一層具体的な改革実施の要求がますます強まってきた背景には、社会変革を指向する民衆の圧力が爆発寸前の危険な状態にあったことが挙げられる。

ピウス九世の改革と穏和派のキャンペーンは、この圧力を制御可能な道へと流すことを目的とした、互いに異なり、結局は矛盾した企てであったといえる。ピウス九世は、若干の改革の必要性を認め、彼の教皇選出以降盛り上がってきた愛国的な熱狂のうねりに満足してはいたものの、俗人の穏和派指導者を政府のメンバーに加えることには消極的であった。つまり、彼らが教皇の存在と国民的自由主義の大義を同一視することで、教会の占める精神的な立場を汚すことをピウス九世は恐れたのである。彼は、教皇の伝統的な政策である絶対的な中立を侵すことになりかねない憲法に関わる譲歩を全面的に拒絶した。彼が認めようとしたのは、自由主義的なコルボリ＝ブッシ枢機卿(七六)の主張した「国民的な感情を内政改革を支持する意識として取り込み、両者をともに既存の体制を擁護するために利用しよう」とするものがせいぜいであった（Anzilotti, 297, p. 209）。

しかし、穏和派が創り出し、マッツィーニの支持者たちが容認した〈自由主義の教皇〉という架空のイメージに囚われ、民衆のデモによる圧力の脅威にますます恐れをなした彼は、一連の譲歩を不承不承認めた。もっとも、こうした姿勢は、拡大する一方の世論の要求に応えるには、まったく遅きに失したのである。

政治犯に対する恩赦（一八四六年七月一六日）と自由主義的なジッツィ枢機卿(七七)の国務卿への任命に続き、わずか数カ月後の一一月四日には、民衆による無言のデモを背景として、訴訟手続の改正と浮浪者対策の実施、教育や労働問題に関する措置、それに鉄道敷設の調査検討を目的とした俗人のメンバーを含む委員会の設置が認められた。そして、一八四七年三月一五日には、遅々とした歩みではあったが検閲の緩和が慎重に実施され、続いて国政評議会のメンバーの任命（一八四七年四月一九日）、諮問議会の創設（六月一二日）。しかし、この場合でさえ、俗人メンバーは一人のみである）、ローマにおける市民警備隊の創設と他の地方都市への設置の約束（七月五日）と改革が続く。自由主義者は、ジッツィ国務卿の辞任とローマに発生した激しい騒動を、反動派の陰謀によるものとみなした。その後、一八四七年八月末になってフィレンツェ、トリノを相手とする関税同盟の交渉がやっと始まり、ピウス九世がこれを政治的な同盟関係に発展させることをきっぱりと拒否した後、同年一一月三日に締結した。また、国政評議会は、一一月一五日に最終的に招集された際、彼はそのメンバーに対し、同評議会が「教皇の権威をいささかも傷つけることのないよう」訓示している（Diario di Roma, 16 Novembre 1847）。

また、一二月二三日に中央行政の再編が行なわれたが、新しい閣僚はすべて聖職者であった。すでに一八四六年には、地方で暴動が発生していた。そして、翌年の中頃になると、ピウス九世はこうした状況を統御できなくなり、急速に人気を失っていくのである。

ところで、同じ頃、ピウス九世の姿勢や穏和派のキャンペーンを背景として、トスカーナとピエモンテの政府も似たような譲歩をせざるをえなくなった。ピサ大学の教授で今やネオ・グェルフィズモに転向した穏健な民主派、ジュゼッペ・モンタネッリは、すでに一八四六年二月、イエズス会との結びつきで悪名高い聖心修道会をピサに開くことに反対する民衆運動の組織化に成功した。トスカーナ、とりわけリヴォルノは、依然としてさまざまな民主派グループの中心地であり、サン＝シモン主義やブォナッローティの〈真のイタリア人〉を継承するグループなど社会主義や平等主義の強力な潮流が見いだせる。また、共産主義を標榜する秘密結社の存在が、一八四六年一一月に発覚している。トスカーナの穏和派が社会主義のプロパガンダがもたらす危険に悩まされていたことは、間違いない。したがって、彼らは、民主派のデマゴーグで同派の指導的存在であったグェッラッツィと手を組み、最も危険な批評家とみなされていた社会主義者のエンリーコ・モンタッツィオ(七八)を孤立させようとしたほどである。実際、トスカーナの穏和派は、ピエモンテや教皇国家の場合と同じく、支配者に圧力をかけるためにどの程度まで民衆を支持するかについて意見が分かれていた。トスカーナでは、隣国の教皇国家の状況や地下出版活動（穏和派と民主派）の成功を通じて世論が沸騰したため、一八四七年初頭には穏和派内部に亀裂が生じた。つまり、サルヴァニヨーリ、リカーソリ、ランブルスキーニは、カッポーニ、リドルフィ、ガレオッティ（七九）が示してきたトスカーナ大公を消極的に信任する姿勢を拒否したのである。そして、一八四七年五月には、リカーソリやサルヴァニョーリが支持する世論の圧力を背景として、検閲の部分的廃止が実現した。そして、同年八—九月には多くの都市でデモと騒動が発生した後、国政評議会が拡大され、市民警備隊が創設された。こうして九月二八日には、リヴォルノで続く争乱状態を憂慮した大公レオポルド二世は、憲法付与に対する要求が強まることを回避するため、自由主義者の中では保守的傾向の強いリドルフィに政府を任せたのである。

穏和派のイニシアティヴと民主派の圧力

教皇国家とトスカーナにおけるこうした事態の進展を見れば、穏和派が、自ら作り上げてきた状況を維持できなくなったことは明らかである。トスカーナやピエモンテでも、ピウス九世を支持する熱狂的なデモが自発的に、しかも速やかに組織され、改革実現のために圧力をかける手段となった。しかし、穏和派には、これらのデモに対する民主派の浸透を回避するための術がなかった。とりわけローマでは、卸商のチチェルアッキオ（八〇）、医師のピエトロ・ステルビーニ（八一）、弁護士のフィリッポ・メウッチのように、今や部分的にネオ・グェルフィズモに転向したかつてのカルボネリーアのメンバーやマッツィーニ支持者が、職人や店主の積極的なデモへの参加を指導していた。

ネオ・グェルフィズモの持つ力を十二分に理解していたマッツィーニは、ピウス九世による政治犯に対する恩赦の実施を、イタリアにおける自己の組織を復活するために利用できるとみなしてこれを歓迎した。マッツィーニは支持者に対し、「必要とあらばわれわれの教えを一人、また一人と伝え広めることにより、新しい仲間の輪」を作り出すよう、密かに促している (Mazzini, 257, vol. 30, p. 157)。

彼は、穏和派を軽蔑していたものの、その一方で諸君主が彼らに譲歩することによって連邦制のイタリアが生まれる危険が強まるのではないかとの憂慮の念を一層強めていた。このため、彼は共和主義を強調するのではなく、世論を国民が合意する方向に推し進め、穏和派の信用を落とし、運動のイニシアティヴを再び取り戻すためにオーストリアを焚き付けてその干渉を招くよう、支持者にしきりに促した。一八四六年九月二九日に、彼はこう書いている。

「採用すべき戦術は、次のとおり。つまり、教皇に対する人々の期待感に苛立つことなく、また敵意を明らかにすることもせずに、これを最大限に推し進めること。そうしてオーストリアに内政干渉の口実を与えて教皇の活動を無力化し、熱狂的なデモに対して、国民的、政治的な性格を周到に、しかも可能な限り付与すること。そうすることにより、オーストリアをますます不安に陥れる一方で、教皇に対しては声明を送り、要求を出す。こうすれば、教皇は怖じ気づき、その存在の無力さが明らかになるだろう。そして、国民は、激しい反オーストリアの姿勢、それゆえ民族的な心構えを準備することになる。」(Mazzini, 257, vol. 30, pp. 193-4)

諸君主が不承不承であるとはいえ改革に向かって動きだすにつれ、イニシアティヴの喪失を恐れたマッツィーニは、自己の運動を活発に展開していった。彼は、イタリアにおける民主派の意識を強化するために、ポーランド人や他のヨーロッパの民主派とすべてのイタリア人亡命者を一つの組織に統一させようという、途方もない企てに乗り出した。しかし、イタリア国内の支持者に対して彼がそれ以上に強く促した点は、オーストリアの干渉を誘って穏和派のぺてんを粉砕することであった。ちなみに、そのぺてんとは、連邦制の樹立によって戦争に依存することなく改革を実現し、イタリアを解放することが可能だとする主張である。一八四七年九月頃、彼は、統一の大義を他のすべてに優先させるべきであると考え、一時的に共和主義を放棄する覚悟がすでにできていた。

「共和主義は、さしあたってほとんど意味がない。なによりもまず重要なのは、統一の実現である。現在、われわれが直面している唯一の敵は、連邦主義である。彼ら〔穏和派〕に対しては、一人の教皇、一人の王、そして一人の独裁者を登場させるよう仕向けよう。われわれは、残りの問題についてては、いずれ適当な時期に折り合うことが可能だろう。しかし、連邦主義とは決して妥協できない。」

(Salvemini, 116, p. 258)

ところで、この時期にマッツィーニの支持者がどのくらい存在したのかを明らかにすることは、不可能である。しかし、民主派と民衆が、経済危機によって引き起こされた不満のはけ口をデモに見いだすことができた結果、その圧力を背景として穏和派に対してその多くが望んでいた以上の早さで対応を迫るように強いたことは、ほとんど疑いの余地がない。穏和派は、経済、行政面における特定の改革に関しては意見が一致していたが、その反面あからさまな政治変革や民衆の圧力に対してどのような態度をとるべきかについては、意見が分かれた。彼らがその提言を実行に移す機会が訪れるまで、換言すれば、ピウス九世が選出されるまでは、彼らの意見の相違は、むしろ抽象的な性格の域を脱しなかった。ここでは、ダゼーリョの小冊子の出版を契機として一八四五―四六年に行なわれた教会国家の改革に関する議論を例にとってみよう。まず、ガレオッティは、かつてジャンニが描いて見せた革命前のトスカーナの改革路線に沿った憲法上の改革を主張した。一方、トレッリ(八二)は、教皇の世俗権を改革不可能であるとし、その廃止を提案している。しかし、一八四六年中頃以降、穏和派の統一的プログラムの実現を脅かす同派内部の緊張関係がますます明らかとなってきた。とはいえ、単一のグループに所属しているという彼らの意識は、依然としてはっきりしていた。ダゼーリョは、ロマーニャの状況を扱った小冊子『最近のロマーニャにおける諸事件について』と『イタリア民族世論のプログラムに関する提案』の写しを、トリノ、フィレンツェ、ピサ、ボローニャ、そしてローマの穏和派の指導者に配布している。ちなみに、後者の小冊子のタイトルそれ自体、世論を代表するのは穏和派であるという彼らの主張を反映していた。ダゼーリョは、この小冊子の草稿を準備している時期に、ローマからミンゲッティに宛て、次のように書き送っている。

「われわれは、毎週集まって現状について語り、議論し、われわれの考えを決定している。また、われわれは、党派としてのプログラムを準備することも有効であると信じ、これに関わる意見、手段、そして目標を提示している。イタリアの内外にわれわれの思想を定着させること、また、われわれが抽象的、詩的世界、あるいは秘密結社に関わる議論を始終行なっているわけではないことを示すのは、有益なことだと思う。」(Minghetti, 325, vol. 1, p. 263)

ところで、ダゼーリョの『イタリア民族世論のプログラムに関する提案』には、国民の選挙で選出されたメンバーによる地方行政、統一的な軍事制度、法改正、検閲の緩和、度量衡の統一、関税の廃止、統一化された鉄道網の要求が盛り込まれていた。しかし、この著作は、出版された一八四七年夏の段階で、すでに時代遅れとなっていた。なぜなら、検閲廃止、市民警備隊、諮問議会を要求する世論は、今や憲法獲得を目指してその圧力を増し始めていたからである。そのうえ、一八四七年七月のフェッラーラ占領(オーストリアは、ウィーン会議で締結した条約を通じ、当地の城砦に駐屯する権利を有していた)で頂点に達したオーストリアの脅威を通じ、戦争の勃発はいよいよ現実味を帯びてきた。つまり、穏和派の掲げるプログラムの哲学自体が今や極めて危うい状態に置かれることになったわけである。トリノのバルボ、フィレンツェのカッポーニやリドルフィ、それにローマのペッレグリーノ・ロッシといった穏和派の中でも保守的な立場を代表する人間は、事態の切迫と戦争勃発の脅威を前にしていよいよ不安を募らせた。一方、カヴール、リカーソリ、カサーティ（八三）、マニン（八四）などオーストリア領のロンバルド・ヴェーネト王国も含めてすでに改革に着手していた諸邦の穏和派は、民衆の支持がなんら脅威とはならないとの自信を深め、むしろ、場合によってはそれがイタリアを解放するための貴重な機会を提供するものであると考える者さえいた。彼らは、改革に消極的な諸君主にその実施を強制するためには、世論の圧力が最も効果的な手段であると相変わらず考えていたのである。

この傾向がピエモンテほどはっきりしている地域は、他になかった。ピウス九世選出後の一年間、カルロ・アルベルトは、愛国的な反オーストリア感情を諸改革の要求とは切り離しておくことに執着し続けた。一八四六年八月にローマを訪問したソラーロ・デッラ・マルガリータは、貴族、官僚、将校、そして聖職者の多くの支持を背景として、自由主義者の影響力の増大を阻止すべく奮闘努力した。しかし、ピウス九世とトスカーナ大公が改革の実施を認めた結果、ピエモンテでも緊張が高まった。ベルギーに滞在していたジョベルティは、一八四七年、ペティッティ、サンタローザ、ボンコンパーニ、バルボらの穏和派指導者に、採るべき戦術に関して助言を与えている。それは、カルロ・アルベルトを説得してソラーロを辞任させ、イタリアの解放がもたらす経済的な利益を指摘しつつイギリスの好意的な支持を獲得するという内容であった。しかし、トリノにいたミント卿の激励にもかかわらず、カルロ・アルベルトは逡巡するばかりで、自由主義者は無力感を味わうことになる。

さて、経済や行政に関わる自由主義者の改革プログラムは、オーストリアの犠牲によってピエモンテの領土拡大を図るというジョベルティの案に今や吸収されていた。そして、このプログラムは、ピエモンテの地主や都市の中産階級に深く浸透した。ジェノヴァでは、一八四六—四七年に急速に経済が回復し、長期間続いてきた不況に終止符が打たれた。この結果、商人は、この都市の経済が構造的に変化したことを痛感した。つまり、ジェノヴァの経済は、今や近隣のイタリア諸邦向けの輸出に主として依存することになっていたのである。サルデーニャ島では、中産階級に属する自由主義者の弱小グループが、教会の封建的な支配から脱して彼らの自治権を強化することを目指し、行政面および法律面における本土との統一を要求していた。しかし、ピエモンテでは、階級間の分裂は依然として深刻であった。多くの専門職や事務職は、とりわけ地方都市において貴族による社会の支配に憤慨していた。このため、彼らは、自由主義の一層進歩的な形態である民主派の思想に引かれることになる。こうして、ヴァレーリオ、ブロッフェーリオ[八五]、ランツァ[八六]は、穏和派の主導権に対立した。さらに、自由主義者でさえ、進歩的なカヴール、ピネッリ[八七]、カステッリ[八八]は、バルボのようにより慎重な姿勢をとる指導者に絶えず圧力をかけていたほどである。二〇〇〇名の会員を擁し、進歩思想の普及に大きく貢献した農業協会内部にも、こうした対立が見られた。その結果、二つのグループは相互に敵対するが、これは急速に階級対立と同一視されることになる。当時の人々は、こうした不和の原因を十二分に承知していた。つまり、それは、「われわれブルジョアジーの、貴族に対して燃えたぎり始めていた敵意」なのである（Romeo, 1990, p. 77）。

カルロ・アルベルトは、一八四六年に前述した農業協会内部の抗争の調停に乗り出すことを余儀なくされた。そして、彼は、二つの対立する勢力のバランスをとるというおなじみの政策に従いながら、カヴール率いる貴族のグループに敵対するヴァレーリオの派閥を支持した。ちなみに、ヴァレーリオら穏和派貴族は、カルロ・アルベルトが改革を実現することによってのみ、国家の統一が可能であると考えていた。

カルロ・アルベルトは、一八四七年秋まで、あからさまな反オーストリアの姿勢を示すことで自由主義者の圧力をそらそうと試みた。彼は、オーストリアがフェッラーラを占領した際、これ見よがしに教皇を支持した。しかし、カルロ・アルベルトは、イギリス、フランスという西ヨーロッパの〈自由主義〉の列強が当時相互に対立していたために両国の支援を得られなかった。そして、オーストリアに対する教皇の抗議が口先だけのものにとどまると、彼は自分の孤立に気づくのであった。カルロ・アルベルトは、農業協会に対し、独立戦争の先頭に立つ用意がある旨通告した。また、ピウス九世は拒否することになる教皇との反オーストリア同盟の結成を提案したものの、彼自身は諸改革の遂行を固く拒んだのである。一八四七年一〇月初頭、相次ぐ騒動の勃発を通じて民主派の力が強化されたものと判断した穏和派は、しだいに絶望的になっていく。彼らは、ソラーロの免職(一〇月一一日)にも希望を持てなかった。というのは、カルロ・アルベルトが、その一方で自由主義的なヴィッラマリーナも排除して中立の立場に立つ者を閣僚に任命し、バランスをとったからである。こうして、ドメニコ・カルボーネ(八九)の民衆詩〈優柔不断な王様〉が広く流行し始めた。

「ある古い大部の洋皮紙に、次のようなお話が記されております。
昔々(diebus illibus)、このイタリアに、乳母の育て方のせいで
ブランコ遊びに途方もなく熱中する王様がおりました。
このような王様は、極めて珍しい存在でした。
そこで、彼は、ゆらゆら王一世と人々に呼ばれました。
ある時はビアージョが、そして、またある時はマルティーノが
彼を揺り動かしました。一人は早く、もう一人はゆっくりと動かします。
すると、王様は、早口に、またゆっくりと叫びました。
よいぞ、ビアージョ! でかした、マルティーノ!
あっちに揺れて、こっちに揺れる。なんと愉快な。

ゆらゆら揺れるは、このブランコ。
も少し早く……、今度は遅く……また早く、
あっちに揺れて、こっちに揺れる、上へ下へと。」
(Mercuri and Tuzzi, 187, vol. 1, p. 57)

デモの一層の激化とナポリからのニュース(レッジョとメッシーナに発生した蜂起は弾圧されたものの、なお騒然とした状況が続く)を契機として、カルロ・アルベルトはついに譲歩し、一連の行政改革の実施を認めることになる(一八四七年一〇月二九日)。なかでも最も重要な改革は、メンバーが選挙によって選出される市町村議会と同議会が作成するリストに基づいて任命される県議会の設置、国家評議会の拡大、それに警察権力の若干の制限と出版物に対する検閲の緩和であった。しかし、特権を持つ教会裁判所は、なお存続した。こうして、ピエモンテは、改革を推進中の他の諸邦と比較すると依然として後れをとっており、カルロ・アルベルトの遅蒔きながらの譲歩も、より本質的な改革を要求する運動の激化を招くだけだった。穏和派の中でも保守的な立場にある者は彼に依存していただけに、いってみれば自らが作り出した罠に掛かってしまったのである。その一方で、民主派の勢いは強まっていく。

こうして、一八四七年末頃には、イタリア全土で緊張が高まった。戦争勃発の危険がますます無気味に迫りつつあったのである。というのも、メッテルニヒが自由主義のうねりを断固として阻止するという姿勢をとっていることは明らかだったからである。一八四七年九月初頭、ミラノの警察は、平穏な性格のデモに襲いかかった。一〇月には、メッテルニヒが最も信頼する協力者の一人で、前ナポリ駐在大使のフィッケルモント(九〇)がミラノに派遣され、ローマにはフランスからペッレグリーノ・ロッシが訪れていた。また、イギリスのミント卿は、トリノ、ローマ、ナポリを回っている。こうして、オーストリア、フランス、イ

ギリスが、当時イタリアの情勢に関心を寄せていたことは明らかである。一〇―一一月には、戦争の勃発とオーストリアの干渉が、間近に迫ったように思われた。なぜなら、負債を抱えたルッカ公がその領土をトスカーナに譲渡した際、トスカーナ大公国とモーデナ公国が国境線の確定をめぐって紛争を起こしたからである。

王家どうしに典型的に見られ、しかも時代錯誤がかったこの紛争は、平和に対する脅威となった。なぜなら、それは、改革を推進する国家と絶対主義的な体制を続ける国家に今やイタリアを分裂させていた敵対感情を露わにしたからである。こうした状態は、教皇国家、トスカーナ、ピエモンテの間に関税同盟が締結された結果、一層鮮明となった（一一月三日）。そして、パルマが孤立する一方で（一八四七年一二月に老齢の公妃が死去し、国家は前ルッカ公のカルロ・ルドヴィーコの手に戻った）、両シチリア王国とモーデナ公国の君主はあらゆる譲歩に抵抗することを決意し、オーストリアに支援を仰いだのである。とはいえ、両国の反政府勢力も、ジョベルティの思想や諸邦での改革の実現によって希望を抱くようになった。しかし、ナポリやシチリアでは、改革の要求を合法的な形で表明することができないため、ともに蜂起の計画が秘密裡に促進された。そして、その過程で、穏和派と民主派の相違は、あいまいなものとなる。なぜなら、両者は、ともに反オーストリア感情を抱き、憲法獲得の決意を固めていたからである。

一方、対オーストリア戦の戦場となることが避けられないロンバルディーアでは、穏和派と民主派の特徴がいよいよ際立ったものとなりつつあった。ガブリオ・カサーティ、ヴィタリアーノ・ボッロメーオ、チェーザレ・ジュリーニに率いられた穏和派貴族は、一八二一年革命の際に彼らの先人がそうであったように、ピエモンテ支持に回った。実際、フェデリーコ・コンファロニエーリは、臨終の床で次のように述べている。（九二）

「もしわれわれが、誰かの救いを期待できるとすれば、それは、ピエモンテとカルロ・アルベルトということになる。」(Salvemini, 116, p. 48, n. 71)

ガリシアの地主虐殺事件に怯えたこれらの地主貴族は、一八四七年に飢饉が発生した際、農民に対する組織的な慈善活動を積極的に行なった。この結果、彼らは反オーストリア・キャンペーンに、農民と地方の多くの聖職者からの支持を獲得している。一方、チェルヌスキ、(九二)テルザーギ、マエストリ(九三)が率いる民主派は、その精神的な指導をカッターネオに仰ぎ、ピエモンテが後進的な宗教国家であるとみなしてこれと激しく対立した。しかし、彼らは、マッツィーニ支持者が主張する統一の大義のためにロンバルディーアの文化的発展を犠牲にするつもりはなかった。これら民主派の支持基盤は、ミラノの職人と中産階級であった。そして、改革がすでに実現した国家で見られたように、穏和派に対する圧力を強めつつ、コッレンティのような若干の自立的な知識人を引きつけるのである。

次に、改革がすでに実行に移された国家の状況を見てみよう。こうした地域では、支配者が譲歩に対して明らかに消極的な態度をとったため、民主派や進歩的な穏和派の立場が強化されている。また、戦争勃発の予感に多くの穏和派が不安を抱く一方、カルロ・アルベルトが領土拡大の期待をあからさまにしたことで、ピエモンテに対する伝統的な不信感が再び強まった。ネオ・グェルフィズモによる熱狂のおかげで、穏和派はそのヘゲモニーを維持することができ、ヨーロッパの他の地域で勢いを増しつつあった革命への推進力を極めてあいまいなものにしたことは、確かかもしれない。とはいえ、穏和派の状況把握力が失われつつあるという実感は、彼らの中で強まっていった。ピエモンテでは、急進派が、あたりを憚らず民衆の支持を訴えた。たとえば、ジェノヴァでは、ジョルジョ・ドーリア(九四)の〈秩序協会〉が、塩税の引き下げ要求を通じて彼ら民衆の協力をあからさまに要請している。そして、教皇国家では、民主派の扇動が、経済や社会の本質的な改革を求める民衆の声と一体化した。また、トスカーナでは、穏和派のイニシアティヴに対して公然と挑戦する民主派がいた。実際、モンターツィオのような孤立してはいるものの、影響力を持った最左翼に位置する民主派により、穏和派のイデオロギーが最もはっきりと論駁された地域は、このトスカーナである。モンタッツィオは、次のような人間を非難すべき対象として列挙する。

「ご当人が主張しているように、若者や民衆のしつけや教育を目的とした記事や小冊子をでっち上げる連中……、貯蓄銀行、託児所、外国の例を模範とした成人のための初等教育の学校経営に熱中する投機家」(Ronchi, 320, pp. 107-8)

また、ニッコリーニ(九五)は、穏和派に向かってこう書いている。

「民衆は、諸君、あるいは庶民の仮面をかぶった貴族の下司《げす》野郎の施しを望んでいるわけではない。」(Ronchi, 320, p. 108, n. 51)

民主派による穏和派批判は、このように社会主義的な色彩を帯びていたのである。

さて、マッツィーニは、改革運動に対する民衆の支持を促し、これをオーストリアを相手とするイタリア統一戦争へ転化する意図を持っていた。ちなみに、彼によれば、この戦争では、民主派が再びイニシアティヴを獲得するはずであった。しかし、この戦術は、実際に革命が勃発するまでは、穏和派の手助けをすることになったことは明らかである。しかし、民主派が望みもしなかった穏和派に対するこの支援とマッツィーニを支持しない民主派の圧力によって、穏和派は崖っぷちに立たされた。つまり、彼らは、もともと望んでいた軌道をますます外れた道を急いで進まざるをえなかったのである。穏和派による経済面の提言は、政治的な要求が前面に押し出されると、ほとんど視界から姿を消してしまった。民衆の圧力が極めて強くなったのである。このため、穏和派のプログラムに重なったジョベルティのプログラムがはらむ矛盾が明らかとなった。つまり、個々の国家で行なう平和的な改革は、オーストリアに対する統一(連邦制を基本とするものではあるが)戦争と両立しえないということである。こうした矛盾は、続く数カ月のうちに極めてはっきりと現われることになる。

第V部

独立の代償——一八四八—六一年

さて、一八一五年に確立したウィーン体制は、一八四八―四九年の革命によって根底から揺さぶられ、一八六一―七〇年に実現したイタリアとドイツの独立によって決定的に崩壊した。ドイツの場合、自由主義の諸価値と国家の統一願望との深刻な対立が革命を通じてただちに明らかとなった。そして、その結果、ビスマルクの軍国主義的な国家統一観が勝利を収め、自由主義はその犠牲となるのである。一方、イタリアの場合、自由主義と民族独立闘争の間にドイツのようにあからさまな衝突は見られない。つまり、イタリアの統一を達成し、その存続を確かなものとしたのは、構造が軟弱で基盤が限定されたものであったとはいえ、自由主義体制にほかならなかったのである。

この新しい両国の形成過程の相違を説明する基本的な理由は、イタリアにおける民主派のイニシアティヴに見いだせる。民主派は、一八四八年に穏和派の運動が失敗した後、リソルジメントの最終局面でその存在価値を示した。つまり、彼らは、愛国心を高揚させたのである。ちなみに、この感情は、広範な農民層にはなお無縁ではあったにしても、知識層や都市の労働者の間に広く浸透した。君主制国家のピエモンテが、かの有名な〈デチェンニオ〉（統一国家達成のための一〇年間にわたる準備期）にこうした状況を巧みに利用できたのには、二つの理由があった。つまり、一つは、国際情勢が急激に変化したからであり、もう一つは、革命から多くの教訓を学び、極めて鋭敏な精神を持った自由主義陣営の有能な指導者、カヴールが活躍したからである。国際関係の新たな流動性は、ヨーロッパの調和の崩壊を通じて生まれた。そして、この結果、戦争に訴えてでも諸国民による解放、統一運動のイニシアティヴをとることが可能となった。しかし、それは外交の枠内にとどまることが条件であった。そうすれば、手に負えない革命の大火を阻止できることになる。カヴールが断行した自由主義的な改革のプログラムは、民主派のイニシアティヴに代わる有効で近代的な手段を提供し、最終的には統一を目指す民主派による革命の推進力を外交の枠内で処理することを可能にした。国際情勢と国内情勢の進展が幸運にも一致し、民主派と穏和派が反目し合った結果、予想もできなかったイタリアの統一が実現したのである。新生イタリアは、愛国心に燃え、相対立する二つの勢力間の闘争とその指導者間の個人的な反目の中から生まれたといえる。つまり、ヴィットーリオ・エマヌエーレ、カヴール、ガリバルディ、マッツィーニという四人の〈英雄〉的指導者が、互いに補完し合い、暗黙のうちに調和のとれた役割を演じながら、あらかじめ定められた統一国家の実現に向けて腕を組み歩んでいくという、歴史叙述の伝統的解釈は誤っているのである。

　イタリアの統一と独立の達成には、多くの代償が払われた。民主派も穏和派も、その指導者の関心は、ともに純粋な政治的変革にますます集中した。その結果、新国家の誕生に伴い生じた社会、経済、行政の諸問題は無視されてしまう。民主派の場合、統一国家の問題を最優先したマッツィーニの主張によって、カッターネオやピサカーネの批判は無力となる。一方、自由主義者の場合、まず政治的な独立、次に国家の統一を求める声が圧倒的な状況下で、カヴールのような人物でさえ、彼の主張する経済・行政面の改革をそうした要求の実現に従属させてしまった。当初は見られた経済・社会面への強い関心は、もっぱら愛国的な熱情の鋳型に溶かし込まれた。ちなみに、この傾向の最も純粋な形は英雄ガリバルディに代表され、最も世俗的な例としてはラ・ファリーナ（二）が挙げられる。独立への推進力が、統一達成が可能との確信へと姿を変えるにつれ、国民の愛国心と自由主義の理想は食い違いを見せ始めた。つまり、〈強い国家〉を望む声が新たに生まれたのである。イタリアにおける自由主義と愛国主義は、ドイツのようにあからさまな抗争をまだ展開してはいなかった。しかし、両者相互の離反が生んだつけは、独立と統一の闘争が成功裡に終わった後、解決し難い諸問題の発生という形で新生イタリア王国の前に回ってくることになる。

第一四章　矛盾をはらんだ革命——一八四八—四九年

一　諸国民の春

一八四八年には、革命勃発への期待感がヨーロッパ中に広がっていた。民主派と社会主義者はすでに長い間革命を唱導し、自由主義者の批評家と反動的な政治家は革命を恐れていた。イタリアとポーランドの愛国者は、彼らが待ち望んだ時がついに到来したと感じていた一方、メッテルニヒは外交手段を駆使してギゾーやロシア皇帝ニコライ一世の支持を得つつ、彼らと闘っていた。

しかし、実際に革命が勃発すると、人々は驚愕した。メッテルニヒは、両シチリア王国を除くイタリアのほぼ全域で、事態の混乱に備えていた。パレルモの蜂起（一八四八年一月一二日）は、それが本土に拡大し、国王フェルディナンド一世の降伏という予期せぬ状況をもたらしたとはいえ、あくまで局地的な事件にとどまり、イタリア外に重大な影響を及ぼすことはなかった。ヨーロッパ各地に連鎖反応を引き起こしたのは、一八三〇年の時と同じく、またしてもパリの反乱（二月二二—二四日）であったが、今度ははるかに規模が大きかった。デモや革命波及に対する恐怖感を背景として、数週間のうちにドイツ西部のバーデン、ヘッセン・ダルムシュタット、ナッサウ、フランクフルト、ヴュルテンベルク、ブラウンシュヴァイク、チューリンゲンで立憲政府の樹立が認められた。ちなみに、これらの地域は地理的にフランスに近く、ナポレオン体制期にその影響を徹底的に受けている。ピエモンテや教皇国家の専制政府は、旧ハンザ都市の寡頭政権と同じく、この先例に従うことを余儀なくされた。人々を仰天させたウィーン（三月一三日）とベルリン（三月一八日）における専制体制の崩壊により、革命は、野火のようにヨーロッパ大陸を舐め尽くしてロシアの国境線に到達する一方、さらに大規模なチャーティストのデモ（四月一〇日）の準備を通じて一時はドーヴァー海峡を渡るかに見えた。また、プロイセンの諸都市で蜂起が発生したのち、ザクセン、ハノーファー、中部ドイツのすべての君主国、そしてデンマーク領のシュレスヴィヒ・ホルシュタイン公国[一]で、流血を伴った革命が勃発した。一方、ミラノ、ヴェネツィア、プラハ、ブダペストでは、ウィーンの集権体制との絆が切断された。ポズナニでは、ロシアからの解放闘争を始める準備が進行中であった。こうして、四月初頭には、各地で勝利を収めた革命が王政復古体制を決定的に粉砕するかに見えたのである。

革命が極めて急速に拡大したため、広範な組織的陰謀があらかじめ準備されていたのではないかとの疑惑が確証されたように思われた。しかし、陰謀理論についての優れた解釈が発表されていたにもかかわらず（少なくともフランス革命に関するバリュエルの解釈に遡る）[二]、より説得力ある説明を可能にしたのは、鉄道、電信、郵便制度の発展という現象であった。革命は、先例を模倣することにより広まったのであり、あらかじめ立てられた計画に基づいていたわけではない。そして、革命の速やかな成功は、組織的陰謀の存在というよりは、むしろ専制自体が弱点を抱え、不満が広範に広まっていた事実を示している。ウィーン、パリ、ベルリン、ローマの支配者は、過去に持っていた自信をすでに失い、自己の敗北を今や無抵抗に受け入れた。ギゾーとメッテルニヒは、立場の相違はあるにせよ、亡命中に大英博物館の階段で出会った際、自分たちの時代が終わった事実を認めざるをえなかった。諸政府がその敗北を表明したことで、蜂起に用いる標準的な技術の勝利が明らかとなった。たとえば、主要都市の狭隘で曲がりくねった路上に構築されたバリケードを前にして、体制側の駐屯部隊は、規模を小さくしてしかもばらばらに展開することを余儀なくされた。また、王宮や市庁舎の占拠を通じて、三色旗がはためき、臨時政府の樹立が宣言され、憲法の施行が支配者に強要されたのである。蜂起の初期段階は、過去の革命の記憶やパリの例に基づいて展開された。この段階以降の時期において、革命家は、これ以外に過去数十年間にわたって行なったオープンな議論や秘密裡の陰謀を通じて発展させてきたある種の信念を共有していた。しかし、彼らは、それぞれの国内においてさえしばしば矛盾していた種々のプログラムを統合したり、融和させたりする能力に乏しい事実を明らかにしてしまい、国際的な規模で発生している革命に目を向けることもなかった。

ところで、一八四八―四九年革命は、その指導者に劣らず敵にあたる専制勢力をも驚愕させた。革命は、異常ともいえるほど急速に広がった。このため、その要因は、中産階級の民主派および自由主義者の陰謀やプログラムよりも、社会的な諸原因の方がはるかに決定的なものであることが明らかとなる。パレルモ、パリ、ウィーン、ミラノ、ベルリンの蜂起は、職人や労働者がその主要な基盤を構成していた。彼らは、ナショナリズムや自由主義に動かされたというよりは、むしろ機械の導入や経済危機によって失業が急激に増大したことに強い不満を抱いて立ち上がったのである。他方、農民は、南部イタリア、ロンバルディーア、オーストリア帝国、あるいはドイツを問わず、税の軽減、封建的賦課や労役の廃止、耕作地の合法的な取得を目指していた。

しかし、革命の〈闘士〉は、都市の労働者と農民双方に対し、不信と恐れの感情を抱いていた。イタリアとドイツでは、農民は無視されるか、弾圧されるかのどちらかであった。オーストリア帝国では、ガリシアで発生した地主の虐殺事件の記憶が生々しかった。このため、反体制派と政府は、ともに農民を封建的束縛から解放し、彼らに土地を与える方向で行動せざるをえなかった。一方、〈プロレタリアート〉が無視できない存在になっていたパリやウィーンなどの都市では、彼らが特に大学の学生との共同戦線をしばしば結成する状況が見られた。このため、これらの都市では、失業対策としての国立作業場の設置や労働組合の結成措置が当初講じられた。しかし、フランスとドイツの革命に伴って社会主義が急速に伸長してくると、自由主義者や多くの民主派の懸念が高まった。バルベス[三]とブランキが重要な役割を演じた五月一五日のクーデタの企てを契機に、パリの国立作業場が弾圧を受け、労働者に対する過酷な鎮圧がカヴェニャック[四]により行なわれ、共和国政府は崩壊した（六月六日—二二日）。ところで、同時期のドイツでは、フランクフルトに〈全国労働者会議〉が開催されている。これは、ギルド制への復帰を要求する職人グループからなる〈社会議会〉に対抗したものであり、ベルリン、シュレージエン、フランクフルト、西部ドイツに発生した民衆騒動弾圧の契機となった（六—九月）。ウィーンでは、公共事業に関わる賃金引下げに抗議した労働者が抑え込まれた（八月二三日）。また、労働者は、個人や財産の保護を目的として組織された国民衛兵の対象からほとんど至る所で除外された。一八四八年一〇月、急進派ナショナリストは、ウィーンの労働者と手を組み、ヴィンディッシュグレーツ[五]率いる正規軍を相手に革命の存続をかけて戦った。そして、この時でさえ、オーストリア議会の議長スモルカは、労働者が持ち場を離れて同市を略奪しなかったことで彼らを讃える必要性を感じていたほどである。ルイ・ブランやマルクスらに指導された社会主義者の小グループを別にして、多くの者が、社会秩序の崩壊に対する恐怖心を四八年の政治革命に絶えず抱いていた。マルクスがじきに〈共産主義の亡霊〉という言葉で描写することになるこの傾向は、反動主義者やイエズス会によって誇張された。つまり、彼らは、国民的な蜂起の信用を落とすためにこれを利用したのである。

さて、社会秩序に対する革命の脅威に関連してヨーロッパの自由主義者がとった態度に影響を与えた点で、フランスの例は決定的に重要であった。個々の民族的使命を説くマッツィーニの思想や、外国を嫌い、イタリアの優越を強調してこれを賛美するジョベルティの思想があったにもかかわらず、フランスは、その文化的な指導力と革命の伝統を継承する者としての地位を相変わらず維持していた。ヨーロッパ大陸において既存の政治体制に反対する勢力は、自由主義者、民主派、社会主義者の別なく、ルイ・フィリップ支配下のフランスの反政府勢力から常に深い影響を受けていた。諸革命を大陸中に勃発させる導火線の役割を果たしたのは、パリの二月革命であった。また、似たような社会的出自と知的な傾向を持つ穏和派の指導者が、社会を扇動するような主張を圧殺する勇気を持つに至るのは、六月事件の発生が契機となったのである。

とはいえ、フランスの革命勢力と同国の革命の方向性は、大陸の他の地域とは異なり、独自の特徴を保持している。フランスは、独立した統一国家としての長い歴史を持っていた。立憲制は穏和なものであるとはいえ、一八三〇年の七月革命以来優勢であった。大革命とナポレオンの統治を経験したこの国では、壮大な変革の可能性についてのほとんど宗教的ともいえる消し去ることのできない信仰が根強かった。ちなみに、現実的で功利的な精神の持ち主ギゾーは、これを一種の〈精神の病〉と規定している。フランスの革命は、一八四八年に諸外国の革命家が望んでいた目標をすでに超えて進行していた。二月革命は、トックヴィルが判断したように、政治闘争ではなく、一種の階級間の争いであった。そして、六月事件でこの闘いに勝利したのは、ブルジョアジーである。四八年革命は、政治的なレベルでは、共和制以外に、普通選挙と人民主権の主張を置き土産にした。しかし、この二つも、じきに骨抜きにされてしまう。それは、国民投票による共和制の宣言によってルイ・ナポレオンが大統領に就任する一八四八年一二月一九日以降のことである。つまり、フランスは、この時点で大革命の古典的な経験を慌ただしく繰り返すことになるのである。

自由主義者は、ヨーロッパの他の地域では民衆蜂起がもたらした機会を捉え、議会制政府の樹立と政治面、あるいは市民としての自由を獲得するためにこれを利用した。当初、彼らのイニシアティヴは成功するかに見えた。つまり、従来自由主義者が展開してきたキャンペーンを実行に移すのに必要な推進力を革命が与えたかのように見えたのである。たとえば、イタリアでは、ドイツやオーストリア帝国で実現したように、シチリア、ナポリ、教皇国家、トスカーナ、ピエモンテをはじめとする大小さまざまの国家で立憲議会の開設が要求され、大概は認められている。こうして、一八四八年には、立憲政治の一層近代的な形態実現に向けての前進が確認された。つまり、政治の世界に、身分や経済的な利害に基づく代表者に代わって個々人を代表する人間が登場することになったのである。たとえば、ドイツ、ハンガリー、そしてオーストリア領では、第三身分の代表者を増やすことで伝統的な身分代表制を近代化させる提案が民衆の圧力によって形骸化し、実質的に放棄された。また、イタリアでは、ペティッティやペッレグリーノ・ロッシといった穏和派の自由主義者が、産業別代議制や〈極めて限定された〉立憲制を目指す試みを断念した。議会の定期的な開催と課税の管理といった古典的な自由主義の要求は、承認されたかに見えた。急進派や民主派は、多くの国で民衆に支持を訴え、普通選挙制の実施を認めさせた。ドイツとオーストリアでは、彼らは自由主義的、民族主義的な性格の要求と並んで、四月から五月にかけて立憲議会の招集を実現させせた。ちなみに、イタリアの民主派も、その後の数カ月間に同様の試みを企てたが、失敗に終わっている。

こうして、自由主義とナショナリズムは、この〈諸国民の春〉に、手に手を携えて進んでいくように思われた。しかし、フランスを除き、革命の性格は依然としてあいまいであった。というのも、新しい権力は、旧政府や中央の権力の崩壊を通じて受動的に獲得されたにすぎなかったからである。イタリア諸邦やハンガリーでは、自由主義者が既存の政府に対して権力を譲るよう主張することができた。しかし、こうした地域でさえ、自由主義者が権力を獲得することになるとは彼ら自身予想もつかなかったのである。これは、ドイツやオーストリアの場合、なおさらであった。革命は、民衆の圧力によって作り出されてきた。そして、その結果樹立された政府は、繰り返される街頭デモの影響を通じ、目の回るほどの早さで次々と打倒されていくのである。自由主義者は、革命の勃発時においても、その後の展開期においても、彼らには責任がなく、また統御も不可能な状況が発生することによって前進を余儀なくされた。権力の空白が存在する限りにおいてのみ、彼らは運動のイニシアティヴを掌握することができるかに思われた。しかし、こうした状況は、地域的、民族的な抗争へとじきに堕していく。たとえば、オーストリアの場合、正規軍がイタリアの問題に関わっている間は、さまざまな反体制勢力はかろうじて権力を維持することができた。また、ドイツの場合でいえば、革命運動は、多弁であるという点を別にすればカルロ・アルベルトとよく似た性格のプロイセン王フリードリヒ・ヴィルヘルム四世が、彼らに対抗する勇気を奮い起こすまでの生命であった。

中産階級に属するこれらの知識人や地方貴族がわが物と主張できた力は、実は革命を引き起こした民衆から得られたものである。しかし、彼ら自由主義者は、イタリアや中央ヨーロッパの農民に関心が薄いうえ、彼らを恐れていた。さらに、彼らは、都市部の労働者を弾圧した結果、自らの力を喪失してしまうのである。一方、中央ヨーロッパの農民は、彼らの基本的な要求がいったん満たされると、革命から速やかに無縁の存在となった。実際、彼らが〔反革命側の〕正規軍の兵士として、革命勢力を構成する地主に敵対することはなかった。コッシュートが、オーストリアに対して祖国を防衛するため彼が指導する国民軍に農民の支持を獲得しようと試みたのは、やっと革命の最終段階になってからのことなのである。そして、この企てはほとんど成功しなかった。ハンガリーの場合を除き、義勇軍は、たとえば、北部イタリアの国王を支持する自由主義者の侮蔑の対象となった。自由主義者が、ベルリン、ウィーン、ハンガリー、ローマ、ヴェネツィアで民衆に対する支持を遅蒔きながら訴えたのは、彼らが運動のイニシアティヴを喪失し、より急進的なグループがこれに取って代わろうとしてからのことである。しかし、この段階では、諸君主がすでに勢いを盛り返し、常に革命を敵視していた正規軍の将軍は、思うがままに反革命の行動に移った。王家に対する忠誠を堅く誓うプロイセンとピエモンテの将校は、気は弱いが貪欲で、愛国心に燃えるふりをする彼らの君主に不承不承ではあるものの従っていた。また、彼ら将校の中には、おそらくドイツ、あるいはイタリアの領土獲得の可能性に一時的には誘惑された人間もいたものと思われる。しかし、オーストリア帝国の将軍は、そうした妄想を抱くことはなかった。ラデツキー、ヴィンディッシュグレーツ、そしてヤラチッチ(六)は、君主に従うことなく反徒を粉砕したのである。

諸列強と革命

革命の終焉に決定的な役割を果たした軍隊の干渉は、諸列強がヨーロッパの平和維持を強く望んでいたために可能となった。二月革命は、各国が伝統的に抱いているフランスの侵攻に対する恐怖の念を引き起こした。実際、メッテルニヒは、当時の状況が一七九二年の再現であると宣言し、フランスが現行の諸条約を承認するよう要求している。しかし、彼が革命によって権力の座を奪われる以前でさえ、パーマストンとニコライ一世ははるかに冷徹な目でフランスを眺めていた。フランス共和国の外相となったラマルティーヌは、一八一五年の諸条約の合法性を否定しつつ、ヨーロッパに向けて情熱あふれる宣言を三月四日に発した。にもかかわらず、彼は、その際、それらの条約の領土に関する条項は暫定的に承認されるべきものであり、フランスは、スイスとイタリアに干渉する場合に限って軍事力を行使する旨明らかにし、前記の宣言に慎重に歯止めをかけている。フランスの民主派は、五月一五日にクーデタを企てるまでは革命的友愛と抑圧された国民の権利を支持する宣言を繰り返し表明した。とはいえ、フランス政府はポーランドに対する支援を拒んだ。ちなみに、ドイツの愛国者は、祖国の統一達成のために最も効果的な手段とみなしたポーランドの解放を口実にして諸外国と手を結び、〈野蛮な〉ロシアと戦おうと考えていた。しかし、ラマルティーヌは、フランスがいかなる形であれこの問題に関わることを慎重に避けたのである（三―四月）。オーストリアがイタリア北部を失うように思われた時、フランス外相の主要な関心事は、サルデーニャ王国の領土拡大を回避することにあった[七]。カルロ・アルベルトがクストーザに軍を進めた後でさえ、カヴェニャックとバスティドは、抑圧された諸国民と共和制の擁護者というイメージをフランスが自ら作り上げていたにもかかわらず、オーストリアに対し同国が単独で戦端を開く危険をあえて冒さなかったし、ヴェネツィア共和国の防衛にさえ参加しようとしなかった。そして、パーマストンがイタリア問題に関連してイギリス、フランス両国による共同調停を提案すると、フランス政府は安堵してこれに飛びついたのである。仮に、ヨーロッパ中に燃え広がった四八年革命という名の大火にフランスが直接の影響を及ぼしたとしても、同国は、〈大革命〉の諸原理を擁護するために侵略的な外交政策を展開することは決してなかったのである。

フランスがこのように慎重な態度をとったのは、一つには同国の財政が壊滅的な状況にあったことと、軍隊組織の統一が欠けていたことに起因している。しかし、こうした同国の姿勢は、革命の影響を免れたただ二つの大国であるイギリスとロシアが慎重に穏健な立場に立ったことの結果でもあった。両国は、成り上がり者のルイ・フィリップの失脚を公然とではないが、総じて歓迎している。そして、この結果、両国の革命に対する嫌悪や懸念は、和らいだのである。パーマストンとラッセル[八]は、革命の新しい指導者と極めて友好的な関係にあり、ラマルティーヌの平和主義に同調した。パーマストンは、一八三〇―三一年の場合と同じく、とりわけヨーロッパの平和の維持を固く決意した。そして、彼は、ミント[九]、ストラットフォード、キャニング[一〇]、ノーマンビー[一一]といった彼の代理人を通じて、まずは専制的な支配者に対し、続いてかつての専制君主で突如愛国的な使命を見いだしたカルロ・アルベルトとフリードリヒ・ヴィルヘルムに対し、無分別で侵略的な冒険を控えるよう説得した。パーマストンは、一八四八年以前の革命期と同じく、諸国間の現行の領土関係をその修正を最小限に抑えつつ維持することに意を注いだ。彼は、オーストリアがロンバルディーアを放棄すべきであると信じていた。なぜなら、彼はピエモンテの穏和派と同じく、これほど不安定な地域を放棄すれば、オーストリアがはるかに強大な国家になると確信していたからである。また、彼は、プロイセンに対し、ロシアとの戦争遂行をポーランド問題に関わりなく断念するよう非公式に説得した。そして、フリードリッヒ・ヴィルヘルムに対しては、公式ルートを通じて重圧をかけ、デンマーク領のシュレスヴィヒ・ホルシュタイン公国（イギリスは、自国のバルト海における自由な活動を維持するために、この地域を伝統的に重視してきた）への侵攻を思いとどまらせている。このように、一貫した原則に基づく政策をとっていたパーマストンは、一八四九年にロシアがハンガリーの革命を鎮圧するためにオーストリアを支持して軍事介入することを、速やかに容認する用意ができていた。イギリスが自国の権益を保持するためには、大陸のバランス・オブ・パワーの維持が必要であり、できることなら列強が対立状態にあることが望ましかった。このためには、より大規模な紛争を誘発する恐れのある局地的な抗争の発生を防止するか、少なくとも一定の歯止めをかけることがよいと考えられた。また、これ以外では、諸邦には、列強の干渉を招くことなしに内政問題を自ら解決する権利が認められるべきであるともみなされていた。

さて、ロシア皇帝ニコライ一世は、西ヨーロッパのすべての進歩派にとって反動と残虐の象徴であり、一八二五年にデカブリストの将校（二二）を処刑し、一八三一年にはポーランドの愛国者に過酷な弾圧を行なった。しかし、四八年革命の際には、彼はパーマストンと同じく慎重な態度を示している。オーストリアとプロイセンの弱体化は、ロシアからすれば、中央および東ヨーロッパにおいて有益な結果をもたらす以外の何物でもなかった。ロシアにとって重要なのは、ポーランドに関わるべきではないということであった。ニコライ一世は、ドイツの多くの支配者との間に王家を通じての結びつきがあったにもかかわらず、外相ネッセルローデ（二三）とベルリン駐在のロシア大使マイエンドルフに同調していた。つまり、ポーランド問題をめぐってプロイセンと戦端を開けば、ドイツ諸邦の団結を促し、おそらくはフランスを刺激するものと彼らは考えたのである。こうして、ニコライ一世は、あらゆる挑発行為を避けることになる。そして、ドイツ人とポーランド人が深く反目し合うことにより、ポーランド解放十字軍の思想が時とともにこの国の獲得をも視野に入れた汎ゲルマンの主張へと歪んでいくよう、事態を静観することにしたのである。一八四八年五月、ポーランドをめぐる最初の危機が終わりを告げると、ニコライ一世は秩序の維持と保守主義の勝利を歓迎し、ポーランド問題に関わることはなかった。彼が介入するのは、革命勢力が最後の抵抗を試みていた一八四九年になってのことである。ちなみに彼が動いたのは、オーストリアの要請に積極的に応えてハンガリーの反乱を鎮圧し、また、とりわけ、オーストリア、プロイセン両国のいずれもドイツを支配すべきでないという原則を守るためであった。

こうして、四八年革命は、イギリスとロシアの意志によって歯止めがかけられ、これをフランスが尊重することになる。その結果、革命は、諸国民が広域にわたって蜂起するという事態には進展しなかった。以前の革命以来、運動家がますます情熱を込めて広めてきたメシア的な予言や期待は、革命がそれぞれの国家内で孤立して展開されたほか、中部ヨーロッパではそれが民族的な対立へと急速に変質したため、裏切られてしまう。仮に、自由と独立が分かち難いものに見え、一八四八年以前の愛国的なプログラムには両者の価値が相互依存の関係にあるように思われたとしよう。この前提に立てば、四八年革命の末期には若干弱まったとはいえ、両者が明白な関係を維持していたのは、ただイタリアだけである。ドイツでは、統一への推進力は、自由を希求する叫びをみるみるうちにかき消してしまった。ゲルマン人に特徴的な権力指向は、ドイツの自由主義者と民主派がフランクフルト国民議会で表明したすべてのドイツ語圏を含む大ドイツの理念として具体的な形をとることになった。つまり、この主張には、プロイセン西部、ドイツおよびオーストリア支配下のポーランド、シュレスヴィヒ・ホルシュタイン、ボヘミア、オーストリア、トレンティーノ、トリエステが含まれていた。ドイツ人の利を図るため、プロイセン領のポズナニを再分割する提案がポーランド解放の主張に急速に取って代わった。また、対デンマーク戦争実施の要求がプロイセン王に対して熱心に行なわれたが、イギリスが彼に圧力をかけたためにこれは結局実現しなかった。パラツキーは、チェック人はドイツ人ではないと主張してドイツ連邦を侮辱した。一方、フランクフルト国民議会のメンバーは、反動的なヴィンディッシュグレーツ率いる軍隊がプラハを流血のうちに弾圧したとの報に喜び、これは前記のパラツキー発言に対する正当な復讐であるとした。これらのドイツ人自由主義者は、イタリアの穏和派と同じく、連邦制が国家統一を達成するための唯一の手段であると考え、諸邦の君主に期待を寄せた。つまり、イタリアでは自由主義者がカルロ・アルベルトに期待したように、フランクフルト国民議会は、ドイツ皇帝の冠をプロイセン王フリードリヒ・ヴィルヘルムに捧げようとしたのである（一八四九年四月）。しかし、カルロ・アルベルトが自己の名声を保持すべく戦争を再開した後に退位した一方で、フリードリヒ・ヴィルヘルムは、何よりも王家の一員としての意識に忠実であった。つまり、帝位が〈国民〉から提供されたことを潔しとせず、結局は一八五〇年一一月のオルミュッツの密約[一四]の屈辱的な内容を認めざるをえなかった。ちなみに、この条約は、勝ち誇るオーストリアが彼に強要したものであり、ロシアだけがこれに歯止めをかけようとしている。

ドイツ地域におけるバランス・オブ・パワーの復活は、一八四八―四九年の激動のエピローグであった。オーストリア皇帝は、自己の権威を再び十分に主張した。ハプスブルク家と一体化したオーストリア帝国では、統一運動など思いもよらぬことであった。メッテルニヒの失脚を通じ、イタリアの諸地域、ハンガリー、ボヘミア、さらにはガリシアに帝国からの遠心力が存在することが明らかとなった。そして、さまざまな民族間で友好関係が一時的に表明されたが、これはじきに相互の激しい憎悪に変わってしまう。〈支配的な〉民族であるドイツ・オーストリア人、マジャール人、ポーランド人は、農民を封建制のくびきから解放し、彼らに市民としての若干の自由（これは、ある程度の教育、あるいはそれに付随する財産を持つ者にしばしば限定された）を付与した以外には、同様な権利を他の民族に与えることなど想像さえできなかった。これらの民族の中で最も政治意識の高いボヘミアのチェック人は、モラヴィアとシュレージェン〔現ポーランドおよびチェコスロヴァキア領〕の領有権を主張した。彼らは、諸民族統一のあらゆる企てを速やかに退け、効果は上がらなかったものの被支配民族であるスラヴ人の会議を招集した。そこでは、非オーストリア系のポーランド人とバクーニンの存在が、ハプスブルク家の絆を維持しようとする試みを脅かした。同会議では、民主的な要求が出されると同時に、民族どうしが対立する状況も見られた。

そして、これが、ヴィンディッシュグレーツによるプラハとボヘミアの革命運動の弾圧（一八四八年六月一二―一七日）に口実を与えることになる。ハンガリーでは、クロアチア人、スロヴェニア人、セルビア人が、マジャール人の支配に抵抗していた。ガリシアでは、ウクライナ人がポーランド人の支配に憎悪の念を抱いていた。また、〈ドイツ系〉オーストリアでは、アルプス地域の住民がウィーンに対立していた。ドイツ系のオーストリア人は、フランクフルト国民議会、あるいはウィーンの立憲議会のどちらに忠誠を誓うべきかを決定できなかった。ちなみに、それは、小ドイツ主義（一五）、大ドイツ主義（一六）のどちらを選択するかの問題でもあった。

このように極めて錯綜し、解決が不可能な民族間抗争の中にあって、ハプスブルク家は、高級将校の忠誠と、被支配民族が〈支配的な〉民族からの保護を求めて寄せる信頼を拠り所として生き永らえた。チェック人は、〈オーストリア・スラヴ主義〉の理論を発展させた。しかし、これは、ドイツ系オーストリア人がドイツから分裂することを拒否した結果、当然のことながら暗礁に乗り上げてしまう。ヤラチッチに指導されたクロアチア人はハンガリーに侵入し、コッシュートはウィーンとの関係を断絶することを余儀なくされた。メッテルニヒの失脚後、シュヴァルツェンベルク（一七）を宰相とするオーストリア政府は、イタリアにおける戦闘で勝利を収めたため、再び攻勢に転じることが可能となった。オーストリアの民主派とハンガリーの自由主義者は、ナショナリズムを重視する点を除き共通性には乏しかった。しかし、一八四八年秋に革命と専制の両極分解の傾向が顕著になると、両者は一層の接近を余儀なくされる。ヴィンディッシュグレーツがウィーンを容赦なく弾圧し（一八四八年一〇月）、同年一一月にベルリンで急進派が四散した後孤立したハンガリーは、弱体なヴェネツィア共和国と手を結ぶ以外に選択の道がなかった（一八四九年四月）。そして、同年八月には、ハンガリーとヴェネツィアで、革命の最後の燃えさしがかき消されてしまう。権力の獲得とオーストリア支配からの民族の独立を目指した運動が展開する中で、農民の存在は無視され、都市部の労働者の支援も散発的に不承不承受け入れられたにすぎなかった。この結果、中央ヨーロッパの革命的ナショナリズムは全面的に挫折し、当初聞かれた自由を求める叫びは沈黙したのである。

さて、イタリアの革命は、こうした革命とは明確に異なっていた。なぜなら、前者には民族の独立と自由主義の信条の間にあからさまな抗争がなかったからである。しかし、他のすべての面で、イタリアはヨーロッパの革命運動の一部を構成していた。民族独立を目指す闘いは、一八四八―四九年全般を通じてイタリア半島に広く展開した。そして、それは、オーストリア帝国の支配するイタリア外の地域の事態の進展に影響されている。と同時に、そうした地域も、北部イタリアに展開された戦争の影響を同じ程度に受けているのである。ちなみに、イタリア人の抱く自由主義、民主主義の信念、幻想や期待は、他の地域の革命家の持つそれと大きく異なるものではなかった。ロンドン、サンクトペテルブルグ、あるいはパリに駐在する外交官にとって、イタリアにおける戦闘の結果は、ドイツやオーストリアにおける場合と同じく重要であった。否、実際には、一層重要であったというべきかもしれない。なぜなら、〈イタリア問題〉は、ヨーロッパの平和維持にとって、他のいかなる問題にもまして重大な脅威となりうる性格を帯びていたからである。

イタリア問題を通常は純粋な外交問題として捉えてはいるものの、前記の重要な関係に気づいていたイタリア人も少数ながら存在した。しかし、イタリアの革命家は、自由主義者、民主派を問わず、他地域の革命運動との団結という、漠然とした観念的な表現の域を脱して行動することは決してなかった。彼らは、当初は楽観的であったが、最終的には絶望するのである。そして、この傾向は、イタリア以外の地域の革命家にも共通して見られた。ただ一人、ヴェネツィア共和国の指導者マニンだけは、コッシュートと同盟を結んでいる。そして、この事実自体、四八―四九年のさまざまな革命相互間に国際的な協力関係がまったく欠けていたことの証である。

しかし、それ以上に、イタリアの革命は、他の地域の革命の進展と歩調が合わなかった。一八四八年四月末から五月中旬にかけての時期、革命は、イタリア以外の地域ではなお進展し続けていた。たとえば、フランスでは、社会主義者の圧力が依然として強く、ドイツでは、ポズナニのポーランド人が弾圧されたにもかかわらず、立憲議会の選挙が実施されている。また、オーストリア帝国では、急進派がウィーンに要求を突きつける一方、マジャール人とチェック人の運動には弾みがついていた。しかし、同じ時期のイタリアでは、ピウス九世が有名な教書を発し、対オーストリア戦からの離脱を明らかにしている。一方、両シチリア王フェルディナンド二世は、王国議会に対してクーデタを起こした。このクーデタの発生した五月一五日は、イタリアの革命とそれ以外の地域の革命との進展のずれを象徴するのにふさわしい日付である。つまり、この同じ日に、ウィーン政府は立憲議会の開設を認め、ガリシアでは農民の封建的賦課が廃止され、パリの社会主義者は革命のイニシアティヴを握ろうとしていたのである。イタリアの革命家は、運動のイニシアティヴをあまりにも早く喪失した。そして、一八四八年末にイタリアで出現した革命の急進的な潮流は、他の地域の革命の進展の枠外に再び出てしまうのである。ドイツの社会反乱は鎮圧され、プラハ、ウィーン、ベルリンは、反革命勢力の手中に落ちた。フランスでは、ルイ・ナポレオンが共和国大統領に選出されている。つまり、イタリアにおける民主派革命の最後の燃え上がりは、ヨーロッパの他のいかなる地域からの支援も期待できなかったのである。

二　イタリアにおける革命の高揚

イタリアでは、一八四七年末頃に革命をめぐる情勢が極度に緊迫した。そして、この結果、扇動や蜂起の企てが発生したのは当然である。たとえば、オーストリアの支配下にあったロンバルド・ヴェーネト王国では、民主派のコッレンティとマニンが穏和派の支配する国内の中央および地方の議会に圧力をかけ、自治と市民としての諸権利を与えるよう皇帝に対する請願の実施を要求している。オーストリアの国家収入の減少を狙った禁煙キャンペーンは、当局、とりわけ八〇歳の好戦的なラデツキー元帥に対し、軍隊と市民の衝突をミラノで誘発させる口実を与え、この結果、市民に負傷者が出ている（一八四八年一月三日）。一方、この事件発生の三日後、トスカーナでは、リヴォルノにいた民主派の亡命者、ラ・チェチーリアとファブリーツィが失業中の沖仲仕による蜂起を組織し、当地の民主派の指導者、グエッラッツィ（一八）を巻き込み、穏和派のリドルフィ率いる政府にオーストリアと戦端を開くよう強要しようとしたが、失敗に終わった。しかし、秘密結社による絶え間ない陰謀を通じて大規模な蜂起が最終的に勃発することになったのは、南部である。ちなみに、この地域では、国王フェルディナンド二世が改革に強い敵意を示していたため、穏和派の影響力が無力化されていた。まず、パレルモで蜂起が成功した直後（一八四八年一月一二－二七日）、今度は本土のチレントで農民反乱が勃発する（一月一七日）。こうして、すでに一月の段階で、そしてパリの二月革命勃発の後になお勢いを増した民衆の圧力によって、穏和派は合法的な行動の枠外に出ることを余儀なくされ、ついには愛国心の燃え上がった戦争へと引きずられていくのである。

ところで、シチリアとナポリの革命勃発後、イタリアの諸邦で憲法の公布が慌ただしく認められた事実は、事態がこれほど悪化しないうちに穏和派の支持を得ておくことの必要性を君主が認識するのが遅かったことを意味している。たとえば、フェルディナンド二世は一八四八年一月二九日、トスカーナ大公国のレオポルドは二月一一日、カルロ・アルベルトは三月四―五日、ピウス九世は三月一四日に、それぞれ憲法を承認している。そして、パルマ公国の極めて反動的なカルロ二世〔一八四七―四九〕でさえ、最終的には憲法を約束することで王位を守ろうとした（三月二九日）。これらの憲法は、すべて一八三〇年のフランス憲法をモデルとしており、ルイ・フィリップの失脚後も施行されていたものである。彼らは、王政復古期にフランス王となって憲章を与えたルイ十八世の例に慎重に従おうとした。しかし、一八三〇―四八年にフランスでは国民主権が主張されたのとは対照的に、こうしたイタリアの諸君主の行動には、民主派の圧力に対する譲歩を最小限に食い止めようとする固い決意が表われていた。ちなみに、これらの憲法の規定によれば、上院議員の指名権と執行権は君主の手にあった。また、下院議員の資格には、ピエモンテでは他の諸邦に比べれば緩やかであったものの、財産制限が設けられていた。他方、宗教面では、トスカーナとピエモンテの場合、ユダヤ人やプロテスタントに対して信仰の自由や市民権が認められたものの、カトリックが国家宗教として確認されている。結社や出版の自由に関しては、ナポリや教皇国家に比較すると、ピエモンテやトスカーナの方が十分に認められていた。実際、結社の自由は、ナポリの憲法では規定されていない。一方、教皇は、枢機卿会に絶対的な拒否権を付与し、聖俗が「入り交じった」裁判権に関わるすべての問題を議会で審議することを禁止した。憲法の授与は、カヴール（彼は、ピエモンテ穏和派のキャンペーンで卓越した役割を演じてきた）の言葉を借りれば、「進歩派による情熱的な運動に歯止めをかけ、自治体組織に超民主的な性格を与えようとする急進的な党派の動きを抑制するために不可欠なもの」であった（Cavour, 284, vol. 5, p. 174）。

他方、憲法の授与に極めて消極的であった君主にしてみれば、王権の制限は最小限に抑えなければならない。こうした理由で、彼らの閣僚には、穏和的傾向が極度に強い人物が指名されている。たとえば、バルボとパレート[一九]（ピエモンテ）、リドルフィとセッリストーリ[二〇]（トスカーナ）、レッキ、ミンゲッティ、パゾリーニ（ローマ）、セッラカプリオーラとボッツェッリ[二一]（ナポリ）らである。

ところで、ウィーンに革命が勃発する以前の一八四八年三月中旬、イタリアの革命の流れを支配することになる政治闘争が、すでに形をとりつつあった。民主派によって部分的にだけ扇動、あるいは統率された民衆の圧力は、穏和派の行動基盤となっていた〈合法性〉の束縛を引きちぎりつつあった。マッツィーニの支持者によって巧みに扇動された対オーストリア戦を主張する愛国的な叫びを通じ、穏和派陣営は分裂していく。つまり、民主派を憎悪し、社会革命の広域化を恐れた彼らは、権力を維持する決意を固めたが、その一方で、彼らのプログラムが政治、社会の両面において保守的な性格を持つことが鮮明になったのである。

シチリア革命

シチリアの穏和派が権力獲得を目指そうとした際にその支えとなったのは、階級間の分裂と伝統的な分離主義であった。当地の革命は、民主派が扇動したものではあったが、結果としてはパレルモ市民の蜂起から生じている。なお、彼らを支援したのは、近郊農村の農民や解放された囚人たちであり、これを民間のカーピスクワードレ〔自発的な民兵組織の指導者〕が指揮した。都市の民衆は、カターニャ、トラーパニ、カルタニセッタ、メッシーナでも同じように状況を支配した。ブルボン政府による行政や公秩序は、都市、農村を問わず、全島を通じて消滅した。つまり、民衆が役人を襲い、徴税記録を奪い、耕作地の占拠を開始したのである。蜂起を指導した民主派の一人、ラ・マーサは、貴族や中産階級が革命を指導するよう訴えた。こうして、臨時政府の権力を持つ総合評議会が設置された。これには、穏和派と民主派双方が加わっていた。彼らは、財産の保護や秩序の維持に不安を抱いていたため、一時的に手を組んだのである。同評議会の議長には、フィタリーア公、ルッジェーロ・セッティモ(二二)が選出された。彼は、ベンティンク卿がシチリアに駐屯するイギリス軍の司令官であった時代に閣僚を経験しており、一八二〇年には、革命評議会の副議長となった人物である。彼の選出と「時宜に適した」一八一二年憲法が要求された事実から、この革命と以前展開された反ブルボン闘争とが継続しているとの意識が彼らにあったことが明らかに認められる。

実際、階級間の団結は、ブルボン軍との戦闘が行なわれた間だけ維持されたにすぎない。ちなみに、ブルボン軍は、二月中旬に島から追放されている(メッシーナの要塞と、一時的にはシラクーザ〔シチリア南西部〕を除く)。シチリアの民主派は少数であり、憲法獲得を目指しつつ、イタリア連邦の枠内で島の独立を達成するという、純粋に政治的なプログラムを持っていた。彼らと穏和派は、スクワードレ〔自発的に組織された民兵〕の存在を同じ程度に恐れていた。労働者を排除した国民衛兵の設置(一月二八日)は、民主派のジュゼッペ・ラ・ファリーナが認めているように、「持てる者が、持たざる者に対して永遠に抱く恐怖感の産物」(Romano, 226, p. 87)だったのである。

ピエトロ・リーゾ男爵の独裁的な指揮下にあった国民衛兵は、正規軍に比べて特権を持っていたために議会の監督を免れ、革命の流れの中で最も重要な勢力となった。そして、国民衛兵は、都市のスクワードレを粉砕した後、今度は政府に対する圧力を強め、民主派の指導者に官職の辞任を強要することを通じて彼らに対する迫害を開始した。一方、農民は国有地の占拠を続けていた。しかし、民主派はパレルモ議会で不毛な議論を行なうばかりで彼らの運動を指導する能力に欠けており、都市民衆に対しても選挙の際の支援活動を組織することさえできなかった。

こうして、穏和派は社会的、政治的な支配権を急速に回復し、民主派からイニシアティヴを奪取した。穏和派は、ナポリからの独立を要求する点で一致しており、さしたる根拠はないものの、イギリスの支援を当てにしていた。ベンティンク卿にまつわる思い出やシチリアが独立を実現した勝利の日々の記憶が、彼らの議論を特徴づけていた。パーマストンとその仲介者としてナポリに到着したミント卿の二人は、憲法に関わる大幅な譲歩を支援する用意があったとはいえ、両シチリア王国の分裂を望んでいたわけではなかった。穏和派がこの事実を見抜けなかったのは、前述したシチリアの理想化された過去が彼らの念頭から離れなかったからにほかならない。穏和派は、三月二二日にナポリとの交渉が決裂した後でさえ、イギリスが好意的な態度をとることを期待していた。そして、彼らは、四月一三日にシチリアの立憲君主制を宣言することにより、共和制の樹立に反対したミント卿に歩み寄っている。しかし、シチリア独立の問題がいったん決定されると、穏和派の中産階級は、古い貴族に対して自己の要求を巧みに主張することができた。その際、彼らは、一八一二年憲法が規定した知識人と商人に対する選挙権の制限条項を削除し、下院の優越を確保している。硫黄鉱山の管理に関わった元役人で、臨時政府の書記官を勤め、今や首相となった上層の中産階級の代弁者、マリアーノ・スタービレ[二三]は、「一八一二年と二〇年革命で活躍した進歩派貴族の生き残り」(Romeo, 225, p. 325) と自分自身の両者とを意識して区別している。シチリアの支配層は、この観点から、そしてこの観点からのみ「自らを時流に対応させてきた」のである。そして、上層の中産階級は、ブルボン政府が長期間にわたって展開してきた島内の封建領主との闘争の結果手にした利益を享受することになる。

ここで、シチリアのその他の特徴について指摘しておこう。社会の変革に憎悪を抱き、執拗に自治を要求する姿勢は、過去半世紀においてシチリア人が示してきた特徴としてくどいほど繰り返し指摘されてきたように思われる。最も進歩的な自由主義者と民主派は、文盲を除くすべての住民に選挙権を拡大してきた。そして、コルドヴァ[二四]は、マチナートを廃止し、教会所領を利用して小土地保有農を創出させることを提案した。また、フェッラーラは、自由貿易を導入すべきであると主張した。しかし、国民衛兵の強力な支援を得た大半の穏和派は、彼ら自身の財産や地位に対するこうした油断のならない攻撃に抵抗し、国債の発行を妨害し、党派間の抗争を通じて政府の権威を低下させた。一八一二年憲法の伝統に従って確認された市町村の自治は、地方貴族の割拠による無秩序状態へと急速に悪化した。他方、民主派やイタリアを意識する〈民族的な〉精神の強い穏和派が行なった本土のイタリア人愛国者との関係強化の試みも、伝統的な分離主義の風潮を背景にして挫折してしまう。ラ・マーサ[二五]率いる義勇軍の一隊が、オーストリア軍と戦うために四月末に出発したのは、こうした特徴を持つシチリアにとって、ある意味で象徴的な出来事であった。しかし、シチリアの独立とイタリア連邦を同時に主張することには、矛盾があった。四月一日に発せられた議会の布告が、次のような故意にあいまいな内容となっているのはそのためである。

「わが執行権力は、国民の名において他のイタリア諸邦に対して以下の宣言を行なう。すなわち、すでに解放と独立を勝ち取ったシチリアは、統一されたイタリア連邦に参加する所存である。」

(Romano, 226, p. 92)

ロンバルド・ヴェーネトの革命

パレルモと同じく、ミラノとヴェネツィアでも労働者と職人が革命の火付役となった。ウィーン蜂起の勃発とメッテルニヒの辞任（三月一三日）によって、従来高度な集権体制を布いてきたオーストリア帝国の権威は、一瞬にして崩壊した。ロンバルド・ヴェーネトにおける帝国の権威も、ウィーンからの指令が途絶したために方向性を失った。一方、領土内に駐屯する七、八万の軍隊の多数を占めるイタリア人部隊の存在（おそらくは、総数の三分の一を占める）によって、軍の統率に動揺が見られた。しかし、そうした状況が、ミラノ革命を成功に導いた主な原因とは思えない。つまり、職人と労働者が市街戦で勇敢に戦ったことで、革命は成功したのである。ちなみに、彼らを指導したのは若い民主派グループであり、その相手は、一万三〇〇〇の非イタリア人部隊によって構成されるラデツキー麾下の訓練の行き届いた駐屯軍であった。ラデツキー自身、〈チンクェ・ジョルナーテ〉（ミラノの五日／三月一八―二二日）の時期にウィーンへ送った劇的な内容の書簡の中で、革命側が巧みな戦術を行使するのは、非イタリア人の軍事指導者のおかげであるとの誤った判断を下し、次のように驚嘆している。

「ミラノ市民の性格が、まるで魔法の杖の一振りで一変したかのように私には思われる。あらゆる年代、あらゆる階層、そして男女の別なく彼らのすべてが狂気に取りつかれている……帝国内のさまざまな地方から手元に届く情報は乏しいとはいえ、嫌なものばかりだ。国全体で反乱が起こり、農民さえも武器を取って立ち上がった。停戦は成立せず、いつ果てるともない激しい戦闘が続いている……情報の伝達はすべて妨害され、多くの伝令が銃殺されるか、捕虜となっている。そして、私の部隊は、バリケードの築かれた街路や村々で強い抵抗に遭っている。偵察活動は不可能だ。というのも、あらゆる連絡網が絶たれているからである。」(Mack Smith, 110, pp. 143-4)

一方、ヴェネツィアでも、マニンとトンマゼーオが釈放された後、造船所の労働者の暴動とオーストリア駐屯軍に所属するイタリア人部隊の反乱が革命成功の要因となっている（三月二一―二三日）。同じ頃、ロンバルディーアとヴェーネトの主要都市では、マントヴァとヴェローナを除いてオーストリアの支配が打ち破られた。ロンバルディーアの場合、ミラノの蜂起者が武器を取って立ち上がるよう気球を上げて訴えると、近隣諸都市の住民や農民が彼らを支持して義勇軍を派遣している。ヴェーネトの地方都市のように、オーストリア軍の撤退によって無血で解放を成し遂げた例はあるにしても、革命の初期段階では、こうして国民的性格を帯びた戦闘が展開されたのである。オーストリアの敗北とともに、同国を自己の権力の拠り所にしていたパルマやモーデナの支配者は、国を捨てた（三月二一―二六日）。

すべての政治指導者は、ミラノ革命に驚愕した。カッターネオでさえ、革命前夜には、次のように考えていた。つまり、メッテルニヒの失脚とウィーンの財政の破綻は、ロンバルディーアにとって有利に作用し、結果的には帝国の枠内で平和裡に自治を達成することができるであろう、と。彼は、蜂起に警告を発した。なぜなら、一般民衆には武器と指導者が欠けていたからである。彼は、ミラノ革命の三日目に当たる三月二〇日になって初めて戦闘の指揮を執り、若手民主派のチェルヌスキ、テルザーギ、クレーリチとともに軍事評議会を設置した。当時のカッターネオの活動は、著しい効果のある戦術を即座に作り上げることと、ラデツキーが繰り返していた停戦の申し入れを穏和派のカサーティが指導する市当局が受諾しないようにすることの二つに分けられる。

革命運動の指導は、それには消極的な姿勢を示していたカッターネオに押しつけられてしまった。なぜなら、穏和派貴族は市街戦が展開されている間、邸宅に閉じこもったままだったからである。しかし、この重大な時期に、臨時政府の樹立や、おそらくは共和制の宣言さえ彼はできなかった。この事実から、穏和派が従来民主派に対して行使してきたヘゲモニーが効果的であったことが明らかである。カッターネオは、気乗りはしなかったものの、民主派が指導する臨時政府の樹立を三月二〇―二一日に提案したが、貴族の中では急進的な立場に立つリッタ[二六]とクザーニ[二七]は、これへの参加を拒否した。そこで、カッターネオはこの企てをただちに放棄した。それは、チェルヌスキの言葉を借りれば、こうした政府では、「人々から信頼され、持続性のある力強い権力の中枢を確立するに十分な信用と影響力を」持てないだろうから、ということになる (Della Peruta, 242, p. 81, n. 3)。

進取の精神に富む中産階級のイデオローグ、カッターネオは、いったん戦闘が終了した後、〈民衆〉が革命の推進力を維持する能力を持っているかどうかについては懐疑的であった。こうして、彼は、愛国的な蜂起がさまざまな階級にまたがった特徴を持つとはいえ、その指導権は、地方に大きな影響力を持つ人々、つまり、ロンバルディーアの穏和派貴族にあることを認めていたのである。

こうして、三月二二日に臨時政府のメンバーとなったのは、市当局の穏和派貴族であった。彼らは、「予想もしない権力の空白状態」を正すことに熱心であったが、それ以上に「無秩序」の作り出す危険の回避に躍起となっていた。パリの二月革命は、イタリアの穏和派の情熱を湿らせてしまった。この状況については、ミラノ駐在のイギリス総領事ドーキンスが、パーマストンに書簡で知らせている。

「有産者の大半は、これらの事件を落胆して見守っています。オーストリア人に対する憎悪の念は和らげることはできないとはいえ、少なくとも表には出なくなっています。」(307, vol. 1, p. 447)

穏和派は、〈ミラノの五日〉を通じ、救いの道はピエモンテの干渉しかないとの信念を確認することになる。すでに三月二三日、カサーティは、カルロ・アルベルトの私設秘書、カスタニェット[二八]に対して次のように書き送っている。

「もはやぐずぐずしている暇はない。なぜなら、私が政府の長である以上、無秩序やそれに類する状態を回避することが任務となるからだ。」(Ferrari, 308, p. 13)

穏和派政府は、自らの存続のためにピエモンテ正規軍の支援を必要としていたのである。とはいえ、民衆運動が力を持ち、ミラノの民主派が名声を享受している現状で、ピエモンテへの併合を提案することは、いかなる形であれ極めて危険であった。そこでカサーティにできたことといえば、カルロ・アルベルトをイタリア統一という〈民族的〉な戦争に参加させる一方で、民主派が内部対立を懸念しているという状況を利用して政府が当初直面した危険な事態を回避し、政権を維持することだけであった。カサーティは、「この戦争に勝利した暁には、われわれの運命は、国民によって議論された後に決定されるであろう」(Cattaneo, 262, vol. 3, p. 77) との呼びかけを行なった。これをまず警戒心の強いカッターネオが承認し、すぐ後に今度はミラノに到着した熱狂的な愛国者、マッツィーニが受け入れると、民主派のイニシアティヴは失われ、穏和派が戦争当初からとった行動は容認されることになる。

穏和派色が極めて濃厚な政府による民主派の吸収、民衆の圧力に対して行なわれた組織的な抑制、ミラノの職人とロンバルディーアの農民がともに主張したオーストリア軍の退路遮断の提案拒否、そして他のイタリア諸邦から馳せ参じた血気にはやる義勇軍をピエモンテ軍司令部の無気力な命令に服従させた事実については、革命の最終的な敗北の後辛酸の日々を送るカッターネオが活写している。パヴィア、コモ、クレモーナ、ベルガモ、ローディ〔ロンバルディーアを流れるアッダ川沿岸の町〕、ブレッシャ、ソンドリオといった地方都市でオーストリア支配からの解放後樹立された臨時政府は、当然のことながら地元の名士によって構成されていた。そして、この事実から、民主派の弱体ぶりが確認できる。また、秩序と財産の擁護を目的として結成された民兵から、職人と農民は排除されている。四月八日には、こうした諸都市の臨時政府に代わって単一の中央臨時政府が樹立された。これを牛耳る穏和派は、貴族、ブルジョアジーを問わず、大地主との関係を一層強めていた。塩税と印紙税はただちに廃止されたものの、人頭税、十分の一税、消費税は存続した。一方、強制公債の発行は商工業を犠牲にし、地主には有利に作用した。民衆の革命に対する熱狂がたちまちにして冷めていったことは、驚くには当たらない。ちなみに、この状況は、ピエモンテ正規軍が農民を徴発した農村部でとりわけ顕著であった。

　さて、穏和派の指導者とピエモンテから派遣された人間は、ピエモンテへの〈併合〉キャンペーンを今まで以上に堂々と展開していく。このため、対オーストリア戦で見せた彼らの消極的な対応ぶりに批判を限定させていた民主派は、政治的な決定を戦争終結後まで延期するとしていた協定の不履行にいかに対処すべきかについて、意見が分かれた。たとえば、連邦制を主張する共和主義者フェッラーリ（二九）から強い影響を受け、フランスでの長い亡命生活を終えてイタリアに戻ったカッターネオは、フランス共和国に軍事的支援を訴えて臨時政府を打倒し、共和主義者の議会を招集すべきことを提案した。一方、愛国者間の団結維持の必要性に取りつかれていたマッツィーニは、フランスの干渉にこれまで以上に強く反発した。彼は、イタリアのイニシアティヴを確信し、自己の名声を巧みに利用してカッターネオの提案を拒否することに成功する（四月三〇日）。彼は、愛国者の団結を訴え、対オーストリア戦が必要であると宣言した。こうして、彼は、共和制に基づく民主主義を優先させようとするカッターネオやフェッラーリに対して一時的に勝利を収めた。しかし、その一方で、こうしたマッツィーニの勝利は、責任ある現実的な愛国者は自分たちだけであると確信する穏和派に対して果敢に立ち向かう能力が、民主派には欠けている事実を確証してしまうことにもなった。そして、ピエモンテへの併合を問う国民投票実施の布告（五月一二日）により、民主派の敗北が明らかとなるのであった。

　ロンバルディーアにおけるこうした国民投票のキャンペーンによって、ヴェネツィアの共和主義者の希望も危うくなる。金持ちと貧乏人が珍しく軒を接して暮し、温情主義の気風が非常に強いこの都市では、マニンの人気のおかげで即座に共和制を樹立することができた。彼は、成人男子による普通選挙、法の前の平等、出版・集会の自由といった政治面の古典的な要求を断固として支持しており、ヴェネツィア共和国をイタリア連邦形成への第一歩とみなした。そして、旧来のヴェネツィアに対するイタリア諸邦の敵意を気にする彼は、カッターネオやトンマゼーオよりも、偏狭な郷土愛の持つ危険をよく承知していた。ちなみに、トンマゼーオは、教皇の支持を基盤とする都市国家再生の妄想にふけっていたのである。ところで、連邦制を支持するフェッラーリらの民主派がそうであったように、マニンも、フランス共和国の友情や、もし必要とあらばその軍事的支援をも当然のごとく期待した。しかし、彼は、愛国心の高揚と政治面における民主主義の主張が民衆の支持を引きつけるのにふさわしい手段であると考え、彼らの社会的な要求に対しては消極的な姿勢をとり続けていた。そして、これは、一八四八年のイタリアの民主派すべてに共通する特徴であった。革命を通じてヴェネツィア共和国が樹立された当初、こうした民主派の革命原理を民衆に説明しようとする試みが行なわれている。たとえば、グスターヴォ・モーデナは、ある布告の中で次のように述べている。

「われわれは、共産主義、社会の転覆、広場を中心に展開される無秩序な統治の実現を目指しているわけではない。財産の擁護、法の前における万人の平等、思想・言論の完全な自由、暴力を伴わない自由な議論の保障、自らの労働によって生きることを望む貧民の生活条件の改善をわれわれは目指しているのである。」(Ginsborg, 311, p. 115)

マニンの政府のメンバーは、革命に反対した市評議会の貴族は排除されたものの、社会不安を取り除くことを目的として選出されている。そして、マニンやトンマゼーオのような確固たる共和主義者よりも、むしろカステッリやパレオカーパ[三〇]といった実業家や知的職業人が政府の主流を占めた。〈無秩序状態〉を公然と憎悪する政府は、一週間のうちに商人の支持を獲得し、貴族も不承不承ながらこれを認めている。

マニンの政府は、今やカルロ・アルベルトの軍隊の介入によって平静を取り戻したロンバルディーアの穏和派に比べると、民衆の支持を一層あからさまに訴えた。人頭税の廃止と塩税の軽減措置は、農村部で支持された。そして、綿製品に対する関税の廃止、宗教上の平等と出版の自由の宣言は、中産階級の支持を確定的なものとした。また、政府は、他の地方や地方都市（それぞれが、固有の臨時政府を樹立していた）が同等の権利を持ってヴェネツィア共和国に参加するよう訴えた。この結果、ヴェネツィアがヴェーネト地方での覇権を狙っているのではないかとの疑念は、一掃されたのである。しかし、ミラノ同様ヴェネツィアにおいても、民主派の大義はわずか数日のうちに危機に瀕することになる。つまり、ミラノの臨時政府からの圧力を背景として、国家の政治構造に関する国民の決定を戦争が終結するまで延期することをマニンが承認したのである（三月三〇日）。

マニンが連邦制を主張する共和主義者であり、反ピエモンテと共和主義の長い伝統を持つこのヴェネツィアの指導者であることに異論の余地はなかった。その彼が前記のごとく行動したのは、オーストリアに対する軍事的な勝利が明らかであるという幸福感を人々が抱き、イタリア全土が解放されてその将来を決定することができる日も間近であるという期待が背景にあったからである。しかし、彼のこの決定を通じ、ピエモンテ穏和派のプロパガンダが疑いもなく効果的であることも確証された。つまり、彼らは、カルロ・アルベルトの愛国運動の指導者としての名誉挽回を図り、外国勢力を追放するためには正規軍の介入が必要であると訴えたのである。

多くの共和主義者は、カルロ・アルベルトに対してなお敵意を抱いており、共和制イタリア形成の可能性については楽観視していた。たとえば、フィレンツェの民主派、ベルリンギエーリは、三月二七日に、ヴェネツィアの共和主義者、ジョヴァンニ・カッレールに宛て、次のように書き送っている。
「もし思い違いでなければ、シチリアではすでに共和制政府の樹立が宣言されたはずであり、ナポリでは革命勃発が間近である。ジェノヴァは、数日のうちに姉妹国ヴェネツィアの例に従うだろう。われわれ民主派と共和主義者は、祖国に発生する事件に個人的な期待を寄せることにしよう……とりわけ、神の名において、カルロ・アルベルトや他の諸君主に幻想を抱いてはならない。断固とした態度をとりたまえ。そうすれば、勝利の女神は諸君に微笑むだろう。ミラノがどんな決定を下すのか、われわれのだれもが気をもみながら注目している。ミラノの人々が英雄的努力を通じて獲得した成果を、現在おそらくは享受したがっている者がいる。ミラノの人々が、こうした連中の掌中にわが身を投げ出すことを、神はお望みにはならない……しかし、万が一そのような事態になったとしても、ヴェネツィアがしっかりしていれば、イタリアは救われるだろう。」(Ginsborg, 311, p. 145)

しかし、ベルリンギエーリがこの手紙をしたためていた頃、共和主義者の望みはすでに失われていた。トンマゼーオ、カステッリ、パレオカーパは、ヴェネツィアが共和主義憲法の制定を宣言すべきことを要求した。しかし、マニンはこれを拒否したうえ、ヴェネツィアおよび地方の代表者によって構成される立憲議会開設のための選挙法の承認を遅らせたほどである。

ヴェネツィア政府は、カルロ・アルベルトに依存する方針を決定したため、フランス共和国から支援を得ることは難しくなった。その一方で、共和国の政治に対して有効な影響力を事実上行使できない諸地方には不満が高まりつつあった。そして、ロンバルディーアの地方都市がそうであったように、君主制を宣伝する者は、ピエモンテによる支援の代償として同国へのヴェネツィア併合を承認させる方向で圧力を強めていった。農民による土地占拠、鉄道の敷設や革新的技術の導入に抵抗する御者や帽子製造人などの職人による暴動は、〈無秩序〉とさほど変わらない恐怖を人々に引き起こした。たとえば、メストレ〔ヴェネツィア北西部の都市〕のある司祭は、次のように書いている。

「民衆の頭にまず浮かぶのは、生活条件の向上、低廉な物価、金持ちの犠牲に基づく暮しである。こんな彼らを放置しておけば、たちまちにして共産主義の法が実地に試されることになるであろう。」(Renier, 310, p. 20)

とりわけ、ピエモンテ正規軍と他の諸邦から派遣された部隊の接近に満足したヴェネツィアの人々は、わが身の安全が保障されたものとの錯覚に陥った。このため、オーストリア軍から脱走したイタリア人兵士は帰郷を許され、兵器庫の武器弾薬はなんの計画もなしに分配されてしまった。そして、農民を対象とした徴兵の試みも実施されなかった。こうして、四月中旬にオーストリア軍の反撃が本格化した頃、マニンは地方に対する統率力を失い、ただ全面的にカルロ・アルベルトに依存するほかなかったのである。

ピエモンテと革命

ミラノの蜂起は、すぐさまトリノに危機を引き起こした。パリに二月革命が勃発した結果、愛国的な反オーストリア感情は、ロンバルディーアと並んでピエモンテでも鎮静化した。この状況を、民主派のフィリッポ・デ・ボーニ(三二)は、嘲笑しながら次のように描写している。

「熱が冷めたのは、分別くさい自由主義者の連中である。彼らは、宮廷人の生活を模倣して絶食し、日曜日の説教に耳を傾け、毎週金曜日にはバルボ伯によるカトリックの進歩というロザリオの祈りを唱えるのである。」(Della Peruta, 258, p. 967)

改革を要求する民衆デモが、反教権主義の激しい高まりとイエズス会に対する攻撃を伴って展開された。

こうした状況を背景として、カルロ・アルベルトは、民主主義や共和主義ですでに汚れた愛国者と自分自身を同一視するのは無理ではないかとの宗教的な疑念を強めていった。憲法の譲与によって、過激な世論を懐柔することはできなかった。中産階級に属する世論の指導者は、今や軍隊、司法、行政部門における浄化を要求していたのである。ピエモンテでは、ミラノ革命勃発の報を契機として、共和主義を主張する民主派が指導する民衆デモがただちに発生し、革命への参加を要求した。また、ジェノヴァでは、マッツィーニによる危険な扇動が展開されていた。

カルロ・アルベルトは、当然のことながら躊躇した。対オーストリア戦への参加は、平和維持を勧めるイギリスの意向を無視することになるだけでなく、一八一四―一五年に締結された諸条約を故意に侵すことをも意味するからである。そして、他のイタリア諸邦の君主も、彼に敵意を示すことが予想された。そのうえ、彼が統率する軍隊は、パリに革命が勃発した二月に西部の国境地帯へ慌ただしく移動していた。しかし、彼はロンバルディーアにおける共和主義者の勝利を恐れていた。また、ピエモンテとジェノヴァにおける民主派の扇動が反王家の性格を持つことが確実視された。こうして、彼は、ついに決断を下した。三月二三日付の『イル・リソルジメント』に掲載され、たびたび引用されてきたカヴールの論文には、この国王に態度を決定させるために前記の恐怖心を利用したことが暗黙のうちに見て取れる。

「サヴォイア家にとって、最も重要な時が到来した。つまり、重大な決定を下す時である。王国や国民の運命は、この一時に委ねられている……躊躇、疑い、遅滞は、もはや不可能である……もしも、われわれがさらに準備に時間をかけるならば、時宜を逸してしまうであろう。そんなことでは、ただでは済まない！　われわれがまさにティチーノ川を渡ろうとしている時に、ロンバルディーア王国（ミラノ）崩壊の知らせが届いたとしたら、ろくなことにはなるまい。」（Cavour, 287, pp. 106-7）

しかし、この論文が公表された頃には、慎重な態度をとっていた首相のバルボや他の閣僚でさえ、カルロ・アルベルトの決意（三月二三日）を支持する用意ができていた。彼は、自分に課せられたと信じている英雄的な運命に忠実に従おうと決意したのである。閣僚のスクロピスは、国王の決意を政府が支持する決定を下した際の特に重要な事情について、次のように書いている。

「外国勢力に対して公然と武器を取って立ち上がらなければ混乱する恐れが強まりつつあった国内情勢、そして民族運動の先頭に立つか、あるいはこの運動の指導をデマゴーグに委ねて引きずられたままになるかのどちらかを必然的に選択しなければならない事情、の二つであった。」(Romeo, 199, p. 109)

カルロ・アルベルトが、戦争終結まで政治的な休戦を認めるという代価まで払って民族的な大義のためにわが身を投げ出さなければならなかった理由は、民主主義とフランスの干渉に対する彼の恐怖心に求められる。彼は、ロンバルディーアとヴェネツィアの人々に向けて布告を発し、その中でイタリアは「自力でやれる状態にある」と主張していた。つまり、この布告は、フランスに対するいかなる訴えも排除することを意識した表現となっている。また、彼は、イギリスとフランスに対しては、ロンバルディーアで共和主義者が勝利を収めるという事態を回避するためとの見地から自らの行動を正当化している。そして、万が一そうしたことになれば、イタリアの平和が乱され、サヴォイア家の存続が脅かされるというのである。

彼の指導する軍事行動がためらいがちで、不徹底なものとなった理由は二つある。つまり、彼が共和主義に対して過度の恐怖を抱く一方で、民族戦争を王家の領土拡大の戦争に転化することによってこれを抑制したいとする意図をはっきりと持っていたからである。補給線は不十分であり、総司令部は極度の準備不足で、ロンバルディーアの適切な地図さえ事欠くありさまだった。また、増援部隊を指揮するために必要な訓練の行き届いた将校が欠けており、ピエモンテの将軍は互いに対立していたうえ、義勇軍を敵視していた。カルロ・アルベルトの軍隊が、民族解放運動を指導するためにではなく、王家の専制擁護を目的として訓練されてきた事実は、このように混乱した状況すべてが雄弁に物語っている。さらに、彼が、総司令官として哀れなほどに不適格であったことも重大な弱点に加える必要がある。こうして、対オーストリア戦が展開される中、軍司令部とトリノ、ミラノ両政府との間では、連絡のやりとりが絶えず混乱していたのである。

サルデーニャ王国軍のロンバルディーアへの前進が遅かったため、ラデツキーはなんの妨害も受けずにヴェローナと四角要塞に撤退することができ、そこで援軍の到着を待つことになる。彼の軍隊は、退却中に攻撃を受けなかったので、オーストリアとの連絡は絶えず行なわれた。また、革命勢力はトレンティーノを征服しようとはしなかったし、アルプス越えの主要な通路であるブレンネル峠の封鎖も試みなかった。また、サルデーニャ王国軍は、教皇国家の軍隊やヴェネツィアの義勇軍と手を組もうともしなかった。オーストリア軍とサルデーニャ王国軍は、この段階では、ともに相手に対する攻撃や徹底的な撃破を試みるというよりも、むしろ自軍の防衛や包囲戦にとどまる方を選んだため、互いに好機を逸する結果となった。両国軍の最初の激しい衝突は、四月三〇日にパストレンゴでやっと発生した。そして、五月六日には、サンタ・ルチアで何度かの戦闘が行なわれた後、サルデーニャ王国軍は勝利を収めることもなく、結局は戦術上のイニシアティヴを明らかに失ってしまった。一方、オーストリアから到着したヌーゲント[三二]率いる援軍は、ウーディネ〔ヴェネツィア北東部〕、ベッルーノ〔ヴェネツィア北部〕、フェルトレを再征服し、いったんラデツキーの軍隊と合流した後は、ヴェネツィアの後背地を脅かした。この後の三週間、サルデーニャ王国軍は積極的な行動をとることはなく、この間に同王国への併合キャンペーンが展開されている。そして、ラデツキーはクルタトーネとモンタナーラ〔ロンバルディーア地方のマントヴァ西方〕でトスカーナ人部隊を打ち破り、さらにゴーイト〔マントヴァの北西〕でサルデーニャ王国軍に攻撃を加えたが、これは成功しなかった〔五月二九―三〇日〕。一方、サルデーニャ王国軍は、五月三〇日にペスキエーラを征服する。これは、同王国軍が得た主な勝利の一つに数えられるが、ラデツキーのヴィチェンツァ占領の埋め合わせにはならなかった。ちなみに、この町では、民衆とドゥーランド指揮下の教皇国家軍が抵抗したにもかかわらず、六月一一日にオーストリアの軍門に降ったのである。こうして、オーストリア軍は、パドヴァ、トレヴィーゾ、メストレ、パルマノーヴァ〔ウーディネの南東〕を次々と占領した〔六月一四―二五日〕。この結果、革命勢力側になお残されているのは、ヴェネツィアとオゾッポだけになった。ラデツキーとカルロ・アルベルトの戦いの最終的な決着は、五月末のウィーン革命再発の報によって一時的に延期されたにすぎない。両国軍の勝負は、クストーザの戦闘〔七月二二―二七日〕のはるか以前についていた。なぜなら、カッターネオが冷ややかに批評しているように、カルロ・アルベルトは王国への併合を支持する票を集めることに専念し、ラデツキーは兵士を集めることに没頭していたからである。

社会的、政治的分裂

イタリア諸邦のありとあらゆる傾向の愛国者が団結し、共通の目標を目指そうとした運動は一時的に高揚したものの、それは、クストーザの敗戦のはるか以前に冷めてしまっていた。というのも、カルロ・アルベルトが、前記のように王国の領土拡大政策を露骨に打ち出したからである。こうして、ピエモンテに対する伝統的な不信の念が諸君主間に蘇り、穏和派は崖っぷちに立たされた。一八四八―四九年にイタリアのオーストリア支配地域で勃発した革命は、二重の結果をもたらした。つまり、穏和派政府と諸君主に対する民衆の圧力が高まったことと、以前の革命に関わり、今や大挙して帰国した亡命者や陰謀家が再び脚光を浴びることになったこと、である。中部や南部で展開された扇動は、中産階級だけでなく、都市の職人や一般庶民にまで広まった。そして、イタリア独立を目指す戦争に参加すべきであるとの断固とした要求が、すべての国家で出されたのである。従来の蜂起を極めて強く特徴づけていた都市相互間に見られる伝統的な対立や警戒心は、〈ミラノの五日〉に続く数週間のうちに外国人追放という漠然とした願望によって覆い隠されたかに見えた。学生と労働者の義勇軍が、戦争に赴いた。こうして、マッツィーニの戦術はついに正当化されるかに思われたのである。

劇的に再浮上し、その存在が一八四八―四九年革命全般を通じて確認されていた亡命者や陰謀家は、自らの政治思想や信念を情熱とともに祖国へ持ち帰った。それらは、二月革命の場合と同じく古い時代に流布していたものであり、結局は論争や対立を招くことになる。そして、穏和派と、とりわけカルロ・アルベルトは、彼らの協力の申し出を拒否した。グリエルモ・ペーペからカルロ・ツッキ、(三三)そしてテオドーロ・レーキからポンペーオ・リッタに至るナポレオン体制期に活躍した数多くの将校は、自分たちの助言が無視され、協力の姿勢が蔑視されたことに気がついた。一八二〇―二一年革命時の穏和派で、四八―四九年革命の際要職に就いたシチリアのルッジェーロ・セッティモやナポリのフランチェスコ・ボッツェッリなどは、民主派に対し改めて敵意を示し、保守的な性格をあらわにした。そして、ボッツェッリのように、社会の無秩序につながる脅威を見いだすとこれに対抗し、君主と速やかに妥協する用意を示す場合もあった。一方、マッツィーニの忠実な支持者であったグスターヴォ・モーデナやフィリッポ・デ・ボーニらは、新しい世代の民主派と衝突した。ちなみに、彼らの中には、マニン本人やカッターネオの支持者といった連邦主義者、グェッラッツィのようなデマゴーグ、あるいはモンタッツィオのような社会主義者などがいた。愛国的な熱情は、革命に伴う社会変動の激化によって急速に冷めていった。しかし、民主派の中には、革命の初期の数カ月間に味わった苦い経験から、民衆の支持を一層意識的に求めなければならないとの教訓を得た者もいた。

さて、新しい状況と民衆の扇動に直面した穏和派政府は、統率力を失った。彼らは、憲法を譲渡した後、自己の立場の基礎を固めるだけの時間がなかった。また、政党活動を通じて権力を強化したり、国家制度の中に根を下ろす暇もなかった。事態の急激な推移に自己の行動を合わせることを強いられた彼らは、ダゼーリョの主張にもかかわらず四八年革命以前に国民に共通する効果的なプログラムを練り上げることに失敗したこともあり、さまざまな地域ごとのグループ間で急速に分裂し、対立を深めていった。トスカーナでは、国民を指導する立場に就くことのできた穏和派は、皆無であった。なぜなら、リカーソリ、サルヴァニョーリ、ランブルスキーニらの穏和派は民主派と合同し、対オーストリア戦に消極的な姿勢を示したリドルフィ内閣を批判していたからである。そして、ローマの穏和派は、ごく最近になって聖職者と権力を分かち合うことが認められたばかりであった。また、ナポリでは、国王と自由主義者が互いに根深い不信の念を抱いていたため、憲法の制定があやふやになってしまった。そして、保守派のセッラカプリオーラは、シチリア問題をめぐってついに辞職し、代わって同じく穏和派ではあるが進歩的な傾向を持つトローヤが首相に就任した（四月三日）。彼は、立憲制を実行に移し、ナポリをイタリア独立戦争に参加させることを決意している。

穏和派は、戦争という大きな問題以外に社会における脅威について強い関心を抱いていた。この問題は、階級対立が一層深刻であった教皇国家やナポリと比べると、トスカーナではいつものことながらそれほど深刻なものではなかった。トスカーナの民主派は、長い間穏和派に従属した立場に置かれており、統一戦争と社会問題のどちらを優先させるかをめぐって内部で対立していた。民主派のモルディーニ[三四]とマッツォーニ[三五]が指導したリドルフィ内閣打倒の企ては、別の民主派、チェンピーニ[三六]による反対デモによって妨害されてしまった。進歩的な新聞『アルバ』は、社会の分裂を否定し、今や社会の和を説くのである。

「国民が自由を獲得することと外国支配からの独立を達成することが、われわれの目標である。イタリアにおける共産主義は単なる妄想にすぎず、極めつきの変人をも笑わすことのできない道化役者そのものである……イタリア人の運動は……国民の顔つきや言語がそうであるように、一つの民族としての個性を持っている。」(Ronchi, 320, p. 75)

トスカーナでは、社会的騒動が都市、農村の双方で繰り返し発生したが、とりわけリヴォルノの港では、激しかった。しかし、六月事件以前のフランスの共和主義者がそうであったように、〈働く権利〉や〈労働者の組織化〉を要求する民主派の小グループは、依然として比較的孤立した存在であった。高まりつつあった社会的緊張から民主派が利益を引き出すためには、戦争の敗北に続く人心の幻滅が必要であった。

一方、教皇国家では、都市と農村を襲った経済危機を背景として騒動が活発化していた。ピウス九世が即位する以前、政治デモに非常に大きな力を与えたものがこうした騒動である。一応憲法が施行されたものの、それは極めて穏健な性格を持っていたこともあり、社会の不満の鎮静化にはほとんど役に立たなかった。ちなみに、この不満は、他の地域同様にジョベルティの主張によって刺激され、イエズス会に向けられている。こうした民衆の新たな激しい動きに恐れをなして敵意を抱いたピウス九世は、イエズス会に対し、その安全を保障できない旨通告しなければならなくなったほどである。さらに、ヨーロッパで革命が勃発するとともに、ローマの観光は不振に陥った。この結果、教皇国家の財政は悪化の一途を辿ることになる。こうして、ローマと地方の社会的騒動と政治的騒動が一体化するには、教皇が対オーストリア戦からの離脱を決定するだけで十分だったのである（四月二九日）。愛国的な熱情を示すマミアーニの新しい政府は、教皇と絶えず闘争を展開する過程で、国内の秩序の回復も独立戦争支持の姿勢を維持することも、ともに不可能であることを証明してしまった。こうして、教皇国家は、カルロ・アルベルトがオーストリアとの戦いに敗れるはるか以前の段階で、すでに革命という名の爆発を起こす寸前の状況にあったのである。

続いて、ナポリでは、穏和派、民主派を問わず、王国全域で一致団結して運動の組織化を図ることができなかった。また、議会は、一八二〇年の場合とは異なり、それぞれが自己の目標実現を迫るさまざまな階級やグループを統合させる役割を果たさなかった。穏和派、民主派、そして首都や地方都市の多様なグループが、それぞれ両立し難い矛盾に満ちた要求を掲げていた。こうした状況は、国家の権威の崩壊とともにどっと吹き出したナポリの社会の混乱した性格を反映していた。土地を所有する地方のブルジョアジー、商人、企業家は、いずれも新しい立憲体制を支持し、当初は政府に憲法を制定させ、ナポリの対オーストリア戦参戦を保障させるための闘争に関心を集中させていた。一方、より急進的な指導者は、王の議員指名制に基づく上院と選挙権の財産制限との撤廃を望んでいた。しかし、農民は、憲法の授与を王国全域で騒動を起こすための合図とみなし、地主が横領した国有地を占拠した。また、ナポリやサレルノ近郊の職人は、ラダイト運動[三七]を思わせるデモに参加した。ナポリのブルジョアジーは、穏和派、急進派を問わず、フランスにおける危険な例を目の当たりにして恐怖に駆られた。これらの立憲制支持者は、「お互いに似ても似つかないさまざまな社会的境遇の隔たりを小さくするための手段は、ただ一つしかない。つまり、それは教育である」と考えていた（Lepre, 220, p. 213）。

さて、内相のコンフォルティ(三八)は、農民に対して法廷に訴えを起こすよう促す措置を講じることによって騒乱状態の鎮静化を図る一方、地方の名士には公秩序の維持を命じたが、農民の意志は固く、これらの試みは失敗に終わっている。地方で支配的な地位を占めてきた穏和派は、こうした事態に驚愕し、国民衛兵を用いてしばしば身の保全を図った。農民の土地占拠を支持し、その指導まで行なったのは、若干の急進派だけであった。国王に対する政治的な反発と社会の騒擾とは、依然としてまったく別々のレベルにあった。こうした事情を背景として、新しく招集された議会で急進的な反対勢力の息の根を止めようとする国王フェルディナンドは、彼の決意を容易に実行に移せる態勢に入った。彼は、この目標を達成するために、ナポリに集結していた地方の人間および地方出身の国民衛兵が市内に築いたバリケードを襲撃させている(五月一五日)。

フェルディナンドのクーデタは、反革命側の最初の大きな勝利であった。そして、この事件を通じ、君主の支持がない場合の穏和派の脆さが露呈した。さらに、オーストリアに対してイタリア諸邦が同盟を結んで戦うことに対する期待も全面的に打ち砕かれた。諸君主は、カルロ・アルベルトによる支援の要請に疑念を抱いたが、これは当然のことといえる。ピエモンテは、四八年革命の勃発以前にイタリア諸邦の同盟関係の締結を故意に遅らせていたのである。カルロ・アルベルトは、今や対オーストリア戦に関わる直接的な軍事支援を諸邦に求めていた。この戦争でもし勝利を収めれば、イタリアに対するサヴォイア家の支配が確かなものとなることが予想された。その一方で、彼は、諸邦間の政治的同盟締結に関わる議論を戦争終結後まで延期するよう提案している。トスカーナ大公は、民衆の圧力に屈して正規軍の派遣に不承不承同意したにすぎない。軍隊派遣の理由について、外相のコルシーニは、オーストリアの代理大使に対して次のように率直に認めている。

「全イタリアのためであることは、いうまでもない。しかし、それだけではない。諸邦の秩序の安定と王位の保全も目的となっていた。」(Pischedda et al., 304, pp. 129-30)

一方、ナポリのフェルディナンドが軍隊の派遣を認めたのは、国民衛兵や正規軍の一部の連隊の王に対する忠誠心があやふやであるとの判断を王国の高級官僚が下したという、ただそれだけの理由からであった。これらの官僚は、ナポリの愛国者がカルロ・アルベルト支持で沸きかえる中で、国王の支持基盤である正規軍や国民衛兵の大半を遠ざけることの危険性をフェルディナンドに対して訴えている。彼は、いずれにせよ小艦隊とペーペ将軍率いる分遣隊の出発を四月末まで遅らせた。しかし、参戦に最も強硬に反対したのは、ピウス九世であった。彼は、カトリックの一大勢力であるオーストリアを敵に回した民族解放戦争に、教会権力が道徳的な指導権を行使しつつ参加することによって国際的な影響が生じることを恐れたのである。このため、ドゥーランド将軍率いる正規軍の小部隊が教皇国家の国境地帯防衛を口実に派遣されたにとどまった。一方、ドゥーランドとダゼーリョは、兵士に向けた布告を通じ、教皇が今まさにポー川を渡ろうとしているとの不正確な情報を流した。この分別を欠いた二人の行動によって立場が危うくなったピウスは、四月二九日の教書を通じて統一運動からの離脱を公にするのである。

こうして、ジョベルティが掲げたネオ・グェルフィズモの幻想は打ち砕かれてしまった。また、ナポリのフェルディナンドは、ペーペが指揮する派遣部隊の撤退を五月一五日直後、ただちに決定した。この結果、諸君主間の見かけ上の協調関係も破綻し、その修復はもはや不可能となった。教皇国家やナポリの例に従うことには気の進まなかったトスカーナでさえ、今や統一戦争の遂行よりはピエモンテの領土拡大にいかにして抵抗するかが主要な関心事となった。諸君主の同盟による民族統一戦争の実現という幻想をカルロ・アルベルトがたとえ抱いていたとしても、彼の領土拡大の野心が明らかである以上、オーストリアに対峙するピエモンテは孤立したことになる。とはいえ、各地から集まった義勇軍、そしてドゥーランドやペーペの指揮下にあった教皇国家やナポリの分遣隊は、諸君主の撤退命令を無視し、ヴェネツィア共和国に向かって行軍を開始することになる。

一方、王党派は、ロンバルディーア諸地域のサルデーニャ王国への編入によりイタリア北部に立憲王国を形成するキャンペーンを通じ、勝利を手にした。つまり、国民投票が実施された結果、全六五万票のうち、五五万票が併合を支持したのである（六月八日）。また、それ以前の段階で、ピアチェンツァ、パルマ、モーデナ、レッジョが、サルデーニャ王国への併合を国民投票ですでに決定済みであった（五月八—二九日）。一方、ヴェーネト地方では、マニンや他の共和主義者が、併合を主張する王党派のプロパガンダに負けいくさを強いられていた。ロンバルディーアの臨時政府は、以前からロンバルド・ヴェーネト地方を構成する単一の立憲議会の招集を提案していた。マニンは、カルロ・アルベルトの併合の企てに不安を抱いていたにもかかわらず、この提案の承認を余儀なくされた（五月一一日）。翌一二日、ミラノのカサーティ政府は、サルデーニャ王国編入の是非を問う国民投票を地域ごとに個別に行なう旨決定した。これを契機に、パドヴァ、ヴィチェンツァ、トレヴィーゾ、ロヴィーゴといったヴェーネト地方の諸都市では、それぞれの委員会が立憲議会議員選挙の実施を待たずに似たような国民投票の実施を急ぐことになった。オーストリア軍がヴェネツィア本土の占領を始めるやいなや、これらの地域住民も、国民投票を通じてサルデーニャ王国への併合を圧倒的多数で支持したのである（六月五日）。

ヴェネツィアは、今や孤立した共和国であった。そして、マニンは、その明らかに分離主義的な政策が原因となって、周囲からの攻撃にさらされた。彼は、イタリア連邦実現の夢が破れ去ったことを十二分に承知していた。また、その一方で、彼は、カルロ・アルベルトがカンポフォルミオの二の舞を演じて、ロンバルディーアと引き替えにヴェネツィアをオーストリアに返還するのではないかと心配していた。そこで、マニンは、マッツィーニとの接触さえも試み、フランスに新たな支援を求めようとも考えた。しかし、ピエモンテの軍隊がヴェネツィアに進軍することをなお期待していた彼は、結局行動を起こさず、オーストリア軍がヴェーネト地方とヴェネツィアの街を再征服するのをなす術もなく見守るだけであった。この最終段階で、ヴェネツィアの民衆が共和国を依然として支持し続けていたにもかかわらず、彼は、ピエモンテから持ちかけられた軍事・財政面の支援の申し出を受けるよう強要される一方で、民兵からは内乱発生の脅しをかけられていた。このため、彼は六月に議会の招集を余儀なくされた。そして、この結果、ヴェネツィアのサルデーニャ王国への併合が決定したのである（七月四日）。こうして、カルロ・アルベルトは、クストーザの敗戦までのわずか三週間ではあったが、北部イタリア全域を名目上支配することになった。

北部イタリアをサルデーニャ王国へ併合するキャンペーンの成功に大きく貢献したのは、王党派が大々的なプロパガンダを展開し、今やオーストリア軍を打ち負かせるだけの力を持つ唯一の勢力といえる同王国軍の存在を彼らが巧みに利用した事実である。共和制の可否を一切示唆することなく、直接的な併合の是非を問うことだけに限定された国民投票の結果は、王政支持者の票が圧倒的多数を占めることになった。実際、投票は、前オーストリア政府に指名された市町村の役人、あるいは徴兵された人間に対しては軍の将校を前にする公開制で行なわれた。しかし、共和主義者の側も、こうした国民投票に対する大規模な反対運動を組織することができなかった。マッツィーニは、国民投票実施の布告に対する民主派の抗議を公にし、統一と共和主義を支持し、連邦制と北イタリア王国の樹立に反対するキャンペーンを『イターリア・デル・ポーポロ』にすぐさま展開し始めた。しかし、ロンバルディーアとヴェーネトの共和主義者は、ともに地方の支持が得られないことをすでに悟っていた。彼らは、農民の要求に無関心で、時には憎悪の念さえ抱く一方で、二月革命に恐れをなした反動主義者や穏和派が浴びせる〈共産主義〉や〈社会主義〉の非難から逃れることもできなかった。マッツィーニとマニンが、反対運動を展開する際の戦術として蜂起ではなく合法的な行動に限定することを主張したのは、おそらくは、こうした非難に影響されてのことであろう。ちなみに、反動主義者や穏和派による非難は、パリの六月事件発生を契機として極めてヒステリックな調子を帯びることになる。

併合支持票の数は、農民の革命からの離反を最終的に反映していた。農村で見られた革命に対する初期の熱狂は、ピエモンテ軍将校の振舞いとロンバルディーアの臨時政府の樹立が原因となって急速に冷めていった。農民が、消費税と人頭税の廃止、それに共有地の返還を要求する一方で、新しい財政政策と軍隊の横暴な振舞いに抗議し始めると、騒動は四月と五月に各地に広まった。農民の中には、「貧乏人の権利は、金持ちの権利よりも価値がないというのか」と抗議する者もいた (Della Peruta, 242, p. 91)。

カルロ・アルベルトを支持する票は、地方の領主や金持ちに対する抗議の意思表示であった。『イタリア・デル・ポーポロ』に掲載された匿名の論文では、農民の口を借りて、こうした状況を次のように説明している。

「借地料を課すことによってすでにわれわれを搾り上げている金持ちは、それ以外にも立法権を持っている。彼らの前には何一つ障害もない。こうして、彼らは、これまで以上に好き勝手に振る舞い、われわれの生活を苦しめることができるだろう。われわれは、国王を選ぶことが必要だ。彼は、法を命じ、これを遵守させることにより、少しはわれわれの利益を擁護し、金持ちの飽くなき欲望に歯止めをかけてくれる。」(Della Peruta, 242, p. 100)

六月と七月に徴兵制の実施範囲が拡大するにつれ、農民は、この〈シニョーリ〉（領主様）の戦争にますます反発するようになった。そして、巷では、新しい叫び声が聞かれ始めた——「ラデツキー万歳！」。北部イタリアがサルデーニャ王国へ併合された結果、対オーストリア戦の積極的な遂行に諸邦政府が二の足を踏み、関心を弱めただけでなく、サルデーニャ王国の内部危機も悪化することになった。イタリアの他の立憲制国家を統治する穏和派政府がそうであったように、同王国のバルボ＝パレート内閣も、諸事件の成り行きに身をまかせるだけであった。教皇とナポリのフェルディナンド二世が戦争から身を引いたことで、ピエモンテの穏和派は、自らの犠牲が空しいものであることを確信した。他方、王国軍も、反発はしなかったものの、まったく熱意を欠いていた。将校は、最初の敗北を経験して以来、敵対する君主や軽蔑する同盟勢力を口を極めて罵った。ミラノ政府は、食糧や武器弾薬の調達を組織する能力を持たなかった。そのうえ、王国軍は、イタリア各地から馳せ参じた義勇軍を嫌悪していた。たとえば、カルロ・アルベルトは、七月五日にガリバルディと会見した際に彼が申し出た支援を拒んでいるが、その模様を次のように描写している。

「これらの人々、とりわけ、いわゆる将軍と呼ばれる人物〔ガリバルディ〕の経歴、そして彼がかつて行なった有名な共和主義支持宣言の一件を考慮に入れれば、彼らをわが軍に編入したり、ましてやガリバルディを将軍に任命することは絶対に不可能である。海上の戦闘であれば、彼は海賊の親分として利用価値があるかもしれない。しかし、それ以外の場合なら、彼は、わが軍にとって不名誉な存在となるだけである。」（Spellanzon and Di Nolfo, 3, vol. 4, pp. 521-2）

独立戦争参加に激しく反対する声が、ロンバルディーアの併合を契機として沸き起こり、サルデーニャ王国の内部構造全体が崩壊する危機を招いたことは、逆説的であった。王国の首都トリノ、最も早くから王国の領土となっていたピエモンテとサヴォイアでは、新王国の首都がミラノになるのではないかとの懸念が生じ、伝統的な都市、地方間の対抗意識がここに復活するのである。ロンバルディーアに比較的新しく隣接することになったジェノヴァとサルデーニャでは、これとは対照的に拡大された王国を強く支持した。これらの地域では、新王国の誕生を通じてピエモンテの支配権が弱まることが期待されていたのである。戦争終結後、普通選挙によって選出される議員が構成メンバーとなる立憲議会が将来の国家組織の問題を決定するという案は、先に実施された国民投票が提示していた条件であった。しかし、同案は、トリノ議会では、カヴールも含めた穏和派がこれに激しく反対して大幅な修正が行なわれた後に急進派の支持を取りつけ、やっと可決された。この結果、バルボ内閣は崩壊した。したがって、サヴォイア家の領土拡張主義は、穏和派の脆弱な統一をピエモンテにおいてさえ破壊し、革命初期に見られた民族的な熱狂に代わって地方間の対抗意識を昂進してしまったのである。

こうして、カルロ・アルベルトは、他のイタリア諸邦の君主から見放される一方、王国領となってまだ日の浅い地域では地方の反感と共和主義者の反発に直面し、さらに自国内でさえ王家に対する忠誠心消滅の危機に脅かされることになる。そして、彼は、力を盛り返したオーストリア軍との決定的な対決の時を待ちながら、外交手段を通じて、手に入れた利益の救済を図ろうとした。列強は、統一戦争の勃発以来、積極的な外交政策を展開してきた。三月のウィーン革命の勃発と五月中旬のその新たな燃え上がりに圧倒されて弱体化したオーストリア政府は、ロンバルディーアを手放す用意はあったものの、ヴェーネトを失うつもりはなかった。彼らは、ロンバルディーアがハンガリーと同じく、オーストリア帝国が負った国家的な義務の一部を果たすことを望んでいた。オーストリア政府は、こうした考えに基づいてロンバルディーアの臨時政府を相手に直接交渉を試みたが、後者がヴェーネトとロンバルディーアの問題を別々に切り離して処理することを拒否したため失敗に終わる。オーストリアがロンバルディーアを失うと確信していたパーマストンは、和平の速やかな回復を切望した。そして、なによりもフランスの介入を心配した彼は、オーストリアの特使、フンメラウアー(三九)を通じ、ロンバルディーアと諸公国の独立を保障し、ヴェーネトには自治的な憲法を与える確約を取りつけた(五月二四日)。

実際、四月には、フランスの介入が間近に迫っているように思われた。しかし、北部イタリアの諸政府は同国に対する公式な支援を要請しなかった。そして、ピエモンテの併合支持者が展開したキャンペーンを通じて共和主義者の弱体ぶりが明らかとなったため、フランス外相のバスティドは、拡大された北部イタリアの王国を支援する代償として、ニッツァとサヴォイアの獲得をもくろんだ。フランス立憲議会派は、ヴェネツィアを犠牲とするようなこうした外交姿勢に反対したが、さらに驚くべきことには、パーマストンの同僚であるラッセルとミントも異議を唱えている。二人は、今やイタリア独立を全面的に支持する立場に変わっていたのである。しかし、ヨーロッパの外交筋がロンバルディーアとヴェーネトの住民の意向に総じてほとんど関心を払わなかった事実は、特徴的であった。イタリアの運命は、六月末の段階まで、再び列強の画策によって決定されるかのように思われた。なぜなら、ウィーン政府がパーマストンが提示した条件をのむ一方で、バスティドとカヴェニャックは、パリの労働者蜂起を鎮圧した後に国際問題の平和的な解決を試みていたからである。しかし、その後ドイツ連邦がオーストリアに再び要請した支援を契機としてプラハで流血事件が発生し、ヴェーネトではラデツキーが勝利を収めた結果、ウィーンは態度を硬化させることになる。こうして、カルロ・アルベルトによる停戦の申し出は却下されてしまうのである(六月一七日)。

とはいえ、英仏両国の支援に力を得ていたカルロ・アルベルトは、依然として楽観的であった。ヴェネツィア併合のわずか三日後の七月七日、彼は陸軍大臣のフランツィーニ(四〇)に宛てた私的な手紙にこう書いている。

「そういうわけで、正直な話、二つの公国とアディジェ川に至るロンバルディーアを、イギリスの仲介を通じてオーストリアから手に入れることができると私は信じている。つまり、われわれは、栄光の戦闘を遂行したことになる。また、巨大なオーストリア帝国に対峙しているわれわれのような小国家でも、歴史上にほとんど例を見ない堂々たる利益を獲得できるのだ……これ以上を望むことは……無謀であり、あえていえば、ほとんど狂気の沙汰であろう。」(Spellanzon and Di Nolfo, 3, vol. 4, p. 672)

カルロ・アルベルトは、他の収穫と引き換えにヴェネツィアを併合した時点で、すでにこれを犠牲にする覚悟であった。彼は、あらゆる抗議を無視した。その中には、民族的大義の指導者として彼に期待をかけていたジェノヴァ出身のパレートといった閣僚の主張も含まれていたほどである。しかし、この場合、外交上の駆引は、クストーザにおけるラデツキーの勝利による王国側の敗北という戦争の結果に翻弄されることになる。

三　革命の退潮

クストーザの敗戦は、穏和主義の危機を誘発した。この戦闘自体は、ピエモンテ側の敗北に終わったものの、軍が重大な損失を被ったわけではない。しかし、この敗戦により、兵士の士気は低下し、将軍は敗北主義に取りつかれた。そして、とりわけカルロ・アルベルトが、ロンバルディーアに共和主義が復活するのではないかとにわかに恐れたため、ピエモンテ軍は大急ぎで退却を始めたのである。また、彼は、民衆の抵抗という政治的な危機の発生を回避するため、ミラノを捨てるという予期しない行動をとった。将軍サラスコは、八月九日にオーストリアとの休戦協定をただちに締結した。(四一)これによって、ピエモンテ軍は、サルデーニャ王国の旧国境線の内側まで撤退することになった。こうして、以前高まっていたピウス九世への信頼と同じく、カルロ・アルベルトへの期待感も、急速に崩れ去ったのである。

諸君主の側で民族戦争を放棄した事実がイタリア中の穏和派に災いをもたらすことになったのは、当然である。立憲政府の樹立を通じて民主派勢力の組織化は容易となる一方、戦争と民衆デモの圧力で、穏和派政府は自らの安定や名声の獲得を阻止されてしまった。これらの政府が当時あっけなく打倒されたり、そのメンバーが辞職したりした事実にその弱体ぶりは明らかである。たとえば、教皇国家では、ピウス九世が教書によって統一戦線からの離脱を表明した四月二九日からペッレグリーノ・ロッシが暗殺された一一月一五日の間に、政府が三度交替している。また、ピエモンテでは、バルボ内閣の崩壊(一八四八年七月六日)からノヴァーラの敗戦(一八四九年三月)の直後までに、政府は六度変わっている。さらに、トスカーナでは、クストーザの敗戦(一八四八年七月)から大公の亡命(一八四九年一月三〇日)までに、三度政府が交替した。敗戦と諸君主の態度が原因で、穏和派が意図するような立憲政府の進展は不可能となったのである。

教皇国家では、マミアーニの愛国的な外交政策が、ローマ教皇庁の干渉によって絶えず妨害された。短い統治期間中に公秩序の悪化を招いたさして重要でないファッブリ内閣の後、ペッレグリーノ・ロッシは、安定した公秩序および議会から事実上独立した執行権に基づく極めて限定された反民主的立憲主義へ回帰しようと試みた。ピエモンテでは、地方間に対抗意識が再燃すると同時にカルロ・アルベルトが議会を冷淡に無視する専横的な姿勢を示したため、穏和派内部の分裂が強まった。たとえば、ミラノ出身のカサーティ内閣（七月初旬にバルボ内閣の後を継いだ）には、ピエモンテの穏和派が反発した。なぜなら、同内閣の構成メンバーを出身地別に見ると、ミラノ二名、ピアチェンツァ一名、ヴェネツィア一名、ジェノヴァ二名、それに十八世紀に王国に併合された「新しい」地方の代表二名（うち一名は、議会内の反政府勢力に属するラッタッツィ[四二]であった）となっており、〈真の〉ピエモンテ代表は、ともに一八二一年革命で亡命していた二人しかいなかったからである。この〈イタリア人〉内閣は、北部イタリアに誕生した新しい王国の代表者としての性格がその構成員の出身地を見ても明らかであったが、カルロ・アルベルトがロンバルディーアを見捨て、何の相談もなしにオーストリアとの休戦協定に調印すると総辞職した。その後を継いだアルフィエーリとピネッリ、ペッローネ[四三]とピネッリ、そしてジョベルティとラッタッツィは、いずれも〈ピエモンテ人〉の内閣を組織した。これら内閣は、議会内多数派よりも、むしろ国王に依存した。ちなみに、国王は、軍務大臣をたびたび更迭することで自己の権威を誇示している。

　トスカーナでは、長期間にわたって穏和派の首相を務めてきたリドルフィが戦争に消極的な姿勢をとったため、クストーザの敗戦を機に辞任を余儀なくされた。彼の後任のジーノ・カッポーニは、民主派の組織した民衆デモによって高まる脅威に対処しなければならなかった。また、戦争の勃発や君主の存在が穏和派に直接の影響を与えなかったシチリアでさえ、社会秩序の崩壊、財政の破綻、カラーブリアの蜂起支援のために行なわれた遠征の失敗、立憲制の君主を戴く計画の挫折（王冠は、カルロ・アルベルトの次男、ジェノヴァ公〔フェルディナンド・マリーア・アルベルト。一八五五没〕に捧げられる計画であった）という事態が生じていた。このため、サラスコの休戦協定〔一八四八年八月〕の後、穏和派のマリアーノ・スタービレ内閣は崩壊し、穏和派と民主派の連立内閣がこれに代わった。一方、ナポリでは、国王フェルディナンドによるクーデタが五月一五日に発生した後、広域に及ぶものの計画性のない蜂起が地方、とりわけカラーブリアに勃発する。そして、ボッツェッリを指導者とする極めて保守的な穏和派が、国王の専制支配の復活に協力して蜂起を鎮圧し、議会を停止した。

トスカーナと教皇国家では一八四八年七―八月、ピエモンテでは同年一〇―一一月の議会の会期中、それぞれの穏和派政府は、反対派の攻撃をはねつけることができなかった。そして、議会が停止されると、政府は、ナポリのように君主のなすがままとなった。立憲制を支持する穏和派は、自分たちの弱さを十二分に承知しており、六月にパリで発生した労働者の蜂起の報にまったく気が動転してしまい、いよいよ保守化した。つまり、専制を支持する〈反動主義者〉と彼らとの区別がますますつきにくくなったことになる。さて、前記のボッツェッリとナポリの穏和派の自由主義者は、社会が無秩序状態になることを恐れ、国王と軍隊の支援を仰いだ。そして、ピエモンテでも、カヴールとペティッティは、共和主義者による国民公会の復活に怯えた。一方、ロンバルディーアでは、ステーファノ・ヤチーニが同地域のオーストリアへの帰属を承認した。彼は、これを農民反乱よりはましと考え、自らとった行動を正当化したのである。

「神は私に救いの手を差し伸べて下さるし、あらゆる種類の専制に対する反感を私の心に抱かせて下さる！　しかし、神は、われわれが現在直面しつつある二つの災難のうち、こちら〔ロンバルディーアのオーストリアへの帰属〕を選択された。これにわれわれは嘆き悲しんだが、その一方で有益な教訓を得ることができる。つまり、この選択は、早晩われわれに用意される一層すばらしい未来にわれわれが悪しき無秩序から解放されて生きるために必要なのだ。こうした希望は、私にとって大きな慰めとなっている。」(Della Peruta, 242, p. 105, n. 5)

クストーザの敗北に続く数カ月の間、諸邦の穏和派政府は、以前オーストリアに対してとっていた挑戦的態度が原因で災いが生じるのではないかと心配していた。こうして、彼らは英仏両国の調停に期待をかけるか、あるいは同盟の結成によってわが身の保全に努めようとした。フランスの干渉は、君主制のピエモンテが強い疑念を抱いていたものの、六月末には実現しそうに思われた。というのは、当時、トリノのカサーティ政府とロンバルディーアの臨時評議会が、フランスに対する支援をそれぞれ別個に要請しており、パリへ派遣された彼らの使節がフランス共和国議会でかなりの支持を得たからである。しかし、カヴェニャックとバスティドは、動かなかった。その唯一の理由は、ヴェネツィアを犠牲にしてオーストリアからロンバルディーアを独立させるため、パーマストンがフランスに共同調停を申し入れたからである（八月八日）。トンマゼーオとメンガルドは、ヴェネツィア共和国の代表としてパリに到着するとほどなく八月末にカッターネオと共和主義者に合流している。ちなみに、カッターネオは、マッツィーニの代理としてパリにやって来ていたのである。そして、同じ頃オーストリアが英仏の共同調停の受け入れを拒否すると、フランスの干渉を求める圧力が再び強まった。しかし、イギリスはこの干渉への支援を拒む一方、オーストリアは譲歩を一切認めない決意を固めていた。この結果、カヴェニャックは、干渉を断念することになる（八月二九日―九月四日）。

しかし、オーストリアの外相ヴェッセンベルク(四四)は、広い範囲にわたって抗争が起きるのではないかとの恐怖に駆られ、九月二日に調停の原則を受け入れた。こうして、パーマストンが気にしていたのは、イタリアにおけるすべての騒乱状態を鎮める問題だけであった。彼は、ヴェネツィアとシチリアに対し、それぞれの君主と和解するよう勧告した。しかし、オーストリアは再征服地域の軍事占領を続け、新しく発足したシュヴァルツェンベルク内閣は、フランスへの接近を通じてイギリスとの伝統的な友好関係を破棄し、一切の妥協を拒む覚悟を明らかにした。そのうえ、パーマストンは、自己の外交活動を軍事力を用いて支えることを拒否した。こうした事情を背景として、調停工作は水泡に帰したのである。さらに、カトリック勢力の支持を得たルイ・ナポレオンが、一八四八年一二月二日にフランス共和国の大統領に選出された結果、調停に関わる列強の影響力は一層弱まった。なぜなら、彼は、ロンバルディーアよりもローマの情勢に強い関心を示したからである。マニンは、イギリス代表のドークスに対し、一二月にこう語っている。

「フランスは、イタリアの解放を主張した後でわれわれを見捨てることはなかなかできまい。そして、たとえ政府がそうしても、フランス国民がわれわれを放っておかないだろう。」(Taylor, 299, p. 201)

マニンがこうした確信を抱いていたにもかかわらず、イタリアの愛国者がフランスに期待することは非常に難しかったのである。

マニンやカッターネオらの連邦制を支持する共和主義者がフランスの干渉に期待をかけていた一方で、カルロ・アルベルトは英仏両国の調停を頼りにしていた。しかし、他のイタリア諸邦の政府は、これらの解決策をはるかに冷めた目で見つめていた。たとえば、トスカーナの首相、カッポーニは同国の領土保全に意を注ぐ一方で、ピエモンテの主張に警戒心を抱いていた。このため、彼は諸邦間で政治・貿易上の同盟を締結し、イタリア連邦を構成しようと試みた。そして、ピエモンテ、ロンバルディーア、トスカーナの間でモーデナ、パルマの両公国を分割しつつ、ロンバルド・ヴェーネトの独立をなんとか実現できないものかと考えていた。また、教皇国家では、ペッレグリーノ・ロッシが防衛的な性格を持つ同盟の結成を喜んで支持する用意はあったものの、独立戦争の継続とピエモンテの領土拡張には反対している。

「ピエモンテの拡大とイタリアの自立は同義ではないし、同一の問題でもないことは確かだ。そして、後者が前者とは無関係に達成可能であることも、また明らかである。」(Farini, 322, vol. 2, p. 344)

ピエモンテ政府は、戦争の続行とカッポーニの提案を受け入れる代償である併合を保障するために、軍事支援を訴えていた。しかし、諸邦の穏和派政府には内部対立が見られ、オーストリアの力と同じくピエモンテの覇権をも恐れていた。このため、彼らは、イタリア連邦結成に関わる討議をずるずると引き延ばし、最終的にはこれを無意味なものとしながら、それぞれの国家の領土保全をするにとどめたのである。

クストーザの敗戦以降における民主派の圧力

穏和派が、さまざまな内部対立を抱えながらもイタリア独立を目指して絶えず情熱を傾けていたのは、彼らの一部が紛れもない愛国心を抱いていたからだけでなく、民主派による圧力の結果でもあった。穏和派の中で最も慎重な態度をとる者は、通常共和主義や社会の無秩序がもたらす危険を恐れており、クストーザの敗戦以降戦争から手を引いたカルロ・アルベルトを支持した。しかし、この彼の行動は、一方で民衆の抵抗を再び活性化させる原因ともなった。ミラノ市民は、カルロ・アルベルトが裏切るまで、彼らの街を喜んで防衛するつもりでいた。そして、ロンバルディーア北部の多くの農民は、共和主義者が指導する国民防衛委員会による大規模な徴兵に応じた。ちなみに、同委員会は、クストーザの敗戦による停戦が成立する直前に、臨時政府に事実上取って代わっていた。ガリバルディは、停戦後も義勇軍の一小隊を率いて戦闘を継続し、一万五〇〇〇のオーストリア軍によって退却を余儀なくされるまでヴァレーゼを占領している。また、フリウリの義勇軍は、一〇月中旬までオゾッポの要塞に立てこもって抵抗した。そして、ヴェネツィアでは、市民がマニンに独裁権力を委ねたため、ピエモンテの政府委員が慌てて町を後にした。さらに、ボローニャの民衆は、町を占領しようとしたオーストリア軍を撃退することに成功している（八月八日）。

一見脈絡のないこれらのエピソードは、何を物語るのだろうか？　それは、一八四八年に愛国者が、民衆の幅広い層に独立の大義、あるいは最低限オーストリアの支配に再び屈することを潔しとしない強い意志を浸透させることに成功した事実を意味していたのである。民主派は、サラスコの休戦〔一八四八年八月〕以後、運動のイニシアティヴを復活させるが、これは民衆の支持によって可能となった。この支持は、一八四八年以前の時期に比べればはるかに広範な規模を持つものであったとはいえ、その大半は、富裕な銀行家や商人（リヴォルノの場合がこれに当たる）から法曹家や商店主、そして職人と貧民に至る都市住民に限定されていた。民主派は、これらの民衆感情を一体化しようとした。しかし、以前そうであったように、彼らは都市以外の地域で農民の支持を獲得できなかったし、そう望まないこともしばしばであった。彼らは、その一方で、長い間合法性の枠内で活動しようと決意したままであり、公秩序を乱すことを回避する態度をとり続けてきた。

彼らのこうした自己抑制の影響は、いつものことながら南部イタリアで最も強く感じられた。ちなみに、この地域では、指導が困難であるとはいえ、民主派にとって農民が唯一の民衆基盤となっていた。五月一五日以降ナポリ王国内の諸地方に形成された立憲主義を標榜する組織は、国王フェルディナンドのクーデタと農民の蜂起のいずれにも反対する姿勢を示した。民主派は、ムソリーノ(四五)やリッチャルディらが、カラーブリアにおいてのみ農民運動のイニシアティヴをとることに成功した。しかし、この場合にも、リッチャルディは従来から合法性遵守の姿勢をとっていたために、今や大半が市民の私有地となっていた国有地を速やかに占拠するという農民の要求を支持できなかった。一方、北部イタリアでは、五月にピエモンテの併合に反対するキャンペーンを展開していたマッツィーニ自身、非合法的な活動を否認している。また、パリの六月事件〔一八四八年六月二三―二六日〕に驚愕したマニンは、公秩序の維持にほとんど憑かれたように執心していたのである。

ところで、マッツィーニは、カルロ・アルベルトが挫折した後、革命の大義復活をもくろむ民主派の先頭に立っていた。彼がカッターネオ、レステッリ[四六]とともにルガーノ〔カントン・ティチーノの都市〕で結成したイタリア国民委員会（マッツィーニが三月に創設した共和主義を標榜しない愛国的な「イタリア国民協会」に代わるものであった）は、八月にはイタリア人に向けて蜂起を訴え始めた。

「国王が指導する戦争は終わった。そして、国民を主体とする戦争、換言すればイタリア人による戦争が始まるのだ。かつて、この種の戦争を通じ、アメリカとギリシアが誕生した。そして、スペインでは、ナポレオン軍の精鋭が多数失われている。さらに、現在諸君自身が支援を乞おうとして熱い視線を送っているフランスが、全ヨーロッパの攻撃の的となりながら周囲から恐れられる強国となったのも、こうした性格の戦争を遂行したおかげなのである。」(Mazzini, 257, vol. 38, p. 216)

愛国者どうしのあらゆる対立を避けることが不可欠であるといつものことながら信じて疑わなかったマッツィーニは、フランスの支援を退けようとはしなかった。しかし、彼は、この方策がイタリアにおける国民の蜂起に従属するものと考えていた。と同時に、この方策は、彼が期待していた共和主義諸邦を中心とする全ヨーロッパ規模の戦争が勃発した際に、チロル地方に対するオーストリアとドイツの権益の主張を弱めるという一種の牽制手段でもあった。

マッツィーニは、ヴェネツィアでは、イタリア全土から駆けつけた計一万二〇〇〇の義勇兵や正規軍と並んで、トンマゼーオのような指導者の支援も得ることができた。フリウリのフランチェスコ・ダッロンガロ[四七]とヴェネツィアのグスターヴォ・モーデナは、彼らの雑誌『事実と言葉』を通じてマッツィーニの思想を広めていた。そして、この状況をさらに進展させたのは、イタリア人サークルに所属するロンバルディーアのジュゼッペ・シルトーリ[四八]、トスカーナのアントーニオ・モルディーニ、それにジェノヴァのニーノ・ビクシオであった。(四九) サラスコの和が報じられた結果、彼ら民主派が目指した権力獲得の努力は実を結ばなかった。しかし、彼らは、国民衛兵の階級基盤に攻撃を加えつつ、八、九月には自己の立場を着実に強化した。マッツィーニは、半島全域を通じて革命を統合する機能を持つ汎イタリア政府の所在地として、ヴェネツィアを念頭に置いていた。しかし、いよいよ保守化したマニンが民衆を主体とする戦争に恐れを抱いたうえ、フランスを信頼せず、ピエモンテによる戦闘の再開をそれほど当てにもしていなかったために、この計画は挫折する。マニンは、最高指揮官であるグリエルモ・ペーペの支援を得て〈よそ者〉のモルディーニとダッロンガロを追放し、兵士が〈イタリア人サークル〉に出入りすることを禁止したうえ、一一月にヴェネツィアに到着したガリバルディを冷たく迎えたのである。シエーナ、リヴォルノ、ジェノヴァといったはるか遠くの都市でも表明されたヴェネツィアに対する民主派の期待は、独裁的な権力を持つマニンがマッツィーニに対して抱く敵意と、「敬愛するわれらが父マニン」に対するヴェネツィア人の信頼によって打ち砕かれてしまったのである。

マッツィーニは、イタリア全域にわたる蜂起の勃発に努力を傾け続けた。そして、アルプスの近隣に位置するヴァッレディインテルヴィで一〇月末に発生した暴動には、一時的な期待がかけられた。しかし、マッツィーニはロンバルディーアやヴェーネトの農民が何を望んでいるのかを理解できず、マニンが自分に対して抱いていた敵意も解さなかった。このため、彼は北部イタリアに運動の拠点を築くことができなかった。一〇—一一月になると、彼はトスカーナと教皇国家で自らの活動を展開する。ちなみに、両国では、民衆が諸都市に圧力をかけることによって穏和派政府が崩壊していた。

ところで、民衆デモが頻発していたリヴォルノ、ジェノヴァ、ボローニャといった都市では、対オーストリア戦が敗北に終わった結果、穏和派の姿勢をめぐって厳しい非難の声がただちに挙がり、彼らに対する憎悪の念が再燃した。民衆の要求は、社会的な性格を帯びていた点が特徴であり、これはとりわけトスカーナと教皇国家の総督領で顕著だった。しかし、これらの要求は、民主派の広めた愛国的な訴えと溶け合った。民主派の大半は、サラスコの休戦に続く数カ月間に、既存の政府を一層精力的で愛国的な情熱を示す政府に代えるよう諸君主に強要し、独立戦争を再開できると確信した。民主派は、民衆サークルなどの結成を通じて民衆感情の一体化を図った。一八四七年にローマ、リヴォルノその他の諸都市に創設されたこれらのサークルは、準公的な性格を持つ組織としての機能を果たす予定であった。つまり、その目的は、世論の組織化を通じて議会の決定に影響を及ぼすことにあった。これらのサークルが催した公開の集会は、〈自由〉、〈独立〉そして特には明示されない〈民主的諸原理〉という大義に対する国民の支持獲得のための基準を作り出すことを目的としていた。ちなみに、ここでいう国民には、知識人、無学者の別は無関係であった。ジェノヴァのデ・ボーニのようなマッツィーニ支持者は、これらのサークルを共和主義の方向で指導しようとしたものの、トスカーナ、教皇国家、ピエモンテ、ヴェネツィアに生まれたサークルの指導者の多くは、内部分裂を避けて多様な政治勢力が広く結集した同盟関係を創り出そうと試みた。サークルをフランスをモデルとした政治的な〈クラブ〉、つまり、国家の政治の流れに民衆が直接影響を及ぼすように指導する手段に変える用意があった者は、多くはなかった。

しかし、穏和派と当局は、まさにこうしたクラブ化こそがサークルの目的ではないかと恐れていた。たとえばフィレンツェの知事は、同市の民衆サークルが一八四八年七月に公の組織になった際、内務大臣に対して次のように警告を発している。

「これらのサークルが政治的なクラブに変質し、その数が非常に増えて市街行動を展開するようになれば、政府の活動に重大な支障をきたす可能性があると考えます。」(Ronchi, 320, p. 148, n. 25)

また、教皇国家の四つの総督領で政府の代表者であったファリーニは、ボローニャで九月に発生した社会的騒動と政治的騒動が一体化する事態を恐れていた。

「私は、例の悪党ども〔騒動の関係者〕が秘密集会を開催していることを知っている。そこでは、連中が好機を逃さず行なうべき復讐について語り、その時はじきに到来するものと期待している。また、私は、連中が武器を隠蔽してため込んでいることも知っている。私が得ている情報は、これにとどまらない。連中は、山岳地帯で展開すべきゲリラ戦について語り、これらを政治的な蜂起、共和主義、それに社会的激動を起こす計画と結びつけている。だから、町の殺し屋、山賊、通りに出没する追剝は、人々が持つさまざまな不満の鎖を結ぶ最終的な環にすぎない……そして、盗みや殺人は、深い根を持つ道徳的退廃を物質的なレベルで最終的に表現したものにほかならない。」(Farini, 323, vol. 2, pp. 617-9)

民主派による断固とした指導下に置かれたこれらのサークルは、民衆の不穏な状況を巧みに利用し、またこれを導いた。そして、この事態は、トスカーナのカッポーニ政府の崩壊(一〇月一二日)、教皇国家におけるペッレグリーノ・ロッシの暗殺(一一月一五日)、ピエモンテにおけるジョベルティに対する組閣の任命(一二月一五日)で頂点に達した。

ところで、トスカーナでカッポーニが打倒された直接の原因は、リヴォルノ蜂起(八月二五日―九月四日)の後にルッカ、アレッツォ、ピストーイアで発生したデモを政府が統制できなかった事実に求められる。彼は、この点に関して次のように述べている。

「リヴォルノで蜂起が発生しなければ、トスカーナが単独で革命を始めることは絶対になかったものと確信している。しかし、政府はまったくの無防備状態にあったので、わが国を転覆させるには、リ

ヴォルノの町一つが立ち上がるだけで十分だった。」(Capponi, 314, vol. 2, p. 101)
しかし、零細な商人、職人、そしてプロレタリアートによって構成され、社会主義の影響を受けた急進的で緻密な連合体のあるリヴォルノが民主派のイニシアティヴの震源地となっていたとすれば、イタリア全域の民主派を立ち上がらせる時の声の役割を演じたのは、ジュゼッペ・モンタネッリであった。彼は、対オーストリア戦で負傷してクルタトーネに幽閉された後、政治活動に復帰している。

彼は、普通選挙選出の議員が構成する無制限の権能を持った立憲議会の設置を主張した。この訴えは、民主派にすぐさま熱狂を呼び起こした。なぜなら、こうした性格の議会ならば、諸邦間の同盟結成をめぐる君主レベルの効果の上がらない遅々とした歩みの交渉に代わって価値ある存在になるように思われたからである。そのうえ、提案者のモンタネッリは、マッツィーニとは異なり、以前の政治活動を通じて個人的な不信や敵意にさらされてもいなかった。マッツィーニは、蜂起戦のキャンペーンを始めた時点で、モンタネッリの主張に似た立憲国民議会の招集を要求する声をすでに挙げていた。彼は、ジョーヴィネ・イタ－リアの活動以来最も非妥協的な内容のプログラムを作り上げた。その際、彼は、穏和派の提案に全面的に反対することを強調し、彼らを次のように批判している。

「鉄道の敷設や科学者会議の開催によってオーストリアを打ち負かすことが可能であると主張していた、いわば毒をもって毒を制する政治の支持者〔穏和派〕は、統一戦争で国民を裏切り、その後は調停や諸君主の理想とする連盟構想の実現を当てにしている。ちなみに、これらの君主はお互いに恐怖心を抱くと同時に、それぞれの国民すべてに恐れをなしているのである。」(Mazzini, 257, vol. 38, pp. 266-7)

しかし、モンタネッリは、こうしたマッツィーニとは対照的に、共和主義の実現を目指して既存の政府に挑戦することを慎重に避けた。ところで、モンタネッリの主張する立憲議会の構成メンバーは、前記のように普通選挙によって選出されることになっていた。なぜなら「国民は、自らに問いかけることによって自制心を取り戻そうとするからである」。

しかしながら、この議会は、国民政府の樹立を目指す直接の実践的な一段階と考えられた。そして、「〔この議会は〕イタリアの生ける象徴であり、恒久的に存続」し、来たるべき独立戦争の再開に際して国民を指導する唯一の機関となるはずであった（Candeloro, 1, pp. 303-4）。

彼は、三年後に立憲議会を次のように説明している。

「それは、立憲主義者、共和主義者、連邦主義者、それに統一主義者がイタリア解放という事業で団結するために、既存の合法性の枠内でお互いに裏切ることなく協力しあう権利を与えるものであった。」（Montanelli, 316, p. 12）

諸邦政府の分離主義に対する彼の非難は、すべての愛国者を熱狂させる。

「従来、運動を指導する際に統一的な性格が欠けていた。だから、ナショナルな政府は存在しなかったのである。これは、換言すれば、ピエモンテ人として、トスカーナ人として、ナポリ人として、ローマ人として戦うのであって、決してイタリア人としてではなかったのである。イタリアの解放と統一というこの偉大な事業が失敗に終わった第一の理由が、これである。」（Candeloro, 1, vol. 3, p. 303）

一〇月二七日にカッポーニの後を継いでモンタネッリがトスカーナ政府の首相に任命された一件は、イタリアの君主制国家における穏和派の権力の独占状態を民主派が打ち破る最初の成功例となった。穏和派は、独立運動の統制力を失った。なぜなら、彼らは、統一戦争から手を引き、それぞれの国家の枠内で立憲主義を擁護するにとどまり、イタリアの大義を明らかに放棄したからである。ジョベルティの場合でさえ、例外ではなかった。彼は、以前主張した教皇主導型のイタリア形成論が惨めな結果に終わったものの、自己の名声にはっきりとした傷をつけることなくこの考えを一掃し、今度はピエモンテの民主派とロンバルディーアの亡命者に支援を求めた。しかし、その彼も、さまざまな議会を通じて選出されるメンバーが構成する連邦制の立憲議会の提案を行なったものの、モンタネッリの立憲議会の主張に対して有効な挑戦を行なうことはできなかった。そして、ジョベルティが最終的にピエモンテの首相に指名された時になって、初めてその挑戦が実を結ぶのである。

ミラノとヴェネツィアが統一戦争直後にそうであったように、今度はトスカーナが民主派にとっての焦点となった。グスターヴォ・モーデナ、フィリッポ・デ・ボーニ、ピエトロ・マエストリといったマッツィーニ派の指導者は、アントーニオ・モルディーニやアット・ヴァンヌッチらトスカーナの民主派と合流し、立憲国民議会結成を目的とする組織作りに参加した。そして、普通選挙選出の議員を構成メンバーとして十二分な権力を持つ議会をこの組織が中心となってローマに招集する計画であった。モンタネッリが、穏和派と民主派の両者、それに諸邦間の対立に終止符を打つことを狙っていたにもかかわらず、マッツィーニの支持者と最も断固とした姿勢をとる民主派は、共和主義の統一国家イタリア実現の道が開ける可能性があると考えた。グェッラッツィのような他の民主派、あるいはジョベルティやマミアーニなどの穏和派が心配したのは、まさにこの点である。そこで、彼らは共和主義推進の流れを抑制し、御し難い民衆革命発生の危険を回避することで一致し、手を組んだのである。

グェッラッツィは、リヴォルノの民主派の指導者として確固とした地位を築いていた。このため、彼は八月に蜂起が勃発した同市で統制力を復活させ、モンタネッリ内閣の許で内相に指名されることが可能となった。彼は、共和主義を基盤とした臨時政府樹立の宣言を望むリヴォルノの民衆指導者を追放した。そして、モンタネッリを長とする立憲議会が直面していた危機の抑制を速やかに図ったのである。フィレンツェの穏和派は、グェッラッツィをデマゴーグとみなして支援を拒否したが、リヴォルノの穏和派は依然として彼を支持していた（当初、彼らは内閣に財政的な支援を行なっている）。しかし、彼は革命の進行に歯止めをかけながらも、一方で民衆の支援を当てにせざるをえなかった。ところで、モンタネッリはジョベルティの主張に一層近い内容の改革案を提示したが、これは、グェッラッツィが実現させた初期の成功例であるといえる。ちなみに、その案の内容は、立憲議会を二つの段階に分けて考えるというものであった。つまり、第一段階では対オーストリア戦の問題処理にもっぱらあたり、独立の達成後招集される第二段階で国制に関わる決定を行なうというものであった（一一月七日）。

さて、教皇国家の危機は、ローマの暴動のさなかに発生したペッレグリーノ・ロッシの暗殺によって一一月一五日頃頂点に達した。ところで、この暴動を支援し、おそらくは扇動したと思われるのは、地方の民主派や秘密結社のメンバーである。すでに極めて弱体化していた穏和派の権力は、こうして崩壊した。ピウス九世のローマからの逃亡（一一月二四日）と彼が繰り返し行なった政府批判を通じて民主派を抑え込もうとするマミアーニの試みは、失敗に終わった。ローマ公シャルル・ボナパルトに指導された議会は、臨時国家評議会を指名した（一二月一一日）。前記のように、マミアーニはジョベルティの連邦主義の主張に沿った形で立憲議会の性格を規定することで、それが急進化する危険を回避することに当初成功している（一二月一日）。したがって、この立憲議会には、諸邦の統治形態を変革する権力はなかった。しかし、こうした彼の成功も、地方やローマの政治サークルが組織した民主派の圧力の高まりによって水泡に帰した。教皇国家内における事態の急速な推移を背景として、トスカーナでは、イタリア立憲議会の開設を求める声が高まっていく。他方、サルデーニャ王国では、カルロ・アルベルトから組閣を命じられたジヨベルティが、この立憲議会の権力を諸君主国家間による連合協約の枠内に抑え込もうとする努力を続けた。ちなみに同協約の目的は、戦争の遂行に限定されていた。しかし、共和主義の実現を目指す勢力は、民主派や共和主義者の指導的な人物がフィレンツェからローマに移動すると、目標達成が目前に迫ったと判断したのである。

四　共和主義のイタリア

一八四八年一二月になると、穏和派による立憲運動が抱えた矛盾が音を立てて吹き出した。この年の初めに諸邦で実現した憲法の授与は、諸改革や政治的、市民的自由を求めるキャンペーンの勝利の絶頂であるかのように見えた。と同時に、獲得された憲法は、専制に対立する勢力にとってみれば、危険で逆効果をもたらす恐れのある蜂起をやめ、議会で堂々と意見を述べるという合法的な戦術を選択するために効果のある手段とも思われた。しかし、立憲主義が定着するためには、諸君主の誠実な協力と、少なくとも当初は平和が必要であった。さらに、議会制度を容認するに足る結束力を市民社会が持つことも必要とされた。ちなみに、この議会は、国家内のさまざまな領域や層の利益を、それぞれにふさわしい措置を用いて擁護する役割を担うべき機関であった。独立戦争によって引き起こされた愛国的熱狂を通じ、人々の間にこうした結束が生まれたかに見えた。しかし、戦局が目まぐるしく推移した結果、国内改革の進展、したがって立憲君主制に対する民衆の強固な支持基盤の形成が妨げられただけでなく、常に消極的であったとはいえ穏和派に向けられていた諸君主の支持も失われたのである。

ナポリでは、フェルディナンド二世による五月一五日のクーデタによって、立憲議会がただちに停止されることはなかった。とはいえ、結果的には議会の機能が低下し、反国王勢力は秘密結社活動や蜂起に再び依存することになる。ところで、ピウス九世が身を引き、トスカーナ大公レオポルド二世も参戦に消極的な態度を示した事実は、換言すれば、独立戦争がこの二人に理解されず、承認もされなかったことになる。そして、こうした戦争の遂行を諸邦の立憲政府が効果的に促進できるかどうか疑問視され始めたのである。教皇がガエータへ逃亡し、ナポリで明らかに専制が復活した結果、民主派と一部の愛国的な傾向の強い穏和派は、王政自体を問題視せざるをえなくなった。この体制は、ただピエモンテにおいてのみ支持されていた。ここでは、カルロ・アルベルトが戦争の拡大を明らかに阻止する意向を示していたにもかかわらず、とにかくもそれを指導する立場にあったのである。しかし、クストーザの敗戦とそれに続くサラスコの休戦の結果、戦争継続の是非をめぐって世論に対立が生じる一方で、王国内の地域間で積年の相互の反目が復活した。サルデーニャ王国の議会と政府は、こうした状況を背景として脆く不安定な存在になってしまったのである。

こうして、立憲君主制の将来は、反体制勢力が次のどちらの道を選択するかに大きく左右されることになった。つまり、議会内で自らの目標達成を求めるか（官職に就く場合が考えられる）、革命を通じての解決、換言すれば共和主義の実現を目指すか、のどちらかである。ピウス九世が逃亡しなければ、教皇国家に共和制の樹立が可能であったかどうかは疑問であり、ピエモンテにおける同様の試みが、同国正規軍のサヴォイア家に対する忠誠心に対抗して達成できたかどうかは、なおのこと怪しいものであった。しかし、ピエモンテの民主派がその反政府運動を議会内で展開するにとどめようとしたことは、この王国の市民社会が教皇国家と比較してはるかに強い団結力を持っていた事実を反映している。ちなみに、ピウス九世の逃亡は、教皇国家における社会のあらゆる層に深く根を張っていた教皇の持つ世俗権力に対する敵意を爆発させることに役立っただけであった。

ところで、共和主義者の力は、普通選挙による立憲議会の開設と対オーストリア戦の続行というモンタネッリの主張が一体となった結果、得られたものであった。すべてのマッツィーニ支持者と民主派は、諸君主の任命による議会を持つ連邦制イタリアの実現というジョベルティの提案に反対し、モンタネッリの立憲議会の主張を支持する点で一致団結した。しかし、マッツィーニは、こうした立憲国民議会をただちに実現することは不可能と判断した。そして、彼は、ピウス九世逃亡の機会を捉え、イタリア立憲議会を招集する前に教皇国家で共和制を樹立することが必要であると主張した。これが実現すれば、将来開設されるべきイタリア立憲議会が共和主義の骨格を持つことになる一方で、モンタネッリも一時支持した中部イタリア王国形成の実現を回避できると彼は考えたのである。

「カルロ・アルベルトは、共和主義勢力を基盤とするイタリアの〈コスティトゥエンテ〉〔憲法制定議会〕を承認しなかった。オーストリアの侵攻を契機として、中部イタリアの諸地域とロンバルド・ヴェーネト地方は結合するかもしれない。また、オーストリア正規軍の行動範囲が拡大し、北部ロンバルディーアの蜂起が容易になることも予想される。戦争は、いったん革命勢力によって指導されれば、ピエモンテの住民を扇動し、彼らを蜂起へと駆り立てるであろう。」(Mazzini, 257, vol. 37, pp. 251-2)

今やローマに結集し、当地の民衆サークルを指導していた比較的穏健な民主派は、連邦議会を提案するマミアーニを真っ先に支持した。しかし、大半の急進的な民主派は、マッツィーニの主張よりも一層進歩的な政策を遂行し、イタリア立憲議会の即時開設を宣言することを望んでいた。彼らの中には、デ・ボーニやモルディーニといったマッツィーニ支持者、ニッコリーニのような旧ブォナッローティ支持者、チェルヌスキのようにカッターネオを支持する連邦主義者がいた。そして、〈民衆〉を基盤とする革命的な政策の遂行が、急激な社会変革を実現するために欠かせない前提条件であると彼ら全員が確信していたのである。デ・ボーニ、マエストリその他の民主派は、ローマの民衆サークルの指導者の中では少数派であったものの、普通選挙に基づくローマの立憲議会を速やかに招集するよう当初圧力を強めた。この結果、民衆デモがこれ以上強まることを恐れた臨時評議会と閣僚は、民主派の要求に応じることになる（一二月二九日）。デ・ボーニは、ローマの議会を将来設置予定のイタリア立憲議会の核にするためのキャンペーンをただちに開始した。デ・ボーニは、チェルヌスキら連邦主義者の反対にもかかわらず、複数のチルコロ・イタリアーノのメンバーによる委員会を創設した。ちなみに、同委員会には、ローマの民衆指導者、チチェルアッキオや他のローマの民主派が加入している（一八四九年一月一日）。委員会は、チェルヌスキ、マエストリ、そして他のロンバルディーアの亡命者が参入した後、政府に再び要求を突きつけた。その結果、政府は、近く実施予定の選挙で最大の得票数を得た一〇〇名の議員が、将来設置されるイタリア立憲議会でローマ国家の代表者となる旨宣言した（一月一六日）。

一月二一日に実施され、二五万という莫大な票を数えた選挙の後、マッツィーニ支持者は、民主派議員の強力なグループからさらなる支持を得た。こうして、デ・ボーニやカンノニエーリ（老齢のブォナッローティ支持者）は、複数のイタリア人サークルからなる委員会の中で再び少数派となったが、共和制の宣言を行なうよう圧力を強めた。ちなみに彼らを支持したのは、ともに議員に選出されたガリバルディとカニーノ公シャルル・ボナパルトであった。（五〇）こうして、議会の討議に参加した議員一四二名中一二〇名の賛成により、ローマ共和国の樹立が宣言された（二月八日）。マッツィーニの生涯をかけた闘争の第一段階が、こうして現実のものとなったのである。その成功は、何といっても地域的な特有の事情によるものであったが、その一方で、彼が民衆の断固とした支持を得たことも大きな要因であった。彼は、ローマ共和国樹立後、少数者による〈秘密裡の〉支配（Mazzini, 257, vol. 37, p. 141）という典型的なブォナッローティ流の考えに基づくイタリア立憲議会の設置に続き、共和国家イタリアの実現へと事態が進展することを望んでいた。しかし、この夢はじきに潰える運命にあったのである。

マッツィーニと統一共和国実現に向けての積極的な努力

マッツィーニは、共和制が速やかにトスカーナへ拡大することを望んでいた。リヴォルノの街、それにフィレンツェの民衆サークルを支配していた急進的な民主派は、モンタネッリ＝グェッラッツィ政府に対し、一一月二〇日の選挙を普通選挙で実施するよう圧力をかけた。しかし、彼らは、グェッラッツィや大多数の民主派の主張に打ち負かされた。つまり、グェッラッツィらは、モンタネッリの提案した立憲議会の開設と独立戦争の再開に一致団結した支持を獲得し続けるためには、前記のような過激な要求は犠牲にすべきであると主張したのである。こうして実施された制限選挙の結果、穏和派が議会の多数を占めることになった。グェッラッツィは、ピエモンテと手を組んで戦争を再開できるように公秩序の維持が必要であると主張し続けていた。このため、モンタッツィオや急進的な民主派が試みたリヴォルノの労働者の蜂起は、失敗に終わる（一二月一三日）。

しかし、一八四九年一月にローマで革命的な状況の進展が見られると、急進的な民主派とマッツィーニ支持者は、運動のイニシアティヴをトスカーナで初めてとることができた。モンタッツィオは、一月八日にこう書いている。

「われわれの基本方針は、共和主義の原理に基づいて社会の再生を図ることにある。」（Ronchi, 320, p. 195）

また、モルディーニはローマの例に従い、フィレンツェで民衆デモを組織した。このデモには、推定で三〇〇〇名が参加している。そして、議会は、普通選挙によって三七名のトスカーナの議員をイタリア立憲議会に送り出すことを承認せざるをえなくなった（一月二三―三〇日）。大公レオポルドの逃亡（二月八日）を機に、急進的な民主派の大半は、大勢を決することができるように思われた。こうして、モンタネッリも、トスカーナに共和制を樹立してこれを速やかにローマ共和国に合体させるという彼らの要求を、今や支持することになった。一方、グェッラッツィは、穏和派が扇動する国内の反動とピエモンテによる外部からの侵攻の危機を回避するために、彼らの支持を当てにしていたのである。自由の木、フリジア帽、そして福音書の教えに基づく反教皇的な宣伝といった一七九三年の〈大革命〉期の模倣を実行に移したのは、政治サークルに所属する〈赤い共和主義者〉であった。そして、二月中旬にフィレンツェに到着したマッツィーニは、彼らの企てを支援することになる。ちなみに、彼らは、従来の議会に代えて、民衆を主体とする共和制を宣言しようと望んでいたのである。四八―四九年革命が挫折し、王政が復古した後行なわれた裁判で、ある職人は次のように告白している。

「あなたは、何をお望みだというのです？　革命当時、すべての人間がこのように振る舞い、運動に参加しました。一方、当時すべてが民衆の掌中にありましたが、現在ではもはやそうみなされていないことは、周知の事実です。革命に批判的な言葉が耳に入ると、それを口にした人間は逮捕されました……逮捕したのは私だったのか？　いや、違います。私ではなくて民衆だったのです。」(Ronchi, 320, p. 160)

トスカーナでは、このように、教皇国家と同じく君主の逃亡を契機として共和主義者が運動のイニシアティヴを掌握したかに見えた。しかし、それはあくまで一時的なものにすぎず、じきに失われてしまう。

穏和派の地主は、農民層の広範な部分をしっかりと自己の監督下に置いていた。こうした状況は、王政支持の蜂起が農村で発生した事実から明らかである。そして、グェッラッツィは、サークルの要求を二つの手段を用いてはぐらかすことに成功した。つまり、彼は、国境地帯にモンタネッリとニッコリーニを派遣して軍事的な防衛を組織させる一方で、臨時政府が要求する新しい議会に憲法制定権を付与することを宣言したのである（三月六日）。『イル・ポポラーノ』は、「共和主義の主張に見られるニュアンスの違いは、少なくない」と述べている（Ronchi, 320, p. 205）。

グェッラッツィがモンタッツィオとピーリ〔Pigli, Carlo　一八〇二—六〇〕を逮捕し、多くの民主派が民衆騒動に恐れを抱くにつれ、より穏和な民主派がフィレンツェのサークルを再び掌握するようになる。一方、民主派に対する民衆の熱狂は、それが政府のメンバーに対するものにせよ、サークルのメンバーに対するものにせよ、弱まり始めた。新しい議会は、共和制の樹立を宣言してローマと合体すべきであるとするマッツィーニとモンタネッリの支持者の提案を退けた。ノヴァーラにおけるピエモンテ軍の敗北の報が伝えられ、王政を支持する農民蜂起が拡大するに伴い、議会は国家防衛のために緊急の政策を実施し、グェッラッツィに独裁権を付与することを決定した（三月二七日）。ちなみに、彼は、大公レオポルドの復権について穏和派と同意に達すべく秘密裡に交渉を行なったが、失敗に終わっている。四月一二日、市町村議会の穏和派は臨時権力を手中に収め、大公を呼び戻した。

穏和派からはデマゴーグとして退けられ、共和主義者には革命に組織的な歯止めをかけたとして見捨てられて孤立したグェッラッツィは、結局打倒された。しかし、共和主義革命を支持する民衆の圧力に抵抗し、その力を対オーストリア戦を再開する方向へ導こうとした彼の努力は、ローマ共和国樹立の宣言に際して一部の民主派と愛国的なすべての穏和派が示した反応であったともいえる。イタリア立憲議会の開設を訴えたマッツィーニを支持する共和主義者の叫びは、シチリアやヴェネツィアでも控え目な反応を呼び起こしたにすぎない。シチリアでは、弱体な民主派グループと若干の穏和派さえもがイタリア立憲議会の主張を確かに熱狂的に支持し、民主派の青年クリスピ(五二)は革命がヨーロッパ規模の広がりを持つものであることを理解していた。にもかかわらず、自由主義者の大半は、分離主義の思想に支配されていた。彼らは、イタリア全土の穏和派がこの考えに理解を示さないことに苛立っていた。シチリアの革命家の一般的な主張は、一八四九年二月に行なわれたある議員の議会演説に明確に表現されている。

「イタリア立憲議会は、自ら望むことを実行するであろう。そして、われわれは、それに関して口をはさむことはない。さて、私は、当議会に次の点をうかがいたい。つまり、一四カ月間続いているこの戦闘に際し、こうした運動を行なっている諸氏から一体どれほどの支援をいただいたのか？」

(329, vol. 4, pp. 844-5)

他方、ヴェネツィアでは、新しい議会がシルトーリらの〈よそ者〉を介して政府に行使する圧力に懸念を抱いたマニンは、ますます慎重な態度をとるようになり、提案されているイタリア立憲議会に関わることを拒んだ。彼は、共和主義体制と手を組むことによって諸列強の前でヴェネツィアを危機に陥れることを恐れたのである。マッツィーニは、ローマ共和国と防御的な同盟を締結する見返りとして軍事支援を申し出たが、水泡に帰した。この間の状況について、マニンは、ローマ駐在のヴェネツィア代表に宛て、二月一六日、すでに次のように書き送っている。

「あらゆる方面との友好関係を維持することが、われわれにとって緊急に必要である。なかでも特に重視すべき相手は、ピエモンテである。この国は、ヴェネツィアを改めて自国に隷属させようと望んでいるオーストリアと戦うために軍隊を派遣する用意があり、われわれを海上封鎖から守るため、地中海に艦隊を派遣しているのである。われわれは、固有の政治党派を選択する際には、極めて慎重に動かなければならない。したがって、好機を摑むまで落ち着いて情勢の判断を行なうことがわれわれの義務であると考えている。」(Cessi, Drudiet al., 309, vol. 2, p. 392)

実際、ピエモンテは、民主派の流れがイタリアにおいて一層広範に共和主義へと向かうのを抑制するうえで、決定的な役割を演じ続けていた。サラスコ将軍がオーストリアと一方的に休戦協定を結んだ結果、独立を目指す民族戦争を唯一心底から支持する者がピエモンテの民主派であるように思われた。民主派に支持された「イタリア人による」カサーティ内閣は、辞表を提出した。なぜなら、

「サラスコの休戦が、次の批判を勢いづかせることになるからである。つまり、ロンバルディーアに進攻したサルデーニャ王国軍の唯一の目的は、当地に共和主義が確立するのを防ぎ、その後でオーストリアに改めてここを譲り渡すことにあるとの批判である。」(Rodolico, 208, vol. 3, p. 460)

共和主義は、とりわけジェノヴァで支持を獲得した。ちなみに、ここでは、民衆運動がこれを弾圧するために派遣された軍隊との戦いに勝利を収めている。内相ピネッリの牛耳るピエモンテ政府に対する大規模な攻撃に際し、ジョベルティが民主派とロンバルディーアの亡命者を動員すると、穏和派はいよいよ頑に保守的な態度をとるようになった。彼らは、反貴族的で革命的な特徴を持つ民衆デモを恐れていたのである。たとえば、ダゼーリョは、次のように嘆いている。

「当地の民主派は、(オーストリア領の)クロアチア人に対するよりも貴族に対して容赦ない闘いを展開している。」(Rodolico, 208, vol. 3, p. 528)

また、カヴールは、民主派の主張、たとえば累進課税の提案にも革命の匂いを嗅ぎとっていた。民主派のブロッフェーリオが後に回想しているように、穏和派と〈反動派〉の相違はほとんど見られなかった。

「当時、レヴェル伯(五二)がつけた有名なかつらがカヴール伯のそれによく似ているということは、本当に意味のないことだったのだ。」(Cavour, 284, vol. 5, p. cccxxviii)

しかし、ジョベルティが民主派の圧力を促進するような指導力を発揮したとしても、その目的は、他方では、ピエモンテの偏狭な郷土愛に対立しつつ、連邦が団結することによって独立戦争を遂行するというほとんど時代後れとなった『イタリア人の道徳的・文化的優越について』のプログラムを復活させることでもあった。彼が創設し、一〇月にトリノで会議を開催した〈イタリア連盟協会〉は、対オーストリア戦(一〇月にウィーンで革命が再発したことで、見通しは明るいように思われた)にあらゆる努力を傾注させることを目指しており、諸邦内部における制度上の変革、あるいは統一国家実現に向けての動きを認めない姿勢は明白であった。ジョベルティは、ピエモンテの貴族に見られる地方主義的な傾向を批判し、民主派と信条をともにしてはいた。しかし、国内の革命や徹底的な社会変革にも反対する点で、彼はカルロ・アルベルトに劣らなかった。ちなみに、この国王は、一八三一年の革命で活動したエンリーコ・ミズレイのようにあいまいな性格が見られる民主派の人間と手を組み、人気を回復してさらに国民的英雄という自らに課した道を全うするための陰謀をめぐらし始めた。ジョベルティを首班とする民主派内閣の形成が一二月中旬まで遅れることになったのは、虚栄心が強く、術策に長け、不埒なこの哲学者をカルロ・アルベルトが個人的に嫌っていたことが唯一の理由であった。そのジョベルティも、グェッラッツィと同じく民主派の自己に対する支持を強めようとする一方で、マッツィーニや共和主義を信奉する勢力に対する敵意をただちに明らかにするのである。彼は、議会の解散後、選挙運動を展開した。彼は、穏和派貴族に周到な攻撃を加える際に、民主派のサークルを巧みに利用した。つまり、戦争の敗因が彼ら穏和派貴族にあると非難したのである(一八四九年一月)。一方、この選挙に敗北したカヴールは、カステッリに宛てた手紙の中で次のように軽蔑した調子で当時の状況を説明している。

「とりわけ、地方は異常な状況下にある。そこには取るに足らぬ薬剤師、二流の外科医さえいない。別の表現を用いれば、『ガッゼッタ・デル・ポーポロ』を盾にして、君や私、そして『イル・リソルジメント』の寄稿者や読者のすべてが視野が狭く鈍感で、時代後れの間抜けであるとみなす権利があるものと信じ込んでいる人間しか地方には存在しない、ということなのだ。」(Castelli, 342, vol. I, p. 23)

さて、共和主義の波が中部イタリアで高まるにつれ、ジョベルティはモンタネッリの活動に歯止めをかけるという当初の計画を断念した。彼は、その一方で、ローマに戻るよう教皇を説得し、ナポリの国王フェルディナンドに対してはイタリア連盟に参加するよう説いた。壮大な計略を即座にめぐらす点にかけては相変わらず天才的であったジョベルティは、ローマ共和国の樹立宣言とトスカーナ大公の逃亡を利用して、ピエモンテのイニシアティヴを再び主張し、独立戦争の準備を行なうという極めて危険なプランを新たに練った。つまり、彼は、予想される中部イタリアに対するオーストリア軍の攻撃の機先を制するために、英仏の外交的な支援を得てピエモンテ軍をトスカーナに進めてレオポルドを復位させ、続いてローマ諸地域でピウスの復帰を図ろうとしたのである。ジョベルティにとって、トスカーナとローマの民主派に対抗するためにピエモンテの民主派とサルデーニャ王国軍を用いることと、その後に団結したイタリア諸邦がオーストリアを敵に回して統一戦争を遂行することは決して矛盾しなかった。しかし、この企ては、実行されずに終わる。なぜなら、諸列強がこの問題に関わることを拒んだだけでなく、ラッタッツィ率いるピエモンテの民主派とカルロ・アルベルトが、トスカーナへの遠征がロンバルディーアにおける統一戦争の準備に支障をきたすことになると判断したからでもあった。こうして、ジョベルティは首相の職を辞した(二月二一日)。しかし、ピエモンテの民主派と一時的な同盟を結ぶという彼の姿勢自体、グェッラッツィの政策と同じく、急進左派を除くすべての政治指導者の固い決意を明らかにしている。つまり、それは、愛国的な戦争を民衆を主体とする共和主義革命に転化させまいとする決意であった。マッツィーニが理想とする独立したイタリア共和国は、ローマから外に向かって拡大することがなかった。そして、一八一五年以降イタリアに出現したすべての革命政府がそうであったように、この共和国の存在も、外国の武力によってじきに脅かされる運命にあったのである。

反動の勝利

ローマとヴェネツィアの共和主義者が孤立し、弱体化しているという状況は、英仏両国による調停工作が最終的に失敗した結果、一層鮮明になった。パーマストンとカヴェニャックは、一八四八年の九、一〇月にかけてオーストリアがサルデーニャ王国との和平交渉に同意する約束を取りつける一方、ナポリとシチリアに休戦を強要した。ついで、英仏両国、サルデーニャ王国、そしてオーストリアが参加する会議の開催が一八四九年二月に提案された。しかし、これは、オーストリア外相シュヴァルツェンベルクの主張により、水泡に帰した。つまり、彼は、まずパーマストンがオーストリアのロンバルディーア領有を公式に承認しない限り、会議の席には着かないと表明したのである。こうした事の成り行きの余波は、シチリアとピエモンテでただちに感じられた。西ヨーロッパ列強の軍事介入はもはやありえないと確信し、ロシア皇帝の支援に勇気づけられたナポリのフェルディナンドは、ナポリ議会を休会させ、シチリアの再征服戦を再開した。民衆の死に物狂いの抵抗にもかかわらず、国民衛兵の指導者リーゾが穏和派に対して降伏するよう仕向けると、パレルモは六週間もしないうちに占領されたのである（五月一五日）。

英仏両国による前記の調停工作の失敗を通じ、ピエモンテの穏和派も、戦争を再開する必要性を確信するようになった。彼らは、王政が国内の革命の脅威にさらされることを恐れたのである。同国では、カルロ・アルベルトがキオード将軍[五三]を首相に任命したにもかかわらず、民主派は依然として権力を保持していた。国王は、戦争の遂行と自己の運命が不可分であることを感じないわけにはいかなかった。大事業の達成や自己犠牲の夢に溺れて孤立した彼は、亡命者や民主派の人間を王宮の夕食会に招待することで、サヴォイア家の伝統とイタリアの大義との融和を図ろうとしていた。彼の忠実な信奉者であったソッナーズは、この間の事情について悲しげな調子で次のように回想している。

「唯一変わった点は、高貴な匂いに満たされたこの王家の夕食会に燕尾服を着込んだ野蛮人が招待されたことである。これは、王家の食卓では従来お目にかかることがなかった光景である。ところが、今度は、そこにイターリチ（イタリア人）、よそ者の政治家連中が群がることになった。」(Omodeo, 206, p. 151)

戦争の再開に際して軍隊の準備が極めて不十分であったにもかかわらず、穏和派貴族は、幾分場違いな悲劇的な気分を高揚させ、忠実にも国王の許へ結集した。普段は劇的な表現とは無縁のカヴールでさえ、ある私的な手紙にこうしたためている。

「とにかく、われわれがもし屈服するようなことがあっても、威風堂々とした姿勢を崩してはならない。ローマやフィレンツェのように、汚辱にまみれるようなことがあってはならないのだ。」

(Cavour, 285, p. 265)

ヴェネツィアやローマで息を吹き返した希望は、ノヴァーラの敗戦（三月二三日）によりたちまちにしてしぼんでしまった。この敗戦の結果、カルロ・アルベルトはただちに退位する一方で、オーストリア外相シュヴァルツェンベルクはフランスの干渉を恐れていた。こうした事情から、オーストリア軍がピエモンテへ侵攻する可能性が生じた。一方、ラデツキー将軍は、ピエモンテに対して過酷な休戦条件を強要することによって民主的、あるいはもっとたちの悪い共和主義的な革命が勃発するのを恐れていた。このため、当時幾分苦境に立たされていたサヴォイア家は、救われたのである。しかし、それでもジェノヴァでは、下層民による暴動が発生した。彼らは、ラ・マルモラ将軍率いる軍隊の戦地からの帰還命令を撤回するよう要求したのである。

ノヴァーラの敗戦により、オーストリアのイタリア再征服は、避けられないように思われた。今や、状況を掌握する力をまったく失った穏和派は、君主の地位を保持するために、自己の基本的な考えを貫くことを断念し始めた。たとえば、ナポリでは、国王フェルディナンド二世の専制復活を多くの自由主義者が承認した。また、シチリアの自由主義者は、フェルディナンドの軍隊を前にして急いで降伏した。また、トスカーナの穏和派は、ナショナルな性格を持つ立憲議会に代えて評議会を創設し、レオポルド二世を呼び戻そうとした。彼らは、この措置によってオーストリア軍の侵攻を未然に防ごうとしたが、失敗した。ブレッシャに勃発した民主派の蜂起（三月二三日―四月二日）は、時機を誤り、オーストリア軍の容赦ない弾圧を受け、悲劇的な運命を辿った。そして、これ以降、ヨーロッパで消えかけた革命の炎は、三カ所の孤立した地点で明滅することになる。つまり、それは、ヴェネツィア、ローマ、そしてハンガリーであった。

軍事力による教皇の復位をルイ・ナポレオンが決意したのには、二つの理由があった。つまり、オーストリアがイタリアで圧倒的な支配権を行使することを彼が警戒する一方で、フランス国内ではカトリックや聖職者勢力の圧力が高まっていたからである。ルイ・フィリップが一八三二年に示したように、教皇権は、結局国際的な利害に関わる問題であった。オーストリアは、フランスとの共同行動を提案したが、拒否された。その理由は、イギリスが敵対することをルイ・ナポレオンが恐れ、彼が当初あからさまな軍事行動をとることをためらっていただけではなかった。つまり、彼は、教皇とローマ共和国両者を仲裁し、立憲体制を維持することが可能と信じていたのである。しかし、最初に行なわれたフランス軍による小規模な遠征が四月三〇日に予期しない敗北に終わった後、以前一八三一年に教皇国家の総督領で勃発した蜂起に参加した経験を持つかつての革命家ルイ・ナポレオンは、フランスの威信に強く束縛され、教皇の世俗権の復活を強いる行動に関わらざるをえなくなった。マッツィーニ、ガリバルディ、チェルヌスキ、ピサカーネといった共和主義運動の指導者が結集していたローマは、七月三日までフランス軍に抵抗した。一方、マニンに代わってシルトーリやウローア(五四)といった当時最も意志強固な共和主義者が政治の主導権を握っていたヴェネツィアも、一八四九年八月二七日に結局、オーストリア軍に占領された。

民主派の遺産

民主派のイニシアティヴは、一八四八年夏までの穏和派の場合と同じように消滅した。臨時独裁政権の樹立を通じてローマをイタリア民族革命の先鋒にしようとするマッツィーニの計画は、トスカーナにおける民衆の共和主義的な革命運動が弾圧され、ピエモンテで王政支持勢力が戦争を再開したことによって挫折する。共和主義者は、達成すべき目標をめぐり、内部で対立していた。つまり、彼らの中には、マッツィーニやサッフィ(五五)のような統一主義者、チェルヌスキやマニンのような連邦主義者、それにモンタッツィオやデ・ボーニのような空想的社会主義者などがいたのである。そのうえ、彼らは民主派の中では相変わらず少数派であったし、ヴェネツィアとローマで支持を獲得したにすぎなかった。しかも、それは、それぞれの地域に見られた特有の事情が幸いして実現したのである。ローマの三頭執政官に、マッツィーニ、アルメッリーニ(五六)、サッフィが選出され、ヴェネツィアとフィレンツェでマニンとグェッラッツィがそれぞれ権力を獲得したのは、臨時独裁政権というジャコバン的な概念に基づいたというよりも、むしろこれらの都市が軍事的に逼迫した状況に置かれていたことから説明できる。

にもかかわらず、一八四八―四九年の革命で台頭した民主派は、かなりの名声と民衆からの支持を獲得している。これは、一つには、すべての希望が失われた後でさえ、ローマとヴェネツィアで彼らが徹底的に戦い抜く覚悟を示したことによる。他のすべての穏和派と同じくマッツィーニを憎悪していた貴族の女性、たとえばコスタンツァ・ダゼーリョ(五七)も、ローマの防衛に熱狂している。また、これに劣らず重要と思われるのは、臨時革命政府が採用した行政政策である。ヴェネツィア、ローマ、トスカーナに樹立されたこれらの政府は、過激な社会政策の実行を要求する〈急進左派〉の圧力に抵抗し、最も〈危険な〉指導者、とりわけ、モルディーニ、デ・ボーニ、そしてモンタッツィオらの〈よそ者〉を投獄したり、追放したりしている。また、ヴェネツィアやローマの三頭執政官は、二月革命中にフランスで登場した〈アトリエ・ナショノ〉〈国立工場〉の線に沿った賃金保障を含む失業対策を政府が実施すべきであるとの提案を退けた。しかし、これらの政府は、以前自由主義者が主張した政策を一層オープンで民主的な流儀で発展させ、改革を実行した。たとえば、ヴェネツィアで実施された二回の選挙は、ローマやトスカーナで行なわれた立憲議会議員選出を目的とする選挙と同じく、普通選挙制に基づいていた。また、身分や裁判上の差別を撤廃することによって法の前の平等を実現しようとしたり、立法、行政、財政面の統一を強制的に実行しようとしたのもこれらの政府にほかならない。ローマ共和国では教会裁判所が廃止され、ヴェネツィアとローマでは宗教上の平等が宣言されている。共有地、慣習的な共有権、永代借地制度といった封建遺制は、ナポリとシチリアの立憲議会で廃止が決定された少し後に今度はローマ共和国とトスカーナで廃止されている。行政担当の役人を入れ替えて一新する試みも実施された。また、出版の自由が保障される一方で、人頭税のように極めて評判の悪い税が廃止された。これらの国家は、財政的に悲惨な状況にあったため、以前は対象外であった不動産に対する課税の実施と累進課税の導入が試みられた。予算の管理が議会を通じて実行されることで、国民の政治参加の意識が高まった。ローマ共和国では、教会所有地の没収を行なった後、それらを小自作農地に分割する布告が出された。さらに、都市貧民を救済するための非常措置が採用された。

臨時革命政府が提案した政策の多くは、時間的余裕があまりにも乏しかったために実現されなかった。一八四八―四九年を通じて最も民主的な内容を持っていたローマ共和国憲法は、一八四九年七月になってやっと布告された。ちなみに、共和国が崩壊するのがこの時期であり、その意味で象徴的であった。諸改革は、提案されたものであれ、実施されたものであれ、革命的な意味合いは決して持たず、ナポレオン体制期の経験にしばしば範をとっていた。これらは、国民主権と一層民主的な財政政策を強調する点を別にすれば、穏和派のプログラムと区別することが困難な場合が多い。なぜなら、両者は、ともに自由主義を母体としていたからである。とはいえ、臨時革命政府の改革は、穏和派の提案と比べると中産階級や職人といったはるかに広い層を引きつけた。そして、彼らは、ローマやヴェネツィアの政府をその崩壊に至るまで固く支持し続けたのである。これらの経験は、専制政治に代わって実行可能な道があることの証となり、革命の挫折後も生き続けていく。

第一五章　外交による妥協――一八五〇―六一年

一　ヨーロッパの調和の崩壊

さて、四八―四九年革命が失敗に終わった結果、反動勢力が勝利を収め、メッテルニヒのウィーンへの復帰（一八五一年）に象徴される第二の王政復古体制が一見強化されたかに思われた。革命後に領土上の変化は見られず、憲法もごくわずかな例外を除いては廃止された。革命期を通じ、国際紛争への関わりを慎重に抑制していたロシアとイギリスは、ヨーロッパの調和を再び確立するかのように思われた。事実、両国は、国際会議という伝統的な手段を用いて、一八五二年にデンマークの諸公国に平和をもたらす体制を強制的に樹立させることに成功している。

オーストリアの宰相シュヴァルツェンベルクと若き皇帝フランツ・ヨーゼフ〔一八四八―一九一六〕は、帝国領の思い切った再構築を図った。彼らは、専制的な中央集権に基づく統一国家の形成を目指したのである。一八四九年に授与された制限的性格を持つ憲法は、決して発効することはなく、一八五一年一二月に結局廃止された。ハンガリー議会のような伝統的な制度は禁止され、ウィーンに対してのみ責任を負うドイツ語を話す官僚が構成メンバーとなった機構がこれに取って代わった。革命によって得られた唯一の収穫は、農民の解放が確認されたことである。つまり、革命の過程で、頑迷な封建貴族や中産階級に反対する民衆の支持を得ようとする努力がなされたのである。シュヴァルツェンベルクの突然の死（一八五二年）を契機として、皇帝は個人的な専制権力を速やかに確立した。彼は、陸軍省を直接支配し、外務大臣ブオルと内務大臣バッハの権限をそれぞれ縮小し、二人を自己の政策の単なる執行者の立場におとしめた。革命後の一〇年間におけるオーストリアの専制を特徴づけていたものは、軍部による統制、高圧的であるとしても比較的能率のよい官僚機構、各種の検閲、警察による諜報活動、ヨーゼフ二世を中心とする啓蒙主義の伝統を犠牲にして行なわれた教会との和解（一八五五年）である。しかし、これらは、財政上の困難や一八五九年の軍事的な敗北によってたちまち崩壊することになる。

オーストリアやロシアで断固として展開された専制は、中部ヨーロッパの半ば従属的な地域に当然のことながら影響を及ぼした。一方、イタリアでは、ピエモンテを除き、専制と反動が諸邦の規範となった。外国の支援を仰がずに成功したクーデタを誇りとしていた両シチリア王国のフェルディナンド二世は、オーストリアの影響力にさえ憤りを感じて孤立していった。とはいえ、他の諸君主は、革命後も引き続き駐屯するオーストリア軍を頼りとし、憲法を廃止するに際してウィーンの指示を仰ぎ、さらにはオーストリアが支配するイタリア連邦を結成しようとさえしている。他方、ドイツでは、シュヴァルツェンベルクがドイツ連盟、あるいは〈ツォルフェアアイン〉〔ドイツ関税同盟〕にオーストリア帝国全体を参加させることに失敗したとはいえ、帝国の領土的な保持を三年間保障する確約をプロイセンから取りつけた（ドレスデン条約、一八五一年）。その後、ドイツ諸邦の大半から支持を得たオーストリアは、〈ブント〉〔ドイツ連邦〕の効果的な支配を目指す組織的な試みを展開し、この政策を承認するようプロイセンに強要している。ドイツにおけるプロイセンの野心は、少なくとも国王フリードリヒ・ヴィルヘルムが革命の脅威に対し病的に怯えている限り、それほど危険であるようには見えなかった。フランスを統治する足取りのおぼつかないルイ・ナポレオンでさえ、教皇の復権を実現し、自国の共和政に対するクーデタ（一八五一年一二月二日）を実行した後は、保守派の隊伍にしっかりと歩調を合わせているかに思われた。

しかし、革命後のこの数年間は、王政復古にとってはつかの間の小春日和であり、神聖同盟にとっては黄昏を意味し、ヨーロッパの調和にとっては死を目前に控えたかすかな光の明滅にすぎなかったのである。実際、革命は失敗したとはいえ、ヨーロッパの政治の潮流が変化した事実を明らかにしており、それは列強間の相互関係にほどなく反映されることになる。同時に、諸国民それぞれの使命を通じて達成されるべきヨーロッパと人類愛の再生という現実離れした民主派の思想は、フランスが共和国から帝国へ変わったことによって突然激しく揺すぶられた。マッツィーニやコッシュートのような人間は、自己の理想に忠実であり続けたかもしれない。しかし、革命を通じ、ブルジョアジーが共産主義の亡霊に浮き足立ってしまった一方で、革命が勃発した地域の諸国民は、彼らに共通した再生という事業の達成を目指して一致団結できなかった事実が明らかとなった。こうした状況を背景として、多くの民主派は、自己の思想の修正を迫られることになる。ラムネー、モンタネッリ、フェッラーリらは、政治・社会両面における革命が不可欠であり、そのためには一国家の枠組を超越することが必要と考えた。社会主義者のプルードンは、この点に関連して次のように指摘している。

「四八―四九年革命を通じて仮に一つの点が明らかになったとするならば、それは、マッツィーニの統一主義、コッシュートのナショナリズム、アルノルト・ルーゲ[一]と彼の友人が掲げたゲルマン帝国の主張が、イタリア、ハンガリー、そしてドイツにおいて、まったくの失敗に終わったという事実である。」(Saitta, 113, p. 225)

ロレンツォ・ヴァレーリオにわずかながら影響を与えていたゲルツェン[二]は、西ヨーロッパのブルジョアジーが革命を裏切った結果、希望を託することができるのはスラヴ民族だけであると確信した。また、フランスの無政府主義者、エルネスト・クルドゥルワ[三]は、コサック人による革命を唱導していたほどである。四八―四九年革命の失敗を契機として、次の二点が疑問視されるようになった。つまり、諸国民の平和的共存が必然的に可能であるという考え方と、共和主義者と穏和派両者の活動に関わる考え方である。ちなみに、後者は、具体的に述べるとこうなる。つまり――世界平和は、おのずと実現するものである。したがって、共和主義者と穏和派両者は、それぞれの活動を、列強間の紛争を平和裡に解決するという限定的な目標を達成するためのプロパガンダの実行や会議開催の要求にとどめることにする――というものである。

さて、一八五〇年代に開催された平和会議を通じ、諸国民と国家相互間の関係が変化する兆しが見えた。つまり、これらの会議によって諸国民の団結という神話が崩れた事実が認められる一方、諸邦政府が国民の願望に必ずしも反対するものではないという点が確認されたのである。諸政府と諸国民両者がそれぞれ対立するという国際的規模で見られたおなじみの図式は、崩れ始めていた。政府は、国民のさまざまな願望を否定することのあさはかさを認めた。諸邦の指導者の中には、たとえば、ナポレオン三世、カヴール、ビスマルクのように、ナショナリズム運動だけでなく民族革命にさえ協調する姿勢を示す者もいた。ちなみに、マルクスの言葉を借りれば、彼らは民族革命の〈合法的執行者〉となったのである。一八四八―四九年以降の数十年間において、ナショナリズムは、反体制的な革命家や自由主義者の専売特許ではなくなり、今度は政府自らがこれを引き継ぐことで、一層広範な民衆の支持を訴えることが可能となった。この過程において重要なのは、諸邦政府が国際的な団結を維持するというかつての状況が崩れ去ったこと、そしてヨーロッパの調和を支えてきた基本原理に暗黙の了解を示すことに対して諸邦が消極的になったこと、の二点である。

こうした変化は、四〇年間にわたる平和を享受した後に列強間で行なわれた初めての武力紛争であるクリミア戦争（一八五四―五六年）とともに生じた。ところで、どの列強も、この戦争を望んでいたわけではなかった。つまり、これらの国々は、戦争の勃発と継続を未然に防ぐための外交努力を精力的に展開し、当事者が真の利益を得ることとは無縁な戦場における流血の惨事を回避しようとしたのである。しかし、クリミア戦争は、確かに勃発してしまった。その原因は、オスマン帝国内のキリスト教徒保護をめぐるフランス、ロシア両国間の競合と、オスマン帝国に対するロシアの領土的野心をイギリスが恐れていた点にあった。実際、列強は、一三カ月間にわたってずるずると戦争を続けた。なぜなら、彼らは相互不信に陥っていたうえ、それぞれの名声を維持するために引っ込みをつけることができなかったからである。

このような相互不信を背景として、国家レベルで好戦的な態度を抑制できなかった列強は、以前互いにとろうとしていた協調の姿勢を台無しにしてしまった。ちなみに、こうした状況は、四八―四九年革命が間接的にもたらしたものである。〈北方の三つの宮廷〉（ロシア、オーストリア、プロイセン）を中心とする神聖同盟を通じて実現したかに見えた列強間の団結は、幻想にすぎないことが判明した。ヨーロッパの〈革命〉に対抗して保守主義を擁護する立場にあったロシア皇帝ニコライ一世は、オーストリア皇帝フランツ・ヨーゼフやプロイセン王フリードリヒ・ヴィルヘルムとは異なり、ルイ・ナポレオンが帝位に就いた際、これをことさらに嘲笑した。ニコライは、黒海方面における自国の権益擁護に役立つ緩衝国家としてのトルコを支配するために、フランスに対抗する姿勢を再び明らかにすれば、オーストリアやプロイセンの君主が支持するものと憶測していたが、これは誤りであった。トルコや黒海に直接の利害関係を持たなかったプロイセンは、自国の領土が大規模な戦争の舞台となる危険を回避する最も効果的な手段として、中立の立場に立とうと考えていた。一方、オーストリアは、フランスがイタリアで革命を引き起こすことを恐れていたにもかかわらず、ドナウ川流域のモルダヴィア、ワラキア両公国をロシアが占領するのを認めるわけにはいかなかった。なぜなら、もしそうした事態にでもなれば、帝国の主要な貿易ルートが脅かされることになるからである。こうして、神聖同盟はドイツの君主制擁護を目的として再構築されたものの、オスマン・トルコを含むバルカン地域に対するオーストリアとロシアの伝統的な確執を通じて結局崩壊したのである。

ところで、中東危機を〈誘発する要因〉となったのは、ナポレオン三世の存在である。〈大ナポレオン〉の不実な甥であり、あいまいな性格を持つ一方で術策にたけたこの男は、新しい政治潮流を象徴する人物であると同時に、それを推し進める役割を演じた。彼は、秩序、平和および繁栄の三つをナポレオン時代の栄光の伝統と、社会面での保守主義を革命的陰謀と、さらにナショナリズムの台頭による一八一五年体制の打倒と列強間の和平会議のシステムとを、それぞれ調和させようとした。このため、彼は、ヨーロッパの調和にとって常に脅威となる存在であった。また、彼は、オーストリアをウィーン体制の体現者とみなしてこれを嫌う反面、イギリスとの友好的な関係の維持に常に意を払い、彼の叔父がかつて犯した大きな失敗を繰り返すまいとした。こうして、彼は、神聖同盟の解体とイギリスとの協調関係の成立という目標を達成した。しかし、同時に彼は、おそらくは予想もせず、少なくとも幾分かは期待に反した大規模な戦争に関わるという代価を払うはめに陥った。

一方、イギリスは、ロシアの領土拡大政策に対抗する手段として、常にオスマン・トルコを支持する姿勢をとるつもりであった。また、オーストリアやロシアが革命に対して用いた弾圧政策を憎悪した同国は、ロシアの覇権に対抗してヨーロッパの調和の再構築を試みながら、フランスに対する伝統的な不信感を克服した。英仏両国が、ロシアを敵として戦争に突入するという失態を演じる一方で、オーストリアは、そのいずれかの陣営と関わることを避けるために繰り返し調停に乗り出したが、失敗に終わっている。ナポレオン三世は、イタリアの現状維持を保障するという犠牲を払ってフランツ・ヨーゼフとの同盟関係をついに成立させた（一八五四年一二月）。しかし、ドナウ川流域のモルダヴィア、ワラキア両公国をすでに占領していたオーストリアは、さらなる和平提案を行ないつつ、戦争への関わりをなお回避していた。クリミア戦争は、ニコライ一世死去〔一八五五年三月〕の後、イギリスは気が進まなかったものの収束に向かった（一八五六年二月）。ちなみに、その背景には、ロシアが疲弊する一方で、フランスが和平を強く主張するという状況があった。にもかかわらず、ヨーロッパの調和は、決定的に粉砕されたのである。

一八二二年のヴェローナ会議以来、久方振りにパリで開催された列強間の国際会議では、ヨーロッパ内部の紛争を平和裡に解決する体制を再構築するという目標の達成に列強が非協力的である事実が明らかとなった。たとえば、イギリスのクラレンドン[四]は、将来列強のいずれかが戦闘状態に入る前に調停を行なうことが望ましいとするあいまいな内容の声明に同意を取りつける以上のことはできなかった。また、ロシアは、黒海沿岸地域の中立化の承認を余儀なくされる一方で、ナポレオン体制崩壊後の一八一四―一五年にフランスが経験した以上の厳しい軍備縮小の要求を甘受しなければならなかった。一方、プロイセンは、クリミア戦争に際して中立政策をとった事実が懲罰の対象となり、会議の最終段階で初めて参加を許されている。そして、オーストリアは、自らの政策に一貫性を欠いたためにフランス、ロシア両国の支持を失ったことを悟る一方、プロイセンを当てにすることもできず、イギリスに頼るほかはなかった。さらに、ナポレオン三世は、被抑圧民族の利にかなった方向でヨーロッパの地図を引き直すことができなかった。イギリスは、この高くついた戦争を通じてヨーロッパの調和の再構築に失敗したことを実感する。最後に、サルデーニャ王国は二等国として扱われ、英仏の同盟国の資格でパリ会議への参加を許されたにすぎず、領土の獲得はまったくできなかった。

ヨーロッパの調和の解体がもたらした激的な結果は、パリ会議に続く数年間に現われることになる。当時、ヨーロッパのバランス・オブ・パワーの維持に全面的に関わっていると実感している大国は、一つとして存在しなかった。このため、攻撃的な性格を持つ双務的な同盟関係や、既存の条約によって承認されていた領土の修正を強制するための外交的「了解」が、ヨーロッパの調和の土台となっていた前提に取って代わるのである。ところで、パリ会議に続く一五年間に列強を巻き込んだ戦争は、四回勃発した。その結果、イタリアとドイツにそれぞれ新しい統一国家が誕生する一方で、当時のヨーロッパを最も頻繁に揺り動かす要因となっていたナポレオン三世が没落した。この間、国際会議の開催が以前にもましてたびたび提唱されたが、その結果は実現しなかったか（一八五九年のイタリア統一戦争をめぐる場合のように）、実現したものの当事者間の調停に失敗したか（一八六四年のシュレスヴィヒ・ホルシュタインをめぐるプロイセンとデンマーク両国間の紛争や、一八六七年のリュクセンブルクを併合しようとしたフランスに関する場合のように）のどちらかであった。戦争の結果生じた領土の変更は、たとえばギリシアやベルギーの場合のように、もはや国際会議で承認されることはなかった。こうして一八七一年頃になると、ヨーロッパには新しいが安定を欠くバランス・オブ・パワーが創り出されていくことになる。

こうした国際関係の目まぐるしい激変は、長い目で見れば、列強間の力配分がゆっくりと移りゆく過程を反映するものであった。つまり、オーストリアとロシアという東部の帝国は、イギリス、フランス、さらに今やプロイセンをも含む工業国家と比較すると、相対的な凋落期に入っていたのである。ちなみに、オーストリアの場合、この傾向は以後長期間続くことになる。しかし、こうした変化の直接的な原因は、諸政府、とりわけナポレオン三世の統治するフランス政府と民衆のナショナリズム運動とが歩調を合わせる傾向が生まれたことと、かつてはヨーロッパの安定を主に保障する役割を演じてきたロシアとイギリスが、そうした問題との関わりを減らしてしまったことに求められる。

諸列強とイタリア

さて、クリミア戦争とパリ会議は、ナポレオン三世にとっては失望する結果に終わった。つまり、彼はイギリスと同盟関係を結ぶ一方で、この戦争を黒海周辺からイタリアやライン地方にまで拡大する企てを断念するという代償を払わなければならなかったのである。そして、民族独立の原則の具体化は、ドナウ川流域の二つの公国〔シュレスヴィヒ、ホルシュタイン両公国〕に対するベッサラヴィア〔黒海北西岸地方〕の譲渡をロシアが認めざるをえなくなったことと、同地域の将来が住民の意志表示に委ねられる旨承認されたこととの二点にとどまった。ポーランド人、ハンガリア人、そしてイタリア人の擁護者を目指すナポレオン三世の野心は、結局、パリ会議で教皇国家の悪政を非難し、同国を外国の軍隊が占領する状況は好ましくないとする声明を出す形でそのごく一部が実現したにすぎない。しかもこの声明は、ナポレオン政府の外相で保守的なワレウスキによるというよりは、むしろイギリスのクラレンドンの功績である。(五) ところで、ナポレオンの一族がかつて極めて多数存在し、当時なお暮していたイタリアは、ナポレオン三世にとって最も直接的な関心の的であった。また、彼がそうした姿勢を示した理由としては、多くのイタリア人愛国者がフランスに対して伝統的に好感を抱いていたという事情（これとは対照的に、ライン地方への野心を持つフランスに対してドイツ人が敵意を抱いていたことは疑いない）がおそらく挙げられるだろう。また、かつてナポレオン失脚後に形成された一八一五年体制がイタリアで崩壊すれば、新たな戦争の勃発を待つまでもなくヨーロッパの他の地域でこの体制が必然的に解体すると確信していたことも、ナポレオン三世が前記の姿勢をとった明らかな理由といえる。

パリ会議は、その席上イタリア問題が議論されたというまさにその事実によってこれが緊急の課題とみなされることに役立ったにすぎない。クラレンドンは、カヴールが新たな開戦を望んでいることに気づき、この点に関して首相のパーマストンにこう書き送っている。

「この会議〔パリ会議〕の終了後、極めて大がかりな紛争の火種が必ず残ることになるものと思われます。」(Mack Smith, III, p. 85)

実際、同会議における四月八日の討議では、英仏両国がイタリアを強く支持する姿勢を示し、イタリア問題の解決を望むナポレオン三世は意を強くすることになる。当時パリに駐在していたプロイセンの使節は、この間の状況について次のように書いている。

「パリ会議以前には、一八一五年体制を支えるために実現可能な手段がまだ多く残されていた。しかし、それらも、今となってはもはや実施されないか、たとえ実施されても成功する見込みはないであろう。大規模な戦争〔クリミア戦争〕に勝利を収めたばかりで、それぞれの意志を他に強要するほどの強い力を持っていると自覚している二大国〔英仏〕によって自らを解放する権利を有するとの厳かな宣言が行なわれたことをイタリア人が知ったならば、それはどんな影響をもたらすだろうか。私が思うに、こうした精神的な支援は計り知れない効果を生むであろう。なぜなら、こういう支援は、然るべき時と場所に出現する物質的な支援と当然のことながら結びつくだろうからである。」(Di Nolfo, 334, p. 345)

ところで、第二帝政の安定にとって脅威となった一八五七年の経済危機は、イタリア解放という大義を強く主張すべく発生したオルシーニ（六）によるナポレオン三世暗殺未遂事件（一八五八年一月）と逆説的に結びついていた。つまり、皇帝は、この二つの事象を契機として、イタリアにおけるオーストリアの覇権を打破するためにピエモンテとの積極的な同盟関係の成立に乗り出すことになったのである（一八五八年七月のプロンビエールの密約とこれに関連して締結された一八五九年一月一九日の条約によって具体化する）。さて、これらの条約の主な内容は、次の四点に要約できる。つまり、サルデーニャ王国は、北部イタリアを受け取る代わりにサヴォイアとニッツァをフランスに割譲する、新王国を中部イタリアに形成する、教皇国家はその総督領を失うものの独立国家としての性格は維持する、両シチリア王国は現状を維持する、の四点である。これらの目標内容は、一八一五年体制の急激な解体を暗示している。そして、これは、オーストリアを挑発して戦争を勃発させ、同国がヨーロッパの調和を再び訴える可能性の芽を摘んでしまおうとするナポレオン三世の意図を明らかに示すものであった。当時フランスは、ロシアと同盟を締結する一方で（一八五九年三月）、イギリスに対しては中立の立場に立つことを期待し、また、プロイセンに対しても中立保持を説得し、さらにはイギリスによる調停申し出に抵抗している。こうした一連の政策は、結局のところ、もう一つの問題からすれば、いわば副次的な措置にすぎなかった。ちなみに、それは、フランスとサルデーニャ王国がオーストリアの攻撃を挑発する一方で、互いに締結した条約で承認済みの国際法を尊重する姿勢を証明できるかどうかという問題であった。オーストリアが、今や条約による道義的な批准よりも、むしろ軍事力を頼りにするようになった事実は、同国軍によるイタリア占領問題がパリ会議で討議された結果、列強が公に認めることになる。一八五九年のイタリア統一戦争が結局勃発したのは、サルデーニャ王国の動きは軍事力だけで阻止することが可能であり、また、戦闘がプロイセンの支援を得てライン地方にまで拡大するとウィーン政府が確信していたからである。

さて、一八五九年の戦争を契機として諸政府の国際法を遵守する姿勢がいったん弱まってくると、この流れを食い止めることは困難であった。ナポレオン三世は、ヴェーネト地方をオーストリアの手に残すことになるヴィッラフランカの和を急遽締結することで戦争を局地化することにどうにか成功した（一八五九年七月）。彼は、ナショナリズムと手を組んだものの、革命の勃発を恐れていた。彼は、ヴィッラフランカの和を通じて生まれ、ヨーロッパが正統的と認めた体制を再び無視し、イタリア連邦の形成計画を断念する一方で、サルデーニャ王国に対しては、サヴォイアとニッツァをフランスに割譲させる代わりに、同王国がモーデナ、パルマ両公国、教皇国家の総督領、それにトスカーナを併合することを認めなければならなかった（一八六〇年三月）。彼がこうした姿勢をとらざるをえなくなったのは、イギリス政府の閣僚の支持を得たカヴールが中部イタリアで故意に革命を誘発させようと画策したからである。相も変わらず冒険的事業に魅せられ、サルデーニャ王国にライバル意識を燃やすナポレオン三世は、ガリバルディのシチリア遠征やこれに対抗する形でカヴールが行なった教皇国家へのピエモンテ軍の侵攻に対してさえ好意的な中立政策をとった。こうして、ナポレオン三世は、以前確立されていた黒海周辺地域の状況を修正するためにロシアを支援し、この問題に対する同国の介入を抑制した。一方、彼は、ローマだけには手をつけるべきでないと考えていた。なぜなら、彼は、フランス国内の教会勢力の反発を恐れていたからである。ちなみに、フランス軍によるローマの占領は、悲劇とはいえ解決不可能な過ちであるというのが、かねてからの彼の見解であった。

イタリアの統一は、ナポレオン三世にとって（あるいは、フランス以外で唯一事実上イタリア支持の態度をとった列強のイギリスにとって）、一八一五年体制の解体に自ら乗り出した際抱いていた希望と一致するものではなかった。ちなみに、彼の目標は、パリ会議においてすでに示唆され、プロンビエールにおけるカヴールとの会談で確認されている。つまり、諸邦によって構成されるイタリア連邦の形成がそれであった。ちなみに、この目標は、ヨーロッパの地図を塗り替えようと絶えず考える中で彼が脳裏に描いていた構想、換言すれば、解放された被抑圧民族が構成する連邦の形成というあいまいな見取図に類似している。彼は、イタリア問題への介入が予期しない結果を招いたことから、以後自らの名声を絶えず求めるものの、以前よりも慎重で保守的な姿勢をとることになった。

イタリアの統一は、思いもかけない結果であった。なぜなら、この事態は、ヨーロッパの領土を再編するためには連邦制が必要であるという当時の政治家や外交官の間に広まっていた確信とは矛盾していたからである。確かにスイス連邦は一八五七年に成立した列強間の合意を通じて強化され、ワラキアとモルダヴィアは一八五八年に連邦制の実施を受け入れ、オーストリアは一八六〇年代初頭にドイツ連邦の強化を試みていた。イタリア統一は、イタリア内部の穏和派と民主派双方のイニシアティヴの衝突にその根本的な原因を求めることができる。両者は、フランスが提供した好機を捉えようとしたのである。しかし、イタリア人は、ロシアとイギリスがヨーロッパ内部の紛争に積極的に介入することを控えるようになった結果生まれた状況を巧みに利用することができた。

クリミア戦争以降生じたロシアの政策の変化は、まもなく明らかとなった。皇帝ニコライ一世の死（一八五五年）と老首相ネッセルローデの死（一八五六年）に伴い、ロシアは、黒海に関する一八五六年のパリ会談の合意により傷ついた国家の名誉を回復するためにこの修正を図る一方で、諸君主の団結と一八一五年体制を擁護するという伝統的な政策を捨てた。オーストリアは、ハンガリー革命を鎮圧する際にロシアの支援を受けたものの、クリミア戦争でロシアを支援するための介入は行なわなかった。ロシアの新皇帝アレクサンドル二世と首相ゴルチャコフ(七)は、こうした態度をとったオーストリアを裏切り者とみなして憎悪し、同国とイギリスからフランスを引き離そうとした。ロシアには、西ヨーロッパの現状を変える動機が欠けていた。同国と両シチリア王国の友好関係は長年続く一方、プロイセンとの関係については自国のポーランドの領有政策にとっての盾としてこれを維持する必要があるように思われた。しかし黒海に関する一八五六年の合意の修正に取りつかれていたアレクサンドル二世は、西ヨーロッパにおける一八一五年体制の修正をもくろむナポレオン三世には同意することになる。一八五七年九月にシュトゥットガルトで行なわれた両者の会談は、一八五九年三月に締結される秘密同盟への道ならしとなった。ちなみに、アレクサンドル二世は、この同盟を通じ、イタリア統一戦争中、好意的な中立政策をとることを約束している。イタリア問題を討議する会議の開催(一八五九年三月一八日)を呼びかけ、戦争勃発前に調停作業を試みたイギリスの努力を打ち砕いたのは、ロシアである。アレクサンドル二世は、一八五九年に中部イタリアから正統な君主を追放することになった革命や、それ以上に一八六〇年に行なわれたガリバルディによる両シチリア王国に対する攻撃に怯えた。にもかかわらず、彼はナポレオン三世との同盟に依然として忠実であった。つまり、アレクサンドル二世(一八五五―八一)は、英仏両国を対立させることにより中東に関する条約の修正が容易になるとの展望に魅せられていたのである。ロシアの政策は、必然的にプロイセンの政策に影響を及ぼした。プロイセン王フリードリヒ・ヴィルヘルム四世は、フランスとロシアを結びつけてオーストリアに対抗させる準備を進めてきた。精神障害を起こした彼の摂政を一八五八年以来務め、一八六一年より新王となった弟のヴィルヘルム一世(一八六一―八八)も、当初はロシアに敵意を抱き、イギリスとの親密な協調関係を求めた。しかし、この時点でさえプロイセンはオーストリアに対して中立の立場を維持した。ヴィルヘルム一世は、一八五九年のイタリア統一戦争の勃発以前にプロイセンの中立と引き換えにフランス、ロシア両国がドイツ連邦の領土を保全するという提案を拒絶した。しかし、彼は、ライン地方におけるドイツ連邦軍の統帥権をオーストリア皇帝フランツ・ヨーゼフに要求した際にこれを拒否されると、オーストリアを支援しなかった。イタリア統一戦争の期間中、ヴィルヘルム一世は武力を背景とした調停を企て、プロイセンの軍隊をライン地方の国境地帯に動員する。それは、イタリア内の「ドイツ」領に対する侵略に激昂したドイツ世論を懐柔するためでもあった。しかし、フランス、オーストリア両国が一八五九年七月にヴィッラフランカの和約を締結した結果、調停者として戦争に関わる望みを絶たれたヴィルヘルム一世は、イタリア問題に関して中立を維持する代わりに、ライン地方の国境地帯をロシアが確保することを結局承認した（一八五九年一〇月）。プロイセンでは、反仏感情よりもオーストリアに対する敵意の方が強かった。その結果、同国とロシアとの政策上の結びつきはますます緊密なものとなる。サンクトペテルブルクの政府は、一八六〇年三月に実施された中部イタリアのピエモンテへの併合を承認するようベルリンに圧力をかける一方、サルデーニャ王国とフランスに負担をかけて神聖同盟を改組しようとしたウィーンの提案（一八六〇年七月）をベルリンが拒否するよう、巧みに工作した。プロイセンはドイツの現状の変革を望んでおり、他方、ロシアは黒海に関する列強間の協定の修正を欲していた。オーストリアが孤立し、サルデーニャ王国が二度のイタリア統一戦争を遂行することが可能となった本質的な要因は、プロイセン、ロシア両国のこうした思惑に求められるのである。

ところで、イギリスがヨーロッパの政治に積極的に関わるのをやめたことは、ロシアの同様な態度と並び、一八一五年に承認された領土秩序の解体を促進するうえで決定的な役割を果たした。クリミア戦争は、関連諸国にマイナスの影響をもたらした。このため、新たな戦争の勃発を回避したいとの希望が各国間に広まった。パーマストンは、かつてギリシアに対し、イギリス国籍の怪しげな商人、ドン・パシフィクなる人物の保護を名目として賠償を強要することで、自国が〈新しいローマ帝国〉であるとの侵略的な自負しかし、そうした時代はすでに過去のものとなっていた。パーマストン、ラッセル、クラレンドン、マームズベリー[九]らイギリスの指導的な政治家は、一八一五年体制の修正を図ろうとするロシアとフランスに依然として対立していた。しかし、黒海問題に関して非妥協的な態度をとった結果、西ヨーロッパにおけるナポレオン三世の策略に抵抗できなくなることを彼らは予測できなかった。分裂した未熟な組織の政党に基づく珍しく弱体な政府がイギリスの国政を担当した時期（一八五五―六五）、外交問題にかつて積極的な関心を抱いていた同国の世論は、異例の影響力をその方面に行使することができた。イギリス人には、自由主義や国家の独立、統一を目指す運動に漠然とした共感を示す傾向があった。このことは、イタリアの解放をめぐる彼らの姿勢にも現われている。まず、イギリスの知識人は、イタリア文化を愛し、〈教皇権〉に対して伝統的に嫌悪感を抱いていた。このため、彼らは、グラッドストーンが行なったナポリのブルボン朝の失政に対する批判と、ピエモンテでカヴールが実施した自由貿易主義に基づく改革双方に対する支持を強めることになる。また、民衆に関していえば、ニューカッスルの労働者が一八五四年にガリバルディに名誉の剣を献上する一方、ロンドン市民は、ブレッシャやハンガリーの〈屠殺人〉と呼ばれたオーストリアのハイナウ将軍に対し[一〇]、憎悪の念をあからさまにしていたのである。

こうして、イギリスの世論がオーストリアの専制を嫌悪していたにもかかわらず、パリ会議における同国は、ロシアに対する最も効果的な防御の手立てとしてオーストリアの支持を続けるという姿勢を示した。実際、外相のクラレンドンは、ナポレオン三世に対し、オスマン・トルコの領土保全を保障する協定にオーストリア、イギリスとともに調印するよう説得している（一八五六年四月一五日）。イギリスの指導者は、イタリア問題に関してのみオーストリアと意見が対立したが、それとても彼らが半島部の領土秩序を覆すことを望んでいたわけではない。たとえば、クリミア戦争に参加した見返りとしてモーデナ、パルマ両公国を手に入れ、両国の君主をドナウ川流域の公国へ移すというカヴールのもくろみは、クラレンドンの同意を得られなかった。また、教皇領に対するカヴールの野心も、すでにナポレオン三世によって打ち砕かれてしまっていた。クラレンドンやパーマストンにとり、イタリアに関して実行可能と思われる方策は、オーストリア、フランス両国の軍隊を教皇国家から撤退させて同国の改革もしくは世俗化を目指すこと、あるいは南部イタリアにおけるブルボン朝の圧制を非難することがせいぜいであった。また、英仏両国は、ポーランドに関してもロシア皇帝に人道的な姿勢を求めるにとどまった。いずれの場合にも、クラレンドンは、四月八日に行なった教皇権およびナポリの専制に対する公式の非難で明らかなように、イギリス世論の支持を維持するためにこうした立場に立つのが有益であることを十二分に承知していた。彼は、三月三一日にパーマストンに宛て、次のように書き送っている。

「われわれが最後通牒を布告する前に、イタリア、ギリシア、そして爆弾王〔両シチリア王フェルディナンド二世〕の圧制による犠牲者のために今何かできるとしましょう。そして、ポーランド問題について判断を下し、調停作業の有効性について考えることができると仮定しましょう。もし、そうなれば、わが国の世論は満足できるのではないかと思います。」(Di Nolfo, 334, p. 504)

こうして、イギリスはイタリア問題への軍事介入をためらったが、この姿勢には効果がないことがただちに明らかとなる。つまり、教皇は改革の実施を拒否し、ナポリのフェルディナンド二世は、イギリスとフランスが自国の内政に干渉しないよう、厳しい態度を表明したのである(一八五六年秋)。イギリスの指導者は、イタリア問題を解決するには、諸邦が市民に自由を与え、改革を実行することが適当であると信じていた。彼らは独立を目標とする戦争などを想定するつもりはなかったし、統一戦争などなおさらのことであった。しかし、一八五九年にオーストリア、サルデーニャ王国、フランスの三国が戦闘を開始して国際的な危機が生じると、イギリスのとる不干渉政策によってオーストリアはますます孤立することになる。イギリスは、オーストリアに対抗するピエモンテに好意的な姿勢をとる意志を固め（逆に、オーストリアを支持するつもりはなかった）、プロイセンとナポリに対しては戦場を拡大しないよう警告した。ピエモンテは、対オーストリア戦で万が一敗北した場合でも自国の国境線を維持させるというイギリス（そしてフランス）の決定を頼りにすることができた。なぜなら、ヨーロッパのバランス・オブ・パワーを保つためには、この北部イタリアの王国の存在がどうしても重要な意味を持つからであった。

オーストリアとイタリアが戦闘状態に入った段階で、イギリスは、フランスの野心に対し、依然として憂慮の念を抱き続けていた。しかし、オーストリアがピエモンテに最後通牒を突きつけた後、イギリスのイタリア支持の姿勢が強まっていく。実際、一八五九年五月の総選挙の結果、グラッドストーンの支持を得て政権の座に返り咲いた自由主義の老練な指導者、パーマストンとラッセルは、ピエモンテの支持とフランスに対する牽制を目的として以前イギリスが行なった干渉政策を復活させる準備さえしたのである。しかし、あえて危険を冒す時代はすでに過去のものとなっており、「この恐ろしい二人の老人」（ヴィクトリア女王の言葉）は、女王と内閣の同僚に行動を抑制されてしまった。オーストリアとピエモンテの戦争がナポレオン三世の動きによって終結した後、パーマストンとラッセルは、ピエモンテの中部イタリア併合を支持する姿勢をとった。なぜなら、こうして強力なサルデーニャ王国が誕生すれば、フランスの動きを抑制できると彼らは判断したからである。サルデーニャ王国がサヴォイアとニッツァをフランスへ割譲したことに対し、イギリス世論は深い憤りを示した。同国では、カヴールに対する信頼感が今や弱まったにしても、イタリア支持の姿勢は朝野を問わず依然として強かった。イギリスが千人隊の遠征に好意的な態度をとった背景には、ガリバルディに対する国民の熱狂的な支持があったのである。しかし、当時のイギリスの政策は、ためらいがちで混乱していた。ラッセルが、国民の意志を尊重する立場からイタリアの統一を正当なものとみなす誇張した表現の宣言を一八六〇年一〇月二七日に発したのも、神聖同盟復活の脅威があったからにすぎない。つまり、もしそうした事態が生じれば、中東問題に関連してイギリスが危機に陥ると彼は判断していたのである。イギリスは、この重大な時期に以前とは対照的に干渉や調停に関わることを拒否した。これは、ロシアがとった中立政策と同じく、当時のヨーロッパの外交メカニズムが機能を発揮することを阻害する原因となった。つまり、両国がこうした姿勢をとった結果、オーストリアやイタリア諸邦の君主に対するイタリア人による攻撃が容易になったのである。

カヴールとイタリア

常に危険をはらんでいるとはいえ、ヨーロッパの外交上結局は二義的なものにすぎなかったイタリア問題は、一八五九—六〇年の国際関係においては主要な問題へと一変する。一八四八—四九年の革命に続く反動の時代に、ピエモンテは穏和主義、保守主義の遵守を明言していた。にもかかわらず、同国は、ヨーロッパの大半の外交家の目には革命的色彩の濃い危険な国家と映った。他のイタリア諸邦がオーストリアを抱き込んで防御同盟を結成しようとしたのも、ピエモンテに不安を抱いていたからである。サヴォイア家が、イタリアの民主派勢力の協力と自らが抱く伝統的な領土拡張の野心を結びつけることができたのは、同王家が意図的にあいまいな態度をとったからである。イタリアの外交家が、クリミア戦争以前のピエモンテを保守的で二心のある国家とみなす一方で、他のヨーロッパの外交家は野心を抱く革命的な国家と考えたのも、こうしてみれば理由のないわけでもなかった。

しかし、サヴォイア家の野心とそれが引き起こした不信の念は、全ヨーロッパ的なレベルで見れば相対的な重要性を持っていたにすぎない。つまり、サルデーニャ王国は、結局のところ二流の国家なのであった。クリミア戦争を背景として一八五三—五四年に国際情勢の緊張度が高まるにつれ、ピエモンテの指導者は、西ヨーロッパ諸列強とロシア、オーストリア両国の双方がイデオロギー上の対立に基づく全面戦争を引き起こすことを願った。もしそうなれば、サルデーニャ王国のような小国も、イタリアに対するオーストリアの恣意的な行動を弱めることが可能になるのではないかと彼らは期待したのである。こうして、同王国内の戦争に対する期待は高まり、国王ヴィットーリオ・エマヌエーレは、オーストリアに対する開戦を決意した。一方、瀕死のバルボは、オーストリアの関心をバルカン方面へ向け、同国を〈東洋化〉するという夢想を再び持ち出した。ピエモンテの脆弱さとこうした非現実的な計画に見られる一貫性の欠如は、ナポレオン三世が対オーストリア戦略を変えるたびに彼らの期待が揺れ動くさまにはっきりと示されている。マルゲリータ・プロヴァーナ・ディ・コッレーニョが二月二八日付の日記で指摘しているように、ナポレオン三世は、「イタリアを生かすも殺すも自分の意志しだいである」ことをオーストリアに示したがっていた（Malvezzi, 305）。

フランスは、イタリアの現状維持を基本線として一八五四年一二月にオーストリアとの同盟関係を成立させることにより、外交面で成功を収めたかに見えた。そして、この結果、ピエモンテの、とりわけカヴールの期待が打ち砕かれたばかりでなく、ピエモンテが長年はらんでいた孤立化の危険が再び生じることにもなったのである。オーストリアの側に立ってでもクリミア戦争に参加するというカヴールの決定は、彼の内閣の反対にもかかわらず強行された（一八五五年一月九日）。ちなみに、この政策には、前記の孤立化の回避以上に、〈保守反動の連中〉からなる政府を国王ヴィットーリオ・エマヌエーレが支持することでカヴールが犠牲者とならないようにとの目的があった。しかし、英仏両国間に同盟関係が成立した結果、サルデーニャ王国が基本的に無能な二流国であることが明らかとなり、参戦に関わる条件を諸列強に対して断固主張することは不可能であった。〈保守反動の連中〉の中でも最も頑迷なソラーロ・デッラ・マルガリータは、議会演説でカヴールを激しく批判する。

「〔クリミア戦争の〕戦場からこれほど離れたわが王国に対し、フランスやイギリスは、一体いかなる理由から同盟への参加を求めてきたのか。両国は、むしろバルト海の要衝であるデンマークに同盟を呼びかけるべきであったと思われるし、ストックホルムの政府に強く要求すべきであったとも考えられる。なぜなら、後者にとって、フィンランド奪回の夢は魅力あるものにちがいないからである。また、それ以上に、わが軍に勝るとも劣らない士気を持つ陸軍とかなりの規模の海軍の動員が可能なスウェーデンに対してこそ、英仏両国は今度の話を持ちかけるべきではなかったのか。」(Valsecchi, 333, p. 470)

実際列強は、一八五五年一一月にスウェーデンと同盟関係を成立させている。

ヨーロッパにおけるサルデーニャ王国の重要性は、クリミア戦争終結後開催されたパリ会議によっても高まることはなかった。同国がこの会議への参加を最初から認められた一方で、プロイセンは会議の後半まで参加を拒否されていたことは確かである。とはいえ、後者が前者よりも重要な意味を持つ国家であることを疑う者はいなかった。諸列強はカヴールを歓待したが、そうすることで彼が会期中討議にあまり口を差し挟まないことを望んだのである。こうして、パリ会議で何一つ成果を得られないまま帰国した彼は、自己の失策を認めざるをえなかった。カヴールのパリ会議への参加が、サルデーニャ王国を「敬意を表すべき」国家として諸列強が認めたことを意味するとしよう。この前提に立てば、同会議終了後の数カ月間彼は絶望感を味わう一方で、怯えていたことになる。つまり、革命家が新たな戦争の勃発を試みることによって、会議でせっかく得られたこの地位を無に帰してしまうのではないかと彼が恐れていたと考えられるのである。パリ会議でイタリア問題が討議された結果、ピエモンテは、イタリアでかつてないほどの名声を獲得することになった。これには、カヴール自身が非常に驚いている。こうした事態は、前国王のカルロ・アルベルトがオーストリアに対して初めて宣戦を布告して以来の一大事件であり、しかも今回は前回のように革命勢力と結託して汚れた性格を持つものでもなかった。しかし、オーストリアがロンバルディーア（それにハンガリー）で予想もしなかった懐柔政策をとったため、この名声は脅かされることになる。カヴールは、革命的手段によってオーストリアに立ち向かうことを公に拒否した（一八五七年一月一五日）。この事実は、イタリア問題の外交手段を通じての解決を彼が認めたことを意味する。しかし、外交活動がゆっくりと進展するのをただ待つという受け身の姿勢を彼はもはやとらなかった。つまり、彼は、パリ会議で得た経験を活かしてヨーロッパの外交を動かすことになる。このため、彼は、ミュラ派、民主派を問わず、その陰謀を排除すべきであるとは考えなかった。とはいえ、それは、ヨーロッパの外交が許容可能な限度内で周到に監視され、展開されなければならなかった。カヴールは、パリ会議において、自国に対するイギリスの支援がどの程度であるかについての判断をまったく誤ったうえ、イギリス、オーストリア両国間の協定に関する情報も不足していた。そして、イギリスの支援を得てオーストリアとの新たな開戦を望んだ彼は、トーリー党の指導者と陰謀をめぐらせた。一方、彼は、今回はっきりとフランスの支援を求める姿勢を打ち出した。ヨーロッパの調和の崩壊を通じ、彼は、列強間の不和、対立を巧みに利用する機会を得ることになった。とはいえ、イタリアの統一が可能であるとの考えを彼が認めるには、民主派の絶えざる脅威（あるいは、彼が脅威とみなしていたもの）がなお必要だったのである。

二　民主派の危機

民主派は、革命を背景としてかなりの名声を獲得し、あふれんばかりの楽観的な展望を抱いて台頭してきた。彼らは、一八四八年にイニシアティヴを喪失したが、翌年、ローマ、ヴェネツィア、ハンガリーで得た民衆の支持を背景とする抵抗運動の実現を通じてこれを償った。一方の穏和派は、革命期間中至る所で評判を落とし、結果的には反動勢力に加担するか、沈黙や亡命を余儀なくされた。イタリアでは、ピエモンテを除き（ここの状況は依然として不確定であった）、すべての国家で激しい反動の嵐が吹き荒れた。民主派は、この状況に意を強くする。なぜなら、これによって、ジョベルティズモや穏和主義がいかに非現実的なものであったかが明らかとなる一方、オーストリアや諸君主の支配に対する民衆の敵意が強まり、彼らの自由を獲得する唯一の効果的手段として革命が脚光を浴びることになったからである。イタリアの民主派の楽観的な展望をさらに強めたものは、ヨーロッパにおける革命の退潮はほんの一時的なものにすぎず、今すぐにでも怒濤の進撃を再開するにちがいないとの信念であり、これは亡命中の同志が共有するものでもあった。革命の前進にとっての救済の時は、一八五二年になるはずであった。なぜなら、ルイ・ナポレオンのフランス共和国大統領の任期が満了したこの年、国民は彼が企てたクーデタに対して一致団結して立ち上がり、これを挫折させることが可能だったからである。イタリアのすべての民主派は、フランスの持つ伝統的な革命の使命を評価する点で意見が分かれていたものの、革命運動の復活を同国における革命の再発と依然として密接に結び付ける点では一致していた。

革命を組織的に再生させるうえでイニシアティヴをとったのは、当然のことながらマッツィーニであった。彼の名声は、彼がローマ共和国の指導者の立場にあったことから、イタリアだけでなく、ヨーロッパ中の民主派の間でおそらくかつてなかったほどに高まっていた。自らの国民としてのアイデンティティーをなお勝ち取らなければならないという諸国民の使命に対する信念を、彼は相変わらず抱いていた。とはいえ、その一方で、彼は、フランスで革命が勃発することを期待し、それに基づく計画を立ててもいたのである。しかし、革命の狼煙がフランスで上がったにしても、その成否は、中央ヨーロッパの諸国民、とりわけオーストリア帝国内のスラヴ人による一斉蜂起の成否にかかっていた。マッツィーニは、次の四グループ（ロシア人、ポーランド人、ボヘミア人とモラヴィア人、それにセルヴィア人・クロアチア人・スロヴェニア人・モンテネグロ人およびブルガリア人と種々雑多の国民よりなるグループ）をスラヴ人と規定した。彼によれば、このうち、指導的な国民として活動することを運命づけられていたのはポーランド人であり、他方、ボヘミア人にはオーストリア帝国の崩壊を引き起こす役割があるという。また、スラヴ人よりもさらに重要な意味を持っていたのはハンガリー人であり、彼らはイタリア人と同時に蜂起し、オーストリアを打倒する任務を帯びていた。彼は、こうした考えに基づいて新しい組織、ヨーロッパ民主委員会（一八五〇年結成）の代表に異なった国籍の人物を注意深く選んでいる[二二]。つまり、ルドリュ＝ロラン（フランス人）、ルーゲ（ドイツ人）、ダラーツ（ポーランド人）、ブラティアヌ（ルーマニア人）がそれである。ところで、マッツィーニは、中部ヨーロッパの実情を理解してはいなかった。つまり、この地域では、ハンガリー人が単一のスラヴ民族として急速にまとまりつつあると彼は考えていたのである。このため、コッシュートは、イタリア人とハンガリー人の連帯を実現するためにマッツィーニと協力する姿勢をなお示してはいたものの、ルーマニア人をメンバーに含む前記委員会への参加は拒否している。しかし、マッツィーニが直面した一層重大な問題は、委員会のフランス、ドイツの代表に反社会主義者を選んだことから生じた。つまり、これに対し、社会主義者グループがただちに反発したのである。

実際、この選択は、すべての民主派勢力より成る統一戦線を結成し、これを自己の指導下に置くことを意図するマッツィーニにとってマイナスとなった。革命を通じ、社会主義者と民族主義者との著しく対照的な立場が西および中央ヨーロッパの全域で鮮明となる。前記のヨーロッパ民主委員会は、確かに非現実的な性格を持っていた。つまり、民衆の重要な支持が得られる可能性があったのは、実際にはハンガリーだけであった。そして、この問題を別にしても、自己推薦によるメンバーで構成される同委員会は、ブラン、ジョルジュ・サンド、ゲルツェン、マルクス、エンゲルスの辛辣で侮蔑的な評価を引き起こし、〈エミグレ〉〔政治的亡命者〕間の分裂を際立たせたにすぎない。旧ローマ共和国の三頭執政官サッフィ、サリチェーティらによってこの委員会と同時に結成されたイタリア国民委員会も、同様の反応を引き起こした。マッツィーニは、旧ローマ共和国議会が三頭執政官に委任した権威を用いてこの委員会の正当性を主張したが、状況を変えることはできなかった。マッツィーニに対する反発が生じた原因は、彼のプログラムの内容だけではなく、イタリアの民族的な党派を創設する権利を自分が独占しているという彼の主張にも求められる。

「イタリアでは、ピウス九世とカルロ・アルベルトが権力を失った。そして、ローマに共和制が樹立されて以来、ただ一つの党派しか存在してはいないし、それ以外のものが存在することは不可能であることを繰り返し述べておく必要がある。つまり、それは、〈ナショナルな政党〉である」（257, vol. 39, p. 341）

と彼は記している。

しかし、ジョルジュ・サンドは、マッツィーニの社会主義者に対する攻撃に反駁し、次のように主張する。

「あなたは、どんな種類のものであれ、あらゆる教義を激しく罵っている。その際、あなたが示す傲慢さは、〈わが教会を除いて、救いを得られる場所はない！〉と叫ぶ教皇のそれと同じではないか。」

(Mazzini, 257, vol. 47, p. 205)

マッツィーニのプログラムは、相も変わらずであった。つまり、少数グループの指導に基づく国家統一と国民の蜂起、それに独立達成後に招集される立憲議会によるイタリアの方向性の決定という主張を、彼は宗教的色彩が濃厚な献身の精神に満たされた表現を用いて繰り返すのである。一方、共和制についての言及は彼にはない。なぜなら、立憲国家ピエモンテに対する態度をいまだ決めかねている亡命者を引きつけておきたいと彼は考えていたからである。とはいえ、彼ら亡命者の間で、マッツィーニの支持が高まっていったとの証拠は乏しい。たとえば、ジョベルティは、彼の最後の著作となった『イタリアの道徳的・文化的再生』（一八五一年）で、やはりフランスにおける民主勢力の復活に期待をかけている。しかし、半信半疑であったとはいえ、反オーストリア、反教権的性格を持ち、偏狭な郷土意識の希薄な立憲国家ピエモンテが、イタリアを救う可能性があることを彼は渋々認めざるをえなかった。ピエモンテの王政は、相変わらず多くの愛国者の支持を引きつけていた。一八五一年七月に彼が行なった共和制擁護の主張は、こういった状況が背景にあったために時宜に適したものとはいえなかった。したがって、彼は、社会主義者と連邦制を支持する民主派双方から批判を浴びただけでなく、ピエモンテになお好意的な愛国者の支持獲得に失敗したことを認めざるをえなかったのである。

しかし、最も激しい反発を引き起こすことになったのは、彼が展開した社会主義批判である。この批判は、彼が民主派の広範な支持を得ようと望む限りは覆い隠されていた。しかし、一八五一年一二月二日にルイ・ナポレオンがクーデタを起こした後、その辛辣な調子があらわとなった。マッツィーニは、革命の敗因を、穏和派の裏切りだけでなく、フーリエ、プルードン、ルルー、そしてブランの展開した唯物論的な〈体系〉にも帰していた。そして、いつものように社会主義や階級闘争に邪魔されないイタリアの姿をヨーロッパの全体像に置き換えた彼は、フランスの持つ革命の使命に対し、新たな呪いの言葉を浴びせた。ちなみに、フランスでは、民衆が抱く真の革命的熱情が、社会主義者の影響で腐敗しつつあると彼は考えていた。こうした激しい社会主義批判には、彼の内なる確信と戦術上の必要性が結びついていた。なぜなら、反動勢力と教会が、共産主義のもたらす社会的な脅威と彼自身とを同一視するプロパガンダを展開しており、彼がその効果を恐れていたのである。これは、故なきことではなかった。たとえば、イエズス会の新しい新聞、『ラ・チヴィルタ・カットリカ』は、マッツィーニを批判する際、結局は彼を諸悪の権化とみなしている。つまり、彼は、「売春と殺人を礼賛する一方で、家族制度の撤廃と女性の解放を望み、所有権の否定をもくろむ輩」ということになる (La Civilta Cattolica, vol. 1, 1850)。

彼は、最も重視していた中産階級の支持を失うことで、自己の指導力や運動の財政基盤が消滅する事態を恐れた。このため、経済や社会の改革に関する議論は、革命が成功するまで一切棚上げにすることを彼は望んでいたのである。

「世間には、反動派の著作にだまされて、われわれのことをまったく誤解している人々がいる。つまり、われわれが、テロや無秩序を通じて目標を達成したがっており、野蛮なアナーキストの教えを乞うことによって利益の獲得を目指している、というのである。そうすることで、われわれが、安定した社会の完全な抹消を企てていると彼らは信じ込んでいる。ところが、われわれが訴えかける対象は、まさにこうした人々、つまり、われわれのことをまったく誤解している人々なのだ。彼らを安心させなければならない。つまり、われわれは、まったく公明正大であるということを彼らに示す必要があ

る。」(Mazzini, 257, vol. 46, p. 76)

自己に対するあらゆる反発を派閥的なものとして退ける独断的な姿勢、一八三一年に初めて公表して以来変化のないプログラムを主張し続ける頑なな態度、そして社会主義者や連邦主義者に対する攻撃が原因となって、民主派の亡命者すべてに認められる指導者を目指すというマッツィーニのもくろみは、たちまちにして崩れ去った。一方、一八四八年以前にも、彼の指導に対する反発が生じていた。つまり、当時の彼が穏和派や君主制との妥協を拒んでいた一方で、社会問題の検討を回避する彼の態度に反発する者もわずかながら存在したのである。そして、四八―四九年革命の経験を積んだかつてのマッツィーニ支持者の多くは、彼のプログラムに見られる政治面での形式主義を今や公然と非難するに至った。革命の経過を考察したマッツィーニは、それが人類進歩の方向性に関する彼の解釈が正しいことを確証したものと考えたにすぎない。一方、フェッラーリ、カッターネオ、モンタネッリ、ピサカーネ、デ・ボーニ、そしてマエストリは、革命が失敗した結果自己批判が必要となり、また、過去の革命運動の敗因についても個々に綿密な分析をしなければならないと判断した。つまり、彼らは、そうすることによって将来のイタリア統一を目指すべきであると考えたのである。これに関連し、モンタネッリは次のように書いている。

「今結論を急ぐことは時期的にみて不適当で危険であるとみなし、議論を先送りしようとする者もいる。しかし、われわれが分裂しているのはなぜなのか? それは、われわれが共有すべき目標や活動手段について、なんら合意が得られていないからである。われわれには誠意がある一方で、過去の過ち〔運動の失敗〕がわれわれを分裂するものと仮定しよう。こうした場合、相互の誤解を払い除けてわれわれが今後の団結を図るためには、真理を探究し、議論していくしかない。」(Montanelli, 315, pp. 50-1)

マッツィーニを批判する者は、従来独立と統一を強調するあまり自由が犠牲となり、闘争の対象として外国人を重視したために特権に対する闘いが犠牲にされてきたと主張している。たとえば、フェッラーリは、こう述べる。

「もしも外国人を敵とみなしたいのならば、外国人はオーストリア人だけを意味するわけではない。つまり、農業労働者を抑圧するバローネや、祖国や家族を持たない高位聖職者もまた外国人を意味するのである。彼らは、ミラノ、ヴェネツィアにおいて見いだせるだけでなく、ローマを支配し、そこで国際的規模の悪業を極めている。また、教皇庁だけが外国人というわけではない。教会とオーストリア帝国の支配に財産上の特権を通じて関わっている連中も、また外国人と呼ぶべき存在なのだ。」(Ferrari, 269, p. 1)

イタリアでは、自由を革命の原動力とすることに失敗した結果、個々の国家という限られた領域に闘争が押し込められてしまった。カッターネオは、この状況を次のように説明する。

「それゆえ、革命の膨張力は、極めて矮小化されてしまった。なぜなら、普遍的な自由の概念が進展を見せるのではなく、孤立的な性格を持つ独立という、より狭量な考えが幅を利かせてしまったからである。」(Cattaneo, 265, vol. 1, p. 371)

民族独立の戦いは、勝算の見込みがほとんどなかった。なぜなら、教皇権とオーストリア帝国が、ともに国際的な性格を持っていたからである。この両者は、フェッラーリによれば、「教皇と皇帝、換言すれば、キリストとカエサルの地に生まれたこの呪われし存在」(268, p. 156) であった。このため、イタリア人は、他のどの国民にもまして、被抑圧者すべてに共通する唯一の大義、つまり、自由のために闘わなければならない。デ・ボーニ、マエストリ、モンタネッリ、フェッラーリは、反動勢力が超国家的な神聖同盟を再結成する事態は避けられないと考えた。そして、この同盟を介し、教皇権が持つコスモポリタニズムがヨーロッパのあらゆる特権階級を団結させ、引きつける、というのである。

統一と独立に関するマッツィーニの主張は、革命を挫折させる一つの原因となった。そして、今や説得力を持つに至った連邦主義者は、民衆運動の基盤をなす地域的、局地的な性格を痛いほど意識していた。カッターネオは、民衆には戦う意志はあると判断している。しかし、それは、あくまで彼ら自身の利にかない、さらに彼らが生来慣れ親しんできた制度の維持が保障される場合に限られていたというのである。彼は、ロンバルディーアの蜂起がこの状況を証明するものと考えた。革命は、王家が主導する諸地域併合運動の展開によって崩壊した。そして、マッツィーニによるイタリア統一の主張が、彼にとっては不本意であるとはいえ、その地ならしをしたことは確かである。

マッツィーニの主張は、王家による併合主義に共和主義的な色づけをしたものにすぎず、その実体は同じであるとフェッラーリは鋭く指摘する。そして、彼は、マッツィーニの主張に代わるプログラムを次のように提示している。

「私の仕事は、マッツィーニの主義主張とのあらゆる論争を回避すること、そして彼のプログラムとピエモンテの流儀との整理統合を図り、両者がこれ以上分離できないようにすることである。」(Cattaneo, 263, vol. 2, pp. 349-50)

カッターネオは、ピサカーネの懇請にもかかわらず、自身が連邦主義と解しているものを決して明確に定義しようとはしなかった。しかし、カッターネオは、それを本能的に自由と同一視していた。

「自由は共和制であり、共和制は多元的な性格を持っている。つまり、換言すれば、連邦制である。」(Cattaneo, 263, vol. 2, pp. 122, 157)

統一は皮相的な概念であり、個人の自由にとっては重荷となる。カッターネオは、漸進的なイタリア統一を考慮の対象から除外しようとはしなかった。しかし、それを実現させるための条件として、彼は、各市町村の共和主義を土台とする連邦制の中でイタリア人が物心両面において水準の向上を果たし、彼ら相互の自然な連帯がしだいに強化されることを挙げている。一方、フェッラーリは、さらに進んだ考えを持っていた。つまり、自由を崇拝する彼は、いかなる犠牲を払ってでも個人の自主性を擁護し、統一の達成をはるか先のこととみなし、これは現状では想像もつかないと考えた。しかし、カッターネオとフェッラーリは、ともに実際の革命体験に基づき、マッツィーニを相手に気配りを怠らない論争を展開する中で、共和主義に基づく連邦制の概念を練り上げていった。そして、彼らは、この概念が、自由と独立のための闘争双方の両立を可能にする実際的な手段の基礎になると考えた。

他方、彼らによれば、マッツィーニは、こうした自明の真理を批判し、単なる皮相的な意味を持つにすぎない政治的なスローガンを掲げ、不平等の保持を隠蔽するまったく形式的な自由の概念を示しているだけであるという。たとえば、フェッラーリは、次のようにマッツィーニを批判する。

「形式的な自由が……味方と敵、善と悪、正義と不正、真理と過ちをあまねく擁護してしまうのである。」

マッツィーニが、一八四八年に農民の自己犠牲になお期待をかける一方で、真に革命的な原理をなぜすべて放棄したかを、この批判が明らかにしている。

「彼〔マッツィーニ〕は〈シニョーリ〉〔上流階級の人間〕とともに歩んでおり、すべての貧乏人が彼の説く大義のために自己犠牲を払うことを望んでいる。彼は、六月（一八四八年のパリで発生した六月事件）の残虐な鎮圧者と友情を交わした後、戦争は民衆が起こすものであり、扇動的な性格を持つと主張している。彼は、カヴェニャックと同じ考えを持つ一方で、社会主義の奇跡が起こることを切望しているのである。」(Ferrari, 268, pp. 125, 107–8)

革命は、政治的な性格以上に社会的な性格を帯びた時にのみ達成可能であった。社会主義者の思想や体験が、革命期にイタリアの民主派サークルの中で広まり始めた。そして、一八四八年革命の初期の段階以後、民衆の支持が弱まった事実をマッツィーニの批判者が強く意識した背景には、こうした社会主義者の思想や体験があったのである。民衆、とりわけ農民の孤立、彼らの物質的な生活条件向上の願望、真に革命的な「概念」による彼らの支援獲得の失敗、といった状況は、かつての民主派の指導者だけでなく、北部や南部における多くの二流の人物が当時公にした批判的で、（二二）攻撃的な著作の中で繰り返し取り上げられている。たとえば、ペトゥルッチェッリ・デッラ・ガッティーナやラ・ファリーナのように、階級間の深刻な対立や革命勢力としての農民の分析を（二三）行なうものの、そこから急進的な結論を引き出さない者もいた。他方、マエストリやデ・クリストフォリスのように、とりわけロンバルディーアの人間の中には、社会問題の解決策としてプルードンの主張する人民銀行に期待する者もいた。しかし、フェッラーリ、モンタネッリ、そしてピサカーネ（カッターネオは意見を異にする）は、イタリアにおける革命の成功を保障できるのは社会主義だけであると考えていた。

折衷的な傾向を絶えず示していたジュゼッペ・フェッラーリは、プルードンやルイ・ブランの思想、そしてサン゠シモン主義と並び、フランスにおける革命体験から直接の影響を受けていた人物である。彼は、イタリアの社会構造がフランスの場合と比較して遅れたものであることを鋭く察知していた。しかし、彼はこの分析を通じ、イタリアの革命が、社会・政治両面の性格を併せ持つ場合に限って達成可能であり、その際にフランスで社会主義に基づく民主的な革命が呼応して勃発することが必要であるという結論を引き出した。彼は、ドグマや宗教上の作り話に対して〈無信仰〉、換言すれば、理性や科学が勝利を収めることにより、社会主義が達成されるべきであるとした。しかし、それと同時に、社会主義は、生存権によって正統化される〈農地均分法〉の実現を通じて達成されなければならなかった。ちなみに、生存権は、別の表現を用いれば、「必要不可欠なものを手にする権利」であり、相続権の廃止に基づく私有財産の制限によって実現可能なはずであった。一方、ジュゼッペ・モンタネッリは、フェッラーリほど過激な考えを持たず、社会に見られる深い分裂状態に関しても彼ほど強くは意識していない。彼は、フェッラーリの説く無神論を退けた。しかし、マッツィーニの主張する政治的な性格だけを持つ革命には敵意を燃やす点で、両者は似かよっている。さらに、モンタネッリは、イタリアを救う唯一の道は社会主義であると考えた。ちなみに、彼の説く社会主義は、フランス、とりわけラムネーの思想から派生したキリスト教社会主義であった。ちなみに、この思想によれば、聖職者の持つ政治権力を攻撃する一方、農民の生活の向上、それに個人の自由を国家の侵害に対抗しつつ強化することが重要な課題であるとされていた。

次に、カルロ・ピサカーネは、イギリスで亡命生活を送る中で直接交流したフランス人社会主義者と、おそらくはフェッラーリの著作『共和主義連邦制』(一八五一年出版)からも強い影響を受けていたものと思われる。ピサカーネは、一八五一年に出版した著作『一八四八―四九年にイタリアで展開された戦争』において、イタリアのすべての民主派中、最も急進的な社会主義の結論を明らかにしている。彼は、一八四八―四九年における革命運動の失敗を分析するにあたり、イタリアのブルジョアジーと民衆の境遇および願望に関する古典的な解釈をその基礎にしている。また、彼は、そこからイタリアの革命は徹底的な社会主義革命でなければならないとの結論を引き出している。ちなみに、こうした傾向は、フェッラーリよりも彼の方にはっきりと見いだせる。

「イタリアのブルジョアジーは、土地と資本を所有している。彼らは、商業、学問、工業、それに働き口を独占している。彼らは、アメリカ、イギリス、フランスと同じように、イタリアでも支配者の地位にある。その彼らに唯一欠けているものは、他の諸国のブルジョアジーが享受している諸権利である。彼らは、それらを獲得すべく一八一五年以来努力している。しかし、それはいずれも水泡に帰しているし、今後も結果は変わらないであろう。」(Pisacane, 324, p. 352)

ブルジョアジーは、革命を成功させるために民衆の支持を必要としていた。しかし、ただ「民衆に現状の変革を約束する明快で実際的な概念」だけが民衆の熱狂を蜂起以後も持続させることが可能であり、また、オーストリア軍を負かすことのできる規律ある勇敢な軍隊、〈武装民〉を創り出せるのである。そして、直接民主制、私有財産の廃止、そして国家権力の破壊(この主張には、プルードンの影響が感じられる)が、この革命の〈概念〉および原動力になる。イタリアの希望は、今や民衆が自らの抑圧された境遇を自覚できるかどうかにかかっているのである。

「民衆は、農民や労働者が汗して生み出した成果を地主や資本家がその怠惰な暮しの中で弄んでいる現実に気づいた時、苦悩し、不平をこぼす一方で、骨身を削るような最低の生活を強いられている。民衆は、こうした境遇をもはや認めているわけではなく、ただ堪え忍んでいるのである。彼らの間ですでに正体を現わし始めた現状に対する不快感は、将来勃発しうるイタリア革命の萌芽といえる。」

(Pisacane, 324, pp. 349-50)

民衆に対して生活の物質面における向上を約束することにより、彼らの支持獲得を可能とする社会革命が必要であるとの主張は、マッツィーニの主張する政治革命を批判し、これに代わるものとして、一八四八—四九年直後からイタリアの民主派の間にこうして登場したのである。社会革命は、革命運動に関するフランスのイニシアティヴに依存はしないまでも密接な結びつきを持つことを前提としており、この点でもマッツィーニの考えに対立していた。フランスのイニシアティヴは、フェッラーリが主張するように、蜂起が最初に勃発する地域が同国であるという地理的な意味合いにではなく、革命的な社会主義思想が盛んであるという事実に存している。ただ、ピサカーネだけは、フェッラーリ、モンタネッリ、カッターネオ、あるいはマニンといった連邦制を主張する共和主義者と意見を異にした。つまり、彼は、自由を獲得するために不可欠の条件として政治的な独立が必要であることを強く意識しており、彼らに典型的なフランスのイニシアティヴに依存する姿勢に同調しなかったのである。実際、ピサカーネは、ブルジョアジーが弱体で、しかも強力な正規軍が存在しないという現状を考えれば、イタリアの革命達成は容易であると考えていた。しかし、マッツィーニに反対する者は、ピサカーネも含め、民主派のプログラムを民族の独立という純粋に政治的な問題に限定することは時代後れであるとする点では一致していた。彼らは、マッツィーニの考えでは革命は必ず失敗するとみなしていた。なぜなら、これでは民衆の支持を得ることができないと判断していたからである。

マッツィーニと民主派内の反マッツィーニ勢力

さて、マッツィーニに対抗するフェッラーリは、一八五一年にフランスとピエモンテの亡命者に働きかけ、共和主義に基づく連邦制を旗印とする党派の結成を図った。カッターネオが主宰し、スイスのカーポラーゴにある出版社から公刊されたフェッラーリの著作、『共和主義連邦制』は、この組織結成準備のためのマニフェストを意図するものであった。彼は、連邦制は、社会主義と統合したものでない限り、マッツィーニの説く民族統一の主張と同じく〈形式主義〉批判のそしりを免れえないと考えていた。たとえば、彼はチェルヌスキに宛て、次のように書いている。

「連邦制の弁証法的論理（こんな言葉を使ってしまい、申しわけない）は、理解されないし、一般的でない。つまり、それは、行政に関する無味乾燥で誤った議論の中で一掃される可能性のあるものなのだ。しかし、いったん社会主義がこの概念に結びつくと、そこに閃光が走り、積み上げられた不実の山の只中で真実を語る勇気を与えてくれる。そして、これは、いくら時間がかかろうともすべてを説明してくれるはずである。」(Della Peruta, 271, p. 440)

フェッラーリは、カッターネオに期待していた。なぜなら、マッツィーニに劣らぬ名声を誇る人物は、彼しか見当たらなかったからである。しかし、カッターネオは、ミラノの五日事件で蜂起した市民を文字通り不承不承指導したにすぎず、また一八四八年には、パリにおける共和主義者の論争に嫌気がさしてこの件から足を洗っている。要するに、彼は書斎の人であって、行動の人ではなかった。彼は、スイスで亡命生活を送っていた時期に、イタリアの革命の敗因を示す資料の収集に全精力を費やした。そして、世論の形成だけが将来の革命の準備を可能にすると確信した彼は、中産階級だけでなく、「大衆」の啓蒙をも目指す文化活動に身を投じていった。彼が、フェッラーリやピサカーネの信奉する社会主義だけでなく、彼らの民衆行動に対する信仰から距離を置いた原因は、中産階級の担う文化が卓越した価値を持つという彼の固い信念それ自体に求められる。

「停滞した知性や意志を活性化させることができるのは、あらゆる手段を用いて促進され、奨励される教育だけである。ちなみに、われわれは、そうした停滞によって民衆が被害をこうむってきたことを知っているし、国家が国力を恣意的に利用することになった原因もそこにある。その結果、国家権力は、唯一絶対の支配者となってしまったのだ……世論が将来われわれを支持することになれば——

残念ながら、現在はそうではないけれど――、金銭、武器、兵士、その他諸々の物をわれわれは手に入れることになる。民衆を覚醒させたまえ、そうすれば、反対勢力は雲散霧消する。」(Cattaneo, 264, vol. 3, p. 132. ; 263, vol. 2, p. 46)

さて、カッターネオが積極的な役割を演じることを躊躇していたにもかかわらず、反マッツィーニ勢力は、一八五一年中頃には成果を生みだすかに見えた。マッツィーニがロンドンに創設した民主ヨーロッパ委員会に直接対抗する組織として、彼らは、ラムネーの影響下にフランス・スペイン・イタリア委員会、つまり、ラテン委員会を七月にパリで結成している。同委員会の社会改革に関するプログラムは、私有財産の擁護を謳っており、ラムネーの説くキリスト教的な社会の特徴であるヒューマニズムの刻印が鮮明であった。モンタネッリの委員会への加入は、マッツィーニに反対する種々雑多な民主派の結束に貢献した。ちなみに、モンタネッリは、将来のイタリアが共和制を布くべきであるとの点については頑として譲らず、いずれ勃発が予想されるフランス革命にイタリアの革命運動を結びつける必要性を確信していた。さらに、彼は、蜂起段階において単一の臨時独裁権力が必要であるとするマッツィーニの主張を否定し、代わりに、蜂起を通じて解放された地域がそれぞれ自発的に指導力を発揮して革命の核となる多元的な構図を描いて見せた。

このように、マッツィーニに対する攻撃は明白なものとなっていた。これに対し、彼は反対勢力との妥協を図ろうとしたが、無駄であった。民主派勢力の一致団結を目指す彼の企てが失敗したことは、彼が指導するロンドンの委員会からシルトーリらの支持者が脱会した結果、いよいよ明らかとなったように思われた。マニン、チェルヌスキ、カニーノ公シャルル・ボナパルトらを含むローマの立憲議会の元代表や閣僚の多くが、モンタネッリの許に結集した。また、以前ロンドンの委員会と緊密な連絡をとっていたパリのシチリア人亡命者は、離散し始めた。ラテン委員会が提示した社会改革のプログラムを軽蔑していたフェッラーリも、今や同委員会のイタリア・セクションの指導を企て、ロンバルディーアの代表としてチェルヌスキとカッターネオを、そしてヴェーネトの代表としてマニンを送り込もうとした。しかし、カッターネオはこの説得を再び拒絶した。こうして、カッターネオは、連邦制に有利なイタリア統一は結局は望めないとするフェッラーリの極端な共和主義に与しないことを明らかにした。こうして、反マッツィーニ派は、確固たる指導者不在の状態を続けなければならなかったのである。こうして、反マッツィーニ派の運動は、その維持を図ろうとするフェッラーリの努力にもかかわらず、種々雑多な構成が災いして急速に弱まっていく。さらに、ルイ・ナポレオンによる一二月二日のクーデタとフランスの社会主義および民主派の危機は、フェッラーリやモンタネッリのように社会主義やフランスに期待をかけていたイタリア人に対し、当然のことながらネガティヴな影響をもたらした。この時期以降、マッツィーニの主張する政治的な統一主義を基盤とするナショナリズム運動にとって重大な脅威となるような別種の民主派の運動は、連邦主義者、社会主義者を問わず、出現することはなかった。

ところで、フェッラーリやモンタネッリの活動は、ルイ・ナポレオンのクーデタが彼らの希望を一掃してしまう以前でさえ、フランスやピエモンテの〈エミグレ〉サークルだけにしか影響を及ぼしていなかった。これに対し、マッツィーニは、一八五一年末頃、そして特に一八五二年を通じ、イタリアにかつてないほどの広大な組織網を張り巡らすことに成功している。諸革命は、その指導者の大半が亡命したり投獄されたにもかかわらず、外国人や旧体制に対する反対運動を諸都市で引き起こした。ちなみに、その規模は極めて広範囲に及び、王政復古に反対する陰謀が速やかに復活している。

たとえば、ローマと教皇国家内の他の中心都市には、高度に集権化した組織網が張り巡らされた。これは、分隊、小隊、百人隊、大隊、それに市町村委員会によって構成され、上下関係が確立していた。これらの組織は、中産階級だけでなく、職人や未熟練労働者の間に広い支持を獲得し、そこからメンバーを満たしていった。トスカーナでは、チローニ(二四)やフェンツィ(二五)といったマッツィーニ派の革命指導者が運動を速やかに組織し、王政復古に最も敵対的な穏和派立憲主義者との関係を確立しようとしていた。トスカーナと類似したマッツィーニ派の運動は、ロンバルディーアでも、ミラノ、ブレッシャ、パヴィア、マントヴァ、コモで、それぞれの地域の指導者が展開した。なお、ヴェーネトの場合は、傾向はトスカーナと同じであるが、それよりは規模の小さい運動が展開されている。また、ピエモンテ、そして、とりわけリグーリアにもマッツィーニの主張が浸透しており、設立されたばかりの相互扶助協会を通じて民衆の支持が得られた。さらに、シチリアでは、今や大部分がマッツィーニ支持に回っていた民主派が、統一国家内における行政面での高度な自治と地方分権を主張した。にもかかわらず、彼らは、革命の経験を通じて穏和派との立場の違いを一層明確にする必要を痛感し、本土からの伝統的な分離主義の主張を放棄した。マッツィーニが自派の運動を組織できなかった唯一の地域は、ナポリであった。なぜなら、当地の反動勢力は、一八四八年五月一五日以来極めて強力でダイナミックな活動を展開し、民主派による運動の強化を阻止していたからである。〈イタリア統一〉グループと秘密結社〈軍事カルボネリーア〉（一八五〇年末）とが弾圧された結果、マッツィーニは、一八五三年のミラノ蜂起以降の時期まで南部本土地域との接触を図れずにいたのである。

　さて、マッツィーニが新たに結成した新国民協会は、イタリアの都市民衆の間に広範な支持を獲得した事実、それに彼が結成した最初の運動組織であるジョーヴィネ・イターリアにすでに見られた極端な集権的性格を持っていたことの二点によって特徴づけられる。ちなみに、民衆からのこうした支持の多くは、主として北部イタリアで一八四〇年頃より発展していた労働者の相互扶助協会を通じて得られたものである。ピエモンテでは穏和派の影響が強かったため、こうした協会組織の活動領域は、疾病や死亡に対処する保険制度の確立といった非政治的な経済問題に限定されていた。しかし、リグーリア、とりわけジェノヴァでは、マッツィーニの勢力が一八五〇年頃職人の組織を通じて彼らの支持を強化している。

ミラノでは、反オーストリアという愛国的な目標を相互扶助の目的と結びつけた労働者階級の地下組織が、マッツィーニの運動とは独立して発展した。ちなみに、この組織を指導した人物は、カルロ・デ・クリストフォーリスと老練な陰謀家G・B・カルタであった。(二六) ところで、この組織がマッツィーニのそれと異なっていたのは、オローナ委員会(かつて、チザルピーナ共和国時代にジャコビーノの組織にあった一部門)という名称を持ち、スパイの処刑というテロリスト的な手段を行使する点にあった。そして、マッツィーニがやっと同委員会と接触し、これを自己の組織網に吸収することができたのは、カルタが逮捕された後の一八五二年になってからのことである。しかし、この労働者運動は、反社会主義を標榜し、協同組合主義を基調とするマッツィーニの立場とはまったく対照的に、明らかに階級的な性格を持っていた。そして、この点は、蜂起の準備にとってネガティヴな影響をもたらすことになる。なぜなら、中産階級に属するマッツィーニが、この点に恐れを抱いたからである。デ・クリストフォーリスの友人、グティエーレス〔Guttierez, Gaetano 一八二五頃―八〇〕は、労働者がテロリスト的な運動の継続を申し出た際に憂慮の念を示したミラノのマッツィーニ派の状況について、次のように述べている。

「ある者はスパイの処刑を、そして別の者は警察長官、将軍、銀行家、さらにはイエズス会士の処刑を提案する者もいた……指導者たち〔マッツィーニ派〕は、これらの残虐な申し出をきっぱりとはねつけた……こうした彼らの姿勢は、地獄の大天使のもくろみを台無しにしてしまった。組織の悪党に支配されていた善良なメンバーが、陰にこもった憎悪の念を指導者たち〔マッツィーニ派〕に抱くようになったそもそもの原因は、まさにここにあったのだ。こうして、事態は極度に悪化した。組織の善良なメンバーは、無意識のうちに二種の悪党の間に立たされていることに気がついた。つまり、外国人抑圧者と同国人救済者という悪党である。そして、後者は前者よりも恐ろしい事態をしばしば引き起こしたのである。」(Guttièrez, 335, p. 159)

こうした社会的な緊張が蜂起の段階でのみ突発した場合、マッツィーニの集権的な政策は、一八四八年以前にそうであったように、一八五二年にも民主派勢力の抵抗を引き起こした。国民協会内部では、ペトローニ〔Petroni, Giuseppe 一八一二―八八〕がローマ委員会を半島全域を対象とする中央組織に変えようと試みた。トスカーナのマッツィーニ派、チローニとマッツォーニの支持を得た彼は、当地の組織の同意を取りつけることができた。ペトローニがこうした行動をとった理由は、彼自身が権威主義的な性格の持ち主であったことを別にすれば、被抑圧地域で活動を展開する陰謀家が抱く典型的な憂慮の念に見いだせる。つまり、これらの地域に将来創り出されるべき政治形態に関する彼らの考えを亡命者が無視するのではないかという気持ちであった。彼は、マッツィーニにこう書き送っている。

「あなたが、イタリア内部で行なうべき仕事をすべてはねつけるとは悲しいことだ。つまり、国内で革命運動を支持するに最もふさわしいと思われる人々をうんざりさせ、イタリア人を消極的な人間集団であり、砲弾の餌食となる役立たずとみなしているのは、あなたなのだ。あなたが中年の政治亡命者による組織を相変わらず存続させ、イタリアが亡命者によって占領されるべきであると考えているとは嘆かわしい。」(Guglielmetti, 336, pp. 133ff.)（一七）

ジェノヴァでは、ピサカーネとメーディチが指導する戦闘委員会が、マッツィーニの指導下にあるロンドン委員会の権威に挑戦状を叩きつけた。モルディーニ、ベルターニ[一八]らマッツィーニ派の支持を得た戦闘委員会は、マッツィーニを運動の中核から外し、連邦主義者や社会問題を重視する民主派グループとともに共和主義者の幅広い戦線の結成を提案した。一方、シチリアその他の地域の民主派は、マッツィーニの共和主義優先の立場を軽視する姿勢をますます強めていった。こうして、マッツィーニ派の運動は、長きにわたって一致団結できなかった。なぜなら、その組織が広がりすぎ、内部に緊張関係が生じていたからである。

さて、一八五二年の中頃、マッツィーニは差し迫った蜂起の準備を始めた。彼は、蜂起を起こすべき場所の設定と採るべき戦術についての決定を周到に遅らせることにより、フランスにおけるルイ・ナポレオンのクーデタがもたらしたマイナスの影響を克服することができた。この点で、彼は競合する連邦主義者とは対照的であった。しかし、ロンバルディーアでは、オーストリアの官憲による逮捕者が相次いだ結果、ベルフィオーレ〔ヴェローナの東南〕ではリソルジメント末期の殉教者を生むことになる(一八五二年一二月七日)。こうした状況から、蜂起を一刻も早く勃発させることが必要になった。蜂起の戦略上の中核は、ロンバルド・ヴェーネトになるはずであった。なぜなら、それが実現すれば、オーストリアを麻痺状態に追い込み、ハンガリーの蜂起との同調を図ることが可能になると思われたからである。一方、南部は、蜂起の対象からは外された。当地には、蜂起を支援すべき強固な組織網が欠けていたためである。また、ローマには、フランス軍が駐留しており、ここで最初に蜂起を起こすことは極めて危険であった。蜂起に対する同意と金銭的な支援は、ピエモンテの民主派議員、ロレンツォ・ヴァレーリオとアゴスティーノ・デプレーティス[一九]から得られた。一方、ベネデット・カイローリ[二〇]とシュテファン・テュール[二一]に率いられたロンバルディーアおよびハンガリーの亡命者は、ロンバルディーアに侵入する機会をうかがっていた。計画では、ミラノの蜂起がロンバルディーア全域にわたる蜂起の引き金になるはずであった。そして、この広域に及ぶ蜂起が実現すれば、オーストリア軍の補給線が分断され、続いて、今度は教皇領のエミーリア、ロマーニャ、マルケの民衆蜂起が誘発され、イタリアにおけるオーストリア軍の防御線が破壊されるはずであった。そして、さらにナポリ地方への攻撃が実施され、これに呼応してシチリアで蜂起が勃発する予定になっていた。

ところで、この計画を実現するうえでの最大の障害は、マッツィーニを支持するロンバルディーアの中産階級が蜂起の開始を躊躇していた点にあった。つまり、彼らの組織網は、前記の一連の逮捕によって混乱状態に陥っていたのである。しかし、マッツィーニが認めざるをえなかったように、彼らの懸念には深い理由があった。なぜなら、彼らは、いったん勃発した蜂起が社会的な暴動へと転化するのではないかと恐れていたからである。当時、スイスにいたマッツィーニとサッフィは、ミラノの二種類の社会階層、つまり、労働者とブルジョアジー両グループの和解を図るべく死に物狂いの努力をしている。ちなみに、これらのグループは相互不信に陥っており、愛国的な目標達成に関わる協力の原則をすべて否定していた。マッツィーニは、一八五三年一月中頃、イギリス国籍の友人に宛て、絶望的な調子で次のように書き送っている。

「私に付き従っているのは、実に不可解な人々です。つまり、中産階級の彼らは、オーストリア人に対して当然のごとく憎悪の念を抱いてはいますが、その一方で、蜂起は必ず失敗すると信じています。その結果、彼らは蜂起に反対する運動に身を投じているのです。他方、私の許へやって来る民衆の代表者は、こうした高貴な方々〔中産階級〕に付き従おうとは望んでいないとはっきり宣言するのです。」(Mazzini, 257, vol. 48, p. 129)

ミラノの労働者階級である〈バラッバ〉〔小悪党〕が蜂起を開始し、他方〈燕尾服〉と呼ばれるブルジョアジーと前述したジェノヴァの戦闘委員会がこれに参加するであろうことは誰もが認めていた。しかし、このミラノ蜂起は、悲惨な結果に終わった。理由は何であれ、一八五三年二月六日にミラノのオーストリア駐屯部隊に攻撃をしかけたのは、前述したオローナ委員会に加盟する二〇〇ないし三〇〇の職人と労働者のうち、わずか数百名を数えたにすぎなかった。彼らが、たちまちにして蹴散らされたことはいうまでもない。

こうして、ミラノ蜂起が失敗に終わった結果、イタリアにおけるマッツィーニの影響力は決定的に低下した。彼に対する非難は以前にもまして激しさを増し、マッツィーニ派の運動は解体した。民主派内の連邦主義者を率いたカッターネオは無益な流血を公然と非難し、さらに、一時は民主派の自立的な組織結成の必要性までも主張した。しかし、その一方で、彼は、世論の指導が必要であるとの強い信念を持っていた。連邦主義者が自らの政治活動によって運動のペースを早めようとしなかったのは、このためである。また、メーディチ、ベルターニ、モルディーニといったジェノヴァの民主派グループは、すべての共和主義者グループを内に含み、イタリア半島内部における革命運動を民主的に分権化できるような大規模な党派の結成を改めて提案した。一方、ローマにおけるマッツィーニ派の組織網は弾圧を免れはしたものの、今や分裂状態に陥った。依然としてマッツィーニに忠実であったペトローニの周囲には民衆のグループが結集する一方で、中産階級の陰謀家集団である〈融和派〉が存在していた。ちなみに、後者は、独立を目指す統一行動を阻害するすべての提案（とりわけ共和主義）を取り下げるよう要求していた。トスカーナでは、多くのマッツィーニ支持者が、穏和派の立憲主義者に一層接近しつつあった。彼らは、すでにピエモンテに期待をかけ始めていたのである。亡命者間でそうであったように、北・中部イタリアの民主派もマッツィーニに幻滅していた。この結果、同地域では、イタリア統一には共和主義が不可欠であるとの考えを放棄し、穏和派との統一行動に踏み切るべきであるとの要求が出された。

その後、こうした考えを持つ民主派の数はますます増加し、彼らは国民協会に加盟することになる。もっとも、彼らのそうした方向転換は、しばしば遅々とした歩みであり、積極的なものであったとはいえない。彼らは、君主制あるいは共和制、それに統一国家あるいは連邦制のそれぞれどちらを選択するかについては、独立戦争で勝利を収めるまで結論を引き延ばすつもりであった。しかし、その一方で、彼らの多くはこの問題の決定権が国民議会にあるとの信念を捨てることには依然として消極的であった。一八五四年一一月、パリに集まった重要な亡命者のグループがとった態度は、まさにそれである。ちなみに、彼らの中にはマニン、シルトーリ、マエストリ、そしてシチリア人のアマーリ(二二)がいた。また、一八五四年のガリバルディのように、マッツィーニと袂を分かった者もいた。その原因は、マッツィーニが、あらゆる批判に対して独善的(二三)にまったく不寛容な態度をとったことにある。他方、ラ・ファリーナやヴィスコンティ・ヴェノスタのように、かつてのマッツィーニが共和主義の可否をめぐって揺れ動いた事実を引き合いに出して、自己の共和主義放棄を正当化できた者もいた。こうしたマッツィーニ派の解体を促進したのは、彼が新たに試みた蜂起の企てが哀れむべき結果に終わった事実である。そして、クリミア戦争を契機にピエモンテに新たな期待が持てるとの展望が生まれると、共和主義に対する中産階級の支持は、北・中部イタリアでは消滅した。

マッツィーニは、あらゆる社会問題を国家統一の大義に故意に従属させ、社会主義に対しては激しい敵意を燃やし、さらに独立と統一という純粋に政治的な問題にもっぱら関心を集中させていた。この結果、彼が採った蜂起戦術の失敗が明らかになるや否や、君主制を基盤として愛国心を鼓舞する方向を目指す穏和派は、有利な立場に立つことになった。カッターネオは、こう指摘する。

「マッツィーニは、傲慢な性格を持ち、カエサルのように専制的で、ナポレオンのように独裁的である。」(265, vol. 1, p. 250)

一方、マッツィーニが共和主義を放棄する用意があるように見えた時、モンタネッリは、彼にこう警告している。

「大多数の人間の意志が、結局は少数者の意志によって決定されるということを今やわれわれの誰もが知っています。また、革命の基盤となる原理は立憲議会の中で、強制的に、あるいは意見の一致を見ながらおのずと確立するものであることもわれわれはみな承知しているのです。」(Mazzini, 257, vol. 45, p. 337)

疲労の色が濃いとはいえ相変わらず闘争心旺盛なマッツィーニは、彼のかつての信奉者がいともたやすくピエモンテ支持に回った事実を、一八五五年頃に認めざるをえなかった。彼は、カヴールに宛てた公開書簡の中で、外交面での裏切り行為とピエモンテのクリミア戦争への参加を次のように非難している。

「三四年この方、イタリア人の頭の中では、権利、明快な判断力、そして論理的な思考が宿命的なあいまいさとせめぎ合ってきた。一八二一年革命の挫折、ミラノの蜂起の失敗、ノヴァーラでの敗戦、国家の自由を求める者たちに対する絶えざる弾圧、そして蜂起に同調する姿勢を見せてはならないとする王家の主張が過去に見られた。にもかかわらず、王家が被抑圧者を解放し、国王が蜂起した民衆の先頭に立つという幻想は、愛国心に燃える極めて多くの者の脳裏に、最近ふたたびちらつくようになってきたのである。」(Mazzini, 257, vol. 55, p. 5)

マッツィーニは、ミラノ蜂起の失敗に関するすべての批判をはねつける一方、この運動への積極的な参加を拒んだ中産階級の共和主義者に失敗の全責任を押しつけた。

「私は、一八四八年革命時には王政を主張する教条主義者に対峙しなければならなかったが、その後は共和主義を振りかざす連中に対抗しなければならなくなった。」(Mazzini, 257, vol. 51, p. 60)

彼は、今や自己の影響力がなお強い職人と労働者に期待していた。しかし、ミラノ蜂起を通じ、彼はある重大な側面において態度の修正を余儀なくされた。つまり、彼は、イタリアが「観念」を振り回す時代に終止符を打って実際に蜂起を準備する段階に入っており、「武器」を取る時期が間近に迫っていると確信したのである。彼が新たに結成した行動党は、統一主義を支持する確固たる共和主義者の同質的な小グループによって構成されることになる。彼らは、革命をイタリア全土で発火させる役割を担うはずであった。ゲリラ戦術は、新たな重要性を帯びていた。なぜなら、ゲリラ部隊は、蜂起が勃発した後反撃を開始する敵を相手とはしないものの、蜂起の火付役として重要であると考えられたからである。

「イタリアにおける広域の陰謀は、すでにその役目を果たした。そして、蜂起の勃発が、今や至る所で準備されつつある。一方、小規模な陰謀、つまり、蜂起勃発に火をつける陰謀が、革命を成功させるうえで決定的な意味を持つのである。」(Mazzini, 257, vol. 51, p. 103)

こうした考えに基づき、一八五三年から五六年にかけて、ルニジアーナ〔トスカーナ地方北西部〕への侵攻が四度、そしてヴァルテッリーナへの攻撃が一度試みられている。

カルロ・ピサカーネ

しかし、こうした企てはことごとく失敗に終わり、マッツィーニ派から離反する者が相次いだ。統一運動のイニシアティヴをめぐってピエモンテの穏和派に敗れたことを悟ったマッツィーニは、一八五四年に非妥協的な共和主義を再度放棄することになる。彼が新たに掲げたスローガン〈中立の旗〉は、マニンや彼の仲間で親ピエモンテの立場に立つ者に対して向けられた。ちなみに、このスローガンは、彼らが君主制の問題に関わらないようにする一方、蜂起の勃発および臨時政府の樹立に際して彼らを団結させることを目的としていた。もしもこれに成功すれば、結果として彼らがピエモンテと同等な立場で交渉できるのではないかとマッツィーニは考えたのである。しかし、彼の組織網は、すでに崩壊し始めていた。つまり、その指導者たちは、まずローマの〈融和派〉、続いてロンバルディーア、トスカーナ、教皇国家、南部イタリアの国民協会やミュラ派の圧力を受けてマッツィーニの運動から離反したのである。ガルバルディ、メーディチ、ベルターニを中心とするジェノヴァのグループ、あるいはマニン、シルトーリ、トンマゼーオ、ミケーレ・アマーリら一八四八―四九年革命の指導者たちの多くは、マッツィーニの努力にもかかわらず、彼の許には二度と戻らなかった。

しかし、マッツィーニは、自分と同じくイタリアが今や革命を起こす段階に入ったことを確信しているピサカーネを味方につけた。ピサカーネは、その社会的状況からして南部こそが蜂起の勃発にふさわしい場所であると信じていた。ちなみに、ファブリーツィも南部のイニシアティヴを主張していたが、その根拠は戦略上の条件にあった。つまり、南部はオーストリア軍の展開する地域から遠く離れており、彼らとの大規模な戦闘に入る前に蜂起自体の強化を図ることが可能だというのである。一方、ピサカーネは、アナーキズムの色彩を帯びた階級分析から、南部を重視する結論を引き出している。

「南部イタリアには、情緒性の強い革命が勃発する可能性があると私は確信する。つまり、南部の民衆は、情熱的な衝動に駆られて将来を決するような運動を試みることが可能なのである。」

彼は、サープリ遠征を行なう直前に、この社会主義者としての確信を『政治的遺言』にしたため、イギリスの若いジャーナリストで熱烈なマッツィーニ信奉者だったジェシー・ホワイトにこれを託した。[二四] ちなみにこの『遺書』は、ピサカーネの死後、激しい議論を巻き起こすことになる。なぜなら、その内容に、極めて過激な見解があったからである。彼は、革命を信頼していた。たとえば、「社会秩序の変革を通じ、現在は若干の人間だけしか享受していない利益を万人が手にすることになるだろう」と彼は述べている。彼は、〈ほどほどの対策〉を憎悪していた。なぜなら、それは「イタリアの再生を促進するには程遠いものであり、逆にそれを遅らせるだけである」と考えていたからである。彼は、こうして経済の進歩と諸改革の実施を柱とする穏和派の主張を退けた。

「私にいわせれば、サヴォイア家の支配とオーストリアによる支配は、まったく同じことだ。さらに、ピエモンテの立憲王政は、イタリアにとってナポリのフェルディナンド二世による専制よりも有害であるとも私は確信している。ピエモンテが、もしも他のイタリア諸邦と同じような流儀で統治されていたら、イタリアの革命は今頃とうに成就していたであろうと私は固く信じている。」(Pisacane, 337, p. 228)

彼は、一八四八―四九年革命の時期に穏和派が抱いていた幻想、つまり革命が失敗してイタリアが破滅するという幻想に激しく反発していた。この点で、彼はカッターネオ、フェッラーリ、モンタネッリら民主派指導者と変わるところはない。しかし、マッツィーニとピサカーネは、階級概念と民族革命観が異なっていたにもかかわらず、南部における主要な蜂起の企てに関しては協力し合うことになる。そして、まさにこの事実こそ、当時の共和主義者が肌で感じていた政治的イニシアティヴ喪失に対する危機意識を明らかに示唆している。

ところで、シチリアにおける陰謀の組織網は、依然として強力であり、南部本土でも徐々に発展しつつあった。ちなみに、ここでは、ナポレオン三世のクーデタ以後、かつて大ナポレオンの力を背景としてナポリ王の地位にあったジョアシム・ミュラの第二子、リュシアン(二五)の主張を支持する党派が突如として出現した。このグループは、加盟者数は少なかったものの、ナポリの宮廷が抱いた恐怖心を巧みに利用して宣伝活動を展開した。南部本土におけるミュラ派の存在は、パリ会議以降英仏両国がフェルディナンド二世にかけた圧力と相まって、統一主義者の期待を打ち砕くことになる穏和派の計画遂行にとっての追い風となる。他方、ピサカーネらは、当時のシチリアが、蜂起を勃発させるのに最もふさわしい場所であると判断した。なぜなら、この島には、ナポリのブルボン政府に対する反感があまねく広まっていたほか、民主派の組織網も復活しつつあり、さらに、農民の間には反乱を志向する激しい力が渦巻いていたからである。実際、ピサカーネらとガリバルディとの協議の過程で、シチリア遠征計画が浮かび上がったほどである。しかし、一八五六年一一月のシチリア蜂起は失敗に終わった。このため、ピサカーネは、南部本土で速やかに蜂起を勃発させることを主張するようになる。

さて、マッツィーニはピサカーネをできる限り支援し、リヴォルノとジェノヴァにおける同時蜂起を計画した。ピサカーネは、ナポリの民主派組織の脆弱さに気づいていたにもかかわらず、一八五七年六月二五日にジェノヴァを出航し、南部本土のサープリへ向かった。途中、ポンツァ島〔ナポリの西方〕に立ち寄り投獄者を解放して兵力を増強した遠征隊は、チレント地方全域で蜂起が勃発することに期待をかけていた。しかし、民主派の指導する広域にわたる蜂起は実現しなかった。そして、以前には蜂起したこともある農民は、この時期農作物の取り入れのためにサープリからはるかに遠いプーリア地方に移動してしまっていた。さらに残っていた住民も、政府が山賊跋扈のデマを流したために怖じ気づき、立ち上がろうとはしなかった。ピサカーネに付き従っていた少数の人間は、政府軍によってじきに蹴散らされ、負傷したピサカーネは、敗者として投獄されるよりも自らの命を絶つ方を選んだのである（一八五七年七月二日）。サープリ遠征の失敗は、マッツィーニの望みが最終的に絶たれたことを意味していた。ある穏和派は、こう記している。

「〔マッツィーニの〕最後の運動は、惨めな結果に終わった……こうなった以上、われわれは、政治家としてのマッツィーニに対し、永遠のレクイエムを唱えることができるであろう。」（Pallavicino, 356, vol. 3, p. 407）

三　自由主義者のヘゲモニー

ピエモンテ軍がノヴァーラの戦闘でオーストリア軍に敗れた一八四九年三月以後、ピエモンテの四八年憲法が存続しえたのは、他のいかなる要因にもまして、おそらくは同国の伝統となっていた反オーストリア政策の賜物であった。オーストリア人の大公妃を母とし、また妃にも同じ条件の女性を迎えた新王、ヴィットーリオ・エマヌエーレ二世は、父カルロ・アルベルトが行なった対オーストリア戦の再開に反対していた。新王は専制君主的な性格の持ち主で、民主派の〈カナイッレ〉〔ならず者〕を心底軽蔑していたのである。しかし、ノヴァーラの戦闘の結果彼に残されたものは、敗北した王国軍、彼に反発する貴族上院、王国に抵抗するジェノヴァ、それに下院で多数派を形成し愛国心に燃える民主派であった。こうした状況下で四八年憲法を廃止すれば、内乱、さらにはトスカーナやローマのように民主派が指導する革命を誘発する恐れさえあった。彼の一番の望みは、王家の名声と権威を取り戻すことであった。彼はその実現のため、首相のダゼーリョら穏和派を頼りにした。ちなみに、反オーストリアを志向する彼らの愛国心は、今や立憲主義に対する確信と固く結びついていた。ヴィニャーレ〔ピエモンテ地方ノヴァーラの北方〕におけるラデツキーとの会談の際、国王自身が説明したように、四八年憲法は、民主派の動きを抑制するための穏便で合法的な手段として利用することが可能だった。一方、ラデツキーは、オーストリア軍のピエモンテ侵攻がフランスの干渉を誘発することを恐れていた。そして、彼は、この若い国王をオーストリアの勢力圏内に引きずり込むことにより、イタリアのすべての国家の中で最も厄介なこの王国をなだめすかしたいとの（空想的な）希望を抱いていたのである。自国の軍隊が二度も打ち負かしたこの敵に対し、ラデツキーが極端に寛大な条件で和平を締結した理由は、こうした彼の心境から説明できるのである。

ところで、この和平の締結が長引いた結果、国王は矛盾する圧力、つまり、オーストリアとの同盟を志向する圧力とダゼーリョら穏和派からの圧力に苦しむことになる。帝国宰相のシュヴァルツェンベルクは、軍事力で決着をつける決意を固めてはいたものの国際関係の紛糾を恐れ、王国が到底のめないような条件を押しつけることはなかった。また、彼はピエモンテの頑固さを理解できなかったし、実際のところなぜフランスが同国を支援しようとするのかも分からなかった。

「ピエモンテの政府は確固とした信念も法も持たず、おとぎ話の世界に溺れている。そして、革命好きの国民は他のすべてのイタリアの国家からひどく嫌われている。この国に関わる者すべてを堕落させる一方で、戦闘や和平をどのように実行するのかも分からないのがこの国なのだ。」(Moscati, 219, p. 182)

ピエモンテでは、ラ・トゥールやソラーロ・デッラ・マルガリータのような反動派だけでなく、ピネッリのような確固たる自由主義者さえも、王国にとっての唯一の救済策はオーストリアとの同盟と四八年憲法の廃止であると考えていた。穏和派は、それでもダゼーリョの許に結集した。ちなみに、国王ヴィットーリオ・エマヌエーレは、さっそく彼を呼びつけ、サヴォイア出身のロネイ将軍に代えて首相に任命している。また、オーストリアとの交渉の責任者であったダボルミダ将軍[二六]は、四八年憲法の廃止が王国の破滅を招くものと確信していた。

「絶対主義に回帰することにでもなったら大変である。もしもそうなれば、反動政治も復活するだろうし、民心の王政からの離反が強まるだろう。」(Colombo, 349, p. 91)

他方、すでに憲法を放棄している他のイタリア諸邦の君主にとっては、オーストリアが頼みの綱であった。こうした彼らの存在は、王国にとって明らかに危険なものであった。したがって、ピエモンテがイタリアで指導的な国家の地位を維持し続けるというのであれば、同国は屈辱的な和平締結に抵抗し、オーストリア人に対して真っ先に立ち上がったロンバルディーアの亡命者を擁護しなければならない。こうした事情について、ダボルミダやボンコンパーニ[二七]は、オーストリアとの和平交渉が決裂した際、次のように述べている。

「ピエモンテ政府は、イタリア半島内における自由主義と立憲主義の誠実な代表者としての立場を維持し続けなければならない。また、イタリアをかつての絶対主義の時代へ退行させることを望む者や共和制樹立の方向へ導こうとする者に対し、同政府は、全力を上げてこれを阻止する姿勢を示さなければならない。」(Bianchi, 351, vol. 6, p. 310)

ダゼーリョ内閣が抱えた難題は、下院の多数を占める民主派が、屈辱とみなされていた和平の受け入れを拒否する姿勢を示していることであった。ダゼーリョは、一八四九年七月に新たな選挙を実施し、国王はこれを通じて有権者に喚起を促した。しかし、選挙への関心は低く、有権者八万七〇〇〇のうち投票した者は三万足らずであり、下院の多数を再び民主派が占めることになる。国王は、四八年憲法が規定する権力を行使してミラノの和を承認した（一八四九年八月六日）。しかし、民主派は、賠償金とロンバルディーアの亡命者の問題を持ち出して、その批准を遅らせている。ダゼーリョや国王が頭に描いていた立憲政府の樹立は、不可能となった。つまり、彼らに反発する下院の多数派が、一時一カ月以上にわたって政府の予算案の承認を拒否したのである。こうしてクーデタを志向する動きがますます強まった。たとえば、カヴールでさえ、ノヴァーラの敗戦後、その誘惑に駆られたほどである。ダゼーリョは、当時のヨーロッパを覆っていた反動勢力の存在を十二分に認識しており、その強さに文字通り圧倒された。彼は、義姉のコスタンツァに宛て、こう書き送っている。

「イタリアが独力では何一つできないことを……大多数の人間が……確信しています。イタリアがまるで万力で締めつけられたかのようにヨーロッパの真ん中で圧迫されているということ、また不穏な状況に絶えず置かれることを嫌うヨーロッパ諸国が、われわれを無視し、われわれの意に反して万事を処理するだろう、というのが世間一般の見方なのです。」(D'Azeglio, 341, p. 321)

ダゼーリョは、王国が「非常事態」にあることを絶えず訴える一方、反政府勢力に対しては、もしも協力しなければ政府が反動的な姿勢をとると脅した。彼は、結局再び下院を解散し、国王の名においてモンカリエーリ〔トリノ南東の町〕から布告を発した（一八四九年一一月二〇日）。ちなみに、その内容は、憲法が規定する最大許容限度といえる強い調子で反政府勢力を非難したものとなっている。

「王国内におけるさまざまな自由の行使には、下院の解散を通じていかなる制限も課されることはない。自由は、先王カルロ・アルベルトに関わる尊い記憶を通じて擁護され、サヴォイア家の栄光に委ねられ、さらに次に述べる余の誓いによって守られる。すなわち、余はこれらの自由のためならば、何人も恐れずに行動するであろう……しかし、万が一わが王国が、そして有権者が余に対する支援を拒むのであれば、余はもはや将来に対し責任を負うことはできぬであろう。」(D'Azeglio, 339, vol. 3, pp. 195-6)

ピエモンテの四八年憲法に対する脅威は、ナポリやトスカーナで自由主義者がそれぞれの憲法廃止に協力した事実を背景として現実のものとなった。しかし、国王、軍隊、上院、官僚および貴族の強力な支援を得たダゼーリョは、革命期に目立った民主派のイニシアティヴの息の根を止めることができた。こうして、下院では、穏和派が多数を占めることになる(有権者八万七〇〇〇のうち、八万票を穏和派が獲得)。ただ、ダゼーリョには、民主派に対する弱みがないわけではなかった。それは、同内閣が、立憲制を擁護する穏和派と反動派の区別をあいまいにした点である。また、同内閣は、国王ヴィットーリオ・エマヌエーレ二世の自立的な立場をも強化した。つまり、ダゼーリョは、国王が憲法を犠牲にしてオーストリアとの和平を認めることを拒んだ事実を巧みに利用し、彼に〈イル・レ・ガラントゥオーモ〉(紳士王)という神秘的なイメージを漂わす名声を与えたのである。ところで、憲法擁護を真剣に考えるダゼーリョは、教会の持つ諸特権の排除を通じて新しい下院の協力を強化しようとした。ちなみに、教会の特権は、憲法の規定する市民の平等と明らかに対立するものであった。ちなみに、カルロ・アルベルトは、一八四一年の宗教協約を通じて、宗教裁判所と教会の庇護権を認めていた。ところが、これらがシッカルディ法(一八五〇年)で廃止された結果、反動派と聖職者(バルボのような慎重な穏和派さえも)のすべてが反政府の側に回った。ダゼーリョ内閣は、こうして憲法の擁護者としての明確な特徴を再び持つことが可能となったのである。

一方、一八五〇年頃に閣外の国会議員中最も重要な自由主義者となっていたカヴールは、シッカルディ法を支持した。なぜなら、憲法が決して空虚な存在ではなく、あらゆる改革や進歩の基盤であることを、これに懐疑的な人間や反対者に証明する手段がシッカルディ法であると彼が確信していたからである。「多くの人間が、われわれ立憲勢力に対して懐疑心を抱き、また落胆した。なぜなら、われわれは、世論が要求し、時代が切実に必要としていた影響や改革を生み出すことができなかったと一般的に信じられていたからである……他方、憲法よりもまず旧秩序に満足し、憲法を土台とする新しい体制をただ諦念によって容認したにすぎない勢力が存在する。彼らは、社会の存続が、改革を何一つ実行せずに現状を維持するだけの立憲王政下においてのみ可能とみなしている。こうして、彼らは、憲法を維持し、少々退行することさえ可能であるとしだいに信じるようになった。」(Cavour, 286, vol. 2, p. 77)

ダゼーリョにとって、憲法は、絶対主義への回帰と共和主義による無政府状態への堕落の両者を阻止するのにふさわしい存在であった。他方、カヴールは、イギリスをモデルとする議会主義実現のための出発点が憲法であると考えていた。こうした相違点があったにもかかわらず、聖職者や反動派の攻撃や政治の私物化を図って繰り返される国王の攻勢から憲法を擁護するため断固とした姿勢をとったのは、この二人にほかならない。

事実、国王ヴィットーリオ・エマヌエーレ二世の権力は依然として強く、その行使が立憲的であるとは言い難い場合も多かった。たとえば、彼は、一八四九年に議会の承認を得ずに徴税を行なっているし、国防大臣にはすべて彼のお気に入りを任命している。彼は、さらに、道楽半分で秘密外交に手を出し、悲惨な結果を招いている。他方、彼は、ダゼーリョを放逐し、議会外の陰謀を通じてカヴールも同じ運命に陥れようと企てた。国王は、カヴールを駆り立ててクリミア戦争への参加を余儀なくさせ、一八五五年の危機的状況下で憲法廃止の瀬戸際まで事を運んでいる。ちなみに、ダゼーリョは、この企てを、〈修道士どもの陰謀〉と呼んでいる。国王の取り巻きは、文民政府の特徴である微妙なバランス感覚に不寛容でこれを軽蔑する軍の将校であった。こうして、彼は、ヴィクトリア女王の日記によれば、「現代の国王というよりも、むしろ剣によって生きる中世の騎士に似た存在」であった（Mack Smith, 346, p. 54）。

しかし、この俗称紳士王は、不本意ながら、そして部分的にではあったが、しだいに議会制に引きずり込まれていった。なぜなら、彼は、カトリック保守派との間に強固で一貫した結びつきを発展させる能力に欠ける一方、主に正当な根拠のない政治的名声によって国民から得ている人気を失うことには気乗り薄だったからである。とはいえ、彼の権力は潜在的な脅威であり、またその行使も予想がつきにくい性格を持っていた。カヴールが、王権に対する議会の優越を主張し、これを確保するために幾分反議会的な手段に訴えたのは、まさにこうした理由による。

カヴールとピエモンテの諸改革

王政復古期にトリノの警察長官を父とする家の第二子として生まれたカミッロ・ベンゾ・ディ・カヴール（一八一〇―六一年）は、自身が周囲に醸し出した不信感のせいで、政権を掌握するまでには相当の時間を必要とした。カルロ・アルベルトによって不当にも〈カルボナーロ〉〔カルボネリーアのメンバー〕と評された彼は、巧妙な〈ル・ジュスト・ミリュ〉を固く信奉する人間であった。長期間にわたって専制と革命運動華やかなりし時代が続き、彼には私的な生活に隠遁する以外選択の余地はなかった。彼には、スイスに居住するプロテスタントの親戚がいた。彼らは、ピエモンテの典型的な貴族にあっては唯一珍しい存在であった。カヴールに対して理性、職業の倫理、それに思想信条の自由を信奉するうえで刺激を与えたのは、彼らである。彼は、自分の属する階級の大半とは異なる青年時代を送る。つまり、西ヨーロッパの経済および政治の発展に関する徹底的な研究に没頭したのである。彼は、同時代人に比べると、イタリアの政治・文化の伝統に拘束されてはいなかった。つまり、イギリスやフランスの経済・政治思想およびそれらの実践（と彼が理解していたもの）を絶賛していたのである。これらの国々では経済と文化の進歩が相互依存の関係にあると考えた彼は、農業、商業、金融業といったさまざまな分野へ、時には無分別にも研究の手を広げていった。彼は、鉄道の敷設を促進し、トリノ銀行の創立者の一人となり、農業協会の指導的な人物でもあった。

野心的で人並はずれた自信家でもあったカヴールは、四八年革命以前における穏和派の台頭期にやっとその名を知られるようになってきた。しかし、貴族とブルジョアジーの融合という自由主義保守派の信条の持ち主であった彼は、ピエモンテの貴族からは慕われない一方で、中流階級の指導者の信頼を勝ち得ることもなかった。彼は、革命期には国王カルロ・アルベルトに憎まれ、代々の政府とは無縁の存在だった。他方、彼はあらゆる革命家を憎悪していたため、カサーティ内閣に反発する〈旧ピエモンテ〉の擁護者である郷党心の強い勢力と手を結ぶことになる。そして、さらには前述したモンカリエーリ宣言を承認するまでに至る。彼がダゼーリョ内閣を支持した背景には、個人的な野心のほかに一つの確信があった。つまり、カヴールは、西ヨーロッパの列強をモデルとしてこれと密接な関係を持つイタリアの最先進国にピエモンテを変えるだけの力量を、同内閣がいまだ持ち合わせてはいないと確信していたのである。

ダゼーリョ内閣は、従来の内閣と同じく特定の党派を基盤とはせず、下院に確固とした多数派を擁していたわけでもなかった。文学者、芸術家肌のダゼーリョは、聖職者で哲学者でもあったジョベルティに比べれば政治家としてそれでもはるかに有能であったが、一八四八年に負った傷の後遺症に苦しみ、単調な行政問題にはほとんど関心がなかった。また、議会の立法機能を拡大して王権に挑戦することにも気乗り薄であった。彼がカヴールをうさん臭い人物とみなしていたことは確かであり、その入閣も不承不承認めたにすぎない。ちなみに、カヴールが閣内で得たポストは、農商大臣というマイナーなものである（一八五〇年一一月）。ダゼーリョの友人、ディオメーデ・パンタレオーニ[二八]は、彼に対して次のように忠告している。

「かの新閣僚〔カヴール〕は、君の内閣にとって大きな力となるだろう。彼は活動的な野心家であり、政府の行動に必要な情熱を注いでくれるものと思う。しかし、彼は遅かれ早かれ君の内閣を支配し、多分それを恐ろしい崩壊に導く最初の人間となるだろう。くれぐれも気をつけたまえ。」(Faldella, 340, p. 288)

カヴールは、途方もない情熱と行動を通じ、閣内でたちまち支配的な地位を得た。つまり、彼はじきに大蔵大臣となり、一連の貿易協定と財政措置を推進するのである。ちなみに、それらは、自由貿易に基づく経済発展に関する彼の哲学と一貫して結びついている。彼への支持は、主に立憲制を主張する民主派から得られ、時には極左派からも得られたが、保守派からはまれであった。彼とダゼーリョは、ピエモンテが一八四九年に戦争を再開した責任が民主派にあるとみなす点では共通していたが、前者は後者とは対照的にこの問題を忘却する用意ができていた。カヴールは、独立心の強い野心家で、自分が必要と判断した手段に関してそれほど神経質にはならないたちであった。そして、彼は、穏健な民主派の指導者、ウルバーノ・ラッタッツィとの私的な合意をとりつける口実として、ルイ・ナポレオンのクーデタの後勢いづいた保守派の圧力を利用した。この合意は、カヴールがラッタッツィを巧みに支援して彼の下院議長選出を実現させた結果、明らかとなる（一八五二年五月）。国王ヴィットーリオ・エマヌエーレは、このカヴールの行動に対して干渉しようとしたが、遅きに失した。ところで、首相のダゼーリョがピエモンテに民事婚制度の導入を提案した際、国王は宗教的な疑念を抱いてこれに反対した。一方、カヴールは、自分を首相に指名するという条件と引き換えに、上院による同法案の否決を承認した（一八五二年一一月）。このわずか一年後、彼は、ラッタッツィを入閣させるに十分な力を得たことを実感するのである。

保守派のピネッリが〈コンヌービオ〉（結婚）と呼んだこのカヴールとラッタッツィ相互の接近は、当時多くの憤りを引き起こした。以来、この事件は、後のイタリア議会の特徴となる〈トラスフォルミズモ〉への第一歩としばしば評されることになる。カヴールは、自らの行動を正当化するために、まずイギリスの政治指導者の例を引く。つまり、彼らは、改革案の議会通過を図るために野党勢力の支持を認めたというのである。そして、後になると、彼は、コンヌービオが、ヨーロッパの反動勢力の高まりを阻止するために必要なものであったと述べている。ちなみに、彼が具体例として引き合いに出したのは、カトリック教徒の解放を認めたウェリントン、選挙法改正案を支持したグレイ（二九）、穀物法の廃止をめぐって自覚と対立したピール（三〇）である。そして、後年のギゾーの保守主義を批判したとはいえ、七月王政初期におけるフランスの政治家が採用した議会運営の流儀に、彼は、賛辞を送り続けた。当時のイギリス政治においては珍しくも弱点であった党派間の不明瞭な区別、それにカヴールがフランスに見いだしていた傾向、つまり、急進勢力に対抗するために諸党派が中央の同盟へと〈変質〉する傾向は、ピエモンテの多くの政治指導者と同じくカヴールの政党嫌いを強める理由となった。彼らは、政党を〈徒党〉とほとんど同じ水準で考えていたのである。一八五〇年代になると、バルボが、諸党派のフリーハンドをついに支持するようになった。これは、保守派の実のある反政府勢力がカヴールのコンヌービオによって解体したことに対し、彼が、少なくとも部分的に反発したことを意味するものと推測できる。ともかく、コンヌービオに代表される手段の行使を通じ、カヴールの個人的な権威が強まったことは間違いない。その結果、彼は、議会の状況の変化に応じて同盟関係を調整する力を手に入れたのである。たとえば、一八五八年には、前年の選挙で力を盛り返した相当規模の保守派野党勢力からの支持を取りつける交換条件として、ラッタッツィを犠牲にすることまで彼はやってのけている。しかし、コンヌービオは、その本来の着想と実現後の実態を見れば分かるように、国内の改革に関する明確なプログラムに基づいており、イタリアの独立を支持するものであった。カヴールとラッタッツィの重大な会談の目撃者は、次のように回想している。

「プログラムは、たちまちにしてまとまった。つまり、王政、憲法、独立、そして文化および政治の進歩、であった。」(Castelli, 343, p. 41)

確固たる議会内多数派を保障するコンヌービオは、実際、カヴールにとって、自己のプログラムを実行に移すだけでなく、革命的な民主派、保守派聖職者と宮廷勢力の強固な同盟両者からの脅威を弱めるためにも必要な政策だったのである。カヴールが政権の座に就いた当時、ピエモンテにおいては(他のイタリア諸地域では、事情が異なっていたが)、革命運動の脅威はほとんどは非現実的なものであったといえる。しかし、この状況は、カヴールが改革を実施することによってこそ持続していたのである。

「時宜に適った改革は、権威を弱める代わりにこれを強化する。また、革命勢力を勢いづかせる代わりにこれを無力化する。」(Cavour, 286, vol. 2, p. 84)

一方、右派からの脅威は、より現実味を帯びていた。つまり、保守派の力は、教会の持つ途方もない影響力に見いだせる(そして、この事実こそ、ピエモンテが、ロンバルディーア、トスカーナ、さらにはナポリと比べても、遅れをとっている状況を示すものである。ちなみに、これらの三地域では、教会権力は、はるか以前から抑制されてしまっていた)。教会権力抑制を目的とする法案を通過させる闘争は、制限的な立憲政治を議会政治へと進展させるうえで決定的な効果をもたらした。つまり、その過程で、下院が国家財政に対して十分な統制力を発揮するからである。こうした反教会法は、ほんの部分的にしか成功を収めなかったものの、その実現が促進された。しかも、その当時、他のイタリア諸邦では、教皇との宗教協約が締結されつつあった。当時のピエモンテの支配層が近代的なヨーロッパの国家にふさわしいように世俗権を教会権力に優越させる決意を示した事実が、こうした状況によって一層鮮明となったのである。教会に対する攻撃は、世俗権力の優越を主張する政策から、十八世紀末を想起させるような、より古臭い提案に至るまで実にさまざまな形で現われた。ちなみに、前者では、教会裁判権などの特権の廃止、民事婚の承認、国家による教育の管理が主張され、後者では、修道院の廃止や聖職者に対する国家の俸禄支給の撤廃の提案が行なわれている。教会の国家に対する従属という啓蒙主義時代に見られた確信から、教会と国家両者の全面的な分離を謳う十九世紀末の思想へと手探りで進展する様相を反映していたのが、まさにこの混乱した状況なのである。

カヴールは、その生涯の末になって有名な〈自由国家内の自由教会〉の原則を明らかにする。しかし、それは空しい望みでしかなかった。一方で、ピエモンテの自由主義者は、一八五〇年代の反教会法の多くを通過させることに失敗した。他方、イタリア統一は教皇の持つ世俗権力の犠牲のうえにたって達成された。そして、カヴール自身は、議会内における教会勢力の代表者を周到に孤立させ、責めたてた。

こうした抑圧は、和解困難と判断した者に対して彼がとった典型的な姿勢である。そして、これは、彼の権力に対する聖職者の攻撃が悪意に満ち、危険なものであっただけに、おそらくは不可避であったといえるだろう。ちなみに、ダゼーリョは、民事婚導入の企てが原因で失脚している。また、一八五五年には、ラッタッツィによる修道院解散法案に対し、十分に組織された攻撃がローマから行なわれ、その結果、聖職者側が勝利するかに見えたほどである。ピエモンテの司教で上院議員のカラビアーナが率いる聖職者の党派は、この法案の撤回を望んだ。その代わり、彼らは、実質的には聖職者に支給されていた補助金を見かけ上はクリミア戦争の戦費の一部として負担することを提案した。国王ヴィットーリオ・エマヌエーレは、教皇ピウス九世の宗教的権威を尊重する一方で、カヴールに対しては個人的な敵意を抱いていた。このため、聖職者勢力は、国王を味方に引き入れることに成功する。国王は、ピウス九世に対し、修道院廃止を規定する法の承認を拒む決意を私的な書簡を通じて示し、これを改めて確約している。

「おそらくは、後わずか数日のうちにカヴール内閣は倒れることでしょう。その後、私は右派勢力に組閣を命じるつもりです。その際、私はローマとの関係の全面的な修復をできるだけ早く図ることが絶対に必要である旨主張する予定です。どうか私に救いの手を差し伸べて頂きたい。私としては、従来もできるだけのことをしてきたのです。」(Pirri, 348, vol. 1, p. 157)

ところで、国王がクーデタを思い止まった背景には、二つの状況理由しかなかった。つまり、下院の多数派を形成する別の内閣を作り出すことが不可能であったことと、聖職者と保守派勢力を中心とする内閣がピエモンテに誕生した場合に同国とオーストリアが接近する事態を恐れるナポレオン三世から圧力がかかったという状況である。

こうして、国王がクーデタを断念した結果は、ピエモンテにおける自由主義の発展にとって持続的な重要性を持つ。まず、国王は、聖職者勢力に対して深い憤りを抱き続けることになった。なぜなら、彼らが国王を窮地に追い込んだからである。一方、議会政府は、国王権力に対して自己の権威を確立した。一八五七年の選挙で聖職者勢力がたとえ注目すべき成功を収めたにしても、彼らと国王の間には今や修復し難い溝ができてしまっていたのである。このため、カヴールは、聖職者勢力に属する議員の若干の議員資格を剝奪するなど彼らに対して荒っぽい姿勢で臨むことが可能となった。彼は、こうして国家の世俗権力を主張し、一八五九年にカサーティの教育法成立〔三二〕を通じてこれを確立することになる。しかし、カヴールは、このような成果を手に入れるために、自由主義と反教権主義とを同一視するという代価を支払うことになる。そして、これは、新しく誕生した統一国家イタリアに厄介な問題を引き継がせることになった。

議会権力が、教会に対する闘争の結果確立したとすれば、財政、商業、行政面に関してカヴールが議論を展開する過程を通じ、国会議員はささやかではあるが技術的に優れた支配者層を生み出す訓練を受けたことになる。一八四八年にレヴェルによって始められた予算を下院の判断に委ねるという制度は、国会議員が国家機構に関する詳細な知識を獲得するための手段となった。カヴールの提出した一八五一年の予算案をめぐる審議は延々八カ月にも及んで議員は疲労困憊したが、その結果、国家の財政に関する将来の指針が示されることになった。軍隊、公共事業や鉄道関係の支出は今や急速に増大した。なぜなら、カヴールは、収支の改善を願う一方で、ピエモンテの経済を急速に発展させたいとの野心を抱き、両者の間で揺れ動いていたからである。彼は、当初自由放任の経済政策の正しさを確信していたが、後にこれは変化する。つまり、彼は、マルサスからシーニア、ミルに至るポスト・リカード派の経済思想の進展に従ったのである。ちなみに、彼らは、経済活動に対する国家の介入や公費支出の必要とその正統性について述べている。

経済の領域における国家の介入は可能な限り最小限度にすべきであり、いずれにしても、輸出を増大させ、生産性の向上を促すために商業の自由化を奨励することが国家の任務である——カヴールは、理論上はそう考えていた。しかし、民間資本の成長が十分でない場合、道路網、水路、そしてその他のあらゆる通信、交通の形態を改善、発展させる責務は、国家が負う必要がある。国家は、さらに商取引に資金を調達し、貨幣の流通を促進させるために中央銀行を設立し、民間の各種金融機関を発展させなければならい。公費支出の増大は、貿易の拡大によってカバーできると彼は常々主張していた。彼の財政計画の大部分は、一八五三年頃までに完成した。その内容は、国庫の赤字が驚くほどに増大したうえ、それ以上に負債が増加した現状を見据え、国内外の公債の発行を通じてその埋め合わせが可能というものであった。このため、議会もこれを承認することになる。この事実は、経済面の自由主義に対する支持が高まったことと、これに関する議論を通じてカヴールがその技術的な問題に関わる支配権を握ったことを示している。国庫収入は、一八五〇年から五九年の間に九一〇〇万リラから一億六四〇〇万リラへと増加する一方、公債の発行額は、一八四七年の一億二〇〇〇万リラから一八五九年の七億二五〇〇万リラへと増加している。

カヴールのこうした経済政策を支持したのは、小地主、企業家、知的職業人であった。ちなみに、彼らは、立憲民主制を支持する党派の主力である。さて、ピエモンテは、イギリス、オーストリア、フランス、ベルギー、ポルトガル、ギリシア、スイス、オランダ、それにドイツ関税同盟との間に、双務的な通商条約をそれぞれ締結している(一八五〇―五一年)。その際、貿易の自由化は実施されなかったものの、関税の引き下げが行なわれている。一八五一年に関税の一括引き下げが実施されたのに続き、輸入穀物関税の引き下げが行なわれ、さらに一八五三年の飢饉の最中に蜂起が勃発した後、完全に撤廃された。カヴールは、こうしてピエモンテの市場を西ヨーロッパに対して意識的に開放していった。たとえば、農産物の国際的な価格上昇によって国内の農産物の輸出が促進される一方、工業原料の輸入を通じ、羊毛加工業および綿工業の機械化が進んだ。また、鉄道、とりわけ造船の発注を国家が行なった結果、製鉄業と鉄鋼業が発展した。こうした近代的な機械化工業の中核は、職人の犠牲のうえに発展した。しかし、カヴールは、政治的、経済的な理由から、農業に力を注ぐことの必要性をはっきりと認めていた。彼は、一八四五年にこう書いている。

「世界で最も豊かな食糧市場（イギリス）の開放は、農業の主要な目標である食糧生産の増大にとって有利に作用することだろう。ちなみに、農業は、わが国で最も重要な産業の一つに数えられる……貿易は、農民層の繁栄にとって不可欠な要素となっている。それゆえ、彼らが自由主義貿易の支持者と一致団結するに至るのは当然だ。そうなると、農民は、特権を有する工場主と反対の立場に置かれることになる。ちなみに、この両者の関係は、現在のイギリスにおいて見られる企業家〔自由貿易を支持〕と地主および植民地の農園主両者〔自由貿易に反対〕の関係に一致する。」(Cavour, 283, p. 171)

彼が採ったこの大胆で革新的な経済政策は、自由貿易主義を一部放棄したものであったために批判された。とりわけ、彼の銀行業務に関する提案は、自由貿易主義の旗頭であったフランチェスコ・フェッラーラの怒りを買い、退けられている。さらに、ピエモンテの経済発展のペースを早めると同時に同国の軍事力の整備も実現しようとする企ては、将来のイタリアを財政的な破綻に直面させることになる。しかし、カヴールは、古い専制国家の持つ行政機構やそのスタッフに対する攻撃を通じ、自己の支持基盤を強化した。たとえば、彼は予算の管理を通じて人件費を削減し、彼に最も露骨に敵意を示す貴族身分の大使を罷免している。他方、行政官の公平な性格を確保するための措置も若干講じられた。さらに、軍高官に関する改革も、権威主義的な規律の伝統がなお残っているとはいえ、ラ・マルモラによって口火が切られた。一方、ダゼーリョが始めた外務省の近代化は、カヴールによって達成された（一八四九―五三年）。また、専制華やかなりし時代に創設され、中央行政を担当する財務局は新しい大蔵省と並んで生き残っていたが、結局一八五二年に廃止される。旧貴族の支配には、こうして教会の支配と同じく決定的に終止符が打たれたのである。

さて、経済的に不安定な一〇年間にこうしたさまざまな改革が達成された結果、ピエモンテが、経済面でイタリアにおける最も先進的な国家になったことは疑いもない。一方、拡大を続ける自由貿易市場から締め出されている現状を十二分に認識していたオーストリアは、ロンバルド・ヴェーネト王国と中部イタリアの諸公国間に関税同盟を結成することによって、こうした状況に対抗しようとした。オーストリアは、これが、ドイツ関税同盟、自国、それにピエモンテを除くイタリア関税同盟三者間を結ぶ一層広域の同盟関係へ変わることを期待していた。そして、この同盟は、ロンバルディーア南部と教皇国家を結ぶ新しい鉄道の敷設によって強化されるはずであった。しかし、これらの計画は、プロイセン、ピエモンテ両国によって実現を阻止された。また、ロンバルディーア産の農作物があふれていたパルマ公国も、オーストリアとの貿易協定の更新を一八五七年に拒否している。ひた寄せに迫る破産状態に直面したウィーン政府は、前記の鉄道敷設計画の縮小を余儀なくされた。ちなみに、この計画は、民間資本の出資により一八五〇年代末になってやっと新たな進展を見せることになる。ところで、ピエモンテ以外のイタリア諸邦も、両シチリア王国や教皇国家を含め、そのすべてがこの一〇年間に関税を引き下げ、外国資本の導入や企業家の招聘を図っていた。ところで、ブドウと桑の木に発生した病害を契機とし、一八五七年の全般的な景気後退によって一層悪化した農業危機は、農業の近代化が実現していたピエモンテとロンバルディーア平原を除くイタリア全域に悲惨な結果をもたらした。なかでも最も深刻な打撃を被ったのは、両シチリア王国であった。なぜなら、同国で一番有望な輸出品であった生糸の生産が壊滅状態に陥ったからである。こうして、南部経済が北部と比較して弱体である事実が一層明白となった。さて、ピエモンテの経済的ヘゲモニーは、イタリア諸邦ではなく他のヨーロッパ諸国との貿易上の緊密な結びつきを基盤としていた。そして、この状況は、南部で展開された経済問題をめぐる議論にも影響を与えている。つまり、この議論には、当時ピエモンテで広まっていた自由貿易の是非をめぐる論争が、漠然とではあるが反映されていたのである。

ピエモンテは、カヴールの改革のおかげでイタリア諸邦の穏和派の間に新たな名声を獲得した。しかし、それらの改革の範囲および実施方法は、改革の発案者であるカヴールが何に一番関心を寄せていたかによって大きな影響を蒙った。つまり、彼が独立戦争再開の可能性の問題にますます引きつけられるにつれ、国内の刷新についての関心は弱まったのである。そして、彼の用いる手法は、一層権威主義的なものとなった。立法や地方行政の改革の進展は必然的に緩慢となり、彼の関心の変化による最大の犠牲となった。たとえば、彼が以前に約束した県や市町村の行政改革は、新しい民事訴訟法の起草の約束と同じく、ついに日の目を見ることはなかった。カヴールを絶えず批判する人物であったことが明らかな民主派のブロッフェーリオは、ピエモンテの時代遅れの法制を憲法に適合するよう改定する作業を政府が怠った点について、正当にも次のように不満をぶちまけている。

「閣僚の方々よ、諸君は、わが国の法典を憲法と調和させようとは決して望まなかった。そうしようと何度も何度も約束したにもかかわらず、実行はしなかった。諸君は、各種の委員会を設置し、予算内容にそうした委員会の活動の跡を認めることはできる。しかし、結果らしい結果は何一つはっきりとは生まれていない。そして、こうした改革が達成されない限り、わが国の諸制度は幻想以外の何物でもないであろう。」(Omodeo, 344, vol. 1, p. 218)

ブロッフェーリオは、法典が時代後れの内容を持つ一方で、極めて急速な近代化を行なおうとするピエモンテの矛盾を、自分でも気づかぬうちに指摘していた。ピエモンテの立法議会の持つバイタリティーは、政府批判を行なう際に民主派が享受していた相対的な自由に少なからず反映されていた。ちなみに、この時期のオーストリアでは、立法府が廃止されたばかりであった。しかし、ピエモンテの諸法典は、オーストリアの支配するイタリア諸邦のそれと比較すると一層後進的であり、後の統一イタリアに財政問題と並んでもう一つの深刻な重荷を残すことになる。

改革のイニシアティヴは、政治的な配慮にますます従属するようになった。教会に対する圧力は、国王がこれを抑制したために弱まった。しかし、反教権運動にとってこれ以上の障害となったのは、カヴールがフランスとの友好関係の促進を決意した事実である。この結果、ピエモンテに不利な貿易協定が締結され、出版の自由は制限され、マッツィーニを支持する民主派の弾圧が強まることになる。

特に、議会は、政治活動を十二分に展開する可能性を奪われた。なぜなら、もし議会がそうした力を持てば、将来のピエモンテのためとはいえ不明瞭で公正さを欠く手段を自分が行使するような場合、邪魔な存在になることをカヴールが恐れたからである。こうして、カザーレ（一八五一年）およびアレッサンドリア（一八五七年）の要塞建設は、議会が審議する以前に決定された。また、クリミア戦争への参加は、カヴールが内閣の反対を押し切って決めたもので、議会に諮ることもなかった。プロンビエールにおけるフランスとの同盟関係の締結に気づいていた閣僚は、わずか一人である。さらに、フランスに対するサヴォイアとニッツァの割譲（一八六〇年）さえ憲法の規定に反して議会の同意を得ずに決定された。七月王政を想起させる非自由主義的な手段による下院の統制は、内閣の支持基盤となる強固な多数派形成の必要性によって正当化された。下院議員のおそらくは三分の一が、軍の将校、司法官、官吏として国から俸給を受け取っていた。彼らは、選挙の際、官選の候補者を支援するために利用されたのである。ところで、カヴール内閣は、一八五七年の選挙を軽視したために、窮地に追い込まれた（政府は、四〇を超える議席を失っている）。その後、カヴールは内相に就任し、地方の監督官に対して選挙に関する詳細な訓令を送った。彼は、一八五五年と五九年に首相の職を辞し、一八六〇年に再任されたが、これらは議会に諮ることなく行なわれている。

カヴールが、国家行政の技術面で上下両院を訓練したとしても、政治の領域ではますますたちの悪い教育を行なうことになった。彼は、他の政治指導者と比べて抜きんでた知識と経験を有していた。このため、彼は、任期ごとに大量に入れ替わる議員に対し、個人的な強い影響力を及ぼすことができた。彼は、さまざまな大臣職を兼任した。たとえば、外相、内相、蔵相、さらに一八五九年には数カ月にわたって陸・海軍大臣にも就任している。この結果、同僚は多様な経験を積む機会を逸してしまったのである。クリミア戦争以後、とりわけ一八五六年以降、国内の改革は外交政策の、経済面の自由主義は政治面における自由主義の、それぞれ犠牲となった。非自由主義的な措置を正当化するために、国家の非常事態宣言がますます利用されるようになった。ちなみに、それらは、マッツィーニ派の発行する唯一の新聞『イターリア・デル・ポーポロ』に対する妨害と最終的な発禁処分に始まり、民主派の亡命者をサルデーニャ市民権授与の対象から外す措置に至るまでさまざまであった。有無をいわせぬ国民的大義の強調は、反政府の立場に立つ小党派を除くすべての政治勢力を政府支持派に取り込む手段となった。イタリアが独立を達成するまで、非政治的な問題を政治問題に従属させ、またその解決を遅らせる必要性を説いたのは、マッツィーニその人である。他方、パリ会議以降、マッツィーニの主張を実践し、統一イタリアにとって極めてネガティヴな結果をもたらした人物がカヴールだったのである。

イタリア国民協会

カヴールは、〈イタリア問題〉というもっぱら政治的なテーマを重視した。そして、この傾向が促進されたのは、自ら大いに嫌悪するマッツィーニ派に彼が反発したからだけではなく、亡命生活を送ったり、他のイタリア諸邦にとどまっていた穏和派の間にピエモンテ支持の動きが高まってきたからでもあった。

カヴールは、マッツィーニの蜂起の企てを契機として、フランスの要請もあって、彼自身が考えていた以上の徹底的な手段をピエモンテの民主派に対して行使したのは事実である。とはいえ、こうした政策さえも、イタリアの独立を達成できる唯一の非革命的な勢力というピエモンテ穏和派のイメージを維持するためには有効であった。オーストリアが反体制派や革命を武力で鎮圧したことで、ピエモンテが〈真の〉イタリアの代表者であるとする主張を支えるカヴールの仕事は、容易になった。彼は、ロンバルディーアの亡命者の所有地をオーストリアが没収するという一八四九年以来紛糾していた問題を捉え、これをピエモンテが反オーストリアの旗を掲げるために利用することができた（一八五六年）。ちなみに、こうした反オーストリアの姿勢は、常に彼のイタリア政策の基本となっていた。カヴールは、以前、マッツィーニの蜂起が社会革命の序奏になるのではないかと恐れていたが、一八五〇年代半ばにはこれが現実のものとなる危険は小さくなったように思われた。それは、おそらくはマッツィーニの目標が純粋に政治的なものであることを彼が認識し始めたからであり、また、パリ会議以降、カヴール自身が政治的な目標の達成に向けてペースを早めたことが、ほとんど否定できない理由である。つまり、彼の政府は、ジェノヴァにマッツィーニがいるという半ば公然の事実を容認し、マッツィーニ派による一八五六年のルニジアーナ攻撃の試みにも関与している。それ以降、カヴールが自身のプログラムに力を与えるために利用できたのは、革命の現実的な脅威というよりも、むしろその亡霊であった。他方、ピサカーネによるサープリ遠征の失敗によって行動党の無力が明らかとなり、その解体が早まっている。

　こうして、マッツィーニがいわば悪霊のような存在として利用される一方で、イタリアの大義に他のすべてを従わせようとする亡命者はカヴールに対する圧力を強めつつあった。ピエモンテの魅力は決して色褪せてはおらず、ジョベルティの最後の著作となった〈リッノヴァメント〉は、彼自身の意図が何であれ、サヴォイア家がイタリア全土の統一という民族的使命を帯びているとの神話を強化するのに役立った。一方、マッツィーニの権威は、パリの亡命者グループの間で、グリエルモ・ペーペのようなピエモンテを支持する穏和派とフェッラーリら社会主義者の双方から攻撃の的となった。ピエモンテは亡命者を歓待したが、ナポレオン三世統治下のフランスに似て、民主派に対しては差別を行なった。とはいえ、数多くの亡命者がピエモンテに引きつけられたことは事実であり、彼らの中には、シチリアのフェッラーラからナポリのデ・サンクティス、そしてトスカーナのグエッラッツィに至るイタリアのさまざまな国家の文化、政治面の指導者が含まれていた。こうして、トリノやジェノヴァは、むしろロンドンやパリよりも、愛国心に燃えるイタリア人のメッカの様相を一層強めることになったのである。しかし、ピエモンテ人、自由主義者、聖職者は、亡命者に心底寛大であったわけではない。亡命者は、彼らにとっては、一八五〇年にトリノで出版された小冊子によれば、「十九世紀にピエモンテで復活したエジプトの十の災い」[三三]の一つに数えられる存在であった。自らをシュピールベルク監獄の〈殉教者〉と好んで称し、ピエモンテの持つ〈使命〉を心から支援したジョルジョ・パッラヴィチーノは、こう不平を述べている。

「ピエモンテ人、つまりソラーロ・デッラ・マルガリータ伯爵から法曹家アンジェロ・ブロッフェーリオに至るすべてのピエモンテ人には、同じような欠点が見いだせる。彼らは一大中心都市ローマを擁するイタリアよりも、トリノ、ミラノという二つの首都を持つ北イタリアの方を好んでいる。そして、カミッロ・カヴールは、最もピエモンテ的な人間なのだ。」(Maineri, 335, p. 212)

しかし、クリミア戦争が新たな展望を開くように思われるにつれ、これらの〈イタリアニッシミ〉〔極めてイタリア的な人間〕がピエモンテに寄せる期待は、ますます膨らんでいった。たとえば、パッラヴィチーノは、唯一の希望がピエモンテの覇権にあることをマニンに納得させようとした。ちなみに、後者はパリで偉大な名声を誇っていたため、イタリア統一は支持する一方で国民議会開設をいまだに信奉する亡命者をピエモンテ支持に転向させることができるように思われた。さて、パッラヴィチーノはこう述べる。

「国民議会について今語るのは、まずい。私は、新旧の過ちから多くを学んだ。だから、われわれの革命の初期段階で国民議会の樹立を望んではいない。独立戦争の間に、こうした議会が一体何の役に立つというのか？　われわれの中に対立を生み、軍事作戦に重大な損失をもたらすだけではないか。独立戦争の期間中私が欲するのは、自由ではなくて独裁だ。然り、兵士による独裁。イタリアにはいまだ国民は存在しないが、それを代表する自由な政府は一つ存在する。われわれには、二つの党派のうちの一つを選択する余地はない。われわれは、自ら進んで、あるいは強制的にであっても、この政府を承認しなければならない。」(Pallavicino, 356, vol. 3, p. 9)

マッツィーニ派と〈ピエモンテの穏和派〉両者のイデオロギー面の類似は、いよいよ鮮明なものとなりつつあった。

確かに、前記のパッラヴィチーノでさえ、カヴールに不信感を抱いていた。クリミア戦争におけるチェルナーイアの戦闘は小競り合いにすぎなかったし、戦後のパリ会議でピエモンテが手にした収穫が漠としたものだったことは明らかである。とはいえ、亡命者の中には、最終的にイタリアの運命を理解しているのはこの国であると確信する者がいた。他方、モンタネッリやシルトーリのように、依然としてフランスに期待し、ナポリの王位を主張するリュシアン・ミュラを積極的に後押しする亡命者もいた。こうした状況下で、統一主義を標榜する亡命者は、憤慨する。ピエモンテ支持の動きが高まる中で、なおほんの一握りの人間は、新党派の結成を準備していた。一八五五年、マニンは、統一主義に基づく立憲制国家の樹立こそイタリア問題を解決する道であることを決然と明らかにする。

「あまりにも厳しい批判にさらされた共和主義勢力は、民族的大義のために新たな献身と自己犠牲の道を歩んでいる。何よりもまずイタリアを形成することが最重要の課題であると確信した彼らは、サヴォイア家に向かってこう語りかける。

イタリアを創られよ。そうすれば、われわれはあなた方とともにある。もしそうでなければ、われわれは、あなた方を支持しない。」

そして彼らは、（ピエモンテの）立憲主義者に対してはこう訴える。

「イタリアを創ることを考えたまえ。そして、ピエモンテの拡大を考えてはいけない。偏狭な郷土びいきの輩にではなく、イタリア人になりたまえ。そうすれば、われわれは諸君とともにあるだろう。もしそうでなければ、われわれは諸君の隊伍には加わらない。」(Maineri, 355, p. 323)

親ピエモンテの亡命者は、今や〈統一〉という革命的な要求に代えて〈統合〉を掲げる体勢を整えるほどであった。後者が、ピエモンテの漸次的な拡大によって最終的に単一の統一国家イタリアを形成する含みがあるにもかかわらず、にである。こうして、サヴォイア家がイタリアをまるでチョウセンアザミの葉であるかのように貪り食うという伝統的な諺が現実のものとなりつつあるように思われた。

ところで、前記のマニンを中心とする新党派結成のためには、次の三つの条件が必要だった。つまり、マッツィーニの主張とは異なったイデオロギー、彼に代わるオルガナイザー、そしてその支持者の存在である。マニンは、マッツィーニを公然と中傷した。つまり、彼を「暗殺者の刃の理論」の擁護者であるとこきおろし、「ただ一つのイタリアか、そうでなければ無」という以前の主張を放棄した彼の姿勢を批判した。こうして、マニンは、前述した第一の条件を満たした。また、ジュゼッペ・ラ・ファリーナがマッツィーニから離反し、サヴォイア家を中心とする統一主義支持へと転向したことによって有能なオルガナイザーを獲得し、パッラヴィチーノの持つ資金の効果的な利用が可能となった。しかし、第三の条件である献身的な支持者の獲得は、一層困難であった。新組織が将来生き残っていける見通しが立ったのは、ガリバルディが彼特有の素朴な流儀でこれを支援した時からである。ちなみに、彼は、いかなる愛国的な運動にも身を投じる用意がある一方で、マッツィーニには激しい敵意を抱いていたのである。こうして、イタリア国民協会が誕生した（一八五七年七月）。同協会のメンバーは少数だったにもかかわらず、真の愛国者すべてを代表すると公言して憚らなかった。イタリア国民協会は、カヴールと接触した。そして、ナポリの王位を要求するミュラに対して彼が冷淡な態度をとることがいったん明らかになると、協会は強い態度に出た。イタリアの統一と独立を支持する協会のプロパガンダは、他のイタリア諸邦における多くの民主派と一部の穏和派を引きつけた。マッツィーニの支持者であった中産階級の人間がサープリ遠征以後急速に彼の許を去り、ミュラ派の亡霊がその出現と同じく神秘的に消滅すると、カヴールは、幾分かは彼自身を当惑させるような支持を新たに獲得した。イタリア国民協会の指導者は、ラッタッツィのようにサルデーニャ王国内の改革強化をイタリアの独立・統一の実現に優先させようとするピエモンテの穏和派や民主派から、カヴールを引き離そうとする姿勢を明らかにした。ちなみに、カヴールは、こうしたピエモンテの勢力に決して対立していたわけではなかった。ラッタッツィ内閣の辞職（一八五八年）とカヴールが行なった穏和派右派の内閣への吸収は、新しい状況の出現を示す出来事であった。カヴールは、自らの権力を保持するためにイタリア問題を純粋に政治的な方向で解決することを容認し、その実現のペースを早めることを今や余儀なくされることになる。

四　穏和派の勝利

カヴールは、極めてイタリア的な連中と呼ばれる元革命家や現役の革命家の一部とも密かに連絡をとっていた。にもかかわらず、彼は、オーストリアに対するイタリア外、つまりフランスの軍事支援の実現を期待していた。しかし、彼の楽観的な予測は、パリ会議の後月日が空しく流れるにつれ力を失った。というのは、ピエモンテを支持するような革命や陰謀の勃発の可能性をイタリア内部にいつまでも維持することは彼にも無理だったのである。カヴールの親友カステッリは、彼が当時抱いていた確信について一八五七年三月に次のように書いている。

「ありとあらゆる企てや計画は、役に立たない。つまり、万事は偶発事件の発生によるのである。そうなれば、（ナポレオンが）幸運をつかめるかどうかが判明するだろう。」(Castelli, 342, vol. 1, p. 158)

カヴールの念頭にあった〈偶発事件〉は、じきに発生した。つまり、少数派のマッツィーニ支持者の一人、フェリーチェ・オルシーニによるナポレオン三世暗殺未遂事件と、彼が今際の時に皇帝に対してイタリア独立達成の願いを訴え出た一件がそれである（一八五八年一―二月）。カヴールは、新しい状況を利用する辣腕ぶりを発揮した。そして、これは、次の三年間にわたって彼の指導力を特徴づけることになる。彼は、こうしてナポレオン三世との密かな接触を深め、プロンビエールにおける会談（一八五八年七月）を実現させるに至った。会談期間中、カヴールは、国王ヴィットーリオ・エマヌエーレに対し、ナポレオン三世の提示したイタリアの四国家分割案について満足げにこう報告している。

「実のところ、イタリアで最も裕福で最も頼りとなる領土の半分を支配する権利を陛下はお持ちです。

したがって、陛下が実質的にイタリア半島全域の君主となられることは、極めて当然のことと申せましょう。」(364, vol. 1, p. 105)

カヴールのフランスに対する断固とした信頼感は、ついに実を結ぶ。しかし、その反面、彼は、ピエモンテの政策をナポレオンのそれに完全に従属させるという代償を払うことになった。ちなみに、これは、一八五九年一月二四日にトリノで締結された秘密協定の条項に早速見て取れる。つまり、それらは、プロンビエールにおける合意事項に比べ、ピエモンテにとって明らかに不利な内容となっていたのである。こうしたピエモンテのフランスへの従属関係は、その後の数カ月間に冷酷な姿で現実のものとなる。つまり、カヴールは、イギリス、プロイセン両国の調停提案の圧力に屈し、ナポレオン三世の対オーストリア戦実施放棄の決定を受け入れざるをえなかったのである。とはいえ、オーストリアがサルデーニャ王国に対し最後通牒を発した結果、フランスは王国を支援してオーストリアに宣戦を布告した(一八五九年四月一九―二三日)。ところで、前記の従属関係は、中部イタリアの愛国者に対するカヴールの政策をも決定づけることになる。そして、ソルフェリーノとサン・マルティーノの戦い(六月二四日)の後、ナポレオン三世が突如としてオーストリアに講和を申し入れたのは、こうした従属関係の論理的帰結であった。つまり、彼は親しい君主で同盟者であったサルデーニャ王にこの件について単に触れただけで、カヴールに対しては一言の相談も持ちかけなかったのである。ロンバルディーアのサルデーニャ王国への割譲は、ナポレオンを介して実現した。オーストリアが故意に行なったこの割譲は、王国にとっては屈辱であり、当時ピエモンテが甘受していたフランスへの従属関係を象徴する出来事であった。

こうして、カヴールの行動の自由は、主として彼が国際外交に依存することにより制約を受けることが明らかになったといえるかもしれない。しかし、彼は、フランスと同盟を結んだ結果、イタリア内における指導力を揺るぎないものとした。ピエモンテ議会で彼を支持する主流派は、一八五七年の選挙で危機に瀕した。しかし、野党勢力がアルプスのフランス側地域におけるサヴォイア地方出身の議員に限定された結果、与党勢力は圧倒的な力を持つに至った。他方、議会外では、ラ・ファリーナの指導するイタリア国民協会のように、ピエモンテに対して無条件の支援を申し出る用意ができていたのはまだ少数派であった。とはいえ、反オーストリア、反専制主義の感情が高揚する中で、ピエモンテへの期待は高まっていくのである。

さて、イタリア国民協会は、一八五七年の創設以来組織を拡大していた。同協会は、二五年前のジョーヴィネ・イターリアとは異なり、地方の名士を支持基盤としていた。ちなみに、彼らは、その社会的地位を利用して小都市の小売商や官吏の支持を引きつけた。協会の中心勢力は、諸公国、そして、とりわけ教皇国家のロマーニャ地方にあった。協会は、これらの地域で従来からの秘密結社の伝統に容易に適合した。他方、協会は、ロンバルディーアで重要な支持層を持ち、トスカーナには一八五九年初頭に委員会を設置している。とはいえ、協会は、これらの地域では、他の地方組織に比べると依然として弱体であった。そして、ラ・ファリーナとカヴールとの関係は、一八五八年末以降いよいよ緊密なものとなっていった。そして、ガリバルディの支持をカヴールが確保できたのは、ほかでもないラ・ファリーナの功績である。この結果、ガリバルディの名声には、幾分かの重みが加わることになる。確かに、カヴールのコネクションは、イタリア国民協会に限定されるものではなかった。実際、ミンゲッティやファリーニのような政治的に彼に最も近い政治家は、この組織にはなお懐疑的であった。しかし、カヴールは、協会が能率的で高度な組織であるとするラ・ファリーナの主張を受け入れるように思われた。そして、カヴールは、ピエモンテに集結する義勇兵の組織化を行なうという協会の主張を喜んで承認したのである。

よどみなく走るラ・ファリーナのペンを介して展開される協会のイデオロギーは、ナポレオン三世と分かち合っていたカヴールの関心と完全に一致していた。つまり、彼らは、対オーストリア戦をあらゆる革命運動の進展から絶縁させておくことに配慮していたのである。協会が掲げた目標は、イタリアの統一と国民全体の融和であり、これらは、協会の存在理由でもあった。統一が、仮に理論上サルデーニャ王ヴィットーリオ・エマヌエーレと革命勢力の共同作業で達成されるべきものであったにしても、後者は、サルデーニャ王国外の地域に活動を限定され、しかも、しだいにピエモンテの指導に従属すべきものとされた。イタリアが抱えるあらゆる問題の検討と解決は統一以降に先送りされ、意見の対立を生むような討論は禁止される傾向が協会では支配的であった。この結果、協会の指導者は、批判に対して非寛容的な姿勢をとった。つまり、彼らは、それらを良くて異端、最悪の場合には裏切りとみなしたのである。イタリア人はなぜ独立を望むべきなのか、あるいは、何のために独立を目指すのかといった根本的な問題の討論は、いかにして独立を達成するかというただ一つの実践的な問題へと矮小化されてしまった。こうして、愛国者の運動の特徴となっていた道徳的熱情、あるいは民主派や社会主義者の熱い想いに、軍国主義的な信念や社会における保守的な傾向が取って代わった。イタリア国民協会は、自由主義の方向を意識的に打ち出してはいたが、それは極めて限定的な意味においてであった。協会が希望を託したのは、企業家、商人、地主といった教養ある中産階級であった。つまり、協会は、社会的諸特権を要求する貴族と一般民衆の両者を危険な存在とみなして退けたのである。マッツィーニの教条主義とその不毛な活動に嫌気がさした彼の元支持者が協会に引きつけられた真の理由は、協会が自らのアピールの対象を、都市ブルジョアジーと地方地主に意識的に限定していた事実にこそ求められる。

協会の活動を一つの契機とするこうした愛国心の高揚に対し、民主派はほとんどなす術がなかった。たとえば、カッターネオは、一八五九年に勃発した王家の利害むきだしの統一戦争に嫌悪感を抱いていた。とはいえ、彼は、いつものように自己の立場を公にすることには消極的であった。このため、彼ができたのは、統一戦争の持つ非自由主義的な性格について、ベルターニ、メーディチ、それにジェノヴァにおける少数の民主派に喚起を促すことだけであった。しかし、カッターネオは、それと同時に戦争によってイタリアを解放できるかもしれないとの期待も抱いており、彼ら民主派が義勇兵として参戦すべきことを認めた。彼は、イタリア人が半世紀前にナポレオンの軍隊に奉仕した事実を正当化するためにイタリア人将校が頼りとしたのと同じ理屈を奇妙にも繰り返し、次のように勧めている。

「兵士になることを望む者は、だれでもいずれは自由のために戦うこともできる。しかし、その間に彼は実際の兵士として自己を鍛えなければならない。」(Cattaneo, 263, vol. 3, p. 107)

ところで、マッツィーニは、自分に最も忠実な支持者の多くが離反した事実に幻滅する一方で、マニン、シルトーリ、ガリバルディほか極めて多数に上る一八四八―四九年革命の〈名士〉がさっさとピエモンテに奉仕する状況に嫌気がさした。こうして、彼は、来たるべき戦争がフランスのイタリア支配を招き、統一主義者の夢を打ち砕くものになる、と彼の支持者に警告を発したのである。彼は、サープリ遠征の後、都市プロレタリアートが持つ革命の推進力をしだいに強調するようになり、協同組合主義を階級間の経済協力に関わるイデオロギーへと発展させた。彼は、行動党に檄を飛ばした。つまり、対オーストリア戦を外国の干渉を排したイタリア民族戦争に転化する運動のイニシアティヴをとるべし、というのである。そして、もしもこれが不可能ならば、行動党は戦争から超然としているべきであると彼は考えていた。しかし、彼が恐れていた事態は現実のものとなった。つまり、戦争は勃発したのである。そうなると、彼は態度を変え、支持者に対して戦闘に参加するよう勧めたが、組織としては関わらないよう留意していた。彼のこうした姿勢の変化の根底には、この戦争は結局のところオーストリアを敵としており、中部イタリアでの蜂起と義勇軍の力によってこれをイタリア人による、イタリア人のための戦争へと変えることが可能ではないかとの認識があった。

カッターネオやマッツィーニが不吉な予測を立てていたにもかかわらず、戦争に対する熱狂は、一八四八年革命時に勝るとも劣らない水準に達した。約二〇〇〇の義勇兵がピエモンテに到着した。しかし、マッサーリが啞然として指摘しているように「一八四八年には兵士の指揮に熱狂する者がいたが、五九年には兵士を服従させることに夢中になる連中が存在した」のである（Massari, 366, p. 225）。

ところで、ガリバルディという名前は抗し難い魅力を持ち、多数の義勇兵がピエモンテに馳せ参じた。しかし、カヴールとピエモンテの正規軍は、彼らの行動を自己の監督下に置いた。たとえば、ガリバルディが指揮するアルプス軽歩兵部隊は、極めて若い兵士か、四八年革命を経験した老練の義勇兵によって構成され、その数は意図的に三〇〇〇名に制限された。しかも、同部隊の役割は、正規軍将校によって組織的に限定されてしまった。こうした状況に関し、ベルターニは戦争勃発前、カッターネオにこう書き送っている。

「これまでのところ、ガリバルディは嘲笑の的になっている。彼らピエモンテの連中は、ガリバルディの名、彼の持つ影響力、それに彼に対してさまざまな要請が行なわれることを耳にするのを恐れている。つまり、諸邦からピエモンテへやって来た連中にとって、彼はなくてならない存在なのだ……ラ・マルモラとピエモンテの徒党勢力は、柔軟性に欠け、近寄り難い雰囲気を持っている。そして、ガリバルディは、彼らに相当反感を抱いている。」(Cattaneo, 263, vol. 3, p. 553)

一八五九年末に始まった戦争は、多くの流血を伴って大規模なものになったとはいえ、かなり急速に終結する。フランスの〈質の高い〉軍隊をモデルとしてラ・マルモラが再編したピエモンテ軍は、フランスとの協定では一〇万にすることを約束していたにもかかわらず、実際にはわずか六万三〇〇〇を数えるにすぎなかった。一方、フランスは、二〇万の軍隊をイタリアに派遣している。そして、フランスとピエモンテの連合軍の最高指揮権は、国王ヴィットーリオ・エマヌエーレではなくナポレオン三世が掌握していた。ところが、彼とオーストリア皇帝フランツ・ヨーゼフは、ともにそれまで軍隊を実地に指揮した経験がなかった。さらに、ヴィットーリオ・エマヌエーレに関していえば、彼はノヴァーラの敗戦で不名誉な役割を演じた父王カルロ・アルベルトの記憶を消し去りたかったかもしれないのに、このありさまだったのである。オーストリア軍がティチーノ川を越えてビエッラとヴェルチェッリを占領した五月初めから、ガリバルディがロンバルディーアに進攻してヴァレーゼとコモを占領する同月二三日まで、戦線は膠着状態にあった。一方、ナポレオン三世は、ピエモンテ東部（アレッサンドリアーカザーレーヴェルチェッリ）に新しく敷設された鉄道を利用して自軍の主力をノヴァーラに移した。その際、この行動を擁護したピエモンテ軍は、パレストロ〔ノヴァーラの南西〕を占領し、オーストリア軍と衝突する（五月三〇、三一日）。そして、マジェンタ〔ノヴァーラの東方〕の戦い（六月四日）で敗北したオーストリア軍は、四角要塞地帯に退却した。一方、同盟軍の両君主はミラノに入場し、ガリバルディ率いる義勇軍はベルガモとブレッシャを占領後、北進した。その後、同盟軍は、ソルフェリーノ〔ガルダ湖の南方〕とサン・マルティーノ〔ガルダ湖西方〕における最大規模の激戦（六月二四日）でオーストリア軍を破り、四角要塞地帯の包囲を開始した。ところが、ナポレオン三世は突然フランツ・ヨーゼフに休戦提案を行ない、間髪を入れずヴィッラフランカの和が結ばれたのである（七月一一日）。

ナポレオン三世は、ヴェーネト地方を解放しないうちにオーストリアと和平を締結した。その結果、彼は一月に締結されたサルデーニャ王国との同盟協定に基づいてサヴォイアとニッツァをその代償として獲得することになった。彼がこうした行動をとった理由は、当時の国際状況とイタリア内部の情勢の進展に求められる。プロイセンの武力を盾とした脅威が強まりつつある状況に彼が憂慮の念を示していたことは、明らかである。しかし、その一方で、彼は中部イタリアにおける戦争がどのような影響を及ぼすかについても強い関心を抱いていた。ちなみに、この地域では、カヴールの関与を通じ、諸公国およびトスカーナ大公国だけでなく、教皇国家のロマーニャ地方でも革命的な状況が誘発されるのではないかとの懸念があった。ハンガリー内部で反オーストリア革命を引き起こすようコッシュートに促すことが望ましいという点で、カヴールとナポレオン三世の見解は一致していた。しかし、教皇国家内における蜂起の勃発は、ナポレオン三世がピウス九世の保護を謳った誓約に反することになる。さらに、この蜂起は、ローマに駐屯するフランス軍の存在それ自体に異議を唱える一方、フランス国内の聖職者勢力の反発を引き起こす危険も併せ持っていた。

二つの公国、とりわけパルマ公国のサルデーニャ王国への併合は、フランス・オーストリア間で締結されたヴィッラフランカの和によって認められていた。しかし、ナポレオン三世は、トスカーナの王国への併合を相変わらず認めようとはしなかった。この結果、彼はプロンビエールの密約で当初提示した教皇領に関するプランを撤回した。一方、カヴールの指示に全面的に従ったラ・ファリーナは、イタリア国民協会の各委員会に対し、ピエモンテ軍が中部イタリアでいったん情勢を掌握した後、臨時政府樹立の準備にかかるよう指令を出した。ラ・ファリーナは、その一方で民衆蜂起を促すことのないよう釘を刺すのを忘れなかった。協会は、プロパガンダ活動に関しては優れた力を発揮したが、革命を組織する能力にはまったく欠けているか、あるいはそれを望んでいなかった。これは、トリノの中央委員会の動きを見れば明らかである。同委員会は、中部イタリアに将来樹立されるべき臨時政府のプランに関して指示を出し、ピエモンテの当局者が到着するまで秩序を維持することの重要性を強調する。そして、その後、同委員会は、戦争が勃発した時点で任務が終了したと確信し、四月二六日に解散するのである。

しかし、イタリア国民協会は、ピエモンテ軍が近隣に存在することによって機能できた。つまり、同協会は、カヴールが望んでいたと思われるような、中部イタリアをヴィットーリオ・エマヌエーレに提供する任務には不向きであることが判明したのである。この状況は、協会が弱体なトスカーナだけでなく、パルマ・モーデナ両公国においてさえも明らかであった。たとえば、モーデナ公が領有するマッサとカッラーラ〔トスカーナ地方北西部〕では、ヴィットーリオ・エマヌエーレの側近が四月二七、二八日に退くと、協会は、ピエモンテ軍の支援を得て権力を掌握している。また、パルマでは、マリア・ルイーザが国外退去の意向をいち早く明らかにすると、協会は五月二日に臨時政府を樹立した。しかし、同政府は、彼女に依然として忠誠を誓う軍隊の手でまもなく打倒されてしまう。そして、マジェンタの戦い（六月九日）の後、彼女が最終的に退位を決意するとほどなくパルマとピアチェンツァに新政府が樹立されるが、同政府は協会のメンバーではなく、地方の名士によって構成されていたのである。とはいえ、これらの臨時政府を通じてパルマ公国がヴィットーリオ・エマヌエーレに献上され、ピエモンテの任命した政治委員が派遣されると、協会のメンバーは、公国行政の優れた人材として再び浮上することができた。他方、オーストリア軍の撤退とともにモーデナ公が亡命すると、レッジョとモーデナではそれぞれ六月一二日、一三日に蜂起が勃発し、現体制の廃止を宣言した。協会の指導者、ルイージ・チーニが、ヴィットーリオ・エマヌエーレにモーデナを献上して臨時政府を樹立するのは、こうした民衆デモの発生直後のことである。ちなみに、レッジョでは、ヴィットーリオ・エマヌエーレに対し同市自らがすでに献上を申し出ていた。そして、カヴールは、ルイージ・カルロ・ファリーニを政治委員としてモーデナへすみやかに派遣している。こうして、イタリア国民協会は、モーデナ、パルマ両公国で権力の空白状態を埋め、十分に可能性のあった民衆による社会変革の要求に対抗して秩序を維持する能力を示したが、地方の権力に対して革命を組織することはできなかったのである。

ところで、トスカーナ大公国は、君主に反抗して蜂起が勃発したイタリアでは初めての国家であるが、前述した諸邦に比べると状況ははるかに複雑で、協会にはほとんど活躍の余地がなかった。レオポルド二世は、オーストリア軍の支援だけを頼みの綱として権力の座に復帰することを一八四九年に決意した。こうした彼の態度が、体制の支柱であった穏和派支配層の離反を招いたことは明らかである。しかし、民主派による共和主義運動が高揚した一八四八—四九年の恐ろしい記憶が、彼ら穏和派の態度に影響を及ぼした。リカーソリとリドルフィが率いる最も活動的な穏和派は、一八五八年初頭に一つのグループとして団結し、一連の愛国的な内容の小冊子を発行する。このグループのメンバーでは、リカーソリだけが個人的にはイタリアの最終的な統一を信じていた。しかし、他のメンバーは、トスカーナの自治を固く支持しており、トスカーナ社会の指導者として多大な影響力を行使していた。他方、イタリア国民協会の指導者、ラ・ファリーナを支持するトスカーナ人は、政治的に彼らよりははるかに弱体であった。とはいえ、社会秩序の乱れを恐れるという点で両者は類似していた。もっとも、前記グループのメンバーは、愛国者としての一面も併せ持ち、ピエモンテに義勇軍を派遣する動きを支援している。

一方、フィレンツェの民衆指導者、ジュゼッペ・ドルフィ(三三)やマッツィーニを支持するピエロ・チローニらは、はるかに急進的な運動を組織し始めていた。穏和派貴族は、イタリア国民協会のメンバー同様にカヴールと接触していたが、自分たちの主張に冷淡な態度を示す彼を見てしだいに幻滅していく。他方、カヴールは、戦争に関わるすべての政府機関の指導に全精力を傾けていた。ナポレオン三世がトスカーナの独立維持を望んでいることに気づいていた彼は、トスカーナ大公をオーストリアとの同盟から引き離してピエモンテと手を組ませ、憲法の再施行を実現させるよう愛国者にしきりに促していた。しかし、情勢の切迫に伴ってカヴールの発する指示は変化し、トスカーナに派遣されていたサルデーニャ王国代表のボンコンパーニや穏和派およびイタリア国民協会のメンバーの混乱を招くことになる。ちなみに、彼らは、協会の指導者ラ・ファリーナとの直接的な接触はすでにほとんどない状況にあった。カヴールは、合法的な枠内で扇動を行なうよう強く主張したものの、民衆蜂起は問題外と考えていた。

さて、ドルフィらフィレンツェの民衆指導者は、リカーソリおよびその支持者との接触が不調に終わった後、四月二七日に民衆蜂起を組織することを主張した。彼らは、リカーソリがこの運動を指導してくれるのではないかとなお期待していたのである。しかし、リカーソリは慌ただしくトリノに向けて出発し、革命を抑え込むためにピエモンテ軍の支援を要請した。穏和派は、トスカーナの王家を救う希望を最後まで捨てなかった。つまり、彼らは、対オーストリア戦に参加して自由主義政府を樹立するようレオポルドを説得しようとしたのである。しかし、彼らは、フィレンツェの民衆に結局してやられた。ドルフィらに鍛えられていた民衆は、大公の退位を要求した。これに恐れをなしたレオポルドは、退位よりはむしろ国外退去の道を選ぶことを突如として決意する。しかし、トスカーナでは、民主派が穏和派に従属するという長年見られた傾向が、この状況下で再び明らかとなった。というのは、民主派は、イタリア統一のために、自己の要求を穏和派の臨時政府に無理強いしないことで一致したからである。

トスカーナは、戦争中ヴィットーリオ・エマヌエーレによる独裁執政の実施を要求したが、これはカヴールによって却下された。彼は、フランスの要望に歩調を合わせていたのである。このため、彼が同意したのは、サルデーニャ王国の代表委員ボンコンパーニの許で同王国がトスカーナに保護権を行使することだけであった。カヴールが当時一番関心を寄せていた問題は、トスカーナの分遣隊を前線に大量に確保することであった。ボンコンパーニは、政治色の薄い官吏だけによる行政の実施を企てたが、トスカーナの穏和派はこれに反対した。その結果、彼は、リカーソリ、リドルフィ、サルヴァニョーリらをメンバーに含む政府樹立の承認を余儀なくされる（五月一一日）。こうして再び権力を手に入れた穏和派は、トスカーナの独立の擁護を固く決意していたが、民衆の圧力には依然として恐怖心を抱いていた。このため、穏和派はナポレオン三世に軍事支援を要請した。これを受けた彼は、従兄弟のナポレオン公率いる部隊を派遣している。公は、常にピエモンテに好意的な姿勢を示し、以前にはカヴールとナポレオン両者が行なった秘密裡の接触も支持していた。そして、おそらくはカヴールと秘密の合意に達していたと思われる彼は、トスカーナのピエモンテへの併合を公に宣言した。一方、カヴールは計画を再度変更し、ピエモンテ支持のプロパガンダを展開するようニグラ(三四)を現地に派遣している。こうしたカヴールの姿勢に、トスカーナは敵意を示した。当地では、併合がイタリア統一実現に向けての第一歩であると考え始めていたのはリカーソリ唯一人だったのである。ところで、こうした併合の動きに対するトスカーナの反発は、カヴールのイニシアティヴをナポレオン三世とヴィットーリオ・エマヌエーレが認めようとしなかった事情と結びついている。一方、フランスの外相ワレウスキがあからさまな敵意をカヴールに示した結果、彼に対するナポレオン三世の不信感が強まった。六月中旬になると、ナポレオン公さえもが十分な支援が得られないことに嫌気がさしてトスカーナを捨てた。彼は、トスカーナの一師団も引き連れていった。ちなみに、この部隊は、カヴールが指命したウッローア将軍が再編したもののうまく機能しなかったのである。

　他方、リカーソリは、マジェンタの戦いの後、強固な統一主義者になっていた。トスカーナが弱体で、再発する民衆蜂起の的になりやすいことが明らかになると、統一には消極的な穏和派の同僚の間にも彼の主張が浸透していった。同僚に比べると大胆な言動を見せるこの〈鉄の男爵〉は、強固な統一国家のイタリア実現を支持する市町村議会の請願を民主派ドルフィの支援を得て集め、ヴィットーリオ・エマヌエーレに送ろうとさえしている。[三五]「商店主、やぶ医者、つまらぬ法律屋」(Ricasoli, 358, vol. 3, p. 103) の動きを恐れたリカーソリは、パッツィ、ゲラルデスカ、ジノーリといった傲慢で当時の政治には無関心な態度を示していた貴族をも動かし、新しいイタリア政策を支持させた。高い文化水準を誇るトスカーナを半ば未開の状態にあるピエモンテに併合させることに対しては、なお憤りが強かった。しかし、リカーソリは、この〈融合〉を統一イタリア実現に必要不可欠な一歩であることを認め、状況をしっかりと自らの統制下に置いたのである。

次に、教皇国家の総督領では、民衆が教皇に敵意を示しており、ラ・ファリーナは当地におけるイタリア国民協会の実力のほどを保障していた。こうした事情から、カヴールは、愛国的な運動が秩序の乱れなく展開されるのではないかと期待することになる。しかし、ロマーニャでは、穏和派のさまざまなグループ間に厄介なライバル意識が見られた。ここでは、穏和派のマルコ・ミンゲッティが協会になお不信の念を抱く一方で、ナポレオン三世の従兄弟ペーポリ侯爵の存在も無視できなかった。結局、ここでは自発的な蜂起は勃発しなかった。当地の協会指導者は、秩序維持に気を使うあまり、運動を活性化できなかったのである。協会がボローニャに臨時政府を樹立し、ロマーニャにある中小の都市にこれと似たような政府を創り出すことがやっと可能になったのは、マジェンタの戦いの結果、オーストリア軍が撤退した六月一二日になってからである。ヴィットーリオ・エマヌエーレは、ナポレオン三世とのあからさまな衝突を避けるため、独裁執政権の請願を再び退け、保護権を行使することだけに同意している。そして、カヴールによって執政官に任命されたマッシモ・ダゼーリョは、七月一四日、現地に到着した。こうして、ロマーニャでは、権力の交代が流血を見ることなく実現した。これに力を得た教皇領のマルケ、ウンブリアの諸都市では、トスカーナで組織された義勇軍の支援を当て込んで蜂起が勃発する（六月一五、一六日）。しかし、この支援は実現せず、教皇配下のスイス人傭兵は、ペルージャを再征服し、残虐行為を働いた。そして、ウンブリアとマルケーゼの諸都市も同様の運命を辿ったのである。

ナポレオン三世がヴィッラフランカの和に調印し、中部イタリアからオーストリア軍が撤退すると、後には革命が続いた。しかし、四月二七日にフィレンツェで初期の蜂起が発生した後、旧体制に代わり、穏和派とイタリア国民協会のメンバーを構成員とする臨時政府が誕生した。彼らは、無秩序や民主派革命発生の兆しをすべて抑え込むことに成功し、ヴィットーリオ・エマヌエーレの統治を望む民衆の声の代弁者を自認することになる。

中部イタリアの内部危機

ナポレオン三世によるオーストリアとの和平締結によって、カヴールの展開する政策は危機に陥った。こうした状況の変化を背景として力の拠り所を失った彼は、対オーストリア戦をフランスの支援なしで継続することを強く主張し、これを拒否した国王を非難して、ついには首相の職を辞した（七月一一日）。マッツィーニが予見したように、カヴールは、イタリアの民族運動とナポレオン三世の統治するフランスとの同盟関係の両立に失敗したのである。一方、中部イタリアに新しい情勢が生まれた結果、オーストリア、フランス両国皇帝の合意が危険にさらされることになる。ちなみに、この合意では、国外に退去中のモーデナおよびトスカーナ両公国君主の復位が謳われていた。

ところで、中部イタリアに樹立された臨時政府の立場は、ピエモンテの派遣委員と執政官が引き揚げた後、不透明なままであった。オーストリアが、イギリスの不干渉政策を公然と無視し、旧専制君主を力ずくで権力の座に復帰させる立場にないことは明らかだったからである。ナポレオン三世は、中部イタリアの臨時政府に対して一八五九年末まで冷淡な姿勢をとり続けたし、外相ワレウスキに至っては敵意を示すほどであった。にもかかわらず、イタリア独立戦争が始まった直後にフランスが公国の旧君主復帰を目的とする軍事的支援を行なわないことも明白であった。ナポレオン三世が従兄弟のナポレオン公を中部イタリアの独立王国の支配者として強力に推してくる可能性が当時あり、臨時政府は、これをフランスからの重大な脅威とみなしていた。カヴールは、首相を辞任した後、ラ・マルモラとラッタッツィを首班とする新しいサルデーニャ王国政府が成立する数日間を利用し、これらの自由主義的な臨時政府を密かに激励していた。こうした事情を背景として、臨時政府は、旧君主、あるいは民主派勢力によるクーデタ対策を講じることになる。

その際、トリノからの支援はほとんどなかった。というのは、ラ・マルモラとラッタッツィの新しい政府が、フランスの支持の確保に最大の関心を払っていたからである。一方、トスカーナではリカーソリが独裁権力を掌握し、選挙権を極めて制限することで選挙を巧みに操作した（八月七日）。この結果、穏和派が大量に復帰し、モンタネッリが率いる民主派は、ごく少数が選出されたにすぎない。政府は、民主派の指導者の一人、グェッラッツィの被選挙権さえ無効としている。この新しい議会は、旧王政の復活に反対する点で一致した。彼らは、ヴィットーリオ・エマヌエーレ統治下の立憲王国への参加を満場一致で可決する。しかし、多くの穏和派は、列強がトスカーナの自立を保障してくれるのではないかとの期待を依然として抱いていた。この議決の後、議会はその権力を政府に委譲した（八月二〇日）。続いて、両公国と教皇領でも、トスカーナと同じ状況が生まれた。ファリーニは、ピエモンテの政府が任命した執政官の職を辞し、モーデナ（七月二七日）とパルマ（八月一八日）で民衆の歓呼に迎えられて独裁権を掌握した。こうして、彼は自分の権威を何とか保持することができた。これらの地域では、識字能力の低い者を除くすべての市民に投票権を付与したうえで選挙が実施された。この結果誕生した議会は、予想通りピエモンテへの併合を可決し、ファリーニは独裁執政官としての地位を確立した（三六）（八―九月）。また、教皇領では、最も有力な貴族、ミンゲッティとペーポリが、レオネット・チプリアーニを執政官に任命させることに成功する。なぜなら、彼がナポレオン三世と交友関係を結んでいたからである。トスカーナと同じく、ここでもすべての肉体労働者には投票権が与えられず、大幅な制限選挙が実施された。こうして出現した穏和派の議会は、ミンゲッティの指導下に教皇支配の終焉とピエモンテへの併合を正当化する。議会は、その根拠として、強固な国家、市民の自由と平等、そして民族の独立の必要性を挙げている（九月）。そして、これら三政府間で、敵対勢力に対する合同防衛のための軍事協定が結ばれた。

　さて、ナポレオン三世の圧力に屈したヴィットーリオ・エマヌエーレは、前記の諸政府による併合の申し出を〈ヨーロッパ〉の同意が得られるまで拒むことを渋々承諾した。しかし、三人の独裁執政官、リカーソリ、ファリーニおよびチプリアーニは、それぞれの国家内部で強固な管理体制を維持しつつ、世論を組織し、中部イタリアのイタリア人の名の許に主張を続けた。彼らは、今やそれぞれの議会を通じ、サルデーニャ王位の継承者であるカリニャーノ公を摂政として選出することを決議させている（一一月）。しかし、ナポレオン三世は、ヴィットーリオ・エマヌエーレに再び圧力をかけ、こうした動きを封じている。他方、ロマーニャでは、議会がボナパルティストであるチプリアーニを解任し、ファリーニを執政官に指名している。

そのファリーニは、外交面で袋小路に追い詰められていた。このため、彼は個人的なイニシアティヴを発揮して、パルマ、モーデナ、ロマーニャを含むサルデーニャ王国と〈王領エミーリア〉との事実上（デ・ファクト）の統一を急いだ。彼は、その際にピエモンテの法制と行政システムの採用を強制している（一八五九年一二月―一八六〇年一月）。一方のリカーソリは、統一主義者ではあったものの、ピエモンテの優越を積極的に支持していたわけではない。ましてや、サルデーニャ王国の厳格な中央集権制を採用するつもりはなかった。彼は、ピエモンテや他の独立した諸地域と関税同盟を結成するにとどまったのである。ところで、ファリーニの行動は、諸問題の外交ルートを通じての解決を危険にさらすものであり、新国家の構造に永続的なマイナスの影響を及ぼすことが判明した。しかし、彼は、ロンバルディーアに対するラッタッツィの行動を引き合いに出して自分の施策を正当化することができた。ロンバルディーアのサルデーニャ王国への併合がフランス、オーストリアの承認を得られるやいなや、トリノではさまざまな法令があわただしく公布された。一方、ロンバルディーアの議会は閉会したままであり、当地の世論や官吏、さらにはラ・マルモラ＝ラッタッツィ内閣内部のロンバルディーア出身者に意見が求められることさえなかった（一〇―一一月）。後に南部の併合以後極めて激しい議論を引き起こすことになるイタリアの行政面における集権化のパターンは、世論を無視したラッタッツィやファリーニにより、当時すでに設定されていたことになる。彼らは、もっぱら純粋に政治的な問題に関心を払ったが、その代償の支払いをすでに始めなければならなかったのである。

独裁執政官による厳しい世論統制にもかかわらず、危機が長びく中で現状の打開が必要と考える人々の間から批判の声が生じた。マッツィーニは、八月密かにフィレンツェに到着した。彼は、国際関係が暗礁に乗り上げている今こそイタリアの統一を達成する好機であると確信していた。そして、ガリバルディが指揮する遠征隊を教皇国家に派遣し、続いてシチリアの蜂起と並行して南部のアブルッツォにも進攻し、ナポリをうかがうことも可能であると彼は力説する。

「この状況を傍観したり、あるいは国際会議や他の手段に依存するようなことになれば、われわれは目標達成のためにさらにあと一〇年の歳月を待たなければならないだろう。」(Mazzini, 257, vol. 65, p. 60)

一方、ガリバルディは、対オーストリア戦終結後、中部イタリア諸邦の軍隊の指揮を委ねられ、義勇兵や民主派の支持を引きつけることで穏和派にとって絶えざる脅威となっていた。実際、ミンゲッティは、ガリバルディの上官としてピエモンテのファンティ将軍[三七]を急遽指名している。

マッツィーニには支持者が少なく、ガリバルディは方向性を欠いていた。しかし、ヴィットーリオ・エマヌエーレが個人的に展開する外交は、穏和派の間にまもなく新たな懸念を引き起こした。国王は、カヴールが首相を辞任してからは休日に学校から解放された生徒のようにはしゃいでおり、フランスによる統制をあざけり、マッツィーニとさえ連絡をとりながら民主派と陰謀を企てた。そして、彼は、ヴェネツィアをオーストリアから買い戻すことを考えていたが、翌年の春にはフランスの支援なしに対オーストリア戦を再開したいとも口にしていた。八月に、彼はガリバルディと密かに陰謀を企てた。その結果、ガリバルディは、教皇国家遠征の指揮を執ることに同意している。この計画は一〇月頃には実現するかにみえた。このため、ナポレオン三世、リカーソリ、ラ・ファリーナ、ミンゲッティは、共同で警告を発する必要があった。さらに、ファリーニとファンティは、この遠征の実施を正面きって阻止しようとし、これに国王も不本意ながら従った。こうして、結局、ガリバルディは遠征を思い止まることになる(一一月)。トリノ駐在のイギリス外交官、ジェームズ・ハドソン[三八]は、こう記している。

「サルデーニャ王は、自分の剣と馬のことしか頭にない。彼は、どこであろうとお構いなしに嬉々として剣の鞘を払い、馬にまたがることを望んでいる。」（Giarrizzo, 350, vol. 7, p. 302）

ところで、ラ・ファリーナは、一八五九年当初の数カ月間に苦労して手に入れた情勢の安定が雲散霧消する危機を感じとっていた。このため、彼は消極的な態度をとり続けることができず、イタリア国民協会再建の仕事に着手することになる。彼は、ガリバルディを説得して協会の名誉総裁の座に就けたが、教皇国家遠征の問題に関して彼との衝突を回避することはできなかった。結局、ガリバルディは協会を脱退し、ブロッフェーリオの指導する民主派のライバル組織〈自由主義政治協会〉と、これを継いで同じく短命に終わった組織〈武装国民団〉を支持することになる。これを見たラ・ファリーナは、カヴールとの関係を一層緊密にしたため、イタリア国民協会の反民主派色が強調されるに至った。ちなみに、当時の協会に加盟していた四八年革命の闘士は極めて少数となっていた。地方の名士の名声や秘密結社活動の伝統が極めて強固な地域において、協会は再び最も効果的な影響を及ぼすことができた。旧公国、トスカーナ、そして特にロマーニャ、マルケの小都市で協会組織の再建が行なわれると（一八五九年一二月―一八六〇年一月）、独裁執政官の権力が強化された。これらの地域では、協会は反教皇を旗印とする亡命委員会と重なる存在であった。こうして、一八六〇年春になると、ファリーニは、エミーリアをピエモンテの統治下に置いた。一方、リカーソリは、より大きなイタリアの必要性を情熱的に主張し、ピエモンテへの併合に憤るトスカーナの穏和派をしだいに圧倒するようになっていく。

外交とイタリアの形成

ところで、中部イタリアの問題は国際的なレベルで決定されたが、それはヨーロッパの調和によるものではなかった。つまり、ラッセル＝パーマストンが率いるイギリスのホイッグ党政府とナポレオン三世の両者が問題解決の事実上の立役者であったといえるのである。イタリアの情勢を凍結させていたイギリスの不干渉政策は、一八六〇年初頭になると中部イタリアのピエモンテへの併合を強く支持する方向へと変わった。つまり、イギリスは、この併合によってイタリアに対するフランスの影響が相殺されるものと判断したことになる。パーマストンは、問題解決のためには対オーストリア戦が必要と考えたほどである。そして、彼は、いかなる場合であれ、オーストリアは併合に武力干渉しないと確信していた。一方、ナポレオン三世は、トスカーナの自治実現の希望を徐々に断念することを余儀なくされた。彼は、教皇に対し、何らかの変革や改革の実施が望ましいと納得させることができなかった。そして、彼は、すでに我慢できないほど悪化していた状況を打開するために、イギリスのイニシアティヴに飛びついたのである。彼が関税の引き下げに同意し、一八六〇年一月二三日にイギリスとの貿易協定に調印すると、英仏両国間の友好関係は、以前よりも良好なものとなった。同年一月一五日、両国政府は、イタリアの内政に対するあらゆる干渉を阻止し、中部イタリアが国民投票によって自らの運命を決定することを認める点で合意した。一方、オーストリアは、この合意をのむ代償として、ヴェーネト地方でフリーハンドを行使することが容認された。ちなみに、ヴィッラフランカの和によれば、この地域には四角要塞地帯も含まれていた。

同じ頃、カヴールは首相の座に返り咲く。それ以前、ラ・マルモラ＝ラッタッツィ内閣は力不足を露呈し、ラッタッツィは、カヴールの復帰阻止を図るために全勢力を傾けていた。カヴールの立場は脆弱であった。それは、国王が彼に反感を抱いていただけでなく、対オーストリア戦勃発時にカヴールの勧告を通じて国王に全権を委ねてしまった議会が、今なお活動を停止していたことにもよる。ちなみに、一八五九年の秋に政界に復帰したカヴールは、ほどなく貴族や保守派のスポークスマンとなった。ちなみに、彼らは、前首相のラッタッツィが推進した集権化政策に強く反対する一方、国王が民主派のブロッフェーリオや急進左派と組んだ陰謀や、反カヴールブロックの中心にガリバルディを据える計画に憂慮の念を示していた。一方、国王が反立憲的な姿勢を示すことで不安に駆られたダゼーリョは、カヴールを支持した。他方、英仏両国もカヴールを支持している。カヴールを再び首相に任命するよう国王に圧力をかけたのは、事実トリノ駐在のイギリス大使、ハドソンである（一八六〇年一月二一日）。

カヴールは、ナポレオン三世がサヴォイアとニッツァを手に入れる代わりに、トスカーナ、教皇領および二つの公国の併合を認めるはずであると確信していた。中部イタリアに普通選挙を通じて新しい議会が誕生する危険について、彼は心配していた。とはいえ、彼は、国外の世論の支持を得るために、こうした手段の行使が必要であることを認めた。この点で、彼はリカーソリと同意見であった。

「われわれからすれば、普通選挙の実施には不都合な面が多々ある。つまり、遠くない将来に、マッツィーニ、カッターネオら過激な民主派や教会勢力が彼らに好都合な手段として、この普通選挙の実施を主張する可能性がある。そうした事態は、われわれにとって望ましいものではない。こうした異論があるにもかかわらず、イギリスがこれを支持し、フランスが併合を承認するために必要な代償が普通選挙であるならば、わがサルデーニャ王国は、これを無条件で堂々と実行に移すだろう。」（364, vol. 3, pp. 46-7）

イタリア国民協会は、国民投票の実施準備に全力を傾注した。彼らは、多数の棄権を恐れていたのである。協会の指導者である地方地主は、その社会的な立場上伝統的に民衆から尊敬されていた。そして、彼ら地方地主は、住民投票の対象となる人々に公的な見解を伝えるネットワークとして十二分の機能を果たしていた。中部イタリアに樹立された臨時政府とその支持者は、選挙その他の政治に関わるプロパガンダ、買収、恐喝といった手段をすべて利用した。住民投票の予定日は、休日となった。この日、有権者は、学生、職人、地主、農民などの社会層別のグループごとに動員された。彼らは、ヴィットーリオ・エマヌエーレ統治下の立憲王国への併合か、あいまいな「分離王国」樹立かの二者択一を要求された。フィレンツェ近郊の町セスト・フィオレンティーノの行政長官で、自ら経営する製陶工場に多くの住民を雇っていたロレンツォ・ジノーリ侯爵[三九]が、当時の雰囲気を今に伝えている。従業員が併合の意味が理解できないのではないかと心配した彼は、これを「大魚は、小魚を貪り食うものだ」と説明し、さらに次のように述べている。

「諸君が知っての通り、一八四八年にわれわれは政治的な意識に目覚めたが、お互いすべての考えが一致していたわけではなかった。当時、事態は正しい方向へ進まなかった。人々は激しく論じ合ったが、冷静に考えようとはしなかった。つまり、万事成り行き任せだったのであり、皆を指導すべき人間は現われなかったのだ。しかし、今は事情がまったくちがう。」(Ragionieri, 378, pp. 228-9)

全国民的な愛国心の神話は、住民投票というかまどの中に燃え上がった。登録された有権者一〇〇万の八〇パーセント以上が投票し、その九七パーセント以上が併合を支持したのである（三月一八―二二日）。カヴールとヴィットーリオ・エマヌエーレは、ナポレオン三世の身勝手な要求を同じく三月に承認し、その内容は翌月一日に公表された。サヴォイアの住民投票で有権者がフランスへの帰属を選択するであろうことは、間違いなかった。なぜなら、彼らは、隣接したフランスへの傾斜を日々強める一方で、サルデーニャ王国によるイタリア的な政策に反感を抱いて同国から離反しつつあったからである。しかし、ニッツァの住民は、イタリア側への帰属意識が強かった。とはいえ、現地にフランス軍が駐屯しているために、同国への併合支持が必然的に確保された（四月一五―二二日）。こうして、サヴォイア、ニッツァのフランスへの併合が事実上全住民の支持を得られた結果、サルデーニャ王国は、住民投票の持つ有効性を確認した。にもかかわらず、両地域の割譲は、中部イタリアの併合と同じくさまざまな問題を引き起こした。つまり、ピエモンテの政策の持つ限界とフランスの保護権を確保するために支払うべき代償の高さが明らかとなったのである。ヴィットーリオ・エマヌエーレが不満を示し、穏和派の指導者が相互に張り合う中で、事態は著しく悪化していた。民主派のイニシアティヴは、こうした状況を背景として復活してきたのである。それは、イタリア統一達成に向けての最終的な推進力を生み出しただけではなかった。つまり、外交的な駆引きを超えた新国家建設の意識が全国民的なレベルでぜひとも必要であるという点を人々に力強く認識させることにも役立ったのである。ちなみに、この意識は、イタリアの独立を目指す運動の基盤をなすものであった。

五　統一主義を標榜する民主派最後のイニシアティヴ

さて、シチリアでは、中部イタリアとピエモンテ合体成功の報を契機として蜂起が勃発する。ここでは、民主派が指導する陰謀活動が決して絶えることなく展開されてきた。一方、両シチリア王国の本土部分では、一八四八年以降決して強力ではなかった民主派が、サープリ遠征の失敗により著しく弱体化した。他方、穏和派は、ピエモンテ、あるいはミュラの指導する外国勢力が救いの手を差し伸べることを期待していた。国王フェルディナンド二世の死によって生まれた希望も、彼の息子の新王フランチェスコ二世〔一八五九―六〇〕の言動により、みるみるうちに打ち砕かれてしまった。一方、シチリアでは、総督のフィランジェーリが、一八四八―四九年革命以後に民衆の支持を引きつけようと当初企てた。にもかかわらず、蜂起の火種は、その後ブルボン政府が展開した弾圧政策によっても決して消えることなくくすぶり続け、一八五九年にはいよいよ激しく燃え上がりつつあった。シチリアの穏和派は、本土の場合と同じく外国の手によって問題が解決することを期待していた。民主派のように島の自治を支持する者でさえ、イタリア統一実現に向けての闘いをピエモンテを中心とする闘いと同一視していたのである。対オーストリア戦が勃発すると、おそらくはガリバルディが率いるものと予想されたシチリア遠征が行なわれるのではないかとの期待がよみがえった。

ところで、シチリア出身の亡命者の中では、サルデーニャ王国の利害が全面に押し出された一八五九年の戦争に参加することを拒否していたフランチェスコ・クリスピ、ロザリーノ・ピーロ（四〇）、それにマッツィーニを支持する共和主義者が、シチリア遠征を計画し始めた。一八五九年夏、密かにシチリアを訪れたクリスピは、革命勃発の機が熟していることを確信した。しかし、その一方で、彼は、共和制にではなく、統一の実現にこそ唯一の期待が見いだせることをファブリーツィ宛の報告の中で認めている。

「われわれの誰かが、いざという時にいかなる種類の旗が翻るのを目撃することになるのかについて君に語るつもりはない。君は、私が信条としている原理について知っているわけだし、それは今後とも変わることはないだろう。しかし、現在、われわれが達成することが可能で、また達成しなければならない目標は、ただ一つしかない。つまり、イタリアの統一がそれだ。そして、このことは、君に今まで何度もいってきたし、またこうして繰り返したわけだ。」(Crispi, 367, pp. 98-9)

シチリア情勢についてのクリスピの分析は、他のすべての民主派や穏和派の場合と同じく、現地の住民のうち政治意識に目覚めている人々に関わるものであった。彼は、典型的なマッツィーニの流儀を踏襲し、農民の持つ反抗精神を純粋に戦術目的に利用する点からしか考えようとしなかった。つまり、彼にとっての農民は、中産階級の指導によるイタリア統一という愛国的な目標実現に向けて消極的な一般大衆を立ち上がらせるための手段でしかなかったのである。実際、農民の抱える問題については、ほとんど関心が払われなかった。なぜなら、革命は、法曹家、医者、小売商、民主派のプロの運動家が職人層を指導することによって行なわれるべき都市部の現象と考えられていたからである。一八六〇年四月四日にパレルモでいったん蜂起が勃発すると、それ自体はただちに弾圧された。しかし、蜂起はより小さな都市や地方に拡大していく。そして、その規模は、一八二〇、四八年の場合よりもはるかに広範囲にわたるものであった。農民匪賊を中心とするスクワードラがブルボンの警察や収税吏を襲う現象は、十九世紀のシチリアではありふれたものであった。始終繰り返される彼らの蜂起は、階級的な憎悪によってかなりの部分説明可能だが、それですべてが理解できるわけではない。というのも、スクワードラが、血縁もしくは個人相互間に緊密な関係を持つ人間によってしばしば構成されており、個人レベルの不正に対する復讐を行なっていたからである。スクワードラの現象には、このように時には個人の名誉と階級的な憎悪があいまいに絡み合っていた。このため、私的な反地下組織がしばしば生まれることになり、それらは自らの法や掟を力ずくで他者に押しつけようとしたのである。スクワードラの蜂起が勃発すると、地方の地主がこれに対抗して〈反スクワードラ〉の武装私兵団を組織するのは当然の成り行きであった。彼らは、自らの使用人をそのメンバーとし、これを指導したのは彼らの影響下にある将校であった。そして、彼らは、スクワードラ同士をけしかけて闘わせることもしばしばあった。この現象は、まもなく〈マフィア〉の名で知られることになる。こういうわけで、一八六〇年春の農民蜂起は、外部からの干渉がない限り、これに対抗する運動を引き起こすことが予想された。蜂起は、直接政府に対して向けられたものであった。このため、共有地および大地主が不当に侵奪している土地の分割という伝統的な要求がまもなく生じた。地方行政は、ブルボンの官吏が逃亡した結果、たちまち崩壊した。そして、ピーロとパレルモの民衆指導者のコッラーオが到着すると、民主派とさらには農民のスクワードラの一部さえも、遠征がいよいよ間近に迫ったとの期待を膨らませたのである。〔四一〕

ブルボン政府はパレルモに二万の軍隊を駐屯させていたが、蜂起の鎮圧は容易でなかった。なぜなら、蜂起はすでに島内各地に広がっており、一方では都市住民の不満を抑える措置（公共事業による雇用の確保、小麦粉の輸入）を実施し、他方では地方に軍隊を派遣して暴動を鎮圧しなければならなかったからである。政府は、地主に対して支持を訴えた。彼らは、以前の革命の時のように市民衛兵を組織してこれに応えた。ブルボン軍が暴虐ぶりを示し、農民スクワードラの一部はなお活動を続けて諸都市の商取引を妨害して商人や知識層の反発を招いたものの、四月末頃になると暴動は鎮静化した。

ところで、民主派が長期にわたって計画してきたシチリア遠征は、従来マッツィーニが試みたものとは性格が異なっている。つまり、後者が全面的な蜂起を引き起こすことを目的として実施されたのに対し、前者は蜂起を支援するためのものだったのである。シチリア蜂起は、前述したようにすでに衰退の段階にあったが、遠征は、規模の大きい蜂起を再び活性化させるには時宜に適っていた。遠征は、とりわけ千人隊がシチリアに上陸した当初の段階では、兵士の数、戦闘経験、兵站の効率面で従来の企てと異なっており、優れたものであった。これを可能にしたのは、ガリバルディの名が人心を引きつけるとともに、過去一二カ月間に生じた一連の出来事によって愛国心が極めて高揚するという異例の状況が生まれたからである。クリスピとピーロは、当初ピエモンテ政府と接触したが、その際彼らの持つ共和主義者としての名声がマイナスに作用した。カヴールに隠れて再び陰謀を企てていたヴィットーリオ・エマヌエーレは、蜂起を起こすには時機尚早であると判断し、一八六〇年初頭に代表をシチリアに送って穏和派に実施を思い止まらせた。同年三月にピーロが蜂起の実施を訴えた時、ガリバルディさえ乗り気ではなかったのである。

「イタリアのどの地域であれ、今は革命運動を起こすにはふさわしくない時期であると思います……外交の駆引きによって万事を解決することを望む政治屋の陰謀家が国の運命を握っているのが現状なのです。ですから、こうした空論家のめぐらす陰謀が役に立たないことをイタリアの国民が理解するようになるまで待つ必要があります。そして、その時こそ、われわれは立ち上がるべきなのです。」

(Crispi, 367, pp. 118-9)

しかし、クリスピとビクシオがシチリア蜂起の報をガリバルディに伝えると、彼は、ヴィットーリオ・エマヌエーレが王国正規軍の中から義勇兵を募ることを認めなかったにもかかわらず、遠征準備に没頭した。民主派は、こうして再びイニシアティヴを掌握した。しかし、ガリバルディが遠征の指揮を執るということは、マッツィーニの主張する統一主義を犠牲にしてサルデーニャ王国を主体とする道を彼らが認めたことを意味していた。ガリバルディは、ピーロに宛てた手紙の中ですでにこう述べている(三月一五日)。

「行動を起こす時、われわれのプログラムは〈イタリアとヴィットーリオ・エマヌエーレ〉であることを忘れないように。」

伝説的な千人隊(正確には、一一〇〇名に近い)は、その社会的な構成と出身地により、民主派の全体像を描き出している。まず全体の約半数は、主に専門職や知識人の子弟で中産階級に属し、残りの半分は職人と労働者である。次に出身地を調べてみると、四分の三近くがロンバルディーア、ヴェーネト、リグーリアであり、残りのほとんどがトスカーナおよびシチリアとなっている。その中には、シチリアの指導的な民主派亡命者であるクリスピ、オルランド兄弟がおり、その他には前年の対オーストリア戦をガリバルディとともに戦った多くの者がいた。千人隊は、一八六〇年五月五日、ジェノヴァ近くの港町クワルトを二隻の蒸気船に分乗して出発、途中タラモーネ〔トスカーナ地方西部、ティレニア海に面す〕で武器、弾薬を積み込んだ後、五月一一日にシチリアのマルサーラに上陸した。その後、彼らは劇的な進軍を続け、五月三〇日にはパレルモを占領する。ところで、千人隊遠征成功の要因は何か。それは、ガリバルディが戦術面で卓越した才能を発揮する一方で、ライフル銃があまりに旧式で安定した射撃が難しいために、銃剣による攻撃を余儀なくされた彼の部下の勇気だけでは説明不可能である。つまり、繰り返し発生した農民蜂起を見逃すことはできない。要するに、彼らの蜂起によって千人隊の動きが効果的に隠蔽される一方、義勇兵が補充され、ブルボン政府軍の士気が低下したのである。

クリスピとガリバルディが、こうした農民支援の重要性を過小評価したわけではない。しかし、二人は、当初この動きを四八年革命と同じレベルで捉えていたように思われる。たとえば、ガリバルディは、サレーミ〔マルサーラの東方〕でヴィットーリオ・エマヌエーレの名においてシチリアの独裁執政官就任を自ら宣言した五月一四日以降、四八―四九年の革命期に活動した人間を構成メンバーとする地方民会の再組織化を命じた。また、彼は、ブルボン支配復活以来住民に課せられていたマチナートなどの税を廃止する一方、穀物と野菜に対する輸入税も撤廃する（五月一七日）。つまり、千人隊遠征を契機とする新しい革命は、四八年革命の継続を明らかに意味することになったのである。しかし、クリスピは、農民の力強い支援を得たことで、パレルモ解放後、一層急進的な方向へと進む。つまり、六月二日の布告により、戦闘に参加したすべての者を対象として共有地の分割が予定されたのである。農民運動は六～八月に大きな広がりを見せ、しだいにその社会的な性格を明らかにし始めた。つまり、彼らは、共有地だけでなく貴族やブルジョアジーによって侵奪された土地の分割をも要求することになる。これは、ガリバルディの展開する愛国的な戦争とはかけ離れたものであった。こうして、農民の運動は、政府や地主を攻撃対象とする一種の〈ジャックリー〉〔農民一揆〕へと急速に変質していく。

ところで、ガリバルディとクリスピは、マッツィーニの教義に極めて強く感化され、また慣れ親しんでいたために、こういった性格の階級闘争を黙認できなかった。ガリバルディ政府の布告には、民主派の自由主義的な改革と階級調和に関する二人の信念が反映されている。それらは、具体的には、自由貿易、政府の負債（ブルボン政府のそれも含む）に対する利払い継続の法的な義務づけ、失業対策としての公共事業の実施、食料品を対象とする最高価格設定の試み、さらには託児所の設置などがあった。また、私有財産は神聖であり、秩序は維持されなければならない。当初、農民を擁護する布告が出されたが、その後、殺人、窃盗、あるいは略奪に対する死刑の適用が宣言されている。クリスピは、専制主義者としての性格を持ち、統一イタリア実現の夢に取りつかれていた。彼は、ガリバルディの代弁者として高圧的な態度で自己の権威を振りかざした。当時の人々は、ブルボン政府軍との戦闘が展開されているパレルモの秩序の安定ぶりに、とりわけ四八年の悲惨な光景と対比させ、驚きの目を見張っている。しかし、いったんパレルモを離れると、特に内陸部や丘陵地帯では、様相が一変する。つまり、そこでは、農民蜂起によって行政組織が崩壊し、地主に対する残虐な襲撃が行なわれているところも多かったのである。このため、秩序の維持を目的として〈自警団〉が復活した。一方、地主は、ブルボン政府を見限り、シチリアの自治の望みも捨て、ガリバルディ政府の支援を仰いだ。要するに、地方の指導者には、農民大衆を統御する力がないことが明らかとなったのである。

さて、ガリバルディは、徴兵制を導入しようとした結果、農民の支持離れを加速させてしまった。ちなみに、シチリアでは、一八二〇年革命以来、ブルボン政府が同様の試みを断念していたのである。夏になると、ガリバルディとクリスピも、この失敗を認めた。そして、布告を通じて徴兵免除の特典を認め、さらに農作物の収穫が終わるまでこの制度の実施を全面的に延期することを明らかにしている。しかし、当時のガリバルディ政府は、没落した封建領主〔バローネ〕の土地を買い上げたり、その管理を行なうガベッローティや中産の地主というシチリアの伝統的な地方の支配層と自らをすでに同一視し始めていた。ちなみに、クリスピは、民会のメンバー民選に関する布告を無視した。そして、多くの場合、旧ブルボン政府の官吏が民会に復職している。つまり、地方の名士は彼らだけだったのである。

ところで、ガラントゥオーミニと呼ばれるこの中産階級は、ガリバルディがシチリアに上陸した当初は、都市部でも地方でも中立の立場を維持していた。彼らは、ブルボン政府に憤慨していた反面、革命に積極的に参加することにも違和感を覚えていた。彼らが積極的な愛国者に変貌するには、ブルボン政府軍が敗北するという事態以上に、自らの財産、生命に対して都市民衆や農民が脅威となる状況の発生が必要であった。秩序の回復に功績があったのは、クリスピの率いる軍隊よりは、むしろ彼らガラントゥオーミニが結成した〈反スクワードラ〉組織である。実際、彼らは民主派のクリスピに反感を抱き続けており、地租の復活を規定した布告をマチナート復活の内容に変えるよう、彼に強く要求している。こうした状況に関し、フランス人の目撃者マルク・モニエ(四二)は、すでに六月中旬、メッシーナから次のように書き送っている。

「すべての役割は逆転してしまった。臆病者、心配症の人間、善良なブルジョアジー、革命の敵は、皆ガリバルディの到着を切望している。彼らの金庫の中身を守ることができる人間は、彼だけなのだ。」(Monnier, 368, p. 165)

しかしながら、彼らはシチリアの自立に深い愛着を示しながらも、ピエモンテへの併合の道へしだいに傾

シチリアの商人や地主は、経済的、社会的な理由からガリバルディを支持したといえるかもしれない。

斜していった。彼らは、カヴールがこの点に関して再びイニシアティヴをとろうとすることで元気づけられたのである。

カヴールとガリバルディ

ところで、カヴールは、ガリバルディがシチリア遠征の指揮を決意したため、不意打ちを食らうことになった。ちなみに、カヴールのトリノにおける立場は、かなり脆弱なものであった。それは、サヴォイアとニッツァのフランスへの割譲を議会に知らせることなく決定するという非立憲的な手段を採った事実にも示されている。彼は、新しく併合した地域の議員による支持を通じ、議会の多数派を掌握できると楽観していた。とはいえ、彼は、旧サヴォイア地方の議員の批判を恐れていたのである。ガリバルディは、彼の生まれ故郷でもあるニッツァの割譲を議会演説で公然と非難した。しかし、カヴールは、サヴォイアとニッツァにおける住民投票の結果が判明するまで議会の審議を延期することになんとか成功したのである。最終的な投票は、五月二九日にやっと行なわれた。ちなみに、この当時、ガリバルディは、パレルモを攻略中であった。彼がシチリア遠征に出発したその日、補欠選挙が実施された。これは、カヴールにとって重要な意味を持っていた。当時、彼の政府は危機に陥っていた。ファンティが辞職をちらつかせ、内閣を打倒するといって彼を脅したのである。国王は、自国領の割譲に関してカヴールを支持しないわけにはいかなかったが、彼に対する敵意はいよいよ激しさを増していく。こうして、国王は、ガリバルディと接触し、遠征計画の実施を許可する姿勢を示したかに見えた。国王は、そうすることによって自らの政治的権威を回復することが可能かもしれないと考えたのである。遠征準備が進む間、カヴールはこれをほとんど支援せず、実際妨害しようとしたほどである。当時、ガリバルディは、ヴィッラフランカの和の後に戦争の再発を考慮して購入された銃の回収を許可するようロンバルディーアの執政官、ダゼーリョに要求していたが、彼はこれを拒否している。この際、ダゼーリョの姿勢に暗黙の了解を与えたのが、カヴールなのである。

しかし、愛国的な感情が盛り上がりを見せるイタリアの指導者として、彼は、遠征計画に正面きって反対できなかった。なぜなら、この遠征は、イタリア統一の完遂を目指すものであり、しかも、ガリバルディのように極めて人気の高い人間がこれを指導していたからである。ガリバルディを取り巻く共和主義者の存在に憂慮し、マッツィーニの亡霊が復活するのをカヴールが恐れていたことは明らかである。そこで、彼は、リボッティあるいはラ・マーサの指揮する軍隊をシチリアに派遣して、ガリバルディの遠征に先んじようと考えていた。また、彼は、ガリバルディの遠征準備に協力しつつ、そこに共和主義者が浸透するのを阻止しようとしたラ・ファリーナに、好意的な姿勢を見せている。しかし、カヴールは、ジェノヴァにおける遠征の準備とガリバルディの出発を結局許可した。その際、彼は、ガリバルディがサルデーニャ王国領の港に入ったら、これを拘留せよとのあいまいな内容の指令をペルサーノ提督[四三]に出している。六月、トリノ駐在の外交官、ハドソンは、イギリス外相のラッセルに対して次のように報告した。

「当初、ガリバルディによる遠征の成功を信じていた者は皆無でした。そして、カヴールと〈トゥッティ・クワンティ〉〔その他すべての者〕は、ガリバルディと彼の周囲に漂う不穏な空気からイタリアが首尾よく解放されるものと考えていたのです。この問題に関し、次のような議論が行なわれました。つまり、ガリバルディがもし失敗したら、われわれは厄介な連中を排除することができるし、たとえ彼が成功したとしても、イタリアはそこから何らかの役得を引き出すだろうと。」(Mack Smith, 346, pp. 181-8)

カヴールにとっては、当然のことながら国際情勢が気がかりであった。いつものこととはいえ、彼にとって最も憂慮すべき人物はナポレオン三世であったが、イギリスの敵意も無視するわけにはいかなかった。なぜなら、同国では、サヴォイアとニッツァの割譲に対し非難の声が湧き上がっていたからである。これらの列強が非友好的な態度を示したにしても、カヴールを一番悩ませていたのは、オーストリアによる干渉の可能性の問題であった。ガリバルディの代理としてジェノヴァに派遣されていたベルターニが、各地から集結し続ける義勇兵を使って教皇国家への侵攻を計画する気配を示すにつれ、オーストリアが干渉に乗り出す危険はいよいよ大きくなっていった。事実、ガリバルディ自身、シチリア遠征に向かう途中立ち寄ったタラモーネで要塞の保管する武器を手に入れた際、教皇国家に向けて小部隊を派遣している。これは簡単に撃退されたものの、カヴールは、リカーソリに宛て次のように書き送っている（五月一六日）。

「ガリバルディは、手荒に制止されれば、イタリア国内で危険な存在になるかもしれない。そうなると、一体どんな事態が発生するだろうか。それを予測することは難しい。イギリスは、彼に救いの手を差し伸べるだろうか。その可能性はある。フランスは、彼の遠征を阻止するだろうか。私はそうは思わない。で、われわれはどうする。彼を大っぴらに支援することは不可能だし、彼に対する個人的な支持活動を阻止することも無理だ。したがって、われわれは、ジェノヴァやリヴォルノの港から新たな遠征隊が出発するのを認めない一方、武器弾薬の発送が分別あるやり方で行なわれる限り、これを阻止しないことに決定したのだ。われわれが従うべきこの方策はあいまいなものだから、不都合があることは重々承知している。しかしながら、これ以上深刻で危険な問題を引き起こさない別の手段を私は提示できないのだ。」(Cavour, 365, vol. I, p. 104)

列強の姿勢に対するカヴールの懸念は、しだいに薄らいだ。たとえば、イギリスの首相パーマストンと外相ラッセルは、同国の世論を表明し、遠征がフランスへのさらなる領土の割譲を引き起こさないことをいったん確信すると、ガリバルディを支持したのである。一方、ナポレオン三世は、イギリスの支援なしに行動することには消極的となっていた。実際、イギリスは、過去二度にわたって彼の要望をはねつけていたのである。同国が不干渉の姿勢を明らかにした結果、オーストリアからのいかなる脅威も効果的に阻止されることになる。とはいえ、一番の危険は、教皇国家に対する遠征が行なわれる可能性であった。これは、ガリバルディがシチリア遠征に出発する際に声明〈イタリア人に告ぐ〉を発したことで、いよいよ現実味を帯びることになる。彼は、この中で、イタリア統一達成の意向を明らかにしていた。また、ベルターニに対するガリバルディの指令には、教皇国家とナポリで蜂起を勃発させようとするマッツィーニの計画が反映されている。マッツィーニのジェノヴァ到着によって意を強くしたベルターニは、教皇国家遠征の実現に向かって努力を傾ける。しかし、これは結局実現しなかった。その原因は、ただ二つしか見いだせない。つまり、ガリバルディが増援部隊のシチリアへの派遣を絶えず必要としていたことと（計二万名の義勇兵が送られた）、ラ・ファリーナがイタリア国民協会を通じてカヴールとの協力関係を強固にした結果、メーディチやコセンツのようにまだ態度を決めかねていた民主派がベルターニから離反して彼らの側に回ったことの二つである。[四四]

さて、カヴールは、六月初めになると、シチリアの即時併合を迫ることによってイニシアティヴの回復を目指そうとした。一方、ガリバルディとクリスピは、この時点でシチリアの併合を宣言することは拒絶した。彼らは、シチリアを本土へ進攻するために必要な戦略上の拠点とみなすかたわら、正規の選挙による議会を通じて国民が自らの運命を決定する権利があると確信していたのである。こうした中、シチリア出身の亡命者でイタリア国民協会の指導者であったラ・ファリーナは、カヴールの代理として現地に派遣された（六月初旬）。しかし、カヴールのこの人選は最悪であった。ラ・ファアリーナは、シチリアの穏和派に対し、彼らの統一イタリア実現に向けての運動を新たに盛り上げることに成功したとはいえるだろう。しかし、気が利かない彼は、即時併合のプロパガンダを現地であからさまに展開した。このため、クリスピの彼に対する憎悪の念が再燃し、戦争の継続を決定したガリバルディと衝突するはめに陥ったのである。ラ・ファアリーナは、シチリアに到着した一カ月後の七月七日、ガリバルディの命令により、スパイとして追放された。しかし、彼は、ガリバルディ政府に対し、議員の選出にも住民投票にも役立つ選挙人名簿作成を布告させることと、より穏和な臨時政府を新たに樹立させることに成功した。ガリバルディとカヴールの相互不信は、いよいよ高まった。しかし、シチリアにおける独裁的支配体制は、クリスピが農民暴動を弾圧して後、地主層の利害との一体化を今やますます強めていた。ちなみに、クリスピは、こうした農民の動きを反革命勢力が利用することを恐れたのである。また、ビクシオがブロンテ〔エトナ山の西方〕で発生した反乱を情け容赦なく弾圧した事実（八月四日）は、悪名高い事件として後々まで語り継がれることになった。ミラッツォの戦い（七月二〇日）でガリバルディ軍が勝利し、ブルボン政府軍がメッシーナの要塞から撤退すると、前者が本土に進攻する可能性はいよいよ高まった。農民は、ガリバルディの到来をまるでメシアの出現であるかのように期待し、大きく盛り上がった。両シチリア王国のフランチェスコ二世は、憲法の施行とサルデーニャ王国との交渉実施を突如として決定したが、ナポリの自由主義者からの支持を獲得するにはすでに遅きに失していた。彼らは、ブルボン家による約束事にはこれまで以上に懐疑的になっており、社会の安定を保障する者として、今やサヴォイア家に期待をかけていたのである。実際、フランチェスコ二世の態度の豹変は、彼に忠実なブルボン政府の官吏や正規軍を混乱に陥れる一方で、カヴールを窮地に追い込むことになる。彼は、ガリバルディがメッシーナ海峡を渡って本土に進攻するのを阻止しようとするかたわら、ナポリ地方で穏和派による先制の革命勃発を図った。カヴールは、こうした対策を講じながら、フランチェスコ二世との交渉を引き延ばしたのである。一方、サルデーニャ王ヴィットーリオ・エマヌエーレは、ガリバルディに手紙を送り、ナポリ進攻を断念するよう説得しなければならなかったが、それは自分の本心ではないとの印象を与えることになんとか成功している（七月二二日）。さて、カヴールは、ナポレオン三世がとがめたにもかかわらず、ガリバルディの到着前に革命を起こすべくナポリに複数のエージェントを派遣した。彼らは、ナポリで最も強い影響力を持つ大臣リボーリオ・ロマーノ(四五)、さらには国王の叔父にあたるシラクーザ伯らの穏和派と接触したが、結果はまったくの失敗に終わった。つまり、ナポリの穏和派は、ブルボン政府官憲による弾圧と差し迫ったガリバルディの到着に恐れをなしていたのである。他方、民主派の行動委員会は、ガリバルディ支援の準備活動を積極的に展開しつつあった。カラーブリアとバジリカータで蜂起が勃発すると、穏和派は急いで民主派に合流し、ガリバルディの独裁を支持する姿勢を明らかにした。こうして、カヴールは、教皇国家への遠征阻止に成功しただけであった。ちなみに、この計画は、前述したように民主派のベルターニが中心となっていた。彼は、すでにトスカーナ、ロマーニャ、ジェノヴァに義勇軍を集結させ、遠征準備に入っていたのである。

　ガリバルディにとって、イタリア南部本土の征服はシチリアに比べてはるかに容易であった。シチリアと同じく、本土でも民衆蜂起が彼の遠征にとっての重要な支えとなった。実際、八月一八日に彼がバジリカータに上陸した後、大小の農村で農民による自発的な蜂起が勃発して、ブルボンの警察や行政組織の機能が停止した。この結果、王国軍の多くの兵士が脱走することになる。カラーブリアとバジリカータにおけるガリバルディの行進は、六〇年前のルッフォ枢機卿の場合よりもはるかに華やかな凱旋気分にあふれていた。ところで、港湾労働者、零細な職人、それに行商人からなるナポリの下層民は、当時ラッザローニと呼ばれていた。ブルボン家は、彼らが反乱を起こしたために首都における伝統的な支持基盤を喪失したのである。こうして、フランチェスコ二世が脱出した翌日の九月七日、ガリバルディはナポリに入ったのであった。

カヴールにとって、事態はこのように深刻なものとなった。ガリバルディが南部イタリア本土で進撃を続けてこれに成功すれば、彼は立憲議会の招集を主張することが可能になる。そうなれば、マッツィーニの夢が実現する日も近い。そして、ガリバルディがローマを攻撃すれば、ナポレオン三世は、現地に駐屯するフランス軍を用いて干渉せざるをえまい。さらに、ガリバルディによるヴェネツィア進撃が現実のものとなれば、オーストリアが再び戦争を仕掛けてくるであろう。彼のヴィットーリオ・エマヌエーレに対する忠誓心は明らかであり、彼の支持者が王政を認めていたことも確かであった。にもかかわらず、カヴールにとっては、マッツィーニの脅威がますます気がかりになってきた。カヴールは、ガリバルディがメッシーナ海峡を渡る以前、ニグラに宛て、すでにこう書いている。

「ガリバルディが本土へ渡り、シチリアやパレルモの場合と同じようにナポリの王国と首都をわがものにするようなことがあれば、彼は、状況を完全に掌中に収めるだろう。そして、わが国王ヴィットーリオ・エマヌエーレは、名声のほとんどすべてを喪失してしまう。イタリア人の大半は、彼がガリバルディの友人以外の何者でもないとみなしている……ガリバルディは、ナポリで共和制の樹立を宣言することはあるまい。が、同時にこの地域のわがサルデーニャ王国への併合も実現しないだろう。そして、彼は、独裁を続けることになるだろう。九〇〇万の人口を擁する王国を支配下に置き、民衆の間に揺るぎない名声を持つ彼と張り合うことは、実際不可能な話なのだ。」(364, vol. 4, p. 122)

カヴールは、国王に相変わらず不信の念を抱いていた。そして、彼は、今度はリカーソリと闘わなければならなくなった。ちなみに、過激な行動方針に従っていたリカーソリは、国王が独裁を宣言し、教皇国家へ侵攻することを望んでいたのである。この間の状況について、カヴールは、ある私信の中でこう不満を漏らしている。

「リカーソリは、手紙を書きに書きまくり、昼夜を問わず電報を打ってくる。忠告、警告、そして叱責が矢のように飛んでくるのだ。彼は、まるでわれわれを脅迫しているかのように見える。」(365, vol. 2, p. 43)

リカーソリを押し止めることは、カヴールにとって困難を極めた。実際、彼は、一時的にせよ、リカーソリからの影響をかなり受け、ヴェネツィア解放を目的とする対オーストリア戦を行なうことで、ガリバルディの名声に挑戦する誘惑に駆られたほどである（彼は、ニグラに宛てた手紙の中で「われわれがヴェローナとヴェネツィアを手に入れれば、世間はパレルモとミラッツォにおけるガリバルディの勝利を忘れるだろう」と書いている）。しかし、カヴールは、一方で「われわれが今なすべきことは、ヴィットーリオ・エマヌエーレとガリバルディが互いに衝突しないようにすること」であるとも認めている。相変わらず現実的な政治家であった彼は、すでに次の点を認める用意ができていた。

「ガリバルディは、イタリアに対し、一人の人間ができる最大限の貢献を行なった。彼は、イタリア人に自信を与えた……彼は、自己の理想に忠実である限り、人々は彼とともに前進しなければならない。しかし、これは、ナポリに彼なしで革命を起こすことが望ましいという考えを妨げるものではない。」(364, vol. 4, pp. 144-5)

カヴールは、八月末頃になると、イニシアティヴ奪回のために全力を挙げることを決意した。方針の著しい方向転換を行なったカヴールは、ガリバルディに先んじて教皇国家に侵攻してマルケ、ウンブリアを占領し、彼のローマ進軍を阻止することを決定したのである。一方、カヴールのこうした計画を知らされたナポレオン三世は、その型破りな流儀に理解を示した。つまり、彼は、勃発の可能性のある革命の脅威とローマに駐屯するフランス軍が苦境に陥る事態を阻止する手段として、カヴールの措置が有効であると判断したのである。カヴールとガリバルディの不和は決定的となった。ガリバルディの反発を予期したカヴールは、国王に対し、もしもガリバルディの要請を入れて自分を罷免するようなことになれば、それは立憲制の危機につながるとの警告を発している（九月一一日）。実際、ガリバルディは、国王に宛てた手紙でカヴールの罷免を要請しているが、それは、前記の警告の後になってしまった。しかし、カヴールは、国王がガリバルディに対して影響力を及ぼしていたことを知っていた。このため、彼は教皇国家へ侵攻する軍隊の先頭に国王が立つよう仕向けたのである。その一方で、国王の私的な外交を信用していなかったカヴールは、ファリーニとファンティを国王に同行させている。ちなみに、この二人は、ガリバルディと激しい敵対関係にあった。こうして、ヴィットーリオ・エマヌエーレが指揮するサルデーニャ王国軍は、九月二九日にはマルケ、ウンブリアを占領する。

カヴールは、外交的配慮を突然無視し、革命的手段に訴えることによってイニシアティヴを奪回した。この事実を真っ先に認めた人物が、マッツィーニである。

「王国政府の決定は、〈われわれの行動を阻止する政策を実行する〉ということであった。そして、この結果、当然のことながらわれわれの行動は修正を余儀なくされた。彼らが前進を続ける限り、これに盾突くことは不可能だ。」（257, vol. 70, p. 36）

王国軍による教皇国家への侵攻がガリバルディのローマ進軍を阻止するために必要であったかどうかは、疑わしい。というのは、まず、マッツィーニ、続いてカッターネオ（ガリバルディが彼に要請した）がナポリに到着したにもかかわらず、ガリバルディは、ローマ進軍の企てをすでに断念していたからである。ところで、南部本土における農民反乱は、当時反自由主義的な性格を帯び、一つの社会的な脅威となっていた。こうした状況は、地主層がガリバルディ政府と自己をただちに一体視する一方、同政府が当初示した農民支持の政策が無効となった時以来生じている。ガエータに退いたフランチェスコ二世を擁護するブルボン政府軍五万は無傷のまま残っており、首都ナポリを攻撃することが可能な状態にあった。ガリバルディは、ヴォルトゥルノの戦い（一〇月一日）でブルボン政府軍の撃退に成功するが、決定的な打撃を与えることはできなかった。一方、ヴィットーリオ・エマヌエーレは、ローマとラツィオを除く教皇領を占領し、意気揚々と凱旋した。彼は、自らの権威を再び高く掲げ、もしも必要とあらばガリバルディとただちに一戦を交える旨宣言する。そして、彼は、ガリバルディに対し、自分が到着するまで待機し、その後に権力を引き渡すよう命じたのである。この命令に、彼は従った。国王とガリバルディの会見は、南部イタリアのテアーノ〔ナポリの北西〕で行なわれた（一八六〇年一〇月二五日）。この事件は、全イタリア人の完全な融和という愛国主義的な伝説のシナリオを提供することになる。しかし、ファリーニは、会見の模様を伝えるカヴール宛の手紙の中で、両者間に隠された緊張状態があることを次のようにほのめかしている。

「陛下は、私にこう仰せられました。つまり、ガリバルディは相変わらず夢を見てはいるものの、余に対して全面的に服従する姿勢を示したと。実際、ガリバルディは、部下を率いて陛下の待つ場所に馳せ参じております。ファンティの勧めに従った陛下が、そうするよう命じたのです……もしもガリバルディが陛下に対して結局は誠実にすべてを差し出すつもりであったなら、そんな面倒な手順を踏むことを彼ははたして望んだでしょうか。」（Cavour, 365, vol. 3, p. 207）

カヴールは、ガリバルディに対する闘争に勝利した。こうして己れの力に自信を得た彼は、王国軍の教皇国家への侵攻と領土の新たな併合を批准するために議会を招集した。彼は、この問題に関する議会の審議結果を恐れる一方で、イタリア統一を急いでもいた。このため、彼は、新たに解放された地域で住民投票を通じて併合支持の結果が出れば、無条件でこれを王国領として認める特権をトリノの議会が有していると主張した。これは、正式な制度が整わないうちにイタリア王国の誕生を合法化したことを意味する。しかし、この新国家は、サルデーニャ王国による併合を通じての拡大という形で実現したものであった。ちなみに、ピエモンテの議会はエミーリアとトスカーナの併合を最終的には承認したが、それは住民投票の支持が判明してからのことであった。サルデーニャ王国によるイタリア統一の完遂を固く決意していたカヴールは、なんらかの形で自治を求めるシチリアの声を故意に無視した。以前には、拡大した統一王国がピエモンテほどの集権制を採用しないことが必要であると認めていたにもかかわらず、である。マッツィーニの主張した統一のプログラムを君主制の名の下にわがものとしたカヴールの勝利は、議会における最終的な投票結果に表われた。賛成二九〇票に対して、反対はわずか六票にすぎなかったのである（一〇月一一日）。カッターネオは、すでにこの一年前、苦々しげにこう指摘していた。

「イタリアの統一は、人々の心に長い間刻まれ、了解されてきた唯一の考えである。カヴールは、マッツィーニの敷いたレールに乗って前進を続けている。」(263, vol. 3, p. 209)

一方、そのマッツィーニは、不毛の三〇年を経て、彼の信徒が約束の土地に足を踏み入れたのをついにこの目で確かめた。しかし、彼は、モーゼとは違ってなお生き続け、幻滅しなければならない。彼は、あらゆる社会問題を度外視してもっぱら統一の達成だけを主張した。このため、民主派は、他に採るべき方法を考慮できなかった。彼の信念が王政を支持する穏和派の主張に注入された結果、彼らの中で最も有能で鋭敏な指導者カヴールでさえ、強制的に達成されたイタリア統一がはらむ危険について真剣に考察することができなかった。つまり、この統一は、一国家における一握りの支配層によって実現したのであり、彼らの採用していた法制や行政制度は、統一以前のイタリアの中で最も後進的な部類に属していたのである。統一後、南部イタリアでは農民反乱が広がり、知識人の反政府の態度がいよいよ明らかになっていった。このため、カヴールは、統一を維持するために地方分権の要求をことごとく退ける姿勢を強めていく。リカーソリやクリスピのような人間による〈強国〉実現の要求が、イタリアの自立を目指す自由主義的な闘争に勝利したのである。マルケ、ウンブリア、ナポリ、シチリアでは、イタリア国民協会の支援を背景として、すでにおなじみとなった流儀で住民投票が実施された。そして、それらの結果もまた例の如しであった（一〇月二一日、一一月四、五日）。こうして、カヴールは、統一後の体制を決定する立憲議会の要求やその実現の脅威から最終的に解放された。彼は、これらの住民投票が、〈ヴィットーリオ・エマヌエーレを王に戴く唯一不可分の立憲制国家、イタリア〉を支持するために実施されることを認めていたのである。にもかかわらず、統一イタリアに対するピエモンテの覇権は、新しい統一議会が承認した新国家の初代国王の持つ肩書に象徴されている。つまり、それは、ヴィットーリオ・エマヌエーレ二世なのであった。統一過程のあいまいさが、明らかとなった。イタリアが独立するために払った代償は、統一後ただちに現実のものとなって現われたのである。

第一六章　エピローグ

独立達成後、統一国家イタリアにさまざまな失敗が生じたことは明らかである。同時代人はこの事実に関して悔やんだり、辛辣にコメントすることになった。以来、この問題は、歴史家の研究テーマとして繰り返し取り上げられてきた。イタリア人が自らの運命を自らの力で決定したこと、そして、とりわけガリバルディが英雄にふさわしい性格の人物であったことは、ヨーロッパの自由主義、民主主義サークルの想像力を掻き立てた。リソルジメントに対する内外の期待は、極めて高かった。新統一国家の軍事的敗北と国内の窮境が、こうした期待に劣らず大きな失望を引き起こしたのはこのためである。自己批判的な傾向が通常極めて強いイタリア人は、ふだん彼らに好意的な外国人よりもはるかに強い幻滅感を表明した。新国家誕生後一〇年が経過するうちに、さまざまな弱点や問題が生じてきた。そして、それらは、統一を導いた勝利についての解釈が、ますます無批判的、自己満足的なものになるのとは極めて対照的であった。つまり、リソルジメントに活躍した人間が英雄視されたのとは対照的に、統一後の指導者は、凡庸さを象徴しているように思われたのである。一方、イタリア人は、秩序立てて祖国を創り上げていく才能に生まれつき恵まれず、苦労しているかに見えた。こうした評価は、光と影を誇張し、挑発的なほどにしばしば劇的な調子で表現された。したがって、それが、過去と現在に関する見方を歪めたことは当然の成り行きである。イタリアは、ほとんどあたかも永遠の空洞にさまよっているかのように思われた。つまり、ヨーロッパや世界に当時起こりつつあった急速で大きな変容とはまるで無関係にイタリアが存在しているように思われていたのである。しかし、この変容は、実際には、イタリアとイタリア人に対し、極めて直接的に、そしてしばしば激しい影響を及ぼしつつあった。こうした状況下にあって、前記のようなリソルジメントとポスト・リソルジメントに関する対照的な評価はほとんどもっぱら政治的な視点に偏っていたにもかかわらず、統一の過程におけるある種の弱点、それに新国家のイタリア社会からの遊離をいみじくも指摘したのである。

統一イタリアの形成は、穏和派が強調しがちであったように、国際外交の支援によりもたらされた幸運な結果という、いわば単なる偶然の産物ではない。つまり、自分たちの国の問題は自分たちで決定すべきであるとする信念が民族問題によって紛糾する以前の時期に、(大部分は)イタリアの知識人グループが愛国的な熱望をもって独立達成に邁進した結果でもあった。これらのグループは、当然のことながらイタリア人の中では少数派にとどまった。リソルジメントに関わる蜂起、革命運動、そして戦闘に自ら志願して参加した者は数万人、さらにこれらの運動に〈政治家〉として積極的に関与した者は、わずか数千名にすぎない。しかし、彼ら愛国者がイタリア人全体の中でわずかな割合を占めただけであったにしても、その数は時とともに著しく増加した。また、彼らの都市部における影響は、蜂起への参加やプロパガンダ、あるいは教育を通じて社会の各層に浸透していった。彼らのこうした情熱あふれる愛国的な言動がなければ、イタリア統一の達成やガリバルディ率いる〈千人隊〉の英雄的なエピソードを説明することは困難であろう。

愛国者は、イタリアが独立することが望ましいという共通の基本的合意によって結ばれていたといえるだろう。しかし、新国家が採用すべき形態についての彼らの考えは、大きく分裂していた。つまり、君主制か共和制か、あるいは統一主義か連邦制か、という議論がそれである。こうした状況は、彼らが、統一の達成方法について対立していたことに少なからず起因している。民主派勢力は、マッツィーニを支持する者とガリバルディを支持する者に分裂しており、共和主義に基づいて統一を実現可能とする手段を新たに用意できなかった。しかしながら、共和主義は、イタリア国家においては常に底流として存在し、危機の時期、とりわけ軍事的な敗北を喫した際（一八六六年のクストーザとリッサの戦い、あるいは一八九六年のアドゥワの戦い）に浮上し、君主制の名声を打ち壊すかに見えたのである。同様の傾向は、連邦制の主張から直接引き出された地方分権や地方重視の考えについてもいえる。つまり、反政府の立場に立つ民主派勢力は、中央集権という統一的な形態の変更が不可能であることは明らかになったとはいえ、このような考えを擁護し続けるのである。

　こうした国内の対立は、統一後の最初の一〇年間に、ヴェネツィアおよびローマの獲得と、それを通じて民族国家としての領土的統合をいかにして達成するかの問題をめぐる議論によって尖鋭化した。まず、穏和派は、イタリアの首都としてローマが必要だと考えていた。つまり、彼らは、マッツィーニの主張するローマの神話に魅了されていたのである。しかし、カヴールの後継者たちは、外交面で慎重な態度を示した。彼らは、イタリアが諸列強、とりわけフランスに大きく依存していることを理解していたのである。こうした彼らの態度に我慢できなかったのは、血気にはやる民主派の愛国者であった。彼らは、国民的英雄であるガリバルディの指揮下で革命のイニシアティヴを掌握し、統一のペースに弾みをつける態勢をすでに整えていた。しかし、アスプロモンテ[一]（一八六二年）とメンターナ[二]（一八六七年）の敗北により、ガリバルディのもくろみは挫折した。彼は、武力によってシチリア遠征の偉業を再現し、ヴェネツィアとローマの解放を目指していたのである。この結果、民主派の憤激は高まった。イタリアは、オーストリアに陸海の戦闘で敗れたものの、これらの地域を獲得することができた。しかし、それは、プロイセンのオーストリアおよびフランスに対する勝利（それぞれ一八六六年、七〇年）のおかげであり、イタリアにとっては屈辱であった。このため、両地域の獲得は、穏和派政府の名声回復にはほとんど寄与しなかったのである。イッレデンティズモ、つまり、イタリアにとって「未回収の」（イッレデンテ）地であるトレンティーノとトリエステの解放を目指そうとする愛国的な運動は、前記の共和主義のように底流として残存していた。イタリアは、両地域の獲得を自らの手で実現することができなかった。とはいえ、イッレデンティズモは、国家が難局に直面した際に国内が分裂する潜在的な危機を生み出す原因となったのである。

ところで、諸問題の純粋に政治的な解決を望めるのは、一八五九―六一年のように、極めて例外的な状況が生じた場合に限られている。したがって、イタリア国民協会が強制し、ガリバルディ支持者の組織である行動党が受け入れたイデオロギー、つまり、ヴィットーリオ・エマヌエーレの下で、他のあらゆる要素を排除する形で政治的統一を完成させるというイデオロギーは、統一後の国家にとって不適切なものであることがじきに判明するのである。統一国家が誕生し、政治活動が再び通常の形をとるようになると、純粋に政治的な要求に対して経済、社会、文化面の要求がほどなく唱えられ始めた。統一国家の支配層である穏和派が、統治や国民の政治参加の問題についてエリート意識の強い態度をとったとしても、ほとんど驚くには当たらない。彼らは、国民の中の少数派であり、彼らによる統一の過程を見てもそれは納得できるだろう。カヴールの後継者（彼は、一八六一年六月六日に思いがけない死を迎えた）は、直面する仕事が膨大な量にのぼることを実際十分に認識していた。しかし、その一方、自らの能力に自信を持ち、穏健な禁欲的姿勢こそが正しい公衆道徳であると信じる点で、彼らは、まさにヴィクトリア朝時代に生きる人間であった。このため、なお道ははるかに遠いものの、平穏な日々が約束されている究極の未来に向けて未熟な国民を導くという自由主義的な啓蒙活動が、己れの義務であると彼らは考えていたのである。

彼らの大半が北部や中部の出身であり、その文化的な素養もそれらの地域で形成された事実を念頭に置けば、農民に対する全般的な認識不足は別にしても、南部特有の問題に彼らが無関心であったことは理解できる。

こうした穏和派の傾向は、彼らが政治家層としても孤立していた状況を通じて際立っていた。まず、イタリアの統一が教皇の持つ世俗権力の犠牲の上に立って達成されたことから、教会勢力が彼らに敵意を抱くのは当然であった。また、その敵意は、世俗権力側が彼らに劣らず（そして時には馬鹿げた）反教権主義をとることでいよいよ手に負えないものとなった。こうして、穏和派は、カトリック聖職者と平信徒双方の支持を失った。実際、教皇が非妥協的な態度をとったために、政府の側では、断固とした調子で国家の権威を宣言せざるをえなかったのである。彼ら穏和派は、教会がイタリア人一般に対して及ぼしてきた深淵で強大な効果を持つ影響力を恐れていた。こうした不協和音によって、〈法的な〉イタリアは、国民に多大な影響を及ぼした。そして、穏和派は、「実体としての」イタリア、とりわけ農村部からいよいよ遊離していく。また、有権者が高額所得者だけに限定されたため、穏和派の社会的基盤が縮小した。なぜなら、この政策の実施を通じ、適度の教養を持つ多くの中産階級が政治に参加する道が閉ざされてしまったからである。ちなみに、民主派の中で最左翼に属する勢力、特に共和主義者は、都市部の下層中産階級と職人層との間に最も強力な絆を持つ愛国者であった。右派の支配層は、この勢力を政治の世界から排斥してしまった。その結果、右派と共和主義者の関係が断たれたのである。イタリアの穏和派は、極めて多くの面で第二帝政期のフランスにおける同輩に類似していた（反教権主義についてては異なる）。そして、彼らは、一般大衆に対し、自らの嗜好の問題と政治的な理由からこれと距離をとり、無関心な態度を示した。こうして、両者は、互いにいよいよ疎遠になっていく。

ところで、イタリアの支配層は、統一の達成によって完全な自立的活動を可能にしたわけでは決してなかった。この新しい独立国家は、統一当初だけでなく、以後長期にわたって国際関係の強い影響を受け続けることになる。イタリアは、その人口と地中海に位置するという地理的な面に関しては、強国としての地位を確立した。とはいえ、イギリス、フランス、ロシア、ドイツ、オーストリアといった他の強国に比べれば、依然としてはるかに弱体であった。普仏戦争でフランスが敗北した際（一八七〇年）にイタリアはローマを占領し、同国からの自立を主張した。しかし、その後でさえ、イタリアは、いかなる列強とも戦争を起こす危険を冒すことができなかった。イタリアは、スエズ運河の開通（一八六九年）に関し、その後明らかになった事実に比較するとはるかに高い期待を抱いた。そして、その新統一国家としての地位と地中海における中枢的な役割により、実際に望んでいた以上に国際舞台への積極的な関与を強いられたのである。ちなみに、当時の国際関係は、緊張度がたやすく高まるという性格で特徴づけられることになる。自立を保持しつつ孤立を回避する外交路線を規定したのは、右派に属する重要な外相、エミーリオ・ヴィスコンティ・ヴェノスタであった。しかし、この路線は、ヨーロッパ協調の崩壊が一層明らかとなるにつれ、ますます実現困難になった。四〇年近くにわたってこの体制を維持してきた列強は、クリミア戦争からドイツの最終的な統一に至る間に、大陸における戦争にことごとく巻き込まれた。その結果、列強相互間に不信の念や敵対意識が後を引くことになる。新たに生まれたバランス・オブ・パワーは、帝国主義や敵対する同盟関係のシステムという特徴をただちに持つことになった。そして、強国としての役割を果たすことを望んでいた独立国家イタリアは、こうした状況が生まれた結果、わずかな行動の自由しか得られなかったのである。

イタリアが、国際問題に一層直接に関わる政策をとるようになった原因は、同国がベルリン会議（一八七八年）から「きれいではあるが、何の収穫も持たない手」で引き揚げたことと、フランスがチュニジアを占領したこと（一八八一年）にある。そして、この外交路線は、イタリアが列強に従属した立場に置かれた事実を示している。つまり、同国の三国同盟への加入（一八八二年）とアフリカにおける領土獲得の追求は、ともに列強による好意的な承認を必要としたのである。さらに、紅海沿岸の港町マッサワの獲得（一八八五年）、クリスピが一八九〇年代に企てた東アフリカ帝国建設という壮大な野望、そしてジョリッティ内閣[三]の許でのリビア占領（一九一二年）は、いずれも、イギリス、ドイツ、そして（後には）フランスの支持、あるいは暗黙の了解があって初めて可能であった。クリスピのような元民主派の人間の展開した帝国主義は、イデオロギー面では、以前急進派に属し後にフランスの首相となったジュール・フェリー[四]やイギリスのジョセフ・チェンバレン[五]のものとそれほど異なっていたわけではない。しかし、前者は、後者に比べ、はるかに危険であった。なぜなら、イタリアの国力が弱体であるために、その行動の自由が制約されたからである。帝国主義は、君主自らが直接企てる外交や民衆によって散発的に高まるイッレデンティズモと同じく、敵方に回る可能性のある列強間でイタリアが維持しなければならなかった微妙な均衡を危機にさらした。つまり、イタリアは、帝国主義とイッレデンティズモのために諸国間の利害の衝突に巻き込まれてしまったうえ、それに耐えるだけの力を持っていなかったのである。第一次大戦参戦によって生じた危機は、イタリアが強国として占めるべき地位とそれを支える力を持たない同国の現実両者間の矛盾を最終的に証明するものとなった。

イタリアが外交面で相対的に失敗した根本原因は、その弱体な経済に求められる。そして、これは、国家の内部発展が自力では統御できない外部要因によっていかに左右されたかの具体例でもある。イタリアの統一は、技術革新によって工業化の水準とコストが著しく上昇した時期に達成された。イタリアには、工業発展のこの新しい段階で最も重要な原料であった石炭と鉄鉱石が実質的になかっただけでなく、資本も不足していた。一方、鉄道の急速な普及を通じてすでに引き起こされていた輸送コストの激しい下落により、アメリカとの競争に耐えられないヨーロッパの農業は急速に危機に陥った。カヴールは、生産の国際的な分業体制を信念としていた。そして、イタリアは、その中で近代農法による生産物の輸出を国際貿易における主要な柱にできるはずであった。しかし、この構想は、農産物価格の暴落により、一八七〇年代末にはすでに実現不可能となってしまったのである。

イタリアでは、統一後の数十年間にわたって自由貿易が厳格に実行された。この結果、国際経済において周期的に現われる変動に対する同国の抵抗力は、著しく低下する。統一後の最初の一〇年間に、諸外国の要求によって国内に散在する若干の農村部に資本が投下され、輸出向け商品として特化された農産物(ブドウ酒、オリーブ油、柑橘類、米)生産が促進されたにしても、この間に締結された通商条約は、工業には打撃を与えた。穏和派の政治家は、国の進歩が自由主義と自由貿易に直接依存するという信念に固執した。彼らは、その一方で、自由貿易に対する商工業者グループの利害に関わる抗議に依然として耳を傾けようとはせず、また急速な工業化によって社会に悪影響がもたらされることを恐れていた。約二五〇〇万人規模の国内市場を創出し、選ばれた「健全な」工業の成長促進を図ることで、外国との競争で当初被った損失はおのずと相殺できるというのが、彼ら穏和派政治家が描いていた自由主義貿易の前提である。こうしたイデオロギーに対する彼らの並外れた執着を過小評価することは、誤りとなるだろう。しかし、政府は、諸外国に対する巨額の借款の要請、強大な軍事力の育成、それに鉄道網の拡張を行なう必要に迫られていた。すでに乏しかった国内工業への資本の流入は、こうした事情を背景に滞ってしまったのである。この結果、従来手厚く保護されてきた南部の工業が壊滅的な打撃を受ける一方、ロンバルディーアやピエモンテの近代的な織物工業と金属加工業でさえ痛手を負うことになる。イタリアの主要な輸出品である絹織物で潤ったのは、主に北部であった。一方、南部では、職人を労働力とする手工業は、外国製品との競争に耐えることができず、農産物の輸出も北部との競争によって脅かされつつあった。北部と南部の経済的な格差は、前者が経済構造上有利であったために、すでに統一の時点で存在していた。そして、この状況は、統一初期に拡大し、一八七〇年代末以降発生する農業恐慌によって破滅的な様相を呈することになる。つまり、イタリアの経済発展も、人口および地理的な側面から獲得した強国としての地位と同じく、依然として国際情勢と密接に結びついていたのである。

世界経済の中でイタリアが被害を受けやすい状況にあるという認識は、当時ますます高まりつつあった。ちなみに、この傾向は、工業先進国が優越した地位を占めるという事実や保護貿易政策の採用を通じて強く特徴づけられることになった。そして、穏和派の右派政権だけでなく左派政権もまた自由貿易政策を放棄した事実は、こうした状況から説明できる。彼らは、一八七八年に保護貿易主義に基づいて関税率を緩やかに引き上げ、一八八七年には、特定の輸入品に極めて高率の関税を課した。イタリアが長期にわたって依存した外国資本は、銀行業、鉄道敷設、鉱山、都市の公益事業に投下されたが、その一方で、地方の製造業が犠牲となった。都市部における投機的な建築ブームを主な基盤とする一八八〇年代のにわか景気は、その後のイタリアが歩むことになる産業発展のコースが持つ二つの側面をすでに示していた。つまり、一つは、企業家個人と公的行政との密接な結びつきである。ちなみに、この関係は、企業家が成功するためにほとんど不可欠な条件とみなされていた。そして、もう一つは、投機的な活動と銀行との深い関係である。この結果、イタリアの経済史を繰り返し特徴づけることになる銀行による投機スキャンダルが生まれることになる。一八八七年の関税は、「強い」イタリアに国家主導による鉄鋼業と造船業を確立する一方で、国内の農業を救済する必要があるという二つの観点から正当化された。この関税の対象は、工業部門では綿工業と金属工業、また農業部門では小麦と砂糖にまで拡大された。こうした政策が、後に続くイタリアの工業化の基盤を準備したことは事実である。しかしながら、それらが明らかに持っていた大きな目的、換言すれば、イタリア経済が国際経済の循環的波動に依存する体質を弱めるという目的は達成できなかったことにも注目する必要がある。一八八〇年代に始まる深刻な景気後退、一八九六年からの景気回復、ジョリッティ政権時代の急速な経済発展、そして一九〇七年の経済危機は、世界経済におけるこれらと類似した動きとことごとく同じ時期に発生し、また直接結びついていたのである。

一八八七年の高率関税の実施が、長期的観点からイタリアの経済構造にどのような結果をもたらしたかという問題を軽視すべきではない。たとえば、国産小麦を対象とした保護政策が実施された結果、資本主義的な集約農業の発展は水をさされた形となった。ちなみに、こうした形態の農業は、一八八〇年中頃で全耕作地のわずか五分の一を占めていたにすぎない。ところで、イタリア南部の後進性は、北・中部との単に相対的な比較においてだけではなく、絶対的な意味でもイタリア全体を永続的に特徴づけるものとなった。イタリア経済は、二元的な性格を持っていると考えられる。つまり、南部とその他の地域との区別、それに農村部の大半と都市部との区別がそれである。そして、この状況は、大半は資本が集中的に投下される近代的な機械化工業部門の発展を通じ、製造業において深刻化する。この構造的なアンバランスは、国内需要の増大、とりわけ雇用の問題に悪影響を及ぼした。当初は、大部分が北部の農村地域の現象であった移民は、人口の増加とともに、しだいに、そして圧倒的に南部特有の現象となる。一八七〇年代初頭には、年に約一〇万人が海外へ移住したが、一八九〇年代には年三〇万人となり、一九〇〇年以降の急速な経済成長期には、年五〇万人を超える規模で移民が行なわれた。製造業の分野では、国家とその保護を受けた重工業（鉄鋼、造船、兵器製造）両者の結びつきがこれまでになく緊密なものとなり、この部門の寡占的な傾向が促進された。同じく高率関税政策の恩恵に浴して機械化された綿工業は、職人を主体とする小規模な生産の犠牲の上に立って発展した。しかし、全般的に見ると、小規模な工場や家内企業の存在がイタリアの製造業を依然として特徴づけていた。以上述べたように、二元的性格と国家への依存によって際立つイタリアの経済構造は、一九一四年頃になるとすでに固定化した。しかし、その発展の可能性は、主として国際経済の動向に依存していたのである。

ところで、国家統一という政治的現象は、イタリア社会の諸関係に急激な変化をもたらすことはなかった。社会変革の歩調と政治的な決定のそれに関していえば、後者が社会革命の促進を意図的に目指すものでない限り、前者は後者に比べて本来緩慢である。イタリアの場合、政治的統一は、社会の激変を意識的に決して認めない形で達成された。したがって、社会の変化が統一後数十年を経過した後初めて明らかとなった事実は、驚くには当たらない。ちなみに、それは、工業化と農業危機の勃発によって家族の暮しに保たれてきた脆弱なバランスがついに崩れた時期に当たる。具体的に見ると、出生率は一八八〇年代に至るまでほんの付随的に低下したにすぎず、北部より南部が、そして都市部よりも農村部の方が依然として高かった。このため、人口の増大を通じて食糧資源が至る所で逼迫した。しかし、この人口と食糧資源とのアンバランスは、移民や一八六五―六七年の恐ろしいコレラの発生によってほんのわずか矯正されたにすぎない。

さて、統一達成に向けての最終的な前進の過程で、政治的な要素が絶対優位に立った。つまり、社会問題の解決は故意に退けられたのである。この結果、統一後も既存の社会関係が事実上容認されることになる。北・中部の地主が行使するカトリック的博愛主義は、住民投票の効果的な組織化に見られるように、農村部における社会秩序の崩壊を阻止する重要な要素であった。ちなみに、この状況は、ガリバルディの南部遠征が行なわれるまで続く。そしてその後、シチリアとナポリの新生イタリア王国への併合により、従来にはない極めて深刻な無秩序の危機が生じた。ちなみに、この事実は、カヴールも認めている。本来肥沃な南部に以前の繁栄を復活させるには、厳格ではあるが自由で誠実な統治を行なえばそれで十分であるというのが彼の信念であった。この考えは、南部の不幸な現状が、ブルボン朝による不適切で腐敗した支配によってのみもたらされたものであるとの誤った前提に基づいていた。しかし、当時の南部には、貧民と〈シニョーリ〉相互間の階級的な憎悪、農民の土地獲得に対するすさまじい渇望、北部に存在していたような資本家的方向性を持った都市中産階級の欠如、という状況が見られた。このため、たとえ彼の後継者が、特権に基づいて恣意的な行動をとりつつ、前述したカヴールの信念に基づく政策を嘲笑の的におとしめなくても、この彼の政策は効果がなかったにちがいない。当局者がブリガンタッジョと定義した南部の内乱状態は、一八六一年から六五年にかけて猛威をふるった。そして、この現象は、旧ブルボンの専制君主に対する忠誠の表明である以上に、新国家に対する民衆の社会的な抗議を意味した。穏和派政府は、ブリガンタッジョを鎮静化するために一〇万の軍隊を動員した。にもかかわらず、政府は、自らとブリガンテ〔匪賊〕両者を仲介する性格を持つネットワーク、つまり、〈ガベッローティ〉〔地主所領の管理請負人〕、マフィアやカモッラ（六）の指導者、そして私兵を擁する地主の支援を仰がなければならなかった。ちなみに、ブリガンテの首領を買収し、貧農を脅したり保護したりしてこれを配下に組み入れることが可能なのは、彼らだけであった。政府は、彼らの協力を取りつける代償として、地方の地主貴族の権威と特権を容認した。一八六六―六七年に実施された教会所領の売却も、土地を渇望する農民よりは、むしろ彼らを対象とする政策であった。この結果、南部のガラントゥオーミニの新国家に対する忠誠心が強化された反面、クリエンテリズモ〔南部特有の縁故主義〕の存続が保障されることになる。

さて、前記のように、社会の激変が回避され、そうした方向が抑制されたにもかかわらず、新国家の行政は、農村、都市を問わず住民の生活に当然のことながら影響を及ぼした。政府は、ピエモンテの統治形態を統一国家全域に向けて一様に拡大した。この事実は、新しい法制や行政が、統一以前の諸邦に存在したものに代わって、イタリア中に押しつけられたことを意味する。統一当初懸念された反革命の勃発、新国家を憎悪する教会勢力との過酷な闘い、財政の窮乏（とりわけ、一八六六年の破綻寸前の状況に続く時期）、軍事費の重い負担、中央集権化——これらのすべてを経験した新国家は、その活動規模を統一以前の諸邦に比べて拡大、強化することができた。こうした活動は、知事に広範な権力が付与されるという地方レベルでの状況にはっきりと示されている。また、重い地租や消費税の導入は、南部の内乱勃発の下地となり、一八六九―七〇年にはマチナートに反対するエミーリアの農民暴動を引き起こしている。ところで、新国家の積極的な活動の具体例としては、徴兵制の実施が挙げられる。これは、一八六六年のパレルモ反乱勃発の原因となった。政府は、さらに私有財産に対する積極的な支援を行なった。この結果、共有地の私有化が、合法・非合法を問わず促進された。また、政府は、実に多種多様な方策により、市町村、家族、そして個人のレベルで自己の存在をアピールした。それらは、具体的には、地方行政の統制、市長、地方自治体の書記、嘱託医、そして小学校教員の任命、鉄道敷設地域や役所の所在地の決定、遠隔地の市町村における法の代理人としての〈カラビニエーリ〉〔国家治安部隊〕の派遣などであった。

これらの政策は、とりわけ農民にとっては憎悪の対象となった。なぜなら、彼らは、地主、収税吏および〈カラビニエーリ〉を国家権力と同一視しただけでなく、国家の諸機能と結ばれて民衆と絶えず接触する仲介的な社会層がイタリアに欠如していたからでもある。統一王国の総人口は、一八六一年には二三〇〇万だったが、うち一七〇〇万が読み書きの能力に欠けていた。また、ある農村では、さまざまな方言が地方主義や排他主義の根強さを正確に反映しており、公用語であるイタリア語を自信を持って話せる者は、全体のわずか二・五パーセントにすぎなかった。政府は、鉄道が国家を統合したのとちょうど同じように、国民統合の重要な手段として教育を極めて重視した。にもかかわらず、小学校教員の任命は、市町村の財源の状況如何に依っており、絶えず不十分であった。そして、教員を最も必要としている南部では、財源が乏しいために教員不足の状況を回避できなかった。さらに、その教員自体、大部分は適切な資格を有しておらず、給与も低く、解雇の対象になりやすかった。ジョリッティ政権時代においてさえ、農村部の〈マエストリ〉〔教員〕が、国家の持つ価値基準を地域住民に伝える役割を効果的に果たすことは決してなかった。ちなみに、フランスの〈アンスティテュール〉〔小学校教員〕は、この役割を演じることができた。教員のこうした実態は、農村部で教会が相変わらず積極的にその機能を果たし続ける一方で独立自営農民層が欠如しているという事実と併せ、イタリアの農民が政治と積極的な関わりを持たなかった状況を説明する。国家の抑圧と農業危機に直面した農民は、移民という手段を用いてこれらにすばやく対応するようになった。農業労働者の組合を結成させることになる農民の政治との関わりが、一九〇〇年以降、ポー川下流地域においてのみ出現する事実は意義深い。ちなみに、この地域では、資本主義的農業の展開により、〈ブラッチャンティ〉〔農業労働者〕がプロレタリアートとしての階級意識に目覚めることになる。

農村では、教員と並び、あるいはしばしばこれに代わって、教区司祭がその伝統的な影響力を行使し続けた。教会は、新国家の承認を拒む姿勢を示した。そして、これは、教会が、自らをイタリア国民と一体化させようとする多大な努力へと変わっていく。イタリアの聖職者は、一八六〇年代に計一三万人を数え、その大半は、教区司祭であった。彼らは、教区、教育、そして社会福祉の活動を通じ、国家と農民との間に介在する役割を果たしたのである。その際、彼らは、世俗社会と都市の工業化がもたらす脅威に対抗し、家族と宗教の持つ価値を支持したのである。

ところで、国家と農民との間に介在する他の主要なカテゴリーとして挙げられるのは、地主とその代理人であった。北・中部イタリアにおける〈メッザドリーア〉を基盤とする農業の場合、彼らと農民との主従関係が統一によって変化することはほとんどなかった。市町村長や市町村議会議員といった新しい行政ポストは、以前の地主が占めることになった。そして、市町村の書記や嘱託医といった国家が任命するわずかなポストも、じきに地方の名士の利害に関わるネットワークに取り込まれてしまう。農民生活の基本的な単位は、依然として家族と家であった。そして、共同体社会は、日常的なヒエラルキーの周囲に構築されていた。ちなみに、このヒエラルキーは、その地域に古くから根を張り、公共的な責任を喜んで果たそうとする富裕な家族に対する敬意に基づいていた。

一方、南部では、農民と〈ガラントゥオーミニ〉との間の明確な区別が統一以降強調された。地主層は、地方行政、慈善事業や司法を支配し、自己の利害に従って収税や選挙人名簿の作成を操作した。〈シニョーリ〉と肉体労働者との間には、深い隔たりが生じていた。血族や友人相互の関係や共同体意識は、南部の農村や小都市では、ほとんど重視されなかった。なぜなら、これらの地域では、家族は短期の賃貸借契約による生活を送っており、多種多様な経済活動への従事を余儀なくされ、その資産や職種が絶えず変化していたからである。外国や北部の綿工業が南部に進出するようになると、農村に展開していた家内織物工業は崩壊した。また、ブドウ酒価格の下落により、小土地保有農の営む生活の自立性が失われてしまった。ただ、大規模な小麦生産は保護関税によって強化され、人口の増大を促進する。ちなみに、この現象は、古風な農具を用いる人間の労働力が家畜の不足を補うようになってから生じた。しかし、国家は、農民にとって相変わらず疎遠な存在であった。このため、彼らは、どうしてもある種の仲介的な形態を捜し求めなければならない。名士、地主、〈ガベッローティ〉、〈ガラントゥオーミニ〉といった仲裁人は、自ら保護する農民のために、国家の権威から〈恩恵〉を手に入れるのにふさわしい個人的なコネクションや法的権限を有していた。法曹家の大半が南部に集中していた事実は、偶然なことではない。というのは、彼らがその法的な資格に基づき、縁故主義やパトロネージの制度を機能させるために必要な地位や知識を与えることができたからである。そして、この制度は、南部で悲惨な暮しを強いられる農民と彼らには疎遠で憎悪の対象であった国家の両者を結びつける主要なチャンネルの役割を果たしたのである。

さて、新国家の存在は、諸都市とその住民に対しては、農村部の場合とは異なって一層直接的な影響をもたらした。国家が必要とみなして展開する行政を通じ、都市の様相は急速に変貌した。知事の新しい公邸や郵便局が建てられ、教会の建物は行政官庁となった。イタリアは、他のヨーロッパ諸国をモデルとし、主要都市を法令や民間の建築投機を通じて改造した。たとえば、フィレンツェは、統一国家の首都であったわずかの期間(一八六四—七〇年)、ちょうど第二帝政期に行政官オスマン(七)によって改造されたパリのように、従来よりも威厳ある外観を持つべきであるとされた。そして、中心街にある中世の建造物が取り壊され、十九世紀後期の趣味に合った重厚で威厳に満ちた外観を呈し、壁には漆喰が塗られたアパートがこれに代わった。また、これらの新しい建物は、サヴォイア家の本拠地であるトリノを模倣しており、くすんだ黄褐色となった。一方、ローマでは、ピエモンテ、フィレンツェや外国資本による大規模で無節操な建築投機が行なわれた。この結果、古代から続く市街の広範な部分が取り壊された。そして、他の主要都市のすべてと中小の都市の多くも、新しい外観を呈することになる。つまり、町を取り巻く外壁が破壊され、その内側にあって軒を連ねる職人の住居や狭く曲がりくねった道によって構成される歴史的市街の多くが取り壊された。そして、その後に、広い街路と中産階級のための大型アパートが建てられた。とりわけ、中・南部におけるこうした都会の様相全体の変化と発展の出発点になることが多かったのは、鉄道の駅である。ところで、これらの地域における鉄道の敷設は、旧来の伝統的な交通路をしばしば無視して行なわれた。このため、歴史的な中心地のいくつかが町の発展から取り残されたほか、本来の人や物資の往来が遮断されてしまった所もあった。統一の結果、都市内部では、従来指導的な役割を演じてきた古い貴族に代わり、商工業、あるいは専門職を問わずブルジョアジーの優位が速やかに確立された。北部では、経済の変化によってこのような都会化が一八八〇年以降生じた。そして、統一国家の政治機構を通じ、いわゆるホワイトカラーと規定される小ブルジョアジーが出現した。事務員や中小企業の従業員の彼らは資産に乏しく、生活のすべての糧を俸給に依存している点で富裕な中産階級とは区別される。とはいえ、その生活様式が、肉体労働者の場合とは大きく隔たっていたことは明らかである。

さて、ロンバルディーア、ピエモンテ、リグーリアといった北部イタリアの諸地域では、都市労働者階級の構成が、とりわけ一八八〇年代以降に変化した。ちなみに、この時期、繊維工業の機械化によって職人が仕事を奪われ、その後長期にわたって家内における仕事量が増えていく。繊維業および建築業、鉄道敷設、あるいはその他の公共事業は、農業危機によって農村を捨てた住民の少なくとも若干に働き口を与えることになった。都市の労働者階級と農村から都市へ移住した者との違いは常に存在したが、後者の数が増大するにつれ、それはますます顕著になった。ちなみに、彼らの大半は、長期にわたって農村との強い結びつきを維持し続けた。期間雇用は、日雇、週雇を問わず、農村から一時的にやって来る人間を都市へ集めた。そして、彼らを対象とする一時的な住居が都市には存在した。これらすべての状況は、定職と臨時あるいは不定期労働とを根本的に隔てる要因となった。期間労働は、ロンドン、パリと並び、新しく工業化の進むイタリアの諸都市に典型的に見られる形態であった。時には、おそらく以前の兄弟会やギルドの伝統と結びついたものと思われる相互扶助組合が、すでに一八五〇年代にピエモンテやリグーリアに発展しており、統一後はとりわけロンバルディーアに広がっていく。しかし、それらはマッツィーニの影響下にあり、階級調和を強調し、入会費が高額なうえ、もっぱら職人の利害を代弁する組織であった。この結果、この種の組合が貧しい労働者に及ぼす影響力は、統一後数十年にわたって限定されてしまうことになる。都市プロレタリアートとしての階級意識は非常に緩慢なテンポで形成され、しかもそれは容易なことではなかった。ちなみに、しばしば定まった住居さえもないこうした未熟練労働者の雇用が極めて不安定であった事実が、その真の理由である。

ところで、北部イタリアの工業都市内部には、中産階級を対象とする高い家賃のアパートが建設されたため、都市の労働者階級は中心街からの立ち退きを余儀なくされて工場近隣の新しい地域へ移り住んだ。一方、農村から都市へやって来る期間労働者は、拡大を続ける都市郊外の非衛生的な部屋で生活した。こうして、この二種の労働者間で分離のプロセスが進行した。一方、ナポリ近郊に点在するごく一部の地域を除いてプロレタリアートが台頭する余地がなかった南部の諸都市では、北部と同じく建築投機が行なわれた結果、すでにはなはだしい惨状を呈していた貧民の生活状態が一層悪化した。いずれにしても、大半のイタリアの都市では、資産家と無産者との社会的分離の傾向が、その規模を問わず新国家誕生後数十年にわたって深刻化するのである。

国家の市民社会からの遊離という状況は統一イタリアの最も重要な特徴であり、これが、同国の経済、社会の発展形態を条件づけた。統一後に生じたあらゆる問題を、もっぱら政治的に、しかも急いで行なわれたイタリア統一のプロセスのみに帰するとなると、事実を歪曲する恐れがある。しかしながら、極端に少ない支配階級が、広範なカテゴリーに及ぶ国民を自己の持つ価値観や理想に引きつけることができなかった事実は、社会の変化が緩慢なために純粋に政治的な活動が滞ってしまった状況を反映するものであった。統一後のイタリアでは、選挙権を国民の二パーセントにしか与えないという厳しく制限された選挙制度、過度の中央集権、そして反政府の意思表示に対する厳しい統制が実施された。その結果、国民と国家の隔たりを埋め、両者の一体化を促進する能力を持つ中間的な階層の速やかな台頭が抑制されてしまったのである。軍隊と貴族が、ともに弱体な政治家の代役を果たすことができなかった点で、統一イタリアは、プロイセンとは異なっていた。なぜなら、軍隊ではピエモンテの要素があまりに支配的であったし、結婚や仕事を通じてブルジョアジーの金融グループにますます吸収された貴族は、地域的な忠誠心に拘束され、まとまりを欠いていたからである。一方、王家は、政府が国民とのコンタクトを容易にとれないという状況を背景として、かなりの政治的影響力を行使することができた。とはいえ、国民レベルで国家と国民両者を統合させるための触媒として機能するには、依然としてあまりに遠い存在であった。

こうした状況にあって、一八七六年に政権を獲得した左派が以後政治の舞台で実践した〈トラスフォルミズモ〉は、その出現の原因を公衆道徳のレベル低下だけに求めるべきではない。〈トラスフォルミズモ〉とは、明確に規定されたプログラムを持つ諸党派に代わって個人を主体とする流動的な議会集団を形成し、彼らに対してもっぱら地域的、派閥的な利益を保障する見返りとして政府に対する支持を取りつけるという政治手法であった。〈トラスフォルミズモ〉は長きにわたって存続し、イタリア特有の制度となった。つまり、それは、社会が停滞して政治的変化が抑制されたことから直接生じた現象と考えるべきである。北部から南部への移住が増えるにつれてますます鮮明となった現象、つまり国民の大多数が政治参加への道を閉ざされた事実、また、資産家階級と農民、それに同じく資産家階級と都市貧民それぞれの深い断絶という二つの状況が、〈トラスフォルミズモ〉出現の本質的な基盤をなしたのである。つまり、南部で大切に保持された古風な社会構造が、クリエンテリズモの実践を存続させるために不可欠な枠組を提供したことになる。

さて、一八八〇年代から第一次大戦期にかけて生じた経済面での変化とそれに伴う社会的変化の結果促進された発展のうち最も重要なものは、社会主義者とカトリックによる政治組織と組合の台頭であった。これらは、従来政治参加を拒まれていた民衆の声を代弁していた。しかし、北部と南部の永続的な二重構造、多くの部分が国家の支援に依存する産業体質、大量の国外移民、そして南部におけるクリエンテリズモ強化といった現象は、ことごとく統一国家形成過程に関わるイタリアの構造的な脆弱さを示している。イタリアの活力は、従来その国民の持つ再生、復活の能力に見いだされてきた。彼らは、移民によって世界の至る所に職を求めようとした。また、支配者が彼らに与えようとはしなかった人生におけるさまざまなチャンスを、自分自身、そしてわが子のために見いだすべく一心不乱に働こうとしたのも、彼らイタリア人なのである。

原注

序論　イタリア——その土地と人々

(1) 狭義では、都市の零細な職人のこと。また、広義では工業化以前の段階における都市労働者をさす。
(2) 本来は、商人、銀行家、若干の熟練した職人を意味する。より一般的には、「ポーポロ・ミヌート」と対比させて富裕な市民をさす。
(3) 中世後期に北・中部イタリアの共和制都市国家で見られた僭主による権力支配。
(4) 粗放的農業が展開されるローマの農地借地人。彼らの主要な関心は、小麦と羊の取引にあった。
(5) 借地人。通常は、小作農をさす。
(6) 折半小作制度（フランス語では métayage）。
(7) 不動産の相続人が勝手にそれらを処分できないように、相続人を限定する制度。
(8) 折半小作人。

第I部　イタリアの再浮上——一七〇〇—六〇年

(1) オランダの主教、ヤンセン（Jansen, Cornelius, 1585-1638）の支持者。ちなみにヤンセンは、神の恩寵が元来若干の人間だけに割り当てられたものであるとして、人間の自由意志を限定的に捉えた。
(2) 直訳では、「死者の手」を意味する。（通常は）免税などの特権を持つ宗教組織の所有財産で、他者には譲渡不可能。

(3) 国家に一定の金額を納める見返りとして、税の徴収権を持つ人間。
(4) 南部イタリアに見られる広大な私有地で、粗放的農業が展開された。
(5) (通常は、貴族の称号を冠せられた) 土地で、君主の封建的な授与という形態をとった。
(6) 不動産の相続人が、勝手にそれらを処分するのを防ぐ法的措置。
(7) ヴィットーリオ・アメデーオ二世 (Vittorio Amedeo II, 1684-1732) 治下のピエモンテで、地租取り立ての基盤として実施された土地台帳の編纂事業。
(8) 直接税の一種。元来は支配者がその領地からの献上という形で手にしたが、十七世紀には規則的に取り立てが行なわれた。
(9) ナポリの諮問機関。そのメンバーは、地区毎に指名された。
(10) ミラノ公国における主要な諮問機関。そのメンバーは、主に出自の厳格な制限に基づき選ばれた。
(11) 通常トスカーナの農村に見られ、異なった複数の農場 (ポデーリ) から構成されるが、単一の経営単位である。
(12) 通常トスカーナにおける小作農の農場。
(13) 農民が経営する農場の家屋 (広義では農場) を意味し、通常はピエモンテで使用された用語。
(14) 小作農。
(15) 利益分配制に基づく農地の賃貸契約。物納小作に類似している。
(16) 村落共同体の共有地。
(17) 村落共同体が慣習的に共有するもので、通常は、放牧に関する権利。
(18) (名目的な借地料の授受に伴う) 永代借地として利用されている土地。
(19) 生産高の三分の一を地主に支払う小作農。
(20) 毎年の収穫高から、教会または俗人の地主に支払いが義務付けられた賦課。当初は、収穫高の十分の一とされた。
(21) 地主と耕作者である農民両者間に介在する人間。前者に一定額の賃借料を支払う一方、後者からは、賃貸料および賦課金を徴収した。
(22) フィッタンツィエーレ (fittanziere) を参照せよ。

(23) 農民に対する（通常は小麦の）貸付。周期的に発生した食糧不足の際に物価が高騰すると行なわれた。農民は、これを収穫期に弁済した。南部イタリアで典型的に見られた。

(24) トウモロコシの粉に水を加えて作る料理。イギリスのポリッジ（オートミール）に似る。

(25) 土地を持たない日雇い農業労働者。

(26) 土地台帳。通常、土地面積、所有財産の課税価値などの記載を含む。

(27) アッレンダメンティの所有者。

(28) ナポリ王国において、国家の債務保証として個人、あるいは団体に譲渡された税金。

(29) 一七四一―五四年にナポリ王国で使用された土地台帳。

(30) フランスの経済学者ケネー（Quesnay, François, 1694-1774）の支持者。富の唯一の源泉が土地であるとした彼らは、私有財産制、商工業の自由を信奉した。

(31) 貨幣のみが富であり、金銀の固定資本が存在するとの教義を支持する人々。

(32) 永代借地のために支払う名目的な地代。

第II部 改革と権力／啓蒙主義と専制――一七六〇―九〇年

(1) 国勢調査。しばしば、土地台帳の編纂を示す。

(2) 君主に対し、なんらかの形で支払いをすること。これは、君主の特権とみなされた。なお、小作農が地主に対して行なう物納（鶏、卵など）も含まれる。

(3) 十八世紀後期に存在した急進的な秘密結社のメンバー。

第III部 革命家と穏和派――一七八九―一八一四年

(1) ナポレオン体制下で、当局や革命家によって主に教会から没収された国有財産。

第Ⅳ部　独立を求めて――一八一五－四七年

（1）耕作者である農民の家屋（広義では、農場）を意味し、通常は北部イタリアで使用された用語。
（2）通常、ヴェーネト地方における所領の管理者。
（3）ヴェーネト地方の農民。

訳注

まえがき

(一)『イタリア史』*Storia d'Italia, a cura di Ruggiero Romano e Corrado Vivanti*, 10 vols., Torino (Einaudi), 1972-76. たとえば、ルッジェーロ・ロマーノは、イタリア史の基本的特徴としてその連続性を強調するが（第一、二巻）、これは従来の解釈のラディカルな修正を意味している。

(二) かのマキャヴェッリの言葉。『君主論』（一五一七）の冒頭に書かれたメディチ家のロレンツォ二世（Lorenzo II, 1492-1519）への献辞部分。
……しかし私の所持品としては、近ごろ起こったことについての長年にわたる経験と古のことについての不断の読書とを通じて学びました偉人の行ないに関する知識のほかは、特別に大切にし、また尊重しているものは何もございません。

序論　イタリア——その土地と人々

(一) ペテロ献金　聖ペテロの日（八月一日）に、キリスト教徒の家庭から一ペニーを毎年貢ぎとして教皇庁に納めさせた。九世紀にイギリスで始まったとされる。

(二) 聖年　ローマ・カトリック教会の行事で、二五年毎に行なわれる。痛悔とローマへの巡礼を行なった者に対して全贖宥が与えられる。

（三）　メディチ家　十五世紀から十八世紀前半にかけ、フィレンツェを中心とするトスカーナ地方の大半を支配した。
（四）　チョンピの乱（一三七八―八二）　下層労働者であるチョンピ（ciompi 梳毛職人）が、政権を独占するフィレンツェの富裕市民に対して起こした。当初、チョンピは優勢であったが、指導者の裏切りや富裕市民の反撃により、その政権奪取は失敗に終わった。
（五）　ヴィスコンティ家　ロンバルディーアの貴族。十三―十五世紀にミラノの領主となった。
（六）　エステンシ家　ロンゴバルド族を先祖に持つ貴族。十三世紀後半に、エミリア・ロマーニャ地方（イタリア北部）の支配権を確立した。
（七）　ゴンザーガ家　十二世紀末より、イタリア北部のレッジョ、マントヴァに在住。十三世紀後半にマントヴァの領主となった。
（八）　スカリジェーリ家　ヴェーネト地方を本拠地とした貴族。十二―十五世紀に同地方の都市国家、ヴェローナの領主となった。
（九）　カッラレージ家　イタリア北部の都市、パドヴァを本拠地とした貴族。ヴェネツィアやミラノに敵対した。
（一〇）　スフォルツァ家　イタリア北部のラヴェンナに生まれ、スフォルツァと呼ばれた傭兵隊長ムーツィオ・アッテンドロ（Attendolo, Muzio, 1369-1424）を祖とする。ローディの和（一四五四）を契機としてミラノ公国を領有した。
（一一）　ローディの和（一四五四）　ミラノ公国の継承をめぐるイタリア諸邦間の戦争を終結させた条約。この結果、諸邦間の実質的な均衡状態が生まれた。
（一二）　カトー・カンブレジの和約（一五五九）　フランス、スペイン両国間で締結された条約。この結果、四〇年近く続いたヴァロワ、ハプスブルク両王家の闘争に終止符が打たれた。
（一三）　ピーコ・デッラ・ミランドラ　Pico della Mirandola, Giovanni（1463-94）　ルネサンスを代表する哲学者、人文主義者。
（一四）　ボッロミーニ　Borromini, Francesco Castelli（1599-1667）　建築家。ベルニーニ（Bernini, Gian Lorenzo 1598-1680）と並ぶバロック建築の大家。
（一五）　グイッチャルディーニ　Guicciardini, Francesco（1483-1540）　歴史家、政治家。イタリア諸邦の統治に関わった後、フィレンツェでメディチ家の支配に追従。
(一六) アルベルティ Alberti, Leon Battista (1404-72) 建築家、文学者、芸術理論家。ルネサンス期を代表する知識人。
(一七) カスティリオーネ Castiglione, Baldesar (1478-1529) 文学者、政治家。ミラノ公ルドヴィーコ・スフォルツァ (Sforza, Ludovico 1451-1508) やウルビーノ (イタリア中部) の宮廷に仕えた。
(一八) アリオスト Ariosto, Ludovico (1474-1533) 詩人。風刺詩や喜劇を発表。十六世紀には、ヨーロッパ中に名声を轟かせた。
(一九) トレント公会議 (一五四五—六三) カトリックがプロテスタントとの和解を目指して開催。この目的は達成できなかった反面、カトリックの教義の明確化、教皇の権威の再確認が行なわれた。
(二〇) ヴァルド派 フランスのヴァルド (Waldes, Pierre, 1146?-1217?) により、一一七四年に出現。ローマ教会の制度を否定し、一一八四年に異端とされた。イタリアでは、当初北部を中心に広がった。
(二一) サルピ Sarpi, Paolo (1552-1623) 神学者、歴史家。主にヴェネツィアで活動し、教皇の世俗権力やイエズス会に反対。
(二二) バルナバ会 教皇クレメンス七世 (Clemens VII, 1523-34) により承認された修道会。本拠地とする教会の名にちなんで命名された。

第I部 イタリアの再浮上——一七〇〇—六〇年

(一) オーストリア継承戦争 (一七四〇—四八) 十八世紀前半に勃発した三大継承戦争の一つ。神聖ローマ皇帝カール六世の死後 (一七四〇) マリア・テレジアが帝位を継承したが、これにバイエルン選帝侯カール・アルブレヒト、スペイン王フェリーペ五世、ザクセン選帝侯フリードリヒ・アウグスト二世が異議を唱えた。さらに、この問題に当時の諸列強が関わり、結果的にはブルボン勢力 (フランス・スペイン)、ドイツ諸邦 (バイエルン・ザクセン・プロイセン)、イタリア (サルデーニャ) の国家群とオーストリア・イギリスの二カ国とが衝突することになった。

（二） アーヘンの和約（一七四八）　オーストリア継承戦争を終結させた条約。この結果、オーストリア、プロイセン両国間の対立が高まった。

（三） ムラトーリ Muratori, Ludovico Antonio (1672-1750)　歴史家、文学者。イタリア中世史、神学、文学、哲学などの論文を発表。

第一章 イタリア――ヨーロッパ外交における〈操り人形〉

（一） ユトレヒトの和約（一七一三）　スペイン継承戦争（一七〇一―一四）の結果、締結された。新大陸を含む十八世紀の国際関係を規定する内容を持つ条約。

（二） アルベローニ Alberoni, Giulio (1664-1752)　枢機卿、政治家。マドリード駐在のパルマ公国外交官を契機として、一七一七年よりスペイン王国の首相となり、種々の改革や正規軍の再編を実施。しかし、ユトレヒトの和約によって失われた領土回復を意図して行なった対オーストリア戦は失敗に終わった。晩年、イタリア北部のピアチェンツァに神学校を創設（一七五一）。

（三） ポーランド継承戦争（一七三三―三五）　十八世紀前半に勃発した三大継承戦争の一つ。ポーランド王位継承をめぐって勃発したフランスとオーストリア・ロシア間の戦争。ポーランド王アウグスト二世の死後（一七三三）、フランスは、国王ルイ十五世の親戚筋にあたり、一時はポーランド王でもあったスタニスラフ・レスチンスキを支援した。そしてスペインは、先のスペイン継承戦争で失ったイタリアにおける支配権回復を図ってフランス側についた。一方、オーストリアとロシアは、アウグスト二世の息子アウグストゥスを推して対決した。

（四） レヴァント・カンパニー　マーチャント・アドヴェンチャラーズと同じく、イギリスに結成された制規組合（特定地域への貿易独占権を国家より付与された特権的貿易商人の組合）で、地中海市場をその活動領域とした。

（五） マーチャント・アドヴェンチャラーズ　中世末、主に毛織物の輸出独占権を獲得して海外に進出したイギリスの商人組合。十六世紀以降に始まるイギリス商業資本の海外進出の基礎を確立した。

（六） ビング Byng, George (1663-1733)　イギリスの提督。十八世紀初め、数々の戦闘で勝利した。

（七）ジャンノーネ　Giannone, Pietro（1676-1748）　歴史家。教皇の世俗権力を激しく批判し、破門された。

（八）マントヴァ包囲（一七三四）　ポーランド継承戦争（一七三三―三五）のさなか、一七〇八年よりオーストリアの支配下にあったマントヴァをスペイン軍が包囲した事件。

（九）ビトントの戦い（一七三四）　イタリア南部の都市バーリ近郊の町、ビトントで行なわれたオーストリア・ハプスブルクとスペイン・ブルボン両軍の戦い。この結果、後者が勝利し、スペインのドン・カルロス（Don Carlos, 1716-88）による南イタリア支配が決定的となった。

（一〇）フィナーレ　リグーリア地方（イタリア北部）の都市、ジェノヴァの西方に位置する小都市。

（一一）七年戦争（一七五六―六三）　オーストリア継承戦争での失地回復を企てる皇帝マリア・テレジアは、伝統的なライバル、フランスに接近しつつザクセンなどのドイツ諸邦と同盟を結んだ。これに対し、プロイセン王フリードリヒ二世は植民地でフランスと対立していたイギリスと同盟を結んで戦争が勃発した。この結果、ヨーロッパにおけるプロイセンの強国としての地位が確立する一方、イギリスは植民地帝国としての地位を獲得した。

（一二）タヌッチ　Tanucci, Bernardo di（1698-1783）　政治家、法律家。ナポリ、シチリア両王国のフェルディナンド四世（Ferdinando IV, 1759-1806）の下で首相となる。イエズス会士の追放、修道院の解散などの政策を促進。

（一三）マリア・カロリーネ　Maria Karolina（1752-1814）　マリア・テレジアの娘。ナポリ王妃。イギリス人の愛人アクトン卿とともに、オーストリア、イギリスとの接近を図る一方、首相タヌッチを罷免。

（一四）マリア・アマーリア　Maria Amaria（1746-1804）　マリア・テレジアの娘。パルマ公妃。

（一五）デュ・ティヨー　Du Tillot, Guillaume-Léon（1711-74）　フランスの政治家。パルマ公フィリッポ（Filippo, 1749-65）の下で首相となる。宗教裁判所の廃止、イエズス会士の追放などの反教権的政策を促進。

（一六）ガリアーニ　Galiani, Ferdinando（1728-87）　経済学者。『貨幣論』（一七五一）や『小麦の取引に関する対話』（一七七〇）で名高い。

（一七）ジャンニ　Gianni, Maria Francesco（1728-1801）　経済学者、政治家。商工業の自由化、諸特権の廃止、地方分権化を提唱。

第二章　イタリア諸邦における社会の特徴

（一）デッラ・ゲラルデスカ家　ロンゴバルド族を先祖に持つトスカーナ地方の貴族。ピサを本拠地とした。

（二）聖ステーファノ騎士団　メディチ家のコジモ一世（Cosimo I, 1519-74）により、一五六一年に設立された。ナポレオン体制期に廃止を余儀なくされたが、一八一七年に再建され、一八六〇年まで存続した。

（三）ピニャテッリ家　ロンゴバルド族を先祖に持つと推定される貴族で、十二世紀初めにはナポリの高官として活動していた。

（四）マッフェイ　Maffei, Scipione（1675-1755）　文学者。イタリア文化の刷新、偏狭性の打破を目指した。

（五）ジェノヴェージ　Genovesi, Antonio（1712-1769）　経済学者、哲学者。世界初の経済学の講座をナポリに開く。

（六）パリーニ　Parini, Giuseppe（1729-99）　作家。フォスコロやマンゾーニに影響を与えた。

（七）デニーナ　Denina, Carlo（1731-1813）　作家、歴史家。『イタリア革命論』（一七六九－七二）で、歴史における経済、文化面を重視。

（八）ネーリ　Neri, Pompeo（1706-76）　政治家、経済学者、法律家。トスカーナ大公の補佐役として、啓蒙主義的改革を提案。

（九）ヴェッリ　Verri, Pietro（1728-97）　経済学者、文学者。文芸雑誌『イル・カッフェ』の創刊者の一人。ミラノの財政改革を提言。

（一〇）アヴェラーニ　Averani, Giuseppe（1662-1738）　法学者。ローマ法の解釈者として有名。ピサ大学の教授に就任（一六八五）。

第三章　統治上の諸問題

（一）グリマルディ　Grimaldi, Gregorio（1695-1767）　法律家、詩人として有名。

（二）パッラヴィチーノ　Pallavicino, Gian Luca（1697-1773）　政治家、軍人。カール六世とマリア・テレジアの下で、ロンバルディーア総督（一七五〇―五三）。行財政改革を実施。

（三）ラディカーティ　Radicati, Alberto（1698-1737）　改革者。若くしてカルヴァン派に改宗。

（四）クリスティアーニ　Cristiani, Beltrame（1702-58）　行政官、外交官。マリア・テレジア、カウニッツに高く評価された。

（五）モンテアレグレ　Montealegre, Jose Joaquin　十八世紀前半に活躍したスペインの政治家。タヌッチにより、司法長官に任命された。

（六）ラ・エンセニャーダ　Ensenãda, Zenón de Somodevilla y Bengoechesa, marchése de la（1702-81）　スペインの政治家。特に財政改革の促進で名高い。

（七）バンディーニ　Bandini, Sallustio Antonio（1677-1760）　聖職者。一七二三年に司教座聖堂助祭となる。経済学者としても有名。

第四章　〈新〉知識人

（一）モンフォコン　Montfaucon, Bernard de（1665-1741）　フランスの聖職者、古典学者。一六七六年にベネディクト会に入った。

（二）マビヨン　Mabillon, Jean（1632-1707）　フランス生まれのベネディクト会修道士。古文書学の研究でも有名。

（三）バッキーニ　Bacchini, Benedetto（1651-1721）　聖職者。ベネディクト修道会士。同会系のサン・モール会士の活動を支持。

（四）マリアベーキ　Magliabechi, Antonio（1633-1714）　知識人。書誌学の分野で並外れた能力を持ち、全ヨーロッパにその名を轟かせた。

（五）ボダン　Bodin, Jean（1530-96）　フランスの社会思想家、政治家。国家主権を絶対視し、近代的主権概念を確立。

（六）コマッキオ　エミリア・ロマーニャ地方（イタリア中部）の都市、フェッラーラ近郊の町で、アドリア海に近い。

（七）ジャンセニズム　オランダのカトリック神学者、ヤンセン（Jansen, Cornelius Otto, 1585-1638）が開祖。アウグスティヌスへの復帰を教義の核として、人間の無力を認め、その自由意志を否定した。

（八）ガリアーニ　Galiani, Celestino（1681-1753）　経済学者 Ferdinando Galiani（1728-87）の叔父。教皇庁とナポリ王カルロ七世（Carlo VII, 1738-59）の間に立ち、宗教協約の締結を協議（一七四一）。

（九）ピラーティ　Pilati, Carlo Antonio（1733-1802）　著述家。フリーメーソンの運動に参加。

（一〇）オルテス　Ortes, Giammaria（1713-90）　経済学者、哲学者。厳格な合理主義の立場をとる。経済思想の面では、重商主義を批判。

（一一）クルデーリ　Crudeli, Tommaso（1703-45）　詩人。フィレンツェ在住のイギリス人創設のロッジに加盟（一七三五）。

（一二）ポンポナッツィ　Pomponazzi, Pietro（1462-1525）　哲学者。厳格な自然主義を主張し、霊魂の不滅を否定。

（一三）コンティ　Conti, Antonio（1677-1749）　文学者。百科全書的精神の持ち主。

（一四）ヴァッリスニエーリ　Vallisnieri, Antonio（1661-1730）　自然科学者。生物の自然発生説を否定。

（一五）アルガロッティ　Algarotti, Francesco（1712-64）　著述家。ヴォルテールの友人。フリードリヒ二世を補佐。

（一六）グランド・ツアー　イギリス貴族の子弟教育の仕上げとして行なわれたヨーロッパ大陸巡遊旅行。主要都市や史跡を巡った。

（一七）バーデン辺境伯とスウェーデンの皇太子　バーデン大公、カール・フリードリヒ（Karl Friedrich, 1738-1806）と、後のスウェーデン王、グスタフ三世（Gustav III, 1771-92）のこと。

（一八）フィランジェーリ　Filangieri, Gaetano（1752-88）　経済学者、法学者。啓蒙思想を体系化し、社会の矛盾を分析。

（一九）エルヴェシウス　Helvétius, Claude Adrien（1715-71）　フランスの哲学者。善の基準は、公共の福利であるとして、功利主義の道徳論を説いた。

（二〇）マブリ　Mably, Gabriel Bonnet de（1709-85）　フランスの哲学者。哲学者コンディヤック（Condillac, Etienne Bonnot de, 1715-80）の兄。アンシャン・レジームに敵意を抱き、古代フランク族の社会への回帰を説いた。

(二一) ロバートソン Robertson, William (1721–93) イギリスの歴史家。スコットランドやアメリカの歴史を著した。

(二二) ヒューム Hume, David (1711–76) イギリスの哲学者、歴史家。ロックによる人間精神の経験的分析の徹底を通じ、哲学の諸問題の解決を試みた。

(二三) インティエーリ Intieri, Bartolomeo (1676–1757) 行政官。農器具の改良で才能を発揮。

(二四) コッキ Cocchi, Antonio (1695–1758) 科学者。ピサ大学で医学を修める一方、化学の分野でも活躍。

(二五) モーペルテュイ Maupertuis, Pierre Louis Moreau de (1698–1759) フランスの数学者、天文学者。ニュートンの重力説を支持。

(二六) ボネッリ Bonelli, Benedetto (1704–83) 聖職者。キリスト教の伝統を厳格に保持することを主張。

(二七) ゴラーニ Gorani, Giuseppe (1740–1819) 作家。ジロンダンとしてパリで活動。

(二八) バレッティ Baretti, Giuseppe Marc'Antonio (1719–89) 文芸評論家。文学雑誌『ラ・フルスタ・レッテラーリア』を発刊（一七六三―六四）。近代イタリア文学の開拓者。

(二九) アルフィエーリ Alfieri, Vittorio (1749–1803) 作家。政治的色彩の濃い悲劇を発表。

(三〇) パラディージ Paradisi, Agostino (1736–83) 文学者、経済学者。重農主義思想を普及させた。

(三一) フリージ Frisi, Paolo (1728–84) 数学者、技術者。天体の運行や灌漑の研究で有名。

(三二) パガーノ Pagano, Francesco Mario (1748–99) 政治家、思想家。ジェノヴェージの弟子。パルテノペーア共和国政府の立法委員会で活動。

(三三) カラッチョロ Caracciolo, Domenico (1715–89) 改革者。ナポリでジェノヴェージの教えを受ける。タヌッチに評価され、外交官としても活躍。

(三四) ヴォルフ Wolff, Christian von (1679–1754) ドイツの数学者、哲学者、法学者。ライプニッツの弟子。『自然法』（八巻、一七四〇―四九）を著した。

(三五) マン Mun, Thomas (1571–1641) イギリスの経済学者。重農主義の理論を明らかにした。

(三六) カンティヨン Cantillon, Richard (1680–1734) アイルランド出身でフランスの経済学者。重農主義の先駆者。

(三七) ウズタリス Uztáriz, Geronimo de (1670–1732) スペインの経済学者。コルベールに傾倒し、スペインにおける重商主義を確立。

(三八) マンデヴィル Mandeville, Bernard de (1670-1733) オランダ生まれのイギリスの医者、風刺作家。『蜂の寓話』などにより自由主義的な経済思想を説いた。

(三九) ミラボー Mirabeau, Victor Riqueti de (1715-89) フランスの経済学者。革命家ミラボー (Mirabeau, Honoré Gabriel Victor Riqueti, 1749-91) の父。ケネーの後継者で、重農学派の一人。

第II部 改革と権力／啓蒙主義と専制――一七六〇―九〇年

第五章 協力の時代――一七六五―七五年

(一) パオリ Paoli, Pasquale (1725-1807) コルシカの政治家。一七五五年以降、ジェノヴァからのコルシカ独立闘争を指導。

(二) カウニッツ Kaunitz, Wenzel Anton (1711-94) オーストリアの政治家。同帝国の宰相に就任後(一七五三)、従来の反仏政策を改めてプロイセンに対抗した。

(三) フィルミアン Firmian, Karl Joseph (1718-82) オーストリアの政治家。ミラノ政府の全権に就任後(一七五九)、マリア・テレジアの改革を支持。

(四) サン・ピエール Saint-Pierre, Abbé de (本名 Charles Irénée Castel, 1658-1743) フランスの聖職者。ユトレヒトの和(一七一三)にちなんで『恒久平和の草案』を著し、ルソーらに大きな影響を与えた。

(五) ビッフィ Biffi, Giambattista (1736-1807) ヴェッリ兄弟やC・ベッカリーアとともに、《こぶしの会》のメンバー。フリーメーソンに加盟。

(六) ハイネッケ Heinecke, Johann Gottlieb (1681-1741) ドイツ生まれの哲学者、法学者。イタリアの法学研究に大きな影響を与えた。

(七) カルリ Carli, Gian Rinaldo (1720-95) 経済学者。生産と交易に関する国家統制の必要性を主張。

(八) ラストリ　Lastri, Marco (1731-1811)　聖職者。統計学の研究でも有名。

(九) パオレッティ　Paoletti, Ferdinando (1717-1801/03)　農学者。重農主義を是認しつつも、重商主義は放棄しなかった。

(一〇) タル　Tull, Jethro (1674-1741)　イギリスの農業家。農器具の発明を通じてヨーロッパ農業の近代化に貢献。

(一一) サルデーニャ王国　ピエモンテ・サルデーニャ王国、サヴィイア王国とも呼ばれる。サヴォイア王家は、一七二〇年より、その中心をピエモンテ（イタリア北西部）およびサルデーニャ島とした。ちなみに、同国のヴィットーリオ・アメデーオ（サヴォイア公・ピエモンテ王）は、一七一八年のロンドン条約によってシチリアをオーストリア・ハプスブルクに割譲し、代わりにサルデーニャ島を獲得した。そして、正式には、一七二〇年から一八六一年まで、彼とその後継者は、サルデーニャ王として知られることになった。

(一二) ボジーノ　Bogino, Giovanni Battista (1701-84)　政治家。サルデーニャ王国の首相に就任後（一七五〇）、産業の発展、国家機構の再編に尽力。

(一三) ラグランジュ　Lagrange, Joseph Louis (1736-1813)　フランスの数学者。革命政府の下で、新度量衡制定委員長として活躍（一七九二）。

第六章　教会に対する攻撃

(一) ベッラルミーノ　Bellarmino, Roberto (1542-1621)　聖職者。一五六〇年にイエズス会に入り、一五九九年に枢機卿。列聖は、一九二五年。

(二) リッチ　Ricci, Scipione de (1741-1810)　聖職者。一七八〇年頃よりジャンセニズムに傾倒した。

(三) タンブリーニ　Tamburini, Pietro (1737-1827)　神学者。イタリアにおけるジャンセニズムを代表する人物の一人。

(四) セッラーオ　Serrao, Andrea (1731-99)　経済学者、哲学者。アントーニオ・ジェノヴェージの弟子、友人。歴史家、政治家のヴィンチェンツォ・クオーコにその思想を評価された。

（五） ドゥラッツォ Durazzo, Girolamo Luigi Francesco （1739-1809） ジャンセニストのF・フォッジーニやデ・リッチと親交を結ぶ。イエズス会解散（一七七三）後のジェノヴァで、同会財産処理の問題に取り組んだ。
（六） メザンギュイ Mésenguy, François-Philippe （1677-1763） フランス北西部のボーヴェ出身。ジャンセニズムの熱烈な支持者。ウニゲニトゥス大教書に抗議する彼の著作は、当時一大センセーションを巻き起こした。
（七） パッショネイ Passionei, Domenico （1682-1761） 枢機卿。若い頃より、パリでマビヨン（前述）らと交流し、ジャンセニストの運動に共感した。
（八） ポンバル Pombal, Sebastião José de Carvalho e Mello （1699-1782） ポルトガルの政治家。一七五六年より首相。啓蒙専制主義の支持者。
（九） フィランジェーリ Filangieri, Serafino （1713-82） 聖職者。改革派の人間で、パレルモ大司教となる。
（一〇） フォスカリーニ Foscarini, Marco （1693-1763） 政治家。ウィーン、ローマ、トリノでヴェネツィア共和国大使を歴任後、同国統領に就任（一七六二）。

第七章 協力関係の危機――一七七五―九〇年

（一） アマドゥッツィ Amaduzzi, Giovanni Cristofaro （1740-92） 言語学者。ジャンセニストの指導者と親交を結ぶ。ローマ大学の言語学教授。
（二） フォンターナ Fontana, Gregorio （1735-1803） 科学者。チザルピーナ共和国（一七九七―一八〇二）の立法府に参加。
（三） ヴァスコ Vasco, Giambattista （1733-96） 経済学、自然科学研究のかたわら、サルデーニャのカリアリ大学で神学を講じた。
（四） モレリ Morelly （1717?-78） フランスの作家。共産主義国家についての著作を発表。
（五） メルシエ Mercier, Louis Sébastien （1740-1814） フランスの作家。『二四四〇年』（一七七〇）や『パリの情景』（一二巻、一七八一―八九）で知られる。国民公会や五百人会の議員として活動。

（六）ガランティ　Galanti, Giuseppe Maria（1743-1806）　ジェノヴェージの弟子。十八世紀末のナポリ王国の事情に精通。

（七）デ・ヴェッキ　De Vecchi, Fabio（1745-1820/21）　ジャンセニストのタンブリーニ（Tamburini, Pietro, 1737-1827）らの保護者、友人。ローマで神学アカデミーを創設した（一七七三）。

（八）パニーニ　Pagnini, Giovanni Francesco（1715/13-39）　改革者。トスカーナ大公国の行財政に関わる。フィレンツェの農芸学会のメンバー。

（九）デュポン・ドゥ・ヌムール　Dupont de Nemours, Pierre Samuel（1739-1817）　フランスの経済学者。ケネーの弟子。友人の財務総監テュルゴーの顧問役。

（10）バルドヴィネッティ　Baldovinetti, Antonio（1745-1808）　聖職者。トスカーナ大公、ピエトロ・レオポルドの信任が厚かった。

（11）リシェ　Richer, François（1718-90）　フランスの法学者。モンテスキュー研究などで名声を得た。

（12）トリーア　モーゼル川に臨み、ルクセンブルク大公国との国境近くに位置するドイツの都市。

（13）ホントハイム　Hontheim, Johannes Nikolaus von（1701-90）　ドイツの聖職者。カトリック教会の最高権威を宗教会議に求め、教皇もこれに従属すべきであるとした。

第八章　遅れた協力関係——一七八〇—九四年

（一）カラマーニコ公　Aquino, Francesco Maria Venanzio d', principe di Caramanico（1738-95）　政治家。両シチリア王国の駐英（一七八〇—八四）、駐仏大使（一七八四—八六）。一七八六年にシチリア総督に就任し、啓蒙主義的改革の実施を図った。

（二）アクトン　Acton, John Francis Edward（1736-1811）　イギリスの軍人、政治家。ナポリ王妃、マリア・カロリーネの寵愛を受け、首相に就任（一七八九）。親墺反仏政策をとる。

（三）シチリアの晩鐘（一二八二）　フランスのアンジュー家が支配するシチリアのパレルモで発生した民衆蜂起。この結果、地中海に一大帝国を形成するというアンジュー家のシャルル一世（Charles I, 1268-82）の企ては挫折し、代わってスペインのアラゴン家が一六世紀の初めまでシチリアを支配することになった。

（四）メーリ Meli, Giovanni（1740-1815） 詩人。シチリア方言による作品で知られる。啓蒙主義を支持。

（五）ナターレ Natale, Tommaso（1733-1819） 哲学者、法学者、文学者。十八世紀のシチリア刑法改革を訴えた。

（六）ディ・ブラージ Di Blasi, Giovanni Evangelista（1720-1812） パレルモ大司教のフィランジェーリ（前述）に招かれ、神学校で教会史と教理神学を教えた。

（七）コローナ Corona, Nicola（1750?-?） ジャーナリスト。フランス革命勃発後、ローマのジャコビーニの指導者となった。

（八）ファブローニ Fabroni, Angelo（1732-1803） 改革者。ジャンセニズムに傾倒した。『ジョルナーレ・デイ・レッテラーティ』（一七九一―九六）を出版。

（九）ベッティネッリ Bettinelli, Francesco Antonio（18C.前半―？） ミラノの徴税請負人。マリア・テレジアの改革路線に従った。

（10）ルッフォ Ruffo, Fabrizio（1744-1827） 枢機卿。ナポレオン体制期には彼に高く評価されたといわれる。

（11）パラディージ Paradisi, Giovanni（1760-1826） 詩人、政治家。チザルピーナ共和国とイタリア王国の政治に参加。

（12）アンジェロ・クエリーニ（Querini, Angelo 1721-96）とジョルジョ・ピサーニ（Pisani, Giorgio 1739-1811）二人は、ともにヴェネツィアの貴族で政治家でもあった。彼らは、バルナボッティ（barnabotti）と呼ばれるヴェネツィアの貧乏貴族に以前よりも強い政治力を与えることを目的として、共和国の改革を試みた。ちなみに、ピサーニは、反乱失敗後に逮捕され、共和国の崩壊する一七九七年まで獄中にあった。

第III部　革命家と穏和派――一七八九―一八一四年

（一）人権宣言（一七八九） 新しい市民社会の原理を確立し、民主主義の原則を宣言した。九一年憲法の前文となる。

（二）　聖職者民事基本法（一七九〇）　同法の制定により、教会の国家への従属が決定的となった。

（三）　一七九一年憲法　フランス最初の憲法。立憲君主政、三権分立、制限選挙制などを謳う。

一七九三年憲法　モンタニャールがイニシアティヴをとった国民公会により可決。青年男子による直接普通選挙、公的扶助・教育・圧政に対する蜂起の権利の全市民に対する保障などを謳う。

一七九五年憲法　恐怖政治の復活を防止し、革命を終結させることを目標として制定された。制限選挙、行政府の集団指導体制などを謳う。

（四）　立憲議会（一七八九―九一）　フランス革命中における最初の議会。人権宣言の発布や九一年憲法の制定を行なった。

（五）　国民公会（一七九二―九五）　ジロンド派が中心となった時期（一七九二・九―九三・六）、モンタニャールの一派であるロベスピエール派の独裁が確立した時期（九三・六―九四・七）、モンタニャールが没落し、再びジロンド派が台頭した時期（九四・七―九五・一〇）の三期に区分される。一七九五年憲法の制定により、総裁政府が樹立され、消滅した。

（六）　公安委員会（一七九三―九五）　国民公会により創設された。ロベスピエールが委員となり、モンタニャールの独裁政治を行なった。

（七）　テルミドール反動（一七九四）　革命暦のテルミドール（熱月）九日に発生したクーデタで、モンタニャール、特にロベスピエール派を没落させることになった。

（八）　総裁政府（一七九五・一〇―九九・一一）　立法府（元老院・五百人会）および行政府（五人の総裁）によって構成。内外政の問題、特に財政問題の解決に失敗し、ナポレオンのクーデタにより打倒された。

第九章　革命／過去との断絶――一七八九―九九年

（一）　アルトワ伯　Compte d'Artois（1757-1836）　ルイ十六世の末弟。フランス国王シャルル十世（Charles X, 1824-30）となる。反革命運動の中心人物。

（二）　ブリソー　Brissot, Jacques Pierre（1754-93）　フランスのジャーナリスト、政治家。ジロンダンの立場から主戦論を展開。

（三）　アナカルシス・クローツ男爵　Cloots, Jean Baptiste du Valde-Grâce, Baron de（通称 Anacharsis Cloots, 1755-94）　プロイセン生まれのフランス人革命家。国民公会議員。パリの貧困大衆の支持を得た。

（四）　カンボン　Cambon, Pierre Joseph（1754-1820）　フランスの政治家。モンタニャールに属し、ロベスピエールを打倒したテルミドールのクーデタを支持。

（五）　フルーリュスの戦い（一七九六・六）　ベルギーの町、フルーリュス付近で行なわれた第一回対仏同盟軍とフランス軍の戦い。後者の勝利により、ベルギーは、フランスに併合されることになった。

（六）　サンキュロット　小商店主・職人・小農民などをさす。フランス革命中発生した数々の民衆運動の主力となった。

（七）　リュベル　Reubell, Jean François（1747-1807）　フランスの政治家。テルミドールのクーデタの主役。総裁政府では、財政、外務および司法を担当。

（八）　ラルヴェイリエール・レポ　Lareveillière-Lépeaux, Louis-Marie de（1753-1824）　フランスの政治家。総裁政府の総裁（一七九五―九九）。フリュクチュドール一八日のクーデタ（一七九七）を準備。

（九）　バラス　Barras, Paul-François-Nicolas-Jean de（1755-1829）　フランスの軍人、政治家。テルミドール九日のクーデタ（一七九四）とヴァンデミエールの反乱（一七九五）を指揮。

（10）　ブォナッローティ　Buonarroti, Filippo Michele（1761-1837）　革命家。バブーフの陰謀に加担。

（一一）　チェザロッティ　Cesarotti, Melchiorre（1730-1808）　知識人。ナポレオンを、イタリアの自由、民主主義の擁護者とみなす。

（一二）　メルツィ・デリル　Melzi d'Eril, Francesco（1753-1816）　政治家。行財政、司法に関わる多くの改革をイタリア共和国で実施。

（一三）　ラトゥシュ・トレヴィル　Latouche-Tréville, Louis René Madeleine Le Vassor de（1745-1804）　フランスの海軍提督。一七八九年には、三部会議員として活動した。

（一四）　ザンボーニ　Zamboni, Luigi（1772-95）　愛国者。一七九三年以降、ボローニャの革命運動に身を投じた。

(一五) カコー Cacault, François (1743-1805) フランスの外交官。ジャコバン的傾向が見られた。

(一六) ドラクロワ Delacroix, De Constant Charles (1740-1805) フランスの政治家。総裁政府で外相を務める。画家ドラクロワ (Delacroix, Ferdinand Victor Eugene, 1798-1863) の父。

(一七) パンテオン・クラブ 総裁政府成立後の一七九五年一一月に誕生した政治結社で、正式名称は〈共和国の友集いの協会〉。当初は政府に協力的な態度が支配的だったが、しだいに尖鋭化してバブーフやブォナッローティの影響力が強まった。この結果、政府は国内軍司令官ナポレオン・ボナパルトに命じてクラブを閉鎖した(一七九六・二)。この措置が、後の〈バブーフの陰謀〉の契機になったと考えられている。

(一八) サリチェーティ Saliceti, Aurelio (1804-62) 法律家。ローマ共和国の政治に関与。同国執行部のメンバーとなる。

(一九) ジャコビーニとその他の愛国者 ジャコビーニ (giacobini フランスでは、ジャコバン jacobins) とは、一般的にはロベスピエールが指導するテルール (Terreur 恐怖政治) の信奉者を指す。換言すれば、彼らは、狭義の共和主義者と考えられる。一方、愛国者は、共和主義者だけでなく、王政復古以後の王党派も意味する言葉。

(二〇) オーシュ Hoche, Louis Lazare (1768-97) フランスの軍人。革命期の将軍の中ではフランス共和制に最も忠実で、有能な人物とされている。

(二一) モロー Moreau, Jean Victor (1761-1813) フランスの軍人。ライン方面軍司令官としてホーエンリンデンの戦いで勝利を収める(一八〇〇)。

(二二) ジュルダン Jourdan, Jean Baptiste (1762-1833) フランスの軍人。ナポレオン一世によるブリュメールのクーデタに反対。

(二三) チザルピーナ共和国 一七九七年にナポレオンにより樹立され、カンポフォルミオの和約によってオーストリアに承認された。首都は、ミラノ。当初、その版図は、ロンバルディーアおよびポー川北部に限定されていたが、その後教皇領の一部やヴェネツィアなども含むことになる。一七九九年にオーストリア・ロシア連合軍により占領されたが、翌年復活した。一八〇二年には国名をイタリア共和国に改め、さらに領土を拡大した。ちなみに、〈チザルピーナ〉とは、「アルプスのこちら側(南側)」の意。

(二四)　ケラスコの休戦協定（一七九六）　イタリア北部のピエモンテ地方のケラスコで、ナポレオンとサルデーニャ王、ヴィットーリオ・アメデーオ三世両者間に結ばれた。この結果、後者は、オーストリアとの同盟破棄、ニース（ニッツァ）、サヴォア（サヴォイア）などのフランスへの割譲を余儀なくされた。

(二五)　チズパダーナ共和国　一七九六年にナポレオンによって樹立された。当初は、モーデナ公国や教皇領の一部をその領土とした。翌年、チザルピーナ共和国に吸収された。〈チズパダーナ〉とは、「ローマから見てこちら側のポー平原」の意。

(二六)　レオーベンの仮講和条約（一七九七）　オーストリアの町、レオーベンで締結されたオーストリア、フランス両国間の条約。この結果、前者は、ベルギーのフランスへの割譲やチザルピーナ共和国の承認などを余儀なくされた。

(二七)　カンポフォルミオの和約（一七九七）　ナポレオン率いるフランス軍のイタリアにおける大勝利の後を受けてオーストリア、フランス両国が締結した。この結果、第一回対仏同盟が解体した。

(二八)　ベルナドット　Bernadotte, Jean Baptiste Jules（1763–1844）　フランスの軍人。スウェーデン王カール十四世（Karl XIV, 1818–44）となった。

(二九)　マセナ　Massena, Andre（1758–1817）　フランスの軍人。ナポレオンの没落後はルイ十八世を支持して貴族となった。

(三〇)　ブリュヌ　Brune, Guillaume-Marie-Anne（1763–1815）　フランスの軍人。ダントンとともに、人民結社の一つであるコルドリエ・クラブを設立した。

(三一)　ジュベール　Joubert, Barthelemy Catherine（1769–99）　フランスの将軍。イタリア方面軍を指揮した。

(三二)　シャンピオネ　Championnet, Jean-Antoine-Étienne（1762–1800）　フランスの軍人。総裁政府の意向にそむき、パルテノペーア共和国の樹立を宣言した（一七九九）。

(三三)　パルテノペーア共和国　フランス軍の攻勢に押されて国王フェルディナンド四世がパレルモに逃亡した翌年（一七九九・一）にナポリを首都として樹立された。しかし、ルッフォ枢機卿を中心とする反乱により、共和国政府は同年六月に降伏した。〈パルテノペーア〉は、ナポリの古名。

(三四)　スヴォーロフ　Suvorov, Aleksandr Vasilievich（1729–1800）　ロシアの軍人。オーストリア・ロシア連合軍司令官として、革命フランス軍をイタリアに破った。

(三五) マクドナルド Macdonald, Jacques Etienne Joseph Alexandre (1765–1840) フランスの軍人。ワグラムの戦い(一八〇九)で勝利を収め、元帥となった。

(三六) ルッソ Russo, Vincenzo (1770–99) 政治家、著述家。パルテノペーア共和国の立法議会で活動する。王政復古後、処刑。

(三七) ジョーイア Gioia, Melchiorre (1767–1829) 経済学者、著述家。チザルピーナ共和国で史料編纂を行なった。

(三八) ガルディ Galdi, Matteo Angelo (1765–1921) 政治家、著述家。チザルピーナ共和国およびイタリア王国の駐オランダ大使(一七九九―一八〇八)。王政復古後は、ナポリで王国議会の議長を務めた。

(三九) ボッタ Botta, Carlo (1766–1837) 政治家、歴史家。ナポレオンのイタリア遠征に医師として従う。後にナポレオンに失望し、十八世紀の改革主義への回帰を主張。

(四〇) ランツァ Ranza, Giovanni Antonio (1741–1801) イタリアにおける最初の革命新聞、『モニトーレ・イタリアーノ・ポリティィコ・レッテラーリオ』に投稿。

(四一) ファントーニ Fantoni, Giovanni (1755–1807) 詩人。ジャコビーノとして積極的な政治活動を行なった。

(四二) アバモンティ Abamonti, Giuseppe (1759–1819) 愛国者。フランス革命をナポリで早くから信奉した一人。一八〇九年には、ミュラにより国家評議会のメンバーに選ばれた。

(四三) フォンセカ・ピメンテル Fonseca Pimentel, Eleonora de (1752–99) 文学者。詩や戯曲の作家として知られる。ジャコビーノの思想に共鳴。

(四四) Nicio Eritreo これは、あるジャコビーノの著述家が用いたペンネームで、「勝利」と「紅海」を意味するギリシア語から採られている。

(四五) ビニョン Bignon, Louis-Pierre-Edouard, baron de (1771–1841) フランスの外交官。ナポレオンに重用され、ライン連邦樹立に関わる。

(四六) コンパニョーニ Compagnoni, Giuseppe (1754–1833) 文学者、政治家。レッジョ・エミーリア会議では、国旗として三色旗の採用を提案(一七九七)。

(四七) ボヴァーラ　Bovara, Giovanni（1734-1812）　聖職者。イタリア共和国（一八〇二—〇五）の副大統領メルツィにより宗教大臣に任命され、教会、国家両者間の問題解決に尽力。

(四八) アンジェルッチ　Angelucci, Liborio（1746-1811）　外科医、産科医。フランス革命の思想をローマで最も早く受け入れた一人。

(四九) ルッフォ　Ruffo di Bagnara, Fabrizio（1744-1827）　聖職者。一七九一年より枢機卿。カラーブリアで反ジャコビーニ暴動を組織した（一七九九）。

(五〇) ラオーズ　Lahoz（?-1799）　ミラノ出身の軍人。チザルピーナ共和国の将軍として活躍した。

(五一) サン・ジェンナーロの祝祭日　サン・ジェンナーロ（San Gennaro, ?-305）は、イタリア南部、ベネヴェント生まれの司教で、ナポリの守護聖人。ナポリ大聖堂内の小礼拝堂に置かれたこの聖人の血の固まりと頭蓋骨を特定日（五月一日・九月一九日・一二月一六日）に近づけると、血が沸き立つ奇跡が起こるという。

(五二) ルペルティエ　Lepeletier, de Saint-Fargeau, Michel-Louis（1760-93）　フランスの政治家。国王処刑の主張を契機として、確固たる共和派となった。

(五三) レーキ　Lechi, Giuseppe（1766-1836）　軍人。当初はオーストリア軍に所属するが、後にフランス軍に入り、マレンゴの戦い、アウステルリッツの戦いなどで活躍。

第一〇章　合理化と社会の保守化——一八〇〇—一四年

(一) パリベッリ　Paribelli, Cesare（1763-1847）　愛国者。パルテノペーア共和国政府で活動。

(二) リュネヴィルの和約（一八〇一）　オーストリア、フランス両国間で締結。ナポレオンは、これによってオーストリアにカンポフォルミオの和約を再確認させ、フランスのイタリア支配が復活した。そして、第二回対仏同盟は崩壊した。

(三) ミュラ　Murat, Joachim（1767-1815）　フランスの軍人。ナポレオンの妹マリー・カロリーヌ（Bonaparte, Marie Anunciade Caroline, 1782-1839）と結婚し、一八〇八年にナポリ王となった。

(四) ピウス七世 (Pius VII, 1800-23)　教皇に即位後、革命フランスと宗教協約を締結し(一八〇一)、ナポレオンの戴冠式に参加した(一八〇四)。教皇国家がフランスに併合されて(一八〇九)教皇の世俗権力が奪われると、彼はナポレオンを破門して反撃に出た。このため、ナポレオンは彼を逮捕し、イタリア北部の町、サヴォーナに移送した。

(五) アミアンの和約(一八〇二)　フランスのアミアンで、同国とイギリス両国間に締結された。この結果、フランス軍は教皇国家やポルトガルから撤退することになった反面、イギリスも、フランス、スペインおよびバタヴィア共和国(一七九五―一八〇六)にいくつかの植民地を返還した。

(六) ラシュタット会議(一七九七・一二―九九・四)　ライン川右岸の町、ラシュタットで開催。カンポフォルミオの和約(一七九七・一〇)に基づき、フランスとドイツ諸邦間の国境問題解決を目指したが、その間に第二回対仏同盟が結成されたため、成果は得られなかった。

(七) ジョゼフ・ボナパルト Bonaparte, Joseph (1768-1844)　ナポレオンの兄。ナポリ王(一八〇六―〇八)、ついでスペイン王(一八〇八―一三)となる。

(八) エリザ・ボナパルト Bonaparte, Marie Anne Elisa (1777-1820)　ナポレオンの妹。一八〇九年にトスカーナ公妃となる。

(九) バチョッキ Baciocchi, Felice (1762-1841)　コルシカ出身の軍人。一七九七年にエリザ・ボナパルトと結婚。

(10) ポーリーヌ・ボナパルト Bonaparte, Marie Pauline (1780-1825)　ナポレオンの妹。エジプト遠征(一七九八)に参加したフランスのルクレール将軍 (Leclerc, Charles Victor Emanuel, 1772-1802) と結婚し、彼の死後イタリアの名門貴族、ボルゲーゼ侯 (Borghese, Filippo Lodovico, 1775-1832) と再婚(一八〇三)。

(二) プレスブルクの和約(一八〇五)　旧ハンガリー王国の首都、プレスブルク(ブラティスラヴァ)で締結されたオーストリア、フランス両国間の条約。この結果、前者は、領土の一部をバイエルン、ヴュルテンベルク、バーデンに割譲し、第三回対仏同盟は崩壊した。

(三) ティルジットの和約(一八〇七)　プロイセン東部のティルジットにおいて、フランス・プロイセン・ロシア三国間で締結された。この結果、ワルシャワ公国、ヴェストファーレン王国が樹立され、プロイセンの国力は大幅に低下した。

(三) ルイ・ボナパルト Bonaparte, Louis (1778-1846)　ナポレオンの弟。オランダ王となるが、大陸封鎖令を遵守せず、退位した。

〔一四〕ジェローム・ボナパルト　Bonaparte, Jerome（1784-1860）　ナポレオンの弟。ウェストファリア王（一八〇七―一三）。

〔一五〕ミオリス　Miollis, Sextius-Alexandre-François（1759-1828）　フランスの軍人。アメリカの独立戦争とフランス革命に参加。

〔一六〕シェーンブルン協定（一八〇九・一〇）　オーストリアのシェーンブルンにおいて、同国とフランス両国間で締結。この結果、前者は、ザルツブルクその他をバイエルン王に、ポーランド領をロシアおよびワルシャワ公国に、そしてイタリアの一部をフランスに割譲した。

〔一七〕マリー・ルイーズ　Marie Louise（1791-1846）　神聖ローマ皇帝フランツ一世（Franz I, 1745-65）の娘。一八一〇年にナポレオンと結婚し、ナポレオン二世を生む。

〔一八〕ナポレオン二世　Napoléon II（1811-32）　ナポレオンの子。父の退位に際してその後継者に指命されたが、実現しなかった。

〔一九〕ボアルネ　Beauharnais, Eugène de（1781-1824）　ナポレオンの妻ジョゼフィーヌ（Marie Josephine, Rose Tascher de la Pagerie, 1763-1814）とフランスの軍人アレクサンドル・ボアルネ（Beauharnais, Alexandre, 1760-94）の子。ナポレオンの養子。

〔二〇〕アンギアン公　Enghien, Duc d'（1772-1804）　フランスの貴族。革命勃発の年（一七八九）に亡命し、エミグレの軍隊を指揮。

〔二一〕フーシェ　Fouché, Joseph（1763-1820）　フランスの政治家。ブリュメールのクーデタでは、ナポレオンを支持して警察大臣に就任。ナポレオンの没落後は、ルイ十八世の復位を図り、再び警察大臣となった。

〔二二〕フォスコロ　Foscolo, Niccolo Ugo（1778-1827）　詩人。チザルピーナ共和国軍に参加し、反ナポレオン同盟軍と戦った。

〔二三〕マレスカルキ　Marescalchi, Ferdinando, conte di（1754-1816）　政治家。チザルピーナ共和国の樹立（一七九六）に、イタリア人に対する革命思想の教化に努めた。

(二四) アルディーニ　Aldini, Antonio（1755-1826）　政治家。チザルピーナ共和国の復活後（一八〇〇）、同政府に参加。ウィーン会議では、故郷ボローニャの権益擁護に尽力。

(二五) ロエドレ　Roederer, Pierre Louis（1754-1835）　フランスの政治家。ブリュメール一八日のクーデタ（一七九九）を支持。

(二六) プリーナ　Prina, Giuseppe（1766-1914）　政治家。ナポレオン支配下のイタリア北部の諸邦で、大蔵大臣を務めた（一八〇二―一四）。

(二七) クストーディ　Custodi, Pietro（1771-1942）　政治家、歴史家。フランス革命思想に共鳴し、多数の著作を発表。

(二八) ピーノ　Pino, Domenico（1767-1828）　将軍。マレンゴの戦いやロシア遠征で活躍。

(二九) チコニャーラ　Cicognara, Leopoldo（1767-1834）　政治家。フランス革命思想に共鳴し、チザルピーナ共和国の立法府で活動。

(三〇) ドゥ・メストル　Maistre, Joseph Marie, Compte de（1754-1821）　フランスの政治家、哲学者、文学者。フランス革命に反対し、絶対王政と教皇の至高の権力を擁護。

(三一) バルボ　Balbo, Cesare（1789-1853）　政治家、歴史家。ピエモンテが指導するイタリアの独立を主張。

(三二) クオーコ　Cuoco, Vincenzo（1775-1823）　政治家、歴史家。パルテノペーア共和国政府の一員となる（一七九九）。イタリア文化を賞賛。

(三三) ラマルモラ　La Marmora, Alfonso Ferrero di（1804-78）　軍人、政治家。サルデーニャ王国の陸軍大臣として、軍の改革を促進（一八四八―六〇）した。クストーザの敗戦後（一八六六）、その責任をとって政界を退いた。

(三四) ダゼーリョ　Azeglio, Massimo d'（1798-1866）　イタリアの政治家。サルデーニャ王国の首相（一八四九―五二）を務めた。

(三五) マッサリ　Massari, Giuseppe（1821-84）　政治家、著述家。四八年革命当時、ナポリの王国議会議員としてブルボン王政に反対。六八年以降は、イタリア王国議会議員としてブリガンタッジョの調査報告に関わった。

(三六) カヴール　Cavour, Michele Benso marchese di（1781-1850）　リソルジメントの立役者、カヴール伯（Cavour, Camillo Benso, conte di, 1810-1861）の父親。

（三七）　ダンドロ　Dandolo, Vincenzo（1758-1819）　メリノ羊の飼育や養蚕の改良で知られる。ナポレオンにより、ダルマツィアの監督官に任命される。

（三八）　フォッソンブローニ　Fossombroni, Vittorio（1754-1844）　愛国者、政治家。トスカーナ大公フェルディナンド三世（Ferdinando III, 1790-1801/1815-24）の下で、外相（一七九六—九九）王政復古後は、死に至るまで同国の首相を務めた。

（三九）　ラリマン　ブリュメール一八日のクーデタ（一七九九）以後のフランスでは、《結束》（ralliement）や《混成》（amalgame）という言葉が社会の安定を目指す言葉として使われるようになる。ちなみに、《混成》は、政敵である反革命派との和解だけでなく、アンシャン・レジームにおける社会的分裂状況に終止符を打つ方針をも意味しており、曖昧な言葉であるといえる。その理想的な形態としては、革命派と保守派、貴族と平民が一体となって国家に奉仕する、というものである。ところで、フランスの共和制から帝制への変化、その周囲における諸王国の樹立という事態は、ナポレオン体制が旧貴族との《結束》の可能性を示唆するものだったことは明らかである。しかし、戦争の継続により、それは結局実現せずに終わった。

（四〇）　カラーファ家　ナポリの貴族で、カラッチョロ家の分家として一二世紀には登場する。ちなみに、同家出身の教皇に、パウルス四世（Paulus IV, 1555-59）がいた。

（四一）　セージア県　フランス革命期にフランス本国の周囲に形成された県の一つ。中心都市は、ヴェルチェッリ（イタリア北部のピエモンテ地方）。

（四二）　マネ　Manhès, Charles-Antoine（1777-1854）　フランスの将軍。アウステルリッツの戦い（一八〇五）などで活躍した。

（四三）　ファブリーツィ　Fabrizi, Nicola（1804-85）　政治家。ピサカーネの遠征（一八五七）やガリバルディの遠征（一八六〇）に協力した。

（四四）　ピサカーネ　Pisacane, Carlo（1818-57）　愛国者、著述家。イタリアの独立、統一運動における社会問題を重視し、運動への民衆参加を主張した。サープリ遠征失敗後、自殺。

（四五）　リッチャルディ　Ricciardi, Francesco（1758-1842）　十八世紀末には、ベッリ兄弟やベッカリーアと親交を結ぶ。

その後ミュラの補佐役として活動。一八三一年には、両シチリア王国のフェルディナンド二世に政治改革の実施を勧めた。

(四六) コッレッタ　Colletta, Pietro (1775-1831)　歴史家、政治家。文明の進歩を、政治意識の漸進的な成熟のうちに見ようとした。リソルジメントの穏和派に影響を及ぼした。

(四七) ウィンスペア　Winspeare, David (1775-1847)　ジェノヴェージから影響を受ける。その後、ナポリの臨時革命政府のメンバーとなる(一八二〇)。一八三四年以降は、哲学研究に専念した。

(四八) ピニャテッリ　Pignatelli, Francesco, principe di Strongoli (1775-1853)　ジャコビーノの著名な将軍。歴史家でもあった。

(四九) ホーファー　Hofer, Andreas (1767-1810)　チロルの愛国者。バイエルン王国によるチロル支配に反対し、チロル住民の蜂起(一八〇九)を指導した。

(五〇) ジャコビーノ、あるいは民主派　〈民主派〉は、共和主義者と同義。

(五一) アンジェローニ　Angeloni, Luigi (1759-1842)　愛国者、著述家。ローマ共和国で行政官を務める(一七九八)。イタリア独立の問題に関しては、連邦主義を主張。

(五二) ベルモンテ　Belmonte, Giuseppe Emanuele Ventimiglia e Satatella principe di (1716-1814)　シチリアの伝統的な政治体制とイギリスのそれとの融合を図る。一七四四年以降パレルモの行政に携わった。

(五三) カステルヌォーヴォ　Castelnuovo, Carlo Cottone marchese di Villahermosa e principe di (1756-1829)　バローネの経済活動に対する政府の統制の必要性を主張。

(五四) カスルレー　Castlereagh, Robert Stewart (1769-1822)　イギリスの政治家。ナポレオンの打倒に全力を傾注し、ウィーン会議(一八一四)には、イギリス全権として出席。

(五五) バルゾーニ　Barzoni, Vittorio (1767-1843)　著述家。ロンバルディーアにおける改革路線に共鳴。反ナポレオンの姿勢を貫く。

(五六) コンファロニエーリ　Confalonieri, Federico (1785-1846)　愛国者。『イル・コンチリアトーレ』の創立者の一人。カルボネリーアの運動に参加。

（五七）　レーキ　Lechi, Teodoro（1798-1866）　愛国者。イタリア王国軍の将軍。ナポレオンのロシア遠征（一八一二）に参加した。

（五八）　イタリアのベルナドット　フランス軍の将軍であった彼は、一八一〇年にスウェーデンの王位継承者（皇太子）に選ばれた。ナポレオンは、これによって同国がフランスの味方につくものと信じていたが、国益を考慮したベルナドットは一八一三年より反フランスの姿勢を明らかにしたため、ナポレオンは彼を裏切者とみなした。ちなみに、ベルナドットは、後年スウェーデン王カール十四世（Karl XIV, 1818-44）となる。

（五九）　アリエ　Agliè, Cesare Ambrogio San Martino conte di（1770-1847）　王政復古期におけるサルデーニャ王国の主要な外交官。駐英大使（一八一四—三七）。

第Ⅳ部　独立を求めて——一八一五—四七年

第一一章　正統主義と陰謀——一八一五—三一年

（一）　ゲンツ　Genz, Friedrich von（1764-1832）　ドイツのジャーナリスト、政治家。メッテルニヒに協力し、ウィーン会議などに関与。

（二）　ショーモン条約（一八一四）　イギリス外相カスルレーの提唱により、同国およびロシア、オーストリア、プロイセンの四国間で締結された。同条約では、それぞれの国家が個別にフランスと和平を結ぶことを回避し、フランスとの戦闘継続が意図されていた。

（三）　コンサルヴィ　Consalvi, Ercole（1757-1824）　枢機卿。ナポレオン、教皇庁両者間に生じた問題の解決にあたり、宗教協約を締結（一八〇一）。

（四）　コツェブー　Kotzebue, August von（1761-1819）　ドイツの劇作家。雑誌などを通じて青年の自由主義的風潮を嘲罵し、イエナ大学の学生、ザント（Sand, Karl Ludwig, 1796-1820）に刺殺された。

（五）　ジョベルティ　Gioberti, Vincenzo（1801-52）　哲学者、政治家。ネオ・グエルフィズモを代表し、初め教皇、後にはサルデーニャ王国が主導する連邦制イタリアの樹立を主張。

(六)　ボナルド　Bonaldo, Louis Gabriel Ambroise（1754-1840）　フランスの思想家。革命期にドイツに亡命し（一七九一）、革命思想を攻撃した。君主が自然法の執行者、教会は社会秩序の維持者であると主張。

(七)　ハラー　Haller, Karl Ludwig von（1768-1854）　スイスの法学者。革命思想、自然法主義に反対。

(八)　パッカ　Pacca, Bartolomeo（1756-1844）　枢機卿。とりわけ、一八一五年以降の反動政治で名高い。

(九)　ベルガルド　Bellegarde, Heinrich Graf von（1756-1845）　ドイツの軍人。オーストリア軍将校として、ナポレオンの軍隊と戦った。

(一〇)　シュトラソルド　Strassoldo, Julius Joseph, Graf（1773-1830）　オーストリアの政治家。一八一八年にロンバルド・ヴェーネト王国の総督に任命された。

(一一)　ナイペルグ　Neipperg, Adam Adalbert von（1775-1829）　オーストリアの軍人。ナポレオンの妻、マリー・ルイーズ（Marie Louise, 1791-1847）の愛人で、ナポレオンの死後彼女と結婚し、パルマ公国の行政に携わった。

(一二)　プレシーディ国家（Stato dei Presidi）　十六世紀後半にスペイン王、フェリーペ二世が確保した中部トスカーナおよびエルバ島沿岸に点在する七カ所の要塞を中心とする地域の総称。以後、要塞の強化が行なわれ、イタリア中部における戦略上の重要な拠点となる。一八一五年のウィーン会議により、トスカーナ大公国領とされた。

(一三)　カノーザ　Canosa, Antonio Capece Minutolo, principe di（1768-1838）　政治家。両シチリア王国で警察大臣を務める（一八一六・二一）。一八三〇年以降、フィレンツェ、モーデナで弾圧政策を実施。

(一四)　メーディチ　Medici, Luigi de'（1759-1830）　政治家。ウィーン会議以後、ナポリで反動派と自由主義者の間に立ち、穏健な政策を実施。

(一五)　ロッシ　Rossi, Pellegrino（1787-1848）　法律家、政治家。教皇国家において、教皇の権威復活および近代的諸改革の導入を試みた。

(一六)　バルボ　Balbo, Prospero（1762-1837）　政治家、外交官。チェーザレの父。サルデーニャ王国の内相（一八一九—二一）。

(一七)　サン・マルツァーノ伯　Filippo Antonio Asinari., marchese di San Marzano（1767-1828）　政治家。ウィーン会

議にサルデーニャ王国全権として出席。国王ヴィットーリオ・エマヌエーレ一世（Vittorio Emanuele I, 1802–21）の下で、外相を務めた。

（一八）　ブロリ　Broglie, Achille-Charles-Leonce-Victor（1785–1870）　フランスの政治家。七月革命期に、自由主義者グループの一人として、復古的な政治潮流と闘った。

（一九）　オルレアニスト　オルレアン家の王位を要求するフランスの党派。フランス革命中に形成され、立憲君主制の立場に立った。

（二〇）　ボナパルティスト　ナポレオン一世および三世を輩出したボナパルト家の帝位を要求するフランスの党派。

（二一）　ラフィット　Laffitte, Jacques（1767–1844）　フランスの銀行家、政治家。七月革命（一八三〇）に際し、ルイ・フィリップを支持して組閣。

（二二）　ペッリコ　Pellico, Silvio（1789–1854）　愛国者、作家。カルボネリーアの運動に参加して逮捕され、二〇年の獄中生活を送る。『わが獄中記』（一八三二）の著者として有名。

（二三）　シスモンディ　Sismondi, Jean Charles Leonard Sismonde de（1773–1842）　スイスの経済学者、歴史家。自由主義経済を主張したが、後年資本主義の弊害を強調。

（二四）　ランカスター　Lancaster, Joseph（1778–1838）　イギリスの教育者。自ら学校を経営し、上級生を監督および教習生とする助教法を創案。

（二五）　ベル　Bell, Andrew（1753–1838）　イギリスの教育者。牧師としてマドラスに赴き（一七八九）、助教法を普及させた。

（二六）　ペッキオ　Pecchio, Giuseppe（1785–1836）　作家、経済学者。『イル・コンチリアトーレ』に寄稿し、秘密結社運動に参加。一八二一年のピエモンテ革命の失敗後、イギリスに移住して著作活動に従事。

（二七）　ロマニョージ　Romagnosi, Gian Domenico（1761–1835）　哲学者、法学者。パルマ、パドヴァ、ミラノの大学で法学教授を務める。行政法および刑法研究の革新に貢献。

（二八）　カッポーニ　Capponi, Gino（1792–1876）　政治家、著述家。リソルジメントの穏和主義者を代表する。『アントロジーア』の創刊者の一人。

（二九）ランブルスキーニ　Lambruschini, Raffaello（1788-1873）　教育学者、著述家。政治家のリカーソリ、トンマゼーオらと親交を結ぶ。『トスカーナ農業新聞』を創刊（一八二七）。

（三〇）リドルフィ　Ridolfi, Cosimo（1794-1865）　政治家。一八四七年よりトスカーナ大公国の内相。イタリア統一後、上院議員として活動した。

（三一）ヴィユッソー　Vieusseux, Giovan Pietro（1779-1863）　文学者。フィレンツェで、科学と文学の談話室を創設した（一八一九）。これは、一八〇〇年代におけるイタリア文化の一つの指標となる。

（三二）プロヴァーナ　Provana, Luigi（1786-1856）　愛国者、作家。一八四九年より、サルデーニャ王国の上院議員を務める。

（三三）サンタローザ　Santarosa, Santorre Annibale De'Rossi di Pomarolo（1783-1825）　愛国者。ピエモンテ革命（一八二一）に際し、カルロ・アルベルトに運動の支持を訴えた。革命の挫折後、フランスやギリシアで愛国者の運動に参加。

（三四）ディ・ブレーメ　Di Breme, Ludovico Arborio Gattinara（1780-1820）　文学者。自由主義的な神父で、『イル・コンチリアトーレ』に寄稿。

（三五）憲章（La Charte）　ルイ十八世（Louis XVIII, 1814-15/15-24）によるフランスの欽定憲法（一八一四）。王権の世襲を神聖不可侵とする一方で、基本的人権を認める。

（三六）ジッフレンガ　Gifflenga, De Rege, Alessandro conte di（1774-1842）　軍人。ナポレオン軍の将校として活躍。フリーメーソンでもあった。

（三七）プラーティ　Prati, Gioacchino（1790-1863）　愛国者。一八二一年革命以前より自由主義運動に参加。フリーメーソンのロッジを数多く創設したことでも知られる。

（三八）フォーレン　Follen, Karl（1795-1840）　ドイツの詩人、政治家。ギーセンでキリスト教ドイツ学生組合を設立し（一八一六）、急進派の指導者となる。

（三九）グリエルモ・ペーペ　Pepe, Guglielmo（1783-1855）　愛国者。一八二〇―二一および四八年の革命に参加した。

（四〇）フロレスターノ・ペーペ　Pepe, Florestano（1778-1851）　愛国者。弟のグリエルモ同様、革命運動に参加した。

一八二〇―二一革命の挫折後、活動から身を引いた。

(四一) ロッセッティ Rossetti, Dante Gabriele (1783-1854) 文学者。一八二一年のナポリ革命に参加し、マルタ、ロンドンへの亡命を余儀なくされた。教皇の権威に反発。

(四二) コッレッタ Colletta, Pietro (1775-1831) 軍人。一八一三年に元帥。一八二一年には、ナポリ王国の軍事大臣臨時代理を務める。

(四三) スクロピス Sclopis di Salerano, Paolo Federico (1798-1878) 法律家、政治家。チェーザレ・バルボを中心とする自由主義者のサークルに加入。一八四〇年に国王カルロ・アルベルト (Carlo Alberto, 1832-49) の下で憲法作成に関与。後年は、カヴールを全面的に支持した。

(四四) ペラグラ病 ビタミンB_3の欠乏により、発病する。主な症状としては、皮膚乾燥・下痢・神経機能障害など。二十世紀初頭まで、トウモロコシを主食とするイタリアの各地で見られた。

(四五) マロンチェッリ Maroncelli, Piero (1795-1846) 愛国者。『イル・コンチリアトーレ』を中心とする自由主義者グループの一人。カルボネリーアに加盟。

(四六) パッラヴィチーノ Pallavicino Trivulzio, Giorgio Guido (1796-1878) 愛国者。フェデラーティに加盟。後年、国民協会の創設に協力。

(四七) ポッロ・ランベルテンギ Porro Lambertenghi, Luigi (1780-1860) 愛国者。『イル・コンチリアトーレ』の創刊者の一人。後、S・ペッリコの陰謀に加担。

(四八) リヴァローラ Rivarola, Agostino (1758-1842) 聖職者。一八一七年に枢機卿となる。ロマーニャ地方の自由主義運動の弾圧で有名。

(四九) ヴェントゥーラ Ventura, Gioacchino (1792-1861) 聖職者。一八一一年にテアチーノ修道会に入る。イタリアにおける教皇権至上主義を代表する人物。

(五〇) アンドリアーヌ Andryane, Alexandre-Philippe (1797-1863) フランスの政治家。カルボネリーアのメンバーとしてイタリアで活動。

(五一) カルロ・ビアンコ Bianco, Carlo, conte di Saint-Jorioz (1795-1843) 愛国者。カルボネリーアのメンバー。一

八二一年革命では、アレッサンドリアで活動。一八三〇年よりマッツィーニと親交を結ぶ。

(五二) ヴィレール　Villèle, Jean-Baptiste-Guillaume-Joseph, comte de (1773-1854)　フランスの政治家。首相就任後（一八二二）、一連の反動政策を実施。

(五三) キネー　Quinet, Edgar (1803-75)　フランスの文学者、歴史家。ミシュレとともに、自由主義知識人による反政府運動を展開。

(五四) ペリエ　Périer, Casimir Pierre (1777-1832)　フランスの政治家。首相として、リヨン、グルノーブルの労働者暴動を鎮圧（一八三一―三二）。

(五五) ミズレイ　Misley, Enrico (1801-63)　愛国者。モーデナ公、フランチェスコ四世（Francesco IV, 1815-46）の支持を取り付け、自由主義的民族運動を計画した。

(五六) マンツィーニ　Manzini, Camillo Lodovico (1796-1847)　愛国者。モーデナでC・メノッティと連絡をとり、三一年革命を準備。

(五七) サルフィ　Salfi, Francesco Saverio (1759-1832)　愛国者、文学者。パルテノペーア共和国の樹立（一七九九）に参加。

(五八) メノッティ　Menotti, Ciro (1798-1831)　愛国者。一八二〇―二一革命挫折後、ボローニャ、パドヴァ、マントヴァにおける同時蜂起の計画を立てた。

(五九) ナルディ　Nardi, Biagio (1768-1835)　愛国者。一八三一年にモーデナの独裁執政官に就任。革命挫折後、コルフ島（ギリシア）に亡命した。

(六〇) ヴィチーニ　Vicini, Giovanni (1771-1845)　政治家。ナポレオンにより、チザルピーナ共和国の国務長官に任命された。

(六一) セルコニャーニ　Sercognani, Giuseppe (1780-1844)　軍人。一七歳でチザルピーナ共和国軍に入り頭角を現わす。一八〇三年には義勇軍を率いてローマ進軍を目指した。

第一二章　王政復古期のイタリア社会

（一）コッレーニョ　Collegno, Giacinto Provana di（1794-1856）　政治家。ピエモンテ革命（一八二一）の指導者の一人。一八四八年には、ロンバルディーア臨時政府の陸軍大臣に就任。

（二）リカーソリ　Ricasoli, Bettino（1809-80）　政治家。統一王国の首相（一八六一―六二）。中央集権体制の強化を図る。

（三）ストゥーラ県　フランス革命期にフランス本国の周囲に形成された県の一つ。中心都市は、クーネオ（イタリア北部のピエモンテ地方）。

第一三章　新しいイタリア形成に向けて採るべき道――一八三一―四八年

（一）ミュンヘングレーツ協定（一八三三）　ロシア、オーストリア両国間に締結。ロシア皇帝ニコライ一世（Nikolai I, 1825-55）は、オスマン・トルコの維持に賛同すると同時に、仮に同国の分割が避けられない事態になった場合でも、オーストリアと協調姿勢がとれない限り行動しないことに同意した。

（二）パーマストン　Palmerston, Henry John Temple（1784-1865）　イギリスの政治家。首相（一八五五―五八／五九―六五）。大陸の自由主義運動を支援。

（三）東方問題　オスマン・トルコとエジプト両国の紛争を軸として発生したヨーロッパ列強間の国際問題をさす。

（四）ウンキアル・スケレッシ条約（一八三三）　ロシア、トルコ両国間に締結された。同年エジプト太守の反乱に脅かされたトルコの要請で、ロシアは軍隊を派遣した。以後、ロシアのトルコへの内政干渉が可能となった。

（五）ムハンマド・アリー　Muhammad ʻAlī（1769-1849）　エジプト最後の王朝（ムハンマド・アリー朝）の祖（在位一八〇五―四九）。

（六）エジプト危機　オスマン・トルコ、エジプト両国の紛争に関連して発生したいわゆる東方問題の一環。同国の太守、ムハンマド・アリーがオスマン・トルコより統治権を譲渡された地域の世襲権を要求した結果、両国間に紛争が再燃し、トルコ軍が大敗。一方、フランスが支援するエジプトの強大化を懸念したイギリスは、ロシア・オーストリア・プロイセンと共同歩調をとってエジプトに干渉。この結果、国際的孤立を恐れたフランスは、エジプト支援を断念。ムハンマド・アリーは、シリアでイギリス軍に敗北した。この結果、彼は、全占領地域を放棄し、トルコの宗主権の下にエジプト統治の世襲権だけを認められることになった。

(七) 分離同盟 (Sonderbund)　当時のスイスでは、イエズス会に忠実な七つのカントン(州)とこれに反対して教会改革を主張する他のカントンとの対立が激化した。こうした中で、前者は一八四五年に分離同盟を結成して連邦から離脱したが、その後の戦いで敗れた。この結果、連邦の統一が回復し、イエズス会士はスイスから追放されることになった。

(八) コロヴラート　Kolowrat-Liebsteinsky, Franz Anton von (1778-1861)　プラハ生まれのボヘミア貴族。一八二六年にオーストリア中央政府の一員となり、四八年革命後、メッテルニヒの辞任を実現させた。

(九) コッレンティ　Correnti, Cesare (1815-88)　ジャーナリスト、政治家。ミラノの五日事件(一八四八・三・一八―二二)の指導者の一人。統一後、文部大臣を務める(一八六七/六九―七二)。

(一〇) 三三〇〇万フィオリーニ　当時のロンバルド・ヴェーネト王国では、一フィオリーニ＝三リラ。

(一一) ドイツ関税同盟 (Deutscher Zollverein, 1834)　プロイセンの提唱により、ドイツ連邦間で結成された。一八四〇年代には、オーストリアを除くほとんどすべてのドイツ諸邦が参加し、ドイツの経済的統一が実現した。

(一二) 英土通商条約　外相パーマストンは、エジプト、ロシア両国に対抗するためオスマン・トルコを擁護する必要性を痛感し、同国に有利な関税協定を結んだ。

(一三) ミキヴィッツ　Mickiewicz, Adam Bernard (1798-1855)　ポーランドの愛国者、詩人。秘密結社運動に参加後、ロシアに亡命し、デカブリストと交流。

(一四) ルルヴェル　Lelewel, Ignacy (1786-1861)　ポーランドの歴史家。一八三〇―三一年革命に参加後、パリに亡命。

(一五) ルルー　Leroux, Pierre (1797-1871)　フランスの哲学者、歴史家。コンドルセの影響を受け、サン＝シモン主義者の一人となった。

（一六） 労働組合大連合　オーエンが一八三四年に成立させた全国組織の組合。第一回大会では彼自ら議長となったが、政府の弾圧と内部対立によって数カ月で解散した。なお、組合員総数は一時五〇万人に達した。

（一七） チャーティスト運動　一八三〇—四〇年代に起こったイギリス労働者の政治運動。その政治綱領である人民憲章（People's Charter）により、成年男子普通選挙権に基づく議会民主主義の実現を要求していた。しかし、指導者間の不和対立、政府による弾圧の結果、運動は衰退した。

（一八） コッシュート　Kossuth, Lajos（1802-94）　ハンガリーの政治家。二月革命後、初代ハンガリー内閣の首相に就任。被抑圧民族の代弁者として有名。

（一九） サン＝シモン主義　フランスの哲学者で政治家でもあったサン＝シモン伯（Saint-Simon, Claude-Henri de, Rouvroy de, 1760-1825）は、生産力の基礎として〈産業制度〉（分業）を認めた。その一方で、〈新キリスト教〉を通じて階級対立を回避させようと考えた。

（二〇） モーデナ　Modena, Gustavo（1803-61）　舞台俳優。マッツィーニを支持し、演劇活動のかたわら政治活動を展開した。

（二一） トンマゼーオ　Tommaseo, Niccolo（1802-74）　愛国者、文学者。四八年革命に際し、ヴェネツィア防衛に参加。

（二二） ラ・チェチーリア　La Cecilia, Giovanni（1801-80）　政治家。一七歳でカルボネリーアに入る。一八三〇年の革命挫折後、マッツィーニと親交を結ぶ。

（二三） ジャコバン流の平等主義　所有権の制限による小ブルジョア的な平等主義。ブォナッローティは、この概念に基づいて富の平等、再分配を主張する。一方、マッツィーニは、本文にあるように国民各層の一体化、換言すれば階級協調を目指し、ブォナッローティの考える富の平等化に真っ向から対立した。

（二四） 第三のローマ　マッツィーニによれば、イタリアは、まず古代には〈皇帝のローマ〉がヨーロッパを統一、二度目には〈教皇のローマ〉が、そして三度目には〈人民のローマ〉が全世界を統一するという。

（二五） ドゥーランド　Durando, Giovanni（1804-69）　軍人。自由主義思想の持ち主。クリミア戦争（一八五三—五六）、イタリア独立戦争（一八五九／六六）などで活躍した。

（二六） リッチャルディ　Ricciardi, Giuseppe（1808-82）　政治家。カラーブリアの反ブルボン運動を指導（一八四八）。

統一後は、左派の国会議員として活動。

（二七） マミアーニ Mamiani Della Rovere, Terenzio（1799-1885） 政治家。ボローニャの革命運動に参加（一八三一）。統一後、カヴール内閣の文部大臣を務める（一八六〇—六一）。

（二八） ヴァイトリング Weitling, Wilhelm（1808-71） ドイツの共産主義者。パリで義人同盟に参加。一八四八年には、アメリカで共産主義的コロニーの建設を試みた。

（二九） ビュシェ Buchez, Philippe Joseph Benjamin（1796-1865） フランスの思想家。秘密結社のシャルボナリに関係。後年サン＝シモン主義者となる。

（三〇） ルイ・ブラン Blanc, Jean Joseph Charles Louis（1811-82） フランスのジャーナリスト、政治家、歴史家。共和主義者で、急進社会党の結成に参加（一八七六）。

（三一） バンディエーラ兄弟 Bandiera, Attilio（1810-44） Bandiera, Emilio（1819-44） 愛国者。カラーブリア遠征を二人で組織するが失敗し、処刑された。

（三二） ファリーニ Farini, Luigi Carlo（1812-66） 政治家、歴史家。ヴィッラフランカの和（一八五九）締結後、エミーリアの独裁執政官となり、同地方のサルデーニャ王国への併合を準備。

（三三） リーミニの占領（一八四五） イタリア北部のエミリア・ロマーニャ地方の都市、リーミニで、民主派のピエトロ・レンツィ（Renzi, Pietro, 1807-92）率いる約三〇名の運動家が武装蜂起した。彼らは、当地に駐屯する教皇国家の軍隊を破って政治犯を釈放するが、運動は三日間で頓挫した。

（三四） トロカデーロの英雄（一八二三） フランス軍の隊伍に一歩兵の資格で加わったカリニャーノ公、カルロ・アルベルトは、一八二三年八月にスペイン南西部のカディス湾に位置するトロカデーロ半島でスペインの革命勢力との戦いに参加し、活躍した。

（三五） ベルネッティ Bernetti, Tommaso（1779-1852） 枢機卿。一八三一年に教皇国家の国務卿となり、反革命運動を組織した。

（三六） ピエーリ Pieri, Mario（1776-1852） 著述家。『一七四〇—一八二四年におけるギリシャ再生の歴史』（一八五三）などを著す。

（三七） グラッシ Grassi, Giuseppe（1779-1831） 著述家。サルデーニャ王国の官報『ガッゼッタ・ピエモンテーゼ』の編集長を務めた。

（三八） ペルッツィ Peruzzi, Ubaldino（1822-91） 政治家。統一後、公共事業大臣および内務大臣を務めた（一八六一―六四）。

（三九） サルヴァニョーリ Salvagnoli, Vincenzo（1802-61） 政治家、法律家。フィレンツェの農芸学会のメンバー。

（四〇） シーニア Senior, Nassau William（1790-1864） イギリスの経済学者。スミス、リカードの学説を継承。

（四一） フェッラーラ Ferrara, Francesco（1810-1900） 経済学者、哲学者。イギリス古典経済学の主要な解釈者の一人。

（四二） ミンゲッティ Minghetti, Marco（1818-86） 政治家。統一後、内相（一八六〇―六一）として地方分権の方向を目指すが、挫折した。

（四三） カッターネオ Cattaneo, Carlo（1801-69） 政治家、歴史家。連邦制を主張し、サヴォイア王家の伝統的な拡大主義に反対した。

（四四） ヤチーニ Jacini, Stefano（1826-91） 経済学者、政治家。統一後、左派政権下に設置された農業調査委員会（一八七七―八四）の指導者。

（四五） ペティッティ Petitti, Ilarione（1790-1850） 経済学者、著述家。トリノ科学アカデミーのメンバー。

（四六） コットレンゴ Giuseppe Benedetto Cottolengo（1786-1842） 聖人。孤児、障害者の保護、救済に尽力した。

（四七） ボスコ Giovanni Bosco（1815-88） 聖人。貧しい青少年の教育に尽くした。

（四八） アポルティ Aporti, Ferrante（1791-1858） 教育学者、聖職者。未就学児童の教育に関する研究と実践で知られる。

（四九） ヴァレーリオ Valerio, Lorenzo（1810-65） ジャーナリスト、政治家。一八四八年以降、トリノ出身の議員として左派の立場からカヴールを批判した。

（五〇） ヴァヌッチ Vanucci, Atto（1810-83） 歴史家。一八四八年のトスカーナにおける革命運動の指導者の一人。

（五一） トウアル Thouar, Pietro（1809-61） カルボネリーアで活動する。デ・アミーチス（De Amicis, Edmondo 1846-1908）以前のイタリアにおける児童、民衆文学の代表的な作家。

(五二) トローヤ　Troya, Carlo（1784-1858）　政治家、歴史家。ネオ・グエルフィズモの強化に貢献した。

(五三) カントゥ　Cantù, Cesare（1804-95）　文学者、歴史家。厳格な教権主義を信奉した。

(五四) ヴィネ　Vinet, Alexandre（1797-1847）　スイスのプロテスタント、神学者。宗教と学問の自由や教会の国家からの独立を主張。

(五五) ラコルデール　Lacordaire, Jean Baptiste（1802-61）　フランスのカトリックの神学者。ラムネーの弟子。

(五六) オザナム　Ozanam, Antoine Frederic（1813-53）　フランスの歴史家。聖ヴィンセンシオ会を創設した（一八三三）。

(五七) 聖ヴィンセンシオ会　フランスの歴史家、オザナムが、一八三三年に創設した慈善団体。ちなみに、聖ヴィンセンシオ（Vincent de Paul, 1581-1660）はフランスの聖職者で、生涯を慈善活動に捧げた。

(五八) ロスミーニ　Rosmini Serbati, Antonio（1797-1855）　哲学者。反スコラ学的立場をとり、イエズス会から批判された。

(五九) ヴィヨー　Veuillot, Louis Francois（1813-83）　フランスの著述家。カトリシズムの擁護と王政復古に尽力。

(六〇) ランデュ　Rendu, Eugene（1824-1903）　フランスのジャーナリスト。C・バルボ、M・ダゼーリョ、V・ジョベルティらと親交を結ぶ。自由主義カトリックとして活動した。

(六一) ロートハーン　Roothaan, Johannes Philipp（1785-1853）　オランダの聖職者。イエズス会総会長を務めた（一八二九―五三）。

(六二) クルチ　Curci, Carlo Maria（1810-91）　聖職者。一八二六年にイエズス会士となる。ジョベルティの『イタリア人の道徳的文化的優越』（一八四三）の監修に携わった。

(六三) タパレッリ　Taparelli d'Azeglio, Luigi（1793-1862）　聖職者。イエズス会士。イエズス会発行の『チヴィルタ・カットリカ』の編集に携わった。

(六四) モンタネッリ　Montanelli, Giuseppe（1813-62）　政治家。トスカーナ大公国臨時政府の一員（一八四九）。イタリア統一後、国会議員となった（一八六二）。

(六五) ミント　Minto, Sir Gilbert Elliot（1751-1814）　イギリスの政治家。当初、フランスで百科全書派と知り合う。

後、反革命思想を支持。

（六六）ルドリュ＝ロラン　Ledru-Rollin, Alexandre Auguste（1807-74）　フランスの政治家、共和主義者。二月革命後、臨時政府の内相に就任した。

（六七）ドゥーランド　Durando, Giacomo（1807-94）　政治家。穏和派自由主義者で、サヴォイア王国主導によるイタリア連邦の実現を支持。

（六八）フォッソンブローニ　Fossombroni, Vittorio（1754-1844）　政治家。トスカーナ大公国の外相（一七九六―九九）。灌漑技術の専門家としても知られる。王政復古後は、同国の首相を務めた（一八一五―四四）。

（六九）コルシーニ　Corsini, Neri（1771-1845）　ウィーン会議に、トスカーナ大公国の全権として出席。

（七〇）ジェルベ・デ・ソナーズ　Ettore, Gerbaix de Sonnaz（1787-1867）　軍人。四八年革命では、サルデーニャ王国軍を指揮。翌年、陸軍大臣に就任した。

（七一）ソラーロ・デッラ・マルガリータ　Solaro della Margarita, Clemente（1792-1869）　政治家。サルデーニャ王国の保守派外相（一八三五）。反仏親墺政策をとる。カヴールの政敵。

（七二）ヴィッラマリーナ　Villamarina, Salvatore Pes di（1808-77）　政治家。駐トスカーナ大公国サルデーニャ王国大使（一八四八―五二）。カヴールの主要な協力者の一人。

（七三）シッカルディ法　サルデーニャ王国の法務・宗教問題担当大臣のシッカルディ（Siccardi, Giuseppe 1802-57）が、一八五〇年二月に同国議会に提出し、翌月に可決された宗教関連法案。教会裁判所、聖職者の免税権、死手譲渡、宗教祭礼不履行に対する罰則の適用といった教会諸特権の廃止を謳っている。

（七四）パゾリーニ　Pasolini, Giuseppe（1815-76）　政治家。穏和派で、ピウス九世の友人、助言者。イタリア統一後は、右派の指導者の一人。

（七五）ペーポリ　Pepoli, Gioacchino Napoleone, marchese（1825-81）　政治家。統一後、ラッタッツィ内閣の農相に就任（一八六二）。オーストリア大使も務めた（一八六八）。

（七六）コルボリ＝ブッシ　Corboli-Bussi, Giovanni（1813-50）　聖職者。一八四八年に教皇国家の外務卿となる。自由主義的な憲法作成に関わった。

（七七）　ジッツィ　Gizzi, Pasquale Tommaso（1787–1849）　枢機卿。一八四八年には国務卿に就任。デモを禁止するなど、革命運動を抑圧する方向を打ち出した。

（七八）　モンターツィオ　Montazio, Enrico（1816–86）　ジャーナリスト。『イル・ポポラーノ』で扇動的な主張を発表したため、終身刑を宣告された。

（七九）　ガレオッティ　Galeotti, Leopoldo（1813–84）　政治家。『イル・コンチリアトーレ』に寄稿した。統一後、国会議員として活動。

（八〇）　チチェルアッキオ（Ciceruacchio）　本名 Brunetti, Angelo（1800–49）　ローマの民衆運動の指導者となり、ローマ共和国防衛に参加した。

（八一）　ステルビーニ　Sterbini, Pietro（1795–1863）　医師、政治家、著述家。一八三一年の中部イタリアの革命挫折後、ジョーヴィネ・イターリアで活動。

（八二）　トレッリ　Torelli, Luigi（1810–87）　愛国者。ミラノの五日事件（一八四八・三・一八—二三）の立役者の一人。イタリア統一後は、左派の国会議員。

（八三）　カサーティ　Casati, Gabrio（1798–1873）　ミラノの五日事件の立役者の一人。一八五九—六〇年には、サルデーニャ王国の文相として教育改革を実施。

（八四）　マニン　Manin, Daniele（1804–57）　愛国者、政治家。一八四八年にヴェネツィア共和国の指導者となり、自由主義的改革に着手。同共和国崩壊後（一八四九）、フランスに亡命。

（八五）　ブロッフェーリオ　Brofferio, Angelo（1802–66）　作家、政治家。一八四八年より左派の議員としてカヴールと対立。

（八六）　ランツァ　Lanza, Giovanni（1810–82）　政治家。サルデーニャ王国の文相（一八五五）、蔵相（一八五八）。イタリア統一後は、右派の主要人物の一人となった。

（八七）　ピネッリ　Pinelli, Pier Dionigi（1804–52）　政治家。ジョベルティの親友。一八四八年より、ピエモンテ議会（サルデーニャ王国）の議員を務めた。

（八八）　カステッリ　Castelli, Michelangelo（1808–75）　政治家、ジャーナリスト。当初はマッツィーニを支持したが、後に穏和派の立場に変わる。カヴールを中心とする『イル・リソルジメント』の編集者。

(八九) カルボーネ　Carbone, Domenico (1823-83)　作家。カルロ・アルベルトを風刺した『よろめき王』のほかに、マッツィーニを皮肉った『予言者ピッポ』(一八五七) でも知られる。

(九〇) フィッケルモント　Ficquelmont, Karl Ludwig von (1777-1857)　ドイツの外交官、政治家。ナポレオン体制期には、ヨーロッパ各地で反ナポレオン軍を組織。同体制崩壊後は、トスカーナとナポリで閣僚を務めた。

(九一) ヴィタリアーノ・ボッロメーオ　Borromeo Arese, Vitaliano, conte (1792-1874)　政治家。ロンバルド・ヴェーネト王国の革命臨時政府で、副大統領となる。

(九二) チェルヌスキ　Cernuschi, Enrico (1821-96)　愛国者。連邦制共和主義を支持。東洋美術品の収集家としても知られる。

(九三) マエストリ　Maestri, Pietro (1816-71)　統計学者。マッツィーニを支持し、ミラノの五日事件に参加。一八六一年には、統一後初の国勢調査の責任者となった。

(九四) ドーリア　Doria, Giorgio (1800-77)　改革者。ジョベルティの思想を支持し、イタリア民族の独立を熱望。

(九五) ニッコリーニ　Niccolini, Giovanni Battista (1782-1861)　文学者。熱烈な共和主義者で、ネオ・グエルフィズモに反発。

第V部　独立の代償——一八四八—六一年

(一) ラ・ファリーナ　La Farina, Giuseppe (1815-63)　歴史家、政治家。シチリアの革命政府に参加 (一八四八)。王政復古後、ピエモンテで立憲王政を支持し、国民協会の創立者の一人となった。

第一四章　矛盾をはらんだ革命——一八四八—四九年

(一) シュレスヴィヒ・ホルシュタイン両公国　この二つの国家の帰属をめぐり、十九世紀に主としてプロイセンとデンマークが争った。元来両国は、デンマークの主権下にあったが、住民の大半がドイツ人であることに加え、諸列強の利害が絡んで問題を複雑にした。最終的には、仏墺戦争（一八六六）を経てプロイセン領となった。

（二）　バリュエルの解釈　バリュエル（Barruel, l'abbé Augustin, 1741-1820）は、主著の『ジャコバン主義の歴史』の中で、フランス革命が、啓蒙思想家、フリーメーソン、さらに宗教およびあらゆる社会制度の破壊を目的として団結した夢想家連中の仕業とみなしている。

（三）　バルベス　Barbès, Armand（1809-70）　フランスの政治家。二月革命に際し、臨時政府のブルジョア的傾向を批判した。

（四）　カヴェニャック　Cavaignac, Louis Eugène（1802-57）　フランスの軍人、政治家。二月革命後、陸相。六月事件では反乱労働者を鎮圧。

（五）　ヴィンディッシュグレーツ　Windisch-Graetz, Alfred Candidus（1787-1862）　オーストリアの軍人。プラハのチェック人の蜂起（一八四八）とウィーンの十月革命を鎮圧。

（六）　ヤラチッチ　Jellačić de Bužim, Josip（1801-59）　クロアチア出身のオーストリアの軍人、政治家。一八四八年に、クロアチア、スロヴァニア、ダルマチアの総督となり、ハンガリーの蜂起を鎮圧。

（七）　バスティド　Bastide, Jules（1800-79）　フランスの政治家。一八四八年には共和国政府の外相となり、イタリア問題を連邦制実現によって解決することを提唱した。

（八）　ラッセル　Russell, John（1792-1878）　イギリスの政治家。穀物法の廃止に賛成。パーマストン内閣の外相（一八五九―六五）を務めた後、首相（一八六五）。

（九）　ミント　Minto, Gilbert Elliot-Murray-Kynymound（1782-1859）　イギリスの政治家。スイス、イタリア諸邦で外交使節として活動した。

（10）　キャニング　Canning, Stratford（1786-1880）　イギリスの外交官。トルコ、アメリカ合衆国で大使を務めた。

（一一）　ノーマンビー　Normanby, Costantino H. P.（1797-1863）　イギリスの政治家。駐フランス大使を務める（一八四六―五二）。

（一二）　デカブリスト　ロシア皇帝ニコライ一世の専制に反対する蜂起（一八二五）に参加した人々の呼称。その大部分は、正規軍や近衛部隊の将校および開明的な貴族で、民衆の支持が不十分だったため、蜂起は失敗に終わった。

（一三） ネッセルローデ　Nesselrode, Karl Basilievich（1780-1862）　ロシアの政治家。ウィーン会議に全権として出席。ニコライ一世の時代、外相として活動した。

（一四） オルミュッツの密約（一八五〇）　オーストリア、プロイセン両国間に締結された。この結果、プロイセンを中心とするドイツ統一計画は失敗に終わった。

（一五） 小ドイツ主義　プロイセン王国を拡大する形でドイツを統一すべきであるとする考え。この場合、スラヴ人、マジャール人などが混在するオーストリア帝国は、統一から排除される。

（一六） 大ドイツ主義　ドイツ人が支配、指導するすべての地域がドイツに含まれるとし、これらをオーストリア帝国の下に統一しようとする考え。

（一七） シュヴァルツェンベルク　Schwarzenberg Felix, Fürst zu（1800-52）　三月革命によるメッテルニヒの失脚後、宰相となる。革命によって低下した国力の回復に努めた。

（一八） グェッラッツィ　Guerrazzi, Francesco Domenico（1804-73）　政治家、著述家。トスカーナ臨時政府の三頭執政官の一人（一八四八—四九）。

（一九） パレート　Pareto, Lorenzo（1800-65）　政治家、地質学者。国王カルロ・アルベルトの下で閣僚になる一方で、イタリア各地の地質研究に従事した。

（二〇） セッリストーリ　Serristori, Luigi（1793-1857）　政治家。トスカーナ大公国で、外相、陸相を務める（一八四七）。四八年革命では、両シチリア王国の要塞があったイタリア中部のガエータに逃亡した。

（二一） ボッツェッリ　Bozzelli, Franco Paolo（1786-1864）　政治家。一八三〇年代より、ナポリの自由主義的穏和派の一人として頭角を現わす。一八四八年には、両シチリア王国内相として新憲法の作成に携わった。

（二二） セッティモ　Settimo, Ruggiero（1778-1863）　政治家。一八四八年のシチリア革命では、臨時政府の指導者となる。イタリア統一後、上院議員。

（二三） スタービレ　Stabile, Mariano（1806-63）　政治家。一八四八年のシチリア革命で、革命政府の国務長官に就任。後年、パレルモ市長を務めた（一八六〇—六二）。

(二四) コルドヴァ Cordova, Filippo (1811-68) 政治家。一八四八年のシチリア革命に際し、蔵相として、国有財産の売却、教会財産の没収を主張した。統一後は、ラッタッツィ内閣の下で内相に就任。

(二五) ラ・マーサ La Masa, Giuseppe (1819-81) 政治家。シチリア革命の指導者の一人。ガリバルディの指揮する千人隊の遠征（一八六〇）で活躍。

(二六) リッタ Litta, Pompeo (1781-1852) 政治家。一八四八年には、ロンバルディーアの臨時革命政府で陸軍大臣に就任。

(二七) クザーニ Cusani, Francesco (1802-79) 歴史家。自由主義思想の熱烈な支持者で、そうした性格の著作を発表。

(二八) カスタニェット Castagnetto, Cesare Giambattista Trabucco conte di (1802-88) 聖職者。厳格なカトリックで、教会・国家両者に関わるいかなる改革にも反対した。

(二九) フェッラーリ Ferrari, Giuseppe (1811-76) 哲学者、政治家。カッターネオとともに連邦制共和主義を主張。のち、プルードンの影響を受け、急進社会主義に移行。

(三〇) パレオカーパ Paleocapa, Pietro (1788-1869) 技師、政治家。オーストリアで鉄道、運河の建設計画を立てる。一八四八―四九年に、ヴェネツィア共和国臨時政府の主要人物の一人となった。

(三一) デ・ボーニ De Boni, Filippo (1816-70) 愛国者。一八三〇年代よりマッツィーニの思想的影響を受ける。一八六〇年には、ベルターニとともに教皇国家への遠征を準備した。

(三二) ヌーゲント Nugent, Laval (1777-1862) アイルランド出身のオーストリア軍人。ブレッシャの蜂起（一八四八）、ハンガリー革命（一八四九）の鎮圧に活躍。

(三三) ズッキ Zucchi, Carlo (1777-1863) 軍人。ナポレオン軍の将校として活躍。四八年革命勃発後、教皇国家の陸軍大臣となった。

(三四) モルディーニ Mordini, Antonio (1819-1902) 政治家。青年期には、共和主義者として活動。千人隊の遠征に際し、マッツィーニと緊密な関係を維持した。

(三五) マッツォーニ Mazzoni, Giuseppe (1808-80) 政治家。トスカーナ臨時政府のメンバー（一八四九）。統一後、国会議員として活動。

(三六) チェンピーニ　Cempini, Leopoldo（1824-66）　ジャーナリスト、政治家。トスカーナのサルデーニャ王国への併合を問う住民投票（一八六〇）に際し、併合支持のキャンペーンを行なった。

(三七) ラダイト運動　産業革命期のイングランド中・北部の紡績、織布業地帯で発生した手工業職人による機械打ちこわし運動。指導者 Ned Ludd の名にちなむ。

(三八) コンフォルティ　Conforti, Raffaele（1804-80）　政治家。一八四八年に、ナポリで革命運動の推進を訴えた。

(三九) フンメラウアー　Hummelauer, Karl（?-1874）　オーストリアの外交官。外務省の役人（一八一七）を振り出しに、一貫して外交畑を歩む。フリウリや南チロルに対するオーストリアの直接的な支配の維持を望んだ。

(四〇) フランツィーニ　Franzini, Antonio（1788-1860）　軍人。サルデーニャ王国の陸軍大臣（一八四八）。カルロ・アルベルトの下で、イタリア統一戦争に参加した。

(四一) サラスコの休戦（一八四八）　イタリアの第一次独立戦争（一八四八―四九）の一つの区切りとなった協定。サルデーニャ王国のサラスコ将軍（Salasco, Carlo Canera, 1796-1866）が、オーストリアのラデツキー将軍とミラノで調印したもので、サルデーニャ王国軍がティチーノ川右岸に撤退することを規定していた。

(四二) ラッタッツィ　Rattazzi, Urbano（1808-73）　政治家。ピエモンテ議会の左派議員として活動後、一八五二年にカヴールに接近して協調路線をとる。

(四三) ペッローネ　Perrone di San Martino, Ettore（1789-1849）　愛国者。一八二一年にピエモンテ革命に参加。のち、ノヴァーラの戦闘で戦死した。

(四四) ヴェッセンベルク　Wessenberg-Ampringen, Johann barone von（1773-1858）　オーストリアの政治家。ウィーン会議に参加。四八年革命によるメッテルニヒ体制の崩壊後、新しい立憲政府の外相に就任。

(四五) ムソリーノ　Musolino, Benedetto（1809-85）　愛国者。ローマ共和国の防衛に参加。一八六〇年にはガリバルディ指揮下の兵士としてカラーブリアの解放に貢献。

(四六) レステッリ　Restelli, Francesco（1814-90）　政治家。一八四八年には、ミラノの革命運動に参加。統一後は、右派の国会議員として活動。

(四七) ダッロンガロ　Dall'Ongaro, Francesco（1808-73）　著述家、ジャーナリスト。一八四八年の革命運動に参加し、ローマ共和国の立憲議会議員となった。

(四八) シルトーリ　Sirtori, Giuseppe（1813-74）　愛国者、軍人。千人隊の遠征に参加し、独裁執政官（パレルモ）および副独裁執政官（ナポリ）を務める。一八六六年には、イタリア王国軍の将軍としてクストーザの戦いに参加。

(四九) ビクシオ　Bixio, Nino（1821-73）　愛国者、軍人。一八六〇年にシチリアの農民運動を弾圧した。第三次独立戦争（一八六六）に参加。

(五〇) シャルル・ボナパルト　Bonaparte, Charles Lucien Jules Laurent（カニーノ公　1803-57）　ナポレオンの弟、ルシアン（Bonaparte, Lucien, 1775-1840）の子。動物学者。ローマで憲法制定会議の副議長となった（一八四九）。

(五一) クリスピ　Crispi, Francesco（1818-1901）　政治家。共和主義者としてシチリア革命に参加（1848）。一八六四年以降、王政の支持者となる。その後、左派政権の首相。

(五二) レヴェル　Revel, Ottavio Thaon di（1803-68）　政治家。サルデーニャ王、カルロ・アルベルトの下で閣僚を経験。カヴールの自由主義政策に反対した。

(五三) キオード　Chiodo, Agostino（1791-1801）　軍人、政治家。一八四八年の戦役に際しては、サルデーニャ王国軍の参謀総長を務め、翌年、ジョベルティの後を継いで同王国首相に就任。

(五四) ウローア　Ulloa, Calà, Girolamo（1810-91）　軍人。四八年革命に際し、義勇軍を率いてヴェネツィア共和国の防衛に参加。

(五五) サッフィ　Saffi, Aurelio（1819-90）　愛国者、政治家。ローマ共和国の三頭執政官の一人。統一後、マッツィーニの著作の編纂に携わった。

(五六) アルメッリーニ　Armellini, Carlo（1777-1863）　法律家、愛国者。ローマ共和国の三頭執政官の一人。同国の憲法を作成。

(五七) コスタンツァ・ダゼーリョ　Azeglio, Costanza d'（1793-1862）　マッシモ・ダゼーリョの兄、ロベルト（Azeglio, Roberto Taparelli 1790-1862）の妻。息子と交わした書簡で有名。

（一）ルーゲ　Ruge, Arnold（1802-80）　ドイツの思想家、ジャーナリスト。パリでマルクス（Marx, Karl, 1818-83）とともに『独仏年誌』を発刊（一八四四）。晩年には国家主義者となり、ビスマルク（Bismarck, Otto Eduard Leopold, *Fürst* von, 1815-98）を支持した。

（二）ゲルツェン　Gertsen, Aleksandr Ivanovich（1812-70）　ロシアの思想家、作家、政治家。ロシア農民の持つ農村共同体を基礎として、資本主義の段階を踏まずに社会主義の実現を目指した。

（三）クルドゥルワ　Couerderoy, Jean Charles（通称 Ernest, 1825-84）　フランスの思想家。『おお、コサックによる革命よ』（一八五四）の中で、社会主義の勝利は、堕落した西欧ではなく、スラヴ民族によってのみ得られると主張。

（四）クラレンドン　Clarendon, George William Villiers（1800-70）　イギリスの政治家。外相としてパリ会議に出席（一八五六）。カヴールを支持。

（五）ワレウスキ　Walewski, Alexandre Florian Joseph Colonna（1810-68）　ナポレオンの私生児。母は、ポーランドの伯爵夫人。ナポレオン三世（Napoleon III, 1851-70）の下で外相を務める（一八五五—六〇）。

（六）オルシーニ　Orsini, Felice（1819-58）　愛国者。一八四九年にローマ共和国の防衛に参加。ナポレオン三世暗殺未遂事件（一八五八）を起こす。

（七）ゴルチャコフ　Gorčakov, Aleksandr Michajlovič（1798-1883）　ロシアの外交官、政治家。外相（一八五八）、首相（一八六三）を務める。外交官としての才能に恵まれていたとされる。

（八）イギリス国籍の怪しげな商人　ポルトガル人の高利貸、ドン・パシフィクは、英領ジブラルタル生まれを根拠としてイギリスの市民権を主張した。彼は、アテネにある自宅が掠奪にあった際、多額の賠償金の支払いをギリシア政府に要求している。同国政府は、結局この要求に応じなかった。このため、彼の主張を真に受けたパーマストンは、一八五〇年にギリシアの海岸線の封鎖を命じるという高圧的な態度に出た。この一件は、オーストリア、ロシア両国の不満を増大させる結果を招いた。

（九）マームズベリー　Harris, James Howard（1807-89）　イギリスの政治家。ダービー内閣の外相を務めた（一八五二）。

（一〇）ハイナウ　Haynau, Julis Jacob von（1786-1853）　オーストリアの軍人。一八四九年のハンガリーの民族主義運動を鎮圧し、同地域の総督となった（一八四九―五〇）。

（一一）ブラティアヌ　Brătianu, Ion Constantin（1821-91）　ルーマニアの政治家。一八七六―八八年に首相を務める。ルーマニア独立の立役者である一方、その政策は反動的とされる。

（一二）ペトゥルッチェッリ・デッラ・ガッティーナ　Petruccelli della Gattina, Ferdinando（1815-90）　著述家、政治家。一八四八年のナポリ革命に参加。統一後は、左派の国会議員として活動（一八六一―六五／一八七四―八二）。

（一三）デ・クリストフォリス　De Cristoforis, Carlo（1824-59）　愛国者。マッツィーニやプルードンの思想に共鳴する。一八五〇―五三年には、ミラノのオローナ委員会で、非合法活動に従事。

（一四）チローニ　Cironi, Pietro（1819-62）　愛国者。一八五〇年頃より、マッツィーニとの関係を緊密にする。出版物を通じての扇動活動で本領を発揮した。

（一五）フェンツィ　Fenzi, Carlo（1823-81）　政治家。トスカーナで、思想的に民主派に最も近い穏和派の一人として知られる。

（一六）カルタ　Carta, Giovanni Battista（1783-1871）　愛国者。一八三〇年代より、ジョーヴィネ・イターリアが関わる運動に参加。四八年には、民衆による反オーストリア運動の指導的人物の一人となる。

（一七）メーディチ　Medici, Giacomo（1817-82）　愛国者、軍人。ローマ共和国（一八四九）の防衛に参加。千人隊の遠征にも加わった。

（一八）ベルターニ　Bertani, Agostino（1812-66）　医師、政治家。ミラノの五日事件や千人隊の組織者の一人。統一後、ヤチーニの農業調査委員会を支援。

（一九）デプレーティス　Depretis, Agostino（1813-87）　政治家。青年期には、マッツィーニを支持。千人隊の遠征に際しては、シチリアの副独裁執政官となる。一八七六年より約一一年間にわたり、左派政権の首相を務めた。

（二〇）カイローリ　Cairoli, Benedetto（1825-89）　政治家。千人隊の遠征に参加。一八六一年に左派の国会議員、七八年に首相に就任した。

（二一） テュール Türr, Stefan（1825-1908） ハンガリー出身の愛国者。ミラノの五日事件当時はオーストリア軍の将校だったが、脱走してピエモンテへ赴く。のち、千人隊の遠征に参加し、ガリバルディの副官を務めた。

（二二） アマーリ Amari, Michele（1806-89） 歴史家、政治家。反ブルボンのシチリア人で、亡命先のパリでマッツィーニと交流する。統一後、文相に就任（一八六二―六四）。アラビア学、東洋学の研究者としても知られる。

（二三） ヴィスコンティ・ヴェノスタ Visconti-Venosta, Emilio（1829-1914） 政治家。当初マッツィーニの運動に参加したが、のちに穏和主義へ移行。統一王国の外相として、地中海地域のバランス・オブ・パワー実現を目指した。

（二四） ジェシー・ホワイト Mario, Jessie Meriton White（1832-1906） イギリスの女流作家。ロンドンでマッツィーニと知り合い、彼の熱烈な信奉者となる。一八五七年には、民主派のイタリア人、アルベルト・マリオ（Mario, Alberto 1825-83）と結婚した。

（二五） ミュラ Murat, Napoleon Lucien Charles（1803-78） フランスの政治家。四八年革命の際、亡命先のアメリカよりフランスに戻る。ルイ・ナポレオンの皇帝即位を支援。

（二六） ダボルミダ Dabormida, Giuseppe（1799-1869） 軍人、政治家。一八四八年にサルデーニャ王国の陸相に就任。五九年には、外相となった。

（二七） ボンコンパーニ Boncompagni di Mombello, Carlo（1804-80） 政治家。ピエモンテにおける自由主義穏和派の主要人物の一人。ミラノの和約締結（一八四九）の際、全権を務める。

（二八） パンタレオーニ Pantaleoni, Diomede（1810-85） 政治家。ネオ・グエルフィズモを信奉し、民主派に敵意を抱いた。

（二九） グレイ Grey, Charles（1764-1845） イギリスの政治家。一八三〇年に組閣し、議会改革に努める。

（三〇） ピール Peel, Sir Robert（1788-1850） イギリスの政治家。アイルランドの飢饉（一八四五）を契機に穀物法の廃止を決意し、翌年実現させた。

（三一） カサーティ法（一八五九） サルデーニャ王国の文部大臣、カサーティ（Casati, Gabrio, 1798-1873）の名にちなんだ教育法。文部省による公教育の統制、私学の監督に関する規定などを盛り込んだ包括的な性格を持つ。なお、同法は、実質的な内容を変えることなく一九二三年まで施行された。

(三二) エジプトの十の災い　旧約聖書〈出エジプト記／第七—十二章〉にある。ファラオ（エジプト王）がイスラエルの民をエジプトから去らせようとしないため、ヘブライの神、ヤハウェがエジプト人とエジプトに及ぼした十種類の災いのこと。具体的内容は次の通り。

(1) すべての水が血に変わり、水が飲めなくなる
(2) 蛙がはびこり、人々に襲いかかる
(3) 塵が蚋《ブヨ》に変わり、人と動物が襲われる
(4) 虻《アブ》があふれ、土地を荒らす
(5) 家畜とすべての小動物が疫病にかかる
(6) 人と動物に膿の出る腫れ物が蔓延する
(7) 全土に雹《ひょう》が降る
(8) イナゴがあふれ、植物に多大な被害をもたらす
(9) 全土を漆黒の闇が覆う
(10) すべての人間の長男と家畜の初子が死亡する

(三三) ドルフィ　Dolfi, Giuseppe（1818–69）　愛国者。クリミア戦争（一八五三—五六）当時、フィレンツェにおける民衆運動を指導した。

(三四) ニグラ　Nigra, Costantino（1828–1907）　政治家。カヴールの信任が厚く、プロンビエールの和を締結（一八五八）。

(三五) パッツィ家　フィレンツェの一族で、メディチ家の敵。フィレンツェ近郊の町、フィエーゾレが出身地。商業で財をなし、メディチ家に対するいわゆる〈パッツィ家の陰謀〉を企てた。

(三六) チプリアーニ　Cipriani, Leonetto（1812–88）　政治家。一八四九年には、対オーストリア戦に加わる。穏和派の一人として、マッツィーニに反発した。

(三七) ファンティ　Fanti, Manfredo（1808–65）　軍人。カヴール内閣の下で、陸相、参謀総長を歴任。

(三八)　ハドソン　Hudson, James（1810-85）　イギリスの政治家。外交官としてトリノに駐在する（一八五二―六二）。サルデーニャ王国の賛美者。

(三九)　ジノーリ　彼の製陶工場は、カルロ・ロレンツォ・ジノーリ侯爵（Ginori, Carlo Rorenzo, 1702-57）により、一七三五年に設立された。

(四〇)　ピーロ　Pilo, Rosalino（1820-60）　愛国者。マッツィーニ派の一人としてシチリア革命に参加（一八四八）。ピサカーネのサープリ遠征（一八五七）の準備にも協力した。

(四一)　コッラーオ　Corrao, Giovanni（1822-63）　愛国者。千人隊の遠征に際し、ガリバルディに信頼される。ミラッツォの戦い（一八六〇）の勝利に貢献。

(四二)　モニエ　Monnier, Marc（1829-85）　フランスの作家。フィレンツェに生まれる。『ガリバルディ』（一八六一）などの作品がある。

(四三)　ペルサーノ　Persano, Carlo Pellion di（1806-83）　軍人。統一後、海相となる（一八六二）。第三回独立戦争（一八六六）で王国海軍を指揮した。

(四四)　コセンツ　Cosenz, Enrico（1820-98）　軍人。元ブルボン軍の士官で、千人隊の遠征に参加。統一後、王国軍の総司令官に就任。

(四五)　ロマーノ　Romano, Liborio（1798-1867）　政治家。ナポリ革命（一八四八）に参加。両シチリア王国で、ガリバルディのナポリ入城とピエモンテへの併合を支援。

第一六章　エピローグ

(一)　アスプロモンテの戦い（一八六二）　イタリア南部、カラーブリア地方のアスプロモンテで、ローマ解放を目指すガリバルディが率いる義勇軍とパッラヴィチーニ大佐率いる王国政府軍が戦った。ちなみに、首相ラッタッツィは、当初ガリバルディの動きを支持するかに見えたが、ナポレオン三世の抗議によりこれを鎮圧した。

(二)　メンターナの戦い（一八六七）　ローマ近郊のメンターナで、再度ローマの解放を目指すガリバルディ率いる義勇軍とナポレオン三世が派遣したフランス軍が戦った。その結果、前者が敗北し、イタリア国内に反仏感情が高まった。

（三）ジョリッティ　Giolitti, Giovanni（1842-1928）　政治家。数度にわたってイタリア王国の首相となり、鉄道の国有化（1905）、リビア侵略（1911）などの政策を実施した。

（四）フェリー　Ferry, Jules François Camille（1832-93）　フランスの政治家。普仏戦争（一八七〇―七一）中は、国防政府に参加。共和党の指導者として王党派と戦い、首相を務めた（一八八〇―八一／一八八三―八五）。

（五）チェンバレン　Chamberlain, Joseph（1836-1914）　イギリスの政治家。ソールズベリ内閣の植民相となり（一八九五―一九〇三）、国家の団結を図った。

（六）カモッラ　シチリアのマフィアに似た犯罪組織で、ナポリで発生、発展した。政界と癒着し、公共事業の入札、賭博を取り仕切り、麻薬の密輸、ゆすりなどを行なう。

（七）オスマン　Haussmann, Georges Eugène（1809-91）　フランス（ドイツ系）の行政官。第二帝政期（一八五二―七〇）に、パリ市の都市計画を断行した。

訳者あとがき

本書は、Stuart Joseph Woolf, *A History of Italy 1700-1860. The social constraints of political change* (Methuen 1979) の全訳である。

著者のイギリス人、スチュアート・ジョーゼフ・ウルフ氏は、ケンブリッジ、レディング両大学で教鞭を執った後、一九七五年以来イングランド南東部にあるエセックス大学で歴史学教授の地位にある。また、母国以外では、フィレンツェにあるヨーロッパ大学付属研究所（一九八三―九二年）をはじめとするイタリア各地の大学や研究機関、フランスの社会科学高等研究所、スペイン（バルセッローナ）、オーストラリア（メルボルン、モナッシュ、グリフィス）、そして合衆国（コロンビア）といった世界各地で歴史学の研究、教育活動を続けている。

ちなみに、主要著作（本書を除く）としては次のようなものが挙げられる。

(ed.) *European Fascism* (1968, 1981)
　斎藤孝監訳『ヨーロッパのファシズム』上下巻（福村出版、一九七四）
(with J. C. Perrot) *The Nature of Fascism* (1968)
　斎藤孝監訳『ファシズムの本質』（大光社、一九七〇）
State and Statistics in France 1789-1815 (1984)
The Poor in Western Europe in the Eighteenth and Nineteenth Centuries (1986)

Napoleon's Integration of Europe（1990）
(ed.) *Work and Family in France and Italy*（1991）
Espaces et Familles dans l'Europe du Sud à l'âge moderne（1993）
La Storia d'Italia. Le Regioni dall'Unità a oggi. La Valle d'Aosta（1995）
Nationalism in Europe. 1815 to the Present（1996）

これら著作のタイトルからも了解されるように、著者の研究対象は決してイタリア史のみにとどまるわけではない。つまり、常にヨーロッパというマクロの視点から研究が展開されているのである。なお、著者の問題意識の在り方やその変遷、本書の構想や特徴などについては、日本語版序文で詳しく述べられているので省略することとし、以下では、本書を翻訳するに至った動機やこれと関連する問題、つまり日本におけるイタリア史研究の意味について若干の私見を述べさせていただきたい。

さて、ある地域の歴史研究を本格的に始めようとする場合、あるいはそれほどではなくてもその地域の歴史についての詳細な知識を得ようとする場合、まずその概説書に目を通すことは常識となっている。イタリア史の場合も例外ではなく、現在では日本人の手になるものはもちろんのこと、本書のような翻訳書もすでに数種出回っている。それらすべてについてここで逐一評価を下すことは、訳者の能力を超えるものである。しかし、その中でも特に強く印象に残っているG・プロカッチ（豊下楢彦・斎藤康弘訳）『イタリア人民の歴史』上下巻（未来社、一九八四）と森田鉄郎『イタリア民族革命――リソルジメントの世紀』（近藤出版社、一九七六）を紹介し、この二冊との出会いが本書を出版する直接の契機となったことを述べたいと思う。

まず、前者であるが、訳者後記にあるように「グラムシの知識人論」に基づく、「政治・経済・社会・人間の相互連関のダイナミックな把握」を特徴としており、訳文の明快さにも助けられて大いに勉強させていただいた。

ところで、著者のジュリアーノ・プロカッチ氏は、アッシジに生まれた高名なイタリア人の歴史家である。また、そこで扱われているイタリア史の範囲は、紀元一〇〇〇年頃から始まり一九六〇年代に至る千年近くに及んでいる。換言すれば、この「イタリア史」が同国人の手になるものであり、また、極めて長期間の歴史を対象としている、ということになる。歴史の研究者が自国の歴史に関心をもつことは至極当然であり、これは世界の至る所で見られる状況である。また、自国の歴史研究を行なう場合、史料の収集などの点でも極めて有利であることは自明である。したがって、詳細な事実に関する叙述が行なわれることも、また当然なのである。すでに紹介したプロカッチ氏の著作でも、たとえば、いわゆるジャコビーノの活動について詳細に論じられている。ジャコビーノは、本書でも明らかなように、リソルジメントのいわば「初期微動」とも考えられる極めて重要な愛国運動の一形態であり、近代ヨーロッパ史を扱うわが国の研究書でも取り上げられているものの、概説書や通史では本家フランスのジャコバンの「添え物」程度の扱いしか受けていないようにも思える。「本場もの」の強みは、こうした点にも現われているのではないだろうか。もっとも、その反面、「本場もの」であるがゆえのマイナス面も見落すわけにはいかない。それは、一部の「本場もの」のイタリア通史に見られるように、原注がまったくないか、あるいはあってもごくわずかにとどまっているという点である。これは、一部のイタリア人史家だけに見られる一種の「癖」なのか、それとも彼ら一般に共通する傾向なのか、浅学の訳者には断定できない。ただ、そうした著作の読者は、必ずしも自国の歴史に精通した人々に限定されるとは思われない。つまり、わが国のイタリア史家であっても、イタリア史の細かい点に関してイタリア人史家と同レベルに達することは容易ではあるまい。また、イタリア史上の人物の言葉が引用されている場合、それが自国の人間にとっては極めてポピュラーなものであっても、他国の人間にとってはそうとはいえないケースも決して少なくないのである。そう考えると、原注はやはりある程度は必要なものに思えてくる。

次に、他国人の手になるイタリア史の概説書や通史は、本国人のそうした著作と比較してどのようなことがいえるであろうか。まず、それらがわが国の研究者のものであれ、本書のようにわが国以外の研究者（イギリス人）のものであれ、過去から現在に至るまでイタリア人史家によって蓄積された膨大な量の研究成果を重要な拠り所としている事実を否定することはできない。もちろん、それらの中には特定のイタリア人史家の研究に依拠していることが明らかな場合もあれば、本人が無意識のうちに彼らの研究から影響を受けている場合もある。ただし、一口に外国人史家によるイタリア史の概説書や通史とはいっても、それらは二種類に大別できるように思われる。つまり、著者がヨーロッパ人の場合と非ヨーロッパ人の場合である。この分類に従えば、本書は前者、日本人の著作は後者に相当することになる。そして、これら二種類の著作の間に見られる本質的な差異は、想像以上に大きいように思われる。

この問題に関連し、本書の著者、ウルフ氏が日本語版序文の中で述べているように、自国の人間であれば、成長の過程で無意識のうちに獲得していくその国特有の「情緒的、文化的側面」を理解するのに、外国人は多くの労力を必要としなければならない、ということは確かである。しかし、ここで著者が想定している外国人とは、あくまで「イタリア以外のヨーロッパ人」のことであるとも考えられる。だからこそ、著者は、「イタリア史をそれ自体孤立させて考察するのではなく、他のヨーロッパ社会と絶えず比較させるというパースペクティヴ」の提供の可能性を意識しているのである。この点は、すでに邦訳されている『ヨーロッパのファシズム』および『ファシズムの本質』にも貫かれていることは明らかである。

以上の点から、著者がイタリアの「情緒的、文化的側面」の理解に多大の苦労をしたこと（あるいは、現在なお、そうであるとしても）は事実であろうが、その程度はわが国のイタリア史家のそれと比べれば、やや次元を異にするものであるとはいえるだろう。確かに、著者はイタリア人ではなく、イギリス人である。しかし、両者が、「ヨーロッパ」という共通項によって結びつけられている事実は否定できない。すでに述べたように、著者の主要著作を貫く問題意識は、ひとことでいえばすべて「ヨーロッパ」に収斂されうるのである。

それでは、そうした共通項を持たない日本人にとって、イタリア史を研究することはどのような意味、意義を持つのであろうか。少なくとも訳者の場合には、十九世紀後半に中央集権国家としての体裁を整えて本格的な近代化の道を歩み始めるわが国と、ほぼ同時期にリソルジメントを経て久方振りに統一国家として姿を現わすイタリアとを比較史の対象として考えたいという願望がある。そして、その契機となったのが、前述した森田鉄郎氏の『イタリア民族革命』である。この著作は、わが国で初めてリソルジメントを対象とした通史であり、訳者の研究の原点ともなっている。ただ、惜しむらくは、ページ数の制約からリソルジメントにおける政治面以外の姿が把握しにくいとの感を否定できない。

そうした状況下で訳者が出会ったのが、本書である。政治面はもちろんのこと、都市と農村の関係や変容、貧困の問題などリソルジメントにおける社会史的要素に力点を置いた本書は、イタリアにとっての「一外国人」(イギリス人)であると同時に、広義の「同朋」(ヨーロッパ人)でもある歴史家の手になるものである。そしてこの事実こそ、すでに触れたイタリア人や日本人の手になるイタリア史の欠点を補うものと訳者は確信している。さらに、激動する現代世界と直結するともいえる十九世紀の世界史の中にあってわが国ではいまだに十分な市民権を得たとはいい難いリソルジメントに関し、読者の方々が少しでも理解を深めていただければ幸せである。

なお、一九九三—九四年のイタリア留学中、多忙な中を貴重な時間を割いて本書に関する訳者の質問に丁寧に答えて下さった著者のウルフ氏には、厚く感謝している。また、翻訳全般にわたって貴重なアドバイスをいただいた早稲田大学の安斎和雄先生をはじめ、初歩的な疑問点にも労をいとわず答えて下さった慶應義塾大学の坂口昂吉、東畑隆介の両先生、そして訳者の所属するイタリア近現代史研究会会員の方々に対しても深い謝意を申し上げるしだいである。さらに、末筆ながら原文だけで五〇〇ページ近くにもなる著作の翻訳出版を快諾して下さった法政大学出版局前編集代表の稲義人氏、それに原稿の提出が予定より大幅に遅れたにもかかわらず、最後まで辛抱強く面倒をみて下さった担当の平川俊彦氏お二人のご好意も、訳者にとっては終生忘れ得ぬものとなった。

心より感謝したい。

二〇〇一年二月二七日

鈴木邦夫

380. C. Pavone, *Amministrazione centrale e amministrazione periferica da Rattazzi a Ricasoli (1859–1866)*, Milan, 1964.
381. A. Porro, *Il prefetto e l'amministrazione periferica in Italia. Dall'intendente subalpino al prefetto italiano (1842–1871)*, Milan, 1972.
382. E. Ragionieri, *Politica e amministrazione nella storia dell'Italia unita*, Bari, 1967.
383. *Problemi dell'Unità d'Italia. Atti del II Convegno Gramsci*, Rome, 1962.
384. G. Are, *Il problema dello sviluppo industriale nell'età della Destra*, Pisa, 1965.
385. L. Cafagna, 'Industrialismo e politica economica dopo l'unità d'Italia', *Annali dell'Istituto Giangiacomo Feltrinelli*, V, 1962.
386. L. Cafagna, 'The industrial revolution in Italy, 1830–1914', in C. Cipolla (ed.), *The Fontana Economic History of Europe*, IV, 1971.
387. A. Caracciolo (ed.), *La formazione dell'Italia industriale*, Bari, 1971.
388. A. Caracciolo, *Roma capitale. Dal Risorgimento alla crisi dello stato liberale*, Rome, 1956.
389. J. W. Cole and E. R. Wolf, *The hidden frontier. Ecology and ethnicity in an Alpine valley*, New York-London, 1974.
390. J. Davies, *Land and family in Pisticci*, London, 1973.
391. S. Silverman, *Three bells of civilization. The life of an Italian hill town*, New York, 1975.
392. G. Delille, *Agricoltura e demografia nel regno di Napoli nei secoli XVIII e XIX*, Naples, 1977.
393. J. C. Schneider, 'Patrons and clients in the Italian political system', unpublished Ph.D. thesis, Michigan, 1965.

［邦訳一覧］

33　F. ヴェントゥーリ／加藤喜代志・水田洋訳『啓蒙のユートピアと改革——1969年トレヴェリアン講義』（みすず書房，1981）
112　アントニオ・グラムシ／山崎功監修『グラムシ選集』全６巻（合同出版，1965）
アントニオ・グラムシ／石堂清倫訳『グラムシ獄中ノート』（三一書房，1978）
アントニオ・グラムシ／グラムシ研究所校訂，V. ジェルラターナ編／獄中ノート翻訳委員会訳『グラムシ獄中ノート』（大月書店，1981）
288　ロザリオ・ロメーオ／柴野均訳『カヴールとその時代』（白水社，1992）

350. G. Giarrizzo (ed.), *Le relazioni diplomatiche fra la Gran Bretagna e il Regno di Sardegna. 1848–1860*, III ser., vol. 7, Rome, 1962.
351. N. Bianchi, *Storia documentata della diplomazia europea in Italia dall'anno 1814 all'anno 1861*, 8 vols, Turin, 1865–72.
352. F. Bartoccini, *Il Murattismo*, Milan, 1959.
353. P. L. Spaggiari, *Il Ducato di Parma e l'Europa 1854–59*, Parma, 1957.
354. R. Grew, *A sterner plan for Italian unity. The Italian National Society in the Risorgimento*, Princeton, 1963.
355. B. E. Maineri (ed.), *D. Manin e G. Pallavicino. Epistolario politico, 1855–1857*, Milan, 1878.
356. G. G. Pallavicino Trivulzio, *Memorie*, 3 vols, Turin, 1882–95.
357. R. Grew, 'La Società Nazionale in Toscana', *Rassegna Storica Toscana*, II, 1956.
358. B. Ricasoli, *Lettere e documenti*, 11 vols, Florence, 1887–96.
359. W. K. Hancock, *Ricasoli and the Risorgimento in Italy*, London, 1926.
360. R. Ciampini, *Il '59 in Toscana*, Florence, 1958.
361. R. Ciampini, *I toscani del '59*, Rome, 1959.
362. D. Mack Smith, *Cavour and Garibaldi 1860: A study in political conflict*, Cambridge, 1954.
363. D. E. D. Beales, *England and Italy 1859–60*, London, 1961.
364. *Il Carteggio Cavour-Nigra dal 1858 al 1861*, 4 vols, Bologna, 1926–9.
365. C. Cavour, *La liberazione del Mezzogiorno e la formazione del Regno d'Italia, Carteggi*, 5 vols, Bologna, 1949–54.
366. G. Massari, *Diario dalle cento voci, 1858–1860*, Bologna, 1959.
367. F. Crispi, *I Mille*, Milan, 1927.
368. M. Monnier, *Garibaldi. Histoire de la conquête des deux Siciles*, Paris, 1861.
369. D. Mack Smith, *Garibaldi*, London, 1957.
370. R. Villari, *Problemi dell'economia napoletana alla vigilia dell'unificazione*, Naples, 1959.
371. T. Pedio, 'La borghesia lucana nei moti insurrezionali del 1860', *Archivio Storico per le Province Napoletane*, XL, 1960.
372. D. Demarco, 'L'economia degli Stati italiani prima dell'unità', *Rassegna Storica del Risorgimento*, XLIV, 1957.

エピローグ

373. D. Mack Smith, *Italy. A modern history*, Ann Arbor, 1959.
374. C. Seton Watson, *Italy from liberalism to fascism*, London, 1967.
375. R. Grew, 'How success spoiled the Risorgimento', *Journal of Modern History*, XXXIV, 1962.
376. N. Blakiston, *The Roman question. Extracts from the despatches of Odo Russell from Rome 1858–1870*, London, 1962.
377. F. Chabod, *Storia della politica estera italiana*, I, *Le premesse*, Bari, 1951.
378. E. Ragionieri, *Un comune socialista. Sesto Fiorentino*, Rome, 1953.
379. A. Caracciolo, *Stato e società civile. Problemi dell'unificazione italiana*, Turin, 1960.

321. N. Badaloni, 'Premesse del '48 livornese', in *Problemi dell'Unità d'Italia. Atti del II convegno Gramsci*, Rome, 1962.
322. L. C. Farini, *Lo Stato Romano dall'anno 1815 al 1850*, 4 vols, Florence, 1853.
323. L. C. Farini, *Epistolario*, 4 vols, Bologna, 1911–35.
324. C. Pisacane, *Guerra combattuta in Italia negli anni 1848–49*, Genoa, 1851.
325. M. Minghetti, *I miei ricordi*, 3 vols, Turin, 1888–90.
326. D. Demarco, *Pio IX e la rivoluzione romana del 1848*, Modena, 1947.
327. D. Demarco, *Una rivoluzione sociale. La repubblica romana del 1849*, Naples, 1948.
328. *Il 1848 nell'Italia meridionale*, Naples, 1950.
329. Camera dei Deputati (ed.), *Le Assemblee del Risorgimento. Sicilia*, 4 vols, Rome, 1911.
330. A. Aquarone, M. D'Addio and G. Negri (eds), *Le costituzioni italiane*, Milan, 1958.
331. D. Bertoni Jovine (ed.), *I periodici popolari del Risorgimento*, 2 vols, Milan, 1959.

一八四九—六一年

332. A. J. P. Taylor, *The struggle for the mastery in Europe 1848–1918*, Oxford, 1954.
333. F. Valsecchi, *Il Risorgimento e l'Europa. L'alleanza di Crimea*, Florence, 1968.
334. E. Di Nolfo, *Europa e Italia nel 1855–56*, Rome, 1967.
335. G. Guttièrez, *Il capitano Decristoforis*, Milan, 1860.
336. S. Guglielmetti, 'Giuseppe Mazzini e i suoi seguaci di Roma dal luglio 1849 alla fine del 1853', *Rassegna Storica del Risorgimento*, XVI, 1929.
337. C. Pisacane, *La Rivoluzione*, Turin, 1970.
338. G. Manacorda, 'Sulle origini del movimento operaio in Italia', *Società*, III, 1947.
339. M. D'Azeglio, *Scritti e discorsi politici*, 3 vols, Florence, 1933–7.
340. G. Faldella (ed.), *M. D'Azeglio e D. Pantaleoni. Carteggio inedito*, Turin, 1888.
341. C. D'Azeglio, *Souvenirs historiques*, Turin, 1884.
342. M. Castelli, *Carteggio politico*, 2 vols, Rome-Turin-Naples, 1890–1.
343. M. Castelli, *Il conte di Cavour*, Turin, 1886.
344. A. Omodeo, *L'opera politica del conte di Cavour. Parte I (1848–1857)*, 2 vols, Florence, 1941.
345. R. E. Cameron, 'French finance and Italian unity. The Cavourian decade', *American Historical Review*, LXII, 1956–7.
346. D. Mack Smith, *Victor Emanuel, Cavour and the Risorgimento*, London, 1971.
347. D. Mack Smith, *Vittorio Emanuele II*, Bari, 1972.
348. P. Pirri (ed.), *Pio IX e Vittorio Emanuele II dal loro carteggio privato*, 3 vols, Rome, 1944–51.
349. A. Colombo, *Gli albori del regno di Vittorio Emanuele II*, Rome, 1937.

296. A. Omodeo, *Vincenzo Gioberti e la sua evoluzione politica*, Turin, 1941.
297. A. Anzilotti, *Gioberti*, Florence, 1922.

一八四八—四九年の諸革命

298. *Correspondence respecting the affairs of Italy 1846–47, presented to both Houses of Parliament*, London, 1849.
299. A. J. P. Taylor, *The Italian problem in European diplomacy, 1847–1849*, Manchester, 1934.
300. R. Moscati, *La diplomazia e il problema italiano nel 1848*, Florence, 1947.
301. D. Cantimori, 'Italy in 1848', in F. Fejtö (ed.), *The opening of an era: 1848*, London, 1948.
302. A. Codignola, *Dagli albori della libertà al proclama di Moncalieri. Lettere del conte Ilarione Petitti di Roreto a Michele Erede dal marzo 1846 all'aprile 1850*, Turin, 1931.
303. M. D'Azeglio, *I miei ricordi*, Turin, 1971.
304. C. Pischedda, C. Baudi di Vesme and G. Quazza (eds), *La diplomazia del Regno di Sardegna durante la prima guerra d'independenza*, 3 vols, Turin, 1949–52.
305. A. Malvezzi (ed.), *Diario politico di Margherita Provana di Collegno*, Milan, 1926.
306. E. Grendi, 'Genova nel Quarantotto. Saggio di storia sociale', *Nuova Rivista Storica*, XLVIII, 1964.
307. *Archivio Triennale delle cose d'Italia*, 3 vols, Capolago-Chieri, 1850–5.
308. V. Ferrari (ed.), *Carteggio Casati-Castagnetto: 19 marzo-14 ottobre 1848*, Milan, 1909.
309. M. Cessi Drudi, R. Cessi, and G. Gambarin (eds), *La Repubblica di Venezia nel 1848–49. Documenti diplomatici*, 4 vols, Padua, 1949–54.
310. G. Renier, *La cronaca di Mestre degli anni 1848–49*, Treviso, 1896.
311. P. Ginsborg, *Daniel Manin and the Venetian revolution of 1848–49*, Cambridge, 1979.
312. P. Ginsborg, 'Peasants and revolutionaries in Venice and the Veneto, 1848', *Historical Journal*, XVII, 1974.
313. A. Bernadello, 'La paura del comunismo e dei tumulti popolari a Venezia e nelle provincie venete nel 1848–49', *Nuova Rivista Storica*, LIV, 1970.
314. G. Capponi, *Scritti editi ed inediti*, 2 vols, Florence, 1877.
315. G. Montanelli, *Introduzione ad alcuni appunti storici sulla rivoluzione d'Italia*, Turin, 1945.
316. G. Montanelli, *Nel processo politico contro il ministero democratico toscano. Schiarimenti*, Florence, 1852.
317. G. Montanelli, *Memorie sull'Italia e specialmente sulla Toscana dal 1814 al 1850*, 2 vols, Turin, 1853.
318. F. D. Guerrazzi, *Apologia della vita politica, scritta da lui medesimo*, Florence, 1852.
319. G. Andriani, 'Socialismo e comunismo in Toscana tra il 1846 e il 1849', *Nuova Rivista Storica*, V, 1921.
320. C. Ronchi, *I democratici fiorentini nella rivoluzione del '48–'49*, Florence, 1963.

268. G. Ferrari, *La Federazione repubblicana*, London (but Lugano), 1851.
269. G. Ferrari, *L'Italia dopo il colpo di stato del 2 dicembre 1851*, Capolago, 1852.
270. S. Rota Ghibaudi, *Giuseppe Ferrari. L'evoluzione del suo pensiero (1838–1860)*, Florence, 1969.
271. F. Della Peruta, *I democratici e la rivoluzione italiana*, Milan, 1958.

穏和派

272. C. Balbo, *Delle speranze d'Italia*, Capolago, 1844.
273. C. Balbo, *Pensieri sulla storia d'Italia*, Florence, 1858.
274. G. Prato, *Giacomo Giovanetti ed il protezionismo agrario nel Piemonte di Carlo Alberto*, Turin, 1919.
275. C. I. Petitti di Roreto, *Opere scelte*, 2 vols, Turin, 1969.
276. C. Correnti, *L'Austria e la Lombardia*, Italia [sic], 1847.
277. F. Ferrara, *Opere complete*, 8 vols, Rome, 1970.
278. R. Ciasca, *Le origini del programma per l'opinione nazionale italiana del 1847–48*, Milan-Rome-Naples, 1916.
279. F. Sirugo, 'Intorno alla relazione tra cultura economica e pensiero civile del Risorgimento. L'opera di preparazione nel Settecento', *Annali dell'Istituto Giangiacomo Feltrinelli*, II, 1959.
280. G. Mori, 'Osservazioni sul libero-scambismo dei moderati nel Risorgimento', *Problemi dell'Unità d'Italia. Atti del II convegno Gramsci*, Rome, 1962.

カヴール

281. C. Cavour, *Epistolario*, vol. 1, *1815–1840*, Bologna, 1962.
282. D. Berti (ed.), *Diario inedito con note autobiografiche del Conte di Cavour*, Rome-Voghera, 1888.
283. C. Cavour, *Scritti di economia 1835–1850*, Milan, 1962.
284. C. Cavour, *Lettere edite ed inedite*, 6 vols, Turin, 1883–7.
285. C. Cavour, *Nouvelles lettres inédites*, Rome-Turin-Naples, 1889.
286. C. Cavour, *Discorsi parlamentari*, 11 vols, Florence, 1863–72.
287. C. Cavour, *Scritti politici*, Rome, 1930.
288. R. Romeo, *Cavour e il suo tempo*, 2 vols, Laterza, 1969–77.
289. F. Ruffini, *La giovinezza di Cavour*, 2 vols, Turin, 1937.
290. F. Sirugo, 'L'Europa delle riforme. Cavour e lo sviluppo economico del suo tempo (1830–1850)', in Cavour, 283.
291. G. Prato, *Fatti e dottrine economiche alla vigilia del 1848. L'Associazione Agraria Subalpina e Camillo Cavour*, Turin, 1921.

ジョベルティ

292. V. Gioberti, *Del primato morale e civile degli italiani*, 2 vols, Brussels, 1843.
293. V. Gioberti, *Epistolario*, 8 vols, 1927–36.
294. V. Gioberti, *Prolegomeni del primato civile e morale degli italiani*, 2 vols, Turin, 1926.
295. V. Gioberti, *Del rinnovamento civile d'Italia*, 2 vols, Paris-Turin, 1851.

242. F. Della Peruta, 'Le campagne lombarde nel Risorgimento', in F. Della Peruta, *Democrazia e socialismo nel Risorgimento*, Rome, 1965.
243. F. Della Peruta, 'Per la storia della società lombarda nell'età del Risorgimento', *Studi Storici*, XVI, 1975.
244. K. R. Greenfield, 'Commerce and new enterprise at Venice, 1830–48', *Journal of Modern History*, XI, 1939.
245. M. Berengo, *L'agricoltura veneta dalla caduta della Repubblica all'Unità*, Milan, 1963.
246. A. Zuccagni Orlandini, *Atlante geografico fisico e storico del Granducato di Toscana*, Florence, 1832.
247. L. Bortolotti, *Livorno dal 1748 al 1958*, Florence, 1970.
248. L. Dal Pane, *Industria e commercio nel Granducato di Toscana nell'età del Risorgimento*, Bologna, 1971.
249. C. Pazzagli, *L'agricoltura toscana nella prima metà dell'800*, Florence, 1973.
250. G. Biagioli, 'Vicende dell'agricoltura nel Granducato di Toscana nel secolo XIX: le fattorie di Bettino Ricasoli', in *Agricoltura e sviluppo del capitalismo*, Rome, 1970.
251. M. Mirri, 'Mercato regionale e internazionale e mercato nazionale capitalistico come condizione dell'evoluzione interna della mezzadria in Toscana', in *Agricoltura e sviluppo del capitalismo*, Rome, 1970.
252. L. Dal Pane, *Economia e società a Bologna nell'età del Risorgimento*, Bologna, 1969.
253. S. De Renzi, *Sullo stato della medicina nell'Italia meridionale, e sui mezzi per migliorarlo*, Naples, 1842.
254. S. De Renzi, *Topografia e statistica medica della città di Napoli*, Naples, 1845.
255. S. De Renzi, *Intorno al colera di Napoli dell'anno 1854*, Naples, 1854.
256. C. Petraccone, *Napoli dal '500 all'800*, Naples, 1974.

マッツィーニと民主派

257. G. Mazzini, *Scritti editi ed inediti*, 98 vols, Imola, 1906–40.
258. F. Della Peruta (ed.), *Giuseppe Mazzini e i democratici*, Milan-Naples, 1969.
259. F. Della Peruta, *Democrazia e socialismo nel Risorgimento*, Rome, 1965.
260. F. Della Peruta, *Mazzini e i rivoluzionari italiani. Il Partito d'Azione, 1830–1845*, Milan, 1974.
261. G. Berti, *I democratici e l'iniziativa meridionale nel Risorgimento*, Milan, 1962.

カッターネオ

262. C. Cattaneo, *Opere scelte*, 4 vols, Turin, 1972.
263. C. Cattaneo, *Epistolario*, 4 vols, Florence, 1949–56.
264. C. Cattaneo, *Scritti politici*, 4 vols, Florence, 1964–5.
265. C. Cattaneo, *Scritti politici ed epistolario*, Florence, 1892.
266. N. Bobbio, *Una filosofia militante. Studi su Carlo Cattaneo*, Turin, 1971.
267. R. G. Murray, 'Carlo Cattaneo and his interpretation of the Milanese insurrection of 1848', unpublished Ph.D. thesis, Cambridge, 1963.

211. V. Branca (ed.), *Il Conciliatore*, 3 vols, Florence, 1948–54.
212. M. Gioia, *Del merito e delle ricompense*, 2 vols, Lugano, 1830.
213. R. Ciampini, *Gian Pietro Vieusseux. I suoi viaggi, i suoi giornali*, Turin, 1953.
214. R. Ciampini, *Due campagnoli dell'800: Lambruschini e Ridolfi*, Florence, 1946.
215. E. Morelli, *La politica estera di Tommaso Bernetti segretario di stato di Gregorio XVI*, Rome, 1953.
216. D. Demarco, *Il tramonto dello stato pontificio. Il papato di Gregorio XVI*, Turin, 1949.
217. A. Solmi, *Ciro Menotti e l'idea unitaria nell'insurrezione del 1831*, Modena, 1931.
218. *L'Apporto delle Marche al Risorgimento nazionale. Att idel congresso di storia, 29–30 settembre-2 ottobre 1960*, Ancona, 1961.
219. R. Moscati, *Il Mezzogiorno d'Italia nel Risorgimento*, Messine-Florence, 1953.
220. A. Lepre, *Storia del Mezzogiorno nel Risorgimento*, Rome, 1969.
221. R. Romeo, *Mezzogiorno e Sicilia nel Risorgimento*, Naples, 1963.
222. A. Lepre, *La rivoluzione napoletana del 1820–21*, Rome, 1967.
223. G. Cingari, *Mezzogiorno e Risorgimento. La Restaurazione a Napoli dal 1821 al 1830*, Bari, 1970.
224. A. Lepre, *Contadini, borghesi ed operai nel tramonto del feudalesimo napoletano*, Milan, 1963.
225. R. Romeo, *Il Risorgimento in Sicilia*, Bari, 1950.
226. S. F. Romano, *Momenti del Risorgimento in Sicilia*, Messine-Florence, 1952.

王政復古期のイタリアにおける経済と社会

227. D. Bertolotti, *Descrizione di Torino*, Turin, 1840.
228. G. Stefani and G. Mondo, *Torino e i suoi dintorni*, Turin, 1852.
229. M. Cevasco, *Statistique de la ville de Gênes*, 2 vols, Genoa, 1838–40.
230. A. Fossati, *Pagine di storia economica sabauda (1815–1860)*, Turin, 1940.
231. G. Quazza, *L'industria laniera e cotoniera in Piemonte dal 1831 al 1861*, Turin, 1961.
232. *Otto giorni a Milano, ossia guida pel forestiere*, Milan, 1838.
233. A. Cossa, *Della condizione di Milano dall'anno 1796 al 1840*, Milan, 1840.
234. *Atti della sesta riunione degli scienziati italiani convocati in Milano nel settembre 1844*, Milan, 1844.
235. *Topografia storica di Milano*, 3 vols, Milan, 1846.
236. A. Gaspari, *Statistica della regia città di Milano*, Milan, 1854.
237. C. Cattaneo, *Notizie naturali e civili su la Lombardia*, Milan, 1844.
238. S. Jacini, *La proprietà fondiaria e le popolazioni agricole in Lombardia*, Milan, 1854.
239. G. De Finetti, *Milano. Costruzione di una città*, Milan, 1969.
240. K. R. Greenfield, *Economics and liberalism in the Risorgimento*, Baltimore, 1934.
241. L. Cafagna, 'La "rivoluzione agraria" in Lombardia', *Annali dell'Istituto Giangiacomo Feltrinelli*, II, 1959.

181. J. Rambaud, *Naples sous Joseph Bonaparte 1806–1808*, Paris, 1911.
182. V. Ricchioni, *La statistica del Reame di Napoli nel 1811. Relazioni sulla Puglia*, Trani, 1942.
183. P. Villani, *La vendita dei beni dello stato nel Regno di Napoli (1806–1815)*, Milan, 1963.
184. U. Caldora, *Calabria napoleonica (1806–1815)*, Naples, 1960.
185. A. Valente, *Gioacchino Murat e l'Italia meridionale*, Turin, 1965.
186. R. J. Rath, *The fall of the Napoleonic Kingdom of Italy, 1814*, New York, 1941.
187. L. Mercuri and C. Tuzzi, *Canti politici italiani 1793–1945*, 2 vols, Rome, 1962.

王政復古期のイタリア

188. E. Hobsbawm, *The age of revolution 1789–1848*, London, 1964.
189. C. K. Webster, *The Congress of Vienna 1814–1815*, London 1919.
190. A. Reinermann, 'Metternich, Italy and the Congress of Verona, 1821–1822', *Historical Journal*, XIV, 1971.
191. F. H. Hinsley, *Power and the pursuit of peace*, Cambridge, 1963.
192. C. A. Macartney, *The Habsburg Empire 1790–1918*, London, 1969.
193. A. Omodeo, *Studi sull'età della Restaurazione*, Turin, 1970.
194. R. J. Rath, 'The Carbonary: their origins, initiation rites and aims', *American Historical Review*, LXIX, 1964.
195. J. M. Roberts, *The mythology of the secret societies*, London, 1972.
196. R. Soriga, *Le società segrete, l'emigrazione politica e i primi moti per l'indipendenza italiana*, Modena, 1942.
197. G. Spini, *Mito e realtà della Spagna nelle rivoluzioni italiane del 1820–21*, Rome, 1950.
198. A. Galante Garrone, 'L'emigrazione politica italiana del Risorgimento', *Rassegna Storica del Risorgimento*, XLI, 1954.
199. R. Romeo, *Dal Piemonte sabaudo all'Italia liberale*, Turin, 1963.
200. A. Aquarone, 'La politica legislativa della restaurazione nel regno di Sardegna', *Bollettino Storico-Bibliografico Subalpino*, LVII, 1959.
201. S. Santarosa, *La Rivoluzione piemontese del 1821*, Turin, 1920.
202. C. Torta, *La Rivoluzione piemontese nel 1821*, Rome-Milan, 1908.
203. T. Rossi and C. Demagistris (eds), *La Rivoluzione piemontese dell'anno 1821*, 2 vols, Turin, 1927.
204. F. Lemmi, *Carlo Felice (1755–1931)*, Turin, 1931.
205. E. Passerin d'Entrèves, *La giovinezza di Cesare Balbo*, Florence, 1940.
206. A. Omodeo, *La leggenda di Carlo Alberto nella recente storiografia*, Turin, 1940.
207. N. Rodolico, *Carlo Alberto negli anni di regno, 1831–43*, Florence, 1943.
208. N. Rodolico, *Carlo Alberto negli anni 1843–49*, Florence, 1943.
209. R. J. Rath, *The provisional Austrian regime in Lombardy-Venetia, 1814–15*, Austin, 1969.
210. A. Sandonà, *Il Regno Lombardo-Veneto. La costituzione e l'amministrazione (1814–59)*, Milan, 1912.

157. V. Cuoco, *Saggio storico sulla rivoluzione napoletana del 1799*, Milan, 1800.
158. B. Croce, *La rivoluzione napoletana del 1799*, Bari, 1948.
159. G. Cingari, *Giacobini e sanfedisti in Calabria nel 1799*, Messina-Florence, 1957.
160. G. Turi, '*Viva Maria*'. *La reazione alle riforme leopoldine (1790–1799)*, Florence, 1969.
161. B. Peroni, ' "Le cri de l'Italie" 1799', *Quaderni della Rivista Storica Italiana*, 1953.

ナポレオン体制下のイタリア

162. C. Zaghi, *Napoleone e l'Italia*, Naples, 1966.
163. W. Maturi, *Interpretazioni del Risorgimento*, Turin, 1962.
164. G. Bourgin and J. Godechot, *L'Italie et Napoléon (1796–1814)*, Paris, 1936.
165. F. Melzi d'Eril, *I carteggi di Francesco Melzi, duca di Lodi*, 8 vols, Milan, 1958–65.
166. A. Pingaud, *La domination française dans l'Italie du Nord (1796–1805). Bonaparte président de la République Italienne*, 2 vols, Paris, 1914.
167. A. Pingaud, *Les hommes d'état de la République Italienne 1802–1805*, Paris, 1914.
168. M. Roberti, *Milano capitale napoleonica. La formazione di uno stato moderno 1796–1814*, 3 vols, Milan, 1946–7.
169. R. Zangheri, *La proprietà terriera e le origini del Risorgimento nel Bolognese*, I, *1789–1804*, Bologna, 1961.
170. M. Romani, 'L'economia milanese nell'età napoleonica', in *Storia di Milano*, Vol. XIII, *L'età napoleonica (1796–1814)*, Milan, 1959.
171. R. Monteleone, *L'economia agraria del Trentino nel periodo italico (1810–1813)*, Modena, 1964.
172. E. Sestan (ed.), *Opere di Giandomenico Romagnosi Carlo Cattaneo Giuseppe Ferrari*, Milan-Naples, 1957.
173. E. Federigo, 'Lettere', in *Nozze Folco-Clementi*, Vicenza, 1884.
174. R. Davico, 'Démographie et économie. Ville et campagne en Piémont à l'époque française', *Annales de Démographie Historique*, IV, 1968.
175. J. Borel, *Gênes sous Napoléon*, Paris, 1929.
176. B. Farolfi, *Strumenti e pratiche agrarie in Toscana dall'età napoleonica all'unità*, Milan, 1969.
177. G. Catoni, *Archivi del Governo francese nel dipartimento dell'Ombrone*, Rome, 1971.
178. S. J. Woolf, 'The treatment of the poor in Napoleonic Tuscany 1808–1814', *Annuario dell'Istituto Storico Italiano per l'Età Moderna e Contemporanea*, XXIII-XXIV, 1971–2.
179. G. Orlandi, *Le campagne modenesi fra rivoluzione e restaurazione (1790–1815)*, Modena, 1967.
180. R. Paci, *L'ascesa della borghesia nella Legazione di Urbino dalle riforme alla restaurazione*, Milan, 1966.

129. M. Gioia, *Apologia al quadro politico di Milano*, Milan, 1798.
130. D. Cantimori, *Utopisti e riformatori italiani*, Florence, 1943.
131. A. Saitta, *Filippo Buonarroti*, 2 vols, Rome, 1950.
132. A. Saitta, 'La questione del "giacobinismo" italiano', *Critica Storica*, IV, 1965.
133. A. Galante Garrone, *Buonarroti e Babeuf*, Turin, 1948.
134. G. Romano-Catania, *Filippo Buonarroti*, Palermo, 1902.
135. C. Francovich, *Albori socialisti nel Risorgimento. Contributo allo studio delle società segrete (1776–1835)*, Florence, 1962.
136. J. Godechot, 'Le babouvisme et l'unité italienne, 1796–1799', *Revue des Etudes Italiennes*, 1938.
137. J. Godechot, 'Les jacobins italiens et Robespierre', *Annales Historiques de la Révolution Française*, XXX, 1958.
138. J. Godechot, *Les commissaires aux armées sous le Directoire*, 2 vols, Paris, 1937–41.
139. J. Godechot, *La grande nation. L'expansion révolutionnaire de la France dans le monde. 1789–1799*, 2 vols, Paris, 1956.
140. J. Godechot, 'I francesi e l'unità italiana sotto il Direttorio', *Rivista Storica Italiana*, LXIX, 1952.
141. C. Zaghi, *La rivoluzione francese e l'Italia*, Naples, 1966.
142. C. Zaghi, *Bonaparte e il Direttorio dopo Campoformio. Il problema italiano nella diplomazia europea, 1797–1798*, Naples, 1956.
143. C. Ghisalberti, *Le costituzioni giacobine del triennio 1797–99*, Milan, 1959.
144. G. Vaccarino, *I patrioti 'anarchistes' e l'idea dell'unità italiana (1796–1799)*, Turin, 1955.
145. C. Montalcini and A. Alberti (eds), *Assemblee della Repubblica Cisalpina*, 11 vols, Bologna, 1917–48.
146. U. Marcelli, *La vendita dei beni nazionali nella Repubblica Cisalpina*, Bologna, 1967.
147. U. Marcelli, *La crisi economica e sociale di Bologna nel 1796*, Bologna, 1953.
148. B. Peroni, 'La passione dell'independenza nella Lombardia occupata dai francesi 1796–1797', *Nuova Rivista Storica*, XV, 1931.
149. B. Peroni, 'La Società Popolare di Milano (1796–99)', *Rivista Storica Italiana*, LXVI, 1954.
150. 'Politica estera del governo provvisorio di Lombardia (1796–1797)', *Annuario del R. Liceo-Ginnasio 'Ugo Foscolo' di Pavia*, 1931–4.
151. S. Romagnoli, 'Melchiorre Cesarotti', in S. Romagnoli (ed.), *Ottocento tra letteratura e storia*, Padua, 1961.
152. R. Soriga, *L'idea nazionale italiana dal secolo XVIII all'unificazione*, Modena, 1941.
153. A. Frugoni, *Breve storia della repubblica bresciana (1797)*, Brescia, 1947.
154. V. E. Giuntella (ed.), *Assemblee della Repubblica Romana (1798–99)*, Bologna, 1954.
155. V. E. Giuntella, 'La giacobina repubblica romana (1798–1799). Aspetti e momenti', *Archivio della Società Romana di Storia Patria*, LXXIII, 1950.
156. R. De Felice, *La vendita dei beni nazionali nella Repubblica Romana del 1798–99*, Rome, 1960.

102. F. Venturi, '1764: Napoli nell'anno della fame', *Rivista Storica Italiana*, LXXXV, 1973.
103. F. Venturi, 'The Enlightenment in southern Italy', in F. Venturi, *Italy and the Enlightenment*, London, 1972.
104. B. Croce, 'Sentenze e giudizi di Bernardo Tanucci', in B. Croce, *Uomini e cose della vecchia Italia*, 2nd series, Bari, 1927.
105. E. Pontieri, *Il riformismo borbonico nella Sicilia del Sette e dell'Ottocento*, Rome, 1945.
106. E. Pontieri, *Il tramonto del baronaggio siciliano*, Florence, 1943.
107. V. Titone, *Economia e politica nella Sicilia del Sette e Ottocento*, Palermo, 1947.
108. B. Croce, 'Il marchese Caracciolo', in B. Croce, *Uomini e cose della vecchia Italia*, 2nd series, Bari, 1927.
109. L. Genuardi, *Terre comuni ed usi civici in Sicilia*, Palermo, 1911.

リソルジメント：概説

110. D. Mack Smith, *The making of Italy, 1796–1870*, London, 1968.
110a. D. Mack Smith, *Il Risorgimento italiano*, Bari, 1968.
111. D. Mack Smith, 'An outline of Risorgimento history, 1840–1870', in D. Mack Smith, *Victor Emanuel, Cavour and the Risorgimento*, Oxford, 1971.
112. A. Gramsci, *Sul Risorgimento*, Rome, 1967, partly transl. in A. Gramsci, *Selections from the prison notebooks*, London, 1971.
113. A. Saitta, *Aspetti e momenti della civiltà europea*, Naples, 1971.
114. C. Morandi, *I partiti politici nella storia d'Italia*, Florence, 1945.
115. C. Morandi, 'Aspetti del Risorgimento come problema politico europeo', in C. Morandi, *Problemi storici italiani ed europei del XVIII e XIX secolo*, Milan, 1937.
116. G. Salvemini, *Scritti sul Risorgimento*, Milan, 1961.
117. A. Omodeo, *Figure e passioni del Risorgimento italiano*, Palermo, 1932.
118. A. Omodeo, *Difesa del Risorgimento*, Turin, 1951.
119. G. Quazza, *La lotta sociale nel Risorgimento*, Turin, 1951.
120. N. Rosselli, *Saggi sul Risorgimento*, Turin, 1946.
121. F. Catalano, R. Moscati and F. Valsecchi, *L'Italia nel Risorgimento dal 1789 al 1870*, Milan, 1964.
122. P. Pieri, *Storia militare del Risorgimento*, Turin, 1962.
123. P. Gobetti, *Risorgimento senza eroi*, Turin, 1926.

フランス革命の時代

124. B. Peroni, 'Gli italiani alla vigilia della dominazione francese 1793–1796', *Nuova Rivista Storica*, XXXV, 1951.
125. B. Peroni, *Fonti per la storia d'Italia dal 1789 al 1815 nell'Archivio Nazionale di Parigi*, Rome, 1936.
126. D. Cantimori (ed.), *Giacobini italiani*, vol. 1, Bari, 1956.
127. D. Cantimori and R. De Felice (eds), *Giacobini italiani*, vol. 2, Bari, 1964.
128. A. Saitta (ed.), *Alle origini del Risorgimento: i testi di un 'celebre' concorso (1796)*, 3 vols, Rome, 1964.

モーデナとパルマ
79. L. Ricci, *Riforma degl'istituti pii della città di Modena*, Modena, 1787.
80. C. Poni, 'Aspetti e problemi dell'agricoltura modenese dall'età delle riforme alla fine della Restaurazione', in *Aspetti e problemi del Risorgimento a Modena*, Modena, 1963.
81. P. L. Spaggiari, *Economia e finanza negli stati parmensi*, Milan-Varese, 1961.

教皇国家
82. L. Dal Pane, *Lo Stato pontificio e il movimento riformatore del Settecento*, Milan, 1959.
83. A. Caracciolo, *Ricerche sul mercante italiano del Settecento*, I, *Fortunato Cervelli*, Milan, 1962.
84. A. Caracciolo, *Ricerche sul mercante italiano del Settecento*, II, *Francesco Trionfi*, Milan, 1962.
85. A. Caracciolo, *Domenico Passionei tra Roma e la repubblica delle lettere*, Rome, 1968.
86. F. Venturi, 'The Enlightenment in the Papal States', in F. Venturi, *Italy and the Enlightenment*, London, 1972.
87. C. Capra, *Giovanni Ristori da illuminista a funzionario 1775–1830*, Florence, 1968.

ナポリとシチリア
88. P. Colletta, *Storia del reame di Napoli*, 3 vols, Naples, 1951–7.
89. L. Marini, 'Il Mezzogiorno d'Italia di fronte a Vienna e a Roma (1707–1734)', *Annali dell'Istituto Storico Italiano per l'Età Moderna e Contemporanea*, V, 1953.
90. R. Ajello, *Il problema della riforma giudiziaria e legislativa nel regno di Napoli durante la prima metà del secolo XVIII*, 2 vols, Naples, 1961–5.
91. C. Grimaldi, *Memorie di un anticurialista del Settecento*, Florence, 1964.
92. G. Ricuperati, *L'esperienza civile e religiosa di Pietro Giannone*, Milan-Naples, 1970.
93. P. Villani, *Mezzogiorno tra riforme e rivoluzione*, Bari, 1962.
94. P. Villani, 'La feudalità dalle riforme all'eversione', *Clio*, 1965.
95. P. Villani, 'Il dibattito sulla feudalità nel regno di Napoli dal Genovesi al Canova', in *Studi e Ricerche sul Settecento*, Naples, 1968.
96. R. Villari, 'Rapporti economico-sociali nelle campagne meridionali', *Quaderni di Cultura e di Storia Sociale*, II, 1953.
97. R. Villari, *Mezzogiorno e contadini nell'età moderna*, Bari, 1961.
98. P. Chorley, *Oil, silk and enlightenment*, Naples, 1965.
99. L. De Rosa, *Studi sugli arrendamenti del regno di Napoli*, Naples, 1958.
100. R. Romano, *Le commerce du royaume de Naples avec la France et les pays de l'Adriatique au XVIIIe siècle*, Paris, 1951.
101. F. Venturi, 'Alle origini dell'illuminismo napoletano. Dal carteggio di Bartolomeo Intieri', *Rivista Storica Italiana*, LXXI, 1959.

57. N. Valeri, *Pietro Verri*, Milan, 1937.
58. S. Romagnoli (ed.), *Il Caffè ossia brevie vari discorsi distribuiti in fogli periodici*, Milan, 1960.
59. F. Valsecchi, *L'Assolutismo illuminato in Austria e Lombardia*, vol. 2, part 1, *La Lombardia. La politica interna*, Bologna, 1934.
60. F. Venturi, 'La corrispondenza letteraria di Auguste de Keralio e Paolo Frisi', in H. Friedrich and F. Schalk (eds), *Europäische Aufklärung. Festschrift für Herbert Dickmann*, Munich, 1966.
61. B. Peroni, 'La politica scolastica dei principi riformatori in Italia', *Nuova Rivista Storica*, XII, 1928.
62. C. Vivanti, *Le Campagne mantovane nell'età delle riforme*, Milan, 1959.

ヴェネツィア

63. M. Berengo, *La Società veneta alla fine del Settecento*, Florence, 1956.

トスカーナ

64. A. Anzilotti, *Movimenti e contrasti per l'unità italiana*, Milan, 1964.
65. N. Carranza, 'L'università di Pisa e la formazione culturale del ceto dirigente toscano del Settecento', *Bollettino Storico Pisano*, XXIII–XXV, 1964–6.
66. L. Dal Pane, *La Questione del commercio dei grani nel Settecento in Italia*, vol. 1, *Parte generale. Toscana*, Milan, 1932.
67. M. Mirri, 'Considerazioni su "moderni" e "illuministi" ', *Critica Storica*, II, 1963.
68. M. Mirri, 'Ancora qualche idea su "moderni" e "illuministi" ', *Critica Storica*, VII, 1968.
69. M. Mirri, 'Per una ricerca sui rapporti tra "economisti" e riformatori toscani. L'abate Niccoli a Parigi', *Annali dell'Istituto Giangiacomo Feltrinelli*, II, 1959.
70. M. Mirri, *La lotta politica in Toscana intorno alle 'riforme annonarie' (1764–1775)*, Pisa, 1972.
71. M. Mirri, 'Proprietari e contadini toscani nelle riforme leopoldine', *Movimento Operaio*, VII, 1955.
72. F. Diaz, *Francesco Maria Gianni. Dalla burocrazia alla politica sotto Pietro Leopoldo di Toscana*, Milan-Naples, 1966.
73. F. Diaz, 'La "philosophie" ed il riformismo leopoldino', *Rassegna Storica Toscana*, XI, 1965.
74. M. Rosa, 'Intervento' to Diaz, 73, *Rassegna Storica Toscana*, XI, 1965.
75. M. Rosa, 'Giurisdizionalismo e riforma religiosa nella politica ecclesiastica leopoldina', *Rassegna Storica Toscana*, XI, 1965.
76. E. Codignola, *Il giansenismo toscano nel carteggio di Fabio de' Vecchi*, 2 vols, Florence, 1944.
77. E. Passerin d'Entrèves, 'L'istituzione dei patrimoni ecclesiastici e il dissidio tra il vescovo Scipione de' Ricci e i funzionari leopoldini (1785–1789)', *Rassegna Storica Toscana*, I, 1955.
78. E. Cochrane, *Florence in the forgotten centuries (1527–1800)*, Chicago, 1973.

39. E. Passerin d'Entrèves, 'La politica dei giansenisti in Italia nell'ultimo Settecento', *Quaderni di Cultura e Storia Sociale*, I–III, 1952–4.

十八世紀のイタリア諸邦

ピエモンテとサルデーニャ王国

40. G. Quazza, *Le riforme in Piemonte nella prima metà del Settecento*, Modena, 1957.
41. S. Pugliese, *Due secoli di vita agricola, produzione e valore dei terreni, contratti agrari, salari e prezzi nel Vercellese nei secoli XVIII e XIX*, Turin, 1908.
42. G. Prato, *La vita economica in Piemonte a metà del secolo XVIII*, Turin, 1908.
43. G. Prato, 'L'evoluzione agricola nel secolo XVIII e le cause economiche dei moti del 1792–98 in Piemonte', *Memorie della R. Accademia delle Scienze di Torino*, LX, 1910.
44. F. Venturi, *Dalmazzo Francesco Vasco (1732–1794)*, Paris, 1940.
45. G. Levi, 'La seta e l'economia piemontese del Settecento. A proposito di un saggio inedito di Dalmazzo Francesco Vasco', *Rivista Storica Italiana*, LXXIX, 1967.
46. L. Bulferetti (ed.), *Il riformismo settecentesco in Sardegna*, Cagliari, 1966.

ジェノヴァとコルシカ

47. G. Doria, *Uomini e terre di un borgo collinare dal XVI al XVIII secolo*, Milan, 1968.
48. G. Levi, 'Famiglie contadine nella Liguria del Settecento', *Miscellanea Storica Ligure*, V, 1974.
49. P. Nurra (ed.), 'Girolamo Serra: Memorie per la storia di Genova, dagli ultimi anni del secolo XVIII alla fine dell'anno 1814', *Atti della Società Ligure di Storia Patria*, LVIII, 1930.
50. W. Maturi, 'La Corsica nel carteggio del Tanucci, del Galiani e del Caracciolo (1763–4 e 1768–9)', *Archivio Storico di Corsica*, III, 1927.

ロンバルディーア

51. S. Pugliese, 'Condizioni economiche e finanziarie della Lombardia nella prima metà del secolo XVIII', *Miscellanea di Storia Italiana*, XXI, 1924.
52. M. Romani, *L'agricoltura in Lombardia dal periodo delle riforme al 1859*, Milan, 1957.
53. B. Caizzi, *Il Comasco sotto il dominio austriaco fino alla redazione del catasto teresiano*, Como, 1955.
54. B. Caizzi, *Industria, commercio e banca in Lombardia nel XVIII secolo*, Milan, 1968.
55. M. Romani, 'Gian Luca Pallavicini e le riforme economiche nello stato di Milano', *Annali dell'Università Cattolica del Sacro Cuore*, 1957–9.
56. J. M. Roberts, 'Lombardy', in A. Goodwin (ed.), *The European nobility in the eighteenth century*, London, 1953.

14. F. McArdle, *Altopascio. A study in Tuscan rural society, 1587–1784*, Cambridge, 1978.
15. G. Delille, *Croissance d'une société rurale. Montesarchio et la Vallée Caudine au XVIIe et XVIIIe siècles*, Naples, 1973.
16. L. Del Panta and M. Livi-Bacci, 'Chronologie, intensité et diffusion des crises de mortalité en Italie: 1600–1850', *Population*, XXXII, 1977.

十八世紀のイタリア：概説

17. G. Quazza, *Il problema italiano e l'equilibrio europeo 1720–1738*, Turin, 1965.
18. A. Battistella, 'La guerra di successione polacca in Italia desunta da lettere private del tempo', *Atti del R. Istituto Veneto di Scienze Lettere ed Arti*, LXXIV, 1914–15.
19. F. Valsecchi, *L'Italia nel Settecento dal 1714 al 1788*, Milan, 1959.
20. C. Tivaroni, *L'Italia prima della rivoluzione*, Turin, 1888.
21. F. Borlandi, 'Italia e Mediterraneo nel secolo XVIII', *Annali della Facoltà di Scienze Politiche dell'Università di Pavia*, 1932.
22. A. Annoni, *L'Europa nel pensiero italiano del Settecento*, Milan, 1959.
23. L. Dal Pane, *Il tramonto delle corporazioni in Italia (secoli XVIII e XIX)*, Milan, 1940.
24. L. Dal Pane, *Storia del lavoro in Italia (dal sec. XVIII al 1815)*, Milan, 1944.
25. P. Villani, 'Il capitalismo agrario in Italia (secoli XVII–XIX)', in P. Villani, *Feudalità, riforme, capitalismo agrario*, Bari, 1968.
26. L. A. Muratori, *Annali d'Italia dal principio dell'era volgare sino all'anno 1749*, 12 tomes, Milan, 1744–9.
27. F. Venturi (ed.), *Illuministi italiani*, t.3: *Riformatori lombardi piemontesi e toscani*, Milan-Naples, 1958.
28. F. Venturi (ed.), *Illuministi italiani*, t.5: *Riformatori napoletani*, Milan-Naples, 1962.
29. G. Giarrizzo, G. F. Torcellan and F. Venturi (eds), *Illuministi italiani*, t.7: *Riformatori delle antiche repubbliche, dei ducati, dello stato pontificio e delle isole*, Milan-Naples, 1965.
30. F. Venturi, *Settecento riformatore. I. Da Muratori a Beccaria*, Turin, 1969.
31. F. Venturi, *Settecento riformatore. II. La chiesa e la repubblica dentro i loro limiti*, Turin, 1976.
32. F. Venturi, *Italy and the Enlightenment*, London, 1972.
33. F. Venturi, *Utopia and reform in the Enlightenment*, Cambridge, 1971.
34. F. Venturi, 'La circolazione delle idee', *Rassegna Storica del Risorgimento*, XLI, 1954.
35. F. Venturi, 'Illuminismo italiano e illuminismo europeo', in M. Fubini (ed.), *La cultura illuministica in Italia*, Turin, 1957.
36. E. Garin, *Storia della filosofia italiana*, 3 vols, Turin, 1966.
37. C. Morandi, 'Il problema delle riforme nei risultati della recente storiografia', in C. Morandi, *Problemi storici italiani ed europei del XVIII e XIX secolo*, Milan, 1937.
38. E. Codignola, *Illuministi, giansenisti e giacobini nell'Italia del Settecento*, Florence, 1947.

参 考 文 献

以下に掲げた参考文献は，文字通りの抜粋にすぎない．これらの著作および論文は，私が直接利用したものか，あるいは読者諸氏があるテーマについての理解を深めようとする際に役立つと思われるもののどちらかである．さらに，本文の引用部分については，その著者名の後に記された番号が，以下の参考文献に対応している．また，これらは，広範なテーマや時期に従っていくつかのセクションに区分されている．なお，複数の時期に関連する参考文献の場合は，通常一番早い時期のセクションに記載されている．

参考文献を含む概説・通史

1. G. Candeloro, *Storia dell'Italia moderna*, 6 vols, Milan, 1956–70.
2. *Storia d'Italia Einaudi*, 6 vols, Turin, 1972–6.
3. C. Spellanzon and E. Di Nolfo, *Storia del Risorgimento e dell'Unità d'Italia*, 8 vols, Milan, 1936–65.
4. N. Valeri (ed.), *Storia d'Italia*, 5 vols, Turin, 1959–60.

十八世紀以前およびイタリア史の長期間の傾向に関わるもの

5. P. J. Jones, 'Per la storia agraria italiana nel medio evo: lineamenti e problemi', *Rivista Storica Italiana*, LXXVI, 1964.
6. R. Romano, *Tra due crisi: l'Italia del Rinascimento*, Turin, 1971.
7. G. Quazza, *La decadenza italiana nella storia europea*, Turin, 1971.
8. G. Giorgetti, *Contadini e proprietari nell'Italia moderna*, Turin, 1974.
9. R. Zangheri, *Agricoltura e contadini nella storia d'Italia*, Turin, 1977.
10. E. Sereni, *Storia del paesaggio agrario italiano*, Bari, 1962.
11. G. Chittolini, 'Un problema aperto. La crisi della proprietà ecclesiastica fra Quattrocento e Cinquecento', *Rivista Storica Italiana*, LXXXV, 1973.
12. P. J. Jones, 'Communes and despots: the city-state in late medieval Italy', *Transactions of the Royal Historical Society*, 5th ser., XV, 1965.
13. A. De Maddalena, 'Il mondo rurale italiano nel Cinque e nel Seicento. (Rassegna di studi recenti)', *Rivista Storica Italiana*, LXXVI, 1964.

ワ　行

ヤ 行

ラ 行

マ　行

ハ　行

ナ　行

タ　行

サ　行

カ　行

事項索引

ア　行

リッタ，ポンペオ　Litta, Pompeo 674, 685
リッチ，ロドヴィコ　Ricci, Lodovico 196, 249-52, 257, 307
リッチャルディ，ジュゼッペ Ricciardi, Giuseppe 558-60, 563, 704
リッチャルディ，フランチェスコ Ricciardi, Francesco 377, 379, 392, 453
リドルフィ，コジモ　Ridolfi, Cosimo 441, 570, 572, 575, 634, 637, 666, 668, 687, 699, 814, 816
リュベル，ジャン＝フランソワ Reubell, Jean-François 265-6, 282, 285, 321
ルイ十四世（フランス王．1643-1715） Louis XIV 38, 100
ルイ十五世（フランス王．1715-74） Louis XV 189, 191
ルイ十八世（フランス王．1814-15, 1815-24） Louis XVIII 416, 667
ルイ・フィリップ（フランス王．1830-48） Louis Philippe 475-7, 521, 534, 620, 622, 654, 659, 667, 726
ルーゲ，アルノルト　Ruge, Arnold 732, 753
ルソー，ジャン＝ジャック　Rousseau, Jean-Jacques 126, 169, 204, 208, 234, 237, 287
ルチェッラーイ，ジューリオ　Rucellai, Giulio 104, 106, 167-9, 190, 201
ルッフォ・ディ・バニャーラ，ファブリーツィオ（枢機卿） Ruffo di Bagnara, Fabrizio 248, 313, 318, 320, 374, 840
ルドリュ＝ロラン，アレクサンドル＝オーギュスト　Ledru-Rollin, Alexandre-Auguste 622, 753
ルペルティエ・ドゥ・サン＝ファルゴ，ミシェル＝ルイ　Lepeletier de Saint-Fargeau, Michel-Louis 323
レーキ，ジュゼッペ　Lechi, Giuseppe 325, 350
レーキ，テオドーロ　Lechi, Teodoro 396, 685
レオ十二世（ローマ教皇．アンニバーレ・セルマッテイ・デッラ・ジェンガ，1823-9） Leo XII 467, 468
レオポルド一世（トスカーナ大公／1765-90，神聖ローマ皇帝レオポルト二世／1790-2） Leopoldo I, Leopold II 53, 106, 125, 137, 153, 155, 168-71, 173, 174, 194, 201-1, 209, 218-28, 233, 254, 262, 268, 316, 421, 428, 570, 572-4, 576, 626
レオポルド二世（トスカーナ大公．1824-59） Leopoldo II 565, 626, 634, 667, 689, 714, 718, 723, 726, 814, 815
ロエドレ，ピエール＝ルイ　Roederer, Pierre-Louis 346, 361, 377-9
ローベルグ，カルロ　Lauberg, Carlo 301, 312
ロック，ジョン　Locke, John 121-3, 127, 130, 169
ロッシ，ペッレグリーノ　Rossi, Pellegrino 429, 480, 616, 620, 637, 641, 655, 698, 702, 708, 712
ロバートソン，ウィリアム　Robertson, William 126, 204
ロベスピエール，マキシミリアン＝フランソワ＝イシドール・ドゥ　Robespierre, Maximilien-François-Isidore de 260, 264, 265, 267, 274, 275, 289, 550
ロンガノ，フランチェスコ　Longano, Francesco 230, 232, 233, 238
ロンゴ，アルフォンソ　Longo, Alfonso 135, 160, 194, 208

Stefano 579, 700
ヤラチッチ，ヨセフ Jellacić, Josef 657, 663
ヨーゼフ二世（神聖ローマ皇帝．1765-90） Joseph II 138, 153, 155, 161, 163, 164, 166, 194, 196, 202, 209-18, 225-8, 251, 254, 263, 420

ラ 行

ラウローラ，エンリーコ・ミケーレ L'Aurora, Enrico Michele 293, 298, 311
ラ・オーズ，ジョゼフ La Hoz, Joseph 312, 321, 325, 350
ラストリ，マルコ Lastri, Marco 170
ラ・チェチーリア，ジョヴァンニ La Cecilia, Giovanni 549, 666
ラッセル，ジョン Russell, John 659, 696, 745, 747-8, 824, 838
ラッタッツィ，ウルバーノ Rattazzi, Urbano 699, 788-91, 804, 819, 821, 824
ラットゥアーダ，ジョヴァンニ Lattuada, Giovanni 396
ラディカーティ・ディ・パッセラーノ，アルベルト Radicati di Passerano, Alberto 102, 118, 120, 130
ラデツキー，ヨハン・ヨーゼフ・フランツ・カール（伯爵） Radetzky, Johann Joseph Franz Karl, Graf von 626, 657, 666, 672-3, 683-4, 694, 697, 726, 781
ラトゥシュ＝トレヴィル，ルイ＝ルネ＝マドレーヌ・ル・ヴァソール・ドゥ Latouche-Tréville, Louis-René-Madeleine le Vassor de 271, 333
ラファイエット，マリー＝ジョゼフ＝ポール・モティエ（侯爵） Lafayette, Marie-Joseph-Paul Motier, Marquis de 475, 481, 531, 537-8
ラ・ファリーナ，ジュゼッペ La Farina, Giuseppe 649, 669, 774, 803, 804, 807, 808, 812, 814, 815, 817, 822-3, 836, 838, 839
ラフィット，ジャック Laffite, Jacques 437, 477
ラ・マーサ，ジュゼッペ La Masa, Giuseppe 669, 671, 836
ラマルティーヌ，アルフォンス＝マリー＝ルイ・プラ・ドゥ Lamarine, Alphonse-Marie-Louis Prat de 657-8
ラ・マルモラ，アルフォンソ・フェッレーロ（伯爵） La Marmora, Alfonso Ferrero, conte di 726, 795, 810, 819, 824
ラムネー，フェリシテ・ロベール・ドゥ Lamennais, Félicité Robert de 414, 469, 531, 539, 572, 604-7, 609, 610, 732, 762, 766
ラ・メトリ，ジュリアン・オフロワ・ドゥ La Mettrie, Julien Offroy de 129
ラルヴェイリエール＝レポ，ルイ＝マリー・ドゥ Lareveillière-Lépeaux, Louis-Marie de 266
ランゴーネ，ゲラルド Rangone, Gherado 175, 430
ランツァ，ジョヴァンニ Lanza, Giovanni 639
ランツァ，ジョヴァンニ・アントーニオ Ranza, Giovanni Antonio 288, 294-5, 340
ランブルスキーニ，ラファエッロ Lambruschini, Raffaello 441, 570-6, 634, 686
リカーソリ，ベッティーノ Ricasoli, Bettino 488, 572, 598, 634, 638, 686, 814-7, 819-23, 837, 841-2, 846
リシュクール，デュドネ＝エマニュエル・ドゥ Richecourt, Dieudonné-Emmanuel de 54, 104, 107, 120

387-9, 391, 392, 394-7, 406, 423-5, 448-9, 453, 566, 751, 777, 779
ミュラ，ルシアン　Murat, Lucien　779, 802, 804, 827
ミュンター，フリードリヒ　Munter, Friedrich　206, 230
ミラボー，ヴィクトル・ドゥ・リケティ（侯爵）　Mirabeau, Victor de Riqueti, Marquis de　144, 171, 237
ミル，ジョン・ステュアート　Mill, John Stuart　579, 793
ミンゲッティ，マルコ　Minghetti, Marco　579, 631, 637, 668, 807, 820, 822
ミント，ギルバート・エリオット・マーレイ・キニンモンド　Minto, Gilbert Elliott-Murray-Kynynmond　620, 638, 641, 659, 670, 676
ムハンマド・アリー　Muhammad ʻAlī　520
ムラトーリ，ルドヴィコ・アントーニオ　Muratori, Ludovico Antonio　26-8, 40, 62, 67, 89, 107, 115-8, 120, 122, 124-6, 128-33, 139, 142, 174, 185, 189, 195-6, 219, 226, 252
メーディチ，ジャコモ　Medici, Giacomo　770-3, 777, 809, 838
メーディチ，ルイージ・デ　Medici, Luigi de'　423-8, 449
メーディチ，ロレンツォ・デ（フィレンツェ大公，1469-92）　Medici, Lorenzo de'　148
メザンギュイ，フランソワ＝フィリップ　Mésenguy, François-Philippe　187, 190
メッテルニヒ・ヴィンブルク，クレメンス・ヴェンツェル・ロター　Metternich, Klemens Wenzel Lothar, Fürst von　400, 402, 406-11, 420, 422, 427, 430, 456, 468, 521, 524-5, 619-21, 641, 650-1, 657, 663, 673, 730
メノッティ，チーロ　Menotti, Ciro　481-3
メルツィ・デリル，フランチェスコ　Melzi D'Eril, Francesco　267, 307, 324, 329, 331, 332, 343-60, 395
モーデナ，グスターヴォ　Modena, Gustavo　547, 558, 585, 677, 685, 705
モッファ・グリバルディ・ディ・リージオ，グリエルモ　Moffa Gribaldi di Lisio, Gugliemo　460
モペウ，ルネ＝シャルル・ドゥ　Maupéou, René-Charles de　155
モーペルテュイ，ピエール＝ルイ・モロー・ドゥ　Maupertuis, Pierre-Louis Moreau de　129
モルディーニ，アントーニオ　Mordini, Antonio　686, 705, 711, 715, 718, 728, 771, 773
モロー，ジャン＝ヴィクトル＝マリー　Moreau, Jean-Victor-Marie　277, 328
モンタッツィオ，エンリーコ　Montazio, Enrico　633, 644, 686, 717, 719, 727-8
モンタネッリ，ジュゼッペ　Montanelli, Giuseppe　618, 633, 709-12, 715, 717, 719, 723, 732, 757-8, 761, 762, 764, 766, 767, 802
モンタランベール，シャルル・フォルブ（伯爵）　Montalembert, Charles Forbes, Comte de　606, 608, 662
モンテスキュー，シャルル＝ルイ・ドゥ・スコンダ（ラ・ブレド男爵）　Montesquieu, Charles-Louis de Secondat, Baron de la Brede et de　126, 132-3, 168, 185, 204, 208
モンフォコン，ベルナール・ドゥ　Monfaucon, Bernard de　114

ヤ　行

ヤチーニ，ステーファノ　Jacini,

マエストリ，ピエトロ Maestri, Pietro 643, 711, 716, 757-8, 761, 774
マキャヴェッリ，ニッコロ Machiavelli, Niccolo 15, 41, 117, 206, 556
マクドナルド，ジャック Macdonald, Jacques 285, 312, 313, 318
マショー・ダルヌヴィル，ジャン＝バティスト Machault d'Arnouville, Jean-Baptiste 111, 157
マッサーリ，ジュゼッペ Massari, Giuseppe 810
マッツィーニ，ジュゼッペ Mazzini, Giuseppe 400, 412, 475, 482, 531-2, 535-7, 539-63, 584-6, 591, 596, 602, 604, 608-10, 618-9, 632, 634-6, 643-4, 649, 654, 668, 675-6, 685, 692-3, 701, 704-7, 709, 711, 715-20, 722, 724, 727-8, 732, 752-80, 799-805, 808-10, 818, 821-2, 825, 828, 830, 831, 833, 838, 841, 843, 845, 849, 864
マッツォーニ，ジュゼッペ Mazzoni, Giuseppe 574, 687, 770
マッフェイ，シピオーネ Maffei, Scipione 115, 122, 124, 125, 128
マニャーニマ，ルーカ Magnanima, Luca 205
マニン，ダニエーレ Manin, Daniele 664, 672, 677-9, 685, 691-3, 702, 706, 720, 727-8, 764, 766-7, 774, 777, 801-3, 809
マビヨン，ジャン Mabillon, Jean 114
マブリ，ガブリエル・ボノー・ドゥ Mably, Gabriel Bonnot de, 126
マミアーニ・デッラ・ローヴェレ，テレンツィオ Mamiani Della Rovere, Terenzio 559, 584, 631, 688, 698, 711, 715
マラー，ジャン＝ポール Marat, Jean-Paul 323
マリア・アマーリア（パルマ公妃） Maria Amaria 54, 179
マリア・カロリーナ（ナポリ・シチリア王后） Maria Carolina 54, 229, 268, 320, 391
マリア・テレジア（神聖ローマ皇帝．1745-80） Maria Theresia 40, 43, 46, 52-4, 134, 160-1, 165, 169, 174, 189, 192, 202, 211, 213
マリア・ルイーザ（エトルーリア王．1801-7） Maria Luisa 360
マリア・ルイーザ（フランス皇后，パルマ・ピアチェンツァ・グワスタッラ公（1815-47） Maria Luisa 339, 406, 421
マリア・ルイーザ（パルマ・ピアチェンツァ公．1854-9） Maria Luisa 813
マリアベーキ，アントーニオ Magliabechi, Antonio 115, 122
マルクス，カール Marx, Karl 653, 733, 754
マルサス，トーマス・ロバート Malthus, Thomas Robert 579, 793
マレスカルキ，フェルディナンド Marescalchi, Ferdinando 340, 343, 348-9
マロンチェッリ，ピエトロ Maroncelli, Pietro 466, 479
マンゾーニ，アレッサンドロ Manzoni, Alessandro 589, 605
ミオリス，セクスティウス＝アレクサンドル＝フランソワ Miollis, Sextius-Alexandre-François 337, 362
ミシュレ，ジュール Michelet, Jules 435, 476, 616
ミズレイ，エンリーコ Misley, Enrico 478-81
ミッリ，ピエトロ Mirri, Pietro 480
ミュラ，ジョアシム（ナポリ王．1808-15） Murat, Joachim 329, 337, 339, 351, 357, 363, 370, 375, 377, 379-81, 383,

-8, 840
ベルナドット，ジャン＝バティスト＝ジュール（スウェーデン王カール十四世．1810-44） Bernadotte, Jean-Baptiste-Jules, Karl XIV 283, 397
ベルモンテ，ジュゼッペ・エマヌエーレ・ヴェンティミッリア Belmonte, Giuseppe Emanuele Ventimiglia 390
ベンティンク，ウィリアム Bentinck, Lord William 390-6, 669, 670
ボアルネ，ユージェーヌ（ロイヒテンベルグ公，イタリア副王） Beauharnais, Eugene, Duc de Leuchtenberg, Viceroi d'Italie 339, 351, 360, 362-3, 365, 384, 394-6, 480
ボヴァーラ，ジョヴァンニ Bovara, Giovanni 309, 349, 355, 371
ホーファー，アンドレーアス Hofer, Andreas 384
ボジーノ，ジャンバッティスタ・ロレンツォ Bogino, Giambattista Lorenzo 180, 181, 202
ボスコ，ジョヴァンニ（聖人） Bosco, Giovanni 582, 607
ボッタ，カルロ Botta, Carlo 288
ボッターリ，ジョヴァンニ Bottari, Giovanni 185-7
ボッツィ・グランヴィッレ，アウグスト Bozzi Granville, Augusto 393-4
ポッロ＝ランベルテンギ，ルイージ Porro-Lambertenghi, Luigi 297, 466
ボッロメーオ・アレーゼ，ヴィタリアーノ（伯爵） Borromeo Arese, Vitaliano, conte di 642
ボナパルト，ジェローム（ウェストファリア王．1807-14） Bonaparte, Jerome 336, 362
ボナパルト，ジェローム・ナポレオン（ナポレオン公） Bonaparte, Jerome Napoléon, Prince de Napoléon 816, 819
ボナパルト，シャルル（カニーノ公） Bonaparte, Charles, Prince de Canino 712, 716, 766
ボナパルト，ジョゼフ（ナポリ王／1806-08，スペイン王／1808-13） Bonaparte, Joseph 332, 336, 337, 362, 375-7, 380, 383
ボナパルト，マリー・ポーリーヌ（グワスタッラ公妃） Bonaparte, Marie Pauline 333, 339
ボナパルト，ルイ・ナポレオン（オランダ王．1806-10） Bonaparte, Louis Napoléon 335, 360, 362
ボナパルト，ルイ・ナポレオン（フランス共和国大統領．1848-52） Bonaparte, Louis Napoléon 530, 654, 665, 702, 726-7, 732-4, 752, 755
ボナパルト・バチョッキ，エリザ（ルッカ公妃／1806-7，トスカーナ大公妃／1807-14） Bonaparte Baciocchi, Elisa 333, 339, 362
ボナルド，ルイ・ドゥ Bonald, Louis de 412
ホワイト・マリオ，ジェシー White Mario, Jessy 778
ボンコンパーニ，イグナツィオ Boncompagni, Ignazio 246, 248, 250, 251
ボンコンパーニ，カルロ Boncompagni, Carlo 638, 782, 815-6
ポンバル，セバスチャオ・ホセ・デ・カルヴァロ・エ・メッロ Pombal, Sebastião José de Carvalho e Mello 188

マ 行

マームズベリー，ジェームズ・ハワード（伯爵） Malmesbury, James Howard, Earl of 745

524-5
フランツ・ヨーゼフ一世（オーストリア皇帝．1848-1916） Franz Joseph I 730,734,736,811
フリージ，パオロ Frisi, Paolo 136, 158,160,165,180,194,214,216,256
フリードリヒ二世（プロイセン王．1740-86） Friedrich II 30,133,203,334-5
フリードリヒ・ヴィルヘルム二世（プロイセン王．1786-97） Friedrich Wilhelm II 263
フリードリヒ・ヴィルヘルム四世（プロイセン王．1840-61） Friedrich Wilhelm IV 622,656,659,662,731, 734
ブリオ，ピエール＝ジョゼフ Briot, Pierre-Joseph 324,377-8,388
ブリュヌ，ギョーム＝マリー＝アン Brune, Guillaume-Marie-Anne 248, 298,332
フリュリ，アンドレ＝エルキュル・ドゥ（枢機卿） Fleury, André-Hercule de, Cardinal 38
プルードン，ピエール＝ジョゼフ Proudhon, Pierre-Joseph 732,756, 761,763
プロヴァーナ・ディ・コッレーニョ，マルゲリータ Provana di Collegno, Margherita 670,699
ブロッフェーリオ，アンジェロ Brofferio, Angelo 639,721,797,801, 823,825
ペイン，トーマス Paine, Thomas 267
ペーペ，グリエルモ Pepe, Guglielmo 452,453,455,456,470,481,569,685, 690-1,706,801
ペーペ，フロレスターノ Pepe, Florestano 453,458
ペーポリ，ジョアッキーノ・ナポレオーネ Pepoli, Gioacchino Napoleone 631,817,820
ペス・ディ・ヴィッラマリーナ，エマヌエーレ Pes Di Villamarina, Emanuele 627,640
ペスタロッツィ，ヨハン・ハインリッヒ Pestalozzi, Johann Heinrich 573
ベッカリーア，チェーザレ Beccaria, Cesare 126,144,151,158-64,167-8, 180,200,207,217,222
ペッキオ，ジュゼッペ Pecchio, Giuseppe 440,450,466
ベッティネッリ，フランチェスコ・アントーニオ Bettinelli, Francesco Antonio 247-8
ペッリ＝ベンチヴェンニ，ジュゼッペ Pelli-Bencivenni, Giuseppe 167
ペッリコ，シルヴィオ Pellico, Silvio 438-9,466,524,613
ペッリッセーリ，マウリーツィオ Pellisseri, Maurizio 276
ペティッティ・ディ・ロレート，イラリオーネ Petitti di Roreto, Ilarione 579,581,622,624,629,638,655,700
ペトゥルッチェッリ・デッラ・ガッティーナ，フェルディナンド Petruccelli della Gattina, Ferdinando 761
ペトローニ，ジュゼッペ Petroni, Giuseppe 770,773
ベネディクトゥス十三世（ローマ教皇．ヴィンチェンツォ・オルシーニ，1724-30） Benedictus XIII 63
ベネディクトウス十四世（ローマ教皇．プロスペロ・ランベルティーニ，1740-58） Benedictus XIV 41,120,129, 183-7,196,248
ベルガルド，ハインリッヒ・ヨハン（伯爵） Bellegarde, Heinrich Johann, Graf von 420
ベルターニ，ジュゼッペ Bertani, Giuseppe 771,773,777,809,810,837

Firmian, Karl Joseph, Graf von 152, 157, 159, 166, 193
フーシェ，ジョゼフ（オトラント公） Fouché, Joseph, Duc d'Otrante 341, 388
フーリエ，フランソワ＝マリ＝シャルル Fourier, François-Marie-Charles 241, 535, 561, 756
フェッラーラ，フランチェスコ Ferrara, Francesco 579, 671, 795, 801
フェッラーリ，ジュゼッペ Ferrari, Giuseppe 676-7, 732, 757-62, 764, 765, 767, 801
フェリーペ二世（スペイン王．1556-98） Felipe II 16
フェリーペ五世（スペイン王．1700-24, 1724-46） Felipe V 34, 52, 93
フェルディナンド（パルマ，ピアチェンツァ公．1765-1802） Ferdinando 54, 191, 328, 330
フェルディナント一世（オーストリア皇帝．1835-48） Ferdinand I 524
フェルディナンド二世（両シチリア王．1830-69） Ferdinando II 565-7, 587, 625, 628, 642, 665-7, 689-90, 699-70, 704, 713, 723, 724, 726, 731, 778-9, 827
フェルディナンド三世（トスカーナ大公．1790-1801, 1815-24） Ferdinando III 174, 285, 396, 406, 422
フェルディナンド四世（ナポリ・シチリア王／1759-1815, 両シチリア王フェルディナンド一世／1815-25） Ferdinando IV, Ferdinando I 54, 84, 233, 241, 268, 285, 328-9, 341, 374-5, 393, 398, 406, 422-4, 426, 449, 452, 455-6, 468,
フェルナンド七世（スペイン王．1808, 1814-33） Fernando VII 417
フォスコロ，ウーゴ Foscolo, Ugo 343, 349, 439, 539
フォッソンブローニ，ヴィットーリオ Fossombroni, Vittorio 370, 421-2, 626
ブォナッローティ，フィリッポ Buonarroti, Filippo 266, 274-6, 287-9, 299, 315, 338, 436-7, 444-8, 450, 463, 470-2, 474, 475, 479-80, 531, 533, 537-9, 541, 543, 544, 548-54, 560, 633
フォンセカ・ピメンテル，エレオノーラ・デ Fonseca Pimentel, Eleonora de 291
フォンターナ，グレゴーリオ Fontana, Gregorio 199
ブラン，ルイ Blanc, Louis 622, 653, 754, 756, 761
ブランキ，ルイ＝オーギュスト Blanqui, Louis-Auguste 533, 561
フランチェスコ一世（両シチリア王．1825-30） Francesco I 452-3, 467
フランチェスコ二世（両シチリア王．1859-61） Francesco II 827, 839-41, 844
フランチェスコ三世（モーデナ・レッジョ公．1737-80） Francesco III 44, 166, 174-6
フランチェスコ四世（モーデナ・レッジョ公．1815-46） Francesco IV 396, 406, 429-30, 459, 478-82, 564
フランチェスコ五世（モーデナ・レッジョ公．1846-59） Francesco V 626, 642, 813
フランツ・シュテファン（ロートリンゲン公／1729-36, トスカーナ大公／1737-65, 神聖ローマ皇帝フランツ一世／1745-65） Franz Stefan 36, 43, 52, 93, 98
フランツ二世（神聖ローマ皇帝／1792-1806, オーストリア皇帝フランツ一世／1804-35） Franz II, Franz I 263, 268, 332, 335, 396, 406-8, 415, 417,

パラディージ，アゴスティーノ　Paradisi, Agostino　126, 135, 175, 249-50
パリーニ，ジュゼッペ　Parini, Giuseppe　67
バルゾーニ，ヴィットーリオ　Barzoni, Vittorio　393
バルボ，チェーザレ　Balbo, Cesare　361-2, 441-5, 450, 459-60, 570-1, 588, 589, 613, 618, 622, 624, 630, 637, 668, 682, 694, 695, 698, 749, 784
バルボ，プロスペロ　Balbo, Prospero　443, 459
パルミエーリ，ジュゼッペ　Palmieri, Giuseppe　231, 233, 243
パレート，ロレンツォ　Pareto, Lorenzo　668, 694, 697
バレッティ，ジュゼッペ　Baretti, Giuseppe　133-4
バンディーニ，サッルスティオ　Bandini, Sallustio　112, 171
バンディエーラ，アッティリオ　Bandiera, Attilio　562
バンディエーラ，エミーリオ　Bandiera, Emilio　562
ピール，ロバート　Peel, Robert　621
ピーロ，ロザリーノ　Pilo, Rosalino　828, 830, 831
ピウス五世（ローマ教皇．ミケーレ・ギズリエーリ，1566-72）　Pius V　16
ピウス六世（ローマ教皇．ジョヴァンニ・アンジェロ・ブラスキ，1775-99）　Pius VI　192, 202, 212, 240, 245-8, 262, 263, 329, 428
ピウス七世（ローマ教皇．バルナバ・キアラモンティ，1800-23）　Pius VII　329, 330, 334, 337, 355, 360, 371, 396, 413, 429, 630
ピウス八世（ローマ教皇．フランチェスコ・サヴェーリオ・カスティリオーニ，1829-30）　Pius VIII　482-3
ピウス九世（ローマ教皇．ジョヴァンニ・マリーア・マスタイ・フェッレッティ，1846-78）　Pius IX　612, 619, 625, 629-34, 636, 638, 640, 665, 667, 687, 690, 698, 712, 714, 715, 723, 727, 754, 792, 812
ピサカーネ，カルロ　Pisacane, Carlo　376, 649, 727, 757, 762-5, 770, 777-80
ビスマルク，オットー　Bismarck, Otto　648, 733
ビッフィ，ジャンバッティスタ　Biffi, Giambattista　160, 217
ピニャテッリ，ヴィンチェンツォ　Pignatelli, Vincenzo,　381, 392
ヒューム，デイヴィッド　Hume, David　126, 204
ピラーティ，カルラントーニオ　Pilati, Carlantonio　120, 135, 193, 197, 224, 246
ファッブローニ，ジョヴァンニ　Fabbroni, Giovanni　221, 255, 370
ファブリーツィ，ニコラ　Fabrizi, Nicola　376, 478, 558-60, 562, 666, 777, 828
ファリーニ，ルイージ・カルロ　Farini, Luigi Carlo　562, 708, 807, 820-3, 843, 844
ファンティ，マンフレード　Fanti, Manfredo　822, 843-4
ファントゥッツィ，マルコ　Fantuzzi, Marco　246, 249, 288, 295
ファントーニ，ジョヴァンニ　Fantoni, Giovanni　290, 292, 299, 322, 323
フィランジェーリ，ガエターノ　Filangieri, Gaetano　126, 138-9, 155, 165, 168, 203-4, 207, 230-1, 238, 240, 242-4
フィリッポ（パルマ・ピアチェンツァ・グワスタッラ公．1748-65）　Filippo　35, 44, 52, 98, 178
フィルミアン，カール・ヨーゼフ（伯爵）

7, 749, 779, 792, 801, 805, 806, 808, 809, 811, 812, 815-20, 822, 824-6, 837, 838, 840, 841, 843
ニグラ，コスタンティーノ　Nigra, Costantino　816, 841
ニコライ一世（ロシア皇帝．1825-55）Nikolai　I　411, 519, 619, 650, 658, 660, 736, 742
ニッコリ，ライモンド　Niccoli, Raimondo　171, 195
ニッコリーニ，アントーニオ　Niccolini, Antonio　185
ニッコリーニ，ジョヴァンニ・バッティスタ　Niccolini, Giovanni Battista　644, 715, 719
ニュートン，アイザック　Newton, Isaac　114, 121-3, 127, 131
ネーリ，ポンペオ　Neri, Pompeo　68, 95-6, 104-7, 111, 135-6, 156-8, 167-70, 177, 201, 215
ネッセルローデ，カール・ヴァジレヴィッチ　Nesselrode, Karl Basilievich　660, 742
ノヴァーリス（フリードリヒ・レオポルト・フォン・ハルデンベルク）Novalis (Friedrich Leopold von Hardenberg)　413
ノーマンビー，コスタンティン・ヘンリー・フィップス（侯爵）Normanby, Costantine Henry Phipps, Marquis of　659

ハ　行

パーヴェル一世（ロシア皇帝．1796-1801）Pavel I　325, 329
バーク，エドマンド　Burke, Edmund　262, 393
バーネット，ギルバート　Burnet, Gilbert　23
パーマストン，ヘンリー・ジョン・テンプル　Palmerston, Henry John Temple,　519-23, 620, 657-60, 670, 674, 696, 701, 724, 739
ハイナウ，ユーリウス・ヤコプ・フォン　Haynau, Julius Jacob von,　745
パウルス四世（ローマ教皇．ジャン・ピエトロ・カラーファ，1555-59）Paulus IV　16
パオリ，パスクワーレ　Paoli, Pasquale　150, 196, 204
パオリーニ，アレッサンドロ　Paolini, Aldebrando　221, 570
パオレッティ，フェルディナンド　Paoletti, Ferdinando　171, 174, 219
パガーノ，フランチェスコ・マリーア　Pagano, Francesco Maria　138
パガーノ，マリオ　Pagano, Mario　137, 230, 238, 244, 257, 286, 290, 306-7
パッショネイ，ドメニコ（枢機卿）Passionei, Domenico Cardinale　67, 188
パッラヴィチーノ，ジャン・ルーカ　Pallavicino, Gian Luca　96, 104, 109-11, 156, 158
パッラヴィチーノ・トゥリヴルツィオ，ジョルジョ・ジューリオ　Pallavicino Trivulzio, Giorgio Giulio　466, 801, 802, 804
ハドソン，ジェームズ　Hudson, James　822, 823, 825, 836
パニーニ・デル・ヴェントゥーラ，ジョヴァンニ・フランチェスコ　Pagnini Del Ventura, Giovanni Francesco　219-20
バブーフ，グラックス　Babeuf, Gracchus　275, 276, 299, 315, 323, 436, 446, 474
ハラー，カール・ルートヴィヒ・フォン　Haller, Karl Ludwig von,　413
バラス，ポール＝フランソワ＝ニコラ＝ジャン・ドゥ　Barras, Paul-François-Nicolas-Jean de　266

485, 685
ツルロ，ジュゼッペ　Zurlo, Giuseppe 230, 377, 379-82, 392, 453, 456
ティエール，ルイ＝アドルフ　Thiers, Louis-Adolphe　435, 521
ディドロ，ドゥニ　Diderot, Denis 126, 129
ディ・ブラージ，フランチェスコ・パオロ　Di Blasi, Francesco Paolo　272
ディ・ブレーメ，ルドヴィコ　Di Breme, Ludovico　443
デヴェッキ，ファビオ　De'Vecchi, Fabio　211, 224, 226
デオ，ピエトロ　Dehò, Pietro　310
デカルト，ルネ　Descartes, René　114, 117, 121-2
デ・クリストファーリス，カルロ　De Cristofaris, Carlo　761, 769
デ・サンクティス，フランチェスコ　De Sanctis, Francesco　801
デ・ジュリアーニ，アントーニオ　De Giuliani, Antonio　208
デニーナ，カルロ　Denina, Carlo　69, 179
デプレーティス，アゴスティーノ Depretis, Agostino　771
デ・ボーニ，フィリッポ　De Boni, Filippo　608, 685, 707, 711, 715-6, 728, 758
デュ・ティヨー，ギョーム＝レオン　Du Tillot, Guillaume-Léon　54, 125, 176-9, 190-1
デュポン・ドゥ・ヌムール，ピエール＝サミュエル　Dupont de Nemours, Pierre-Samuel　223
デリッチ，シピオーネ　De'Ricci, Scipione　186, 206, 224-8, 240
テルザーギ，ルイージ　Terzaghi, Luigi　643, 673
デルフィコ・メルキオッレ　Delfico, Melchiorre　231, 242, 244, 453
ドゥ・メストル，ジョゼフ　Maistre, Joseph de 356, 412, 413, 431, 443, 609
ドゥーランド，ジャコモ　Durando, Giacomo　557, 625, 684, 690
トゥルヴェ，クロード＝ジョゼフ Trouvé, Claude-Joseph　284, 305, 307, 321-2
ドーリア，パオロ・マリーア　Doria, Paolo Maria　70, 112, 133, 141-2
トクヴィル，シャルル＝アレクシス＝アンリ・ドゥ　Tocqueville, Charles-Alexis-Henri de　578, 654
ドラゴネッティ，ジャチント Dragonetti, Giacinto　240
ドルバック，ポール・アンリ・ディートリヒ（男爵）　Holbach, Paul Henri Dietrich, Baron d'　126, 204
ドルフィ，ジュゼッペ　Dolfi, Giuseppe　814, 815, 817
トローヤ，カルロ　Troya, Carlo　589, 686
トンマゼーオ，ニッコロ　Tommaseo, Niccolo　547, 559, 569-70, 607, 672, 677, 679, 701, 705, 777

ナ　行

ナターレ，トッマーゾ　Natale, Tommaso　235
ナポレオン一世（フランス皇帝／1804-15，イタリア王／1805-15） Napoléon I　261, 274-83, 285, 295-9, 303-5, 307, 324-7, 329-48, 350-52, 354-6, 358-73, 375-6, 385-97, 404, 412, 421-2, 426, 433-6, 450, 495, 505, 515, 519, 572, 590, 627, 651, 809
ナポレオン二世（ローマ王．1811-14，ライヒシュタット公）　Napoléon II, Roi de Rome, Duc de Reichstadt 339
ナポレオン三世（フランス皇帝．1852-70）　Napoléon III　483, 733-43, 745-

de Spinoza 117
スミス，アダム Smith, Adam 203, 249
セッティモ，ルッジェーロ（フィターリア公） Settimo, Ruggero, Principe di Fitalia 669, 685
セッラーオ，ジョヴァンニ・アンドレーア Serrao, Giovanni Andrea 186, 239
セッラカプリオーラ，アントニーノ・マレスカ（公爵） Serracapriola, Antonino Maresca, duca di 668, 686
セッリストーリ，ルイージ Serristori, Luigi 668
ソッマリーヴァ，ジョヴァン・バッティスタ Sommariva, Giovan Battista 343, 351
ソラーロ・デッラ・マルガリータ，クレメンテ Solaro della Margarita, Clemente 638, 640, 750, 781, 801

タ 行

タヴァンティ，アンジェロ Tavanti, Angelo 221
タオン・ディ・レヴェル，オッタヴィオ（伯爵） Thaon Di Revel, Ottavio, conte di 732
ダゼーリョ，コスタンツァ Azeglio, Costanza d' 636, 728, 783
ダゼーリョ，チェーザレ Azeglio, Cesare d' 469
ダゼーリョ，マッシモ Azeglio, Massimo d' 441, 569, 616, 624, 636-7, 686, 690, 721, 780-5, 787-8, 795, 818, 836
ダッロンガロ，フランチェスコ Dall' Ongaro, Francesco 706
タヌッチ，ベルナルド Tanucci, Bernardo 53, 55-6, 104, 107, 138, 150, 154-6, 187, 191-3, 197, 201, 229-30, 234, 239-40, 243
タパレッリ・ダゼーリョ，ルイージ Taparelli D'Azeglio, Luigi 616-7
ダボルミダ，ジュゼッペ Dabormida, Giuseppe 782
ダランベール，ジャン＝バティスト・ル・ロン・ドゥ Alembert, Jean-Baptiste le Rond d' 126, 129, 135, 167, 182, 235
タル，イエスロー Tull, Jethro 178
ダルコ，ジャンバッティスタ・ゲラルドル（伯爵） Arco, Giambattista Gherardo, Conte d' 69, 217, 219
ダルジャンソン，ルネ＝ドゥ・ヴォワイエ・ドゥ・ポミ（侯爵） Argenson, René-Louis de Voyer de Paulmy, Marquis d' 39, 44, 222
タレーラン・ペリゴール，シャルル＝モリス・ドゥ Talleyrand Périgord, Charles-Maurice de 305, 322, 346, 402-5, 416
ダンドロ，ヴィンチェンツォ Dandolo, Vincenzo 368
ダントン，ジョルジュ＝ジャック Danton, Georges-Jacques 264
タンブリーニ，ピエトロ Tamburini, Pietro, 186, 197, 268
チェヴァスコ，ミケーレ Cevasco, Michele 499, 509
チェザロッティ，メルキオッレ Cesarotti, Melchiorre 267, 269
チェラーティ，ガスパーレ Cerati, Gaspare 167, 185
チェルヌスキ，エンリーコ Cernuschi, Enrico 643, 673, 716, 727, 765, 766
チチェルアッキオ（俗称），アンジェロ・ブルネッティ（本名） Ciceruacchio, Angelo Brunetti 634, 716
チローニ，ピエロ Cironi, Piero 768, 770, 814
ツィーニ，ルイージ Zini, Luigi 813
ツッキ，カルロ Zucchi, Carlo 483,

761
サンタローザ，サントッレ・アンニバーレ・デ・ロッシ（伯爵） Santarosa, Santorre Annibale De Rossi, conte di 441-2, 460-3, 470, 638
サンド，ジョルジュ（本名オロール・デュパン，旧名デュドヴァン男爵夫人） Sand, George, Aurore Dupin 754
サン＝ピエール，シャルル＝イレネ・カステル Saint-Pierre, Charles-Irénée Castel, Abbé de 159
サン＝ホリオス，カルロ・ビアンコ・ディ Saint-Jorioz, Carlo Bianco di 475, 481, 541, 543, 557
シーニア，ナッソー・ウィリアム Senior, Nassau William 579, 793
ジェノヴェージ，アントーニオ Genovesi, Antonio 67, 90, 125, 126, 133, 134, 136, 138, 140-2, 153, 154, 156, 165, 193, 200, 204, 207, 219, 229, 230, 231, 234, 244
ジェルベ・ドゥ・ソナーズ，ジャーノ Gerbaix de Sonnaz, Giano 627, 725
シスモンディ，ジャン＝シャルル＝レオナール・シスモンド・ドゥ Sismondi, Jean-Charles-Léonard Sismonde de 439, 574, 580, 583
ジノーリ，カルロ・ロレンツォ Ginori, Carlo Lorenzo 817, 826
シャルル十世（フランス王. 1824-30） Charles X 475
ジャンガストーネ・デ・メーディチ（トスカーナ大公. 1723-37） Giangastone de'Medici 43
ジャンニ，フランチェスコ・マリーア Gianni, Francesco Maria 55, 69, 137, 144, 169, 172, 173, 209, 220-3, 228, 307, 316, 636
ジャンノーネ，ピエトロ Giannone, Pietro 40, 102, 105, 117, 118, 120, 121, 130-1, 193
シャンピオネ，ジャン＝エティエンヌ Championnet, Jean-Etienne 284, 285, 298, 319, 322, 325, 387
シュヴァルツェンベルク，フェリックス Schwarzenberg, Felix 663, 701, 725, 730-1, 781
ジュリアン，マルク＝アントワーヌ Jullien, Marc-Antoine 299, 327
シュレーゲル，フリードリヒ・フォン Schlegel, Friedrich Von 413
ジョアンネッティ，ジュゼッペ Gioannetti, Giuseppe 291-2, 298
ジョーイア，メルキオッレ Gioia, Melchiorre 288, 292, 294, 301, 349, 362-3, 373, 440, 454, 598
ジョベルティ，ヴィンチェンツォ Gioberti, Vincenzo 412, 572, 588, 604, 608, 613-5, 618, 642, 645, 629-30, 638, 654, 687, 690, 699, 708, 710-3, 721-3, 752, 755, 787, 800
ジョリッティ，ジョヴァンニ Giolitti, Giovanni 853, 856, 860
シルトーリ，ジュゼッペ Sirtori, Giuseppe 705, 720, 727, 766, 774, 777, 802, 809
スヴォーロフ，アレクサンドル・ヴァジルヴィッチ Suvorov, Aleksandr Vasilievich 285, 313, 325
スタービレ，マリアーノ Stabile, Mariano 360
スタール，アン＝ルイ＝ジェルメーヌ・ネッケル Staël, Anne-Louis-Germaine Necker, Madame de 341, 345, 434
スタニスラフ・レスチンスキ（ポーランド王／1704-9. 1733-35, ロートリンゲン公） Stanisław Leszczyński 36
ステルビーニ，ピエトロ Sterbini, Pietro 634
スピノザ，ベネディクト Benedictus

197, 247
クレメンス十四世（ローマ教皇．ヴィンチェンツォ・ガンガネッリ，1769-74） Clemens XIV 192, 202, 244
クローツ，アナカルシス Clootz, Anacharsis 264
ケネー，フランソワ Quesnay, François 144
ゲルツェン，アレクサンドル・イワノヴィッチ Gertsen, Aleksandr Ivanovich 732, 754
ゲンツ，フリードリヒ・フォン Gentz, Friedrich Von 403
コジモ三世（トスカーナ大公．1670-1723） Cosimo III de'Medici 43
コセンツ，エンリーコ Cosenz, Enrico 838
コツェブー，アウグスト・フォン Kotzebue, August von 409
コッキ，アントーニオ Cocchi, Antonio 128
コッシュート，ラヨス Kossuth, Lajos 534, 622, 657, 663, 664, 732, 753, 812
コットレンゴ，ジュゼッペ Cottolengo, Giuseppe 528, 607
コッレッタ，ピエトロ Colletta, Pietro 378, 458, 569
コブデン，リチャード Cobden, Richard 621
ゴラーニ，ジュゼッペ Gorani, Giuseppe 133, 207, 209, 267
コルシーニ，ネーリ Corsini, Neri 626, 689
コロヴラート＝クラコヴスキー，レオポルト Kolowrat-Krakowsky, Leopold 524
コローナ，ニコラ Corona, Nicola 246, 249
コンサルヴィ，エルコレ（枢機卿） Consalvi, Ercole, Cardinale 405, 414-5, 427, 429, 467
コンスタン，バンジャマン Constant, Benjamin 341, 434
コンディヤック，エティエンヌ・ボノー・ドゥ Condillac, Etienne Bonot de 125, 176
コント，オーギュスト Comte, Auguste 531
コンドルセ，マリー・ジャン・アントワーヌ（侯爵） Condorcet, Marie Jean Antoine, Marquis de 204
コンパニョーニ，ジュゼッペ Compagnoni, Giuseppe 306, 309, 349
コンファロニエーリ，フェデリーコ Confalonieri, Federico 394, 395, 398, 439, 445, 461, 466, 570, 642
コンフォルティ，フランチェスコ Conforti, Francesco 689

サ 行

サヴィニー，フリードリヒ・カール・フォン Savigny, Friedrich Karl Von 413
サッフィ，アウレーリオ Saffi, Aurelio 727-8, 754, 772
ザノッティ，フランチェスコ・マリーア Zanotti, Francesco Maria 131
サリチェーティ，アントワーヌ＝クリストフ Saliceti, Antoine-Christophe 275, 277-8, 295, 361, 377
サルヴァニョーリ，ヴィンチェンツォ Salvagnoli, Vincenzo 572, 633, 686, 816
サルピ，パオロ Sarpi, Paolo 17, 117, 196
サルフィ，フランチェスコ・サヴェーリオ Salfi, Francesco Saverio 479
サン＝シモン，クロード＝アンリ・ドゥ・ルヴロワ（伯爵） Saint-Simon, Claude-Henri de Rouvroy, Comte de 474, 535, 539, 544, 545, 560, 609, 633,

Ⅳ　285, 329, 330
カルロ・フェリーチェ（ジェノヴァ公，サルデーニャ王．1821-31） Carlo Felice　462, 468,
カルロ・ルドヴィコ（エトルーリア王／1803-7，ルッカ公／1815-47，パルマ公／1847-9） Carlo Ludovico　328, 642, 667
カルロス二世（スペイン王．1665-1700） Carlos II　29
カルロス三世（スペイン王／1759-88，ナポリ王カルロ七世／1734-59） Carlos III, Carlo Ⅶ　34-8, 41-6, 51-3, 84, 86, 93, 98, 109, 112, 154-5, 189, 191, 230
カルロス四世（スペイン王．1788-1808） Carlos Ⅳ　337
ガレオッティ，レオポルド　Galeotti, Leopoldo　634, 636
カンティヨン，リシャール　Cantillon, Richard　141
ギゾー，フランソワ＝ピエール＝ギョーム　Guizot, François-Pierre-Guillaume　434-5, 521, 523, 530-5, 560, 616, 620-2, 650, 651, 654
キネー，エドガール　Quinet, Edgard　476, 616
キャニング，ジョージ　Canning, George　410-1
グィッチャルディーニ，フランチェスコ　Guicciardini, Francesco　15, 55-6, 148, 557
グェッラッツィ，フランチェスコ・ドメニコ　Guerrazzi, Francesco Domenico　633, 666, 686, 711-2, 717-9, 722-4, 728, 801, 819
グスタフ三世（スウェーデン王．1771-92） Gustav III　125
クストーディ，ピエトロ　Custodi, Pietro　349
クラオン，マルク・ボヴォ・ドゥ　Craon, Marc Beauvau de,　104
グラッドストーン，ウィリアム・ユワート　Gladstone, William Ewart　745, 747
クラレンドン，ジョージ・ウィリアム・ヴィリアーズ　Clarendon, George William Villiers　736, 738, 739, 745, 746
クリスティアーニ，ベルトラーメ　Cristiani, Beltrame　104, 156-7
クリスピ，フランチェスコ　Crispi, Francesco　720, 828, 830-4, 838-9, 846, 853
グリマルディ，コスタンティーノ　Grimaldi, Costantino　90
グリマルディ，ドメニコ　Grimaldi, Domenico　231, 238, 239, 241, 243, 251-2
グリマルディ，フランチェスカントーニオ　Grimaldi, Francescantonio　232, 295
グリルパルツァー，フランツ　Grillparzer, Franz　525
グレゴリウス七世（ローマ教皇．イルデブランド・ディ・ソアーナ，1073-85） Gregorius Ⅶ　608, 612
グレゴリウス十六世（ローマ教皇．バルトロメオ・カッペッラーリ，1831-46） Gregorius ⅩⅥ　565-6, 606-7, 625, 630
グレッピ，アントーニオ　Greppi, Antonio　110, 162, 164, 175, 216
グレッピ，パオロ　Greppi, Paolo　267
クレメンス十一世（ローマ教皇．ジャン・フランチェスコ・アルバーニ，1700-21） Clemens Ⅺ　45, 63, 119, 245
クレメンス十二世（ローマ教皇．ロレンツォ・コルシーニ，1730-40） Clemens Ⅻ　41, 45, 122, 185
クレメンス十三世（ローマ教皇．カルロ・レッツォーニコ，1758-69） Clemens ⅩⅢ　185, 187, 188, 191-3,

701, 724, 761
カウニッツ＝リートベルク，ヴェンツェル・アントン　Kaunitz-Rietberg, Wenzel Anton　151, 156-61, 164-6, 193, 212
カケラーノ・ディ・ブリケラシオ，ジョヴァンニ・フランチェスコ　Cacherano di Bricherasio, Giovanni Francesco　246
カコー，フランソワ　Cacault, François　272-3, 278
カサーティ，ガブリオ（伯爵）　Casati, Gabrio, conte di　638, 642, 674-5, 691, 699, 701, 721, 787
カスタニェット，チェーザレ・トラブッコ（伯爵）　Castagnetto, Cesare Trabucco, conte di　674
カスティリオーネ，バルダッサーレ　Castiglione, Baldassarre　15
カステッリ，ミケーレ　Castelli, Michele　722, 805
カスルレー，ロバート・ステュワート（ロンドンデリー侯）　Castlereagh, Robert Stewart, Marquis of Londonderry　393, 398, 402, 405, 407, 409-11, 422
ガッサンディ，ピエール　Gassendi, Pierre　117, 121-2, 130
カッターネオ，カルロ　Cattaneo, Carlo　527, 579, 583, 592-603, 613, 643, 649, 673-7, 684, 701, 705, 715, 757-60, 764-7, 773, 775, 809, 810, 825, 843, 845
カッポーニ，ジーノ　Capponi, Gino　441, 570, 575, 607, 634, 637, 699, 702, 710
カノーサ，アントーニオ・カパーチェ・ミヌートロ　Canosa, Antonio Capace Minutolo　423, 448, 467
カラッチョロ，ドメニコ（ヴィッラマリーナ侯）　Caracciolo, Domenico, Marchese di Villamarina　138, 193, 197, 231, 233-8, 240
カラビアーナ，ルイージ・ナザーリ・ディ　Calabiana, Luigi Nazari di　791
カラマーニコ，フランチェスコ・マリーア・ダクィーノ　Caramanico, Francesco Maria D'Aquino　230, 237
ガランティ，ジュゼッペ・マリーア　Galanti, Giuseppe Maria　230, 232, 238, 244, 257
ガリアーニ，フェルディナンド　Galiani, Ferdinando　67, 77, 113, 231-2, 238, 243
カリニャーノ，エウジェーニオ　Carignano, Eugenio　31
ガリバルディ，ジュゼッペ　Garibaldi, Giuseppe　554, 557, 649, 694, 703, 706, 716, 727, 741, 743, 745, 747, 774, 777, 779, 804, 807, 809-11, 821-3, 825, 828, 830-44, 847-50
ガリレイ，ガリレオ　Galilei, Galileo　121, 127
カルタ，ジョヴァンニ・バッティスタ　Carta, Giovanni Battista　769
ガルディ，マッテオ　Galdi, Matteo　288-90, 297, 299, 377-8
カルリ，ジャン・リナルド　Carli, Gian Rinaldo　160, 162, 164-6, 178, 205, 250, 256, 257, 267
カルロ・アルベルト（サルデーニャ王．1831-49）　Carlo Alberto　459-62, 478-80, 540, 545, 554, 563-65, 587, 617, 626-30, 638-41, 643, 656, 658-9, 661-2, 667, 674-5, 678-85, 688-99, 702, 703, 712, 714, 715, 722, 723, 725, 751, 754, 783-4, 786, 787
カルロ・エマヌエーレ三世（サルデーニャ王．1730-73）　Carlo Emanuele III　41, 47-8, 102, 179, 181, 202
カルロ・エマヌエーレ四世（サルデーニャ王．1796-1802）　Carlo Emanuele

ルデーニャ王．1802-21） Vittorio Emanuele I　330, 396, 406, 432, 441, 459, 462
ヴィットーリオ・エマヌエーレ二世（サルデーニャ王／1849-61，イタリア王／1861-78） Vittorio Emanuele II　649, 749, 780-2, 784-5, 788, 805, 811, 813, 815-20, 822-7, 840-4, 846, 850
ヴィユッソー，ジャン・ピエトロ　Vieusseux, Gian Pietro　441, 569-72, 576-7, 589, 613
ヴィルヘルム一世（プロイセン王／1861-88，ドイツ皇帝／1871-88） Wilhelm I　744
ヴィレール，ジャン＝バティスト＝セラフィム＝ジョゼフ　Villèle, Jean-Baptiste-Séraphim-Joseph　475
ウィンスペアー，デイヴィッド　Winspeare, David　380, 453
ヴィンディッシュグレーツ，アルフレート・カンディダス　Windisch-Graetz, Alfred Candidus　653, 657, 661-3
ヴェッリ，アレッサンドロ　Verri, Alessandro　125, 135, 153, 158, 167, 256
ヴェッリ，ピエトロ　Verri, Pietro　80, 125, 131, 134-41, 144, 150, 153, 158-64, 166-7, 175, 200, 209, 210, 215, 217, 250, 256-7, 267, 286, 344, 593
ヴォルテール（本名，フランソワ＝マリー・アルエ） Voltaire（François-Marie Arouet）　127, 130, 140, 169, 183, 204, 222, 234, 237, 243
ウズタリス，ジェロニモ・デ　Uztáriz, Geronimo de　141
ウローア・カラ，ジローラモ　Ulloa Calà, Girolamo　727
エウジェーニオ・エマヌエーレ（カリニャーノ公） Eugenio Emanuele　820
エカテリーナ二世（ロシア皇帝．1762-96） Ekaterina II　133, 151, 203
エリザベッタ・ファルネーゼ（スペイン女王．1714-46） Elisabetta Farnese　33-5, 43
エルコレ三世（モーデナ・レッジョ公．1780-96） Ercole III　249-50, 263, 280
エンセニャーダ，セノン・デ・ソモデヴィッラ（侯爵） Enseñada Zenón de Somodevilla, marchése de la　111, 157
オーウェン，ロバート　Owen, Robert　533, 535
オーシュ，ラザール　Hoche, Lazar　277
オコンネル，ダニエル　O'Connell, Daniel　621
オザナム，アントワーヌ＝フレデリック　Ozanam, Antoine-Frédéric　608
オルシーニ，フェリーチェ　Orsini, Felice　740, 805
オルテス，ジャンマリーア　Ortes, Gianmaria　120, 131

カ　行

カール六世（神聖ローマ皇帝／1711-40，ナポリ王／1714-40） Karl VI　32, 40, 46, 98, 103
カイローリ，ベネデット　Cairoli, Benedetto　771
カヴール，カミッロ・ベンゾ（伯爵） Cavour, Camillo Benso, conte di　530, 578, 579, 582, 584, 586, 587, 593, 598, 625, 628, 638-9, 648-9, 667, 681, 695, 700, 721-2, 725, 733, 739, 741, 742, 746-51, 775, 783-802, 804-8, 810, 812-9, 822-6, 830, 835-46, 849-50, 857
カヴール，ミケーレ・ベンゾ（侯爵） Cavour, Michele Benso, marchese di　368, 487
カヴェニャック，ゴドゥフロワ　Cavaignac, Godefroy　653, 658, 696,

人名索引

ア 行

アヴェラーニ，ジュゼッペ Averani, Giuseppe 90

アクトン，ジョン Acton, John 233, 238, 268, 341

アシナーリ・ディ・サン・マルツァーノ，フィリッポ・アントーニオ Asinari di San Marzano, Filippo Antonio 431

アバモンティ，ジュゼッペ Abamonti, Giuseppe 290-3, 377

アポルティ，フェッランテ Aporti, Ferrante 582

アマーリ，ミケーレ Amari, Michele 774, 777

アマドゥッツィ，ジョヴァンニ・クリストーファロ Amaduzzi, Giovanni Cristofaro 199

アリオスト，ルドヴィコ Ariosto, Ludovico 15

アルガロッティ，フランチェスコ Algarotti, Francesco 123, 127

アルフィエーリ，ヴィットーリオ Alfieri, Vittorio 134, 180, 456

アルフィエーリ，チェーザレ Alfieri, Cesare 669

アルフォンソ，デリグォーリ（聖人） Alfonso, De'Liguori 193, 269

アルベルティ，レオン・バッティスタ Alberti, Leon Battista 15

アルベローニ，ジューリオ Alberoni, Giulio 33-7, 328

アレクサンデル六世（ローマ教皇．ロドリーゴ・ボルジア，1492-1503） Alexander VI 16

アレクサンドル一世（ロシア皇帝．1801-25） Aleksandr I 330, 335-6, 394, 402-3, 409

アレクサンドル二世（ロシア皇帝．1855-81） Aleksandr II 742-3

アンジェローニ，ルイージ Angeloni, Luigi 388, 436, 470, 471, 560

イマール，アンジュ＝マリ Eymar, Ange-Marie 272, 285

インティエーリ，バルトロメーオ Intieri, Bartolomeo 127

ヴァイトリング，ヴィルヘルム Weitling, Wilhelm 561

ヴァスコ，ジャンバッティスタ Vasco, Giambattista 200, 207, 253

ヴァスコ，ダルマッツォ・フランチェスコ Vasco, Dalmazzo Francesco 142, 179, 182, 200, 204, 208, 253

ヴァレーリオ，ロレンツォ Valerio, Lorenzo 582, 618, 639, 732, 771

ヴィーコ，ジャンバッティスタ Vico, Giambattista 204

ヴィクトリア女王（イギリス王／1837-1901，インド皇帝／1876-1901） Victoria 747, 786

ヴィスコンティ・ヴェノスタ，エミーリオ Visconti Venosta, Emilio 852

ヴィットーリオ・アメデーオ二世（サヴォイア公／1675-1713，シチリア王／1713-20，サルデーニャ王／1720-30） Vittorio Amedeo II 32, 47-8, 63, 98-99, 101-2, 111, 118-9, 181

ヴィットーリオ・アメデーオ三世（サルデーニャ王．1773-96） Vittorio Amedeo III 202, 279

ヴィットーリオ・エマヌエーレ一世（サ

《叢書・ウニベルシタス　699》
イタリア史　1700-1860

2001年 4 月18日　初版第 1 刷発行

スチュアート・ジョーゼフ・ウルフ
鈴木邦夫 訳
発行所　財団法人　法政大学出版局
〒102-0073 東京都千代田区九段北3-2-7
電話03(5214)5540／振替00160-6-95814
製版，印刷　三和印刷／鈴木製本所

Printed in Japan

ISBN4-588-00699-1

著　者

スチュアート・ジョーゼフ・ウルフ

(Stuart J. Woolf)

1936年ロンドンに生まれる．1975年以来エセックス大学教授としてヨーロッパ近現代史の研究・教育に携わるかたわら，フィレンツェのヨーロッパ大学付属研究所をはじめ，フランス，スペイン，オーストラリア，アメリカ合衆国でも精力的な活動を展開する．とくに政治・経済・社会史に関する多彩な研究を発表．本書のほかに，『ナポレオンによるヨーロッパ統合』(1990)，『ヨーロッパのナショナリズム――1815年から現在まで』(1996) などの著作がある．

訳　者

鈴木邦夫（すずき　くにお）

1956年生まれ．慶應義塾大学大学院文学研究科（西洋史専攻）修士課程，早稲田大学大学院文学研究科（西洋史専攻）博士課程を経て，現在，東京電機大学助教授．著書『歴史学――国際化とその相互理解のために』（東京電機大学出版局，1997）．

叢書・ウニベルシタス

				(頁)
1	芸術はなぜ心要か	E.フィッシャー／河野徹訳	品切	302
2	空と夢〈運動の想像力にかんする試論〉	G.バシュラール／宇佐見英治訳		442
3	グロテスクなもの	W.カイザー／竹内豊治訳		312
4	塹壕の思想	T.E.ヒューム／長谷川鉱平訳		316
5	言葉の秘密	E.ユンガー／菅谷規矩雄訳		176
6	論理哲学論考	L.ヴィトゲンシュタイン／藤本, 坂井訳		350
7	アナキズムの哲学	H.リード／大沢正道訳		318
8	ソクラテスの死	R.グアルディーニ／山村直資訳		366
9	詩学の根本概念	E.シュタイガー／高橋英夫訳		334
10	科学の科学〈科学技術時代の社会〉	M.ゴールドスミス, A.マカイ編／是永純弘訳		346
11	科学の射程	C.F.ヴァイツゼカー／野田, 金子訳		274
12	ガリレオをめぐって	オルテガ・イ・ガセット／マタイス, 佐々木訳		290
13	幻影と現実〈詩の源泉の研究〉	C.コードウェル／長谷川鉱平訳		410
14	聖と俗〈宗教的なるものの本質について〉	M.エリアーデ／風間敏夫訳		286
15	美と弁証法	G.ルカッチ／良知, 池田, 小箕訳		372
16	モラルと犯罪	K.クラウス／小松太郎訳		218
17	ハーバート・リード自伝	北條文緒訳		468
18	マルクスとヘーゲル	J.イッポリット／宇津木, 田口訳	品切	258
19	プリズム〈文化批判と社会〉	Th.W.アドルノ／竹内, 山村, 板倉訳		246
20	メランコリア	R.カスナー／塚越敏訳		388
21	キリスト教の苦悶	M.de ウナムーノ／神吉, 佐々木訳		202
22	アインシュタイン ゾンマーフェルト往復書簡	A.ヘルマン編／小林, 坂口訳	品切	194
23 24	群衆と権力（上・下）	E.カネッティ／岩田行一訳		440 356
25	問いと反問〈芸術論集〉	W.ヴォリンガー／土肥美夫訳		272
26	感覚の分析	E.マッハ／須藤, 廣松訳		386
27 28	批判的モデル集（I・II）	Th.W.アドルノ／大久保健治訳	〈品切 品切〉	I 232 II 272
29	欲望の現象学	R.ジラール／古田幸男訳		370
30	芸術の内面への旅	E.ヘラー／河原, 杉浦, 渡辺訳	品切	284
31	言語起源論	ヘルダー／大阪大学ドイツ近代文学研究会訳		270
32	宗教の自然史	D.ヒューム／福鎌, 斎藤訳		144
33	プロメテウス〈ギリシア人の解した人間存在〉	K.ケレーニイ／辻村誠三訳	品切	268
34	人格とアナーキー	E.ムーニエ／山崎, 佐藤訳		292
35	哲学の根本問題	E.ブロッホ／竹内豊治訳		194
36	自然と美学〈形体・美・芸術〉	R.カイヨワ／山口三夫訳		112
37 38	歴史論（I・II）	G.マン／加藤, 宮野訳	I・品切 II・品切	274 202
39	マルクスの自然概念	A.シュミット／元浜清海訳		316
40	書物の本〈西欧の書物と文化の歴史. 書物の美学〉	H.プレッサー／轡田収訳		448
41 42	現代への序説（上・下）	H.ルフェーヴル／宗, 古田監訳		220 296
43	約束の地を見つめて	E.フォール／古田幸男訳		320
44	スペクタクルと社会	J.デュビニョー／渡辺淳訳	品切	188
45	芸術と神話	E.グラッシ／榎本久彦訳		266
46	古きものと新しきもの	M.ロベール／城山, 島, 円子訳		318
47	国家の起源	R.H.ローウィ／古賀英三郎訳		204
48	人間と死	E.モラン／古田幸男訳		448
49	プルーストとシーニュ（増補版）	G.ドゥルーズ／宇波彰訳		252
50	文明の滴定〈科学技術と中国の社会〉	J.ニーダム／橋本敬造訳	品切	452
51	プスタの民	I.ジュラ／加藤二郎訳		382

No.	書名	著者／訳者		(頁)
52 53	社会学的思考の流れ（I・II）	R.アロン／北川, 平野, 他訳		350 392
54	ベルクソンの哲学	G.ドゥルーズ／宇波彰訳		142
55	第三帝国の言語LTI〈ある言語学者のノート〉	V.クレムペラー／羽田, 藤平, 赤井, 中村訳	品切	442
56	古代の芸術と祭祀	J.E.ハリスン／星野徹訳		222
57	ブルジョワ精神の起源	B.グレトゥイゼン／野沢協訳		394
58	カントと物自体	E.アディッケス／赤松常弘訳		300
59	哲学的素描	S.K.ランガー／塚本, 星野訳		250
60	レーモン・ルーセル	M.フーコー／豊崎光一訳		268
61	宗教とエロス	W.シューバルト／石川, 平田, 山本訳	品切	398
62	ドイツ悲劇の根源	W.ベンヤミン／川村, 三城訳		316
63	鍛えられた心〈強制収容所における心理と行動〉	B.ベテルハイム／丸山修吉訳		340
64	失われた範列〈人間の自然性〉	E.モラン／古田幸男訳		308
65	キリスト教の起源	K.カウツキー／栗原佑訳		534
66	ブーバーとの対話	W.クラフト／板倉敏之訳		206
67	プロデメの変貌〈フランスのコミューン〉	E.モラン／宇波彰訳		450
68	モンテスキューとルソー	E.デュルケーム／小関, 川喜多訳	品切	312
69	芸術と文明	K.クラーク／河野徹訳		680
70	自然宗教に関する対話	D.ヒューム／福鎌, 斎藤訳		196
71 72	キリスト教の中の無神論（上・下）	E.ブロッホ／竹内, 高尾訳		234 304
73	ルカーチとハイデガー	L.ゴルドマン／川俣晃自訳		308
74	断　想　1942—1948	E.カネッティ／岩田行一訳		286
75 76	文明化の過程（上・下）	N.エリアス／吉田, 中村, 波田, 他訳		466 504
77	ロマンスとリアリズム	C.コードウェル／玉井, 深井, 山本訳		238
78	歴史と構造	A.シュミット／花崎皋平訳		192
79 80	エクリチュールと差異（上・下）	J.デリダ／若桑, 野村, 阪上, 三好, 他訳		378 296
81	時間と空間	E.マッハ／野家啓一編訳		258
82	マルクス主義と人格の理論	L.セーヴ／大津真作訳		708
83	ジャン=ジャック・ルソー	B.グレトゥイゼン／小池健男訳		394
84	ヨーロッパ精神の危機	P.アザール／野沢協訳		772
85	カフカ〈マイナー文学のために〉	G.ドゥルーズ, F.ガタリ／宇波, 岩田訳		210
86	群衆の心理	H.ブロッホ／入野田, 小崎, 小岸訳	品切	580
87	ミニマ・モラリア	Th.W.アドルノ／三光長治訳		430
88 89	夢と人間社会（上・下）	R.カイヨワ, 他／三好郁郎, 他訳		374 340
90	自由の構造	C.ベイ／横越英一訳		744
91	1848年〈二月革命の精神史〉	J.カスー／野沢協, 他訳		326
92	自然の統一	C.F.ヴァイツゼカー／斎藤, 河井訳	品切	560
93	現代戯曲の理論	P.ションディ／市村, 丸山訳	品切	250
94	百科全書の起源	F.ヴェントゥーリ／大津真作訳	品切	324
95	推測と反駁〈科学的知識の発展〉	K.R.ポパー／藤本, 石垣, 森訳		816
96	中世の共産主義	K.カウツキー／栗原佑訳		400
97	批評の解剖	N.フライ／海老根, 中村, 出淵, 山内訳		580
98	あるユダヤ人の肖像	A.メンミ／菊地, 白井訳		396
99	分類の未開形態	E.デュルケーム／小関藤一郎訳	品切	232
100	永遠に女性的なるもの	H.ド・リュバック／山崎庸一郎訳		360
101	ギリシア神話の本質	G.S.カーク／吉田, 辻村, 松田訳	品切	390
102	精神分析における象徴界	G.ロゾラート／佐々木孝次訳		508
103	物の体系〈記号の消費〉	J.ボードリヤール／宇波彰訳		280

叢書・ウニベルシタス

				（頁）
104	言語芸術作品〔第2版〕	W.カイザー／柴田斎訳	品切	688
105	同時代人の肖像	F.ブライ／池内紀訳		212
106	レオナルド・ダ・ヴィンチ〔第2版〕	K.クラーク／丸山，大河内訳		344
107	宮廷社会	N.エリアス／波田，中埜，吉田訳		480
108	生産の鏡	J.ボードリヤール／宇波，今村訳		184
109	祭祀からロマンスへ	J.L.ウェストン／丸小哲雄訳		290
110	マルクスの欲求理論	A.ヘラー／良知，小箕訳		198
111	大革命前夜のフランス	A.ソブール／山崎耕一訳	品切	422
112	知覚の現象学	メルロ=ポンティ／中島盛夫訳		904
113	旅路の果てに〈アルペイオスの流れ〉	R.カイヨワ／金井裕訳		222
114	孤独の迷宮〈メキシコの文化と歴史〉	O.パス／高山，熊谷訳		320
115	暴力と聖なるもの	R.ジラール／古田幸男訳		618
116	歴史をどう書くか	P.ヴェーヌ／大津真作訳		604
117	記号の経済学批判	J.ボードリヤール／今村，宇波，桜井訳	品切	304
118	フランス紀行〈1787, 1788&1789〉	A.ヤング／宮崎洋訳		432
119	供　犠	M.モース，H.ユベール／小関藤一郎訳		296
120	差異の目録〈歴史を変えるフーコー〉	P.ヴェーヌ／大津真作訳	品切	198
121	宗教とは何か	G.メンシング／田中，下宮訳		442
122	ドストエフスキー	R.ジラール／鈴木晶訳		200
123	さまざまな場所〈死の影の都市をめぐる〉	J.アメリー／池内紀訳		210
124	生　成〈概念をこえる試み〉	M.セール／及川馥訳		272
125	アルバン・ベルク	Th.W.アドルノ／平野嘉彦訳		320
126	映画　あるいは想像上の人間	E.モラン／渡辺淳訳		320
127	人間論〈時間・責任・価値〉	R.インガルデン／武井，赤松訳		294
128	カント〈その生涯と思想〉	A.グリガ／西牟田，浜田訳		464
129	同一性の寓話〈詩的神話学の研究〉	N.フライ／駒沢大学フライ研究会訳		496
130	空間の心理学	A.モル，E.ロメル／渡辺淳訳		326
131	飼いならされた人間と野性的人間	S.モスコヴィッシ／古田幸男訳		336
132	方　法　1．自然の自然	E.モラン／大津真作訳	品切	658
133	石器時代の経済学	M.サーリンズ／山内昶訳		464
134	世の初めから隠されていること	R.ジラール／小池健男訳		760
135	群衆の時代	S.モスコヴィッシ／古田幸男訳	品切	664
136	シミュラークルとシミュレーション	J.ボードリヤール／竹原あき子訳		234
137	恐怖の権力〈アブジェクシオン〉試論	J.クリステヴァ／枝川昌雄訳		420
138	ボードレールとフロイト	L.ベルサーニ／山縣直子訳		240
139	悪しき造物主	E.M.シオラン／金井裕訳		228
140	終末論と弁証法〈マルクスの社会・政治思想〉	S.アヴィネリ／中村恒矩訳	品切	392
141	経済人類学の現在	F.プイヨン編／山内昶訳		236
142	視覚の瞬間	K.クラーク／北條文緒訳		304
143	罪と罰の彼岸	J.アメリー／池内紀訳		210
144	時間・空間・物質	B.K.ライドレー／中島龍三訳	品切	226
145	離脱の試み〈日常生活への抵抗〉	S.コーエン，N.テイラー／石黒毅訳		321
146	人間怪物論〈人間脱走の哲学の素描〉	U.ホルストマン／加藤二郎訳		206
147	カントの批判哲学	G.ドゥルーズ／中島盛夫訳		160
148	自然と社会のエコロジー	S.モスコヴィッシ／久米，原訳		440
149	壮大への渇仰	L.クローネンバーガー／岸，倉田訳		368
150	奇蹟論・迷信論・自殺論	D.ヒューム／福鎌，斎藤訳		200
151	クルティウス－ジッド往復書簡	ディークマン編／円子千代訳		376
152	離脱の寓話	M.セール／及川馥訳		178

				(頁)
153	エクスタシーの人類学	I.M.ルイス／平沼孝之訳		352
154	ヘンリー・ムア	J.ラッセル／福田真一訳		340
155	誘惑の戦略	J.ボードリヤール／宇波彰訳		260
156	ユダヤ神秘主義	G.ショーレム／山下, 石丸, 他訳		644
157	蜂の寓話〈私悪すなわち公益〉	B.マンデヴィル／泉谷治訳		412
158	アーリア神話	L.ポリアコフ／アーリア主義研究会訳		544
159	ロベスピエールの影	P.ガスカール／佐藤和生訳		440
160	元型の空間	E.ゾラ／丸小哲雄訳		336
161	神秘主義の探究〈方法論的考察〉	E.スタール／宮元啓一, 他訳		362
162	放浪のユダヤ人〈ロート・エッセイ集〉	J.ロート／平田, 吉田訳		344
163	ルフー，あるいは取壊し	J.アメリー／神崎巌訳		250
164	大世界劇場〈宮廷祝宴の時代〉	R.アレヴィン, K.ゼルツレ／円子修平訳	品切	200
165	情念の政治経済学	A.ハーシュマン／佐々木, 旦訳		192
166	メモワール〈1940-44〉	レミ／築島謙三訳		520
167	ギリシア人は神話を信じたか	P.ヴェーヌ／大津真作訳	品切	340
168	ミメーシスの文学と人類学	R.ジラール／浅野敏夫訳		410
169	カバラとその象徴的表現	G.ショーレム／岡部, 小岸訳		340
170	身代りの山羊	R.ジラール／織田, 富永訳	品切	384
171	人間〈その本性および世界における位置〉	A.ゲーレン／平野具男訳	品切	608
172	コミュニケーション〈ヘルメスⅠ〉	M.セール／豊田, 青木訳		358
173	道　化〈つまずきの現象学〉	G.v.バルレーヴェン／片岡啓治訳	品切	260
174	いま, ここで〈アウシュヴィッツとヒロシマ以後の哲学的考察〉	G.ピヒト／斎藤, 浅野, 大野, 河井訳		600
175 176 177	真理と方法〔全三冊〕	H.-G.ガダマー／轡田, 麻生, 三島, 他訳	Ⅰ・ Ⅱ・ Ⅲ・	350
178	時間と他者	E.レヴィナス／原田佳彦訳		140
179	構成の詩学	B.ウスペンスキイ／川崎, 大石訳	品切	282
180	サン=シモン主義の歴史	S.シャルレティ／沢崎, 小杉訳		528
181	歴史と文芸批評	G.デルフォ, A.ロッシュ／川中子弘訳		472
182	ミケランジェロ	H.ヒバード／中山, 小野訳	品切	578
183	観念と物質〈思考・経済・社会〉	M.ゴドリエ／山内昶訳		340
184	四つ裂きの刑	E.M.シオラン／金井裕訳		234
185	キッチュの心理学	A.モル／万沢正美訳		344
186	領野の漂流	J.ヴィヤール／山下俊一訳		226
187	イデオロギーと想像力	G.C.カバト／小箕俊介訳		300
188	国家の起源と伝承〈古代インド社会史論〉	R.=ターパル／山崎, 成澤訳		322
189	ベルナール師匠の秘密	P.ガスカール／佐藤和生訳		374
190	神の存在論的証明	D.ヘンリッヒ／本間, 須田, 座小田, 他訳		456
191	アンチ・エコノミクス	J.アタリ, M.ギヨーム／斎藤, 安孫子訳		322
192	クローチェ政治哲学論集	B.クローチェ／上村忠男編訳		188
193	フィヒテの根源的洞察	D.ヘンリッヒ／座小田, 小松訳		184
194	哲学の起源	オルテガ・イ・ガセット／佐々木孝訳	品切	224
195	ニュートン力学の形成	ベー・エム・ゲッセン／秋間実, 他訳		312
196	遊びの遊び	J.デュビニョー／渡辺淳訳	品切	160
197	技術時代の魂の危機	A.ゲーレン／平野具男訳	品切	222
198	儀礼としての相互行為	E.ゴッフマン／広瀬, 安江訳	品切	376
199	他者の記号学〈アメリカ大陸の征服〉	T.トドロフ／及川, 大谷, 菊地訳		370
200	カント政治哲学の講義	H.アーレント著. R.ベイナー編／浜田監訳		302
201	人類学と文化記号論	M.サーリンズ／山内昶訳		354
202	ロンドン散策	F.トリスタン／小杉, 浜本訳		484

				(頁)
203	秩序と無秩序	J.-P.デュピュイ／古田幸男訳		324
204	象徴の理論	T.トドロフ／及川馥, 他訳		536
205	資本とその分身	M.ギヨーム／斉藤日出治訳		240
206	干　渉〈ヘルメスII〉	M.セール／豊田彰訳		276
207	自らに手をくだし〈自死について〉	J.アメリー／大河内了義訳		222
208	フランス人とイギリス人	R.フェイバー／北條, 大島訳	品切	304
209	カーニバル〈その歴史的・文化的考察〉	J.カロ・バロッハ／佐々木孝訳	品切	622
210	フッサール現象学	A.F.アグィーレ／川島, 工藤, 林訳		232
211	文明の試練	J.M.カディヒィ／塚本, 秋山, 寺西, 島訳		538
212	内なる光景	J.ポミエ／角山, 池部訳		526
213	人間の原型と現代の文化	A.ゲーレン／池井望訳		422
214	ギリシアの光と神々	K.ケレーニイ／円子修平訳		178
215	初めに愛があった〈精神分析と信仰〉	J.クリステヴァ／枝川昌雄訳		146
216	バロックとロココ	W.v.ニーベルシュッツ／竹内章訳		164
217	誰がモーセを殺したか	S.A.ハンデルマン／山形和美訳		514
218	メランコリーと社会	W.レペニース／岩田, 小竹訳		380
219	意味の論理学	G.ドゥルーズ／岡田, 宇波訳		460
220	新しい文化のために	P.ニザン／木内孝訳		352
221	現代心理論集	P.ブールジェ／平岡, 伊藤訳		362
222	パラジット〈寄食者の論理〉	M.セール／及川, 米山訳		466
223	虐殺された鳩〈暴力と国家〉	H.ラボリ／川中子弘訳		240
224	具象空間の認識論〈反・解釈学〉	F.ダゴニェ／金森修訳		300
225	正常と病理	G.カンギレム／滝沢武久訳		320
226	フランス革命論	J.G.フィヒテ／桝田啓三郎訳		396
227	クロード・レヴィ=ストロース	O.パス／鼓, 木村訳		160
228	バロックの生活	P.ラーンシュタイン／波田節夫訳		520
229	うわさ〈もっとも古いメディア〉増補版	J.-N.カプフェレ／古田幸男訳		394
230	後期資本制社会システム	C.オッフェ／寿福真美編訳		358
231	ガリレオ研究	A.コイレ／菅谷曉訳	品切	482
232	アメリカ	J.ボードリヤール／田中正人訳		220
233	意識ある科学	E.モラン／村上光彦訳		400
234	分子革命〈欲望社会のミクロ分析〉	F.ガタリ／杉村昌昭訳		340
235	火, そして霧の中の信号—ゾラ	M.セール／寺田光徳訳		568
236	煉獄の誕生	J.ル・ゴッフ／渡辺, 内田訳		698
237	サハラの夏	E.フロマンタン／川端康夫訳		336
238	パリの悪魔	P.ガスカール／佐藤和夫訳		256
239 240	自然の人間的歴史(上・下)	S.モスコヴィッシ／大津真作訳		上・494 下・390
241	ドン・キホーテ頌	P.アザール／円子千代訳	品切	348
242	ユートピアへの勇気	G.ピヒト／河井徳治訳		202
243	現代社会とストレス〔原書改訂版〕	H.セリエ／杉, 田多井, 藤井, 竹宮訳		482
244	知識人の終焉	J.-F.リオタール／原田佳彦, 他訳		140
245	オマージュの試み	E.M.シオラン／金井裕訳		154
246	科学の時代における理性	H.-G.ガダマー／本間, 座小田訳		158
247	イタリア人の太古の知恵	G.ヴィーコ／上村忠男訳		190
248	ヨーロッパを考える	E.モラン／林　勝一訳		238
249	労働の現象学	J.-L.プチ／今村, 松島訳		388
250	ポール・ニザン	Y.イシャグプール／川俣晃自訳		356
251	政治的判断力	R.ベイナー／浜田義文監訳		310
252	知覚の本性〈初期論文集〉	メルロ=ポンティ／加賀野井秀一訳		158

				（頁）
253	言語の牢獄	F.ジェームソン／川口喬一訳		292
254	失望と参画の現象学	A.O.ハーシュマン／佐々木,杉田訳		204
255	はかない幸福—ルソー	T.トドロフ／及川馥訳		162
256	大学制度の社会史	H.W.プラール／山本尤訳		408
257 258	ドイツ文学の社会史（上・下）	J.ベルク,他／山本,三島,保坂,鈴木訳		上・766 下・648
259	アランとルソー〈教育哲学試論〉	A.カルネック／安斎,並木訳		304
260	都市・階級・権力	M.カステル／石川淳志監訳		296
261	古代ギリシア人	M.I.フィンレー／山形和美訳	品切	296
262	象徴表現と解釈	T.トドロフ／小林,及川訳		244
263	声の回復〈回想の試み〉	L.マラン／梶野吉郎訳		246
264	反射概念の形成	G.カンギレム／金森修訳		304
265	芸術の手相	G.ピコン／末永照和訳		294
266	エチュード〈初期認識論集〉	G.バシュラール／及川馥訳		166
267	邪な人々の昔の道	R.ジラール／小池健男訳		270
268	〈誠実〉と〈ほんもの〉	L.トリリング／野島秀勝訳		264
269	文の抗争	J.-F.リオタール／陸井四郎,他訳		410
270	フランス革命と芸術	J.スタロバンスキー／井上尭裕訳		286
271	野生人とコンピューター	J.-M.ドムナック／古田幸男訳		228
272	人間と自然界	K.トマス／山内昶,他訳		618
273	資本論をどう読むか	J.ビデ／今村仁司,他訳		450
274	中世の旅	N.オーラー／藤代幸一訳		488
275	変化の言語〈治療コミュニケーションの原理〉	P.ワツラウィック／築島謙三訳		212
276	精神の売春としての政治	T.クンナス／木戸,佐々木訳		258
277	スウィフト政治・宗教論集	J.スウィフト／中野,海保訳		490
278	現実とその分身	C.ロセ／金井裕訳		168
279	中世の高利貸	J.ル・ゴッフ／渡辺香根夫訳		170
280	カルデロンの芸術	M.コメレル／岡部仁訳		270
281	他者の言語〈デリダの日本講演〉	J.デリダ／高橋允昭編訳		406
282	ショーペンハウアー	R.ザフランスキー／山本尤訳		646
283	フロイトと人間の魂	B.ベテルハイム／藤瀬恭子訳		174
284	熱　狂〈カントの歴史批判〉	J.-F.リオタール／中島盛夫訳		210
285	カール・カウツキー 1854-1938	G.P.スティーンソン／時永,河野訳		496
286	形而上学と神の思想	W.パネンベルク／座小田,諸岡訳		186
287	ドイツ零年	E.モラン／古田幸男訳		364
288	物の地獄〈ルネ・ジラールと経済の論理〉	デュムシェル，デュピュイ／織田,富永訳		320
289	ヴィーコ自叙伝	G.ヴィーコ／福鎌忠恕訳	品切	448
290	写真論〈その社会的効用〉	P.ブルデュー／山縣熙,山縣直子訳		438
291	戦争と平和	S.ボク／大沢正道訳		224
292	意味と意味の発展	R.A.ウォルドロン／築島謙三訳		294
293	生態平和とアナーキー	U.リンゼ／内田,杉村訳		270
294	小説の精神	M.クンデラ／金井,浅野訳		208
295	フィヒテ-シェリング往復書簡	W.シュルツ解説／座小田,後藤訳		220
296	出来事と危機の社会学	E.モラン／浜名,福井訳		622
297	宮廷風恋愛の技術	A.カペルラヌス／野島秀勝訳		334
298	野蛮〈科学主義の独裁と文化の危機〉	M.アンリ／山形,望月訳		292
299	宿命の戦略	J.ボードリヤール／竹原あき子訳		260
300	ヨーロッパの日記	G.R.ホッケ／石丸,柴田,信岡訳		1330
301	記号と夢想〈演劇と祝祭についての考察〉	A.シモン／岩瀬孝監修．佐藤,伊藤,他訳		388
302	手と精神	J.ブラン／中村文郎訳		284

				(頁)
303	平等原理と社会主義	L.シュタイン／石川, 石塚, 柴田訳		676
304	死にゆく者の孤独	N.エリアス／中居実訳		150
305	知識人の黄昏	W.シヴェルブシュ／初見基訳		240
306	トマス・ペイン〈社会思想家の生涯〉	A.J.エイヤー／大熊昭信訳		378
307	われらのヨーロッパ	F.ヘール／杉浦健之訳		614
308	機械状無意識〈スキゾ-分析〉	F.ガタリ／高岡幸一訳		426
309	聖なる真理の破壊	H.ブルーム／山形和美訳		400
310	諸科学の機能と人間の意義	E.パーチ／上村忠男監訳		552
311	翻　訳〈ヘルメスIII〉	M.セール／豊田, 輪田訳		404
312	分　布〈ヘルメスIV〉	M.セール／豊田彰訳		440
313	外国人	J.クリステヴァ／池田和子訳		284
314	マルクス	M.アンリ／杉山, 水野訳	品切	612
315	過去からの警告	E.シャルガフ／山本, 内藤訳		308
316	面・表面・界面〈一般表層論〉	F.ダゴニェ／金森, 今野訳		338
317	アメリカのサムライ	F.G.ノートヘルファー／飛鳥井雅道訳		512
318	社会主義か野蛮か	C.カストリアディス／江口幹訳		490
319	遍　歴〈法, 形式, 出来事〉	J.-F.リオタール／小野康男訳		200
320	世界としての夢	D.ウスラー／谷　徹訳		566
321	スピノザと表現の問題	G.ドゥルーズ／工藤, 小柴, 小谷訳		460
322	裸体とはじらいの文化史	H.P.デュル／藤代, 三谷訳		572
323	五　感〈混合体の哲学〉	M.セール／米山親能訳		582
324	惑星軌道論	G.W.F.ヘーゲル／村上恭一訳		250
325	ナチズムと私の生活〈仙台からの告発〉	K.レーヴィット／秋間実訳		334
326	ベンヤミン-ショーレム往復書簡	G.ショーレム編／山本尤訳		440
327	イマヌエル・カント	O.ヘッフェ／薮木栄夫訳		374
328	北西航路〈ヘルメスV〉	M.セール／青木研二訳		260
329	聖杯と剣	R.アイスラー／野島秀勝訳		486
330	ユダヤ人国家	Th.ヘルツル／佐藤康彦訳		206
331	十七世紀イギリスの宗教と政治	C.ヒル／小野功生訳		586
332	方　法　2. 生命の生命	E.モラン／大津真作訳		838
333	ヴォルテール	A.J.エイヤー／中川, 吉岡訳		268
334	哲学の自食症候群	J.ブーヴレス／大平具彦訳		266
335	人間学批判	レペニース, ノルテ／小竹澄栄訳		214
336	自伝のかたち	W.C.スペンジマン／船倉正憲訳		384
337	ポストモダニズムの政治学	L.ハッチオン／川口喬一訳		332
338	アインシュタインと科学革命	L.S.フォイヤー／村上, 成定, 大谷訳		474
339	ニーチェ	G.ピヒト／青木隆嘉訳		562
340	科学史・科学哲学研究	G.カンギレム／金森修監訳		674
341	貨幣の暴力	アグリエッタ, オルレアン／井上, 斉藤訳		506
342	象徴としての円	M.ルルカー／竹内章訳		186
343	ベルリンからエルサレムへ	G.ショーレム／岡部仁訳		226
344	批評の批評	T.トドロフ／及川, 小林訳		298
345	ソシュール講義録注解	F.de　ソシュール／前田英樹・訳注		204
346	歴史とデカダンス	P.ショーニュー／大谷尚文訳		552
347	続・いま, ここで	G.ピヒト／斎藤, 大野, 福島, 浅野訳		580
348	バフチン以後	D.ロッジ／伊藤誓訳		410
349	再生の女神セドナ	H.P.デュル／原研二訳		622
350	宗教と魔術の衰退	K.トマス／荒木正純訳		1412
351	神の思想と人間の自由	W.パネンベルク／座小田, 諸岡訳		186

				（頁）
352	倫理・政治的ディスクール	O.ヘッフェ／青木隆嘉訳		312
353	モーツァルト	N.エリアス／青木隆嘉訳		198
354	参加と距離化	N.エリアス／波田,道籏訳		276
355	二十世紀からの脱出	E.モラン／秋枝茂夫訳		384
356	無限の二重化	W.メニングハウス／伊藤秀一訳		350
357	フッサール現象学の直観理論	E.レヴィナス／佐藤,桑野訳		506
358	始まりの現象	E.W.サイード／山形,小林訳		684
359	サテュリコン	H.P.デュル／原研二訳		258
360	芸術と疎外	H.リード／増渕正史訳	品切	262
361	科学的理性批判	K.ヒュプナー／神野,中才,熊谷訳		476
362	科学と懐疑論	J.ワトキンス／中才敏郎訳		354
363	生きものの迷路	A.モール,E.ロメル／古田幸男訳		240
364	意味と力	G.バランディエ／小関藤一郎訳		406
365	十八世紀の文人科学者たち	W.レペニース／小川さくえ訳		182
366	結晶と煙のあいだ	H.アトラン／阪上脩訳		376
367	生への闘争〈闘争本能・性・意識〉	W.J.オング／高柳,橋爪訳		326
368	レンブラントとイタリア・ルネサンス	K.クラーク／尾崎,芳野訳		334
369	権力の批判	A.ホネット／河上倫逸監訳		476
370	失われた美学〈マルクスとアヴァンギャルド〉	M.A.ローズ／長田,池田,長野,長田訳		332
371	ディオニュソス	M.ドゥティエンヌ／及川,吉岡訳		164
372	メディアの理論	F.イングリス／伊藤,磯山訳		380
373	生き残ること	B.ベテルハイム／高尾利数訳		646
374	バイオエシックス	F.ダゴニェ／金森,松浦訳		316
375 376	エディプスの謎（上・下）	N.ビショッフ／藤代,井本,他訳		上・450 下・464
377	重大な疑問〈懐疑的省察録〉	E.シャルガフ／山形,小野,他訳		404
378	中世の食生活〈断食と宴〉	B.A.ヘニッシュ／藤原保明訳	品切	538
379	ポストモダン・シーン	A.クローカー,D.クック／大熊昭信訳		534
380	夢の時〈野生と文明の境界〉	H.P.デュル／岡部,原,須永,荻野訳		674
381	理性よ，さらば	P.ファイヤアーベント／植木哲也訳	品切	454
382	極限に面して	T.トドロフ／宇京頼三訳		376
383	自然の社会化	K.エーダー／寿福真美監訳		474
384	ある反時代的考察	K.レーヴィット／中村啓,永沼更始郎訳		526
385	図書館炎上	W.シヴェルブシュ／福本義憲訳		274
386	騎士の時代	F.v.ラウマー／柳井尚子訳		506
387	モンテスキュー〈その生涯と思想〉	J.スタロバンスキー／古賀英三郎,高橋誠訳		312
388	理解の鋳型〈東西の思想経験〉	J.ニーダム／井上英明訳		510
389	風景画家レンブラント	E.ラルセン／大谷,尾崎訳		208
390	精神分析の系譜	M.アンリ／山形頼洋,他訳		546
391	金《かね》と魔術	H.C.ビンスヴァンガー／清水健次訳		218
392	自然誌の終焉	W.レペニース／山村直資訳		346
393	批判的解釈学	J.B.トンプソン／山本,小川訳		376
394	人間にはいくつの真理が必要か	R.ザフランスキー／山本,藤井訳		232
395	現代芸術の出発	Y.イシャグプール／川俣晃自訳		170
396	青春　ジュール・ヴェルヌ論	M.セール／豊田彰訳		398
397	偉大な世紀のモラル	P.ベニシュー／朝倉,羽賀訳		428
398	諸国民の時に	E.レヴィナス／合田正人訳		348
399 400	バベルの後に（上・下）	G.スタイナー／亀山健吉訳		上・482 下・
401	チュービンゲン哲学入門	E.ブロッホ／花田監修・菅谷,今井,三国訳		422

			(頁)
402	歴史のモラル	T.トドロフ／大谷尚文訳	386
403	不可解な秘密	E.シャルガフ／山本，内藤訳	260
404	ルソーの世界〈あるいは近代の誕生〉	J.-L.ルセルクル／小林浩訳	品切 378
405	死者の贈り物	D.サルナーヴ／菊地，白井訳	186
406	神もなく韻律もなく	H.P.デュル／青木隆嘉訳	292
407	外部の消失	A.コドレスク／利沢行夫訳	276
408	狂気の社会史〈狂人たちの物語〉	R.ポーター／目羅公和訳	428
409	続・蜂の寓話	B.マンデヴィル／泉谷治訳	436
410	悪口を習う〈近代初期の文化論集〉	S.グリーンブラット／磯山甚一訳	354
411	危険を冒して書く〈異色作家たちのパリ・インタヴュー〉	J.ワイス／浅野敏夫訳	300
412	理論を讃えて	H.-G.ガダマー／本間，須田訳	194
413	歴史の島々	M.サーリンズ／山本真鳥訳	306
414	ディルタイ〈精神科学の哲学者〉	R.A.マックリール／大野，田中，他訳	578
415	われわれのあいだで	E.レヴィナス／合田，谷口訳	368
416	ヨーロッパ人とアメリカ人	S.ミラー／池田栄一訳	358
417	シンボルとしての樹木	M.ルルカー／林 捷 訳	276
418	秘めごとの文化史	H.P.デュル／藤代，津山訳	662
419	眼の中の死〈古代ギリシアにおける他者の像〉	J.-P.ヴェルナン／及川，吉岡訳	144
420	旅の思想史	E.リード／伊藤誓訳	490
421	病のうちなる治療薬	J.スタロバンスキー／小池，川那部訳	356
422	祖国地球	E.モラン／菊地昌実訳	234
423	寓意と表象・再現	S.J.グリーンブラット編／船倉正憲訳	384
424	イギリスの大学	V.H.H.グリーン／安原，成定訳	516
425	未来批判 あるいは世界史に対する嫌悪	E.シャルガフ／山本，伊藤訳	276
426	見えるものと見えざるもの	メルロ=ポンティ／中島盛夫監訳	618
427	女性と戦争	J.B.エルシュテイン／小林，廣川訳	486
428	カント入門講義	H.バウムガルトナー／有福孝岳監訳	204
429	ソクラテス裁判	I.F.ストーン／永田康昭訳	470
430	忘我の告白	M.ブーバー／田口義弘訳	348
431 432	時代おくれの人間（上・下）	G.アンダース／青木隆嘉訳	上・432 下・546
433	現象学と形而上学	J.-L.マリオン他編／三上，重永，檜垣訳	388
434	祝福から暴力へ	M.ブロック／田辺，秋津訳	426
435	精神分析と横断性	F.ガタリ／杉村，毬藻訳	462
436	競争社会をこえて	A.コーン／山本，真水訳	530
437	ダイアローグの思想	M.ホルクウィスト／伊藤誓訳	370
438	社会学とは何か	N.エリアス／徳安彰訳	250
439	E.T.A.ホフマン	R.ザフランスキー／識名章喜訳	636
440	所有の歴史	J.アタリ／山内昶訳	580
441	男性同盟と母権制神話	N.ゾンバルト／田村和彦訳	516
442	ヘーゲル以後の歴史哲学	H.シュネーデルバッハ／古東哲明訳	282
443	同時代人ベンヤミン	H.マイヤー／岡部仁訳	140
444	アステカ帝国滅亡記	G.ボド，T.トドロフ編／大谷，菊地訳	662
445	迷宮の岐路	C.カストリアディス／宇京頼三訳	404
446	意識と自然	K.K.チョウ／志水，山本監訳	422
447	政治的正義	O.ヘッフェ／北尾，平石，望月訳	598
448	象徴と社会	K.バーク著，ガスフィールド編／森常治訳	580
449	神・死・時間	E.レヴィナス／合田正人訳	360
450	ローマの祭	G.デュメジル／大橋寿美子訳	446

叢書・ウニベルシタス

				(頁)
451	エコロジーの新秩序	L.フェリ／加藤宏幸訳		274
452	想念が社会を創る	C.カストリアディス／江口幹訳		392
453	ウィトゲンシュタイン評伝	B.マクギネス／藤本,今井,宇都宮,髙橋訳		612
454	読みの快楽	R.オールター／山形,中田,田中訳		346
455	理性・真理・歴史〈内在的実在論の展開〉	H.パトナム／野本和幸,他訳		360
456	自然の諸時期	ビュフォン／菅谷暁訳		440
457	クロポトキン伝	ピルーモヴァ／左近毅訳		384
458	征服の修辞学	P.ヒューム／岩尾,正木,本橋訳		492
459	初期ギリシア科学	G.E.R.ロイド／山野,山口訳		246
460	政治と精神分析	G.ドゥルーズ,F.ガタリ／杉村昌昭訳		124
461	自然契約	M.セール／及川,米山訳		230
462	細分化された世界〈迷宮の岐路III〉	C.カストリアディス／宇京頼三訳		332
463	ユートピア的なもの	L.マラン／梶野吉郎訳		420
464	恋愛礼讃	M.ヴァレンシー／沓掛,川端訳		496
465	転換期〈ドイツ人とドイツ〉	H.マイヤー／宇京早苗訳		466
466	テクストのぶどう畑で	I.イリイチ／岡部佳世訳		258
467	フロイトを読む	P.ゲイ／坂口,大島訳		304
468	神々を作る機械	S.モスコヴィッシ／古田幸男訳		750
469	ロマン主義と表現主義	A.K.ウィードマン／大森淳史訳		378
470	宗教論	N.ルーマン／土方昭,土方透訳		138
471	人格の成層論	E.ロータッカー／北村監訳・大久保,他訳		278
472	神　罰	C.v.リンネ／小川さくえ訳		432
473	エデンの園の言語	M.オランデール／浜﨑設夫訳		338
474	フランスの自伝〈自伝文学の主題と構造〉	P.ルジュンヌ／小倉孝誠訳		342
475	ハイデガーとヘブライの遺産	M.ザラデル／合田正人訳		390
476	真の存在	G.スタイナー／工藤政司訳		266
477	言語芸術・言語記号・言語の時間	R.ヤコブソン／浅川順子訳		388
478	エクリール	C.ルフォール／宇京頼三訳		420
479	シェイクスピアにおける交渉	S.J.グリーンブラット／酒井正志訳		334
480	世界・テキスト・批評家	E.W.サイード／山形和美訳		584
481	絵画を見るディドロ	J.スタロバンスキー／小西嘉幸訳		148
482	ギボン〈歴史を創る〉	R.ポーター／中野,海保,松原訳		272
483	欺瞞の書	E.M.シオラン／金井裕訳		252
484	マルティン・ハイデガー	H.エーベリング／青木隆嘉訳		252
485	カフカとカバラ	K.E.グレーツィンガー／清水健次訳		390
486	近代哲学の精神	H.ハイムゼート／座小田豊,他訳		448
487	ベアトリーチェの身体	R.P.ハリスン／船倉正憲訳		304
488	技術〈クリティカル・セオリー〉	A.フィーンバーグ／藤本正文訳		510
489	認識論のメタクリティーク	Th.W.アドルノ／古賀,細見訳		370
490	地獄の歴史	A.K.ターナー／野﨑嘉信訳		456
491	昔話と伝説〈物語文学の二つの基本形式〉	M.リューティ／高木昌史,万里子訳	品切	362
492	スポーツと文明化〈興奮の探究〉	N.エリアス,E.ダニング／大平章訳		490
493 494	地獄のマキアヴェッリ（I・II）	S.de.グラツィア／田中治男訳		I・352 II・306
495	古代ローマの恋愛詩	P.ヴェーヌ／鎌田博夫訳		352
496	証人〈言葉と科学についての省察〉	E.シャルガフ／山本,内藤訳		252
497	自由とはなにか	P.ショーニュ／西川,小田桐訳		472
498	現代世界を読む	M.マフェゾリ／菊地昌実訳		186
499	時間を読む	M.ピカール／寺田光徳訳		266
500	大いなる体系	N.フライ／伊藤誓訳		478

			（頁）
501	音楽のはじめ	C.シュトゥンプ／結城錦一訳	208
502	反ニーチェ	L.フェリー他／遠藤文彦訳	348
503	マルクスの哲学	E.バリバール／杉山吉弘訳	222
504	サルトル，最後の哲学者	A.ルノー／水野浩二訳	296
505	新不平等起源論	A.テスタール／山内昶訳	298
506	敗者の祈禱書	シオラン／金井裕訳	184
507	エリアス・カネッティ	Y.イシャグプール／川俣晃自訳	318
508	第三帝国下の科学	J.オルフ＝ナータン／宇京賴三訳	424
509	正も否も縦横に	H.アトラン／寺田光徳訳	644
510	ユダヤ人とドイツ	E.トラヴェルソ／宇京賴三訳	322
511	政治的風景	M.ヴァルンケ／福本義憲訳	202
512	聖句の彼方	E.レヴィナス／合田正人訳	350
513	古代憧憬と機械信仰	H.ブレーデカンプ／藤代，津山訳	230
514	旅のはじめに	D.トリリング／野島秀勝訳	602
515	ドゥルーズの哲学	M.ハート／田代，井上，浅野，暮沢訳	294
516	民族主義・植民地主義と文学	T.イーグルトン他／増渕，安藤，大友訳	198
517	個人について	P.ヴェーヌ他／大谷尚文訳	194
518	大衆の装飾	S.クラカウアー／船戸，野村訳	350
519 520	シベリアと流刑制度（I・II）	G.ケナン／左近毅訳	I・632 II・642
521	中国とキリスト教	J.ジェルネ／鎌田博夫訳	396
522	実存の発見	E.レヴィナス／佐藤真理人，他訳	480
523	哲学的認識のために	G.-G.グランジェ／植木哲也訳	342
524	ゲーテ時代の生活と日常	P.ラーンシュタイン／上西川原章訳	832
525	ノッツ nOts	M.C.テイラー／浅野敏夫訳	480
526	法の現象学	A.コジェーヴ／今村，堅田訳	768
527	始まりの喪失	B.シュトラウス／青木隆嘉訳	196
528	重　合	ベーネ，ドゥルーズ／江口修訳	170
529	イングランド18世紀の社会	R.ポーター／目羅公和訳	630
530	他者のような自己自身	P.リクール／久米博訳	558
531	鷲と蛇〈シンボルとしての動物〉	M.ルルカー／林捷訳	270
532	マルクス主義と人類学	M.ブロック／山内昶，山内彰訳	256
533	両性具有	M.セール／及川馥訳	218
534	ハイデガー〈ドイツの生んだ巨匠とその時代〉	R.ザフランスキー／山本尤訳	696
535	啓蒙思想の背任	J.-C.ギユボー／菊地，白井訳	218
536	解明　M.セールの世界	M.セール／梶野，竹中訳	334
537	語りは罠	L.マラン／鎌田博夫訳	176
538	歴史のエクリチュール	M.セルトー／佐藤和生訳	542
539	大学とは何か	J.ペリカン／田口孝夫訳	374
540	ローマ　定礎の書	M.セール／高尾謙史訳	472
541	啓示とは何か〈あらゆる啓示批判の試み〉	J.G.フィヒテ／北岡武司訳	252
542	力の場〈思想史と文化批判のあいだ〉	M.ジェイ／今井道夫，他訳	382
543	イメージの哲学	F.ダゴニェ／水野浩二訳	410
544	精神と記号	F.ガタリ／杉村昌昭訳	180
545	時間について	N.エリアス／井本，青木訳	238
546	ルクレティウスのテキストにおける物理学の誕生	M.セール／豊田彰訳	320
547	異端カタリ派の哲学	R.ネッリ／柴田和雄訳	290
548	ドイツ人論	N.エリアス／青木隆嘉訳	576
549	俳　優	J.デュヴィニョー／渡辺淳訳	346

			(頁)
550	ハイデガーと実践哲学	O.ペゲラー他,編／竹市,下村監訳	584
551	彫　像	M.セール／米山親能訳	366
552	人間的なるものの庭	C.F.v.ヴァイツゼカー／山辺建訳	852
553	思考の図像学	A.フレッチャー／伊藤誓訳	472
554	反動のレトリック	A.O.ハーシュマン／岩崎稔訳	250
555	暴力と差異	A.J.マッケナ／夏目博明訳	354
556	ルイス・キャロル	J.ガッテニョ／鈴木晶訳	462
557	タオスのロレンゾー〈D.H.ロレンス回想〉	M.D.ルーハン／野島秀勝訳	490
558	エル・シッド〈中世スペインの英雄〉	R.フレッチャー／林邦夫訳	414
559	ロゴスとことば	S.プリケット／小野功生訳	486
560 561	盗まれた稲妻〈呪術の社会学〉(上・下)	D.L.オキーフ／谷林眞理子,他訳	上・490 下・656
562	リビドー経済	J.-F.リオタール／杉山,吉谷訳	458
563	ポスト・モダニティの社会学	S.ラッシュ／田中義久監訳	462
564	狂暴なる霊長類	J.A.リヴィングストン／大平章訳	310
565	世紀末社会主義	M.ジェイ／今村,大谷訳	334
566	両性平等論	F.P.de ラ・バール／佐藤和夫,他訳	330
567	暴虐と忘却	R.ボイヤーズ／田部井孝次・世志子訳	524
568	異端の思想	G.アンダース／青木隆嘉訳	518
569	秘密と公開	S.ボク／大沢正道訳	470
570 571	大航海時代の東南アジア(I・II)	A.リード／平野，田中訳	I・430 II・
572	批判理論の系譜学	N.ボルツ／山本,大貫訳	332
573	メルヘンへの誘い	M.リューティ／高木昌史訳	200
574	性と暴力の文化史	H.P.デュル／藤代,津山訳	768
575	歴史の不測	E.レヴィナス／合田,谷口訳	316
576	理論の意味作用	T.イーグルトン／山形和美訳	196
577	小集団の時代〈大衆社会における個人主義の衰退〉	M.マフェゾリ／古田幸男訳	334
578 579	愛の文化史(上・下)	S.カーン／青木,斎藤訳	上・334 下・384
580	文化の擁護〈1935年パリ国際作家大会〉	ジッド他／相磯,五十嵐,石黒,高橋編訳	752
581	生きられる哲学〈生活世界の現象学と批判理論の思考形式〉	F.フェルマン／堀栄造訳	282
582	十七世紀イギリスの急進主義と文学	C.ヒル／小野，圓月訳	444
583	このようなことが起こり始めたら…	R.ジラール／小池,住谷訳	226
584	記号学の基礎理論	J.ディーリー／大熊昭信訳	286
585	真理と美	S.チャンドラセカール／豊田彰訳	328
586	シオラン対談集	E.M.シオラン／金井裕訳	336
587	時間と社会理論	B.アダム／伊藤,磯山訳	338
588	懐疑的省察ABC〈続・重大な疑問〉	E.シャルガフ／山本,伊藤訳	244
589	第三の知恵	M.セール／及川馥訳	250
590 591	絵画における真理(上・下)	J.デリダ／高橋,阿部訳	上・322 下・390
592	ウィトゲンシュタインと宗教	N.マルカム／黒崎宏訳	256
593	シオラン〈あるいは最後の人間〉	S.ジョドー／金井裕訳	212
594	フランスの悲劇	T.トドロフ／大谷尚文訳	304
595	人間の生の遺産	E.シャルガフ／清水健次,他訳	392
596	聖なる快楽〈性，神話，身体の政治〉	R.アイスラー／浅野敏夫訳	876
597	原子と爆弾とエスキモーキス	C.G.セグレー／野島秀勝訳	408
598	海からの花嫁〈ギリシア神話研究の手引き〉	J.シャーウッドスミス／吉田,佐藤訳	234
599	神に代わる人間	L.フェリー／菊地,白井訳	220
600	パンと競技場〈ギリシア・ローマ時代の政治と都市の社会学的歴史〉	P.ヴェーヌ／鎌田博夫訳	1032

			(頁)
601	ギリシア文学概説	J.ド・ロミイ／細井, 秋山訳	486
602	パロールの奪取	M.セルトー／佐藤和生訳	200
603	68年の思想	L.フェリー他／小野潮訳	348
604	ロマン主義のレトリック	P.ド・マン／山形, 岩坪訳	470
605	探偵小説あるいはモデルニテ	J.デュボア／鈴木智之訳	380
606 607 608	近代の正統性〔全三冊〕	H.ブルーメンベルク／斎藤, 忽那 佐藤, 村井訳	Ⅰ・328 Ⅱ・ Ⅲ・
609	危険社会〈新しい近代への道〉	U.ベック／東, 伊藤訳	502
610	エコロジーの道	E.ゴールドスミス／大熊昭信訳	654
611	人間の領域〈迷宮の岐路II〉	C.カストリアディス／米山親能訳	626
612	戸外で朝食を	H.P.デュル／藤代幸一訳	190
613	世界なき人間	G.アンダース／青木隆嘉訳	366
614	唯物論シェイクスピア	F.ジェイムソン／川口喬一訳	402
615	核時代のヘーゲル哲学	H.クロンバッハ／植木哲也訳	380
616	詩におけるルネ・シャール	P.ヴェーヌ／西永良成訳	832
617	近世の形而上学	H.ハイムゼート／北岡武司訳	506
618	フロベールのエジプト	G.フロベール／斎藤昌三訳	344
619	シンボル・技術・言語	E.カッシーラー／篠木, 高野訳	352
620	十七世紀イギリスの民衆と思想	C.ヒル／小野, 圓月, 箭川訳	520
621	ドイツ政治哲学史	H.リュッベ／今井道夫訳	312
622	最終解決〈民族移動とヨーロッパのユダヤ人殺害〉	G.アリー／山本, 三島訳	470
623	中世の人間	J.ル・ゴフ他／鎌田博夫訳	478
624	食べられる言葉	L.マラン／梶野吉郎訳	284
625	ヘーゲル伝〈哲学の英雄時代〉	H.アルトハウス／山本尤訳	690
626	E.モラン自伝	E.モラン／菊地, 高砂訳	368
627	見えないものを見る	M.アンリ／青木研二訳	248
628	マーラー〈音楽観相学〉	Th.W.アドルノ／龍村あや子訳	286
629	共同生活	T.トドロフ／大谷尚文訳	236
630	エロイーズとアベラール	M.F.B.ブロッチェリ／白崎容子訳	
631	意味を見失った時代〈迷宮の岐路IV〉	C.カストリアディス／江口幹訳	338
632	火と文明化	J.ハウツブロム／大平章訳	356
633	ダーウィン, マルクス, ヴァーグナー	J.バーザン／野島秀勝訳	526
634	地位と羞恥	S.ネッケル／岡原正幸訳	434
635	無垢の誘惑	P.ブリュックネール／小倉, 下澤訳	350
636	ラカンの思想	M.ボルク=ヤコブセン／池田清訳	500
637	羨望の炎〈シェイクスピアと欲望の劇場〉	R.ジラール／小林, 田口訳	698
638	暁のフクロウ〈続・精神の現象学〉	A.カトロッフェロ／寿福真美訳	354
639	アーレント＝マッカーシー往復書簡	C.ブライトマン編／佐藤佐智子訳	710
640	崇高とは何か	M.ドゥギー他／梅木達郎訳	416
641	世界という実験〈問い, 取り出しの諸カテゴリー, 実践〉	E.ブロッホ／小田智敏訳	400
642	悪　あるいは自由のドラマ	R.ザフランスキー／山本尤訳	322
643	世俗の聖典〈ロマンスの構造〉	N.フライ／中村, 真野訳	252
644	歴史と記憶	J.ル・ゴフ／立川孝一訳	400
645	自我の記号論	N.ワイリー／船倉正憲訳	468
646	ニュー・ミメーシス〈シェイクスピアと現実描写〉	A.D.ナトール／山形, 山下訳	430
647	歴史家の歩み〈アリエス　1943-1983〉	Ph.アリエス／成瀬, 伊藤訳	428
648	啓蒙の民主制理論〈カントとのつながりで〉	I.マウス／浜田, 牧野監訳	400
649	仮象小史〈古代からコンピューター時代まで〉	N.ボルツ／山本尤訳	200

			（頁）
650	知の全体史	C.V.ドーレン／石塚浩司訳	766
651	法の力	J.デリダ／堅田研一訳	220
652 653	男たちの妄想（I・II）	K.テーヴェライト／田村和彦訳	I・816 II
654	十七世紀イギリスの文書と革命	C.ヒル／小野，圓月，箭川訳	592
655	パウル・ツェラーンの場所	H.ベッティガー／鈴木美紀訳	176
656	絵画を破壊する	L.マラン／尾形，梶野訳	272
657	グーテンベルク銀河系の終焉	N.ボルツ／識名，足立訳	330
658	批評の地勢図	J.ヒリス・ミラー／森田孟訳	550
659	政治的なものの変貌	M.マフェゾリ／古田幸男訳	290
660	神話の真理	K.ヒュプナー／神野，中才，他訳	736
661	廃墟のなかの大学	B.リーディングズ／青木，斎藤訳	354
662	後期ギリシア科学	G.E.R.ロイド／山野，山口，金山訳	320
663	ベンヤミンの現在	N.ボルツ，W.レイイェン／岡部仁訳	180
664	異教入門〈中心なき周辺を求めて〉	J.-F.リオタール／山縣，小野，他訳	242
665	ル・ゴフ自伝〈歴史家の生活〉	J.ル・ゴフ／鎌田博夫訳	290
666	方　法　3.　認識の認識	E.モラン／大津真作訳	398
667	遊びとしての読書	M.ピカール／及川，内藤訳	478
668	身体の哲学と現象学	M.アンリ／中敬夫訳	404
669	ホモ・エステティクス	L.フェリー／小野康男，他訳	
670	イスラームにおける女性とジェンダー	L.アハメド／林正雄，他訳	422
671	ロマン派の手紙	K.H.ボーラー／髙木葉子訳	382
672	精霊と芸術	M.マール／津山拓也訳	474
673	言葉への情熱	G.スタイナー／伊藤誓訳	612
674	贈与の謎	M.ゴドリエ／山内昶訳	362
675	諸個人の社会	N.エリアス／宇京早苗訳	308
676	労働社会の終焉	D.メーダ／若森章孝，他訳	394
677	概念・時間・言説	A.コジェーヴ／三宅，根田，安川訳	448
678	史的唯物論の再構成	U.ハーバーマス／清水多吉訳	438
679	カオスとシミュレーション	N.ボルツ／山本尤訳	218
680	実質的現象学	M.アンリ／中，野村，吉永訳	268
681	生殖と世代継承	R.フォックス／平野秀秋訳	408
682	反抗する文学	M.エドマンドソン／浅野敏夫訳	406
683	哲学を讃えて	M.セール／米山親能，他訳	312
684	人間・文化・社会	H.シャピロ編／塚本利明，他訳	
685	遍歴時代〈精神の自伝〉	J.アメリー／富重純子訳	206
686	ノーを言う難しさ〈宗教哲学的エッセイ〉	K.ハインリッヒ／小林敏明訳	200
687	シンボルのメッセージ	M.ルルカー／林捷，林田鶴子訳	590
688	神は狂信的か	J.ダニエル／菊地昌実訳	218
689	セルバンテス	J.カナヴァジオ／円子千代訳	502
690	マイスター・エックハルト	B.ヴェルテ／大津留直訳	320
691	マックス・プランクの生涯	J.L.ハイルブロン／村岡晋一訳	300
692	68年－86年　個人の道程	L.フェリー，A.ルノー／小野潮訳	168
693	イダルゴとサムライ	J.ヒル／平山篤子訳	704
694	〈教育〉の社会学理論	B.バーンスティン／久冨善之，他訳	420
695	ベルリンの文化戦争	W.シヴェルブシュ／福本義憲訳	380
696	知識と権力〈クーン，ハイデガー，フーコー〉	J.ラウズ／成定，網谷，阿曽沼訳	410
697	読むことの倫理	J.ヒリス・ミラー／伊藤，大島訳	230
698	ロンドン・スパイ	N.ウォード／渡辺孔二監訳	506
699	イタリア史〈1700－1860〉	S.ウールフ／鈴木邦夫訳	1000

			(頁)
700	マリア〈処女・母親・女主人〉	K.シュライナー／内藤道雄訳	678
701	マルセル・デュシャン	T.ド・デューヴ／鎌田博夫，他訳	342
702	サハラ〈ジル・ドゥルーズの美学〉	M.ビュイダン／阿部宏慈訳	
703	ギュスターヴ・フロベール	A.チボーデ／戸田吉信訳	
704	報酬主義をこえて	A.コーン／田中英史訳	
705	ナチズム時代のシオニズム	L.ブレンナー／芝健介訳	
706	方 法 4．観念	E.モラン／大津真作訳	
707	われわれと他者	T.トドロフ／小野潮訳	
708	モラルと超モラル	A.ゲーレン／秋澤雅男訳	
709	肉食タブーの世界史	F.J.シムーンズ／山内昶監訳	
710	三つの文化〈文学と科学に挟まれた社会学〉	W.レペニース／森，杉家，吉村訳	
711	他者性と超越	E.レヴィナス／合田，松丸訳	
712	詩と対話	H.-G.ガダマー／巻田悦郎訳	
713	共産主義から資本主義へ	M.アンリ／野村直正訳	
714	ミハイル・バフチン 対話の原理	T.トドロフ／大谷尚文訳	
715	ハイデガーと実践哲学	O.ペゲラー他／竹市，下村監訳	
716	恥	S.ティスロン／大谷，津島訳	